지난 10년간 독자들이 남겨준 리뷰 중에서
가장 많이 언급한 단어순으로 강조해서 표현했습니다.

JN430088

과연
회사에서
바로 통하더라!

회사통 시리즈는
직장인을 위한 '현장밀착형 입문(활용)서'이며
한빛미디어(주)의 대표 브랜드입니다.

회사에서 바로 통하는
단 하나의 해결책

1 단계별 학습 전략으로 쉽게, 빠르게, 바로 실무에 써먹는다

3단계

실무는
바로

2단계

기능은
빠르게

1단계

개념은
쉽게

 핵심기능실습

친절한 설명,
꼼꼼한 따라 하기 화면,
적재적소에 비치한 팁이
준비되어 있습니다.
핵심기능을 막힘없이
속 시원히 실습할 수 있도록
안내해드립니다.

 **회사통 실무활용**

바로 배워 바로 써먹을 수 있는
회사통 실무 예제로
엑셀 기본기를 다지고
문서의 활용 방법을
마스터합니다.

👉 **혼자해보기**

실무에서 자주 부딪히는
문제를 빠르고 쉽게
해결할 수 있도록 돕습니다.
완성 파일 미리 보기와 힌트를
참고하면서 실무활용 능력을
업그레이드해보세요.

2 10년간 쌓아온 현장밀착형 절대 비급을 확보하라!

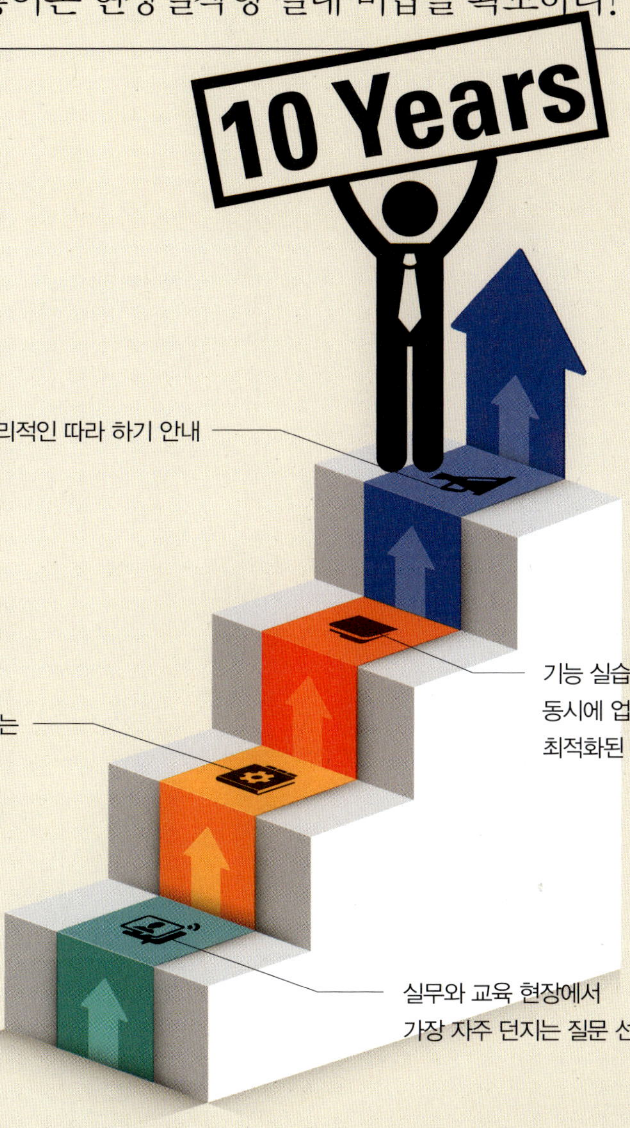

10 Years

가장 빠르고 합리적인 따라 하기 안내

기능 실습과 활용 능력을
동시에 업그레이드할 수 있는
최적화된 문서

실무에 당장 써먹을 수 있는
예제만을 철저하게 수록

실무와 교육 현장에서
가장 자주 던지는 질문 선별

3 일과 삶의 균형을 잡으세요!

■ 칼퇴근   ■ 오피스의 신   ■ 연봉 레벨 업

회사에서 바로 통하는

엑셀 2016

한은숙 지음

한빛미디어
Hanbit Media, Inc.

지은이 한은숙 (exceltutor@naver.com)

숭실대 정보과학대학원을 졸업했으며 삼성전자, 하나로통신 등의 기업체와 농림수산식품연수원 등의 공무원 연수원 및 대학에서 회사원, 공무원, 취업준비생 등을 대상으로 오피스를 강의했습니다. 캠퍼스21, 교원캠퍼스에서 온라인교육 콘텐츠를 제작하고 온라인 강의를 진행했으며, 현재 프리랜서로 기업체, 공무원 연수원과 대학에서 오피스 전문 강사로 활동하고 있습니다. 저서로는 《회사에서 바로 통하는 엑셀 2013》(한빛미디어, 2014), 《직장인을 위한 실무 엑셀》(길벗, 2012), 《회사에서 바로 통하는 엑셀 2010》(한빛미디어, 2011), 《한은숙의 Must Have 엑셀 2007을 가져라》(성안당, 2009), 《IT CookBook 엑셀과 파워포인트 2007 실무와 활용》(한빛미디어, 2009) 등이 있습니다.

회사에서 바로 통하는
엑셀 2016

초판 1쇄 발행 2017년 7월 5일
초판 6쇄 발행 2023년 3월 20일

지은이 한은숙 / **펴낸이** 김태헌
펴낸곳 한빛미디어(주) / **주소** 서울시 서대문구 연희로2길 62 한빛미디어(주) IT출판1부
전화 02-325-5544 / **팩스** 02-336-7124
등록 1999년 6월 24일 제25100-2017-000058호 / **ISBN** 978-89-6848-335-6 14000

총괄 배윤미 / **책임편집** 장용희 / **기획** 배윤미 / **편집** 강민철 / **교정** 전성희 / **진행** 홍현정
디자인 내지 천승훈, 표지 오필민 / **전산편집** 오정화
영업 김형진, 장경환, 조유미 / **마케팅** 박상용, 한종진, 이행은, 고광일, 성화정 / **제작** 박성우, 김정우

이 책에 대한 의견이나 오탈자 및 잘못된 내용에 대한 수정 정보는 한빛미디어(주)의 홈페이지나 아래 이메일로 알려주십시오. 잘못된 책은 구입하신 서점에서 교환해 드립니다. 책값은 뒤표지에 표시되어 있습니다.
한빛미디어 홈페이지 www.hanbit.co.kr / **이메일** ask@hanbit.co.kr

지금 하지 않으면 할 수 없는 일이 있습니다.
책으로 펴내고 싶은 아이디어나 원고를 메일(**writer@hanbit.co.kr**)로 보내주세요.
한빛미디어(주)는 여러분의 소중한 경험과 지식을 기다리고 있습니다.

엑셀은 오랫동안 대부분의 회사 업무에서 사용되고 있는 사무용 프로그램입니다. 따라서 취업 준비생이나 신입사원에게 엑셀은 반드시 익혀두어야 할 필수 사항입니다. 실제 업무에서 엑셀을 사용해보면 비슷한 작업이라도 어떤 사람은 몇 분 안에 끝내는가 하면, 어떤 사람은 몇 시간이 걸리기도 합니다. 엑셀을 배우긴 했지만 실무 예제로 제대로 익히지 않았기 때문에 정작 엑셀의 막강한 기능을 적재적소에 적용하지 못하는 것입니다. 엑셀 중고급반 강의를 하다 보면 간혹 초급반에서 배웠어야 할 내용도 모르는 채 강의를 듣는 경우가 있습니다. 단순히 빨리 배우고 싶다는 이유 때문입니다만 기초가 부실한 상태에서 중고급 기능을 배우는 것은 매우 어려운 일입니다. 엑셀은 기초를 배우더라도 실무 예제를 활용하여 실무 적응력을 함께 키워야 합니다. 또한 기초를 잘 다진 후에 중고급 기능으로 넘어가야 실제 업무에서 더 잘 사용할 수 있습니다.

이 책은 바로 여기에서 출발합니다. 실무 적응력을 높일 수 있도록 회사에서 많이 사용하는 실무 예제를 사용하며, 기초 기능은 물론 실무활용 방법까지 충실히 수록했습니다. 업무에서 가장 많이 사용하는 실무 문서 예제로 엑셀 기능이 실무에서 어떻게 사용되는지 살펴볼 수 있습니다. 엑셀에 이제막 입문한 경우라면 CHAPTER 01~06을 마스터하는 과정에서 기본적인 엑셀 문서 작성을 위한 초보 단계를 넘어설 수 있을 것입니다. 중급 사용자가 되려면 CHAPTER 07~11에 수록된 엑셀의 핵심기능인 함수, 차트, 데이터 관리 기능을 익히면서 데이터 계산, 요약, 분석 기능까지 차근차근 학습하기 바랍니다. CHAPTER 12의 매크로와 VBA는 엑셀 자동화 문서 작성을 위한 기초 개념 부분입니다. 여기까지 공부하고 나면 엑셀 파워 유저가 되기 위한 모든 준비가 완료될 것입니다. 엑셀 파워 유저가 되는 길은 각자의 업무에 맞게 엑셀을 얼마나 많이 응용하고 활용해 보느냐에 달려 있습니다. 각 CHAPTER에 수록된 '핵심기능실습', '회사통 실무활용'을 꼼꼼하게 따라 해보고 스스로 내용을 정리하는 시간을 가진 후 '혼자해보기'로 자신의 실력을 점검해보기 바랍니다. 이렇게 하다 보면 엑셀의 주요 기능을 반복해서 사용할 수 있게 됩니다. 책에 있는 예제뿐 아니라 여러분이 실제 업무에 사용하는 다른 엑셀 문서에도 적용한 후 반복해서 활용해보기 바랍니다.

한때 나를 제외한 모두가 잘하는 것 같이 보여 의기소침해 있을 때 힘이 된 글귀가 있습니다. "남보다 잘하려고 하지 말고 전보다 잘하려고 노력해라." 타인과 경쟁하기보다는 자기 자신과 경쟁하라는 얘기겠죠. 엑셀을 공부하기 위해 이 책을 선택한 분들이 이 책을 보기 전보다 엑셀을 더 잘하는 직장인이 되길 바랍니다. 책을 집필하는 동안 응원하고 힘을 준 가족과 친구, 지인들에게 감사드립니다. 항상 좋은 책을 만들기 위해 최선을 다하는 한빛미디어 관계자 여러분과 기획자 배윤미 과장님에게도 감사드립니다.

2017년 6월
한은숙

회사에서 바로 통하는 실무 예제로
바로 배워 바로 써먹는다!

☀️ **회사에서 바로 통하는 현장밀착형 3단계 학습 전략**

STEP 03

STEP 02

STEP 01

핵심기능실습

실무에서 꼭 필요한 엑셀의 핵심기능을 빠르게 익혀 업무에 효율적으로 활용하는 방법을 배웁니다.

회사통 실무활용

바로 배워 바로 써먹을 수 있는 회사통 실무 예제로 엑셀의 기본기를 다지고 활용 능력까지 업그레이드할 수 있습니다.

혼자해보기

완성 파일 미리 보기와 힌트를 살펴보면서 핵심기능실습과 회사통 실무활용에서 배운 내용을 다시 한 번 복습합니다.

바로 통하는 TIP

따라 하기 과정에서 헷갈리기 쉬운 내용을 팁으로 수록했습니다.

쉽고 빠른 엑셀 NOTE

학습에 유용한 정보, 알고 넘어가면 좋을 참고 사항을 상세히 소개합니다.

핵심기능실습으로 엑셀 기초 기능을 빠르게 익히고
회사통 실무활용으로
엑셀 활용 능력을 업그레이드한다!

☀ 일 잘하는 직장인이 꼭 알아야 할 엑셀 핵심기능 및 실무활용 예제

회사에서 바로 통하는 키워드	빠른 실행 도구 모음, 사용자 지정 리본 메뉴, 자동 완성, 자동 채우기, 빠른 채우기, 선택하여 붙여넣기, 상대 참조, 절대 참조, 혼합 참조, 셀 참조, 이름 정의, 선택 영역에서 이름 만들기, 자동 합계 도구, 빠른 분석 도구, 3차원 참조, 배열 수식, 셀 서식, 사용자 지정 표시 형식, 조건부 서식, 빠른 분석 도구, 틀 고정, 창 정렬, 머리글/바닥글 도구, 페이지 레이아웃 설정, 인쇄, 그리기 도구, 스마트아트, 그림 도구, 차트 도구, 스파크라인, 표 도구, 요약 행, 슬라이서, 정렬, 자동 필터, 고급 필터, 부분합, 텍스트 나누기, 중복된 항목 제거, 데이터 유효성 검사, 목표값 찾기, 예측 시트, 피벗 테이블, 피벗 차트, 개발 도구, 매크로
회사에서 바로 통하는 함수	SUM, SUMIF, AVERAGE, AVERAGEIF, MIN, MAX, TODAY, NOW, DATE, DAYS, DAYS360, DATEDIF, WEEKDAY, YEAR, MONTH, DAY, TIME, HOUR, MINUTE, SECOND, COUNT, COUNTA, COUNTBLANK, COUNTIF, COUNTIFS, ROUND, ROUNDUP, ROUNDDOWN, IF, IFS, AND, OR, XOR, IFERROR, RANK, RANK.EQ, RANK.AVG, LEFT, RIGHT, MID, LEN, FIND, TEXT, CONCAT, TEXTJOIN, VLOOKUP, HLOOKUP, INDEX, MATCH, ROW, COLUMN, PRODUCT, SUMPRODUCT, SUMIFS, QUOTIENT, MOD, CHOOSE
회사에서 바로 통하는 실무 예제	매출집계표, 판매현황표, 거래명세표, 성과보고서, 주소록, 분기별 생산계획표, 자재청구서, 원가집계표, 공사원가계산서, 기성청구 내역서, 연말정산표, 재고 조사표, 여비·교통비 지불증, 월간 입출금 내역서, 예산 집계표, 가격 변동표, 근무평가서, 손익계산서, 품질 시험 결과표, 결제금액 계산표, 할부 결제 현황표, 제품목록, 제품 구입 내역표, 고객 목록, 근무일정표, 급여명세서, 견적서, 간이세금계산서, 여행출납부, 회원거래현황표

기본기 다지기

PART 01 | 엑셀 기본 문서 작성

CHAPTER 01 | 엑셀을 만나다

엑셀의 화면 구성과 다양한 화면 보기, 리본 메뉴와 도구 모음 사용자 지정 방법 등을 익히고 실무에서 널리 쓰는 엑셀 통합 문서에 대해 알아봅니다.

CHAPTER 02 | 문서 작성의 시작! 데이터 입력

엑셀 데이터의 특징을 알아보고 문서 작성 시간을 단축하여 작업의 효율성을 높여주는 문자, 숫자, 날짜, 시간 등에 따른 데이터의 기본 서식과 표시 형식을 살펴봅니다.

CHAPTER 03 | 문서의 틀을 잡는 데이터 편집

셀, 행, 열, 워크시트를 자유자재로 다뤄 엑셀 문서를 편집하고 작성하는 방법을 익힙니다. 행/열 높이와 너비를 맞추거나 셀을 이동, 복사, 삭제하여 재배치하면서 일목요연하게 데이터를 정리할 수 있습니다.

CHAPTER 04 | 영리한 엑셀! 수식을 사용하다

엑셀에서 연산자를 활용한 간단한 수식 작성 방법 및 사동 합게 도구에서 제공하는 기본 함수의 활용 방법, 엑셀의 셀 참조 방식과 빠른 분석 도구를 활용한 계산 방법을 알아봅니다.

CHAPTER 05 | 문서 스타일을 살리는 서식의 활용

엑셀에서 제공하는 표 서식과 셀 스타일 등을 활용해 문서에 기본적인 서식을 지정하고 꾸밀 수 있습니다. 숫자, 날짜, 시간, 문자 등 엑셀 데이터 종류나 지정하는 조건에 따라 다양한 서식을 표시할 수 있습니다.

CHAPTER 06 | 창 관리와 인쇄하기

창 관리 기능으로 여러 개의 워크시트나 문서를 화면에 배치해봅니다. 또한 문서를 인쇄하기 전, 인쇄 용지에 맞게 용지 방향, 여백, 인쇄 배율 등을 지정하는 방법에 대해 알아봅니다.

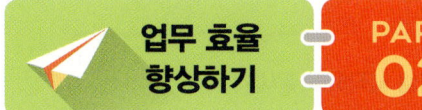

PART 02 | 엑셀 핵심 기능 다루기
업무 효율 향상하기

CHAPTER 07 | 엑셀에서 꼭 알아야 할 함수

엑셀 함수를 이용하면 복잡한 계산이나 반복 작업을 쉽게 해결할 수 있습니다. 함수의 개념을 간단히 살펴보고, 실무에서 가장 많이 사용하는 함수의 사용 방법을 익힙니다.

CHAPTER 08 | 함수 범주별 실무 함수 알아보기

실무에서 사용하는 다양한 범주의 함수를 알아보고 부서별, 업무의 종류별로 활용할 수 있는 실무 함수의 활용 사례를 살펴봅니다.

CHAPTER 09 | 워크시트에 일러스트레이션 넣기

도형이나 그림을 활용해 데이터를 시각적으로 표현하는 방법을 알아보고 엑셀 문서에 간편하게 그래픽을 삽입할 수 있는 스마트아트 사용 방법을 익힙니다.

CHAPTER 10 | 데이터가 한눈에 들어오는 차트 만들기

엑셀 차트의 종류와 구성 요소를 살펴봅니다. 숫자 데이터를 시각화하여 쉽게 비교, 분석할 수 있도록 도와주는 차트를 활용해 정보 전달력이 뛰어난 보고서를 작성할 수 있습니다.

CHAPTER 11 | 데이터를 골라 쓰자! 데이터 관리와 분석

엑셀의 데이터 관리 기능을 이용해 특정 조건을 만족하는 데이터를 추출하거나 원하는 조건에 맞는 데이터별로 요약한 보고서를 작성할 수 있습니다.

PART 03 | 엑셀 고급 기능 매크로
엑셀 마스터하기

CHAPTER 12 | 맞춰 쓰는 재미가 있다! 매크로와 VBA

반복 작업을 기록해두고 명령 단추나 단축키로 한 번에 실행할 수 있는 매크로와 VBA 활용 방법을 익힙니다.

SECTION

엑셀을 다룰 때 반드시 알아야 할 기본 기능과 활용 방법을 소개합니다.

핵심기능실습

핵심기능을 따라하면서 엑셀 2016의 기본 기능을 충실히 익힐 수 있습니다.

바로 통하는 TIP

예제 실습 중 헷갈리기 쉬운 부분을 정리해 줍니다.

SECTION 02 엑셀 시작하고 끝내기

엑셀의 실행 및 종료 방법은 다른 응용 프로그램과 크게 다르지 않습니다. 엑셀을 좀 더 빨리 시작하고 종료하는 다양한 방법과 옵션에 대해서 살펴보겠습니다.

🔍 **핵심기능실습 | 엑셀 시작 화면 다루기**

MS 오피스 2016이 설치되어 있다면 엑셀 프로그램 아이콘을 찾아 선택합니다. 엑셀이 실행되면 시작 화면에 최근 사용한 엑셀 문서 목록과 마이크로소프트 온라인에서 제공하는 서식 파일 목록이 나타납니다.

01 새 통합 문서 열기
빈 워크시트에서 작업을 시작하기 위해 시작 화면의 [새 통합 문서]를 클릭합니다.

바로 통하는TIP [새 통합 문서]를 클릭하지 않고 Esc 를 눌러도 됩니다.

02 최근 사용한 통합 문서 열기
최근에 사용한 통합 문서 목록을 보기 위해 ❶ [파일] 탭을 클릭합니다. ❷ [최근 ... 면 바로 해당

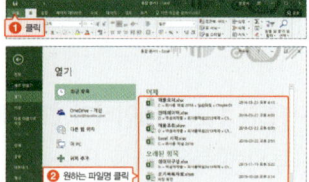

🔍 **핵심기능실습 | 빠르게 서식 지정 및 변경하기**

실습 파일 | CHAPTER05\지역별재고현황.xlsx   **완성 파일** | CHAPTER05\완성\지역별재고현황완성.xlsx

테두리, 셀 색 등 서식 지정 없이 데이터만 입력되어 있는 지역별 재고 현황표에 표 서식과 셀 스타일, 테마를 적용해 빠르게 서식을 지정하고 변경하는 방법을 알아보겠습니다.

01 표 서식 지정하기
❶ 표 서식을 지정할 셀 범위 중 [A4] 셀을 클릭한 후 ❷ [홈] 탭-[스타일] 그룹-[표 서식]을 클릭하고 ❸ [표 스타일 밝게 ?]를 선택합니다. ❹ [표 서식] 대화상자의 데이터 범위에 =$A$4:$I$16이 지정되었는지 확인하고 [머리글 포함]에 체크 표시합니다. ❺ [확인]을 클릭합니다.

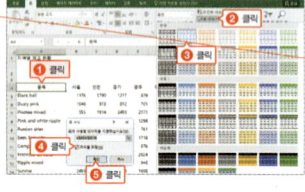

쉽고 빠른 엑셀 NOTE [머리글 포함]에 체크 표시하지 않는 경우
표 서식 지정 시 [표 서식] 대화상자에서 [머리글 포함]에 체크 표시하지 않으면 데이터 범위의 첫 행 위쪽에 머리글 행이 추가로 생성됩니다.

02 스타일 변경하고 표 스타일 옵션 선택하기
❶ [표 도구]-[디자인] 탭-[표 스타일] 그룹에서 [표 스타일 밝게 14]를 선택합니다. ❷ [표 도구]-[디자인] 탭-[표 스타일 옵션] 그룹의 [첫째 열], [마지막 열], [줄무늬 열]에 체크 표시하고 [필터 단추]의 체크 표시를 해제합니다.

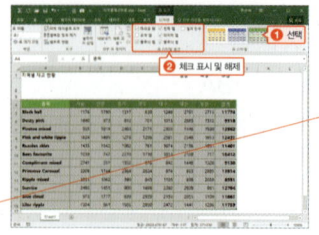

첫째 열과 마지막 열이 굵게 표시되고, 필터 단추가 숨겨집니다. 줄무늬 열(세로 선)이 표시됩니다.

바로 통하는TIP [표 스타일] 그룹에서 원하는 스타일에 마우스 포인터를 올려놓으면 워크시트에 적용할 표 서식을 미리 보여줍니다.

따라 하기 단계별 제목

실습의 각 과정을 단계별 제목으로 표시하여 작업의 순서를 한눈에 파악할 수 있습니다.

쉽고 빠른 엑셀 NOTE

엑셀을 다루는 데 꼭 필요한 유용한 정보, 알고 넘어가면 좋을 참고 사항을 상세히 소개합니다.

실행 결과 보기

단계별 따라 하기 완료 후 확인할 수 있는 실행 결과 및 주요 변화 내용을 한 번 더 설명해줍니다.

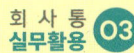

회사통 실무활용

회사에서 바로 쓸 수 있는 다양한 엑셀 문서로 실습을 구성했습니다. 차근차근 따라 하다 보면 엑셀 실무 노하우를 얻을 수 있습니다.

실습 파일&완성 파일

엑셀 기능을 익히는 데 최적화된 예제만 선별해 수록했습니다. 예제를 따라 한 후 결과를 비교해볼 수 있습니다.

완성 화면 및 주요 기능 미리 보기

실습 완료 후 확인할 수 있는 완성 화면을 미리 살펴보고, 따라 하기 과정에서 주요하게 학습할 기능을 한눈에 확인할 수 있습니다.

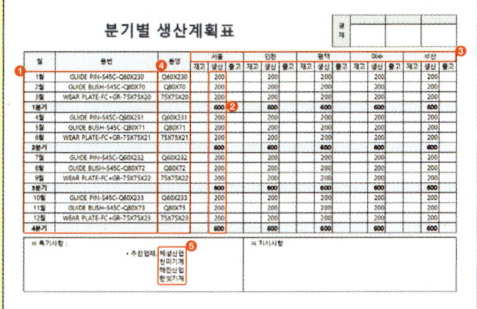

혼자해보기

핵심기능실습 및 회사통 실무활용에서 배운 내용을 복습할 수 있습니다.

PART 01 | 엑셀 기본 문서 작성

CHAPTER 01 | 엑셀을 만나다

CHAPTER 02 | 문서 작성의 시작! 데이터 입력

CHAPTER 03 | 문서의 틀을 잡는 데이터 편집

CHAPTER 05 │ 문서 스타일을 살리는 서식의 활용

PART 02 | 엑셀 핵심 기능 다루기

CHAPTER 07 | 엑셀에서 꼭 알아야 할 함수

CHAPTER 08 | 함수 범주별 실무 함수 알아보기

CHAPTER 09 | 워크시트에 일러스트레이션 넣기

CHAPTER 10 | 데이터가 한눈에 들어오는 차트 만들기

CHAPTER 11 | 데이터를 골라 쓰자! 데이터 관리와 분석

PART 03 | 엑셀 고급 기능 매크로

CHAPTER 12 | 맞춰 쓰는 재미가 있다! 매크로와 VBA

PART
01

엑셀
기본 문서
작성

엑셀을 만나다

엑셀을 주된 업무에서 사용하지 않는 사람이라도 한두 번쯤은 엑셀 문서를 접해본 경험이 있을 것입니다. 그러나 단순히 엑셀 문서를 열어보거나 기본적인 문서만 작성하기에는 엑셀의 기능이 매우 막강합니다.

엑셀을 처음 시작한다면 엑셀에 조금 더 쉽게 다가갈 수 있도록, 또 엑셀을 어느 정도 사용해봤다면 무심코 지나쳤던 엑셀의 쓰임새를 제대로 알 수 있도록 엑셀의 기본 사항을 살펴보고 엑셀의 화면 구성과 사용자 지정 방법 등을 알아보겠습니다.

SECTION 01

엑셀이란?

엑셀은 마이크로소프트사에서 개발한 스프레드시트(Spreadsheet) 프로그램입니다. 스프레드시트에 대해 알아보고 엑셀의 활용 범위를 살펴보면 자신의 업무에 엑셀을 어떻게 활용할 수 있을지 감이 잡힐 것입니다.

스프레드시트와 엑셀

원래 스프레드시트란 경리, 회계 업무에서 사용하는 일정한 형태의 계산 용지를 일컫는 말이었습니다. 이를 컴퓨터 화면으로 그대로 옮겨 계산식을 첨가한 것이 스프레드시트 프로그램입니다. 즉, 연속적인 행과 열을 갖고 있는 작업지(Worksheet)에 데이터를 입력, 계산, 처리하여 표, 차트, 피벗 테이블 등의 다양한 형태로 표현한 프로그램입니다.

최초의 스프레드시트 프로그램은 1979년 8비트 애플 컴퓨터용으로 개발된 비지칼크(VisiCalc)입니다. 이후 IBM 호환 기종이 등장하면서 1983년 로터스에서 개발한 Lotus 1-2-3이 많이 사용되었습니다. 윈도우 운영체제가 등장한 이후로는 윈도우에 적합하고 사용하기 편리한 엑셀이 더 각광을 받았습니다. 초기의 스프레드시트 프로그램은 간단한 계산 작업만 가능했는데, 현재 2016 버전까지 발전된 엑셀은 함수를 사용한 복잡한 계산은 물론 데이터 분석, 차트 작성, 스마트아트를 사용한 다이어그램 작성, 웹과 클라우드를 통한 작업 공유 기능까지 활용할 수 있습니다.

엑셀로 무엇을 할까?

엑셀은 회사뿐 아니라 학교나 가정에서도 많이 사용되는 대중적인 프로그램입니다. 엑셀로 할 수 있는 작업은 일일이 나열할 수 없을 정도로 다양합니다. 엑셀의 대표적인 기능은 다음과 같습니다.

● 문서 작성과 표 계산

숫자 데이터와 표가 많이 포함된 문서를 작성할 때는 워드프로세서보다 엑셀이 훨씬 편리합니다. 특히 조건부 서식 기능을 사용하면 원하는 조건에 해당하는 데이터를 찾아 서식을 지정할 수 있습니다. 데이터를 효과적으로 시각화하고 강조할 수 있으므로 문서 작성 시간은 줄이면서 정확도는 높일 수 있습니다. 엑셀은 기본적인 사칙연산을 사용한 수식은 물론이고 수학/삼각, 통계, 논리, 찾기/참조 영역, 날짜 및 시간, 텍스트, 재무 등 분야별로 전문적인 함수를 제공합니다. 하나하나 계산기를 두드리며 계산하지 않아도 복잡한 계산을 함수로 처리할 수 있습니다.

데이터를 시각화하는 차트 작성

차트는 매출 실적을 비교하거나 기간별 변화 추이, 점유율 등 데이터를 시각적으로 나타낼 때 사용할 수 있습니다. 엑셀은 데이터의 성격과 목적에 따라 다양한 형태의 차트 종류를 제공합니다. 뿐만 아니라 특별한 디자인 감각이 없어도 엑셀에서 제공하는 차트 스타일과 레이아웃을 선택하여 세련된 차트를 작성할 수 있습니다.

데이터 관리와 분석

엑셀은 요즘 같은 빅데이터 시대에 많은 양의 데이터 목록을 관리하고 분석, 요약하는 데 아주 유용한 프로그램입니다. 전문적인 데이터베이스 프로그램을 사용하지 않더라도 데이터 목록을 원하는 조건으로 정렬하고 필터할 수 있으며, 피벗 테이블로 대량의 데이터를 효과적으로 요약, 정리한 보고서를 작성하여 데이터를 분석할 수 있습니다.

매크로를 사용한 반복 작업의 자동화

매크로 기능은 마우스 클릭 한 번 또는 단축키 조작 한 번으로 반복적인 작업을 간단하게 처리할 수 있게 도와줍니다. 또한 비주얼 베이식 프로그램(Visual Basic for Applications)을 내장하고 있어서 엑셀 문서 내에서 실행할 수 있는 간단한 프로그램도 만들 수 있습니다.

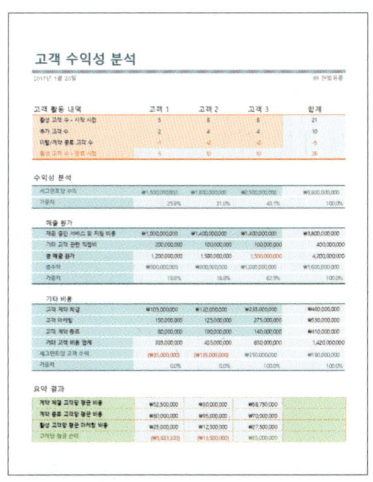
▲ 수식을 포함한 문서에 적용한 기본 서식

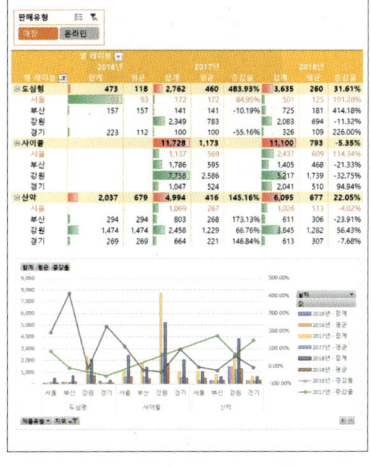
▲ 피벗 테이블과 피벗 차트

▲ 매크로를 포함한 자동화 문서

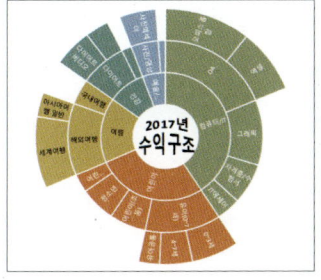
▲ 선버스트와 트리맵 차트

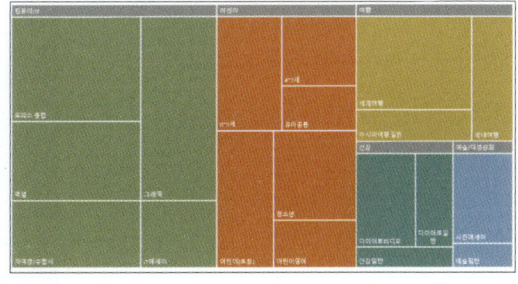

SECTION 02

엑셀 시작하고 끝내기

엑셀의 실행 및 종료 방법은 다른 응용 프로그램과 크게 다르지 않습니다. 엑셀을 좀 더 빨리 시작하고 종료하는 다양한 방법과 옵션에 대해서 살펴보겠습니다.

🔍 핵심기능실습 │ 엑셀 시작 화면 다루기

MS 오피스 2016이 설치되어 있다면 엑셀 프로그램 아이콘을 찾아 선택합니다. 엑셀이 실행되면 시작 화면에 최근 사용한 엑셀 문서 목록과 마이크로소프트 온라인에서 제공하는 서식 파일 목록이 나타납니다.

01 새 통합 문서 열기

빈 워크시트에서 작업을 시작하기 위해 시작 화면의 [새 통합 문서]를 클릭합니다.

바로 통하는 TIP [새 통합 문서]를 클릭하지 않고 Esc 를 눌러도 됩니다.

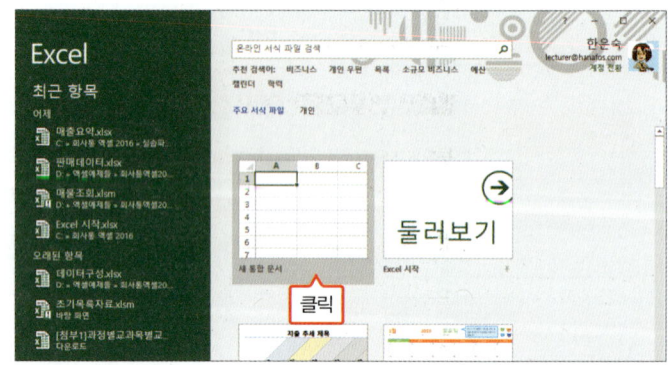

02 최근 사용한 통합 문서 열기

최근에 사용한 통합 문서 목록을 보기 위해 ① [파일] 탭을 클릭합니다. ② [최근 항목]에서 파일명을 클릭하면 바로 해당 통합 문서가 열립니다.

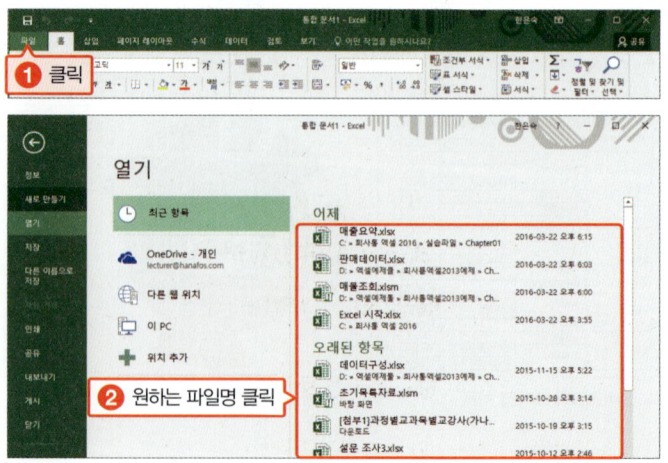

03 온라인 서식 파일 검색하기

❶ 온라인 서식 파일을 사용하기 위해 [파일] 탭–[새로 만들기]를 선택합니다. ❷ [온라인 서식 파일 검색]란에 **보고서**를 입력한 후 ❸ [검색 시작🔎]을 클릭합니다. 검색 결과가 많으면 [범주]에서 원하는 분야를 선택하여 결과를 필터할 수 있습니다. ❹ [범주]에서 [프로젝트]를 선택합니다.

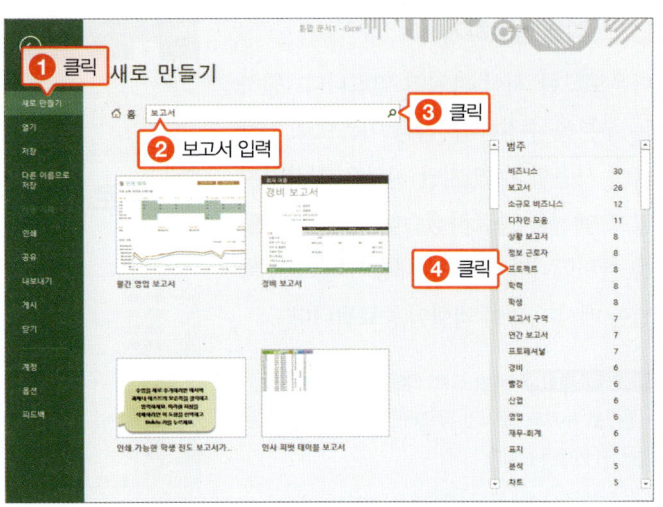

바로 통하는 TIP 온라인 서식 파일이란 비즈니스 문서를 쉽고 빠르게 만들 수 있도록 모든 서식이 완성되어 있는 문서입니다. 서식 파일을 다운로드한 후 자신의 업무에 맞게 수정할 수 있습니다.

04 온라인 서식 파일 다운로드하기

❶ 표시된 서식 중에서 [Gantt 프로젝트 플래너]를 클릭합니다. ❷ 서식 파일 미리 보기 창이 열리면 [만들기]를 클릭합니다.

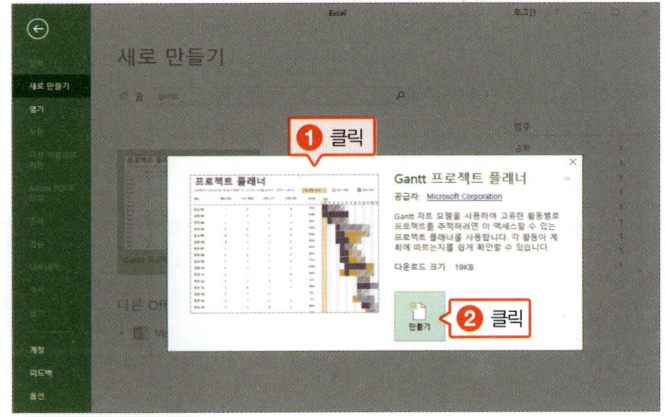

쉽고 빠른 엑셀 NOTE **다른 Office 응용 프로그램 검색 결과**

[다른 Office 응용 프로그램 검색 결과] 목록에서 응용 프로그램명을 클릭하고 표시된 서식 파일을 선택하여 다운로드하면 해당 응용 프로그램이 실행되면서 서식 파일이 열립니다.

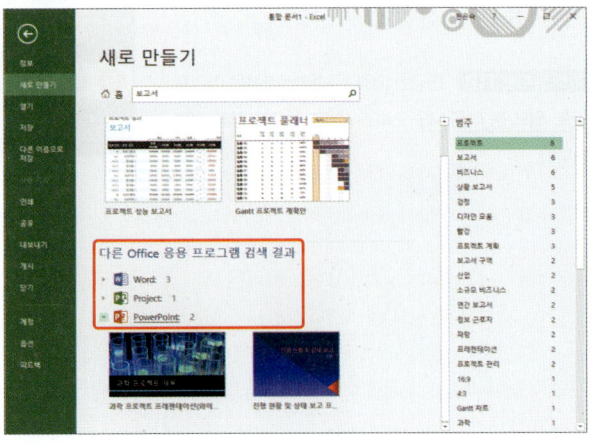

05 엑셀 종료하기

다운로드한 서식 파일이 열립니다. 원하는 부분을 수정한 후 다른 이름으로 저장하여 사용할 수 있지만 지금은 저장하지 않고 엑셀을 종료하겠습니다. [닫기 ✕]를 클릭합니다. 수정한 내용이 없으면 특별한 메시지 없이 엑셀이 종료됩니다.

바로 통하는 TIP 엑셀 프로그램을 종료할 때는 Alt + F4 를 누르고, 문서만 닫으려면 Ctrl + F4 또는 Ctrl + W 를 누릅니다.

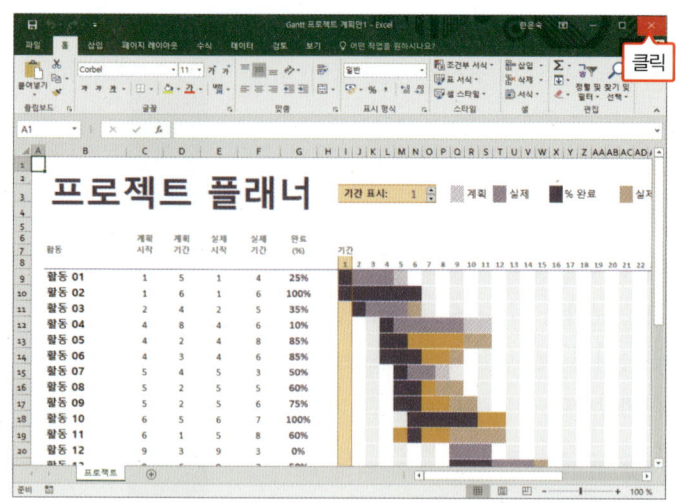

엑셀의 화면 배경색과 배경 무늬를 변경해보겠습니다. 또한 엑셀을 실행할 때 시작 화면을 표시하지 않고 바로 새 통합 문서 화면이 표시되도록 설정해보겠습니다.

01 Office 배경 및 테마 변경하기

❶ 엑셀을 실행한 후 시작 화면에서 Esc 를 눌러 새 통합 문서를 표시합니다. ❷ [파일] 탭-[계정]을 선택합니다. ❸ [Office 배경] 목록에서 [배경 없음]을 선택하고 ❹ [Office 테마] 목록에서 [어두운 회색]을 선택합니다. ❺ 시작 화면을 설정하기 위해 [옵션]을 선택합니다.

바로 통하는 TIP 변경한 배경 무늬와 배경색은 파워포인트, 워드 등 다른 MS 오피스 프로그램에도 함께 적용됩니다.

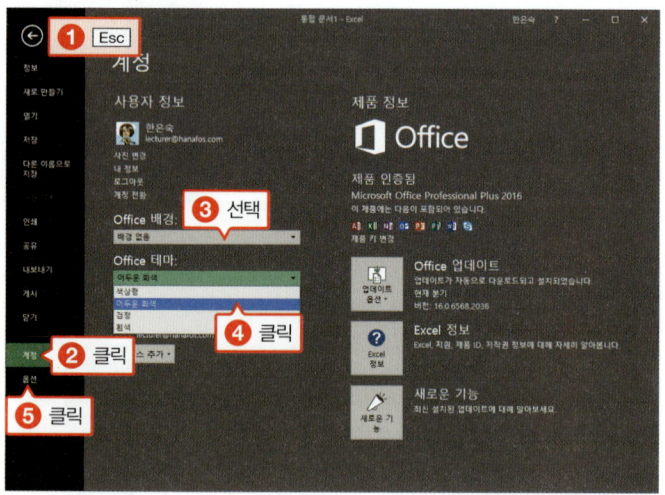

02 엑셀 실행할 때 시작 화면 표시하지 않기

[Excel 옵션] 대화상자가 표시되면 ❶ [일반]–[Office 테마] 목록에서 다시 [색상형]을 선택합니다. ❷ [시작 옵션]에서 [이 응용 프로그램을 시작할 때 시작 화면 표시]의 체크 표시를 해제하고 ❸ [확인]을 클릭합니다. ❹ Alt + F4 를 눌러 엑셀을 종료합니다.

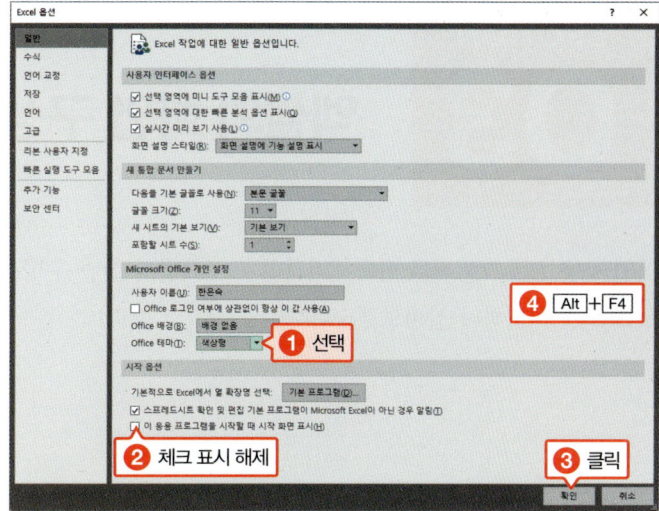

03 엑셀 실행하기

다시 엑셀을 실행하면 시작 화면이 나타나지 않고 바로 새 통합 문서 화면이 표시됩니다.

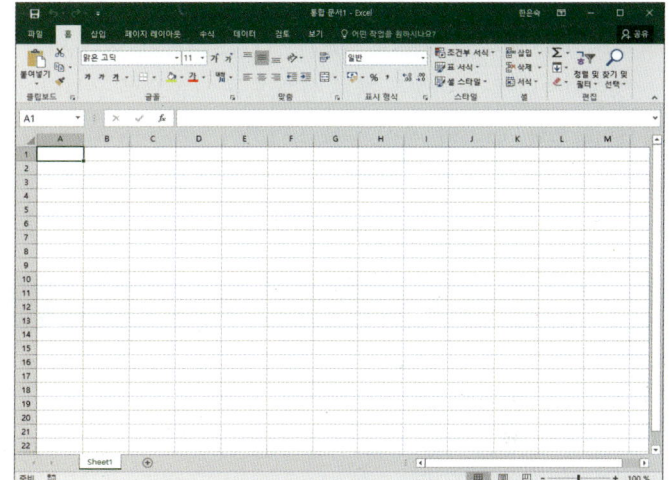

쉽고 빠른 엑셀 NOTE **엑셀을 안전 모드로 실행하기**

엑셀에서 특정 기능을 실행할 때마다 알 수 없는 원인으로 엑셀이 비정상적으로 종료된다면 윈도우의 안전 모드 부팅처럼 엑셀을 안전 모드로 실행합니다. 엑셀을 안전 모드로 시작한 후 정상적인 방법으로 종료했다가 다시 실행하면 엑셀의 기본적인 설정이 초기화되어 문제를 해결할 수 있습니다.

엑셀을 안전 모드로 실행하려면 ❶ ■ + R 을 눌러 [실행] 대화상자를 표시합니다. ❷ 명령어 입력란에 'excel /s'를 입력합니다. 엑셀이 안전 모드로 실행되며 제목 표시줄에 '(안전 모드)'라고 표시됩니다.

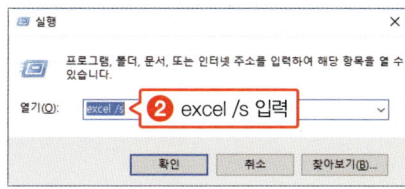

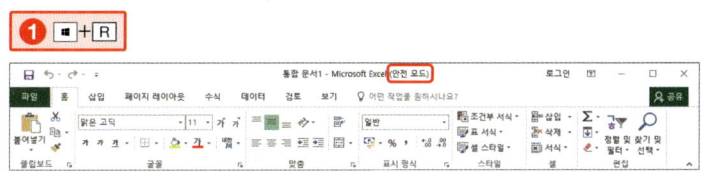

SECTION 03

엑셀의 화면 구성 요소

어떤 응용 프로그램이든 익숙해지려면 프로그램의 화면 구성을 잘 파악하고 있어야 합니다. 엑셀 화면 구성 요소를 하나하나 살펴보겠습니다.

엑셀의 전체 화면 구성 살펴보기

엑셀의 기본 화면은 다음과 같이 세 부분으로 나누어져 있습니다.

❶ 명령 지시 : 텍스트 형태의 메뉴와 아이콘 형태의 명령 버튼이 통합된 리본 메뉴, 그리고 자주 사용하는 명령 아이콘을 모아놓은 빠른 실행 도구 모음으로 구성되어 있습니다.

❷ 데이터 입력 : 데이터, 수식 등을 입력하여 원하는 문서 작업을 하는 워크시트입니다.

❸ 작업 상태 표시 : 현재의 작업 상태를 표시해줍니다. 상태 표시줄에서는 선택된 셀 범위의 자동 계산 결과 등을 보여주며 화면 보기 모드와 화면 배율을 지정할 수 있습니다.

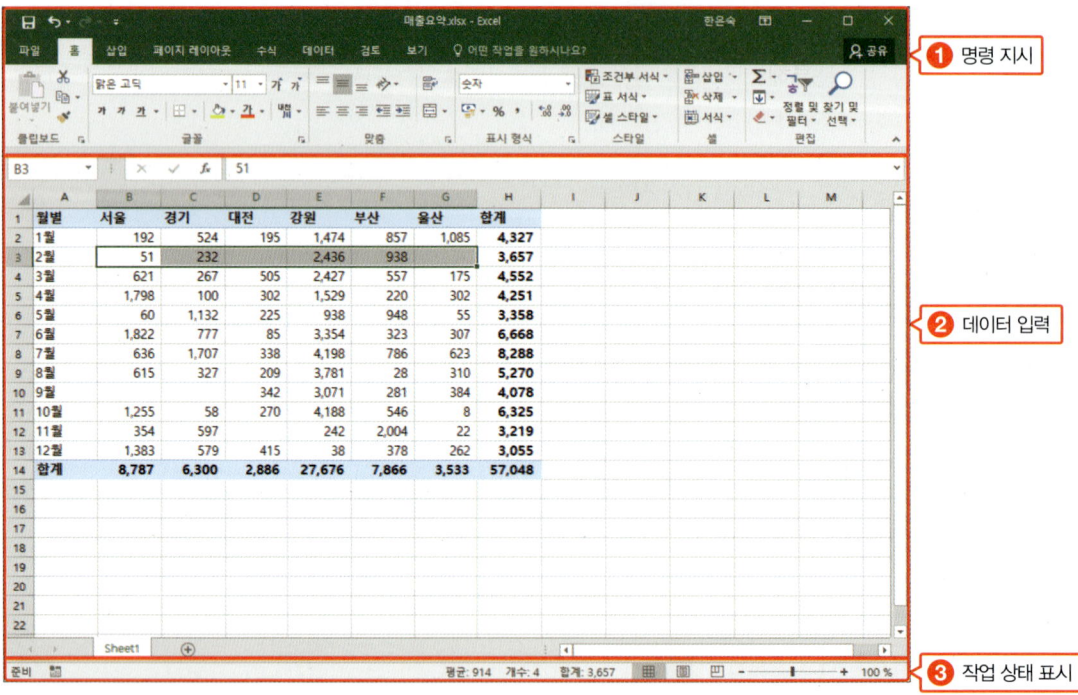

━ 명령 지시

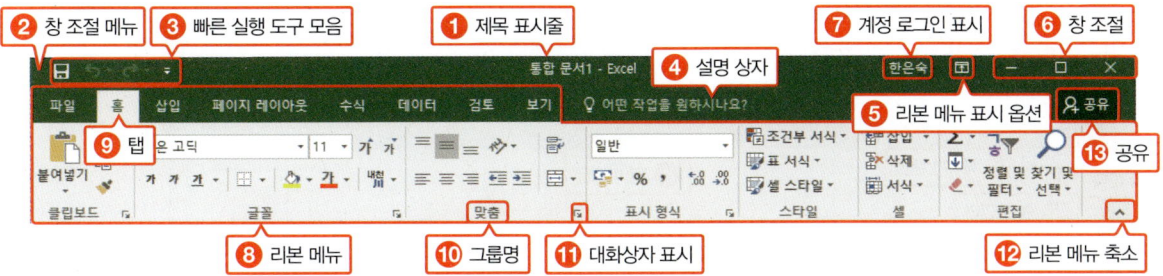

❶ **제목 표시줄** : 작업 중인 파일 이름과 프로그램명이 표시됩니다. 작업 상태에 따라 [읽기 전용], [호환 모드], [공유], [그룹] 등의 표시가 나타납니다.

❷ **창 조절 메뉴** : 클릭하면 창 조절 메뉴가 표시됩니다. 더블클릭하면 엑셀이 종료됩니다.

❸ **빠른 실행 도구 모음** : 자주 사용하는 명령을 추가하여 빠르게 선택할 수 있습니다.

❹ **설명 상자** : 사용할 기능을 입력하면 빠르게 찾아 선택할 수 있으며, 찾는 기능이 없으면 도움말이나 스마트 조회를 선택하여 정보를 얻을 수 있습니다. F1을 누르면 [도움말] 작업 창이 바로 표시됩니다.

❺ **리본 메뉴 표시 옵션** : 리본 메뉴를 자동으로 숨기거나 탭만 표시할 수 있습니다.

❻ **창 조절** : 엑셀 창을 최소화, 최대화하거나 닫을 수 있습니다.

❼ **계정 로그인 표시** : 사용자가 로그인한 마이크로소프트 개인 계정이나 회사 및 학교 계정을 표시합니다.

❽ **리본 메뉴** : 텍스트 형태의 메뉴와 아이콘 형태의 명령 버튼이 통합된 메뉴입니다.

❾ **탭** : 리본 메뉴 중 텍스트 형태의 메뉴입니다. 기본적으로 [파일], [홈], [삽입], [페이지 레이아웃], [수식], [데이터], [검토], [보기] 탭이 항상 표시되며 작업 상태에 따라 탭이 추가됩니다.

❿ **그룹명** : 아이콘 명령을 분류해놓은 그룹 이름입니다.

⓫ **대화상자 표시** : 그룹에 없는 명령을 대화상자를 열어 선택할 수 있습니다.

⓬ **리본 메뉴 축소** : 리본 메뉴 중 탭만 표시하고 명령 아이콘 부분은 숨깁니다. Ctrl+F1을 누르거나 선택되어 있는 탭을 더블클릭합니다.

⓭ **공유** : 클라우드에 저장된 엑셀 문서를 다른 사람이 열어보거나 편집할 수 있게 설정하는 [공유] 작업 창이 표시됩니다.

데이터 입력

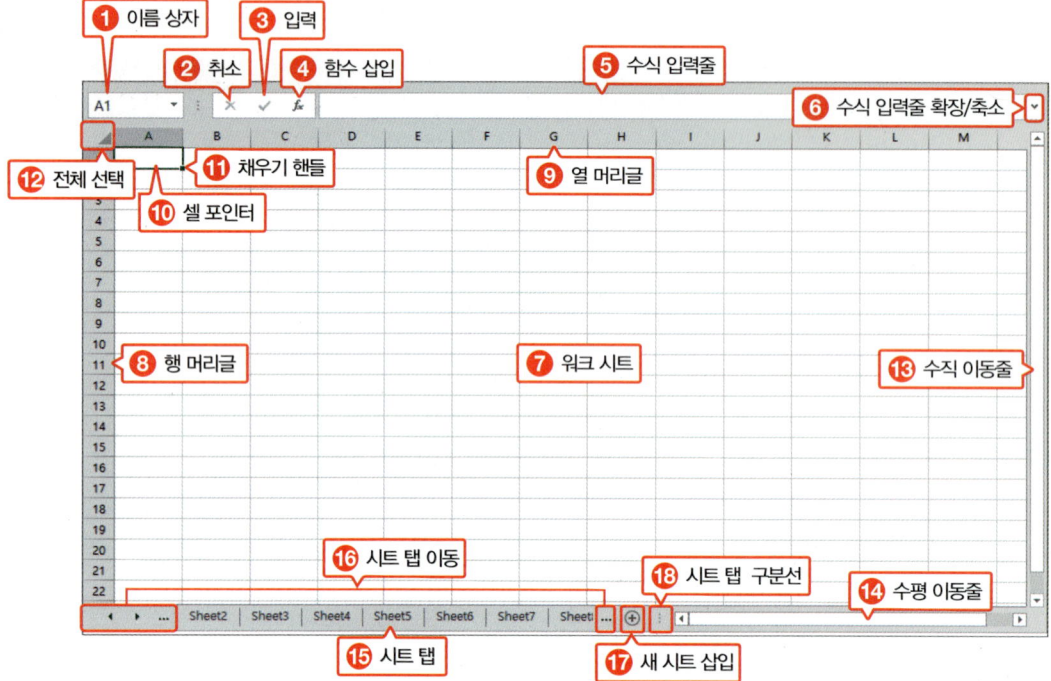

❶ **이름 상자** : 현재 선택된 셀 주소나 셀 이름이 표시됩니다. 차트나 도형 등의 개체를 선택하면 개체의 이름이 표시되고 수식이나 함수를 입력할 때는 최근 사용한 함수 목록이 표시됩니다.

❷ **취소** : 셀에 데이터를 입력하는 중 클릭하면 입력이 취소됩니다.

❸ **입력** : 셀에 데이터를 입력하는 중 클릭하면 입력이 완료됩니다.

❹ **함수 삽입** : [함수 마법사] 대화상자가 실행됩니다.

❺ **수식 입력줄** : 선택된 셀의 데이터나 수식이 표시됩니다. 실제로 셀에 입력된 데이터를 확인할 수 있습니다. 클릭하면 커서가 나타나며 데이터를 수정할 수 있습니다.

❻ **수식 입력줄 확장/축소** : 수식 입력줄이 확장되면서 축소 버튼이 표시됩니다. 축소 버튼을 클릭하면 다시 수식 입력줄이 축소됩니다.

❼ **워크시트** : 행과 열로 구성된 엑셀의 작업 영역입니다.

❽ **행 머리글** : 행 번호가 표시되는 부분으로 1~1,048,576행까지 있습니다.

❾ **열 머리글** : 열 이름이 표시되는 부분으로 A~XFD열까지 총 16,384개의 열이 있습니다.

❿ **셀 포인터** : 행과 열이 교차하면서 만들어진 사각형 영역을 셀이라고 합니다. 워크시트 하나에는 17,179,869,184개의 셀이 있습니다. 셀 포인터는 현재 선택되어 있는 셀을 나타내는 테두리선입니다.

⓫ **채우기 핸들** : 드래그하면 셀 내용을 다른 셀에 연속적으로 복사합니다.

⓬ **전체 선택** : 클릭하면 워크시트 전체를 선택합니다.

⓭ **수직 이동줄** : 화면을 위아래로 이동하는 도구로 스크롤바라고도 합니다. 양끝의 화살표를 클릭하면 한 행씩 이동하고 가운데 막대를 직접 드래그하면 원하는 만큼 화면을 이동할 수 있습니다.

⓮ **수평 이동줄** : 화면을 왼쪽이나 오른쪽으로 이동하는 도구로 스크롤바라고도 합니다. 양끝의 화살표를 클릭하면 한 열씩 이동하고 가운데 막대를 직접 드래그하면 원하는 만큼 화면을 이동할 수 있습니다.

⑮ **시트 탭** : 시트 이름이 표시됩니다. 선택된 시트의 탭은 흰색으로 표시됩니다.

⑯ **시트 탭 이동** : 시트 개수가 많아서 시트 탭이 다 보이지 않을 때, 가려져 있는 시트 탭을 볼 수 있도록 시트 탭 화면을 이동할 수 있습니다. 화살표를 클릭하면 왼쪽으로 한 칸, 오른쪽으로 한 칸씩 이동하며 Ctrl+클릭하면 해당 방향의 마지막 시트로 이동합니다. 화살표에서 마우스 오른쪽 버튼을 클릭하면 전체 시트가 표시된 [활성화] 대화상자가 나타납니다. 시트 개수가 많을 때 나타나는 시트 탭 양쪽 끝의 ⋯은 이전 시트, 다음 시트를 표시하는 버튼입니다.

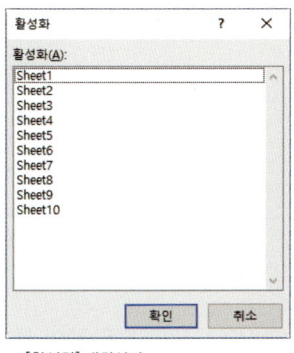

▲ [활성화] 대화상자

⑰ **새 시트 삽입** : 새 워크시트를 삽입합니다.

⑱ **시트 탭 구분선** : 시트 탭과 수평 이동줄 사이의 구분선으로 드래그하면 시트 탭과 수평 이동줄의 너비를 조절할 수 있습니다.

━ 작업 상태 표시

상태 표시줄은 워크시트의 작업 상태를 표시해주며 상태 표시줄에서 마우스 오른쪽 버튼을 클릭하면 상태 표시줄에 표시할 항목을 선택하거나 해제할 수 있는 상태 표시줄 사용자 지정 메뉴가 나타납니다.

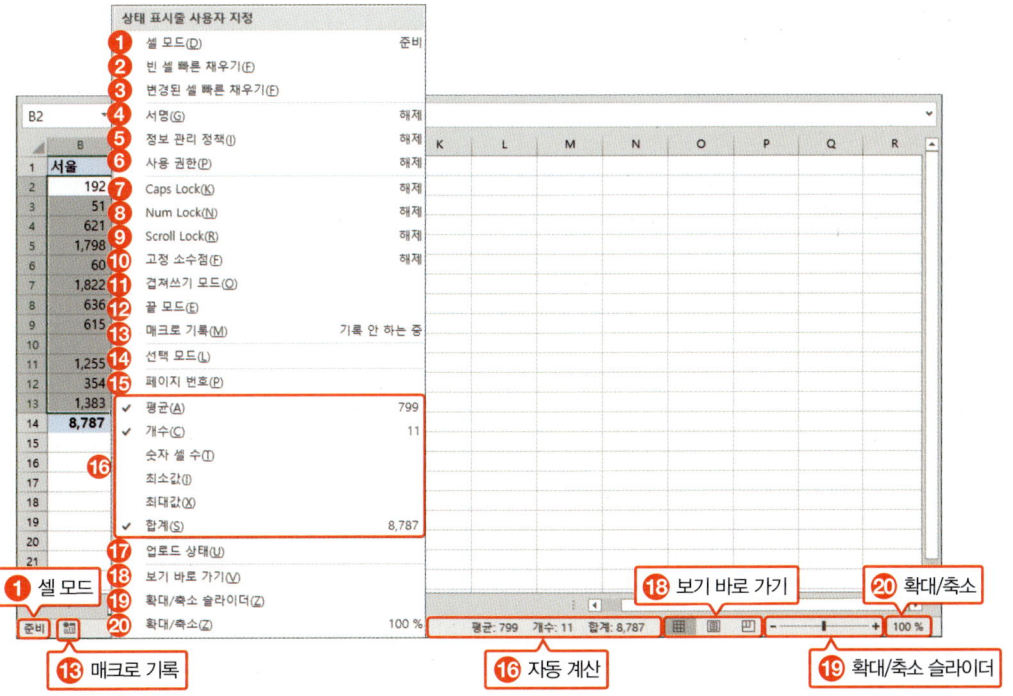

❶ **셀 모드** : 준비, 입력, 참조, 편집 등의 현재의 작업 상태가 나타납니다.

❷ **빈 셀 빠른 채우기** : 빠른 채우기 기능을 실행한 후 선택한 열에서 데이터가 채워지지 않은 빈 셀이 몇 개인지 표시됩니다. 클릭하면 해당 셀만 선택됩니다.

❸ **변경된 셀 빠른 채우기** : 빠른 채우기 기능을 실행한 후 선택한 열에서 빠른 채우기로 변경된 셀의 개수가 표시됩니다. 클릭하면 해당 셀이 선택됩니다.

❹ **서명** : 현재 사용 중인 통합 문서가 디지털 서명된 경우 나타납니다.

❺ **정보 관리 정책** : 현재 사용 중인 통합 문서의 내용에 대한 사용 권한을 제한하기 위해 IRM(정보 권한 관리)이 사용된 경우 나타납니다.

❻ **사용 권한** : 현재 문서의 읽기 및 편집 권한을 확인할 수 있습니다. [파일] 탭-[정보]-[통합 문서 보호]를 클릭한 후 [액세스 제한]을 선택하여 문서에 대한 액세스를 제한한 경우 나타납니다.

❼ **Caps Lock** : 대문자를 입력할 수 있도록 Caps Lock 을 누르면 표시됩니다.

❽ **Num Lock** : 숫자 키패드로 숫자를 입력할 수 있도록 Num Lock 을 누르면 표시됩니다.

❾ **Scroll Lock** : 방향키로 화면을 이동할 수 있도록 Scroll Lock 을 누르면 표시됩니다.

❿ **고정 소수점** : [파일] 탭-[옵션]을 클릭한 후 [Excel 옵션] 대화상자에서 [고급]을 선택하고 [편집 옵션]에서 [소수점 자동 삽입]에 체크 표시하면 나타납니다.

⓫ **겹쳐쓰기 모드** : 셀 내용을 편집하는 동안 Insert 를 눌러 겹쳐쓰기 모드가 활성화되었음을 나타냅니다.

⓬ **끝 모드** : End 를 눌러 끝 모드가 활성화되었음을 나타냅니다. 끝 모드일 때 방향키를 누르면 해당 방향의 마지막 셀로 이동합니다.

⓭ **매크로 기록** : 이 옵션을 선택하면 셀 모드 표시 옆에 [매크로 기록] 버튼이 표시됩니다.

⓮ **선택 모드** : F8 을 누르면 [선택 영역 확장]이라고 표시되며 마우스가 아닌 방향키로 셀 범위를 선택할 수 있습니다. Shift + F8 을 누르면 [선택 영역에 추가]라고 표시되며 방향키를 사용하여 인접하지 않은 셀 또는 범위를 선택할 수 있습니다.

⓯ **페이지 번호** : 페이지 레이아웃 화면 또는 인쇄 미리 보기 화면에서 작업하는 경우 현재 페이지 번호 및 전체 페이지 수가 표시됩니다.

⓰ **자동 계산** : 숫자가 입력되어 있는 셀 범위를 선택하면 해당 함수를 사용한 결과 값이 표시됩니다.

⓱ **업로드 상태** : 파일을 서버에 업로드하는 경우 업로드 상태가 표시됩니다.

⓲ **보기 바로 가기** : [기본], [페이지 레이아웃], [페이지 나누기 미리 보기]로 구성되어 있으며 화면 보기를 쉽게 선택할 수 있습니다.

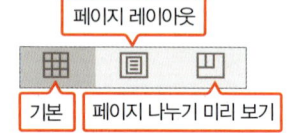

⓳ **확대/축소 슬라이더** : 슬라이더를 드래그하여 세밀하게 확대, 축소하거나 버튼을 클릭하여 워크시트 화면 배율을 10%씩 조절할 수 있습니다.

⓴ **확대/축소** : 현재 워크시트의 확대/축소 배율이 나타납니다. 클릭하면 [확대/축소] 대화상자가 표시되어 배율을 선택할 수 있습니다.

엑셀의 다양한 화면 보기

엑셀에서는 많은 양의 데이터를 다루는 작업이 많기 때문에 작업 상황에 따라 적절한 화면을 선택하는 것이 좋습니다. 앞에서 살펴본 화면은 가장 많이 사용되는 기본 화면입니다. 엑셀의 화면 종류를 살펴보고 화면 구성 요소의 표시/숨기기 설정에 대해서도 알아보겠습니다.

백스테이지 화면

[파일] 탭을 클릭하거나 파일 관련 명령을 선택하면 백스테이지(Backstage) 화면으로 전환됩니다. 이 화면에서는 엑셀 프로그램과 파일에 관련된 작업을 수행합니다. 통합 문서 정보, 새로 만들기, 열기, 저장, 인쇄, 공유 등의 작업 및 엑셀 계정 설정과 환경 설정을 할 수 있습니다.

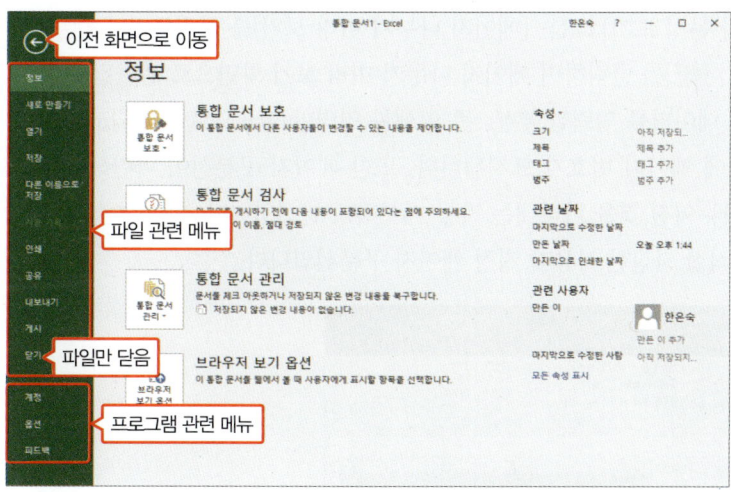

페이지 레이아웃

인쇄 모양을 보면서 편집 작업까지 할 수 있는 화면입니다. **방법 1** [보기] 탭-[통합 문서 보기] 그룹-[페이지 레이아웃]을 클릭하거나 **방법 2** 상태 표시줄의 [페이지 레이아웃 ▦]을 클릭하면 페이지 레이아웃 화면으로 전환됩니다.

페이지 레이아웃 화면에서는 인쇄 용지 모양과 용지 여백을 확인할 수 있고 눈금선의 여백 경계선을 드래그하여 직접 여백을 조절할 수도 있으며, 머리글/바닥글 영역을 클릭하여 페이지 번호 등을 입력할 수 있습니다. 공백을 클릭하면 여백을 숨기거나 다시 표시할 수 있습니다.

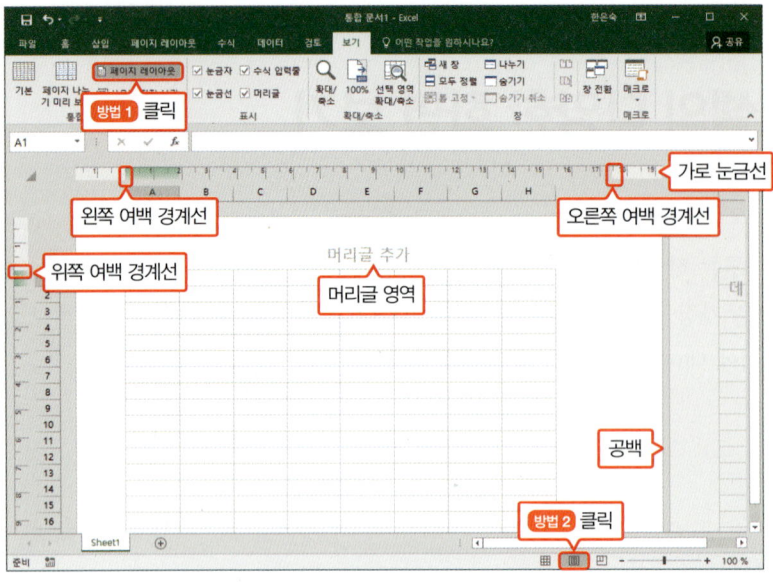

페이지 나누기 미리 보기

여러 페이지로 나누어진 문서에서 나누어진 페이지를 살펴보고 효과적으로 페이지 구분선을 조절할 수 있는 화면입니다. **방법 1** [보기] 탭–[통합 문서 보기] 그룹–[페이지 나누기 미리 보기]를 클릭하거나 **방법 2** 상태 표시줄의 [페이지 나누기 미리 보기 ▥]를 클릭하면 페이지 나누기 미리 보기 화면으로 전환됩니다.

페이지 나누기 미리 보기 화면에서는 데이터를 입력한 부분, 즉 인쇄할 영역만 흰색으로 표시되고 나머지 부분은 회색으로 표시되며, 워크시트에 페이지 번호가 표시됩니다. 또한 페이지 구분선이 파란색 점선으로 표시되는데, 자동으로 페이지가 나누어진 것을 나타내는 자동 페이지 구분선입니다. 파란색 실선은 사용자가 페이지 구분선을 드래그하여 직접 지정한 사용자 지정 페이지 구분선입니다.

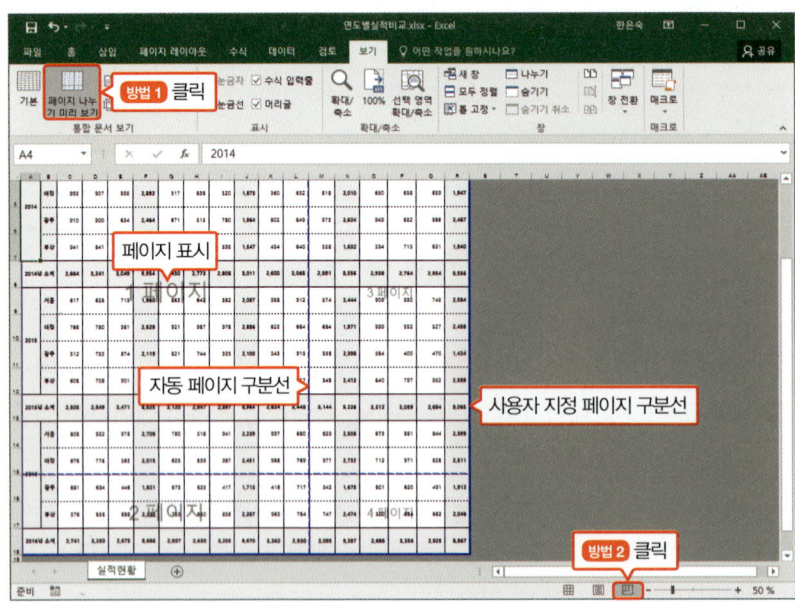

실습 파일 | CHAPTER01\경비예산.xlsx   **완성 파일** | CHAPTER01\완성\경비예산완성.xlsx

다른 사람이 작성한 문서를 열었을 때 문서의 전체적인 크기가 어떤지, 설정되어 있는 머리글이나 바닥글이 있는지, 인쇄 용지에 맞게 페이지 레이아웃이 설정되어 있는지 확인해볼 필요가 있습니다. 물론 인쇄 미리 보기 화면에서도 확인할 수 있지만 인쇄 미리 보기 화면에서는 편집 작업을 할 수 없습니다. 문서의 모양에 맞게 화면을 구성한 후 문서를 편집하면 편리하므로 문서의 일부분을 모니터 화면에 맞추어 확대, 축소하거나 워크시트의 일부 구성 요소를 임의로 화면에서 숨기고 작업해보겠습니다.

01 워크시트 눈금선 숨기기

워크시트 눈금선을 숨기면 문서에 설정한 테두리 등의 셀 서식을 더 깔끔하게 볼 수 있습니다. 워크시트에서 눈금선을 숨기기 위해 [보기] 탭-[표시] 그룹-[눈금선]의 체크 표시를 해제합니다.

바로 통하는TIP [눈금선] 외에도 [수식 입력줄], [머리글]도 같은 방법으로 표시하거나 숨길 수 있습니다. [눈금자]는 페이지 레이아웃 화면에서 선택할 수 있습니다.

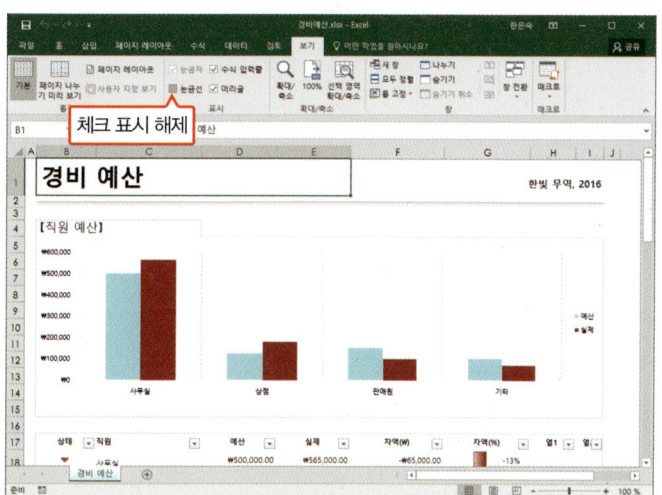

02 선택 영역에 맞게 화면 배율 지정하기

문서가 한 화면에 다 보이도록 화면 배율을 축소하겠습니다. ❶ 문서의 첫 셀인 [B1] 셀을 클릭하고 Ctrl + Shift + End 를 눌러 문서의 마지막 부분까지 범위를 선택합니다. ❷ [보기] 탭-[확대/축소] 그룹-[선택 영역 확대/축소]를 클릭합니다. ❸ Ctrl + Home 을 눌러 [A1] 셀로 이동합니다. 범위 선택이 해제됩니다. ❹ [보기] 탭-[확대/축소] 그룹-[100%]를 클릭하여 화면 배율을 원상 복구합니다.

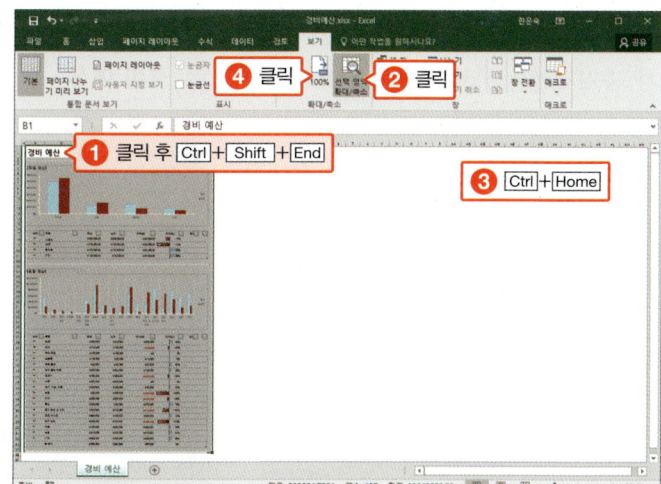

[선택 영역 확대/축소]의 범위 선택하기

[보기] 탭–[확대/축소] 그룹–[선택 영역 확대/축소]는 워크시트에서 선택한 범위에 맞추어 자동으로 화면 배율을 확대하거나 축소합니다. 범위를 선택할 때는 가로나 세로 범위만 선택해도 됩니다.

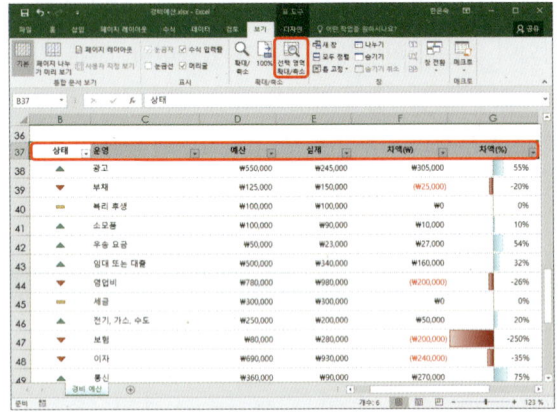
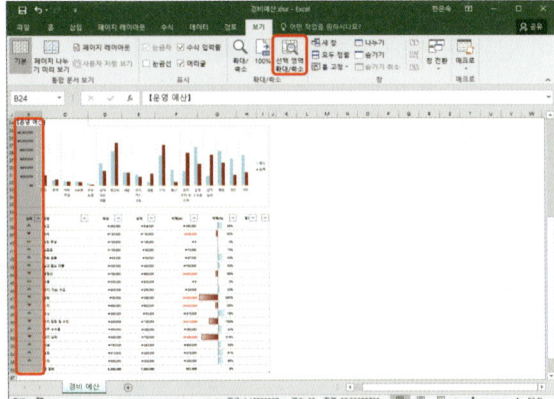

▲ [B37:G37] 셀 범위를 드래그한 후 [선택 영역 확대/축소]를 클릭해 확대

▲ [B24:B56] 셀 범위를 드래그한 후 [선택 영역 확대/축소]를 클릭해 축소

바로 통하는 TIP 워크시트 확대/축소 단축키

Ctrl 을 누른 상태에서 마우스 휠을 위로 올리면 워크시트 화면 배율이 확대되고, 마우스 휠을 아래로 내리면 워크시트 화면 배율이 축소됩니다.

03 전체 화면 보기

프레젠테이션을 위해서 워크시트 화면만 표시해보겠습니다. ❶ [리본 메뉴 표시 옵션 ▣]을 클릭하고 ❷ [리본 메뉴 자동 숨기기]를 선택합니다. 리본 메뉴가 숨겨지면서 전체 화면으로 표시됩니다. ❸ 다시 [리본 메뉴 표시 옵션 ▣]을 클릭하고 ❹ [탭 및 명령 표시]를 선택합니다. 리본 메뉴가 표시됩니다.

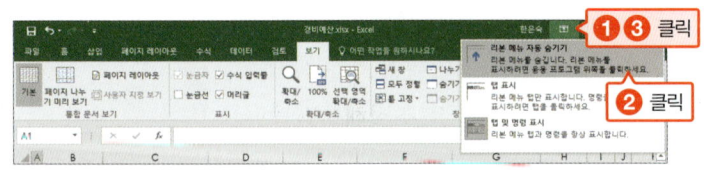
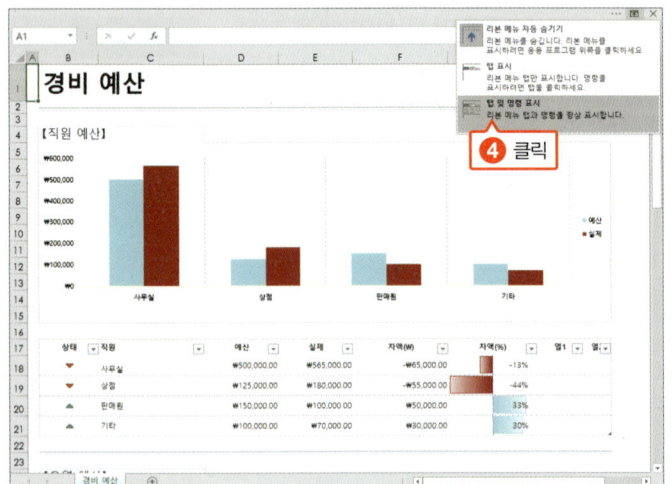

모든 화면 구성 요소 숨기기

리본 메뉴를 숨기고 전체 화면으로 표시해도 수식 입력줄, 수직 이동줄과 수평 이동줄, 시트 탭, 행 및 열 머리글 등은 화면에 계속 표시됩니다. 모든 구성 요소를 화면에서 숨기려면 다음과 같이 설정합니다. ❶ Alt + F + T 를 눌러 [Excel 옵션] 대화상자를 엽니다. ❷ [고급]을 선택하고 ❸ [수식 입력줄 표시], [가로 스크롤 막대 표시], [세로 스크롤 막대 표시], [시트 탭 표시], [행 및 열 머리글 표시]의 체크 표시를 해제한 후 ❹ [확인]을 클릭합니다.

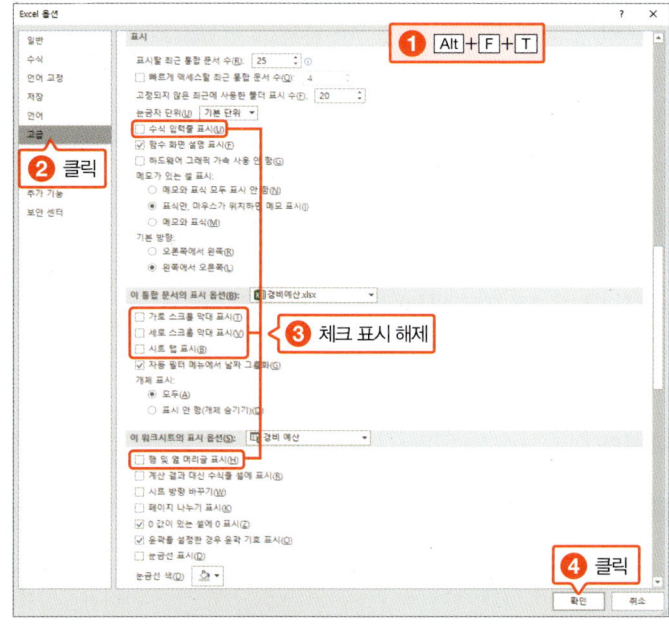

O4 페이지 레이아웃 보기

머리글에 설정된 페이지 번호를 삭제하고 위쪽 여백을 직접 조절해보겠습니다. ❶ 머리글 영역을 보기 위해 [보기] 탭–[통합 문서 보기] 그룹–[페이지 레이아웃]을 클릭합니다. ❷ 페이지 번호가 입력된 머리글의 오른쪽 영역을 클릭하고 Delete 를 눌러 내용을 삭제합니다. ❸ 위쪽 여백 경계선에 마우스 포인터를 놓고 마우스 포인터가 크기 조절 모양⬍이 되면 아래쪽으로 드래그합니다.

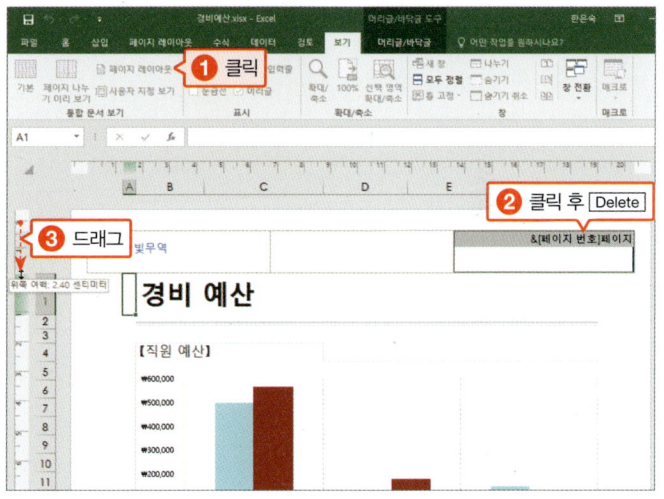

바로 통하는 TIP 용지와 용지 사이 공백 부분에 마우스 포인터를 놓고 마우스 포인터가 공백 숨기기 모양⬍일 때 클릭하면 머리글/바닥글 영역이 숨겨집니다. 용지 여백 부분이 표시되지 않으므로 나누어진 페이지를 연결해서 볼 수 있습니다.

05 페이지 구분선 조절하기

화면에 표시된 페이지 구분선을 직접 드래그하여 인쇄 배율을 조절해보겠습니다. ❶ [보기] 탭-[통합 문서 보기] 그룹-[페이지 나누기 미리 보기]를 클릭합니다. ❷ 오른쪽으로 나누어진 페이지를 한 페이지에 인쇄하기 위해 세로 방향 자동 페이지 구분선을 J열까지 드래그합니다. ❸ 아래쪽으로 나누어진 페이지를 한 페이지에 인쇄하기 위해 가로 방향 자동 페이지 구분선을 58행까지 드래그합니다.

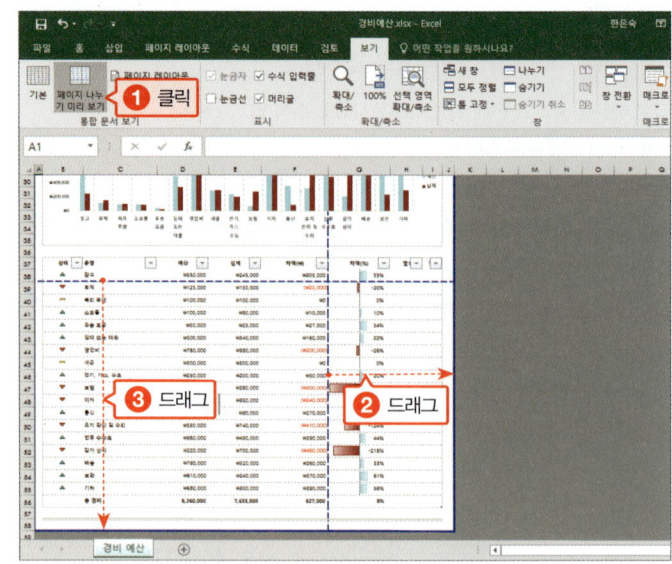

바로 통하는 TIP 설정된 인쇄 배율은 [페이지 레이아웃] 탭-[크기 조정] 그룹의 배율에서 확인할 수 있습니다.

리본 메뉴와 빠른 실행 도구 모음 사용자 지정하기

엑셀의 여러 기능을 사용하려면 리본 메뉴와 빠른 실행 도구 모음의 명령 아이콘을 선택합니다. 빠른 실행 도구 모음과 리본 메뉴의 명령 아이콘은 추가하거나 제거할 수 있으며 리본 메뉴를 숨겨서 워크시트를 더 넓게 표시할 수 있습니다.

🔍 핵심기능실습 │ 빠른 실행 도구 모음 사용자 지정하기

자주 사용하는 명령을 빠른 실행 도구 모음에 추가하면 리본 메뉴 탭을 이리저리 찾아보지 않고 한 번에 실행할 수 있어 편리합니다. 다양한 방법으로 빠른 실행 도구 모음에 자주 사용하는 명령 아이콘을 추가해보겠습니다.

01 빠른 실행 도구 모음 사용자 지정 메뉴에서 추가하기

❶❸❺ [빠른 실행 도구 모음 사용자 지정]을 클릭한 후 ❷ [새로 만들기], ❹ [열기], ❻ [인쇄 미리 보기 및 인쇄]를 차례로 선택합니다.

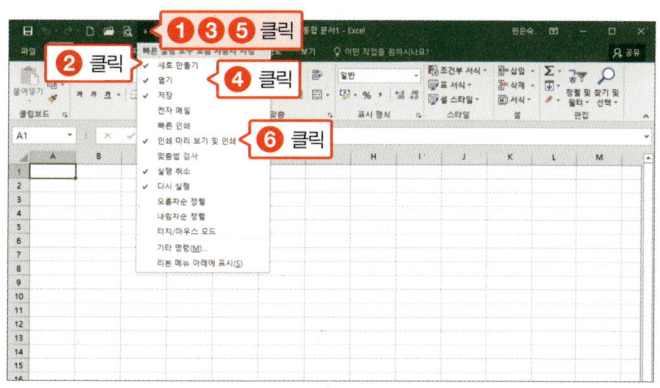

02 리본 메뉴에서 직접 추가하기

❶ [보기] 탭-[표시] 그룹-[눈금선]에서 마우스 오른쪽 버튼을 클릭하고 ❷ [빠른 실행 도구 모음에 추가]를 선택합니다.

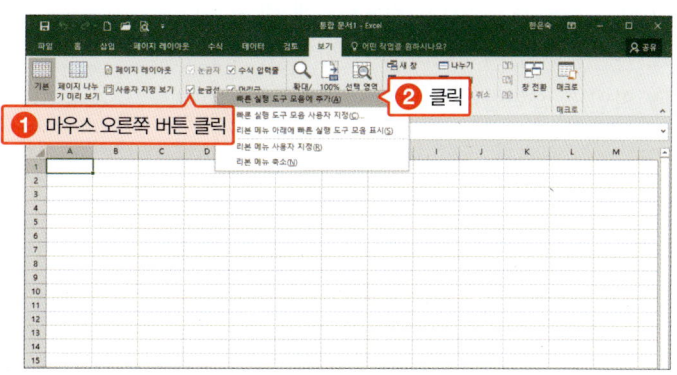

쉽고 빠른 엑셀 NOTE 목록 버튼이 있는 명령 아이콘을 추가할 때 주의점 알아보기

[홈] 탭−[글꼴] 그룹−[테두리] 아이콘과 같이 목록 버튼을 포함하는 아이콘을 빠른 실행 도구 모음에 추가할 때 아이콘 위에 마우스 포인터를 놓고 추가하면 현재 선택되어 있는 항목만 추가됩니다. 하위 목록까지 모두 추가하려면 아이콘의 목록 버튼에 마우스 포인터를 놓은 상태에서 추가해야 합니다.

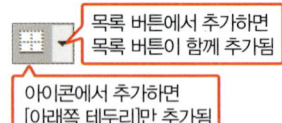

목록 버튼에서 추가하면 목록 버튼이 함께 추가됨

아이콘에서 추가하면 [아래쪽 테두리]만 추가됨

03 [Excel 옵션] 대화상자에서 추가하기

리본 메뉴에서 추가할 수 없는 명령은 [Excel 옵션] 대화상자에서 추가할 수 있습니다. ❶ [빠른 실행 도구 모음 사용자 지정]을 클릭하고 [기타 명령]을 선택합니다. ❷ [빠른 실행 도구 모음]−[명령 선택] 목록에서 [리본 메뉴에 없는 명령]을 선택합니다. ❸ 명령 목록에서 [전체 화면 보기 토글]을 선택하고 ❹ [추가]를 클릭합니다.

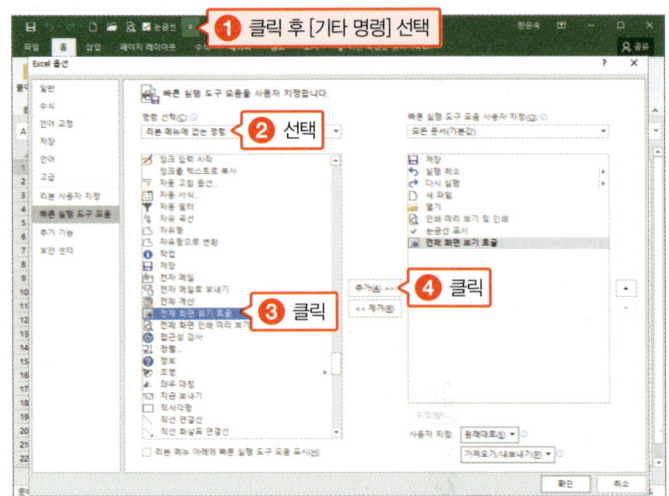

바로 통하는 TIP [전체 화면 보기 토글]은 엑셀 2010 버전까지는 [보기] 탭에서 선택할 수 있는 기능이었으나 엑셀 2013 버전 이후부터는 [리본 메뉴 표시 옵션 ▣]의 [리본 메뉴 자동 숨기기]를 선택하면 전체 화면 보기를 사용할 수 있으므로 리본 메뉴에서 사라졌습니다. 전체 화면 보기 상태에서 Esc 를 눌러 간편하게 이전 화면으로 다시 돌아오도록 설정하고 싶다면 [전체 화면 보기 토글] 명령을 사용하는 것이 편리합니다.

04 빠른 실행 도구 모음의 명령 아이콘 순서 변경하기

빠른 실행 도구 모음의 명령 아이콘 나열 순서를 변경해보겠습니다. ❶ [새 파일]을 선택하고 ❷ [위로 이동 ▲]을 세 번 클릭하여 맨 위로 이동합니다. ❸ [열기]를 선택하고 ❹ [위로 이동]을 세 번 클릭하여 두 번째 위치로 이동합니다. ❺ [확인]을 클릭합니다.

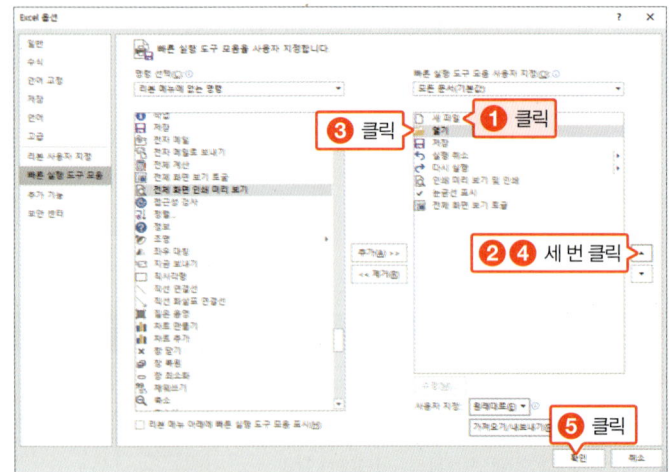

빠른 실행 도구 모음의 명령 제거하기

빠른 실행 도구 모음의 명령을 제거하려면 두 가지 방법이 있습니다. **방법 1** Alt + F + T 를 누른 후 [Excel 옵션] 대화상자에서 [빠른 실행 도구 모음]을 선택합니다. ❶ 제거할 명령을 선택하고 ❷ [제거]를 클릭합니다. 혹은 **방법 2** ❶ 빠른 실행 도구 모음의 제거할 명령 아이콘에서 마우스 오른쪽 버튼을 클릭한 후 ❷ [빠른 실행 도구 모음에서 제거]를 선택합니다.

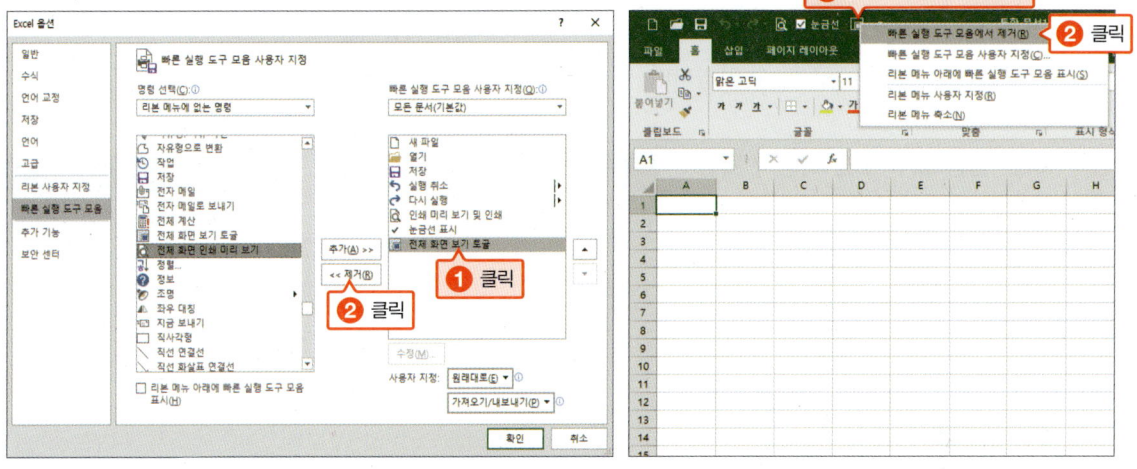

빠른 실행 도구 모음의 사용자 지정 파일 내보내기

빠른 실행 도구 모음에 추가한 명령을 나열한 순서 그대로 다른 PC에서도 사용하려면 사용자 지정 파일로 내보낸 후 다른 PC의 [Excel 옵션] 대화상자에서 사용자 지정 파일을 가져옵니다. 사용자 지정 파일의 확장자명은 exportedUI입니다. 사용자 지정 파일로 내보내는 방법은 다음과 같습니다. ❶ [Excel 옵션] 대화상자에서 [빠른 실행 도구 모음]을 선택한 후 [가져오기/내보내기]를 클릭하고 ❷ [모든 사용자 지정 항목 내보내기]를 선택합니다. ❸ [파일 저장] 대화상자의 [파일 이름]란에 원하는 파일명을 입력하고 ❹ [저장]을 클릭합니다.

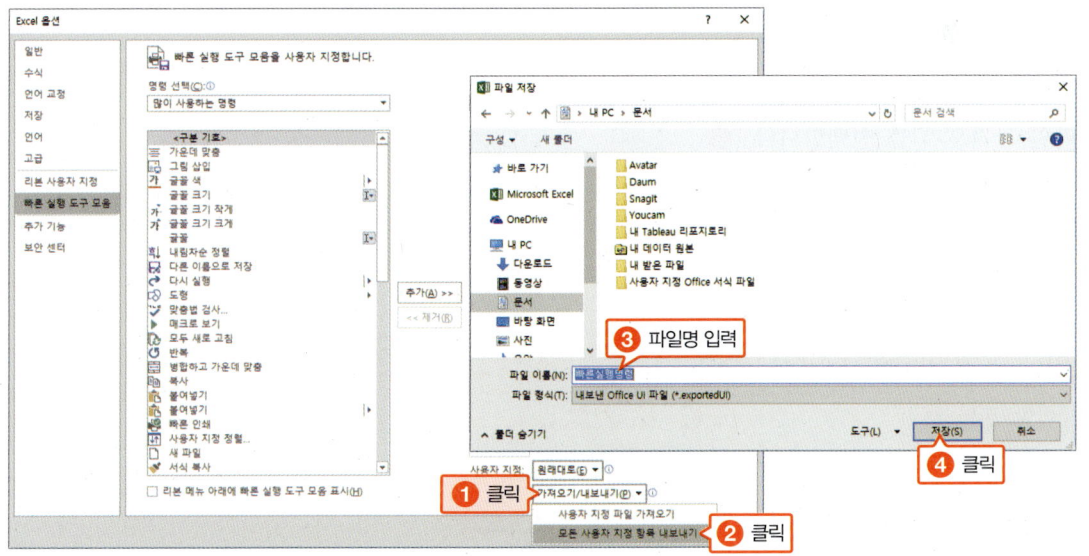

실습 파일 | CHAPTER01\빠른실행명령.exportedUI **완성 파일 |** 없음

빠른 실행 도구 모음에 추가한 아이콘이 많은 경우 리본 메뉴 위에 있는 제목 표시줄에 모든 아이콘이 표시되지 않습니다. 이때는 빠른 실행 도구 모음을 리본 메뉴 아래로 이동하는 것이 좋습니다. 워크시트가 넓게 보이도록 리본 메뉴를 축소할 수 있습니다.

01 빠른 실행 도구 모음 사용자 지정 파일 가져오기

빠른 실행 도구 모음 사용자 지정 파일을 가져오겠습니다. ❶ 빠른 실행 도구 모음의 명령 아이콘에서 마우스 오른쪽 버튼을 클릭한 후 ❷ [빠른 실행 도구 모음 사용자 지정]을 선택합니다.

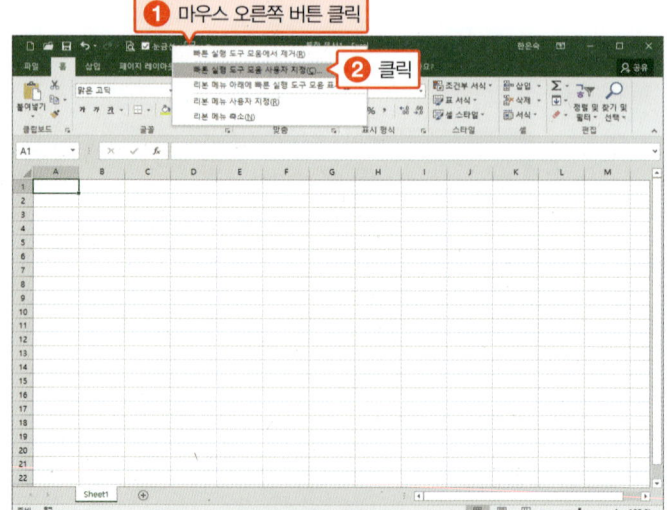

02 빠른 실행 도구 모음 사용자 지정 파일 선택하기

❶ [Excel 옵션] 대화상자에서 [가져오기/내보내기]를 클릭한 후 [사용자 지정 파일 가져오기]를 선택합니다. ❷ [파일 열기] 대화상자가 표시되면 '빠른실행명령.exportedUI' 파일을 선택하고 ❸ [열기]를 클릭합니다. ❹ 변경을 확인하는 메시지가 나타나면 [예]를 클릭한 후 ❺ [Excel 옵션] 대화상자에서 [확인]을 클릭합니다.

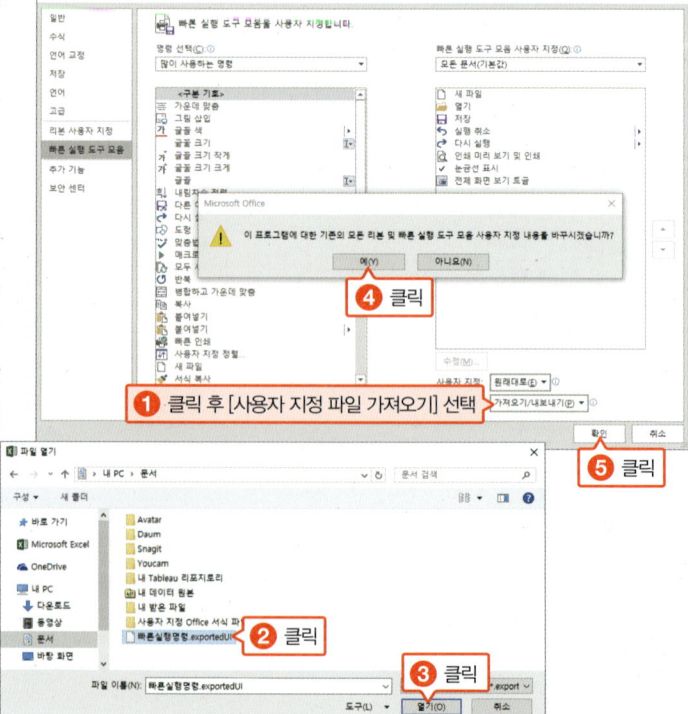

03 빠른 실행 도구 모음 이동

빠른 실행 도구 모음의 아이콘이 너무 많아 리본 메뉴 위에 다 표시되지 않으므로 리본 메뉴 아래로 이동해보겠습니다. ① 빠른 실행 도구 모음이나 리본 메뉴의 명령 아이콘에서 마우스 오른쪽 버튼을 클릭한 후 ② [리본 메뉴 아래에 빠른 실행 도구 모음 표시]를 선택합니다.

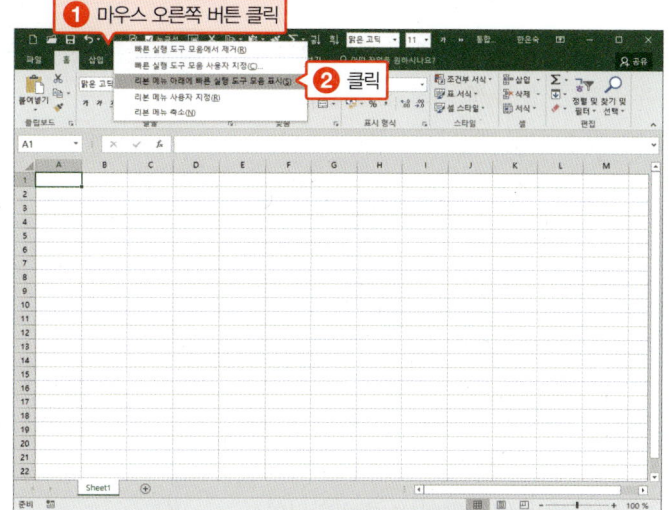

04 리본 메뉴 탭만 표시하기

리본 메뉴 아래로 빠른 실행 도구 모음이 이동되었습니다. 리본 메뉴의 탭만 표시하겠습니다. ① [리본 메뉴 표시 옵션 ⬚]을 클릭하고 ② [탭 표시]를 선택합니다.

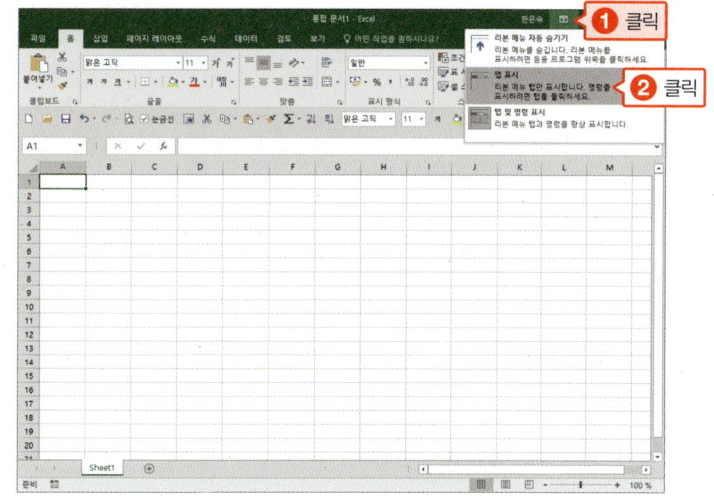

쉽고 빠른 엑셀 NOTE

리본 메뉴 표시 옵션 알아보기

[리본 메뉴 표시 옵션 ⬚]을 클릭하면 다음과 같은 옵션을 선택할 수 있습니다.

❶ **리본 메뉴 자동 숨기기** : 리본 메뉴와 빠른 실행 도구 모음이 숨겨지며 워크시트가 전체 화면으로 표시됩니다. 전체 화면 상태에서 창의 윗부분을 클릭하면 리본 메뉴와 빠른 실행 도구 모음이 내려옵니다.

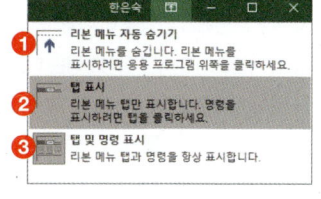

❷ **탭 표시** : 리본 메뉴의 탭만 표시합니다.

❸ **탭 및 명령 표시** : 리본 메뉴를 모두 표시합니다. [탭 표시]와 [탭 및 명령 표시]는 리본 메뉴에서 선택되어 있는 탭을 더블클릭하거나 Ctrl + F1을 눌러 전환할 수 있습니다.

---

05 빠른 실행 도구 모음 초기화하기

다시 빠른 실행 도구 모음 설정을 초기화하겠습니다. ❶ 리본 메뉴에서 마우스 오른쪽 버튼을 클릭한 후 ❷ [빠른 실행 도구 모음 사용자 지정]을 선택합니다. ❸ [Excel 옵션] 대화상자에서 [빠른 실행 도구 모음]–[원래대로]를 클릭합니다. ❹ [빠른 실행 도구 모음만 다시 설정]을 선택한 후 ❺ 확인 메시지가 나타나면 [예]를 클릭합니다. ❻ [Excel 옵션] 대화상자에서 [확인]을 클릭합니다.

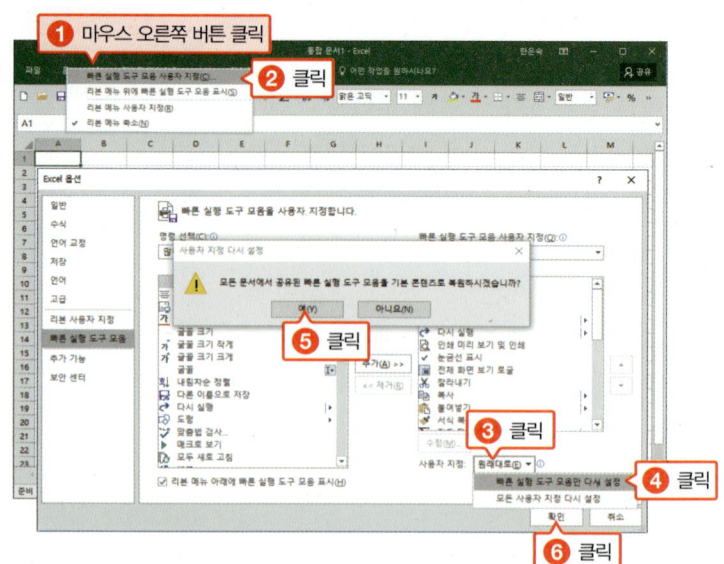

06 빠른 실행 도구 모음 이동 및 리본 메뉴 축소 해제하기

빠른 실행 도구 모음 아이콘이 많지 않으므로 다시 리본 메뉴 위로 이동하고 리본 메뉴 축소를 해제하겠습니다. ❶ 리본 메뉴에서 마우스 오른쪽 버튼을 클릭한 후 ❷ [리본 메뉴 위에 빠른 실행 도구 모음 표시]를 선택합니다. ❸ 다시 리본 메뉴에서 마우스 오른쪽 버튼을 클릭한 후 ❹ [리본 메뉴 축소]를 선택합니다.

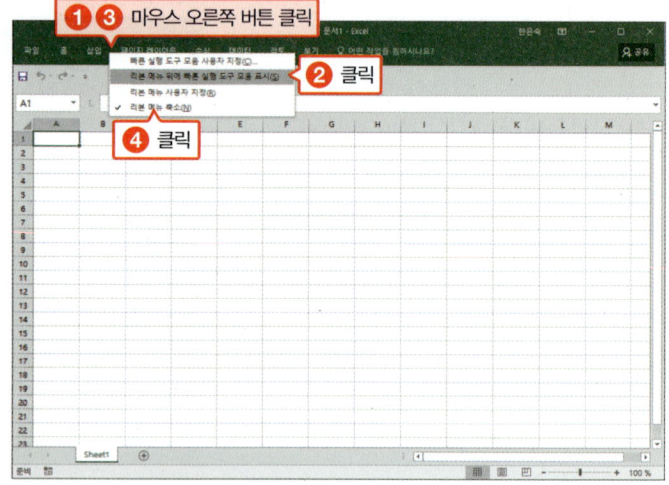

터치/마우스 모드로 명령 간격 최적화하기

사용하는 PC에서 터치 모드를 지원한다면 화면 터치로 명령을 선택할 수 있습니다. 화면에서 명령을 터치하려면 명령 아이콘의 간격이 널찍해야 편리합니다. 엑셀 2013 버전 이상부터는 터치 모드로 전환하여 명령 아이콘의 간격을 넓게 조정할 수 있습니다. ❶ [빠른 실행 도구 모음 사용자 지정] 메뉴에서 [터치/마우스 모드 🖱]를 선택합니다. ❷ 빠른 실행 도구 모음에 표시된 [터치/마우스 모드]를 클릭하고 ❸ [터치]를 선택합니다. 터치 모드에서는 마우스 클릭과 화면 터치를 모두 사용할 수 있습니다.

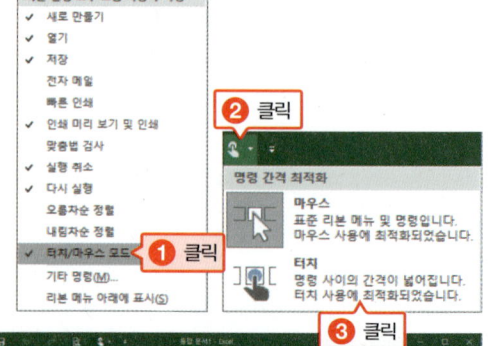

▲ 마우스 모드

▲ 터치 모드

SECTION 06

엑셀 통합 문서 다루기

엑셀에서 작성하는 문서는 워크시트, 차트, 피벗 테이블, 외부 데이터베이스 등 여러 형태의 문서를 포함할 수 있어서 통합 문서라고 부릅니다. 엑셀의 통합 문서를 열어 간단히 수정한 후 저장하면서 엑셀 명령을 사용하는 방법에 대해서 알아보겠습니다.

엑셀 명령을 사용하는 다섯 가지 방법

엑셀 명령을 선택하는 방법에는 ❶ 빠른 실행 도구 모음, ❷ 리본 메뉴, 마우스 오른쪽 버튼을 클릭했을 때 표시되는 ❸ 단축 메뉴와 ❹ 미니 도구 모음, ❺ 명령별로 정해진 단축키, ❻ 명령을 찾아서 선택하는 설명 상자가 있습니다. 작업 상황에 따라 편리한 방법을 사용합니다. 빠른 실행 도구 모음이나 리본 메뉴는 사용자의 취향에 따라 다양하게 설정할 수 있습니다. 여기에서는 리본 메뉴의 경우 기본 설정 탭을 그대로 두고, 빠른 실행 도구 모음에는 [새로 만들기], [열기], [저장], [실행 취소], [다시 실행], [인쇄 미리 보기 및 인쇄]를 설정해두고 실습을 진행하겠습니다.

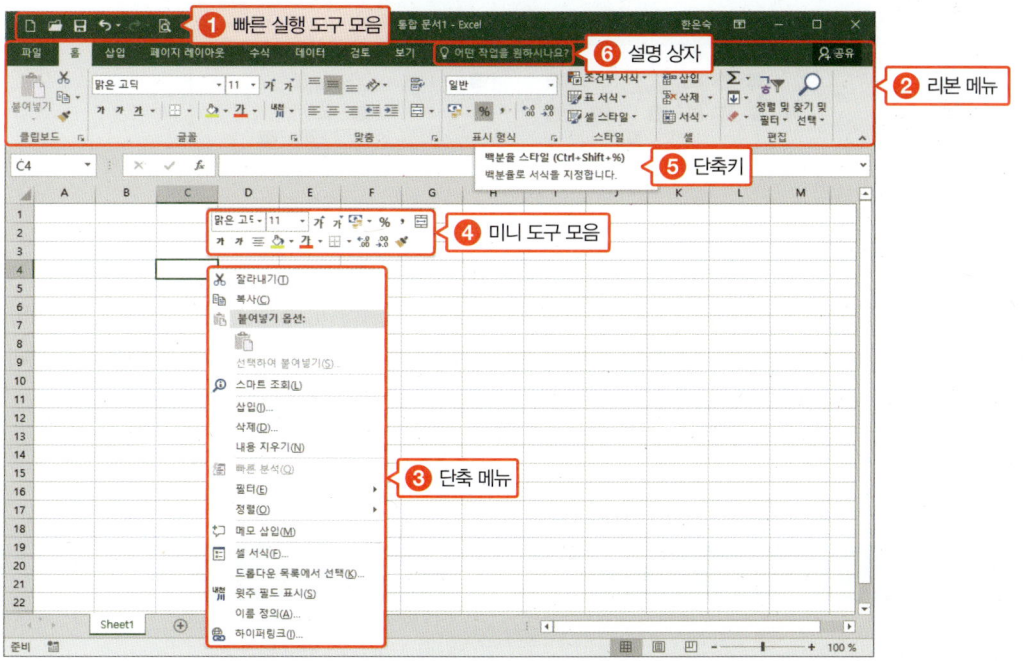

단축키 확인하기

방법1 ❶ 리본 메뉴의 명령 아이콘에 마우스 포인터를 놓으면 ❷ 아래에 기능 설명 상자가 표시되고 단축키가 있는 명령인 경우 괄호 안에 단축키가 표시됩니다.

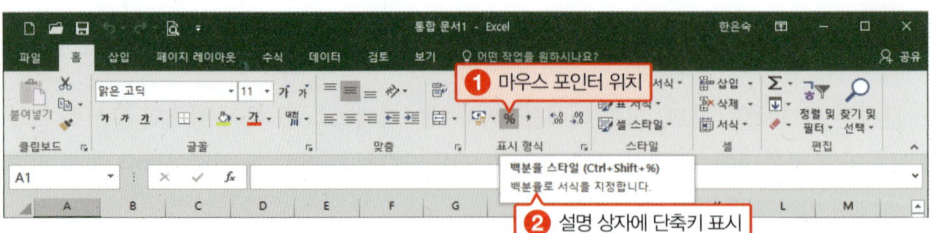

방법2 단축키가 없는 명령의 경우에는 Alt 를 사용할 수 있습니다. Alt 를 한 번 누르면 빠른 실행 도구 모음에는 숫자가, 리본 메뉴에는 알파벳이 표시됩니다. 리본 메뉴의 텍스트 메뉴에 표시된 알파벳을 누르면 해당 탭의 각 명령 아이콘에 알파벳이 표시됩니다. 확인한 숫자나 알파벳을 Alt 와 함께 누르면 해당 명령을 선택할 수 있습니다. 예를 들어 빠른 실행 도구 모음의 첫 번째 명령은 단축키 Alt + 1 을 누르고 리본 메뉴의 [삽입] 탭-[피벗 테이블]은 단축키 Alt + N + V 를 누릅니다.

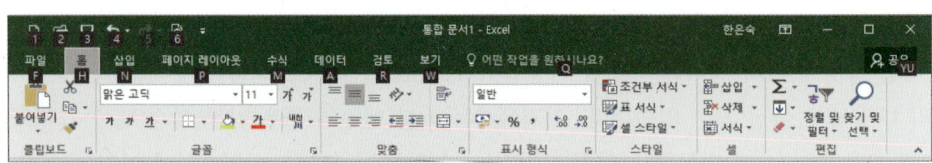

▲ Alt 를 한 번 누르면 빠른 실행 도구 모음에는 숫자가 표시되고 리본 메뉴에는 알파벳이 표시됨

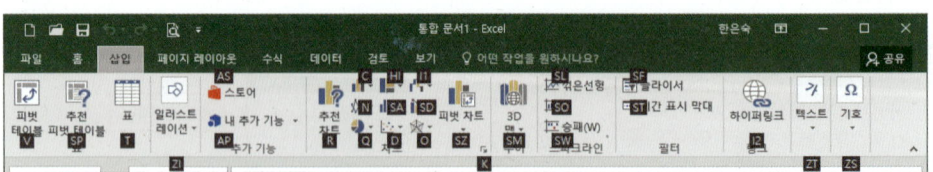

▲ N 을 누르면 [삽입] 탭이 선택되고 명령마다 알파벳이 표시됨

설명 상자 사용하기

사용할 명령이 어디에 있는지 모르겠다면 설명 상자에 명령을 직접 입력하여 선택할 수 있습니다. ❶ 설명 상자를 클릭하거나 Alt + Q 를 누른 후 ❷ 찾는 명령을 입력합니다. ❸ 표시된 메뉴 목록에서 명령을 선택합니다. 입력한 단어에 해당하는 명령이 없는 경우에는 [도움말]을 선택합니다. 엑셀에서 제공하는 [도움말] 작업 창이 표시되며, [스마트 조회]를 선택하면 해당 단어의 웹 검색 결과를 표시한 [스마트 조회] 작업 창이 표시됩니다.

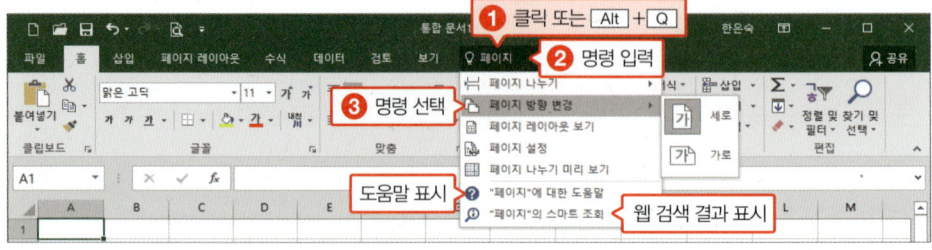

통합 문서 열기 및 저장 위치 설정하기

빠른 실행 도구 모음의 [열기■]나 [저장■]을 클릭하면 기본적으로 백스테이지 화면이 표시됩니다. 해당 탭에는 OneDrive와 같은 클라우드, PC에서 최근 사용했던 폴더 등 문서의 저장 위치가 표시되어 있어 원하는 문서를 열거나 저장할 수 있습니다.

➖ 백스테이지 화면의 [열기] 탭

빠른 실행 도구 모음의 [열기■]를 클릭하거나 단축키 Ctrl+O를 누르면 백스테이지 화면의 [열기] 탭이 표시됩니다. [열기] 탭은 위치 선택 부분과 폴더/파일 선택 부분으로 구성되어 있습니다. 파일을 열 위치를 선택하고 폴더와 파일을 선택하면 바로 파일이 열립니다. 각 구성 항목은 다음과 같습니다.

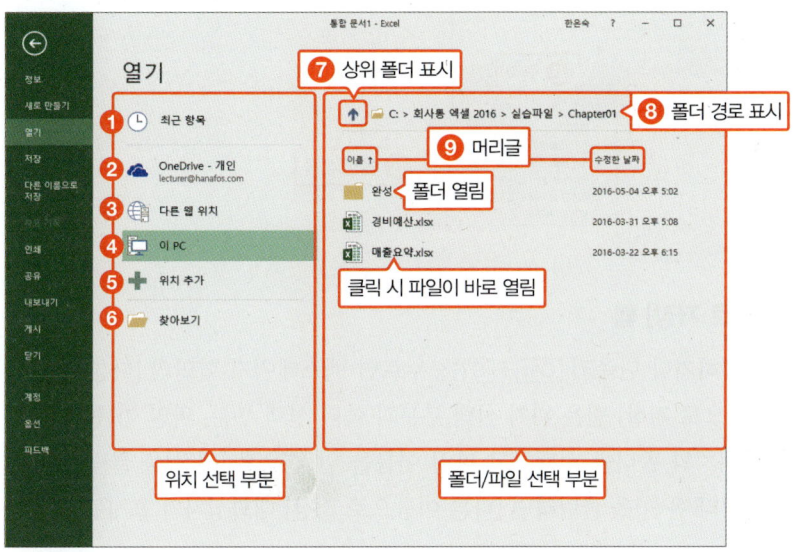

❶ **최근 항목** : 최근 사용한 파일 목록이 표시됩니다.

❷ **OneDrive** : 마이크로소프트 클라우드 OneDrive에 있는 폴더와 파일 목록이 표시됩니다.

❸ **다른 웹 위치** : 다른 웹에서 열었던 파일 목록이 표시됩니다.

❹ **이 PC** : 로컬 PC의 기본 저장 위치로 설정되어 있는 폴더가 표시됩니다.

❺ **위치 추가** : SharePoint나 OneDrive의 다른 계정을 클라우드 저장소로 추가할 수 있습니다.

❻ **찾아보기** : [열기] 대화상자를 표시합니다.

❼ **상위 폴더 표시** : 상위 폴더로 이동합니다.

❽ **폴더 경로 표시** : 현재 표시된 폴더의 경로를 표시합니다. 클릭하면 [열기] 대화상자가 표시됩니다.

❾ **머리글** : [이름], [수정한 날짜]를 클릭하면 목록이 오름차순 또는 내림차순으로 정렬됩니다.

━ [열기] 대화상자

읽기 전용이나 제한된 보기, 복구 등의 옵션을 선택하면서 열고 싶다면 [열기] 대화상자를 사용합니다. [열기] 대화상자에서 ❶ 파일을 선택하고 ❷ [열기]의 목록 버튼을 클릭한 후 ❸ 옵션을 선택합니다.

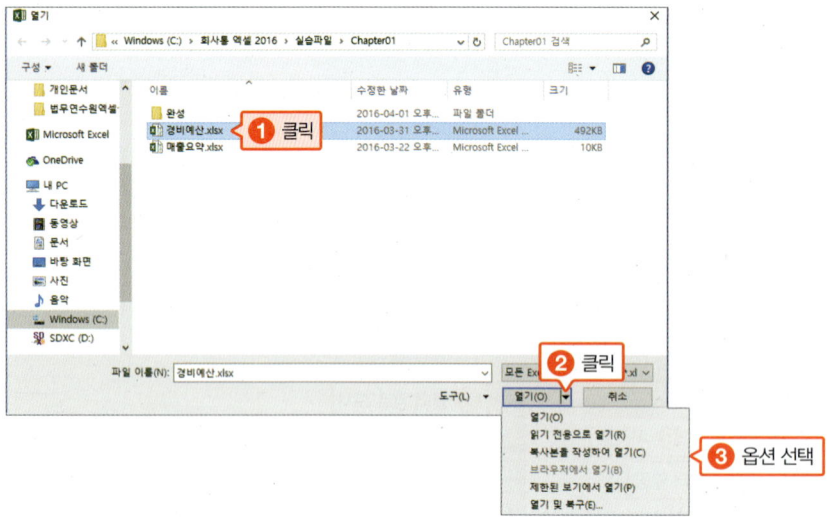

━ 백스테이지 화면의 [다른 이름으로 저장] 탭

새 통합 문서의 경우 [저장 🖫]을 클릭하거나 단축키 Ctrl+S를 누르면 백스테이지 화면의 [다른 이름으로 저장] 탭이 표시됩니다. [다른 이름으로 저장] 탭은 위치 선택 부분과 폴더 선택 부분, 파일 이름 및 형식 선택 부분으로 구성되어 있습니다. 위치와 폴더를 선택하고 파일 이름을 입력한 후 [저장]을 클릭합니다. [찾아보기]나 폴더 경로 표시 부분, [기타 옵션]을 클릭하면 [다른 이름으로 저장] 대화상자가 표시됩니다.

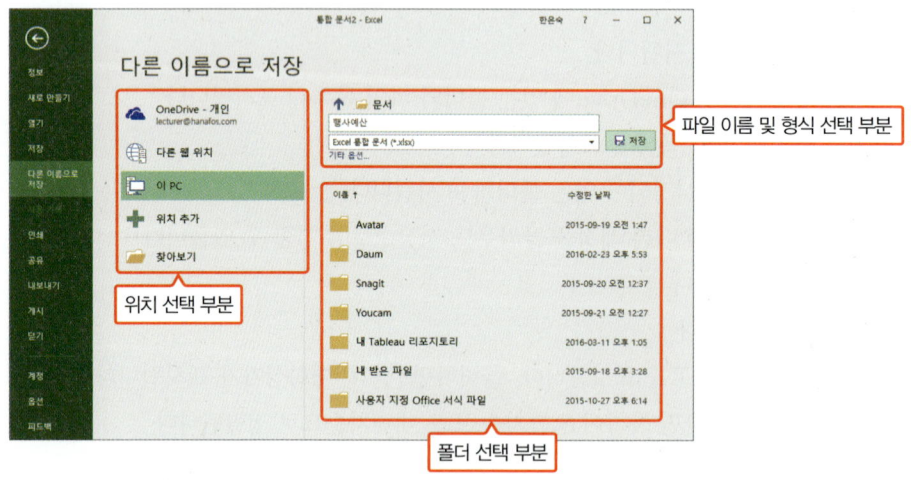

━ [열기] 및 [저장] 대화상자 바로 열기

빠른 실행 도구 모음에서 [열기 📂] 혹은 [저장 🖫]을 클릭하거나 단축키를 눌렀을 때 백스테이지 화면으로 이동하지 않고 바로 [열기] 또는 [다른 이름으로 저장] 대화상자가 표시되도록 할 수 있습니다.

방법 1 [다른 이름으로 저장] 대화상자를 바로 열려면 단축키 Ctrl + S 대신 F12 를 누릅니다. [열기] 대화상자를 바로 열려면 단축키 Ctrl + O 대신 Ctrl + F12 를 누릅니다. **방법 2** [열기 📂]와 [저장 💾]을 클릭하거나 단축키 Ctrl + O 와 Ctrl + S 를 눌렀을 때도 바로 대화상자가 나타나도록 설정하려면 ❶ [파일] 탭-[옵션]을 선택하고 ❷ [Excel 옵션] 대화상자에서 [저장]을 선택합니다. ❸ [파일을 열거나 저장할 때 Backstage 표시 안 함]에 체크 표시하고 ❹ [확인]을 클릭합니다.

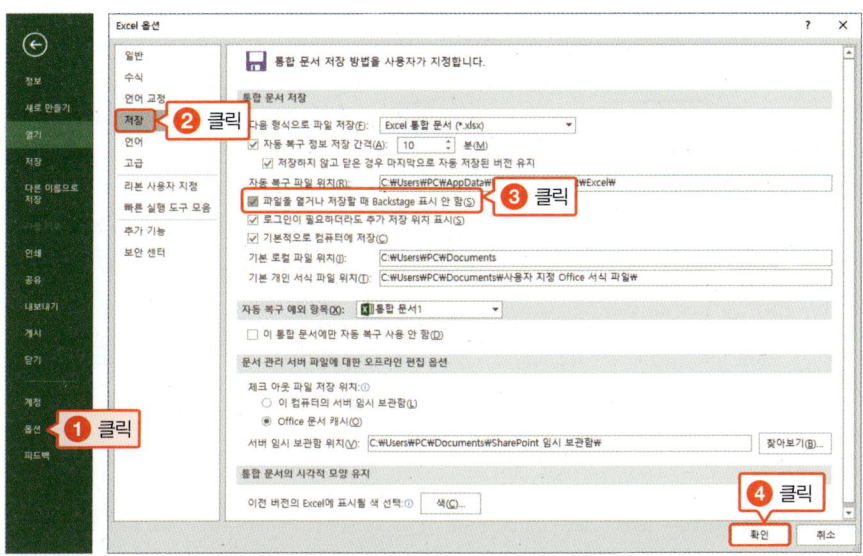

다른 형식으로 파일 저장하기

엑셀 문서를 PDF 파일로 저장하거나 기타 다른 형식으로 변경하여 저장하려면 [파일] 탭-[내보내기]를 선택한 후 다음과 같은 방법을 사용합니다.

━ PDF/XPS 문서 만들기

❶ [파일] 탭-[내보내기]를 선택한 후 ❷ [PDF/XPS 문서 만들기]를 클릭하고 ❸ [PDF/XPS 만들기]를 클릭합니다. ❹ [PDF 또는 XPS로 게시] 대화상자에서 [게시]를 클릭합니다.

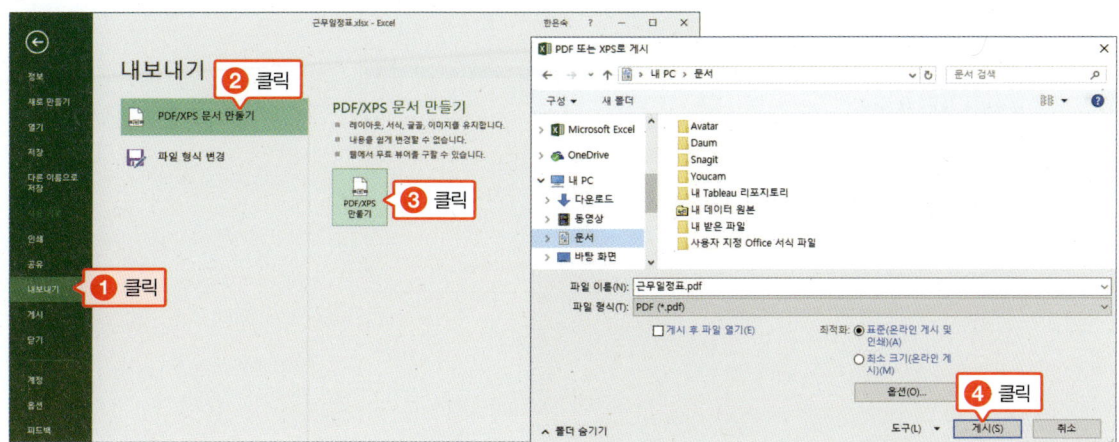

파일 형식 변경하기

❶ [파일 형식 변경]을 클릭하고 ❷ [통합 문서 파일 유형]에서 저장할 파일 유형을 선택합니다. ❸ [다른 이름으로 저장]을 클릭합니다. ❹ [다른 이름으로 저장] 대화상자에서 [저장]을 클릭합니다.

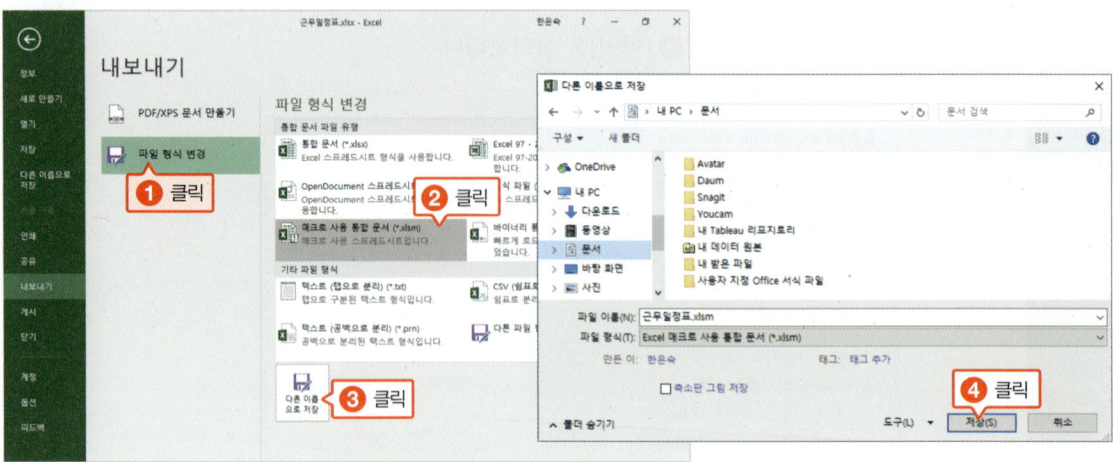

단축키 사용하기

워크시트 화면에서 [파일] 탭을 선택할 필요 없이 단축키 F12를 누르면 [다른 이름으로 저장] 대화상자를 바로 표시할 수 있습니다. [파일 형식] 목록을 클릭하면 [내보내기] 백스테이지 화면에 없는 파일 형식을 선택할 수 있습니다.

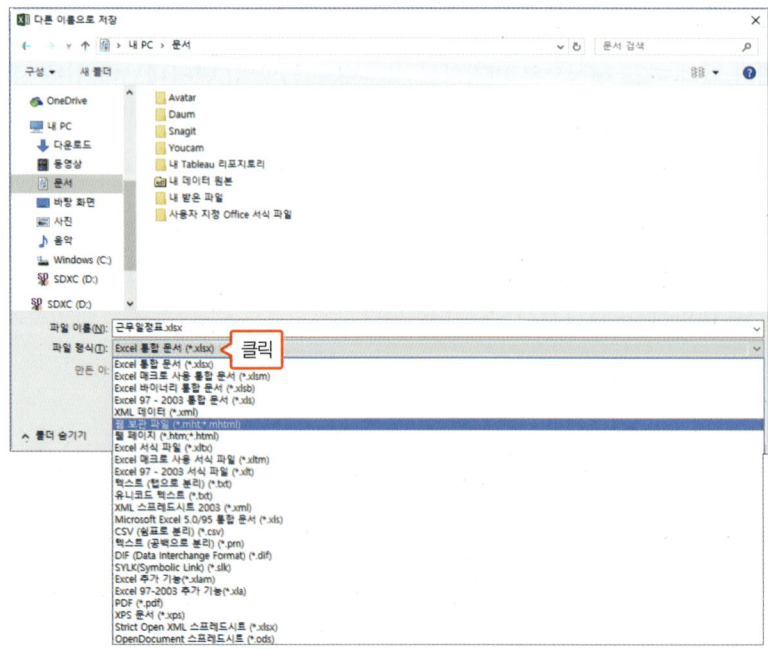

실습 파일 | CHAPTER01\근무일정표.xlsx   **완성 파일** | CHAPTER01\완성\근무일정표.pdf

'근무일정표.xlsx' 파일을 불러온 후 엑셀의 명령 도구로 간단히 수정한 후 PDF 파일로 저장해보겠습니다. PDF 파일은 내용을 변경할 수 없으며 엑셀이 설치되지 않은 컴퓨터에서도 파일 내용을 확인할 수 있습니다.

01 빠른 실행 도구 모음으로 통합 문서 열기

❶ 빠른 실행 도구 모음에서 [열기 📂]를 클릭합니다. ❷ [열기] 대화상자에서 '근무일정표.xlsx' 파일을 선택한 후 ❸ [열기]를 클릭합니다.

바로 통하는TIP [Excel 옵션] 대화상자에서 [저장] – [통합 문서 저장]의 [파일을 열거나 저장할 때 Backstage 표시 안 함]에 체크 표시해두었기 때문에 [열기] 대화상자가 바로 열립니다. 혹은 Ctrl + F12 를 눌러 [열기] 대화상자를 바로 열 수 있습니다.

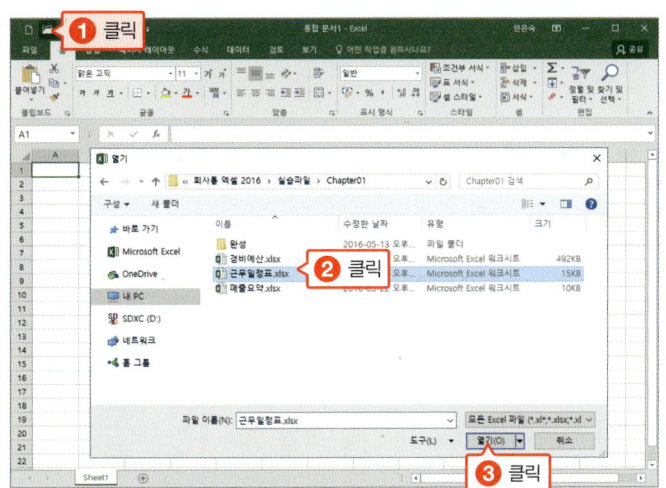

02 리본 메뉴로 날짜 표시 형식 변경하기

❶ [B7] 셀을 클릭하고 ❷ [홈] 탭–[표시 형식] 그룹–[표시 형식] 목록 버튼을 클릭합니다. ❸ [자세한 날짜]를 선택합니다.

03 단축 메뉴로 행 삭제하기

❶ [3:4] 행 머리글을 드래그한 후 ❷ 마우스 오른쪽 버튼을 클릭하고 ❸ 단축 메뉴에서 [삭제]를 선택합니다.

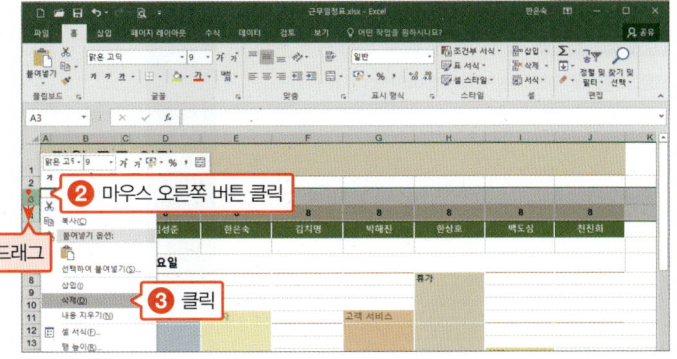

04 설명 상자에서 눈금선 표시 해제하기

❶ 설명 상자에 **눈금선**을 입력합니다. 그런 다음 ❷ 표시된 목록에서 [눈금선 표시]를 선택합니다.

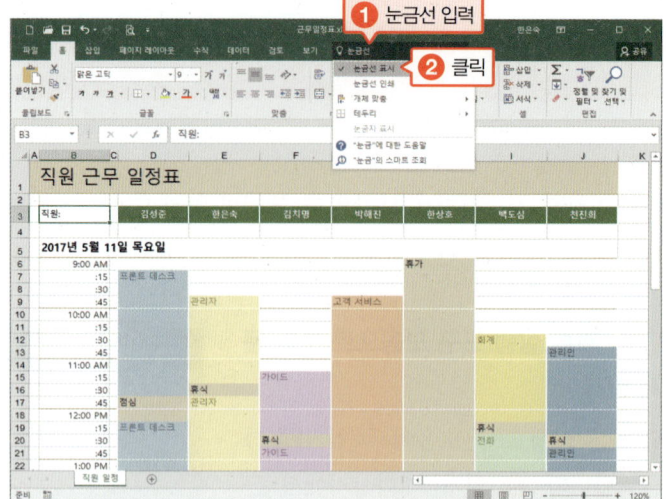

05 단축키로 PDF 형식 저장하기

❶ F12 를 눌러 [다른 이름으로 저장] 대화상자를 표시합니다. ❷ 저장 위치로 [문서] 폴더를 선택합니다. ❸ [파일 형식] 목록 버튼을 클릭하고 ❹ [PDF(*.pdf)]를 선택합니다. ❺ [저장]을 클릭합니다.

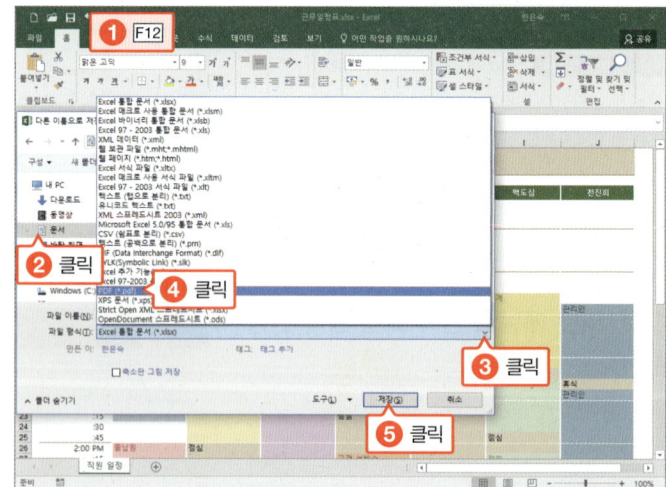

06 PDF 파일 확인하기

저장이 완료되면 PDF 뷰어 프로그램이 자동으로 실행되면서 PDF 파일이 열립니다. [닫기]를 클릭합니다.

바로 통하는 TIP PDF 파일을 열 수 있는 PDF 뷰어 프로그램이 컴퓨터에 설치되어 있어야 합니다.

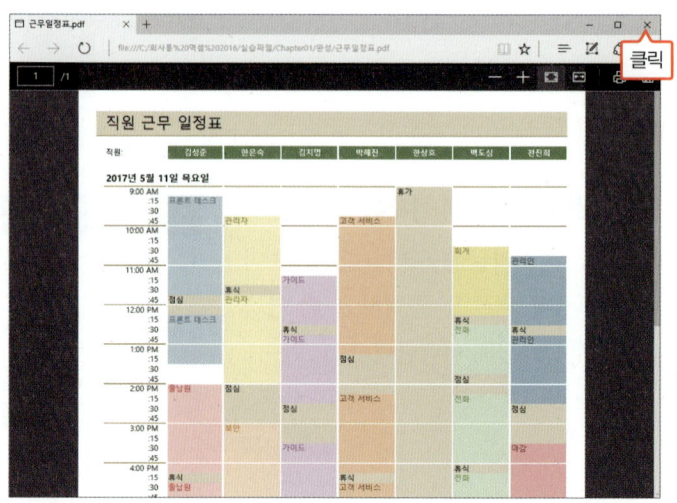

문서 작성의 시작!
데이터 입력

워드프로세서에서는 입력하는 문자, 숫자, 날짜, 시간 등을 모두 문자로 인식하지만 엑셀에서는 입력하는 데이터가 문자인지, 숫자인지, 날짜 혹은 시간인지에 따라 자동으로 적용되는 기본 서식과 표시 형식이 다릅니다. 따라서 엑셀에서 다루는 데이터의 특징을 잘 알아두면 문서 작성 시간을 줄일 수 있고 작업의 효율성도 높일 수 있습니다. 엑셀의 작업 영역인 셀, 워크시트, 통합 문서의 개념을 이해하고 엑셀에서 다루는 데이터의 종류별 특성에 대해서 알아보겠습니다.

SECTION 01

엑셀의 작업 구조

엑셀은 계산 용지의 묶음에 해당하는 회계 장부와 유사한 구조로 되어 있습니다. 통합 문서(Book)가 회계 장부라면 워크시트(Worksheet)는 장부 안에 각 부서별로 색인(Index)되어 있는 여러 페이지라고 볼 수 있습니다. 셀(Cell)은 페이지에서 수입, 지출 내역과 금액을 기재하는 각각의 칸이라고 생각하면 됩니다.

셀과 셀 주소

셀은 행과 열이 교차하면서 만들어진 칸이며 엑셀에서는 데이터를 입력하는 최소 단위입니다. 각 셀은 열 이름과 행 번호가 결합된 셀 주소를 가집니다. 예를 들어 A열과 1행이 만나는 곳의 셀 주소는 [A1]입니다. 셀을 클릭하면 해당 셀 주소가 [이름 상자]에 표시됩니다. 또한 셀에 수식이 입력된 경우 셀에는 수식의 결과만 표시되며 수식 입력줄에서 실제 입력 값인 수식을 확인할 수 있습니다.

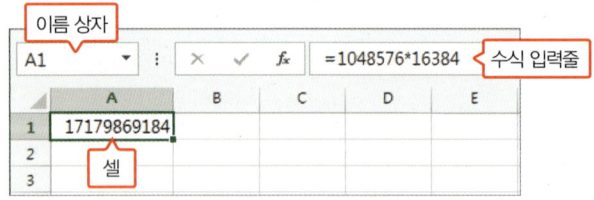

셀을 모아놓은 워크시트

워크시트의 마지막 셀을 선택하려면 단축키 Ctrl + ↓ + →를 누릅니다. 하나의 워크시트에는 1,048,576 개의 번호가 매겨져 있는 행과 A~XFD까지 16,384개의 알파벳이 매겨져 있는 열이 있습니다. 워크시트에 있는 행/열의 전체 개수는 중간에 행/열을 삽입하거나 삭제해도 변하지 않습니다. 반면 워크시트의 개수는 컴퓨터 메모리가 허용하는 범위에서 무한정 추가할 수 있습니다. 물론 워크시트 하나에서만 작업해도 충분할 만큼 워크시트의 규모가 크지만 작성하는 문서의 종류에 따라 여러 워크시트에 각각 나누어 작업하는 것이 편리합니다.

R1C1 참조 스타일로 열 머리글을 숫자로 표시하기

셀 참조 스타일을 R1C1 참조 스타일로 설정하면 열 머리글을 알파벳이 아닌 숫자로 표시합니다. R1C1 참조 스타일은 열과 행이 모두 숫자이므로 [A1] 셀이 선택되어 있다면 1행 1열(Row1 Column1) 셀이 선택되어 있다는 의미로 R1C1이라는 셀 주소가 표시됩니다. 이 참조 스타일은 평상시에는 잘 사용되지 않지만 함수나 매크로에서 가끔씩 사용됩니다. R1C1 참조 스타일을 사용하려면 ❶ [파일] 탭−[옵션]을 선택합니다. ❷ [Excel 옵션] 대화상자에서 [수식]을 선택하고 ❸ [수식 작업]의 [R1C1 참조 스타일]에 체크 표시한 후 ❹ [확인]을 클릭합니다.

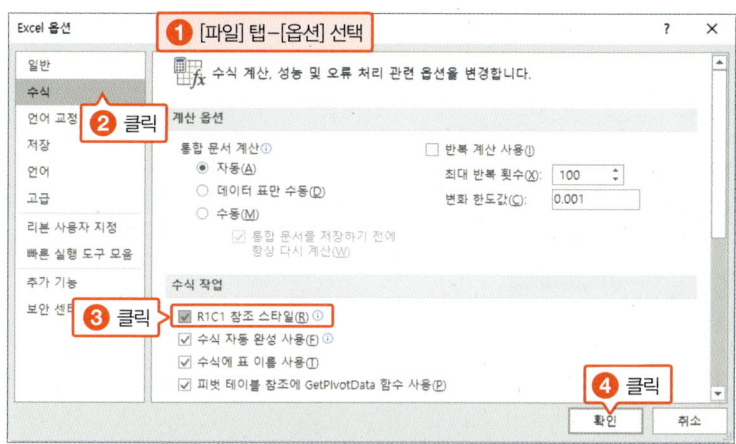

다음과 같이 열 머리글이 숫자로 표시되며 [이름 상자]에는 선택된 셀의 주소가 R1C1 형태로 표시됩니다.

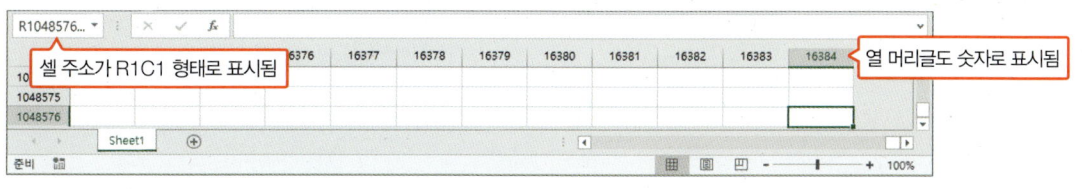

워크시트를 모아놓은 통합 문서

엑셀 문서는 단순한 데이터가 입력된 워크시트뿐 아니라 피벗 테이블, 차트 시트 등 여러 형태의 문서를 각각의 워크시트에 작성하고 하나의 파일로 저장할 수 있습니다. 이를 통합 문서라고 부릅니다. 예를 들어 '영업보고서.xlsx'라는 하나의 통합 문서 파일에는 판매 데이터, 판매 보고서, 판매 변화 차트가 각각 다른 시트에 작성되어 있습니다. 특히 판매 변화 차트는 워크시트가 아닌 차트 시트에 작성되었습니다.

참고 파일 | CHAPTER02\영업보고서.xlsx

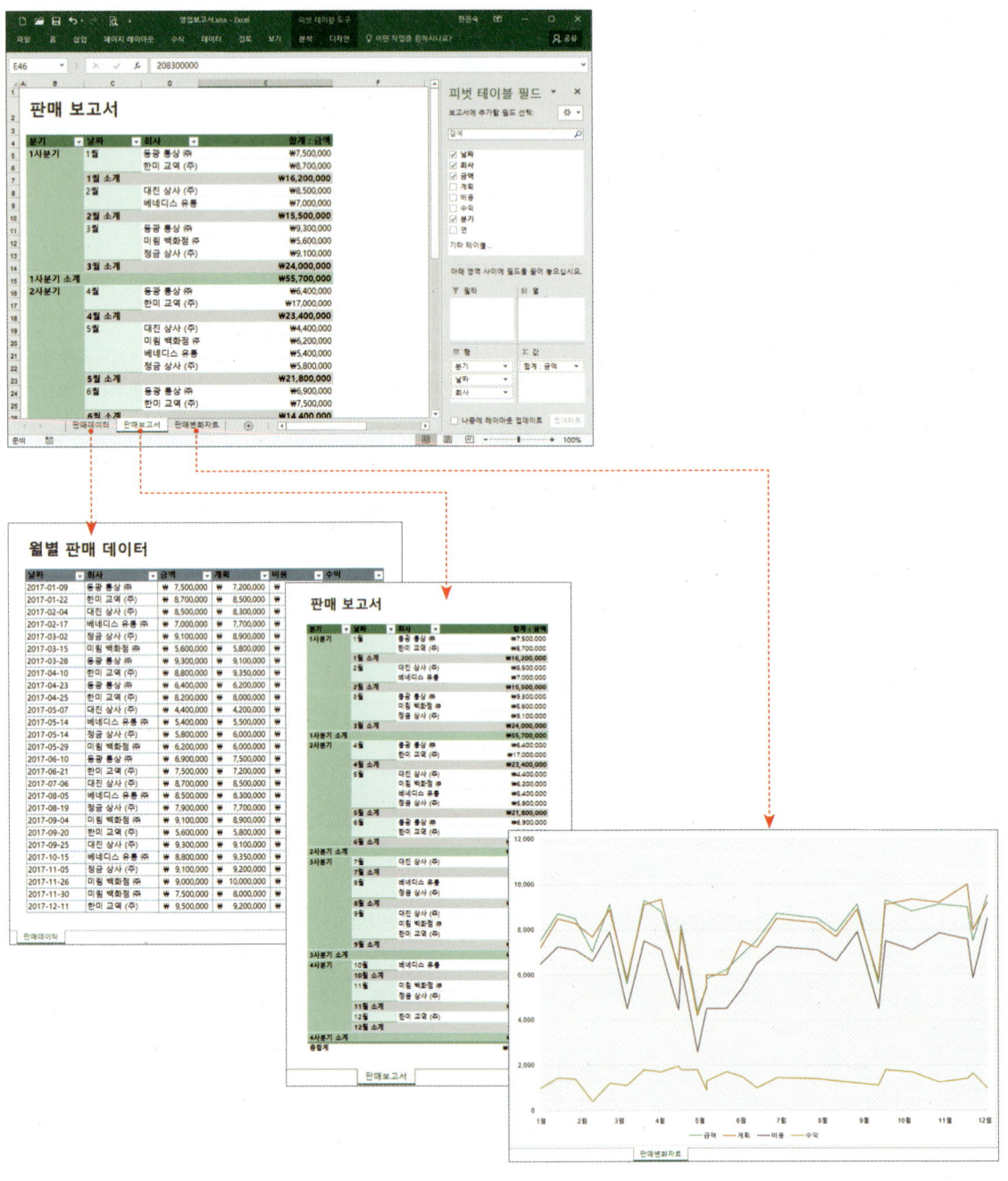

셀 및 범위 선택하기

엑셀에서 데이터를 입력하고 문서를 편집하는 기본 작업은 모두 셀 단위로 이루어집니다. 작업할 셀이나 범위를 선택할 때는 보통 마우스로 클릭하거나 드래그하는 것이 일반적이지만 보다 빠르게 범위를 선택해야 할 때는 단축키를 이용하기도 합니다.

단축키로 셀 및 범위 선택하기

키보드의 방향키 ←, →, ↑, ↓를 누르면 각 방향으로 한 셀씩 셀 포인터가 이동합니다. 인접한 셀을 선택할 때는 마우스를 클릭하여 셀을 선택하는 것보다 단축키를 사용하는 것이 편리합니다. 셀 및 범위를 선택할 때 사용되는 단축키는 다음과 같습니다.

단축키	결과
→ 또는 Tab	오른쪽으로 한 셀 이동합니다.
← 또는 Shift + Tab	왼쪽으로 한 셀 이동합니다.
↓ 또는 Enter	아래로 한 셀 이동합니다.
↑ 또는 Shift + Enter	위로 한 셀 이동합니다.
Ctrl + →, ←, ↑, ↓	화살표 방향의 마지막 데이터 셀로 이동합니다.
End 후 →, ←, ↑, ↓	Ctrl +방향키와 기능은 동일하나 End 와 방향키를 동시에 누르는 것이 아니라 End 를 누른 후 방향키를 별도로 누릅니다.
Home	현재 행의 처음 셀로 이동합니다.
Ctrl + End	워크시트의 마지막 데이터 셀로 이동합니다.
Ctrl + Home	[A1] 셀로 이동합니다.
PageUp	한 화면 단위로 위로 이동합니다.
PageDown	한 화면 단위로 아래로 이동합니다.
Alt + PageUp	한 화면 단위로 왼쪽으로 이동합니다.
Alt + PageDown	한 화면 단위로 오른쪽으로 이동합니다.
Shift + →, ←, ↑, ↓	화살표 방향으로 한 셀씩 범위를 선택합니다.
Ctrl + Shift + →, ←, ↑, ↓	화살표 방향의 마지막 데이터 셀까지 한 번에 범위를 선택합니다.
Ctrl + A 또는 Ctrl + *	인접한 전체 데이터 범위를 지정합니다.

여러 셀 및 범위 선택하기

서로 떨어져 있는 비연속 셀이나 범위를 동시에 선택하려면 첫 번째 셀을 클릭한 후 두 번째 선택할 셀부터는 Ctrl +클릭하거나 Ctrl +드래그합니다. 또한 행 머리글이나 열 머리글을 클릭하거나 드래그하면 행전체, 열 전체가 범위로 선택됩니다.

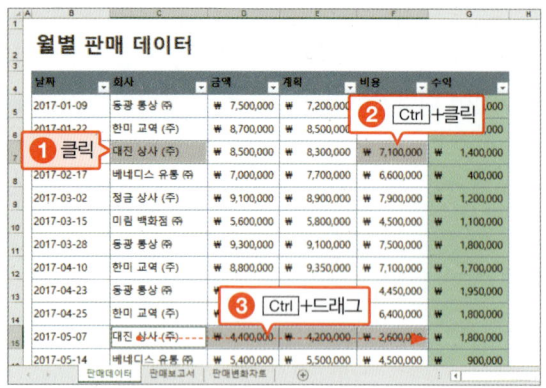

▲ 비연속 셀 및 범위 선택

▲ 행/열 전체 선택

이름 상자를 사용하여 셀 및 범위 선택하기

[이름 상자]에 셀 주소를 직접 입력하여 셀과 범위를 선택할 수 있습니다. 셀 범위는 셀 주소 사이에 콜론(:)을 넣어 선택하고, 비연속 셀이나 범위를 선택할 때는 셀 주소나 범위 사이에 콤마(,)를 넣습니다.

▲ [이름 상자]에 셀 주소를 직접 입력하여 [B9] 셀과 [D9:F9] 셀 범위 선택

실습 파일 | CHAPTER02\매출집계표.xlsx **완성 파일** | 없음

마우스, 단축키, 이름 상자를 사용하여 셀과 범위를 선택해보겠습니다.

01 마우스와 단축키로 셀 범위 선택하기

❶ [A6] 셀에서 [A8] 셀까지 드래그합니다. ❷ Ctrl + Shift + → 를 누릅니다.

바로 통하는 TIP 셀 범위 선택 단축키가 잘 적용되지 않는다면 [파일] 탭─[옵션]을 선택한 후 [Excel 옵션] 대화상자에서 [고급]을 선택하고 [Lotus 호환성]의 [키보드 명령 바꾸기]에 체크 표시되어 있는지 확인합니다. 이 옵션에 체크 표시되어 있으면 Tab 및 일부 셀 범위 선택 단축키가 적용되지 않습니다.

02 행/열 전체 범위 선택하기

행/열 머리글을 클릭하거나 드래그하면 해당 행/열 전체 범위를 선택할 수 있습니다. ❶ L열 머리글에서 S열 머리글을 드래그합니다. ❷ 17행 머리글을 Ctrl + 클릭합니다.

03 단축키로 셀 범위 선택하기

❶ [A3] 셀을 클릭합니다. ❷ [K14] 셀을 Shift + 클릭합니다. ❸ [A18] 셀을 Ctrl + 클릭합니다. ❹ [K20] 셀을 Shift + 클릭합니다.

바로 통하는 TIP [A3:K14], [A18:K20] 셀 범위가 선택되었습니다. 즉 Shift 는 연속된 셀 범위를 선택할 때 사용하고 Ctrl 은 서로 떨어져 있는 셀 범위를 선택할 때 사용합니다.

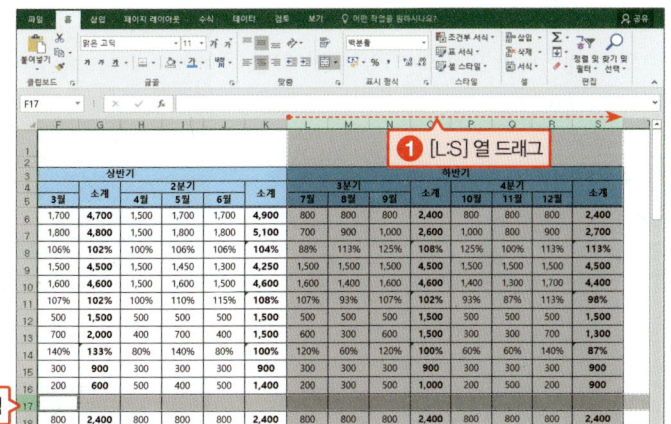

04 이름 상자로 셀 범위 선택하기

[이름 상자]에 셀 범위를 직접 입력하면 각각의 셀 범위가 한 번에 선택됩니다. [이름 상자]에 **a9,a12,g9:g14**를 입력하고 Enter 를 누릅니다.

[A9], [A12] 셀과 [G9:G14] 셀 범위가 선택됩니다.

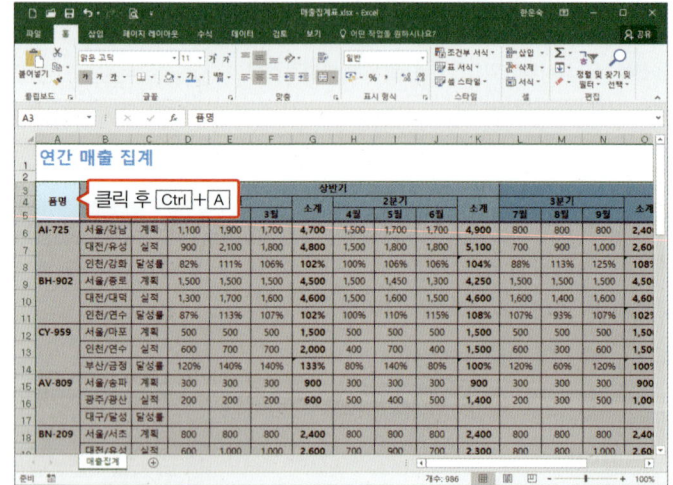

05 표 전체 범위 선택하기

표 범위 내의 아무 셀이나 클릭한 후 단축키를 누르면 한 번에 표 전체 범위를 선택할 수 있습니다. [A3] 셀을 클릭한 후 Ctrl + A 를 누릅니다. [A3] 셀을 기준으로 데이터가 입력되어 있는 전체 범위가 선택됩니다.

바로 통하는 TIP Ctrl + · 를 눌러도 됩니다.

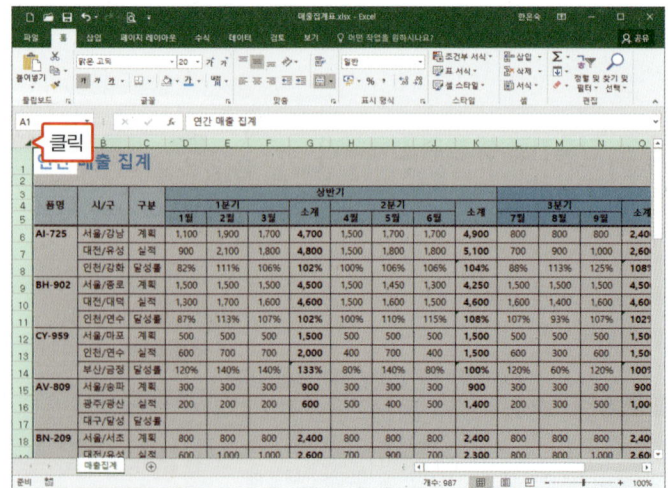

06 워크시트 전체 범위 선택하기

[전체 선택 ◢]을 클릭합니다. 워크시트 전체가 선택됩니다.

SECTION 03

데이터 입력 및 수정하기

셀에 데이터를 입력하고 수정하는 기본 방법 및 데이터를 좀 더 빠르게 입력할 수 있는 단축키 등을 알아 보겠습니다. 또 셀에 입력된 데이터를 설명하는 메모 입력 방법도 소개합니다.

데이터 입력의 기본

데이터를 입력하고 있을 때는 상태 표시줄의 셀 모드에 '입력'이라고 표시되며 입력을 완료할 때까지 서식 지정 등 대부분의 엑셀 명령을 사용할 수 없습니다. 데이터를 입력한 후에는 반드시 [Enter]를 누르거나 마우스 또는 방향키로 다른 셀을 선택해야 입력이 완료됩니다. 입력을 완료하기 전에 [Esc]를 누르면 입력이 취소됩니다.

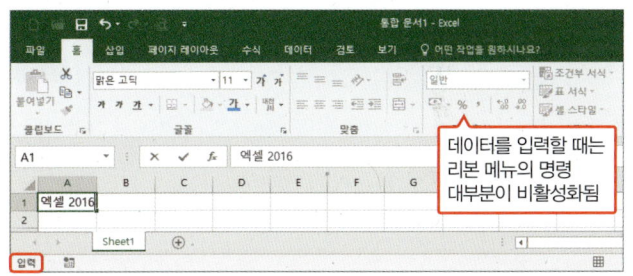

데이터를 입력할 때는 리본 메뉴의 명령 대부분이 비활성화됨

데이터 수정하기

셀 내용을 모두 수정하려면 셀을 선택한 후 바로 새로운 데이터를 입력합니다. 셀 내용의 일부만 수정할 때는 방법 1 수식 입력줄을 클릭하거나 방법 2 셀을 더블클릭하거나 방법 3 [F2]를 누른 후 수정할 부분을 지우고 내용을 입력합니다.

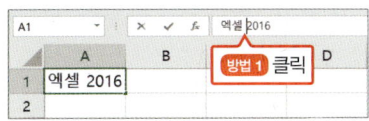
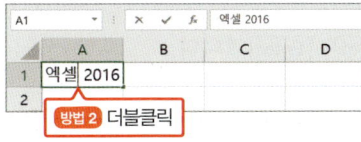
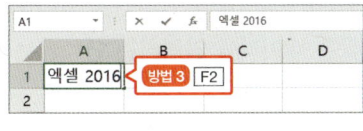

데이터 지우기

셀 내용을 지우려면 셀을 클릭하고 Delete 를 누릅니다. 셀에 서식이 지정되어 있다면 서식은 그대로 남습니다. 서식만 따로 지우거나 서식과 내용을 모두 지우려면 ❶ 지울 셀이나 범위를 선택한 상태에서 ❷ [홈] 탭−[편집] 그룹−[지우기]를 클릭하고 ❸ [모두 지우기]나 [서식 지우기]를 선택합니다.

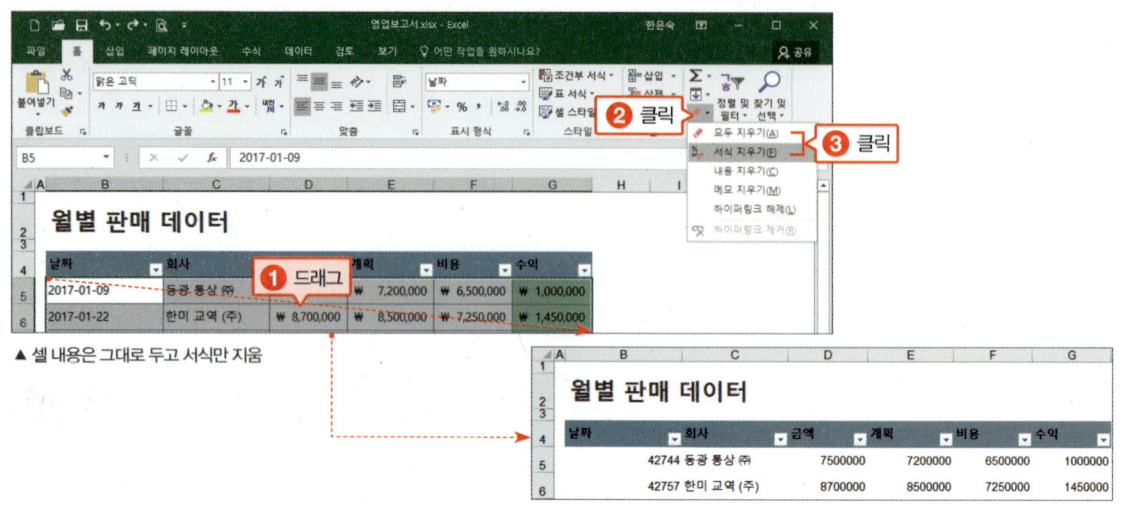

▲ 셀 내용은 그대로 두고 서식만 지움

핵심기능실습 │ 자동 완성과 단축키로 빠르게 데이터 입력하고 수정하기

실습 파일 | CHAPTER02\판매현황표.xlsx   완성 파일 | CHAPTER02\완성\판매현황표완성.xlsx

입력할 데이터가 이미 입력된 문자열과 같은 내용일 때는 첫 글자만 입력해도 원래 있던 문자열이 자동으로 완성됩니다. 예를 들어 거래처 열에 '오'만 입력해도 '오션스타'가 나타납니다. 자동 완성된 문자를 그대로 입력하려면 Enter 를 누르고, 그렇지 않으면 나머지 다른 문자열을 입력하거나 Delete 를 누릅니다. 또 반복되는 데이터 목록을 좀

거래처
오션스타
오션스타

더 빠르게 입력할 때도 단축키를 사용합니다. 위쪽 셀의 데이터를 복사하는 단축키는 Ctrl + D , Ctrl + `(아포스트로피), 왼쪽 셀의 데이터를 복사하는 단축키는 Ctrl + R , 셀 범위 안의 모든 셀에 한꺼번에 같은 데이터를 입력하는 단축키는 Ctrl + Enter 입니다.

01 자동 완성으로 데이터 입력하기

① [B10] 셀에 **아쿠아**를 입력한 후 ② 자동 완성된 **지누**라는 글자를 삭제하기 위해 Delete 를 누르고 Tab 을 누릅니다. ③ [C10] 셀에 **김**을 입력하면 **김선주**가 자동 완성됩니다. 그대로 입력하기 위해 Tab 을 누릅니다.

바로 통하는 TIP [B7] 셀에 '아쿠아지누'가 입력되어 있었으므로 [B10] 셀에는 '아'만 입력해도 '아쿠아지누'가 완성됩니다. [B10] 셀에 '아쿠아'가 입력된 후에는 같은 글자로 시작하는 문자열이 두 개 이상이므로 그 아래 셀에 '아'를 입력해도 '아쿠아'나 '아쿠아지누'가 자동으로 완성되지 않습니다.

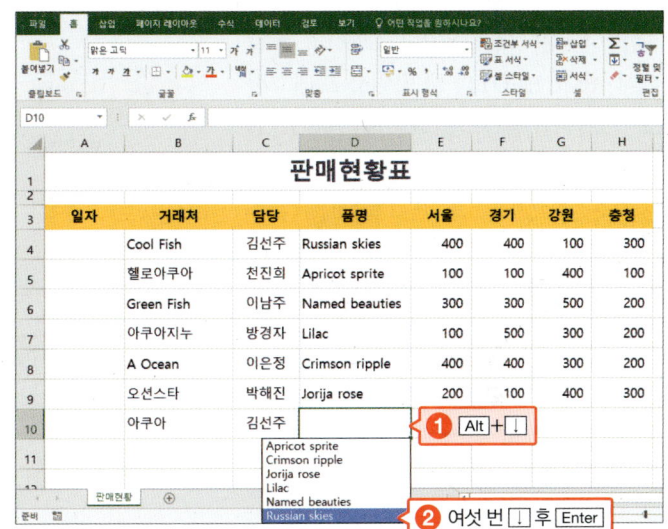

02 단축키로 데이터 입력하기

단축키를 이용해 이미 입력된 품명 목록에서 데이터를 선택하여 입력해보겠습니다. ① [D10] 셀에서 Alt + ↓ 를 누르면 기존에 입력된 품명 목록이 표시됩니다. ② ↓ 를 여섯 번 눌러 [Russian skies]를 선택한 후 Enter 를 누릅니다.

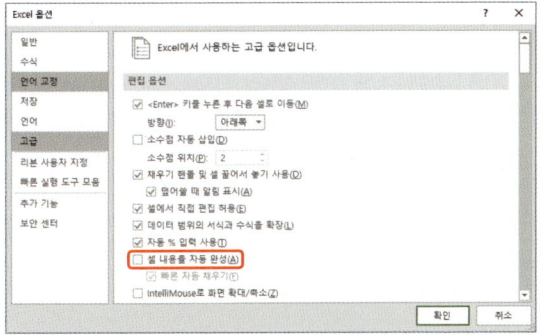

쉽고 빠른 엑셀 NOTE **자동 완성 사용하지 않기**

[파일] 탭-[옵션]을 선택하고 [Excel 옵션] 대화상자에서 [고급]을 선택합니다. [편집 옵션] 중 [셀 내용을 자동 완성]의 체크 표시를 해제하면 자동 완성이 실행되지 않습니다.

03 데이터 수정하기

❶ [D7] 셀을 클릭하고 F2 를 누릅니다.

❷ **ripple**을 입력하고 Enter 를 누릅니다.

❸ [D9] 셀을 더블클릭한 후 ❹ **J**를 **Z**로 수정하고 Enter 를 누릅니다.

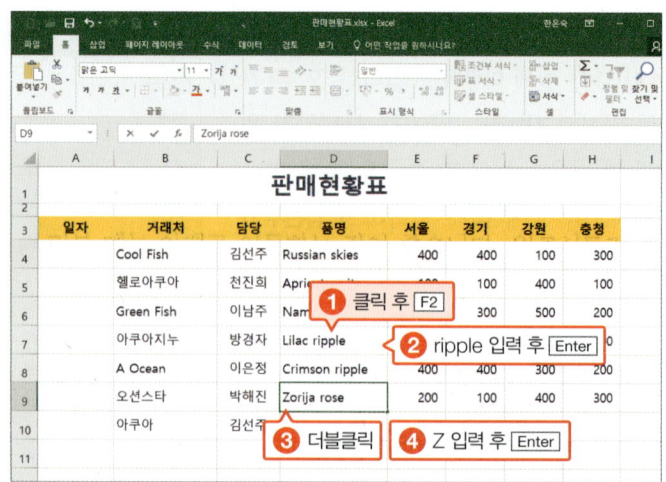

04 단축키로 위쪽 셀 데이터 복사하기

❶ [B11] 셀을 클릭하고 Ctrl + ' 를 누른 후 ❷ **스타**를 입력하고 Tab 을 누릅니다. ❸ [C11:D11] 셀 범위를 드래그한 후 Ctrl + D 를 누릅니다. ❹ [E9:F11] 셀 범위를 드래그한 후 Ctrl + D 를 누릅니다.

바로 통하는 TIP Ctrl + ' (아포스트로피)를 누르면 바로 위에 있는 셀 데이터가 복사되고 셀에 커서가 표시되어 데이터 추가 입력을 기다립니다. 입력을 완료하려면 Tab 또는 Enter 를 누릅니다. Ctrl + D 를 누르면 바로 위쪽 셀의 데이터를 복사합니다.

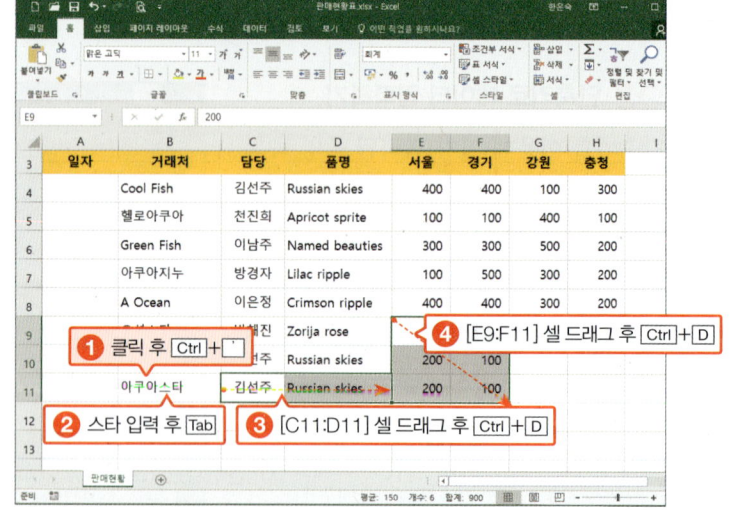

05 단축키로 왼쪽 셀 데이터 복사하기

[F10:H11] 셀 범위를 드래그한 후 Ctrl + R 을 누릅니다.

바로 통하는 TIP Ctrl + R 을 누르면 바로 왼쪽 셀의 데이터를 복사합니다. 셀 범위를 선택한 후 Ctrl + D 나 Ctrl + R 을 누르면 선택한 범위 중 첫 셀의 데이터를 나머지 셀에 복사합니다.

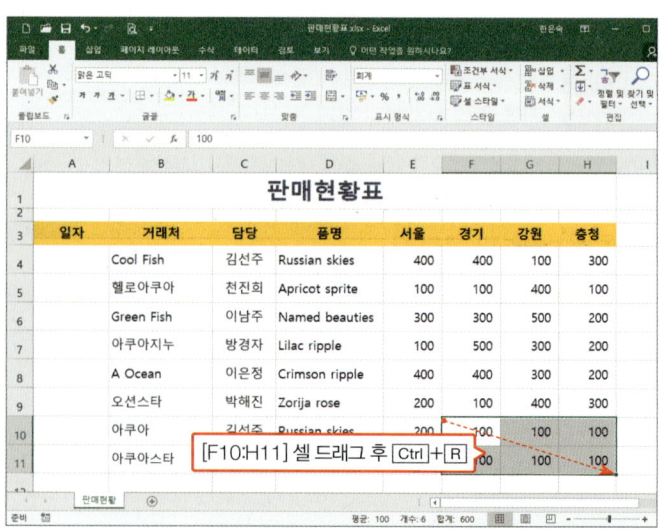

06 셀 범위 선택 후 단축키로 한꺼번에 데이터 입력하기

1 [A4:A11] 셀 범위를 드래그한 후 **2** 5/11을 입력하고 Ctrl + Enter 를 누릅니다.

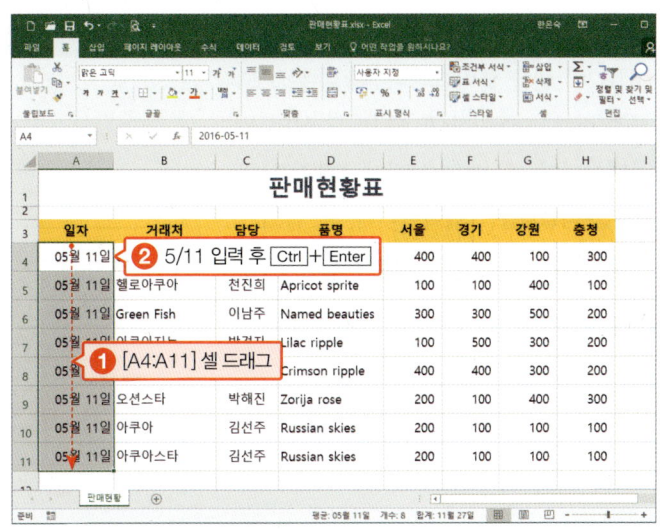

실습 파일 | CHAPTER02\일계표.xlsx   **완성 파일** | CHAPTER02\완성\일계표완성.xlsx

셀에 대해 설명하는 메모를 셀과 연결된 메모 상자에 입력할 수 있습니다. 기본적으로 메모 상자는 숨겨지며 메모가 삽입된 셀의 오른쪽 위에는 빨간색 표식이 생깁니다. 여기에 마우스 포인터를 가져가면 메모 상자가 표시됩니다. 메모 상자를 화면에 표시해도 문서 인쇄 시 인쇄 옵션을 지정하지 않는 한 메모 상자는 인쇄되지 않습니다.

01 리본 메뉴로 메모 삽입하기

1 [B11] 셀을 클릭합니다. **2** [검토] 탭 -[메모] 그룹-[새 메모]를 클릭합니다. **3** 메모 상자가 표시되면 **기획실+감리실+설계실**을 입력합니다.

바로 통하는 TIP 메모 상자에 입력된 사용자명은 엑셀 프로그램을 설치할 때 지정한 이름입니다. 메모를 입력한 사람을 구분하기 위해 그대로 두어도 되지만 필요 없다면 Backspace 를 눌러 지운 후 내용을 입력합니다.

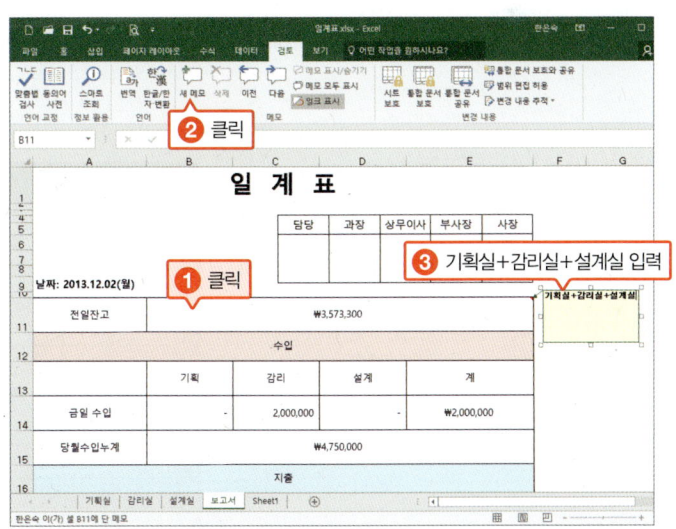

O2 단축 메뉴로 메모 삽입하기

❶ [B20] 셀을 클릭합니다. ❷ 마우스 오른쪽 버튼을 클릭한 후 ❸ [메모 삽입]을 선택합니다. ❹ 메모 상자에 **전일잔고+금일수입-금일지출**을 입력합니다. ❺ 임의의 셀을 클릭하여 메모 입력을 완료합니다.

바로 통하는 TIP Shift + F2 를 눌러도 메모 상자가 삽입됩니다.

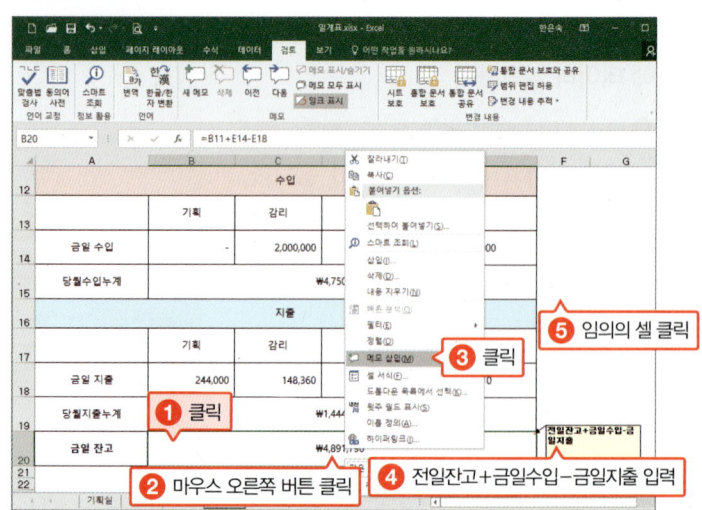

O3 메모 편집하기

메모 상자가 모두 표시되도록 설정한 후 메모 상자의 위치 및 크기를 조절하겠습니다. ❶ [검토] 탭-[메모] 그룹-[메모 모두 표시]를 클릭합니다. ❷ 첫 번째 메모 상자를 클릭하고 드래그하여 위치를 이동하고 조절점을 드래그하여 크기를 줄입니다.

바로 통하는 TIP 모든 메모 상자를 표시하지 않고 일부 메모만 표시하려면 해당 메모 셀에서 마우스 오른쪽 버튼을 클릭한 후 [메모 표시/숨기기]를 선택합니다.

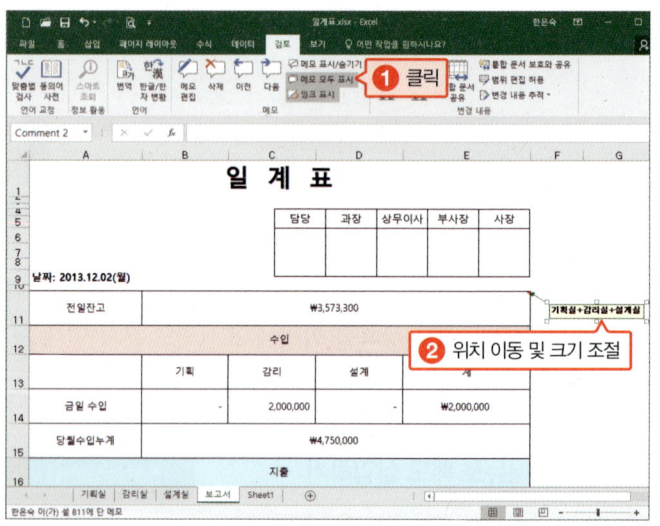

O4 다음 메모로 이동하기

❶ [검토] 탭-[메모] 그룹-[다음]을 클릭합니다. ❷ 다음 메모 상자가 선택되면 조절점을 드래그하여 크기를 줄입니다.

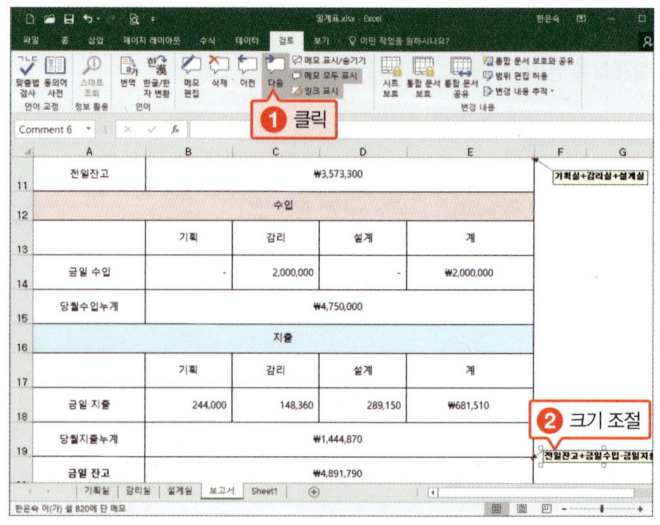

SECTION 04 엑셀 데이터의 종류별 특징

셀에 입력하는 데이터는 계산할 수 있는 숫자, 날짜/시간 등의 숫자 데이터와 계산할 수 없는 한글, 영문, 한자, 특수 문자 등의 문자 데이터로 구분할 수 있습니다. 데이터 종류별로 기본 지정되는 서식이 다르며 함께 입력하는 기호에 따라 지정되는 서식과 종류가 달라지기도 합니다.

숫자 데이터의 특징

숫자는 0~9의 아라비아 숫자로 입력합니다. 숫자 입력 시 +, −, 콤마(,), 소수점(.), %, ₩, $ 기호를 함께 입력하면 해당 기호에 따른 서식이 적용됩니다. 숫자 데이터의 기본 서식 및 열 너비에 따른 표시 방식은 다음과 같습니다.

숫자 부호의 의미

+는 양수, −는 음수 기호이며, 숫자를 괄호 속에 입력해도 음수로 입력됩니다. 콤마(,)는 1,000자리 구분 기호, 마침표(.)는 소수점, %는 백분율, ₩와 $는 통화 기호입니다. 공백과 슬래시(/)를 사용하면 분수 형식을 입력할 수 있습니다. 예를 들어 0을 입력한 후 한 칸을 띄고 1/2을 입력하면 셀에 1/2로 표시되며, 계산될 때는 0.5로 계산됩니다.

숫자 부호	입력	셀 표시	실제 값	숫자 부호	입력	셀 표시	실제 값
양수	+100	100	100	퍼센트	50%	50%	0.5
음수	−100	−100	−100	통화 기호	₩1,000	₩1,000	1000
	(100)	−100	−100		$1,200	$1,200	1200
콤마	1,000	1,000	1000	분수	0 1/2	1/2	0.5
소수점	3.25	3.25	3.25		1 1/2	1 1/2	1.5

숫자 데이터에 기호를 쓸 때는 반드시 형식에 맞춰 사용해야만 제대로 된 숫자 데이터로 인식합니다. 예를 들어 400$ 또는 10,00(소수점이 아닌 콤마)과 같이 입력하면 바르지 않은 표기이므로 숫자가 아닌 문자 데이터로 인식합니다.

날짜/시간 데이터의 특징

날짜는 반드시 연-월-일, 연/월/일, 연/월, 연-월, 월/일, 월-일의 형태로 입력합니다. 연, 월, 일 사이에 하이픈(-)이나 슬래시(/)를 입력해야 날짜 데이터로 인식합니다. 시간은 시:분, 시:분:초, 분:초의 형태로 입력합니다. 시, 분, 초 사이에 콜론(:)을 입력해야 시간 데이터로 인식합니다. 날짜와 시간 데이터도 계산할 수 있는 데이터이므로 기본적으로 오른쪽 맞춤되며, 열 너비가 좁으면 셀이 #으로 채워집니다.

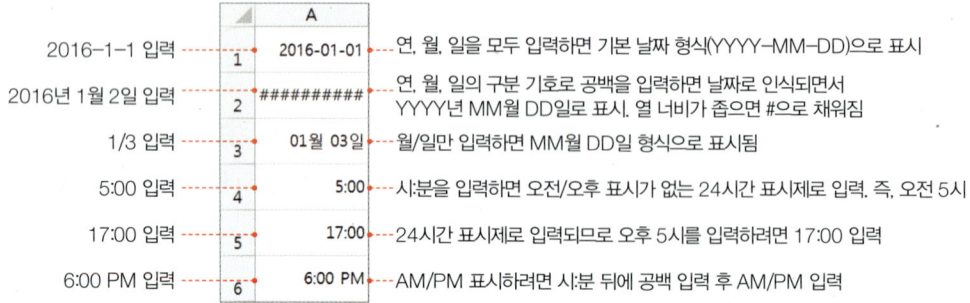

입력	표시	설명
2016-1-1 입력	2016-01-01	연, 월, 일을 모두 입력하면 기본 날짜 형식(YYYY-MM-DD)으로 표시
2016년 1월 2일 입력	##########	연, 월, 일의 구분 기호로 공백을 입력하면 날짜로 인식되면서 YYYY년 MM월 DD일로 표시. 열 너비가 좁으면 #으로 채워짐
1/3 입력	01월 03일	월/일만 입력하면 MM월 DD일 형식으로 표시됨
5:00 입력	5:00	시:분을 입력하면 오전/오후 표시가 없는 24시간 표시제로 입력. 즉, 오전 5시
17:00 입력	17:00	24시간 표시제로 입력되므로 오후 5시를 입력하려면 17:00 입력
6:00 PM 입력	6:00 PM	AM/PM 표시하려면 시:분 뒤에 공백 입력 후 AM/PM 입력

바로 통하는 TIP 현재 날짜/시간 입력 단축키

Ctrl + ; 을 누르면 현재 컴퓨터에 설정된 날짜가 입력되고, Ctrl + : (Ctrl + Shift + ;)을 누르면 현재 컴퓨터에 설정된 시간이 입력됩니다.

문자 데이터의 특징

한글, 영문, 한자, 특수 문자 혹은 숫자와 문자가 혼합된 데이터는 문자 데이터로 취급합니다. 문자 데이터에 지정되는 기본 서식 및 특징은 다음과 같습니다.

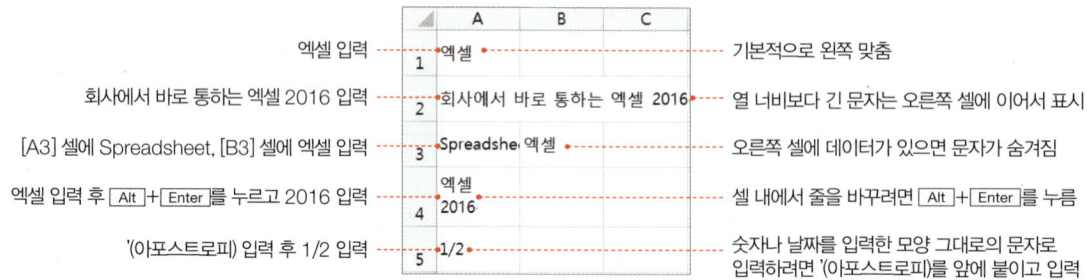

입력	표시	설명
엑셀 입력	엑셀	기본적으로 왼쪽 맞춤
회사에서 바로 통하는 엑셀 2016 입력	회사에서 바로 통하는 엑셀 2016	열 너비보다 긴 문자는 오른쪽 셀에 이어서 표시
[A3] 셀에 Spreadsheet, [B3] 셀에 엑셀 입력	Spreadshe 엑셀	오른쪽 셀에 데이터가 있으면 문자가 숨겨짐
엑셀 입력 후 Alt + Enter 를 누르고 2016 입력	엑셀 2016	셀 내에서 줄을 바꾸려면 Alt + Enter 를 누름
'(아포스트로피) 입력 후 1/2 입력	1/2	숫자나 날짜를 입력한 모양 그대로의 문자로 입력하려면 '(아포스트로피)를 앞에 붙이고 입력

한자 입력하기

방법 1 한자를 글자별로 입력할 때는 변환할 한글을 입력한 후 [한자]를 누르고 한자 목록에서 변환할 한자를 선택합니다. **방법 2** 단어별로 변환할 때는 단어를 입력한 후 [Space bar]를 눌러 한 칸을 띄고 [한자]를 누르면 [한글/한자 변환] 대화상자가 나타납니다. [한글/한자 변환] 대화상자에서는 입력 형태를 선택할 수 있으며 [한자 사전]을 통해 한자의 음과 뜻을 확인할 수 있습니다.

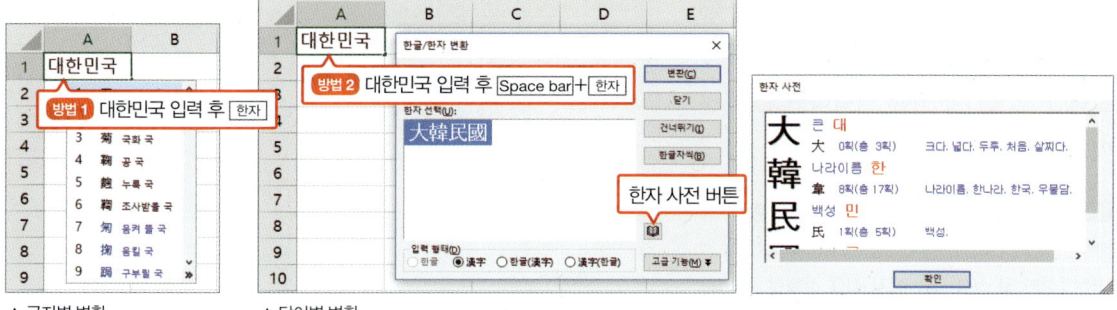

▲ 글자별 변환　　　　▲ 단어별 변환

특수 문자 입력하기

방법 1 한글 자음을 입력하고 [한자]를 누릅니다. 특수 문자 목록에서 변환할 특수 문자를 선택하면 입력한 한글 자음이 선택한 특수 문자로 변환됩니다. **방법 2** [삽입] 탭-[기호] 그룹-[기호]를 클릭하여 [기호] 대화상자에서 변환할 특수 문자를 선택하고 [삽입]을 클릭합니다.

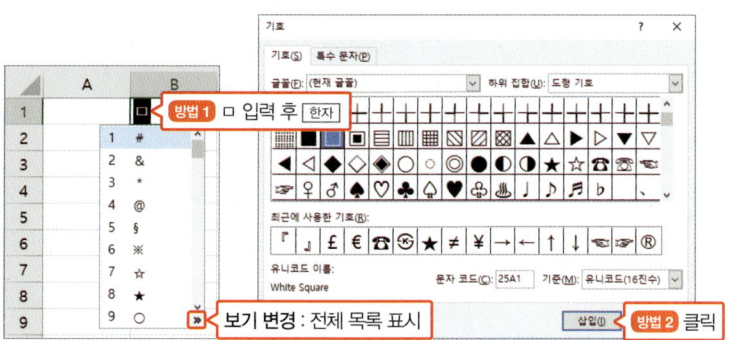

▲ 한글 자음으로 변환　　　　▲ [삽입] 탭-[기호] 그룹-[기호] 클릭

쉽고 빠른 엑셀 NOTE 한글 자음별 특수 문자 알아보기

한글 자음을 입력한 후 [한자]를 눌렀을 때 나타나는 특수 문자는 다음과 같습니다.

참고 파일 | CHAPTER02\자음별특수문자.xlsx

자음	ㄱ		ㄴ		ㄷ		ㄹ		ㅁ		ㅂ		ㅅ		ㅇ		ㅈ		ㅊ		ㅋ		ㅌ		ㅍ		ㅎ	
목록	1	.	1	＂	1	＋	1	$	1	＃	1	─	1	㉠	1	ⓐ	1	0	1	½	1	ㄱ	1	ㄸ	1	A	1	A
	2	!	2	(	2	－	2	％	2	＆	2	│	2	㉡	2	ⓑ	2	1	2	⅓	2	ㄲ	2	ㄹ	2	B	2	Β
	3	＇	3	)	3	＜	3	￦	3	＊	3	┌	3	㉢	3	ⓒ	3	2	3	⅔	3	ㄴ	3	ㄻ	3	C	3	Γ
	4	,	4	[	4	＝	4	F	4	＠	4	┐	4	㉣	4	ⓓ	4	3	4	¼	4	ㄷ	4	ㄼ	4	D	4	Δ
	5	.	5	]	5	＞	5	′	5	§	5	┘	5	㉤	5	ⓔ	5	4	5	¾	5	ㄹ	5	ㄽ	5	E	5	Ε
	6	/	6	{	6	±	6	″	6	※	6	└	6	㉥	6	ⓕ	6	5	6	⅜	6	ㅁ	6	ㄾ	6	F	6	Ζ
	7	:	7	}	7	×	7	℃	7	☆	7	├	7	㉦	7	ⓖ	7	6	7	⅝	7	ㅂ	7	ㄿ	7	G	7	Η
	8	;	8	′	8	÷	8	Å	8	★	8	┤	8	㉧	8	ⓗ	8	7	8	⅞	8	ㅃ	8	ㅀ	8	H	8	Θ
	9	?	9	＇	9	≠	9	￠	9	○	9	┴	9	㉨	9	ⓘ	9	8	9	⅜	9	ㅄ	9	ㅁ	9	I	9	Ι
내용	문장부호		괄호문자		수학기호		단위기호		도형		괘선조각		한글 원, 괄호		영문 원, 괄호		아라비아, 로마숫자		분수기호		쌍자음		한글모음		배각 영문자		그리스 문자	

데이터 종류별로 선택하기

메모, 수식, 숫자, 텍스트, 빈 셀 등 특 정 유형의 데이터가 포함된 셀을 신속하 게 찾아서 선택할 수 있습니다. ❶ [홈] 탭–[편집] 그룹–[찾기 및 선택]을 클릭 하고 ❷ [이동 옵션]을 선택합니다. ❸ [이동 옵션] 대화상자에서 데이터 종류를 선택한 후 ❹ [확인]을 클릭하면 ❺ 해당 데이터가 포함된 셀이 선택됩니다.

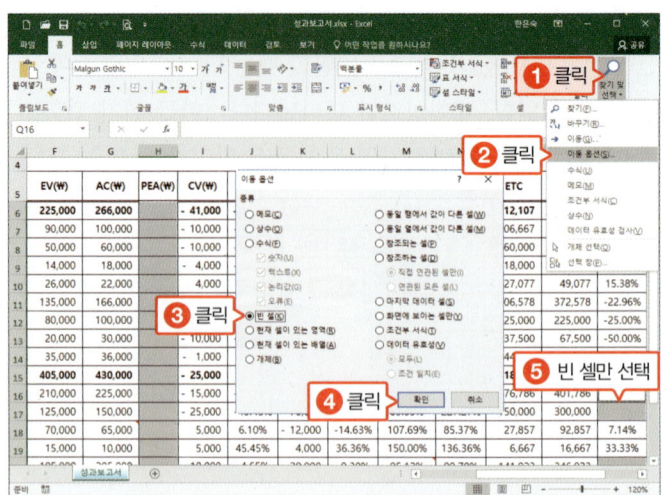

바로 통하는 TIP [이동 옵션] 대화상자의 [종류] 중 [수식], [메모], [조건부 서식], [상수], [데이터 유효성 검 사]는 [찾기 및 선택] 메뉴에서 직접 선택할 수 있습 니다.

쉽고 빠른 엑셀 NOTE

[이동 옵션] 대화상자 알아보기

[이동 옵션] 대화상자의 각 옵션에 따라 선택되는 셀은 다음과 같습니다.

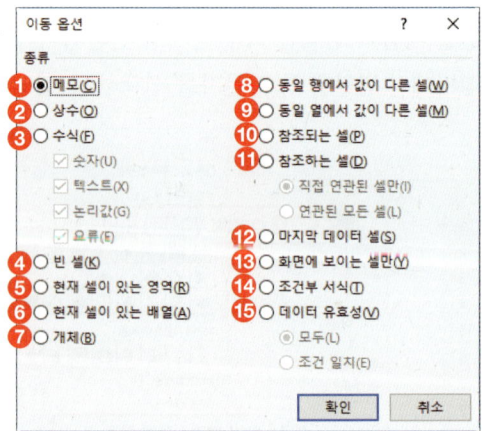

❶ **메모** : 메모가 삽입된 셀이 선택됩니다.

❷ **상수** : 상수(수식이 아닌 숫자, 문자)가 있는 셀이 선택됩니다.

❸ **수식** : 수식이 있는 셀이 선택됩니다. 하위 옵션에 체크 표시하면 숫자 또는 텍스트만 선택할 수 있습니다.

❹ **빈 셀** : 빈 셀만 선택됩니다.

❺ **현재 셀이 있는 영역** : 현재 선택된 셀을 기준으로 연속된 전체 범위가 선택됩니다.

❻ **현재 셀이 있는 배열** : 현재 선택된 셀이 배열에 포함되어 있는 경우 전체 배열이 선택됩니다.

❼ **개체** : 차트 및 도형을 비롯한 그래픽 개체가 선택됩니다.

❽ **동일 행에서 값이 다른 셀** : 선택한 행에서 현재 셀과 다른 모든 셀이 선택 됩니다.

❾ **동일 열에서 값이 다른 셀** : 선택한 열에서 현재 셀과 다른 모든 셀이 선택됩니다. 현재 셀이란 기본적으로 선택된 셀 범위의 첫 번째 셀이며, Tab 이나 Enter를 눌러 현재 셀의 위치를 변경할 수 있습니다.

❿ **참조되는 셀** : 현재 셀의 수식에서 참조하는 셀이 선택됩니다.

⓫ **참조하는 셀** : 현재 셀을 참조하는 수식이 있는 셀이 선택됩니다. 수식에서 직접 참조하는 셀만 선택하려면 [직접 연관된 셀만]을, 직접 또는 간접적으로 참조하는 모든 셀을 찾으려면 [연관된 모든 셀]을 선택합니다.

⓬ **마지막 데이터 셀** : 워크시트에서 데이터나 서식이 포함된 마지막 셀이 선택됩니다.

⓭ **화면에 보이는 셀만** : 숨겨진 행이나 열을 제외하고 선택됩니다.

⓮ **조건부 서식** : 조건부 서식이 적용된 셀만 선택됩니다.

⓯ **데이터 유효성** : 데이터 유효성 검사 규칙이 적용된 셀만 선택됩니다. 현재 선택한 셀과 동일한 데이터 유효성 검사가 적용된 셀을 찾으려면 [조건 일치]를 선택합니다.

거래명세표 항목 입력하기

실습 파일 | CHAPTER02\거래명세표.xlsx   **완성 파일** | CHAPTER02\완성\거래명세표완성.xlsx

거래명세표는 거래 사실을 뒷받침할 수 있도록 거래가 발생한 시점에서 작성해 물품의 수령 여부를 확인하고 거래를 증명하는 문서입니다. 세금계산서와 같은 법적 효력은 없지만, 공급자, 공급받는 자의 정보, 거래일자, 거래품목, 규격, 단위, 공급가액, 세액, 비고 등 세금계산서에는 기록하지 않는 세부 거래내역까지 기록하여 회사의 내부 자료로 활용할 수 있습니다. 거래명세표 양식에 각 항목을 입력하면서 엑셀 데이터의 종류별 특징을 확인해봅니다.

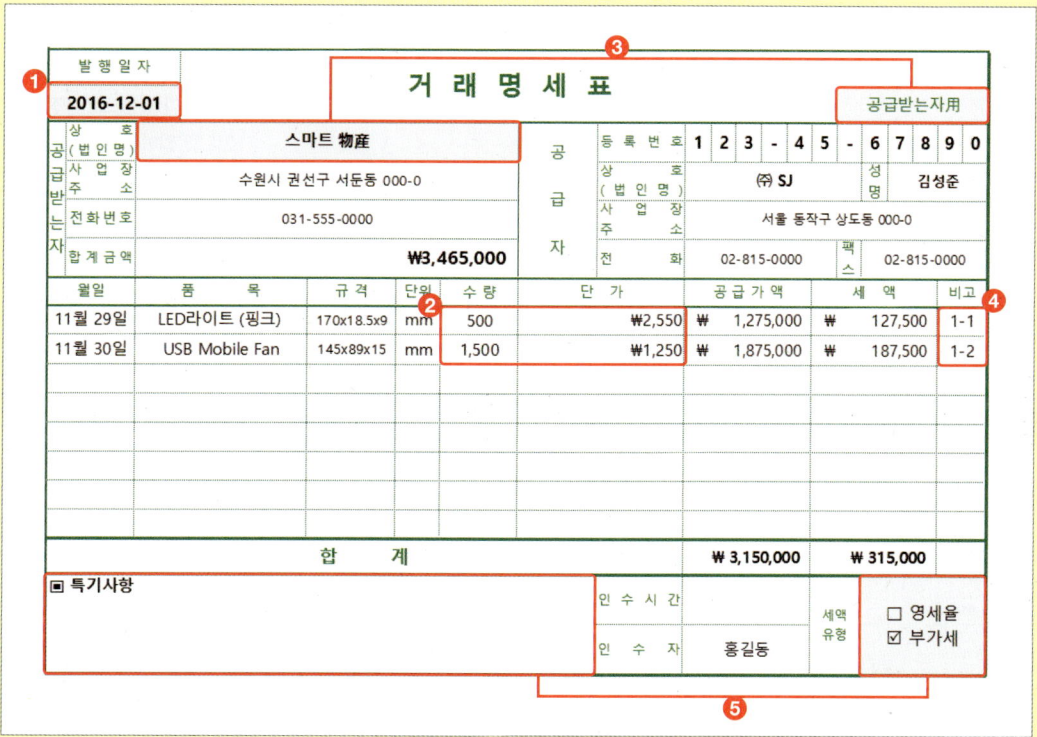

❶ 날짜 입력

❷ 숫자 입력

❸ 한자 입력

❹ 아포스트로피(')로 문자 입력

❺ 특수 문자 입력

01 날짜 입력하기

❶ [A2] 셀에 **2016-12-1**을 입력한 후 Enter 를 누릅니다. ❷ [A12] 셀에 **11-29**를 입력한 후 Enter 를 누릅니다. ❸ [A13] 셀에 **11/30**을 입력한 후 Enter 를 누릅니다.

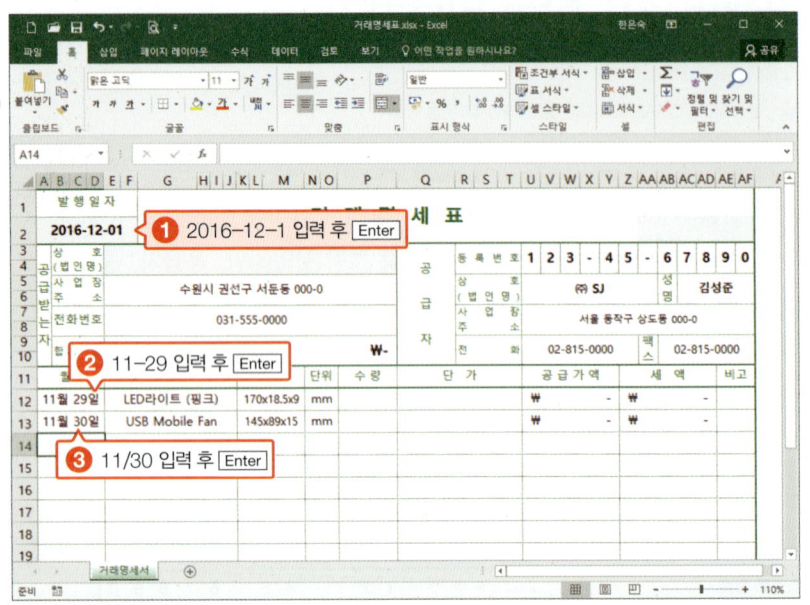

바로 통하는TIP 연, 월, 일 사이에 하이픈(-)이나 슬래시(/)를 입력하면 기본 날짜 서식에서 사용되는 하이픈(-)이 구분 기호로 입력됩니다. 월, 일만 입력하면 연도는 컴퓨터에 설정된 현재 연도가 자동으로 지정되며 구분 기호로 월, 일이 표시됩니다.

02 숫자 입력하기

❶ [P12] 셀에 **500**을 입력하고 Tab 을 누릅니다. ❷ [Q12] 셀에 **₩2550**을 입력하고 Enter 를 누릅니다. ❸ [P13] 셀에 **1,500**을 입력하고 Tab 을 누릅니다. ❹ [Q13] 셀에 **₩1250**을 입력하고 Enter 를 누릅니다.

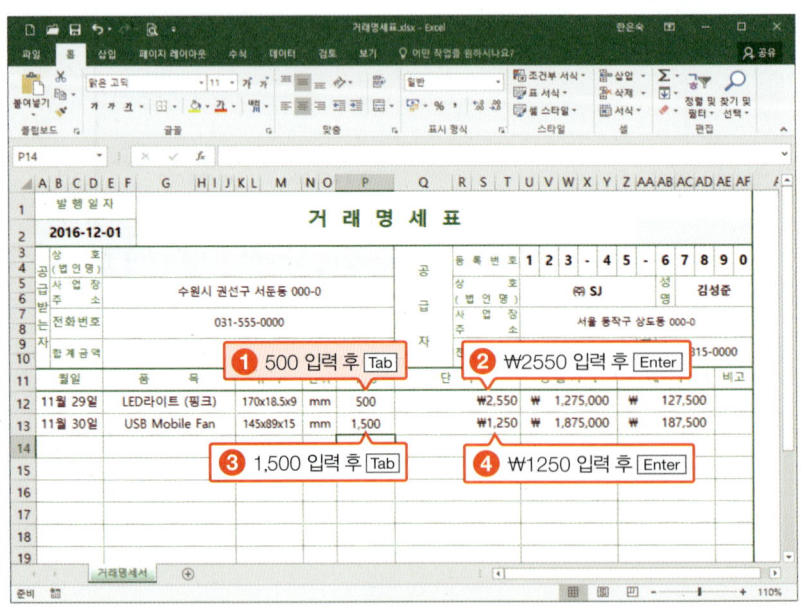

바로 통하는TIP Tab 을 누르면 셀 포인터가 오른쪽으로 이동하고 Enter 를 누르면 입력을 시작했던 열의 아래 셀로 이동합니다. 통화 기호와 함께 숫자를 입력하면 자릿수 구분 기호인 콤마(,)가 자동으로 입력됩니다.

O3 한자 입력하기

❶ [AA2] 셀에 **공급받는자용**을 입력한 후 한자를 누릅니다. ❷ 한자 목록에서 1을 눌러 첫 번째 한자를 선택한 후 Enter를 누릅니다. ❸ [E3] 셀에 **스마트 물산**을 입력한 후 ❹ Space bar를 눌러 한 칸 띄고 한자를 누릅니다. ❺ [한글/한자 변환] 대화상자에서 '물산'에 대한 한자 '物産'이 선택된 상태에서 [변환]을 클릭하고 한자가 입력되면 Enter를 누릅니다.

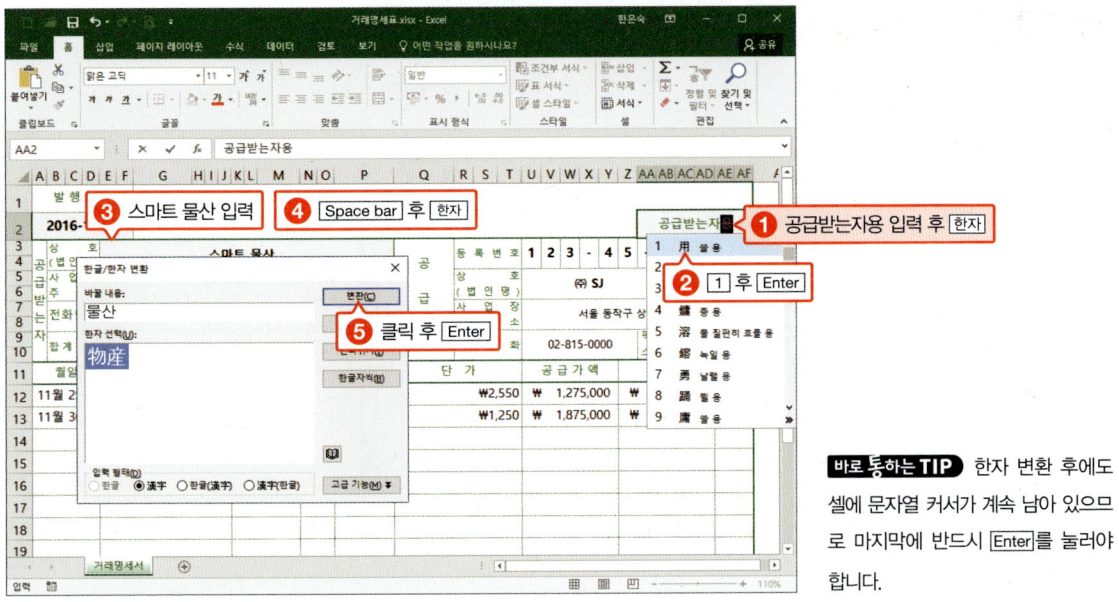

바로 통하는 TIP 한자 변환 후에도 셀에 문자열 커서가 계속 남아 있으므로 마지막에 반드시 Enter를 눌러야 합니다.

O4 아포스트로피(')로 문자 입력하기

❶ [AE12] 셀에 **'1-1**을 입력하고 Enter를 누릅니다. ❷ [AE13] 셀에 **'1-2**를 입력하고 Enter를 누릅니다.

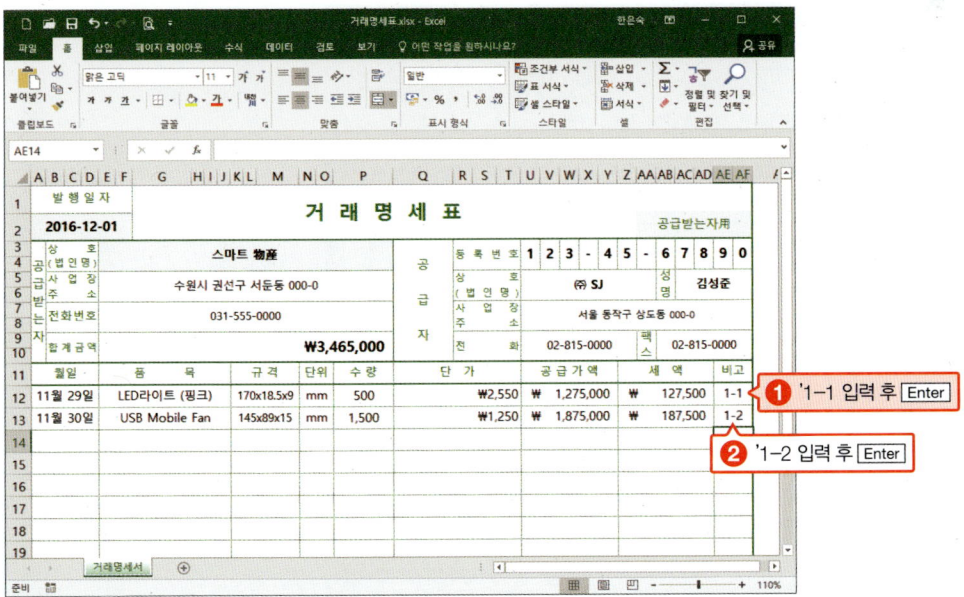

아포스트로피(') 없이 문자 형식으로 계속 입력하기

1–1, 1–2를 입력하면 '01월 01일', '01월 02일'과 같은 날짜 형식으로 입력됩니다. 입력한 그대로 문자 형식으로 계속 입력하려면 문자 앞에 아포스트로피(')를 입력합니다. 입력할 문자가 많아 아포스트로피를 계속 입력하는 것이 번거롭다면 ❶ 미리 입력할 셀 범위를 드래그한 후 ❷ [홈] 탭–[표시 형식] 그룹–[표시 형식] 목록 버튼을 클릭하고 ❸ [텍스트]를 선택하여 표시 형식을 텍스트로 지정합니다. 텍스트 표시 형식이 지정되어 있는 셀에는 아포스트로피 없이 입력해도 데이터가 문자 형식으로 입력됩니다.

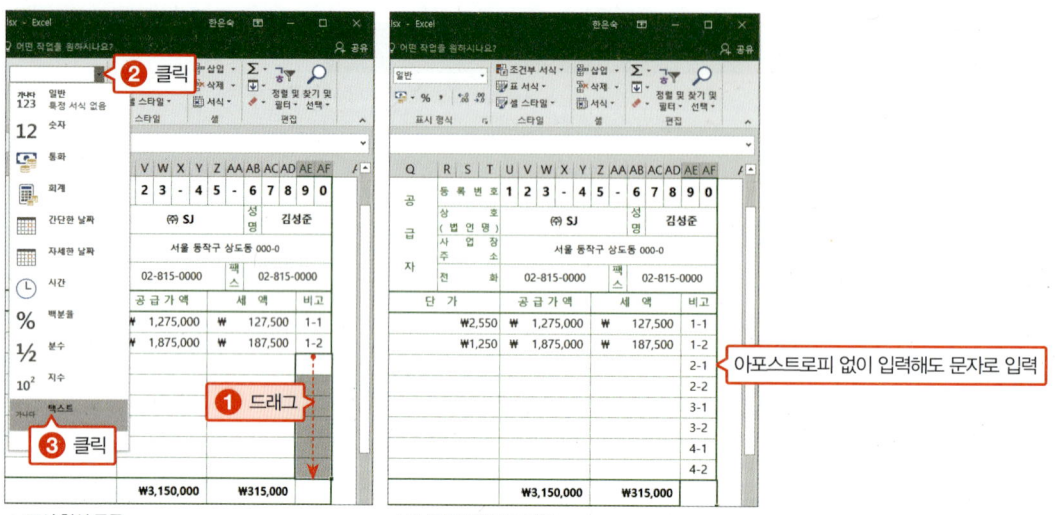

▲ 표시 형식 목록   ▲ 표시 형식 텍스트 지정

05 한글 자음으로 특수 문자 입력하기

❶ [A21] 셀에 ㅁ을 입력한 후 한자를 누릅니다. ❷ [보기 변경 >>]을 클릭하고 ❸ ■를 선택합니다. ❹ Space bar를 눌러 한 칸 띄고 ❺ 특기사항을 입력한 후 Enter를 누릅니다.

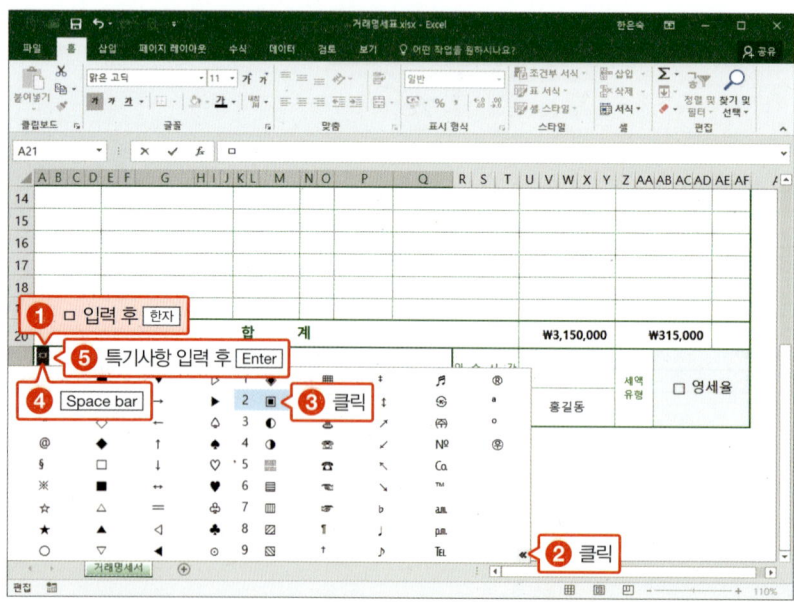

06 [기호] 대화상자에서 특수 문자 입력하기

[기호] 대화상자에서는 더 다양한 모양의 특수 문자를 입력할 수 있습니다. ❶ [AB21] 셀을 클릭한 후 F2를 누르고 ❷ 셀 내에서 줄을 바꾸기 위해 Alt + Enter 를 누릅니다. ❸ [삽입] 탭–[기호] 그룹–[기호]를 클릭합니다. ❹ [기호] 대화상자의 [글꼴] 목록에서 [Wingdings 2]를 선택한 후 ❺ ☑를 더블클릭하고 ❻ [닫기]를 클릭합니다. ❼ Space bar 를 눌러 한 칸 띄고 ❽ **부가세**를 입력한 후 Enter 를 누릅니다.

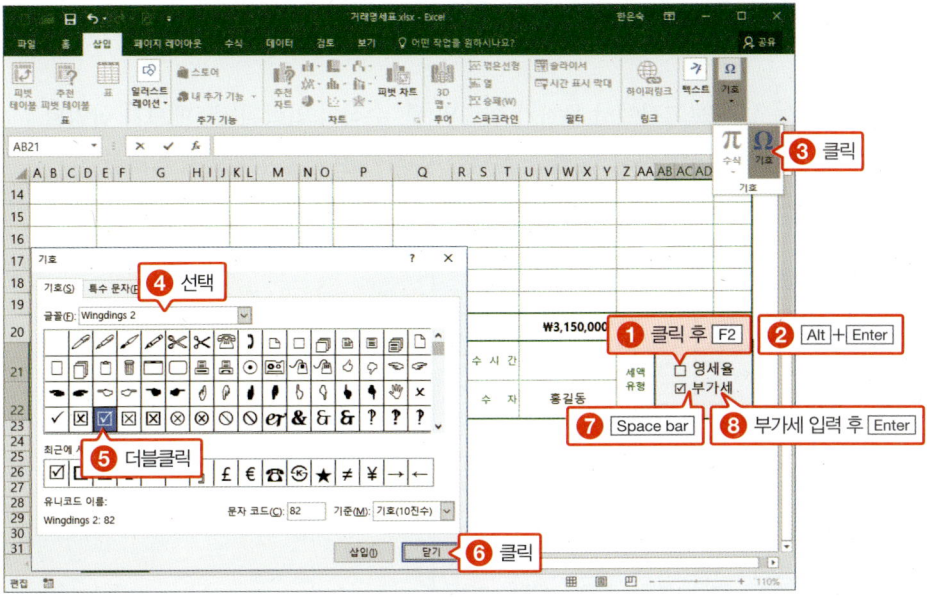

바로 통하는 TIP 특수 문자가 포함된 글꼴은 Webdings, Wingdings, Windings 2, Windings 3 등이 있습니다. [기호] 대화상자를 닫아도 셀에 문자열 커서가 남아 있으므로 마지막에 Enter 를 눌러야 합니다.

데이터 종류별로 선택하고 강조 및 수정하기

실습 파일 | CHAPTER02\성과보고서.xlsx   완성 파일 | CHAPTER02\완성\성과보고서완성.xlsx

여러 데이터가 입력되어 있는 성과 보고서에서 문자가 입력된 셀, 수식이 입력된 셀, 메모가 삽입된 셀만 선택합니다. 셀 색을 지정하여 강조하고 빈 셀만 선택한 후 하이픈(−)을 한꺼번에 입력합니다.

프로젝트 성과 보고서

일련 번호	A	A.1	A.1.1	A.1.2	A.1.3	A.2	A.2.1	A.2.2	A.2.3
항목 설명	프로그램 A	프로젝트 1	결과물 1	결과물 2	결과물 3	프로젝트 2	결과물 1	결과물 2	결과물 3
전체 BAC(W)	489,000	186,000	100,000	28,000	58,000	303,000	180,000	45,000	78,000
PV(W)	254,000	93,000	55,000	13,000	25,000	161,000	92,000	35,000	34,000
EV(W)	225,000	90,000	50,000	14,000	26,000	135,000	80,000	20,000	35,000
AC(W)	266,000	100,000	60,000	18,000	22,000	166,000	100,000	30,000	36,000
PEA(W)	-	-	-	-	-	-	-	-	-
CV(W)	-41,000	-10,000	-10,000	-4,000	4,000	-31,000	-20,000	-10,000	-1,000
CV(%)	-16.14%	-10.75%	-18.18%	-30.77%	16.00%	-19.25%	-21.74%	-28.57%	-2.94%
SV(W)	-29,000	-3,000	-5,000	1,000	1,000	-26,000	-12,000	-15,000	1,000
SV(%)	-11.42%	-3.23%	-9.09%	7.69%	4.00%	-16.15%	-13.04%	-42.86%	2.94%
CPI	84.59%	90.00%	83.33%	77.78%	118.18%	81.33%	80.00%	66.67%	97.22%
SPI	88.58%	96.77%	90.91%	107.69%	104.00%	83.85%	86.96%	57.14%	102.94%
ETC	312,107	106,667	60,000	18,000	27,077	206,578	125,000	37,500	44,229
EAC	578,107	206,667	120,000	36,000	49,077	372,578	225,000	67,500	80,229
VAC(%)	-18.22%	-11.11%	-20.00%	-28.57%	15.38%	-22.98%	-25.00%	-50.00%	-2.86%
VAC(W)	-89,107	-20,667	-20,000	-8,000	8,923	-69,578	-45,000	-22,500	-2,229
평균 지수	86.58%	93.39%	87.12%	92.74%	111.09%	82.59%	83.48%	61.90%	100.08%
일련 번호	B	B.1	B.1.1	B.1.2	B.1.3	B.2	B.2.1	B.2.2	B.2.3
항목 설명	프로그램 B	프로젝트 1	결과물 1	결과물 2	결과물 3	프로젝트 2	결과물 1	결과물 2	결과물 3
전체 BAC(W)	705,000	375,000	250,000	100,000	25,000	330,000	90,000	90,000	150,000
PV(W)	363,000	148,000	55,000	82,000	11,000	215,000	55,000	60,000	100,000
EV(W)	405,000	210,000	125,000	70,000	15,000	195,000	60,000	50,000	85,000
AC(W)	430,000	225,000	150,000	65,000	10,000	205,000	50,000	45,000	110,000
PEA(W)	-	-	-	-	-	-	-	-	-
CV(W)	-25,000	-15,000	-25,000	5,000	5,000	-10,000	10,000	5,000	-25,000
CV(%)	-6.89%	-10.14%	-45.45%	6.10%	45.45%	-4.65%	18.18%	8.33%	-25.00%
SV(W)	42,000	62,000	70,000	-12,000	4,000	-20,000	5,000	-10,000	-15,000
SV(%)	11.57%	41.89%	127.27%	-14.63%	36.36%	-9.30%	9.09%	-16.67%	-15.00%
CPI	94.19%	93.33%	83.33%	107.69%	150.00%	95.12%	120.00%	111.11%	77.27%
SPI	111.57%	141.89%	227.27%	85.37%	136.36%	90.70%	109.09%	83.33%	85.00%
ETC	318,519	176,786	150,000	27,857	6,667	141,923	25,000	36,000	84,118
EAC	748,519	401,786	300,000	92,857	16,667	346,923	75,000	81,000	194,118
VAC(%)	-6.17%	-	-	7.14%	33.33%	-	16.67%	-	-29.41%
VAC(W)	-43,519	-26,786	-50,000	7,143	8,333	-16,923	15,000	9,000	-44,118
평균 지수	102.88%	117.61%	155.30%	96.53%	143.18%	92.91%	114.55%	97.22%	81.14%

❶ 문자 셀만 선택 후 강조

❷ 수식 셀만 선택 후 강조

❸ 메모 셀만 선택 후 강조

❹ 빈 셀만 선택 후 하이픈(−) 입력

01 문자만 선택하기

❶ [B3] 셀을 클릭한 후 Ctrl + A 를 눌러 표 전체 범위를 선택합니다. ❷ [홈] 탭—[편집] 그룹—[찾기 및 선택]을 클릭한 후 ❸ [이동 옵션]을 선택합니다. ❹ [이동 옵션] 대화상자에서 [상수]를 선택한 후 ❺ [수식]의 [텍스트]에만 체크 표시합니다. ❻ [확인]을 클릭합니다.

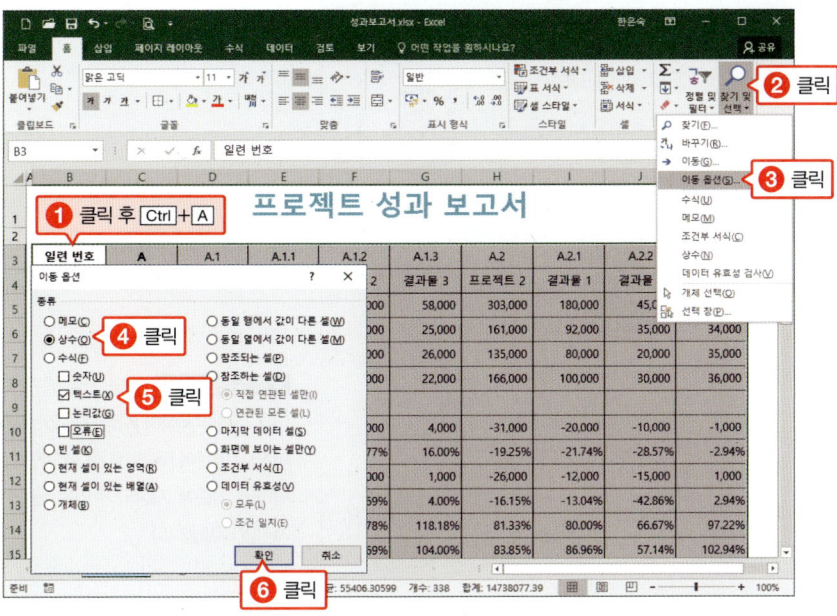

02 채우기 색 지정하기

❶ [홈] 탭—[글꼴] 그룹—[채우기 색] 목록 버튼을 클릭한 후 ❷ [바다색, 강조 1, 60% 더 밝게]를 선택합니다. 텍스트가 있는 셀에만 채우기 색이 적용됩니다.

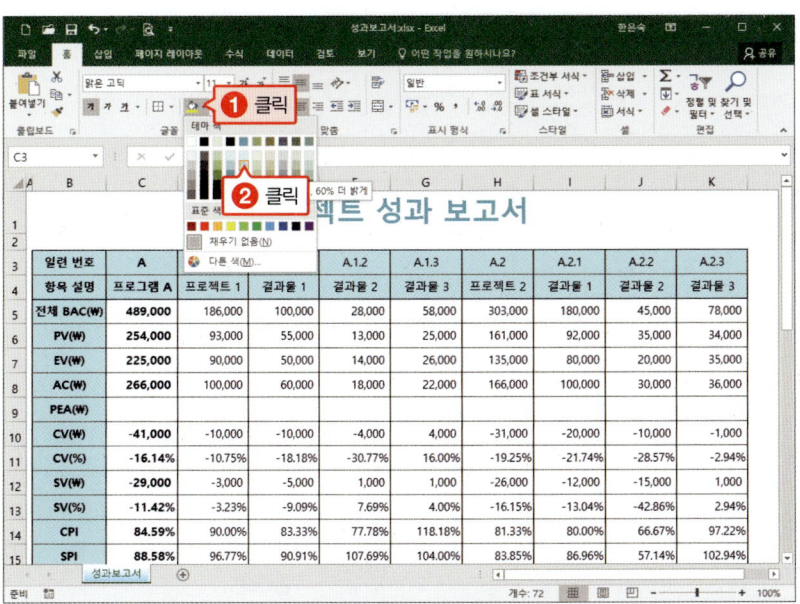

03 수식이 있는 셀만 선택한 후 강조하기

❶ [C5] 셀을 클릭합니다. ❷ [홈] 탭-[편집] 그룹-[찾기 및 선택]을 클릭한 후 ❸ [수식]을 선택합니다. ❹ [홈] 탭-[글꼴] 그룹-[굵게 개]를 두 번 클릭합니다. 수식이 입력된 셀의 글꼴이 굵게 바뀝니다.

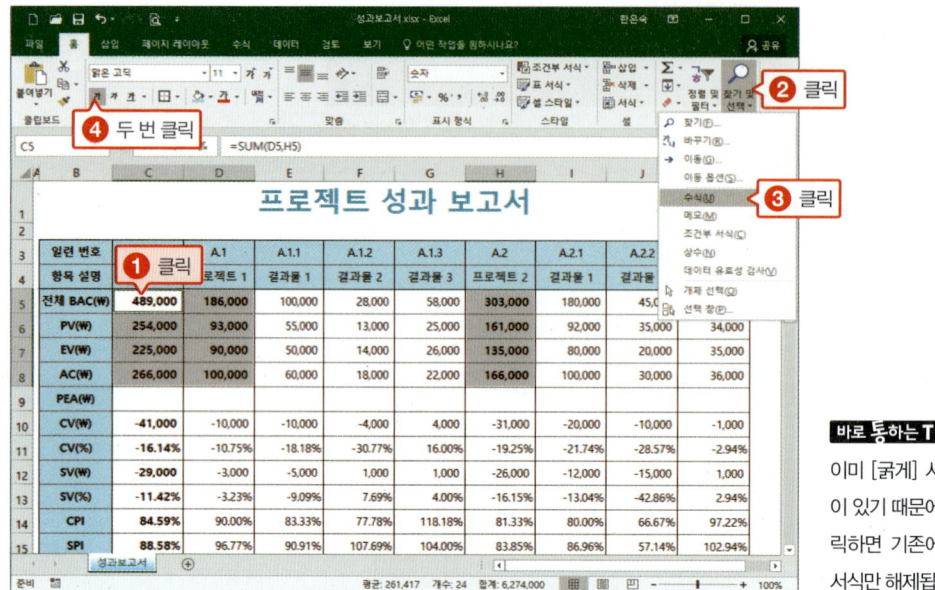

바로 통하는 TIP 선택한 셀 범위 중 이미 [굵게] 서식이 지정되어 있는 셀이 있기 때문에 [굵게 개]를 한 번만 클릭하면 기존에 지정되어 있는 [굵게] 서식만 해제됩니다.

04 메모가 있는 셀만 선택한 후 강조하기

❶ [C21] 셀을 클릭합니다. ❷ [홈] 탭-[편집] 그룹-[찾기 및 선택]을 클릭한 후 ❸ [메모]를 선택합니다. ❹ [홈] 탭-[글꼴] 그룹-[채우기 색] 목록 버튼을 클릭하고 ❺ [황록색, 강조 2, 60% 더 밝게]를 선택합니다. 메모가 있는 셀에만 채우기 색이 적용됩니다.

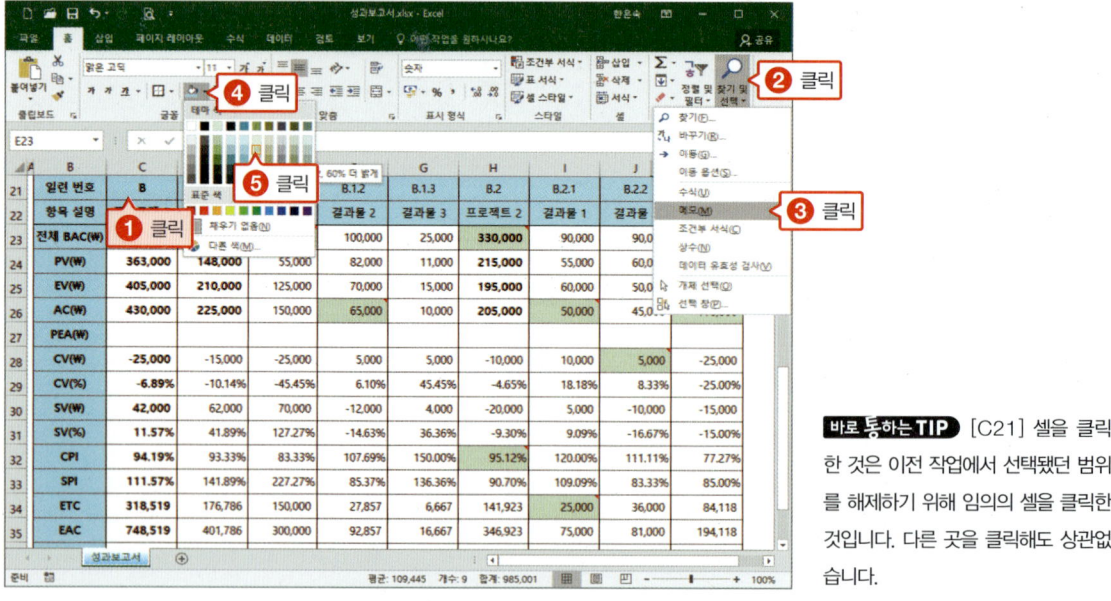

바로 통하는 TIP [C21] 셀을 클릭한 것은 이전 작업에서 선택됐던 범위를 해제하기 위해 임의의 셀을 클릭한 것입니다. 다른 곳을 클릭해도 상관없습니다.

05 빈 셀만 선택하기

❶ [B3] 셀을 클릭합니다. Ctrl + A 를 눌러 표 전체 범위를 선택한 후 ❷ [홈] 탭−[편집] 그룹−[찾기 및 선택]을 클릭하고 ❸ [이동 옵션]을 선택합니다. ❹ [이동 옵션] 대화상자에서 [빈 셀]을 선택한 후 ❺ [확인]을 클릭합니다.

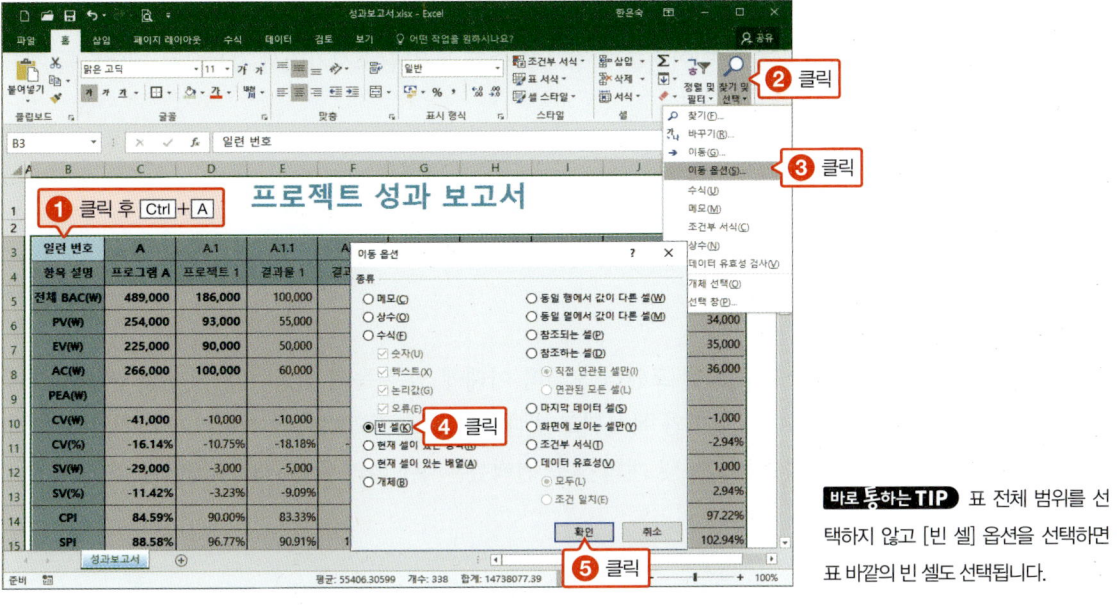

바로통하는 TIP 표 전체 범위를 선택하지 않고 [빈 셀] 옵션을 선택하면 표 바깥의 빈 셀도 선택됩니다.

06 한 번에 데이터 입력하기

−를 입력한 후 Ctrl + Enter 를 누릅니다. 선택된 모든 빈 셀에 '−'가 표시됩니다.

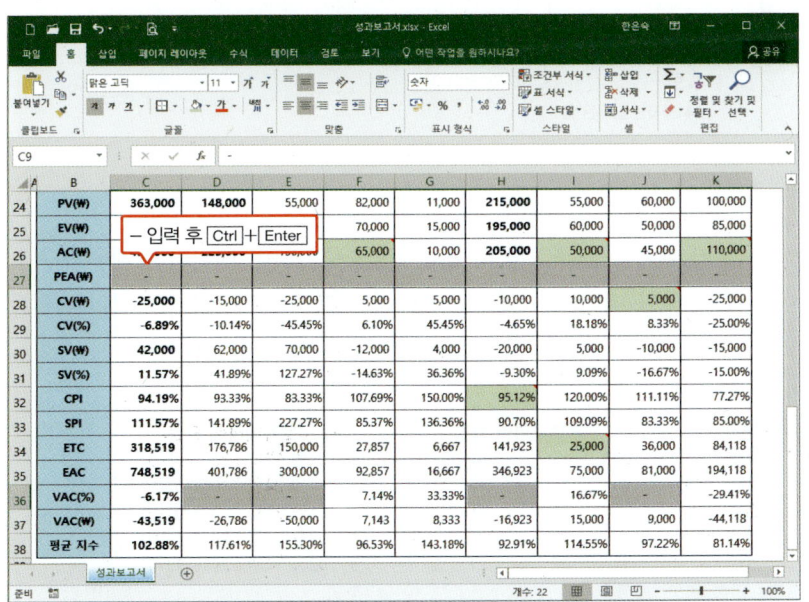

SECTION 05

데이터 자동 채우기

연속 셀에 데이터를 복사하거나 숫자 데이터를 일정하게 증가 혹은 감소시키면서 자동으로 데이터를 채울 수 있습니다.

채우기 핸들 사용하기

채우기 핸들은 일종의 셀 복사 도구로 셀 포인터 오른쪽 아래에 있는 녹색 점입니다. 채우기 핸들을 아래 방향이나 오른쪽으로 드래그하면 데이터가 복사되고 반대 방향으로 드래그하면 데이터가 지워집니다. 셀 안에 어떤 데이터가 있느냐에 따라서, 또 몇 개의 셀을 선택했는지에 따라서 복사되는 패턴이 다릅니다.

━ 연속 셀 복사하기

문자만 또는 숫자만 입력되어 있는 셀의 채우기 핸들을 드래그하면 드래그한 위치까지 복사됩니다.

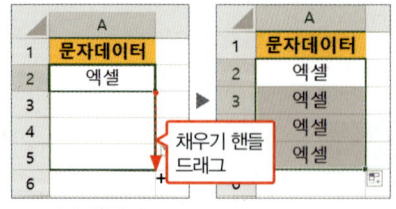

▲ 문자만 입력된 셀   ▲ 숫자만 입력된 셀

━ 연속 데이터 채우기

문자와 숫자가 함께 입력된 셀의 채우기 핸들을 드래그하면 숫자가 1씩 증가하며 데이터가 채워집니다. 숫자만 입력된 셀이나 혼합 데이터 또는 날짜 데이터가 입력된 셀에서는 값 차이가 있는 두 셀의 범위를 선택한 후 채우기 핸들을 드래그하면 두 값의 차이만큼 증감하면서 데이터가 채워집니다.

▲ 한 개의 혼합 데이터   ▲ 범위를 선택한 숫자 데이터   ▲ 범위를 선택한 혼합 데이터   ▲ 범위를 선택한 날짜 데이터

Ctrl +채우기 핸들 드래그로 채우기

혼합 데이터가 입력된 셀의 채우기 핸들을 Ctrl +드래그하면 데이터가 그대로 복사되며 숫자만 입력한 셀의 채우기 핸들을 Ctrl +드래그하면 숫자가 1씩 증가하면서 채워집니다.

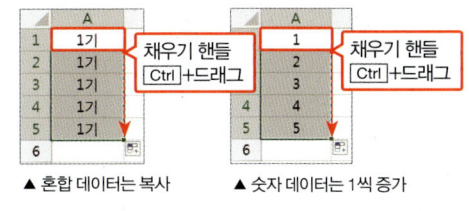

▲ 혼합 데이터는 복사   ▲ 숫자 데이터는 1씩 증가

사용자 지정 목록 채우기

사용자 지정 목록에 등록해두면 문자만 입력된 셀이라도 채우기 핸들을 드래그하여 등록된 순서대로 데이터를 채울 수 있습니다. 숫자와 문자의 혼합 데이터인 경우에도 시작 값과 끝 값이 정해져 있다면 사용자 지정 목록에 추가해두어야 합니다. 예를 들어 1월~12월이 사용자 지정 목록에 등록되어 있지 않으면 12월 다음에 13월이 채워집니다.

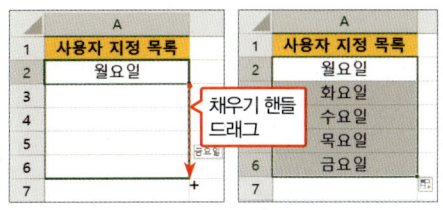

사용자 지정 목록을 편집하려면 [파일] 탭-[옵션]을 선택하고 [Excel 옵션] 대화상자에서 [고급]을 선택한 후 [일반]에서 [사용자 지정 목록 편집]을 클릭합니다. [사용자 지정 목록] 대화상자에서 등록할 목록을 추가할 수 있습니다.

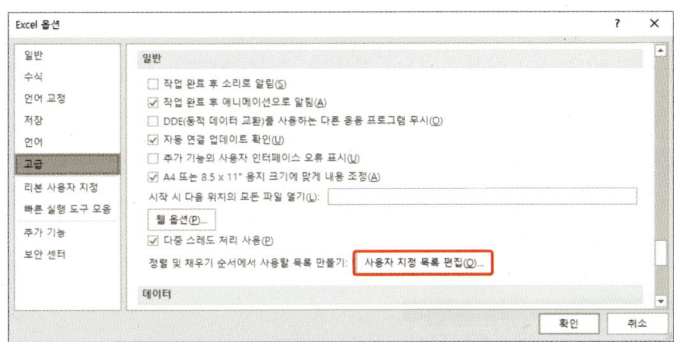

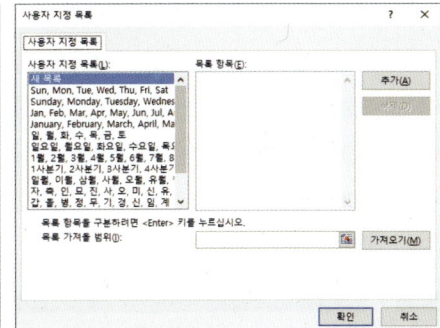

자동 채우기 옵션

채우기 핸들을 드래그하면 드래그한 셀까지 범위가 선택되면서 채우기 핸들 옆에 [자동 채우기 옵션 ⊞]이 표시됩니다. 이 버튼을 클릭하면 채우기 유형을 선택할 수 있습니다. 날짜 데이터 셀의 채우기 핸들을 드래그하면 일 단위, 평일 단위, 월 단위, 연 단위 등 다양한 채우기 옵션을 선택할 수 있습니다.

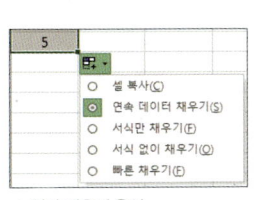

▲ 일반 채우기 옵션

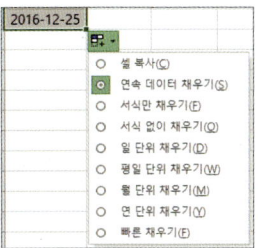

▲ 날짜 데이터 채우기 옵션

단축 메뉴를 사용하여 데이터 채우기

마우스 오른쪽 버튼을 클릭한 상태에서 채우기 핸들을 드래그하면 단축 메뉴가 표시됩니다. 자동 채우기 옵션처럼 셀에 입력된 데이터 종류에 따라 메뉴가 다르게 표시되며 숫자가 입력된 두 셀을 범위로 선택한 후 채우기 핸들을 드래그하면 선형 추세(두 셀 값의 차이만큼 더하는 방식), 급수 추세(두 번째 셀 값을 곱하는 방식) 방식을 선택할 수 있습니다.

▲ 일반 데이터에 대한 단축 메뉴   ▲ 연속 데이터 채우기   ▲ 날짜 데이터에 대한 단축 메뉴

[연속 데이터] 대화상자

채우기 핸들의 단축 메뉴에서 [연속 데이터]를 선택하거나 [홈] 탭-[편집] 그룹-[채우기]를 클릭한 후 [계열]을 선택하면 [연속 데이터] 대화상자가 표시됩니다. 데이터가 채워질 [방향], [유형], [단계 값], [종료 값]을 입력하면 채우기 핸들을 드래그하지 않아도 자동으로 원하는 데이터 값이 채워집니다. 예를 들어 1에서 1,000,000까지 10씩 곱해지면서 데이터를 채우려면 다음과 같이 작업할 수 있습니다. ❶ [A1] 셀에 **1**을 입력하고 ❷ 셀이 선택된 상태에서 [홈] 탭-[편집] 그룹-[채우기]를 클릭한 후 ❸ [계열]을 선택합니다. ❹ [연속 데이터] 대화상자에서 [방향]에 [열], [유형]에 [급수]를 선택하고 ❺ [단계 값]란에 **10**, ❻ [종료 값]란에 **1000000**을 입력한 후 ❼ [확인]을 클릭합니다. 이때 [유형]에서 [선형]을 선택하면 단계 값으로 더하면서 데이터가 채워집니다.

빠른 채우기

빠른 채우기는 하나의 열에 있는 데이터를 여러 개의 열로 분할해야 하는 작업에 사용하면 편리합니다. 예를 들어 다음과 같이 이메일주소가 입력된 열 오른쪽 첫 번째 셀에 아이디를 입력하고 두 번째 셀에는 그 다음 아이디의 첫 번째 글자를 입력했다면 자동으로 모든 목록의 아이디가 입력됩니다. 두 번째 셀에 데이터를 입력하지 않고 단축키나 리본 메뉴에서 [빠른 채우기]를 찾아 선택하거나 채우기 핸들을 사용하여 데이터를 채운 후 [자동 채우기 옵션]에서 [빠른 채우기]를 선택합니다.

참고 파일 | CHAPTER02\빠른채우기.xlsx

방법 1 옆의 열에 있는 데이터로부터 분할할 데이터를 몇 개 입력하여 엑셀이 데이터의 패턴을 인식하게 되면 자동으로 [빠른 채우기]가 실행됩니다. ① [B2] 셀에 **sjk6712**를 입력하고 Enter 를 누릅니다. ② [B3] 셀에 **k**를 입력하고 Enter 를 누르면 [B4:B11] 셀 범위에 데이터가 자동으로 채워집니다.

방법 2 [빠른 채우기]를 할 수 있는 데이터라도 제한된 시간이 지나면 실행되지 않습니다. ① [C2] 셀에 **aaaa**를 입력한 후 ② [C3] 셀을 클릭하고 단축키 Ctrl + E 를 누릅니다. 또는 ③ [홈] 탭-[편집] 그룹-[채우기]를 클릭하고 ④ [빠른 채우기]를 선택하거나 [데이터] 탭-[데이터 도구] 그룹-[빠른 채우기]를 클릭합니다.

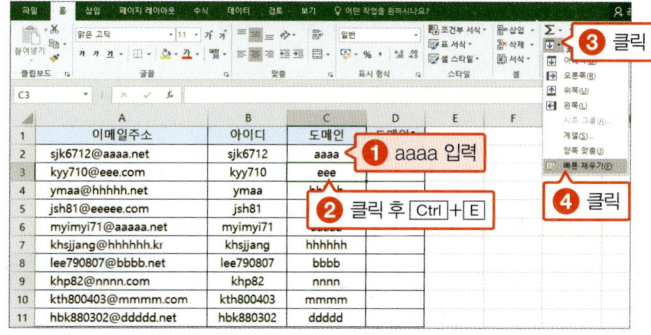

방법 3 ① [D2] 셀에 **net**을 입력하고 ② 채우기 핸들을 드래그하거나 더블클릭하여 데이터를 채운 후 ③ [자동 채우기 옵션]을 클릭하고 ④ [빠른 채우기]를 선택합니다.

실습 파일 | CHAPTER02\자동채우기.xlsx **완성 파일** | CHAPTER02\완성\자동채우기완성.xlsx

채우기 핸들을 드래그하여 데이터를 채우면 드래그한 셀까지 범위가 선택되면서 오른쪽 끝에 [자동 채우기 옵션📋]이 표시됩니다. [자동 채우기 옵션]의 메뉴는 데이터 종류에 따라 다르게 나타납니다. [자동 채우기 옵션]을 사용하여 데이터를 채워보겠습니다.

O1 데이터 범위를 반복해서 채우기

데이터 범위를 선택한 후 채우기 핸들을 드래그하면 서식과 함께 데이터가 반복해서 채워집니다. ❶ [G3:H14] 셀 범위를 드래그한 후 ❷ 채우기 핸들을 [L14] 셀까지 드래그합니다.

'1차'는 '2차', '3차'로 숫자가 1씩 증가하며 채워지고, '입고', '확인'은 복사되며 채워집니다.

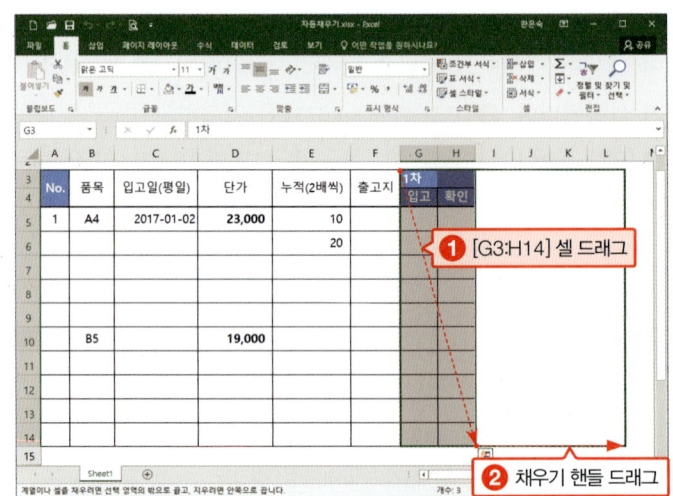

O2 서식만 채우기

문자만 입력된 셀의 채우기 핸들을 드래그해서 서식만 복사할 수도 있습니다. ❶ [A3] 셀을 클릭하고 ❷ 채우기 핸들을 [F3] 셀까지 드래그한 후 ❸ [자동 채우기 옵션📋]을 클릭하고 ❹ [서식만 채우기]를 선택합니다.

'No.'가 서식과 함께 복사되었다가 [서식만 채우기]를 선택하면 기존 문자가 복구되고 서식만 복사됩니다.

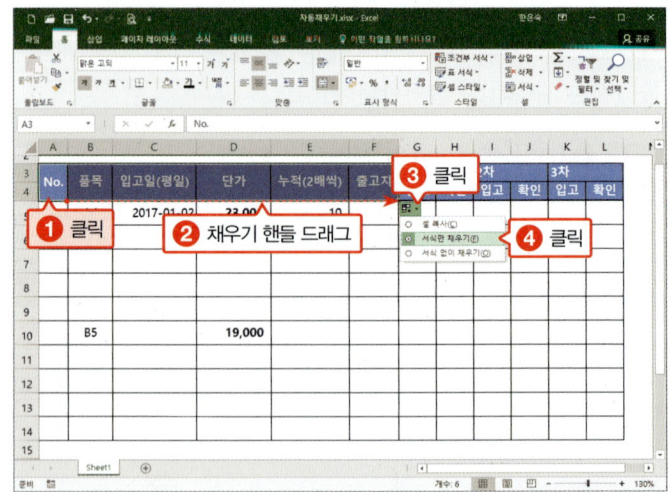

03 연속 데이터 채우기

숫자만 입력된 셀의 채우기 핸들을 드래그해서 연속 데이터로 채울 수 있습니다. ❶ [A5] 셀을 클릭합니다. ❷ 채우기 핸들을 [A14] 셀까지 드래그한 후 ❸ [자동 채우기 옵션 ▦]을 클릭하고 ❹ [연속 데이터 채우기]를 선택합니다.

'1'이 복사되었다가 [연속 데이터 채우기]를 선택하면 1씩 증가한 값으로 채워집니다.

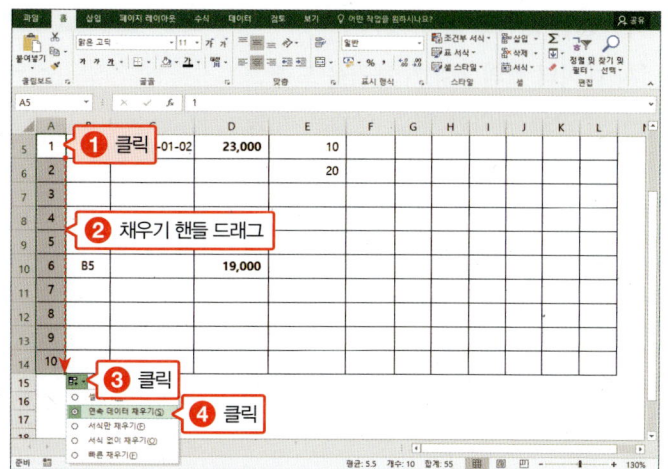

04 셀 복사하기

문자와 숫자가 혼합된 데이터 셀의 채우기 핸들을 드래그해서 복사만 할 수 있습니다. ❶ [B5] 셀을 클릭합니다. ❷ 채우기 핸들을 더블클릭한 후 ❸ [자동 채우기 옵션 ▦]을 클릭하고 ❹ [셀 복사]를 선택합니다.

1씩 증가한 값으로 채워졌다가 [셀 복사]를 선택하면 같은 값으로 복사됩니다.

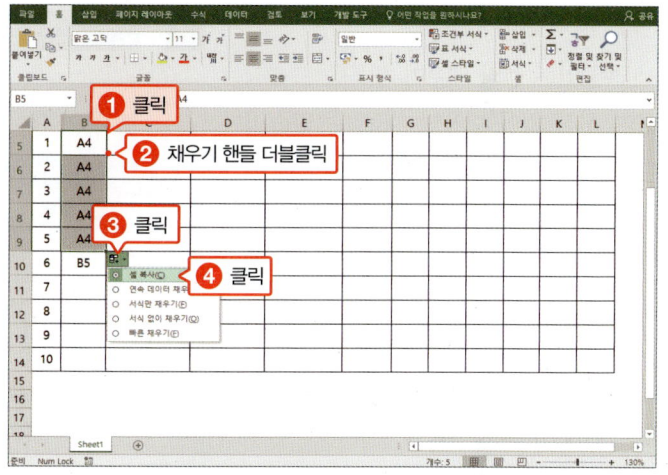

05 ❶ [B10] 셀을 클릭합니다. ❷ 채우기 핸들을 더블클릭한 후 ❸ [자동 채우기 옵션 ▦]을 클릭하고 ❹ [셀 복사]를 선택합니다.

1씩 증가한 값으로 채워졌다가 [셀 복사]를 선택하면 같은 값으로 복사됩니다.

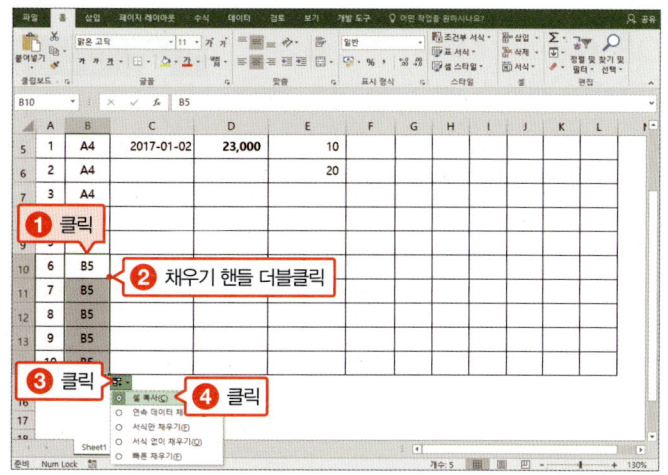

06 평일 단위로 날짜 채우기

날짜 데이터 셀의 채우기 핸들을 드래그 해서 주말을 제외한 평일 단위로 채울 수 있습니다. ❶ [C5] 셀을 클릭한 후 ❷ 채우기 핸들을 더블클릭합니다. ❸ [자 동 채우기 옵션▦]을 클릭하고 ❹ [평일 단위 채우기]를 선택합니다.

1일씩 증가된 날짜로 채워졌다가 [평일 단위 채우기]를 선택하면 주말을 제외한 평일 날짜만으로 채워집 니다.

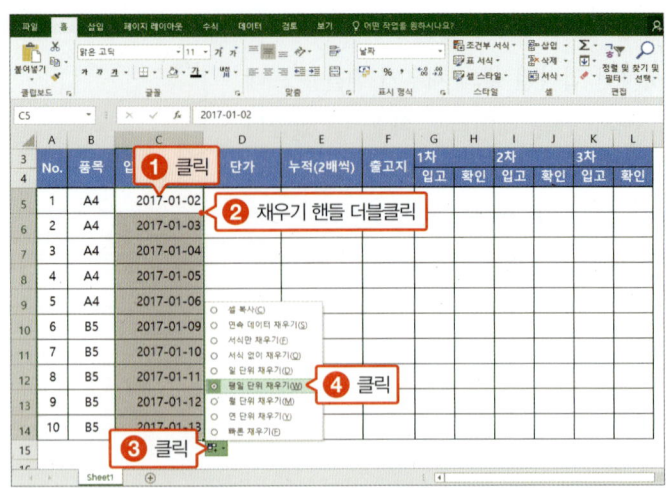

07 서식 없이 채우기

서식이 있는 셀의 채우기 핸들을 드래그 하여 서식 없이 내용만 채울 수 있습니 다. ❶ [D5] 셀을 클릭하고 ❷ 채우기 핸 들을 더블클릭한 후 ❸ [자동 채우기 옵 션▦]을 클릭합니다. ❹ [서식 없이 채 우기]를 선택합니다.

굵은 글꼴 서식이 함께 채워졌다가 [서식 없이 채우기] 를 선택하면 서식이 굵은 글꼴 서식이 없어집니다.

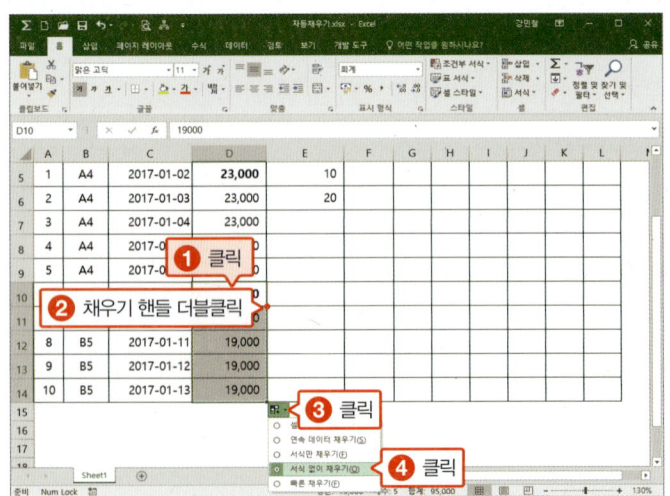

08 ❶ [D10] 셀을 클릭하고 ❷ 채우 기 핸들을 더블클릭한 후 ❸ [자동 채우 기 옵션▦]을 클릭합니다. ❹ [서식 없 이 채우기]를 선택합니다.

09 단축 메뉴로 급수 추세 반영하기

❶ [E5:E6] 셀 범위를 드래그합니다. ❷ 마우스 오른쪽 버튼을 클릭한 상태에서 채우기 핸들을 [E14] 셀까지 드래그한 후 ❸ [급수 추세 반영]을 선택합니다.

10, 20, 40, 80, …, 5120까지 값이 2배씩 증가하며 채워집니다.

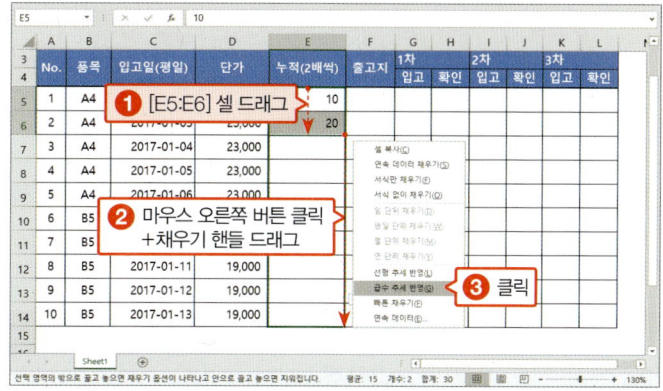

바로 통하는 TIP [선형 추세]는 두 셀의 값의 차이만큼 더하면서 범위를 채우는 방식이고, [급수 추세]는 두 셀의 값을 나눈 값만큼 곱하면서 범위를 채우는 방식입니다. 숫자 데이터 범위를 선택한 후 채우기 핸들을 드래그하면 기본적으로 [선형 추세] 형식으로 데이터가 채워지지만 채우기 핸들을 마우스 오른쪽 버튼을 누른 상태에서 드래그하면 단축 메뉴에서 [급수 추세] 형식으로 데이터를 채울 수 있습니다.

10 사용자 지정 목록 추가하기

문자 목록을 연속된 데이터로 등록해보겠습니다. ❶ [파일] 탭-[옵션]을 클릭합니다. ❷ [Excel 옵션] 대화상자에서 [고급]을 선택하고 ❸ [사용자 지정 목록 편집]을 클릭합니다. ❹ [사용자 지정 목록] 대화상자의 [목록 항목]에 **동부, 서부, 남부, 북부**를 입력하고 ❺ [추가]를 클릭한 후 ❻ [확인]을 클릭합니다. ❼ [Excel 옵션] 대화상자에서 [확인]을 클릭합니다.

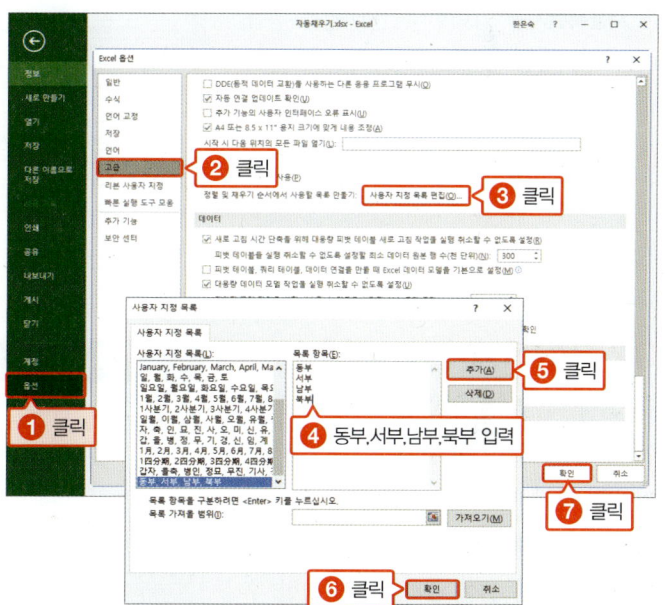

바로 통하는 TIP [목록 항목]에 항목을 입력할 때 항목마다 Enter를 누르면서 입력하거나 콤마(,)를 구분 기호로 하여 한 줄에 입력합니다.

11 사용자 지정 목록으로 채우기

사용자 지정 목록에 등록된 데이터 셀의 채우기 핸들을 드래그하거나 더블클릭하면 연속 데이터로 채워집니다. ❶ [F5] 셀에 **동부**를 입력하고 ❷ 채우기 핸들을 더블클릭합니다.

'동부, 서부, 남부, 북부' 순서로 연속 데이터가 채워집니다.

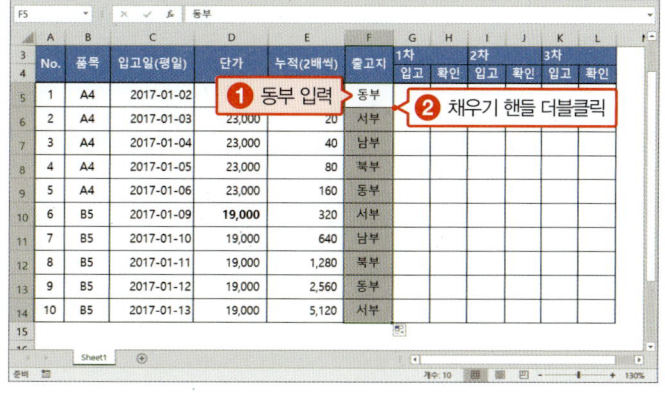

실습 파일 | CHAPTER02\주소록분리.xlsx **완성 파일** | CHAPTER02\완성\주소록분리완성.xlsx

빠른 채우기를 사용하면 함수나 텍스트 나누기를 사용하지 않고도 간편하고 빠르게 데이터를 분리할 수 있습니다. 하나의 열에 있는 주소로부터 시도, 행정구, 도로명, 학교명을 분리해보겠습니다.

01 패턴이 같은 분할 데이터 입력하기

주소에서 시도 부분만 분리하겠습니다. 첫 번째 셀에 주소의 첫 단어인 시도 부분을 입력하면 두 번째 셀에는 첫 글자만 입력해도 나머지 셀에 패턴이 같은 분할 데이터가 표시됩니다. ❶ [B2] 셀에 **서울특별시**를 입력한 후 Enter 를 누릅니다. ❷ [B3] 셀에 **대**를 입력하면 나머지 셀의 모든 시도 목록이 표시됩니다. ❸ Enter 를 누릅니다.

주소의 시도 부분만 채워집니다.

02 단축키로 데이터 분리하기

첫 셀에 데이터를 입력한 후 두 번째 셀에 데이터를 입력하지 않고도 단축키를 이용해 빠른 채우기를 실행할 수 있습니다. 주소로부터 행정구를 분리해보겠습니다. ❶ [C2] 셀에 **송파구**를 입력한 후 Enter 를 누릅니다. ❷ Ctrl + E 를 누릅니다.

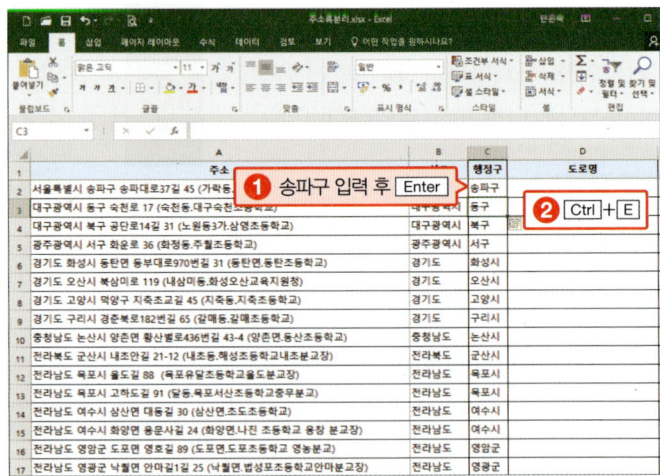

03 리본 메뉴로 데이터 분리하기

단축키 외에도 리본 메뉴의 명령을 클릭하여 빠른 채우기를 실행할 수 있습니다. **①** [D2] 셀에 **송파대로37길 45**를 입력하고 [Enter]를 누릅니다. **②** [홈] 탭-[편집] 그룹-[채우기]를 클릭한 후 **③** [빠른 채우기]를 선택합니다.

바로 통하는 TIP [데이터] 탭-[데이터 도구] 그룹-[빠른 채우기]를 클릭해도 됩니다.

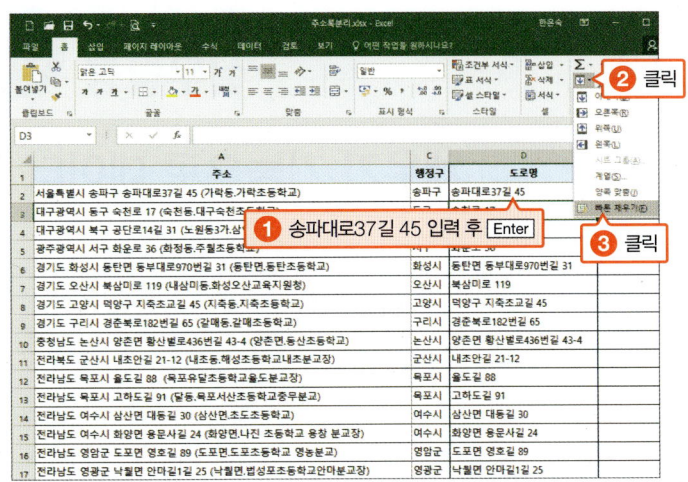

04 채우기 핸들로 데이터 분리하기

데이터를 분리할 때 채우기 핸들로 데이터를 채운 후 [자동 채우기 옵션]에서 [빠른 채우기]를 선택해도 됩니다. **①** [E2] 셀에 **가락초등학교**를 입력한 후 [Enter]를 누릅니다. **②** 다시 [E2] 셀을 클릭하고 **③** 채우기 핸들을 더블클릭합니다. **④** [자동 채우기 옵션 🔳]을 클릭한 후 **⑤** [빠른 채우기]를 선택합니다.

채우기 핸들을 더블클릭하면 '가락초등학교'가 복사되었다가 [빠른 채우기]를 선택하면 각 초등학교명으로 채워집니다.

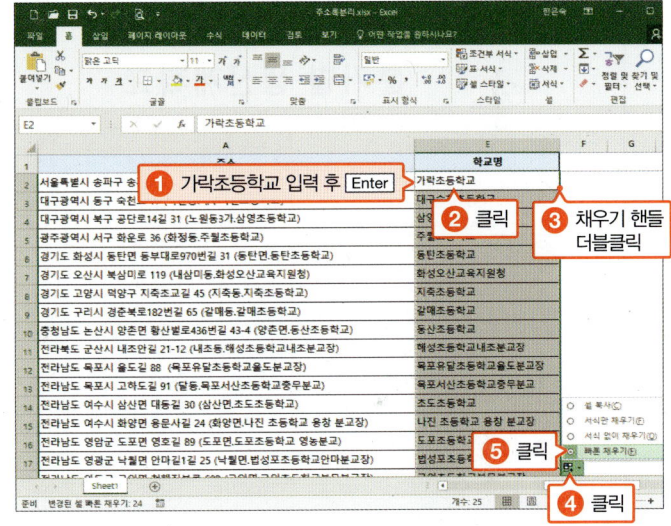

쉽고 빠른 엑셀 NOTE **빠른 채우기가 실행되지 않는 경우**

모든 경우에 빠른 채우기가 실행되는 것은 아니며 데이터에 일관성이 없는 경우나 셀 병합이 되어 있는 경우에는 실행되지 않습니다. 또한 [Excel 옵션] 대화상자에서 [빠른 자동 채우기]의 체크 표시가 해제되어 있어도 실행되지 않습니다.

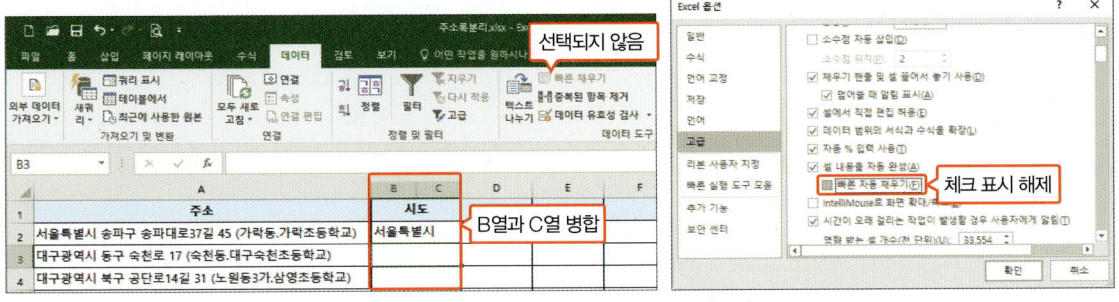

채우기 기능으로 데이터 양식 완성하기

실습 파일 | CHAPTER02\분기생산계획표.xlsx **완성 파일** | CHAPTER02\완성\분기생산계획표완성.xlsx

다음은 분기별로 제품의 재고, 생산, 출고량 계획을 입력할 생산계획표 양식입니다. 일부 목록만 작성되어 있는 상태에서 채우기 핸들을 사용하여 나머지 부분을 완성해보겠습니다. 생산 지역은 사용자 지정 목록을 등록하여 순서대로 채우고, 품명은 빠른 채우기를 사용하여 채웁니다. 특기사항의 추천업체는 양쪽 맞춤 기능을 사용하여 행을 분할해보겠습니다.

분기별 생산계획표

월	품번	품명	서울 재고	서울 생산	서울 출고	인천 재고	인천 생산	인천 출고	평택 재고	평택 생산	평택 출고	여수 재고	여수 생산	여수 출고	부산 재고	부산 생산	부산 출고
1월	GUIDE PIN-S45C-Q60X230	Q60X230		200			200			200			200			200	
2월	GUIDE BUSH-S45C-Q80X70	Q80X70		200			200			200			200			200	
3월	WEAR PLATE-FC+GR-75X75X20	75X75X20		200			200			200			200			200	
1분기				600			600			600			600			600	
4월	GUIDE PIN-S45C-Q60X231	Q60X231		200			200			200			200			200	
5월	GUIDE BUSH-S45C-Q80X71	Q80X71		200			200			200			200			200	
6월	WEAR PLATE-FC+GR-75X75X21	75X75X21		200			200			200			200			200	
2분기				600			600			600			600			600	
7월	GUIDE PIN-S45C-Q60X232	Q60X232		200			200			200			200			200	
8월	GUIDE BUSH-S45C-Q80X72	Q80X72		200			200			200			200			200	
9월	WEAR PLATE-FC+GR-75X75X22	75X75X22		200			200			200			200			200	
3분기				600			600			600			600			600	
10월	GUIDE PIN-S45C-Q60X233	Q60X233		200			200			200			200			200	
11월	GUIDE BUSH-S45C-Q80X73	Q80X73		200			200			200			200			200	
12월	WEAR PLATE-FC+GR-75X75X23	75X75X23		200			200			200			200			200	
4분기				600			600			600			600			600	

※ 특기사항 :
• 추천업체: 혜성산업
한미기계
해진산업
한빛기계

※ 지시사항

① 연속 데이터 채우기

② 셀 복사하며 채우기

③ 사용자 지정 목록 채우기

④ 빠른 채우기로 품명 분리

⑤ 양쪽 맞춤으로 데이터 행 분할

01 채우기 핸들로 월, 품번 채우기

월과 품번이 포함된 셀 범위를 선택한 후 채우기 핸들을 드래그하면 연속으로 데이터가 채워집니다. ❶
[A6:D9] 셀 범위를 드래그한 후 ❷ 채우기 핸들을 [D21] 셀까지 드래그합니다.

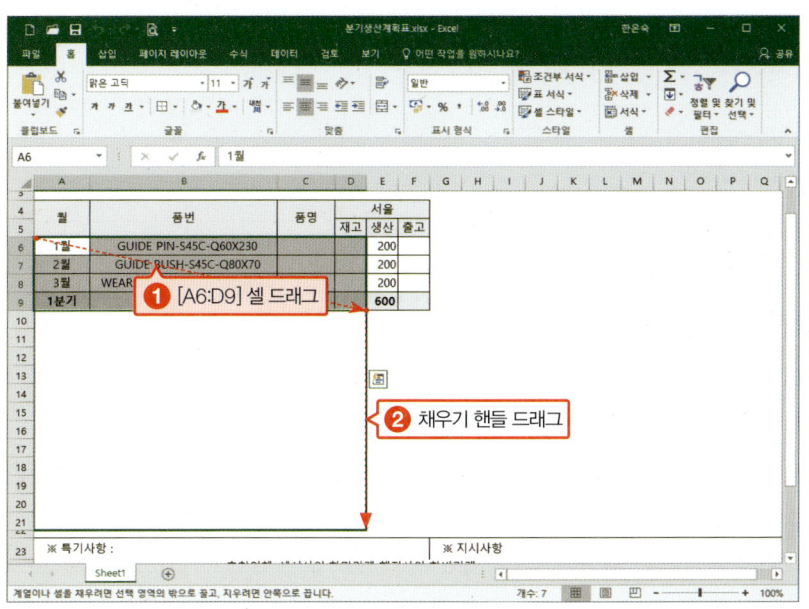

02 생산량 복사하며 채우기

생산량 범위는 숫자를 복사하며 채우겠습니다. ❶ [E6:F9] 셀 범위를 드래그한 후 ❷ 채우기 핸들을 더블
클릭합니다. ❸ [자동 채우기 옵션 📑]을 클릭한 후 ❹ [셀 복사]를 선택합니다.

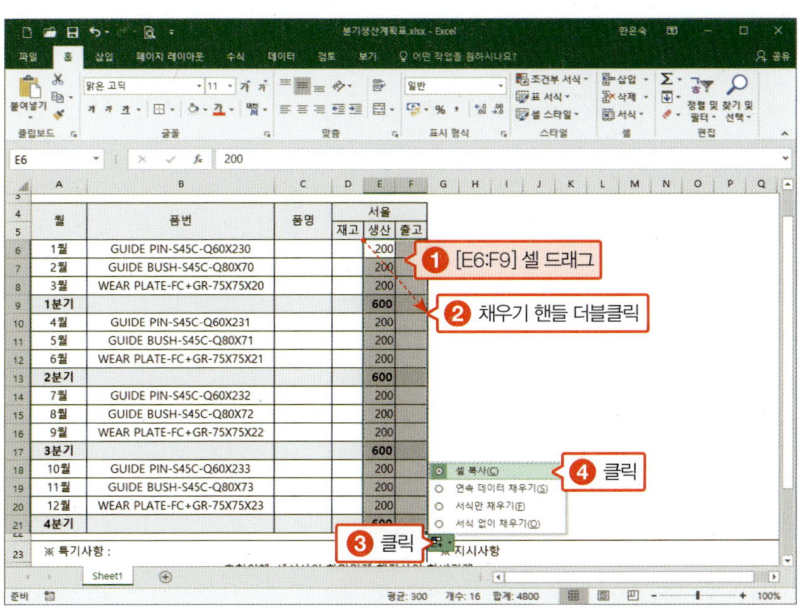

03 사용자 지정 목록 등록하기

❶ [파일] 탭-[옵션]을 클릭한 후 ❷ [Excel 옵션] 대화상자에서 [고급]을 선택하고 ❸ [사용자 지정 목록 편집]을 클릭합니다. ❹ [사용자 지정 목록] 대화상자의 [목록 항목]에 **서울,인천,평택,여수,부산**을 입력합니다. ❺ [추가]를 클릭한 후 ❻ [확인]을 클릭합니다. ❼ [Excel 옵션] 대화상자에서도 [확인]을 클릭합니다.

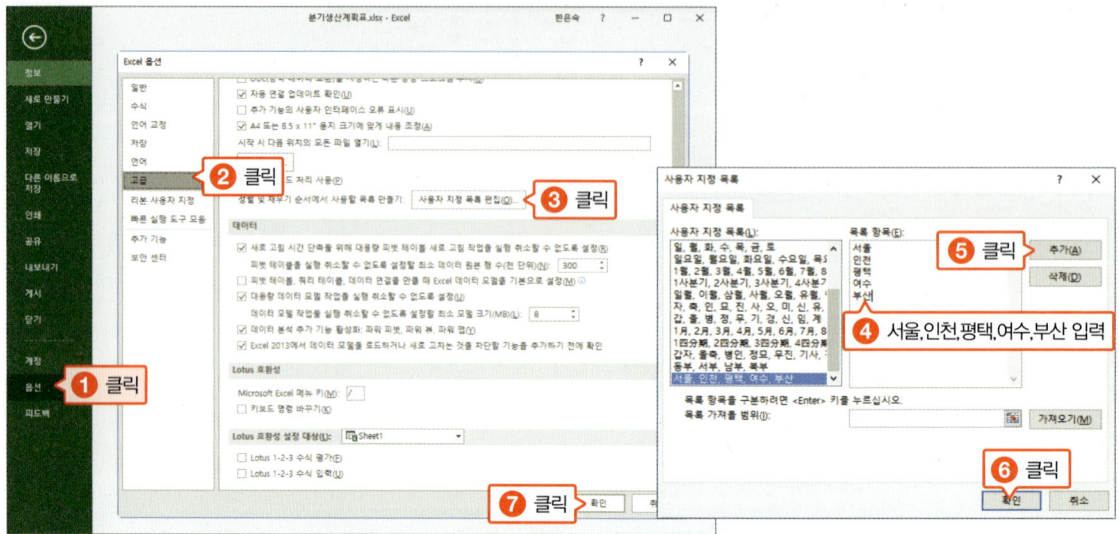

04 지역 목록 채우기

등록한 지역 순서대로 재고, 생산, 출고 범위를 채우기 핸들을 사용해 복사하겠습니다. ❶ [D4:F21] 셀 범위를 드래그하고 ❷ 채우기 핸들을 [R21] 셀까지 드래그합니다.

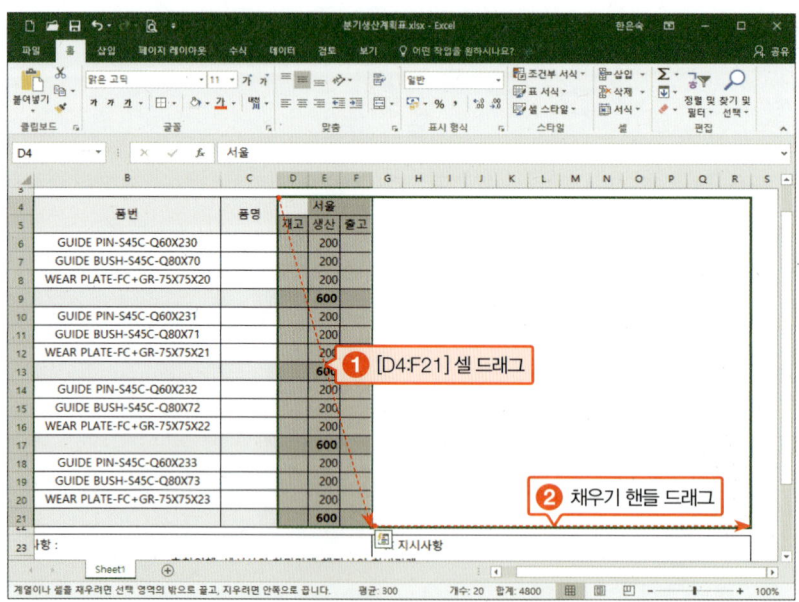

05 빠른 채우기로 품번으로부터 품명 분리하기

품번의 끝 부분을 품명으로 분리하여 채워보겠습니다. ❶ [C6] 셀에 **Q60X230**을 입력하고 Enter 를 누릅니다. ❷ [C6:C21] 셀 범위를 드래그한 후 ❸ [홈] 탭-[편집] 그룹-[채우기]를 클릭하고 ❹ [빠른 채우기]를 선택합니다.

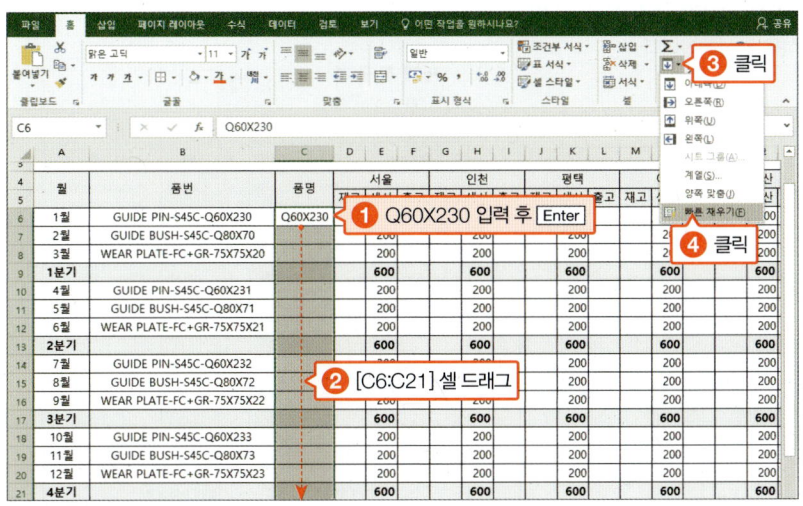

바로 통하는 TIP 첫 번째 셀에 분할할 데이터를 입력하고 채워질 데이터 범위를 먼저 지정한 후 [빠른 채우기]를 실행했습니다. 범위를 지정하지 않고 두 번째 셀에서 [빠른 채우기]를 실행하면 다음과 같은 메시지가 표시됩니다.

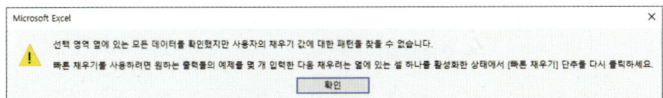

06 양쪽 맞춤으로 데이터 행 분할

한 줄에 입력된 추천업체 목록을 해당 범위 안에서 여러 줄로 나눠서 넣어보겠습니다. ❶ [C24] 셀을 클릭한 후 ❷ [홈] 탭-[편집] 그룹-[채우기]를 클릭하고 ❸ [양쪽 맞춤]을 선택합니다. ❹ [확인]을 클릭합니다.

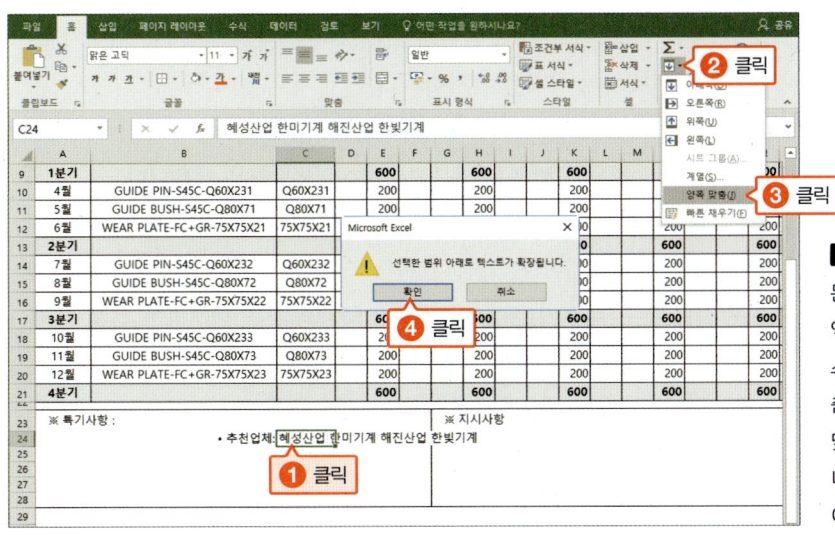

바로 통하는 TIP 웹사이트나 워드 문서 등 다른 곳에서 작성된 텍스트를 엑셀의 셀에 복사하면 한 셀에 모든 텍스트가 입력됩니다. 이런 경우 양쪽 맞춤을 사용하면 선택한 범위의 너비에 맞춰 아래쪽 셀로 데이터가 나누어집니다. 셀이 병합되어 있다면 양쪽 맞춤이 실행되지 않습니다.

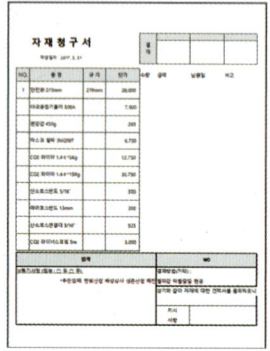

▲ 실습 파일　　　　　　　　▲ 완성 파일

① [A7] 셀의 채우기 핸들을 더블클릭한 후 [자동 채우기 옵션 ⊞]을 클릭하고 [연속 데이터 채우기]를 선택하여 NO. 열을 채웁니다.

② [C8] 셀을 클릭하고 Ctrl + E를 누르거나 [홈] 탭-[편집] 그룹-[채우기]를 클릭한 후 [빠른 채우기]를 선택, 또는 [데이터] 탭-[데이터 도구] 그룹-[빠른 채우기]를 클릭해 품명의 끝 부분을 규격 열에 분할하여 입력합니다.

③ [D6:D16] 셀 범위를 드래그하고 채우기 핸들을 [H16] 셀까지 드래그하여 채운 후 [자동 채우기 옵션 ⊞]을 클릭하고 [서식만 채우기]를 선택하여 서식을 복사합니다.

④ [E7:E16] 셀 범위를 드래그한 후 **50**을 입력하고 Ctrl + Enter를 누릅니다.

⑤ [F7] 셀에 **=D7*E7**을 입력한 후 [F7] 셀의 채우기 핸들을 더블클릭하여 금액 열을 채웁니다.

⑥ [G7] 셀에 **2017-2-21**을 입력한 후 [G7] 셀의 채우기 핸들을 더블클릭한 후 [자동 채우기 옵션 ⊞]을 클릭하고 [평일 단위 채우기]를 선택하여 납품일 열을 채웁니다.

⑦ [C20] 셀을 클릭하고 [홈] 탭-[편집] 그룹-[채우기]를 클릭한 후 [양쪽 맞춤]을 선택하여 업체 목록의 행을 분리합니다.

⑧ [F21:H21] 셀 범위를 드래그하고 [홈] 탭-[편집] 그룹-[채우기]를 클릭한 후 [양쪽 맞춤]을 선택하여 행을 분리합니다.

⑨ ⑦에서 만든 업체 목록을 사용자 지정 목록으로 등록한 후 비고란에 순서대로 채웁니다.

문서의 틀을 잡는 데이터 편집

처음부터 빈 워크시트에서 문서 작성을 시작하는 경우도 있지만 기존에 작성된 문서에 데이터를 입력하고 자신의 업무에 필요한 문서 형태로 편집하는 경우가 더 많습니다. 빈 워크시트에 입력하든, 이미 작성된 문서에 입력하든 데이터가 입력된 문서 전체의 틀을 잡아주는 방법을 알아보겠습니다. 행/열의 높이와 너비를 맞추거나 셀을 이동, 복사, 삭제하여 재배치하면 일목요연하게 데이터를 정리할 수 있습니다. 문서의 틀을 잡기 위해서는 셀, 행, 열, 워크시트를 다루는 방법을 잘 알아야 합니다.

SECTION 01

셀/행/열 편집하기

워크시트는 그 자체가 하나의 표이므로 셀, 행, 열의 편집은 엑셀 문서 작성에서 기본적이고 필수적인 사항입니다. 행/열을 삽입, 삭제하고 크기를 조절하거나 숨기는 등 셀/행/열의 편집 기능에 대해 알아보겠습니다.

셀/행/열 삽입 및 삭제의 기본 규칙

❶ 행/열을 선택할 때는 선택한 행/열 개수만큼 삽입되거나 삭제됩니다.

❷ 행/열을 삽입할 때는 선택한 행의 위쪽, 선택한 열의 왼쪽과 같은 서식의 행/열이 삽입됩니다.

❸ 행/열 머리글을 선택한 후 행/열을 삽입하거나 삭제하면 행/열 전체가 삽입되거나 삭제됩니다.

❹ 행/열 전체가 아닌 셀 범위를 드래그한 후 행/열을 삽입하거나 삭제하면 선택한 셀 범위 반대쪽으로 셀 범위가 밀리거나 당겨지면서 삽입되거나 삭제됩니다.

셀/행/열 삽입 및 삭제하기

삽입하거나 삭제할 대상 셀 범위를 선택한 후 방법1 마우스 오른쪽 버튼을 클릭하여 단축 메뉴에서 [삽입] 또는 [삭제]를 선택합니다. 또는 방법2 리본 메뉴에서 [홈] 탭-[셀] 그룹-[삽입 삽입]이나 [삭제 삭제]를 클릭합니다.

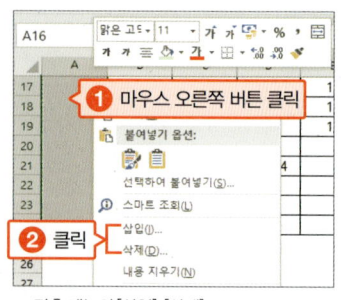

▲ 단축 메뉴의 [삽입], [삭제]

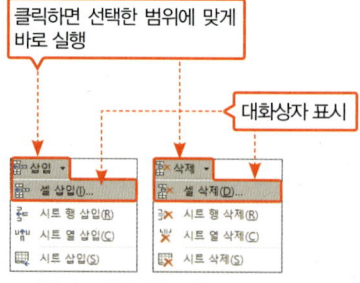

▲ 리본 메뉴의 [삽입], [삭제]

⬤ [삽입], [삭제] 대화상자

[홈] 탭-[셀] 그룹-[삽입 삽입]이나 [삭제 삭제]를 클릭하면 대화상자 없이 바로 선택한 셀 범위에 맞게 셀/행/열이 삽입되거나 삭제됩니다. [삽입], [삭제] 대화상자를 표시하려면 방법1 일부 셀 범위를 드래그한

후 마우스 오른쪽 버튼을 클릭하고 [삽입]이나 [삭제]를 선택합니다. **방법2** [홈] 탭-[셀] 그룹-[삽입], [삭제] 목록 버튼을 클릭하고 [셀 삽입], [셀 삭제]를 선택합니다. [삽입], [삭제] 대화상자에서는 위나 아래, 왼쪽이나 오른쪽 등 선택한 셀이나 셀 범위를 밀어낼 방향을 선택할 수 있습니다.

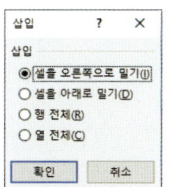 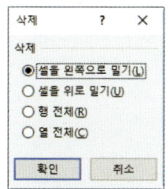

▲ [삽입] 대화상자   ▲ [삭제] 대화상자

행 높이와 열 너비 조절하기

❶ **단위** : 행/열 머리글의 경계선을 드래그해 높이와 너비를 조절하면 스크린 팁에서 글꼴 크기를 나타내는 포인트 단위로 행 높이가 표시되고, 열 너비는 문자 수(영문 기준) 단위로 표시됩니다. 괄호 안에는 픽셀 단위가 표시됩니다.

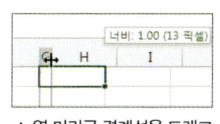 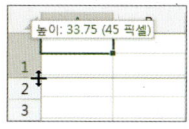

▲ 열 머리글 경계선을 드래그   ▲ 행 머리글 경계선을 드
하여 열 너비 조절   래그하여 행 높이 조절

❷ **[행 높이], [열 너비] 대화상자** : 행/열 머리글에서 마우스 오른쪽 버튼을 클릭한 후 [행 높이], [열 너비]를 선택하거나 [홈] 탭-[셀] 그룹-[서식]을 클릭한 후 [행 높이], [열 너비]를 선택하면 [행 높이], [열 너비] 대화상자에서 정확한 포인트와 문자 수를 직접 입력하여 조절할 수 있습니다.

❸ **자동 맞춤** : 행/열 머리글의 경계선을 더블클릭하면 입력된 데이터의 길이와 높이에 맞게 자동으로 행 높이와 열 너비가 조절됩니다. [홈] 탭-[셀] 그룹-[서식]을 클릭한 후 [행 높이 자동 맞춤], [열 너비 자동 맞춤]을 선택해도 됩니다.

❹ **표준 너비** : [홈] 탭-[셀] 그룹-[서식]을 클릭한 후 [기본 너비]를 선택하고 [표준 너비] 대화상자에서 문자 수를 입력하여 표준 열 너비를 지정하면 전체 워크시트의 열 너비가 지정한 너비로 조절됩니다.

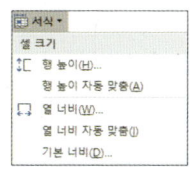 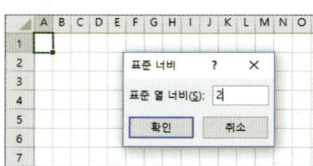

▲ [홈] 탭-[셀] 그룹-[서식]   ▲ 표준 열 너비를 2로 지정하여 전체 워크시트의 열 너비가 2로 지정됨

❺ **같은 간격으로 조절** : 행 범위나 열 범위를 선택한 후 선택된 범위 중 한 군데의 행/열 머리글 경계선을 드래그하거나 [행 높이], [열 너비] 대화상자에 값을 입력하면 선택한 범위 전체가 같은 간격으로 조절됩니다.

행/열 숨기기

행이나 열을 삭제하지 않고 화면에서 보이지 않게 하려면 숨기기를 설정합니다. **방법1** 숨길 행이나 열을 선택한 후 마우스 오른쪽 버튼을 클릭하고 [숨기기]를 선택합니다. **방법2** [홈] 탭-[셀] 그룹-[서식]을 클릭한 후 [숨기기 및 숨기기 취소]-[행 숨기기] 또는 [열 숨기기]를 선택합니다.

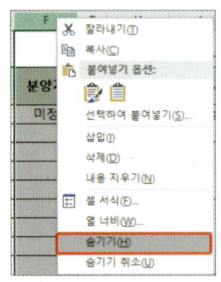
▲ 단축 메뉴에서 선택

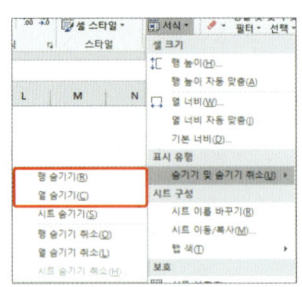
▲ 리본 메뉴에서 선택

🔍 핵심기능실습 | 한 시트에 여러 표가 있을 때 셀/행/열 편집하기

실습 파일 | CHAPTER03\행열편집.xlsx   **완성 파일** | CHAPTER03\완성\행열편집완성.xlsx

워크시트에 여러 표가 작성되어 있는 경우 하나의 표에서 행/열을 삽입, 삭제하면 다른 표에도 삽입, 삭제가 적용됩니다. 이때는 셀 범위를 따로 선택하고 셀을 삽입, 삭제해야 합니다. 열 너비와 행 높이가 정리되지 않은 세 가지 표에서 셀/행/열을 편집하여 문서를 보기 좋게 만들어보겠습니다.

01 열 삽입 후 서식 지우기

표 사이에 열을 삽입하고 삽입 옵션에서 서식을 지우겠습니다. ❶ H열 머리글을 클릭한 후 ❷ [홈] 탭-[셀] 그룹-[삽입]을 클릭합니다. ❸ H열 머리글 옆에 표시된 [삽입 옵션🖉]을 클릭한 후 ❹ [서식 지우기]를 선택합니다.

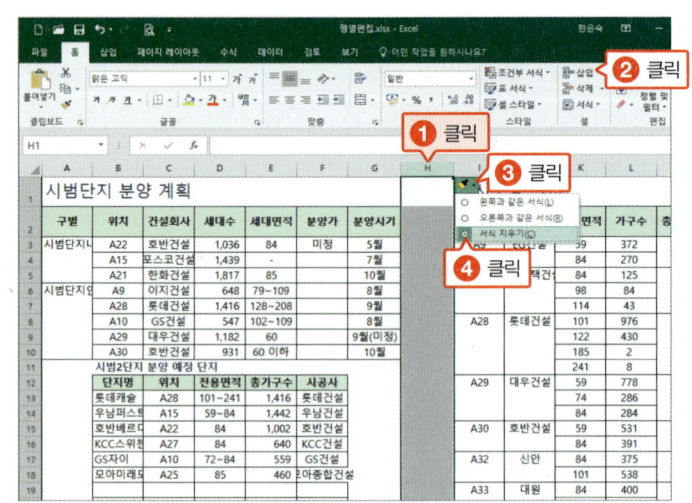

02 행 삽입 후 서식 지우기

❶ 2행 머리글을 클릭하고 ❷ [홈] 탭-[셀] 그룹-[삽입]을 클릭합니다. ❸ 2행 머리글 옆에 표시된 [삽입 옵션 📋]을 클릭한 후 ❹ [서식 지우기]를 선택합니다.

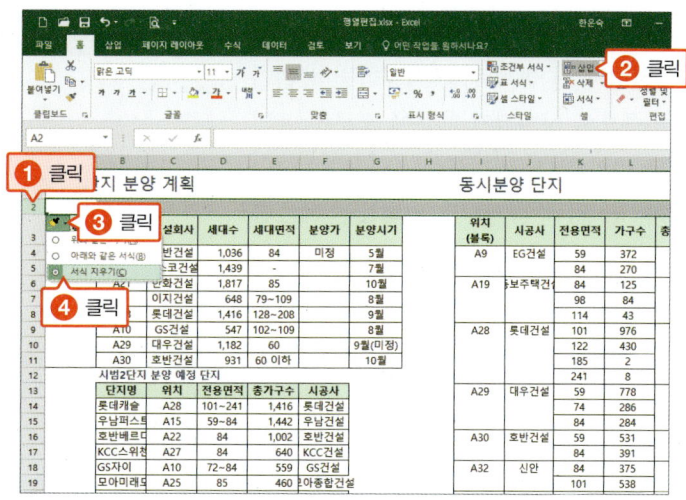

03 셀 삽입하기

옆의 표에 영향을 주지 않고 행을 삽입하려면 행 전체가 아닌 셀 범위를 드래그한 후 셀을 삽입합니다. ❶ [A12:G13] 셀 범위를 드래그한 후 ❷ [홈] 탭-[셀] 그룹-[삽입]을 클릭합니다. ❸ [B15:F15] 셀 범위를 드래그한 후 ❹ [홈] 탭-[셀] 그룹-[삽입]을 클릭합니다.

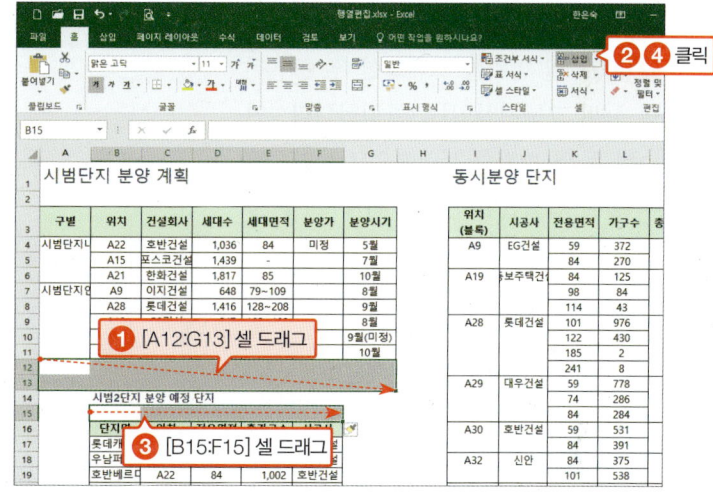

04 행/셀 삭제하기

❶ [23:27] 행 범위를 드래그한 상태에서 ❷ [홈] 탭-[셀] 그룹-[삭제]를 클릭합니다. ❸ [A14:A22] 셀 범위를 드래그하고 ❹ [홈] 탭-[셀] 그룹-[삭제]를 클릭합니다.

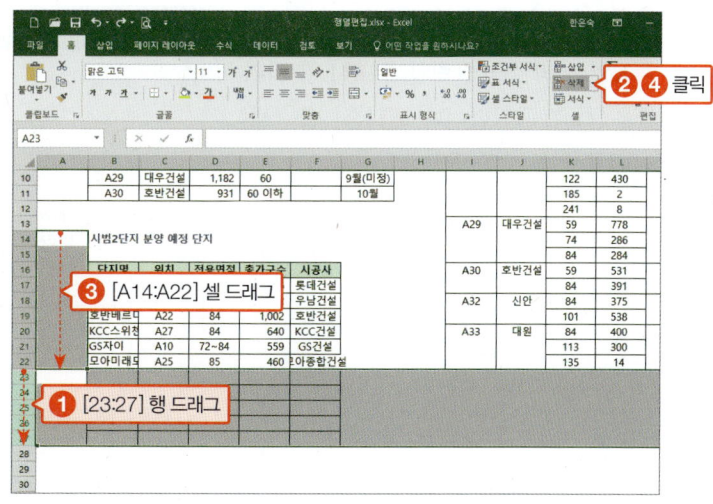

05 셀 삽입하기

[A14:A22] 셀 범위를 삭제하면서 셀이 왼쪽으로 당겨졌기 때문에 오른쪽 표의 셀 범위를 다시 오른쪽으로 밀어야 합니다. ❶ [G14:G22] 셀 범위를 드래그한 후 ❷ [홈] 탭-[셀] 그룹-[삽입]을 클릭합니다.

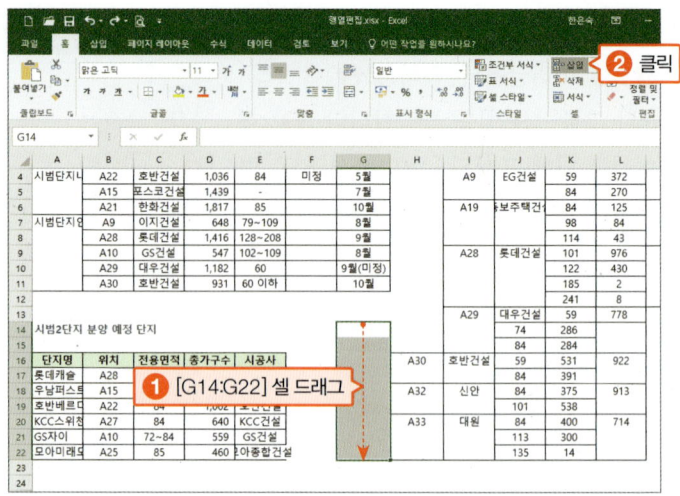

06 연속된 여러 열 삽입하기

❶ [K:L] 열 범위를 드래그한 후 ❷ [홈] 탭-[셀] 그룹-[삽입]을 클릭합니다. 연속된 두 열 범위를 선택했으므로 연속된 두 열이 삽입됩니다. ❸ Ctrl + Z 를 눌러 실행을 취소합니다.

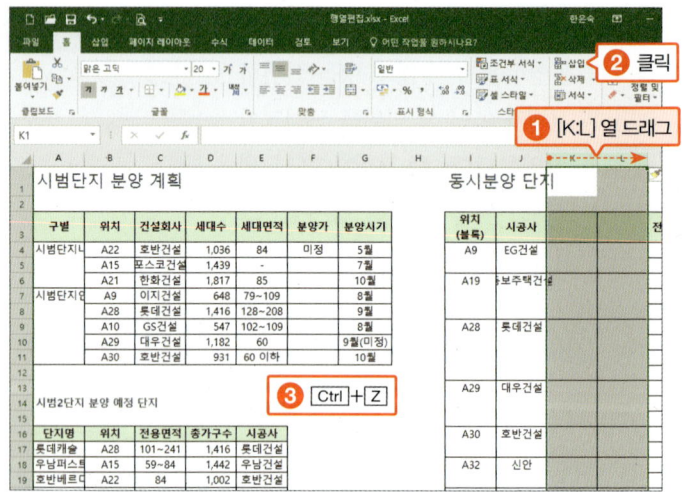

07 다중 선택 열 삽입하기

❶ K열 머리글을 클릭한 후 ❷ L열 머리글을 Ctrl +클릭합니다. ❸ [홈] 탭-[셀] 그룹-[삽입]을 클릭합니다.

열을 한 개씩 따로 선택했기 때문에 선택한 각 열의 왼쪽에 열이 하나씩 삽입됩니다.

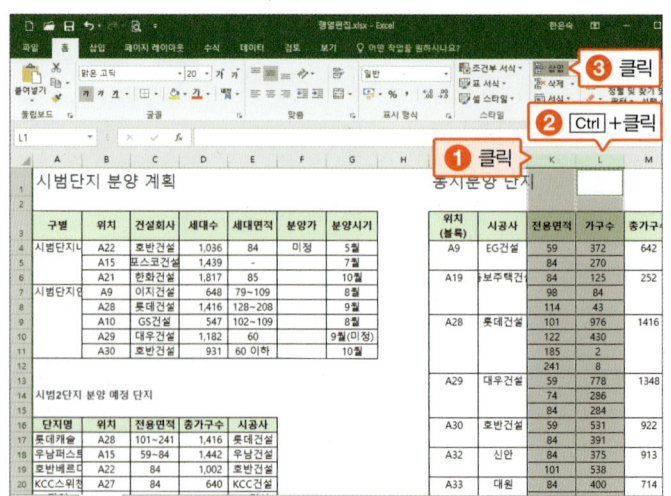

08 열 너비 자동 맞춤하기

열 머리글 경계선을 드래그하면 직접 열 너비를 확인하면서 임의로 너비를 조절할 수 있으며, 경계선을 더블클릭하면 해당 열에서 가장 긴 데이터를 기준으로 너비가 자동으로 맞춰집니다. ❶ H열 머리글 오른쪽 경계선을 왼쪽으로 드래그하여 너비를 줄입니다. ❷ [B:G] 열 범위를 드래그한 후 ❸ 선택된 열 범위 중 임의의 열 머리글 경계선을 더블클릭하여 자동 맞춤합니다.

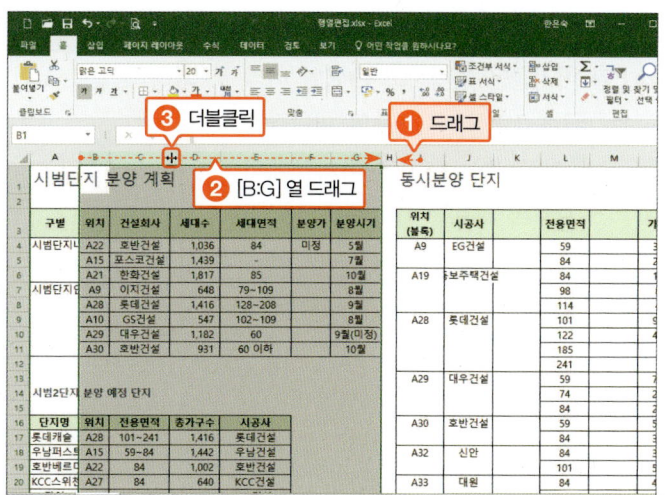

09 대화상자로 열 너비 조절하기

❶ A열 머리글을 클릭하고 ❷ J열 머리글을 Ctrl+클릭한 후 J열 머리글에서 마우스 오른쪽 버튼을 클릭합니다. ❸ [열 너비]를 선택합니다. ❹ [열 너비] 대화상자에 **12**를 입력하고 ❺ [확인]을 클릭합니다.

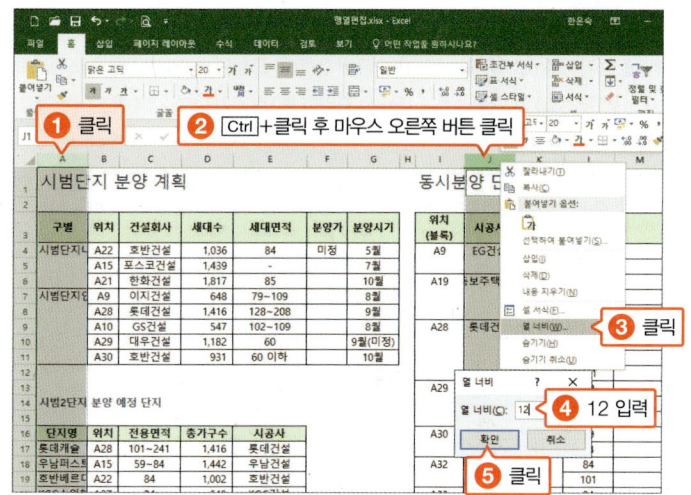

10 같은 간격으로 행 높이 조절하기

행 머리글을 사용하여 여러 행을 선택한 후 높이를 조절하면 모두 같은 간격으로 맞춰집니다. ❶ [4:22] 행 범위를 드래그한 후 ❷ 선택된 행 범위 중 임의의 행 머리글 경계선을 아래로 드래그합니다.

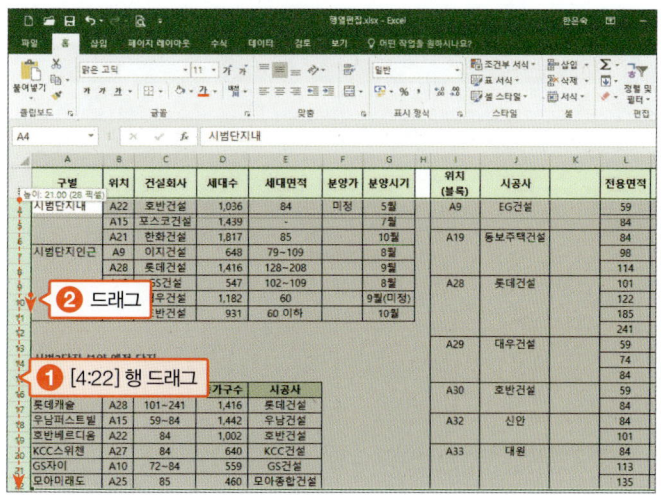

11 열 숨기기

① F열 머리글을 클릭하고 ② K열 머리글을 Ctrl+클릭한 후 ③ M열 머리글을 Ctrl+클릭합니다. ④ F열 머리글에서 마우스 오른쪽 버튼을 클릭한 후 ⑤ [숨기기]를 선택합니다.

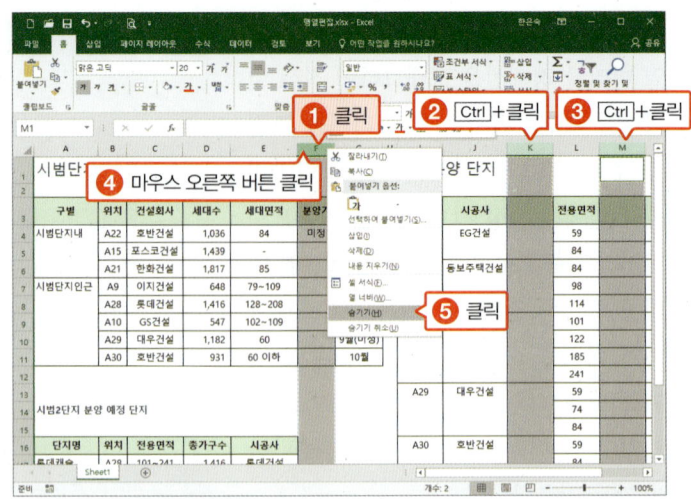

숨기기 취소하기

행/열 숨기기를 취소할 때는 방법1 숨겨진 행/열을 포함한 행/열 머리글을 드래그하고 마우스 오른쪽 버튼을 클릭한 후 [숨기기 취소]를 선택하거나 방법2 [홈] 탭–[셀] 그룹–[서식]을 클릭한 후 [숨기기 및 숨기기 취소]–[행 숨기기 취소]나 [열 숨기기 취소]를 선택합니다.

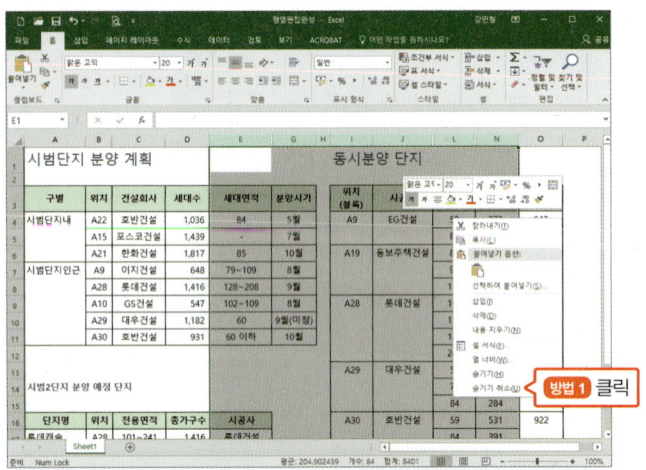

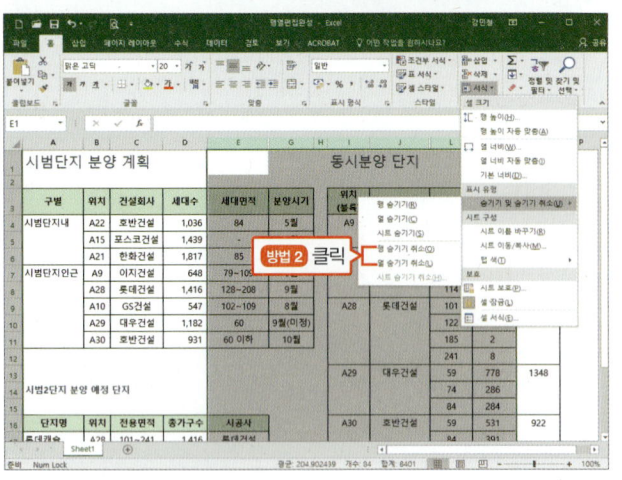

실습 파일 | CHAPTER03\매출일계표.xlsx   **완성 파일** | CHAPTER03\완성\매출일계표완성.xlsx

매출일계표는 거래처별로 매출액, 환입액, 에누리액, 순매출액을 기록하는 회계 문서입니다. 행/열을 편집하여 문서를 수정합니다.

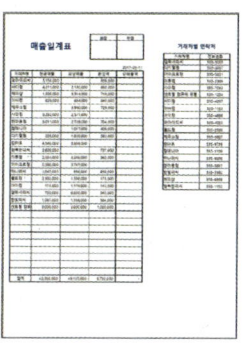

▲ 실습 파일   ▲ 완성 파일

① [D:E] 열 범위를 드래그한 후 열을 삽입합니다.

② B열 머리글을 클릭하고 C열과 G열 머리글을 각각 Ctrl+클릭한 후 열을 삽입합니다.

③ [A7:J7] 셀 범위 위에 행을 삽입하고 [A4:J5] 셀 범위의 행을 삭제합니다.

④ [A4:A5] 셀 범위를 드래그하고 [B4:C4], [D4:E4], [F4:G4], [H4:H5], [I4:I5], [J4:J5] 셀 범위를 각각 Ctrl+드래그한 후 [홈] 탭-[맞춤] 그룹-[병합하고 가운데 맞춤]을 클릭합니다.

⑤ [I1] 셀에 **차장**, [F4] 셀에 **총매출**, [I4] 셀에 **에누리액**을 입력합니다.

⑥ [A4:J5] 셀 범위를 드래그한 후 [홈] 탭-[글꼴] 그룹-[테두리] 목록 버튼을 클릭하고 [굵은 아래쪽 테두리]를 선택합니다.

⑦ [B5] 셀에 **수량**, [C5] 셀에 **금액**을 입력한 후 [B5:C5] 셀 범위를 드래그하고 채우기 핸들을 [G5] 셀까지 드래그합니다.

⑧ A열 머리글을 클릭하고 B열, D열, F열 머리글을 각각 Ctrl+클릭한 후 A열과 B열 머리글 경계선을 더블클릭하여 열 너비를 자동 맞춤합니다.

⑨ [25:33] 행 범위를 삭제합니다.

⑩ [4:25] 행 범위를 드래그한 후 마우스 오른쪽 버튼을 클릭하고 [행 높이]를 선택합니다. [행 높이] 대화상자에서 [행 높이]란에 **30**을 입력합니다.

⑪ [L:M] 열 범위를 드래그한 후 마우스 오른쪽 버튼을 클릭하고 [숨기기]를 선택합니다.

데이터 이동 및 복사하기

엑셀에서는 셀 단위로 데이터를 이동하거나 복사하므로 데이터를 붙여 넣을 때 원본 열 너비를 유지한다거나 행/열을 바꾸어 복사하는 등 다양한 붙여넣기 옵션을 사용할 수 있습니다.

잘라내기/복사하기

데이터를 이동하려면 데이터를 잘라낸 후 붙여 넣고, 복사하려면 데이터를 복사한 후 붙여 넣습니다. 데이터를 잘라내거나 복사하는 방법은 다음과 같습니다.

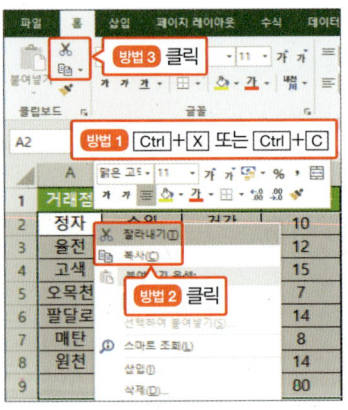

방법 1 Ctrl + X 를 눌러 잘라내거나 Ctrl + C 를 눌러 복사합니다.

방법 2 마우스 오른쪽 버튼을 클릭한 후 [잘라내기]나 [복사]를 선택합니다.

방법 3 [홈] 탭–[클립보드] 그룹–[잘라내기 ✄] 또는 [복사 ▣]를 클릭합니다.

붙여넣기

데이터를 잘라낸 후 붙여 넣으면 데이터의 내용과 속성이 모두 붙여 넣어집니다. 반면 복사한 후 붙여 넣을 때는 [붙여넣기 옵션] 중에서 데이터의 어떤 속성을 붙여 넣을지 선택할 수 있습니다. 리본 메뉴와 단축 메뉴의 붙여넣기 옵션은 다음과 같이 다르게 나타납니다.

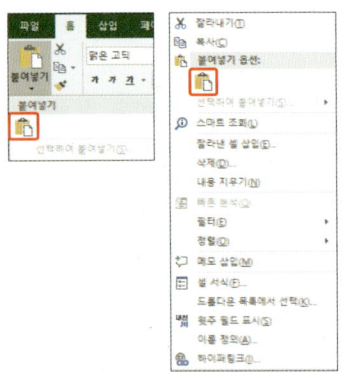
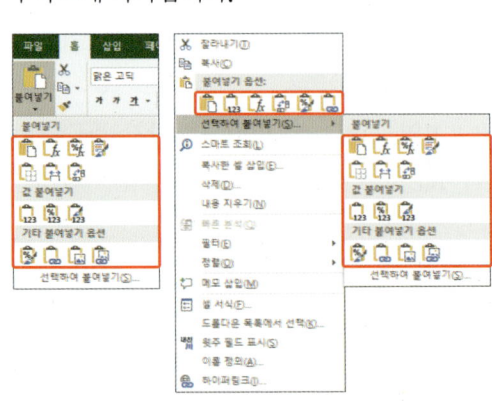

▲ 데이터를 잘라낸 후의 [붙여넣기 옵션]   ▲ 데이터를 복사한 후의 [붙여넣기 옵션]

잘라낸 셀, 복사한 셀 삽입하기

복사한 셀을 빈 셀이 아닌 데이터가 입력된 셀에 붙여 넣으면 기존 데이터가 지워지면서 복사한 데이터로 덮어쓰게 됩니다. 기존 데이터를 지우지 않고 중간에 데이터를 삽입하려면 데이터를 잘라낸 후 [잘라낸 셀 삽입]을, 복사한 후에는 [복사한 셀 삽입]을 선택해야 합니다. [잘라낸 셀 삽입], [복사한 셀 삽입]은 마우스 오른쪽 버튼을 클릭한 후 단축 메뉴에서 선택하거나 [홈] 탭-[셀] 그룹-[삽입]을 클릭하고 선택할 수 있습니다. [잘라낸 셀 삽입]을 적용하면 기존 셀이 삭제되고 셀이 자동으로 밀리면서 삽입됩니다. [복사한 셀 삽입]을 적용하면 [삽입하여 붙여넣기] 대화상자가 표시되어 셀을 어느 방향으로 밀면서 삽입할지 선택할 수 있습니다.

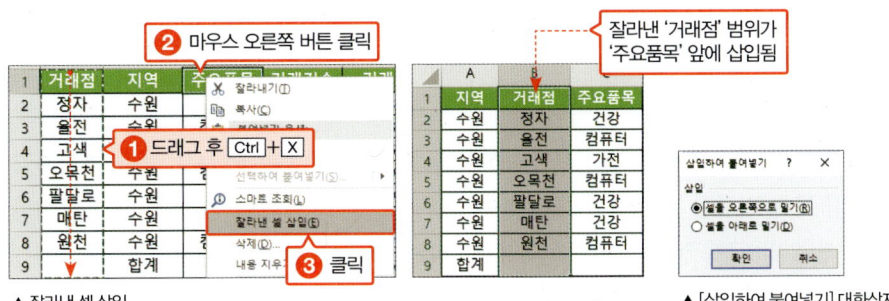

▲ 잘라낸 셀 삽입　　　　　　　　　　　　　　　　　　　▲ [삽입하여 붙여넣기] 대화상자

🔍 핵심기능실습 | 데이터를 이동, 복사하여 거래집계 요약하기

실습 파일 | CHAPTER03\집계표.xlsx　**완성 파일** | CHAPTER03\완성\집계표완성.xlsx

거래집계표 목록 중 지역별로 거래건수와 거래금액의 합계 부분만 복사하여 지역별 거래집계표를 만들고 지역별 거래점 목록표를 만들어보겠습니다.

01 셀 잘라내기

서울 지역 데이터 목록을 잘라내어 수원 지역 목록 위쪽으로 삽입해보겠습니다. ❶ [A18:E24] 셀 범위를 드래그한 후 ❷ [홈] 탭-[클립보드] 그룹-[잘라내기 ✂]를 클릭합니다.

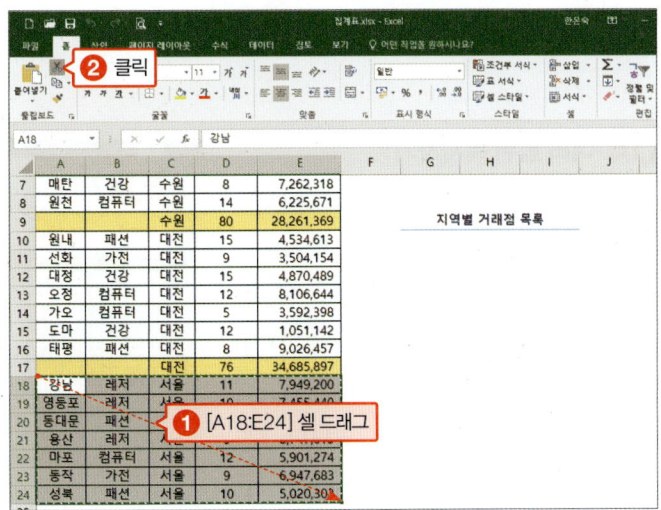

02 잘라낸 셀 삽입하기

❶ [A2] 셀에서 마우스 오른쪽 버튼을
클릭한 후 ❷ [잘라낸 셀 삽입]을 선택합
니다.

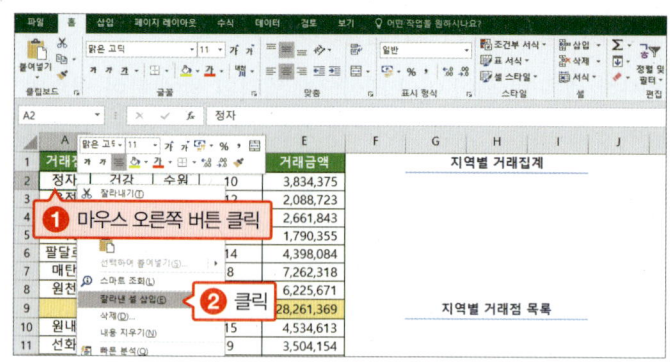

03 복사한 셀 삽입하기

서울 지역 목록은 합계 항목이 없으므로 수원 지역의 합계 부분을 복사해서 삽입하겠습니다. ❶ [A16:
E16] 셀 범위를 드래그한 후 ❷ [홈] 탭-[클립보드] 그룹-[복사 📋]를 클릭합니다. ❸ [A9] 셀을 클릭하고
❹ [홈] 탭-[셀] 그룹-[삽입] 목록 버튼을 클릭한 후 ❺ [복사한 셀 삽입]을 선택합니다. [삽입하여 붙여넣
기] 대화상자에는 [셀을 아래로 밀기]가 선택되어 있습니다. ❻ [확인]을 클릭합니다. ❼ [C9] 셀에 **서울**을
입력하여 수정합니다.

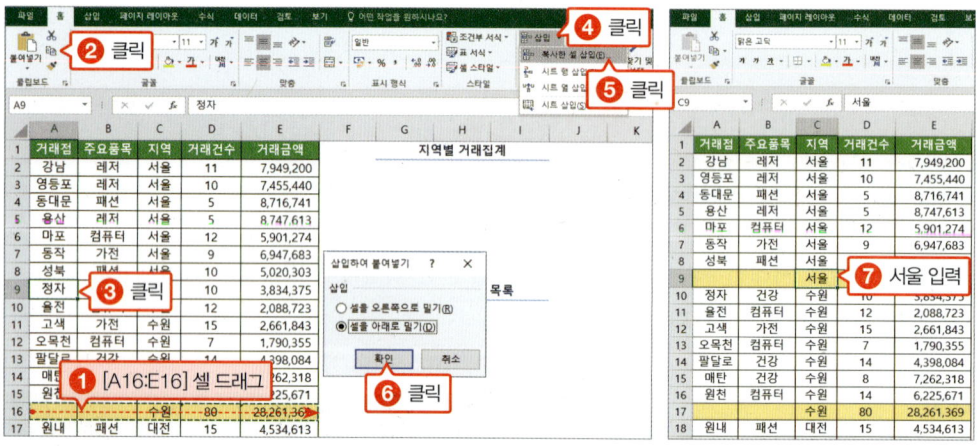

04 여러 범위 복사하기

지역, 거래건수, 거래금액의 합계 부분을
선택한 후 복사해보겠습니다. ❶ [C1:E1]
셀 범위를 드래그하고 ❷ [C9:E9] 셀 범
위를 Ctrl+드래그합니다. ❸ [C17:E17]
셀 범위를 Ctrl+드래그한 후 ❹ [C25:
E25] 셀 범위를 Ctrl+드래그합니다. ❺
[홈] 탭-[클립보드] 그룹-[복사 📋]를 클
릭합니다.

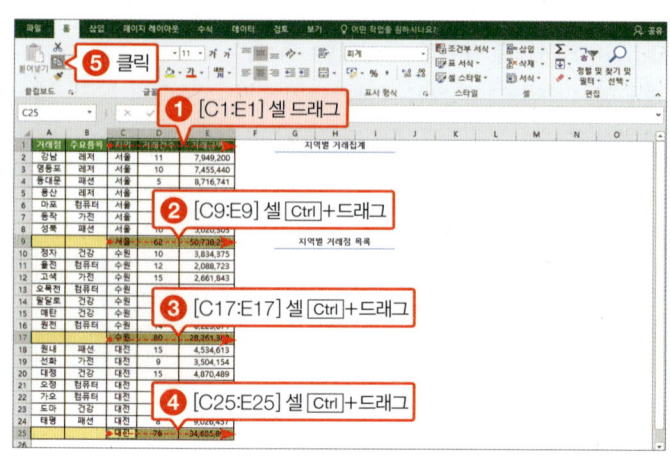

05 열 너비 유지하면서 값 붙여넣기

복사한 셀 범위의 열 너비를 유지한 상태로 붙여 넣겠습니다. ❶ [G3] 셀을 클릭하고 ❷ [홈] 탭-[클립보드] 그룹-[붙여넣기] 목록 버튼을 클릭한 후 ❸ [원본 열 너비 유지📋]를 선택합니다. ❹ 다시 [홈] 탭-[클립보드] 그룹-[붙여넣기] 목록 버튼을 클릭한 후 ❺ [값📋]을 선택합니다.

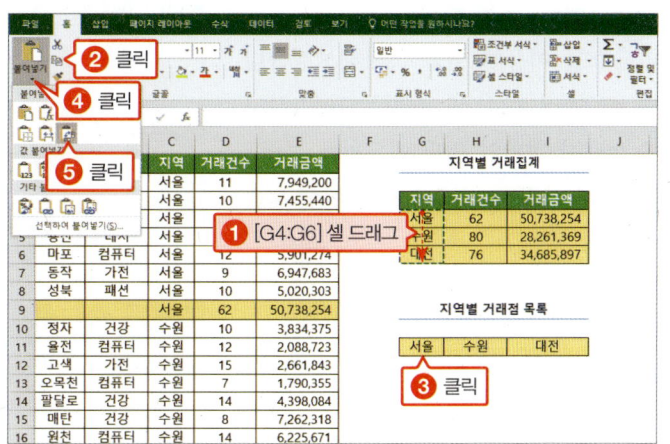

바로 통하는 TIP 실시간 미리 보기

[잘라내기]나 [복사]를 실행한 후 [붙여넣기 옵션]의 각 항목에 마우스 포인터를 이동하면 붙여 넣을 셀 모양이 미리 보여집니다. 실시간 미리 보기를 사용하고 싶지 않다면 [파일] 탭-[옵션]을 선택한 후 [Excel 옵션] 대화상자의 [일반]-[사용자 인터페이스 옵션] 중 [실시간 미리 보기 사용]의 체크 표시를 해제합니다.

06 행/열 바꿔 복사하기

셀 범위를 복사하고 행과 열을 서로 바꿔 붙여 넣겠습니다. ❶ [G4:G6] 셀 범위를 드래그한 후 ❷ [홈] 탭-[클립보드] 그룹-[복사📋]를 클릭합니다. ❸ [G11] 셀을 클릭하고 ❹ [홈] 탭-[클립보드] 그룹-[붙여넣기] 목록 버튼을 클릭한 후 ❺ [바꾸기📋]를 선택합니다.

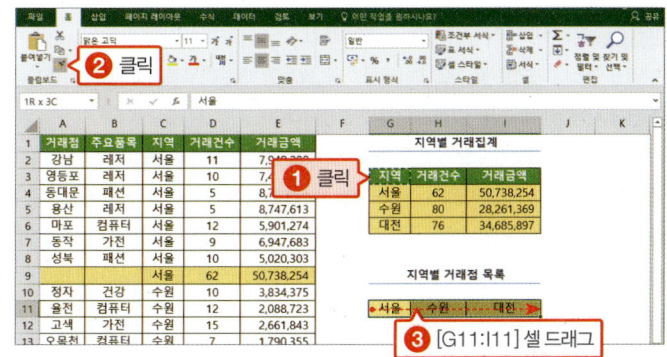

07 서식 복사하기

선택한 셀의 서식만 복사하여 다른 셀에 적용해보겠습니다. ❶ [G3] 셀을 클릭하고 ❷ [홈] 탭-[클립보드] 그룹-[서식 복사🖌]를 클릭합니다. ❸ [G11:I11] 셀 범위를 드래그합니다.

바로 통하는 TIP 서식만 복사하고자 할 때는 데이터를 복사한 후 [붙여넣기] 옵션 목록의 [기타 붙여넣기] 옵션 중 [서식🖌]을 선택해도 됩니다. 여러 위치에 계속해서 동일한 서식을 지정하려면 [서식 복사🖌]를 더블클릭한 후 서식을 적용할 부분을 차례로 드래그합니다. 서식 복사를 끝내려면 [Esc]를 누릅니다.

08 단축키로 셀 복사하기

단축키를 이용해 셀을 복사하고 붙여 넣어보겠습니다. ❶ [A2:A8] 셀 범위를 드래그하고 Ctrl + C 를 누릅니다. ❷ [G12] 셀을 클릭하고 Enter 를 누릅니다. ❸ [A10: A16] 셀 범위를 드래그하고 Ctrl + C 를 누릅니다. ❹ [H12] 셀을 클릭하고 Ctrl + V 를 누릅니다.

바로 통하는 TIP 데이터 이동, 복사 단축키

- 잘라내기 : Ctrl + X
- 복사하기 : Ctrl + C
- 붙여넣기 : Ctrl + V 또는 Enter
- 잘라낸 셀/복사한 셀 삽입하기 : Ctrl + Shift + +

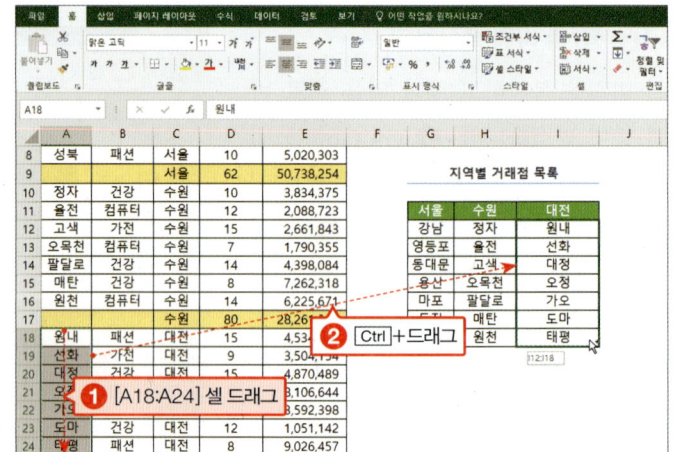

09 마우스로 셀 복사하기

마우스를 이용해 셀을 복사해보겠습니다. ❶ [A18:A24] 셀 범위를 드래그하고 ❷ 선택한 범위의 외곽 테두리를 Ctrl + 드래그하여 [I12:I18] 셀 범위 안에 놓습니다.

쉽고 빠른 엑셀 NOTE

마우스로 셀 이동, 복사하기

한 워크시트 내 가까운 곳으로 데이터를 이동, 복사할 때는 마우스를 이용하는 것이 좀 더 간편할 때가 있습니다. 마우스로 드래그할 때와 단축키를 함께 사용할 때의 실행 방식은 다음과 같습니다.

❶ 범위의 외곽 테두리 부분을 드래그하면 선택한 범위의 셀이 이동합니다.

❷ 범위의 외곽 테두리 부분을 Ctrl + 드래그하면 선택한 범위의 셀이 복사됩니다.

❸ 범위의 외곽 테두리 부분을 Shift + 드래그하면 열 또는 행 사이에 데이터가 삽입되면서 선택한 범위의 셀이 이동합니다.

❹ 범위의 외곽 테두리 부분을 Ctrl + Shift + 드래그하면 열 또는 행 사이에 데이터가 삽입되면서 선택한 범위의 셀이 복사됩니다.

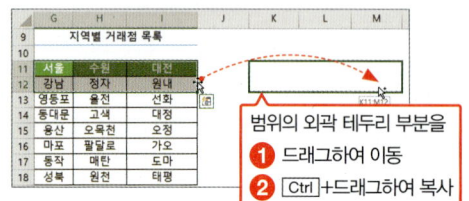

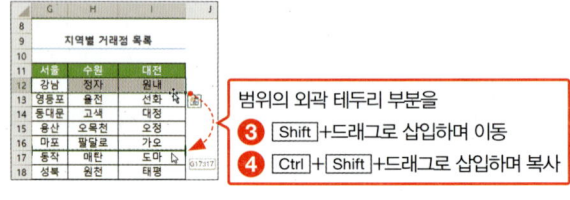

SECTION 03

데이터 선택하여 붙여넣기

복사한 데이터는 그림으로 붙여 넣거나 연산하며 붙여 넣는 등 다양한 붙여넣기 옵션을 선택할 수 있습니다. 엑셀에서 선택할 수 있는 붙여넣기 옵션의 종류를 살펴보고 주요 옵션을 이용해 데이터를 다양하게 복사해보겠습니다.

선택하여 붙여넣기 옵션

붙여넣기 옵션은 총 22가지가 있습니다. 데이터를 복사한 후 [홈] 탭-[클립보드] 그룹-[붙여넣기 ▦] 목록 버튼을 클릭하면 14가지 옵션 아이콘이 표시됩니다. 데이터를 복사한 후 붙여 넣을 위치에서 마우스 오른쪽 버튼을 클릭했을 때 나타나는 단축 메뉴에는 자주 사용하는 6가지 옵션 아이콘만 표시되며 [선택하여 붙여넣기] 하위 메뉴를 선택해야 14가지 옵션 아이콘을 추가로 확인할 수 있습니다.

▲ [홈] 탭-[클립보드] 그룹-
　[붙여넣기] 목록 버튼 클릭

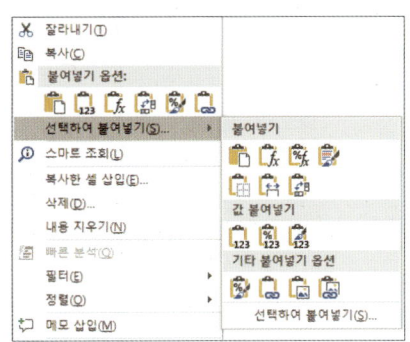

▲ [선택하여 붙여넣기] 단축 메뉴

[붙여넣기 옵션] 목록 아래쪽에 있는 [선택하여 붙여넣기]를 선택하거나 단축키 [Ctrl]+[Alt]+[V]를 누르면 [선택하여 붙여넣기] 대화상자에서 다른 옵션을 선택할 수 있습니다.

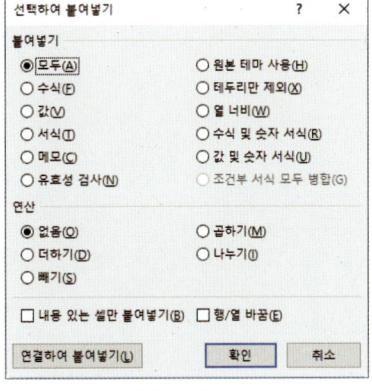

▲ [선택하여 붙여넣기] 대화상자

[선택하여 붙여넣기]의 각 옵션을 선택한 결과는 다음과 같습니다. 아이콘이 없는 옵션은 [선택하여 붙여넣기] 대화상자에서만 선택할 수 있습니다.

옵션 및 아이콘	결과	옵션 및 아이콘	결과
모두	셀 내용과 서식을 모두 붙여 넣습니다.	값 및 원본 서식	선택한 셀의 값과 원본 테마 사용 옵션을 붙여 넣습니다.
수식	수식 입력줄에 입력한 대로 붙여 넣습니다.	조건부 서식 모두 병합	셀 내용과 서식을 모두 붙여 넣으며, 원본 셀과 대상 셀에 서로 다른 조건부 서식이 지정되어 있을 때 조건부 서식을 병합합니다.
값	셀에 표시된 대로 값만 붙여 넣습니다.	그림	복사한 내용과 서식을 그림 형태로 붙여 넣습니다.
서식	셀 서식만 붙여 넣습니다.	연결된 그림	복사한 내용과 서식을 그림 형태로 붙여 넣으면서 원본 셀과 연결합니다.
메모	셀에 첨부한 메모만 붙여 넣습니다.	곱하기	복사한 값을 붙여 넣을 셀의 값에 곱합니다.
유효성 검사	복사한 셀의 데이터 유효성 검사 규칙을 붙여 넣을 셀에 붙여 넣습니다.	더하기	복사한 값을 붙여 넣을 셀의 값에 더합니다.
원본 테마 사용 (원본 서식 유지)	원본 데이터에 적용된 테마를 사용하여 모든 셀 내용과 서식을 붙여 넣습니다.	나누기	붙여 넣을 셀의 값을 복사한 값으로 나눕니다.
테두리만 제외 (테두리 없음)	테두리만 제외하고 복사한 데이터에 적용된 문서 테마 서식의 모든 셀 내용을 붙여 넣습니다.	빼기	붙여 넣을 셀의 값에서 복사한 값을 뺍니다.
열 너비 (원본 열 너비 유지)	한 개의 열 또는 열 범위의 너비를 다른 열 또는 열 범위에 붙여 넣습니다.	내용 있는 셀만 붙여넣기	복사한 셀 범위에 빈 셀이 있다면 빈 셀의 서식은 붙여 넣지 않습니다.
수식 및 숫자 서식	선택한 셀의 수식과 숫자 서식 옵션만 붙여 넣습니다.	행/열 바꿈 (바꾸기)	붙여 넣을 때 행/열 위치를 바꿉니다.
값 및 숫자 서식	선택한 셀의 값과 숫자 서식 옵션만 붙여 넣습니다.	연결하여 붙여넣기	복사한 셀의 주소를 붙여 넣는 대상 셀에 수식으로 연결합니다. 서식은 복사되지 않습니다.

연결하여 붙여넣기로 거래명세표 양식 완성하기

실습 파일 | CHAPTER03\거래명세표.xlsx   **완성 파일** | CHAPTER03\완성\거래명세표완성.xlsx

다음은 공급되는 물건에 대한 거래 내역, 발주 정보, 결재란 등을 기록하여 보관하는 거래명세표 양식입니다. 다른 시트에 있는 매출 목록에서 필요한 데이터를 복사하고 거래명세표 양식과 열 너비가 다른 결재란 및 발주 정보 양식을 그림으로 복사하여 거래명세표 양식을 완성해보겠습니다.

거 래 명 세 표

No._____

결재	과장	부장	이사

수 주 문 서		품 명	수 량	단 가	금 액	원 가	
번호	일자					단 가	금 액
	1월 1일	훈제 대합조개 통조림	128				
	1월 2일	특선 건과(배)	379				
	1월 3일	초콜릿 비스킷	533				
	1월 4일	까망베르 치즈	571				
	1월 5일	에일 맥주	253				
	1월 6일	스틸 흑맥주	759				
	1월 7일	케이준 조미료	177				
	1월 8일	아니스 시럽	675				
	1월 9일	아니스 시럽	326				
	1월 10일	보스톤산 게살 통조림	68				
합계					₩ -	₩ -	

발주처			인도장소		발송번호	2017-0043	외매대장(인)		제품대장(인)	
			포장개수		발송방법	택배				

❶ 그림으로 붙여넣기

❷ 연결된 그림으로 붙여넣기

❸ 연결하여 붙여넣기

❹ 연산하며 붙여넣기

01 결재 양식 복사하기

❶ [추가양식] 시트에서 [B2:E3] 셀 범위를 드래그한 후 ❷ [홈] 탭-[클립보드] 그룹-[복사 📋]를 클릭합니다. ❸ [거래명세표] 시트를 클릭합니다.

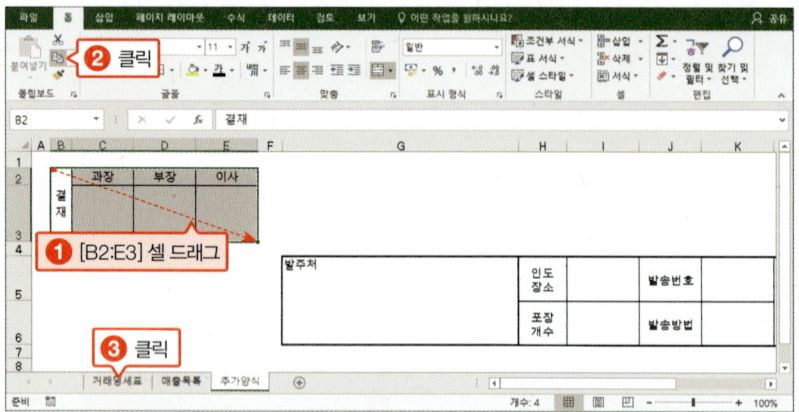

02 그림으로 붙여넣기

복사한 결재 양식을 거래명세표 양식 위에 그림 형태로 붙여 넣겠습니다. ❶ [거래명세표] 시트에서 [H1] 셀을 클릭한 후 ❷ [홈] 탭-[클립보드] 그룹-[붙여넣기] 목록 버튼을 클릭하고 ❸ [그림 📋]을 선택합니다. ❹ 삽입된 그림과 조절점을 드래그해 위치와 크기를 조절합니다.

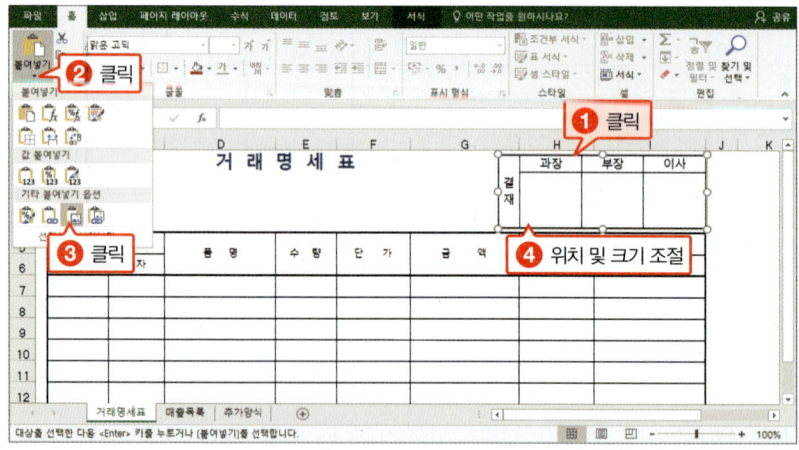

쉽고 빠른 엑셀 NOTE

그림으로 복사

셀 범위를 그림으로 복사하는 또 다른 방법은 [홈] 탭-[클립보드] 그룹-[복사] 목록 버튼을 클릭한 후 [그림으로 복사]를 선택하는 것입니다. [그림 복사] 대화상자에서 [모양]과 [형식]을 선택합니다. [확인]을 클릭한 후 붙여 넣을 위치를 클릭하고 리본 메뉴, 단축 메뉴, 또는 단축키를 사용하여 붙여 넣으면 그림으로 복사됩니다. 특히 엑셀의 셀 범위를 그림으로 복사하여 한글과 같은 다른 프로그램에 붙여 넣어야 할 때는 [비트맵] 형식을 선택해야 그림이 제대로 된 모양으로 복사됩니다.

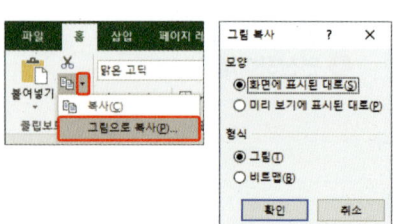

---

03 발주처 양식 복사하기

❶ [추가양식] 시트를 클릭합니다. ❷ [G5:O6] 셀 범위를 드래그한 후 ❸ [홈] 탭-[클립보드] 그룹-[복사 📋]를 클릭합니다. ❹ [거래명세표] 시트를 클릭합니다.

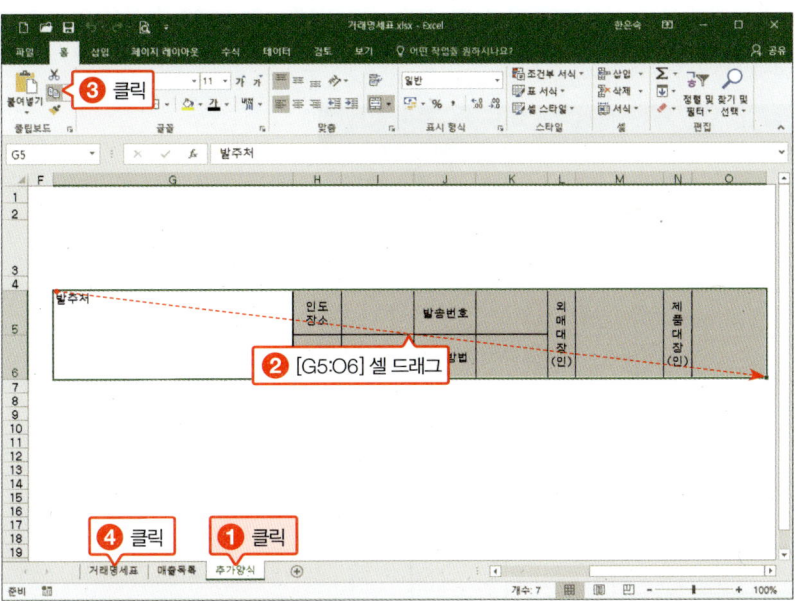

04 연결된 그림으로 붙여넣기

복사한 발주처 양식을 거래명세표 양식 아래에 원본과 연결된 그림으로 붙여 넣겠습니다. ❶ [B18] 셀을 클릭한 후 ❷ [홈] 탭-[클립보드] 그룹-[붙여넣기] 목록 버튼을 클릭하고 ❸ [연결된 그림 📋]을 선택합니다. ❹ 삽입된 양식의 크기 조절점을 드래그하여 크기를 조절합니다. ❺ 삽입된 양식을 더블클릭합니다.

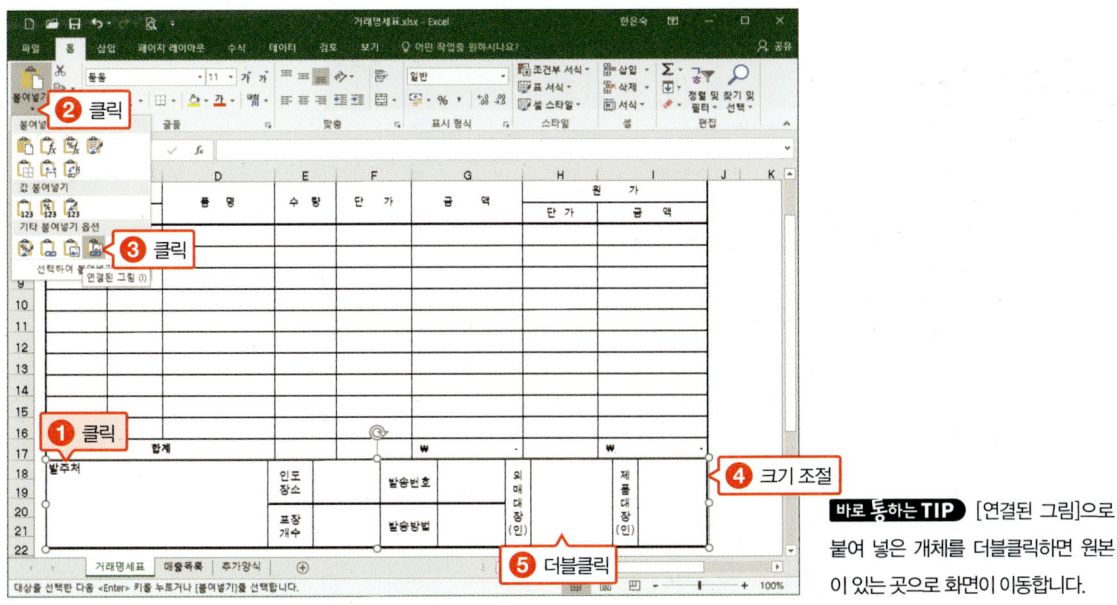

바로 통하는 TIP [연결된 그림]으로 붙여 넣은 개체를 더블클릭하면 원본이 있는 곳으로 화면이 이동합니다.

05 연결 확인하기

[추가양식] 시트로 화면이 이동합니다. **①** [K5] 셀에 **2017-0043**을 입력하고 **②** [K6] 셀에 **택배**를 입력합니다. **③** [거래명세표] 시트를 클릭합니다. 거래명세표 아래 연결된 그림에도 발송번호와 발송방법이 입력되어 있습니다. 또한 개체가 선택된 상태에서 수식 입력줄을 살펴보면 **=추가양식!$G$5:$O$6** 수식이 입력되어 있고 데이터가 연결된 것을 확인할 수 있습니다.

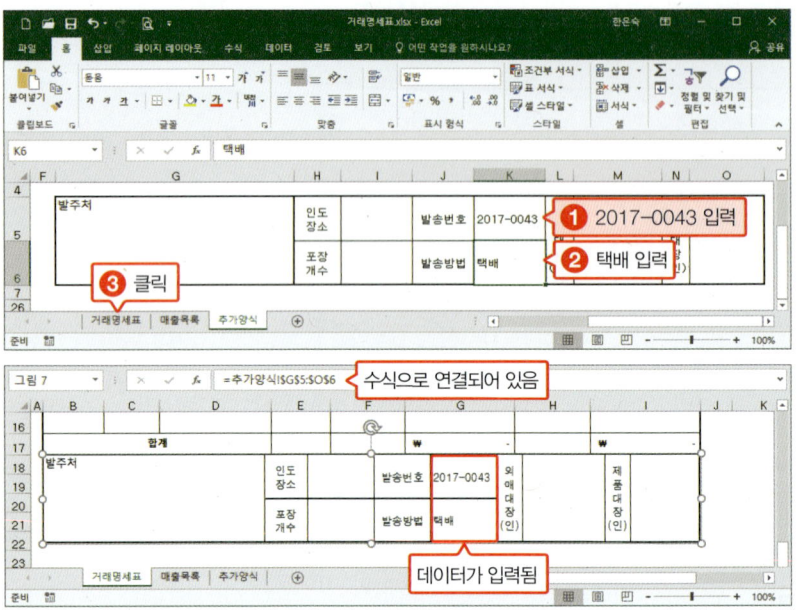

06 거래 목록 복사하기

① [매출목록] 시트를 클릭합니다. **②** [A2:B11] 셀 범위를 드래그한 후 **③** [G2:G11] 셀 범위를 [Ctrl]+드래그하고 **④** [홈] 탭-[클립보드] 그룹-[복사 🗐]를 클릭합니다.

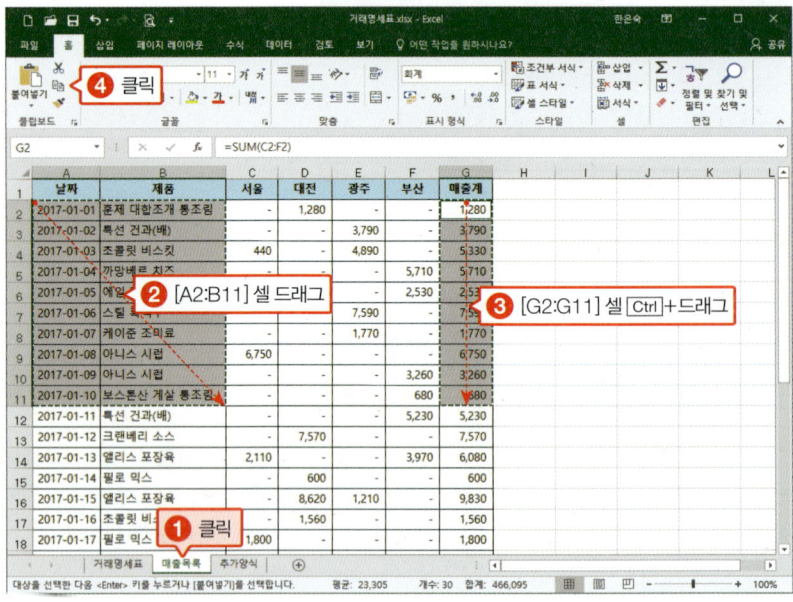

07 연결하여 붙여넣기

복사한 거래 목록을 거래명세표의 셀에 연결하여 붙여 넣겠습니다. ❶ [거래명세표] 시트를 클릭합니다. ❷ [C7] 셀을 클릭한 후 ❸ [홈] 탭-[클립보드] 그룹-[붙여넣기] 목록 버튼을 클릭하고 ❹ [연결하여 붙여넣기 📋]를 선택합니다. ❺ [매출목록] 시트를 클릭합니다.

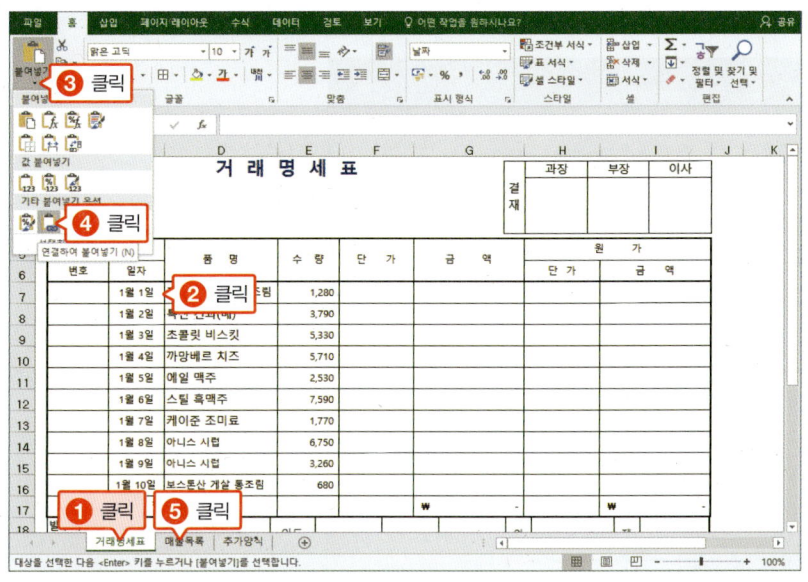

바로 통하는 TIP 거래명세표 일자 부분인 [C7:C16] 셀 범위의 날짜 서식은 'O월 O일' 형식으로 설정되어 있습니다. [연결하여 붙여넣기]를 선택하여 붙여 넣으면 원본 서식이 적용되지 않고, 붙여 넣는 대상 셀의 서식이 적용됩니다.

08 연산하며 붙여넣기

원본 목록의 수량에서 10을 나누어 수량 단위를 조정해보겠습니다. ❶ [J2] 셀에 **10**을 입력합니다. ❷ [J2] 셀을 클릭하고 Ctrl + C 를 눌러 복사합니다. ❸ [C2:F32] 셀 범위를 드래그한 후 ❹ [홈] 탭-[클립보드] 그룹-[붙여넣기] 목록 버튼을 클릭하고 ❺ [선택하여 붙여넣기]를 선택합니다. ❻ [선택하여 붙여넣기] 대화상자에서 [나누기]를 선택하고 ❼ [확인]을 클릭합니다.

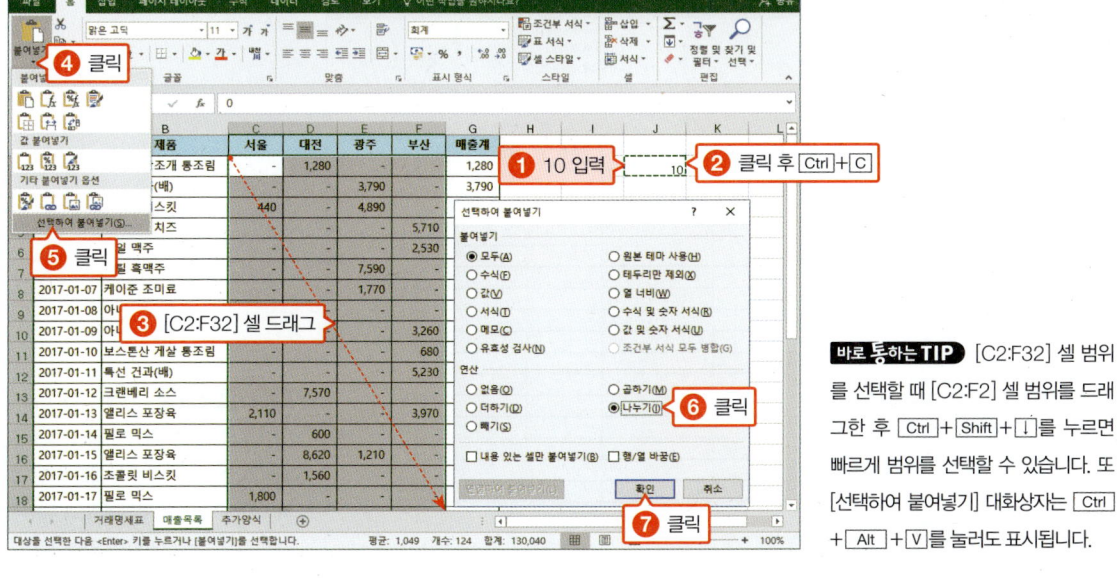

바로 통하는 TIP [C2:F32] 셀 범위를 선택할 때 [C2:F2] 셀 범위를 드래그한 후 Ctrl + Shift + ↓ 를 누르면 빠르게 범위를 선택할 수 있습니다. 또 [선택하여 붙여넣기] 대화상자는 Ctrl + Alt + V 를 눌러도 표시됩니다.

09 서식 붙여넣기

[C2:F32] 셀 범위의 셀 값에 10이 각각 나누어지면서 값이 변했습니다. 10이 입력되어 있던 셀의 서식까지 복사되어 테두리와 쉼표 서식이 없어졌으므로 서식을 복사하겠습니다. ❶ [G2] 셀을 클릭하고 Ctrl +C를 눌러 복사합니다. ❷ [C2:F32] 셀 범위를 드래그한 후 ❸ [홈] 탭-[클립보드] 그룹-[붙여넣기] 목록 버튼을 클릭하고 ❹ [서식🖌]을 선택합니다.

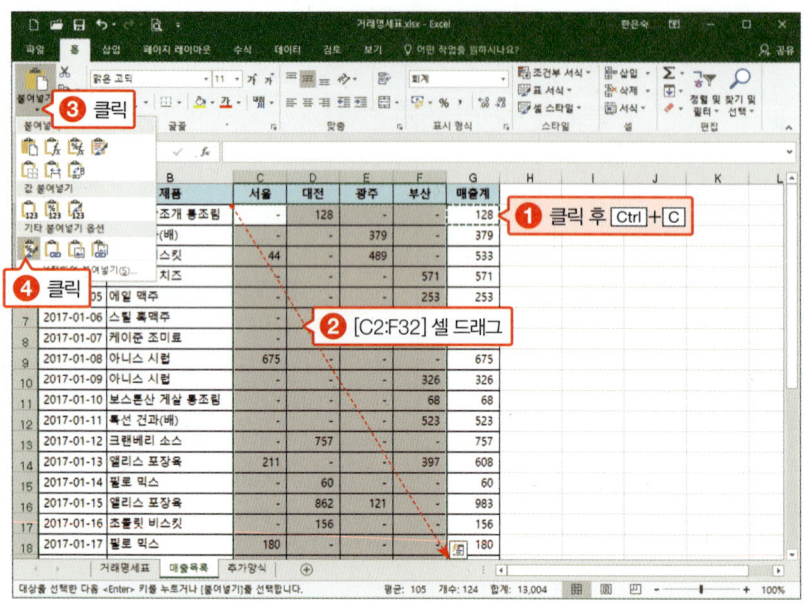

10 연결 확인하기

[거래명세표] 시트를 클릭합니다. 수량 부분에는 [연결하여 붙여넣기]가 적용되어 있습니다. 연결된 수량 부분이 함께 변경된 것을 확인할 수 있습니다.

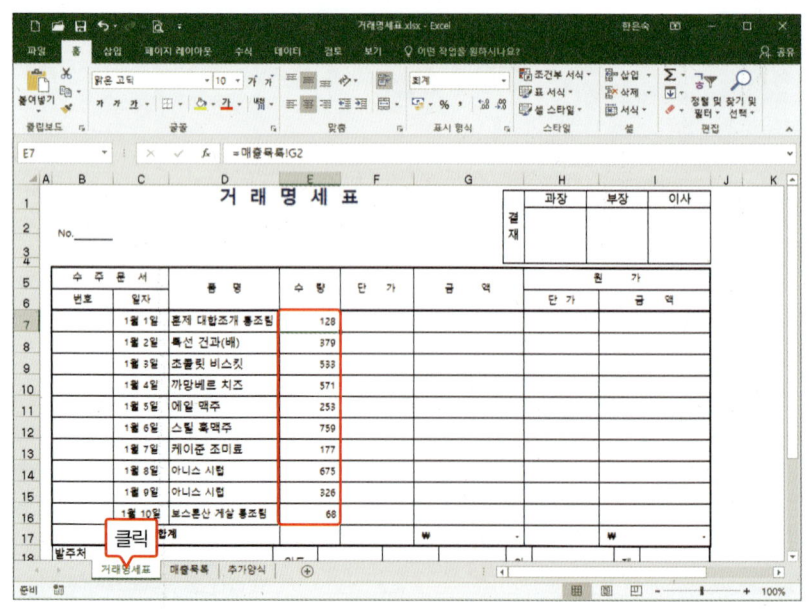

바로 통하는 TIP [거래명세표] 시트의 [E7:E16] 셀 범위의 각 셀을 클릭해보면 수식 입력줄에 '=매출목록!G2'와 같이 수식이 입력되어 있고 데이터가 연결된 것을 확인할 수 있습니다.

실습 파일 | CHAPTER03\원가집계표.xlsx　**완성 파일** | CHAPTER03\완성\원가집계표완성.xlsx

다음은 제품의 제조원가 산정을 위해 원가를 이루는 각 요소를 집계하고 기재한 원가집계표입니다. [추가양식] 시트의 결재란을 그림으로 복사합니다. 또 [제품목록] 시트에 있는 기종, 제품명, 품명, 사용기간, 제품 상세 내역을 [원가집계표] 시트 양식에 복사합니다.

▲ 실습 파일　　　　　　▲ 완성 파일

① [추가양식] 시트에서 [B2:E4] 셀 범위를 복사한 후 [원가집계표] 시트의 [E1] 셀을 클릭합니다. [홈] 탭-[클립보드] 그룹-[붙여넣기] 목록 버튼을 클릭한 후 [그림]을 선택하여 붙여 넣고 크기와 위치를 적당하게 조절합니다.

② [제품목록] 시트에서 [A2] 셀을 클릭한 후 [데이터] 탭-[정렬 및 필터] 그룹-[텍스트 오름차순 정렬]을 클릭합니다.

③ [제품목록] 시트에서 [A2:C6] 셀 범위를 복사한 후 [원가집계표] 시트의 [B6] 셀을 클릭합니다. [홈] 탭-[클립보드] 그룹-[붙여넣기] 목록 버튼을 클릭한 후 [테두리 없음]을 선택하여 붙여 넣습니다.

④ [제품목록] 시트에서 [G2:G6] 셀 범위를 복사한 후 [원가집계표] 시트의 [E6] 셀을 클릭합니다. [홈] 탭-[클립보드] 그룹-[붙여넣기] 목록 버튼을 클릭한 후 [값]을 선택하여 붙여 넣습니다.

⑤ [제품목록] 시트에서 [B1:F6] 셀 범위를 복사한 후 [원가집계표] 시트의 [B19] 셀을 클릭합니다. [홈] 탭-[클립보드] 그룹-[붙여넣기] 목록 버튼을 클릭한 후 [바꾸기]를 선택하여 붙여 넣습니다.

바로통하는 TIP 사용기간에는 TODAY 함수가 입력되어 있어 화면 속 예제의 사용기간과 실제 실습 화면의 [제품 목록] 시트의 사용기간이 다릅니다.

SECTION 04

데이터 찾기 및 바꾸기

데이터 목록이 긴 워크시트에서 특정 문자나 숫자가 포함된 셀을 찾아야 할 때 일일이 화면을 스크롤하면서 찾는 것은 비효율적입니다. 찾기 및 바꾸기 기능을 사용하면 원하는 범위 내에서 쉽게 데이터를 찾고 필요에 따라 다른 데이터로 한꺼번에 수정할 수도 있습니다.

데이터 찾기

워크시트에서 특정 데이터를 찾으려면 ❶ 단축키 Ctrl + F 를 누르거나 [홈] 탭-[편집] 그룹-[찾기 및 선택]을 클릭한 후 ❷ [찾기]를 선택합니다. ❸ [찾기 및 바꾸기] 대화상자의 [찾을 내용]란에 찾을 데이터를 입력합니다. ❹ 찾을 옵션이 있다면 [옵션]을 클릭하고 ❺ 찾을 범위, 검색 방향, 찾는 위치, 검색어 구분 옵션 등을 선택합니다. ❻ [다음 찾기]를 클릭하면 ❼ 셀 포인터가 해당 데이터가 입력된 셀로 이동합니다.

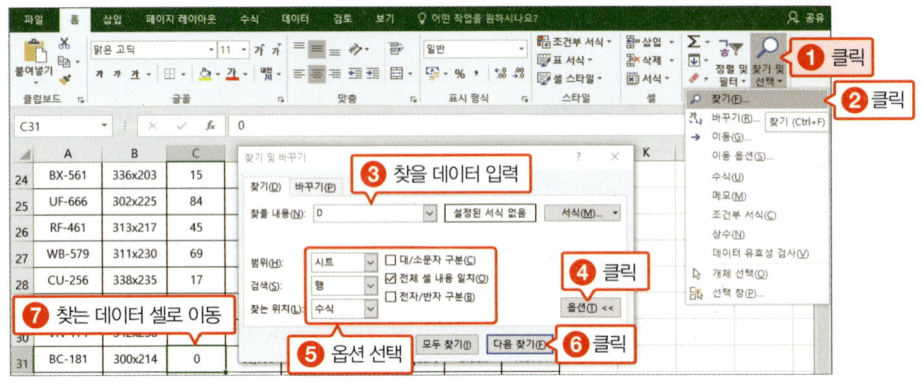

▲ 0이 입력된 셀 찾기

━ 검색 옵션

[찾기 및 바꾸기] 대화상자에서 [옵션]을 클릭했을 때 표시되는 검색 옵션은 다음과 같습니다.

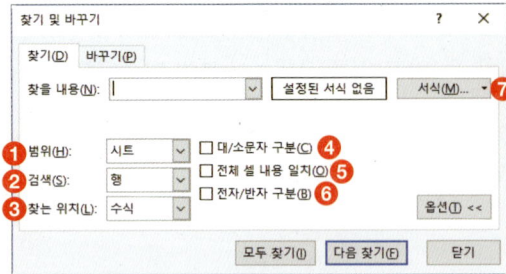

❶ 범위 : [시트]를 선택하면 현재 선택된 시트에서만 검색하며, [통합 문서]를 선택하면 모든 시트에서 검색합니다.

❷ 검색 : [행]을 선택하면 왼쪽에서 오른쪽 방향으로, [열]을 선택하면 위에서 아래 방향으로 검색합니다.

❸ 찾는 위치 : [수식]을 선택하면 수식 입력줄에 나타나는 수식을 기준으로 검색하며 [값]을 선택하면 셀에 표시된 값을 기준으로 검색합니다. [메모]를 선택하면 메모를 삽입한 셀의 메모 상자에서만 검색합니다.

❹ 대/소문자 구분 : 영문 검색어일 때 대/소문자 구분 여부를 선택합니다.

❺ 전체 셀 내용 일치 : 찾는 검색어만 있는 셀을 찾습니다. 다른 문자와 섞여 있는 셀은 검색되지 않습니다.

❻ 전자/반자 구분 : 검색어가 전자(2byte 전각 문자) 또는 반자(1byte 반각 문자) 구분이 있을 때 전자/반자 구분 여부를 선택합니다.

❼ 서식 : [서식]을 클릭하면 [서식 찾기] 대화상자에서 찾을 서식을 선택할 수 있습니다. [셀에서 서식 선택]을 선택하면 마우스를 클릭하여 찾을 서식을 선택할 수 있습니다. [서식 찾기 지우기]를 클릭하면 선택했던 찾을 서식을 지울 수 있습니다.

바로 통하는 TIP 검색어 입력 규칙

찾을 내용으로 검색어를 입력할 때 별표(*)나 물음표(?) 같은 와일드카드 문자(대표 문자)를 사용할 수 있습니다.

• 별표(*) : 모든 문자를 대표하는 문자입니다. 예를 들어 검색어로 's*d'를 입력하면 'sad' 및 'started'를 찾을 수 있습니다.

• 물음표(?) : 한 글자를 대표하는 문자입니다. 예를 들어 검색어로 's?t'를 입력하면 'sat'와 'set'를 찾을 수 있습니다.

• 대표 문자인 별표(*), 물음표(?) 등 문자 자체를 찾으려면 앞에 물결표(~)를 붙입니다. 예를 들어 '?' 문자를 포함하는 데이터를 찾으려면 '~?'를 검색 조건으로 입력합니다.

• 와일드카드 문자(대표 문자)로 검색할 때는 [전체 셀 내용 일치]에 체크 표시합니다.

━ 모두 찾기

[찾기 및 바꾸기] 대화상자에서 ❶ [찾을 내용]란에 검색어를 입력하고 ❷ [검색] 옵션을 선택한 후 ❸ [모두 찾기]를 클릭하면 검색 조건에 맞는 모든 항목이 표시됩니다. ❹ 목록에서 특정 항목을 선택하면 해당 셀로 셀 포인터가 이동합니다.

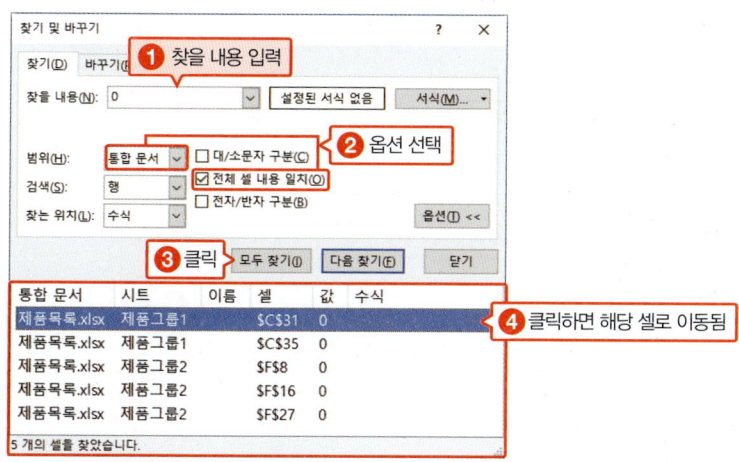

▲ 0이 입력된 셀을 통합 문서의 모든 시트에서 찾음

데이터 바꾸기

특정 데이터를 다른 데이터로 바꾸려면 ❶ 단축키 Ctrl+H를 누르거나 [홈] 탭-[편집] 그룹-[찾기 및 선택]을 클릭한 후 ❷ [바꾸기]를 선택합니다. ❸ [찾기 및 바꾸기] 대화상자의 [찾을 내용]란과 [바꿀 내용]란에 데이터를 입력합니다. 찾은 데이터를 삭제하고 싶다면 [바꿀 내용]란을 비워둡니다. ❹ 찾을 옵션이 있다면 [옵션]을 클릭하고 ❺ 찾을 범위, 검색 방향, 찾는 위치, 검색어 구분 옵션 등을 선택합니다. ❻ [바꾸기]를 클릭하면 한 셀씩 데이터를 찾아 바꾸게 되고 [모두 바꾸기]를 클릭하면 데이터를 한꺼번에 바꿉니다.

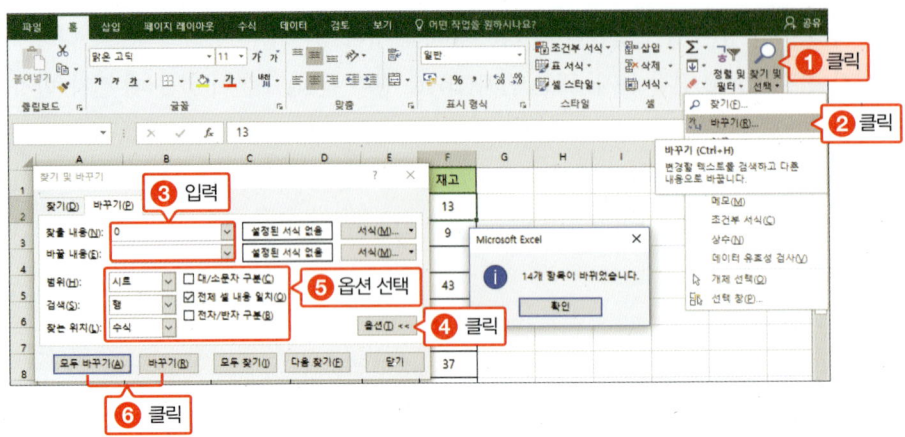

🔍 핵심기능실습 | 데이터와 서식을 한꺼번에 찾고 바꾸기

실습 파일 | CHAPTER03\제품목록.xlsx   **완성 파일** | CHAPTER03\완성\제품목록완성.xlsx

두 개의 시트에 작성되어 있는 제품 목록에서 특정 문자와 숫자, 서식을 찾아보고 다른 데이터와 서식으로 한꺼번에 바꿔보겠습니다.

01 한 셀씩 데이터 찾기

❶ [홈] 탭-[편집] 그룹-[찾기 및 선택]을 클릭한 후 ❷ [찾기]를 선택합니다. ❸ [찾기 및 바꾸기] 대화상자의 [찾을 내용]란에 **0**을 입력하고 ❹ [옵션]을 클릭합니다. ❺ [전체 셀 내용 일치]에 체크 표시하고 ❻ [다음 찾기]를 클릭합니다. [C3] 셀이 선택됩니다. [다음 찾기]를 계속 클릭하면 '0'이 입력된 [C3], [C24] 셀이 번갈아가며 선택됩니다.

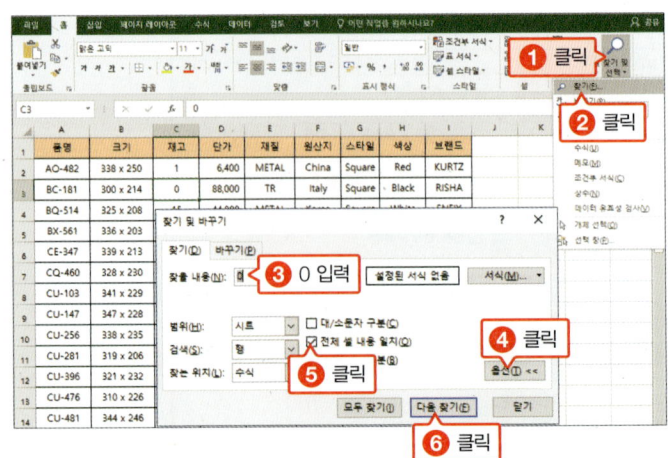

바로 통하는TIP Ctrl+F를 누르면 [찾기 및 바꾸기] 대화상자에서 [찾기] 탭이 선택되고, Ctrl+H를 누르면 [바꾸기] 탭이 선택된 채 대화상자가 표시됩니다.

O2 모든 시트에서 한꺼번에 찾기

❶ [범위]에서 [통합 문서]를 선택한 후 ❷ [모두 찾기]를 클릭합니다. ❸ [찾기 및 바꾸기] 대화상자의 오른쪽 아래 크기 조절점을 아래로 드래그하여 검색 결과를 모두 표시합니다. 현재 시트뿐 아니라 다른 시트의 검색 결과까지 표시됩니다. ❹ 검색 결과에서 [제품그룹2] 시트의 [F4] 셀 항목을 선택하면 [제품그룹2] 시트의 [F4] 셀로 이동합니다. ❺ [닫기]를 클릭합니다.

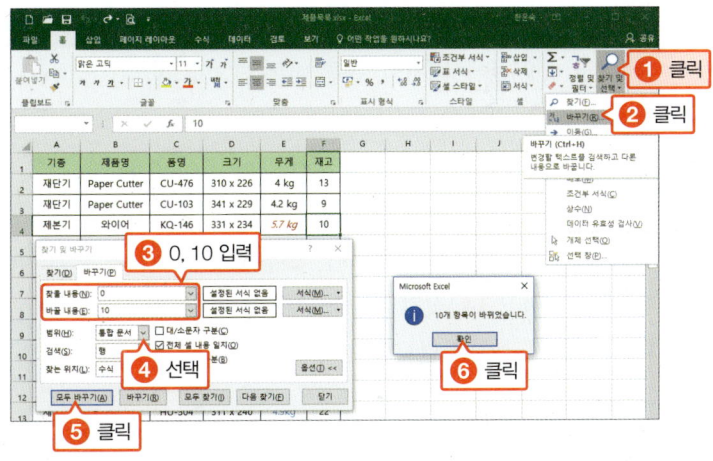

O3 한 번에 모든 시트의 데이터 바꾸기

❶ [홈] 탭-[편집] 그룹-[찾기 및 선택]을 클릭하고 ❷ [바꾸기]를 선택합니다. ❸ [찾기 및 바꾸기] 대화상자의 [찾을 내용]란에 **0**을 입력하고 [바꿀 내용]란에 **10**을 입력한 후 ❹ [범위]로 [통합 문서]를 선택합니다. ❺ [모두 바꾸기]를 클릭합니다. 10개의 항목이 바뀌었다는 메시지가 표시됩니다. ❻ [확인]을 클릭합니다.

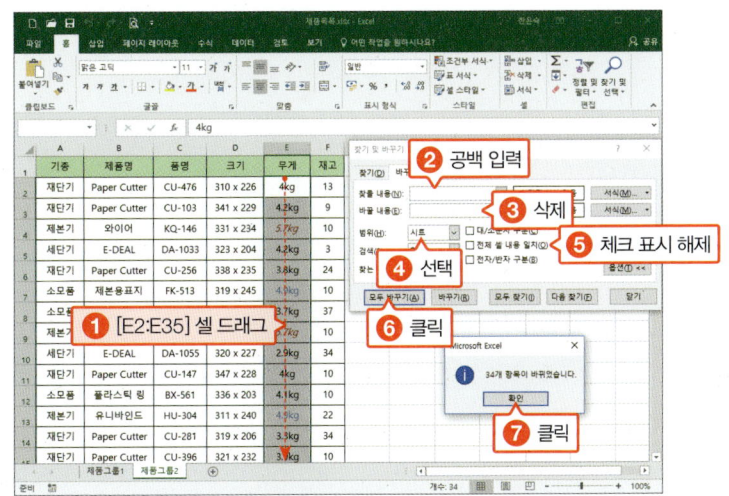

O4 특정 범위에서 공백 모두 삭제하기

대화상자가 열린 상태에서도 셀 범위를 선택할 수 있습니다. ❶ [E2:E35] 셀 범위를 드래그하고 ❷ [찾기 및 바꾸기] 대화상자의 [찾을 내용]란에 공백을 한 칸 입력합니다. ❸ [바꿀 내용]란에서 기존에 입력된 글자를 삭제한 후 ❹ [범위]에서 [시트]를 선택하고 ❺ [전체 셀 내용 일치]의 체크 표시를 해제합니다. ❻ [모두 바꾸기]를 클릭합니다. 숫자와 kg 사이 공백이 없어집니다. 34개의 항목이 바뀌었다는 메시지가 표시됩니다. ❼ [확인]을 클릭합니다.

05 찾을 서식 선택하기

❶ [찾기 및 바꾸기] 대화상자의 [찾을 내용]란에서 공백은 삭제하고 ❷ [서식] 목록 버튼을 클릭한 후 ❸ [셀에서 서식 선택]을 선택합니다. ❹ 마우스 포인터가 서식 선택 ✏️ 모양으로 바뀌면 [E7] 셀을 클릭합니다.

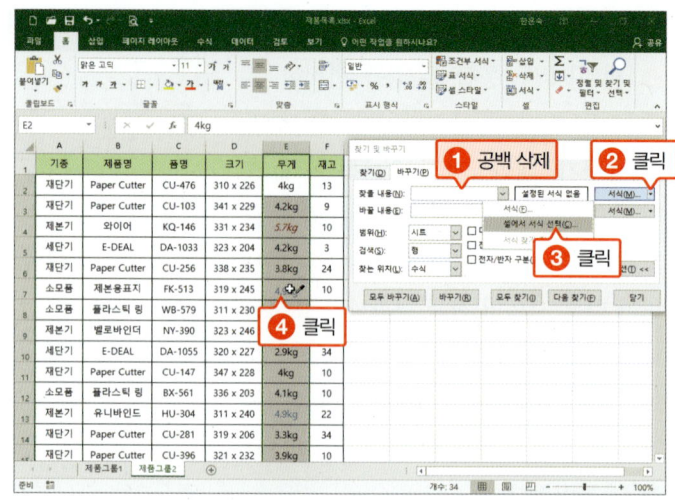

06 한꺼번에 서식 바꾸기

❶ [바꿀 내용]란에서 [서식] 목록 버튼을 클릭한 후 ❷ [셀에서 서식 선택]을 선택합니다. ❸ [E4] 셀을 클릭하고 ❹ [모두 바꾸기]를 클릭합니다. 4개의 항목이 바뀌었다는 메시지가 표시됩니다. ❺ [확인]을 클릭하고 ❻ [찾기 및 바꾸기] 대화상자에서 [닫기]를 클릭합니다.

파란색 글꼴이 설정된 셀 서식이 빨간색 글꼴과 기울임꼴 서식으로 바뀝니다.

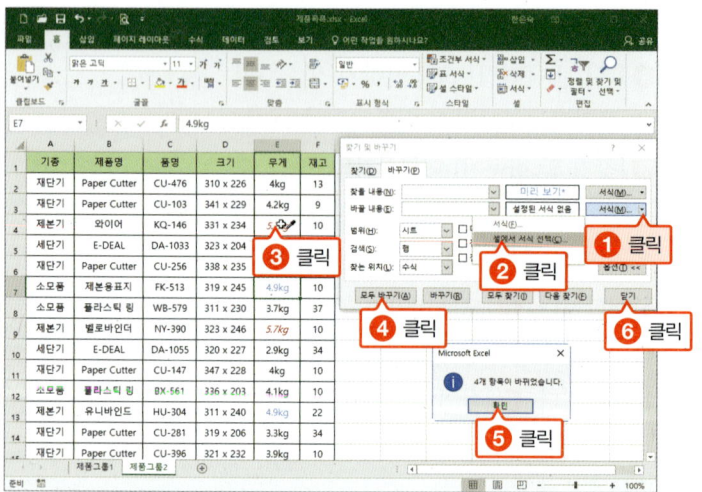

SECTION 05

워크시트 관리하기

여러 워크시트가 포함된 엑셀 문서를 다루다 보면 각 시트의 데이터 내용에 맞게 시트 이름을 변경하거나 필요 없는 시트를 삭제하고 시트의 순서를 바꾸거나 시트를 통째로 복사해야 할 때가 있습니다. 워크시트를 관리하기 위한 주요 기능을 살펴보겠습니다.

🔍 핵심기능실습 | 시트 이동/복사 및 숨기기 설정하고 시트 그룹 작업하기

실습 파일 | CHAPTER03\상반기매출집계.xlsx, 하반기매출집계.xlsx   **완성 파일** | CHAPTER03\완성\연매출집계완성.xlsx

1월~6월 매출이 집계된 '상반기매출집계.xlsx'와 7월~12월 매출이 집계된 '하반기매출집계.xlsx' 파일을 불러온 후 하나의 파일에 시트를 복사하고 시트 이름 변경, 숨기기, 시트 그룹화 작업을 해보겠습니다.

01 두 개의 파일 열기

❶ Ctrl + F12 를 눌러 [열기] 대화상자를 표시합니다. ❷ 예제 폴더에서 '상반기매출집계.xlsx' 파일을 클릭하고 ❸ '하반기매출집계.xlsx' 파일을 Ctrl +클릭한 후 ❹ [열기]를 클릭합니다.

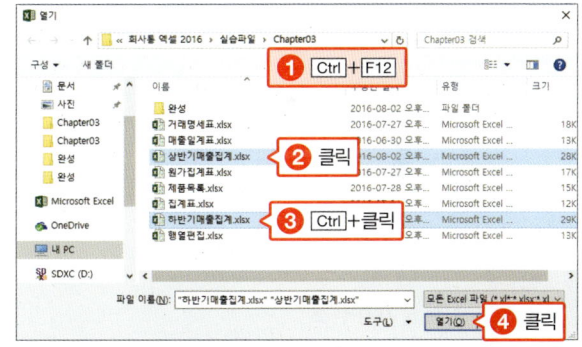

02 여러 시트 선택하기

❶ '하반기매출집계.xlsx' 파일에서 [7월] 시트를 클릭하고 ❷ [매출집계] 시트를 Shift +클릭합니다. ❸ [매출집계] 시트 탭에서 마우스 오른쪽 버튼을 클릭한 후 ❹ [이동/복사]를 선택합니다.

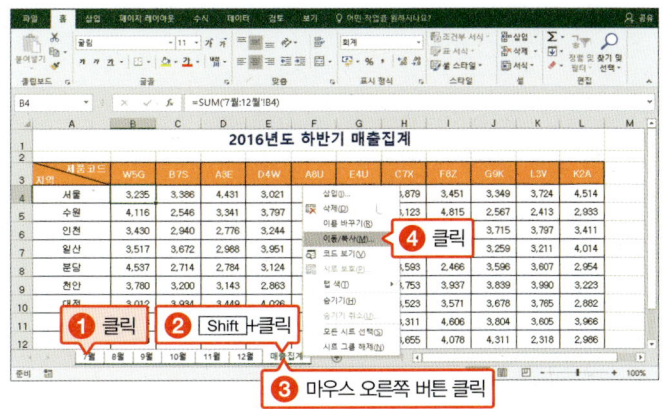

03 다른 파일로 시트 복사하기

❶ [이동/복사] 대화상자의 [대상 통합 문서]에서 '상반기매출집계.xlsx'를 선택합니다. ❷ 시트 목록에서 [(끝으로 이동)]을 선택하고 ❸ [복사본 만들기]에 체크 표시한 후 ❹ [확인]을 클릭합니다.

'상반기매출집계.xlsx' 파일로 화면이 이동합니다. '하반기매출집계.xlsx' 파일의 모든 시트가 복사되었습니다.

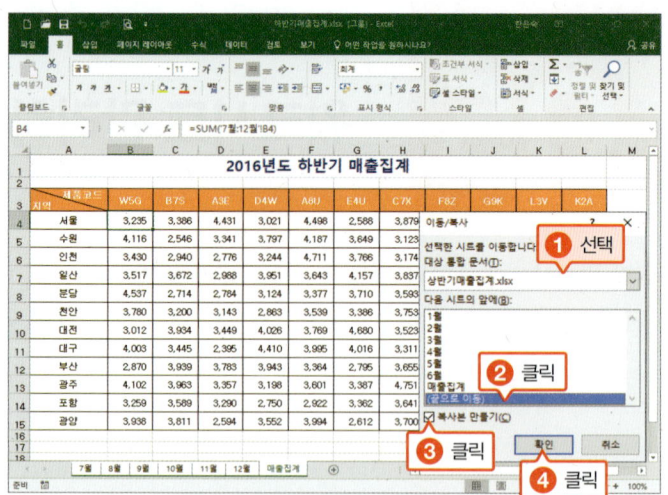

04 시트 숨기기

❶ [1월] 시트를 클릭하고 ❷ [12월] 시트를 Shift+클릭하여 1월~12월 시트를 연속으로 선택한 후 ❸ [매출집계] 시트를 Ctrl+클릭하여 선택을 해제합니다. ❹ [12월] 시트 탭에서 마우스 오른쪽 버튼을 클릭한 후 ❺ [숨기기]를 선택합니다.

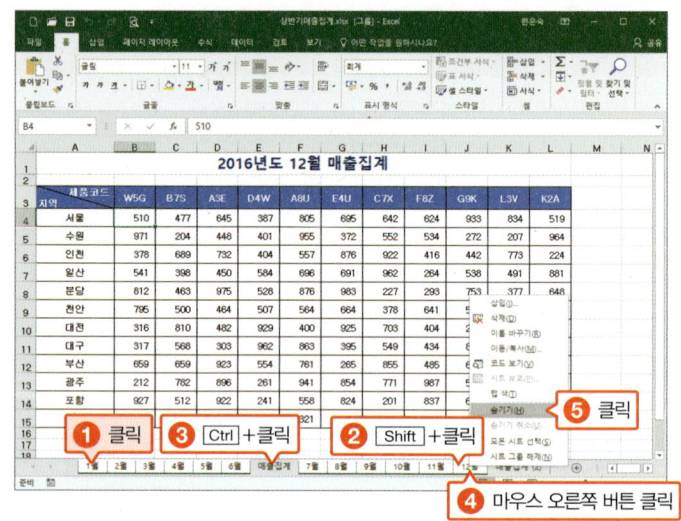

시트 숨기기 취소

숨겨진 시트를 다시 표시하려면 시트 탭에서 마우스 오른쪽 버튼을 클릭하고 [숨기기 취소]를 선택합니다. [숨기기 취소] 대화상자에서 표시하려는 시트 이름을 선택하고 [확인]을 클릭합니다.

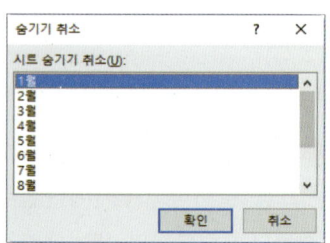

시트 삭제하기

시트를 숨기지 않고 삭제하려면 방법1 시트 탭에서 마우스 오른쪽 버튼을 클릭한 후 [삭제]를 선택하거나 방법2 [홈] 탭-[셀] 그룹-[삭제]를 클릭하고 [시트 삭제]를 선택합니다. 시트 관련 작업은 실행 이 취소되지 않습니다. 삭제한 시트는 복구할 수 없으므로 데이터가 있는 시트를 삭제할 때는 경고 메시지가 표시됩니다.

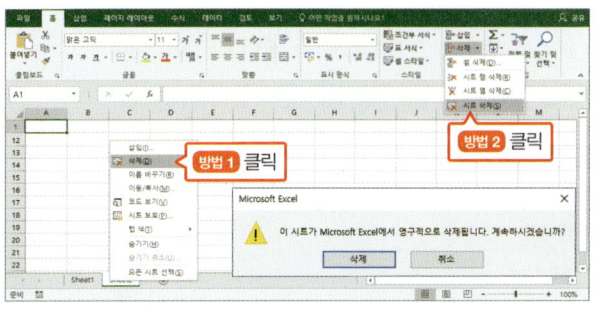

05 새 시트 삽입 및 시트 이름 바꾸기

❶ [매출집계] 시트를 더블클릭하고 **상반기**를 입력한 후 Enter를 누릅니다. ❷ [매출집계(2)] 시트를 더블클릭하고 **하반기**를 입력한 후 Enter를 누릅니다. ❸ [새 시트⊕]를 클릭합니다. ❹ 새 시트를 더블클릭하고 **연매출**을 입력한 후 Enter를 누릅니다.

바로 통하는TIP 새 시트를 삽입하려면 [홈] 탭-[셀] 그룹-[삽입] 목록 버튼을 클릭한 후 [시트 삽입]을 선택하거나 Shift + F11을 누릅니다. 시트 이름에는 *, ?, /, [,], \ 등의 문자를 사용할 수 없습니다.

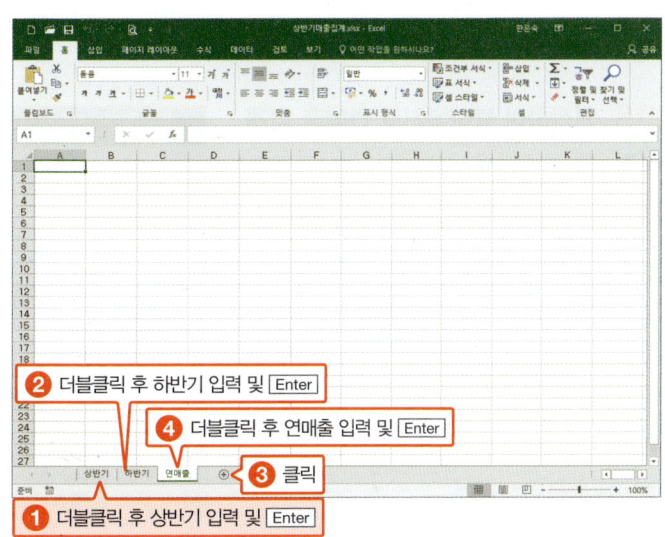

06 시트 그룹 채우기

❶ [하반기] 시트를 클릭하고 ❷ [연매출] 시트를 Ctrl+클릭한 후 ❸ [전체 선택 ◢]을 클릭합니다. ❹ [홈] 탭-[편집] 그룹-[채우기]를 클릭한 후 ❺ [시트 그룹]을 선택합니다. ❻ [시트 그룹 채우기] 대화상자의 [모두]가 선택된 상태에서 [확인]을 클릭합니다. ❼ 범위 선택을 해제하기 위해 [A1] 셀을 클릭합니다.

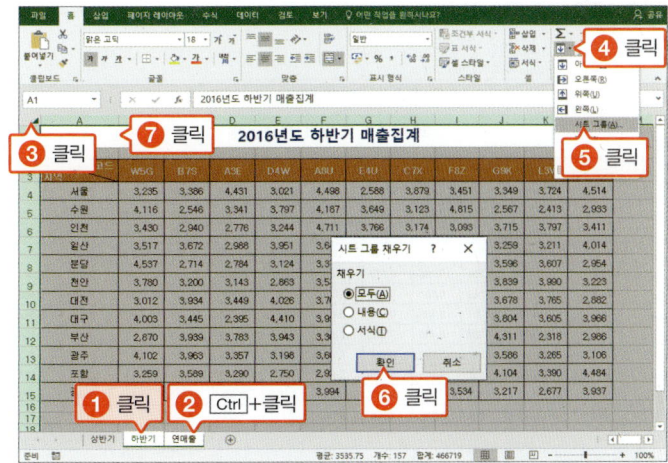

바로 통하는TIP 여러 시트를 선택한 후 셀 범위를 선택하고 시트 그룹 채우기를 적용하면 첫 번째 시트의 내용이나 서식이 그대로 뒤의 시트에 채워집니다. 또한 데이터 입력, 서식 지정 등은 선택된 모든 시트에 동일하게 적용됩니다.

07 상반기 매출 복사하기

❶ [상반기] 시트를 클릭합니다. ❷ [B4: L15] 셀 범위를 드래그합니다. ❸ [홈] 탭 −[클립보드] 그룹−[복사]를 클릭합니다.

바로 통하는 TIP [하반기], [연매출] 시트가 그룹 설정 되어 있는 상태에서 [상반기] 시트를 선택하면 그룹이 해 제됩니다.

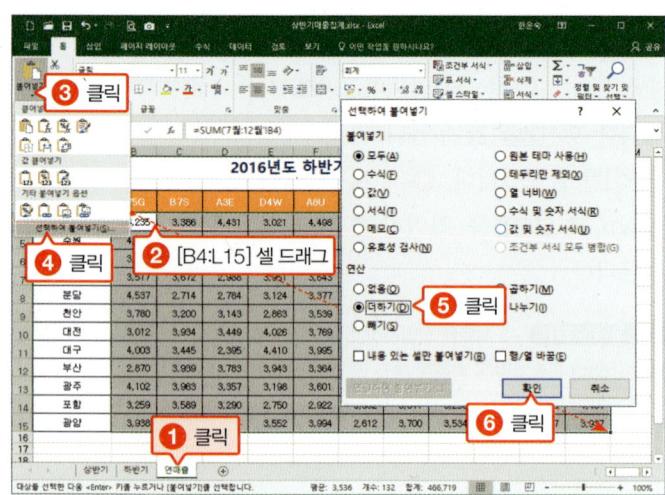

08 연산하여 붙여넣기로 연매출 집계 하기

❶ [연매출] 시트를 클릭합니다. ❷ [B4: L15] 셀 범위를 드래그합니다. ❸ [홈] 탭−[클립보드] 그룹−[붙여넣기] 목록 버 튼을 클릭한 후 ❹ [선택하여 붙여넣기] 를 선택합니다. ❺ [선택하여 붙여넣기] 대화상자에서 [더하기]를 선택하고 ❻ [확인]을 클릭합니다.

바로 통하는 TIP [B4] 셀을 클릭해보면 앞에서 복사한 상반기 매출 값의 수식과 [연매출] 시트의 하반기 매출 값의 수식이 더해진 것을 알 수 있습 니다.

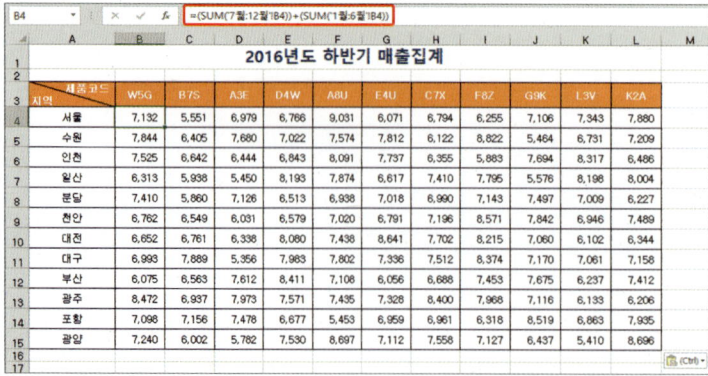

09 시트 그룹 지정 후 편집하기

❶ [A1] 셀을 클릭하고 **2016년도 매출집계**로 수정합니다. ❷ [상반기] 시트를 Shift+클릭하여 시트 그룹을 지정합니다. ❸ [A4:A15] 셀 범위를 드래그하고 ❹ [홈] 탭-[글꼴] 그룹-[채우기 색] 목록 버튼을 클릭한 후 ❺ [흰색, 배경 1, 15% 더 어둡게]를 선택합니다.

바로 통하는 TIP [상반기] 시트를 Ctrl+클릭하면 중간의 [하반기] 시트는 제외하고 [상반기] 시트만 추가 선택됩니다.

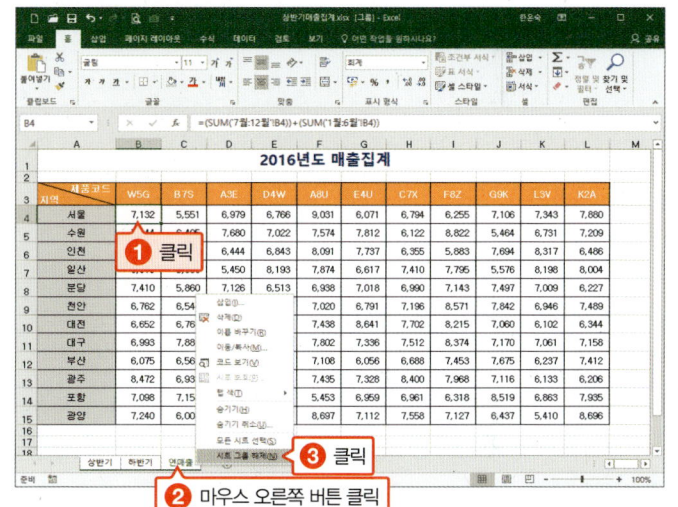

10 시트 그룹 해제하기

❶ [B4] 셀을 클릭하여 범위 선택을 해제한 후 ❷ 시트 탭에서 마우스 오른쪽 버튼을 클릭하고 ❸ [시트 그룹 해제]를 선택합니다.

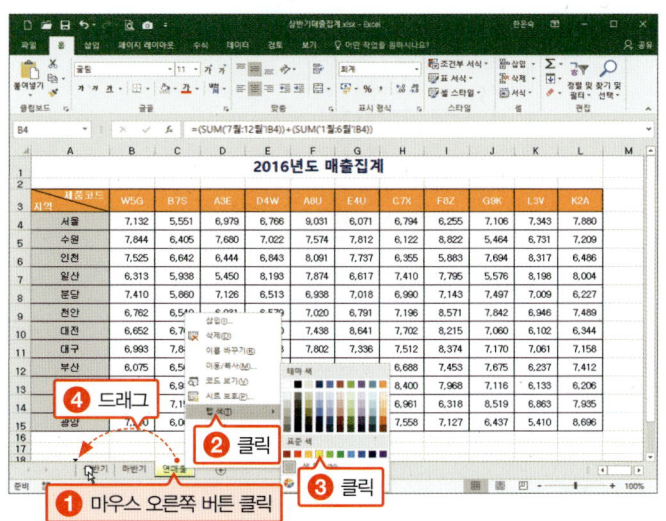

11 탭 색 지정 및 시트 이동하기

❶ [연매출] 시트에서 마우스 오른쪽 버튼을 클릭합니다. ❷ [탭 색]을 선택하고 ❸ [노랑]을 선택합니다. ❹ [연매출] 시트를 [상반기] 시트 앞으로 드래그합니다.

시트 탭을 드래그할 때 Ctrl 을 누른 상태에서 드래그하면 마우스 포인터에 붙은 문서 모양에 + 기호(⬚)가 표시되며 원하는 곳에서 마우스 왼쪽 버튼을 놓으면 시트가 복사됩니다.

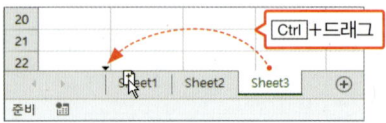

12 다른 이름으로 파일 저장하기

❶ F12 를 눌러 [다른 이름으로 저장] 대화상자를 엽니다. ❷ [파일 이름]란에 **연매출집계**를 입력하고 ❸ [저장]을 클릭합니다.

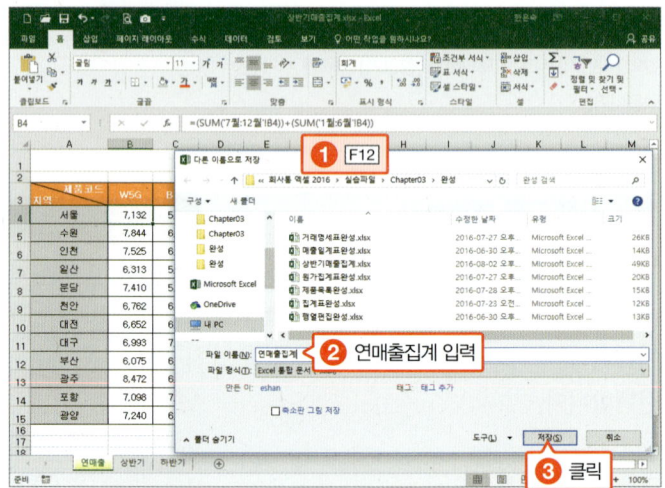

새 통합 문서의 기본 시트 개수를 설정하려면 [파일] 탭–[옵션]을 선택한 후 [일반]–[새 통합 문서 만들기] 중 [포함할 시트 수]란에 원하는 개수를 설정합니다.

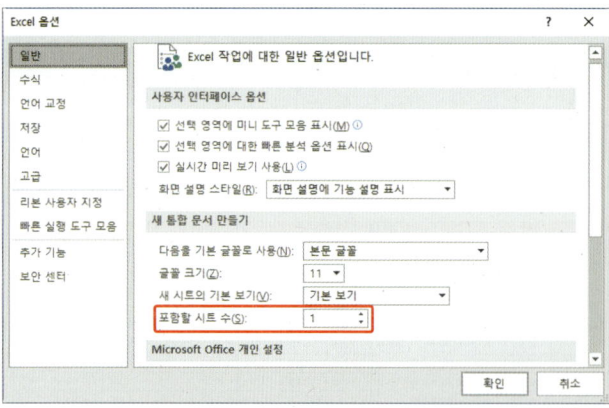

영리한 엑셀!
수식을 사용하다

엑셀은 수식을 작성해 자동 계산할 수 있어 숫자를 많이 다루는 문서 작업에 매우 탁월합니다. 연산자를 활용한 간단한 수식 작성 및 자동 합계 도구에서 제공하는 기본 함수의 활용 방법에 대해 살펴보겠습니다. 또한 수식과 함수 작성을 위해 꼭 익혀야 할 엑셀의 셀 참조 방식과 빠른 분석 도구를 활용한 계산 방법도 알아보겠습니다.

SECTION 01

엑셀 수식 이해하기

엑셀의 모든 셀은 수식을 입력했을 때 바로 계산 결과를 표시합니다. 기본적인 사칙연산부터 복잡한 수식의 결과도 구할 수 있습니다. 엑셀에서 수식을 작성할 때 사용하는 연산자와 피연산자, 연산 순서를 알아보겠습니다.

수식 작성하기

수식을 작성하려면 셀에 먼저 등호(=)를 입력하거나 등호 없이 양수(+) 또는 음수(−) 부호가 포함된 피연산자를 입력합니다. 셀에는 수식의 결과가 표시되며 입력한 수식은 수식 입력줄에서 확인하고 수정할 수 있습니다.

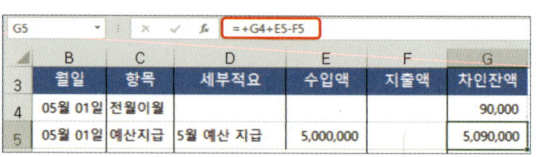

▲ [G5] 셀에 '=90000+E5−F5'를 입력한 결과　　▲ [G5] 셀에 등호 없이 '+G4+E5−F5'를 입력한 결과

➖ 수식의 구성

수식은 등호(=), 상수, 함수, 셀 참조 등의 피연산자와 연산자로 구성됩니다.

$$= \quad \underline{피연산자} \quad \underline{연산자} \quad \underline{피연산자}$$
❶　　❷　　❸　　❷

❶ **등호(=)** : 수식이 시작됨을 선언합니다.
❷ **피연산자** : 연산할 대상으로 숫자, 셀 참조, 문자, 함수 등을 사용합니다.
❸ **연산자** : 연산할 방식으로 산술 연산자, 참조 연산자, 비교 연산자, 문자 연산자를 사용합니다.

➖ 셀 주소를 참조하여 수식 작성하기

수식을 작성할 때 등호, 연산자, 숫자, 괄호 등은 직접 입력해야 하지만 계산할 데이터가 입력된 셀이 있다면 해당 셀 주소를 참조하는 것이 좋습니다. 셀 주소를 참조하여 수식을 작성해놓으면 해당 셀의 값이 변경되었을 때 수식이 재계산되어 결과 값도 자동으로 변경됩니다. 셀 주소는 직접 입력해도 되지만, 등호나 연산자를 입력하고 참조할 셀을 클릭하면 자동으로 입력됩니다.

수식 작성 순서를 보면 다음과 같이 ❶ 등호(=)를 먼저 입력하고 ❷ ❹ 계산할 셀을 클릭한 후 ❸ ❺ 연산자를 입력합니다. ❻ 다시 계산할 셀을 클릭한 후 ❼ Enter 를 눌러 입력을 마칩니다.

▲ 셀 주소를 참조하여 수식 작성   ▲ 셀 값이 수정되면 수식 결과도 재계산

연산자 유형과 계산 순서

엑셀 수식에 사용되는 연산자 유형 및 여러 개의 연산자가 혼합 사용되는 경우의 계산 순서는 다음과 같습니다. 우선순위가 같은 연산자인 경우에는 왼쪽에서 오른쪽 순서로 계산되며, 괄호로 묶어놓은 수식은 연산자 우선순위에 상관없이 먼저 계산됩니다.

종류	의미	연산자	기능	계산 순서
산술 연산자	숫자를 계산하는 연산자입니다.	%(백분율)	백분율	1
		^(캐럿)	제곱	2
		*(별표)	곱하기	3
		/(슬래시)	나누기	
		+(더하기)	더하기	4
		−(빼기)	빼기	
문자 연산자	문자열을 연결하는 연산자입니다.	&(앰퍼샌드)	문자열 연결	5
비교 연산자	주로 논리 값을 확인하기 위한 조건식이 사용되는 함수식에서 쓰는 연산자입니다.	=(등호)	~와 같다	6
		〉(보다 큼)	~보다 크다	
		〈(보다 작음)	~보다 작다	
		〉=(크거나 같음)	~보다 크거나 같다	
		〈=(작거나 같음)	~보다 작거나 같다	
		〈〉(같지 않음)	~와 같지 않다	

문자 연산자의 사용 방법

문자 연산자 &(앰퍼샌드)를 사용한 수식에 문자를 직접 입력하려면 문자열의 앞뒤에 큰따옴표("")를 입력해야 합니다. 여러 셀에 입력된 시도, 행정구, 도로명을 한 셀에 합치는 경우 중간에 공백(" ")을 넣고, 끝에 "번지"를 넣는 수식도 문자 연산자를 사용해 작성할 수 있습니다.

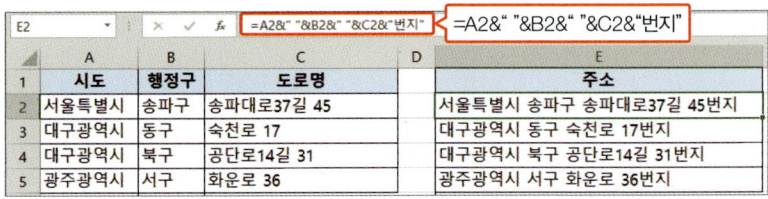

회 사 통 실무활용 05

문자열 연결하고 전월대비 증감율, 달성율 구하기

실습 파일 | CHAPTER04\생산계획실적표.xlsx **완성 파일** | CHAPTER04\완성\생산계획실적표완성.xlsx

생산계획실적표는 3개월간의 제품별 생산 계획수량과 그 실적수량을 작성하여 전월대비 증감율을 구하고 계획수량 대비 실적수량으로 달성률을 구하여 보고할 수 있는 양식입니다. 품명은 라인과 코드를 하이픈(−)으로 연결하여 표시하고 계획수량과 실적수량은 각각 전전월, 전월, 당월의 수량을 더하여 구합니다. 전월대비 증감율과 3개월간 제품별 생산 달성률은 다음의 공식을 적용하여 수식을 작성합니다.

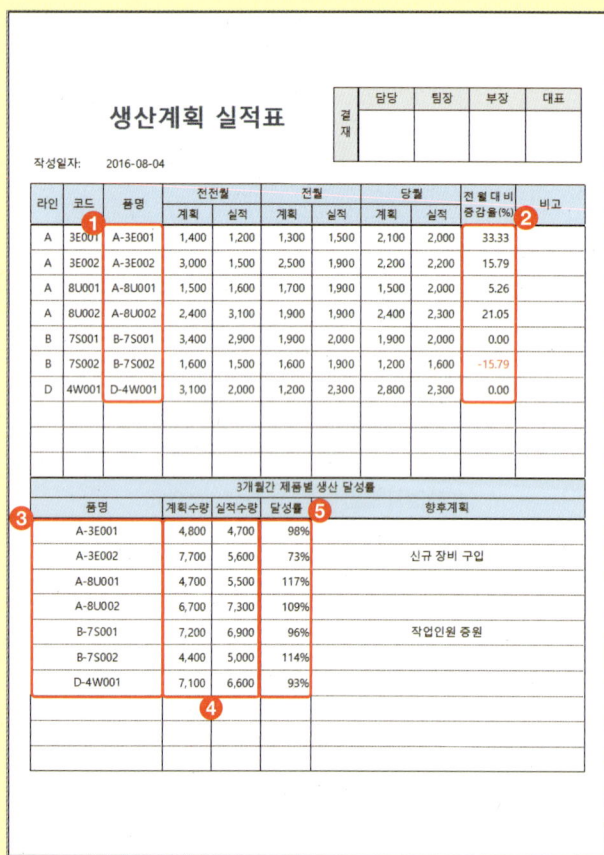

❶ 문자열 연결하기

❷ 전월대비 증감율 수식 입력
- 전월대비 증감율 : (당월실적−전월실적)/전월실적*100 또는 (당월실적/전월실적−1)*100

❸ 품명 셀 연결

❹ 3개월간 계획수량, 실적수량, 합계 수식 입력
- 3개월간 제품별 생산 달성률 : 실적수량/계획수량

❺ 달성률 수식 입력 및 백분율 스타일 지정

01 문자열 연결하기

&(앰퍼샌드)를 이용해 '라인−코드'의 형태로 품명을 입력해보겠습니다. ❶ [C7] 셀에 =를 입력한 후 ❷ [A7] 셀을 클릭합니다. ❸ &"−"&를 입력한 후 ❹ [B7] 셀을 클릭하고 Enter 를 누릅니다.

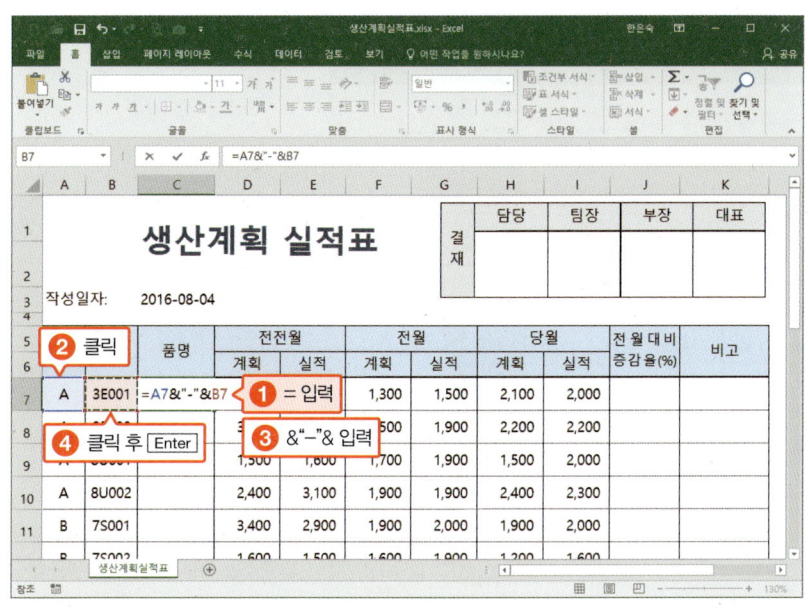

바로 통하는 TIP 수식에서 피연산자로 문자를 직접 입력하는 경우에는 문자열의 앞뒤에 큰따옴표("")를 입력해야 합니다.

02 서식 없이 자동으로 수식 채우기

A열과 B열의 문자열이 합쳐져 완성된 품명을 [C13] 셀까지 채워보겠습니다. ❶ [C7] 셀을 클릭한 후 ❷ 채우기 핸들을 더블클릭합니다. 위쪽 굵은 테두리 선이 복사되지 않도록 ❸ [자동 채우기 옵션]을 클릭한 후 ❹ [서식 없이 채우기]를 선택합니다.

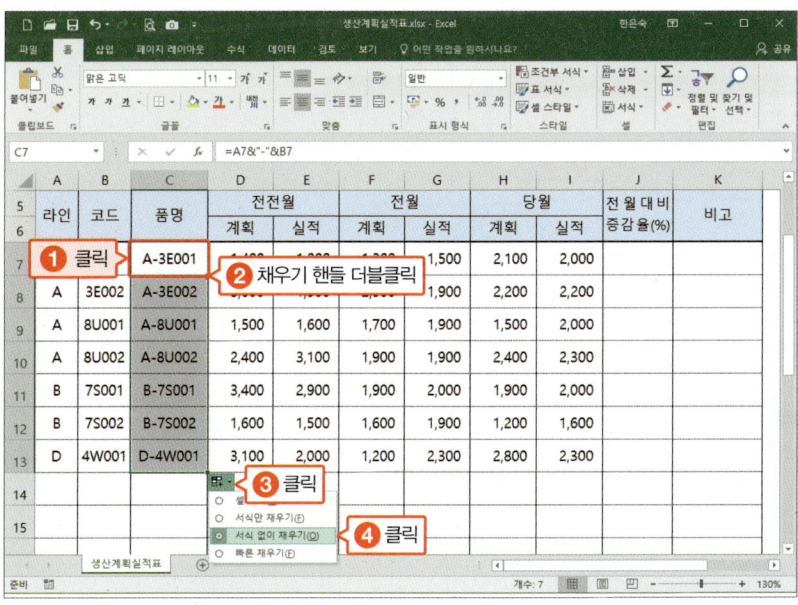

03 전월대비 증감율 구하기

셀에 수식을 직접 입력해 전월대비 증감율을 구해보겠습니다. ❶ [J7] 셀에 **=(I7/G7−1)*100**을 입력하고
Enter를 누릅니다. ❷ 다시 [J7] 셀을 클릭한 후 채우기 핸들을 더블클릭하여 수식을 복사합니다. ❸ [자동
채우기 옵션🗐]을 클릭한 후 ❹ [서식 없이 채우기]를 선택합니다.

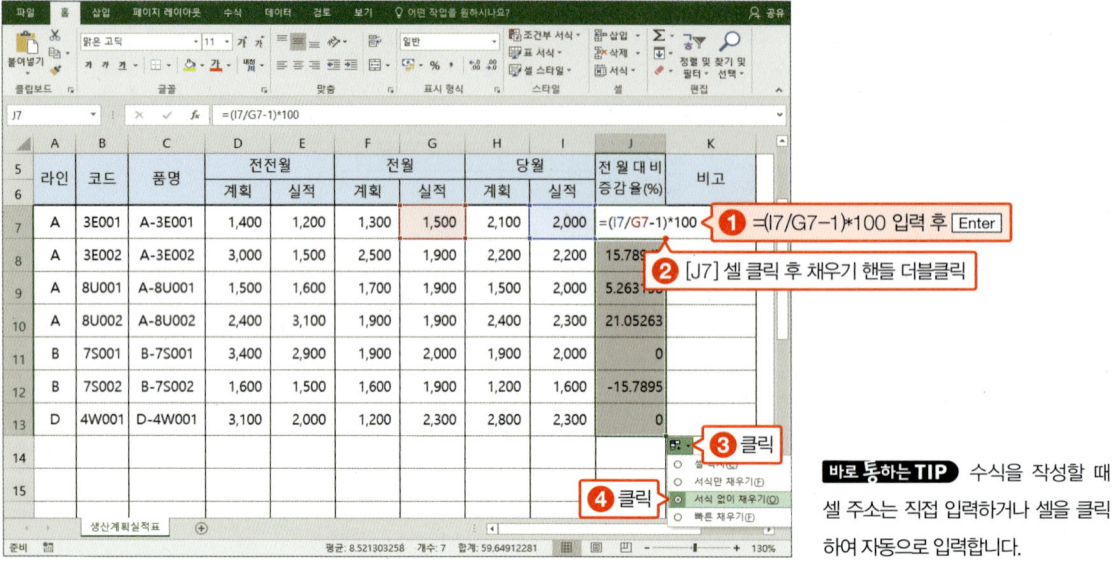

바로 통하는 TIP 수식을 작성할 때 셀 주소는 직접 입력하거나 셀을 클릭하여 자동으로 입력합니다.

04 음수 서식 및 자릿수 조정하기

전월대비 증감율을 소수 둘째 자리까지 표시하고 음수인 경우 빨간색으로 표시해보겠습니다. ❶ [홈]
탭-[표시 형식] 그룹에서 [대화상자 표시🗐]를 클릭한 후 ❷ [셀 서식] 대화상자의 [표시 형식] 탭에서
[범주]의 [숫자]를 선택합니다. ❸ [소수 자릿수]란에 **2**를 입력하고 ❹ [음수]에서 빨간색으로 표시된
[−1234.10]을 선택한 후 ❺ [확인]을 클릭합니다.

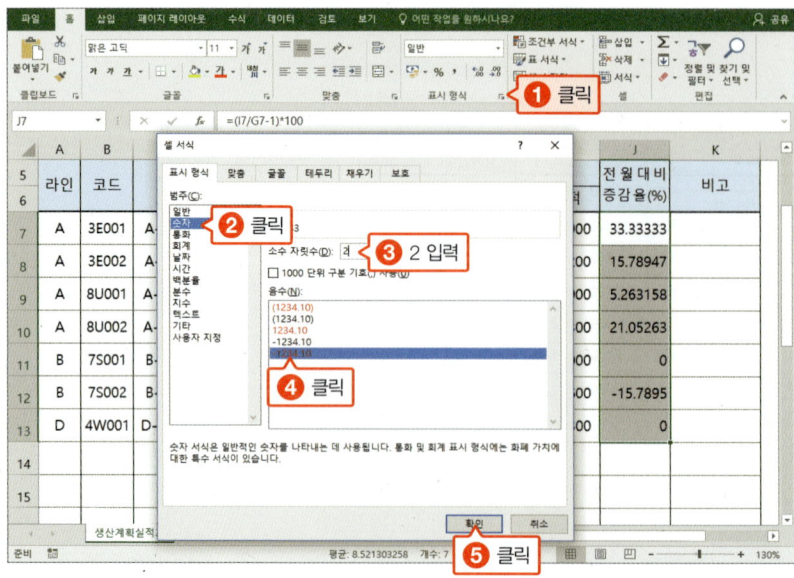

[백분율 스타일] 표시 형식 사용하기

[백분율 스타일] 표시 형식은 값에 100을 곱한 후 % 기호를 붙이는 서식입니다. 따라서 백분율 스타일을 사용할 때는 수식에서 100을 곱하지 않습니다. 즉, ❶ 수식에는 '=I7/G7-1'만 입력한 후 ❷ [홈] 탭-[표시 형식] 그룹-[백분율 스타일 %]을 클릭합니다. 결과 값에 100이 곱해지고 % 기호가 붙습니다. ❸ [홈] 탭-[표시 형식] 그룹-[자릿수 늘림]을 두 번 클릭하면 소수 둘째 자리까지 표시됩니다.

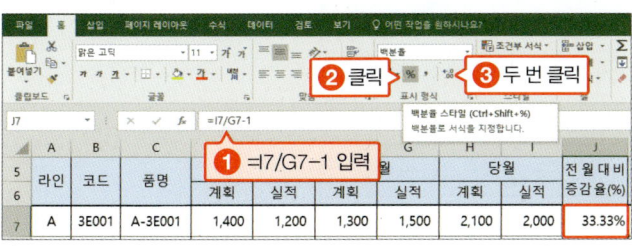

05 수식으로 품명 셀 연결하기

문자열을 연결하여 만든 품명을 아래쪽 표의 품명 범위에 연결해보겠습니다. ❶ [A19] 셀에 **=**를 입력한 후 ❷ [C7] 셀을 클릭하고 Enter 를 누릅니다.

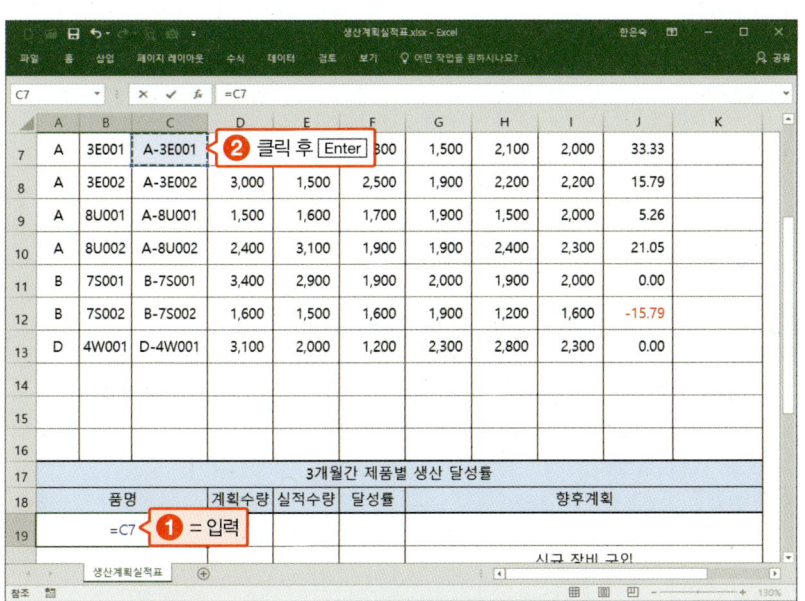

06 서식 없이 수식 채우기

❶ [A19] 셀을 클릭한 후 ❷ 채우기 핸들을 [A25] 셀까지 드래그하여 수식을 복사합니다. ❸ [자동 채우기 옵션🖳]을 클릭한 후 ❹ [서식 없이 채우기]를 선택합니다.

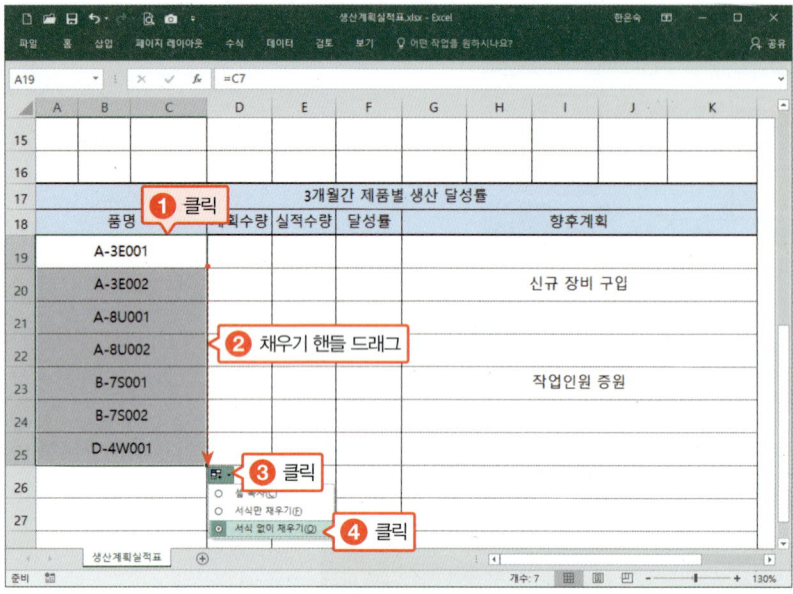

07 3개월간 계획수량 합계 구하기

❶ [D19] 셀에 =를 입력하고 ❷ [D7] 셀을 클릭합니다. ❸ +를 입력하고 ❹ [F7] 셀을 클릭한 후 ❺ +를 입력합니다. ❻ [H7] 셀을 클릭한 후 Enter를 누릅니다.

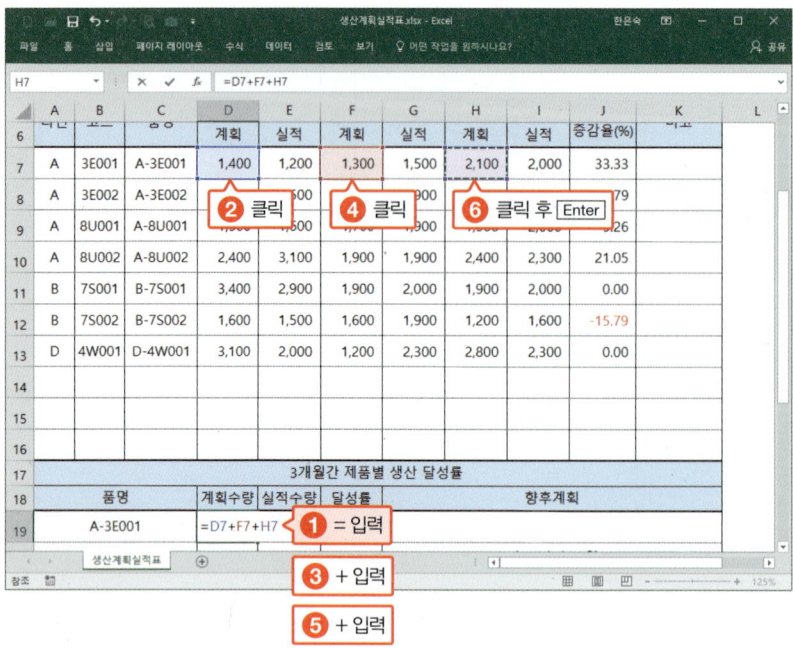

08 3개월간 실적수량 합계 구하기

❶ 수식을 복사하기 위해 [D19] 셀을 클릭하고 ❷ 채우기 핸들을 오른쪽으로 한 칸 드래그한 후 ❸ 다시 채우기 핸들을 더블클릭합니다. ❹ [자동 채우기 옵션圖]을 클릭한 후 ❺ [서식 없이 채우기]를 선택합니다.

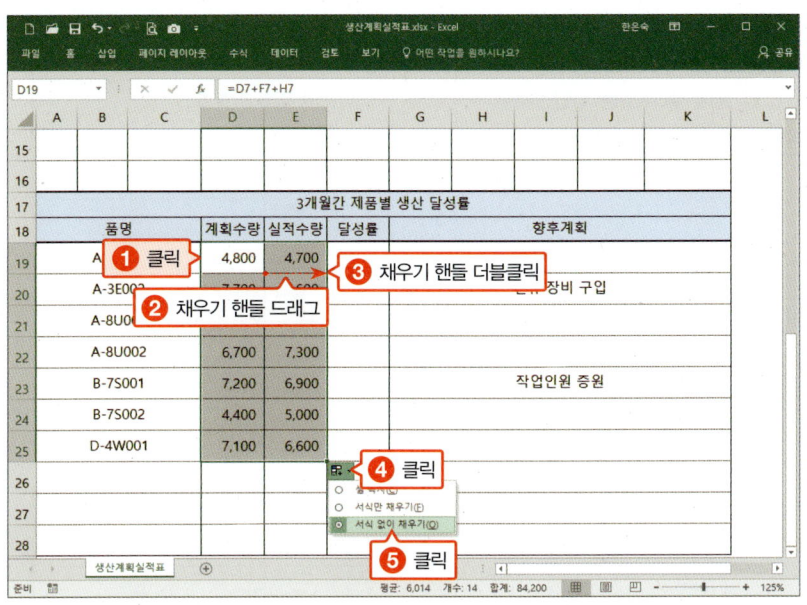

바로 통하는 TIP 셀 주소가 피연산자로 참조된 수식을 다른 셀로 이동하거나 복사하면 셀 위치에 따라 셀 주소가 상대적으로 변경됩니다. 오른쪽으로 복사하면 셀 주소의 열 이름이 바뀌고, 아래쪽으로 복사하면 행 번호가 자동으로 바뀝니다.

09 달성률 구하고 백분율 스타일 지정하기

❶ [F19] 셀에 **=E19/D19**를 입력하고 Enter 를 누릅니다. ❷ 수식을 복사하기 위해 [F19] 셀을 다시 클릭한 후 채우기 핸들을 더블클릭합니다. ❸ [자동 채우기 옵션圖]을 클릭한 후 ❹ [서식 없이 채우기]를 선택합니다. ❺ [홈] 탭-[표시 형식] 그룹의 [백분율 스타일 %]을 클릭합니다.

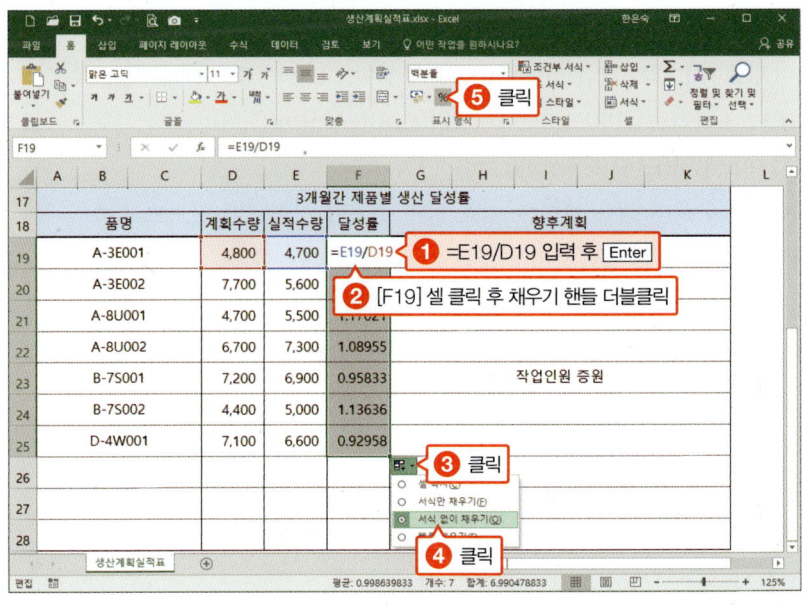

바로 통하는 TIP [백분율 스타일]을 클릭하면 자동으로 값에 100을 곱한 후 % 기호를 붙여 표시해주므로 수식에서 따로 100을 곱하지 않아도 됩니다.

실습 파일 | CHAPTER04\공사원가계산서.xlsx   완성 파일 | CHAPTER04\완성\공사원가계산서완성.xlsx

다음은 공사에 들어간 재료비, 노무비, 경비 등을 입력하여 공사원가를 산출하는 공사원가계산서 양식입니다. 빈 셀에 셀 주소를 피연산자로 사용한 수식을 작성하여 문서를 완성합니다.

▲ 실습 파일   ▲ 완성 파일

① 간접재료비(E10)=직접재료비(E9)*구성비(G10)

② 간접노무비(E14)에는 [E10] 셀의 수식을 복사합니다. 즉, 간접노무비(E14)=직접노무비(E13)*구성비(G14)

③ 보험료(E23)=노무비(E15)*구성비(G23)

④ 산업안전보건관리비(E24)=[재료비(E12)+직접노무비(E13)]*구성비(G24)+3,000,000

⑤ 환경보전비(E25)=[재료비(E12)+직접노무비(E13)+기계경비(E18)]*구성비(G25)

⑥ 기타경비(E26)=[재료비(E12)+노무비(E15)]*구성비(G26)

일반관리비, 이윤, 부가가치세의 구성비 셀을 보면 % 기호 없이 숫자만 입력되어 있으므로 수식 작성 시 구성비 셀 주소 옆에 % 기호를 직접 입력하여 백분율로 계산합니다.

⑦ 일반관리비(E28)=[재료비(E12)+노무비(E15)+경비(E27)]*구성비(G28)%

⑧ 이윤(E29)=[노무비(E15)+경비(E27)+일반관리비(E28)]*구성비(G29)%

⑨ 총원가(E30)=재료비(E12)+노무비(E15)+경비(E27)+일반관리비(E28)+이윤(E29)

⑩ 부가가치세(E31)=총원가(E30)*구성비(G31)%

⑪ 합계금액(E32)=총원가(E30)+부가가치세(E31)

⑫ 공사금액(E6)=합계금액(E32)

[E6] 셀에는 숫자를 한글로 표시하는 서식이 지정되어 있습니다.

셀 참조 이해하기

수식에서 피연산자로 셀 주소를 사용하는 것을 셀 참조라고 합니다. 셀 참조 유형에 따라 수식을 복사했을 때 셀 주소의 열 이름, 행 번호가 바뀌기도 하고 고정되기도 합니다. 지금까지 사용했던 셀 참조 유형은 상대 참조였습니다. 상대 참조 외에 절대 참조, 혼합 참조를 사용해야 하는 경우도 살펴보겠습니다.

셀 참조의 유형

셀 참조의 유형에는 상대 참조, 절대 참조, 혼합 참조가 있습니다.

참고 파일 | CHAPTER04\참조유형.xlsx

유형	형태	설명	사용 예
상대 참조	A1	수식을 오른쪽으로 이동/복사하면 열 이름이 변경되고, 아래쪽으로 이동/복사하면 행 번호가 변경됩니다. 주로 피연산 셀의 개수와 방향이 같을 때 사용합니다.	[C2] 셀의 수식을 아래로 복사합니다.<table><tr><td></td><td>A</td><td>B</td><td>C</td><td>D</td></tr><tr><td>1</td><td>거래금액</td><td>적립율</td><td>적립금</td><td>적립금 수식</td></tr><tr><td>2</td><td>150,000</td><td>5%</td><td>7,500</td><td>=A2*B2</td></tr><tr><td>3</td><td>380,000</td><td>7%</td><td>26,600</td><td>=A3*B3</td></tr></table>
절대 참조	$A$1	행/열 모두에 $ 기호가 붙은 형태로 수식을 어느 방향으로 이동/복사해도 셀 주소가 변경되지 않습니다. 하나의 고정된 셀을 여러 셀과 연산할 때 하나의 셀은 절대 참조로 사용합니다.	[B4] 셀의 수식을 아래로 복사합니다.<table><tr><td></td><td>A</td><td>B</td><td>C</td></tr><tr><td>1</td><td>적립율</td><td>5%</td><td></td></tr><tr><td>2</td><td></td><td></td><td></td></tr><tr><td>3</td><td>거래금액</td><td>적립금</td><td>적립금 수식</td></tr><tr><td>4</td><td>150,000</td><td>7,500</td><td>=A4*$B$1</td></tr><tr><td>5</td><td>380,000</td><td>19,000</td><td>=A5*$B$1</td></tr></table>
혼합 참조	$A1 또는 A$1	행/열 중 한군데에만 $ 기호가 붙은 형태로 수식을 이동/복사하면 $ 기호가 붙지 않은 부분만 변경됩니다. 수식을 오른쪽과 아래로 모두 복사해야 하는 경우 사용합니다.	[B5] 셀의 수식을 오른쪽으로 복사한 후 다시 아래로 복사합니다.<table><tr><td></td><td>A</td><td>B</td><td>C</td><td>D</td><td>E</td></tr><tr><td>1</td><td rowspan="2">적립율</td><td>전월</td><td>금월</td><td></td><td></td></tr><tr><td>2</td><td>5%</td><td>7%</td><td></td><td></td></tr><tr><td>3</td><td></td><td></td><td></td><td></td><td></td></tr><tr><td>4</td><td>거래금액</td><td>전월 적립금</td><td>금월 적립금</td><td colspan="2">적립금 수식</td></tr><tr><td>5</td><td>150,000</td><td>7,500</td><td>10,500</td><td>=B$2*$A5</td><td>=C$2*$A5</td></tr><tr><td>6</td><td>380,000</td><td>19,000</td><td>26,600</td><td>=B$2*$A6</td><td>=C$2*$A6</td></tr></table>

셀 참조 변환 단축키

수식을 작성할 때 등호(=)를 입력한 후 피연산 셀을 클릭하면 기본적으로 셀 주소가 상대 참조 형태로 입력됩니다. 셀 주소가 입력되었을 때 F4 를 누르면 절대 참조 형태로 변환되며, F4 를 한 번 더 누를 때마다 다음과 같은 순서로 셀 참조 형태가 변경됩니다.

| A1 | →F4 | $A$1 | →F4 | A$1 | →F4 | $A1 | →F4 | ... |
| 상대 참조 | | 절대 참조 | | 행 고정 혼합 참조 | | 열 고정 혼합 참조 | | 반복 |

핵심기능실습 | 셀 참조로 매출합계, 달성률, 점유율 구하기

실습 파일 | CHAPTER04\매출달성현황표.xlsx   **완성 파일** | CHAPTER04\완성\매출달성현황표완성.xlsx

1분기, 2분기 매출의 합계를 구하여 상반기 매출 및 매출 목표 대비 달성률과 매출 점유율을 구해보겠습니다. 이 과정에서 절대 참조나 혼합 참조를 사용해야 하는 수식에 상대 참조를 사용하면 어떻게 되는지도 살펴보겠습니다. 달성률과 점유율 셀에는 백분율 스타일 서식이 미리 지정되어 있습니다.

01 상대 참조로 상반기 매출 구하기

❶ [G5] 셀에 **=C5+E5**를 입력하고 Enter 를 누릅니다. ❷ [G5] 셀을 다시 클릭한 후 ❸ 채우기 핸들을 [G15] 셀까지 드래그하여 수식을 복사합니다.

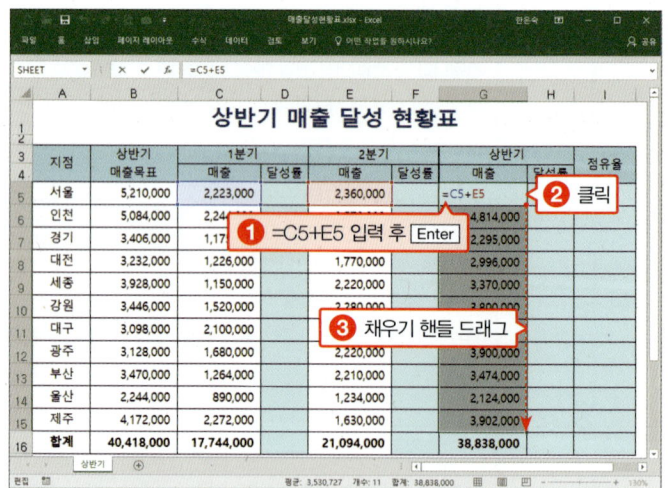

02 점유율 구하기

상반기 매출 점유율은 '상반기 매출/상반기 매출합계'입니다. ❶ [I5] 셀에 **=G5/G16**을 입력하고 Enter 를 누릅니다. ❷ [I5] 셀을 다시 클릭한 후 ❸ 채우기 핸들을 [I15] 셀까지 드래그하여 수식을 복사합니다.

나머지 셀에는 0으로 나눠졌을 때 생기는 #DIV/0! 오류가 표시됩니다.

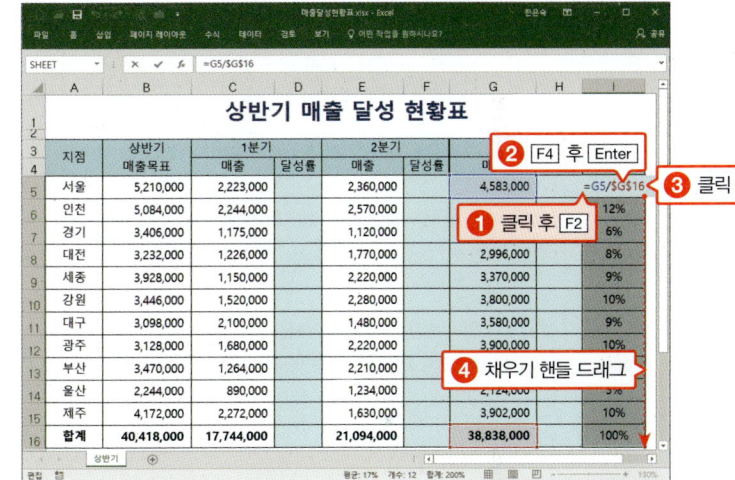

03 절대 참조로 수정하기

점유율 수식의 [G16] 셀을 절대 참조로 수정하겠습니다. ❶ [I5] 셀을 클릭하고 F2 를 누릅니다. ❷ 수식 끝에 커서가 생기면 F4 를 눌러 **G16**을 **$G$16** 형태로 변경하고 Enter 를 누릅니다. ❸ [I5] 셀을 클릭하고 ❹ 채우기 핸들을 [I16] 셀까지 드래그합니다.

바로 통하는 TIP 상반기 매출인 [G5] 셀의 주소는 해당 행을 계산에 반영해야 하므로 아래로 복사할 때마다 행 번호가 변경되는 상대 참조로 작성되어야 합니다. 그러나 상반기 매출합계인 [G16] 셀의 주소는 모든 행에 늘 똑같은 값을 반영해야 하므로 행 번호가 변경되지 않는 절대 참조로 작성되어야 합니다.

04 달성률 구하기

달성률은 '매출/상반기 매출목표'입니다. ❶ [D5] 셀에 **=C5/B5**를 입력하고 Enter 를 누릅니다. ❷ [D5] 셀을 다시 클릭한 후 ❸ 채우기 핸들을 [D16] 셀까지 드래그하여 수식을 복사합니다.

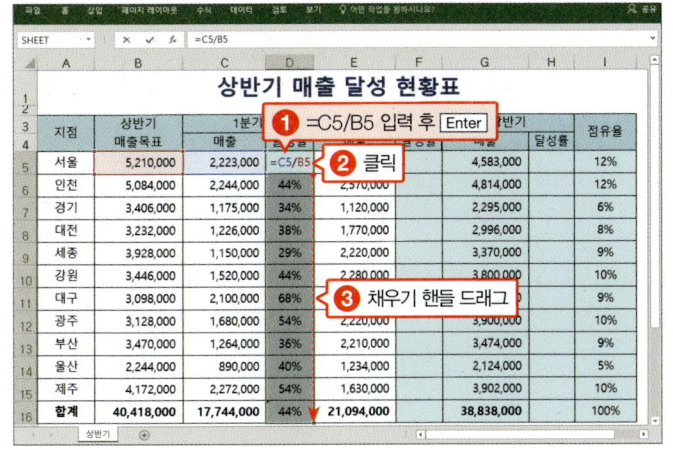

오류 표시 종류와 대처 방법 알아보기

수식에 오류가 있거나 인접 셀의 수식과 다른 수식인 경우에는 셀의 왼쪽 위에 초록색 오류 표시가 나타나고 해당 셀을 선택했을 때 왼쪽에 [스마트 태그] 아이콘이 표시됩니다. [스마트 태그] 아이콘에 마우스 포인터를 놓으면 오류에 대한 설명이 표시되며, 클릭하면 오류 관련 메뉴를 선택할 수 있습니다. 오류 관련 메뉴에서 오류에 대한 도움말을 볼 수 있습니다. 8가지 오류 표시에 대한 주요 원인과 대처 방법은 다음과 같습니다.

오류 표시	원인	대처 방법
#DIV/0!	숫자를 0으로 나누었을 때 나타나는 오류입니다.	나누는 숫자를 0이 아닌 다른 숫자로 바꿉니다.
#N/A	VLOOKUP, HLOOKUP, LOOKUP, MATCH 등의 함수에서 찾을 값이 없을 때, 배열 함수 등에서 열 또는 행 범위의 인수가 일치하지 않을 때 나타나는 오류입니다.	찾는 값을 바꾸거나 참조 범위의 값을 바꿉니다.
#NAME?	함수명을 잘못 입력하거나 잘못된 인수를 사용했을 때, 즉 엑셀이 인식할 수 없는 이름이나 함수명이 사용되었을 때 나타나는 오류입니다.	사용된 함수나 이름에 오타가 있는지 인수가 제대로 사용되었는지 확인합니다.
#NULL!	범위 연산자를 잘못 사용했거나 교차하지 않는 영역을 참조할 때 나타나는 오류입니다.	참조 범위를 다시 지정합니다.
#NUM!	함수의 인수나 수식이 잘못된 형식으로 입력되었을 때 나타나는 오류입니다.	함수의 형식을 확인하고 알맞은 형식으로 수정합니다.
#REF!	참조된 셀 주소가 잘못되었거나 참조했던 셀이 삭제되었을 때 나타나는 오류입니다.	참조된 셀이 삭제되었거나 공백이 아닌지 확인합니다.
#VALUE!	논리 값 또는 숫자가 필요한 수식에 텍스트를 입력했거나 배열 수식을 입력한 후 Ctrl + Shift + Enter 를 누르지 않았을 때 나타나는 오류입니다.	인수의 데이터 형태나 함수의 종류 등을 확인하고 수정합니다.
#####	셀 값보다 열 너비가 좁거나 날짜/시간 서식 셀에 음수 값이 입력되었거나 엑셀에서 처리할 수 있는 숫자 범위를 넘었을 때 나타나는 표시입니다.	열 너비를 늘리거나 셀 서식을 확인하고 조정합니다.

05 수식 복사하기

수식을 채운 후 [D5:D16] 셀 범위가 선택된 상태에서 ❶ Ctrl + C 를 눌러 수식을 복사합니다. ❷ [F5] 셀을 클릭하고 ❸ [H5] 셀을 Ctrl +클릭한 후 ❹ Ctrl + V 를 눌러 붙여 넣습니다.

2분기 달성률의 값은 너무 크고 상반기 달성률의 값은 셀 너비와 맞지 않습니다.

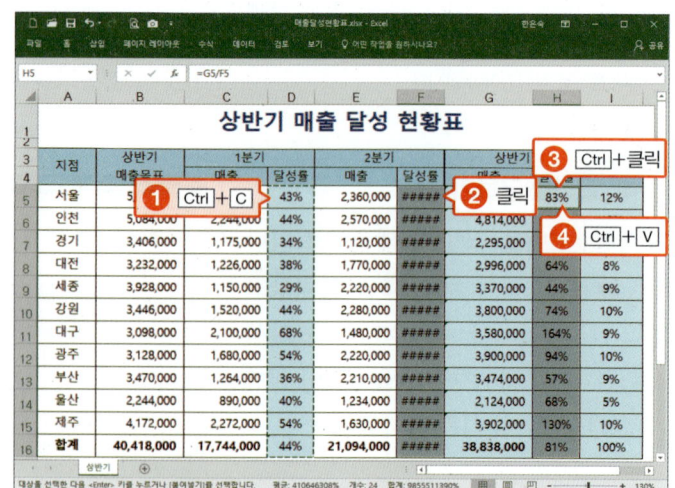

06 혼합 참조로 수정하기

달성률 수식에서 [B5] 셀은 열 고정 혼합 참조로 수정해야 합니다. ❶ [D5] 셀을 클릭하고 F2 를 눌러 수식 끝에 커서가 생기면 ❷ F4 를 세 번 눌러 B5를 $B5 형태로 변경합니다. ❸ [D5]의 채우기 핸들을 [D16] 셀까지 드래그합니다.

바로 통하는 TIP 달성률을 계산하는 수식에서 1분기 매출이 입력되어 있는 [C5] 셀의 주소는 오른쪽으로 복사될 때 열 이름이 상대적으로 변경되어야 하지만, 상반기 매출목표인 [B5] 셀의 주소는 열 이름은 변경되지 않고 행 번호만 변경되어야 합니다.

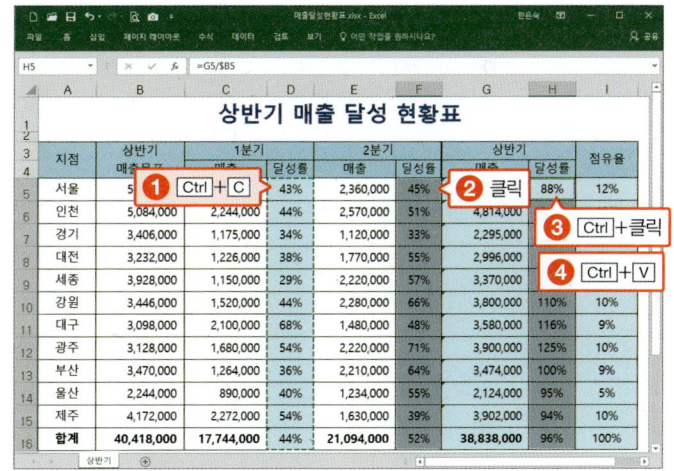

07 수식 복사하기

수정한 수식을 다시 복사해보겠습니다. [D5:D16] 셀 범위가 선택된 상태에서 ❶ Ctrl + C 를 눌러 수식을 복사합니다. ❷ [F5] 셀을 클릭하고 ❸ [H5] 셀을 Ctrl +클릭한 후 ❹ Ctrl + V 를 눌러 붙여 넣습니다.

쉽고 빠른 엑셀 NOTE

워크시트에 수식 표시하기

기본적으로 워크시트 셀에는 수식의 결과가 표시되고 수식은 수식 입력줄을 통해서 확인할 수 있습니다. 각 셀에 있는 수식을 워크시트 화면에서 전체적으로 확인하고 싶다면 **방법 1** [수식] 탭-[수식 분석] 그룹-[수식 표시]를 클릭하거나 **방법 2** 단축키 Ctrl + ~ 를 누릅니다. 원상 복구하려면 다시 [수식] 탭-[수식 분석] 그룹-[수식 표시]를 클릭하거나 Ctrl + ~ 를 누릅니다.

혼자해보기 | 05   셀 참조 수식으로 기성청구 내역서 완성하기

실습 파일 | CHAPTER04\기성청구내역서.xlsx   **완성 파일** | CHAPTER04\완성\기성청구내역서완성.xlsx

건설업계에서는 공사대금을 일시불로 지급받지 않고 공사 진척에 따라 지급받는데, 기성청구서란 공사가 완료된 부분에 대해 공사대금을 청구하는 서류입니다. 상대 참조, 혼합 참조, 절대 참조를 적용한 수식을 입력하여 비어 있는 부분을 채우고 문서를 완성합니다.

기성 청구 내역서

□ 공사명: 비상조명설비공사

품 명	규 격	단위	단가	계약내역 수량	계약내역 금액	전회기성 수량	전회기성 금액	요율	금회기성 수량	금회기성 금액	요율	기성누계 수량	기성누계 금액	요율	비고
합성수지제가요전선관	하이박스CD 16C	M	150	1,640	246,000	1,298	194,700	79%	50	7,500	3%	1,348	202,200	82%	
1종 금속제 가요전선관	16C 비방수	M	408	400	163,200	360	146,880	90%	40	16,320	10%	400	163,200	100%	
600V 비닐 절연 전선	HIV 2.5㎟	M	208	4,764	989,006	4,200	871,920	88%	200	41,520	4%	4,400	913,440	92%	
1종 가요관 콘넥타	16C 비방수	개	360	452	162,720	300	108,000	66%	152	54,720	34%	452	162,720	100%	
아우트레트 박스	중형4각 54mm	개	1,080	100	108,000	80	86,400	80%	20	21,600	20%	100	108,000	100%	
아우트레트 박스	8각 54mm	개	720	200	144,000	120	86,400	60%	80	57,600	40%	200	144,000	100%	
박스 카바	4각 평형	개	360	100	36,000	70	25,200	70%	30	10,800	30%	100	36,000	100%	
박스 카바	8각 평카바	개	360	160	57,600	140	50,400	88%	20	7,200	13%	160	57,600	100%	
등기구 (K TYPE)	IL 30W/1 (다운라이트)	개	18,000	200	3,600,000	0	0	0%	95	1,710,000	48%	95	1,710,000	48%	
등기구 (KTYPE)	EL 15W/1 (벽부등)	개	7,200	50	360,000	0	0	0%	22	158,400	44%	22	158,400	44%	
비상라이트	16W	개	78,000	8	624,000	0	0	0%	8	624,000	100%	8	624,000	100%	
전선관부속품비	전선관의 15%	식	433,680	1	433,680	0	0	0%	1	433,680	100%	1	433,680	100%	
잡자재비	배관,배선의 2%	식	1,404,000	1	1,404,000	0	0	0%	1	1,404,000	100%	1	1,404,000	100%	
합계					8,328,206		1,569,900	19%		4,547,340	55%		6,117,240	73%	

▲ 실습 파일   ▲ 완성 파일

공사대금 청구 선금, 기성 세부 내역서

공 사 명 : 비상조명설비공사
계 약 금 액 : 8,328,206   계약일자 : 2017-01-01

청구 구분	청구(수령)일자	기성 금액	계산 선금정산액	실제 선금정산액	실 수령액 (수령예정액)
선금	2017-01-01				3,000,000
제 1회 기성	2017-02-01	1,569,900	565,512	300,000	1,269,900
제 2회 기성	2017-03-01	4,547,340	1,638,050	300,000	4,247,340
제 3회 기성			0	0	0
제 4회 기성			0	0	0
제 5회 기성			0	0	0
제 6회 기성			0	0	0
제 7회 기성			0	0	0
기성 누계		6,117,240	2,203,562	600,000	5,517,240

위와 같이 선금 및 기성 수령 금액이 틀림없음을 확인합니다.

붙임 : (준공금 청구 시)선금 정산내역서 및 세금계산서, 송금영수증 사본 등 1부.

2017-03-30

업 체 명 :
사 업 자 번 호 :
사 업 장 주 소 :
대 표 자 :   (인)

▲ 실습 파일   ▲ 완성 파일

152 PART 01 엑셀 기본 문서 작성

[기성내역] 시트

① 금액=단가*수량

　[F7] 셀에 수식 **=D7*E7**을 입력하되, 수식을 복사할 때는 단가가 있는 D열이 변경되지 않아야 합니다. 수량은 각 항목의 수량과 곱해야 하므로 수식에서 D7은 열 고정 혼합 참조로 입력한 후 채우기 핸들을 이용해 [F19] 셀까지 수식을 복사합니다.

② [F7:F19] 셀 범위를 복사한 후 [H7], [K7], [N7] 셀을 각각 선택하고 붙여 넣습니다.

③ 요율=기성금액/계약금액

　[I7] 셀에 수식 **=H7/F7**을 입력하되, 계약금액이 있는 F열은 변경되지 않아야 합니다. 수식에서 F7은 열 고정 혼합 참조로 입력한 후 채우기 핸들을 이용해 [I19] 셀까지 수식을 복사합니다.

④ [I7:I19] 셀 범위를 복사한 후 [L7], [O7] 셀을 각각 선택하고 붙여 넣습니다.

[선금및기성내역] 시트

⑤ 계산 선금정산액(D8)=선금*(기성금액/계약금액)

　선금(F7)과 계약금액(B4)은 각각 한 셀에만 입력되어 있으므로 절대 참조로 작성해야 합니다. [D8] 셀에 수식 **=F7*(C8/B4)**를 작성하되, **=7*(C8/$B$4)**로 수정하여 F7과 B4는 절대 참조로 작성합니다. 채우기 핸들을 이용해 [D14] 셀까지 수식을 복사합니다.

⑥ 실수령액(F8)=기성금액-실제선금정산액

　[F8] 셀에 수식 **=C8-E8**을 입력하여 상대 참조로 작성한 후 채우기 핸들을 이용해 [F14] 셀까지 수식을 복사합니다.

SECTION 03

다른 시트, 다른 파일의 셀 참조하기

수식에서 다른 시트나 다른 파일의 셀을 참조하면 셀 주소 앞에 시트 이름, 파일 이름이 함께 표시됩니다. 다른 시트나 다른 파일의 셀을 참조하는 경우 어떤 형태로 셀 주소가 참조되는지 살펴보겠습니다.

다른 시트의 셀 참조하기

━ 다른 시트의 셀 참조 순서

계산할 값이 다른 시트에 있다면 다음과 같이 수식을 입력합니다. ❶ 등호(=)를 입력하고 ❷ 셀을 참조할 해당 시트 탭을 클릭한 후 ❸ 해당 셀을 클릭하고 ❹ 수식 작성이 끝나면 Enter 를 누릅니다. 셀 주소 앞에 는 시트명이 표시되며 시트명과 셀 주소를 구분하는 기호로 느낌표(!)가 붙습니다.

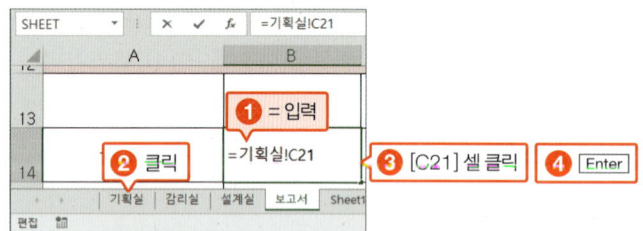

▲ 참조 형태 : 기획실!C21

━ 시트명에 공백이 포함되거나 숫자로 시작하는 경우

시트명이 숫자로 시작하거나 시트명에 공백이 포함된 경우에는 해당 시트의 셀을 참조하면 시트명이 작은 따옴표(' ') 안에 표시됩니다.

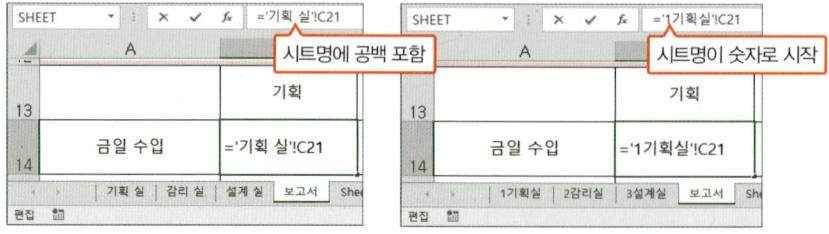

▲ 참조 형태 : '기획 실'!C21   ▲ 참조 형태 : '1기획실'!C21

다른 파일의 셀 참조하기

➖ 다른 파일의 셀 참조 순서

계산할 값이 다른 파일에 있다면 해당 파일을 불러온 후 다음과 같이 수식을 입력합니다. ❶ 등호(=)를 입력하고 ❷ [보기] 탭-[창] 그룹-[창 전환]을 클릭한 후 ❸ 참조할 파일을 선택합니다. ❹ 참조할 시트의 셀을 클릭하고 ❺ 수식 작성이 끝나면 Enter를 누릅니다. 셀 주소는 기본적으로 절대 참조로 입력되며 시트명 앞으로 파일명이 대괄호([ ]) 안에 표시됩니다.

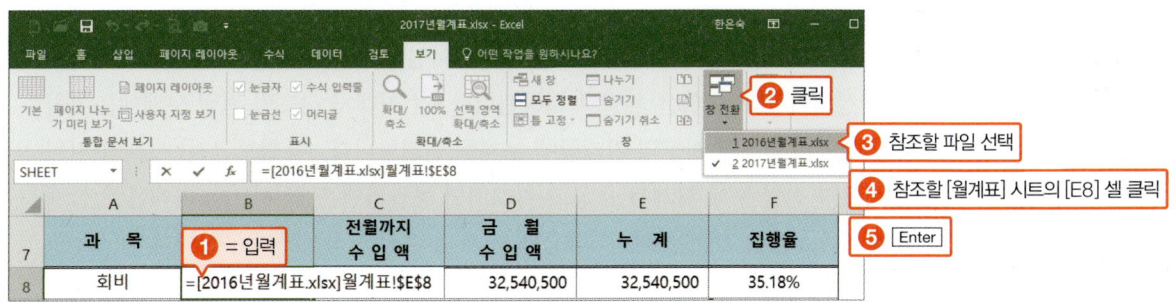

▲ 참조 형태 : =[2016년월계표.xlsx]월계표!$E$8

➖ 파일명에 공백이 포함되거나 시트명이 숫자로 시작, 또는 공백이 포함된 경우

파일명에 공백이 포함되는 경우 또는 시트명이 숫자로 시작하거나 공백이 포함된 경우 파일명부터 시트명까지 작은따옴표(' ') 안에 표시됩니다.

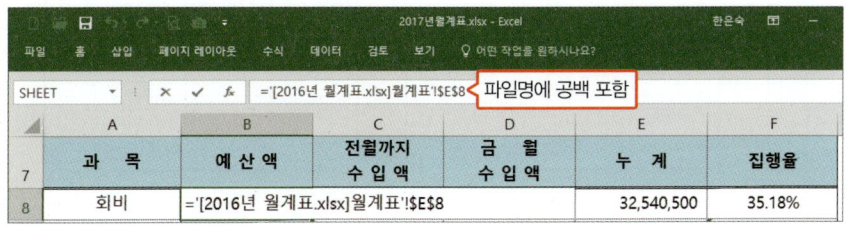

▲ 참조 형태 : ='[2016년 월계표.xlsx]월계표'!$E$8

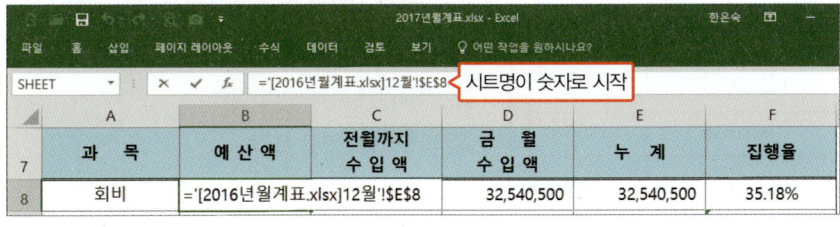

▲ 참조 형태 : ='[2016년월계표.xlsx]12월'!$E$8

다른 파일과 시트를 참조하여 거래명세서 완성하기

실습 파일 | CHAPTER04\7월거래내역.xlsx, 8월거래내역.xlsx **완성 파일** | CHAPTER04\완성\7월거래내역완성.xlsx, 8월거래내역완성.xlsx

다음은 거래처별 8월 거래명세서 내역표와 거래처 통합보고서입니다. 거래처별 거래명세서 내역표가 각 시트에 따로 작성되어 있고 파일은 월별로 저장됩니다. 각 거래처 시트의 전월 누계에는 '7월 거래내역.xlsx' 파일에 있는 거래처 시트의 거래금액 누계를 연결합니다. [통합보고서] 시트의 전월 누계는 각 거래처 시트의 전월 누계 합계를 구하고 거래처별 공급가액은 각 시트의 거래금액 합계를 연결합니다. 거래금액 누계는 '전월 누계+거래금액 합계'의 수식을 작성하여 구합니다.

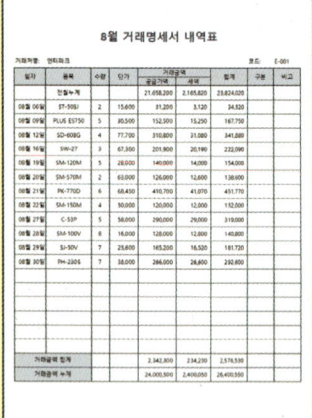

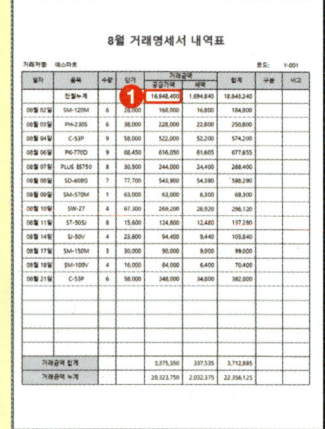

▲ 거래처별 8월 거래명세서 내역표

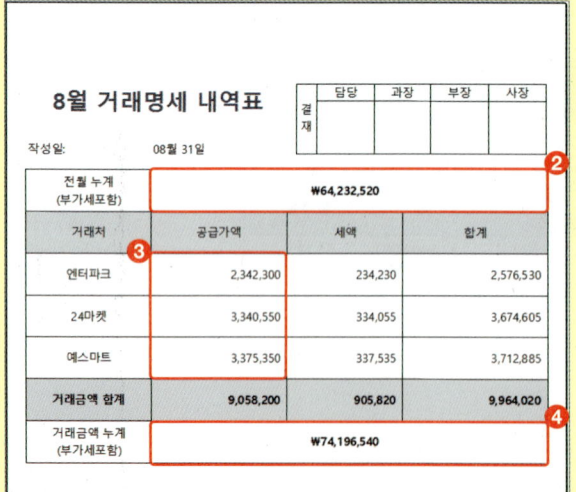

▲ 거래처 통합보고서

❶ 7월 전월 누계 연결

❷ 거래처 시트의 전월 누계 합계 수식 입력

❸ 거래처별 거래금액 합계 입력

❹ 거래금액 누계 수식 입력

❺ 파일 원본 연결 끊기

01 두 파일 열기

두 개의 엑셀 파일을 열어보겠습니다. ❶ 빠른 실행 도구 모음에서 [열기 📂]를 클릭합니다. ❷ [열기] 대화 상자에서 '7월거래내역.xlsx' 파일을 클릭하고 ❸ '8월거래내역.xlsx' 파일을 Ctrl+클릭한 후 ❹ [열기]를 클릭합니다.

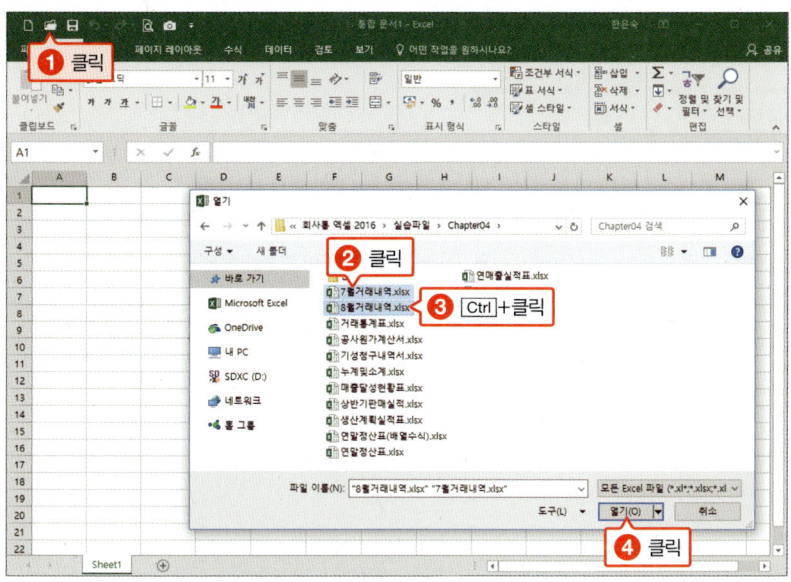

바로 통하는 TIP [Excel 옵션] 대화 상자의 [저장]-[통합 문서 저장]에서 [파일을 열거나 저장할 때 Backstage 표시 안 함]에 체크 표시해두었기 때문에 바로 [열기] 대화상자가 나타납니다. 이 옵션을 선택하지 않은 경우에는 Ctrl+F12를 눌러 [열기] 대화상자를 표시할 수 있습니다.

02 연결 업데이트 경고 처리하기

다른 파일에서 셀을 참조하는 수식이 작성된 파일을 처음 열면 리본 메뉴 아래에 보안 경고 메시지 표시줄이 나타납니다. 기본적으로 연결 업데이트가 되지 않도록 설정되어 있습니다. ❶ 보안 경고 메시지 표시줄에서 [콘텐츠 사용]을 클릭합니다. '7월거래내역.xlsx' 파일의 참조 파일인 '6월거래내역.xlsx' 파일을 찾을 수 없으므로 연결 업데이트에 대한 경고 메시지가 표시됩니다. ❷ [계속]을 클릭합니다.

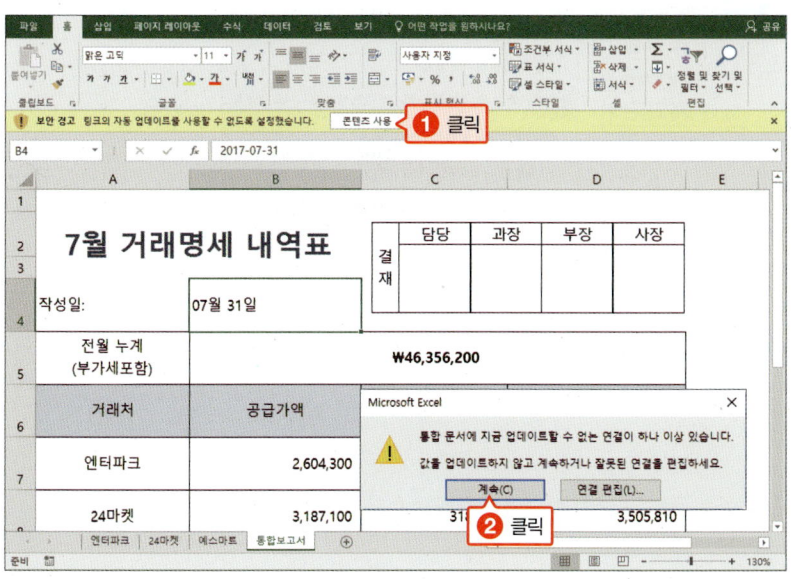

외부 참조(연결) 업데이트 경고 알아보기

처음 파일을 열었을 때 메시지 표시줄의 [콘텐츠 사용]을 클릭하고 이후에 그 파일을 열 때는 자동 업데이트를 사용하도록 설정되어 메시지 표시줄이 표시되지 않고, 다음과 같은 업데이트 경고 메시지가 표시됩니다. 수식에 사용된 원본 파일이 있다면 [업데이트]를 클릭하면 되지만 원본 파일이 없거나 신뢰할 수 없을 때는 [업데이트하지 않음]을 클릭합니다.

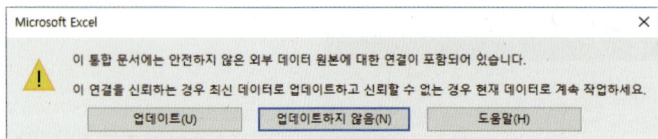

다른 파일의 셀을 연결한 통합 문서를 '대상 통합 문서'라고 하고, 이 문서에 연결된 통합 문서는 '원본 통합 문서'라고 합니다. 즉, '7월거래내역.xlsx' 파일은 대상 통합 문서이고, '6월거래내역.xlsx' 파일은 '7월거래내역.xlsx' 파일의 원본 통합 문서입니다. 또한 '8월거래내역.xlsx' 파일은 '7월거래내역.xlsx' 파일의 대상 통합 문서이고, '7월거래내역.xlsx' 파일은 '8월거래내역.xlsx' 파일의 원본 통합 문서입니다. 원본 통합 문서가 열려 있지 않은 상태에서 대상 통합 문서를 열면 연결 업데이트 여부에 대해 경고 메시지가 표시됩니다. 연결 업데이트란 원본 통합 문서에서 참조 셀의 값이 변경되었다면 대상 통합 문서에서도 값을 변경한다는 뜻입니다.

현재 '7월거래내역.xlsx' 파일의 원본 통합 문서인 '6월거래내역.xlsx' 파일이 함께 열리지 않았으므로 경고 메시지가 표시되었습니다. 예제 폴더에는 '6월거래내역.xlsx' 파일이 없으므로 [업데이트하지 않음]을 클릭했는데, [업데이트]를 클릭하면 파일을 찾을 수 없으므로 업데이트할 수 없다는 경고 메시지가 표시됩니다. [계속]을 클릭하면 '7월거래내역.xlsx' 파일 화면이 바로 표시되고, [연결 편집]을 클릭하면 [연결 편집] 대화상자를 표시해줍니다.

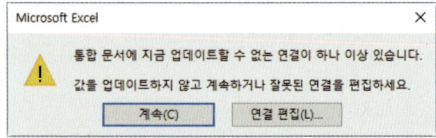

경고 메시지가 표시되지 않는 것은 대상 통합 문서를 작성할 때 [연결 편집] 옵션에서 알림 표시를 하지 않도록 설정했기 때문입니다. [데이터] 탭-[연결] 그룹-[연결 편집]을 클릭하고 [연결 편집] 대화상자에서 [시작할 때 확인 메시지 표시]를 클릭하면 통합 문서를 열 때 연결 업데이트 알림 표시 여부를 선택할 수 있습니다.

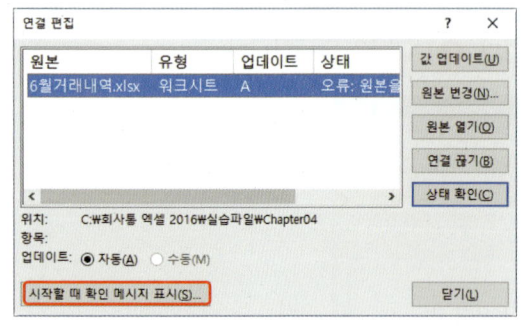
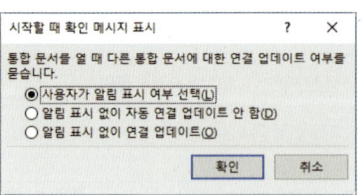

03 7월 전월 누계 연결하기

'8월거래내역.xlsx' 파일에서 [예스마트] 시트의 전월 누계만 연결되어 있지 않습니다. ❶ '8월거래내역.xlsx' 파일에서 [예스마트] 시트를 클릭한 후 ❷ [E7] 셀을 클릭하고 =를 입력합니다. ❸ [보기] 탭-[창] 그룹-[창 전환]을 클릭하고 ❹ [7월거래내역]을 선택합니다.

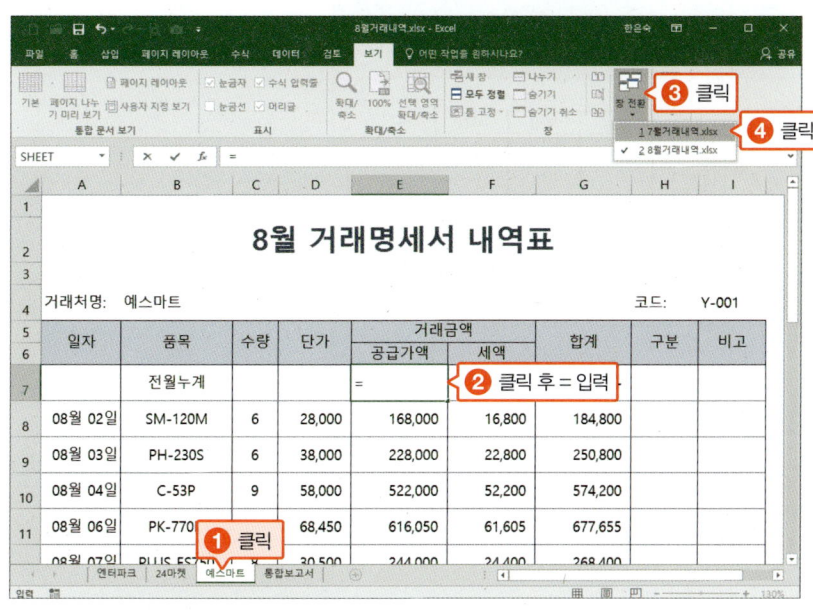

바로 통하는 TIP [보기] 탭-[창] 그룹-[창 전환]을 클릭하지 않고 Ctrl +Tab을 눌러도 통합 문서 창을 전환할 수 있습니다.

04 7월 전월 누계 선택하기

'7월거래내역.xlsx' 파일이 화면에 표시됩니다. ❶ [예스마트] 시트를 클릭하고 ❷ [E27] 셀을 클릭한 후 Enter를 누릅니다.

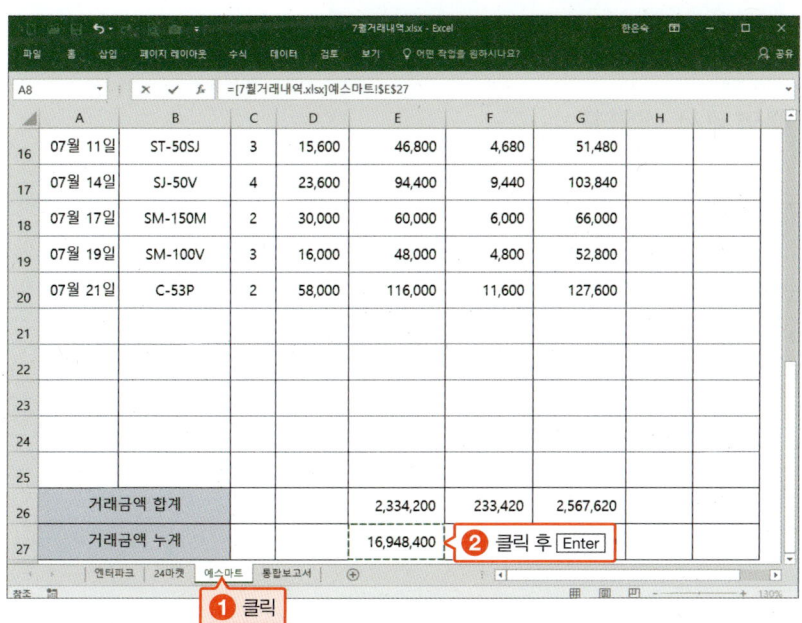

바로 통하는 TIP 수식 입력줄을 통해 수식이 입력되는 것을 확인할 수 있습니다.

05 거래처 시트의 전월 누계 합계 구하기

각 거래처 시트의 7월 전월 누계를 더한 합계를 구해보겠습니다. ❶ '8월거래내역.xlsx' 파일의 [통합보고서] 시트를 클릭하고 ❷ [B5] 셀에 =를 입력합니다.

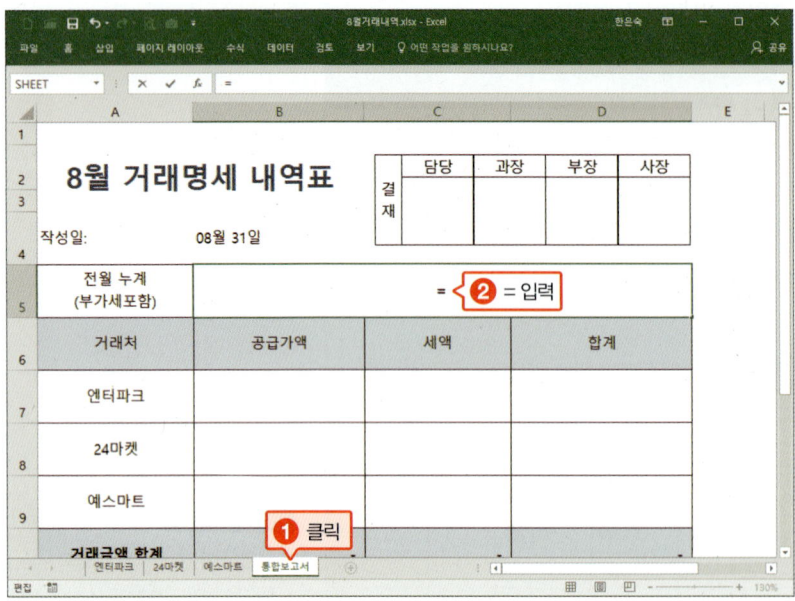

06 8월 전월 누계 선택하기

❶ [엔터파크] 시트에서 [G7] 셀을 클릭하고 +를 입력합니다. ❷ [24마켓] 시트에서 [G7] 셀을 클릭하고 +를 입력합니다. ❸ [예스마트] 시트를 선택하고 ❹ [G7] 셀을 클릭한 후 Enter 를 누릅니다.

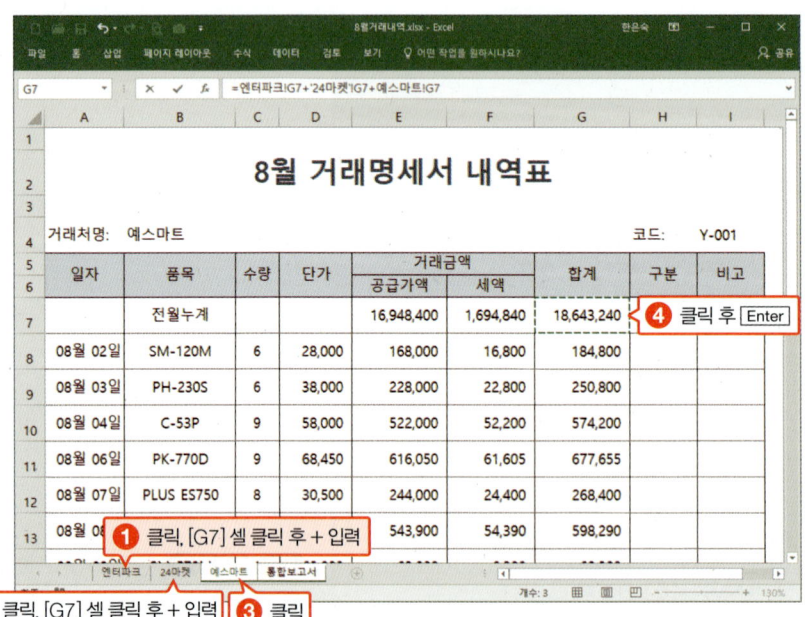

07 거래처별 거래금액 합계 연결하기

❶ [통합보고서] 시트에서 [B7] 셀에 =를 입력하고 ❷ [엔터파크] 시트에서 [E26] 셀을 클릭한 후 [Enter]를 누릅니다. ❸ [통합보고서] 시트의 [B8] 셀에 =를 입력하고 ❹ [24마켓] 시트에서 [E26] 셀을 클릭한 후 [Enter]를 누릅니다. ❺ [통합보고서] 시트의 [B9] 셀에 =를 입력하고 ❻ [예스마트] 시트에서 [E26] 셀을 클릭한 후 [Enter]를 누릅니다.

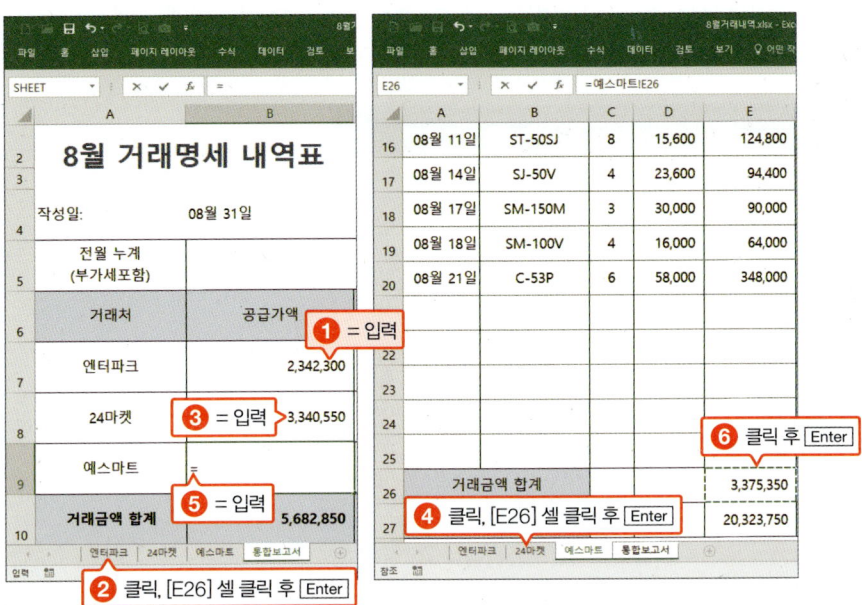

08 수식 복사 및 거래금액 누계 구하기

❶ [통합보고서] 시트에서 [B7:B9] 셀 범위를 드래그한 후 ❷ 채우기 핸들을 [D9] 셀까지 드래그하여 수식을 복사합니다. ❸ [B11] 셀에 =를 입력한 후 ❹ [B5] 셀을 클릭하고 +를 입력합니다. ❺ [D10] 셀을 클릭하고 [Enter]를 누릅니다.

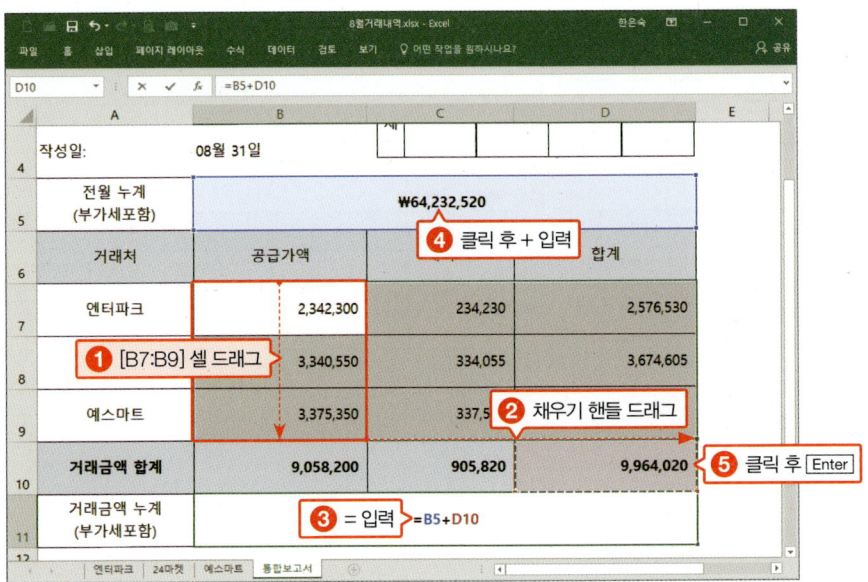

09 '7월거래내역.xlsx' 파일의 원본 연결 끊기

'6월거래내역.xlsx' 파일이 없으므로 '7월거래내역.xlsx' 파일의 거래처 시트에서 전월 누계 셀의 연결을 끊고 값만 남기도록 하겠습니다. ❶ [Ctrl]+[Tab]을 눌러 '7월거래내역.xlsx' 파일로 창을 전환합니다. ❷ [데이터] 탭-[연결] 그룹-[연결 편집]을 클릭합니다. ❸ [연결 편집] 대화상자에서 [상태 확인]을 클릭합니다. '6월거래내역.xlsx' 파일의 상태가 표시됩니다. ❹ [연결 끊기]를 클릭합니다. ❺ 경고 메시지가 표시되면 [연결 끊기]를 클릭한 후 ❻ [연결 편집] 대화상자에서 [닫기]를 클릭합니다. [엔터파크], [24마켓], [예스마트] 시트의 전월 누계 [E7] 셀을 클릭하고 수식 입력줄을 확인해보면 수식이 없어지고 결과 값만 표시됩니다.

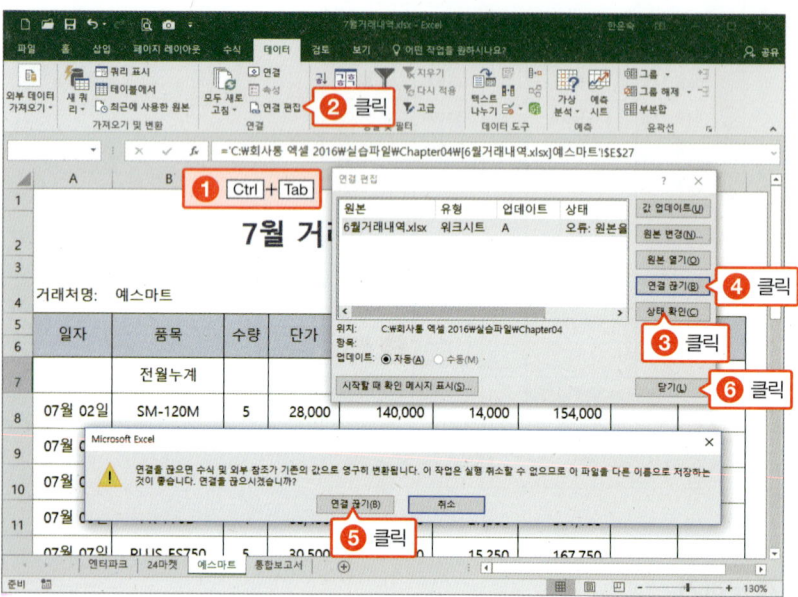

외부 참조 연결 한꺼번에 끊기

[연결 편집] 대화상자에서 [연결 끊기]를 클릭하면 선택한 원본 파일과 연결된 모든 시트의 연결 수식이 없어지고 기존 값으로 변환됩니다. 즉, [엔터파크], [24마켓], [예스마트] 시트에서 전월 누계 [E7] 셀의 수식이 한 번에 모두 없어지고 값만 남습니다.

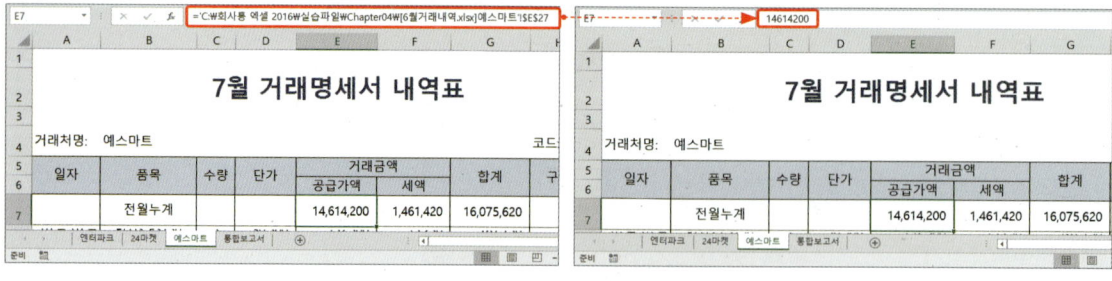

실습 파일 | CHAPTER04\2016년월계표.xlsx, 2017년월계표.xlsx   **완성 파일** | CHAPTER04\완성\2017년월계표완성.xlsx

2017년 2월분 월계표에서 예산액은 2016년 월계표 누계보다 20% 높은 금액으로 책정하고 전월 수입액은 [1월] 시트의 월계표로부터 전월 수입액, 전월 지출액을 가져와 누계, 집행률 등이 구해지도록 빈 셀에 수식을 작성합니다.

월 계 표

2017년 2월분

1. 수입

과 목	예산액	전월까지 수입액	금 월 수입액	누 계	집행율
회비	111,012,000	32,540,500	23,141,260	55,681,760	50.16%
협찬금	54,960,000	13,580,000	1,435,105	15,015,105	27.32%
광고수입	39,480,000	3,290,000	1,922,714	5,212,714	13.20%
잡수입	8,773,829	331,150	321,771	652,921	7.44%
합 계	214,225,829	49,741,650	26,820,850	76,562,500	35.74%

2. 지출

과 목	예산액	전월까지 지출액	금 월 지출액	누 계	집행율
의무비	5,921,610	1,180,374	700,758	1,881,132	31.77%
인건비	66,513,468	4,070,284	3,820,876	7,891,160	11.86%
복리후생비	23,575,680	3,385,714	1,779,905	5,165,619	21.91%
출장비	17,949,001	4,601,329	776,829	5,378,158	29.96%
직무활동비	21,944,328	4,705,242	4,395,904	9,101,146	41.47%
관리비	5,551,584	748,552	639,204	1,387,756	25.00%
차량유지비	3,324,000	569,985	254,713	824,698	24.81%
보험료	2,880,000	1,200,124	206,924	1,407,048	48.86%
세금과공과금	3,969,600	721,617	69,539	791,156	19.93%
대내외경조비	5,316,384	1,162,368	217,566	1,379,934	25.96%
통신비	27,529,008	4,893,208	3,437,479	8,330,687	30.26%
홍보비	21,514,008	6,161,187	5,366,150	11,527,337	53.58%
잡비	4,489,728	1,532,222	1,400,152	2,932,374	65.31%
합 계	210,478,399	34,932,206	23,065,999	57,998,205	27.56%

▲ 실습 파일

▲ 완성 파일

① '2017년월계표.xlsx' 파일 [1월] 시트의 [B8] 셀에 '2016년월계표.xlsx' 파일 [월계표] 시트의 [E8] 셀에 120%를 곱한 수식을 입력합니다. 이때 [E8] 셀은 상대 참조로 입력합니다.

② '2017년월계표.xlsx' 파일 [1월] 시트의 [B8] 셀을 복사하고 [B9:B11], [B16:B28] 셀 범위를 드래그한 후 붙여 넣습니다.

③ '2017년월계표.xlsx' 파일 [2월] 시트의 [B8] 셀에 [1월] 시트의 [B8] 셀을 수식으로 연결합니다.

④ '2017년월계표.xlsx' 파일 [2월] 시트의 [C8] 셀에 [1월] 시트의 [E8] 셀을 수식으로 연결합니다.

⑤ '2017년월계표.xlsx' 파일 [2월] 시트의 [B8:C8] 범위를 복사하고 [B9:C11], [B16:C28] 셀 범위를 드래그한 후 붙여 넣습니다.

SECTION 04

수식에 이름 참조하기

셀과 셀 범위에는 이름을 정의할 수 있으며, 수식을 작성할 때 정의해둔 이름을 셀 주소 대신 사용할 수 있습니다. 이름은 기본적으로 시트명을 포함한 절대 참조 형태로 정의됩니다. 이름을 정의하는 여러 가지 방법 및 이름 관리에 대해서 살펴보겠습니다.

이름 정의하기

셀이나 셀 범위에 이름을 정의할 때는 다음의 세 가지 방법을 사용할 수 있습니다.

참고 파일 | CHAPTER04\참조유형.xlsx

방법 1 ❶ 이름을 정의할 셀이나 셀 범위를 선택한 후 ❷ [이름 상자]에 정의할 이름을 입력하고 [Enter]를 누릅니다.

방법 2 ❶ [수식] 탭-[정의된 이름] 그룹-[이름 정의]를 클릭한 후 ❷ [새 이름] 대화상자의 [이름]란에 정의할 이름을 입력하고 ❸ [참조 대상]을 지정한 후 ❹ [확인]을 클릭합니다. [참조 대상]은 셀이나 셀 범위를 드래그하여 지정하거나 등호를 입력한 후 수식이나 값을 입력할 수 있습니다.

▲ **방법 1** [이름 상자]에서 이름 정의

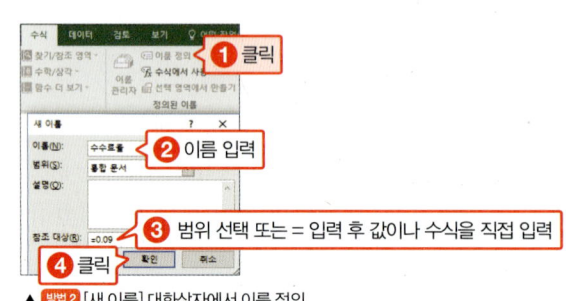

▲ **방법 2** [새 이름] 대화상자에서 이름 정의

방법 3 셀 범위 중 첫 행, 왼쪽 열, 끝 행, 오른쪽 열에 입력되어 있는 문자를 해당 행이나 열 범위의 이름으로 한꺼번에 정의할 수 있습니다. ❶ 범위를 선택한 후 ❷ [수식] 탭-[정의된 이름] 그룹-[선택 영역에서 만들기]를 클릭합니다. ❸ [선택 영역에서 만들기] 대화상자에서 이름으로 만들 위치 옵션에 체크 표시하고 ❹ [확인]을 클릭합니다.

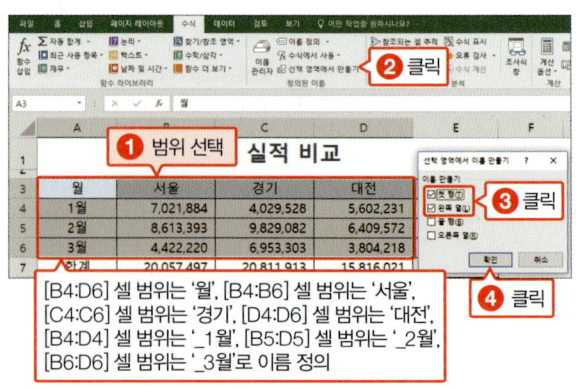

[B4:D6] 셀 범위는 '월', [B4:B6] 셀 범위는 '서울',
[C4:C6] 셀 범위는 '경기', [D4:D6] 셀 범위는 '대전',
[B4:D4] 셀 범위는 '_1월', [B5:D5] 셀 범위는 '_2월',
[B6:D6] 셀 범위는 '_3월'로 이름 정의

▲ **방법 3** 선택 영역에서 이름 정의

━ 이름 작성 규칙

이름의 첫 번째 글자에는 숫자를 사용할 수 없으며 문자나 밑줄(_), 백슬래시(\) 또는 원화 기호(₩)를 사용해야 합니다. 두 번째 글자부터는 문자, 숫자, 마침표 및 밑줄(_)을 사용할 수 있으며, 공백은 사용할 수 없습니다. 이름에는 최대 255개의 문자가 포함될 수 있습니다. 대문자와 소문자는 구별되지 않습니다.

정의된 이름 확인 및 입력하기

방법1 ❶ [이름 상자] 목록 버튼을 클릭하면 정의된 이름 목록을 확인할 수 있습니다. 값이나 수식으로 정의된 이름은 이름 상자 목록에 나타나지 않습니다. [선택 영역에서 만들기]로 정의된 이름 중 숫자가 첫 글자이거나 글자 중간에 공백이 있다면 첫 글자에 밑줄(_)이 들어가고 공백이 있던 자리에도 밑줄(_)이 들어갑니다. ❷ 정의된 이름 목록에서 이름을 선택하면 ❸ 해당 셀이나 셀 범위가 선택됩니다.

방법2 ❶ [수식] 탭-[정의된 이름] 그룹-[수식에서 사용]을 클릭하면 값이나 수식으로 정의된 이름까지 모든 이름 목록을 확인할 수 있습니다. ❷ 목록에서 이름을 선택하면 ❸ 셀에 이름이 수식으로 입력됩니다.

방법3 [수식] 탭-[정의된 이름] 그룹-[이름 관리자]를 클릭하면 [이름 관리자] 대화상자에서 모든 이름 목록을 확인할 수 있습니다. [이름 관리자] 대화상자에서는 이름을 편집하거나 삭제할 수 있습니다.

이름 수정 및 삭제하기

이름을 수정하거나 삭제하려면 [수식] 탭-[정의된 이름] 그룹-[이름 관리자]를 클릭합니다. [이름 관리자] 대화상자의 목록에서 수정할 이름을 선택하고 [편집]을 클릭하면 [이름 편집] 대화상자가 표시됩니다. 더이상 사용하지 않는 이름을 목록에서 선택하고 [삭제]를 클릭합니다. [필터]를 클릭하면 이름 종류별로 필터하여 표시해줍니다.

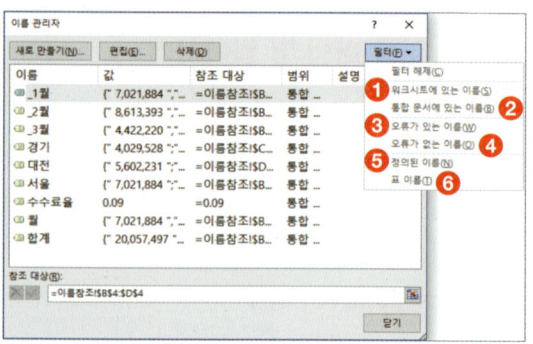

❶ **워크시트에 있는 이름** : [새 이름] 대화상자로 이름 정의 시 범위를 특정 워크시트로 지정한 이름입니다.

❷ **통합 문서에 있는 이름** : 범위를 통합 문서로 지정한 이름입니다.

❸ **오류가 있는 이름** : #REF, #VALUE, #NAME 등의 오류가 포함된 이름입니다.

❹ **오류가 없는 이름** : 오류가 포함되지 않은 이름입니다.

❺ **정의된 이름** : 사용자가 정의한 이름이나 인쇄 영역 이름 등 엑셀에서 자동으로 정의된 이름입니다.

❻ **표 이름** : 표로 정의된 범위인 경우의 표 이름입니다.

수식에서 이름 사용하기

수식을 작성할 때 셀 주소 대신 이름을 사용하면 수식을 더 쉽게 이해할 수 있으며, 수식이 간편하게 보이는 장점이 있습니다. 특히 절대 참조나 혼합 참조로 지정해야 하는 셀의 경우 이름을 사용하는 것이 더 간편하기 때문에 이름은 복잡한 함수식에서 더욱 유용합니다. 수식을 작성할 때는 정의된 이름을 직접 입력해도 되지만, 정의된 이름이 기억나지 않거나 입력하기 번거로운 이름인 경우 [수식에서 사용] 목록에서 선택합니다. 예를 들어 다음 판매 실적 시트에서 ❶ [B2] 셀을 클릭하고 ❷❹ [수식] 탭-[정의된 이름] 그룹-[수식에서 사용]을 클릭합니다. ❸ [수수료율]을 선택한 후 *를 입력하고 ❺ 다시 [합계]를 선택하면 판매수수료 서식이 완성됩니다. ❻ [E6] 셀을 클릭하고 ❼ [수식] 탭-[함수 라이브러리] 그룹-[자동 합계]를 클릭하여 SUM 함수를 입력합니다. ❽ [수식] 탭-[정의된 이름] 그룹-[수식에서 사용]을 클릭하고 ❾ [_3월]을 선택한 후 Enter를 누르면 월별 합계 함수식이 완성됩니다.

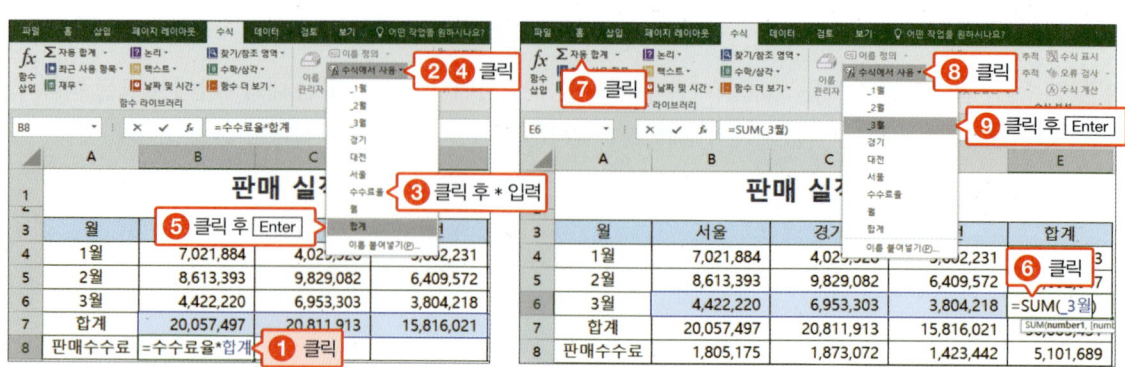

▲판매수수료 수식 작성   ▲월별 합계 함수식 작성

이름 참조로 연월차 연말 정산표 수식 작성하기

실습 파일 | CHAPTER04\연말정산표.xlsx   **완성 파일** | CHAPTER04\완성\연말정산표완성.xlsx

다음은 직원들의 입사연도와 기본급, 월차 일수가 입력된 연월차 연말 정산표입니다. 수식에 사용할 셀과 셀 범위에 이름을 정의한 후 셀 주소 대신 이름을 참조한 수식을 작성해 연차일수, 연월차수당 등을 구해보겠습니다. 셀 주소를 참조해서 수식을 작성하는 경우 절대 참조, 혼합 참조 등을 신경 써서 사용해야 하지만, 이름을 정의하면 기본적으로 셀 주소가 절대 참조로 정의됩니다. 범위의 경우 배열별로 계산되기 때문에 이름을 수식에 참조하면 수식이 훨씬 간편해집니다.

❶ 2016 연월차 연말 정산표

결재	담당	과장	부장	사장

❸ **❺** **❷**

이름	입사연도	기본급	연차일수	월차일수	합계	사용일수	미사용	연월차수당	세액	지급액
김보경	2005	1,210,000	20	12	32	18	14	677,600	37,268	640,332
김선주	2010	1,320,000	15	12	27	10	17	897,600	49,368	848,232
김설우	2008	1,540,000	17	12	29	8	21	1,293,600	71,148	1,222,452
김성준	2006	1,320,000	19	12	31	15	16	844,800	46,464	798,336
김진수	2008	1,540,000	17	12	29	15	14	862,400	47,432	814,968
김진한	2011	1,650,000	14	12	26	13	13	858,000	47,190	810,810
김치명	2007	2,035,000	18	12	30	10	20	1,628,000	89,540	1,538,460
김현필	2007	1,650,000	18	12	30	7	23	1,518,000	83,490	1,434,510
노성욱	2011	1,650,000	14	12	26	18	8	528,000	29,040	498,960
박해진	2011	1,540,000	14	12	26	5	21	1,293,600	71,148	1,222,452
방경자	2007	1,980,000	18	12	30	14	16	1,267,200	69,696	1,197,504
배윤미	2008	1,100,000	17	12	29	8	21	924,000	50,820	873,180
백도심	2010	1,100,000	15	12	27	14	13	572,000	31,460	540,540
윤은정	2009	1,430,000	16	12	28	10	18	1,029,600	56,628	972,972
이남주	2010	1,210,000	15	12	27	13	14	677,600	37,268	640,332
이은정	2007	1,760,000	18	12	30	11	19	1,337,600	73,568	1,264,032
천진희	2012	1,320,000	13	12	25	8	17	897,600	49,368	848,232
한관희	2005	1,980,000	20	12	32	12	20	1,584,000	87,120	1,496,880
한상호	2008	1,540,000	17	12	29	11	18	1,108,800	60,984	1,047,816
한은숙	2005	1,980,000	20	12	32	18	14	1,108,800	60,984	1,047,816

❹

❶ [이름상자]에 '현재연도' 이름 정의

❷ [새 이름] 대화상자에 '세율' 이름 정의

❸ 선택 영역에서 이름 정의

❹ 이름 참조 수식 입력

❺ 이름 편집

O1 [이름 상자]를 이용하여 이름 정의하기

[이름 상자]를 이용하여 이름을 정의해보겠습니다. ❶ [A2] 셀을 클릭하고 ❷ [이름 상자]에 **현재연도**를 입력한 후 Enter 를 누릅니다.

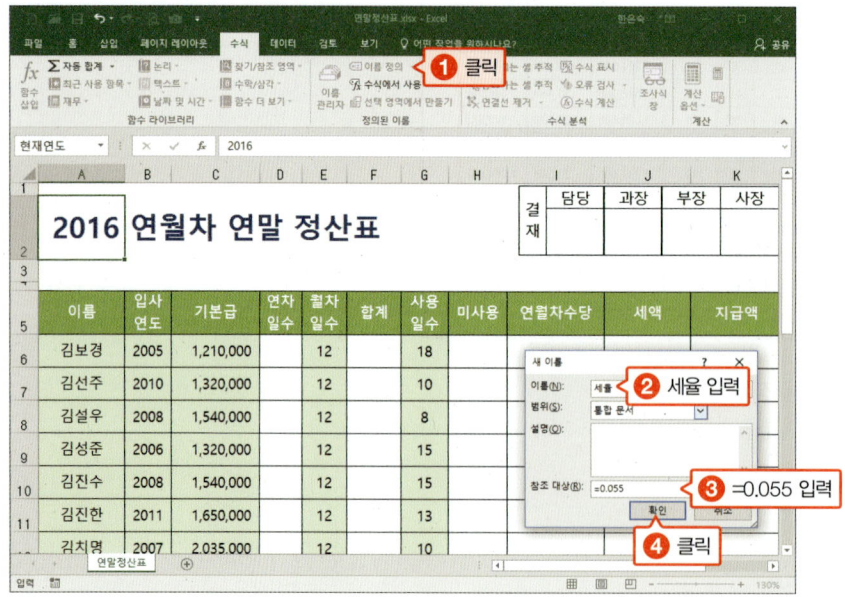

O2 [새 이름] 대화상자에 이름 정의하기

'세율'이라는 이름에 값 0.055를 지정하여 정의해보겠습니다. ❶ [수식] 탭-[정의된 이름] 그룹-[이름 정의]를 클릭합니다. ❷ [새 이름] 대화상자의 [이름]란에 **세율**을 입력하고 ❸ [참조 대상]란에 **=0.055**를 입력한 후 ❹ [확인]을 클릭합니다.

03 선택 영역에서 이름 만들기

❶ [A5] 셀을 클릭하고 Ctrl + A 를 눌러 표 전체 범위를 선택합니다. ❷ [수식] 탭–[정의된 이름] 그룹–[선택 영역에서 만들기]를 클릭합니다. ❸ [선택 영역에서 이름 만들기] 대화상자에서 [첫 행]에만 체크 표시한 후 ❹ [확인]을 클릭합니다.

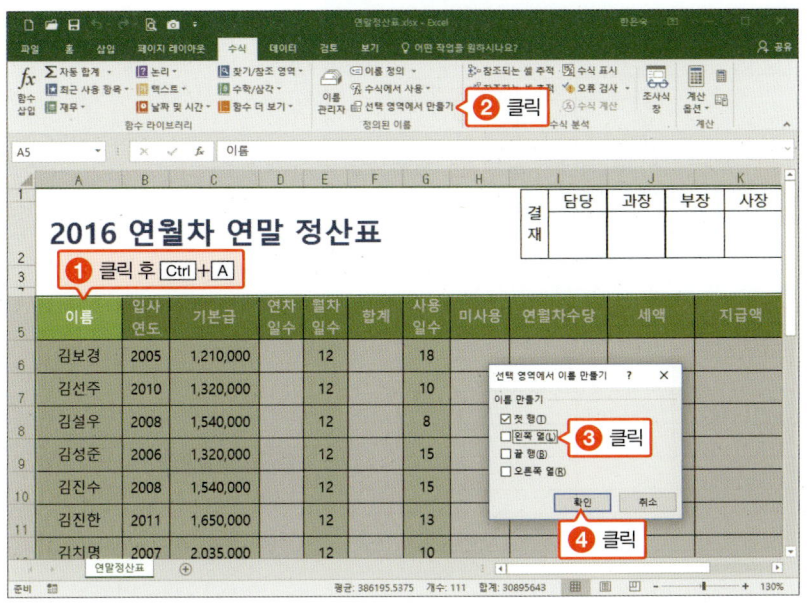

바로 통하는 TIP 선택한 셀 범위에서 첫 행의 각 셀 이름이 그 아래 셀 범위의 이름으로 정의됩니다. 즉, [A6:A25] 셀 범위는 '이름', [B6:B25] 셀 범위는 '입사연도', [C6:C25] 셀 범위는 '기본급', …, [K6:K25] 셀 범위는 '지급액'이라는 이름으로 정의됩니다.

04 이름 참조 수식 입력하기

❶ [D6] 셀에 **=현재연도-입사연도-1+10**을 입력하고 Enter 를 누릅니다. ❷ [F6] 셀에 **=연차일수+월차일수**를 입력하고 Enter 를 누릅니다. ❸ [H6] 셀에 **=합계-사용일수**를 입력하고 Enter 를 누릅니다.

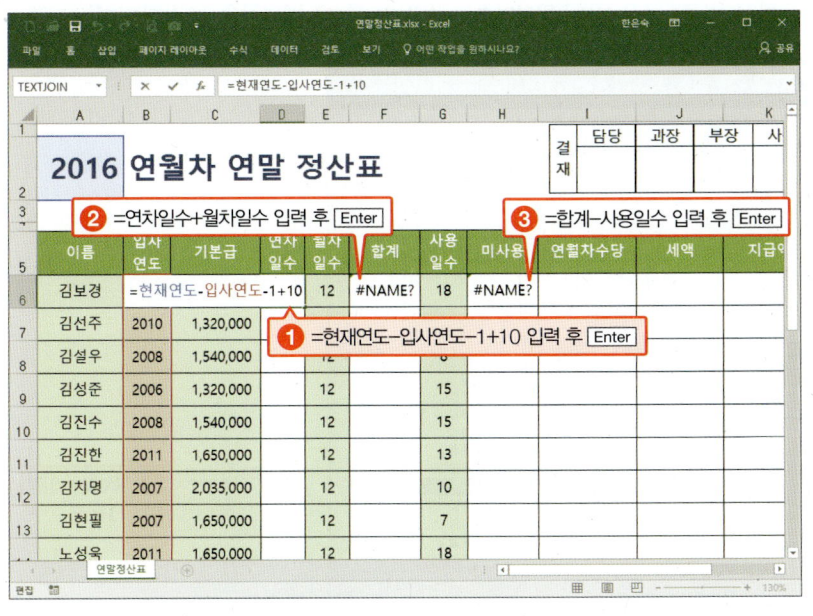

바로 통하는 TIP [D6] 셀의 연차일수를 구하는 공식은 '현재연도-입사연도-1+10'입니다. 입사 후 1년이 지나야 추가 연차일수가 생기기 때문에 1을 빼고 기본 연차일수로 10을 더했습니다.

05 이름 참조 수식 입력하기

❶ [I6] 셀에 **=기본급*미사용/25**를 입력하고 Enter 를 누릅니다. ❷ [J6] 셀에 **=연월차수당*세율**을 입력하고 Enter 를 누릅니다. ❸ [K6] 셀에 **=연월차수당–세액**을 입력하고 Enter 를 누릅니다.

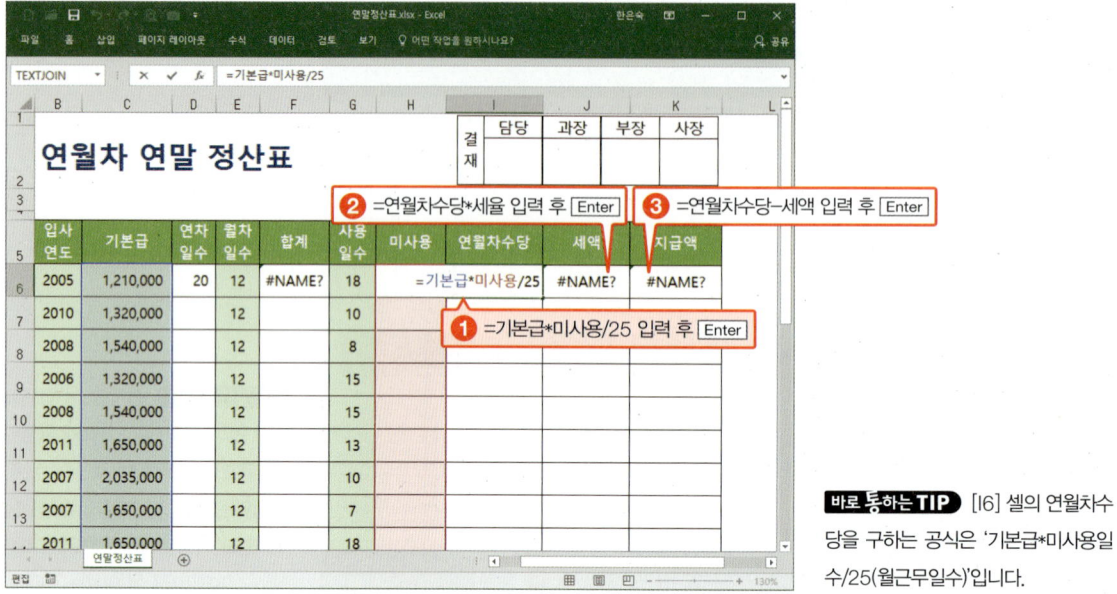

> **바로 통하는 TIP** [I6] 셀의 연월차수당을 구하는 공식은 '기본급*미사용일수/25(월근무일수)'입니다.

06 이름 편집하기

연차일수 외에 모두 #NAME? 오류가 생긴 이유는 [E5] 셀의 '월차일수'라는 이름 가운데 공백이 포함되어 있어서 이름이 '월차_일수'로 정의되었기 때문입니다. ❶ [수식] 탭–[정의된 이름] 그룹–[이름 관리자]를 클릭합니다. ❷ [이름 관리자] 대화상자의 목록에서 [월차_일수]를 선택한 후 ❸ [편집]을 클릭합니다. ❹ [이름 편집] 대화상자의 [이름]란에서 밑줄(_)을 지워 **월차일수**로 수정한 후 ❺ [확인]을 클릭합니다.

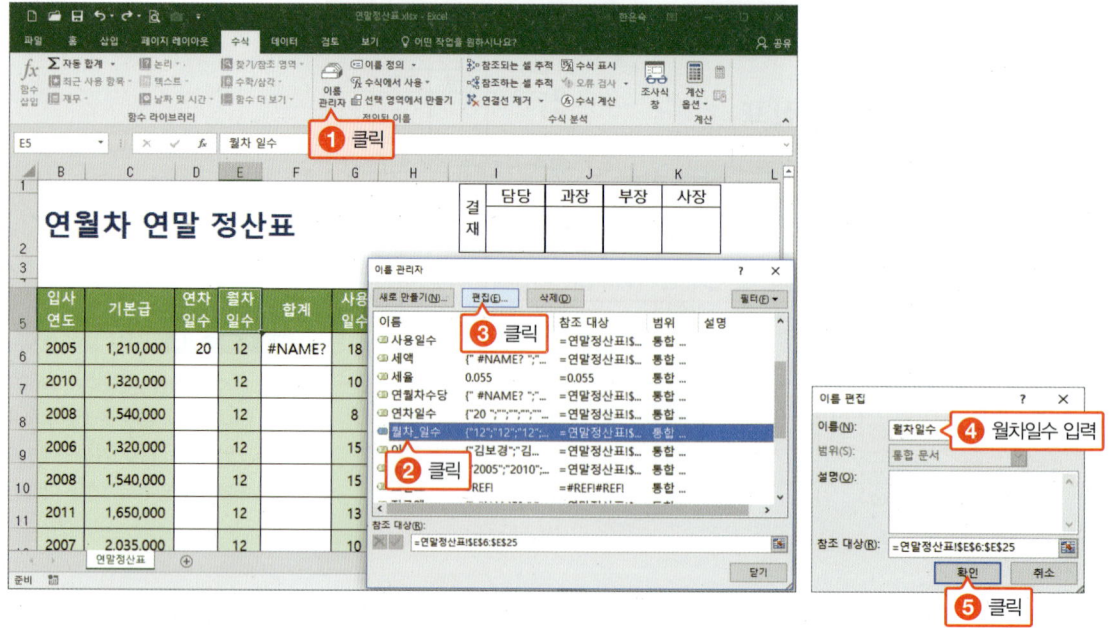

07 오류 있는 이름 한꺼번에 삭제하기

❶ [이름 관리자] 대화상자의 [필터]를 클릭하고 ❷ [오류가 있는 이름]을 선택합니다. ❸ 목록에서 첫 번째 이름을 선택하고 ❹ 마지막 이름을 Shift +클릭하여 모두 선택한 후 ❺ [삭제]를 클릭합니다. ❻ 경고 메시지가 표시되면 [확인]을 클릭합니다. ❼ [이름 관리자] 대화상자의 [닫기]를 클릭합니다.

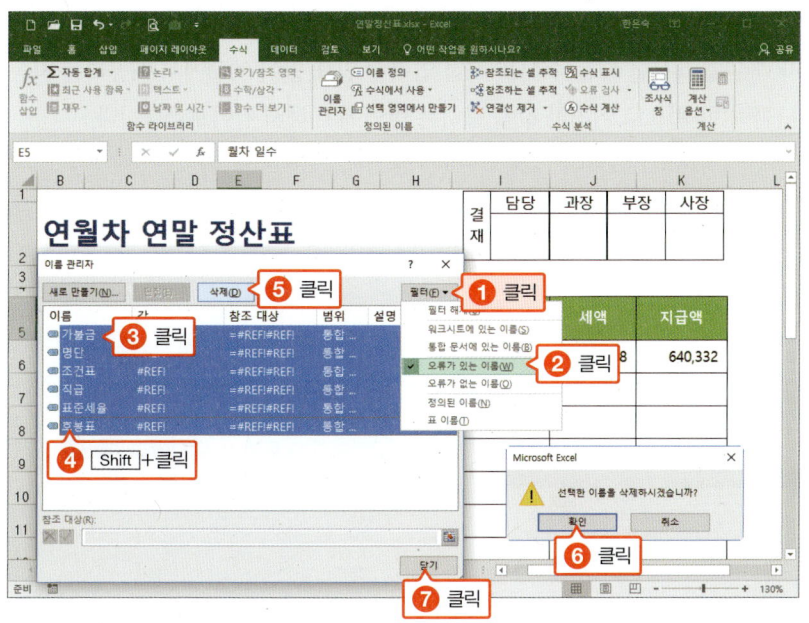

바로 통하는 TIP #REF! 오류가 표시된 이름은 처음 이름 정의했던 셀이 삭제되어 없어졌을 때 생기는 오류입니다.

08 한꺼번에 수식 복사하기

❶ [D6:D25] 셀 범위를 드래그하고 ❷ [F6:F25] 셀 범위를 Ctrl +드래그한 후 ❸ [H6:K25] 셀 범위를 Ctrl +드래그하여 추가로 범위를 선택합니다. ❹ [홈] 탭-[편집] 그룹-[채우기]를 클릭한 후 ❺ [아래쪽]을 선택합니다.

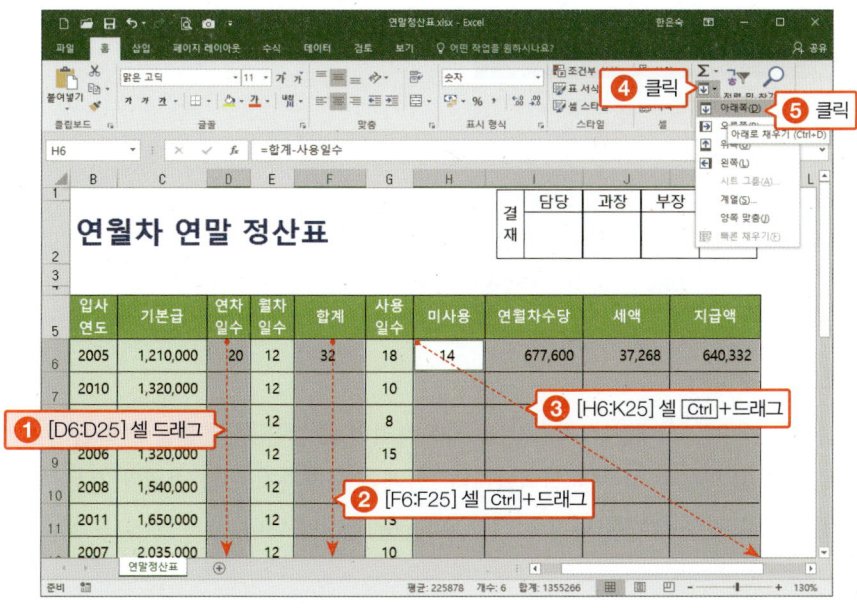

바로 통하는 TIP 아래로 채우기는 Ctrl + D 를 눌러도 실행됩니다.

SECTION 05

자동 합계 도구 사용하기

합계, 평균, 최댓값, 최솟값, 숫자 개수를 계산할 때는 수식을 직접 입력할 필요 없이 엑셀에서 제공하는 자동 합계 도구를 사용할 수 있습니다. 클릭 한 번으로 이러한 값을 구하는 방법에 대해서 알아보겠습니다.

자동 합계 도구

[자동 합계 Σ]는 [홈] 탭–[편집] 그룹이나 [수식] 탭–[함수 라이브러리] 그룹에서 선택할 수 있습니다.

▲ [홈] 탭–[편집] 그룹–[자동 합계] 　　▲ [수식] 탭–[함수 라이브러리] 그룹–[자동 합계]

─ 합계 구하기

❶ 합계가 입력될 셀을 선택하고 ❷ [자동 합계 Σ]를 클릭하면 합계를 구하는 SUM 함수식이 입력됩니다. 괄호 안에 합계를 구할 범위가 제대로 선택되어 있으면 ❸ Enter 를 누르고, 범위가 맞지 않으면 셀 범위를 다시 선택한 후 Enter 를 누릅니다.

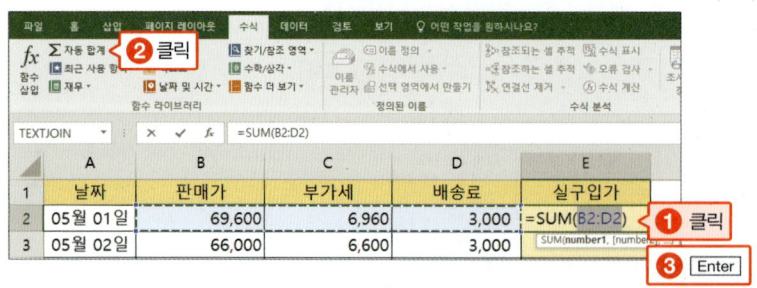

─ 평균, 숫자 개수, 최댓값, 최솟값 구하기

자동 합계 도구에 있는 [평균], [숫자 개수], [최대값], [최소값]을 사용하려면 ❶ 값을 구할 셀을 클릭한 후 ❷ [자동 합계] 목록 버튼을 클릭하고 ❸ 사용할 함수를 선택합니다. 합계와 마찬가지로 셀 범위가 자동으로 선택되지만 계산할 범위가 맞지 않을 경우 범위를 다시 선택한 후 Enter 를 누릅니다.

계산 범위를 선택한 후 자동 합계 도구 사용하기

❶ 결과가 입력될 셀을 포함한 셀 범위를 먼저 드래그한 후 ❷ [자동 합계Σ]를 클릭하면 빈 셀에 바로 계산 결과가 입력됩니다. 계산할 셀 범위와 결과가 구해질 셀이 붙어 있는 경우에는 이 방법을 사용하는 것이 간편합니다.

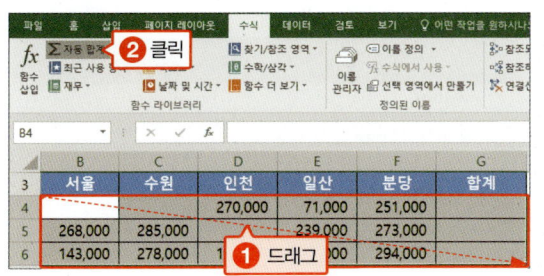 ▶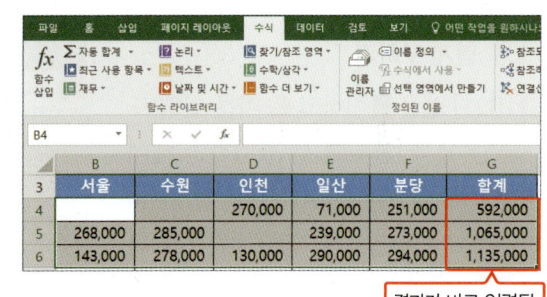

결과가 바로 입력됨

🔍 핵심기능실습 | 자동 합계 단축키 만들어 사용하기

실습 파일 | CHAPTER04\거래내역.xlsx 완성 파일 | CHAPTER04\완성\거래내역완성.xlsx

자동 합계 도구의 다섯 가지 함수 중 가장 많이 사용하는 [합계] 단축키는 Alt + =로 나타나지만 이 단축키는 영문 엑셀에서만 실행되고 한글 엑셀에서는 실행되지 않습니다. [합계]를 적용하는 단축키를 만들어 보겠습니다.

01 빠른 실행 도구 모음에 [합계] 명령 추가하기

❶ [홈] 탭-[편집] 그룹-[자동 합계Σ·]에서 마우스 오른쪽 버튼을 클릭한 후 ❷ [빠른 실행 도구 모음에 추가]를 선택합니다.

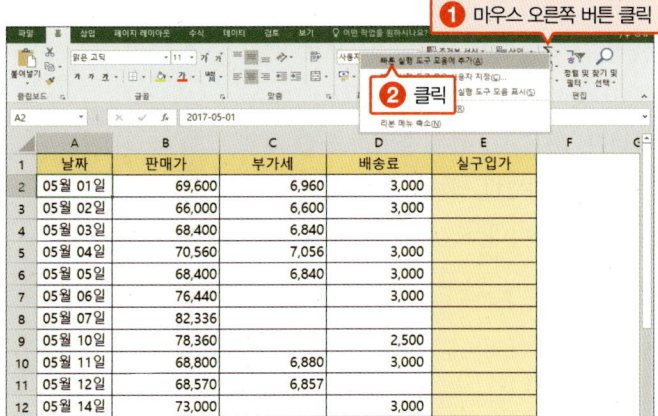

02 [합계] 명령 이동하기

빠른 실행 도구 모음에서 맨 끝에 추가된 [합계]를 맨 앞으로 이동하겠습니다. ❶ 빠른 실행 도구 모음에서 마우스 오른쪽 버튼을 클릭한 후 ❷ [빠른 실행 도구 모음 사용자 지정]을 선택합니다. ❸ [Excel 옵션] 대화상자의 [빠른 실행 도구 모음]에서 오른쪽 목록의 [합계]를 선택하고 ❹ [위로 이동▲]을 여러 번 클릭하여 맨 위로 이동한 후 ❺ [확인]을 클릭합니다.

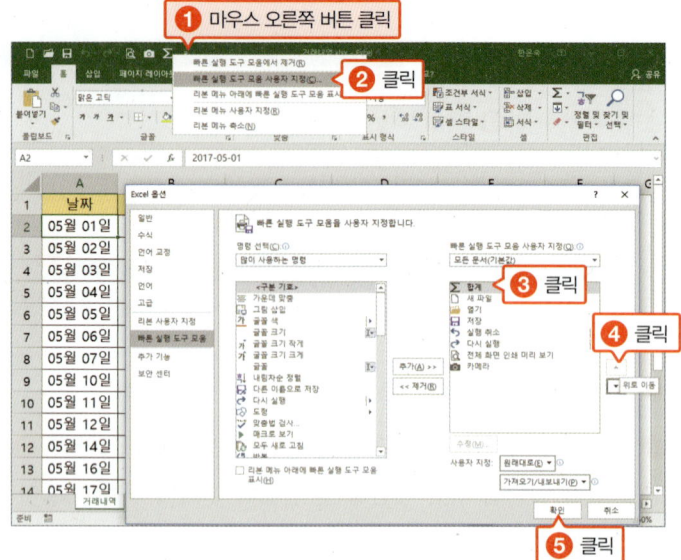

03 합계 구하기

❶ [B21] 셀을 클릭하고 ❷ 빠른 실행 도구 모음에서 [합계Σ]를 클릭하면 셀에 자동으로 계산될 범위가 지정된 SUM 함수식이 입력됩니다. ❸ Enter 를 누릅니다.

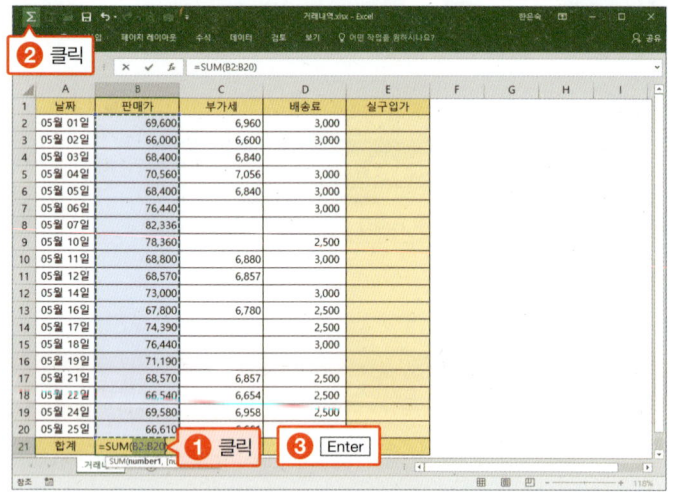

04 단축키로 합계 구하기

❶ [C21] 셀을 클릭하고 Alt + 1 을 누릅니다. ❷ 빈 셀 때문에 SUM 함수의 계산 범위가 일부만 선택되었으므로 [C2:C20] 셀 범위를 드래그한 후 Enter 를 누릅니다. ❸ [C21] 셀을 클릭하고 ❹ 채우기 핸들을 [E21] 셀까지 드래그하여 수식을 복사합니다.

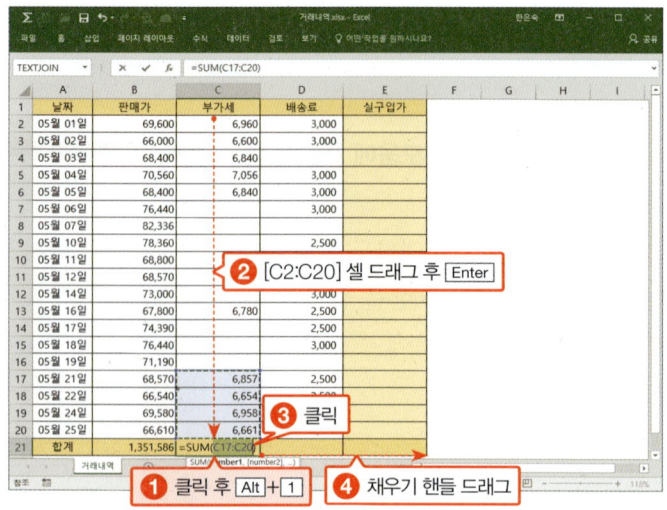

쉽고 빠른
엑셀
NOTE | **Alt 단축키**

Alt 를 누르면 빠른 실행 도구 모음에는 숫자가, 리본 메뉴에는 알파벳이 표시됩니다. 표시된 숫자나 알파벳을 Alt 와 조합하여 해당 명령의 단축키로 사용할 수 있습니다. 즉, 빠른 실행 도구 모음의 맨 앞에 추가한 [합계]의 단축키는 Alt + 1 입니다.

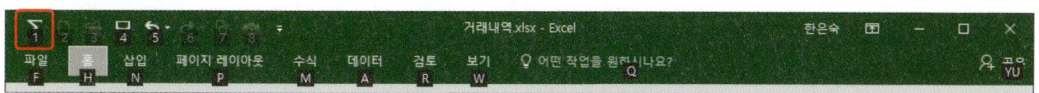

O5 범위 선택 후 한 번에 합계 구하기

범위를 먼저 선택한 후 단축키를 눌러 합계를 구해보겠습니다. [E2:E20] 셀 범위를 드래그한 후 Alt + 1 을 누릅니다.

[E21] 셀에 합계가 구해집니다.

바로 통하는 TIP 계산될 범위를 포함한 [B2:E20] 셀 범위를 드래그한 후 Alt + 1 을 눌러도 됩니다.

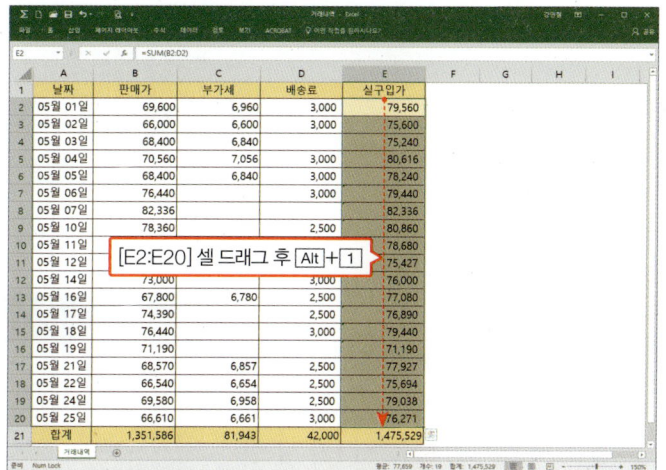

🔍 핵심기능실습 | 자동 합계로 누계 및 소계 구하기

실습 파일 | CHAPTER04\누계및소계.xlsx **완성 파일 |** CHAPTER04\완성\누계및소계완성.xlsx

합계 계산 범위에 절대 참조와 상대 참조를 사용하면 누계를 구할 수 있습니다. 또한 중간에 소계를 구할 셀이 있다면 소계를 구할 부분을 다중 범위로 지정한 후 합계를 구합니다.

O1 누계 구하기

날짜별 실구입가의 누계를 구해보겠습니다. ❶ [일별누계] 시트의 [G2] 셀을 클릭하고 Alt + 1 을 누르면 SUM 함수식에 [F2] 셀만 표시됩니다. ❷ :을 입력하면 **F2:F2**로 범위가 선택됩니다. ❸ 앞의 F2를 드래그하고 F4 를 눌러 **$F$2**로 수정한 후 ❹ Enter 를 누릅니다.

02 채우기로 수식 복사하기

❶ [G2] 셀을 클릭하고 ❷ 채우기 핸들을 더블클릭하여 수식을 복사합니다.

바로 통하는 TIP 하나의 셀을 합계 계산 범위로 지정하되, 첫 번째 주소는 절대 참조, 두 번째 주소는 상대 참조로 지정하면 수식을 아래로 복사할 때마다 계산 범위가 확장되므로 행마다 누계가 구해집니다.

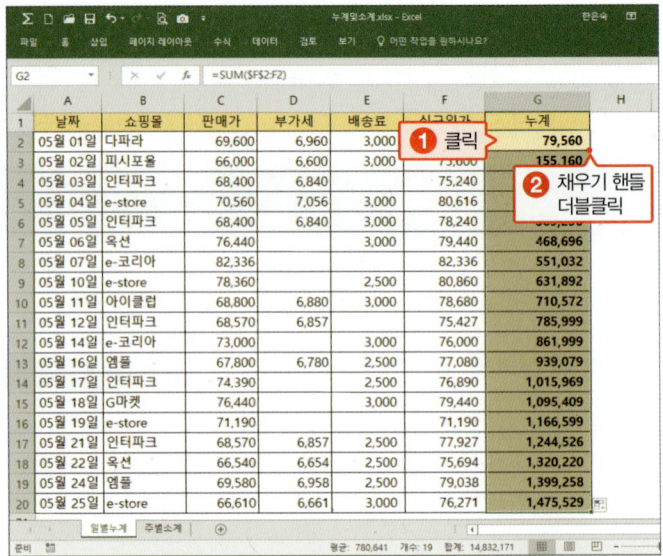

03 소계 구하기

주별 소계를 구해보겠습니다. ❶ [주별소계] 시트를 클릭합니다. ❷ [C2:F6] 셀 범위를 드래그한 후 ❸ [C7:F12] 셀 범위, ❹ [C13:F18] 셀 범위, ❺ [C19:F24] 셀 범위, ❻ [C25: F25] 셀 범위를 각각 Ctrl+드래그합니다. ❼ Alt + 1 을 누릅니다.

빈 셀 앞의 숫자 셀 범위가 자동으로 합계 범위로 선택되어 소계가 구해지고, 마지막 합계 범위에는 각 소계 셀이 자동으로 합계 셀로 지정됩니다.

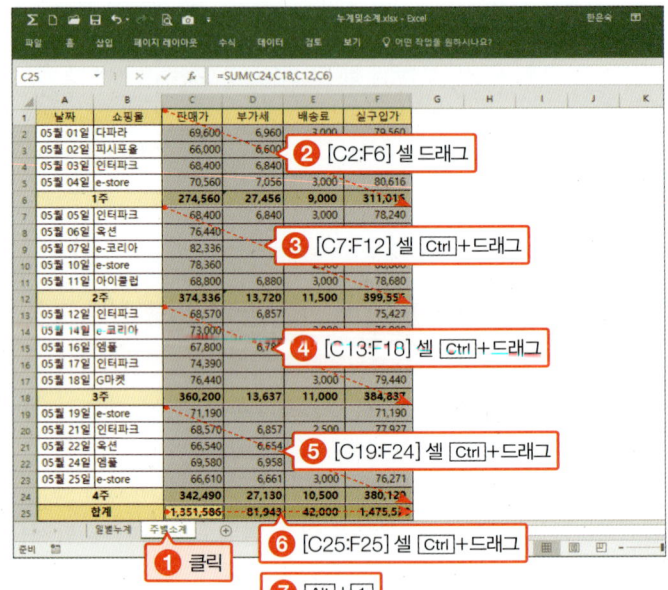

평균, 숫자 개수, 최댓값, 최솟값 구하기

실습 파일 | CHAPTER04\거래통계표.xlsx   완성 파일 | CHAPTER04\완성\거래통계표완성.xlsx

한 달 동안의 거래 내역 목록으로부터 평균구입가, 최고구입가, 최저구입가, 평균배송료, 무이자할부 건수, 부가세 건수 등을 구해보겠습니다. 자동 합계 도구의 [평균], [숫자 개수], [최대값], [최소값]을 사용하면 범위만 선택해서 값을 계산할 수 있습니다.

6월 거래 통계표

평균구입가 ①	77,427	최고구입가	82,351 ③
평균배송료	2,137	최저구입가	71,190 ④
부가세건수 ⑤	14	무이자할부건수	19 ⑥

날짜	쇼핑몰	판매가	부가세	배송료 ②	실구입가	무이자할부
06월 01일	다파라	69,600	6,960	3,000	79,560	
06월 02일	피시포올	66,000	6,600	3,000	75,600	3
06월 03일	인터파크	68,400	6,840	-	75,240	10
06월 04일	e-store	70,560	7,056	3,000	80,616	
06월 05일	인터파크	68,400	6,840	3,000	78,240	10
06월 06일	옥션	76,440		3,000	79,440	10
06월 07일	e-코리아	82,336		-	82,336	3
06월 08일	e-코리아	79,351		3,000	82,351	
06월 09일	옥션	76,630		-	76,630	
06월 10일	e-store	78,360		2,500	80,860	3
06월 11일	아이쿨럽	68,800	6,880	3,000	78,680	
06월 12일	인터파크	68,570	6,857	-	75,427	3
06월 13일	e-코리아	76,440		3,000	79,440	3
06월 14일	e-코리아	73,000		3,000	76,000	
06월 15일	G마켓	70,560		2,300	72,860	
06월 16일	엠플	67,800	6,780	2,500	77,080	6
06월 17일	인터파크	74,390		2,500	76,890	3
06월 18일	G마켓	76,440		3,000	79,440	6
06월 19일	e-store	71,190		-	71,190	6
06월 20일	G마켓	63,900	6,390	2,400	72,690	3
06월 21일	인터파크	68,570	6,857	2,500	77,927	6
06월 22일	옥션	66,540	6,654	2,500	75,694	3
06월 23일	인터파크	76,440		2,500	78,940	3
06월 24일	엠플	69,580	6,958	2,500	79,038	
06월 25일	e-store	66,610	6,661	3,000	76,271	3
06월 26일	엠플	66,660	6,666	2,500	75,826	10
06월 27일	인터파크	76,260		-	76,260	6

① 평균 입력

② 빈 셀만 선택한 후 0으로 채우기

③ 실구입가의 최댓값 입력

④ 실구입가의 최솟값 입력

⑤ 부가세 건수 입력

⑥ 무이자할부 건수 입력

01 평균구입가 구하기

한 달간 거래한 실구입가의 평균을 구해보겠습니다. ❶ [B3] 셀을 클릭하고 ❷ [홈] 탭-[편집] 그룹-[자동합계] 목록 버튼을 클릭한 후 ❸ [평균]을 선택합니다. ❹ [F8] 셀을 클릭하고 Ctrl + Shift + ↓ 를 누른 후 ❺ Enter 를 누릅니다.

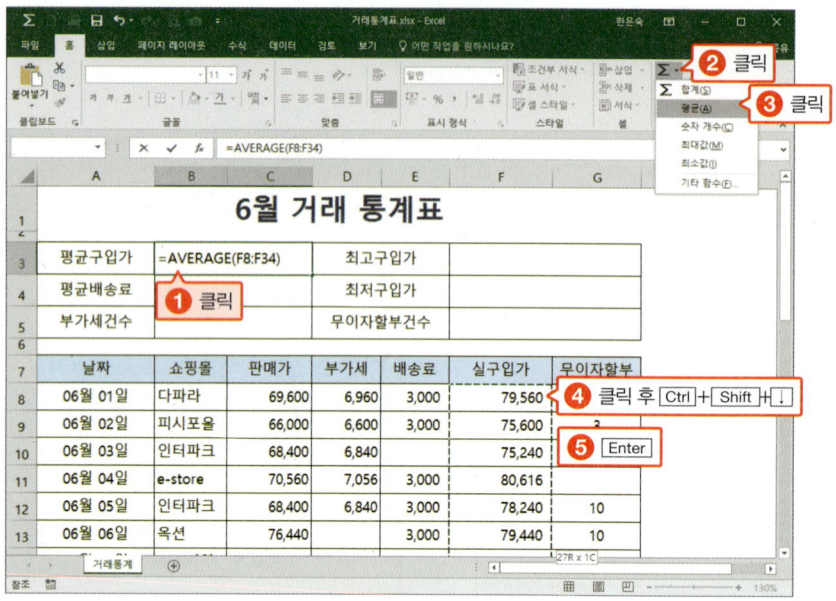

02 평균배송료 구하기

한 달간 사용한 배송료의 평균을 구해보겠습니다. ❶ [B4] 셀을 클릭하고 ❷ [홈] 탭-[편집] 그룹-[자동합계] 목록 버튼을 클릭한 후 ❸ [평균]을 선택합니다. ❹ [E8:E34] 셀 범위를 드래그한 후 Enter 를 누릅니다.

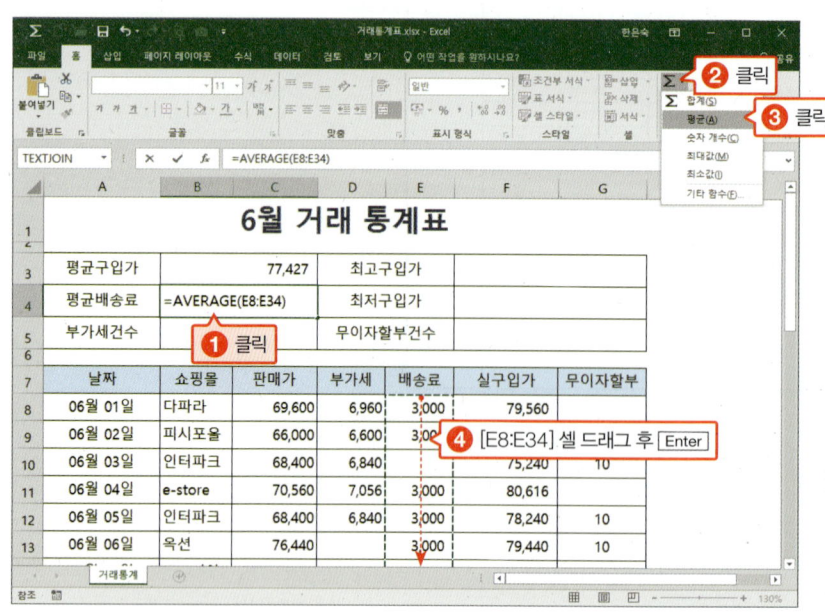

바로 통하는 TIP 값의 평균을 구하는 AVERAGE 함수는 빈 셀을 0으로 처리하지 않고 빈 셀을 제외한 평균을 구합니다.

03 배송료 범위의 빈 셀만 선택하기

배송료 범위 중 빈 셀만 선택하겠습니다. ❶ [E8:E34] 셀 범위를 드래그한 후 ❷ [홈] 탭-[편집] 그룹-[찾기 및 선택]을 클릭하고 ❸ [이동 옵션]을 선택합니다. ❹ [이동 옵션] 대화상자에서 [빈 셀]을 선택한 후 ❺ [확인]을 클릭합니다.

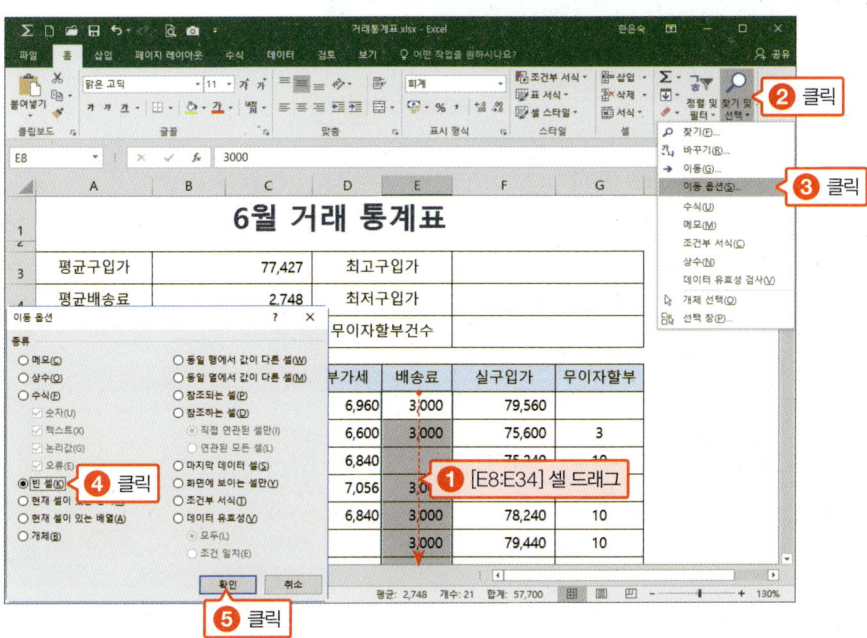

04 배송료 범위의 빈 셀을 모두 0으로 채우기

배송료 범위 중 빈 셀에 모두 0을 입력하여 배송료가 무료인 셀까지 포함된 평균을 구해보겠습니다. 빈 셀만 선택된 상태에서 **0**을 입력하고 [Ctrl]+[Enter]를 누릅니다. [B4] 셀의 평균 배송료가 더 낮아집니다.

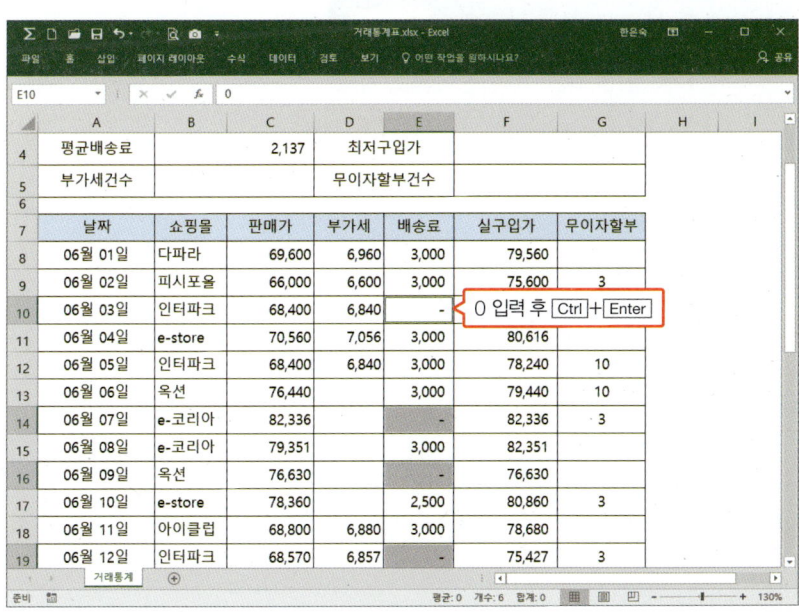

05 최고구입가 구하기

❶ [F3] 셀을 클릭하고 ❷ [홈] 탭-[편집] 그룹-[자동 합계] 목록 버튼을 클릭한 후 ❸ [최대값]을 선택합니다. ❹ [F8] 셀을 클릭하고 Ctrl+Shift+↓를 누른 후 ❺ Enter를 누릅니다.

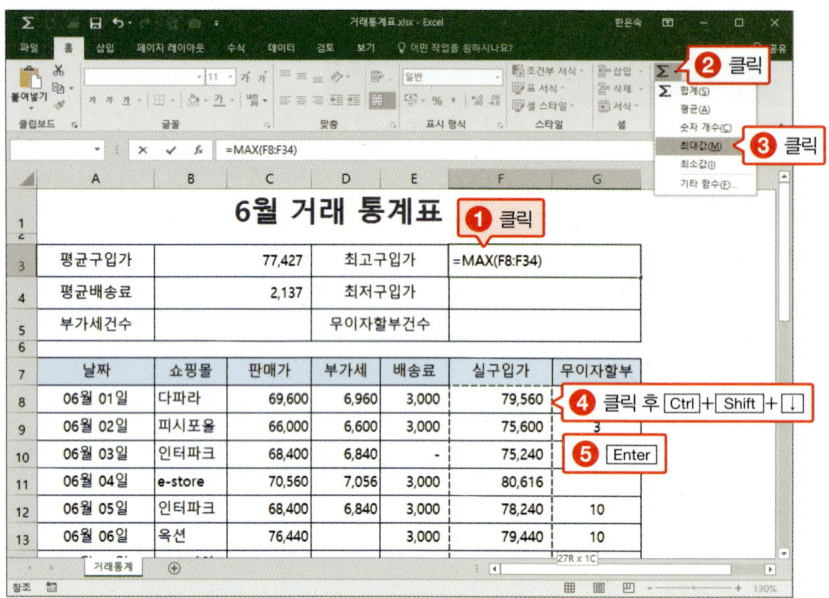

06 최저구입가 구하기

❶ [F4] 셀을 클릭하고 ❷ [홈] 탭-[편집] 그룹-[자동 합계] 목록 버튼을 클릭한 후 ❸ [최소값]을 선택합니다. ❹ [F8] 셀을 클릭하고 Ctrl+Shift+↓를 누른 후 ❺ Enter를 누릅니다.

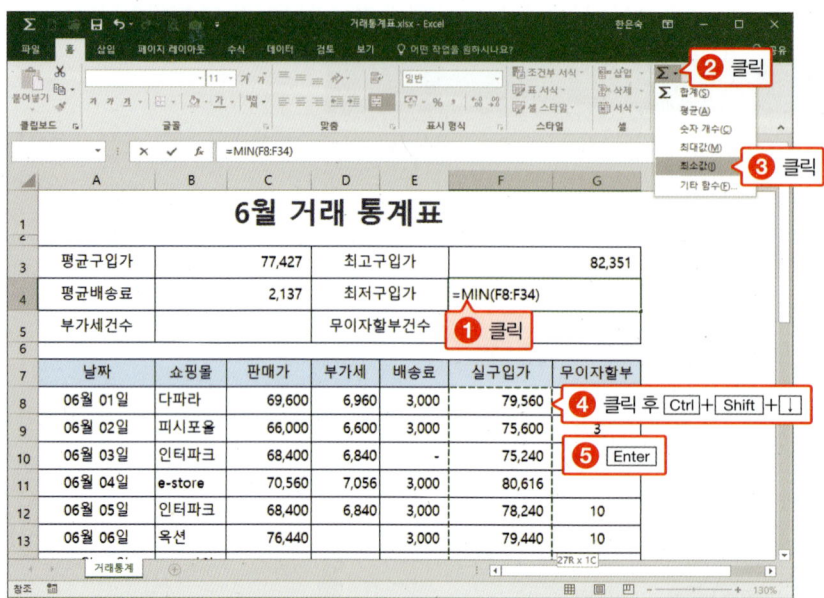

07 부가세 건수 구하기

부가세 범위에 부가세 값이 입력된 셀 개수를 세서 부가세 건수를 구하겠습니다. 부가세 범위는 이름이 정의되어 있으므로 함수에 이름을 사용해보겠습니다. ❶ [B5] 셀을 클릭하고 ❷ [홈] 탭-[편집] 그룹-[자동합계] 목록 버튼을 클릭한 후 ❸ [숫자 개수]를 선택합니다. ❹ [B5] 셀에 COUNT 함수식이 입력되면 괄호 안에 **부가세**를 입력하고 Enter를 누릅니다.

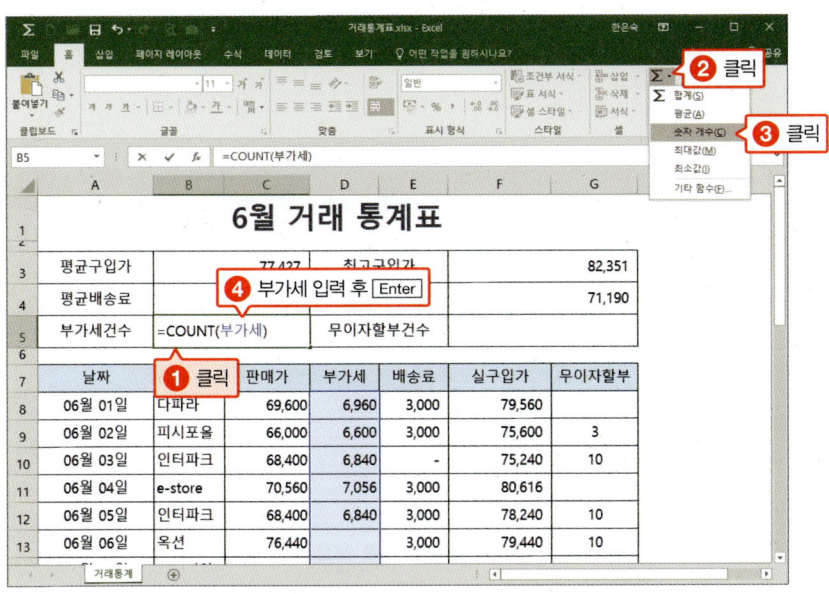

08 무이자할부 건수 구하기

이름으로 정의된 무이자할부 범위도 이름을 사용하여 무이자할부 건수를 구해보겠습니다. ❶ [F5] 셀을 클릭하고 ❷ [홈] 탭-[편집] 그룹-[자동 합계] 목록 버튼을 클릭한 후 ❸ [숫자 개수]를 선택합니다. ❹ [F5] 셀에 COUNT 함수식이 입력되면 괄호 안에 **무이자할부**를 입력하고 Enter를 누릅니다.

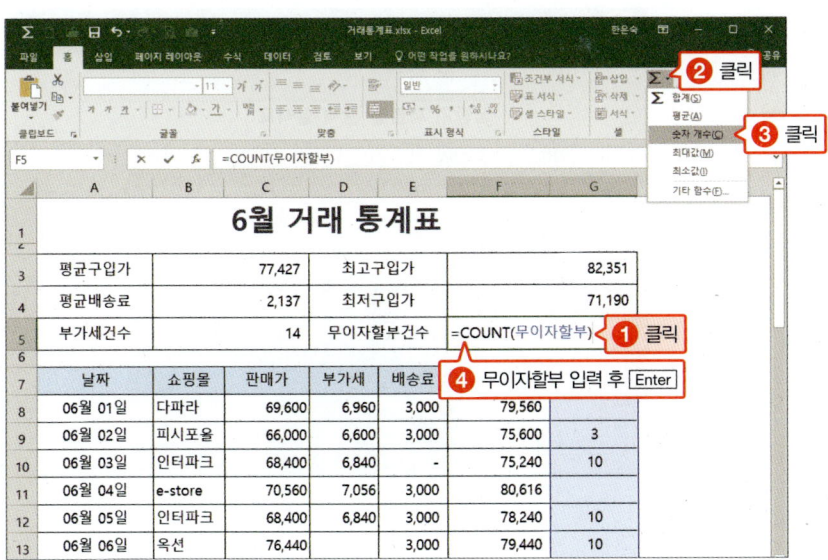

실습 파일 | CHAPTER04\상반기판매실적.xlsx **완성 파일** | CHAPTER04\완성\상반기판매실적완성.xlsx

3차원 참조란 여러 시트 내에서 위치가 같은 셀을 계산 범위로 지정하는 참조 형태입니다. '1월:6월'!B4와 같이 시트명과 시트명 사이에 범위를 나타내는 참조 연산자인 콜론(:)을 사용하여 지정합니다. 제품별 판매실적이 월별로 별도의 시트에 작성되어 있는 '상반기판매실적.xlsx' 파일에 3차원 참조 범위를 선택하여 상반기 판매실적 합계를 구해보겠습니다.

01 3차원 참조 범위 선택하기

서울 지역의 상반기 판매실적을 구해보 겠습니다. ❶ [상반기] 시트에서 [B4] 셀을 클릭하고 ❷ [홈] 탭–[편집] 그룹–[자동 합계]를 클릭합니다. ❸ [1월] 시트를 클릭하고 ❹ [6월] 시트를 Shift +클릭하여 [1월]~[6월] 시트를 모두 선택합니다. ❺ [B4] 셀을 클릭하고 Enter 를 누릅니다.

[상반기] 시트로 화면이 바뀌고 [B4] 셀에 합계가 구해집니다.

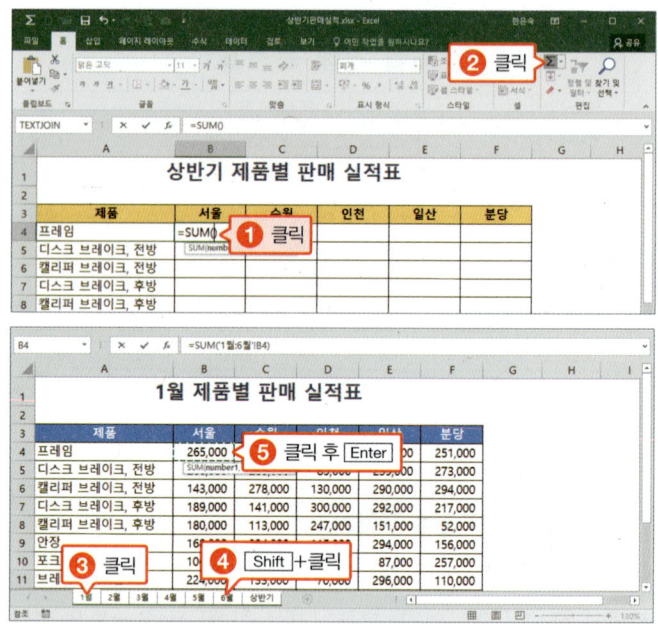

02 수식 복사하기

나머지 지역의 판매 실적도 구해보겠습니다. ❶ [B4] 셀을 클릭하고 ❷ 채우기 핸들을 [F4] 셀까지 드래그한 후 ❸ [F4] 셀의 채우기 핸들을 더블클릭하여 나머지 빈 셀에 수식을 복사합니다.

3차원 참조로 입력된 [1월]~[6월] 시트 각 셀의 합계가 구해집니다.

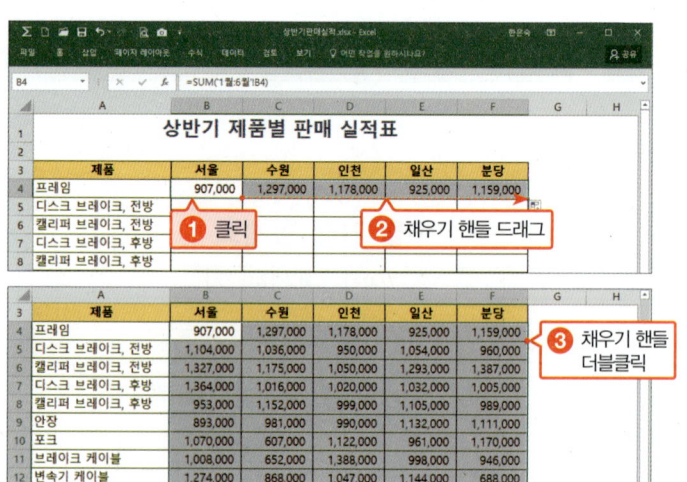

빠른 분석 도구로 합계 구하기

SECTION 06

빠른 분석 도구는 선택된 데이터 범위에 대해 쉽게 계산하고 조건부 서식을 지정하거나 차트와 피벗 테이블 등을 삽입할 수 있는 도구입니다. 빠른 분석 도구로 합계, 평균, 총 %, 누계를 쉽게 구해보겠습니다.

빠른 분석 도구의 열 방향 계산 항목

빠른 분석 도구에서 열 방향 계산 항목을 선택하면 셀 범위 아래로 계산 결과가 입력됩니다. 따라서 계산할 범위 아래에는 빈 셀이 있어야 합니다. ❶ 데이터 범위를 드래그한 후 ❷ 범위 오른쪽 아래에 표시되는 [빠른 분석 📊]을 클릭하고 ❸ [합계]를 클릭합니다. 열 방향 계산 항목인 [합계], [평균], [개수], [총 %], [누계]가 표시됩니다. ❹ 계산 항목에 마우스 포인터를 올려놓으면 범위 아래 셀에 계산 결과가 표시되고, 항목 중 하나를 클릭하면 계산 결과가 입력됩니다. [다음 ▶]을 클릭하면 행 방향 계산 항목이 표시됩니다.

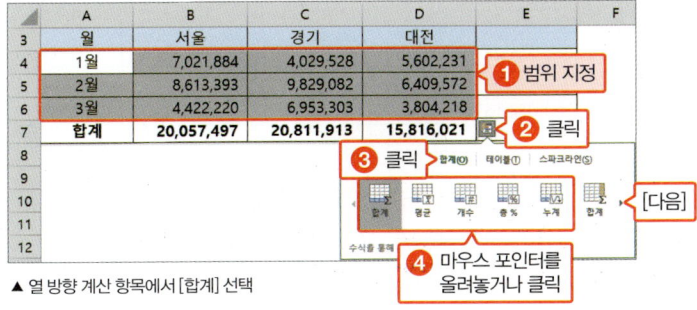

▲ 열 방향 계산 항목에서 [합계] 선택

빠른 분석 도구의 행 방향 계산 항목

행 방향 계산 항목을 선택하면 범위의 오른쪽에 계산 결과가 입력됩니다. 따라서 계산할 범위 오른쪽에는 빈 셀이 있어야 합니다.

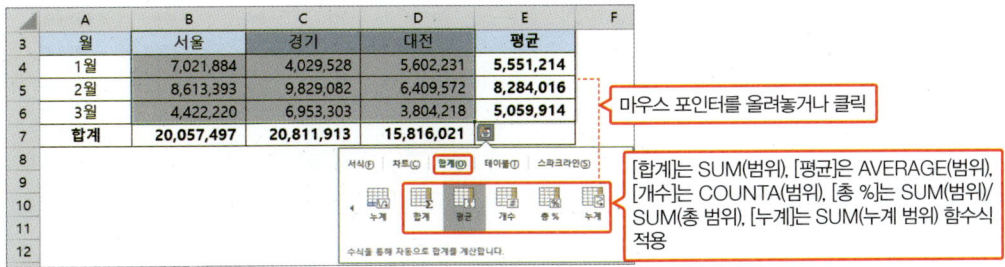

▲ 행 방향 계산 항목에서 [평균] 선택

실습 파일 | CHAPTER04\연매출실적표.xlsx **완성 파일** | CHAPTER04\완성\연매출실적표완성.xlsx

빠른 분석 도구의 합계를 사용하여 월별, 지점별 매출 실적이 입력된 연매출실적표에서 지점별 매출합계, 월평균매출, 월매출누계, 지점별 매출점유율 등을 구해보겠습니다.

01 지점별 매출합계 구하기

❶ [A4:F15] 셀 범위를 드래그하고 ❷ 범위의 오른쪽 아래에 표시된 [빠른 분석 📊]을 클릭합니다. ❸ [합계]를 클릭하고 ❹ 열 방향 [합계 📊]를 클릭합니다.

바로 통하는TIP 셀 범위를 드래그할 때 숫자 데이터 만 선택하지 않고 데이터 레이블에 해당하는 [A4:A15] 셀 범위까지 드래그했기 때문에 [A16] 셀에 데이터 레이 블로 '합계'라는 텍스트가 입력됩니다.

02 지점별 점유율 구하기

❶ [B16:F16] 셀 범위를 드래그하고 ❷ [빠른 분석 📊]을 클릭합니다. ❸ [합계] 를 클릭하고 ❹ 열 방향 [총 % 📊]를 클릭합니다.

바로 통하는TIP [B17] 셀의 수식을 확인해보면 '=SUM(B16)/SUM($B$16:$F$16)'이라고 입력되어 있습니다. 즉, [총 %]는 선택한 범위 중 '한 열의 합계/총 범위 합계'로 구해지므로 열 합계의 점유율입니다.

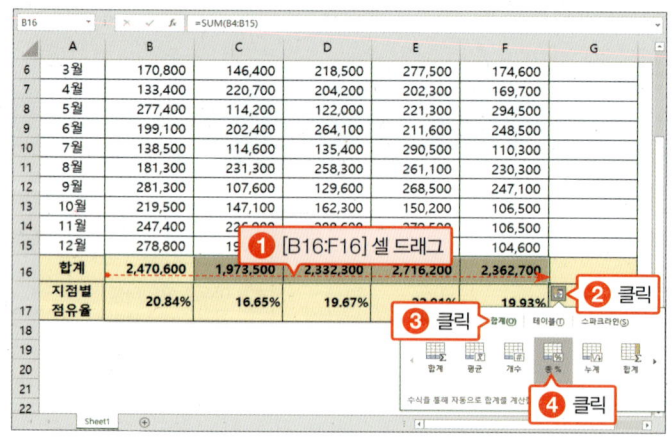

03 월평균매출 구하기

❶ [B4:F15] 셀 범위를 드래그하고 ❷ [빠른 분석 📊]을 클릭합니다. ❸ [합계] 를 클릭하고 ❹ 행 방향 [평균 📊]을 클릭합니다.

바로 통하는TIP 행 방향 [평균]이 보이지 않으면 오른 쪽의 [다음 ▶]을 클릭해 찾습니다.

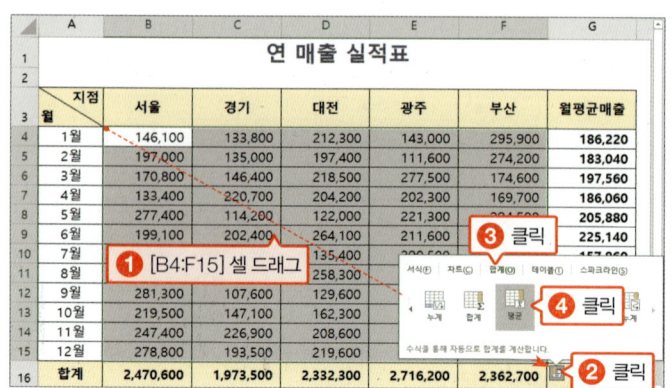

04 열 삽입하기

빠른 분석 도구의 계산 결과는 지정된 연속 범위의 끝부분에만 입력되기 때문에 이미 범위 끝에 계산 결과가 있는 상태에서 다른 계산 결과를 또 구하려면 빈 열을 삽입해야 합니다. ❶ G열 머리글에서 마우스 오른쪽 버튼을 클릭한 후 ❷ [삽입]을 선택합니다.

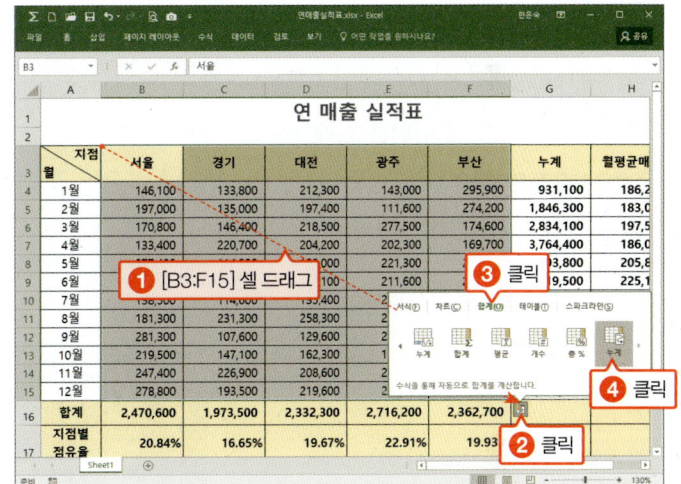

05 월별 매출 누계 구하기

❶ [B3:F15] 셀 범위를 드래그하고 ❷ [빠른 분석 📊]을 클릭한 후 ❸ [합계]를 클릭합니다. ❹ 행 방향 [누계 📊]를 클릭합니다.

바로 통하는 TIP 행 방향 [누계]가 보이지 않으면 오른쪽의 [다음 ▶]을 클릭해 찾습니다.

실습 파일 | CHAPTER04\배열수식.xlsx **완성 파일** | CHAPTER04\완성\배열수식완성.xlsx

배열 수식이란 여러 값을 배열로 묶어 계산하는 수식을 말합니다. 배열 수식을 작성하려면 수식 입력을 완료할 때 Ctrl + Shift + Enter 를 누릅니다. 배열 수식으로 작성하면 셀이나 셀 범위에 이름을 정의해두지 않고 절대 참조, 혼합 참조 변경 없이 단일 셀이나 셀 범위를 수식에 직접 사용하여 결과를 구할 수 있습니다. 배열 수식 작성 시 미리 지정한 셀 범위에는 배열 수식에 지정된 두 배열 인수에서 서로 대응하는 셀끼리 계산된 값이 각 셀에 입력됩니다. 같은 계산 결과를 혼합 참조와 배열 수식을 사용해 구해보겠습니다.

01 혼합 참조로 수식 작성하기

[D4] 셀에 수식을 작성한 후 나머지 셀에 수식을 복사하여 결과 값을 구하려면 혼합 참조를 사용하여 수식을 작성해야 합니다. ❶ [D4] 셀에 **=$C4*D$3**을 입력하고 Enter 를 누릅니다. ❷ [D4] 셀의 채우기 핸들을 [H4] 셀까지 드래그한 후 ❸ [H4] 셀의 채우기 핸들을 더블클릭합니다. ❹ [D4:H7] 셀 범위를 드래그하고 Delete 를 누릅니다.

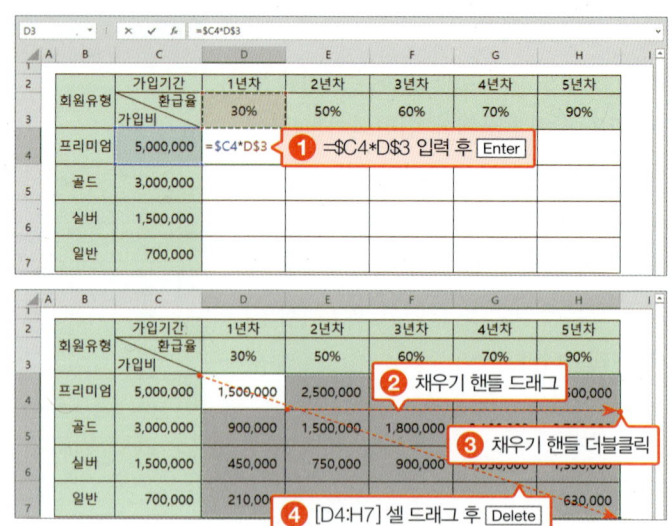

02 배열 수식으로 작성하기

같은 계산을 배열 수식으로 구해보겠습니다. ❶ [D4:H7] 셀 범위를 드래그하고 ❷ **=C4:C7*D3:H3**을 입력합니다. ❸ Ctrl + Shift + Enter 를 눌러 수식 작성을 완료합니다.

수식 입력줄에 입력된 수식을 확인해보면 수식 앞뒤에 중괄호({ })가 붙어 있습니다.

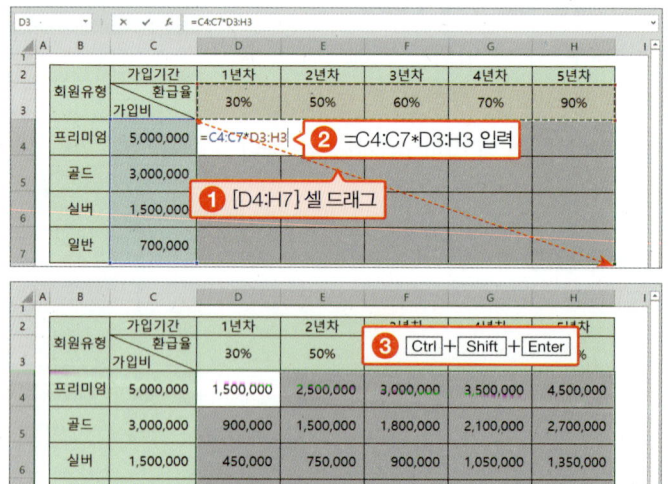

03 배열 수식 삭제하기

한꺼번에 작성한 배열 수식은 셀 하나만 따로 수정하거나 삭제할 수 없습니다. 처음 지정했던 셀 범위를 드래그한 후 삭제해야 합니다. ❶ [D4] 셀을 하나만 클릭하고 Delete 를 누르면 배열의 일부를 변경할 수 없다는 메시지가 표시됩니다. ❷ [확인]을 클릭합니다. ❸ [D4:H7] 셀 범위를 드래그한 후 Delete 를 누르면 값이 삭제됩니다.

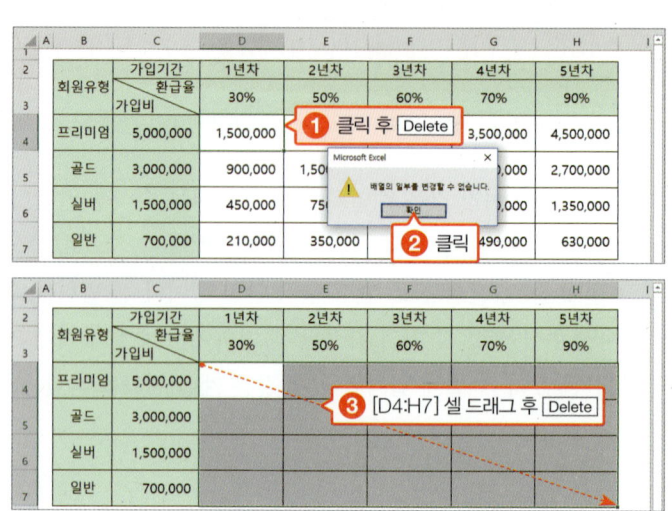

문서 스타일을 살리는 서식의 활용

엑셀 문서는 많은 숫자를 다루고 긴 데이터 목록을 포함한 것이 대부분이므로 강조할 데이터를 눈에 띄게 표시하면서도 간결하게 꾸미는 것이 좋습니다. 엑셀에서 제공하는 표 서식과 셀 스타일 등을 활용하면 클릭 몇 번만으로 테두리, 셀 색, 글꼴 등의 기본적인 서식을 한 번에 지정할 수 있습니다. 엑셀에서는 숫자, 날짜, 시간, 문자 등 데이터의 종류나 지정하는 조건에 맞춰 다양한 서식으로 표시할 수 있습니다.

SECTION 01
표 서식과 셀 스타일로 빠른 서식 지정하기

데이터를 입력한 글꼴, 테두리, 셀 색, 맞춤, 표시 형식 등을 일일이 지정할 시간이 충분하지 않거나 스타일 지정에 익숙하지 않다면 표 서식이나 셀 스타일을 사용해 여러 서식을 한 번에 지정할 수 있습니다. 표 서식과 셀 스타일에는 테두리, 셀 색, 표시 형식, 글꼴 등이 미리 정의되어 있습니다.

표 서식 지정하기

표 서식은 미리 정의된 표 스타일을 빠르게 지정할 수 있는 기능입니다. 표 서식을 지정하면 표 범위가 데이터베이스의 특성을 가지게 되는데, 표의 데이터베이스 관련 기능은 'CHAPTER 11 데이터를 골라 쓰자! 데이터 관리와 분석'에서 더 자세히 다루도록 하고 여기에서는 서식을 빠르게 지정하는 도구로만 사용해 보겠습니다.

표 서식을 지정할 셀 범위를 선택한 상태에서 **방법 1** [홈] 탭-[스타일] 그룹-[표 서식🔲]을 클릭하고 셀 색, 테두리, 글꼴 색 등이 조합된 서식 샘플 목록에서 원하는 서식을 선택합니다. **방법 2** [삽입] 탭-[표] 그룹-[표🔲]를 클릭하거나 단축키 Ctrl+T를 누르면 기본 서식이 지정됩니다.

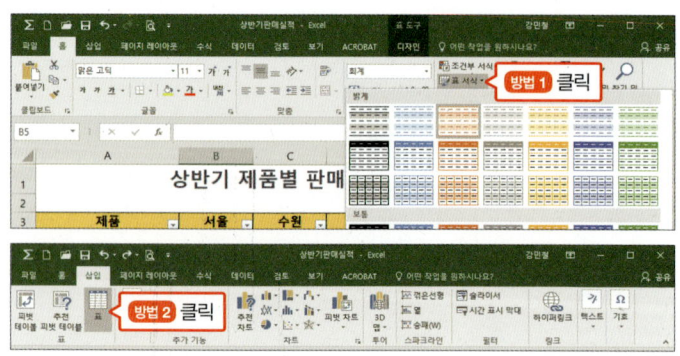

● [표 도구]-[디자인] 탭

표 서식이 지정되면 리본 메뉴에 [표 도구]-[디자인] 탭이 생성됩니다. 데이터베이스 관련 명령이나 표 스타일 구성 요소를 선택하고, 표 스타일을 변경할 수 있습니다. [표 도구]는 워크시트에서 표 범위 안에 있는 셀이 선택되어 있어야 표시됩니다. 표 범위 바깥에 있는 셀이 선택되면 [표 도구]도 없어집니다.

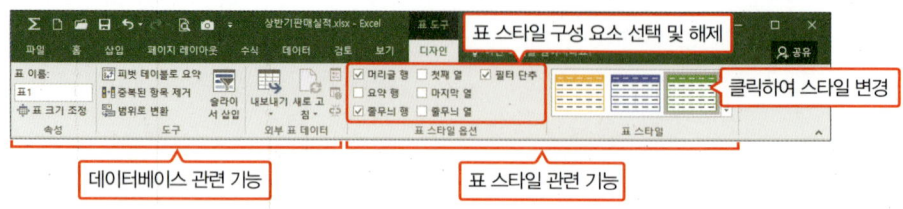

필터 해제

표 서식이 지정된 범위는 데이터베이스의 특성을 가지게 되어 표 범위의 첫 행에 해당하는 셀에는 필터 단추가 생깁니다. 표 범위의 속성을 유지하면서 필터 단추만 없애려면 [표 도구]-[디자인] 탭-[표 스타일 옵션] 그룹-[필터 단추]의 체크 표시를 해제하거나 [데이터] 탭-[정렬 및 필터] 그룹-[필터]를 클릭합니다. 또는 단축키 Ctrl + Shift + L 을 누릅니다.

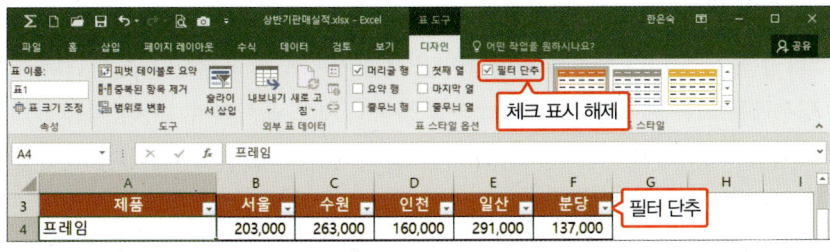

▲ [표 도구]-[디자인] 탭-[표 스타일 옵션] 그룹-[필터 단추]

▲ [데이터] 탭-[정렬 및 필터] 그룹 -[필터]

표 범위의 특징

표 범위는 데이터를 효율적으로 관리할 수 있는 일종의 데이터 관리 범위입니다. 일반 셀 범위와는 달리 표 범위 안에서는 셀을 병합하거나 서식 없는 빈 행, 빈 열을 삽입할 수 없습니다. 수식은 일반 셀 참조 형식이 아닌 구조적 참조 형식으로 입력합니다. 따라서 데이터 관리가 아니라 서식 지정만을 위해 표 서식을 사용했다면 다시 일반 셀 범위로 변환하는 것이 좋습니다. 또한 셀 병합이 포함된 범위에 표 서식을 지정하면 셀 병합이 모두 해제됩니다.

참고 파일 | CHAPTER05\표서식.xlsx

▲ 셀 병합이 포함된 표 범위에 표 서식을 지정하면 셀 병합이 모두 해제됨

일반 셀 범위로 변환

표 범위를 데이터베이스로 관리하는 것이 목적이 아니라 서식을 빠르게 지정하기 위한 목적으로 표 스타일을 지정했다면 [표 도구]-[디자인] 탭-[도구] 그룹-[범위로 변환 圖]을 클릭하여 일반 셀 범위로 변환할 수 있습니다. 적용된 서식은 그대로 유지되면서 일반 셀 범위로 변환됩니다.

셀 스타일 지정하기

표 서식은 선택된 셀 주변의 전체 데이터 범위가 자동으로 선택되면서 서식이 지정되지만 셀 스타일은 선택한 셀이나 셀 범위에만 서식이 지정됩니다. [홈] 탭-[스타일] 그룹-[셀 스타일✏]을 클릭하면 글꼴, 숫자 서식, 테두리, 셀 색 등 서식이 미리 적용되어 있는 셀 스타일 목록이 표시됩니다.

● 모니터 해상도에 따른 셀 스타일 목록

[홈] 탭-[스타일] 그룹-[셀 스타일✏]은 모니터 해상도에 따라 다음과 같이 다르게 표시됩니다. 모니터 해상도가 1680×1050 이상인 경우에는 리본 메뉴에 일부 셀 스타일 목록이 바로 표시되며, [이전▲]을 클릭하면 이전 셀 스타일 목록이 표시됩니다. [다음▼]을 클릭하면 다음 셀 스타일 목록이 표시됩니다. 전체 셀 스타일 목록을 표시하려면 [자세히▾]를 클릭합니다.

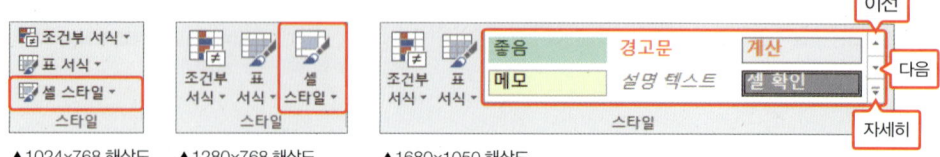

▲1024×768 해상도   ▲1280×768 해상도   ▲1680×1050 해상도

테마에 따른 스타일 변화

적용하는 테마에 따라 표 서식과 셀 스타일 목록의 색상 배합, 글꼴 조합 등이 다르게 표시됩니다. 이미 워크시트 범위에 지정된 표 서식이나 셀 스타일도 테마를 변경하면 함께 바뀝니다. 테마는 [페이지 레이아웃] 탭-[테마] 그룹-[테마▦]를 클릭한 후 테마 목록에서 변경할 수 있습니다. 선택한 테마에서도 [페이지 레이아웃] 탭-[테마] 그룹의 [테마 색▦], [테마 글꼴㉐], [테마 효과◉]에 따라 색 배합이나 글꼴 조합 등이 다르게 표시됩니다.

다음은 ❶ [페이지 레이아웃] 탭-[테마] 그룹-[테마]를 클릭하고 ❷ [다마스크]를 선택한 후 ❸ [홈] 탭-[스타일] 그룹-[셀 스타일]을 클릭했을 때 표시되는 셀 스타일 목록입니다.

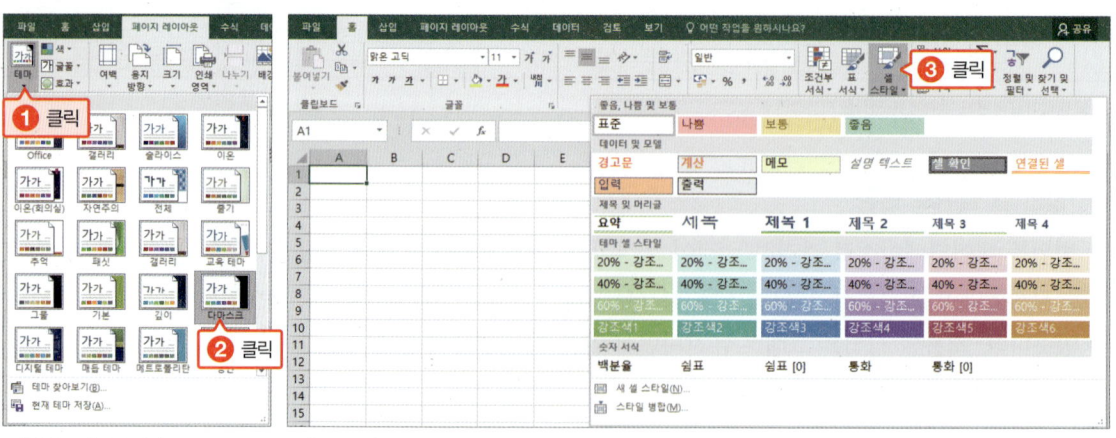

▲ [다마스크] 테마 설정   ▲ [다마스크] 테마에 따라 변경된 셀 스타일 목록

실습 파일 | CHAPTER05\지역별재고현황.xlsx   완성 파일 | CHAPTER05\완성\지역별재고현황완성.xlsx

테두리, 셀 색 등 서식 지정 없이 데이터만 입력되어 있는 지역별 재고 현황표에 표 서식과 셀 스타일, 테마를 적용해 빠르게 서식을 지정하고 변경하는 방법을 알아보겠습니다.

01 표 서식 지정하기

❶ 표 서식을 지정할 셀 범위 중 [A4] 셀을 클릭한 후 ❷ [홈] 탭-[스타일] 그룹-[표 서식]을 클릭하고 ❸ [표 스타일 밝게 2]를 선택합니다. ❹ [표 서식] 대화상자의 데이터 범위에 =$A$4:$I$16이 지정되었는지 확인하고 [머리글 포함]에 체크 표시합니다. ❺ [확인]을 클릭합니다.

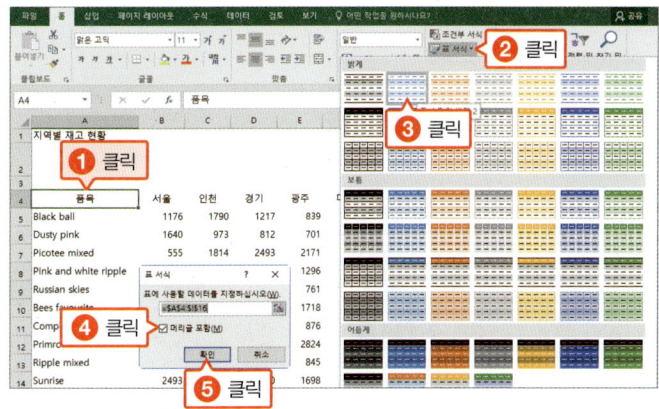

[머리글 포함]에 체크 표시하지 않는 경우

표 서식 지정 시 [표 서식] 대화상자에서 [머리글 포함]에 체크 표시하지 않으면 데이터 범위의 첫 행 위쪽에 머리글 행이 추가로 생성됩니다.

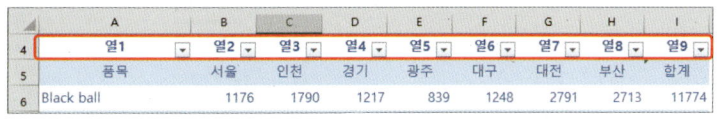

02 스타일 변경하고 표 스타일 옵션 선택하기

❶ [표 도구]-[디자인] 탭-[표 스타일] 그룹에서 [표 스타일 밝게 14]를 선택합니다. ❷ [표 도구]-[디자인] 탭-[표 스타일 옵션] 그룹의 [첫째 열], [마지막 열], [줄무늬 열]에 체크 표시하고 [필터 단추]의 체크 표시를 해제합니다.

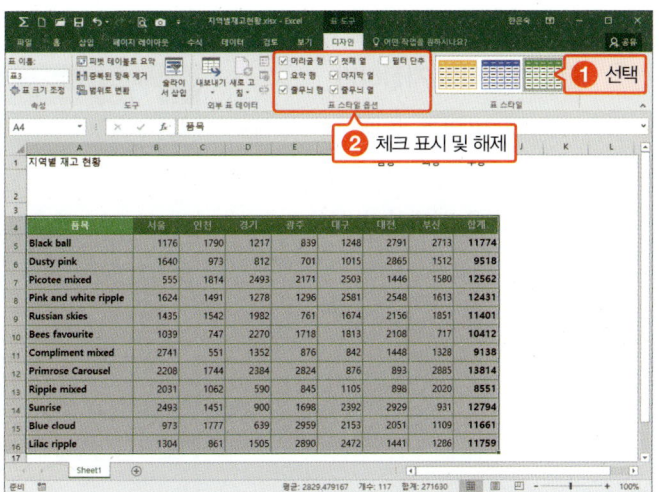

첫째 열과 마지막 열이 굵게 표시되고, 필터 단추가 숨겨집니다. 줄무늬 열(세로 선)이 표시됩니다.

바로 통하는 TIP [표 스타일] 그룹에서 원하는 스타일에 마우스 포인터를 올려놓으면 워크시트에 적용할 표 서식을 미리 보여줍니다.

03 일반 셀 범위로 변환하기

❶ [표 도구]-[디자인] 탭-[도구] 그룹-[범위로 변환]을 클릭합니다. ❷ 변환 여부를 확인하는 메시지가 나타나면 [예]를 클릭합니다.

표 서식은 유지된 채 표가 일반 셀 범위로 변환됩니다.

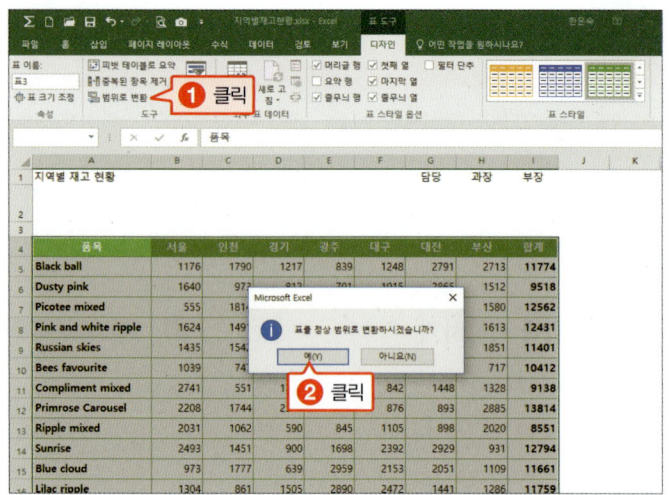

04 제목 셀 스타일 지정하기

❶ [A1] 셀을 클릭한 후 ❷ [홈] 탭-[스타일] 그룹-[셀 스타일]을 클릭합니다. ❸ [제목]을 선택합니다.

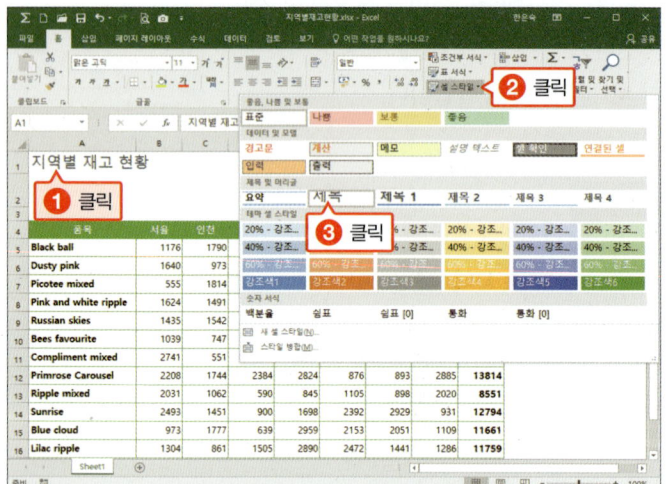

05 출력 셀 스타일 지정하기

❶ [G1:I2] 셀 범위를 드래그한 후 ❷ [홈] 탭-[스타일] 그룹-[셀 스타일]을 클릭하고 ❸ [출력]을 선택합니다.

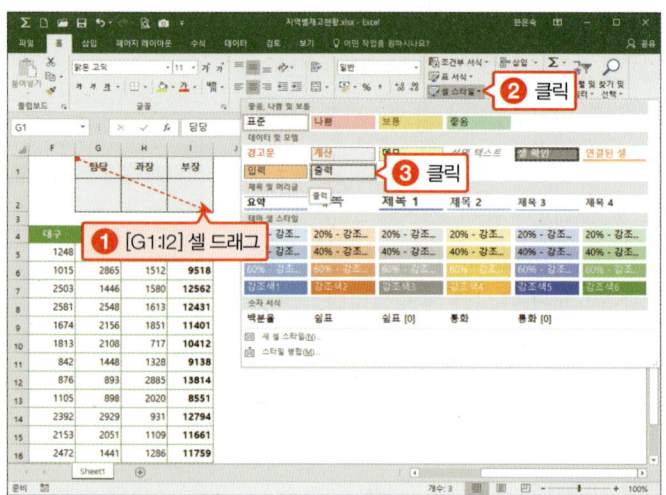

06 쉼표 셀 스타일 지정하기

❶ [B5:I16] 셀 범위를 드래그한 후 ❷ [홈] 탭-[스타일] 그룹-[셀 스타일]을 클릭하고 ❸ [쉼표 [0]]을 선택합니다.

바로 통하는TIP 셀 스타일 목록의 [숫자 서식] 중 [쉼표]는 세 자리 단위마다 숫자에 콤마를 표시하면서 소수 둘째 자리까지 나타내고, [쉼표 [0]]은 숫자를 정수로 표시합니다.

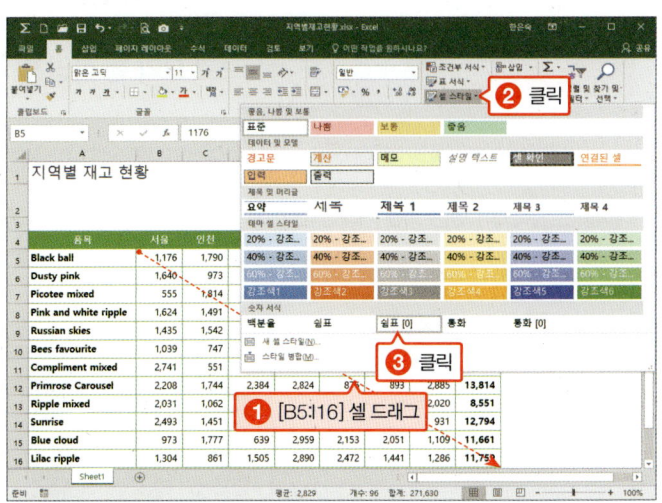

07 병합하고 가운데 맞춤하기

❶ [A1:F2] 셀 범위를 드래그한 후 ❷ [홈] 탭-[맞춤] 그룹-[병합하고 가운데 맞춤🔲]을 클릭합니다. ❸ [홈] 탭-[글꼴] 그룹-[글꼴 크기 크게🔡]를 세 번 클릭하여 글꼴 크기를 [24]로 지정합니다.

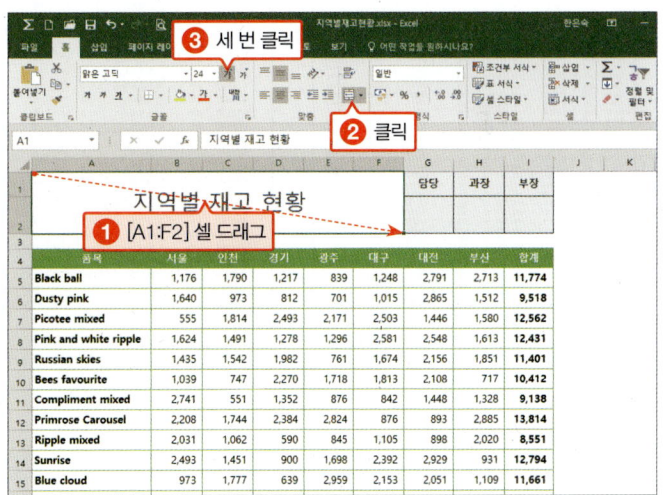

08 테마 변경하기

❶ [페이지 레이아웃] 탭-[테마] 그룹-[테마]를 클릭하고 ❷ [매듭 테마]를 선택합니다.

[매듭 테마]에 정의된 글꼴, 표 테두리, 셀 색 등이 바로 적용됩니다.

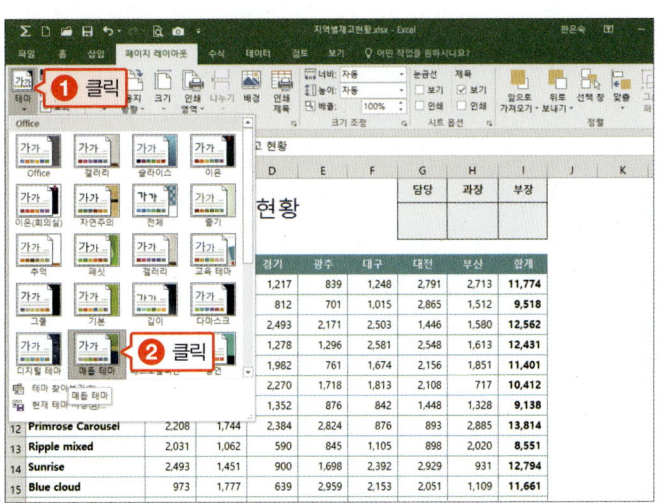

실습 파일 | CHAPTER05\회원거래내역.xlsx   **완성 파일** | CHAPTER05\완성\회원거래내역완성.xlsx

데이터만 입력되어 있는 회원 거래내역표에서 표 서식과 셀 스타일을 지정하고 요약 행을 삽입하여 금액 합계를 구해보겠습니다.

▲ 실습 파일

▲ 완성 파일

① [A3:J43] 셀 범위에는 [표 스타일 보통 6]을 선택합니다.

② [첫째 열], [마지막 열], [줄무늬 열], [요약 행]에 체크 표시합니다.

③ [줄무늬 행]의 체크 표시를 해제합니다.

④ [A1:J1] 셀 범위를 병합한 후 셀 스타일에서 [제목 1]을 선택합니다. 글꼴 크기는 [24]로 지정합니다.

⑤ 거래금액, 결제금액 요약 셀인 [H44], [I44] 셀의 [요약] 목록 버튼을 각각 클릭하고 [합계]를 선택합니다.

⑥ [H4:J44] 셀 범위에 대해 셀 스타일 [쉼표 [0]]를 선택합니다.

⑦ [A44:J44] 셀 범위에 대해 셀 스타일 [요약]을 선택합니다.

⑧ [표 도구]–[디자인] 탭–[도구] 그룹–[범위로 변환]을 클릭해 표 범위를 일반 셀 범위로 변환합니다.

⑨ [A44:G44] 셀 범위를 병합하고 **합계**를 입력합니다.

⑩ [페이지 레이아웃] 탭–[테마] 그룹–[테마]를 클릭하고 [다마스크]를 선택합니다.

글꼴과 맞춤 서식 지정하기

표 서식과 셀 스타일 이외의 서식을 지정하려면 서식 도구를 이용해 원하는 서식을 하나씩 선택해야 합니다. [홈] 탭-[글꼴] 그룹에서 글꼴, 글꼴 색, 셀 색, 셀 테두리 등의 서식을 선택할 수 있습니다. [홈] 탭-[맞춤] 그룹에서는 텍스트 정렬 방식과 방향, 셀 병합 등을 선택할 수 있습니다.

서식 도구

서식을 지정할 때 주로 사용하는 도구는 [홈] 탭-[글꼴], [맞춤], [표시 형식] 그룹의 명령 버튼입니다. 또는 셀에서 마우스 오른쪽 버튼을 클릭했을 때 단축 메뉴와 함께 나타나는 미니 도구 모음에서도 기본 서식을 지정할 수 있습니다. 리본 메뉴나 미니 도구 모음에 없는 서식은 [셀 서식] 대화상자에서 지정할 수 있습니다. [셀 서식] 대화상자를 표시하기 위해서는 각 그룹의 [대화상자 표시 🔽]를 클릭합니다. 또는 셀에서 마우스 오른쪽 버튼을 클릭한 후 [셀 서식]을 선택하거나 단축키 Ctrl + 1 을 누릅니다.

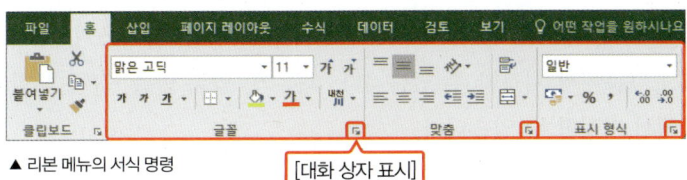

▲ 리본 메뉴의 서식 명령 　　　　　　[대화 상자 표시]

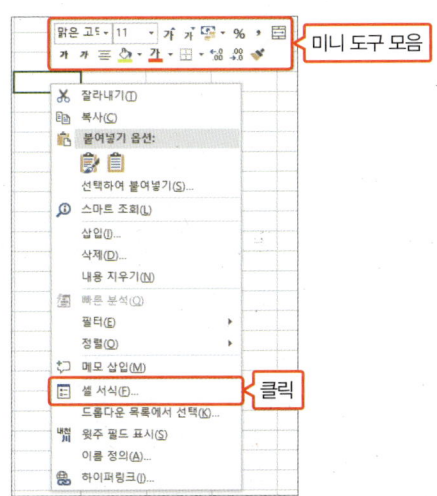

▲ 미니 도구 모음과 단축 메뉴

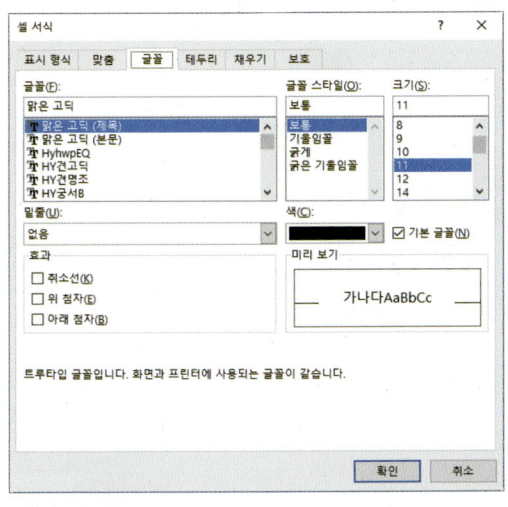

▲ [셀 서식] 대화상자

글꼴 서식

글꼴, 글꼴 크기, 글꼴 스타일, 밑줄, 글꼴 색 등의 기본 서식은 [홈] 탭-[글꼴] 그룹에서 지정할 수 있습니다. 회계용 밑줄, 취소선, 위 첨자, 아래 첨자 등은 [셀 서식] 대화상자에서 지정할 수 있습니다.

참고 파일 | CHAPTER05\서식샘플.xlsx

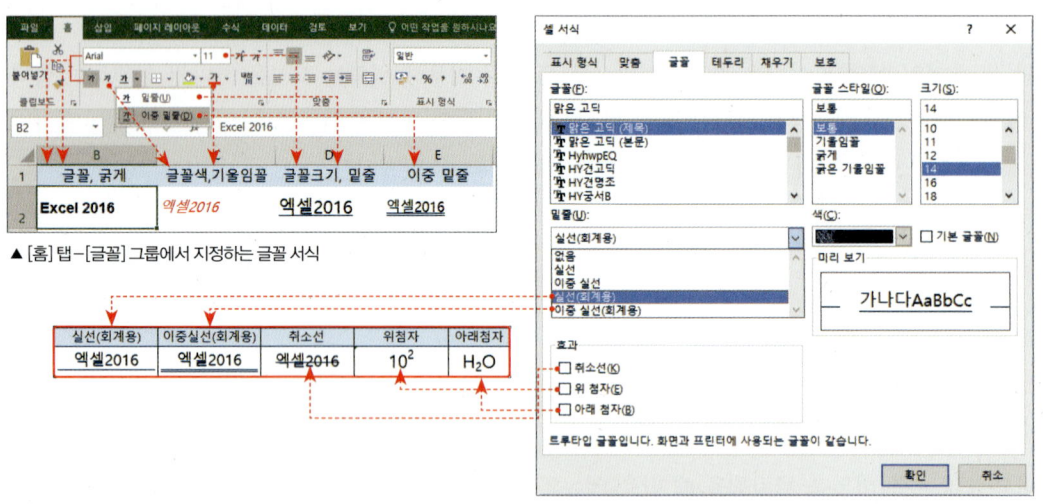

▲ [홈] 탭-[글꼴] 그룹에서 지정하는 글꼴 서식

▲ [셀 서식] 대화상자에서 지정하는 글꼴 서식

맞춤 서식

셀 내에서 가로, 세로 기준 텍스트를 정렬할 위치, 텍스트 방향, 텍스트 줄 바꿈, 셀 병합, 들여쓰기, 내어쓰기 등 대부분 맞춤 서식은 [홈] 탭-[맞춤] 그룹에서 지정할 수 있습니다. 채우기, 양쪽 맞춤, 균등 분할 등의 기타 맞춤 옵션은 [셀 서식] 대화상자에서 지정할 수 있습니다.

● [홈] 탭-[맞춤] 그룹에서 맞춤 서식 지정하기

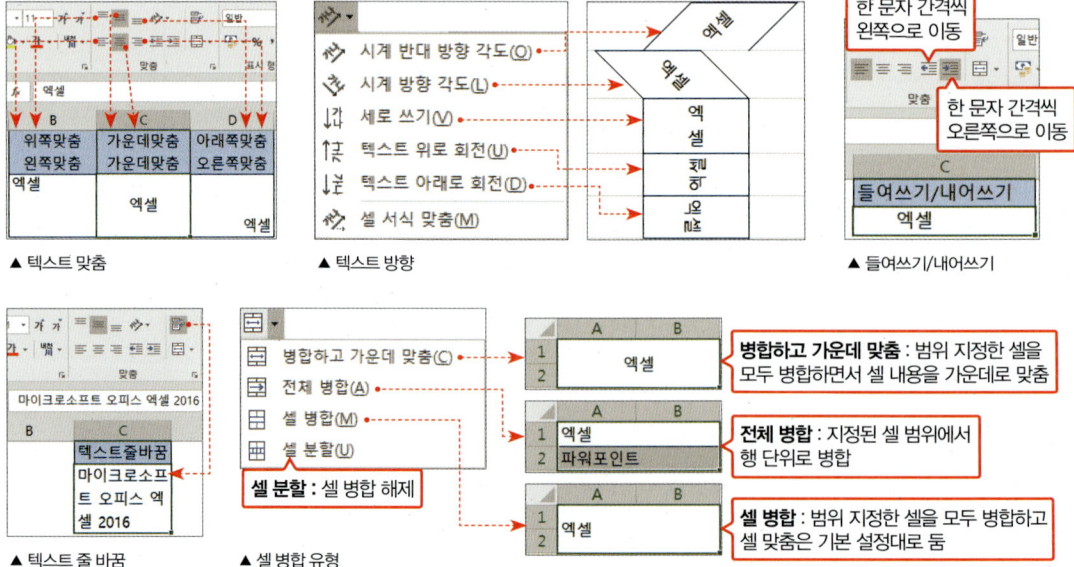

[셀 서식] 대화상자에서 맞춤 서식 지정하기

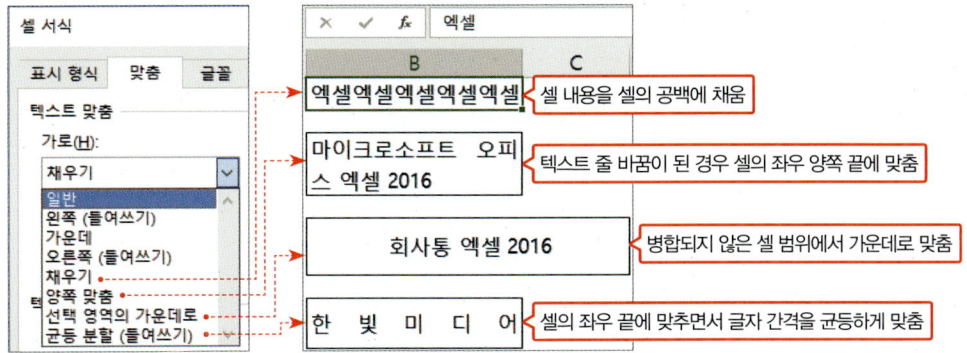

▲ 가로 맞춤의 기타 옵션

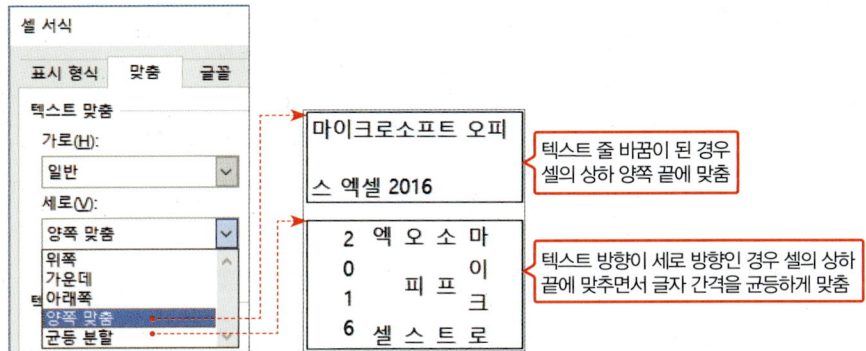

▲ 세로 맞춤의 기타 옵션

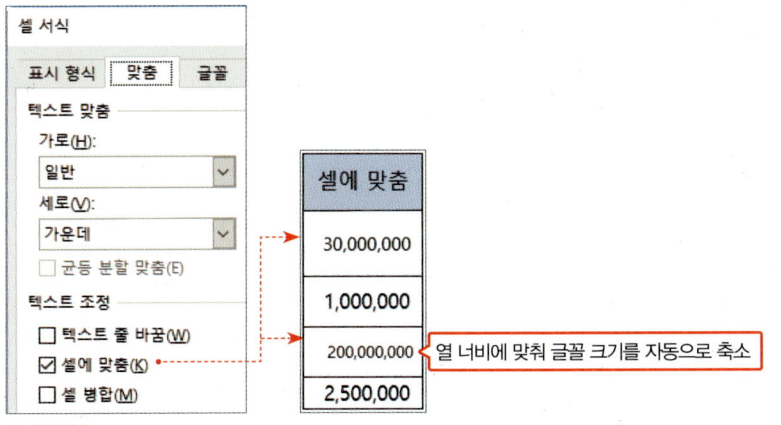

▲ 셀에 맞춤

회 사 통
실무활용 09

여비·교통비 지불증에 글꼴 및 맞춤 서식 지정하기

실습 파일 | CHAPTER05\여비교통비지불증.xlsx 완성 파일 | CHAPTER05\완성\여비교통비지불증완성.xlsx

다음은 출장목적, 행선지를 입력하고 거리에 따라 금액을 입력한 여비·교통비 지불증입니다. 문서 중 글꼴과 맞춤 서식이 적절하게 지정되지 않은 부분을 수정하겠습니다.

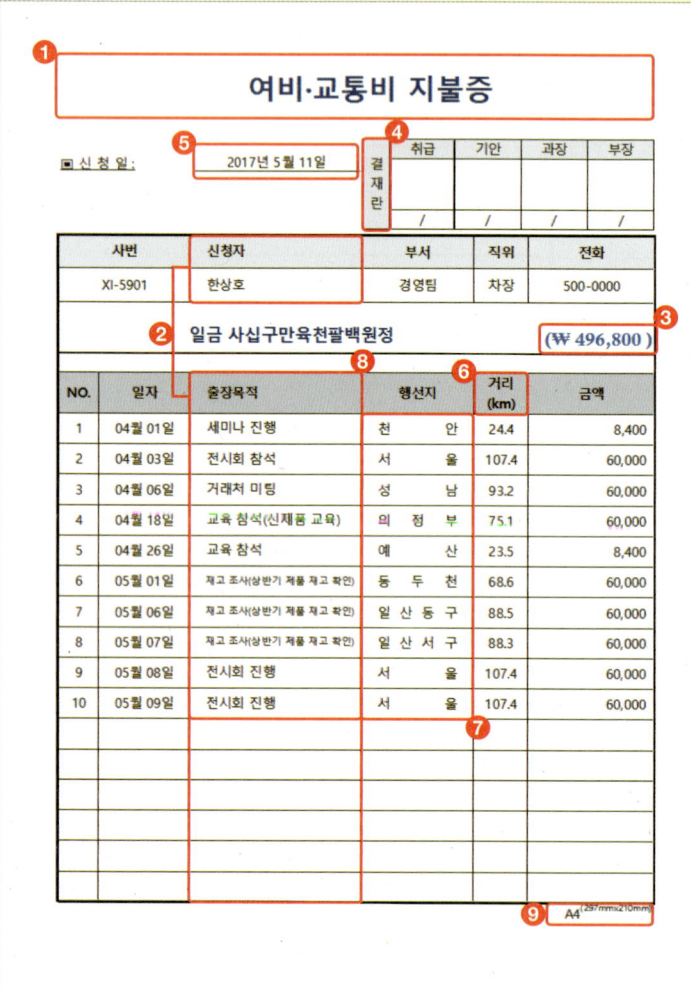

❶ 셀 병합

❷ 전체 병합

❸ 글꼴 서식 지정

❹ 텍스트 방향 지정

❺ 회계용 밑줄 지정

❻ 텍스트 줄 바꿈

❼ 균등 분할

❽ 셀에 맞춤

❾ 위 첨자 지정

01 셀 병합하기

❶ [B2:H2] 셀 범위를 드래그한 후 ❷ 추가로 범위를 선택하기 위해 [D5:E5] 셀 범위를 Ctrl+드래그하고 ❸ [B12:G12] 셀 범위를 Ctrl+드래그합니다. ❹ [홈] 탭–[맞춤] 그룹–[병합하고 가운데 맞춤🈁]을 클릭합니다. 선택한 셀 범위가 각각 병합되면서 셀 내용은 가운데로 맞춰집니다.

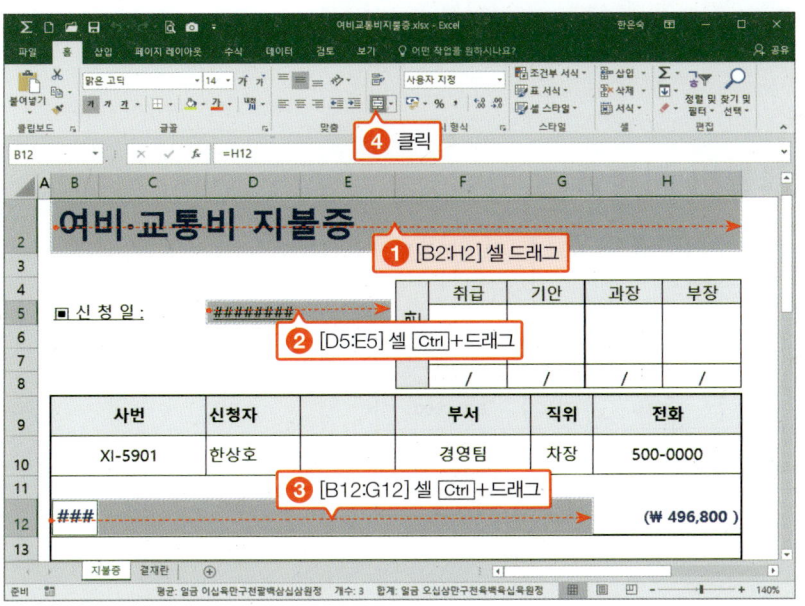

02 행 단위로 병합하기

❶ [D9:E10] 셀 범위를 드래그하고 ❷ [D14:E30] 셀 범위를 Ctrl+드래그합니다. ❸ [홈] 탭–[맞춤] 그룹–[병합하고 가운데 맞춤▾] 목록 버튼을 클릭한 후 ❹ [전체 병합]을 선택합니다. ❺ [홈] 탭–[맞춤] 그룹–[들여쓰기▦]를 클릭합니다.

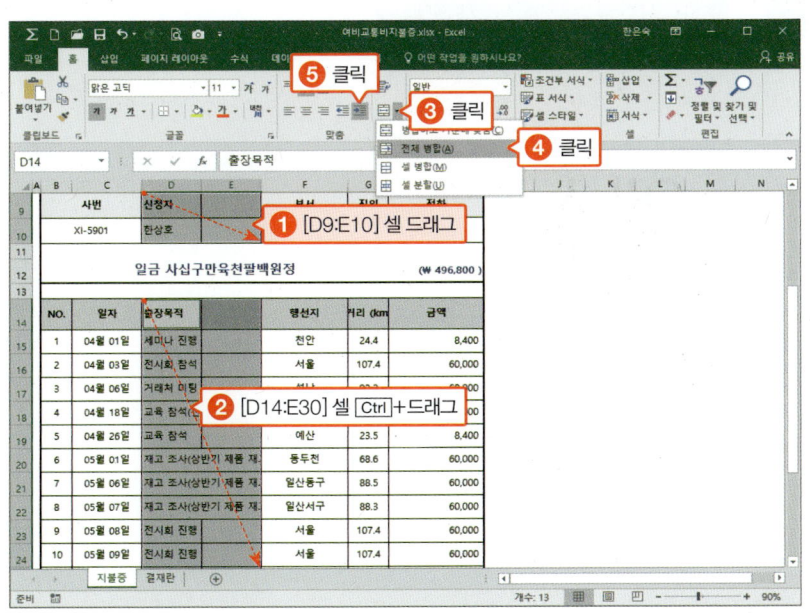

바로 통하는 TIP [전체 병합]을 선택하면 선택된 셀 범위가 행 단위로 병합되면서 문자는 왼쪽 맞춤, 숫자는 오른쪽 맞춤됩니다. [들여쓰기]를 클릭하면 문자가 왼쪽에서 한 칸 들어가도록 설정됩니다.

03 글꼴, 글꼴 크기, 글꼴 색 지정하기

❶ [H12] 셀을 클릭하고 ❷ [홈] 탭-[글꼴] 그룹-[글꼴] 목록에서 [Calisto MT]를 선택합니다. ❸ [글꼴 크기] 목록에서 [16]을 선택합니다. ❹ [글꼴 색] 목록 버튼을 클릭하고 ❺ [파랑, 강조 1]을 선택합니다.

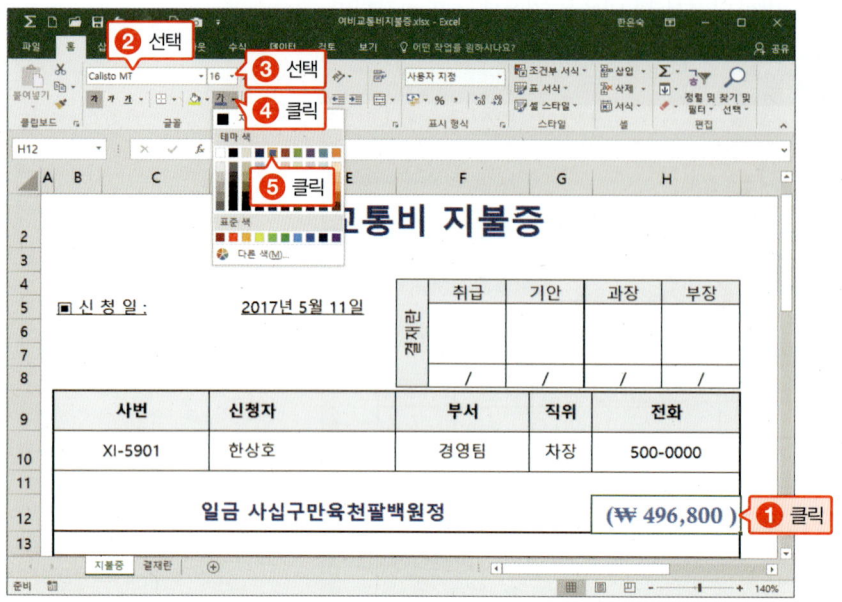

[테마 글꼴]과 [글꼴 크기] 목록

[글꼴] 목록 중 [테마 글꼴]은 [페이지 레이아웃] 탭-[테마] 그룹-[테마]와 [글꼴]에서 선택하는 테마에 따라 다르게 변경되는 글꼴입니다. [글꼴 크기] 목록은 선택한 글꼴이나 사용자 PC에 설정된 프린터 종류에 따라 다르게 나타날 수 있으며 1~409 포인트 사이의 숫자를 지정할 수 있습니다. [글꼴 크기 크게 ⟨가⟩]와 [글꼴 크기 작게 ⟨가⟩]를 클릭하면 [글꼴 크기] 목록에 있는 순서대로 글꼴 크기가 커지고 작아집니다. [글꼴]과 [글꼴 크기] 목록에서 글꼴명이나 크기를 직접 입력하여 지정할 수도 있습니다.

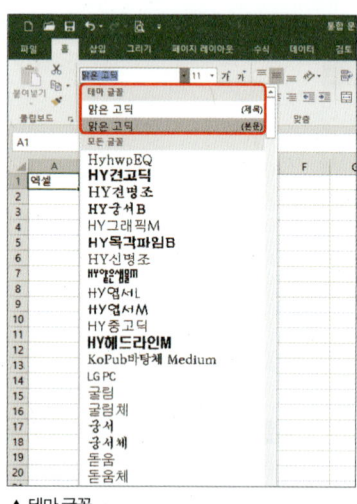

▲ 테마 글꼴　　　　　　　　　　　▲ [글꼴]과 [글꼴 크기] 목록

04 텍스트 방향 지정하기

결재란 양식의 원본은 [결재란] 시트에 작성되어 있고 그림으로 연결되어 있습니다. '결재란'의 텍스트 방향을 변경하겠습니다. ❶ [결재란] 시트를 클릭합니다. ❷ [B2] 셀을 클릭한 후 ❸ [홈] 탭-[맞춤] 그룹-[방향 ⬚]을 클릭하고 ❹ [세로 쓰기]를 선택합니다. ❺ [지불증] 시트를 클릭합니다.

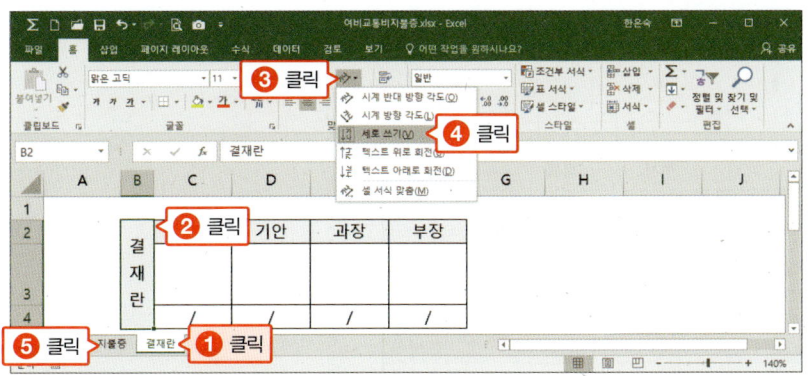

05 회계용 밑줄 지정하기

❶ [D5] 셀을 클릭하고 ❷ [홈] 탭-[글꼴] 그룹의 [대화상자 표시 ⬚]를 클릭합니다. ❸ [셀 서식] 대화상자의 [글꼴] 탭을 클릭한 후 ❹ [밑줄]로 [실선(회계용)]을 선택합니다. ❺ [확인]을 클릭합니다.

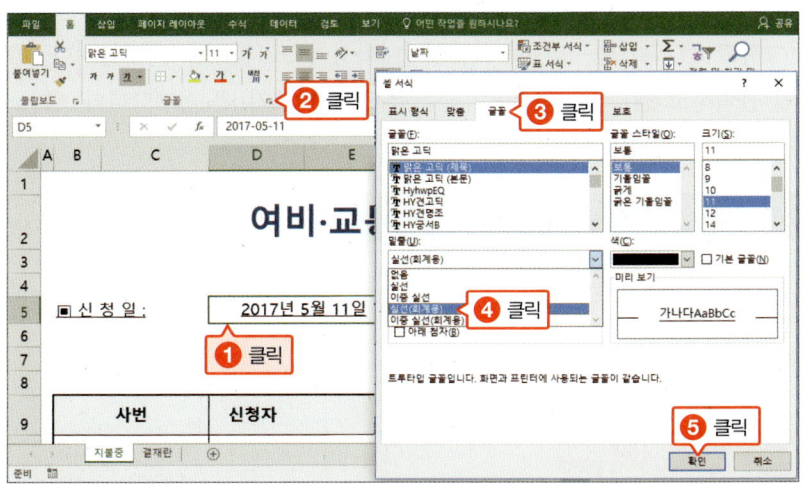

쉽고 빠른 엑셀 NOTE **일반 밑줄과 회계용 밑줄의 차이**

일반 밑줄(실선)과 회계용 밑줄은 셀 맞춤 설정을 [균등 분할]로 지정했을 때 차이를 확인할 수 있습니다. [셀 서식] 대화상자의 [맞춤] 탭에서 [균등 분할]을 선택한 셀에 일반 밑줄을 적용하면 글자에만 밑줄이 표시되어 보기 좋지 않습니다. 예를 들어 [D5] 셀을 [균등 분할]로 표시하고 일반 [실선]을 밑줄로 선택하면 다음과 같이 글자 하나하나에 밑줄이 표시됩니다. 반면 [실선(회계용)]을 밑줄로 선택하면 [균등 분할]로 표시해도 글자가 아닌 셀 너비에 맞춰 밑줄이 표시됩니다.

2017 년 5 월 11 일	2017 년 5 월 11 일
▲ 실선	▲ 실선(회계용)

06 텍스트 줄 바꿈하기

❶ [G14] 셀을 클릭하고 ❷ [홈] 탭–[맞춤] 그룹–[텍스트 줄 바꿈 📑]을 클릭합니다.

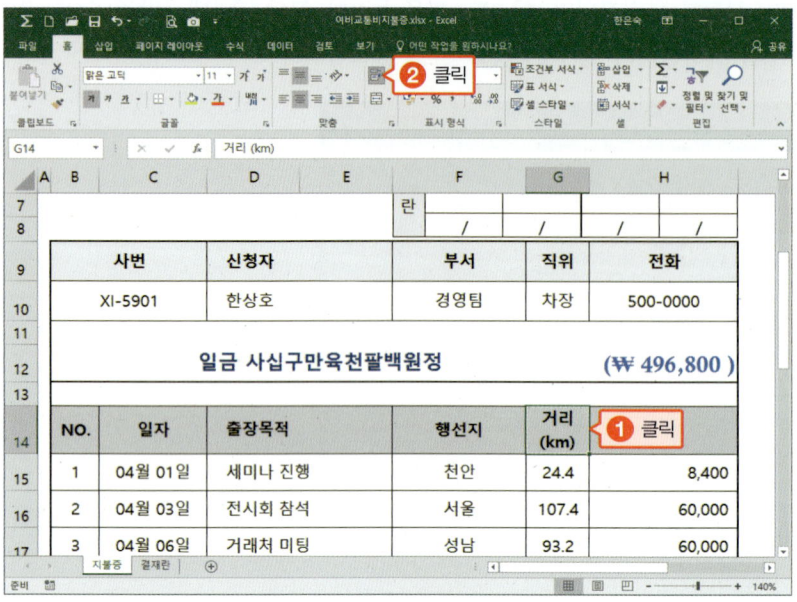

07 균등 분할 설정하기

❶ [F15:F24] 셀 범위를 드래그하고 ❷ [홈] 탭–[맞춤] 그룹의 [대화상자 표시 📄]를 클릭합니다. ❸ [셀 서식] 대화상자의 [맞춤] 탭을 클릭하고 ❹ [가로] 목록 중 [균등 분할 (들여쓰기)]을 선택합니다. ❺ [들여쓰기]란에 **1**을 입력하고 ❻ [확인]을 클릭합니다.

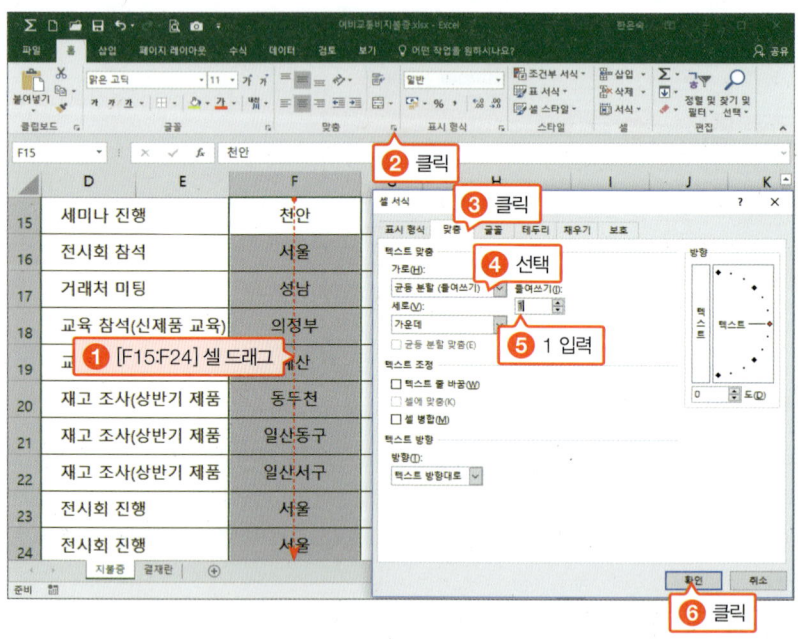

08 셀 너비에 맞춰 글꼴 크기 자동 축소하기

❶ [D15:D24] 셀 범위를 드래그한 후 ❷ [홈] 탭–[맞춤] 그룹의 [대화상자 표시⬚]를 클릭합니다. ❸ [셀 서식] 대화상자의 [맞춤] 탭을 클릭하고 ❹ [텍스트 조정] 중 [셀에 맞춤]에 체크 표시합니다. ❺ [확인]을 클릭합니다. 셀 너비보다 글자 수가 많은 [D20:D22] 셀은 너비에 맞춰 자동으로 글꼴 크기가 작게 표시됩니다.

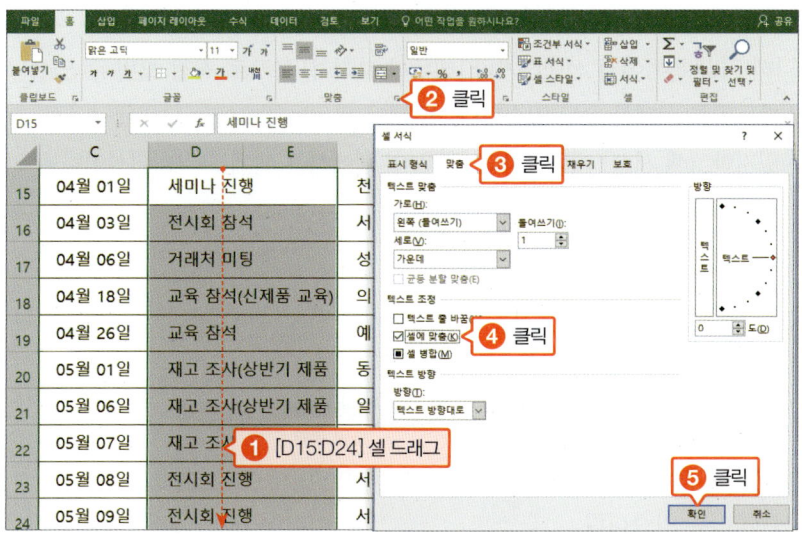

09 위 첨자 지정하기

❶ [H31] 셀을 더블클릭한 후 ❷ '(297mm×210mm)' 부분만 드래그하여 범위로 선택하고 ❸ [홈] 탭–[글꼴] 그룹의 [대화상자 표시⬚]를 클릭합니다. ❹ [셀 서식] 대화상자의 [글꼴] 탭에서 [효과] 중 [위 첨자]에 체크 표시하고 ❺ [확인]을 클릭한 후 Enter 를 누릅니다. ❻ [H31] 셀을 클릭하고 ❼ [홈] 탭–[맞춤] 그룹–[오른쪽 맞춤⬚]을 클릭합니다. 셀 안에서 '(297mm×210mm)' 부분에만 위 첨자 효과가 지정되고 오른쪽으로 맞춰집니다.

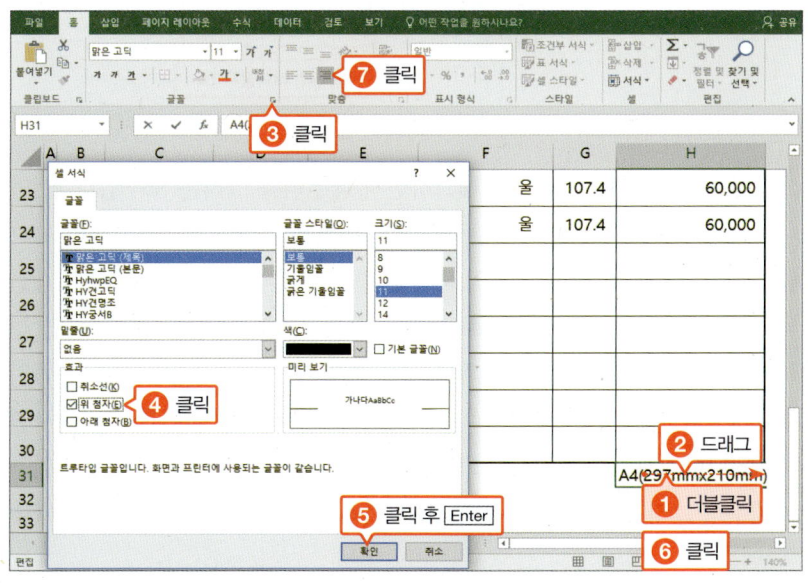

바로 통하는 TIP 셀 안의 일부 텍스트를 범위로 선택할 때는 수식 입력줄을 클릭한 후 텍스트 범위를 드래그해도 됩니다.

SECTION 03

테두리와 채우기 색 서식 지정하기

테두리는 [홈] 탭-[글꼴] 그룹의 [테두리] 목록에서 선택하거나 [테두리 그리기] 도구로 직접 그릴 수 있습니다. 또는 [셀 서식] 대화상자에서 테두리를 선택할 수도 있습니다. 셀 색만 채우는 경우에는 [홈] 탭-[글꼴] 그룹-[채우기 색 🎨]을 사용할 수 있지만, [셀 서식] 대화상자의 [채우기] 탭에서는 셀에 그라데이션이나 무늬도 지정할 수 있습니다.

[테두리] 목록에서 테두리 지정하기

[테두리] 목록에서는 어느 위치에 어떤 종류의 테두리를 표시할 것인지 한 번에 선택할 수 있습니다. ❶ 셀이나 셀 범위를 선택한 후 ❷ [홈] 탭-[글꼴] 그룹-[테두리] 목록 버튼을 클릭합니다. ❸ [테두리] 목록에서 테두리의 위치와 유형을 선택합니다.

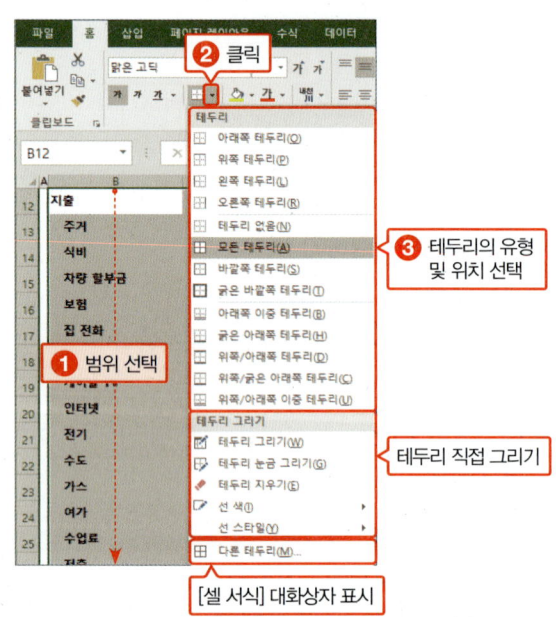

테두리 직접 그리기

[테두리] 목록에 있는 [테두리 그리기]는 워크시트에 직접 드래그하면서 테두리를 그리는 도구입니다. 먼저 선 색과 선 스타일을 선택합니다. [홈] 탭-[글꼴] 그룹-[테두리] 목록 버튼을 클릭한 후 ❶ [테두리 그리기]를 선택하고 워크시트에 범위를 드래그하면 선택한 범위의 외곽선이 그려집니다. 드래그할 때 대각선 방향으로 드래그하면 셀 범위 외곽에 테두리가 그려지고, 세로 방향이나 가로 방향으로만 드래그하면 선이 하나씩 그려집니다. ❷ [테두리 눈금 그리기]를 선택한 후 워크시트에 범위를 드래그하면 선택한 범위에 모든 테두리가 그려집니다. ❸ [테두리 지우기]를 선택한 후 테두리가 그려져 있는 범위를 드래그하면 선택한 범위의 모든 테두리가 삭제됩니다. [보기] 탭-[표시] 그룹-[눈금선]의 체크 표시가 해제되어 워크시트 눈금선이 숨겨진 상태에서 [테두리 그리기]나 [테두리 지우기]를 선택하면 워크시트에 눈금을 나타내는 점이 표시됩니다.

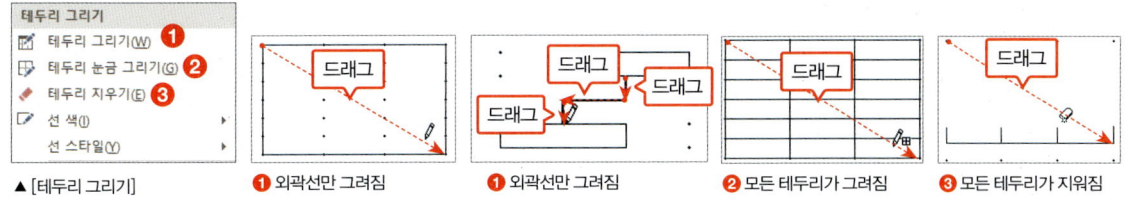

▲ [테두리 그리기]

❶ 외곽선만 그려짐   ❶ 외곽선만 그려짐   ❷ 모든 테두리가 그려짐   ❸ 모든 테두리가 지워짐

● 선 색과 선 스타일 선택하기

선 색이나 선 스타일을 따로 선택하지 않으면 기본적으로 선 색은 [검정], 선 스타일은 [실선]으로 그려집니다. 테두리에 다른 색이나 다른 스타일을 적용하려면 [테두리] 목록에서 선 색이나 선 스타일을 먼저 선택한 후에 테두리를 그려야 합니다.

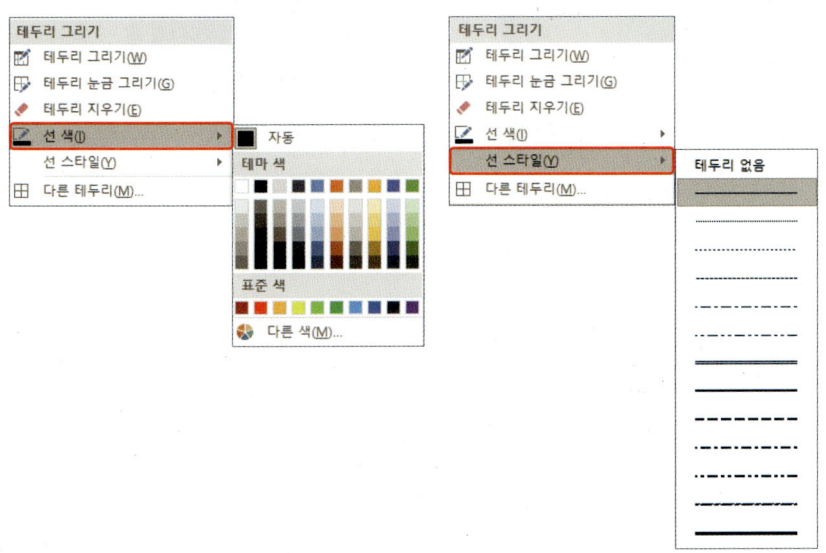

[셀 서식] 대화상자의 [테두리] 탭에서 테두리 지정하기

[셀 서식] 대화상자의 [테두리] 탭에서는 선 스타일, 선 색, 테두리 위치를 한꺼번에 지정할 수 있습니다. 특히 대각선은 주로 [셀 서식] 대화상자의 [테두리] 탭에서 지정합니다. [홈] 탭-[글꼴] 그룹-[테두리] 목록 버튼을 클릭하고 [다른 테두리]를 선택하면 [셀 서식] 대화상자의 [테두리] 탭이 바로 표시됩니다.

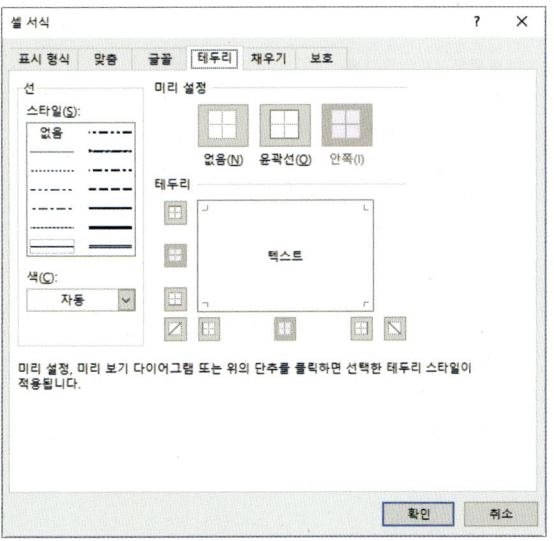

[채우기 색]의 색상 목록

[홈] 탭-[글꼴] 그룹-[채우기 색 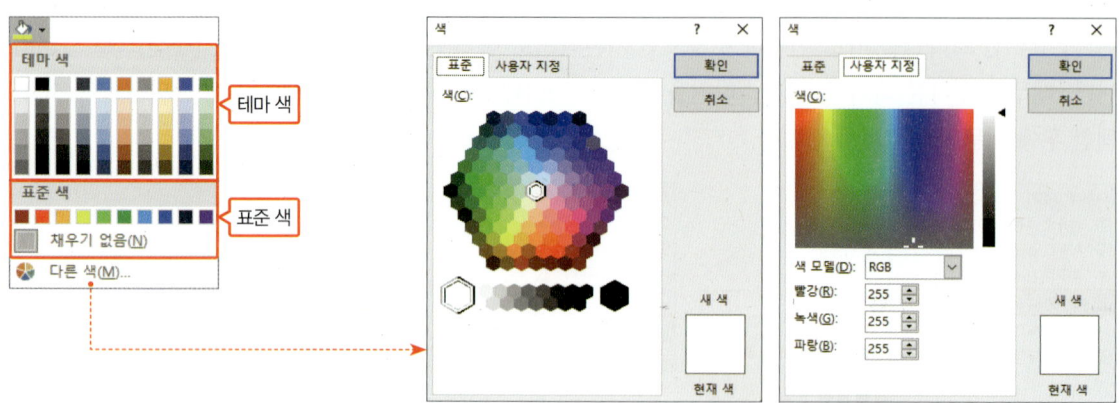]의 색상 목록 중 [테마 색]은 [페이지 레이아웃] 탭-[테마] 그룹에서 선택한 테마와 색에 따라 다른 색상 목록이 표시됩니다. [테마 색]에서 선택한 색상은 테마를 변경하면 함께 바뀝니다. [표준 색]은 테마에 상관없이 항상 동일하게 표시됩니다. [다른 색]을 선택하면 더 많은 색상을 선택할 수 있는 [색] 대화상자가 표시됩니다. [홈] 탭-[글꼴] 그룹-[글꼴 색]의 색상 목록도 동일합니다.

[셀 서식] 대화상자의 [채우기] 탭에서 채우기 효과 지정하기

[셀 서식] 대화상자의 [채우기] 탭에서 [채우기 효과]를 클릭하면 셀에 그라데이션 효과를 지정할 수 있습니다. 또한 [무늬 색]과 [무늬 스타일] 목록에서 셀에 무늬를 지정할 수도 있습니다.

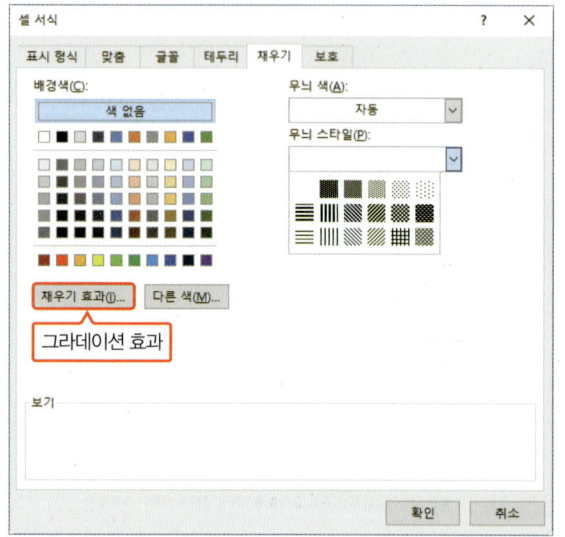
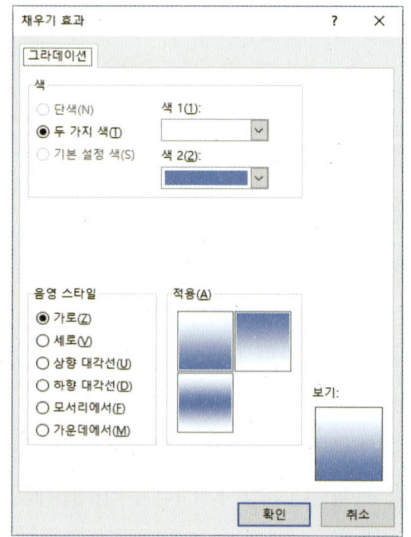

회 사 통
실무활용 10

테두리와 채우기 색으로 문서 스타일 살리기

실습 파일 | CHAPTER05\수익성분석.xlsx   **완성 파일** | CHAPTER05\완성\수익성분석완성.xlsx

고객 수익성 분석표에서 각 표의 테두리와 채우기 색을 지정하여 문서 스타일을 보기 좋게 완성해 보겠습니다.

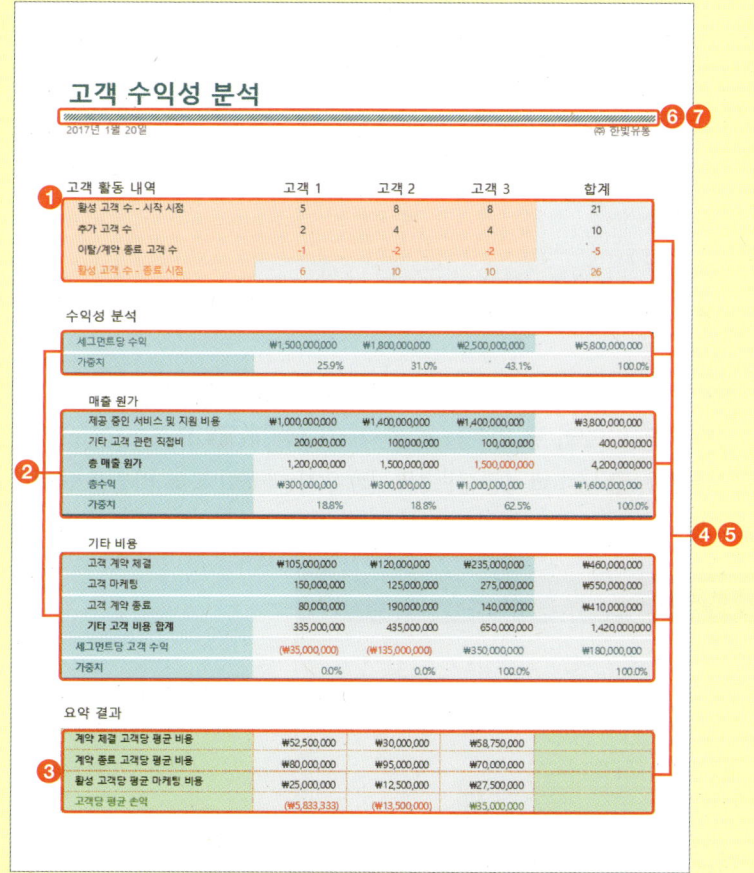

❶ 첫 번째 강조 항목 셀 색 채우기   ❷ 두 번째 강조 항목 셀 색 채우기

❸ 세 번째 강조 항목 셀 색 채우기   ❹ 수식 셀 색 변경

❺ 테두리 지정   ❻ 셀 무늬 채우기

❼ 행 높이 줄이기

01 첫 번째 강조 항목에 셀 색 채우기

❶ [B8:F11] 셀 범위를 드래그합니다. ❷ [홈] 탭-[글꼴] 그룹-[채우기 색 ▼] 목록 버튼을 클릭한 후 ❸ [주황, 강조 2, 80% 더 밝게]를 선택합니다.

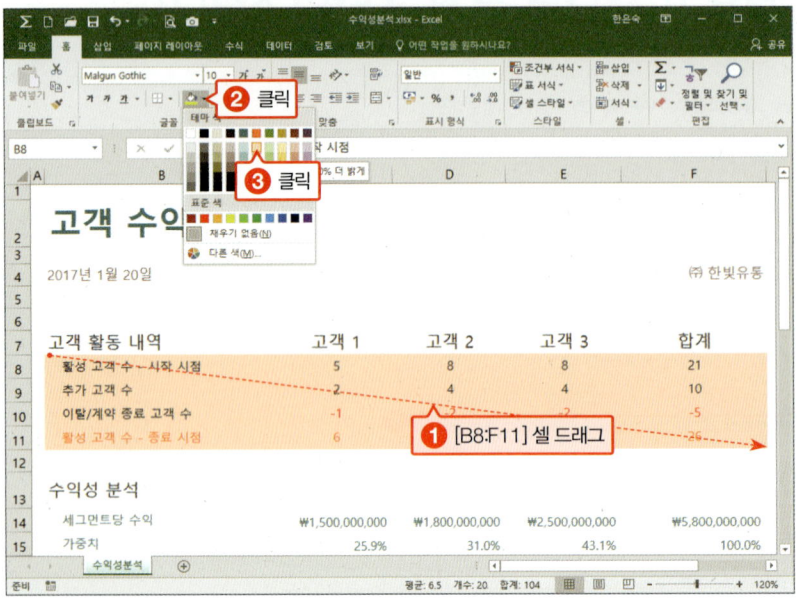

02 두 번째 강조 항목에 셀 색 채우기

❶ [B14:F15] 셀 범위를 드래그하고 ❷ [B18:F22] 셀 범위를 Ctrl+드래그한 후 ❸ [B25:F30] 셀 범위를 Ctrl+드래그해 범위를 추가로 선택합니다. ❹ [홈] 탭-[글꼴] 그룹-[채우기 색 ▼] 목록 버튼을 클릭한 후 ❺ [진한 청록, 강조 1, 80% 더 밝게]를 선택합니다.

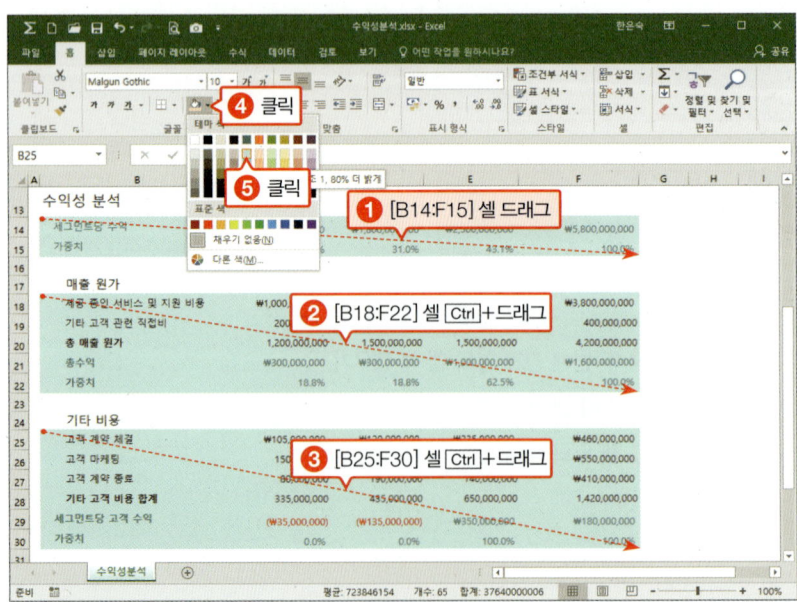

03 세 번째 강조 항목에 셀 색 채우기

❶ [B33:F36] 셀 범위를 드래그합니다. ❷ [홈] 탭–[글꼴] 그룹–[채우기 색🎨] 목록 버튼을 클릭한 후 ❸ [녹색, 강조 3, 80% 더 밝게]를 선택합니다.

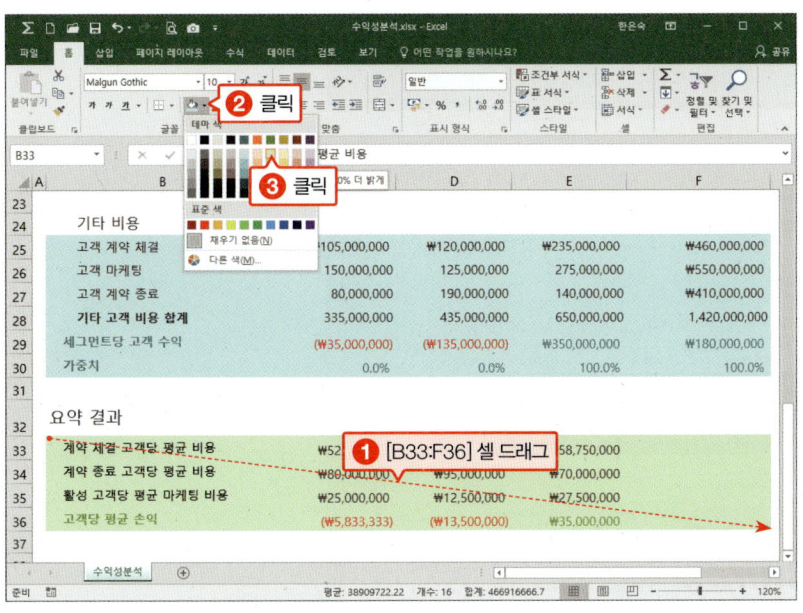

04 수식 셀만 셀 색 변경하기

❶ [B8] 셀을 클릭하여 범위 선택을 해제하고 ❷ [홈] 탭–[편집] 그룹–[찾기 및 선택]을 클릭한 후 ❸ [수식]을 선택합니다. 수식이 입력된 셀만 선택됩니다. ❹ [홈] 탭–[글꼴] 그룹–[채우기 색🎨] 목록 버튼을 클릭한 후 ❺ [흰색, 배경 1, 5% 더 어둡게]를 선택합니다.

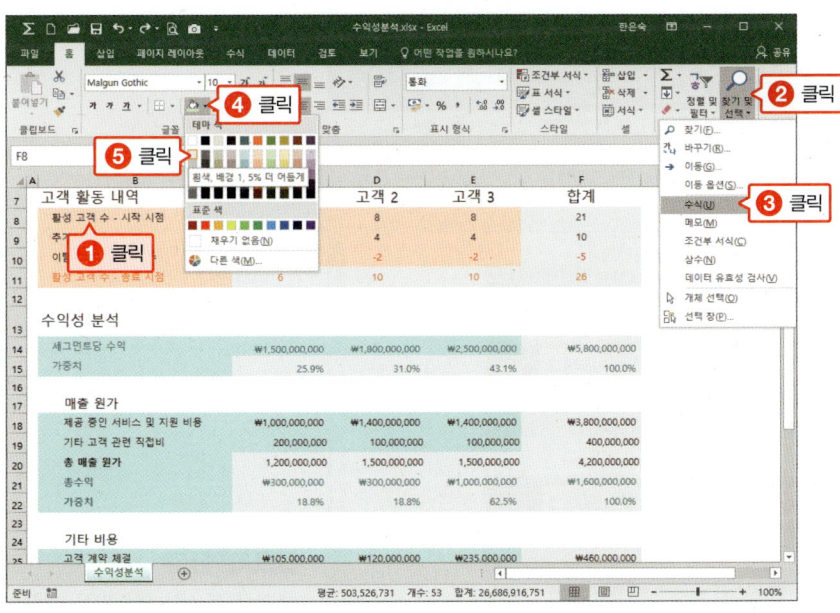

05 테두리 목록에서 테두리 지정하기

❶ [B8:F11] 셀 범위를 드래그한 후 ❷ [홈] 탭-[글꼴] 그룹-[테두리 ⊞▾] 목록 버튼을 클릭하고 ❸ [선색]-[주황, 강조 2]를 선택합니다. ❹ 다시 [홈] 탭-[글꼴] 그룹-[테두리 ⊞▾] 목록 버튼을 클릭하고 ❺ [위쪽/굵은 아래쪽 테두리]를 선택합니다.

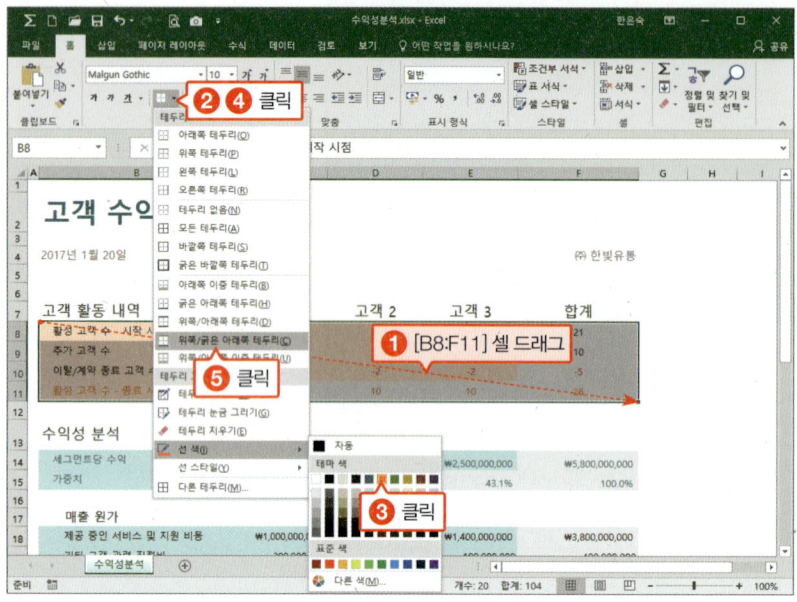

06 [셀 서식] 대화상자의 [테두리] 탭 열기

❶ [B14:F15] 셀 범위를 드래그하고 ❷ [B18:F22] 셀 범위를 Ctrl +드래그한 후 ❸ [B25:F30] 셀 범위를 Ctrl +드래그해 범위를 추가로 선택합니다. ❹ [홈] 탭-[글꼴] 그룹-[테두리 ⊞▾] 목록 버튼을 클릭한 후 ❺ [다른 테두리]를 선택합니다.

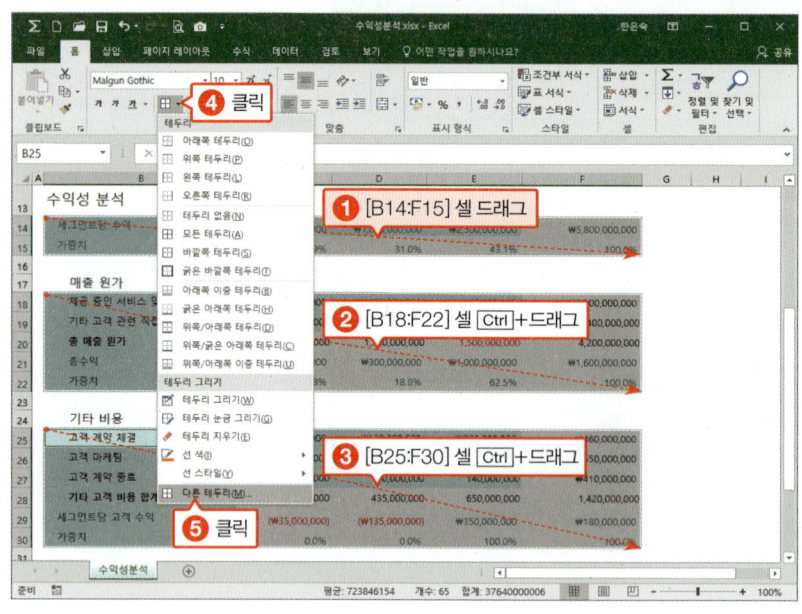

바로 통하는 TIP 단축키 Ctrl + 1 을 눌러 [셀 서식] 대화상자가 열리면 [테두리] 탭을 클릭해도 됩니다.

07 [셀 서식] 대화상자에서 테두리 지정하기

❶ [셀 서식] 대화상자의 [테두리] 탭을 클릭합니다. ❷ [스타일]의 [굵은 실선]을 선택하고 ❸ [색] 목록에서 [진한 청록, 강조 1]을 선택합니다. ❹ 테두리 위치로 [위쪽🔲]과 [아래쪽🔲]을 클릭합니다. ❺ 다시 [색] 목록에서 [흰색, 배경 1]을 선택한 후 ❻ 테두리 위치로 [가로 안쪽🔲]을 클릭하고 ❼ [확인]을 클릭합니다.

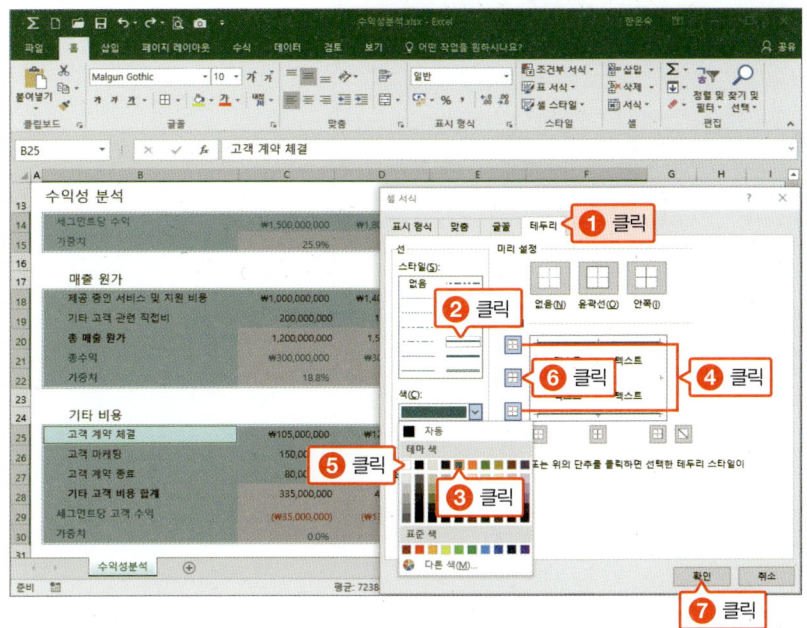

> **바로 통하는 TIP** [가로 안쪽]을 클릭했을 때는 선 색이 흰색이므로 선택이 되었는지 미리 보기에서 보이지 않습니다.

08 테두리 그리기 옵션 선택하기

❶ [홈] 탭-[글꼴] 그룹-[테두리🔲] 목록 버튼을 클릭하고 ❷ [테두리 눈금 그리기]를 선택합니다. ❸ 다시 [홈] 탭-[글꼴] 그룹-[테두리🔲] 목록 버튼을 클릭하고 ❹ [선 스타일]-[점선]을 선택합니다.

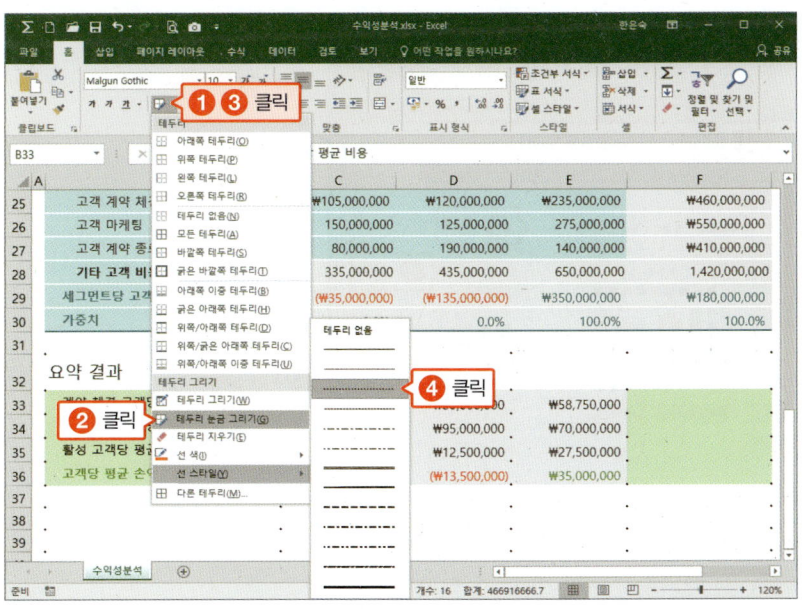

> **바로 통하는 TIP** 선 색은 05 단계에서 선택했던 주황색이 선택되어 있습니다. 선 색에서 다른 색을 선택해도 되지만, 지금은 주황색이 선택된 상태로 테두리를 그려보겠습니다.

09 테두리 직접 그리기

[B33:F36] 셀 범위를 드래그하여 점선 테두리로 눈금을 그린 후 Esc 를 눌러 테두리 그리기 상태를 해제합니다.

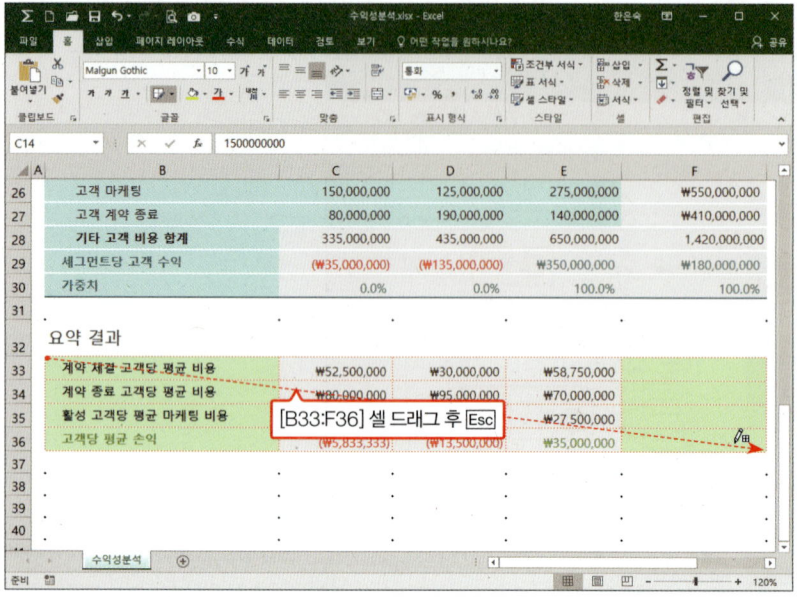

10 셀 무늬 채우기

❶ [B3:F3] 셀 범위를 드래그한 후 Ctrl + 1 을 누릅니다. ❷ [셀 서식] 대화상자의 [채우기] 탭을 클릭합니다. ❸ [배경 색]으로 [진한 청록, 강조 1]을 선택합니다. ❹ [무늬 색] 목록에서 [흰색, 배경 1]을 선택하고 ❺ [무늬 스타일] 목록에서 [대각선 줄]을 선택한 후 ❻ [확인]을 클릭합니다.

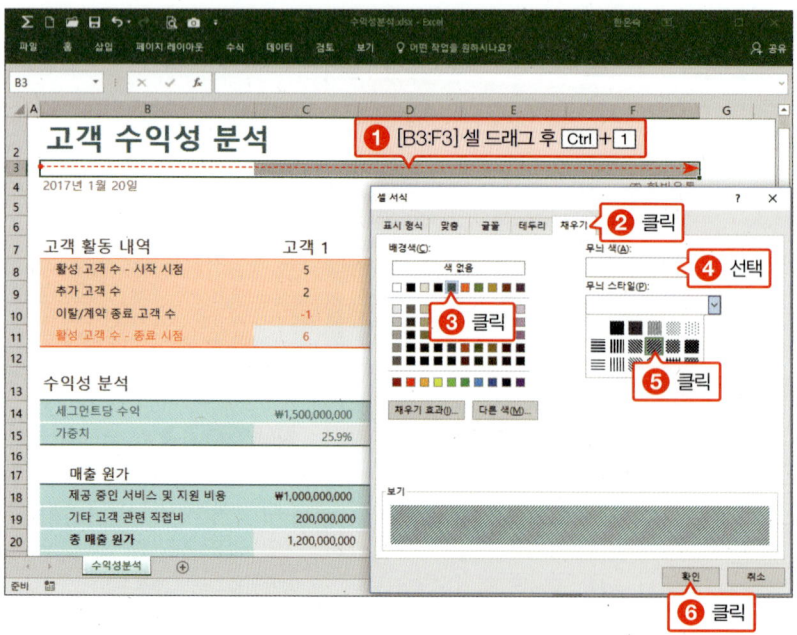

11 행 높이 줄이기

❶ 3행 머리글에서 마우스 오른쪽 버튼을 클릭한 후 ❷ [행 높이]를 선택합니다. ❸ [행 높이] 대화상자에서 [행 높이]란에 **6**을 입력하고 ❹ [확인]을 클릭합니다.

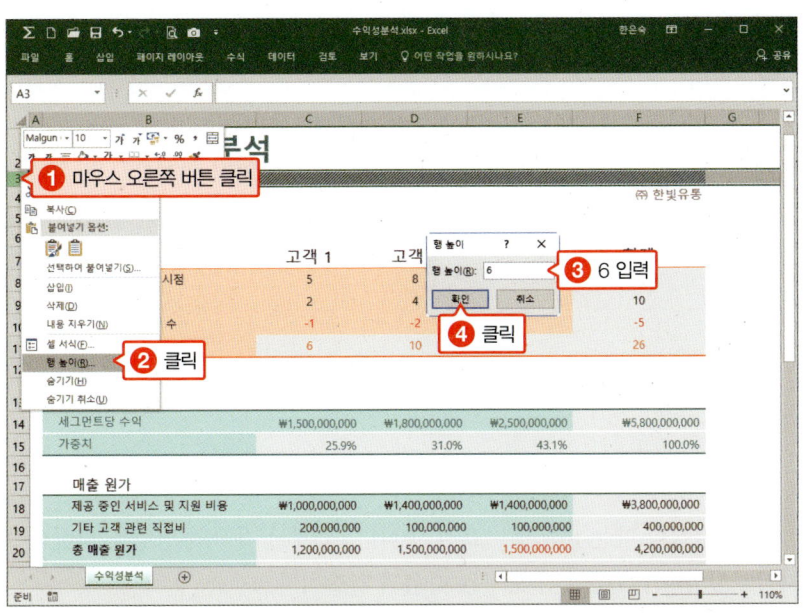

바로 통하는 TIP 테두리 유형에서 굵은 테두리는 두 가지 종류밖에 없습니다. 문서에 더 굵은 테두리를 표시하려면 아래 행에 셀 색을 채운 후 행 높이를 줄여서 테두리처럼 만들어야 합니다. 높이가 낮은 행에 셀 무늬를 지정해서 채우면 점선처럼 표시됩니다.

데이터 표시 형식 지정하기

표시 형식이란 숫자, 날짜/시간, 문자 데이터를 화면에 나타내는 형태를 말합니다. 예를 들어 숫자는 자리 구분 기호를 표시할지, 소수 몇 자리까지 표시할지, 날짜의 연월일 구분 기호는 어떤 형식으로 지정할지 등을 선택할 수 있습니다. 리본 메뉴와 [셀 서식] 대화상자에서 간편하게 선택할 수 있는 데이터 표시 형식 종류를 알아보겠습니다.

표시 형식 그룹

자주 사용되는 기본적인 표시 형식을 지정할 때는 [홈] 탭–[표시 형식] 그룹에서 각각의 명령을 클릭하거나 표시 형식 목록을 선택합니다. [표시 형식] 그룹의 각 도구는 다음과 같습니다.

❶ **표시 형식** : 데이터 종류별로 표시 형식을 선택합니다. [기타 표시 형식]을 선택하면 [셀 서식] 대화상자를 표시합니다.

❷ **회계 표시 형식** : 숫자를 통화 기호와 소수 둘째 자리까지 표시합니다.

❸ **백분율 스타일** : 숫자에 100을 곱하고 % 기호를 표시(단축키 Ctrl + Shift + 5)합니다.

❹ **쉼표 스타일** : 숫자에 천 단위 구분 기호를 표시합니다.

❺ **자릿수 늘림** : 클릭할 때마다 소수 한 자리씩 자릿수를 늘립니다.

❻ **자릿수 줄임** : 클릭할 때마다 소수 한 자리씩 자릿수를 줄입니다.

[셀 서식] 대화상자의 [표시 형식] 탭

[홈] 탭–[표시 형식] 그룹에 없는 표시 형식 종류는 [표시 형식] 그룹의 [대화상자 표시 🖻]를 클릭하거나 단축키 Ctrl+1을 눌러 [셀 서식] 대화상자를 불러온 후 [표시 형식] 탭에서 선택합니다. [범주]에서 종류를 선택하면 오른쪽에 해당 종류에 대해 지정할 수 있는 서식 목록이 표시됩니다.

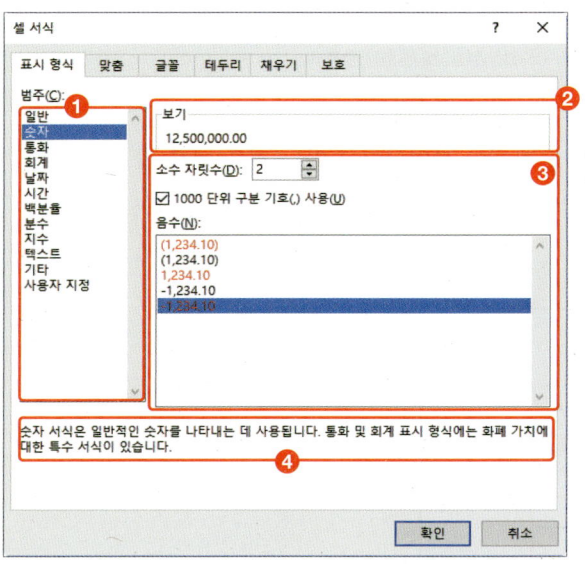

❶ **범주** : [일반]을 선택하면 특정 서식이 지정되지 않으며, [텍스트]를 제외하고는 모두 숫자 데이터에 대해 지정해야 하는 범주입니다. [사용자 지정]을 선택하면 서식 코드를 직접 입력하여 표시 형식을 지정할 수 있습니다.

❷ **보기** : 선택된 셀 데이터에 적용될 서식을 미리 확인할 수 있습니다.

❸ **서식 옵션 및 목록** : 범주에서 선택한 종류에 대해 선택할 수 있는 서식 옵션과 서식 목록이 표시됩니다.

❹ **범주 설명** : 선택한 범주에 대한 설명이 표시됩니다.

 쉽고 빠른 엑셀 NOTE — **회계 표시 형식과 통화 표시 형식의 차이**

회계 표시 형식과 통화 표시 형식의 경우 숫자에 자릿수 구분 기호인 쉼표와 통화 기호가 붙는 것은 같지만, 회계 표시 형식에서 통화 기호는 셀 왼쪽 끝에 표시되고 통화 표시 형식에서 통화 기호는 숫자 바로 앞에 붙는 것이 다릅니다. 회계 표시 형식을 지정하면 가운데 맞춤이 지정되지 않습니다.

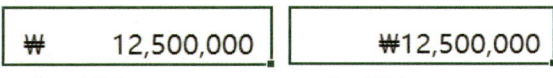

▲ 회계 표시 형식   ▲ 통화 표시 형식

월간 입출금 내역서에 기본 표시 형식 지정하기

실습 파일 | CHAPTER05\월간입출금내역서.xlsx **완성 파일** | CHAPTER05\완성\월간입출금내역서완성.xlsx

월간 입출금 내역서는 회사의 장부상 금액과 통장 잔액이 불일치되어 있는 경우 이를 일치시키기
위한 은행 계정 조정에 사용되는 문서입니다. 날짜와 숫자가 입력된 각 셀에 적합한 표시 형식을
지정해보겠습니다.

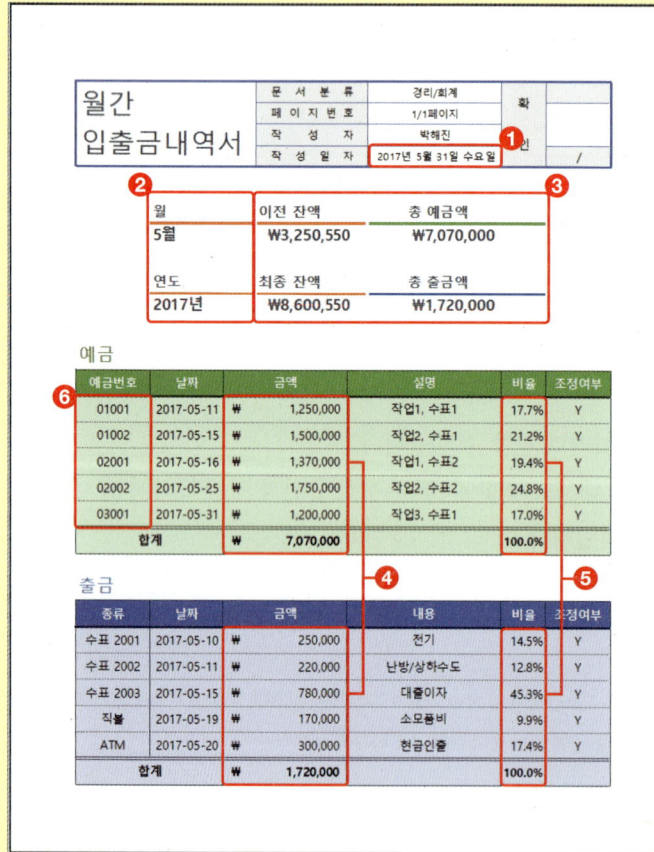

❶ 날짜에 요일 표시   ❷ 날짜 셀 연결 및 기타 날짜 표시 형식 지정

❸ 통화 표시 형식 지정   ❹ 회계 표시 형식 지정

❺ 백분율과 자릿수 지정   ❻ 텍스트 표시 형식 지정

01 날짜에 요일까지 표시하기

날짜 표시 형식을 변경해 요일까지 표시해보겠습니다. ❶ [G5] 셀을 클릭하고 ❷ [홈] 탭–[표시 형식] 그룹–[표시 형식] 목록 버튼을 클릭한 후 ❸ [자세한 날짜]를 선택합니다.

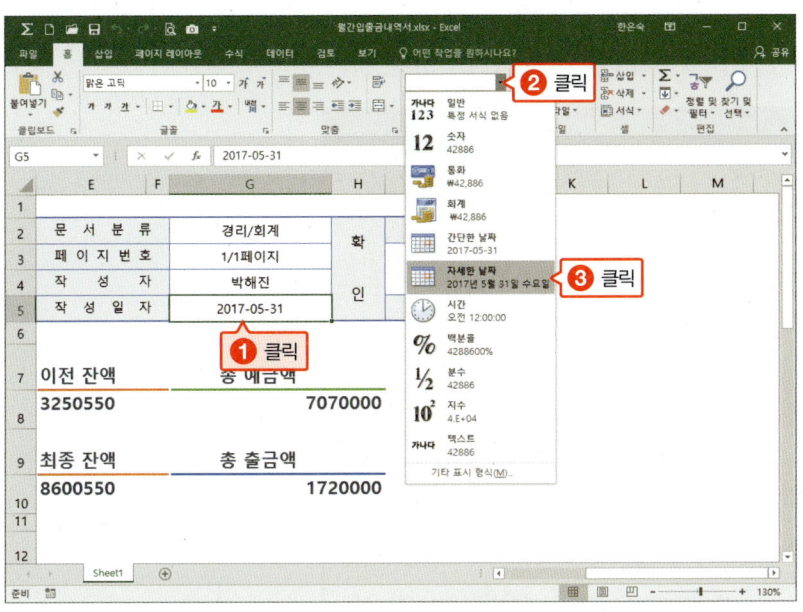

02 날짜 셀 연결하기

월과 연도를 [G5] 셀의 날짜와 동일하게 설정하기 위해 셀을 연결하겠습니다. ❶ [C8] 셀을 클릭한 후 ❷ [C10] 셀을 Ctrl +클릭하고 =를 입력합니다. ❸ [G5] 셀을 클릭한 후 F4 를 눌러 절대 참조 형태로 바꾸고 ❹ Ctrl + Enter 를 누릅니다.

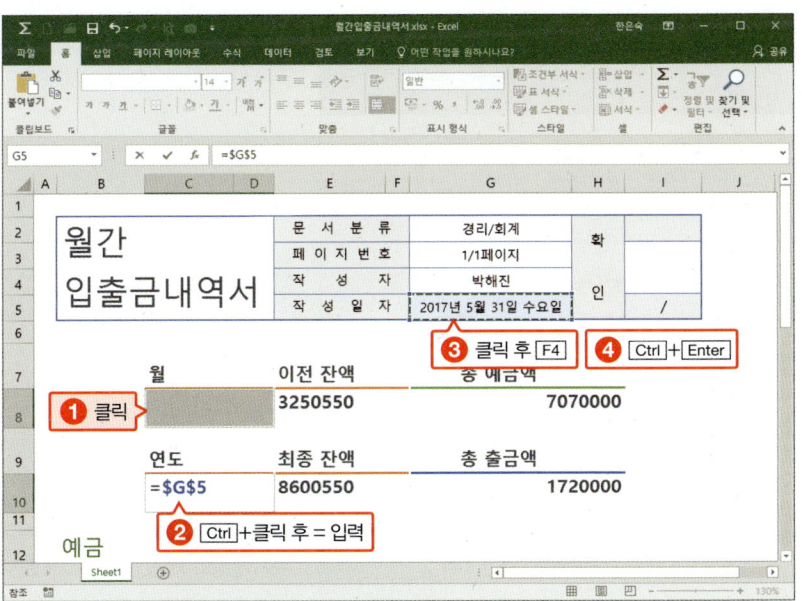

O3 기타 날짜 표시 형식 선택하기

[자세한 날짜] 서식이 지정된 셀을 연결했으므로 [C8] 셀과 [C10] 셀에 같은 서식이 적용되었습니다. 열 너비가 좁아 '#'으로 채워져 있으므로 다른 날짜 표시 형식을 선택하겠습니다. ❶ [C8] 셀을 클릭하고 ❷ [홈] 탭-[표시 형식] 그룹에서 [대화상자 표시 ▣]를 클릭합니다. ❸ [셀 서식] 대화상자의 [표시 형식] 탭에서 [범주]의 [날짜]를 선택하고 ❹ [형식]에서 [2012년 3월]을 선택합니다.

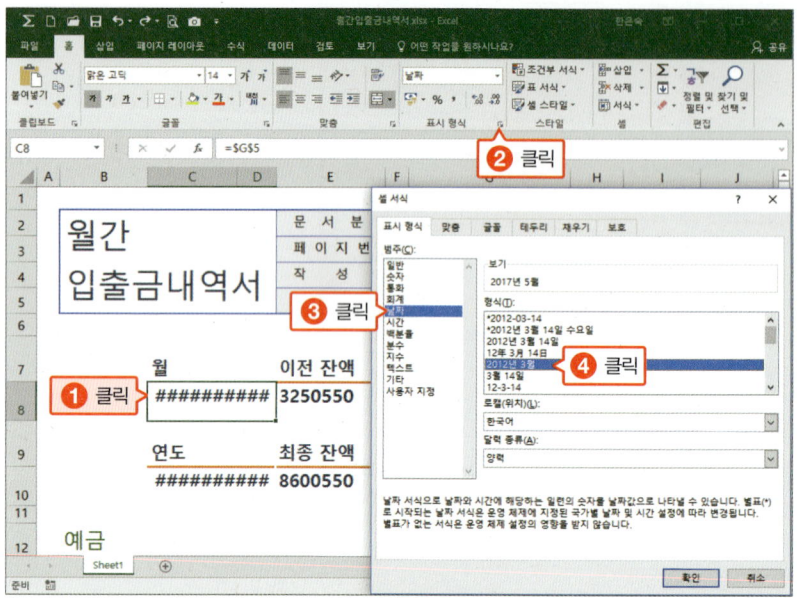

O4 날짜의 월만 표시하기

❶ [셀 서식] 대화상자의 [표시 형식] 탭에서 [범주]의 [사용자 지정]을 선택하고 ❷ [형식]란의 'yyyy"년"'을 드래그해서 범위로 선택한 후 Delete 를 눌러 지웁니다. ❸ [확인]을 클릭합니다. 날짜에서 월만 표시됩니다.

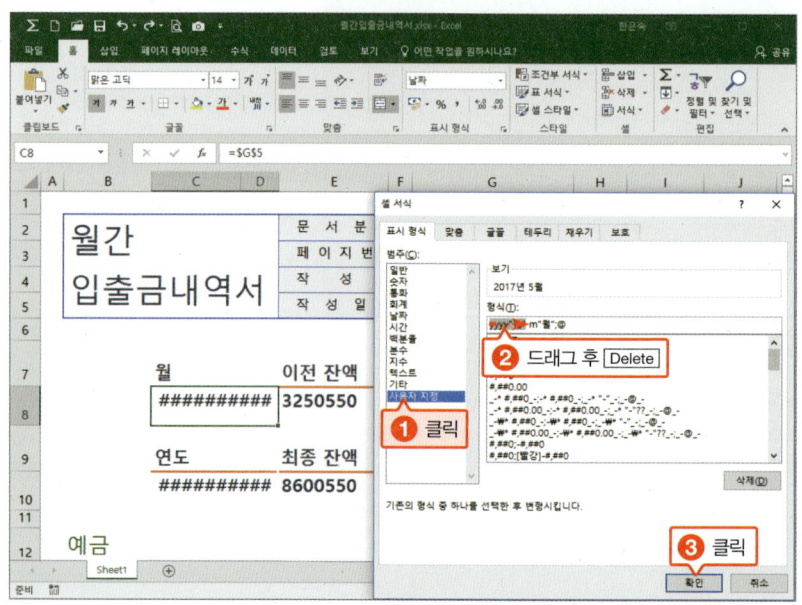

바로 통하는 TIP [형식]란에는 해당 표시 형식의 서식 코드가 표시되므로 서식 코드 일부를 수정하여 원하는 표시 형식으로 변경할 수 있습니다.

05 기타 날짜 표시 형식 선택하기

[C10] 셀에도 [자세한 날짜] 서식이 적용되어 있으므로 다른 날짜 표시 형식을 선택하겠습니다. ❶ [C10] 셀을 클릭하고 ❷ [홈] 탭-[표시 형식] 그룹의 [대화상자 표시 ⤢]를 클릭합니다. ❸ [셀 서식] 대화상자의 [표시 형식] 탭에서 [범주]의 [날짜]를 선택하고 ❹ [형식]에서 [2012년 3월]을 선택합니다.

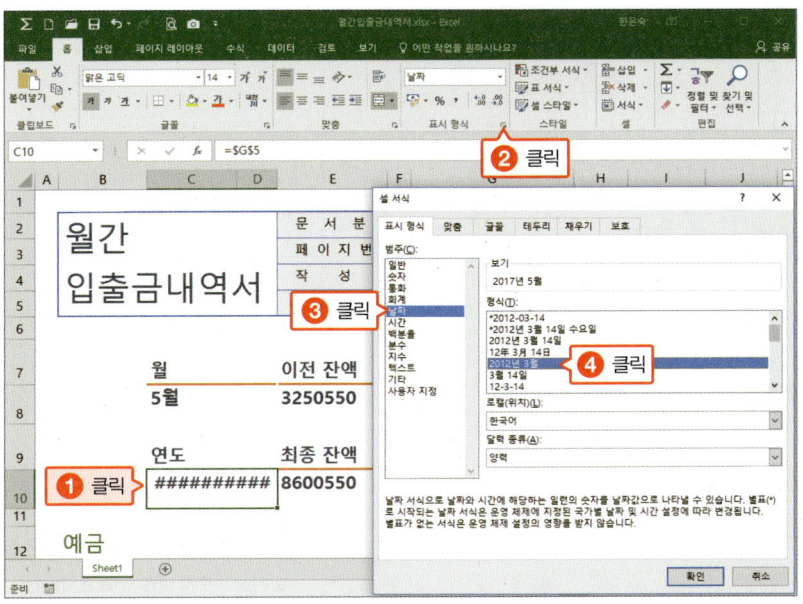

06 날짜의 연도만 표시하기

❶ [셀 서식] 대화상자의 [표시 형식] 탭에서 [범주]의 [사용자 지정]을 선택하고 ❷ [형식]란의 'm"월";@'을 드래그해서 범위로 선택한 후 Delete 를 눌러 지웁니다. ❸ [확인]을 클릭합니다. 날짜에서 연도만 표시됩니다.

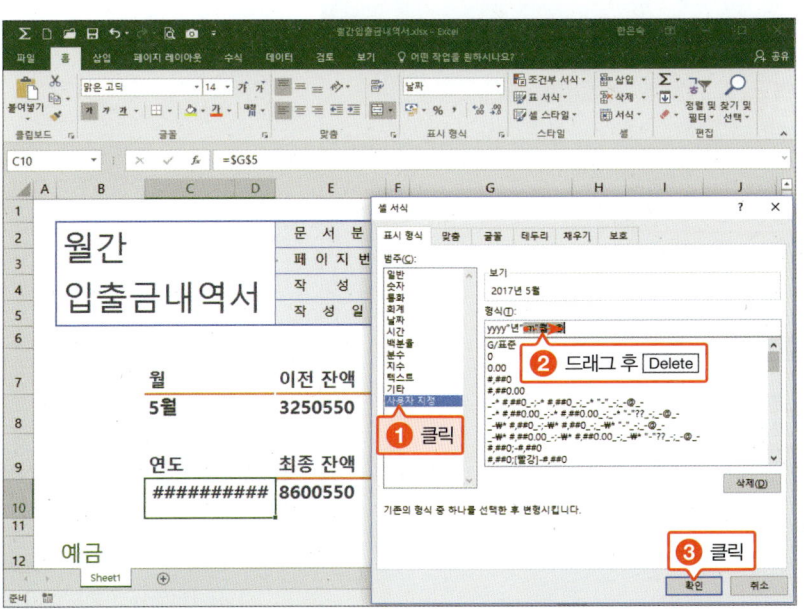

07 통화 형식 지정하기

❶ [E8:H8] 셀 범위를 드래그하고 ❷ [E10:H10] 셀 범위를 Ctrl+드래그합니다. ❸ [홈] 탭-[표시 형식] 그룹-[표시 형식] 목록 버튼을 클릭하고 ❹ [통화]를 선택합니다. ❺ [홈] 탭-[맞춤] 그룹-[가운데 ▤]를 클릭합니다.

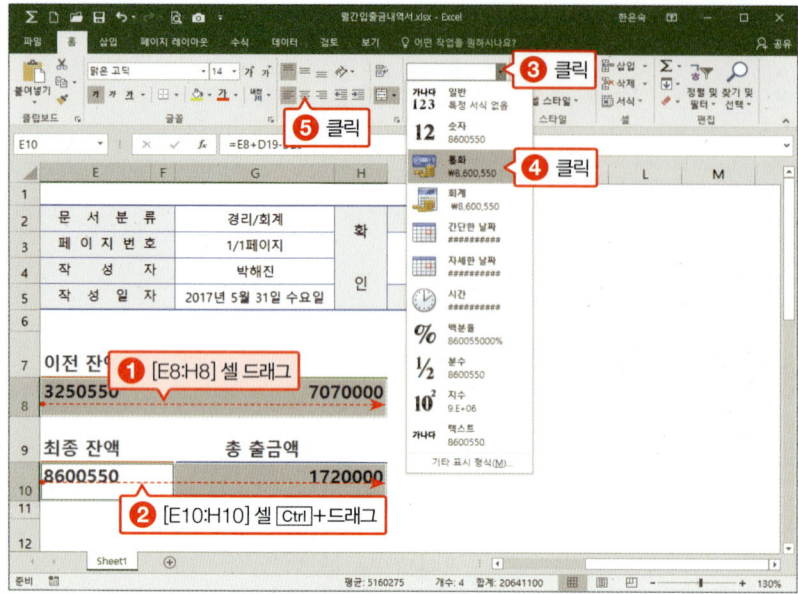

바로 통하는 TIP 통화 표시 형식은 통화 기호가 숫자 바로 앞에 표시됩니다.

08 회계 표시 형식 지정하기

❶ [D14:E19] 셀 범위를 드래그하고 ❷ [D23:E28] 셀 범위를 Ctrl+드래그한 후 ❸ [홈] 탭-[표시 형식] 그룹-[회계 표시 형식 ▦]을 클릭합니다.

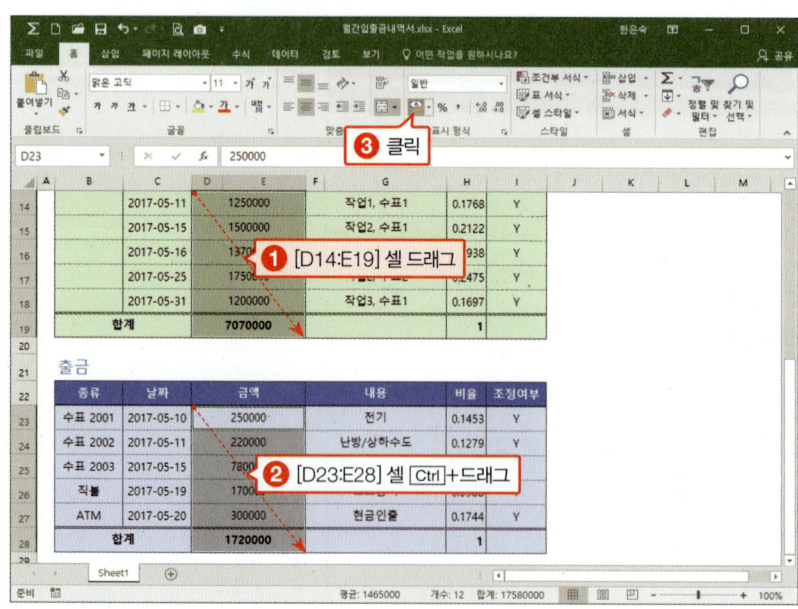

바로 통하는 TIP 회계 표시 형식은 통화 기호가 셀의 왼쪽 끝에 표시되고 숫자는 오른쪽 끝에 표시됩니다.

09 백분율과 자릿수 지정하기

❶ [H14:H19] 셀 범위를 드래그하고 ❷ [H23:H28] 셀 범위를 Ctrl+드래그합니다. ❸ [홈] 탭-[표시 형식] 그룹-[백분율 스타일 %]과 [자릿수 늘림 ⁰⁸]을 각각 클릭합니다. 값이 백분율로 표시되고 소수 첫째 자리까지 표시됩니다.

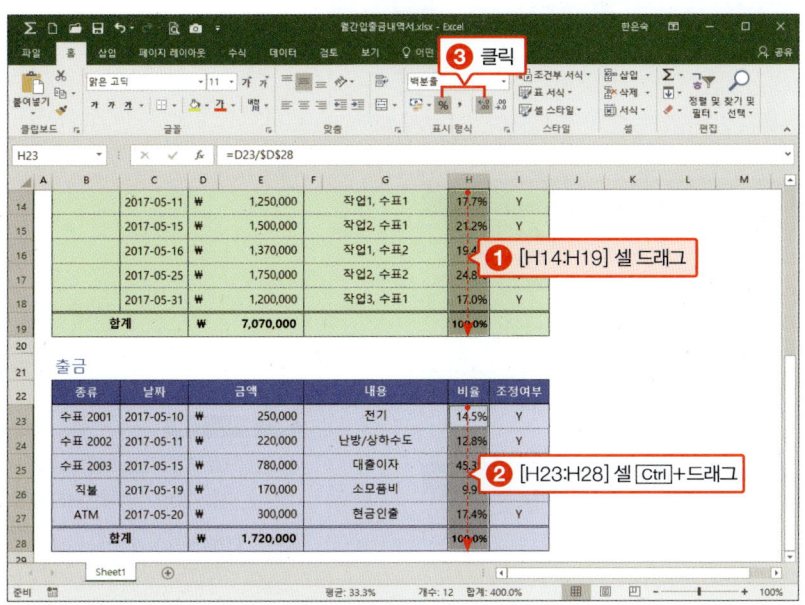

10 셀 범위에 텍스트 표시 형식 지정하기

❶ [B14:B18] 셀 범위를 드래그합니다. ❷ [홈] 탭-[표시 형식] 그룹-[표시 형식] 목록 버튼을 클릭한 후 ❸ [텍스트]를 선택합니다.

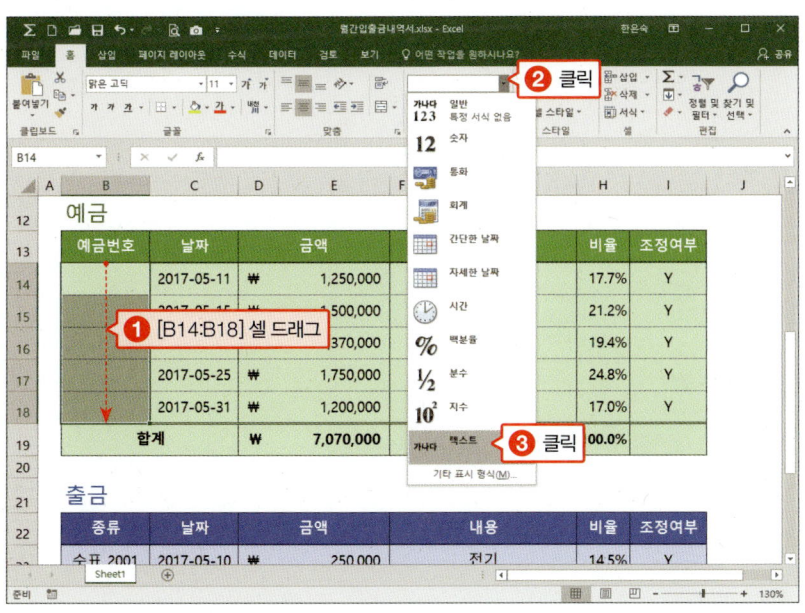

바로 통하는 TIP 숫자를 텍스트 표시 형식으로 입력하려면 아포스트로피(')를 입력한 후 숫자를 입력합니다. 그런데 텍스트 표시 형식으로 입력할 셀이 많은 경우에는 이 방법이 번거로우므로 셀 범위에 텍스트 표시 형식을 지정합니다. 아포스트로피(') 없이 입력해도 숫자가 텍스트 표시 형식으로 입력됩니다.

11 텍스트 표시 형식으로 숫자 입력하기

❶ [B14:B18] 셀 범위에 각각 **01001, 01002, 02001, 02002, 03001**을 입력합니다. ❷ [B14:B18] 셀 범위를 드래그하고 ❸ [오류 검사▣]를 클릭합니다. ❹ [오류 무시]를 선택합니다.

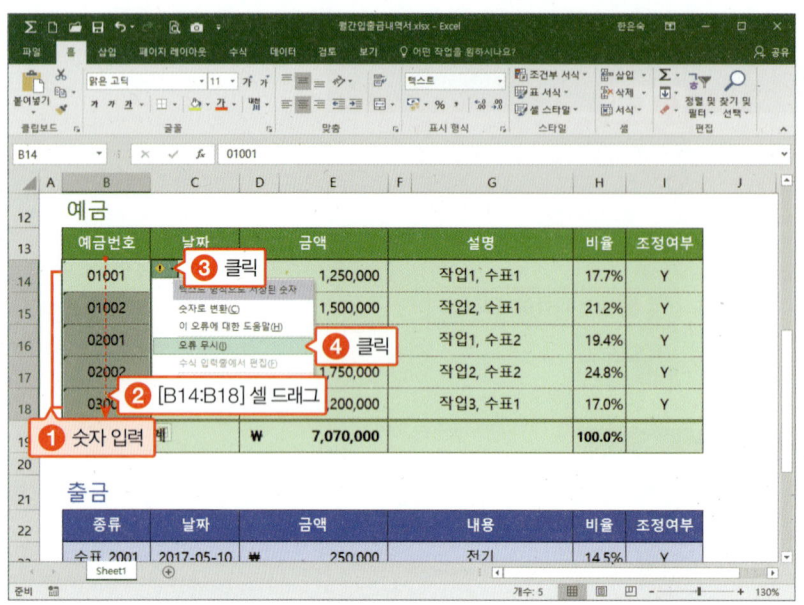

바로 통하는 TIP 숫자가 텍스트 표시 형식으로 지정되면 엑셀에서 기본적으로 오류인지를 검사하므로 [오류 검사] 아이콘이 표시됩니다.

쉽고 빠른 엑셀 NOTE

오류 검사를 표시하지 않기

셀에 오류 표시가 나타나지 않도록 설정하려면 [오류 검사]를 클릭한 후 [오류 검사 옵션]을 선택하거나 [파일] 탭-[옵션]을 선택한 후 [Excel 옵션] 대화상자의 [수식]을 선택합니다. [오류 검사] 중 [다른 작업을 수행하면서 오류 검사]의 체크 표시를 해제하면 오류 검사를 수행하지 않으므로 오류 표시도 나타나지 않습니다. [무시한 오류를 원래대로]를 클릭하면 없었던 오류 표시가 다시 나타납니다. [오류 검사 규칙]에 있는 옵션은 셀에 오류 표시가 나타나는 경우를 지정합니다.

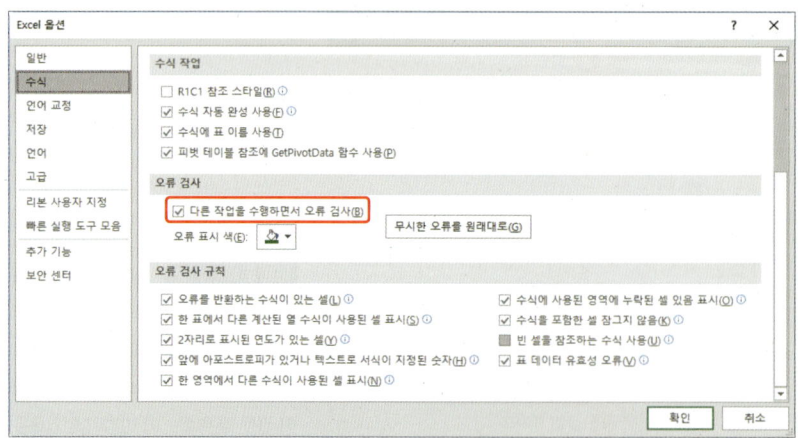

사용자 지정 서식 코드 활용하기

[홈] 탭-[표시 형식] 그룹이나 [셀 서식] 대화상자의 [표시 형식] 탭에서 기본으로 제공되는 표시 형식 중에 마음에 드는 서식이 없을 때는 서식 코드를 직접 입력하여 원하는 표시 형식을 만들 수 있습니다. 서식 코드의 구성과 데이터 종류별로 사용하는 서식 코드를 살펴보고 다양한 활용 방법을 알아보겠습니다.

[셀 서식] 대화상자에서 표시 형식 사용자 지정하기

데이터를 원하는 형식으로 표시하려면 ❶ [셀 서식] 대화상자(단축키 Ctrl + 1)의 [표시 형식] 탭에서 [범주]의 [사용자 지정]을 선택한 후 ❷ [형식]란에 서식 코드를 직접 입력합니다. [범주]에서 기존 표시 형식을 선택한 후 [사용자 지정]을 선택하면 해당 서식 코드를 확인할 수 있는데, 이때 기존 서식 코드를 변형해서 사용할 수 있습니다.

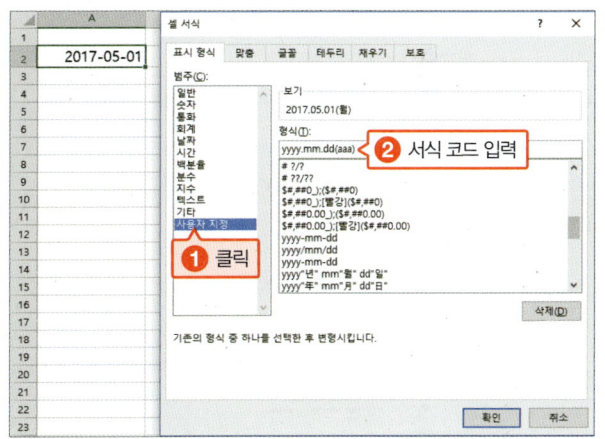

서식 코드의 구성

❶ [셀 서식] 대화상자의 [표시 형식] 탭에서 [범주]의 숫자 표시 형식 중 가장 많이 사용하는 [회계]를 선택한 후 ❷ [사용자 지정]을 선택하면 회계 표시 형식의 서식 코드가 확인됩니다.

회계 표시 형식의 서식 코드에서 보이는 것처럼 서식 코드는 양수, 음수, 0, 문자의 순서로 최대 네 개의 섹션으로 이루어집니다. 각 섹션은 세미콜론(;)으로 구분합니다.

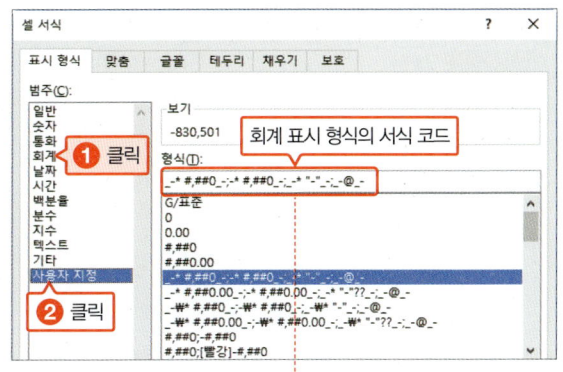

_-* #,##0_-;-* #,##0_-;_-* "-"_-;_-@_-

_-* #,##0_-;-* #,##0_-;_-* "-"_-;_-@_-

양수 서식 　　음수 서식 　　0 서식 　　문자 서식

서식 코드 섹션의 구성 예

회계 표시 형식처럼 네 개의 섹션에 모두 서식 코드를 지정할 필요는 없습니다. 양수, 음수, 0, 문자 각 데이터마다 서식을 다르게 지정하고 싶을 때는 네 개의 섹션에 서식 코드를 지정할 수 있지만, 대부분은 한 개나 두 개의 섹션에만 서식 코드를 지정하는 경우가 많습니다. 예를 들어 두 개의 섹션에 서식 코드를 지정하면 첫 번째 섹션은 양수 및 0에 적용되고, 두 번째 섹션은 음수에 적용됩니다. 한 개의 섹션에만 서식 코드를 지정하면 이 서식 코드는 양수, 음수, 0에 대해 적용됩니다. 서식 코드에서 특별히 지정되지 않은 서식은 기본 서식으로 표시됩니다.

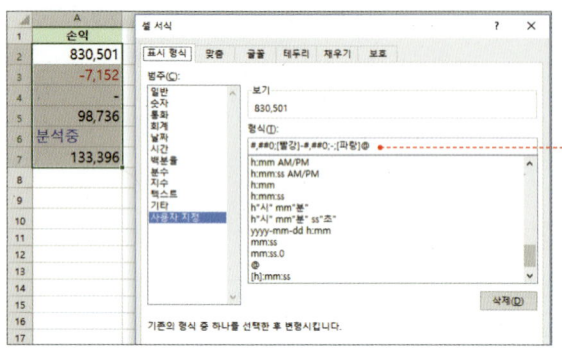

양수 서식	음수 서식	0 서식	문자 서식
#,##0	[빨강]-#,##0	–	[파랑]@
천 단위 구분 기호 표시	빨간색으로 마이너스 부호와 천 단위 구분 기호 표시	0 대신 하이픈으로 표시	파란색으로 표시

▲ 네 개의 섹션에 서식 코드를 지정하면 양수, 음수, 0, 문자에 적용됨

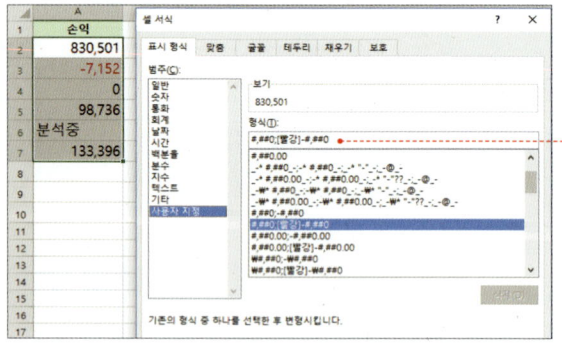

양수 및 0 서식	음수 서식
#,##0	[빨강]-#,##0
천 단위 구분 기호 표시	빨간색으로 마이너스 부호와 천 단위 구분 기호 표시

▲ 두 개의 섹션에 서식 코드를 지정하면 양수 및 0, 음수에 적용됨

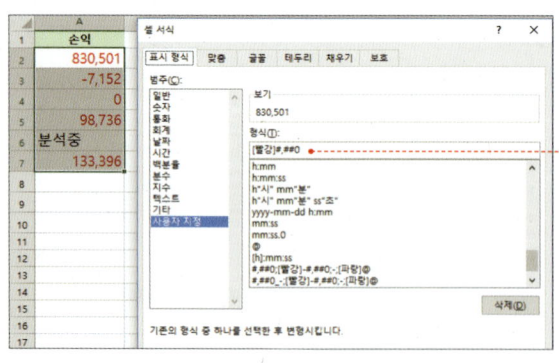

양수, 음수, 0 서식
[빨강]#,##0
빨간색으로 천 단위 구분 기호 표시. 음수는 마이너스 부호가 기본 서식이므로 부호가 함께 표시

▲ 한 개의 섹션에만 서식 코드를 지정하면 양수, 음수, 0에 적용됨

데이터 유형별 서식 코드

표시 형식을 직접 지정하기 위해서는 서식을 표시하는 데 사용되는 서식 코드를 이해해야 합니다. 숫자, 문자, 날짜, 시간별 서식 코드의 기능과 사용 예는 다음과 같습니다.

숫자 및 문자 서식 코드

서식 코드	기능	사용 예		
		입력	서식 코드	표시
0(영)	유효하지 않은 0자리를 표시합니다.	7.5	0.00	7.50
		1	000	001
#	유효하지 않은 0자리를 표시하지 않습니다.	7.5	#.##	7.5
		0.631	0.#	0.6
?	유효하지 않은 0자리에 공백을 추가합니다. 주로 소수점이 포함된 숫자를 소수점 기준으로 정렬할 때 사용합니다.	4.333 102.51 2.8	???.???	4.333 102.51 2.8 (소수점 기준 정렬)
,(쉼표)	서식 코드 중간에 넣으면 자릿수 구분 기호를 표시합니다. 서식 코드 끝에 넣으면 천으로 수를 나누어 천 단위를 생략해서 표시합니다.	16000	#,##0	16,000
		1600000	#,##0,	1,600
		16000000	#,##0,,	16
*(별표)	별표 뒤에 입력한 문자를 반복해서 표시합니다.	9	*–#	---------9
_ (언더바, 하이픈)	언더바 뒤에 입력한 문자만큼 공백을 줍니다. 공백 대체 문자로는 주로 하이픈을 사용합니다.	1000	#,##0 _–	1,000
@	뒤에 입력한 문자를 표시합니다.	대표	@"님"	대표님

날짜 서식 코드

서식 코드		기능	사용 예		
			입력	서식 코드	표시
월	m	월을 한 자리로 표시합니다.	2016–09–02	m	9
	mm	월을 두 자리로 표시합니다.	2016–09–02	mm	09
	mmm	월을 영문 약자로 표시합니다.	2016–09–02	mmm	Sep
	mmmm	월을 완전한 영문 단어로 표시합니다.	2016–09–02	mmmm	September
	mmmmm	영문 월 이름의 첫 대문자만 표시합니다.	2016–09–02	mmmmm	S
일	d	일을 한 자리로 표시합니다.	2016–09–02	d	2
	dd	일을 두 자리로 표시합니다.	2016–09–02	dd	02
요일	ddd	요일을 영문 약자로 표시합니다.	2016–09–02	ddd	Fri
	dddd	요일을 완전한 영문 단어로 표시합니다.	2016–09–02	dddd	Friday
	aaa	요일을 한글 약자로 표시합니다.	2016–09–02	aaa	금
	aaaa	요일을 완전한 한글 단어로 표시합니다.	2016–09–02	aaaa	금요일
연도	yy	연도를 두 자리로 표시합니다.	2016–09–02	yy	16
	yyyy	연도를 네 자리로 표시합니다.	2016–09–02	yyyy	2016

시간 서식 코드

서식 코드		기능	사용 예		
			입력	서식 코드	표시
시	h	시간을 한 자리로 표시합니다.	2:10	h	2
	hh	시간을 두 자리로 표시합니다.		hh	02
경과 시간	[h]	24를 넘는 경과 시간을 표시합니다.	25:05:00	[h]	25
분	m	분을 한 자리로 표시합니다.	2:05	h:m	2:5
	mm	분을 두 자리로 표시합니다.		hh:mm	02:05
경과 분	[m]	60을 넘는 경과 분을 표시합니다.	1:30	[m]	90
초	s	초를 한 자리로 표시합니다.	2:30:05	s	5
	ss	초를 두 자리로 표시합니다.		ss	05
경과 초	[s]	60을 넘는 경과 초를 표시합니다.	0:02:30	[s]	150
오전/오후	AM/PM	12시간제로 표시하고 AM/PM 표시를 대문자로 넣습니다.	15:30	h:m AM/PM	3:30 PM
	am/pm	12시간제로 표시하고 am/pm 표시를 소문자로 넣습니다.		h:m am/pm	3:30 pm
	A/P	12시간제로 표시하고 AM/PM 표시를 대문자 첫 글자만 넣습니다.		h:m A/P	3:30 P
	a/p	12시간제로 표시하고 am/pm 표시를 소문자 첫 글자만 넣습니다.		h:m a/p	3:30 p

바로 통하는 TIP m은 월을 표시할 때도 사용되는 코드이므로, m 또는 mm 코드가 h 또는 hh 코드 바로 다음이나 ss 코드 바로 앞에 나타나야만 '분'으로 표시됩니다.

색 및 조건 지정 코드

서식 코드의 특정 섹션에 색을 지정하려면 다음 8가지 색 중 하나의 이름을 대괄호([ ]) 안에 입력합니다. 색 코드는 섹션에서 가장 앞부분에 입력해야 합니다.

[검정], [녹색], [흰색], [파랑], [자홍], [노랑], [녹청], [빨강]

서식에 조건을 지정하려면 조건을 대괄호([ ]) 안에 입력합니다. 조건은 비교 연산자와 값으로 구성됩니다. 예를 들어 100 미만의 숫자는 빨간색으로 표시하고, 1000 이상의 숫자는 파란색으로 천 단위 구분 기호를 넣어 표시하려면 서식 코드를 **[빨강][<100]#;[파랑][>=1000]#,##0;G/표준**으로 입력합니다. 나머지 데이터는 표준 서식으로 표시됩니다.

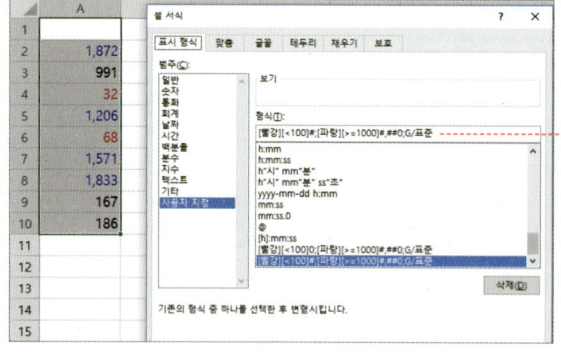

첫째 조건	둘째 조건	조건 외
[빨강][<100]#	[파랑][>=1000]#,##0	G/표준
100 미만 숫자는 빨간색으로 표시. 0은 표시 안 함	1000 이상 숫자는 파란색으로 천 단위 구분 기호 표시	조건에 해당되지 않는 데이터는 표준 서식으로 표시

회 사 통
실무활용 **12**

거래명세표에 표시 형식 사용자 지정하기

실습 파일 | CHAPTER05\거래명세표.xlsx   **완성 파일** | CHAPTER05\완성\거래명세표완성.xlsx

거래명세표는 세부 거래 내역이나 거래 사실을 뒷받침할 수 있도록 거래가 발생한 시점에서 작성해 거래 물품의 수령 여부를 확인하도록 하는 문서입니다. 숫자, 문자 서식 코드 앞뒤에 원하는 문자를 넣어서 표시할 수 있습니다. 데이터 표시 형식이 지정되지 않은 거래명세표의 각 데이터에 적절한 표시 형식을 지정해보겠습니다.

❶ 날짜를 '연, 월, 일(요일)'로 표시

❷ 날짜의 월과 일만 표시

❸ 문자 앞에 '2017–' 표시

❹ 숫자 뒤에 'cm' 표시

❺ 공백으로 숫자 자릿수 맞추기

❻ 0을 채워 숫자 자릿수 맞추기

❼ 천 원 단위 생략 표시

❽ 색과 조건에 따라 표시

❾ 경과 시간 표시

❿ 숫자를 한글로 표시

01 날짜에 요일 표시하기

❶ [A2] 셀을 클릭하고 Ctrl+1을 눌러 [셀 서식] 대화상자를 표시합니다. ❷ [셀 서식] 대화상자의 [표시 형식] 탭에서 [범주]의 [사용자 지정]을 선택합니다. ❸ [형식]란의 서식 코드를 **yyyy.m.d(aaaa)**로 수정한 후 ❹ [확인]을 클릭합니다. 날짜가 '2017.5.12(금요일)'로 표시됩니다.

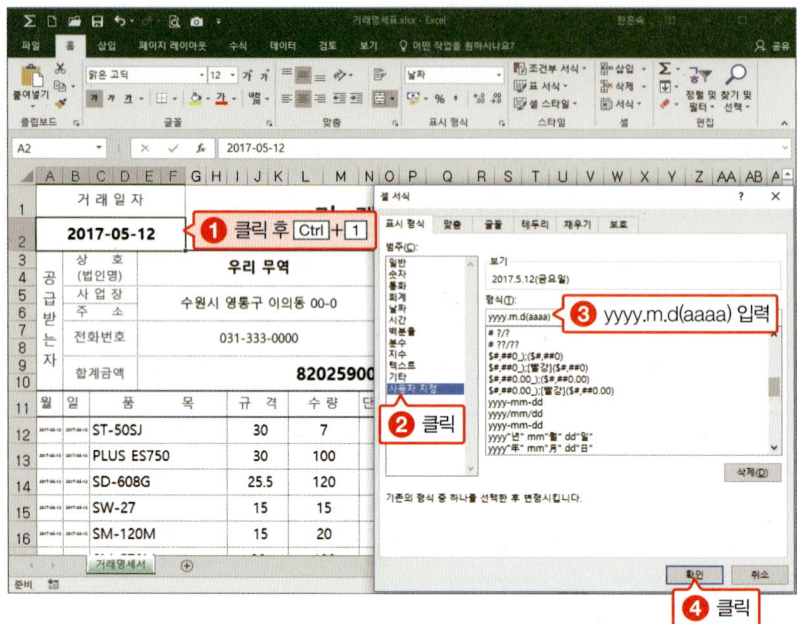

02 날짜의 월만 표시하기

❶ [A12:A23] 셀 범위를 드래그하고 Ctrl+1을 눌러 [셀 서식] 대화상자를 표시합니다. ❷ [셀 서식] 대화상자의 [표시 형식] 탭에서 [범주]의 [사용자 지정]을 선택합니다. ❸ [형식]란의 서식 코드를 **m**으로 수정한 후 ❹ [확인]을 클릭합니다. 월을 나타내는 '5'만 표시됩니다.

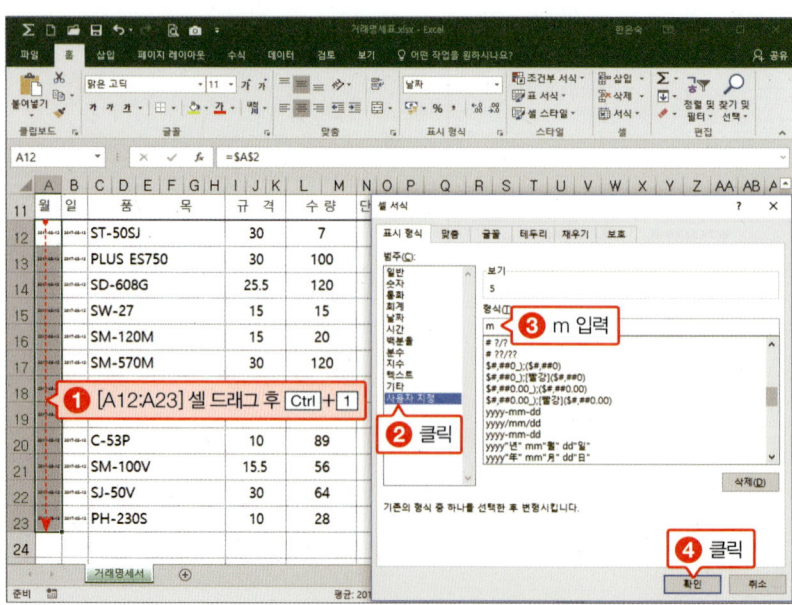

03 날짜의 일만 표시하기

❶ [B12:B23] 셀 범위를 드래그하고 Ctrl + 1 을 눌러 [셀 서식] 대화상자를 표시합니다. ❷ [셀 서식] 대화상자의 [표시 형식] 탭에서 [범주]의 [사용자 지정]을 선택합니다. ❸ [형식]란의 서식 코드를 **d**로 수정한후 ❹ [확인]을 클릭합니다. 일을 나타내는 '12'만 표시됩니다.

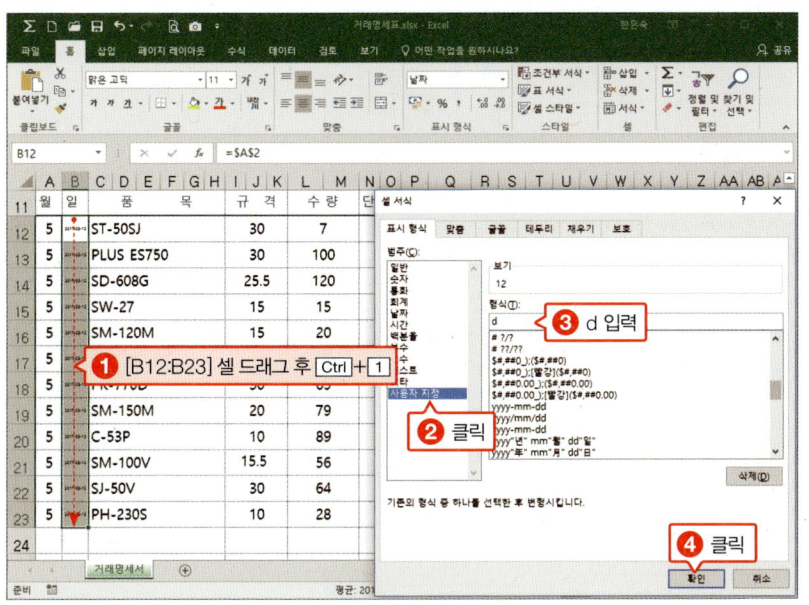

바로 통하는 TIP [A12:B23] 셀 범위에는 [A2] 셀의 날짜가 수식으로 연결되어 있습니다. 또한 기본 날짜 서식인 'yyyy-mm-dd' 형식과 [셀에 맞춤] 서식이 지정되어 있습니다. [셀에 맞춤]은 [셀 서식] 대화상자의 [맞춤] 탭에서 [텍스트 조정]의 [셀에 맞춤]에 체크 표시하여 설정합니다.

04 문자 앞에 다른 문자 표시하기

품목명 앞에 한꺼번에 '2017-'을 붙여보겠습니다. ❶ [C12:C23] 셀 범위를 드래그하고 Ctrl + 1 을 눌러 [셀 서식] 대화상자를 표시합니다. ❷ [셀 서식] 대화상자의 [표시 형식] 탭에서 [범주]의 [사용자 지정]을 선택합니다. ❸ [형식]란의 서식 코드를 **"2017-"@**로 수정한 후 ❹ [확인]을 클릭합니다.

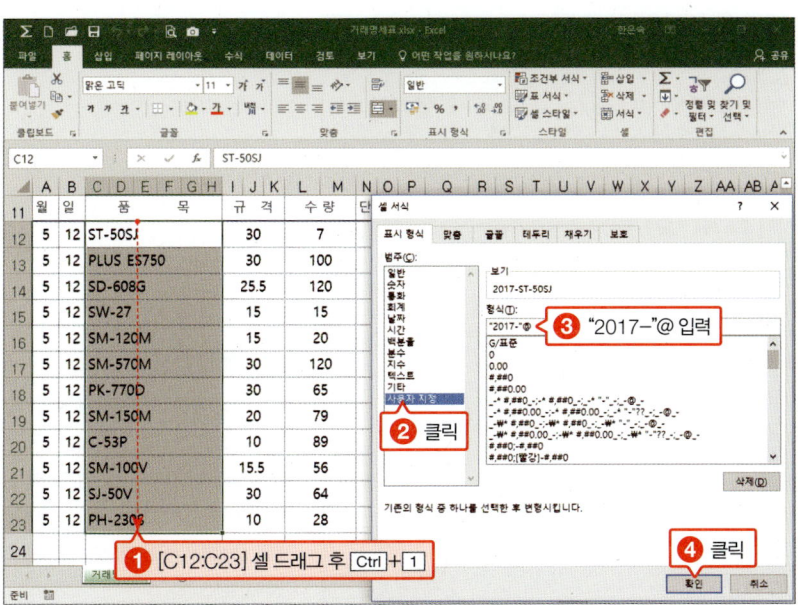

05 숫자 뒤에 문자 표시하기

규격에는 소수 첫째 자리까지 표시하면서 숫자 뒤에 'cm'를 붙여보겠습니다. ❶ [I12:I23] 셀 범위를 드래그하고 Ctrl + 1을 눌러 [셀 서식] 대화상자를 표시합니다. ❷ [셀 서식] 대화상자의 [표시 형식] 탭에서 [범주]의 [사용자 지정]을 선택합니다. ❸ [형식]란의 서식 코드를 **0.0"cm"**로 수정한 후 ❹ [확인]을 클릭합니다.

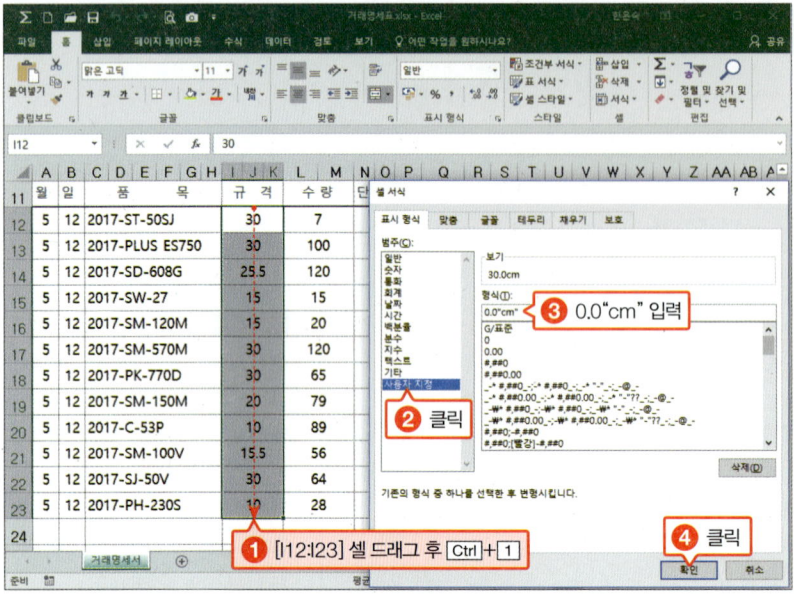

06 숫자 자릿수 공백으로 맞추기

❶ [L12:L23] 셀 범위를 드래그하고 Ctrl + 1을 눌러 [셀 서식] 대화상자를 표시합니다. ❷ [셀 서식] 대화상자의 [표시 형식] 탭에서 [범주]의 [사용자 지정]을 선택합니다. ❸ [형식]란의 서식 코드를 **???**로 수정한 후 ❹ [확인]을 클릭합니다. 한 자리나 두 자리 숫자는 앞자리가 공백으로 채워집니다.

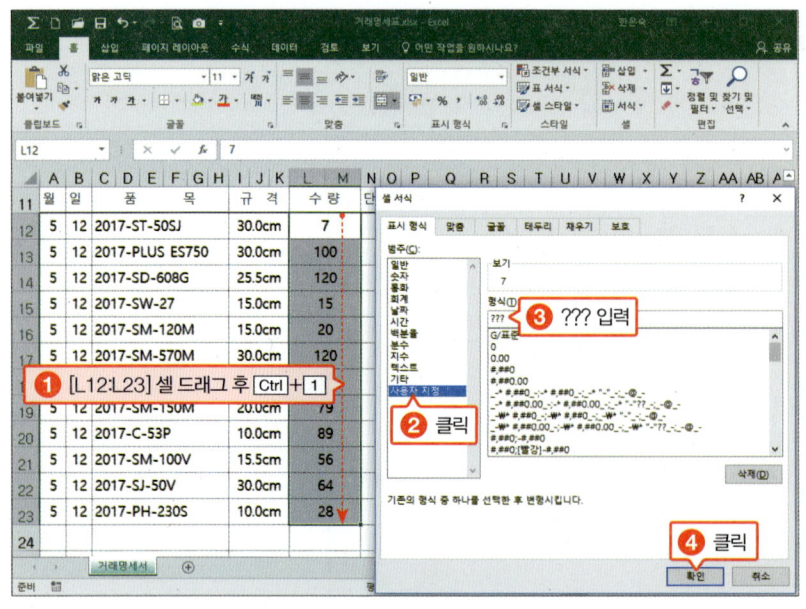

바로 통하는 TIP 수량 범위에 입력된 숫자 중 가장 긴 숫자가 세 자리이므로 서식 코드 '???'를 지정하면 자릿수가 세 자리 미만의 숫자는 앞자리가 공백으로 채워지기 때문에 셀이 가운데 맞춤된 상태에서는 숫자가 오른쪽 맞춤된 것처럼 보입니다.

07 숫자 자릿수 0으로 맞추기

❶ [Z12:Z23] 셀 범위를 드래그하고 [Ctrl]+[1]을 눌러 [셀 서식] 대화상자를 표시합니다. ❷ [셀 서식] 대화상자의 [표시 형식] 탭에서 [범주]의 [사용자 지정]을 선택합니다. ❸ [형식]란의 서식 코드를 **000**으로 수정한 후 ❹ [확인]을 클릭합니다.

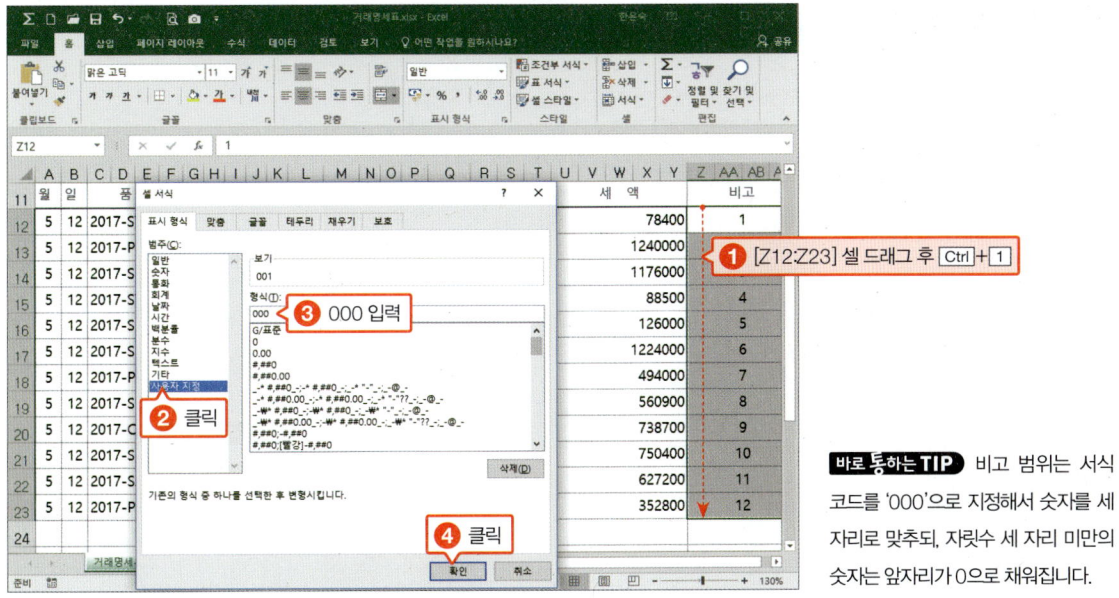

바로 통하는 TIP 비고 범위는 서식 코드를 '000'으로 지정해서 숫자를 세 자리로 맞추되, 자릿수 세 자리 미만의 숫자는 앞자리가 0으로 채워집니다.

08 천 원 단위 생략하여 표시하기

단가는 열 너비가 좁으므로 천 원 단위를 생략하여 표시하겠습니다. ❶ [N12:N23] 셀 범위를 드래그하고 [Ctrl]+[1]을 눌러 [셀 서식] 대화상자를 표시합니다. ❷ [셀 서식] 대화상자의 [표시 형식] 탭에서 [범주] 목록의 [사용자 지정]을 선택합니다. ❸ [형식]란의 서식 코드를 **#,##0,**으로 수정한 후 ❹ [확인]을 클릭합니다.

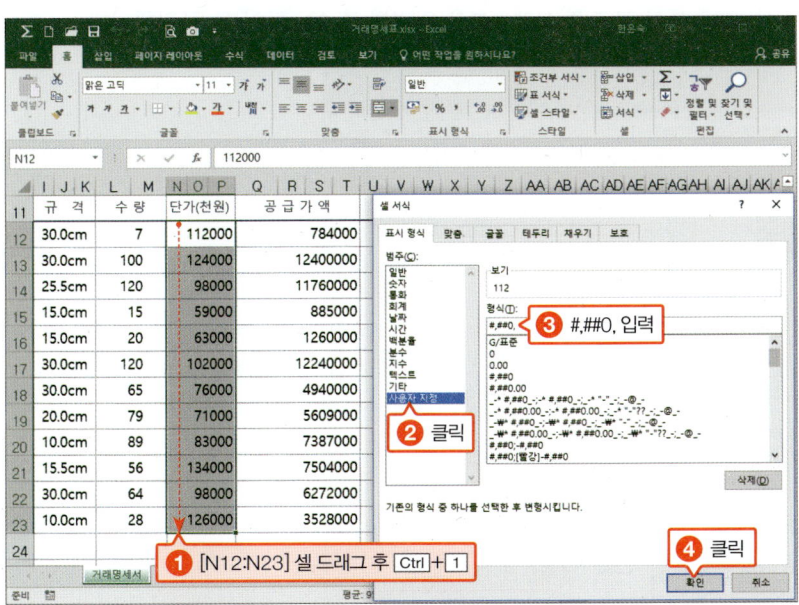

09 색과 조건을 지정하여 표시하기

❶ [Q12:Y23] 셀 범위를 드래그하고 Ctrl + 1 을 눌러 [셀 서식] 대화상자를 표시합니다. ❷ [셀 서식] 대화상자의 [표시 형식] 탭에서 [범주]의 [사용자 지정]을 선택합니다. ❸ [형식]란의 서식 코드를 **[파랑][>=10000000]#,##0;#,##0**으로 수정한 후 ❹ [확인]을 클릭합니다.

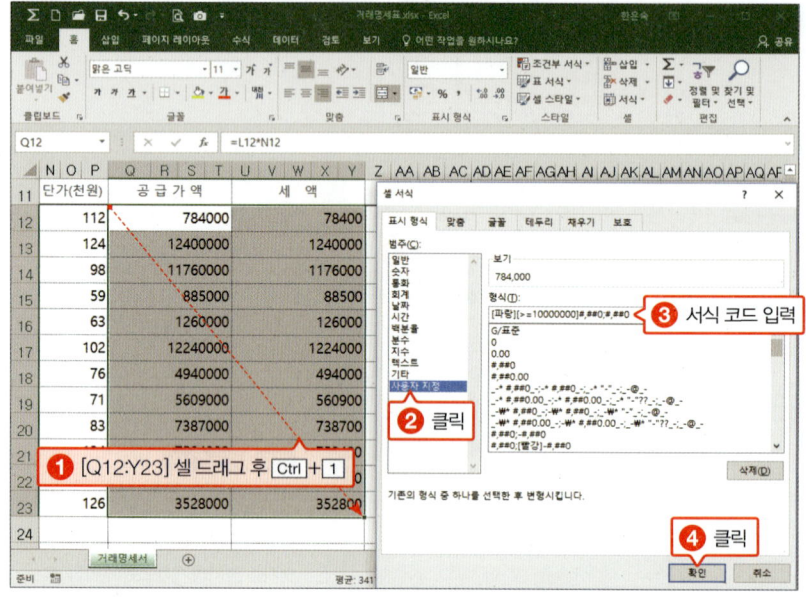

바로 통하는 TIP 천만 원 이상인 숫자는 파란색으로 천 단위 구분 기호를 넣어 표시하고, 나머지 숫자는 기본 색으로 천 단위 구분 기호를 넣어 표시합니다.

10 경과 시간 표시하기

배송소요시간에는 '도착일시−출발일시'의 수식이 작성되어 있습니다. 24시간이 넘는 값이지만 기본 시간 서식으로 입력되어 있으므로 경과 시간으로 표시되도록 수정하겠습니다. ❶ [R34] 셀을 클릭하고 Ctrl + 1 을 눌러 [셀 서식] 대화상자를 표시합니다. ❷ [셀 서식] 대화상자의 [표시 형식] 탭에서 [범주]의 [사용자 지정]을 선택합니다. ❸ [형식]란에 서식 코드 **[h]시간 m분**을 입력한 후 ❹ [확인]을 클릭합니다.

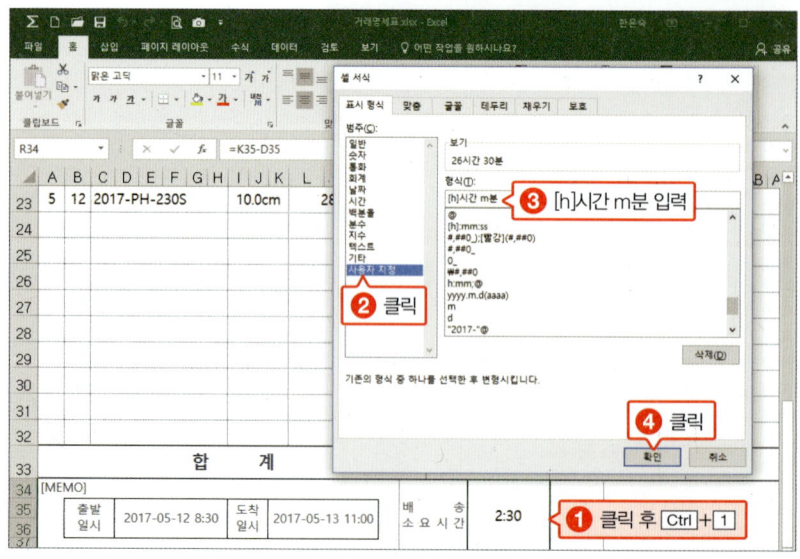

11 숫자를 한글로 표시하기

'공급가액+세액'의 합계금액을 한글로 표시하겠습니다. ❶ [E9] 셀을 클릭하고 Ctrl + 1 을 눌러 [셀 서식] 대화상자를 표시합니다. ❷ [셀 서식] 대화상자의 [표시 형식] 탭에서 [범주]의 [기타]를 선택합니다. ❸ [형식]에서 [숫자(한글)]를 선택합니다. ❹ 다시 [범주]에서 [사용자 지정]을 선택하고 ❺ [형식]란에 입력된 서식 코드 중 **G/표준** 앞에 **"일금 "**, 끝에는 **"원정"**을 입력한 후 ❻ [확인]을 클릭합니다.

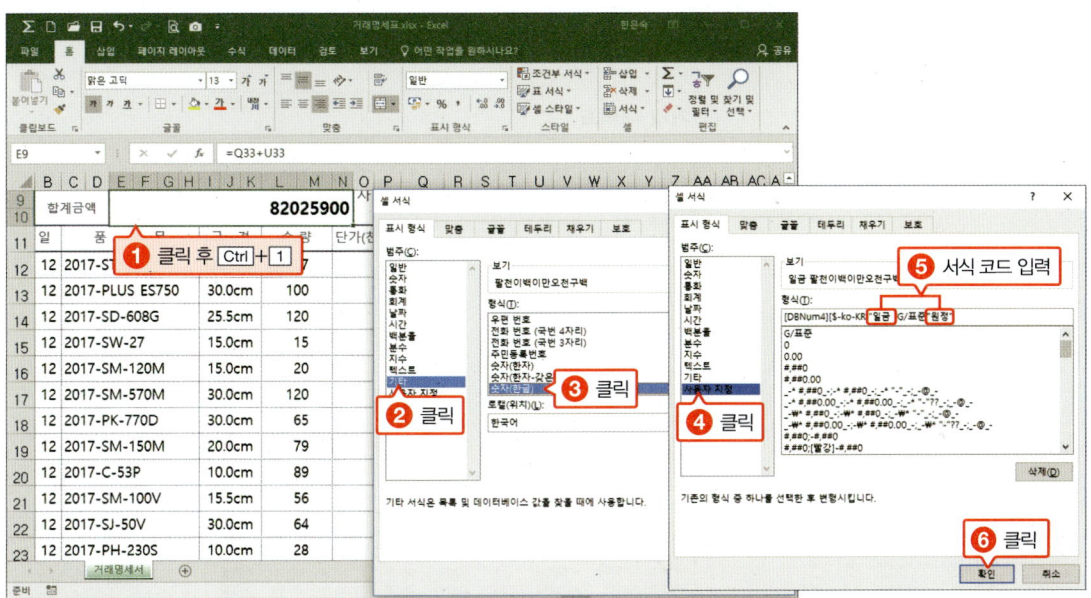

바로 통하는 TIP '일금' 뒤에는 공백을 한 칸 입력했습니다. 합계금액에는 일금 뒤의 숫자가 한 칸 떨어져서 표시됩니다.

쉽고 빠른 엑셀 NOTE ─ **숫자의 문자 표시 형식 서식 코드**

[형식]란에 입력된 서식 코드 중 '[DBNum4]'는 숫자를 한글 형태로 표시하는 서식 코드이고, '[$-ko-KR]'은 기타 범주에서 선택한 로컬(위치) 코드(한국어 [$-ko-KR], 일본어 [$-ja-JP], 중국어(중국) [$-zh-CN])이며, 'G/표준'은 숫자에 대한 일반 서식 코드입니다. 'G/표준' 대신 '0'을 입력하면 값으로 표시하지 않고 넘버링하듯 표시합니다. 예를 들어 숫자 '526'에 문자 표시 형식 서식 코드를 지정했을 때 서식 코드에 따른 숫자의 문자 표시 형식은 다음과 같습니다.

서식 코드	표시 형식	서식 코드	표시 형식
[DBNum1][$-ko-KR]G/표준	한자로 표시(五百二十六)	[DBNum1][$-ko-KR]0	한자로 표시(五二六)
[DBNum2][$-ko-KR]G/표준	한자 갖은자로 표시(伍百貳拾六)	[DBNum2][$-ko-KR]0	한자 갖은자로 표시(伍貳六)
[DBNum3]G/표준	단위만 한자로 표시(5百2十6)	[DBNum3]0	전각숫자로 표시(5 2 6)
[DBNum4][$-ko-KR]G/표준	한글로 표시(오백이십육)	[DBNum4][$-ko-KR]0	한글로 표시(오이육)

실습 파일 | CHAPTER05\거래내역표.xlsx　　**완성 파일** | CHAPTER05\완성\거래내역표완성.xlsx

다음은 날짜, 문자, 숫자, 백분율 등의 데이터가 입력된 거래 내역표입니다. 각 데이터 종류별로 사용자 지정 서식 코드를 지정해봅니다.

▲ 실습 파일　　　　　　　▲ 완성 파일

① 날짜 [A6:A36] 셀 범위에는 서식 코드 **mm/dd(aaa)**를 지정하여 '월/일(요일)' 형식으로 표시합니다.

② 정가 [C6:C36] 셀 범위에는 통화 기호를 표시하면서 40만 원 이상은 파란색으로 표시하기 위해 서식 코드 **[파랑][>=400000]₩#,##0;₩#,##0**을 지정합니다.

③ 할인율 [D6:D36] 셀 범위에는 서식 코드 **??.0%**를 지정하여 백분율로 표시하되, 소수 첫째 자리까지 표시하고 소수점 앞자리는 두 자리로 표시합니다. 한 자리 숫자인 경우 앞자리를 공백으로 채웁니다.

④ 판매가, 부가세, 배송료 [E6:G36] 셀 범위에는 서식 코드 **#,###_-**을 지정하여 0은 표시되지 않게 하면서 천 단위 구분 기호를 넣고 오른쪽 끝에 공백을 넣습니다.

⑤ 실구입가 [H6:H36] 셀 범위에는 40만 원 이상은 파란색으로 표시하고 천 단위 구분 기호 및 통화 기호를 표시하되, 통화 기호와 숫자 사이에 공백을 채웁니다. 서식 코드는 **[파랑][>=400000]₩* #,##0;₩* #,##0**을 사용합니다.

⑥ 무이자할부 [I6:I36] 셀 범위에는 숫자를 두 자리로 표시하되, 값이 한 자리 수인 경우 앞자리를 0으로 채우고 숫자 뒤에 '개월'을 붙여 표시합니다. 서식 코드는 **00개월**을 사용합니다.

규칙에 따라 조건부 서식 지정하기

앞에서 다루었던 사용자 지정 서식 코드로 지정할 수 있는 조건과 색상은 몇 가지로 한정되어 있습니다. 조건부 서식 기능을 사용하면 좀 더 다양한 조건을 지정할 수 있으며 조건에 따라 글꼴 색뿐 아니라 셀 색, 테두리, 표시 형식 등의 서식을 다르게 지정할 수 있습니다.

셀 강조 규칙

[홈] 탭-[스타일] 그룹-[조건부 서식]을 클릭하고 [셀 강조 규칙]을 선택하면 특정 숫자나 날짜 범위에 속하는 셀, 특정 문자가 포함된 셀, 중복된 값이 있는 셀, 빈 셀, 오류 셀 등에 대한 서식을 지정할 수 있습니다.

● 주요 셀 강조 규칙

데이터 셀 범위를 드래그한 후 [홈] 탭-[스타일] 그룹-[조건부 서식]을 클릭하고 [셀 강조 규칙]에서 [보다 큼], [보다 작음], [다음 값의 사이에 있음], [같음], [텍스트 포함], [발생 날짜], [중복 값]을 선택합니다. 각각의 대화상자에서 기준이 되는 값이나 텍스트를 입력하고 적용할 서식을 선택한 후 [확인]을 클릭합니다.

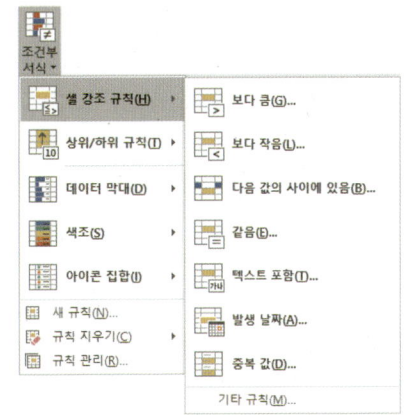

● 셀 강조 [기타 규칙]

[홈] 탭-[스타일] 그룹-[조건부 서식]을 클릭하고 [셀 강조 규칙]-[기타 규칙]을 선택하면 [새 서식 규칙] 대화상자가 표시됩니다. [규칙 유형 선택]의 [다음을 포함하는 셀만 서식 지정] 규칙 중 특정 텍스트를 포함하지 않거나 특정 텍스트로 시작하는 문자나 끝나는 문자를 강조하는 조건을 선택할 수 있습니다. 또한 빈 셀, 내용 있는 셀, 오류 셀, 오류 없는 셀을 선택한 후 서식을 지정할 수 있습니다.

예를 들어 특정 데이터 범위에서 '출장'을 포함하지 않는 셀을 강조하려면 ❶ [새 서식 규칙] 대화상자의 [규칙 설명 편집]의 조건 목록 중 데이터 유형으로 [특정 텍스트]와 ❷ 세부 규칙으로 [포함하지 않음]을 각 각 선택하고 ❸ 값으로 '출장'을 입력합니다. ❹ [서식]을 클릭한 후 [셀 서식] 대화상자에서 원하는 강조 서식을 지정할 수 있습니다.

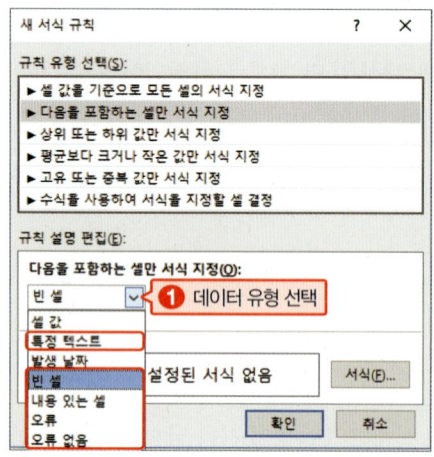

▲ 기타 규칙 선택

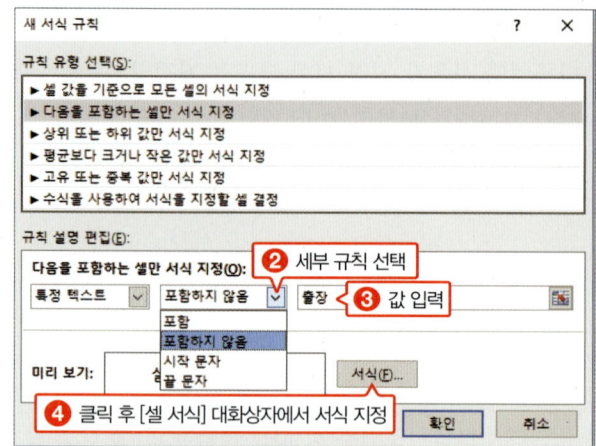

▲ '출장'을 포함하지 않는 셀을 강조하는 규칙 선택

쉽고 빠른 엑셀 NOTE **기타 비교 연산자 지정**

[셀 강조 규칙]에서 선택할 수 있는 [보다 큼]은 〉 연산자, [보다 작음]은 〈 연산자, [다음 값의 사이에 있음]은 〉=와 〈= 연산자가 적용됩니다.

메뉴에서 선택할 수 없는 다른 규칙 항목은 [홈] 탭-[스타일] 그룹-[조건부 서식]을 클릭하고 [셀 강조 규칙]-[기타 규칙]을 선택한 후 [새 서식 규칙] 대화상자의 연산자 목록에서 [제외 범위], [〈 〉](같지 않음), []=], [〈=] 등의 연산자를 선택할 수 있습니다.

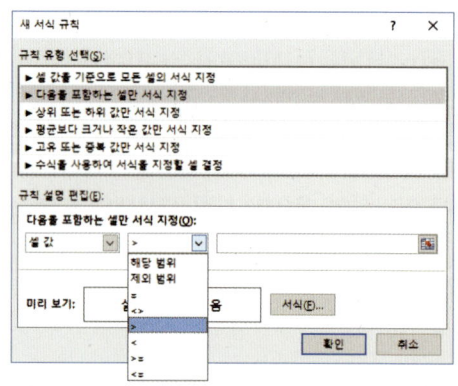

상위/하위 규칙

[홈] 탭-[스타일] 그룹-[조건부 서식]을 클릭하고 [상위/하위 규칙]을 선택하면 상위/하위 항목 수나 백분율에 해당하는 값에 대해 서식을 지정할 수 있습니다. 또한 지정한 셀 범위의 평균을 기준으로 기준의 위아래 값에 서식을 지정할 수 있습니다.

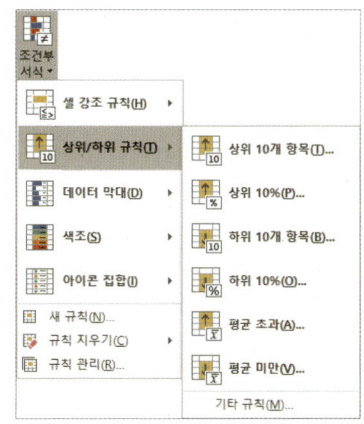

⬤ 항목 및 %, 평균을 기준으로 서식 지정

[홈] 탭-[스타일] 그룹-[조건부 서식]을 클릭하고 [상위/하위 규칙]에서 규칙 종류를 선택한 후 대화상자에서 기준 항목 수나 백분율을 입력하고 적용할 서식을 선택한 후 [확인]을 클릭합니다.

⬤ 상위/하위 [기타 규칙]

[홈] 탭-[스타일] 그룹-[조건부 서식]을 클릭하고 [상위/하위 규칙]-[기타 규칙]을 선택하면 [새 서식 규칙] 대화상자가 표시됩니다. ❶ [규칙 유형 선택]에서 [평균보다 크거나 작은 값만 서식 지정]을 선택하고 ❷ [규칙 설명 편집]의 조건 목록을 선택하면 평균 [초과], [미만], [이상], [이하], [표준 편차] 등 기타 조건을 선택한 후 ❸ [서식]을 클릭하여 [셀 서식] 대화상자에서 서식을 지정할 수 있습니다.

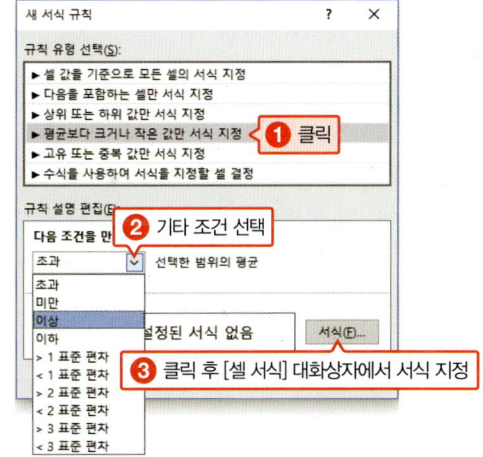

수식을 사용하여 조건 서식 지정하기

수식을 직접 입력하여 조건을 지정하면 조건 셀에 해당하는 행이나 열에 서식이 지정되게 할 수도 있습니다. 수식을 사용하여 조건 셀에 해당하는 행이나 열에 서식을 지정하려면 다음의 규칙을 지켜야 합니다.

❶ 표 범위 중 필드명에 해당하는 행 또는 열을 제외한 표 전체 범위를 지정합니다.

❷ 수식에서 조건의 기준이 되는 첫 번째 셀을 참조하고 참조 형태는 행에 서식을 지정하려면 열 고정 혼합 참조, 열에 서식을 지정하려면 행 고정 혼합 참조 형태로 지정해야 합니다.

다음은 조건에 맞는 행과 열에 서식을 지정한 예입니다. ❶ 필드명 부분을 제외한 표 전체 범위를 지정한 후 ❷ [홈] 탭-[스타일] 그룹-[조건부 서식]을 클릭하고 [새 규칙]을 선택합니다. ❸ [서식 규칙 편집] 대화 상자의 [규칙 유형 선택]에서 [수식을 사용하여 서식을 지정할 셀 결정]을 선택하고 ❹ 수식 입력란에 조건식을 입력한 후 ❺ [서식]을 클릭하고 [셀 서식] 대화상자에서 지정할 서식을 선택합니다.

참고 파일 | CHAPTER05\수식조건부서식.xlsx

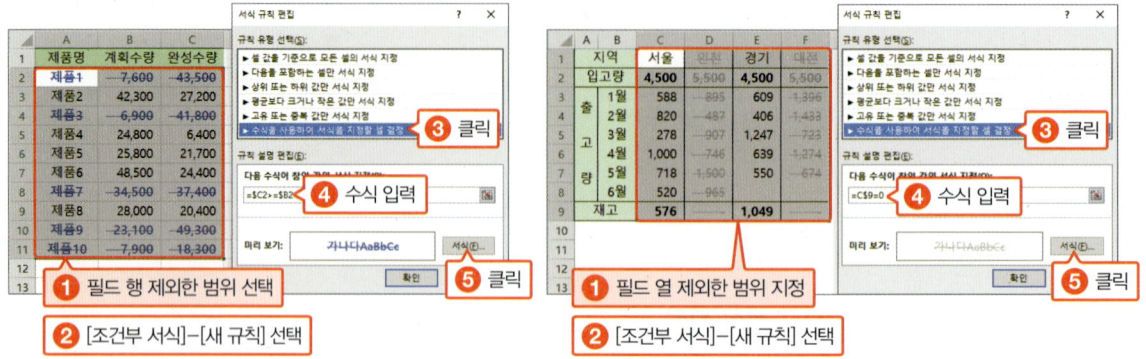

▲ 완성수량이 계획수량 이상인 행에 서식 지정(조건식 : =$C2>=$B2)　　▲ 재고가 0이 되는 열에 서식 지정(조건식 : =C$9=0)

규칙 관리 및 지우기

지정된 조건부 서식의 규칙이나 서식을 수정하려면 조건부 서식이 지정된 범위를 지정한 후 [홈] 탭-[스타일] 그룹-[조건부 서식]을 클릭하고 [규칙 관리]를 선택합니다. [조건부 서식 규칙 관리자] 대화상자에서는 새 규칙을 추가하거나 일부 규칙을 편집 또는 삭제할 수 있으며 규칙 순서를 변경할 수도 있습니다.
일부 범위의 조건부 서식을 지우려면 [홈] 탭-[스타일] 그룹-[조건부 서식]을 클릭하고 [규칙 지우기]-[선택한 셀의 규칙 지우기]를 선택합니다. 범위를 선택하지 않고 시트 전체의 조건부 서식을 지우려면 [홈] 탭-[스타일] 그룹-[조건부 서식]을 클릭하고 [규칙 지우기]-[시트 전체에서 규칙 지우기]를 선택합니다.

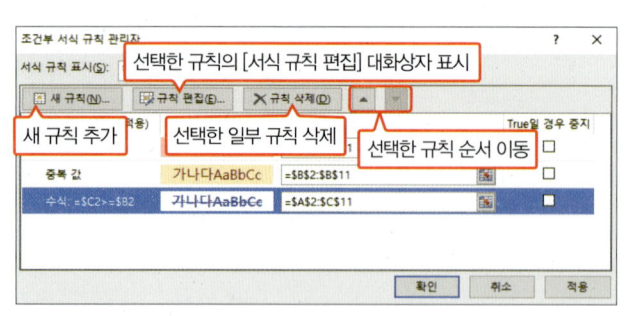

▲ 여러 개의 조건부 서식 중 일부 규칙 삭제, 편집

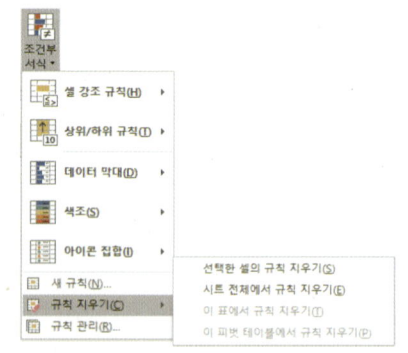

▲ 선택된 범위 또는 시트에 있는 모든 조건부 서식 지우기

바로 통하는 TIP True일 경우 중지

[조건부 서식 규칙 관리자] 대화상자의 [True일 경우 중지]는 여러 개의 조건부 서식 규칙을 지원하지 않는 엑셀 2007 이전 버전과의 호환성을 위한 옵션입니다. 엑셀 2007 이전 버전은 조건부 서식의 규칙을 세 개까지만 적용할 수 있기 때문입니다. 예를 들어 조건부 서식 규칙 네 개를 지정한 문서를 엑셀 2003 버전 호환 문서로 저장할 때는 한 개의 규칙에 대해 [True일 경우 중지]를 선택해야 엑셀 2003 버전에서 오류가 생기지 않습니다.

실습 파일 | CHAPTER05\조건부서식–강조규칙.xlsx   **완성 파일** | CHAPTER05\완성\조건부서식–강조규칙완성.xlsx

특정 숫자나 날짜 범위에 속하는 셀, 특정 문자가 포함된 셀, 중복 값이 있는 셀, 빈 셀, 오류 셀 등에 서식을 지정하는 방법을 알아보겠습니다.

01 숫자 값에 따라 셀 강조하기

차인잔액이 백만 원 미만인 셀은 빨간색으로 강조해보겠습니다. ❶ [F2: F33] 셀 범위를 드래그한 후 ❷ [홈] 탭–[스타일] 그룹–[조건부 서식]을 클릭하고 ❸ [셀 강조 규칙]–[보다 작음]을 선택합니다. ❹ [보다 작음] 대화상자에서 **1000000**을 입력하고 ❺ [확인]을 클릭합니다.

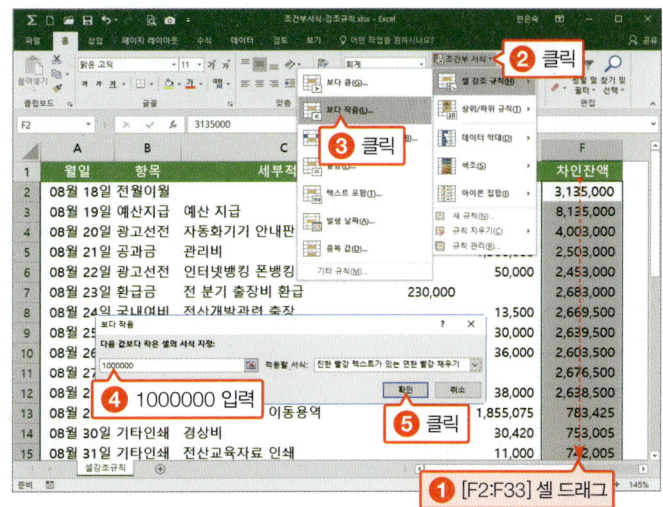

02 텍스트에 따라 셀 강조하기

항목에 '기타'가 포함된 셀의 글꼴 색을 빨간색으로 지정하겠습니다. ❶ [B2: B33] 셀 범위를 드래그하고 ❷ [홈] 탭–[스타일] 그룹–[조건부 서식]을 클릭한 후 ❸ [셀 강조 규칙]–[텍스트 포함]을 선택합니다. ❹ [텍스트 포함] 대화상자에서 **기타**를 입력하고 ❺ [적용할 서식] 목록에서 [빨강 텍스트]를 선택한 후 ❻ [확인]을 클릭합니다.

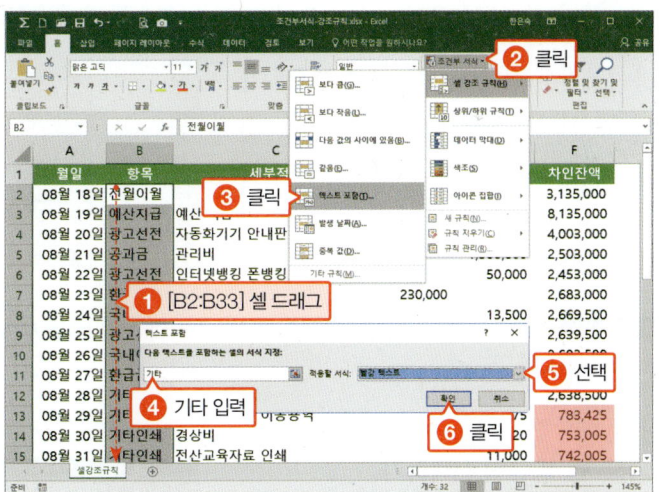

바로 통하는 TIP [적용할 서식] 목록에서 제공하는 기본 서식 외에 다른 서식을 지정하려면 [적용할 서식] 목록에서 [사용자 지정 서식]을 선택합니다. [셀 서식] 대화상자에서 표시 형식, 글꼴, 테두리, 채우기 색 등 다양한 서식을 지정할 수 있습니다.

03 발생 날짜에 따라 셀 강조하기

지난 주 날짜 셀을 노란색으로 표시하겠습니다. ❶ [A2:A33] 셀 범위를 드래그한 후 ❷ [홈] 탭-[스타일] 그룹-[조건부 서식]을 클릭하고 ❸ [셀 강조 규칙]-[발생 날짜]를 선택합니다. ❹ [발생 날짜] 대화상자의 날짜 목록에서 [지난 주]를 선택하고 ❺ [적용할 서식] 목록에서 [진한 노랑 텍스트가 있는 노랑 채우기]를 선택합니다. ❻ [확인]을 클릭합니다.

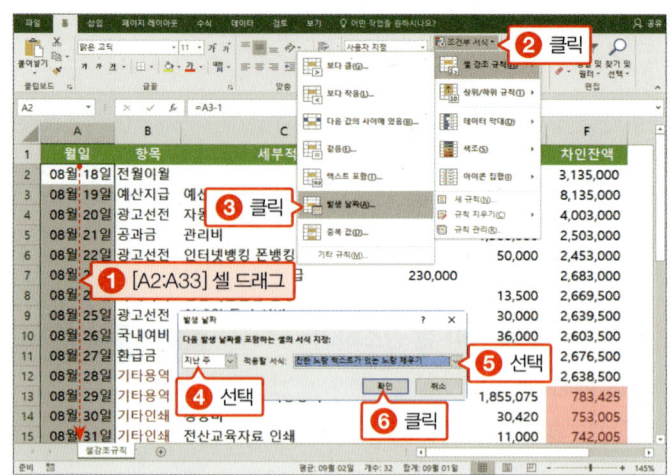

바로 통하는 **TIP** 발생 날짜 기준

월일의 날짜는 컴퓨터에 설정되어 있는 현재 날짜를 기준으로 [어제], [오늘], [내일], [지난 7일], [지난 주], [이번 주], [다음 주], [지난 달], [이번 달], [다음 달]을 선택할 수 있습니다. 예제 파일의 마지막 셀인 [A33] 셀에는 현재 날짜를 입력하는 TODAY 함수가 입력되어 있고 [A2:A32] 셀 범위에는 현재 날짜를 기준으로 아래 셀에서 1을 뺀 수식이 입력되어 있습니다. 각 셀에는 바로 아래 셀의 전 날짜가 표시됩니다. 따라서 화면 속 예제의 날짜와 실제 실습 화면의 날짜가 다릅니다.

04 중복 값 표시하기

지출액이 중복되는 셀을 빨간색으로 표시하겠습니다. ❶ [E2:E33] 셀 범위를 드래그한 후 ❷ [홈] 탭-[스타일] 그룹-[조건부 서식]을 클릭하고 ❸ [셀 강조 규칙]-[중복 값]을 선택합니다. ❹ [중복 값] 대화상자의 [적용할 서식] 목록에서 [연한 빨강 채우기]를 선택하고 ❺ [확인]을 클릭합니다.

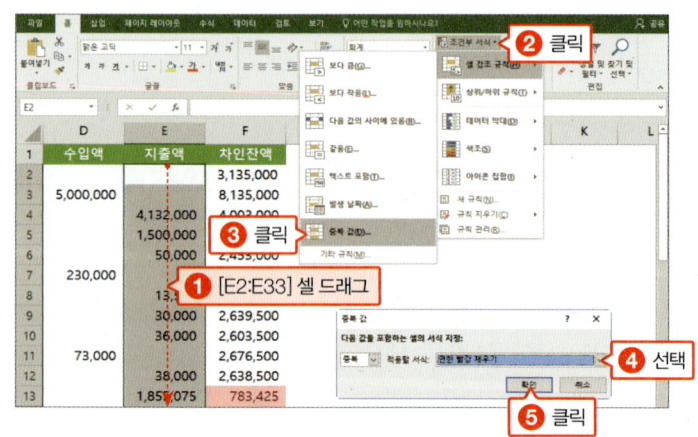

바로 통하는 **TIP** [중복 값] 대화상자에서 [중복]이 아닌 [고유]를 선택한 후 서식을 지정하면 데이터 범위 중에 중복된 항목이 없는 값인 고유 항목에만 서식이 지정됩니다.

05 빈 셀 규칙 선택하기

표 전체 범위에서 빈 셀에만 회색을 채우겠습니다. ❶ Ctrl + A를 누릅니다. ❷ [홈] 탭-[스타일] 그룹-[조건부 서식]을 클릭하고 ❸ [셀 강조 규칙]-[기타 규칙]을 선택합니다. ❹ [새 서식 규칙] 대화상자의 [규칙 설명 편집]에서 [빈 셀]을 선택한 후 ❺ [서식]을 클릭합니다.

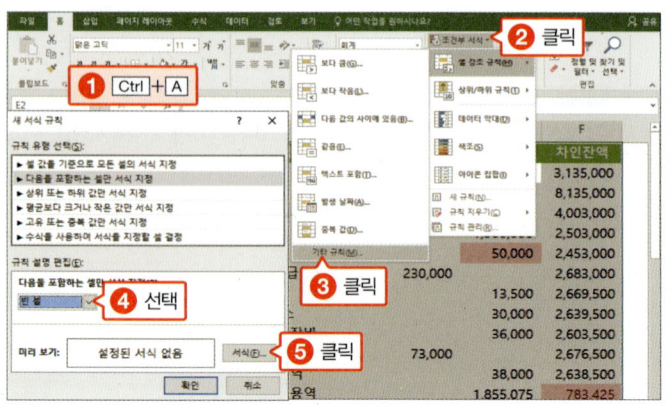

06 빈 셀 서식 지정하기

❶ [셀 서식] 대화상자의 [채우기] 탭을 클릭합니다. ❷ [배경색]으로 [밝은 회색, 배경 2]를 선택하고 ❸ [확인]을 클릭합니다. ❹ [새 서식 규칙] 대화상자에서 [확인]을 클릭합니다.

바로 통하는 TIP [새 서식 규칙] 대화상자의 [규칙 설명 편집]에서 [빈 셀]이 아니라 [내용 있는 셀]을 선택하면 반대로 데이터가 있는 셀에만 서식이 적용됩니다.

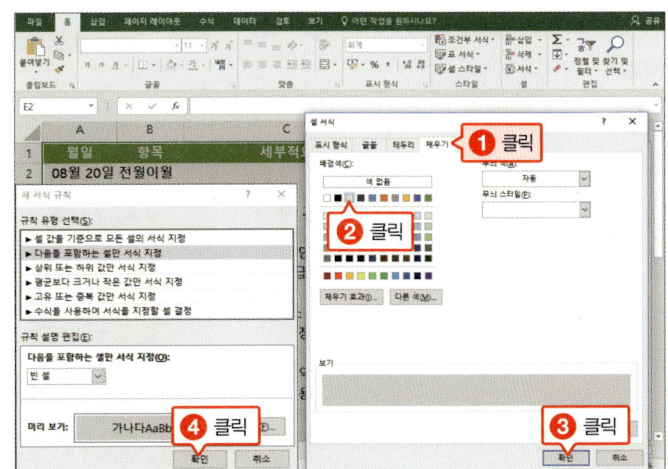

07 오류 규칙 선택하기

셀 값이 오류일 때 글꼴 색을 흰색으로 지정하여 화면에 표시되지 않도록 설정하겠습니다. ❶ [홈] 탭-[스타일] 그룹-[조건부 서식]을 클릭하고 ❷ [셀 강조 규칙]-[기타 규칙]을 선택합니다. ❸ [새 서식 규칙] 대화상자의 [규칙 설명 편집]에서 [오류]를 선택한 후 ❹ [서식]을 클릭합니다.

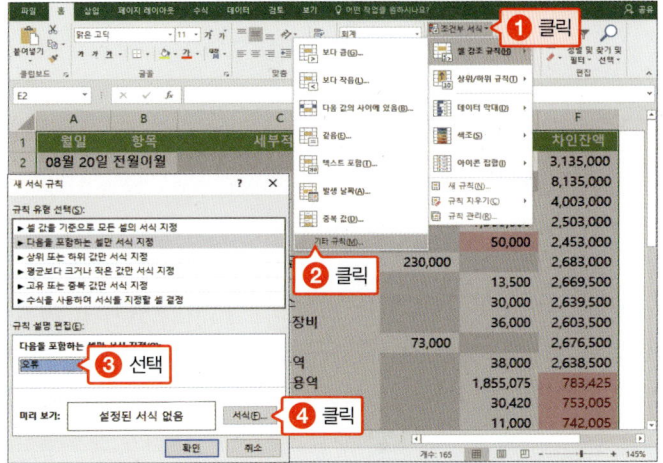

바로 통하는 TIP 차인잔액에는 '위쪽 셀+수입액-지출액'의 수식이 입력되어 있습니다. [E21] 셀에 문자가 입력되어 있기 때문에 [F21] 셀부터는 문자와 사칙연산했을 때 나타나는 #VALUE! 오류가 표시되었습니다.

08 오류 표시 감추기

❶ [셀 서식] 대화상자에서 [글꼴] 탭을 클릭하고 ❷ [색] 목록에서 [흰색, 배경 1]을 선택합니다. ❸ [확인]을 클릭합니다. ❹ [새 서식 규칙] 대화상자에서 [확인]을 클릭합니다.

바로 통하는 TIP [새 서식 규칙] 대화상자의 [규칙 설명 편집]에서 [오류]가 아니라 [오류 없음]을 선택하면 반대로 오류가 없는 셀에만 서식이 적용됩니다.

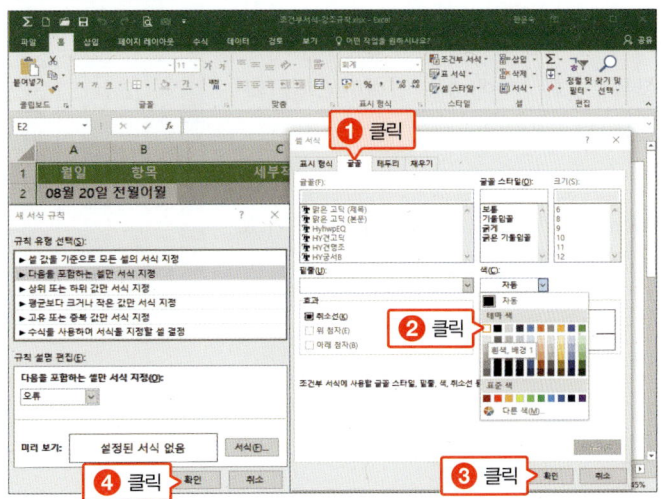

09 데이터 수정에 따라 서식 자동 적용하기

조건부 서식이 설정된 셀의 데이터를 수정하면 지정한 서식 조건에 따라 셀 서식이 자동으로 바뀝니다. **①** [E21] 셀을 클릭하고 Delete 를 눌러 내용을 삭제합니다. **②** [E30] 셀 값을 **550,000**으로 수정합니다.

[E21] 셀에는 빈 셀 서식이 적용되고 오류로 표시되었던 차인잔액의 계산 결과가 표시됩니다. [E30] 셀에는 중복 값 서식이 사라지고 차인잔액이 변경되면서 백만 원 미만 셀의 서식이 자동으로 적용됩니다.

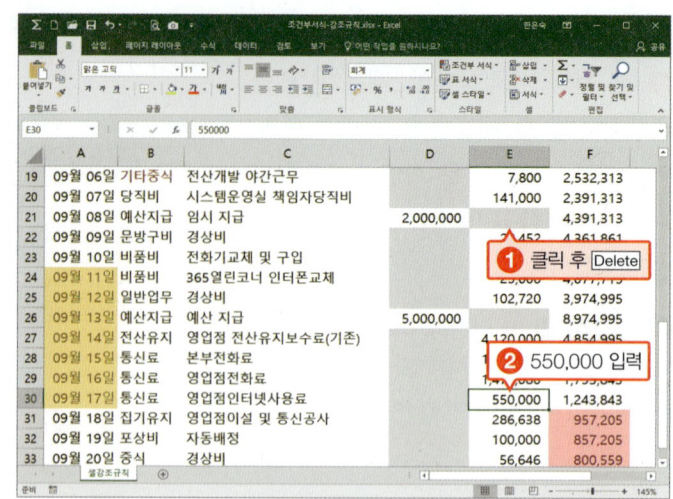

핵심기능실습 | 상위/하위 규칙에 따라 서식 지정하기

실습 파일 | CHAPTER05\조건부서식-상하위.xlsx   **완성 파일** | CHAPTER05\완성\조건부서식-상하위완성.xlsx

[홈] 탭-[스타일] 그룹-[조건부 서식]에서 [상위/하위 규칙]을 선택하면 숫자 데이터 중 상위 값이나 하위 값을 지정한 개수만큼 강조할 수 있습니다. 상위 몇 %, 하위 몇 %에 해당하는 값을 강조하거나 선택한 셀 범위의 평균을 초과하는 값, 평균 미만인 값을 강조하여 표시할 수 있습니다.

01 매출 상위 세 개 항목 강조하기

① [D2:D18] 셀 범위를 드래그합니다. **②** [홈] 탭-[스타일] 그룹-[조건부 서식]을 클릭하고 **③** [상위/하위 규칙]-[상위 10개 항목]을 선택합니다. **④** [상위 10개 항목] 대화상자에 **3**을 입력하고 **⑤** [확인]을 클릭합니다.

매출 상위 세 개 항목의 셀에 [진한 빨강 텍스트가 있는 연한 빨강 채우기] 서식이 적용됩니다.

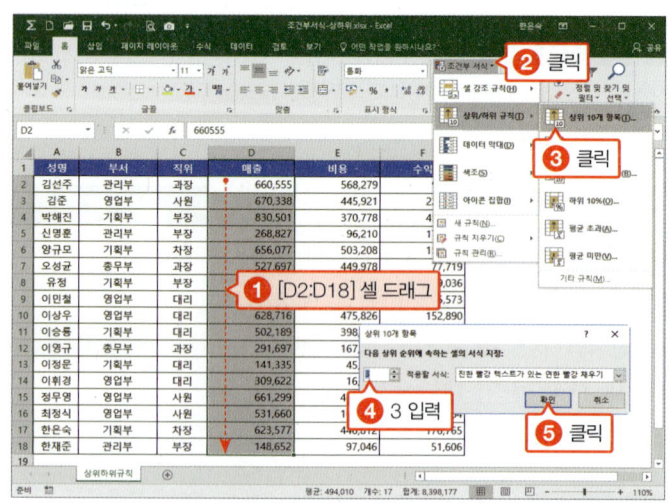

O2 매출 상위 10% 항목에 사용자 지정 서식 선택하기

❶ [홈] 탭–[스타일] 그룹–[조건부 서식]을 클릭하고 ❷ [상위/하위 규칙]–[상위 10%]를 선택합니다. ❸ [상위 10%] 대화상자의 [적용할 서식] 목록에서 [사용자 지정 서식]을 선택합니다.

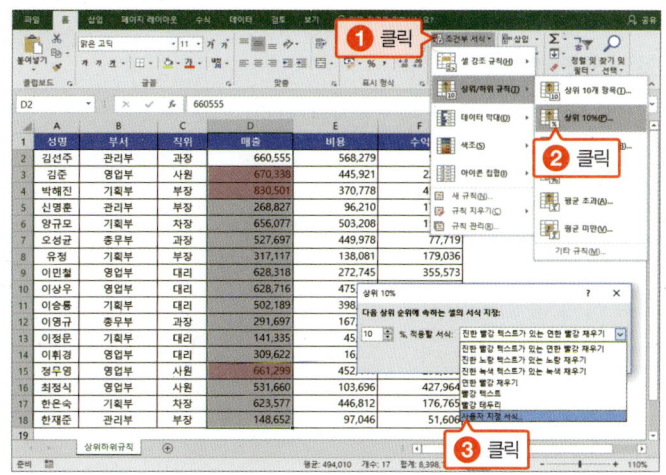

O3 매출 상위 10% 항목에 특수 문자 표시하기

❶ [셀 서식] 대화상자의 [표시 형식] 탭에서 [범주]의 [사용자 지정]을 선택합니다. ❷ [형식]란에 ㅁ을 입력한 후 [한자]를 누르고 ❸ 특수 문자 목록에서 [★]을 선택한 후 ❹ #,##0을 입력합니다. ❺ [확인]을 클릭합니다. ❻ [상위 10%] 대화상자에서 [확인]을 클릭합니다.

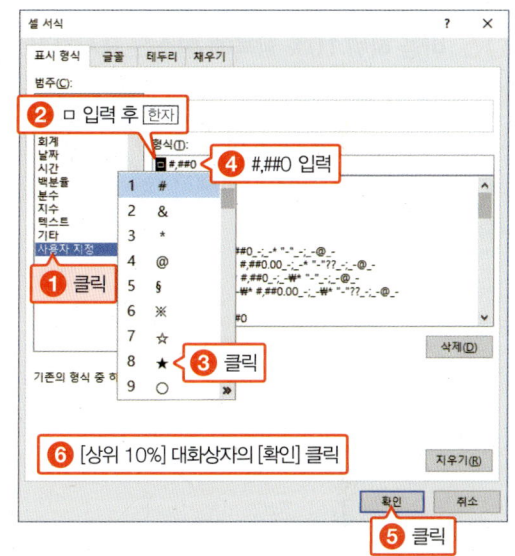

매출 상위 10% 항목에 해당하는 값 앞에 ★가 표시됩니다.

O4 비용 하위 세 개 항목 강조하기

❶ [E2:E18] 셀 범위를 드래그합니다. ❷ [홈] 탭–[스타일] 그룹–[조건부 서식]을 클릭하고 ❸ [상위/하위 규칙]–[하위 10개 항목]을 선택합니다. ❹ [하위 10개 항목] 대화상자에 3을 입력한 후 ❺ [적용할 서식] 목록에서 [진한 노랑 텍스트가 있는 노랑 채우기]를 선택합니다. ❻ [확인]을 클릭합니다.

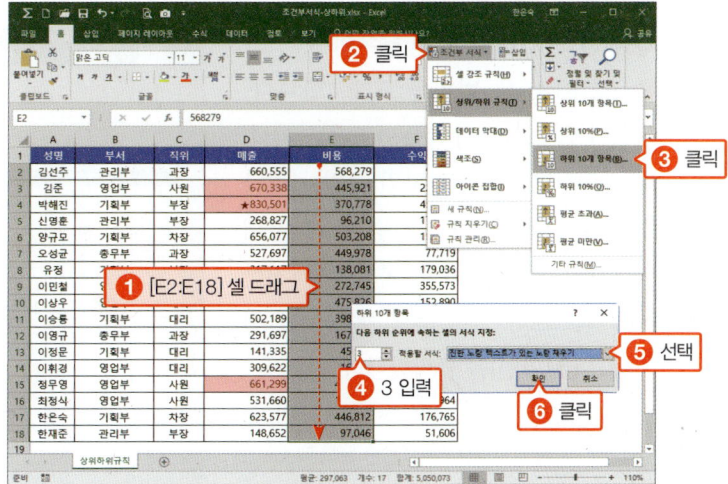

비용 하위 세 개 항목의 셀에 [진한 노랑 텍스트가 있는 노랑 채우기] 서식이 적용됩니다.

05 비용 하위 10% 항목에 사용자 지정 서식 선택하기

❶ [홈] 탭-[스타일] 그룹-[조건부 서식]을 클릭하고 ❷ [상위/하위 규칙]-[하위 10%]를 선택합니다. ❸ [하위 10%] 대화상자의 [적용할 서식] 목록에서 [사용자 지정 서식]을 선택합니다.

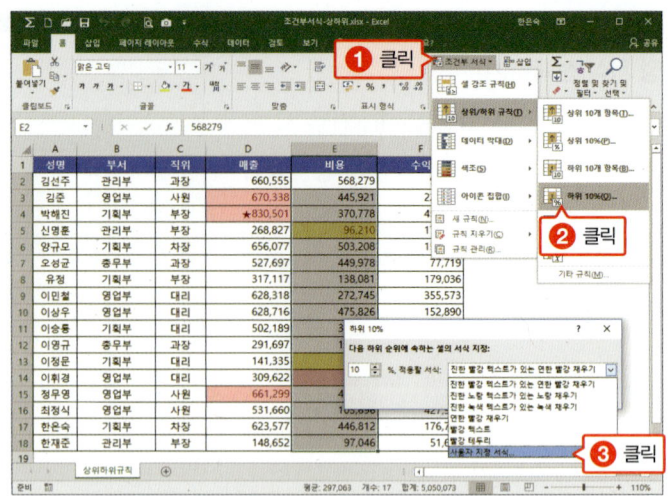

06 비용 하위 10% 항목에 취소선 표시하기

❶ [셀 서식] 대화상자에서 [글꼴] 탭을 클릭하고 ❷ [효과]의 [취소선]에 체크 표시한 후 ❸ [확인]을 클릭합니다. ❹ [하위 10%] 대화상자에서 [확인]을 클릭해 대화상자를 닫습니다.

비용 하위 10% 항목에 해당하는 값에 취소선이 표시됩니다.

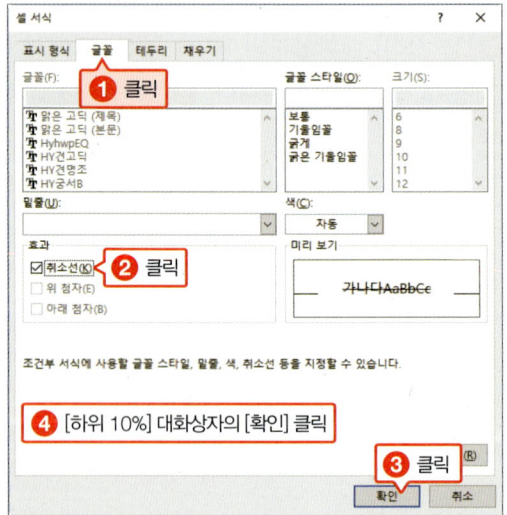

07 수익 평균 초과 값 강조하기

❶ [F2:F18] 셀 범위를 드래그합니다. ❷ [홈] 탭-[스타일] 그룹-[조건부 서식]을 클릭하고 ❸ [상위/하위 규칙]-[평균 초과]를 선택합니다. ❹ [평균 초과] 대화상자의 [적용할 서식] 목록에서 [진한 녹색 텍스트가 있는 녹색 채우기]를 선택하고 ❺ [확인]을 클릭합니다.

수익 평균 값을 초과하는 셀에 [진한 녹색 텍스트가 있는 녹색 채우기] 서식이 적용됩니다.

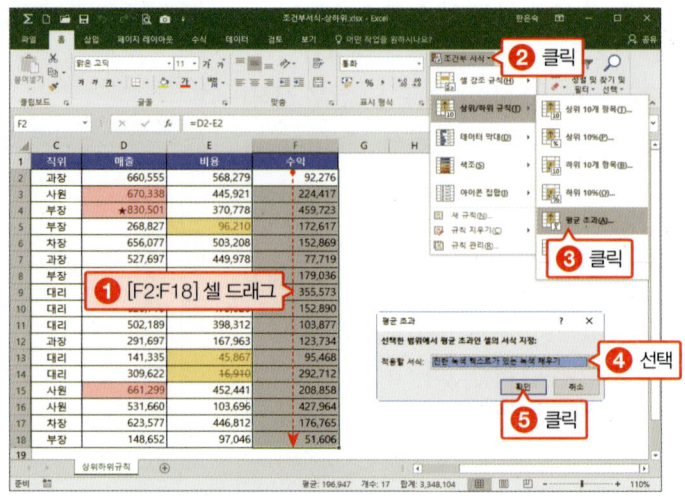

실습 파일 | CHAPTER05\조건부서식-수식.xlsx **완성 파일** | CHAPTER05\완성\조건부서식-수식완성.xlsx

[홈] 탭-[스타일] 그룹-[조건부 서식]에서 [새 규칙]을 선택하면 사용자가 원하는 조건을 수식으로 설정하여 서식을 지정할 수 있습니다. 수식으로 조건을 설정하면 행 단위로 서식을 지정할 수도 있습니다. 앞서 완성한 파일을 사용하여 기존에 지정되어 있는 조건부 서식을 지우고 새 규칙을 작성해보겠습니다.

01 전체 규칙 지우기

특정 셀 범위를 선택하지 않고 시트 전체의 조건부 서식을 지워보겠습니다. ❶ [홈] 탭-[스타일] 그룹-[조건부 서식]을 클릭하고 ❷ [규칙 지우기]-[시트 전체에서 규칙 지우기]를 선택합니다.

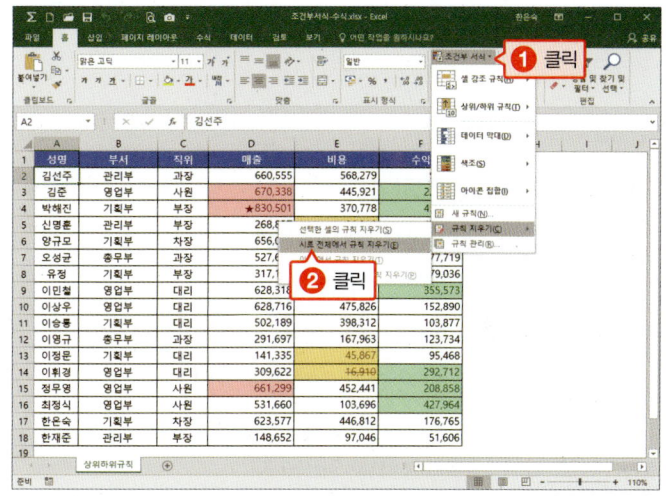

02 영업부 행 강조하기

영업부 행에만 셀 색을 지정하겠습니다. 조건은 부서지만 서식은 다른 셀에도 지정되어야 하므로 부서 범위만 선택하지 않고 제목 행을 제외한 전체 표 범위를 선택해야 합니다. ❶ [A2:F18] 셀 범위를 드래그합니다. ❷ [홈] 탭-[스타일] 그룹-[조건부 서식]을 클릭한 후 ❸ [새 규칙]을 선택합니다.

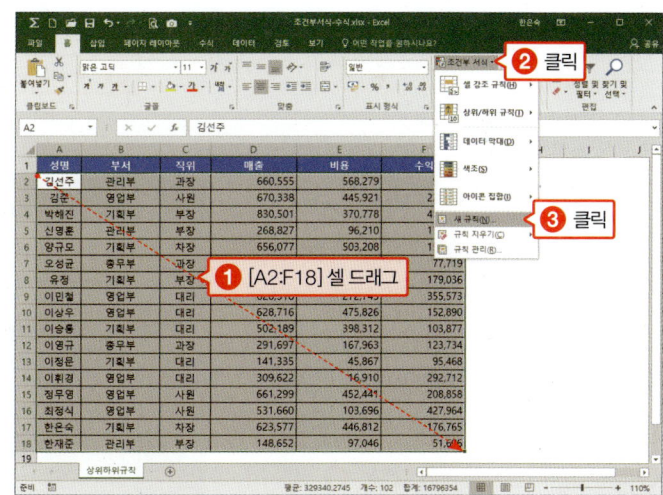

03 영업부 행 조건 지정하기

❶ [새 서식 규칙] 대화상자의 [규칙 유형 선택]에서 [수식을 사용하여 서식을 지정할 셀 결정]을 선택하고 ❷ 수식 입력란에 **=$B2="영업부"**를 입력한 후 ❸ [서식]을 클릭합니다.

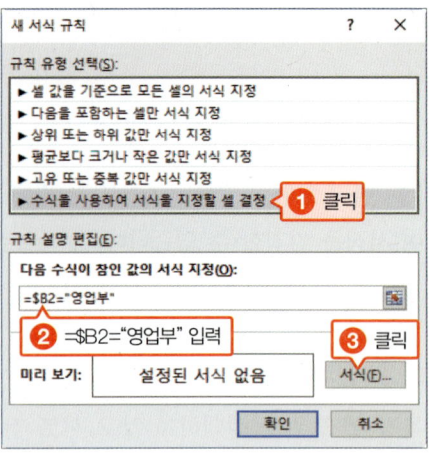

04 채우기 서식 지정하기

❶ [셀 서식] 대화상자에서 [채우기] 탭을 클릭한 후 ❷ [배경색]으로 [파랑, 강조 1, 80% 더 밝게]를 선택합니다. ❸ [확인]을 클릭합니다. ❹ [새 서식 규칙] 대화상자에서 [확인]을 클릭합니다.

부서가 영업부인 행에 채우기 색 서식이 적용됩니다.

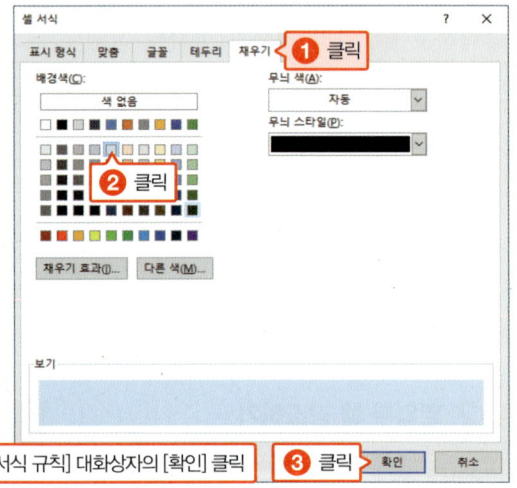

05 매출과 비용의 비율에 따라 강조하기

비용이 매출의 70% 이상인 행의 글꼴 색을 파란색으로 표시하고 글꼴 스타일을 굵게 표시하겠습니다. ❶ [A2:F18] 셀 범위가 선택된 상태에서 [홈] 탭-[스타일] 그룹-[조건부 서식]을 클릭하고 ❷ [새 규칙]을 선택합니다. ❸ [새 서식 규칙] 대화상자의 [규칙 유형 선택]에서 [수식을 사용하여 서식을 지정할 셀 결정]을 선택하고 ❹ 수식 입력란에 **=$E2>=$D2*0.7**을 입력한 후 ❺ [서식]을 클릭합니다.

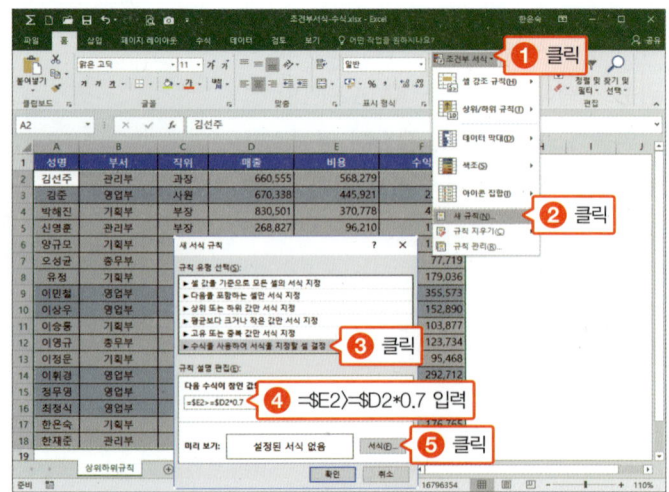

06 글꼴 서식 지정하기

❶ [셀 서식] 대화상자에서 [글꼴] 탭을 클릭하고 ❷ [글꼴 스타일]로 [굵게]를 선택합니다. ❸ [색] 목록에서 [파랑, 강조 5]를 선택하고 ❹ [확인]을 클릭합니다. ❺ [새 서식 규칙] 대화상자에서 [확인]을 클릭합니다.

비용이 매출의 70% 이상인 행에 글꼴 스타일과 글꼴 색 서식이 적용됩니다.

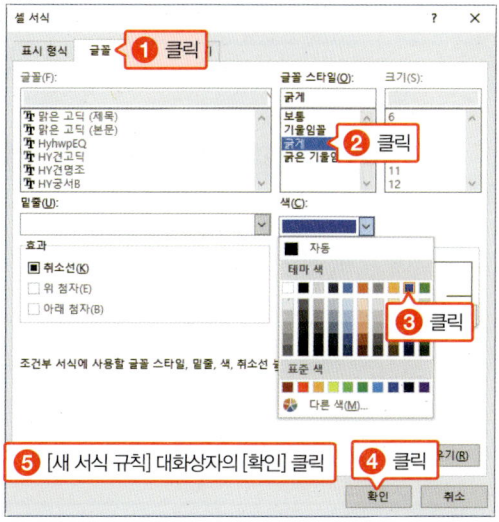

07 규칙 편집하기

비용이 매출의 70%가 아니라 65% 이상인 행에 서식이 적용되도록 수식을 편집해보겠습니다. ❶ [A2:F18] 셀 범위가 선택된 상태에서 [홈] 탭-[스타일] 그룹-[조건부 서식]을 클릭하고 ❷ [규칙 관리]를 선택합니다. ❸ [조건부 서식 규칙 관리자] 대화상자의 규칙 목록에서 첫 번째 규칙을 선택하고 ❹ [규칙 편집]을 클릭합니다.

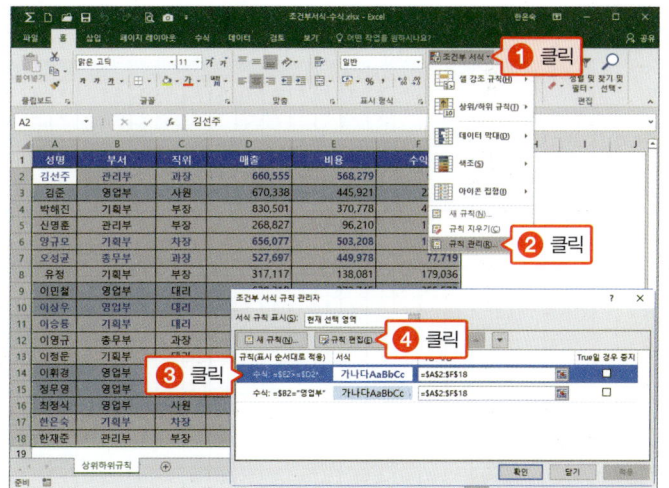

08 규칙 편집하기

❶ [서식 규칙 편집] 대화상자에서 수식 입력란의 수식 중 '0.7'을 **0.65**로 수정한 후 ❷ [확인]을 클릭합니다. ❸ [조건부 서식 규칙 관리자] 대화상자에서 [확인]을 클릭합니다.

비용이 매출의 65% 이상인 행에 글꼴 스타일과 글꼴 색 서식이 적용됩니다.

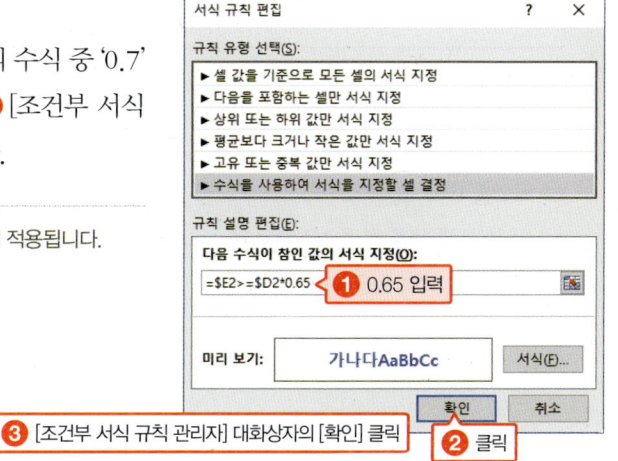

회사통 실무활용 13

생산계획 대비 실적 현황표에 조건부 서식 지정하기

실습 파일 | CHAPTER05\생산계획및실적표.xlsx **완성 파일** | CHAPTER05\완성\생산계획및실적표완성.xlsx

한 달간의 제품별 생산 목표량과 일별 계획량, 실적량 및 계획 대비 실적 달성률 수식이 입력된 실적 현황표입니다. 조건부 서식의 셀 강조 규칙, 상위/하위 규칙, 수식을 사용한 규칙을 통해 조건에 해당하는 셀에 서식을 지정해보겠습니다.

생산 계획 대비 실적 현황

생산 월: 2016년

품명	목표	구분	1	2	3	4	5	6	7	8	9	10	11	12	13	14	15	16	17	18	19	20	21	22	23	24	25	26	27	28	29	30	31	계
AI-725	250	계획	8	8	8	8	8	8	8	8	8	8	8	8	8	8	8	8	8	8	8	8	8	10	8	10	8	10	8	10	8	10		250
		실적	10	7	6	6	6	6	7	9	10	10	8	7	8	6	7	6	10	9	9	8	7	7	10	9	9	9	6	7	9	9		237
		달성률	125%	88%	75%	75%	75%	75%	88%	113%	125%	125%	100%	88%	100%	75%	88%	75%	125%	113%	113%	100%	88%	70%	125%	90%	113%	90%	75%	70%	113%	90%		95%
BH-902	450	계획	15	15	15	15	15	15	15	15	15	15	15	15	15	15	15	15	15	15	15	15	16	15	19	15	20	15	18	16	16			450
		실적	13	17	16	15	16	15	16	14	16	14	13	17	17	15	16	15	13	14	17	14	13	17	17	13	13	13	13	13	13	3		431
		달성률	87%	113%	107%	100%	107%	100%	107%	93%	107%	93%	87%	113%	113%	100%	107%	100%	87%	93%	113%	93%	81%	113%	89%	87%	65%	87%	72%	81%	[illegible]			96%
CY-959	150	계획	5	5	5	5	5	5	5	5	5	5	5	5	5	5	5	5	5	5	5	5	5	5	5	5	6	6	6	6	6			150
		실적	6	7	7	4	7	4	6	3	6	3	3	7	3	3	6	3	[illegible]	3	6	6	7	4	4	6	5	6	6	5	7			146
		달성률	120%	140%	140%	80%	140%	80%	120%	60%	120%	60%	60%	140%	60%	60%	120%	60%	60%	60%	120%	120%	140%	80%	80%	120%	83%	100%	100%	83%	117%			97%
AV-809	100	계획	3	3	3	3	3	3	3	3	3	3	3	3	5	4	2	3	5	3	3	3	3	4	3	4	4	4	5	4	5			100
		실적	2	2	2	5	4	5	2	3	5	2	5	2	4	4	2	3	5	2	4	2	3	4	2	2	3	4	3	3	[illegible]	4		96
		달성률	67%	67%	67%	167%	133%	167%	67%	100%	167%	67%	167%	67%	80%	100%	100%	100%	100%	67%	133%	67%	100%	100%	67%	50%	75%	100%	60%	75%	60%			96%
BH-209	250	계획	8	8	8	8	8	8	8	8	8	8	8	8	8	8	8	8	8	8	8	8	8	8	8	8	9	10	9	10	10	10		250
		실적	6	10	10	7	9	7	8	8	10	6	10	6	7	9	6	10	7	8	9	7	8	6	6	6	8	10	6	3	10	10		233
		달성률	75%	125%	125%	88%	113%	88%	100%	100%	125%	75%	125%	75%	88%	113%	75%	125%	88%	100%	113%	88%	100%	75%	75%	75%	89%	100%	67%	30%	100%	100%		93%
CZ-927	350	계획	12	12	12	12	12	12	12	12	12	12	12	12	12	12	12	12	12	12	12	12	12	12	12	12	12	12	12	12	12		2	350
		실적	11	11	14	14	10	14	12	14	12	10	12	11	12	13	14	10	14	10	12	14	13	13	14	10	12	12	13	12	13		1	357
		달성률	92%	92%	117%	117%	83%	117%	100%	117%	100%	83%	100%	92%	100%	108%	117%	83%	117%	83%	100%	117%	108%	108%	117%	83%	100%	100%	108%	100%	108%		50%	102%
합계	1550	계획	51	51	51	51	51	51	51	51	51	51	51	51	53	52	50	51	53	51	51	51	52	54	55	54	59	57	58	58	57	20	2	1550
		실적	48	54	55	51	52	51	51	51	59	45	51	50	51	50	51	47	52	46	57	51	51	51	53	46	50	54	47	43	55	26	1	1500
		달성률	94%	106%	108%	100%	102%	100%	100%	100%	116%	88%	100%	98%	96%	96%	102%	92%	98%	90%	112%	100%	98%	94%	96%	85%	85%	95%	81%	74%	96%	130%	50%	97%

❶ 오늘 날짜 셀 강조

❷ A로 시작하는 품명 강조

❸ 품명 중복 확인 및 수정

❹ 계획, 실적 행 아래쪽 테두리 점선 표시

❺ 달성률 행에 셀 색 채우기

❻ 달성률 100% 미만의 데이터 빨간색으로 표시

❼ 빈 셀에 셀 색을 회색으로 채우기

❽ 오류 숨기기

❾ 실적 상위 10% 평균 미만 셀 강조

01 오늘 날짜 셀을 빨간색으로 강조하기

❶ [D3:AH3] 셀 범위를 드래그합니다. ❷ [홈] 탭-[스타일] 그룹-[조건부 서식]을 클릭하고 ❸ [셀 강조 규칙]-[발생 날짜]를 선택합니다. ❹ [발생 날짜] 대화상자의 날짜 목록에서 [오늘]을 선택하고 ❺ [확인]을 클릭합니다.

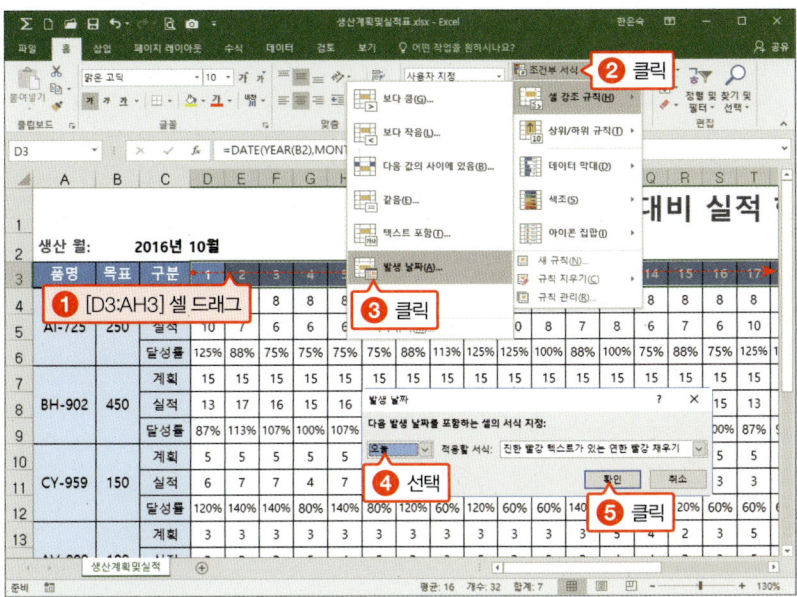

바로 통하는 TIP 날짜 기준

[B2] 셀에는 현재 날짜를 입력하는 TODAY 함수가 입력되어 있고 연도와 월만 표시되도록 사용자 지정 표시 형식이 설정되어 있습니다. [D3] 셀에는 [B2] 셀 연도와 월의 첫째 날짜가 입력되도록 DATE 함수가 작성되어 있습니다. [E3:AH3] 셀 범위에는 각각 그 앞 셀에서 1을 더해서 앞 셀의 다음 날짜가 되도록 수식이 입력되어 있으며, 일자만 표시되도록 사용자 지정 표시 형식이 설정되어 있습니다. TODAY 함수를 사용하면 현재 날짜가 입력되므로 화면의 날짜와 실습 화면의 날짜가 다릅니다.

02 품명 범위에 기타 규칙 지정하기

❶ [A4:A21] 셀 범위를 드래그합니다. ❷ [홈] 탭-[스타일] 그룹-[조건부 서식]을 클릭하고 ❸ [셀 강조 규칙]-[기타 규칙]을 선택합니다.

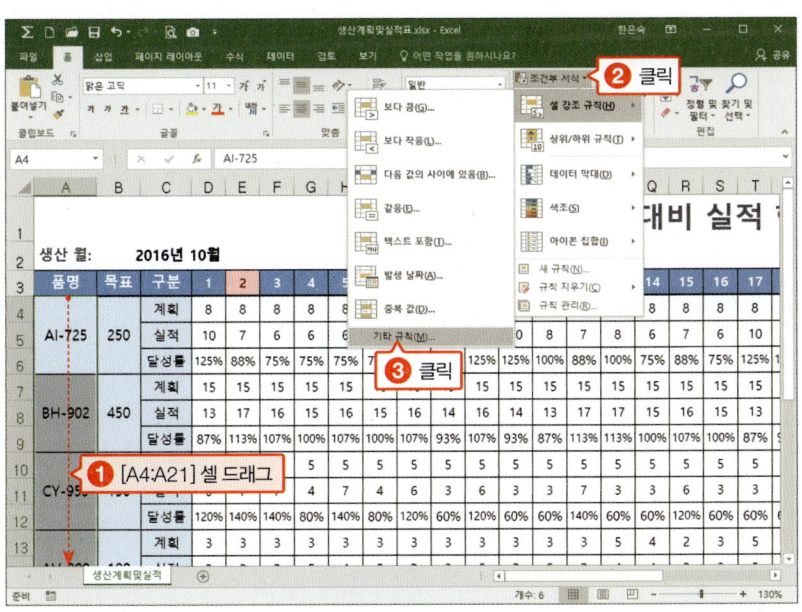

03 A로 시작하는 품명을 굵은 기울임꼴로 강조하기

❶ [새 서식 규칙] 대화상자에서 [규칙 설명 편집]의 첫 번째 목록에서 [특정 텍스트]를 선택하고 ❷ 두 번째 목록에서 [시작 문자]를 선택합니다. ❸ 세 번째 입력란에 **A**를 입력한 후 ❹ [서식]을 클릭합니다. ❺ [셀 서식] 대화상자에서 [글꼴] 탭을 클릭하고 ❻ [글꼴 스타일]로 [굵은 기울임꼴]을 선택합니다. ❼ [확인]을 클릭합니다. ❽ [새 서식 규칙] 대화상자에서 [확인]을 클릭하여 대화상자를 닫습니다. A로 시작하는 품명에 굵은 기울임꼴 서식이 적용됩니다.

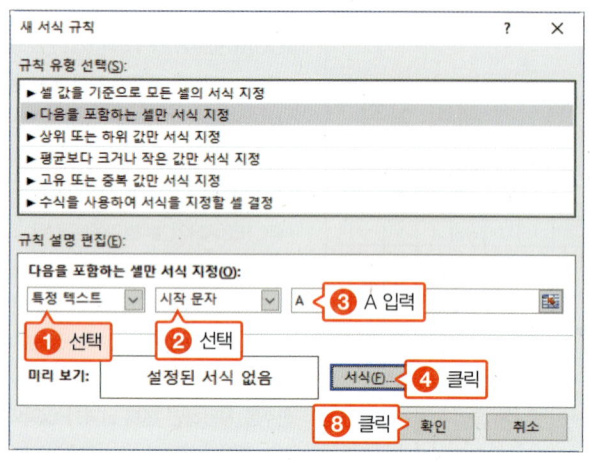
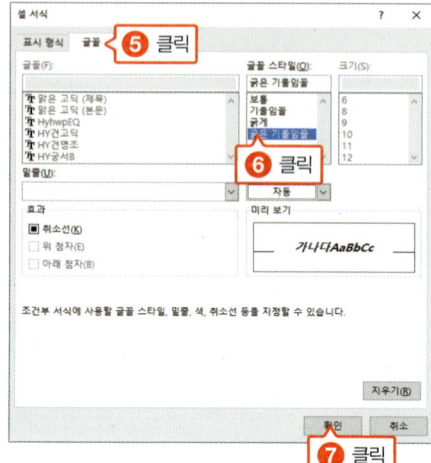

04 품명 중복 확인하고 수정하기

❶ [A4:A21] 셀 범위가 선택된 상태에서 [홈] 탭-[스타일] 그룹-[조건부 서식]을 클릭하고 ❷ [셀 강조 규칙]-[중복 값]을 선택합니다. ❸ [중복 값] 대화상자에서 [확인]을 클릭합니다. [A7] 셀과 [A16] 셀 값이 중복된 것을 확인할 수 있습니다. ❹ [A16] 셀의 품명을 **BH-209**로 수정합니다.

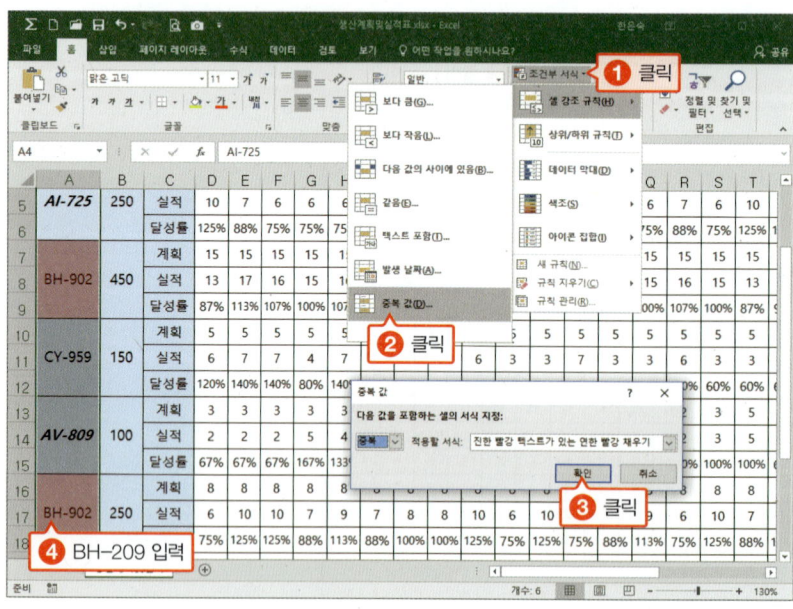

05 새 규칙 선택하기

❶ [C4:AI24] 셀 범위를 드래그합니다. ❷ [홈] 탭-[스타일] 그룹-[조건부 서식]을 클릭하고 ❸ [새 규칙]을 선택합니다.

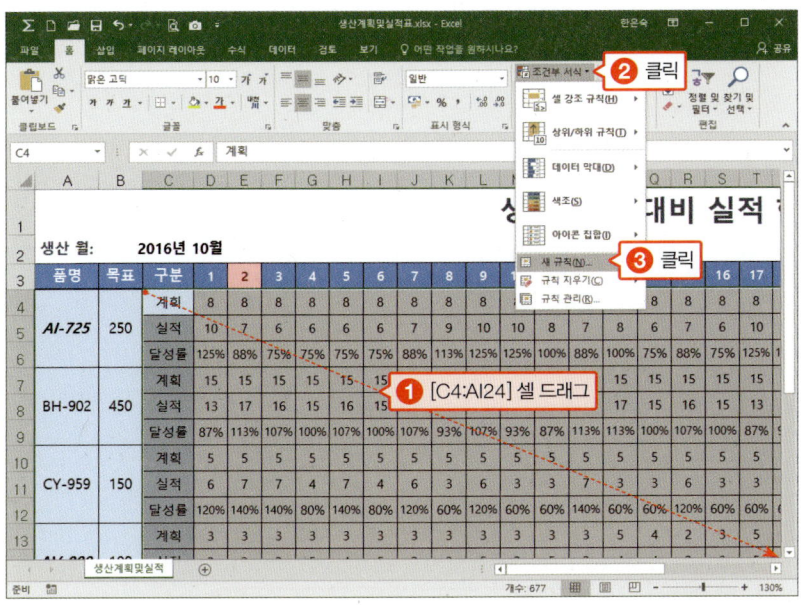

06 수식으로 계획, 실적 행에 대한 조건 지정하기

❶ [새 서식 규칙] 대화상자의 [규칙 유형 선택]에서 [수식을 사용하여 서식을 지정할 셀 결정]을 선택하고 ❷ [규칙 설명 편집]의 수식 입력란에 **=$C4<>"달성률"**을 입력하고 ❸ [서식]을 클릭합니다.

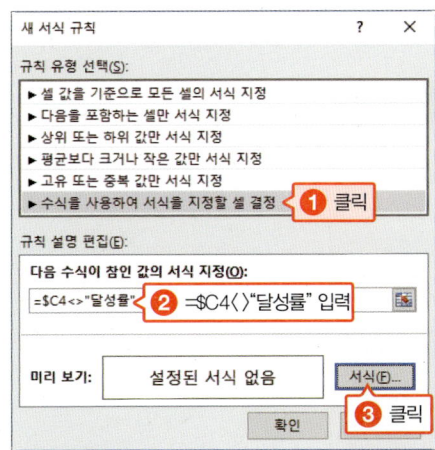

바로 통하는 TIP 구분이 입력되어 있는 범위의 첫 번째 셀인 [C4] 셀이 기준 셀입니다. 다른 행의 값도 확인해야 하므로 열 고정 혼합 참조 $C4 형태를 사용합니다. 구분이 '계획'이나 '실적'인 행, 즉 '달성률'이 아닌 행에 대해 서식을 지정할 것이므로 '$C4의 값이 달성률이 아니다(<>)'라는 조건식을 입력했습니다.

07 조건 행 아래쪽 테두리를 점선으로 표시하기

❶ [셀 서식] 대화상자에서 [테두리] 탭을 클릭하고 ❷ [선 스타일]로 두 번째 점선을 선택합니다. ❸ 테두리 중 [아래쪽]을 클릭합니다. ❹ [확인]을 클릭합니다. ❺ [새 서식 규칙] 대화상자에서 [확인]을 클릭해 대화 상자를 닫습니다. 계획, 실적 행의 아래쪽 테두리가 점선으로 표시됩니다.

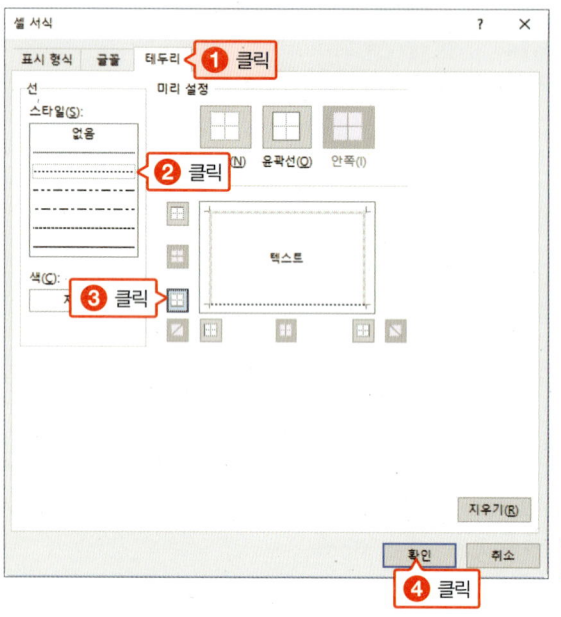

08 달성률 행에 서식 지정하기

❶ [C4:AI24] 셀 범위가 선택된 상태에서 [홈] 탭-[스타일] 그룹-[조건부 서식]을 클릭하고 ❷ [새 규칙]을 선택합니다. ❸ [새 서식 규칙] 대화상자의 [규칙 유형 선택]에서 [수식을 사용하여 서식을 지정할 셀 결정] 을 선택하고 ❹ [규칙 설명 편집]의 수식 입력란에 **=$C4="달성률"**을 입력합니다. ❺ [서식]을 클릭합니다.

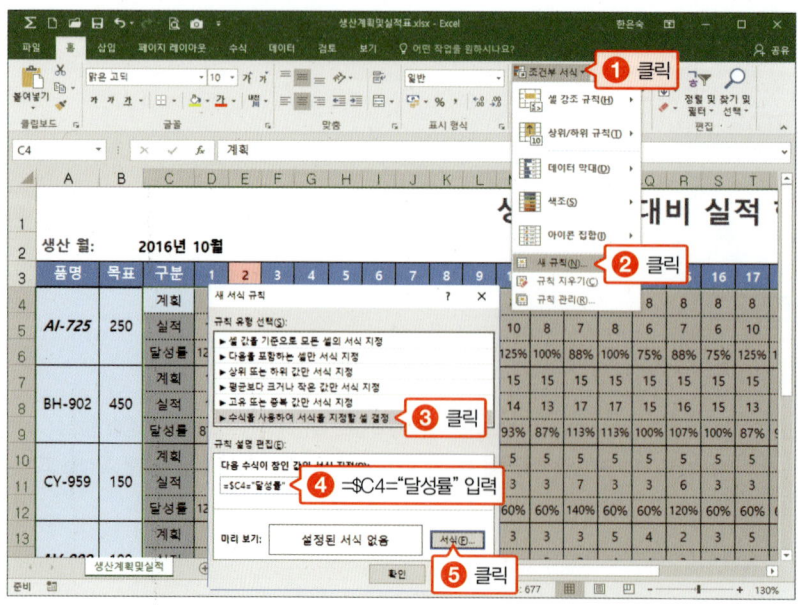

O9 셀 색 채우기

❶ [셀 서식] 대화상자에서 [채우기] 탭을 클릭하고 ❷ [배경색]으로 [파랑, 강조 1, 80% 더 밝게]를 선택합니다. ❸ [확인]을 클릭합니다. ❹ [새 서식 규칙] 대화상자에서 [확인]을 클릭하여 대화상자를 닫습니다. 달성률 행의 셀 색이 파란색으로 채워집니다.

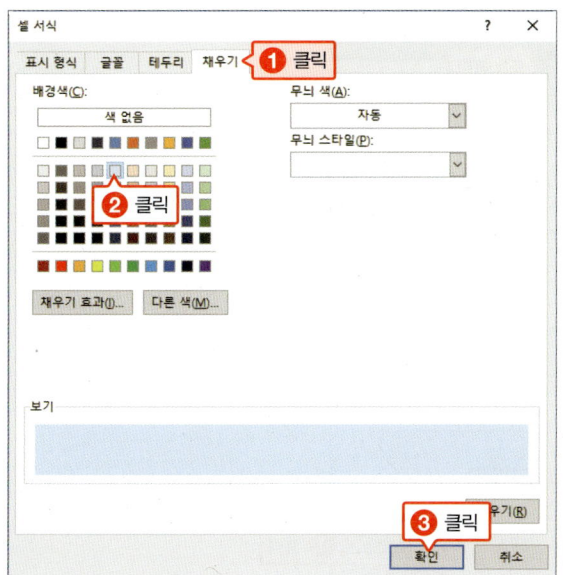

10 달성률 100% 미만을 빨간색 텍스트로 표시하기

❶ [C4:AI24] 셀 범위가 선택된 상태에서 [홈] 탭–[스타일] 그룹–[조건부 서식]을 클릭하고 ❷ [셀 강조 규칙]–[보다 작음]을 선택합니다. ❸ [보다 작음] 대화상자에서 1을 입력하고 ❹ [적용할 서식] 목록에서 [빨강 텍스트]를 선택합니다. ❺ [확인]을 클릭합니다. 달성률 100% 미만인 셀에 [빨강 텍스트] 서식이 적용됩니다.

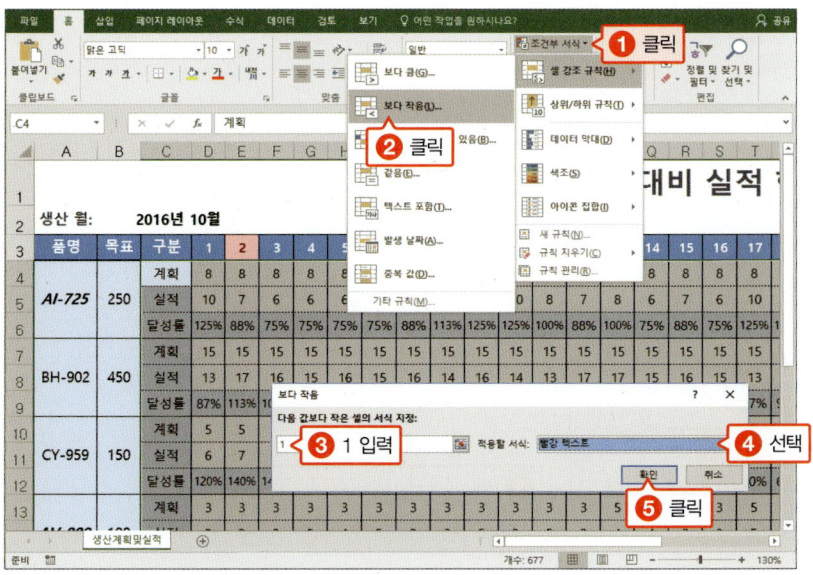

11 빈 셀에 서식 지정하기

❶ [C4:AI24] 셀 범위가 선택된 상태에서 [홈] 탭-[스타일] 그룹-[조건부 서식]을 클릭하고 ❷ [셀 강조 규칙]-[기타 규칙]을 선택합니다. ❸ [새 서식 규칙] 대화상자의 [규칙 설명 편집]에서 [빈 셀]을 선택한 후 ❹ [서식]을 클릭합니다.

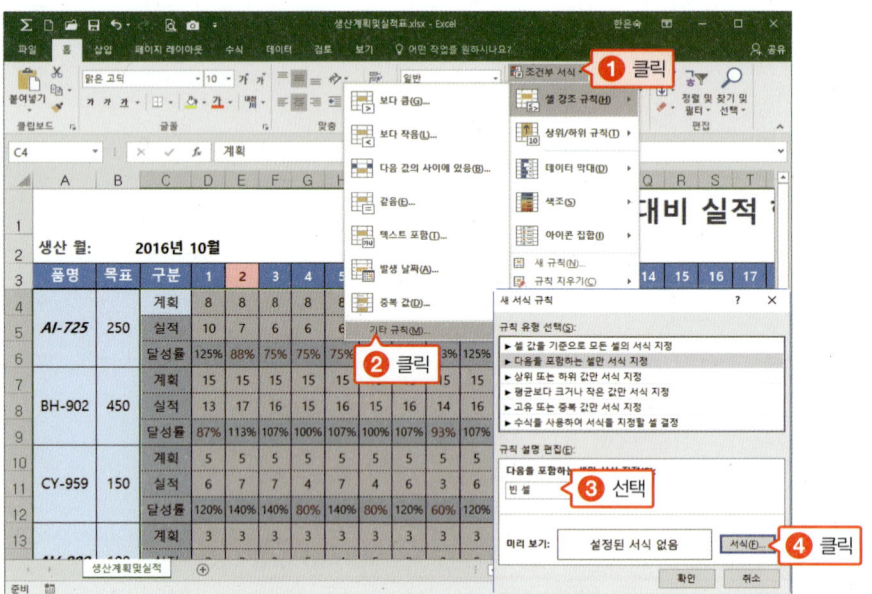

12 셀 색을 회색으로 채우기

❶ [셀 서식] 대화상자에서 [채우기] 탭을 클릭하고 ❷ [배경색]으로 [흰색, 배경 1, 15% 더 어둡게]를 선택합니다. ❸ [확인]을 클릭합니다. ❹ [새 서식 규칙] 대화상자에서 [확인]을 클릭하여 대화상자를 닫습니다.

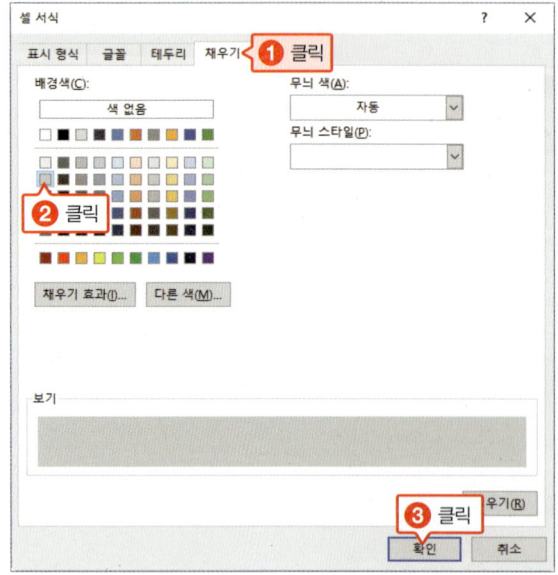

❹ [새 서식 규칙] 대화상자의 [확인] 클릭

13 오류 값 서식 지정하기

달성률을 구하는 수식은 '실적량/계획량'이므로 계획량이 빈 셀이면 0으로 나눌 때 나타나는 #DIV/0! 오류가 표시됩니다. 오류 표시를 숨기려면 글꼴 색을 셀 색과 같게 지정합니다. ❶ [C4:AI24] 셀 범위가 선택된 상태에서 [홈] 탭-[스타일] 그룹-[조건부 서식]을 클릭하고 ❷ [셀 강조 규칙]-[기타 규칙]을 선택합니다. ❸ [새 서식 규칙] 대화상자의 [규칙 설명 편집]에서 [오류]를 선택한 후 ❹ [서식]을 클릭합니다.

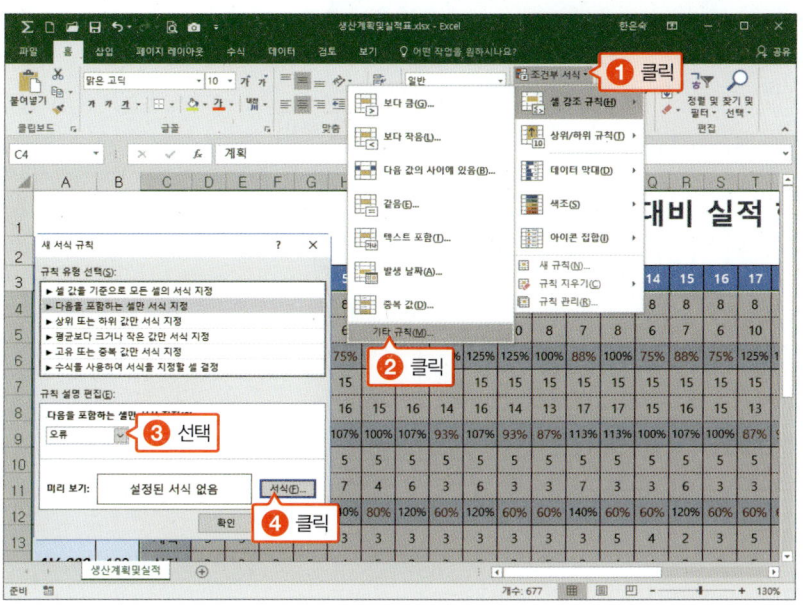

14 글꼴 색 지정하기

❶ [셀 서식] 대화상자에서 [글꼴] 탭을 클릭하고 ❷ [색] 목록에서 [파랑, 강조 1, 80% 더 밝게]를 선택합니다. ❸ [확인]을 클릭합니다. ❹ [새 서식 규칙] 대화상자에서 [확인]을 클릭하여 대화상자를 닫습니다.

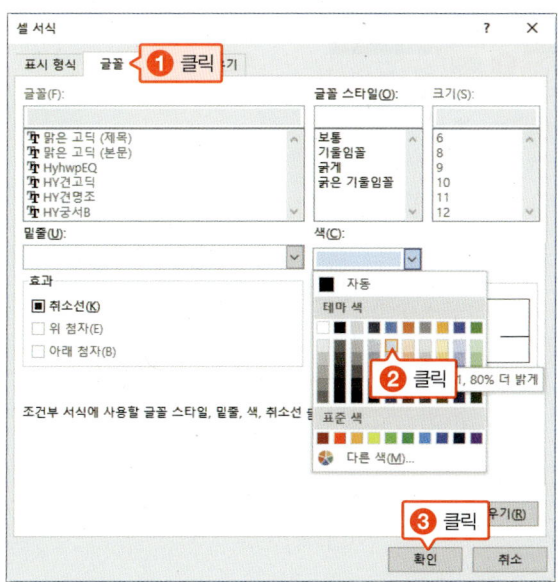

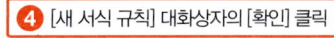
❹ [새 서식 규칙] 대화상자의 [확인] 클릭

15 실적 상위 10% 셀 강조하기

❶ [D23:AH23] 셀 범위를 드래그한 후 ❷ [홈] 탭–[스타일] 그룹–[조건부 서식]을 클릭하고 ❸ [상위/하위 규칙]–[상위 10%]를 선택합니다. ❹ [상위 10%] 대화상자에서 [확인]을 클릭합니다. 실적 합계가 상위 10%인 셀에 [진한 빨강 텍스트가 있는 연한 빨강 채우기] 서식이 적용됩니다.

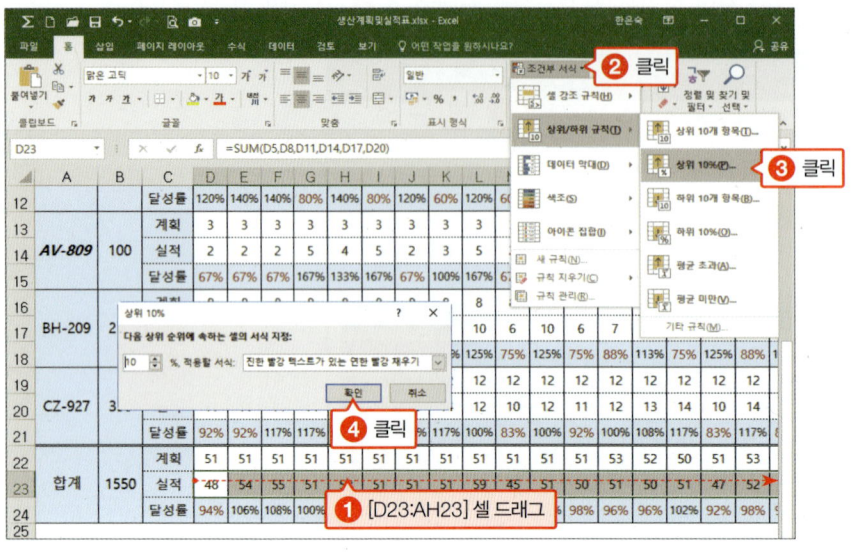

16 실적 평균 미만 셀 강조하기

실적이 평균보다 낮은 셀에 서식을 강조해보겠습니다. ❶ [D23:AH23] 셀 범위가 선택된 상태에서 [홈] 탭–[스타일] 그룹–[조건부 서식]을 클릭하고 ❷ [상위/하위 규칙]–[평균 미만]을 선택합니다. ❸ [평균 미만] 대화상자의 [적용할 서식] 목록에서 [진한 노랑 텍스트가 있는 노랑 채우기]를 선택하고 ❹ [확인]을 클릭합니다. 실적이 평균보다 낮은 셀에 [진한 노랑 텍스트가 있는 노랑 채우기] 서식이 적용됩니다.

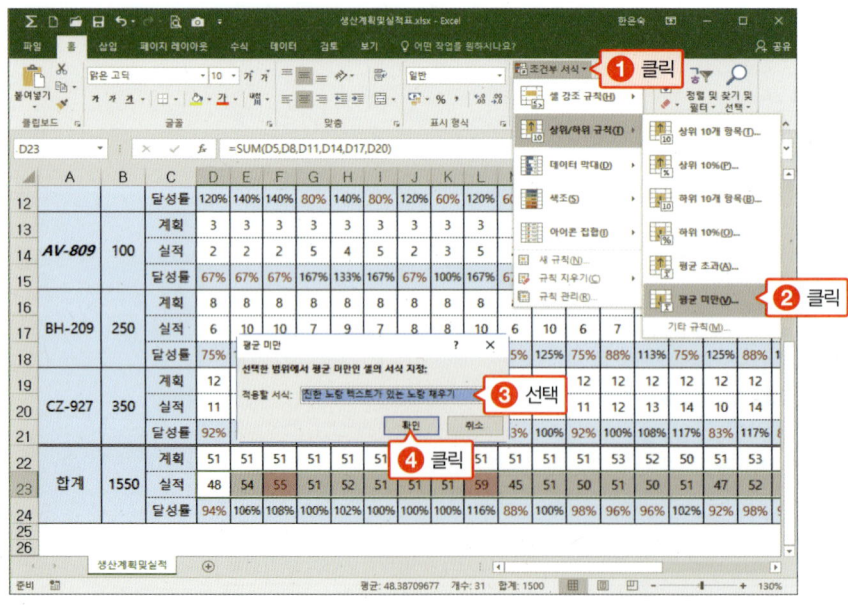

SECTION 07

조건부 서식으로 데이터 시각화하기

숫자 데이터 목록에서 값의 많고 적음을 한눈에 파악할 수 있도록 셀에 데이터 막대를 표시하거나 전체 목록의 합계 대비 값의 비율에 따라 색조나 아이콘을 표시할 수 있습니다.

셀 안에 데이터 막대 표시하기

셀에 입력된 데이터의 크기에 따라 셀 안에 막대를 표시하여 셀 값의 차이를 쉽게 비교할 수 있습니다. ❶ 숫자 데이터가 입력된 셀 범위를 드래그합니다. ❷ [홈] 탭-[스타일] 그룹-[조건부 서식]을 클릭한 후 ❸ [데이터 막대]를 선택하고 원하는 막대 스타일과 색상을 선택합니다. 선택한 셀 범위에서 가장 큰 값이 입력된 셀의 막대가 오른쪽 끝까지 채워지고 나머지 셀의 막대 길이는 최댓값 셀의 비율에 맞춰 표시됩니다. 셀 값이 음수인 경우 막대가 왼쪽으로 채워집니다. 음수 데이터 막대의 기본 색상은 빨간색입니다.

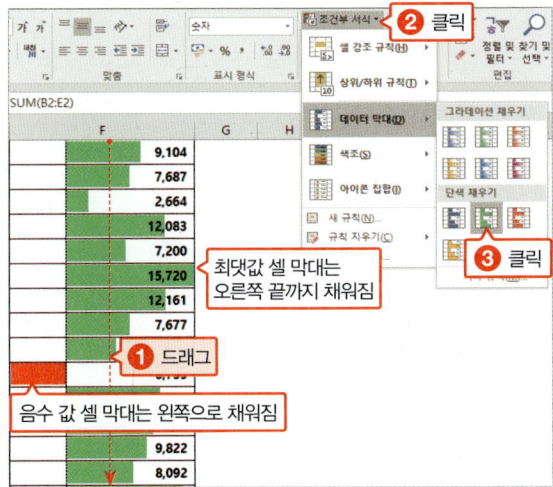

데이터 막대 옵션

데이터 막대의 길이의 기준이나 막대 색상, 음수 값과 축을 설정하는 방법은 다음과 같습니다. 방법1 [홈] 탭-[스타일] 그룹-[조건부 서식]을 클릭하고 [데이터 막대]-[기타 규칙]을 선택합니다. 혹은 방법2 데이터 막대가 지정된 셀 범위를 선택한 상태에서 [홈] 탭-[스타일] 그룹-[조건부 서식]을 클릭하고 [규칙 관리]를 선택한 후 [조건부 서식 규칙 관리자] 대화상자에서 [규칙 편집]을 클릭합니다. 예를 들어 데이터가 너무 많아서 상위 20% 데이터에만 막대를 표시하려면 [종류] 목록에서 [백분율]을 선택하고 [최소값]을 [80], [최대값]을 [100]으로 지정합니다.

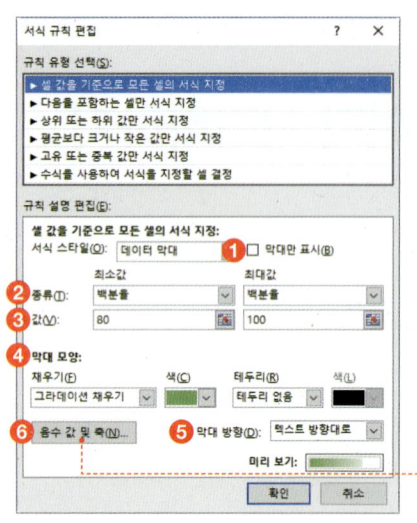
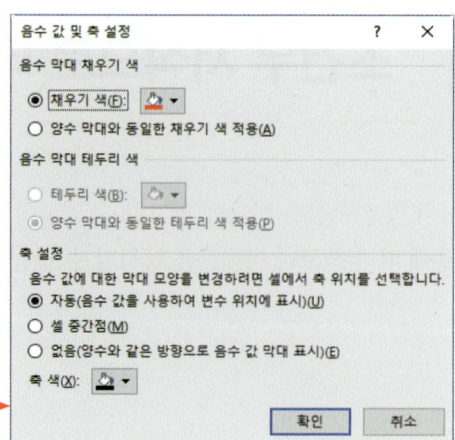

❶ **막대만 표시** : 셀 값을 숨기고 데이터 막대만 표시합니다.

❷ **종류** : [최소값], [최대값], [숫자], [백분율], [수식], [백분위수], [자동] 중에서 선택합니다. [자동]을 선택하면 [최소값], [최대값]을 선택한 것과 같습니다.

❸ **값** : [종류]에서 [숫자], [백분율], [수식], [백분위수]를 선택한 경우 값을 직접 입력합니다.

❹ **막대 모양** : 채우기 종류, 채우기 색, 테두리, 테두리 색을 선택합니다.

❺ **막대 방향** : 막대 방향을 선택합니다. [텍스트 방향대로]를 선택하면 왼쪽에서 오른쪽 방향으로 막대가 그려집니다.

❻ **음수 값 및 축** : [음수 값 및 축 설정] 대화상자가 표시됩니다.

값에 따라 색조 표시하기

데이터에 색조를 표시하면 대부분 같은 분포를 가진 데이터 중에서 이례적인 항목이 있을 때 한눈에 살펴볼 수 있어서 데이터의 변화나 분포를 파악하는 데 도움을 줍니다. 2색조를 사용하면 [최대값], [최소값]을 두 가지 색으로, 3색조를 사용하면 [최대값], [중간값], [최소값]을 세 가지 색으로 표시합니다.

● 색조별 값의 크기 순서

2색조의 색 음영은 높은 값에서 낮은 값 순서로 표시됩니다. 예를 들면 [녹색–노랑 색조]를 선택하면 [최대값]이 진한 녹색, [최소값]이 진한 노란색으로 표시되며 나머지 값은 [최대값]과 [최소값]을 기준으로 한 색 변화로 표시됩니다.

3색조의 색 음영은 높은 값, 중간 값, 낮은 값 순서로 표시됩니다. 예를 들면 [녹색–노랑–빨강 색조]를 선택하면 [최대값]이 진한 녹색, [중간값]이 진한 노란색, [최소값]은 진한 빨간색으로 표시되며 나머지 값은 이를 기준으로 한 색의 변화로 표시됩니다.

▲ 녹색–노랑 색조   ▲ 녹색–노랑–빨강 색조

숫자 앞에 아이콘 표시하기

아이콘 집합은 데이터를 임곗값으로 3~5가지 범
주로 분류한 주석 아이콘입니다. 각 아이콘은 값의
범위를 나타냅니다. 예를 들어 [3방향 화살표(컬
러)]를 선택했을 때 녹색 위쪽 화살표는 높은 값,
노란색 옆쪽 화살표는 중간 값, 빨간색 아래쪽 화
살표는 낮은 값을 나타냅니다.

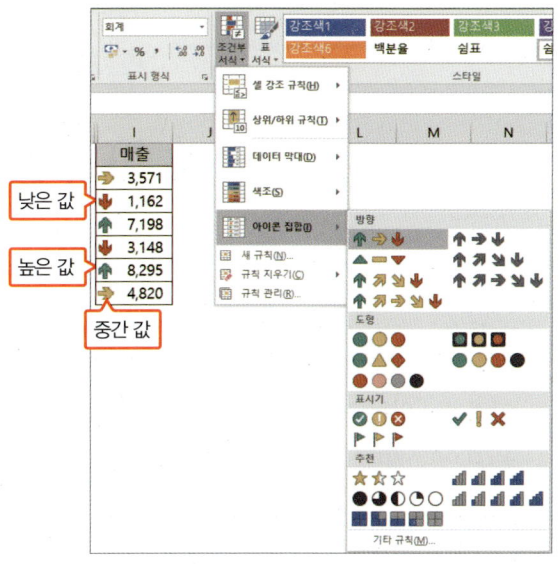

⬤ 아이콘 집합의 규칙 편집 시 값 범위

아이콘 집합을 지정하면 기본적으로 백분율을 기준으로 값이 분류되어 아이콘이 표시됩니다. 조건부 서식
의 백분율은 범위의 최솟값, 최댓값을 기준으로 한 백분율 순위입니다. 세 가지 분류의 아이콘 집합을 선
택한 후 [홈] 탭-[스타일] 그룹-[조건부 서식]을 클릭하고 [규칙 관리]를 선택한 후 [조건부 서식 규칙 관
리자] 대화상자에서 [규칙 편집]을 선택하면 아이콘의 값 [종류]는 [백분율]로, [값은 [67], [33]으로 설정
되어 있습니다. 이 값은 PERCENTRANK.EXE 함수로 구한 백분율 순위 값과 비교해보면 이해하기 쉽습
니다.

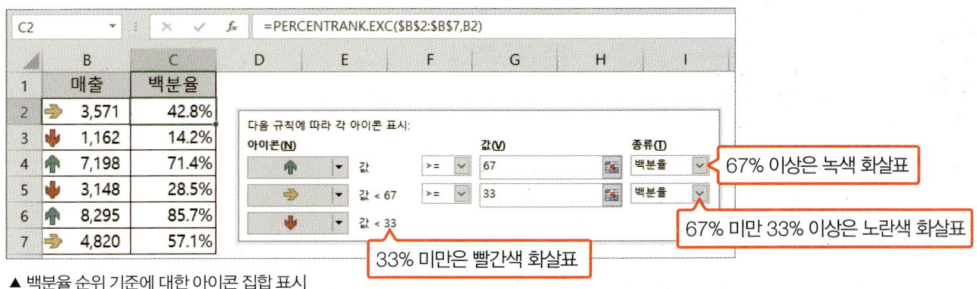

▲ 백분율 순위 기준에 대한 아이콘 집합 표시

실무에서는 백분율 대신 기준 값을 직접 입력하는 경우도 많습니다. 첫 번째 아이콘의 기준 값 조건을 지
정하면 두 번째 아이콘의 시작 조건도 함께 바뀌며, 값을 입력하면 그 다음 아이콘의 조건이 정해집니다.

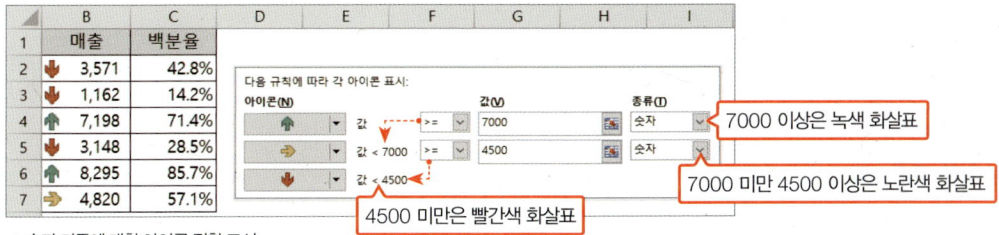

▲ 숫자 기준에 대한 아이콘 집합 표시

제품 비용 및 가격 변동 데이터 시각화하기

실습 파일 | CHAPTER05\가격변동표.xlsx 완성 파일 | CHAPTER05\완성\가격변동표완성.xlsx

다음은 전년도와 금년도 제품별 비용의 변화 추세와 제품 가격, 가격인상률, 제품 만족도 등급이 입력되어 있는 표입니다. 각 데이터를 한눈에 파악할 수 있도록 비용은 색조로, 가격과 가격인상률은 데이터 막대로, 비용 추세와 만족도 등급은 아이콘 집합으로 표시해보겠습니다.

제품 비용 및 가격 변동 현황표

제품명	비용(전년)	비용(금년)	비용추세	가격	가격인상률	만족도등급
현진 커피 밀크	88,040	91,630	▲	₩124,000	-6%	3
현진 바닐라 엣센스	58,000	58,000		₩97,000	18%	3
대일 포장 치즈	77,760	51,550	▼	₩81,000	76%	1
한라 연유	61,110	61,110		₩63,000	71%	4
대양 핫 케이크 소스	54,450	42,670	▼	₩55,000	53%	4
우미 피넛 샌드	25,970	25,970		₩53,000	42%	3
우미 코코넛 쿠키	21,960	21,960		₩49,000	34%	5
진미 트로피컬 캔디	34,960	35,000	▲	₩46,000	-10%	3
북미산 상등육 쇠고기	35,200	35,200		₩44,000	59%	4
한라 멜론 아이스크림	24,800	7,440	▼	₩40,000	40%	4
파스 페이스 티	39,000	40,000	▲	₩39,000	27%	2
한성 옥수수 가루	20,140	10,070	▼	₩38,000	41%	4
한림 특선 양념 칠면조	34,920	34,920		₩36,000	15%	1
한성 통밀가루	31,150	32,000	▲	₩35,000	27%	2
대관령 초콜릿 아이스크림	29,240	29,240		₩34,000	55%	1
미양 코코아 샌드	10,560	10,560		₩33,000	76%	5
진미 바닐라 쿠키	9,600	7,680	▼	₩32,000	50%	3
미미 스카치 캔디	8,990	9,500	▲	₩31,000	58%	3
대일 파메쌍 치즈	21,000	21,000		₩30,000	-8%	1
사계절 커스터드 파이	14,210	15,000	▲	₩29,000	75%	5
태양 100% 오렌지 주스	22,620	30,360	▲	₩26,000	62%	1
대관령 바닐라 아이스크림	17,000	17,000		₩25,000	59%	3
한림 훈제 통닭	17,760	18,780	▲	₩24,000	18%	3
한라 분유	15,400	17,620	▲	₩22,000	17%	3
대관령 특제 버터	12,810	13,000	▲	₩21,000	-4%	3
미왕 계피 캔디	12,000	8,400	▼	₩20,000	66%	3
우미 특선 레몬 파이	9,800	10,000	▲	₩19,000	84%	4
알파 왕갈비 훈제육	11,190	12,000	▲	₩17,000	-15%	4
미왕 초콜릿 드링크	4,000	4,200	▲	₩16,000	72%	2
알파 콘 플레이크	9,360	7,490	▼	₩13,000	-12%	5
신한 초콜릿 소스	7,650	7,650		₩12,000	34%	2
싱가풀 원산 옥수수	8,400	8,600	▲	₩10,000	25%	1
신성 쌀 튀김 과자	4,950	4,950		₩9,000	13%	2
파블로바 피넛 스프레드	5,840	6,500	▲	₩8,000	-20%	3
필로 믹스	5,500	5,500		₩7,000	46%	2
앨리스 포장육	2,100	2,100		₩5,000	-48%	5
신성 시리얼	2,190	2,190		₩3,000	-45%	4

❶ 비용이 많을수록 빨간색, 적을수록 파란색으로 분포되는 색조로 표시

❷ 비용 추세를 아이콘으로만 표시

❸ 다섯 개 등급을 다섯 가지 원으로 표시

❹ 데이터 막대 표시

01 비용에 색조 표시하기

❶ [B4:C40] 셀 범위를 드래그합니다. ❷ [홈] 탭-[스타일] 그룹-[조건부 서식]을 클릭하고 ❸ [색조]-[빨강-흰색-파랑 색조]를 선택합니다. 비용이 많을수록 빨간색으로 표시되고 적을수록 파란색으로 표시됩니다. 비용(전년) 색조와 비용(금년) 색조의 차이가 많이 나면 비용 차이가 크다는 것을 알 수 있습니다.

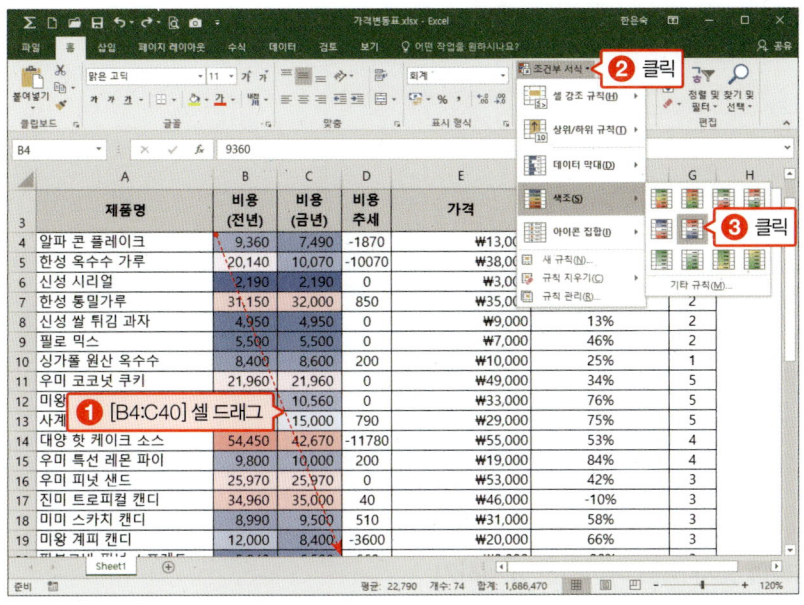

02 비용 추세에 아이콘 표시하기

'비용(금년)-비용(전년)'의 수식이 작성된 비용 추세에 아이콘을 표시하겠습니다. ❶ [D4:D40] 셀 범위를 드래그합니다. ❷ [홈] 탭-[스타일] 그룹-[조건부 서식]을 클릭하고 ❸ [아이콘 집합]-[삼각형 3개]를 선택합니다. 숫자가 큰 셀은 열 너비가 좁기 때문에 아이콘이 표시되면서 숫자가 '#'으로 채워집니다.

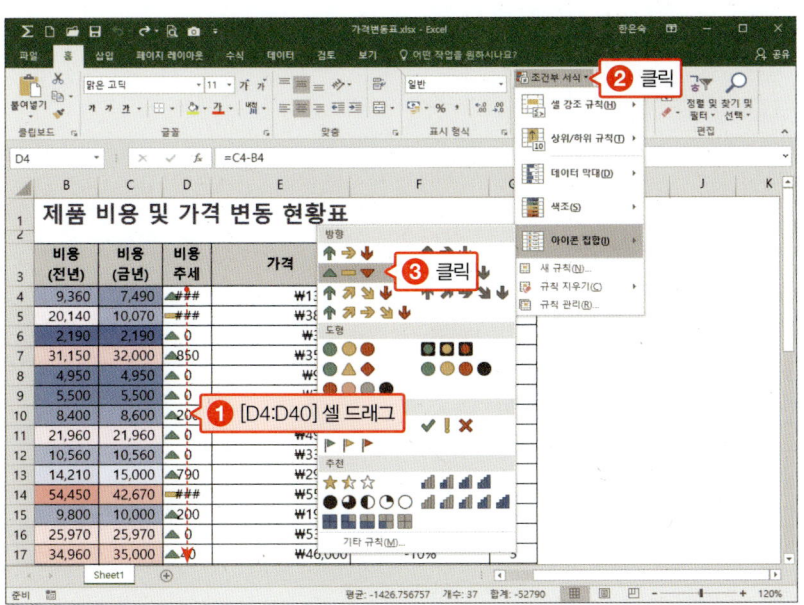

03 규칙 편집하기

❶ [D4:D40] 셀 범위가 선택된 상태에서 [홈] 탭-[스타일] 그룹-[조건부 서식]을 클릭하고 ❷ [규칙 관리]를 선택합니다. ❸ [조건부 서식 규칙 관리자] 대화상자에서 [규칙 편집]을 클릭합니다.

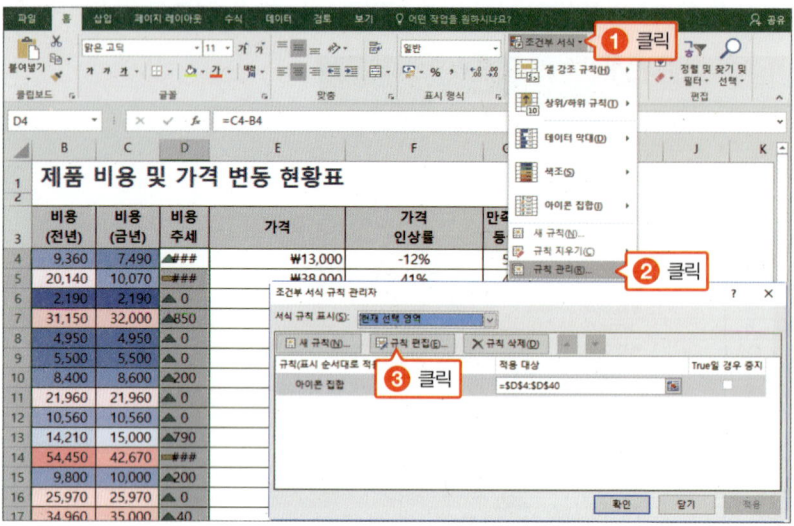

04 아이콘 표시 기준을 수정하여 숫자 또는 아이콘만 표시하기

비용이 늘어났으면 양수, 줄었으면 음수, 같으면 0이므로 이에 맞게 아이콘 표시 기준을 수정하겠습니다. 비용 추세 셀의 숫자를 숨기고 아이콘만 표시하되, 비용 추세가 0인 경우는 아이콘과 숫자를 모두 숨기겠습니다. ❶ [서식 규칙 편집] 대화상자의 첫 번째 [아이콘]에서 [종류]로 [숫자]를 선택합니다. [값]이 [0]으로 바뀝니다. ❷ 비교 연산자 목록에서 [>]를 선택합니다. ❸ 두 번째 [아이콘] 목록에서 [셀 아이콘 없음]을 선택하고 ❹ [종류]로 [숫자]를 선택한 후 ❺ [아이콘만 표시] 옵션에 체크 표시합니다. ❻ [확인]을 클릭합니다.

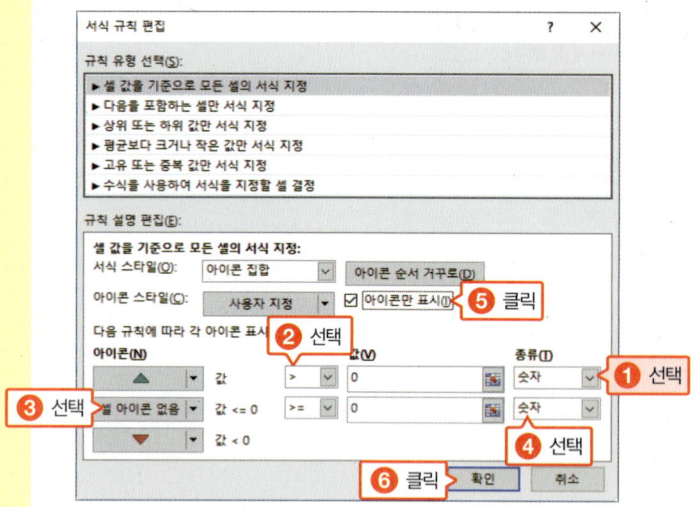

05 [조건부 서식 규칙 관리자] 대화상자에서 [확인]을 클릭해 대화상자를 닫습니다. 비용이 오른 셀에는 녹색 아이콘, 비용이 내린 셀에는 빨간색 아이콘이 표시되고 셀 값은 숨겨집니다.

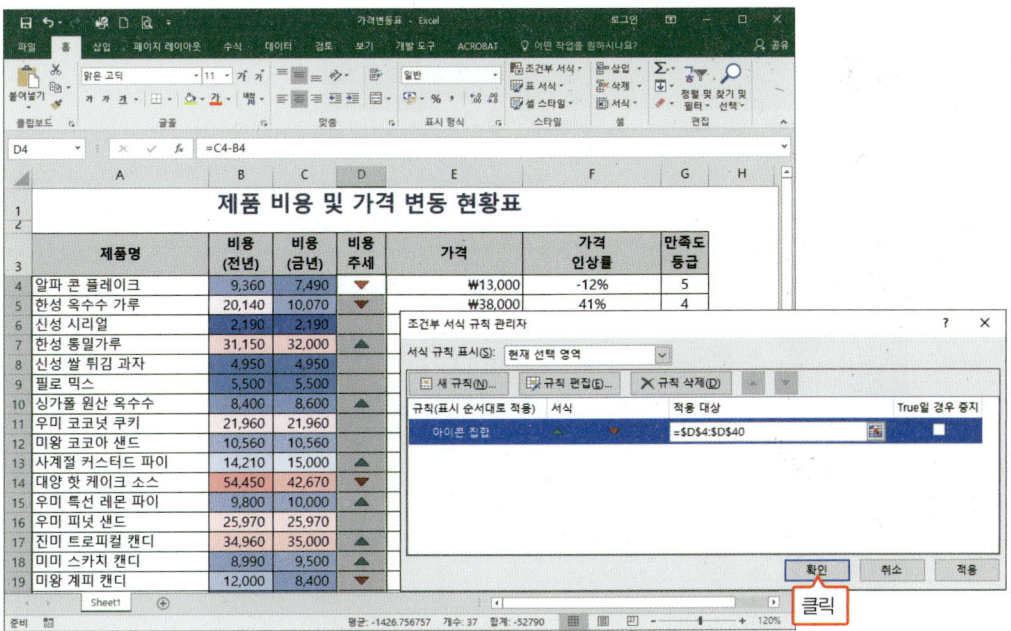

06 만족도 등급에 아이콘 표시하기

만족도 등급은 1~5등급이 입력되어 있으므로 5개짜리 아이콘 집합을 표시하겠습니다. **①** [G4:G40] 셀 범위를 드래그합니다. **②** [홈] 탭-[스타일] 그룹-[조건부 서식]을 클릭하고 **③** [아이콘 집합]-[5가지 원(흑백)]을 선택합니다.

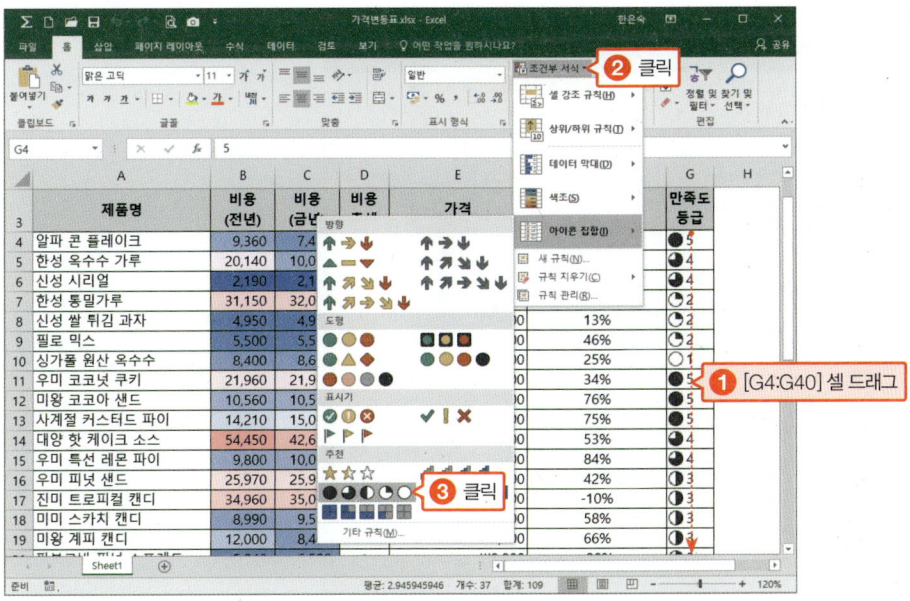

07 가격에 데이터 막대 표시하기

제품의 가격을 데이터 막대로 표시하겠습니다. ❶ [E4:E40] 셀 범위를 드래그하고 ❷ [홈] 탭–[스타일] 그룹–[조건부 서식]을 클릭한 후 ❸ [데이터 막대]–[그라데이션 채우기]–[빨강 데이터 막대]를 선택합니다.

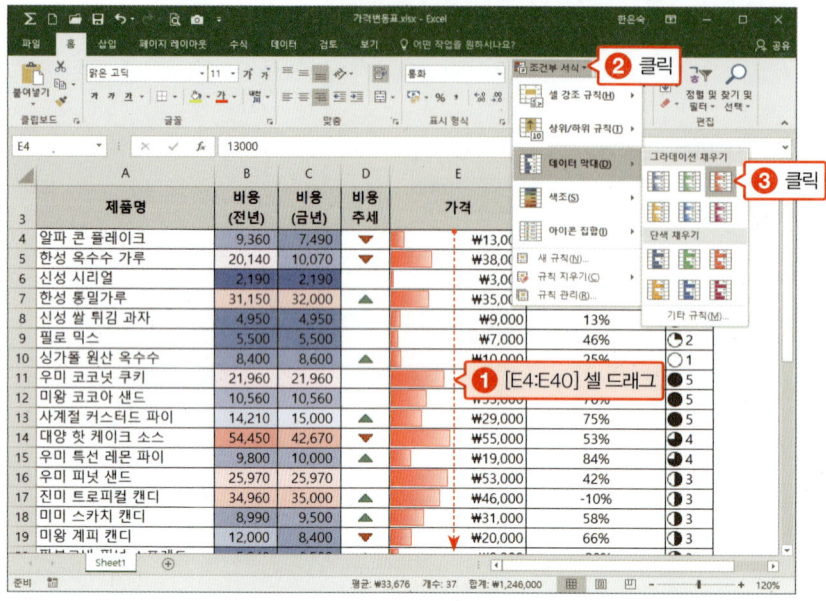

08 규칙 편집하기

데이터 막대를 수정하고 방향을 변경하겠습니다. ❶ [E4:E40] 셀 범위가 선택된 상태에서 [홈] 탭–[스타일] 그룹–[조건부 서식]을 클릭하고 ❷ [규칙 관리]를 선택합니다. ❸ [조건부 서식 규칙 관리자] 대화상자에서 [규칙 편집]을 클릭합니다.

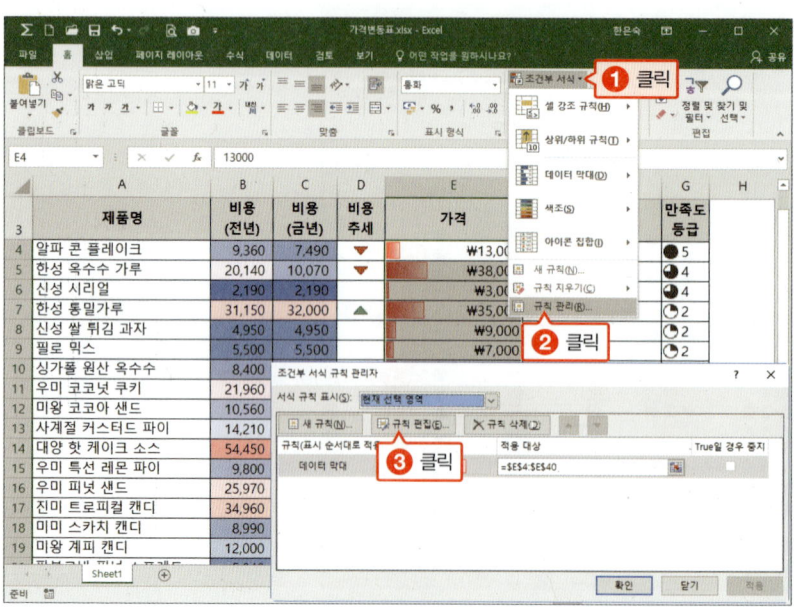

09 데이터 막대 테두리 숨기고 방향 변경하기

❶ [서식 규칙 편집] 대화상자의 [테두리] 목록에서 [테두리 없음]을 선택하고 ❷ [막대 방향] 목록에서 [오른쪽에서 왼쪽]을 선택합니다. ❸ [확인]을 클릭합니다. ❹ [조건부 서식 규칙 관리자] 대화상자에서 [확인]을 클릭해 대화상자를 닫습니다. 데이터 막대의 테두리가 없어지고 막대 방향이 왼쪽으로 바뀝니다.

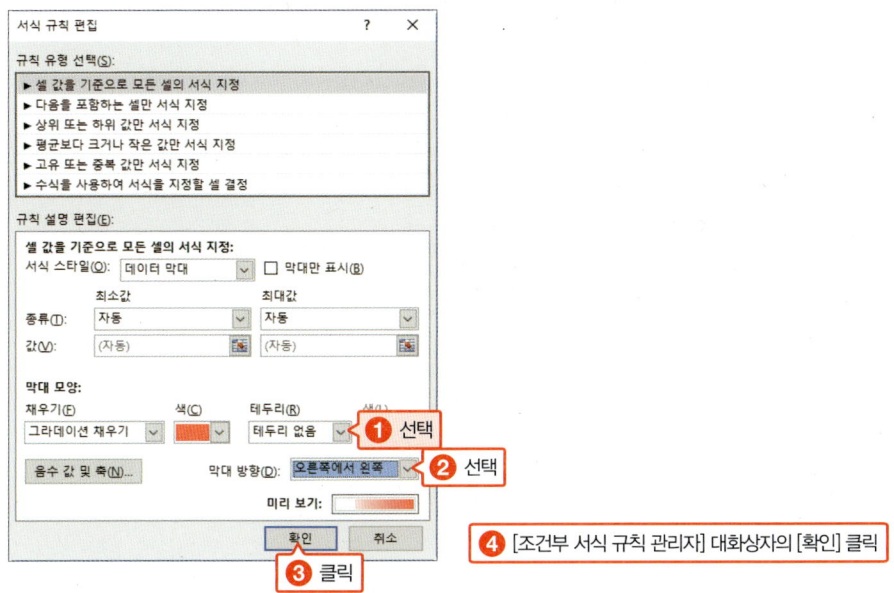

10 가격 인상률에 데이터 막대 표시하기

❶ [F4:F40] 셀 범위를 드래그합니다. ❷ [홈] 탭-[스타일] 그룹-[조건부 서식]을 클릭하고 ❸ [데이터 막대]-[단색 채우기]-[주황 데이터 막대]를 선택합니다.

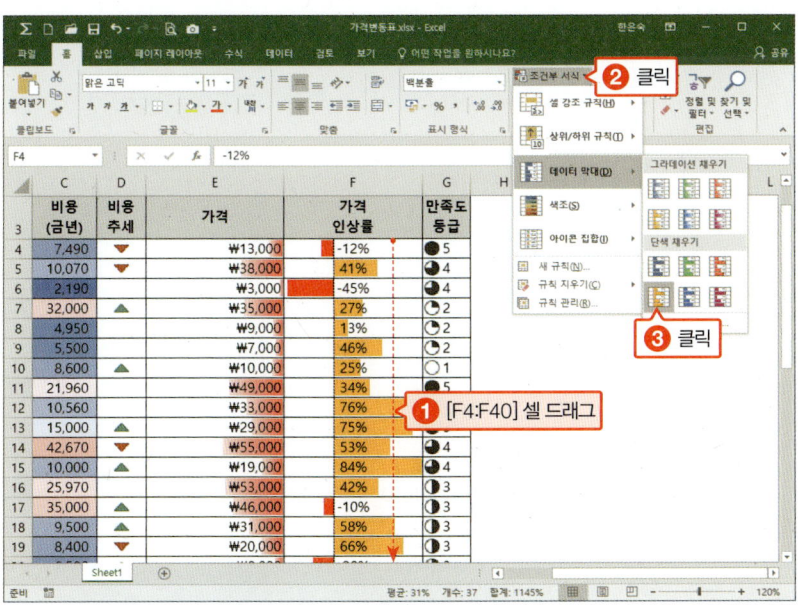

11 가격별로 내림차순 정렬하기

가격이 높은 순서대로 제품을 정렬해보겠습니다. ❶ 가격 셀 중 하나인 [E4] 셀을 클릭하고 ❷ [데이터]
탭-[정렬 및 필터] 그룹-[숫자 내림차순 정렬🔽]을 클릭합니다. 가격이 높은 제품부터 표시됩니다.

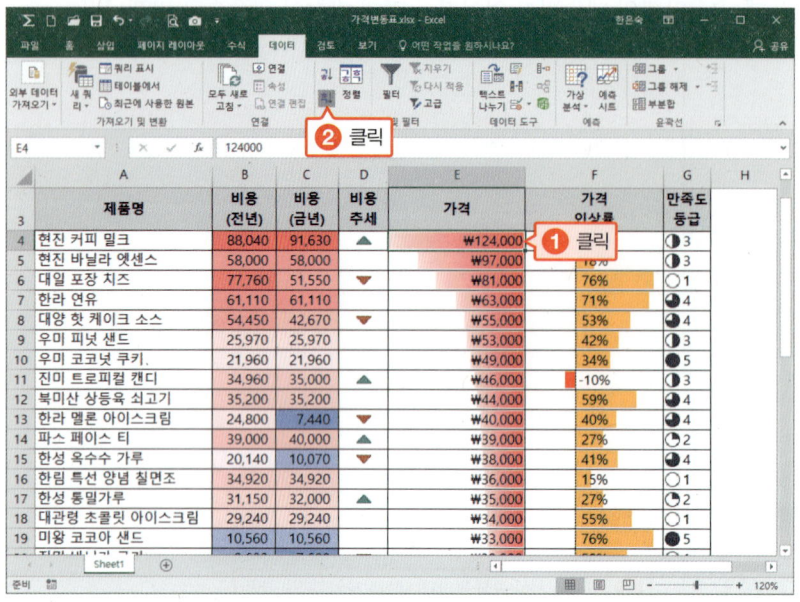

SECTION 08 빠른 분석 도구로 조건부 서식 지정하기

빠른 분석 도구를 사용하면 조건부 서식의 기본 규칙을 보다 즉각적으로 지정할 수 있습니다. 빠른 분석 도구를 사용한 조건부 서식 지정 방법을 알아보겠습니다.

빠른 분석 도구 서식의 기본 규칙 항목

데이터 범위를 선택했을 때 범위 오른쪽 아래에 표시되는 [빠른 분석 圖]을 클릭하거나 단축키 Ctrl + Q 를 누르면 빠른 분석 도구가 표시됩니다. 빠른 분석 도구의 [서식]을 클릭하면 지정 범위의 데이터 종류에 따라 조건부 서식 규칙이 표시됩니다. 옵션에 마우스 포인터를 올려놓으면 해당 규칙의 기본 서식이 미리 표시되고 클릭하면 바로 지정됩니다. 데이터 종류별 기본 규칙 항목과 지정 서식은 다음과 같습니다.

숫자 범위 지정 시	문자 범위 지정 시	날짜 범위 지정 시
서식(F) 차트(C) 합계(O) 테이블(T) 스파크라인(S) 데이터 색조 아이콘 보다 큼 상위 10% 서식 조건부 서식은 규칙을 사용해 원하는 데이터를 강조합니다.	서식(F) 차트(C) 합계(O) 테이블(T) 스파크라인(S) 텍스트... 중복 값 고유 값 같음 서식 조건부 서식은 규칙을 사용해 원하는 데이터를 강조합니다.	서식(F) 차트(C) 합계(O) 테이블(T) 스파크라인(S) 지난 달 지난 주 보다 큼 보다 작음 같음 서식 조건부 서식은 규칙을 사용해 원하는 데이터를 강조합니다.
• **데이터** : 단색 파랑 데이터 막대 • **색조** : 녹색-흰색-빨강 색조 • **아이콘** : 3방향 화살표(컬러) • **보다 큼** : [보다 큼] 대화상자 실행 • **상위 10%** : 진한 빨강 텍스트, 연한 빨강 채우기 • **서식** : 조건부 서식 삭제	• **텍스트 포함** : [텍스트 포함] 대화상자 실행 • **중복 값** : 진한 빨강 텍스트, 연한 빨강 채우기 • **고유 값** : 진한 빨강 텍스트, 연한 빨강 채우기 • **같음** : [같음] 대화상자 실행 • **서식** : 조건부 서식 삭제	• **지난 달** : 진한 빨강 텍스트, 연한 빨강 채우기 • **지난 주** : 진한 빨강 텍스트, 연한 빨강 채우기 • **보다 큼** : [보다 큼] 대화상자 실행 • **보다 작음** : [보다 작음] 대화상자 실행 • **같음** : [같음] 대화상자 실행 • **서식 지우기** : 조건부 서식 삭제

실습 파일 | CHAPTER05\조건부서식-빠른분석.xlsx   완성 파일 | CHAPTER05\완성\조건부서식-빠른분석완성.xlsx

고객ID, 날짜, 거래금액 등의 데이터가 입력되어 있는 거래내역에서 빠른 분석 도구의 조건부 서식을 사용하여 원하는 규칙의 데이터 항목에 서식을 지정해보겠습니다.

01 중복 ID 표시하기

❶ [A3:A25] 셀 범위를 드래그합니다.
❷ [빠른 분석 📊]을 클릭한 후 ❸ [중복 값]을 클릭합니다.

고객ID 중 값이 중복되는 셀에 [진한 빨강 텍스트에 연한 빨강 채우기] 서식이 적용됩니다.

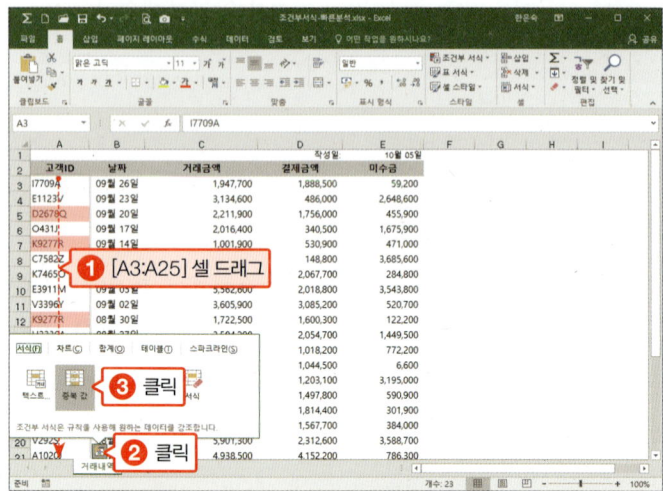

02 지난 달 날짜 표시하기

❶ [B3:B25] 셀 범위를 드래그합니다.
❷ [빠른 분석 📊]을 클릭한 후 ❸ [지난 달]을 클릭합니다.

지난 달 날짜에 [진한 빨강 텍스트에 연한 빨강 채우기] 서식이 적용됩니다.

바로 통하는 TIP [E1] 셀의 날짜는 TODAY 함수가 입력되어 있고 날짜 셀 범위에는 현재 날짜를 기준으로 한 이전 날짜가 구해지도록 수식이 입력되어 있습니다. 따라서 화면의 날짜와 실습 화면의 날짜가 다릅니다.

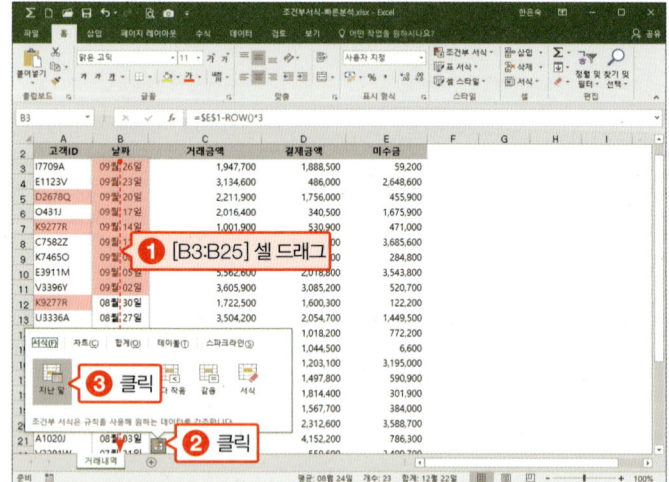

03 거래금액에 데이터 막대 표시하기

❶ [C3:C25] 셀 범위를 드래그합니다.
❷ [빠른 분석🔲]을 클릭한 후 ❸ [데이터]를 클릭합니다.

거래금액이 파란색 데이터 막대로 표시됩니다.

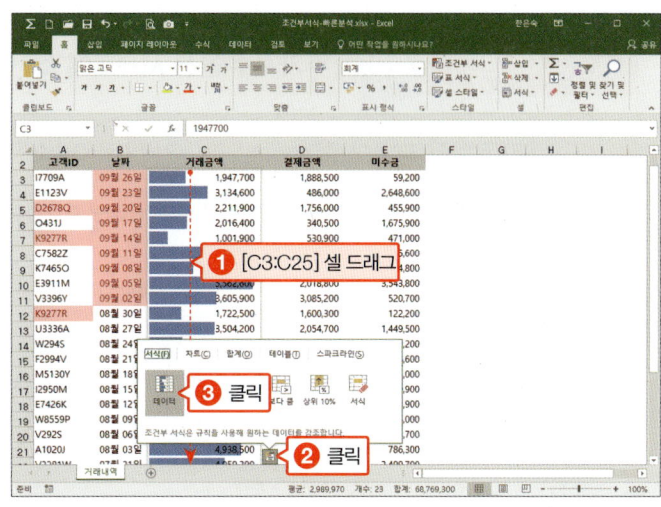

04 결제금액에 색조와 아이콘 집합 표시하기

❶ [D3:D25] 셀 범위를 드래그합니다.
❷ [빠른 분석🔲]을 클릭한 후 ❸ [색조]를 클릭합니다. ❹ 다시 [빠른 분석🔲]을 클릭하고 ❺ [아이콘]을 클릭합니다.

결제금액이 [녹색–흰색–빨강] 색조와 [3방향 화살표(컬러)] 아이콘 집합으로 표시됩니다.

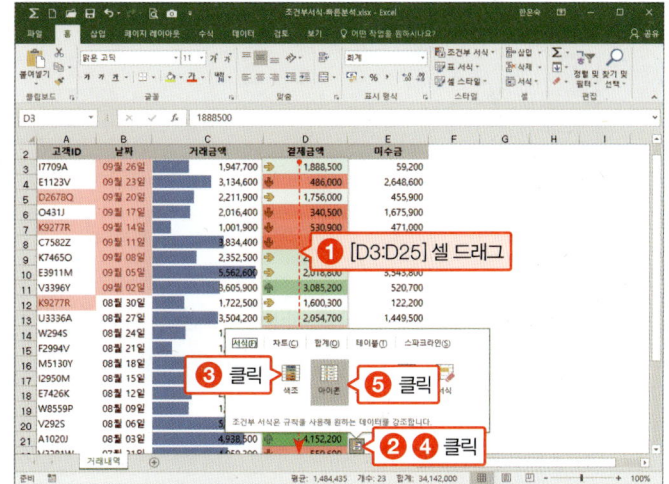

05 미수금이 350만 원보다 큰 값 표시하기

❶ [E3:E25] 셀 범위를 드래그합니다.
❷ [빠른 분석🔲]을 클릭한 후 ❸ [보다 큼]을 클릭합니다. ❹ [보다 큼] 대화상자에 3500000을 입력하고 ❺ [확인]을 클릭합니다.

350만 원보다 큰 값에 [진한 빨간색 텍스트가 있는 연한 빨강 채우기] 서식이 적용됩니다.

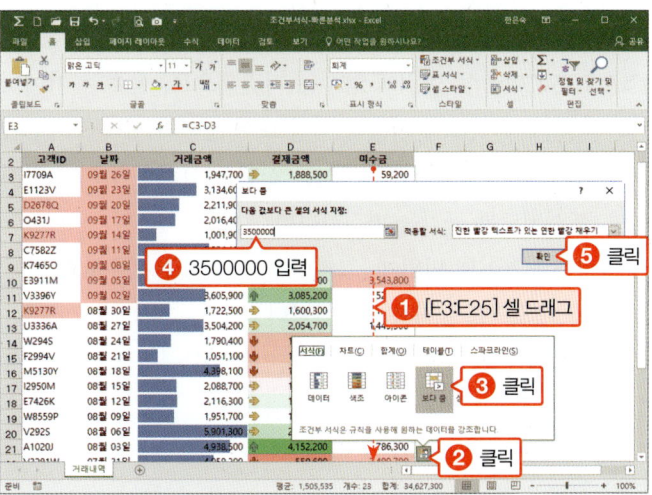

실습 파일 | CHAPTER05\주가지수옵션시세표.xlsx   **완성 파일** | CHAPTER05\완성\주가지수옵션시세표완성.xlsx

다음은 코스피200 옵션의 종목별 시세 데이터가 입력되어 있는 주가지수 옵션 시세표입니다. 조건부 서식을 지정하여 데이터를 시각화해봅니다.

▲ 실습 파일

▲ 완성 파일

① [A5:B26] 셀 범위에 수식을 사용한 조건부 서식을 지정하여 종목명이 '코스피200C'이면 셀의 [배경색]을 [파랑, 강조 1, 80% 더 밝게]로 지정하고, '코스피200P'이면 [주황, 강조 2, 80% 더 밝게]로 지정합니다.

② [A5:J26] 셀 범위에 수식을 사용한 조건부 서식을 지정하여 종목명의 값이 270인 행의 [배경색]을 [흰색, 배경 1, 15% 더 어둡게]로 지정하고, [글꼴 스타일]을 [굵게]로 지정합니다. 종목명은 문자 부분이 A열에, 값 부분이 B열에 따로 입력되어 있습니다.

③ [C5:F26] 셀 범위에 [색조]-[빨강-흰색 색조]를 지정합니다.

④ [G5:G26] 셀 범위에 양수는 파란색으로, 음수는 마이너스 부호 없이 빨간색으로 소수 둘째 자리까지 표시하도록 사용자 지정 표시 형식의 서식 코드 **[파랑]0.00;[빨강]0.00**을 지정합니다.

⑤ [G5:G26] 셀 범위에 [아이콘 집합]-[삼각형 3개]를 지정한 후 양수는 녹색, 음수는 빨강 삼각형이 표시되도록 규칙을 편집합니다.

⑥ [H5:H26] 셀 범위에 [그라데이션 채우기]-[주황 데이터 막대]를 지정한 후 막대 방향을 오른쪽에서 왼쪽으로 규칙을 편집합니다.

⑦ [I5:I26] 셀 범위에 [그라데이션 채우기]-[녹색 데이터 막대]를 지정합니다.

창 관리와 인쇄하기

엑셀 문서는 여러 워크시트로 구성되어 있고 워크시트 또한 작업 영역이 넓습니다. 따라서 여러 문서를 한 화면에 표시하거나 긴 데이터 목록을 분할하여 표시할 수 있는 창 관리 기능을 알아두면 문서 작업이 훨씬 편해집니다. 엑셀의 작업 공간은 A4 용지보다 넓은 워크시트이므로 인쇄하기 전에 인쇄할 용지에 맞게 용지 방향, 여백, 인쇄 배율 등을 지정해야 합니다. 인쇄를 위해 꼭 확인해야 하는 페이지 레이아웃 설정과 인쇄 옵션에 대해서 알아보겠습니다.

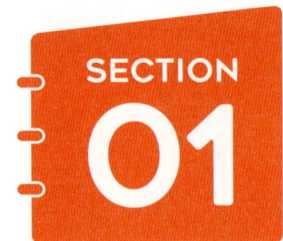

SECTION 01

틀 고정과 창 정렬하기

긴 데이터 목록을 볼 때 화면을 스크롤하면 제목 행이나 제목 열이 화면 밖으로 벗어나 보이지 않습니다. 워크시트에서 원하는 행과 열을 고정해주면 화면을 스크롤해도 고정한 부분이 화면에 항상 표시됩니다. 또한 워크시트에서는 창을 나누거나 새 창을 열어 여러 창을 한 화면에 모두 표시할 수 있습니다.

핵심기능실습 | 틀 고정 및 두 개의 시트를 한 화면에 표시하기

실습 파일 | CHAPTER06\틀고정및창정렬.xlsx   **완성 파일** | 없음

'틀고정및창정렬.xlsx' 파일에 포함된 두 개의 시트에는 중량별, 지역별 택배 요금 목록이 길게 작성되어 있습니다. 화면을 스크롤했을 때도 중량과 지역 이름이 한 화면에 표시되도록 틀 고정을 해보겠습니다. 또한 긴 목록의 앞과 끝 부분을 동시에 볼 수 있도록 하나의 워크시트 화면을 두 개의 창으로 나누어 별도로 화면을 스크롤해보고 하나의 파일에 있는 두 시트를 한 화면에서 동시에 볼 수 있도록 창을 정렬해보겠습니다.

01 틀 고정하기

13행이 화면의 첫 번째 줄이 되도록 설정한 후 틀 고정을 하겠습니다. ❶ 수직 이동줄을 아래로 드래그하여 13행이 화면의 첫 번째 줄이 되도록 합니다. ❷ [B16] 셀을 클릭하고 ❸ [보기] 탭-[창] 그룹-[틀 고정]을 클릭한 후 ❹ [틀 고정]을 선택합니다.

선택된 [B16] 셀의 위쪽에 있는 [13:15] 행과 왼쪽에 있는 A열이 화면에 고정됩니다.

바로 통하는 TIP [첫 행 고정]과 [첫 열 고정]

[보기] 탭-[창] 그룹-[틀 고정]을 클릭한 후 [틀 고정]을 선택하면 선택한 셀의 위쪽 행과 왼쪽 열이 모두 고정됩니다. 그러나 [첫 행 고정]을 선택하면 선택한 셀과 관계없이 표시된 화면의 첫 번째 행만 고정되고, [첫 열 고정]을 선택하면 표시된 화면의 첫 번째 열만 고정됩니다.

02 틀 고정 취소하기

❶ 수직 이동줄을 위로 끝까지 드래그해도 13행 위쪽의 화면이 나타나지 않습니다. ❷ 수직 이동줄을 아래로 드래그하면 [13:15] 행이 고정된 상태로 화면이 이동합니다. ❸ 수평 이동줄을 오른쪽으로 드래그하면 A열이 고정된 상태로 화면이 이동합니다. ❹ [보기] 탭-[창] 그룹-[틀 고정]을 클릭한 후 ❺ [틀 고정 취소]를 선택하여 틀 고정을 취소합니다.

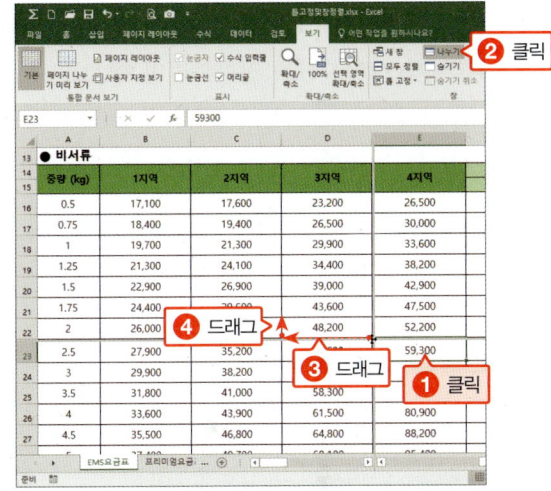

03 창 나누기

긴 데이터 목록의 앞부분과 끝부분을 동시에 보려면 창을 분할하여 화면을 따로 스크롤합니다. 틀 고정과 마찬가지로 선택한 셀을 기준으로 왼쪽과 위쪽이 분할되므로 원하는 위치의 셀을 선택한 후 창을 나눕니다. ❶ [E23] 셀을 클릭한 후 ❷ [보기] 탭-[창] 그룹-[나누기]를 클릭합니다. 분할선을 드래그해 분할된 창 영역 크기를 조절할 수 있습니다. ❸ 분할선의 가운데 부분을 왼쪽으로 드래그해 C열과 D열 사이로 옮깁니다. ❹ 다시 분할선을 위로 드래그해 21행과 22행 사이로 옮깁니다.

바로 통하는 TIP 틀 고정과 창 나누기는 동시에 적용되지 않습니다.

04 창 나누기 해제하기

❶ 아래 창의 수직 이동줄을 아래로 드래그하여 아래 창에서는 73행부터 표시되도록 화면을 맞춥니다. ❷ 오른쪽 창의 수평 이동줄을 오른쪽으로 드래그하여 오른쪽 창에서는 J열부터 표시되도록 화면을 맞춥니다. ❸ [보기] 탭-[창] 그룹-[나누기]를 클릭하여 창 나누기를 해제합니다.

바로 통하는 TIP 작업 창 분할선을 더블클릭해도 창 나누기가 해제됩니다.

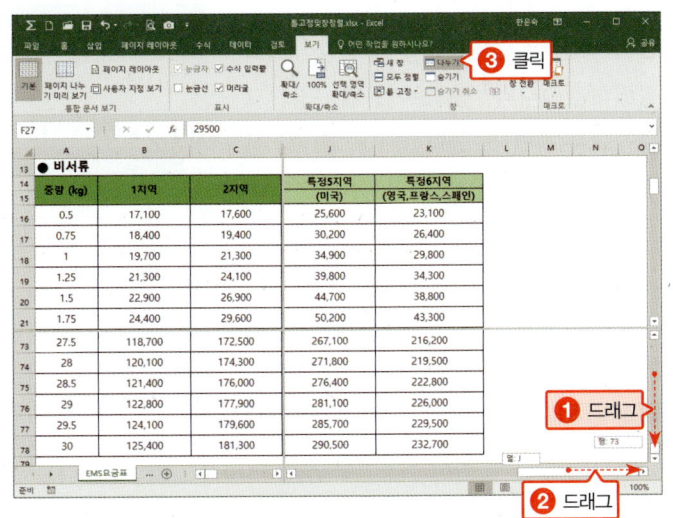

05 새 창 열기

한 파일의 다른 워크시트를 같은 화면에 표시하려면 엑셀 창을 추가로 열고 원하는 시트를 선택합니다. ❶ [보기] 탭-[창] 그룹-[새 창]을 클릭합니다. ❷ 새로 열린 창에서 [프리미엄요금표] 시트를 클릭합니다.

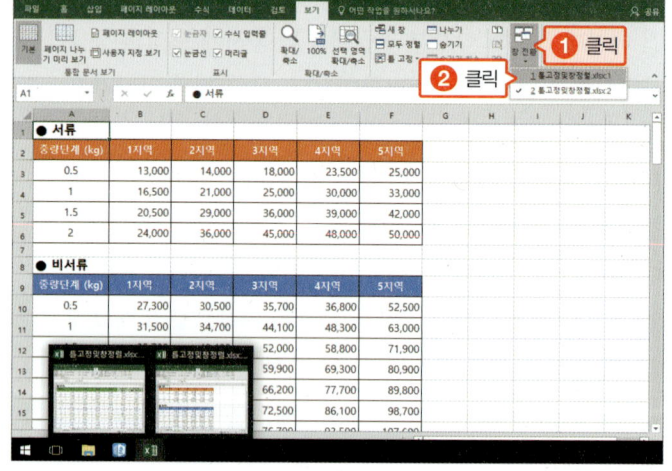

06 창 전환하기

다른 창으로 화면을 전환하려면 ❶ [보기] 탭-[창] 그룹-[창 전환]을 클릭하고 ❷ [1 틀고정및창정렬]을 선택합니다.

바로 통하는 TIP 작업 표시줄의 엑셀 작업 버튼을 클릭했을 때 나타나는 미리 보기 창 중에서 원하는 창을 선택해서 창을 전환해도 됩니다.

바로 통하는 TIP 작업 창 전환 단축키

엑셀뿐 아니라 컴퓨터에서 현재 실행 중인 프로그램 간에 창을 전환할 때는 Alt + Tab 을 누릅니다. 엑셀 창 중에서만 창을 전환할 때는 Ctrl + Tab 를 누릅니다.

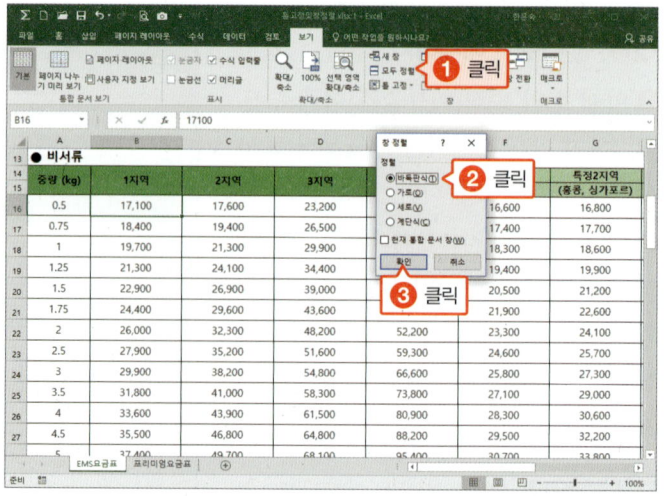

07 창 정렬하기

열려 있는 두 개의 창을 바둑판식으로 정렬하겠습니다. ❶ [보기] 탭-[창] 그룹-[모두 정렬]을 클릭합니다. ❷ [창 정렬] 대화상자에서 [바둑판식]을 선택하고 ❸ [확인]을 클릭합니다.

왼쪽에는 [EMS요금표] 시트, 오른쪽에는 [프리미엄요금표] 시트가 표시됩니다.

바로 통하는 TIP 창 관련 작업은 실행 취소되지 않습니다.

작업 창 정렬 옵션 알아보기

'통합 문서1.xlsx' 파일 창을 추가로 열어 창이 세 개일 때 각 정렬 옵션에 따라 표시되는 창 정렬 방식은 다음과 같습니다.

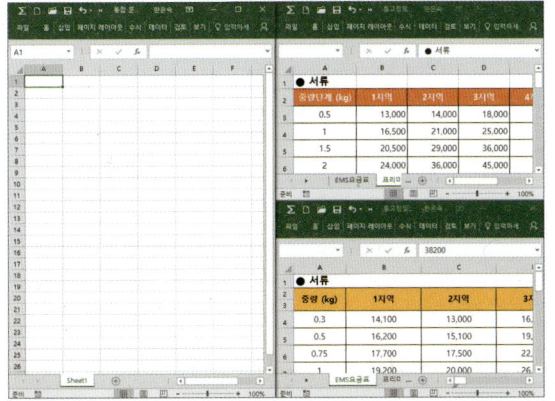

▲ 바둑판식 정렬

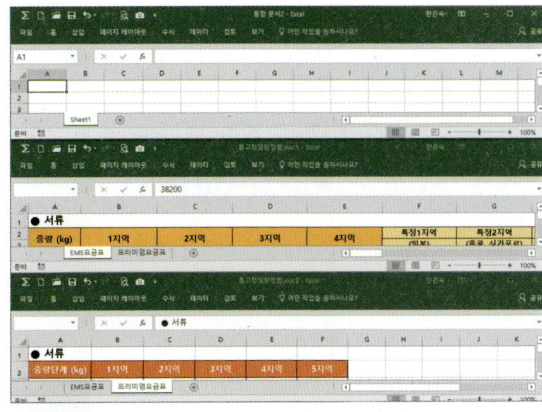

▲ 가로 정렬

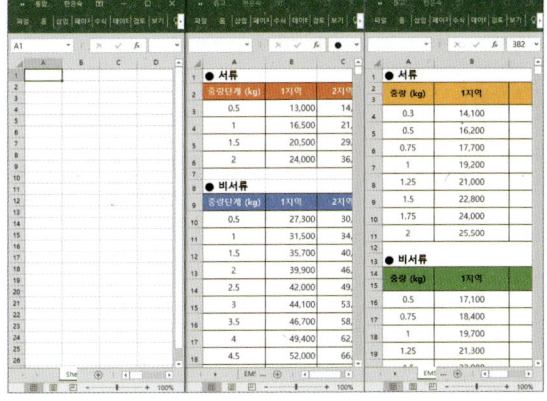

▲ 세로 정렬

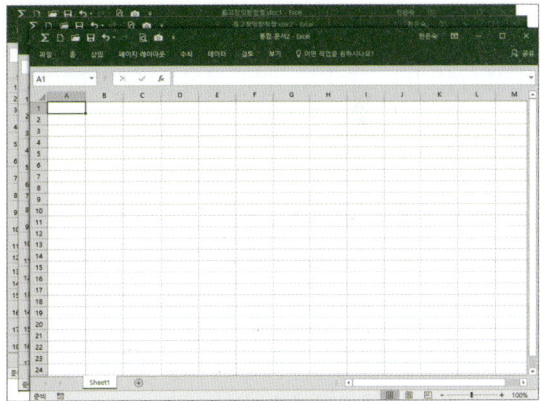

▲ 계단식 정렬

[창 정렬] 대화상자에서 [현재 통합 문서 창]에 체크 표시하면 현재 선택되어 있는 파일의 창만 정렬됩니다. 실습 파일인 '틀고정및창정렬.xlsx' 파일 창에서 [창 정렬]을 실행하고 [창 정렬] 대화상자의 [현재 통합 문서 창]에 체크 표시한 후 [확인]을 클릭해서 정렬하면 '통합 문서1.xlsx' 파일은 제외하고 창이 정렬됩니다.

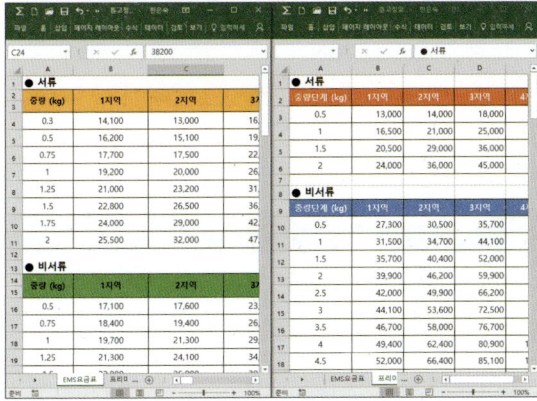

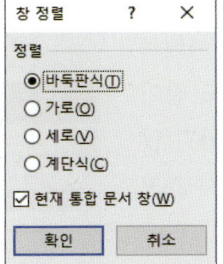

▲ '틀고정및창정렬.xlsx' 파일 창에서 창 정렬 시 [창 정렬] 대화상자의 [현재 통합 문서 창]에 체크 표시

08 리본 메뉴 최소화 및 새 통합 문서 열기

❶ 각 창의 리본 메뉴를 최소화하기 위해 왼쪽 창을 클릭하고 Ctrl+F1을 누릅니다. ❷ 오른쪽 창을 클릭하고 Ctrl +F1을 누릅니다. ❸ 빠른 실행 도구 모음에서 [새로 만들기▣]를 클릭합니다.

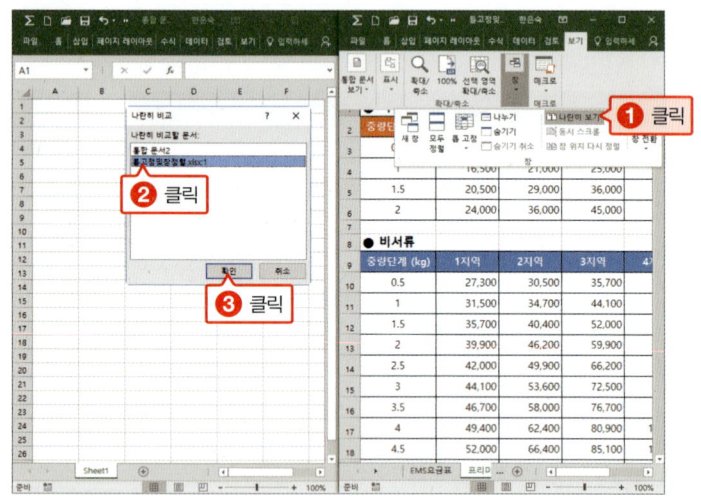

09 나란히 보기

나란히 보기는 세 개 이상의 창이 열려 있을 때도 두 개의 창만 선택해서 나란히 표시합니다. 창이 두 개만 열려 있을 때는 별도의 대화상자 없이 바로 정렬됩니다. 창이 세 개 이상 열려 있을 때는 대화상자에서 나란히 비교할 문서를 선택합니다. ❶ '틀고정및창정렬.xlsx' 파일 창의 [보기] 탭-[창] 그룹-[나란히 보기]를 클릭한 후 ❷ [나란히 비교] 대화상자에서 [틀고정및창정렬.xlsx:1]을 선택하고 ❸ [확인]을 클릭합니다.

10 동시 스크롤 및 창 위치 다시 정렬

나란히 보기 상태에서는 [동시 스크롤]이 설정되어 있어 화면을 스크롤하면 두 개의 창에서 동시에 화면이 스크롤됩니다. ❶ 한쪽 창의 수직 이동줄을 아래로 드래그하면 다른 쪽 창의 화면도 같이 이동됩니다. ❷ 동시 스크롤을 하지 않으려면 [보기] 탭-[창] 그룹-[동시 스크롤]을 클릭하여 해제합니다.

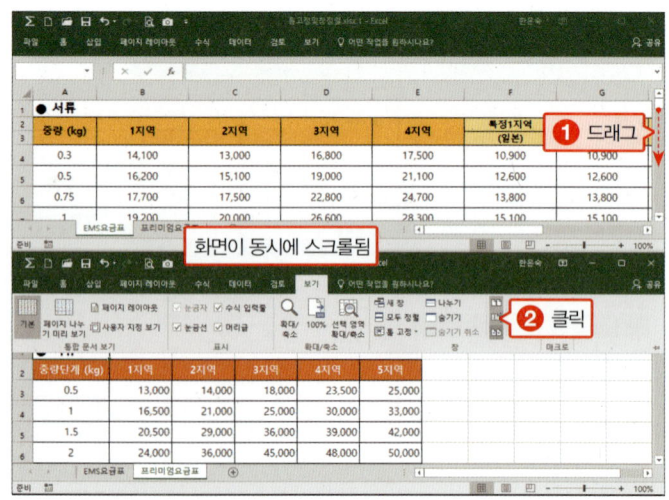

바로 통하는 TIP 창의 크기가 불균형하거나 아래쪽 창을 위쪽에서 표시하려면 아래쪽 창의 [보기] 탭-[창] 그룹-[창 위치 다시 정렬]을 클릭합니다.

머리글/바닥글 지정하기

페이지마다 회사 로고, 페이지 번호, 출력 날짜/시간 등을 인쇄할 때 머리글이나 바닥글 영역을 활용합니다. 머리글/바닥글 영역을 선택하려면 [보기] 탭–[통합 문서 보기] 그룹–[페이지 레이아웃]이나 상태 표시줄의 [페이지 레이아웃 ▥], [삽입] 탭–[텍스트] 그룹–[머리글/바닥글]을 클릭합니다.

머리글/바닥글 도구

머리글/바닥글 영역을 선택하면 리본 메뉴에 [머리글/바닥글 도구]–[머리글/바닥글] 탭이 나타납니다.

❶ **머리글** : 기본적으로 제공되는 머리글 목록이 표시되며, 선택하면 머리글 영역에 항목이 삽입됩니다.

❷ **바닥글** : 기본적으로 제공되는 바닥글 목록이 표시되며, 선택하면 바닥글 영역에 항목이 삽입됩니다.

❸ **페이지 번호** : 현재 페이지 번호를 삽입합니다.

❹ **페이지 수** : 문서 전체 페이지 수를 삽입합니다.

❺ **현재 날짜** : 인쇄하는 날짜를 삽입합니다. 컴퓨터에 설정된 현재 날짜가 삽입됩니다.

❻ **현재 시간** : 인쇄하는 시간을 삽입합니다. 컴퓨터에 설정된 현재 시간이 삽입됩니다.

❼ **파일 경로** : 인쇄할 문서의 파일 경로를 삽입합니다.

❽ **파일 이름** : 인쇄할 문서의 파일 이름을 삽입합니다.

❾ **시트 이름** : 인쇄할 시트의 이름을 삽입합니다.

❿ **그림** : 그림 파일을 삽입합니다. [그림 삽입] 대화상자가 표시됩니다.

⓫ **그림 서식** : 삽입한 그림의 크기와 이미지를 조절할 [그림 서식] 대화상자가 표시됩니다.

⓬ **머리글로 이동** : 머리글 영역으로 이동합니다.

⓭ **바닥글로 이동** : 바닥글 영역으로 이동합니다.

⓮ **첫 페이지를 다르게 지정** : 첫 페이지의 머리글/바닥글을 별도로 지정합니다.

⓯ **짝수와 홀수 페이지를 다르게 지정** : 짝수와 홀수 페이지의 머리글/바닥글을 별도로 지정합니다.

⓰ **문서에 맞게 배율 조정** : [셀에 맞춤] 설정이 되어 있는 경우 머리글/바닥글의 배율도 그에 맞게 조정합니다.

⓱ **페이지 여백에 맞추기** : 머리글/바닥글의 왼쪽 영역과 오른쪽 영역을 페이지 여백에 맞춰 확장합니다.

회사통 실무활용 15

회사 로고 및 배경 그림, 페이지 번호 삽입하기

실습 파일 | CHAPTER06\근무평가서.xlsx   **완성 파일** | CHAPTER06\완성\근무평가서완성.xlsx

근무평가서에는 하나의 시트에 다음의 세 개 양식이 포함되어 있습니다. 첫 페이지의 왼쪽 상단에는 작은 로고와 회사 이름을 삽입하고, 두 번째 페이지부터는 큰 로고를 배경으로 희미하게 삽입하여 머리글을 설정하겠습니다. 또한 바닥글에 '현재 페이지 번호/전체 페이지 수'가 표시되도록 설정해보겠습니다.

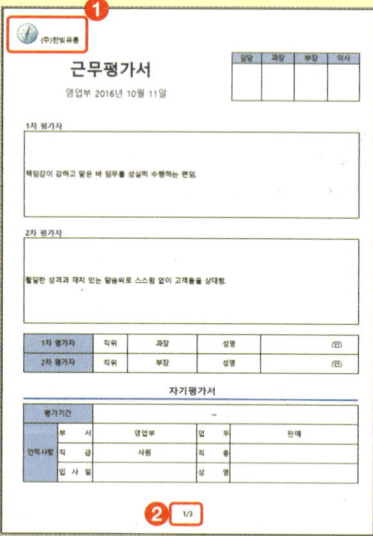

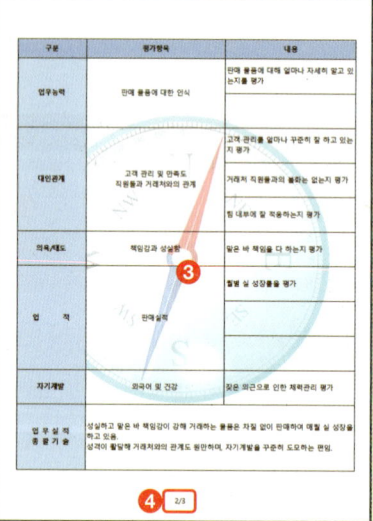

❶ 첫 페이지에만 회사 로고 삽입

❷ 첫 페이지 번호 삽입

❸ 두 번째 페이지부터 배경 그림 삽입

❹ 두 번째 페이지부터 페이지 번호 삽입

01 첫 페이지에만 회사 로고 삽입하기

❶ 상태 표시줄에서 [페이지 레이아웃 ▦]을 클릭하고 ❷ 머리글의 왼쪽 영역을 클릭합니다. ❸ [머리글/바닥글 도구]-[머리글/바닥글] 탭-[옵션] 그룹-[첫 페이지를 다르게 지정]에 체크 표시합니다. ❹ [머리글/바닥글 도구]-[머리글/바닥글] 탭-[머리글/바닥글 요소] 그룹-[그림]을 클릭합니다. ❺ [그림 삽입] 대화상자에서 [찾아보기]를 클릭합니다.

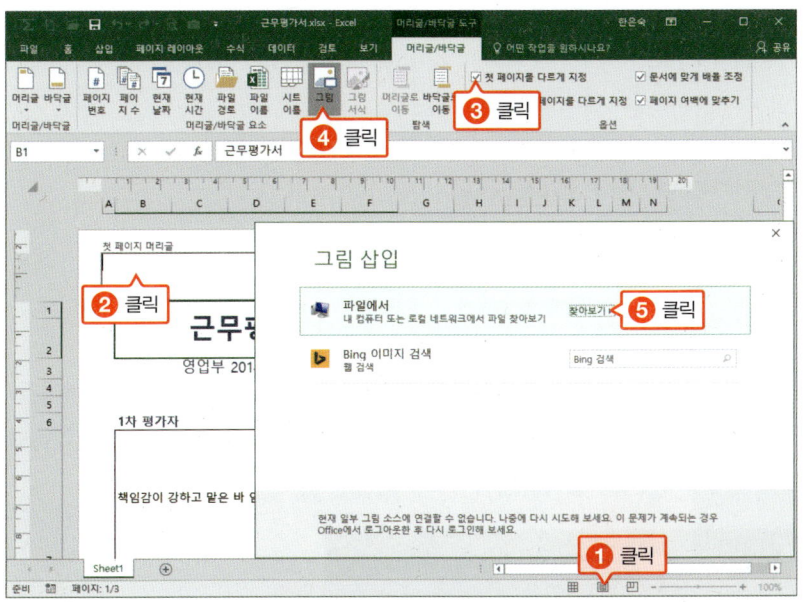

02 머리글 영역에 그림 삽입하기

❶ [그림 삽입] 대화상자에서 예제 폴더의 'logo-s.png' 파일을 선택하고 ❷ [삽입]을 클릭합니다. ❸ 머리글 영역의 삽입된 '&[그림]' 바로 옆에 ㈜**한빛유통**을 입력한 후 ❹ [머리글/바닥글 도구]-[머리글/바닥글] 탭-[탐색] 그룹-[바닥글로 이동]을 클릭합니다.

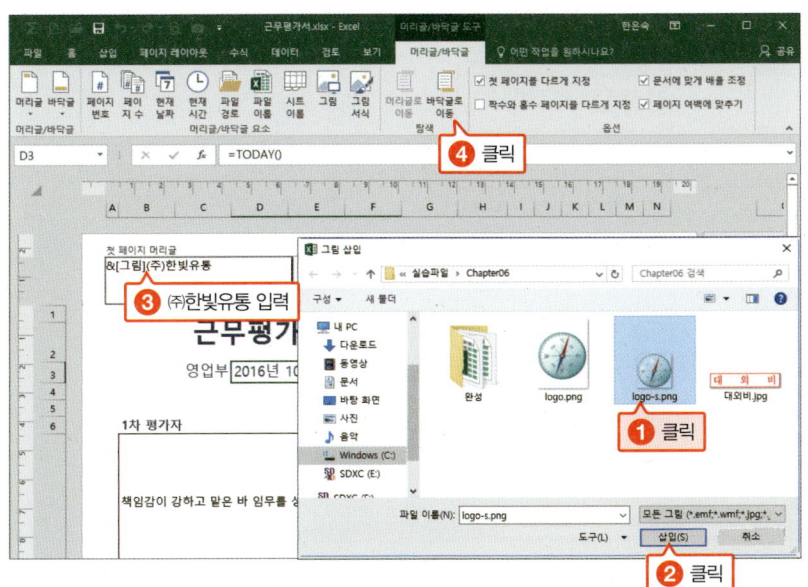

쉽고 빠른 엑셀 NOTE **오프라인으로 [그림 삽입] 대화상자 바로 열기**

네트워크 속도가 느릴 경우 [그림 삽입] 대화상자가 열리기 전에 그림을 로드하는 동안 잠시 기다려 달라는 메시지가 표시됩니다. 이 대화상자에서 [오프라인으로 작업]을 클릭하면 오프라인으로 [그림 삽입] 대화상자가 표시됩니다.

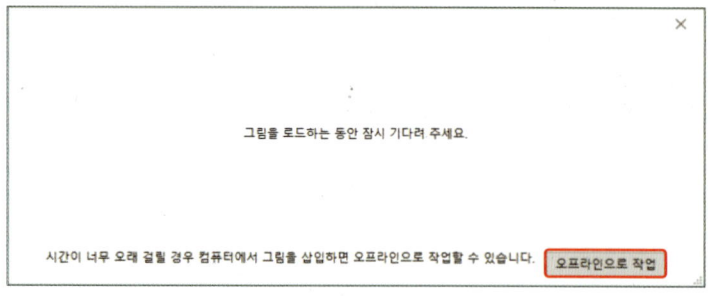

03 페이지 번호 삽입하기

❶ 첫 페이지 바닥글의 가운데 영역을 클릭한 후 ❷ [머리글/바닥글 도구]−[머리글/바닥글] 탭−[머리글/바닥글 요소] 그룹−[페이지 번호]를 클릭합니다. ❸ /를 입력하고 ❹ [머리글/바닥글 도구]−[머리글/바닥글] 탭−[머리글/바닥글 요소] 그룹−[페이지 수]를 클릭합니다.

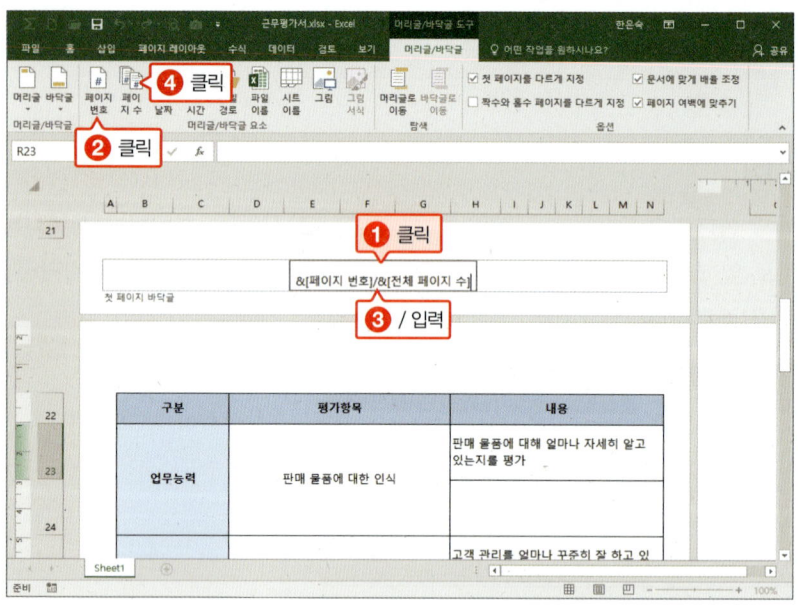

04 두 번째 페이지부터 배경 그림 삽입하기

❶ 두 번째 페이지 머리글의 가운데 영역을 클릭한 후 ❷ [머리글/바닥글 도구]-[머리글/바닥글] 탭-[머리글/바닥글 요소] 그룹-[그림]을 클릭합니다. ❸ [그림 삽입] 대화상자에서 [찾아보기]를 클릭합니다. ❹ [그림 삽입] 대화상자가 표시되면 예제 폴더의 'logo.png' 파일을 선택하고 ❺ [삽입]을 클릭합니다.

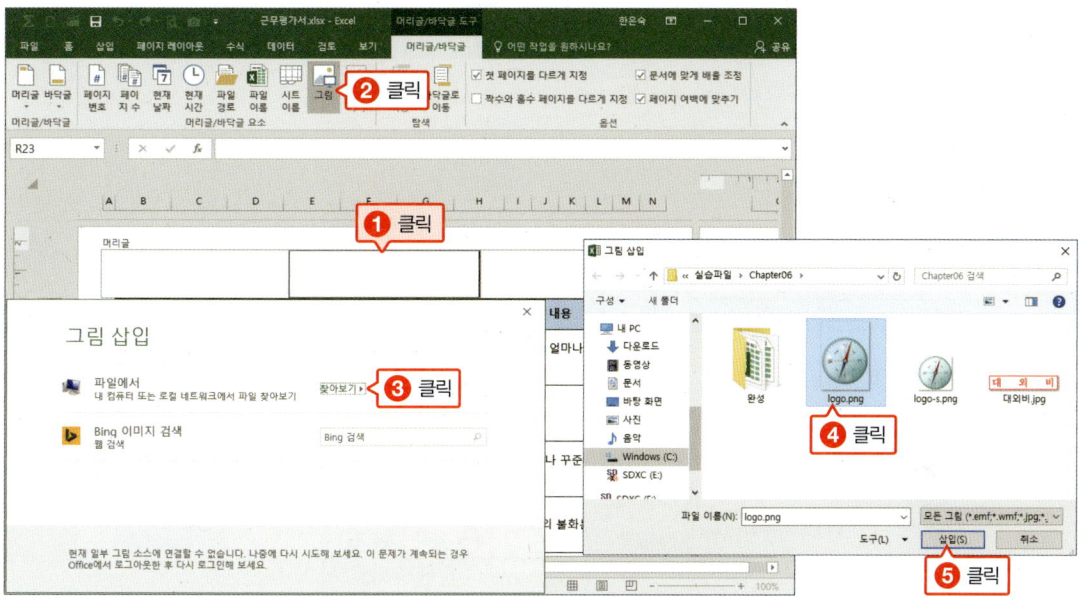

05 배경 그림 크기 조절하기

❶ [머리글/바닥글 도구]-[머리글/바닥글] 탭-[머리글/바닥글 요소] 그룹-[그림 서식]을 클릭합니다. ❷ [그림 서식] 대화상자의 [크기] 탭에서 [배율]의 [높이]란과 [너비]란에 모두 **120%**를 입력합니다.

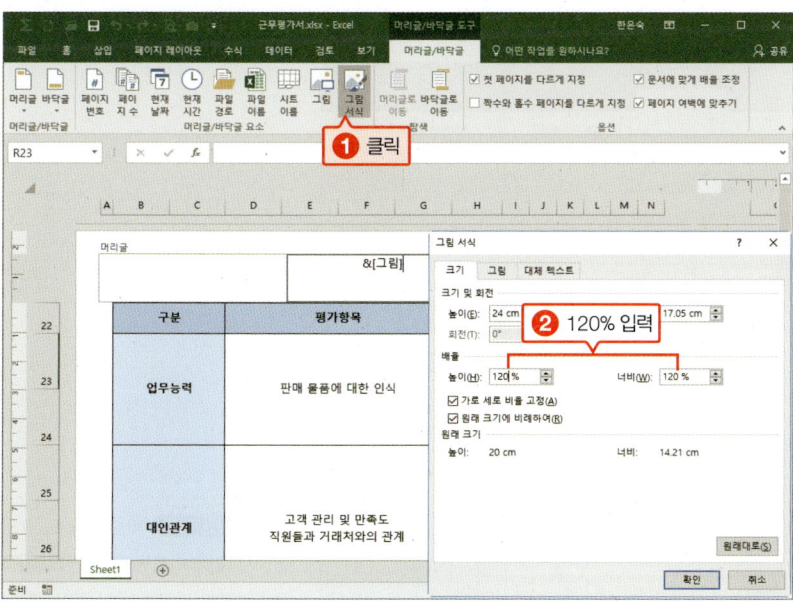

06 배경 그림 색 조절하기

❶ [그림 서식] 대화상자에서 [그림] 탭을 클릭합니다. ❷ [이미지 조절]의 [색] 목록에서 [희미하게]를 선택하고 ❸ [확인]을 클릭합니다. ❹ [머리글/바닥글 도구]–[머리글/바닥글] 탭–[탐색] 그룹–[바닥글로 이동]을 클릭합니다.

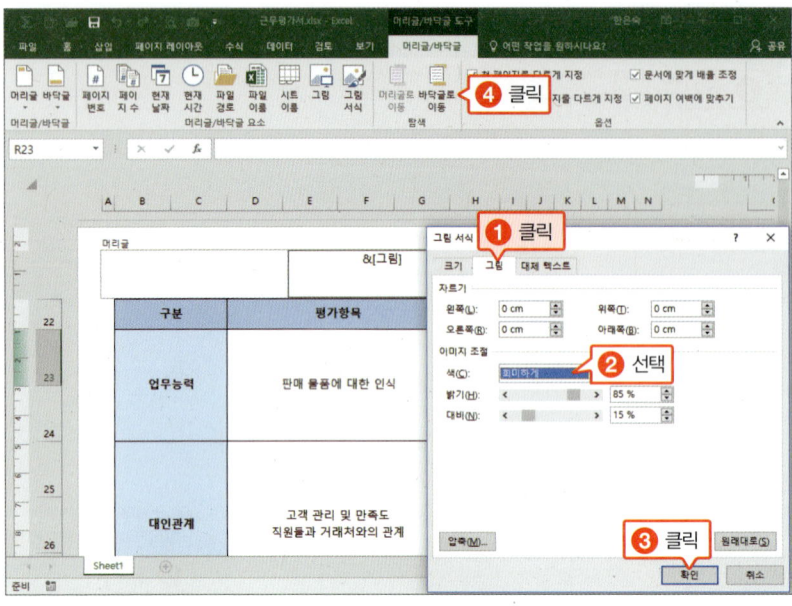

07 두 번째 페이지부터 페이지 번호 삽입하기

❶ 바닥글의 가운데 영역이 선택된 상태에서 [머리글/바닥글 도구]–[머리글/바닥글] 탭–[머리글/바닥글 요소] 그룹–[페이지 번호]를 클릭합니다. ❷ /를 입력하고 ❸ [머리글/바닥글 도구]–[머리글/바닥글 요소] 그룹–[페이지 수]를 클릭합니다. ❹ 임의의 셀을 클릭하여 바닥글 편집을 해제합니다.

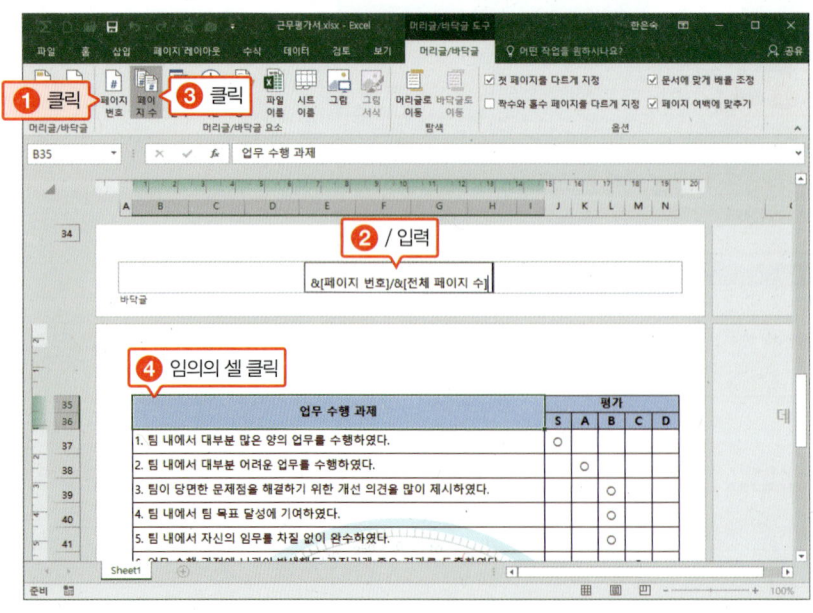

바로 통하는 TIP 빠른 실행 도구 모음에서 [인쇄 미리 보기 및 인쇄 🔍]를 클릭하면 머리글과 바닥글이 지정된 상태를 확인할 수 있습니다.

SECTION 03

페이지 레이아웃 설정 및 인쇄하기

워크시트는 인쇄할 페이지에 맞게 구분되어 있지 않으므로 반드시 인쇄 전에 인쇄 용지에 맞게 여백, 용지 방향, 인쇄 배율 등을 확인하고 적절하게 설정해야 합니다. 인쇄 미리 보기 영역에서 인쇄 전 상태를 확인할 수 있으며 [페이지 레이아웃] 탭에서 용지와 시트 인쇄 옵션, 인쇄 배율 등을 설정할 수 있습니다.

인쇄 미리 보기 및 인쇄 백스테이지 화면

[파일] 탭-[인쇄]를 선택하거나 빠른 실행 도구 모음에서 [인쇄 미리 보기 및 인쇄 🔍]를 클릭하거나 단축키 Ctrl + P 또는 Ctrl + F2 를 누르면 인쇄 백스테이지 화면이 표시됩니다. 인쇄 백스테이지 화면은 인쇄 영역, 페이지 설정 영역, 인쇄 미리 보기 영역으로 구성되어 있으며 인쇄 매수, 프린터, 인쇄 범위, 인쇄 방향, 인쇄 용지, 여백, 인쇄 배율 등 대부분의 인쇄 옵션과 페이지 설정을 선택하고 설정한 상황을 미리 볼 수 있습니다.

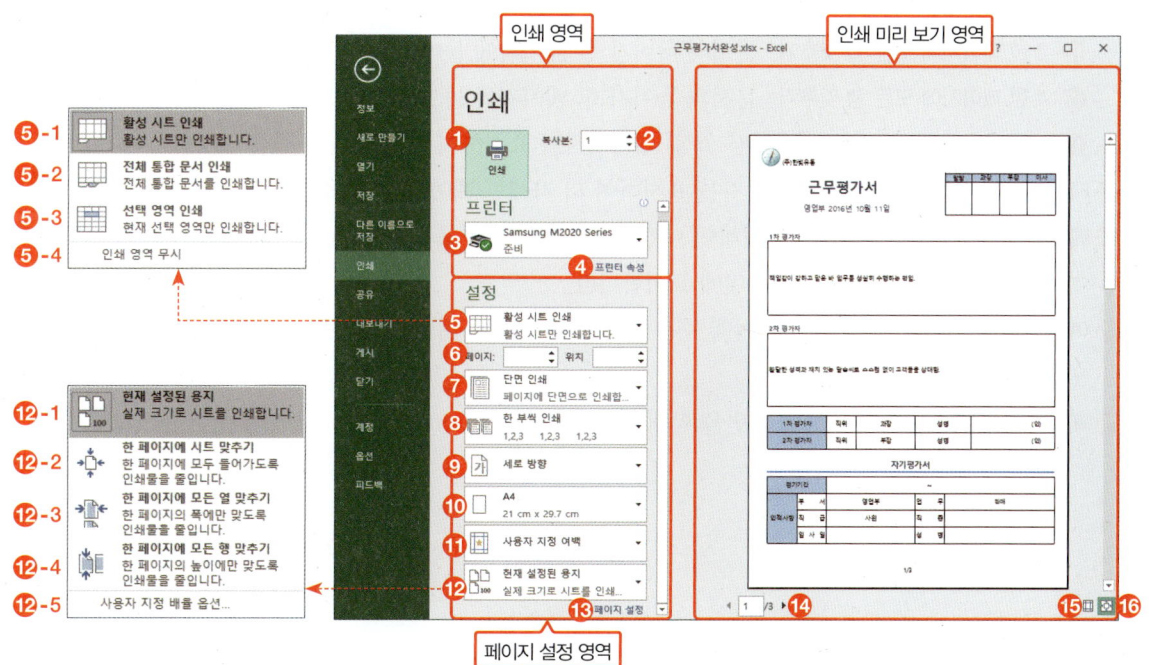

❶ 인쇄 : 프린터로 문서를 바로 인쇄합니다.

❷ 복사본 : 인쇄 매수를 지정합니다.

❸ 프린터 : 인쇄할 프린터를 선택합니다.

❹ 프린터 속성 : 선택한 프린터에 대한 속성 작업 창을 표시합니다.

❺ 인쇄 대상 : 인쇄할 대상을 선택합니다.

> **❺-1 활성 시트 인쇄 :** 선택되어 있는 시트만 인쇄합니다.

> **❺-2 전체 통합 문서 인쇄 :** 파일의 모든 시트를 인쇄합니다.

> **❺-3 선택 영역 인쇄 :** 워크시트에서 선택한 범위만 인쇄합니다.

> **❺-4 인쇄 영역 무시 :** 설정된 인쇄 영역을 무시하고 인쇄합니다.

❻ 페이지, 위치 : 일부 페이지만 인쇄할 경우 [페이지]란에 시작 페이지 번호를, [위치]란에 끝 페이지 번호를 입력합니다.

❼ 인쇄 방식 : [단면 인쇄], [양면 인쇄] 중에서 선택합니다.

❽ 인쇄 순서 : 여러 페이지를 여러 장 인쇄할 때 한 부씩 인쇄할 것인지 여부를 선택합니다.

❾ 용지 방향 : 용지 방향을 [가로 방향], [세로 방향] 중에서 선택합니다.

❿ 용지 크기 : 용지 크기를 선택합니다.

⓫ 용지 여백 : 용지 여백을 선택합니다. [사용자 지정 여백]을 선택하면 여백을 직접 지정합니다.

⓬ 인쇄 배율 : 인쇄 배율을 선택합니다.

> **⓬-1 현재 설정된 용지 :** 100% 배율로 인쇄합니다.

> **⓬-2 한 페이지에 시트 맞추기 :** 여러 페이지를 무조건 한 페이지에 인쇄하도록 축소합니다.

> **⓬-3 한 페이지에 모든 열 맞추기 :** 문서의 너비가 한 페이지에 들어올 수 있도록 축소합니다.

> **⓬-4 한 페이지에 모든 행 맞추기 :** 문서의 높이가 한 페이지에 들어올 수 있도록 축소합니다.

> **⓬-5 사용자 지정 배율 옵션 :** [페이지 설정] 대화상자를 표시하여 인쇄 배율을 직접 입력합니다.

⓭ 페이지 설정 : [페이지 설정] 대화상자를 표시하여 더 자세한 페이지 설정 옵션을 지정합니다.

⓮ 페이지 보기 ◁ ▯ ▷ : 화살표를 클릭하여 이전, 다음 페이지를 표시하거나 상자 안에 페이지 번호를 입력하여 해당 페이지를 미리 보기 화면에 표시합니다.

⓯ 여백 표시 ▦ : 미리 보기 화면에 여백 구분선을 표시합니다. 여백 구분선을 드래그하여 직접 조절할 수 있습니다.

⓰ 페이지 확대/축소 ▨ : 미리 보기 화면을 확대/축소합니다.

쉽고 빠른 엑셀 NOTE **인쇄 미리 보기를 전체 화면으로 보기**

인쇄 백스테이지 화면에서는 인쇄 미리 보기가 화면 오른쪽에만 표시됩니다. 해상도가 낮은 PC에서는 가로 방향 문서가 너무 작게 표시되어 불편합니다. 인쇄 미리 보기를 전체 화면으로 보려면 다음과 같이 설정합니다.

❶ [파일] 탭-[옵션]을 선택한 후 [Excel 옵션] 대화상자에서 [빠른 실행 도구 모음]을 선택합니다. ❷ [명령 선택] 목록에서 [리본 메뉴에 없는 명령]을 선택한 후 ❸ [전체 화면 인쇄 미리 보기]를 선택하고 ❹ [추가]를 클릭합니다. ❺ [확인]을 클릭한 후 ❻ 빠른 실행 도구 모음에서 [전체 화면 인쇄 미리 보기]를 클릭하면 전체 화면에 인쇄 미리 보기가 표시됩니다.

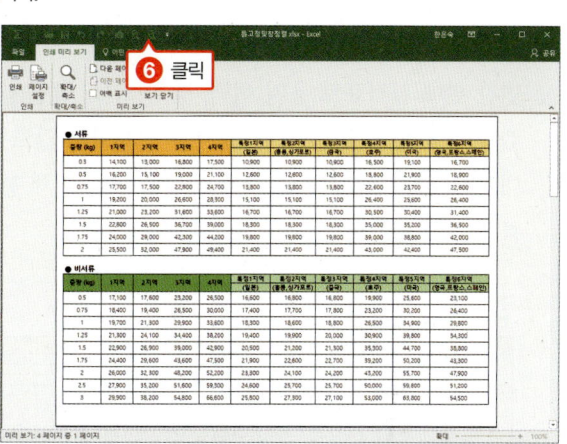

▲ 빠른 실행 도구 모음에 [전체 화면 인쇄 미리 보기] 추가 | ▲ 전체 화면 인쇄 미리 보기 화면

[페이지 레이아웃] 탭

인쇄 백스테이지 화면을 표시하기 전에 [페이지 레이아웃] 탭에서 페이지를 설정할 수 있습니다.

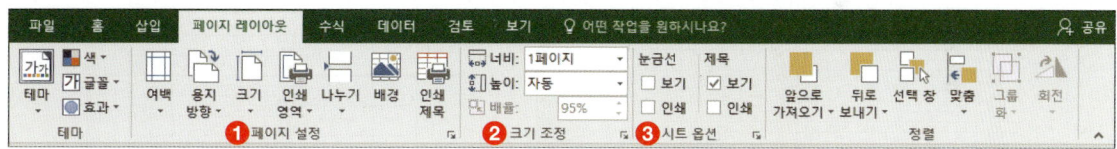

❶ **[페이지 설정] 그룹** : 여백, 용지 방향, 인쇄 제목 등을 설정합니다.

❷ **[크기 조정] 그룹** : 인쇄 배율을 설정합니다.

❸ **[시트 옵션] 그룹** : 시트 인쇄 옵션 등을 설정합니다.

바로 통하는 TIP 각 그룹의 [대화상자 표시] 아이콘을 클릭하면 [페이지 설정] 대화상자가 표시됩니다. 옵션을 사용해 다양한 인쇄 관련 설정을 할 수 있습니다.

페이지 레이아웃 설정 및 인쇄하기

실습 파일 | CHAPTER06\판매실적표.xlsx 완성 파일 | CHAPTER06\완성\판매실적표완성.xlsx

연간 판매 실적표로 용지 여백, 방향, 인쇄 배율, 페이지 나누기 등의 페이지 레이아웃을 설정해보겠습니다. 셀에 있는 오류 표시는 인쇄되지 않도록 하고 [A4] 셀에 삽입된 메모는 화면에 표시된 대로 인쇄되도록 시트 옵션을 설정합니다. 전체 통합 문서를 인쇄 대상으로 지정하여 두 개의 시트를 모두 인쇄합니다.

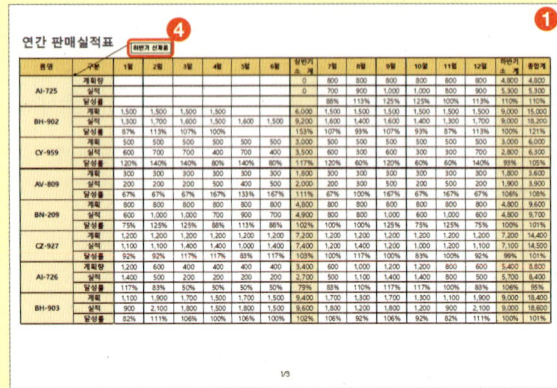

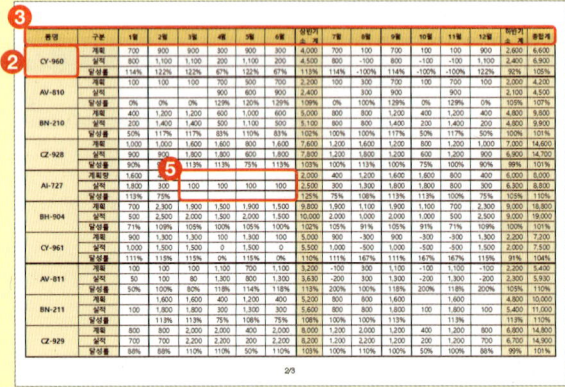

❶ 인쇄 백스테이지 화면에서 용지 방향, 여백, 인쇄 배율 지정

❷ 원하는 위치에서 페이지 나누기

❸ 인쇄 제목 설정

❹ 메모 표시 설정

❺ 셀 오류 표시 설정

❻ 한 페이지에 시트 맞추기

01 용지 방향, 여백, 인쇄 배율 지정하기

❶ 인쇄 백스테이지 화면을 표시하기 위해 Ctrl + P 를 누릅니다. ❷ [용지 방향]에서 [가로 방향]을 선택하고 ❸ [용지 여백]에서 [좁은 여백]을 선택합니다. ❹ [인쇄 배율]에서 [한 페이지에 모든 열 맞추기]를 선택합니다. ❺ 페이지 보기의 오른쪽 화살표를 클릭하여 [2] 페이지를 표시하고 ❻ [페이지 확대/축소 ▣]를 클릭합니다. ❼ 기본 화면으로 돌아가기 위해 Esc 를 누릅니다.

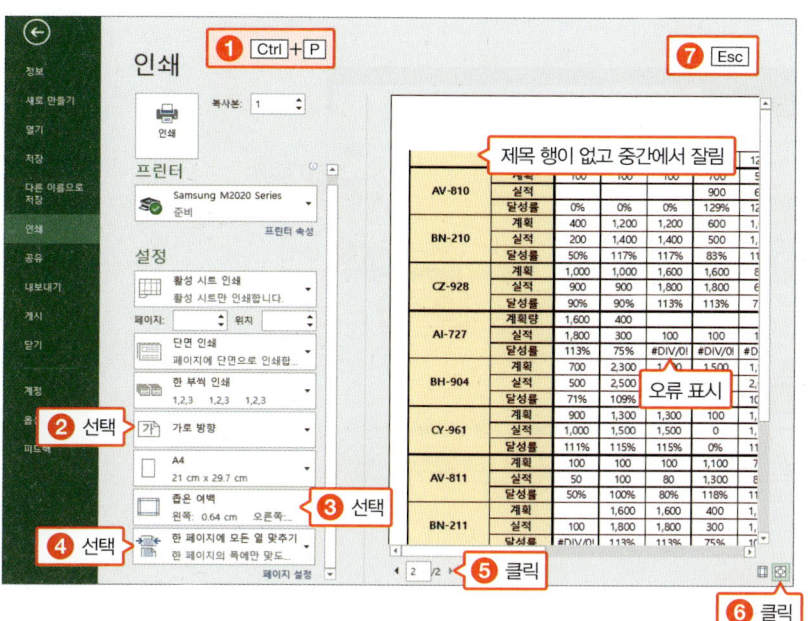

바로 통하는 TIP 연간 판매 실적표의 두 번째 페이지부터는 제목 행이 인쇄되지 않고 품명별 계획, 실적, 달성률이 한 세트의 내용인데 두 번째 페이지 윗부분에 달성률만 하나 표시된 것이 보입니다. 또한 오류 표시가 입력된 셀도 보입니다.

02 원하는 위치에서 페이지 나누기

계획, 실적, 달성률이 한 페이지에 모두 인쇄되도록 페이지를 나눠보겠습니다. ❶ [페이지 레이아웃 ▣]을 클릭합니다. ❷ [A28] 셀을 클릭하고 ❸ [페이지 레이아웃] 탭-[페이지 설정] 그룹-[나누기]를 클릭한 후 ❹ [페이지 나누기 삽입]을 선택합니다. 27행과 28행 사이에서 페이지가 구분됩니다.

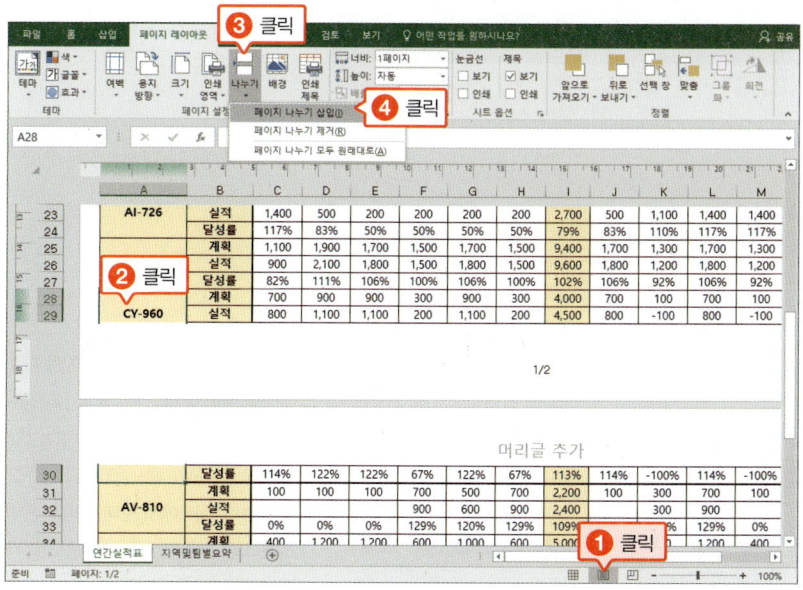

03 인쇄 제목 설정 및 인쇄 옵션 지정하기

제목 행을 모든 페이지에 인쇄하고 메모는 시트에 표시된 대로 인쇄하며 오류 표시가 입력된 셀은 빈 셀로 처리하도록 인쇄 설정을 해보겠습니다. ❶ [페이지 레이아웃] 탭-[페이지 설정] 그룹-[인쇄 제목]을 클릭합니다. ❷ [페이지 설정] 대화상자에서 [시트] 탭을 클릭한 후 ❸ [반복할 행]란을 클릭하고 ❹ 3행 머리글을 클릭합니다. ❺ [인쇄]의 [메모] 목록에서 [시트에 표시된 대로]를 선택하고 ❻ [셀 오류 표시] 목록에서 [<공백>]을 선택한 후 ❼ [확인]을 클릭합니다.

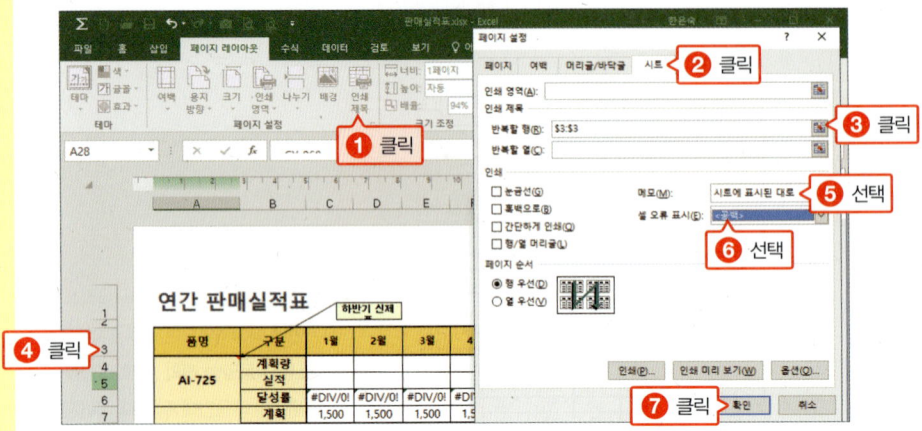

04 여백 직접 지정하기

두 번째 페이지에 제목 행이 추가 인쇄되면서 마지막 한 행이 세 번째 페이지로 넘어가 페이지가 늘어났습니다. 위아래 여백을 줄여서 페이지를 정리해보겠습니다. ❶ [페이지 레이아웃] 탭-[페이지 설정] 그룹-[여백]을 클릭한 후 ❷ [사용자 지정 여백]을 선택합니다. ❸ [페이지 설정] 대화상자의 [여백] 탭을 클릭한 후 ❹ [위쪽]란에 **1.5**를 입력하고 ❺ [아래쪽]란에 **1.5**를 입력합니다. ❻ [페이지 가운데 맞춤]에서 [가로]에 체크 표시하고 ❼ [확인]을 클릭합니다. ❽ [지역및팀별요약] 시트를 클릭합니다.

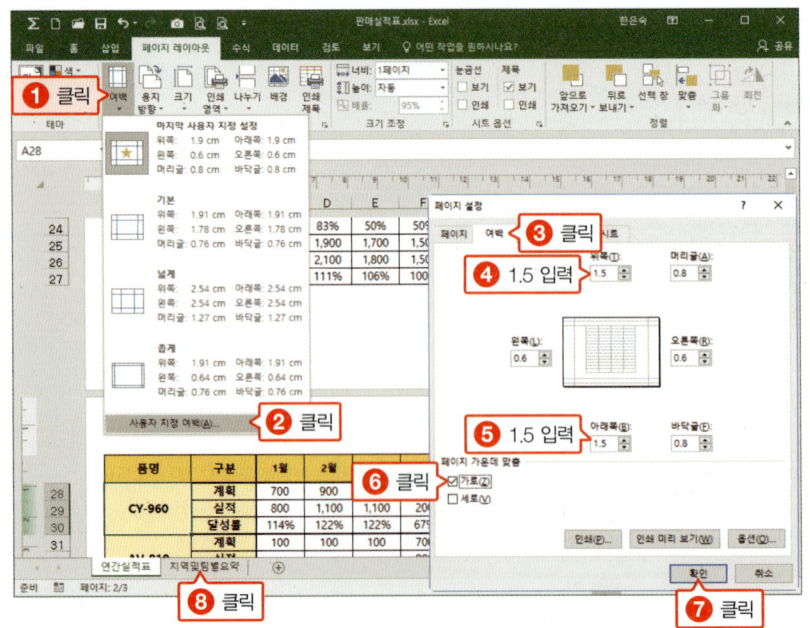

바로 통하는 TIP 축소 배율 자동 지정

여백을 줄이지 않고 두 페이지로 인쇄하려면 인쇄 배율을 축소합니다. [페이지 레이아웃] 탭-[크기 조정] 그룹-[높이] 목록에서 [2페이지]를 선택하면 그에 맞추어 배율이 자동으로 지정됩니다.

05 한 페이지에 시트 맞추기

❶ 인쇄 백스테이지 화면을 표시하기 위해 Ctrl + P를 누릅니다. ❷ [인쇄 배율]에서 [한 페이지에 시트 맞추기]를 선택합니다. 네 페이지로 나누어졌던 문서가 한 페이지에 맞춰집니다.

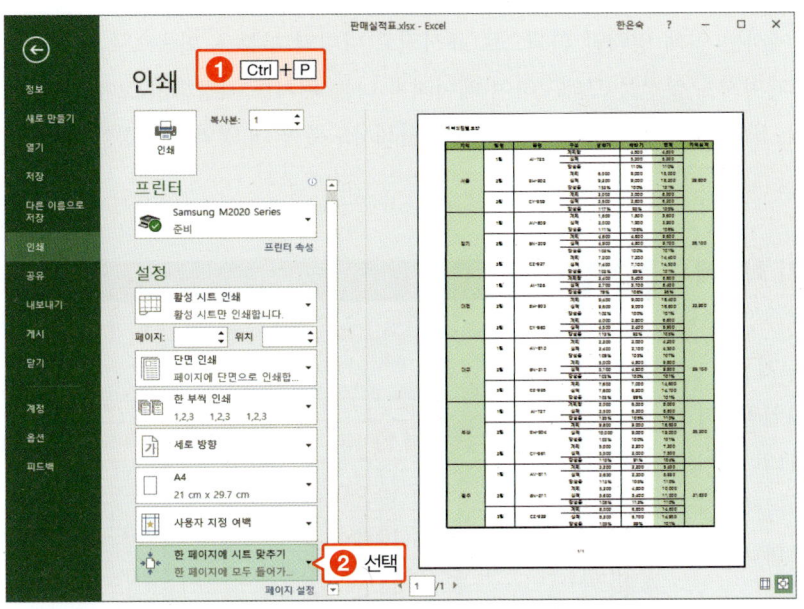

06 전체 시트 인쇄하기

[연간실적표] 시트와 [지역및팀별요약] 시트를 모두 인쇄해보겠습니다. ❶ [인쇄 대상]에서 [전체 통합 문서 인쇄]를 선택합니다. ❷ 페이지 보기의 오른쪽 화살표를 클릭해서 다음 페이지를 확인합니다. 두 개의 시트가 모두 인쇄되는 것을 확인할 수 있습니다.

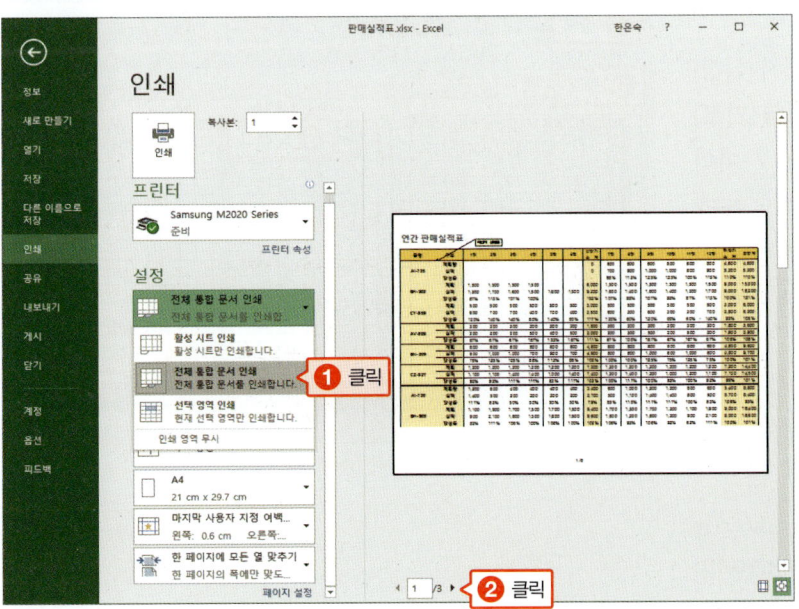

실습 파일 | CHAPTER06\인쇄영역.xlsx   **완성 파일** | CHAPTER06\완성\인쇄영역완성.xlsx

페이지 나누기 미리 보기 화면에서는 인쇄 영역만 흰색으로 표시되고 나머지 부분은 회색으로 표시됩니다. 파란색 점선으로 표시되는 페이지 구분선을 드래그하여 페이지를 나눌 위치를 지정하면 그에 따라 인쇄 배율이 자동으로 조정됩니다. 또한 시트에서 원하는 셀 범위만 인쇄하도록 인쇄 영역을 고정할 수 있습니다.

01 페이지 나누기 미리 보기 화면에서 페이지 나누기

❶ 상태 표시줄의 [페이지 나누기 미리 보기 回]를 클릭합니다. ❷ H열과 I열 사이의 파란색 점선을 G열과 H열 사이로 드래그합니다. ❸ 두 번째 파란색 점선을 N열과 O열 사이로 드래그합니다.

6월, 7월, 8월 거래 내역표를 각각 한 장씩 인쇄할 수 있습니다.

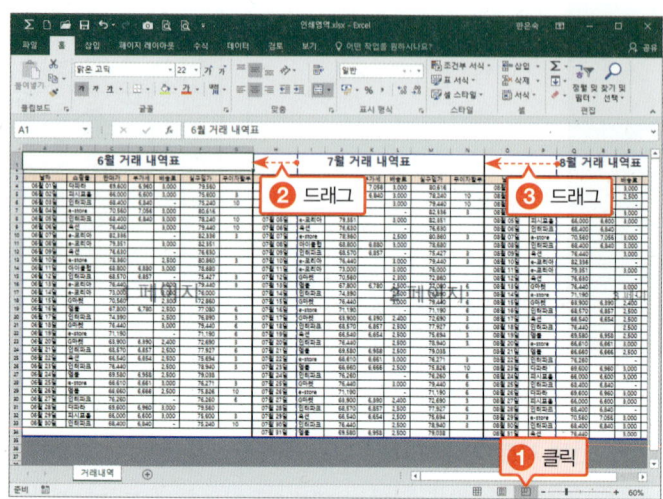

02 6월 표와 7월 표를 한 페이지로 설정하기

❶ [페이지 레이아웃] 탭-[페이지 설정] 그룹-[용지 방향]을 클릭한 후 ❷ [가로]를 선택합니다. ❸ G열과 H열 사이의 파란색 실선을 N열과 O열 사이로 드래그합니다. ❹ 아래쪽 28행과 29행 사이의 파란색 점선을 34행과 35행 사이로 드래그합니다.

[페이지 레이아웃] 탭-[크기 조정] 그룹의 [배율]란에 표시된 인쇄 비율이 자동으로 축소됩니다.

바로 통하는 TIP 파란색 점선은 자동으로 나누어진 페이지 구분선이며, 파란색 실선은 사용자가 지정한 페이지 구분선입니다.

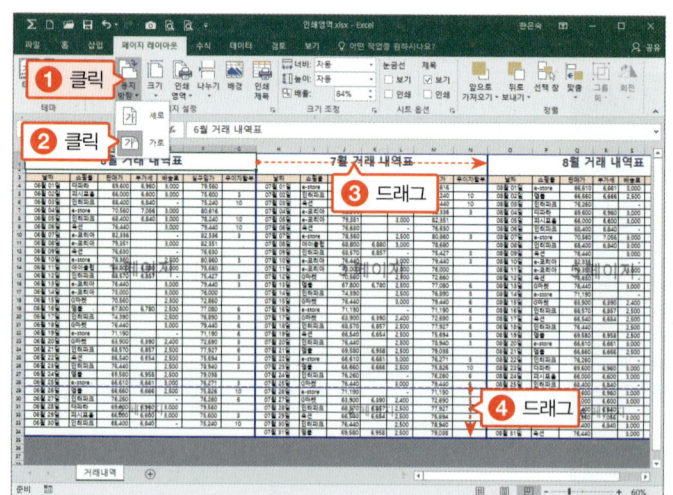

03 페이지 나누기 모두 원래대로

① [페이지 레이아웃] 탭-[페이지 설정] 그룹-[나누기]를 클릭한 후 ② [페이지 나누기 모두 원래대로]를 선택합니다. ③ [페이지 레이아웃] 탭-[페이지 설정] 그룹-[용지 방향]을 클릭한 후 ④ [세로]를 선택합니다.

[페이지 나누기 모두 원래대로]를 선택하면 인쇄 배율도 100%로 다시 변경됩니다.

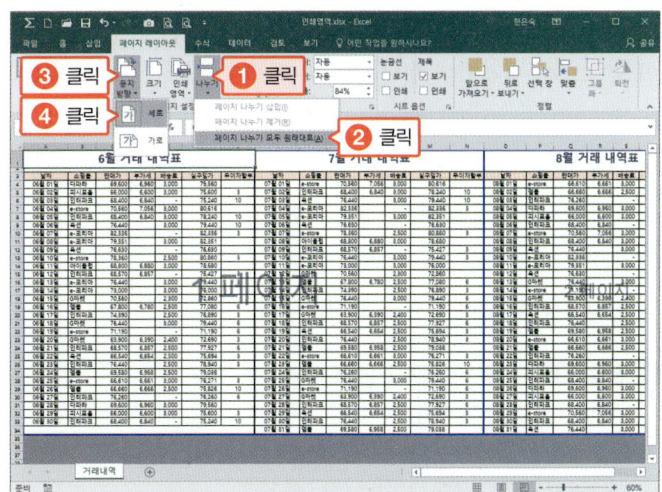

04 인쇄 영역 설정하기

문서에서 원하는 셀 범위만 선택해 인쇄할 수 있습니다. ① [A1:G34] 셀 범위를 드래그하고 ② [O1:U34] 셀 범위를 Ctrl+드래그합니다. ③ [페이지 레이아웃] 탭-[페이지 설정] 그룹-[인쇄 영역]을 클릭한 후 ④ [인쇄 영역 설정]을 선택합니다.

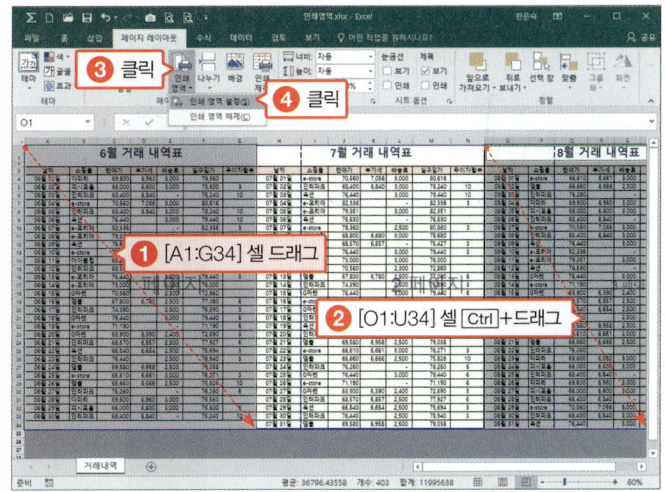

05 인쇄 미리 보기

① 인쇄 백스테이지 화면을 표시하기 위해 Ctrl+P를 누릅니다. ② 페이지 보기의 오른쪽 화살표를 클릭해 [2] 페이지를 표시합니다. 인쇄 미리 보기 영역을 확인한 후 ③ Esc를 눌러 기본 화면으로 돌아갑니다.

설정한 인쇄 영역만 인쇄되는 것을 확인할 수 있습니다.

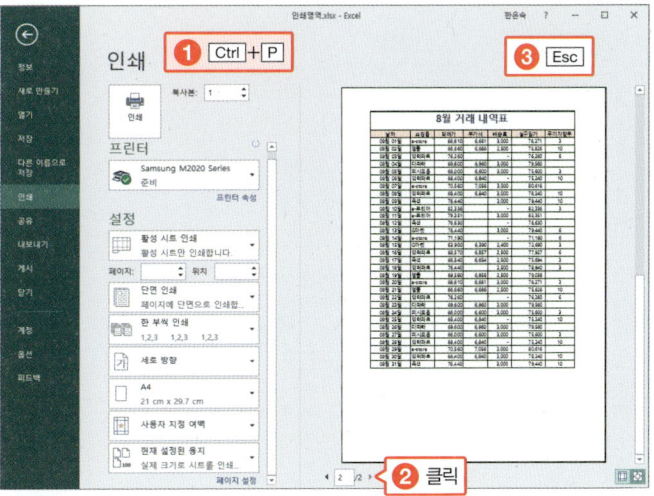

06 인쇄 대상 선택하기

인쇄 영역이 설정되어 있더라도 특정 셀 범위만 별도로 인쇄할 수 있습니다. 인쇄 영역에서 제외되어 있는 7월 거래 내역표만 인쇄해보겠습니다. ❶ [H1:N34] 셀 범위를 드래그합니다. ❷ Ctrl + P 를 눌러 인쇄 백스테이지 화면을 표시합니다.

바로 통하는 TIP 인쇄 백스테이지 화면에서 [인쇄 대상]이 [활성 시트 인쇄]로 선택되어 있어서 인쇄 미리 보기 영역에는 6월 거래 내역표가 표시되어 있습니다. [인쇄 대상]을 [선택 영역 인쇄]로 변경해야 7월 거래 내역표가 표시됩니다.

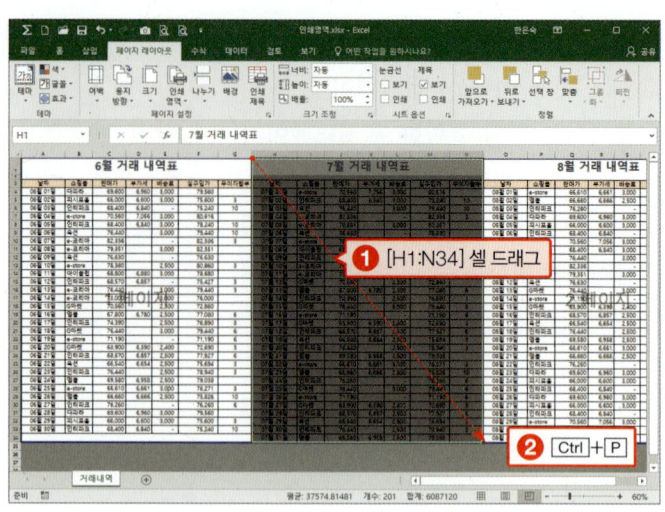

07 선택 영역 인쇄하기

❶ [인쇄 대상]에서 [선택 영역 인쇄]를 선택합니다. ❷ [인쇄]를 클릭합니다.

인쇄 대상으로 선택한 7월 거래 내역표만 인쇄됩니다.

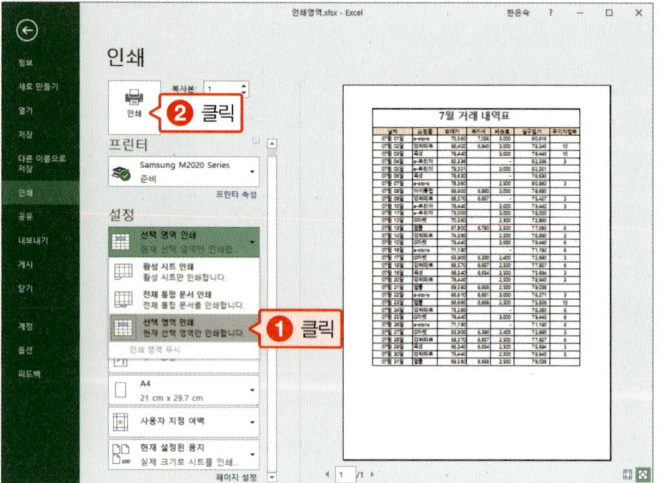

실습 파일 | CHAPTER06\손익계산서.xlsx **완성 파일** | CHAPTER06\완성\손익계산서완성.xlsx

다음 손익계산서는 오른쪽으로 긴 문서입니다. 페이지 및 머리글/바닥글을 설정하고 인쇄 백스테이지 화면에서 확인합니다.

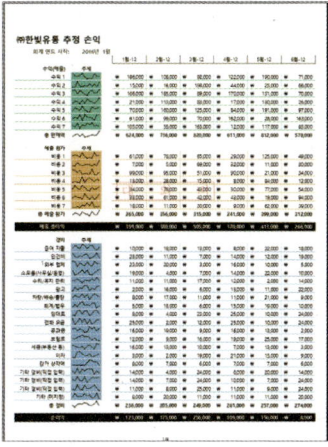

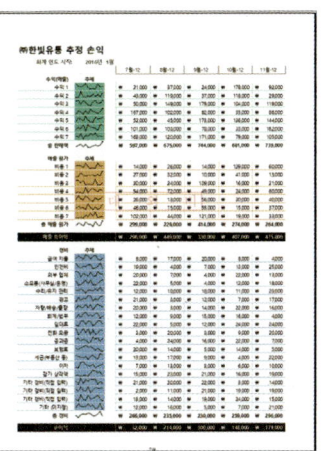

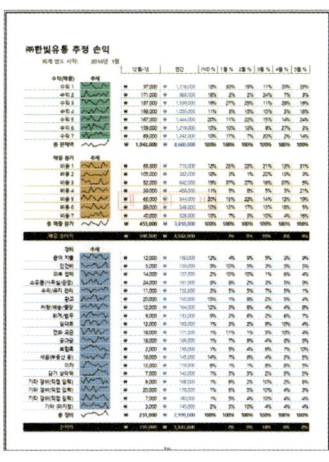

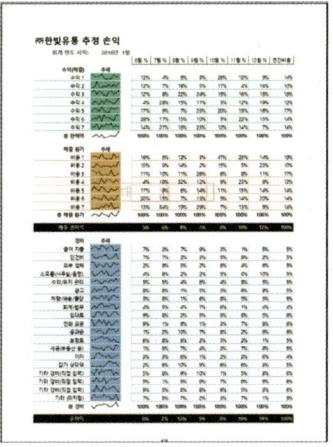

① [페이지 레이아웃] 탭-[페이지 설정] 그룹-[여백]을 클릭하고 [좁게]를 선택합니다.

② [페이지 레이아웃] 탭-[크기 조정] 그룹-[높이] 목록에서 [1페이지]를 선택합니다.

③ [페이지 레이아웃] 탭-[페이지 설정] 그룹-[인쇄 제목]을 클릭한 후 [페이지 설정] 대화상자의 [시트] 탭에서 [반복할 열]란에 **$A:$C**를 지정합니다.

④ 페이지 레이아웃 화면에서 바닥글의 가운데 영역에 [페이지 번호/페이지 수]를 삽입합니다.

⑤ 머리글의 가운데 영역을 클릭하고 Enter 를 30번 눌러 줄을 바꾼 후 그림 '대외비.jpg' 파일을 삽입합니다.

⑥ 삽입한 그림의 크기 배율을 높이 150%, 너비 150%로 조정합니다.

⑦ 삽입한 그림의 [이미지 조절] 옵션을 [희미하게]로 설정합니다.

PART
02

엑셀
핵심 기능
다루기

엑셀에서 꼭 알아야 할 함수

엑셀 함수를 이용하면 복잡한 계산이나 반복 작업을 쉽게 해결할 수 있습니다. 회사의 업무에 따라 필요한 함수의 종류는 매우 다양하며 사용 범위도 넓습니다. 함수의 개념을 간단히 알아보고, 실무에서 가장 많이 사용하는 함수를 살펴보겠습니다.

SECTION 01

엑셀 함수 이해하기

함수를 사용하면 복잡한 계산이나 반복 작업을 간편하게 처리할 수 있습니다. 실무에서 사용하는 엑셀 함수의 종류와 사용법은 매우 다양합니다. 엑셀 함수의 개념과 형식, 종류에 대해 살펴보겠습니다.

엑셀 함수란?

함수란 엑셀에서 약속되어 통용되는 계산식입니다. 계산에 필요한 값(인수)을 입력하면 미리 정해놓은 계산식에 의해 반복적이고 복잡한 계산을 수행하여 결과를 반환합니다. 예를 들어 연속된 셀 범위의 합계나 평균을 구하는 작업에서 함수를 사용하지 않는다면 일일이 각 셀을 더하거나 더한 값을 셀의 개수로 나누는 수식을 입력해야 하지만 지정된 셀 범위의 합계를 계산하는 SUM 함수와 평균을 계산하는 AVERAGE 함수를 사용하면 간단히 값을 구할 수 있습니다.

	A	B	C	D	E
1	서울	대전	부산	합계	평균
2	51	95	83	=A2+B2+C2	=(A2+B2+C2)/3
3	58		54	=A3+B3+C3	=(A3+B3+C3)/2

▲ 셀을 일일이 연산하는 수식

	A	B	C	D	E
1	서울	대전	부산	합계	평균
2	51	95	83	=SUM(A2:C2)	=AVERAGE(A2:C2)
3	58		54	=SUM(A3:C3)	=AVERAGE(A3:C3)

▲ 함수식

함수의 기본 형식

일반 수식과 마찬가지로 함수식도 등호(=)로 시작합니다. 세부 형식은 다음과 같습니다.

$$= 함수\ 이름\ (\ 인수1\ ,\ 인수2\ ,\ 인수3\ ,\ \cdots\ ,\ 인수n\ )$$
❶   ❷   ❸ ❹ ❺   ❸

❶ **등호(=)** : 수식을 선언하는 표시입니다.

❷ **함수 이름** : 일련의 계산식이 약속되어 있는 함수의 이름입니다.

❸ **괄호** : 인수를 묶어주는 역할을 합니다. 즉, 인수가 들어가는 공간입니다.

❹ **인수** : 함수로 계산할 때 필요한 데이터입니다.

❺ **쉼표(,)** : 인수와 인수를 구분합니다.

⬤ 인수로 사용되는 데이터 종류

함수에서 인수로 사용할 수 있는 데이터는 숫자, 문자, TRUE/FALSE와 같은 논리 값, 셀 주소, 오류 값, 수식 또는 함수식 등이 있습니다. 종류별 특징은 다음과 같습니다.

데이터 종류	특징
숫자	0, 1, 2, 3, … 등 모든 숫자를 인수로 사용할 수 있습니다.
문자	문자열을 인수로 사용할 때는 큰따옴표(" ") 안에 입력합니다.
논리 값	TRUE나 FALSE로 선택할 사항을 표시하는 함수에서 사용합니다. TRUE 대신 1, FALSE 대신 0으로 입력 가능합니다.
셀 주소	숫자나 문자를 직접 입력하는 대신에 데이터가 입력된 셀 주소를 인수로 사용할 수 있습니다. 셀 범위를 인수로 사용할 때는 첫 번째 셀과 마지막 셀 주소 사이를 콜론(:) 기호로 구분하여 입력합니다.
수식 또는 함수식	숫자를 직접 인수로 사용하는 대신에 수식을 입력하여 수식에 대한 결과를 인수로 사용할 수 있습니다. 또 다른 함수식을 인수로 사용할 수도 있는데, 함수 안에서 또 다른 함수가 인수로 사용될 때 이를 중첩 함수라고 합니다.

함수의 종류

엑셀 함수는 총 13가지 범주로 분류됩니다. 용도별로 분류된 엑셀 함수 범주는 다음과 같습니다.

범주	용도
재무	재무 관련 계산에 사용합니다.
논리	조건이 참(TRUE)인지 거짓(FALSE)인지 알아보거나 여러 조건을 검색할 때 사용합니다.
텍스트	수식에서 문자열을 조작할 때 사용합니다.
날짜 및 시간	수식에서 날짜와 시간을 처리할 때 사용합니다.
찾기/참조 영역	목록에 있는 특정 값이나 셀의 참조 영역 등을 찾을 때 사용합니다.
수학/삼각	범위의 합계, 나머지, 반올림 등의 수학적인 계산을 할 때 사용합니다.
통계	일정 범위의 데이터를 통계적으로 분석할 때 사용합니다.
공학	공학용 계산에 사용합니다.
정육면체(큐브)	SQL 서버의 데이터를 다루기 위해 사용합니다.
정보	셀에 저장될 데이터 종류를 표시할 때 사용합니다.
데이터베이스	데이터베이스 형태의 목록 값이 특정 조건이나 찾을 조건을 만족하는지 분석할 때 사용합니다.
웹	웹 URL이나 웹 서비스와 관련된 함수입니다.
호환성	엑셀 2010 이전 버전과의 호환성을 위해 제공되는 함수입니다.

 호환성 함수 사용하기

엑셀 2010 버전부터 함수의 알고리즘이 변경되어 정확도가 향상된 함수들이 추가되고 함수 이름이 바뀌었습니다. 그러나 이전 버전과의 호환성을 위해 변경 전의 함수도 호환성 함수 범주에서 제공되어 이전 버전의 함수명도 사용할 수 있습니다. 예를 들어 엑셀 2007 버전까지 순위를 구할 때 사용하는 함수는 RANK 함수 한 가지였지만, 엑셀 2010 버전부터는 RANK.EQ와 RANK.AVG

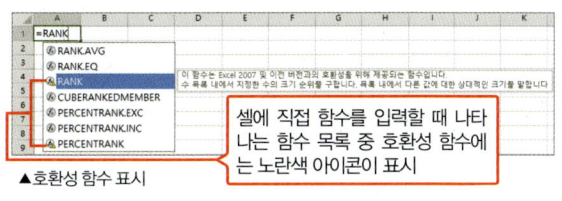
▲호환성 함수 표시

셀에 직접 함수를 입력할 때 나타나는 함수 목록 중 호환성 함수에는 노란색 아이콘이 표시

두 개의 함수가 제공됩니다. RANK.EQ 함수는 함수 개념을 명확히 하기 위해 이름만 변경되었을 뿐 기존 RANK 함수와 같습니다. RANK. AVG 함수는 통계학자들이 기대하는 방식에 더 적합하게 계산하도록 새로 추가된 함수입니다. 이와 같이 함수 이름에 마침표(.)가 붙은 함수는 엑셀 2010 버전부터 이름이 변경되거나 새로 추가된 함수입니다. 이전 버전과의 호환이 필요한 문서인 경우에는 호환성 함수 범주에 있는 함수를 사용하면 되지만, 호환성이 필요치 않은 경우에는 이름이 바뀐 함수를 사용하는 것이 좋습니다.

SECTION 02

함수 작성하기

함수를 작성하는 방법은 크게 두 가지입니다. 간단한 함수나 자주 사용하는 함수라면 셀에 직접 함수식을 입력합니다. 함수식이 복잡하거나 어떤 인수를 써야 할지 잘 모르는 함수라면 [수식] 탭-[함수 라이브러리] 그룹이나 [함수 마법사] 대화상자에서 함수를 찾아 선택한 후 [함수 인수] 대화상자에서 차례로 인수를 지정합니다.

함수식 직접 입력하기

자주 사용하는 함수라서 어떤 인수를 사용해야 하는지 잘 알고 있다면 함수식을 직접 입력하는 것이 더 편합니다. ❶ 셀에 등호(=)를 입력한 후 함수명을 입력하면 입력한 철자가 포함된 함수 목록이 표시됩니다. ❷ ↓, ↑를 누르거나 함수를 클릭하면 해당 함수에 대한 간단한 설명이 표시됩니다. ❸ 입력할 함수를 선택한 후 Tab을 누르거나 함수를 더블클릭하면 셀에 함수명이 입력됩니다. 함수명이 입력되면 함수에 필요한 인수가 표시되는데, 생략할 수 있는 인수는 대괄호([ ]) 안에 표시됩니다.

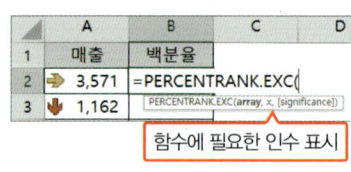

함수에 필요한 인수 표시

쉽고 빠른 엑셀 NOTE **함수식 직접 입력 시 인수 설명이 나타나지 않는 경우**

셀에 함수식을 직접 입력할 때 화면에 필요한 인수 설명이 나타나지 않는다면 [파일] 탭-[옵션]을 선택하여 [Excel 옵션] 대화상자를 열고 [고급]을 선택한 후 [표시] 중 [함수 화면 설명 표시]에 체크 표시합니다.

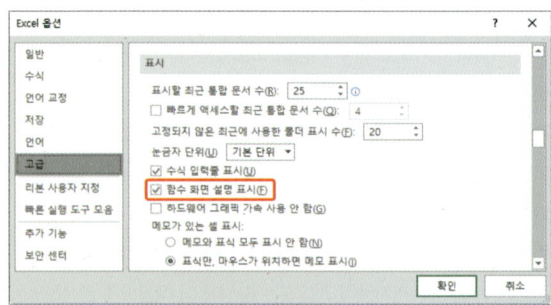

━ [함수 인수] 대화상자

❶ [함수 인수] 대화상자에서 함수 인수를 입력하려면 함수명을 입력한 후 ❷ 단축키 [Ctrl]+[A]를 누릅니다. 해당 [함수 인수] 대화상자가 표시되면 ❸ 인수를 입력하고 ❹ [확인]을 클릭합니다.

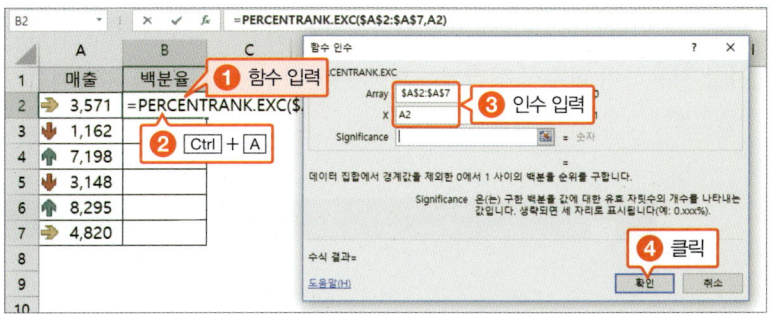

인수의 형태는 선택한 함수에 따라 다르며 숫자, 수식, 텍스트, 논리 값, 배열, 셀 참조 등을 사용할 수 있습니다. [함수 인수] 대화상자에서 인수 입력란에 텍스트를 입력하면 자동으로 큰따옴표("")가 생깁니다. 함수에 따라 지정할 인수의 개수가 다르며, 최대 255개까지 지정할 수 있습니다.

함수 라이브러리와 [함수 마법사] 대화상자

[수식] 탭–[함수 라이브러리] 그룹에서 함수 범주를 클릭하고 함수를 선택하면 [함수 인수] 대화상자가 나타납니다. 함수 범주를 모르는 경우 [함수 삽입 fx]을 클릭하여 [함수 마법사] 대화상자에서 함수를 검색할 수 있습니다.

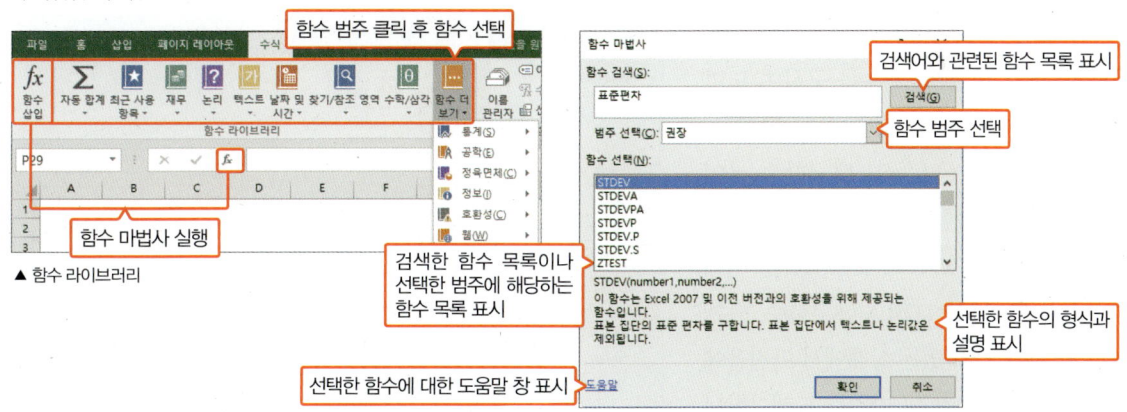

▲ 함수 라이브러리

▲ [함수 마법사] 대화상자

핵심기능실습 | 함수식 작성 방법 알아보기

실습 파일 | CHAPTER07\매출집계.xlsx   **완성 파일** | CHAPTER07\완성\매출집계완성.xlsx

앞서 학습했던 자동 합계 도구 외에 함수를 입력하는 다양한 방법을 알아보겠습니다. 함수를 직접 입력하거나 함수 라이브러리와 함수 마법사를 사용하여 함수식을 작성하고 기존에 작성된 함수식을 수정해보겠습니다.

01 함수식 직접 입력하기

TODAY 함수를 직접 입력하여 문서를 열 때마다 그 시점의 날짜를 표시해보겠습니다. ❶ [F2] 셀에 **=to**를 입력합니다. t로 시작하는 함수 목록이 표시되다가 o까지 입력하면 TODAY 함수 한 개만 표시됩니다. ❷ [Tab]을 눌러 **=TODAY(**가 입력되면 ❸ 닫는 괄호인 **)**를 입력합니다. ❹ [Enter]를 누릅니다.

바로 통하는 TIP TODAY 함수는 문서를 열 때마다 현재의 날짜를 표시합니다.

02 함수 라이브러리에서 함수 선택하기

마진율에서 빈 셀의 개수를 구하여 노마진 품목 수를 구해보겠습니다. ❶ [H4] 셀을 클릭하고 ❷ [수식] 탭-[함수 라이브러리] 그룹-[함수 더 보기]를 클릭한 후 ❸ [통계]-[COUNTBLANK]를 선택합니다. ❹ COUNTBLANK [함수 인수] 대화상자가 열려 있는 상태에서 마진율에 해당하는 [C4:C13] 셀 범위를 드래그합니다. [Range]란에 **C4:C13**이 입력됩니다. ❺ [확인]을 클릭합니다.

바로 통하는 TIP COUNTBLANK 함수는 선택한 셀 범위 내에서 빈 셀의 개수를 구합니다.

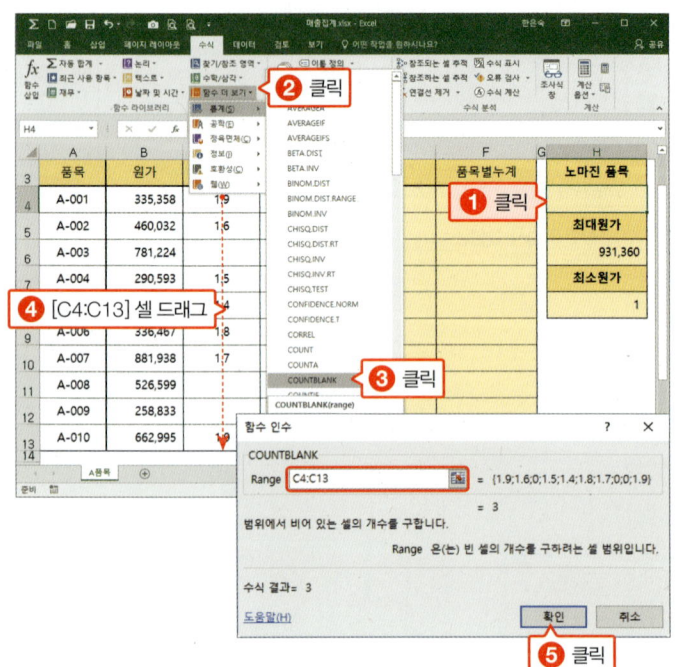

03 곱하기 함수 검색하기

원가, 마진율, 매출수량을 곱하여 매출액을 구해야 합니다. 마진율이 비어 있는 경우 빈 셀을 무시하고 곱하기 위해 함수를 검색해보겠습니다. ❶ [E4] 셀을 클릭하고 ❷ [수식] 탭-[함수 라이브러리] 그룹-[함수 삽입 fx]을 클릭합니다. ❸ [함수 마법사] 대화상자의 [함수 검색]란에 **곱하기**를 입력합니다. ❹ 검색된 [함수 선택]에서 [PRODUCT]를 선택하고 ❺ [확인]을 클릭합니다.

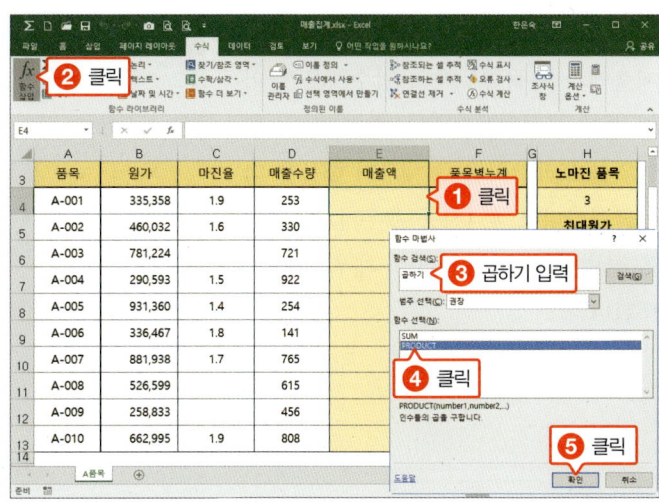

04 PRODUCT 함수의 인수 지정하기

PRODUCT [함수 인수] 대화상자의 [Number1]란에는 값을 곱할 범위인 **B4:D4**가 입력되어 있습니다. [확인]을 클릭합니다.

바로 통하는 TIP 매출액에 수식 '=B4*C4*D4'를 작성하면 마진율이 비어 있는 경우 매출액이 0이 됩니다. PRODUCT 함수는 선택된 셀 범위의 값을 곱하되, 빈 셀이 있는 경우 무시하기 때문에 마진율이 비어 있다면 원가와 매출수량만 곱한 결과가 입력됩니다.

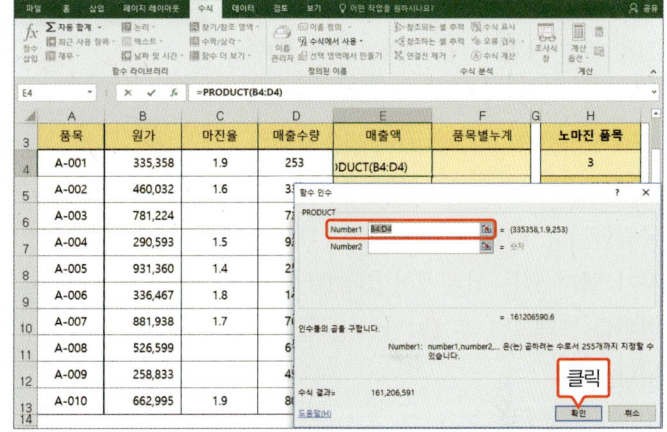

05 셀에 함수명 입력하고 [함수 인수] 대화상자 열기

품목별누계를 구하기 위해 SUM 함수를 입력해보겠습니다. ❶ [F4] 셀에 **=SUM**을 입력한 후 Ctrl + A 를 누릅니다. ❷ SUM [함수 인수] 대화상자의 [Number1]란에 **$E$4:E4**를 입력하고 ❸ [확인]을 클릭합니다.

바로 통하는 TIP 합계 범위 $E$4:E4에서 첫 번째 셀은 절대 참조($E$4), 마지막 셀은 상대 참조(E4) 형태이므로 아래쪽으로 수식을 복사하면 첫 번째 셀 주소는 변하지 않고, 마지막 셀 주소만 E5, E6, …, E13으로 범위가 확장되면서 누계가 구해집니다.

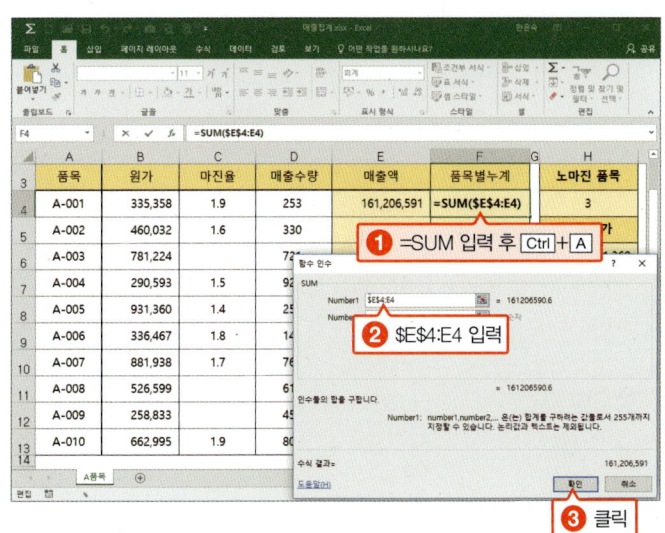

06 수식 복사하기

매출액과 품목별누계의 함수식을 나머지 셀에 복사하겠습니다. ❶ [E4:F4] 셀 범위를 드래그하고 ❷ 채우기 핸들을 더블클릭합니다. ❸ [자동 채우기 옵션 📋]을 클릭하고 ❹ [서식 없이 채우기]를 선택합니다.

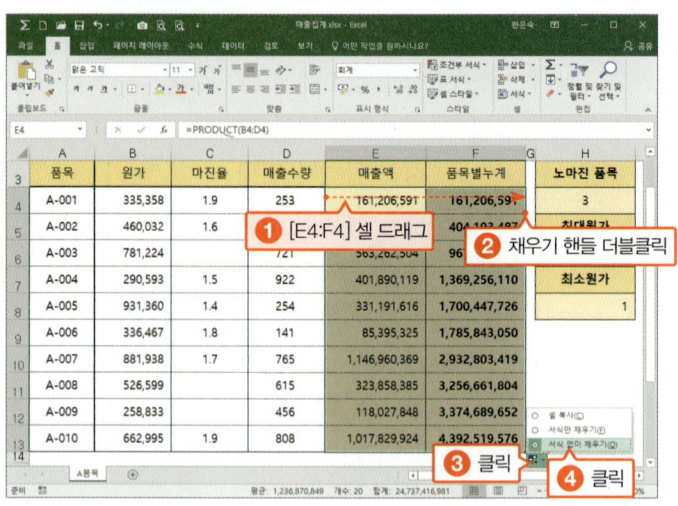

07 함수식 수정하기

[H8] 셀의 최소원가를 구하는 MIN 함수식의 인수 범위가 잘못 지정되어 있으므로 수정하겠습니다. ❶ [H8] 셀을 클릭하고 ❷ 수식 입력줄에서 [함수 삽입 fx]을 클릭합니다. ❸ MIN [함수 인수] 대화상자가 열려 있는 상태에서 [B4:B13] 셀 범위를 드래그한 후 ❹ [확인]을 클릭합니다.

바로 통하는 TIP [함수 삽입 fx]은 수식 입력줄과 [수식] 탭-[함수 라이브러리] 그룹에서 선택할 수 있으며 Shift + F3 을 눌러도 됩니다.

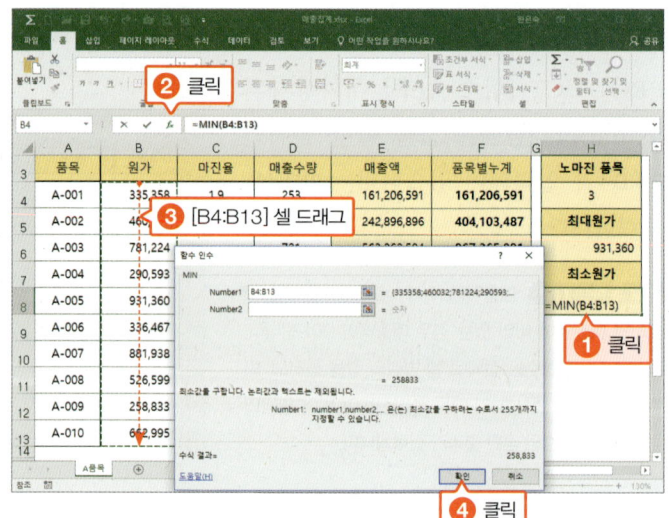

순위와 조건에 관한 함수 및 중첩 함수

앞서 사용한 함수는 계산할 인수로 셀 범위만 지정했습니다. 그러나 대부분의 함수는 인수로 지정해야 할 항목이 더 많습니다. 특정 조건에 따라 결과를 구할 때 사용하는 함수와 순위를 구할 때 사용하는 함수를 알아보고 중첩 함수를 작성하는 방법도 알아보겠습니다.

조건에 따라 다른 결과를 반환하는 IF 함수

IF 함수는 조건에 따라 다른 결과를 구할 때 사용하는 함수입니다. 특정 조건이 참(TRUE) 또는 거짓 (FALSE)일 때 결과 값을 따로 지정할 수 있습니다. 단독으로 쓸 수도 있지만, 다른 함수와 함께 중첩하여 작성하는 경우가 더 많습니다.

함수 범주	논리
함수 형식	=IF(Logical_test,Value_if_true,Value_if_false)
인수	**Logical_test(조건)** : 참(TRUE)이나 거짓(FALSE)으로 판정될 값이나 계산식입니다. **Value_if_true(참일 때의 값)** : 위 조건이 참(TRUE)으로 판정되었을 때 표시할 값입니다. **Value_if_false(거짓일 때의 값)** : 위 조건이 거짓(FALSE)으로 판정되었을 때 표시할 값입니다.
사용 예	매출누계가 목표매출 이상일 때 "달성"이라고 표시하고, 그렇지 않은 경우 "미달"이라고 표시하는 IF 함수식입니다. 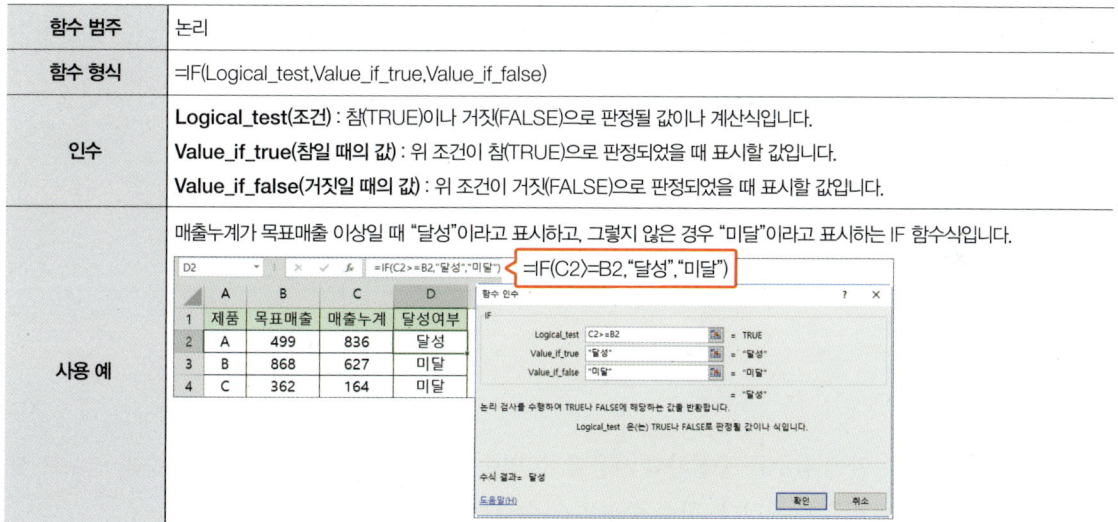

순위를 구하는 RANK.EQ, RANK.AVG 함수

RANK.EQ와 RANK.AVG 함수는 숫자 데이터 목록에서 선택한 숫자가 몇 번째로 큰 숫자인지 또는 몇 번째로 작은 숫자인지 크기 순위를 구합니다. 동일한 값이 있는 경우 RANK.EQ 함수는 공동 순위를 매기고 다음 순위는 생략하며, RANK.AVG 함수는 순위의 평균을 매기고 앞뒤 순위는 생략합니다.

함수 범주	통계
함수 형식	=RANK.EQ(Number,Ref,[Order]) =RANK.AVG(Number,Ref,[Order])
인수	**Number(순위를 구할 숫자)** : 순위를 구할 기준이 되는 숫자입니다. **Ref(숫자 목록 범위)** : [Number]란에서 지정한 숫자가 포함된 숫자 목록입니다. 주로 절대 참조로 지정합니다. **Order(순위를 구할 방식)** : 순위를 매길 방식에 대한 옵션입니다. 0을 입력하거나 생략하면 가장 큰 숫자가 1위, 1을 입력하면 가장 작은 숫자가 1위가 됩니다.
사용 예	가장 큰 값을 1위로 표시하려면 [Order]란을 생략합니다. 2위에 해당하는 동일한 값이 세 개인 경우 RANK.EQ 함수로 순위를 구하면 동일한 값 세 개에 모두 2위를 매기고, 3, 4위를 생략합니다. RANK.AVG 함수로 순위를 구하면 순위의 평균으로 2, 3, 4위의 평균((2+3+4)/3)인 3위를 동일한 값 세 개에 매기고 앞뒤 순위인 2위와 4위가 생략됩니다. 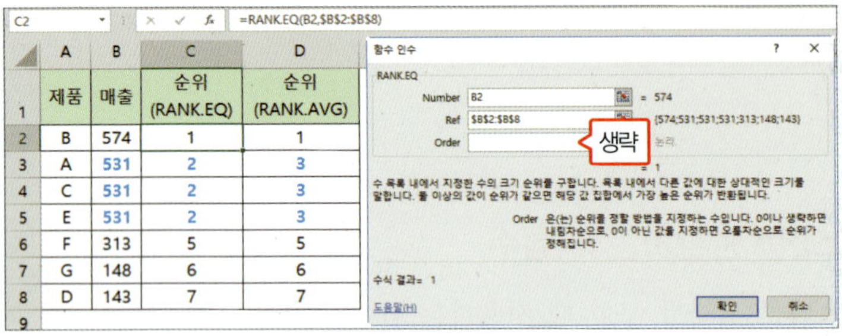 제품 불량률처럼 가장 작은 값이 1위인 경우 [Order]란에 TRUE 또는 1을 입력합니다. 2위에 해당하는 동일한 값이 두 개인 경우 RANK.EQ 함수로 순위를 구하면 동일한 값 두 개에 모두 2위를 매기고 3위를 생략합니다. RANK.AVG 함수로 순위를 구하면 순위 평균으로 2, 3위의 평균((2+3)/2)인 2.5위를 동일한 값 두 개에 매기고 앞뒤 순위인 2위와 3위가 생략됩니다. 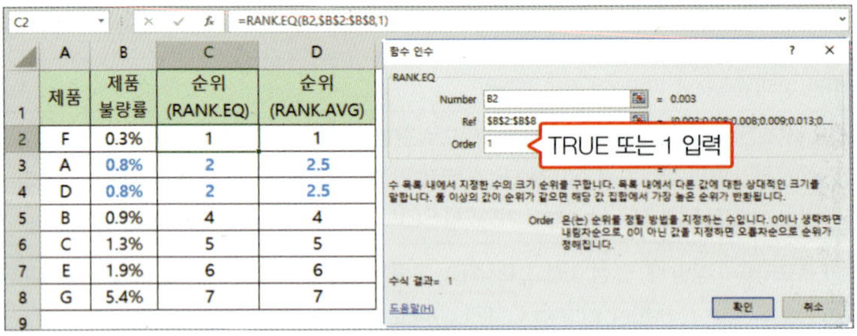

중첩 함수

작업 성격에 따라 함수 안에 함수를 중첩하여 사용할 수 있습니다. B라는 함수가 A라는 함수의 인수로 사용되면 함수 B는 2수준 함수가 됩니다. 함수 중첩은 64수준까지 지정할 수 있습니다.

다음 수식은 [B2:D2] 셀 범위의 숫자 셀이 3개이면 [B2:D2] 셀 범위의 합계를 구하고 아니면 빈 셀을 표시하는 함수식입니다. IF 함수의 인수로 중첩하여 사용된 COUNT와 SUM 함수는 2수준 함수입니다. 만약 COUNT나 SUM 함수 안에 또 다른 함수를 사용했다면 그 함수는 3수준 함수가 됩니다.

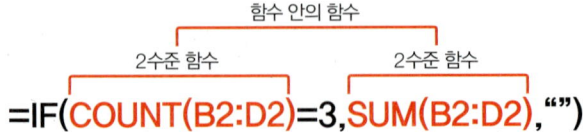

[함수 인수] 대화상자를 사용하면서 중첩 함수를 작성하는 순서는 다음과 같습니다.

● 2수준 함수 선택하기

❶ 1수준 함수를 입력하고 단축키 Ctrl + A를 눌러 [함수 인수] 대화상자를 표시합니다. ❷ 2수준 함수를 선택하기 위해 [이름 상자] 목록 버튼을 클릭합니다. ❸ 표시된 함수 목록에서 2수준 함수를 선택합니다.

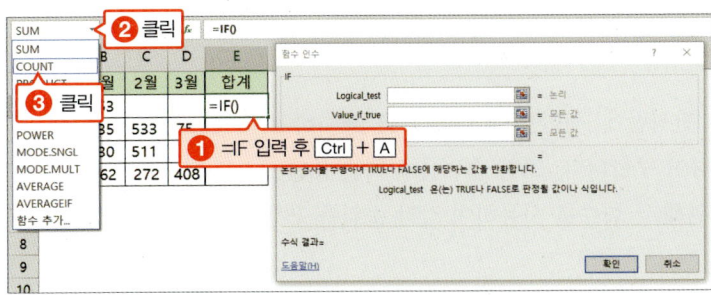

바로 통하는 TIP 함수를 작성하고 있을 때는 [이름 상자]에 최근 사용한 함수 목록이 표시됩니다. 목록에 사용할 함수가 없으면 [함수 추가]를 클릭합니다.

● [함수 인수] 대화상자 전환하기

2수준 함수에서 계산할 인수를 지정한 후 다시 1수준 [함수 인수] 대화상자로 전환하려면 수식 입력줄에 입력된 함수식에서 1수준 함수명을 클릭합니다.

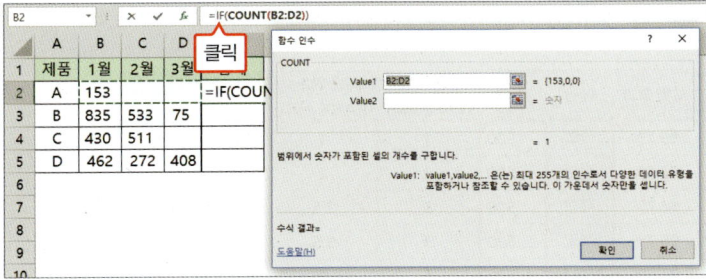

● 2수준 함수 직접 입력하기

1수준 [함수 인수] 대화상자로 전환되면 ❶ 나머지 조건식과 함수식을 직접 입력한 후 ❷ [확인]을 클릭합니다. [함수 인수] 대화상자가 열려 있는 상태에서는 수식 입력줄에 있는 1수준 함수나 2수준 함수명을 클릭하여 해당 [함수 인수] 대화상자로 전환할 수 있습니다.

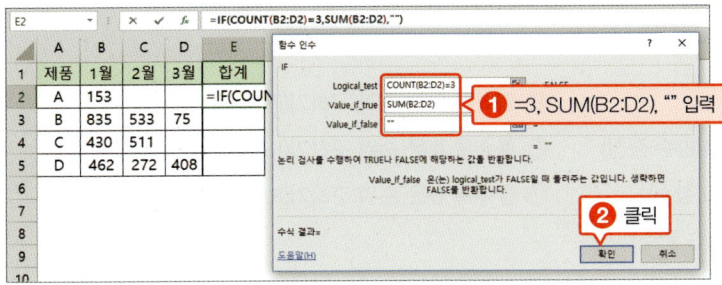

품질 시험 결과표에 판정 결과 및 순위 구하기

실습 파일 | CHAPTER07\품질시험결과표.xlsx　**완성 파일** | CHAPTER07\완성\품질시험결과표완성.xlsx

품질 시험 결과표에서 조건에 따라 판정란에 '적합'이나 '부적합'을 표시하고 수량합계는 IF 함수에 AVERAGE와 SUM 함수를 중첩하여 구합니다. 또한 순위를 구하는 RANK.EQ 함수와 RANK.AVG 함수의 결과 차이를 알아보기 위해 두 함수를 사용하여 각각 순위를 구해보겠습니다.

- 현장밀도 판정 : 시험결과가 95% 이상이면 적합, 아니면 부적합
- 염화물 판정 : 시험결과가 0.3 이하이면 적합, 아니면 부적합
- 수량합계 : 시험결과 평균이 기준에 맞으면 합계를 구하고, 그렇지 않으면 0

품 질 시 험 결 과 표

항목	시험차수	기준	시험결과	판정	수량	순위1 (RANK.EQ)	순위2 (RANK.AVG)	검사자 성명	서명
현장밀도	1차	95% 이상	99.7%	적합	500	1	1	홍길동	
	2차	95% 이상	98.6%	적합	500	2	2	홍길동	
	3차	95% 이상	96.7%	적합	500	3	3.5	홍길동	
	4차	95% 이상	96.7%	적합	500	3	3.5	홍길동	
	5차	95% 이상	94.3%	부적합	500	5	5	홍길동	
수량합계					2,500				
염화물	1차	0.3 kg/m'이하	0.299	적합	500	1	2	이순신	
	2차	0.3 kg/m'이하	0.488	부적합	500	5	5	이순신	
	3차	0.3 kg/m'이하	0.377	부적합	500	4	4	이순신	
	4차	0.3 kg/m'이하	0.299	적합	500	1	2	이순신	
	5차	0.3 kg/m'이하	0.299	적합	500	1	2	이순신	
수량합계					0				

❶ 현장밀도 판정 결과 구하기(IF 함수)　　❷ 염화물 판정 결과 구하기(IF 함수)

❸ 수량합계 구하기(IF, AVERAGE, SUM 함수 중첩)　　❹ 클수록 높은 순위 구하기(RANK.EQ 함수)

❺ 작을수록 높은 순위 구하기(RANK.EQ 함수)　　❻ 클수록 높은 순위 구하기(RANK.AVG 함수)

❼ 작을수록 높은 순위 구하기(RANK.AVG 함수)

01 현장밀도의 판정 결과 입력하기

현장밀도의 시험결과가 기준 이상인 경우 판정란에 '적합', 기준에 미달할 경우 '부적합'을 표시하겠습니다. ❶ [F5:F9] 셀 범위를 드래그하고 ❷ [수식] 탭-[함수 라이브러리] 그룹-[논리]를 클릭한 후 ❸ [IF]를 선택합니다.

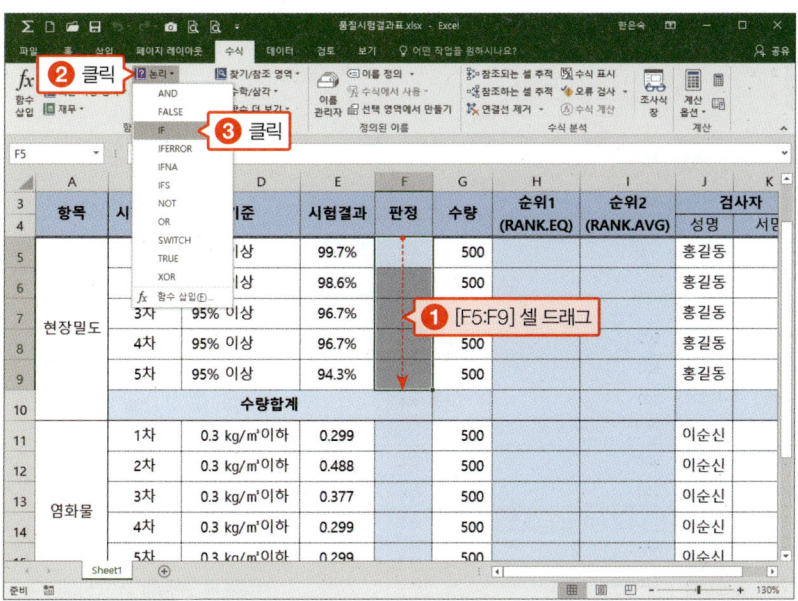

02 IF 함수의 인수 입력하기

❶ IF [함수 인수] 대화상자의 [Logical_test]란에 **E5>=C5**를 입력하고 ❷ [Value_if_true]란에 **적합**을 입력합니다. ❸ [Value_if_false]란에 **부적합**을 입력한 후 ❹ 선택된 셀 범위의 값을 한꺼번에 구하기 위해 [확인]을 Ctrl+클릭합니다.

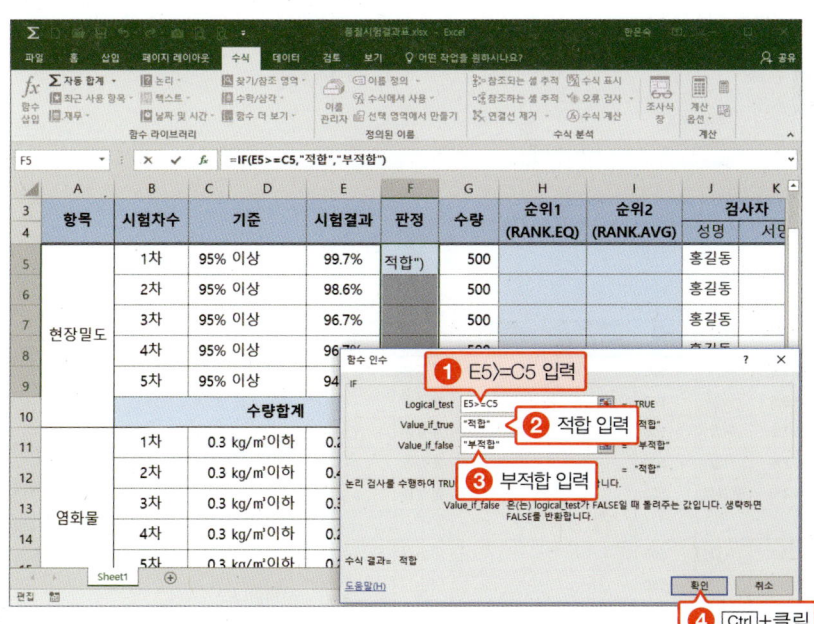

바로 통하는 TIP 인수 설명

• Logical_test : 시험결과 값(E5)이 기준 값(C5) 이상인지 판단합니다.

• Value_if_true : 조건 판단 결과가 참일 때 "적합"을 표시합니다. 큰따옴표("")는 입력하지 않아도 자동으로 입력됩니다.

• Value_if_false : 조건 판단 결과가 거짓일 때 "부적합"을 표시합니다.

03 염화물의 판정결과 입력하기

염화물의 시험결과가 기준 이하인 경우 판정란에 '적합', 초과할 경우 '부적합'을 표시하겠습니다. ❶ [F11: F15] 셀 범위를 드래그하고 ❷ [수식] 탭–[함수 라이브러리] 그룹–[논리]를 클릭한 후 ❸ [IF]를 선택합니다. ❹ IF [함수 인수] 대화상자의 [Logical_test]란에 **E11<=C11**을 입력하고 ❺ [Value_if_true]란에 **적합**을 입력한 후 ❻ [Value_if_false]란에 **부적합**을 입력합니다. ❼ [확인]을 Ctrl+클릭합니다.

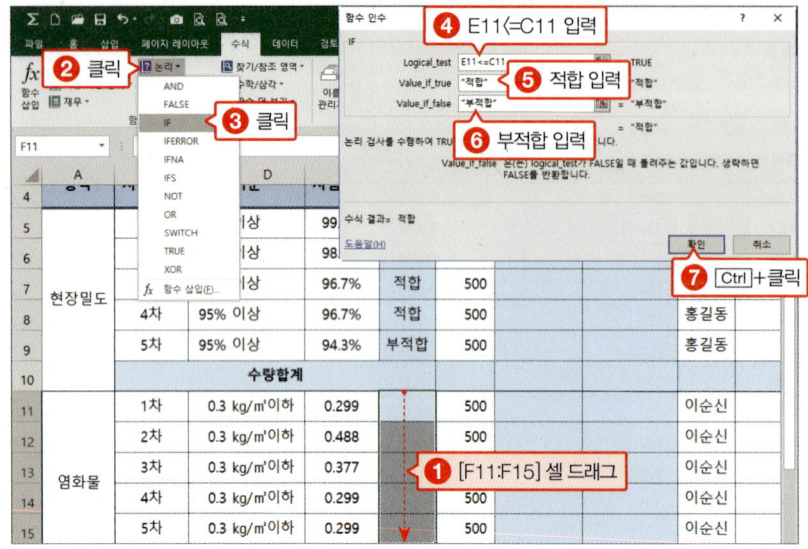

바로 통하는 TIP 인수 설명
- Logical_test : 시험결과 값(E11) 이 기준 값(C11) 값 이하인지 판단 합니다.
- Value_if_true : 조건 판단 결과가 참일 때 "적합"을 표시합니다.
- Value_if_false : 조건 판단 결과가 거짓일 때 "부적합"을 표시합니다.

04 중첩 함수 선택하기

현장밀도의 수량합계는 시험결과 평균이 95% 이상인 경우에만 구해지도록 하기 위해 IF 함수 안에 AVERAGE 함수를 중첩하겠습니다. ❶ [G10] 셀을 클릭하고 ❷ [수식] 탭–[함수 라이브러리] 그룹–[논리] 를 클릭한 후 ❸ [IF]를 선택합니다. ❹ IF [함수 인수] 대화상자가 열려 있는 상태에서 [이름 상자] 목록 버튼을 클릭하고 ❺ [AVERAGE]를 선택합니다.

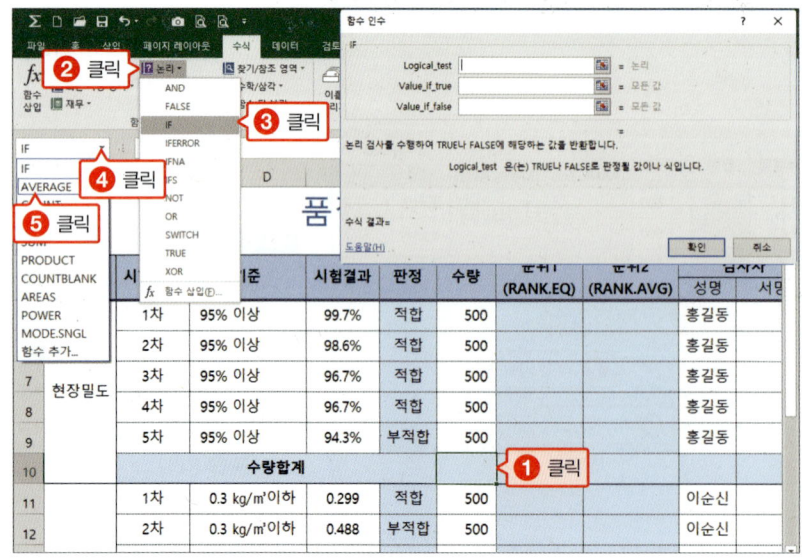

바로 통하는 TIP [이름 상자]의 함수 목록에 [AVERAGE]가 없으면 목록 제일 아래 [함수 추가]를 선택한 후 [함수 마법사] 대화상자에서 해당 함수를 선택합니다.

05 [함수 인수] 대화상자 전환하기

❶ AVERAGE [함수 인수] 대화상자의 [Number1]란에 **E5:E9**를 입력하고 ❷ 수식 입력줄의 **IF**를 클릭합니다.

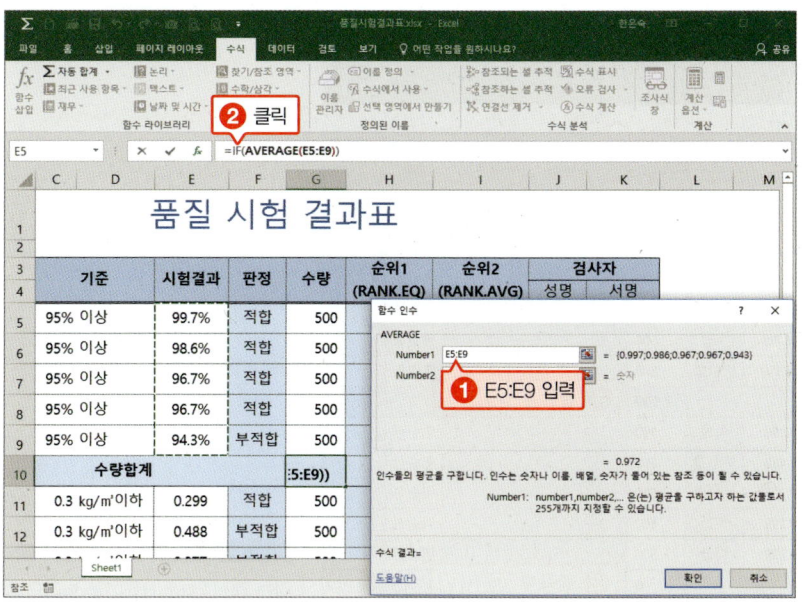

06 중첩 함수 직접 입력하기

IF [함수 인수] 대화상자에서 조건식을 입력하고, 조건이 참일 때 합계를 구할 2수준 중첩 함수 SUM은 직접 입력하겠습니다. ❶ IF [함수 인수] 대화상자의 [Logical_test]란에 입력된 **AVERAGE(E5:E9)** 뒤에 **>=95%**를 입력하고 ❷ [Value_if_true]란에 **SUM(G5:G9)**를 입력합니다. ❸ [Value_if_false]란에 **0**을 입력한 후 ❹ [확인]을 Ctrl+클릭합니다.

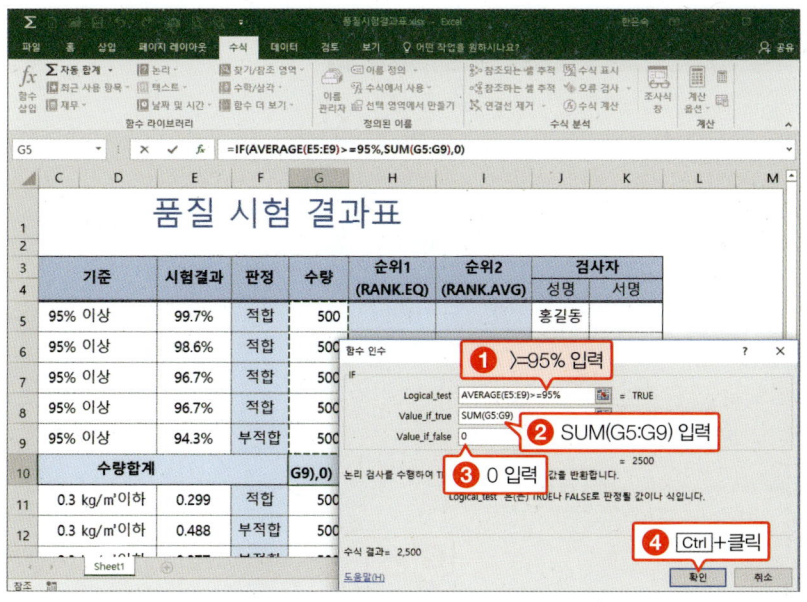

바로 통하는TIP 인수 설명

• Logical_test : 시험결과 평균 (AVERAGE(E5:E9))이 95% 이상 인지 판단합니다.

• Value_if_true : 조건 판단 결과가 참일 때 수량합계(SUM(G5:G9)) 를 표시합니다.

• Value_if_false : 조건 판단 결과가 거짓일 때 0을 표시합니다.

07 함수식 복사하기

현장밀도의 수량합계 함수식을 복사해서 염화물의 수량합계로 사용하겠습니다. ❶ [G10] 셀을 클릭하고 Ctrl + C 를 눌러 복사합니다. ❷ [G16] 셀을 클릭하고 Ctrl + V 를 눌러 붙여 넣습니다. ❸ 수식 입력줄의 [함수 삽입 fx]을 클릭합니다.

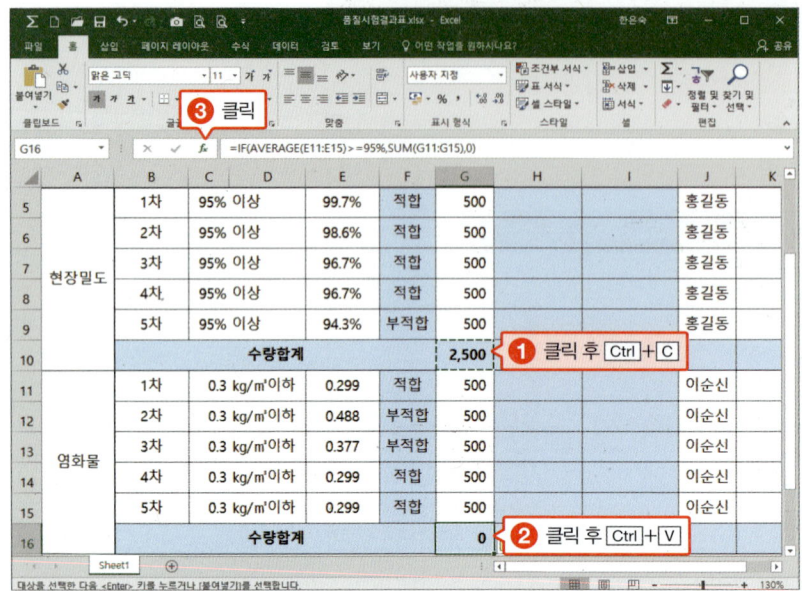

바로 통하는 TIP [함수 삽입]을 클릭 하는 대신 Shift + F3 을 눌러도 됩 니다.

08 함수식 수정하기

염화물에 대한 조건 기준이 현장밀도와 다르므로 함수식을 수정하겠습니다. ❶ IF [함수 인수] 대화상자에서 [Logical_test]란의 〉=95%를 〈=0.3으로 수정한 후 ❷ [확인]을 클릭합니다. 염화물의 시험결과 평균이 0.3을 초과하기 때문에 수량합계에는 0이 입력됩니다.

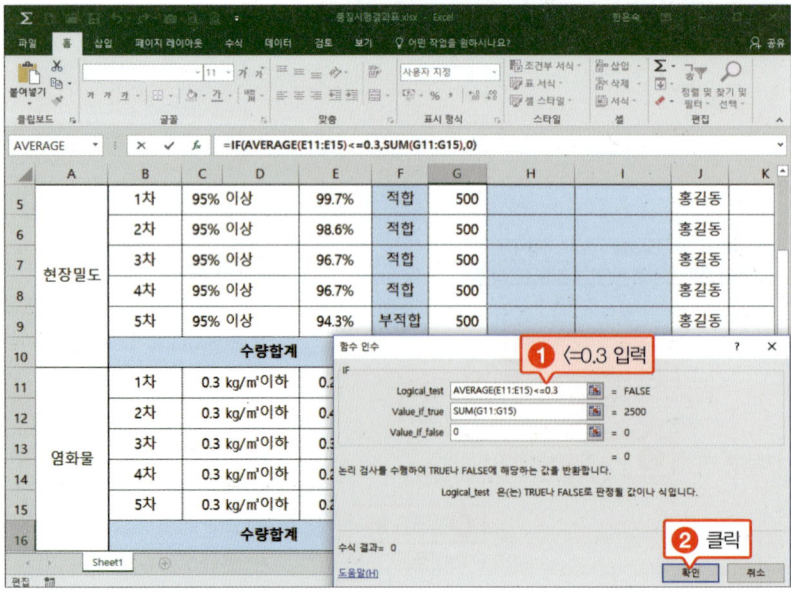

09 RANK.EQ 함수로 클수록 높은 순위 구하기

❶ [H5:H9] 셀 범위를 드래그합니다. ❷ [수식] 탭-[함수 라이브러리] 그룹-[함수 더 보기]를 클릭한 후 ❸ [통계]-[RANK.EQ]를 선택합니다. ❹ RANK.EQ [함수 인수] 대화상자의 [Number]란에 **E5**를 입력하고 ❺ [Ref]란에 **\$E\$5:\$E\$9**를 입력한 후 ❻ [확인]을 Ctrl+클릭합니다.

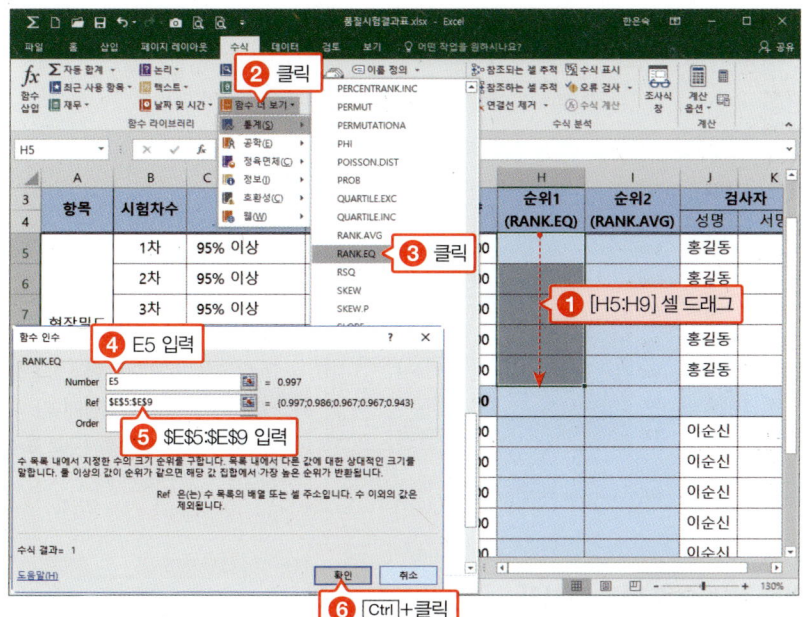

바로 통하는 **TIP** 인수 설명

• Number : 순위를 구할 숫자로 시험 결과 값(E5)을 지정합니다.

• Ref : 고정 범위이므로 절대 참조 형태(\$E\$5:\$E\$9)로 입력합니다. [Ref]란을 클릭한 후 [E5:E9] 셀 범위를 드래그하고 F4를 눌러도 됩니다.

• Order : 가장 큰 수를 1로 표시하므로 생략합니다.

10 RANK.EQ 함수로 작을수록 높은 순위 구하기

❶ [H11:H15] 셀 범위를 드래그합니다. ❷ [수식] 탭-[함수 라이브러리] 그룹-[함수 더 보기]를 클릭한 후 ❸ [통계]-[RANK.EQ]를 선택합니다.

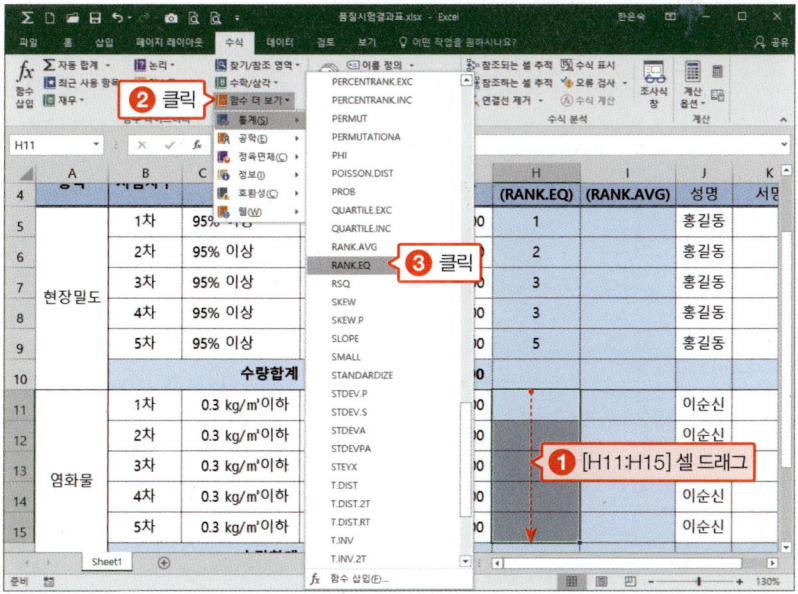

11 ❶ RANK.EQ [함수 인수] 대화상자의 [Number]란에 **E11**을 입력하고 ❷ [Ref]란에 **$E$11:$E$15**를 입력합니다. ❸ [Order]란에 **1**을 입력한 후 ❹ [확인]을 Ctrl+클릭합니다.

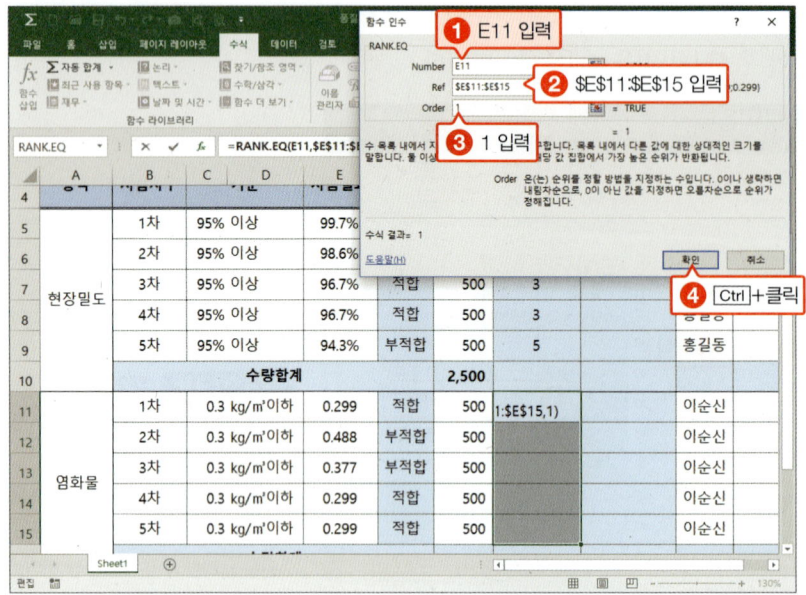

바로 통하는 **TIP** 인수 설명
• Number : 순위를 구할 숫자로 시험 결과 값(E11)을 지정합니다.
• Ref : 고정 범위이므로 절대 참조 형 태($E$11:$E$15)로 입력합니다.
• Order : 가장 작은 수를 1위로 표시 하므로 '1'을 입력합니다.

12 RANK.AVG 함수로 동일한 값의 순위 평균 매기기

RANK.AVG 함수로 순위를 구하여 순위가 같은 항목은 평균 순위로 표시하겠습니다. ❶ [I5:I9] 셀 범위를 드래그하고 ❷ [수식] 탭-[함수 라이브러리] 그룹-[함수 더 보기]를 클릭한 후 ❸ [통계]-[RANK.AVG]를 선택합니다. ❹ RANK.AVG [함수 인수] 대화상자의 [Number]란에 **E5**를 입력하고 ❺ [Ref]란에 **$E$5:$E$9** 를 입력합니다. ❻ [확인]을 Ctrl+클릭합니다.

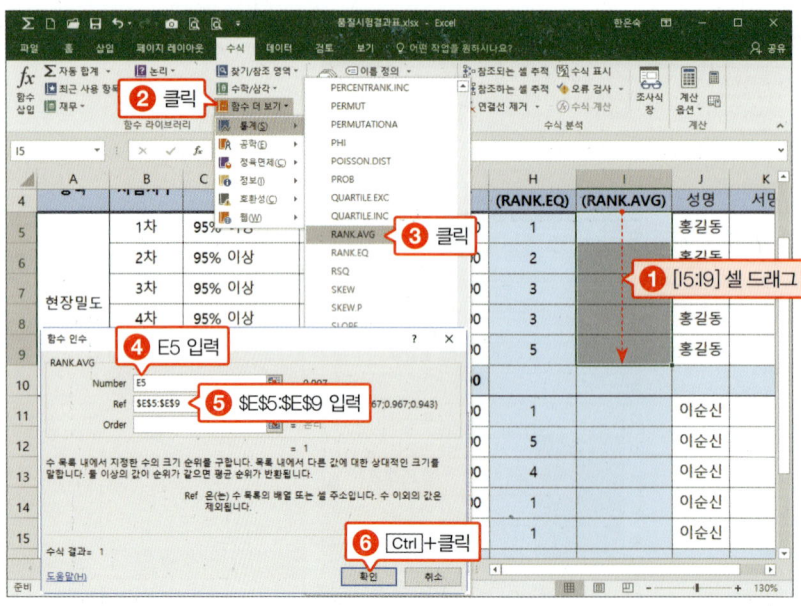

바로 통하는 **TIP** RANK.AVG 함수 는 RANK.EQ 함수와 사용하는 인수 가 같으나 순위를 구할 숫자에 동일한 값이 있는 경우, 순위 결과가 다르게 구 해집니다. 시험결과가 96.7%인 두 항 목에서 RANK.EQ 함수로 구한 순위 는 동일한 값 두 개의 항목에 공동 3위 가 매겨지고 다음 순위 4위가 생략됩니 다. RANK.AVG 함수로 구한 순위를 보면 3.5위가 매겨져 있고, 이전 순위 3위와 다음 순위 4위가 생략되었습니 다. RANK.AVG 함수를 사용하면 동 일한 값 순위의 평균이 매겨지기 때문 입니다. 동일한 값 두 개의 항목이 3위, 4위에 해당하므로 '(3+4)/2'로 계산되 어 3.5위가 됩니다.

13 RANK.AVG 함수로 동일한 값의 순위 평균 매기기

RANK.AVG 함수로 동일한 값의 순위 평균을 값이 낮은 순서로 구해보겠습니다. ❶ [I11:I15] 셀 범위를 드래그하고 ❷ [수식] 탭-[함수 라이브러리] 그룹-[함수 더 보기]를 클릭한 후 ❸ [통계]-[RANK.AVG]를 선택합니다. ❹ RANK.AVG [함수 인수] 대화상자의 [Number]란에 **E11**을 입력하고 ❺ [Ref]란에 **$E$11:$E$15**를 입력합니다. ❻ [Order]란에 **1**을 입력한 후 ❼ [확인]을 Ctrl+클릭합니다.

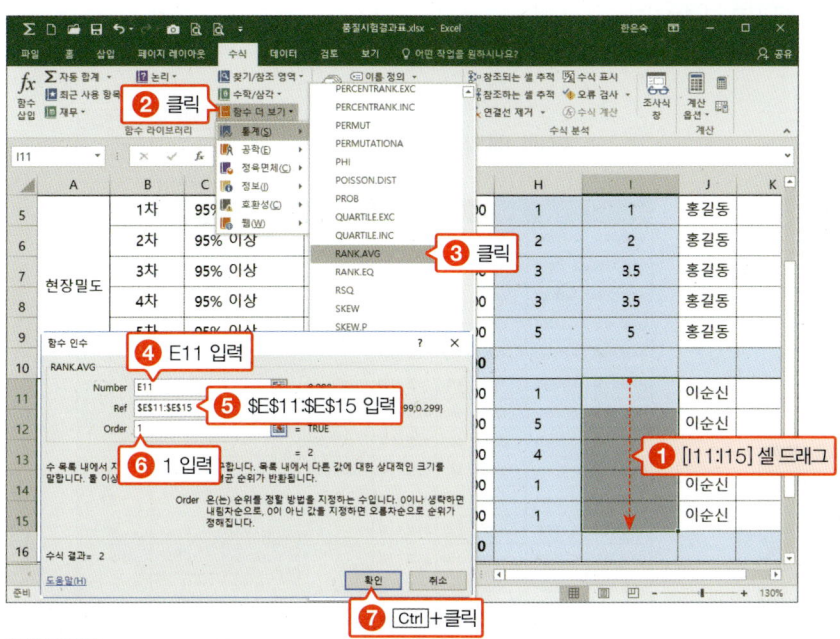

같은 값에 대한 RANK.EQ와 RANK.AVG 함수의 결과 비교하기

시험결과 값이 0.299인 세 항목이 있습니다. RANK.EQ 함수로 구한 순위는 동일한 값 세 개의 항목에 공동 1위가 매겨지고 다음 순위 2, 3위가 생략됩니다. RANK.AVG 함수로 구한 순위는 동일한 값 세 개의 항목에 2위가 매겨지고 이전 순위 1위, 다음 순위 3위가 생략됩니다. 동일한 값 세 개의 항목이 1, 2, 3위에 해당하므로 '(1+2+3)/3'을 계산하여 순위 평균은 2위가 되기 때문입니다.

	시험결과	판정	수량	순위1 (RANK.EQ)	순위2 (RANK.AVG)
11	0.299	적합	500	1	2
12	0.488	부적합	500	5	5
13	0.377	부적합	500	4	4
14	0.299	적합	500	1	2
15	0.299	적합	500	1	2

RANK.EQ 함수 결과는 동일 값 세 개에 공동 1위를 매기고 다음 순위 2, 3위를 생략

RANK.AVG 함수 결과는 동일 값 세 개에 순위 평균((1+2+3)/3)인 2위를 매기고 이전 순위 1위와 다음 순위 3위를 생략

실습 파일 | CHAPTER07\판매예약현황표.xlsx **완성 파일** | CHAPTER07\완성\판매예약현황표완성.xlsx

다음의 판매 예약 현황표에서 단가가 평균 이상인 제품은 매장에서 판매하고 나머지는 온라인으로 판매합니다. 매장판매 금액, 온라인판매 금액, 배송순서, 판매순위를 입력합니다.

판매 예약 현황표

							담당	팀장	부장

주문일	품 명	단가	수량	배송예약	매장판매	온라인판매	배송 순서	판매순위
04월 03일	D-4W003	4,600	350	05월 02일		1,610,000	1	9
04월 14일	B-7S002	5,100	150	05월 14일		765,000	9	14
04월 17일	A-3E002	3,100	730	05월 12일		2,263,000	6	2
04월 18일	A-3E003	7,400	110	05월 07일	814,000		3	16
04월 19일	A-8U001	4,200	310	05월 03일		1,302,000	2	13
04월 23일	B-6G002	7,000	430	05월 21일	3,010,000		11	7
04월 24일	C-5E002	6,800	650	05월 18일	4,420,000		10	3
04월 25일	C-5E003	6,300	560	05월 09일	3,528,000		4	5
04월 25일	D-4W002	9,100	340	05월 11일	3,094,000		5	11
04월 26일	B-7S001	5,700	390	05월 24일		2,223,000	12	8
04월 28일	B-7S003	5,900	330	05월 12일		1,947,000	6	12
04월 30일	C-5E001	4,200	350	05월 13일		1,470,000	8	9
05월 01일	A-3E001	5,500	450	05월 25일		2,475,000	14	6
05월 08일	A-8U002	12,000	630	05월 24일	7,560,000		12	4
05월 08일	B-6G001	3,400	840	05월 29일		2,856,000	15	1
05월 21일	D-4W001	8,700	150	05월 31일	1,305,000		16	14

▲ 실습 파일　　　　▲ 완성 파일

① 매장판매 금액은 IF 함수 안에 AVERAGE 함수를 중첩하여 구합니다. 단가가 평균 이상이면 '단가* 수량' 수식을 입력하고 아니면 빈 셀("")로 표시합니다. AVERAGE 함수에서 단가 범위는 절대 참조를 사용해야 합니다.

② 온라인판매 금액은 IF 함수를 사용합니다. 매장판매 금액이 빈 셀("")이 아니면 온라인판매 금액을 빈 셀("")로 표시하고, 그렇지 않은 경우 '단가*수량' 수식을 입력합니다.

③ 배송순서는 RANK.EQ 함수를 사용하여 배송예약 날짜가 빠른 순서대로 순위를 매깁니다.

④ 판매순위는 RANK.EQ 함수를 사용하여 수량이 많은 순서대로 순위를 매깁니다.

반올림, 올림, 내림에 관한 함수

수식이나 함수식의 결과 값이 소수점 이하까지 나오는 경우가 많습니다. ROUND, ROUNDUP, ROUNDDOWN 함수 등은 원하는 소수 자리에서 반올림, 올림, 내림해야 할 때 사용합니다. 또한 정수 값의 지정한 자릿수 이하를 0으로 만들어야 하는 경우에도 사용할 수 있습니다.

반올림, 올림, 내림하는 ROUND, ROUNDUP, ROUNDDOWN 함수

ROUND 함수는 지정한 자릿수 다음 숫자가 5 이상일 때, ROUNDUP 함수는 지정한 자릿수 다음 숫자가 1 이상일 때 지정한 자릿수를 한 자리씩 올리고, 1 미만이면 0으로 내립니다. ROUNDDOWN 함수는 지정한 자릿수 다음 숫자를 무조건 0으로 만듭니다.

함수 범주	수학/삼각
함수 형식	=ROUND(Number,Num_digits) =ROUNDUP(Number,Num_digits) =ROUNDDOWN(Number,Num_digits)
인수	**Number(숫자)** : 반올림, 올림, 내림을 할 숫자입니다. **Num_digits(자릿수)** : 자릿수를 양수로 지정하면 지정한 자릿수만큼 소수 아래 자리를 표시합니다. 예를 들어 자릿수를 2로 지정하면 소수 둘째 자리까지 표시합니다. 자릿수를 0으로 지정하면 소수점 아래 자리를 표시하지 않습니다. 자릿수를 음수로 지정하면 지정한 자릿수만큼 소수 위 자리를 0으로 만듭니다. 자릿수를 −2로 지정하면 소수점 위 두 자리를 0으로 표시합니다.

숫 자 :	1	5	3	.	3	3	3
자릿수 :	-3	-2	-1	0	1	2	3

|
| 사용 예 | 다음은 숫자 153.333을 ROUND, ROUNDUP, ROUNDDOWN 함수를 사용해 자릿수를 각각 1, 2, 0, −1, −2로 지정했을 때의 결과 값을 구한 표입니다.

C2 `=ROUND($B$2,C1)`

	A	B	C	D	E	F	G
1	함수	자릿수 값	1	2	0	-1	-2
2	ROUND(값,자릿수)		153.3	153.33	153	150	200
3	ROUNDUP(값,자릿수)	153.333	153.4	153.34	154	160	200
4	ROUNDDOWN(값,자릿수)		153.3	153.33	153	150	100

|

실습 파일 | CHAPTER07\결제금액계산표.xlsx   **완성 파일** | CHAPTER07\완성\결제금액계산표완성.xlsx

금액에 수수료율을 곱한 할부수수료의 소수를 절삭해보겠습니다. 할부 2개월까지의 결제금액은 현금결제이므로 1회 차는 1원 단위를, 2회 차는 10원 단위를 없애보겠습니다. 또한 일시불결제의 경우 천 원 단위이상은 현금결제하고 100원 단위 이하는 포인트로 결제할 수 있도록 금액을 나눠보겠습니다.

01 할부 수수료의 소수 절삭하기

결제금액에 합산할 할부수수료의 소수점 이하 값을 버리겠습니다. ❶ [D6:D10] 셀 범위를 드래그하고 ❷ [수식] 탭–[함수 라이브러리] 그룹–[수학/삼각]을 클릭한 후 ❸ [ROUNDDOWN]을 선택합니다. ❹ ROUNDDOWN [함수 인수] 대화상자의 [Number]란에 **C6**을 입력하고 ❺ [Num_digits]란에 **0**을 입력합니다. ❻ 선택한 셀 범위에 함수식을 한 번에 입력하기 위해 [확인]을 Ctrl+클릭합니다.

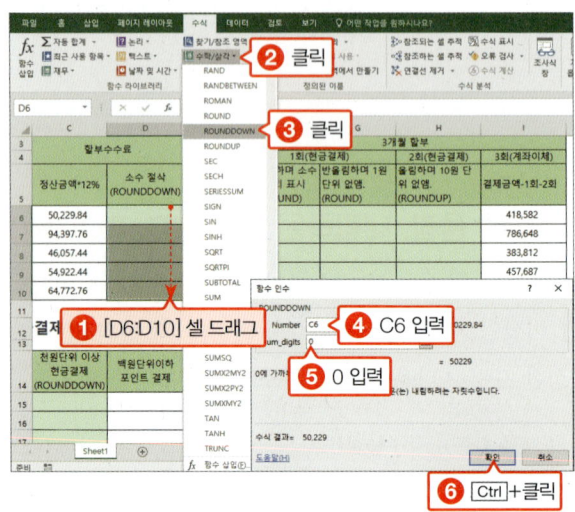

바로 통하는 TIP 인수 설명

• Number : 내림할 숫자로, 계산된 할부수수료 [C6] 셀을 지정합니다. 할부수수료 계산식인 'B6*12%'를 입력해도 됩니다.

• Num_digits : 소수점 이하 값을 없앨 것이므로 자릿수를 0으로 지정합니다.

02 할부금액 반올림하며 소수 둘째 자리까지 계산하기

결제금액의 3개월 할부금액을 구하기 위해 결제금액을 3으로 나눈 값을 소수 둘째 자리까지 표시해보겠습니다. ❶ [F6:F10] 셀 범위를 드래그하고 ❷ [수식] 탭–[함수 라이브러리] 그룹–[수학/삼각]을 클릭한 후 ❸ [ROUND]를 선택합니다. ❹ ROUND [함수 인수] 대화상자의 [Number]란에 **E6/3**을 입력하고 ❺ [Num_digits]란에 **2**를 입력합니다. ❻ [확인]을 Ctrl+클릭합니다.

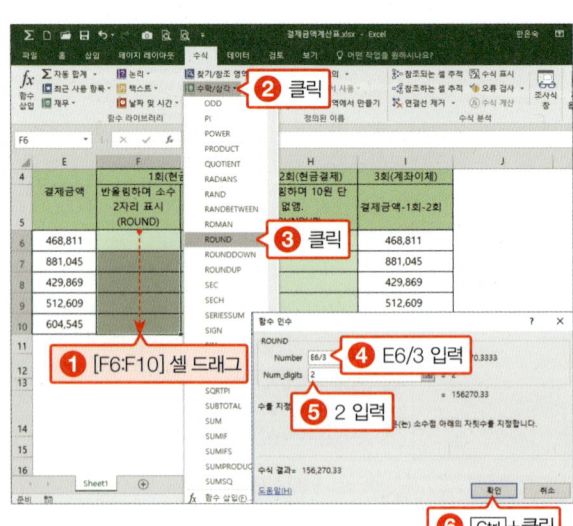

바로 통하는 TIP 인수 설명

• Number : 반올림할 숫자로, 결제금액의 3개월 할부금액 계산식 'E6/3'을 입력합니다.

• Num_digits : 소수 둘째 자리까지 계산할 것이므로 자릿수를 2로 지정합니다.

03 반올림하여 1원 단위 없애기

현금결제 시 1원 단위 금액은 결제할 수 없으므로 반올림하여 1원 단위를 0으로 만들겠습니다. ❶ [G6:G10] 셀 범위를 드래그한 후 ❷ **=ROUND**를 입력하고 Ctrl+A를 누릅니다. ❸ ROUND [함수 인수] 대화상자의 [Number]란에 **F6**을 입력하고 ❹ [Num_digits]란에 **−1**을 입력한 후 ❺ [확인]을 Ctrl+클릭합니다.

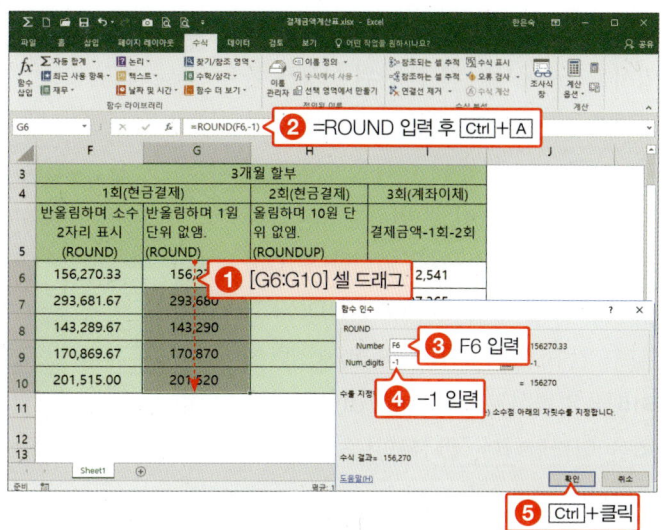

바로 통하는 TIP 인수 설명

• Number : 반올림할 숫자로, 3개월 할부금액이 계산된 [F6] 셀을 지정합니다. 계산식인 'E6/3'을 입력해도 됩니다.
• Num_digits : 1원 단위를 0으로 만들 것이므로 자릿수를 −1로 지정합니다. [F8], [F9], [F10] 셀은 각각 1원 단위 숫자가 5 이상이므로 10원씩 올림됩니다.

04 올림하며 10원 단위 없애기

2회 차는 올림하면서 10원 단위를 없애 보겠습니다. ❶ [H6:H10] 셀 범위를 드래그하고 ❷ **=ROUNDUP**을 입력한 후 Ctrl+A를 누릅니다. ❸ ROUNDUP [함수 인수] 대화상자의 [Number]란에 **F6**을 입력하고 ❹ [Num_digits]란에 **−2**를 입력합니다. ❺ [확인]을 Ctrl+클릭합니다.

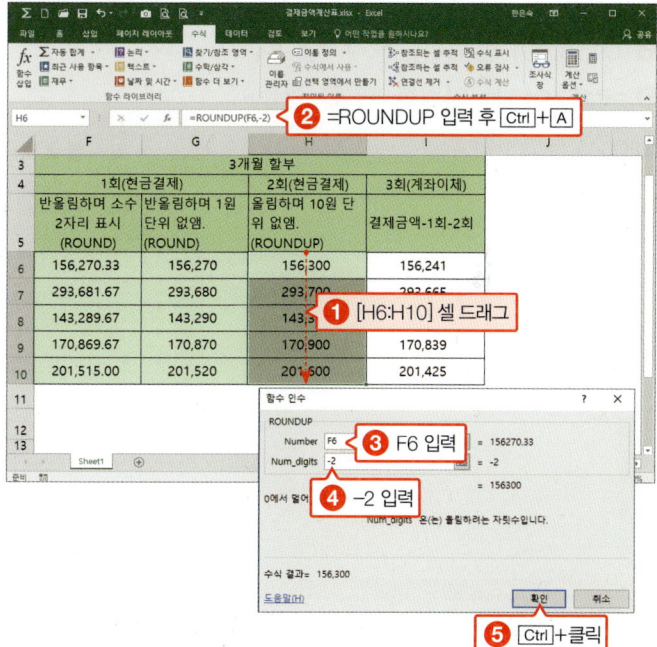

05 내림하여 100원 단위 없애기

일시불결제에서는 천 원 단위 이상은 현금결제하고 나머지 잔돈은 포인트로 결제하도록 100원 단위 이하를 없애겠습니다. ❶ [C15:C19] 셀 범위를 드래그하고 ❷ **=ROUNDDOWN**을 입력한 후 Ctrl +A를 누릅니다. ❸ ROUNDDOWN [함수 인수] 대화상자의 [Number]란에 **B15**를 입력하고 ❹ [Num_digits]란에 **-3**을 입력합니다. ❺ [확인]을 Ctrl+클릭합니다.

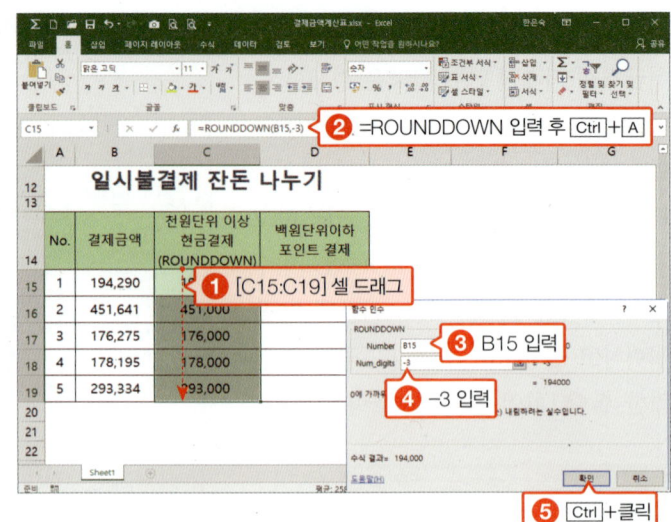

바로 통하는 TIP 인수 설명
• Number : 내림할 숫자로, 결제금액 [B15] 셀을 지정합니다.
• Num_digits : 100원 단위를 0으로 만들 것이므로 자릿수를 -3으로 지정합니다.

06 나머지 금액 구하기

❶ [D15:D19] 셀 범위를 드래그합니다. ❷ **=B15-C15**를 입력한 후 ❸ Ctrl + Enter 를 누릅니다.

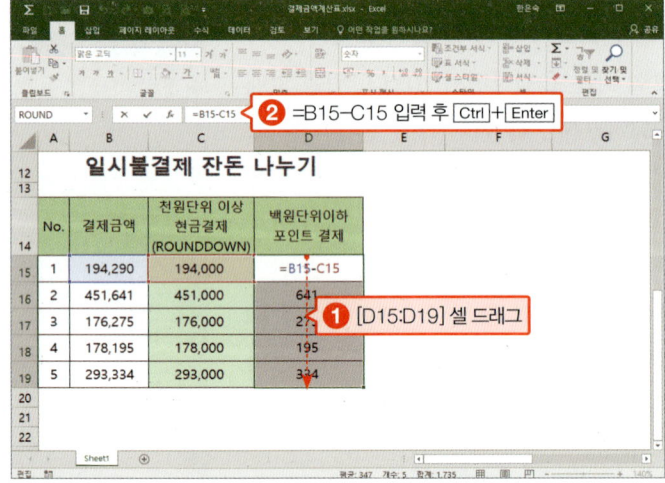

실습 파일 | CHAPTER07\할부결제현황표.xlsx **완성 파일** | CHAPTER07\완성\할부결제현황표완성.xlsx

다음 할부 결제 현황표에서 월별 거래금액에 대한 부가세, 할부수수료, 3개월 할부금액을 계산하면 소수점 이하까지 금액이
표시됩니다. 각 항목의 반올림, 올림 금액을 내림하여 계산합니다.

할부 결제 현황표

거래월	거래금액	부가세	결제금액	할부수수료 (7.5%)	1회차(현금) (천원단위)	2회차(현금) (만원단위)	3회차 (계좌이체)
1월	826,200	82,620	908,820	68,161	326,000	330,000	320,981
2월	149,740	14,974	164,710	12,353	60,000	60,000	57,063
3월	753,050	75,305	828,360	62,127	297,000	300,000	293,487
4월	622,400	62,240	684,640	51,348	246,000	250,000	239,988
5월	801,110	80,111	881,220	66,091	316,000	320,000	311,311
6월	255,310	25,531	280,840	21,063	101,000	100,000	100,903
7월	379,630	37,963	417,590	31,319	150,000	150,000	148,909
8월	728,580	72,858	801,440	60,108	288,000	290,000	283,548
9월	369,930	36,993	406,920	30,519	146,000	150,000	141,439
10월	297,890	29,789	327,680	24,576	118,000	120,000	114,256
11월	625,150	62,515	687,670	51,575	247,000	250,000	242,245
12월	919,450	91,945	1,011,400	75,855	363,000	360,000	364,255

▲ 실습 파일   ▲ 완성 파일

① 부가세는 '거래금액*10%'로 계산하되, ROUND 함수를 사용하여 반올림하며 소수점 이하를 없앱니다.

② 결제금액은 '거래금액+부가세'로 계산하되, ROUND 함수를 사용하여 반올림하며 1원 단위를 없앱니다.

③ 할부수수료는 '결제금액*7.5%'로 계산하되, ROUNDDOWN 함수를 사용하여 소수점 이하를 없앱니다.

④ 1회 차는 '(결제금액+할부수수료)/3'으로 계산하되, ROUNDUP 함수를 사용하여 올림하며 100원 단위 이하를 없앱니다.

⑤ 2회 차도 '(결제금액+할부수수료)/3'으로 계산하되, ROUND 함수를 사용하여 반올림하며 천 원 단위 이하를 없앱니다.

⑥ 3회 차는 '결제금액+할부수수료−1회 차−2회 차'로 계산합니다.

조건부 계산 함수

조건에 따라 셀의 개수를 세거나 합계를 구하거나 평균을 구하는 작업은 실무에서 많이 사용합니다. 엑셀에서 제공하는 조건부 계산 함수에 대해 알아봅니다.

조건별로 합계, 평균을 구하는 SUMIF, AVERAGEIF 함수

선택한 셀 범위의 모든 값을 더할 때는 SUM 함수를 사용하지만 특정 조건에 해당하는 값만 더할 때는 SUMIF 함수를 사용합니다. AVERAGEIF 함수를 사용하면 특정 조건에 해당하는 값의 평균을 구할 수 있습니다.

함수 범주	수학/삼각, 통계
함수 형식	=SUMIF(Range,Criteria,[Sum_range]) =AVERAGEIF(Range,Criteria,[Average_range])
인수	**Range(범위)** : 조건에 맞는지 검사할 셀 범위입니다. **Criteria(조건)** : 계산할 조건으로 숫자, 문자, 조건식 등을 입력할 수 있습니다. **Sum_range(합계 범위)** : 합계를 구할 셀 범위로, 생략하면 [Range]란에서 지정한 범위의 합계를 구합니다. **Average_range(평균 범위)** : 평균을 구할 셀 범위로, 생략하면 [Range]란에서 지정한 범위의 평균을 구합니다.
사용 예	수량인 [F3:F7] 셀 범위 중 [E3:E7] 셀 범위의 값이 '적합'인 셀의 합계를 구합니다. 시험결과인 [D3:D7] 셀 범위 중 [B3:B7] 셀 범위의 값이 0.3 이하인 셀의 평균을 구합니다.

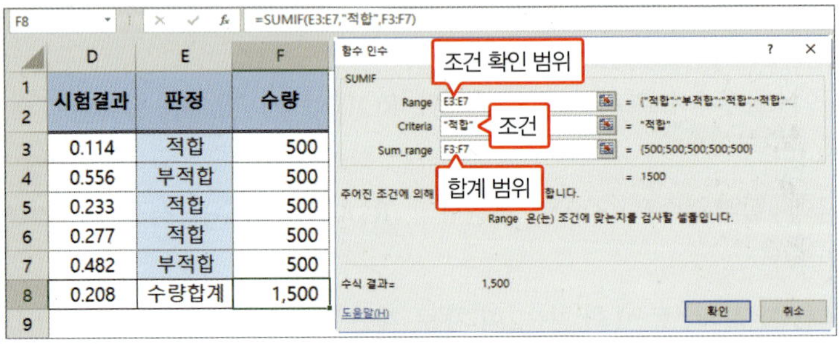

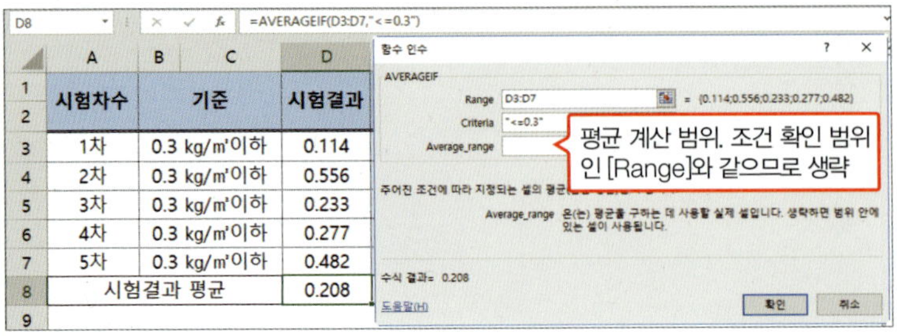

셀의 개수를 구하는 COUNT, COUNTA, COUNTBLANK, COUNTIF 함수

셀의 개수를 구할 때는 개수를 구할 데이터 유형에 따라 함수를 잘 선택해서 사용해야 합니다. 선택한 셀 범위 중 숫자가 입력되어 있는 셀의 개수를 구하려면 COUNT 함수를, 숫자와 문자를 가리지 않고 데이터가 입력되어 있는 셀의 개수를 구하려면 COUNTA 함수를, 빈 셀의 개수를 구하려면 COUNTBLANK 함수를 사용합니다. 특정 조건에 해당하는 셀의 개수를 구할 때는 COUNTIF 함수를 사용합니다.

함수 범주	통계
함수 형식	=COUNT(Value1,Value2, …, Value255) → 숫자 셀 개수 =COUNTA(Value1,Value2, …, Value255) → 빈 셀을 제외한 데이터 셀 개수 =COUNTBLANK(Range) → 빈 셀 개수 =COUNTIF(Range,Criteria) → 조건에 맞는 셀 개수
인수	**Value(값)** : 셀 개수를 구할 값으로 255개까지 지정할 수 있으며 값을 직접 입력하거나 수식이나 셀 주소, 셀 범위 등 다양한 유형을 인수로 지정할 수 있습니다. 주로 [Value1]란에 하나의 셀 범위를 입력하는 경우가 많습니다. **Range(범위)** : 셀 개수를 구할 셀 범위입니다. **Criteria(조건)** : 셀 개수를 구할 조건으로 숫자, 문자, 조건식 등을 입력할 수 있습니다.
사용 예	[B2:D8] 셀 범위에서 COUNTA 함수로 데이터가 입력된 셀 개수를, COUNT 함수로 숫자가 입력된 셀 개수를, COUNTBLANK 함수로 빈 셀 개수를, COUNTIF 함수로 'null'이 입력된 셀 개수를 구합니다. 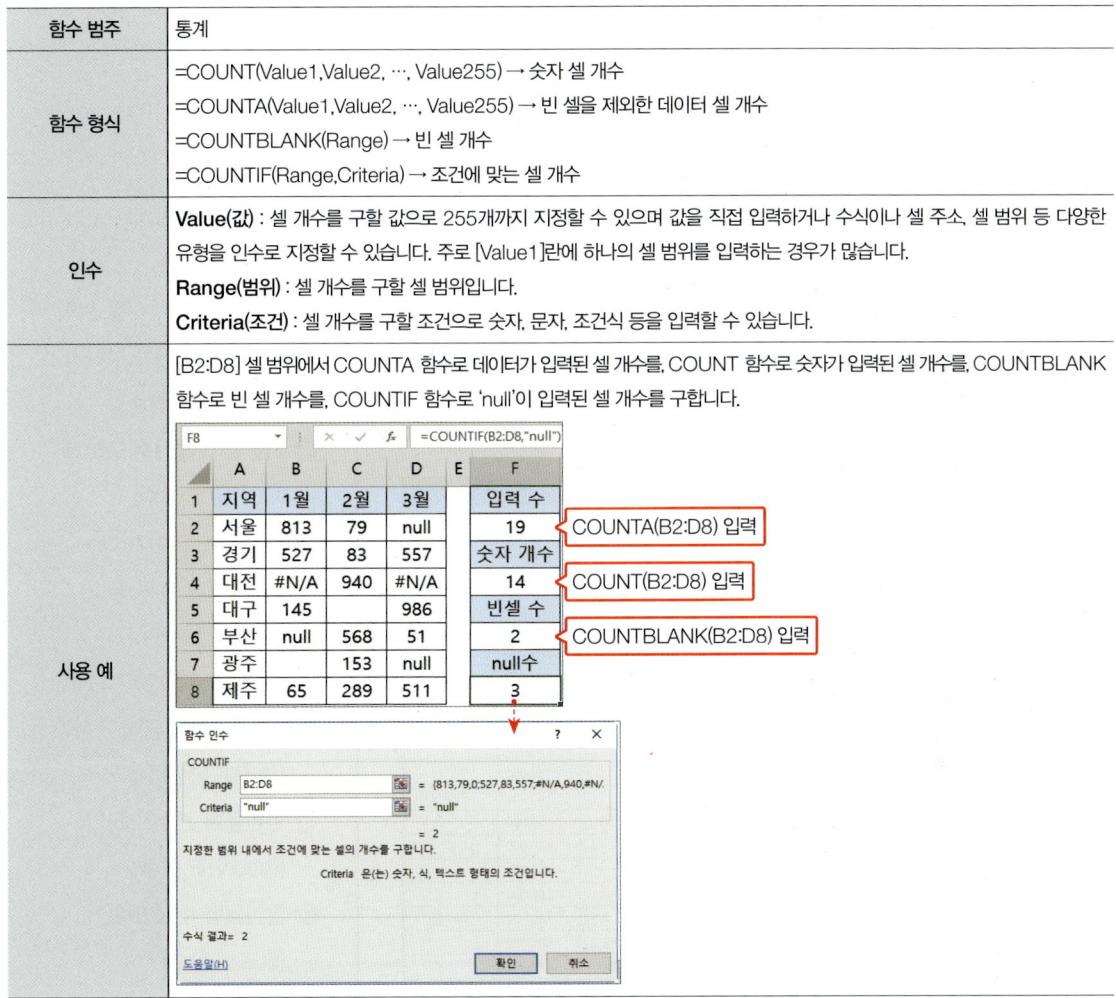

조건별 거래 통계 구하기

실습 파일 | CHAPTER07\지점별매출집계.xlsx　**완성 파일** | CHAPTER07\완성\지점별매출집계완성.xlsx

날짜별로 수집된 한 달간의 거래 데이터로부터 지점별 매출합계, 평균단가, 매출건수, 수금 및 미수금 건수와 금액, 할인율별 건수와 수량을 구해보겠습니다.

12월 거래 집계 및 통계

지점별 매출집계

지점	매출합계	평균단가	매출건수
강남	3,615,350	22,625	8
종로	8,048,400	27,929	14
신사	10,368,000	24,600	10
분당	15,695,680	50,333	9
합정	18,866,150	24,818	22
명동	5,357,500	24,900	10
여의도	8,524,700	18,647	17

수금 현황

수금여부	건수	금액
수금	58	47,577,480
미수금	32	22,898,300

할인 현황

할인율	건수	수량
5% 이하	14	549
20% 이상	8	247

[거래 데이터]

주문일	제품명	지점	단가	수량	할인율	매출	비고
12/03	파스 페이스 티	분당	33,000	3		99,000	
12/03	태양 100% 레몬 주스	합정	19,000	21	25%	299,250	
12/03	삼화 콜라	합정	5,000	6	25%	22,500	
12/03	태평양 포장 파래	여의도	26,000	40	25%	780,000	미수금
12/04	신성 쌀 튀김 과자	강남	9,000	50		450,000	
12/04	태일 적포도주	합정	18,000	3		54,000	
12/04	태일 적포도주	합정	18,000	30		540,000	미수금
12/04	미왕 계피 캔디	종로	20,000	42	10%	756,000	
12/04	우미 코코넛 쿠키	종로	31,000	20		620,000	
12/04	현진 커피 밀크	신사	21,000	10		210,000	
12/04	미미 스카치 캔디	종로	13,000	20		260,000	
12/04	태양 100% 오렌지 주스	신사	18,000	40		720,000	미수금
12/05	앨리스 포장육	분당	39,000	16	3%	605,280	
12/05	알파 콘 플레이크	강남	33,000	15	3%	480,150	
12/05	대양 특선 블루베리 잼	명동	25,000	50	3%	1,212,500	미수금
12/05	한림 특선 양념 칠면조	분당	24,000	10		240,000	
12/05	루이지애나 특산 후추	명동	21,000	21		441,000	
12/05	사계절 커스터드 파이	종로	49,000	20		980,000	
12/05	파블로바 피넛 스프레드	종로	17,000	12		204,000	
12/09	버뮤다 포장 참치	여의도	12,000	21		252,000	
12/09	대륙 냉동 참치	여의도	63,000	25		1,575,000	미수금

❶ 지점별 매출합계 구하기 (SUMIF 함수)

❷ 선택 영역에서 이름 정의

❸ 지점별 평균단가 구하기 (AVERAGIF 함수)

❹ 지점별 매출건수 구하기 (COUNTIF 함수)

❺ 수금 건수 구하기 (COUNTBLANK 함수)

❻ 미수금 건수 구하기 (COUNTA 함수)

❼ 수금, 미수금 금액 구하기 (SUMIF 함수)

❽ 할인율별 건수 구하기 (COUNTIF 함수)

❾ 할인율별 수량 구하기 (SUMIF 함수)

01 SUMIF 함수로 지점별 매출합계 구하기

거래 데이터에서 각 지점별 매출합계를 구해보겠습니다. 같은 지점명의 매출만 찾아서 더해야 하므로 SUMIF 함수를 사용합니다. ❶ [B5:B11] 셀 범위를 드래그하고 ❷ [수식] 탭–[함수 라이브러리] 그룹–[수학/삼각]을 클릭한 후 ❸ [SUMIF]를 선택합니다.

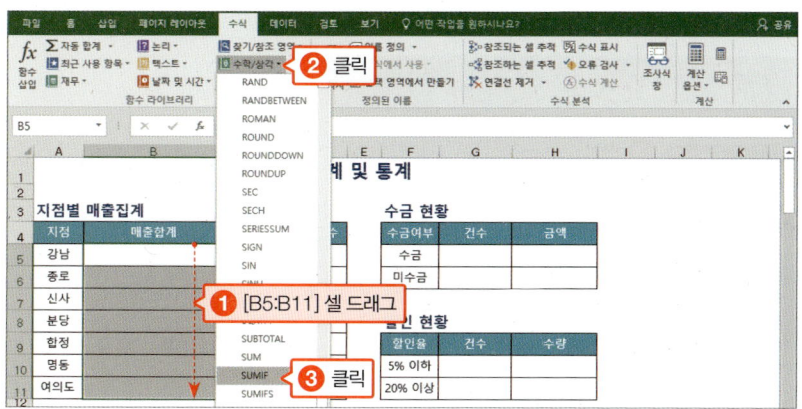

02 SUMIF 함수 인수 지정하기

❶ SUMIF [함수 인수] 대화상자에서 [Range]란을 클릭한 후 ❷ [C16:C105] 셀 범위를 드래그하고 F4 를 눌러 절대 참조로 변환합니다. ❸ [Criteria]란에는 **A5**를 입력합니다. ❹ [Sum_range]란을 클릭한 후 ❺ [G16:G105] 셀 범위를 드래그하고 F4 를 눌러 절대 참조로 변환합니다. ❻ [확인]을 Ctrl +클릭합니다.

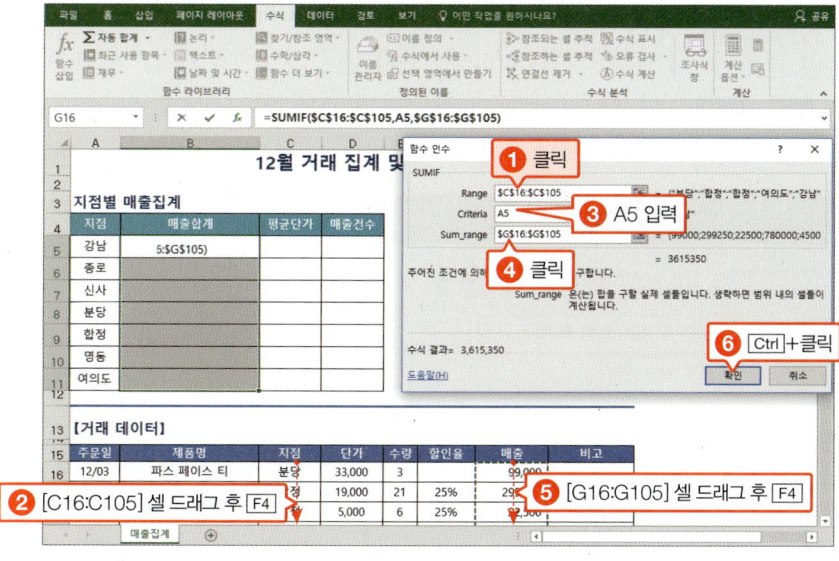

바로 통하는 TIP 인수 설명

• Range : 조건을 확인할 범위로 거래 데이터의 지점명인 [C16:C105] 셀 범위를 지정합니다. 범위가 길기 때문에 [C16] 셀을 클릭한 후 Ctrl + Shift + ↓ 를 누르면 편리하게 전체 범위를 선택할 수 있습니다. 수식 복사 시 셀 주소가 변하지 않도록 F4 를 눌러 절대 참조 형태로 변환합니다.

• Criteria : 매출합계를 구할 지점명이 입력되어 있는 [A5] 셀을 지정합니다. 수식 복사 시 다른 지점이 입력된 셀 주소로 변해야 하므로 상대 참조를 사용합니다.

• Sum_range : 합계를 구할 범위로 거래 데이터의 매출합계 범위 [G16:G105] 셀 범위를 지정합니다. 수식 복사 시 셀 주소가 변하지 않도록 F4 를 눌러 절대 참조 형태로 변환합니다.

03 데이터 범위 이름 정의하기

거래 데이터는 셀 범위가 넓고 절대 참조 범위가 자주 사용되므로 좀 더 편하게 함수식을 작성하기 위해 데이터 범위를 이름 정의해서 사용하겠습니다. ❶ [A15] 셀을 클릭하고 Ctrl + A 를 눌러 데이터 범위 전체를 선택합니다. ❷ [수식] 탭-[정의된 이름] 그룹-[선택 영역에서 만들기]를 클릭합니다. ❸ [선택 영역에서 이름 만들기] 대화상자에서 [첫 행]에만 체크 표시하고 ❹ [확인]을 클릭합니다.

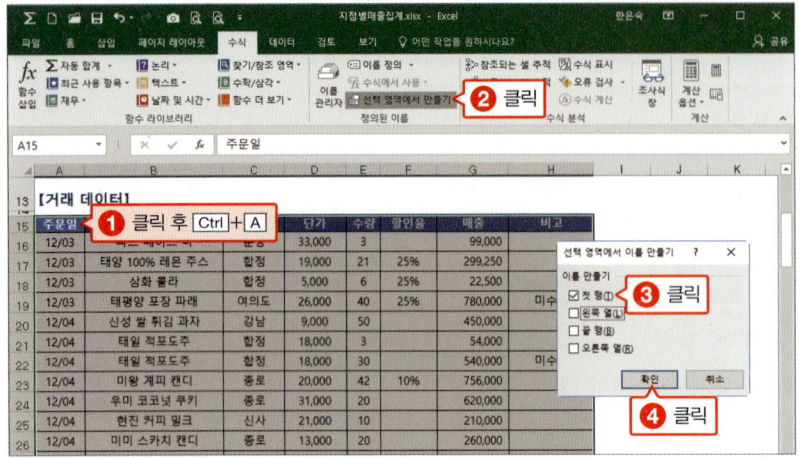

바로 통하는 TIP 이름을 정의한 후 [이름 상자] 목록 버튼을 클릭해보면 데이터 범위 첫 행의 이름이 해당 범위의 이름으로 등록된 것을 확인할 수 있습니다.

04 AVERAGEIF 함수로 지점별 평균단가 구하기

거래 데이터에서 각 지점별 평균단가를 구하겠습니다. 같은 지점명의 단가만 찾아 평균을 구해야 하므로 AVERAGEIF 함수를 사용합니다. ❶ [C5:C11] 셀 범위를 드래그하고 ❷ **=AVERAGEIF**를 입력한 후 Ctrl + A 를 누릅니다. ❸ AVERAGEIF [함수 인수] 대화상자의 [Range]란에 [C16:C105] 셀 범위의 이름인 **지점**을 입력하고 ❹ [Criteria]란에 **A5**를 입력합니다. ❺ [Average_range]란에 [D16:D105] 셀 범위의 이름인 **단가**를 입력한 후 ❻ [확인]을 Ctrl +클릭합니다.

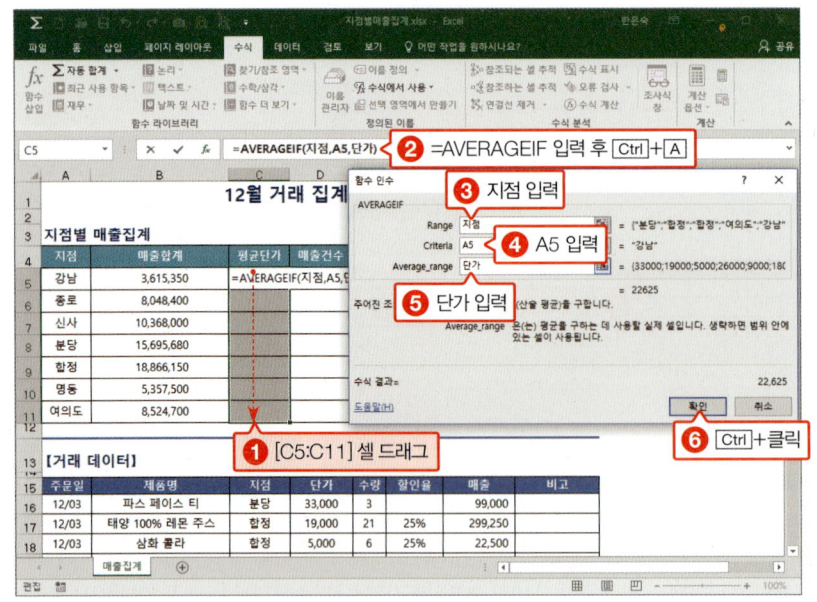

바로 통하는 TIP 인수 설명
- Range : 조건을 확인할 범위로 [C16:C105] 셀 범위의 이름인 '지점'을 입력합니다.
- Criteria : 평균단가를 구할 지점명인 [A5] 셀을 지정합니다.
- Average_range : 평균을 구할 범위로 [D16:D105] 셀 범위의 이름인 '단가'를 입력합니다.

05 COUNTIF 함수로 지점별 매출건수 구하기

거래 데이터에서 각 지점별 매출건수를 구해보겠습니다. 같은 지점명이 입력된 셀의 개수를 세어야 하므로 COUNTIF 함수를 사용합니다. ❶ [D5:D11] 셀 범위를 드래그하고 ❷ **=COUNTIF**를 입력한 후 Ctrl +A를 누릅니다. ❸ COUNTIF [함수 인수] 대화상자의 [Range]란에 [C16:C105] 셀 범위의 이름인 **지점**을 입력하고 ❹ [Criteria]란에 **A5**를 입력한 후 ❺ [확인]을 Ctrl +클릭합니다.

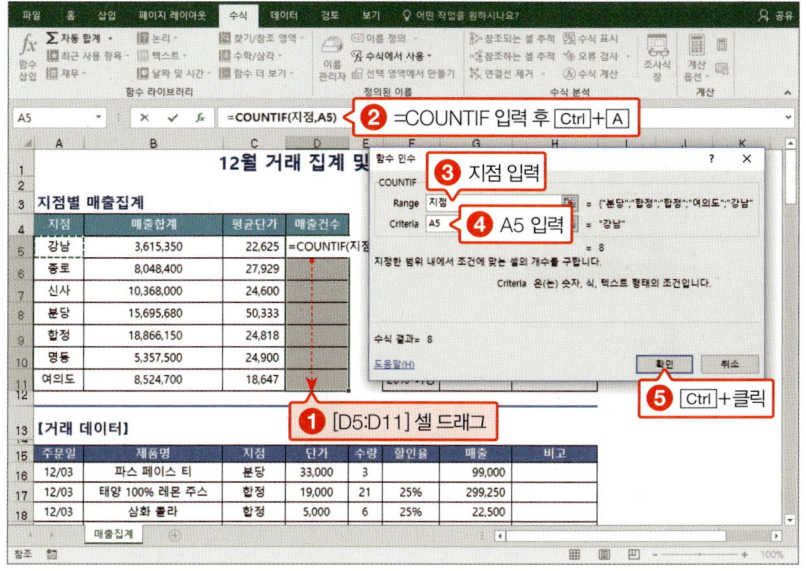

바로 통하는 TIP 인수 설명
• Range : 셀 개수를 구할 조건 범위로 [C16:C105] 셀 범위의 이름인 '지점'을 입력합니다.
• Criteria : 셀 개수를 구할 조건으로 지점명인 [A5] 셀을 지정합니다.

06 COUNTBLANK 함수로 수금 건수 구하기

비고 범위 중 빈 셀이 수금이므로 COUNTBLANK 함수를 이용해 빈 셀의 개수를 구하겠습니다. ❶ [G5] 셀을 클릭하고 ❷ **=COUNTBLANK**를 입력한 후 Ctrl +A를 누릅니다. ❸ COUNTBLANK [함수 인수] 대화상자의 [Range]란에 [H16:H105] 셀 범위의 이름인 **비고**를 입력하고 ❹ [확인]을 클릭합니다.

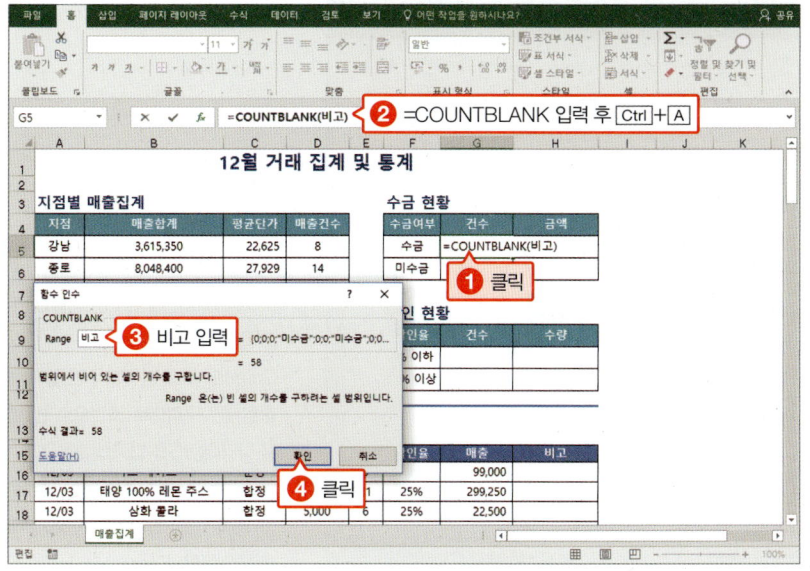

바로 통하는 TIP 인수 설명
• Range : 빈 셀의 개수를 구할 범위로 [H16:H105] 셀 범위의 이름인 '비고'를 입력합니다.

07 COUNTA 함수로 미수금 건수 구하기

비고 범위 중 미수금 셀의 개수를 구하겠습니다. 빈 셀이 아닌 셀의 개수를 구해야 하므로 COUNTA 함수를 사용합니다. ❶ [G6] 셀을 클릭하고 ❷ **=COUNTA**를 입력한 후 Ctrl + A 를 누릅니다. ❸ COUNTA [함수 인수] 대화상자의 [Value1]란에 [H16:H105] 셀 범위의 이름인 **비고**를 입력하고 ❹ [확인]을 클릭합니다.

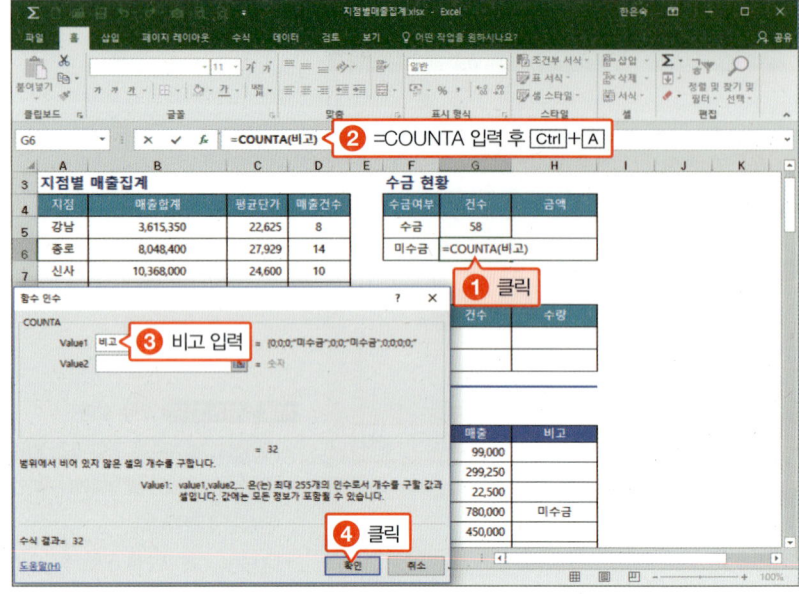

바로 통하는 TIP 인수 설명
• Value1 : 빈 셀이 아닌 셀의 개수를 구할 범위로 [H16:H105] 셀 범위의 이름인 '비고'를 입력합니다.

08 SUMIF 함수로 수금 금액 구하기

❶ [H5] 셀을 클릭하고 ❷ **=SUMIF**를 입력한 후 Ctrl + A 를 누릅니다. ❸ SUMIF [함수 인수] 대화상자의 [Range]란에 [H16:H105] 셀 범위의 이름인 **비고**를 입력하고 ❹ [Criteria]란에 **""**를 입력합니다. ❺ [Sum_range]란에 [G16:G105] 셀 범위의 이름인 **매출**을 입력한 후 ❻ [확인]을 클릭합니다.

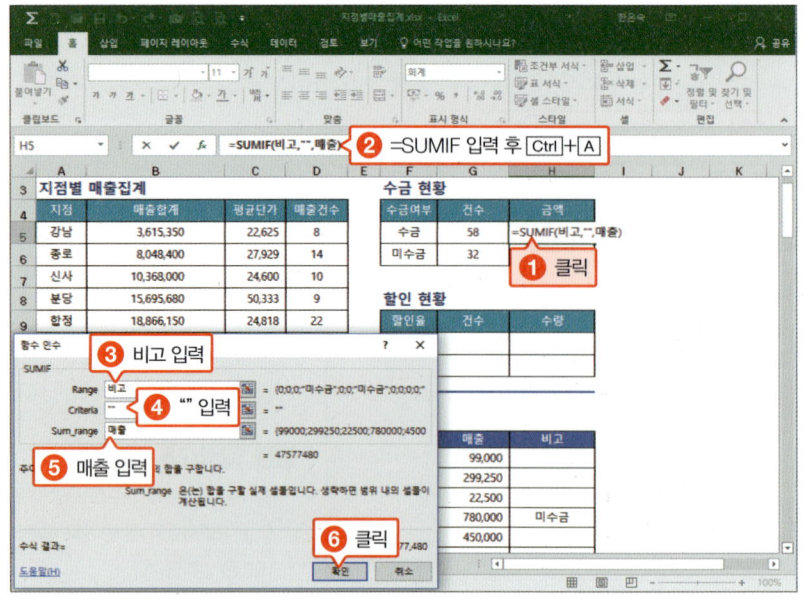

바로 통하는 TIP 인수 설명
• Range : 조건을 확인할 범위로 [H16:H105] 셀 범위의 이름인 '비고'를 입력합니다.
• Criteria : 비고 범위에서 빈 셀의 매출합계만 구하므로 조건으로 빈 셀을 나타내는 ""를 입력합니다.
• Sum_range : 합계를 구할 범위로 [G16:G105] 셀 범위의 이름인 '매출'을 입력합니다.

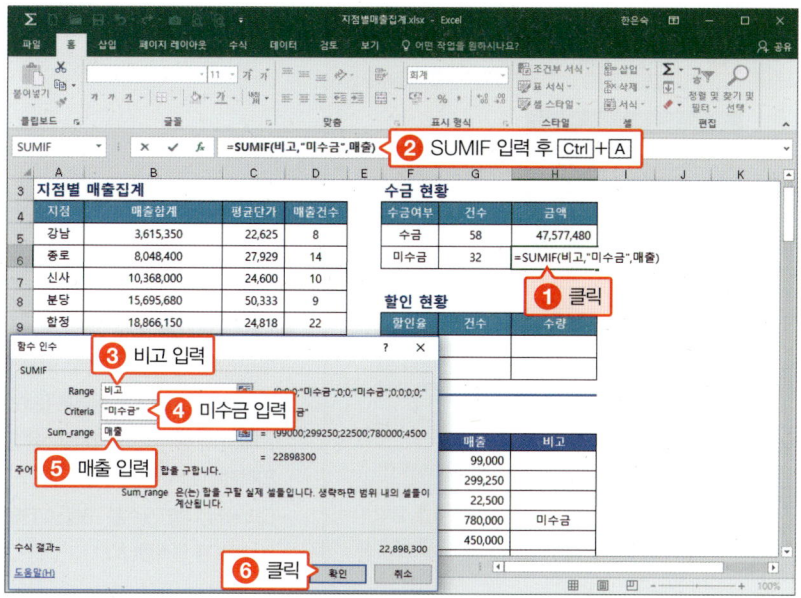
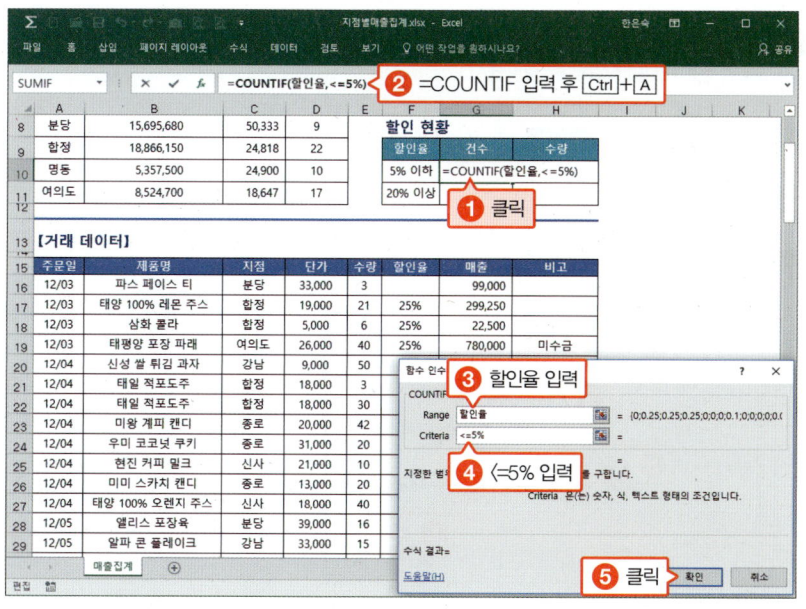

O9 SUMIF 함수로 미수금 금액 구하기

❶ [H6] 셀을 클릭하고 ❷ **=SUMIF**를 입력한 후 `Ctrl`+`A`를 누릅니다. ❸ SUMIF [함수 인수] 대화상자의 [Range]란에 [H16:H105] 셀 범위의 이름인 **비고**를 입력하고 ❹ [Criteria]란에 **미수금**을 입력합니다. ❺ [Sum_range]란에 [G16:G105] 셀 범위의 이름인 **매출**을 입력합니다. ❻ [확인]을 클릭합니다.

바로 통하는 TIP 인수 설명

- Range : 조건을 확인할 범위로 [H16:H105] 셀 범위의 이름인 '비고'를 입력합니다.
- Criteria : 비고 범위에서 '미수금'이 입력된 셀의 매출합계만 구하므로 조건으로 '미수금'을 입력합니다. 큰 따옴표는 자동으로 입력됩니다.
- Sum_range : 합계를 구할 범위로 [G16:G105] 셀 범위의 이름인 '매출'을 입력합니다.

1O COUNTIF 함수로 할인율 5% 이하인 판매 건수 구하기

할인율이 5% 이하인 제품의 판매 건수를 구해보겠습니다. ❶ [G10] 셀을 클릭하고 ❷ **=COUNTIF**를 입력한 후 `Ctrl`+`A`를 누릅니다. ❸ COUNTIF [함수 인수] 대화상자의 [Range]란에 [F16:F105] 셀 범위의 이름인 **할인율**을 입력하고 ❹ [Criteria]란에 **<=5%**를 입력한 후 ❺ [확인]을 클릭합니다.

바로 통하는 TIP 인수 설명

- Range : 할인율이 5% 이하인 셀 개수를 구할 조건 범위로 [F16:F105] 셀 범위의 이름인 '할인율'을 입력합니다.
- Criteria : 셀 개수를 구할 조건인 '<=5%'를 입력합니다. 빈 셀은 조건에서 제외되어 5% 이하에 포함되지 않습니다.

11 COUNTIF 함수로 할인율 20% 이상인 제품의 판매 건수 구하기

할인율이 20% 이상인 제품의 판매 건수를 구해보겠습니다. ❶ [G11] 셀을 클릭하고 ❷ =COUNTIF를 입력한 후 Ctrl + A 를 누릅니다. ❸ COUNTIF [함수 인수] 대화상자의 [Range]란에 [F16:F105] 셀 범위의 이름인 **할인율**을 입력하고 ❹ [Criteria]란에 **>=20%**를 입력한 후 ❺ [확인]을 클릭합니다.

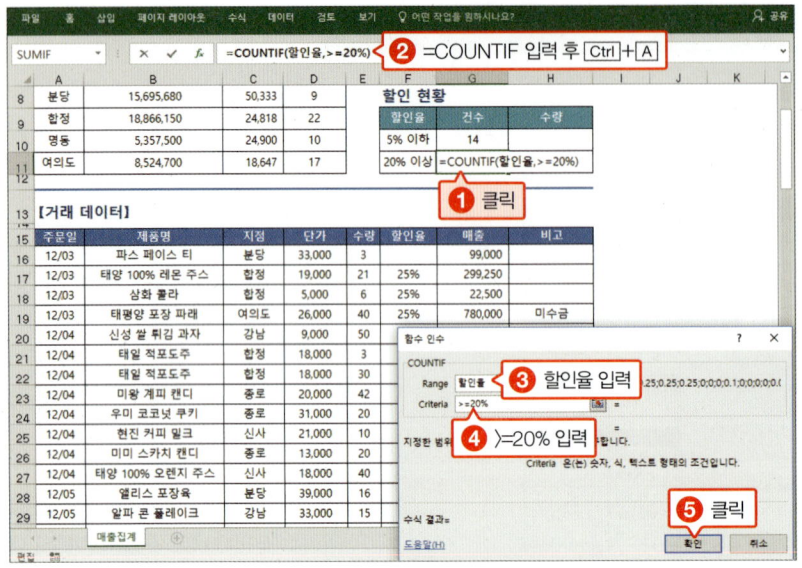

바로 통하는 **TIP** 인수 설명

• Range : 할인율이 20% 이상인 셀 개수를 구할 조건 범위로 [F16:F105] 셀 범위의 이름인 '할인율'을 입력합니다.
• Criteria : 셀 개수를 구할 조건인 '>=20%'를 입력합니다.

12 SUMIF 함수로 할인율 5% 이하인 제품 수량 구하기

할인율이 5% 이하인 제품의 판매 수량을 구해보겠습니다. ❶ [H10] 셀을 클릭하고 ❷ =SUMIF를 입력한 후 Ctrl + A 를 누릅니다. ❸ SUMIF [함수 인수] 대화상자의 [Range]란에 [F16:F105] 셀 범위의 이름인 **할인율**을 입력하고 ❹ [Criteria]란에 **<=5%**를 입력합니다. ❺ [Sum_range]란에 [E16:E105] 셀 범위의 이름인 **수량**을 입력한 후 ❻ [확인]을 클릭합니다.

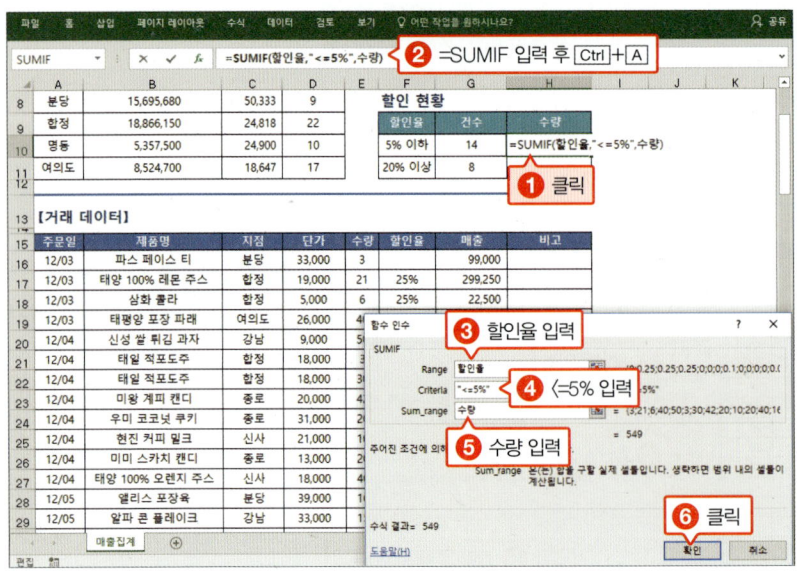

바로 통하는 **TIP** 인수 설명

• Range : 할인율이 5% 이하인 셀 개수를 구할 조건 범위로 [F16:F105] 셀 범위의 이름인 '할인율'을 입력합니다.
• Criteria : 할인율 조건인 '<=5%'를 입력합니다. 빈 셀은 조건에서 제외되어 5% 이하에 포함되지 않습니다.
• Sum_range : 합계를 구할 범위로 [E16:E105] 셀 범위의 이름인 '수량'을 입력합니다.

13 SUMIF 함수로 할인율 20% 이상인 제품 수량 구하기

할인율이 20% 이상인 제품의 판매 수량을 구해보겠습니다. ❶ [H11] 셀을 클릭하고 ❷ =SUMIF를 입력한 후 Ctrl + A를 누릅니다. ❸ SUMIF [함수 인수] 대화상자의 [Range]란에 [F16:F105] 셀 범위의 이름인 **할인율**을 입력하고 ❹ [Criteria]란에 **>=20%**를 입력합니다. ❺ [Sum_range]란에 [E16:E105] 셀 범위의 이름인 **수량**을 입력한 후 ❻ [확인]을 클릭합니다.

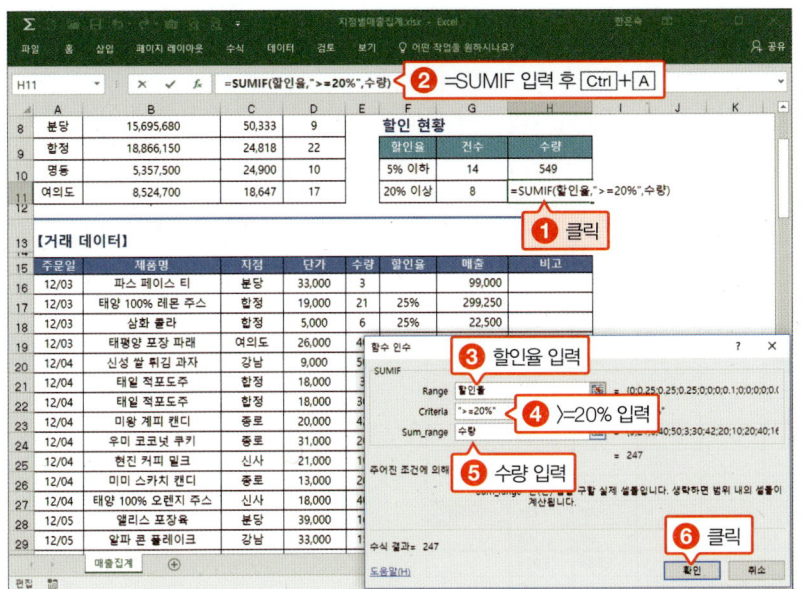

바로 통하는 TIP 인수 설명

- Range : 조건을 확인할 범위로 [F16:F105] 셀 범위의 이름인 '할인율'을 입력합니다.
- Criteria : 할인율 조건인 '>=20%'를 입력합니다.
- Sum_range : 합계를 구할 범위로 [E16:E105] 셀 범위의 이름인 '수량'을 입력합니다.

제품목록에 있는지 확인 표시하기

실습 파일 | CHAPTER07\제품목록확인.xlsx　**완성 파일** | CHAPTER07\완성\제품목록확인완성.xlsx

엑셀에서는 워낙 많은 데이터를 다루기 때문에 작업을 하다 보면 이 데이터가 다른 목록에 있는 것인지 확인해야 되는 경우가 있습니다. 다음 제품목록의 [12월매출] 시트에 있는 제품명 중 [제품명목록] 시트의 제품목록에 없는 제품 행은 조건부 서식으로 셀 색을 채우고 비고란에 '신상품'이라고 표시해보겠습니다.

날짜	제품명	서울	대전	광주	부산	매출계	비고
2017-12-02	신성 시리얼	-	-	379	-	379	신상품
2017-12-03	초콜릿 비스킷	44	-	489	-	533	
2017-12-04	까망베르 치즈	-	-	-	571	571	
2017-12-05	에일 맥주	-	-	-	253	253	
2017-12-06	스틸 흑맥주	-	-	759	-	759	
2017-12-07	케이준 조미료	-	-	1,077	-	1,077	
2017-12-08	아니스 시럽	675	-	-	-	675	
2017-12-09	태양 체리 시럽	-	-	-	326	326	신상품
2017-12-10	보스톤산 게살 통조림	-	-	-	68	68	
2017-12-11	특선 건과(배)	-	-	-	5,023	5,023	
2017-12-12	훈제 대합조개 통조림	-	128	-	-	128	
2017-12-12	크랜베리 소스	-	1,757	-	-	1,757	
2017-12-13	앨리스 포장육	2,211	-	-	4,897	7,108	
2017-12-14	대륙 냉동 참치	-	60	-	-	60	신상품
2017-12-15	앨리스 포장육	-	1,862	1,121	-	2,983	
2017-12-16	대양 특선 딸기 소스	-	156	-	-	156	신상품
2017-12-17	필로 믹스	180	-	-	-	180	
2017-12-18	이포 커피	216	-	-	-	216	
2017-12-19	앨리스 포장육	-	-	6,125	1,472	7,597	
2017-12-20	까망베르 치즈	-	392	-	-	392	
2017-12-21	훈제 대합조개 통조림	-	-	1,861	664	2,525	
2017-12-22	아니스 시럽	-	-	-	78	78	
2017-12-23	대일 포장 치즈	750	-	-	-	750	신상품
2017-12-24	고르곤졸라 치즈	-	-	236	-	236	
2017-12-25	크랜베리 소스	-	563	-	-	563	
2017-12-26	훈제 대합조개 통조림	-	131	-	-	131	
2017-12-27	고르곤졸라 치즈	-	-	-	1,628	1,628	
2017-12-28	이포 커피	-	3,067	-	-	3,067	
2017-12-29	모짜렐라 치즈	-	58	-	-	58	
2017-12-30	필로 믹스	113	-	-	-	113	
2017-12-31	신성 시리얼	-	2,104	-	-	2,104	신상품

12월매출　제품명목록

제품목록
고르곤졸라 치즈
까망베르 치즈
모짜렐라 치즈
보스톤산 게살 통조림
스틸 흑맥주
아니스 시럽
앨리스 포장육
에일 맥주
이포 커피
초콜릿 비스킷
케이준 조미료
크랜베리 소스
특선 건과(배)
필로 믹스
훈제 대합조개 통조림

제품명목록

❶ 제품목록 이름 정의

❷ 조건부 서식 지정(COUNTIF 함수)

❸ 제품목록에 없는 제품명 행에 셀 색 채우고 비고란에 '신상품' 표시(IF, COUNTIF 함수)

01 제품목록에 이름 정의하기

❶ [제품명목록] 시트에서 [A2:A16] 셀 범위를 드래그하고 ❷ [이름 상자]에 **제품목록**을 입력한 후 Enter 를 누릅니다. ❸ [12월매출] 시트를 클릭합니다.

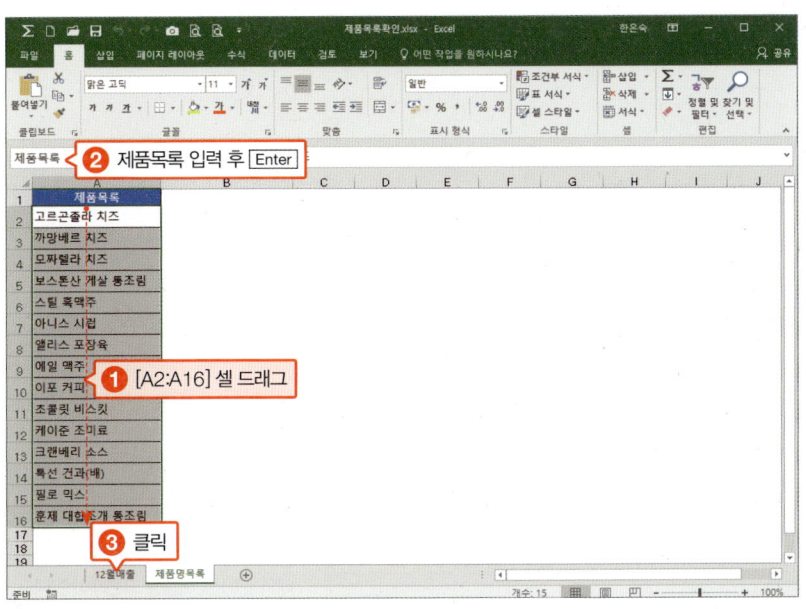

02 COUNTIF 함수로 조건부 서식 지정하기

[제품명목록] 시트에 없는 제품의 행을 찾아 서식을 지정해보겠습니다. ❶ [A2:H2] 셀 범위를 드래그한 후 Ctrl + Shift + ↓ 를 눌러 전체 셀 범위를 선택합니다. ❷ [홈] 탭-[스타일] 그룹-[조건부 서식]을 클릭하고 ❸ [새 규칙]을 선택합니다.

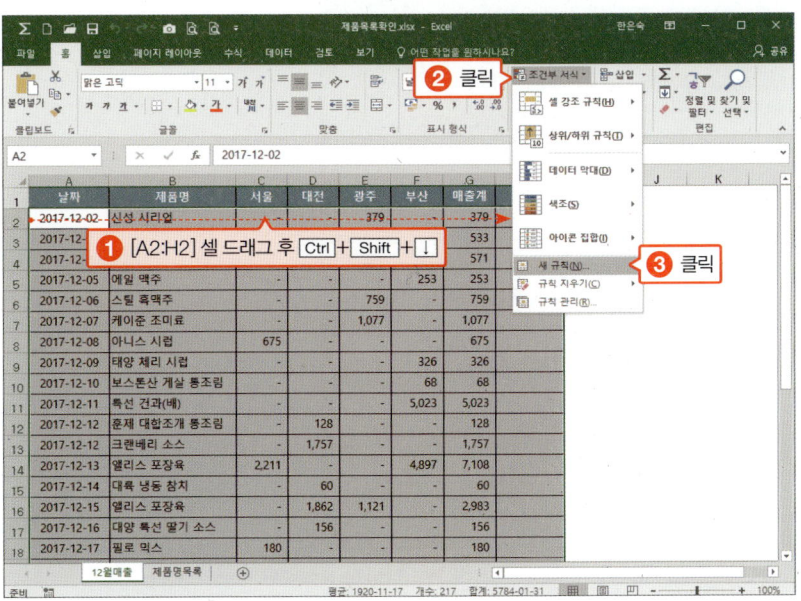

03 조건 수식 지정하기

❶ [새 서식 규칙] 대화상자의 [규칙 유형 선택]에서 [수식을 사용하여 서식을 지정할 셀 결정]을 선택한 후
❷ 수식 입력란에 **=COUNTIF(제품목록,$B2)<1**을 입력하고 ❸ [서식]을 클릭합니다.

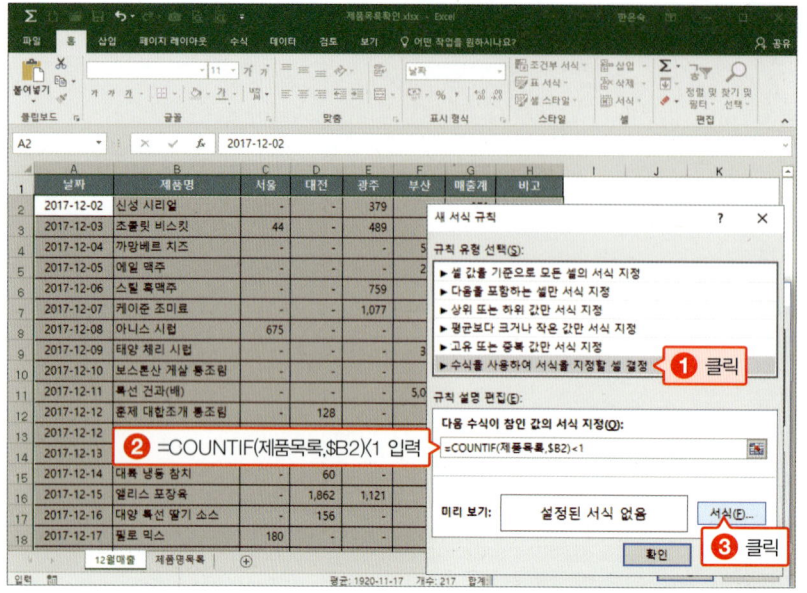

바로 통하는 TIP 제품목록([제품명목록] 시트의 [A2:A16] 셀 범위)에 제품명($B2)에 해당하는 셀의 개수가 1보다 작으면 서식을 지정합니다. 조건부 서식에서 조건 셀 주소는 '$B2' 형태와 같이 열 이름을 고정해야 합니다.

04 서식 선택하기

❶ [셀 서식] 대화상자에서 [채우기] 탭을 클릭합니다. ❷ [배경색]으로 [청회색, 강조 6, 80% 더 밝게]를 선택하고 ❸ [확인]을 클릭합니다. ❹ [새 서식 규칙] 대화상자에서 [확인]을 클릭합니다.

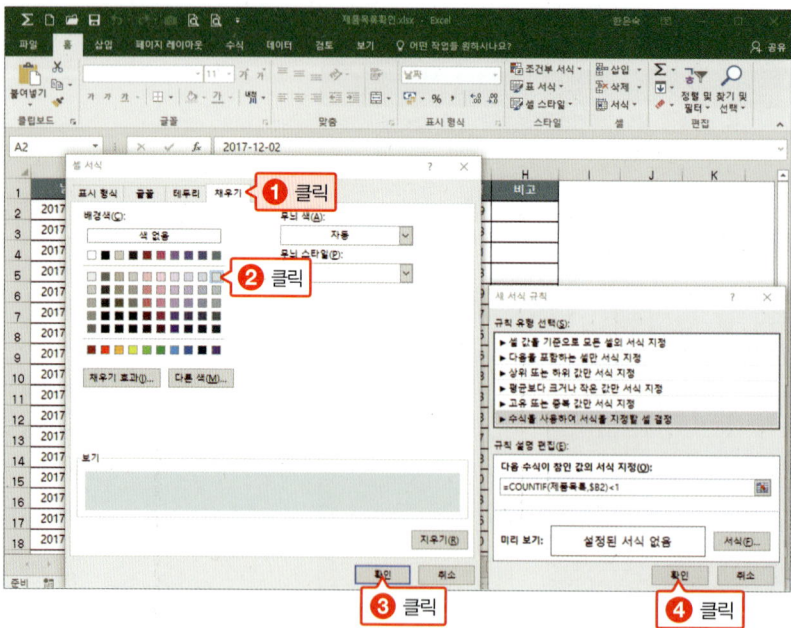

05 IF, COUNTIF 함수로 비고에 신상품 표시하기

❶ [H2] 셀에 **=IF**를 입력하고 Ctrl+A를 누릅니다. ❷ IF [함수 인수] 대화상자의 [Logical_test]란에 **COUNTIF(제품목록,B2)<1**을 입력하고 ❸ [Value_if_true]란에 **신상품**을 입력합니다. ❹ [Value_if_false]란 에 **""**를 입력한 후 ❺ [확인]을 클릭합니다. ❻ [H2] 셀의 채우기 핸들을 더블클릭하여 함수식을 복사합 니다.

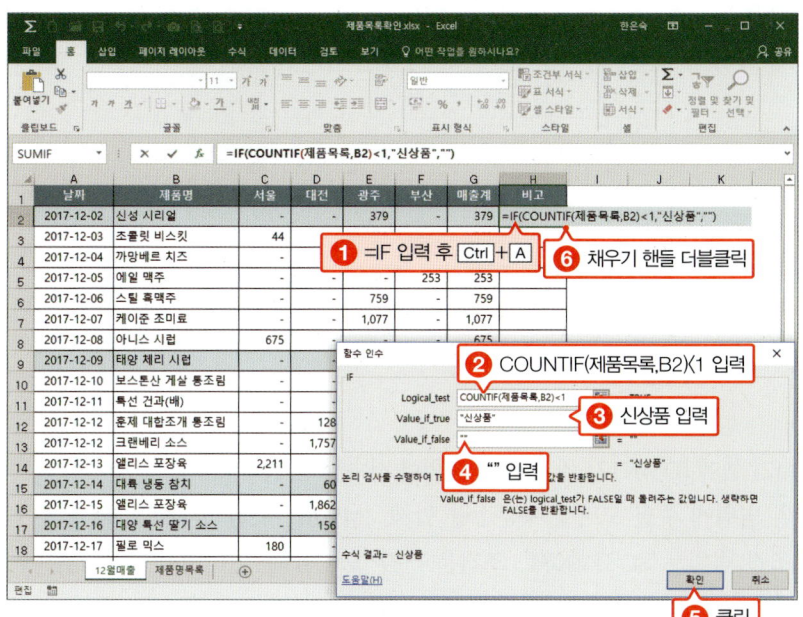

바로 동하는 TIP 인수 설명

- Logical_test : 제품목록([제품명목록] 시트의 [A2:A16] 셀 범위)에 제품명(B2)의 개수가 1보다 작은지 확인합니다.

- Value_if_true : 위 조건이 참일 때, 즉 제품목록에 없는 제품명이면 '신상품'을 표시합니다.

- Value_if_false : 위 조건이 거짓일 때, 즉 제품목록에 있는 제품명이면 빈 셀("")로 표시합니다.

실습 파일 | CHAPTER07\제품주문현황.xlsx　**완성 파일** | CHAPTER07\완성\제품주문현황완성.xlsx

다음 제품 주문 현황표에서 모바일, 인터넷의 주문수량 합계를 구하고 택배사별, 지점별 건수, 합계, 평균을 구합니다.

▲ 실습 파일

제품 주문 현황

미입력 건수: 9

제품명	지점	택배사	1주 모바일	1주 인터넷	2주 모바일	2주 인터넷	3주 모바일	3주 인터넷	4주 모바일	4주 인터넷	합계 모바일	합계 인터넷
Caplio GX	서울	현대	12	10	12	10	14	11	16		54	31
CX-7300	부산	CJ	12		11	9	18	14	42	34	83	57
CPS-3200	경기	대한	72	58	52	42	41		29	23	194	123
DSC-W1	부산	현대	55	44	41	33	32	26	18		146	103
DMC-FX1	서울	현대	34	27	15	12	12	10	12	10	73	59
S7000	서울	CJ	18	14	19		27		12	33	76	47
OM410	경기	대한	15	12	17	14	19	15	16	13	67	54
OX-350	서울		12		18	58	15	12	20	16	65	86
CN-A95	부산	대한	13	10	12	10	26	21	34	27	85	68
S-T1	서울	CJ	15	12	19	15	18	14	16	13	68	54
IXY-L	부산	대한	40			7	9	23	39	15	88	45
IXUS-500	경기	현대	36	33	32	19	28	5	20	8	116	65
CNS-UX4	부산	대한	21	37	35	25	35	22	47	17	138	101

택배사별 통계

택배사	건수	모바일 합계	모바일 평균	인터넷 합계	인터넷 평균
현대	4	389	97	258	65
대한	6	637	106	477	80
CJ	3	227	76	158	53

지점별 통계

지점	건수	모바일 합계	모바일 평균	인터넷 합계	인터넷 평균
서울	5	336	67	277	55
경기	3	377	126	242	81
부산	5	540	108	374	75

▲ 완성 파일

① COUNTBLANK 함수로 [M2] 셀에 [D5:K17] 셀 범위 중 미입력 건수인 빈 셀의 개수를 구합니다.

② SUMIF 함수로 [L5:L17] 셀 범위에 주별 모바일 주문수량 합계, [M5:M17] 셀 범위에 인터넷 주문수량 합계를 구합니다. 조건 범위는 '$D$4:$K$4', 조건은 각각 '모바일'과 '인터넷', 합계 범위는 [D5:K5] 셀 범위를 지정합니다.

③ [B5:B17] 셀 범위의 이름을 '지점', [C5:C17] 셀 범위의 이름을 '택배사', [L5:L17] 셀 범위의 이름을 '모바일', [M5:M17] 셀 범위의 이름을 '인터넷'으로 정의합니다.

④ COUNTIF 함수로 [B22:B24] 셀 범위에 택배사별 건수를 구합니다. 조건 범위는 '택배사', 조건은 [A22] 셀을 지정합니다.

⑤ SUMIF 함수로 [C22:C24] 셀 범위에 택배사별 모바일 합계, [E22:E24] 셀 범위에 택배사별 인터넷 합계를 구합니다. 조건 범위는 '택배사', 조건은 [A22] 셀, 합계 범위는 각각 '모바일'과 '인터넷'을 지정합니다.

⑥ AVERAGEIF 함수로 [D22:D24] 셀 범위에 택배사별 모바일 평균, [F22:F24] 셀 범위에 택배사별 인터넷 평균을 구합니다. 조건 범위는 '택배사', 조건은 [A22] 셀, 평균 범위는 각각 '모바일'과 '인터넷'을 지정합니다.

⑦ COUNTIF 함수로 [I22:I24] 셀 범위에 지점별 건수를 구합니다. 조건 범위는 '지점', 조건은 [H22] 셀을 지정합니다.

⑧ SUMIF 함수로 [J22:J24] 셀 범위에 지점별 모바일 합계, [L22:L24] 셀 범위에 지점별 인터넷 합계를 구합니다. 조건 범위는 '지점', 조건은 [H22] 셀, 합계 범위는 각각 '모바일'과 '인터넷'을 지정합니다.

⑨ AVERAGEIF 함수로 [K22:K24] 셀 범위에 지점별 모바일 평균, [M22:M24] 셀 범위에 지점별 인터넷 평균을 구합니다. 조건 범위는 '지점', 조건은 [H22] 셀, 평균 범위는 각각 '모바일'과 '인터넷'을 지정합니다.

함수 범주별 실무 함수 알아보기

회사 업무는 범위가 넓기 때문에 부서별, 업무 종류별로 사용하는 함수도 매우 다양합니다. 엑셀에서 제공하는 함수 범주별로 회사 실무에서 사용 빈도가 높은 함수 위주로 대표적인 함수 활용 사례를 살펴보겠습니다.

논리 함수

논리 함수는 조건에 대해 논리적인 검사를 수행하여 결과가 참이면 TRUE, 거짓이면 FALSE를 돌려줍니다. 여러 조건이 있을 때는 AND, OR 함수 등을 중첩하기도 하고 조건이나 결과가 여러 가지일 때는 IF 함수를 중첩하거나 IFS 함수를 사용합니다.

조건과 결과가 여러 가지인 경우에 IF 함수 중첩하기

IF 함수는 논리 함수 중 실무에서 가장 많이 사용하는 함수입니다. 다음 수식과 같이 조건이 여러 개일 때는 IF 함수를 최대 64개까지 중첩할 수 있습니다. 예를 들어 조건이 두 개이고, 결과가 세 개인 중첩 IF 함수식은 다음과 같습니다.

▲ 주문수량이 10 이상이면 무료, 5 이상이면 2,000원, 나머지 기본 배송료는 4,000원인 경우 배송료를 구하는 중첩 IF 함수식

조건과 결과가 여러 가지인 IFS 함수

IFS 함수는 엑셀 2016 버전에서 추가된 함수입니다. 여러 조건에 대한 결과를 구해야 할 때 중첩 IF 함수 대신 사용할 수 있습니다. 중첩 IF 함수에 비해 읽기가 쉽고, 최대 127가지 조건을 입력할 수 있습니다. 여러 조건 이외의 나머지 기본 결과에 대한 값은 최종 [Logical_test] 인수에 'TRUE'를 입력하여 구합니다.

함수 범주	논리
함수 형식	=IFS(Logical_test1,Value_if_true1, …, Logical_test127,Value_if_true127)
인수	**Logical_testN(조건N)** : 참(TRUE)이나 거짓(FALSE)으로 판정될 값이나 조건식으로 127개까지 지정할 수 있습니다. **Value_if_trueN(값N)** : [Logical_test]란의 조건이 참일 때 표시할 값입니다.

앞서 중첩 IF 함수로 작성한 것과 동일한 조건과 결과를 IFS 함수로 작성하면 다음과 같습니다. 나머지 경우를 표시하는 조건식은 'TRUE'가 아니라 'B1<5'로 입력해도 됩니다.

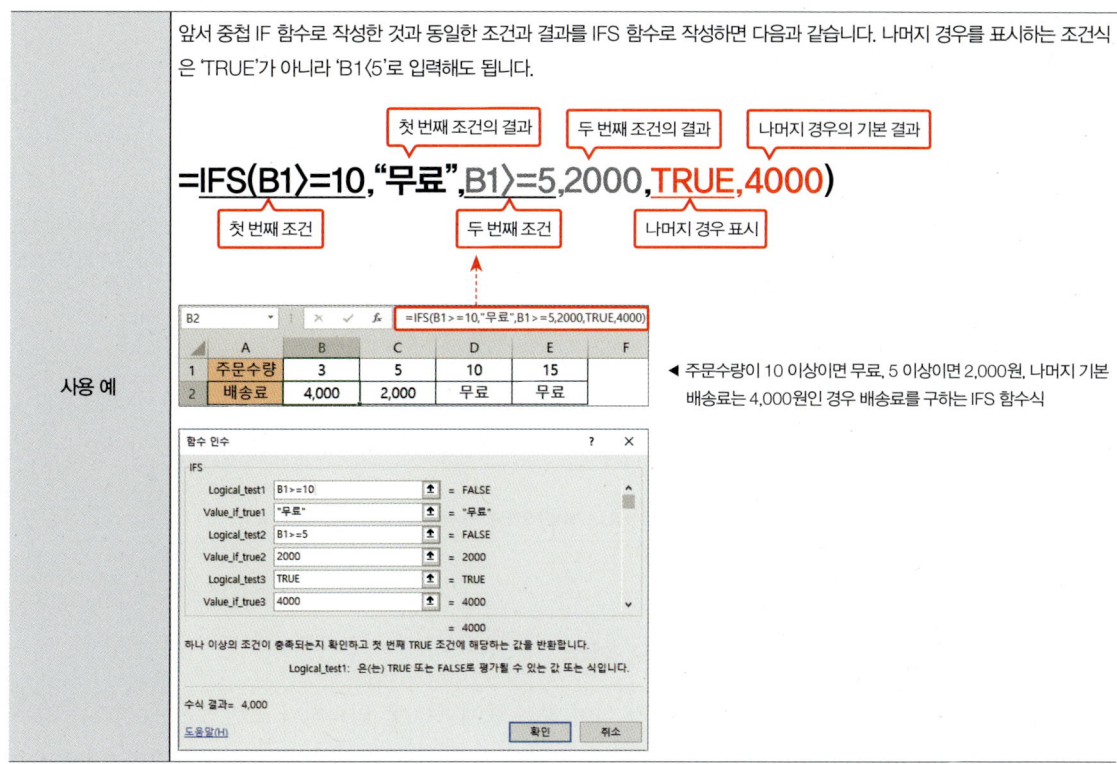

▶ 주문수량이 10 이상이면 무료, 5 이상이면 2,000원, 나머지 기본 배송료는 4,000원인 경우 배송료를 구하는 IFS 함수식

여러 항목에 대한 조건을 판단해야 할 때는 AND, OR, XOR 함수

여러 항목의 조건이 모두 참이어야 TRUE를 돌려주려면 AND 함수에서 조건을 지정합니다. 여러 항목의 조건 중 한 가지만 참이어도 TRUE를 돌려주려면 OR 함수에서 조건을 지정합니다. XOR 함수는 배타적 OR 값을 구합니다. 지정한 조건 중 TRUE에 해당하는 개수가 홀수면 TRUE를 반환하고, 짝수면 FALSE를 반환합니다.

함수 범주	논리
함수 형식	=AND(Logical1, …, Logical255) → 모든 조건이 참인 경우 TRUE를 반환합니다. =OR(Logical1, …, Logical255) → 한 가지 조건만 참이어도 TRUE를 반환합니다. =XOR(Logical1, …, Logical254) → 배타적 논리합을 구합니다. 배타적 논리합은 조건 중 참의 개수가 홀수면 TRUE 값을, 짝수면 FALSE 값을 반환합니다.
인수	**Logical1~Logical255(조건1~조건255)** : 참(TRUE)이나 거짓(FALSE)으로 판정될 값이나 조건식으로, AND, OR 함수는 255개까지, XOR 함수는 254개까지 지정할 수 있습니다.
사용 예	=IF(AND(G2>=80,H2>=80),"PASS","FAIL") ▶ 필기, 실기가 모두 80 이상이면 PASS, 아니면 FAIL 표시

	=IF(OR(G2>=80,H2>=80),"PASS","FAIL")	=IF(OR(G2>=80,H2>=80),"PASS","FAIL")

F	G	H	I
NO.	필기	실기	결과
1	89	67	PASS
2	95	80	PASS
3	78	95	PASS

◀ 필기나 실기 둘 중 하나가 80 이상이면 PASS, 아니면 FAIL 표시

XOR 함수는 OR 함수와 마찬가지로 두 조건 중 하나라도 참이면 TRUE를 반환하는데, 조건 중 TRUE의 개수가 짝수면 FALSE를 반환합니다. 따라서 다음의 표에서 A방식, B방식 모두에 'O'가 입력된 경우 FALSE를 반환합니다. 만약 XOR 대신 OR 함수를 사용하면 두 방식에 모두 'O'가 입력된 경우에도 'OK'가 입력됩니다.

fx	=IF(XOR(E2="O",F2="O"),"OK","ERR")	=IF(XOR(E2="O",F2="O"),"OK","ERR")

D	E	F	G
회차	A방식	B방식	확인
1	O		OK
2	O	O	ERR
3		O	OK
4	O	O	ERR
5			ERR

◀ 두 방식 중 한 개에만 O가 표시되어야 OK 표시, 아니면 ERR 표시

사용 예 (좌측 레이블)

오류인 셀에 값을 지정하는 IFERROR 함수

숫자, 문자, 공백 등 여러 가지 형태의 데이터가 섞여 있는 표에 수식을 입력하다 보면 오류가 생기는 경우가 있습니다. 셀 값이나 계산식 결과에 오류가 생겼을 때 오류 표시 대신 다른 값을 지정하려면 IFERROR 함수를 사용합니다. IFERROR 함수는 값이 #N/A, #VALUE!, #REF!, #DIV/0!, #NUM!, #NAME?, #NULL! 등의 오류를 참조하는 경우 표시할 결과 값을 지정합니다.

함수 범주	논리
함수 형식	=IFERROR(Value,Value_if_error)
인수	**Value(값)** : 오류를 검사할 값으로 식이나 셀 참조를 지정할 수 있습니다. **Value_if_error(오류일 때 지정할 값)** : 값이 오류(#N/A, #VALUE!, #REF!, #DIV/0!, #NUM!, #NAME?, #NULL!)일 때 오류 표시 대신 표시할 값을 지정합니다.
사용 예	다음 왼쪽 그림에서는 '금액+배송료'의 수식으로 결제금액을 구했을 때, 배송료에 '무료'라는 텍스트가 입력되어 있으면 #VALUE! 오류가 표시됩니다. 오른쪽 그림은 오류 표시 대신 금액만 표시되도록 IFERROR 함수식을 작성한 결과입니다.

E2 | =C2+D2 (=C2+D2)

	A	B	C	D	E
1	수량	단가	금액	배송료	결제금액
2	2	36,200	72,400	4,000	76,400
3	8	29,000	232,000	2,000	234,000
4	14	37,300	522,200	무료	#VALUE!
5	11	15,500	170,500	무료	#VALUE!
6	3	46,600	139,800	4,000	143,800

▲ '금액+배송료' 수식으로 작성한 경우

=IFERROR(C2+D2,C2) (=IFERROR(C2+D2,C2))

	A	B	C	D	E
1	수량	단가	금액	배송료	결제금액
2	2	36,200	72,400	4,000	76,400
3	8	29,000	232,000	2,000	234,000
4	14	37,300	522,200	무료	522,200
5	11	15,500	170,500	무료	170,500
6	3	46,600	139,800	4,000	143,800

▲ IFERROR 함수에 '금액+배송료' 수식을 넣고, 수식의 결과가 오류인 경우 금액만 표시

실습 파일 | CHAPTER08\제품구입내역표.xlsx   **완성 파일** | CHAPTER08\완성\제품구입내역표완성.xlsx

수식에 참조된 셀 값이 수식에 적합하지 않은 데이터인 경우에는 함수식의 결과로 오류 표시가 입력됩니다. 수식의 결과가 적용되어 몇 가지 오류 표시가 입력된 제품 구입 내역표에 오류 표시 대신 다른 값을 지정할 수 있는 IFERROR 함수를 사용해보겠습니다.

01 #N/A 오류 대신 0 표시하기

함수식의 결과가 #N/A 오류일 때 배송료에 '0'을 표시하겠습니다. ❶ [E5] 셀을 클릭하고 ❷ 수식 입력줄에서 =와 VLOOKUP 사이를 클릭한 후 IFERROR(를 입력합니다. ❸ ←를 눌러 커서가 다시 IFERROR 함수 부분에 놓이도록 이동합니다. ❹ 수식 입력줄에서 [함수 삽입 *fx*]을 클릭하거나 Shift + F3 을 누릅니다.

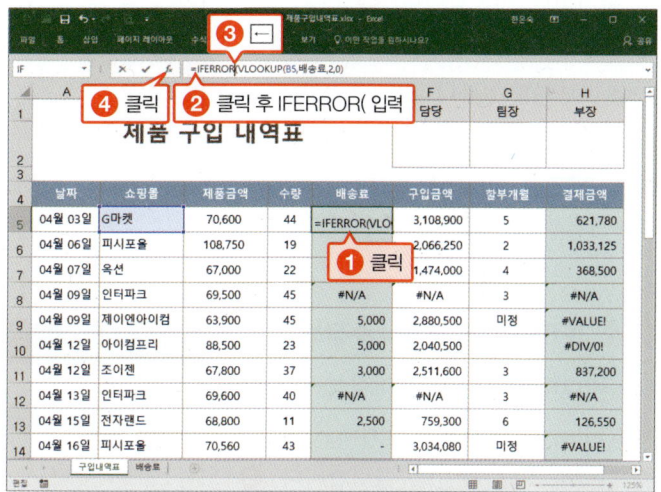

> **바로 통하는 TIP** [구입내역표] 시트의 배송료는 [배송료] 시트에 쇼핑몰별로 정해진 배송료를 참조하는 함수식이 작성되어 있습니다. #N/A 오류가 표시된 셀은 [배송료] 시트에 없는 쇼핑몰입니다. #N/A 오류는 주로 찾기/참조 함수에서 찾을 수 없는 값을 참조했을 때 계산을 수행하지 못하여 반환되는 오류입니다.

02 IFERROR 함수식 수정하기

IFERROR [함수 인수] 대화상자가 나타납니다. ❶ [Value_if_error]란에 0을 입력한 후 ❷ [확인]을 클릭합니다. ❸ [E5] 셀의 채우기 핸들을 더블클릭하여 수식을 복사합니다.

오류 표시가 있었던 셀들에 0이 표시됩니다.

> **바로 통하는 TIP** 인수 설명
> • Value : 기존에 입력되어 있던 VLOOKUP 함수식입니다.
> • Value_if_error : 위의 VLOOKUP 함수식의 결과가 오류이면 0이 표시됩니다.

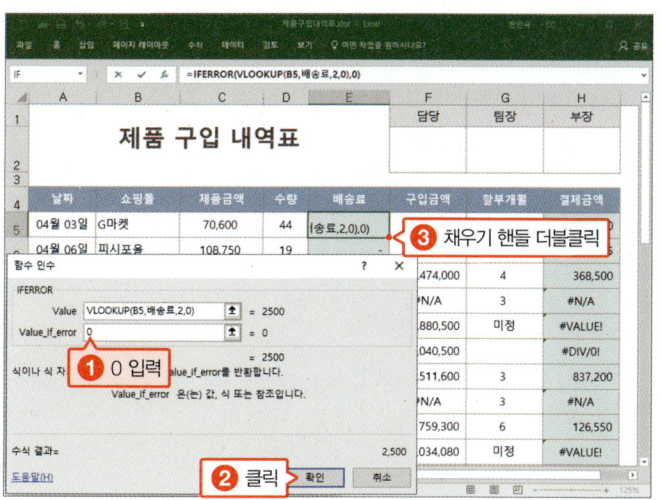

03 오류 대신 구입금액 표시하기

계산 결과가 오류일 때 할부개월로 나누지 않고 바로 구입금액이 표시되도록 수정하겠습니다. ❶ [H5] 셀을 클릭하고 ❷ 수식 입력줄에서 =와 F5 사이를 클릭한 후 IFERROR(를 입력하고 ❸ ←를 눌러 커서가 다시 IFERROR 함수 부분에 놓이도록 이동합니다. ❹ 수식 입력줄에서 [함수 삽입 *f*]을 클릭하거나 Shift + F3를 누릅니다.

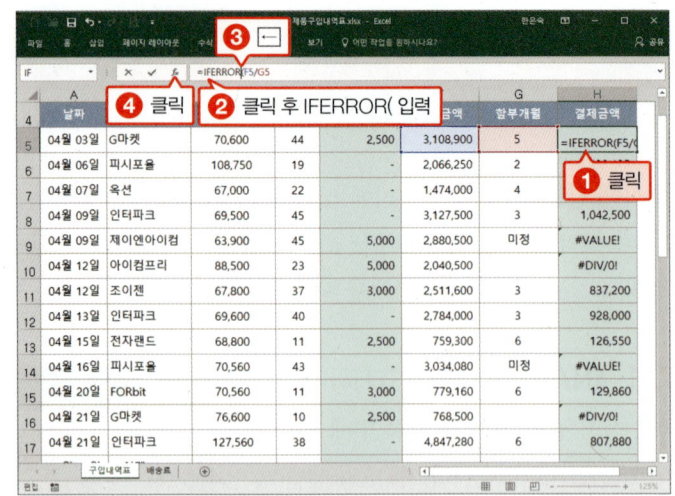

> **바로 통하는 TIP** 결제금액은 '구입금액/할부개월' 수식이 작성되어 있습니다. 할부개월이 빈 셀인 경우에는 0으로 나누게 되어 #DIV/0! 오류가 표시됩니다. 문자가 입력된 경우에는 계산할 수 없는 값이므로 #VALUE! 오류가 표시됩니다.

04 IFERROR 함수식 수정하기

IFERROR [함수 인수] 대화상자가 나타납니다. ❶ [Value_if_error]란에 F5를 입력하고 ❷ [확인]을 클릭합니다. ❸ [H5] 셀의 채우기 핸들을 더블클릭하여 수식을 복사합니다.

오류 표시가 있었던 셀들에 구입금액이 표시됩니다.

> **바로 통하는 TIP** 인수 설명
> • Value : 기존에 입력되어 있던 'F5/G5' 수식입니다.
> • Value_if_error : 위의 수식 결과가 오류이면 [F5] 셀의 구입금액을 표시합니다.

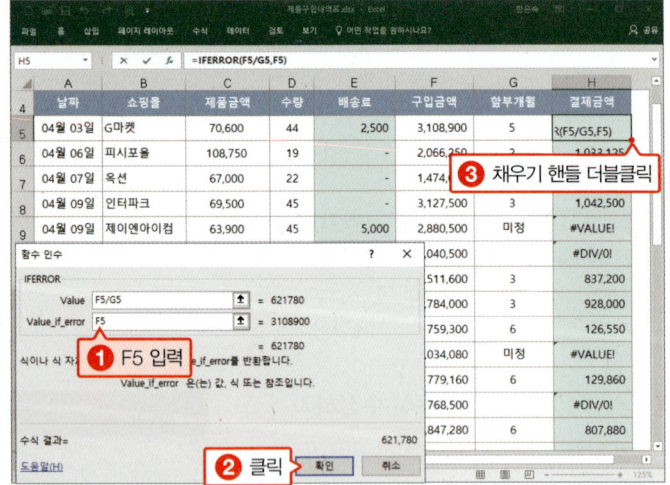

여러 조건에 따른 품질 등급 결과표 완성하기

실습 파일 | CHAPTER08\품질등급결과표.xlsx   **완성 파일** | CHAPTER08\완성\품질등급결과표완성.xlsx

IF, IFS, AND, OR, XOR 등의 논리 함수를 사용하여 제품의 오염도 검사 및 품질 등급 측정 값에 대한 각 조건에 따라 검사여부와 등급을 판정하고 입력누락 여부를 표시해보겠습니다.

- 검사여부 : 오염율과 이물질출현율 두 가지 중 한 가지만 입력되어야 합니다. 둘 다 입력되어 있거나 둘 다 비어 있으면 '확인요망'으로 표시합니다.
- 파각등급 기준 : 7% 이하는 '1등급', 10% 이하는 '2등급', 10% 초과는 '3등급'으로 표시합니다.
- 신선도등급 기준 : 72 이상은 '우수', 60 이상은 '양호', 40 이상은 '불량', 40 미만은 '매우불량'으로 표시합니다.
- 파각등급이 '1등급'이고, 신선도등급이 '우수'이면 우수등급에 '★'를 표시합니다.
- 검사여부~신선도등급 범위에서 빈 셀이 있으면 비고란에 '입력누락'을 표시합니다.

제품 오염도 검사 및 품질 등급 결과표

판매처	오염도 검사결과			품질 등급					비고
	오염율	이물질 출현율	검사여부 ❶	파각 출현율 ❷	파각 등급	신선도 ❸	신선도 등급	우수등급 ❹	❺
그랜드(본점)	3.3%		OK	5.0%	1등급	62.5	양호		
한빛(본점)		0.0%	OK	13.3%	3등급	56.8	불량		
한빛(강남)	0.0%	0.0%	확인요망	3.3%	1등급	83.5	우수	★	
정의(압구정)	0.0%		OK	5.0%	1등급	82.4	우수	★	
그랜드(서울역)		5.3%	OK	8.3%	2등급	71.0	양호		
유마트(관악)	4.8%		OK		1등급	69.0	양호		입력누락
코코(잠실)	1.1%		OK	11.1%	3등급	68.8	양호		
경동시장			확인요망	28.9%	3등급	67.4	양호		
망원시장	43.3%		OK		1등급	38.9	매우불량		입력누락
남대문	30.0%		OK	17.8%	3등급	58.7	불량		

❶ 검사여부 확인(IF, XOR 함수)

❷ 파각등급 입력(IF 함수 중첩)

❸ 신선도등급 입력(IFS 함수)

❹ 우수등급 표시(IF, AND 함수)

❺ 입력누락 확인(IF, OR 함수 배열 수식)

01 IF, XOR 함수로 검사여부 확인하기

검사여부에는 오염율과 이물질출현율 두 가지 중 한 가지만 입력되어 있어야 'OK'를 표시하고, 둘 다 입력되어 있거나 둘 다 비어 있으면 '확인요망'을 표시하겠습니다. ❶ [D5:D14] 셀 범위를 드래그하고 ❷ =IF를 입력한 후 Ctrl + A 를 누릅니다. ❸ IF [함수 인수] 대화상자의 [Logical_test]란에 **XOR(B5〈〉"",C5〈〉"")**를 입력하고 ❹ [Value_if_true]란에 **OK**를 입력합니다. ❺ [Value_if_false]란에 **확인요망**을 입력하고 ❻ [확인]을 Ctrl +클릭합니다.

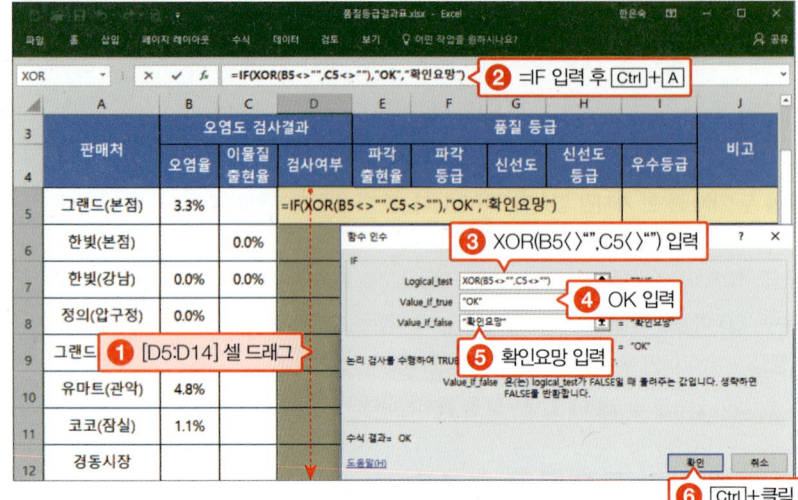

바로 통하는 TIP 인수 설명

• Logical_test : 오염율 [B5] 셀이 빈 셀이 아니거나(〈〉"") 이물질출현율 [C5] 셀이 빈 셀이 아닌지(〈〉"") 확인합니다. XOR 함수를 사용하므로 두 조건 중 하나라도 만족하면 TRUE를 돌려주며 두 조건 모두를 만족하면 참의 개수가 짝수이므로 FALSE를 돌려줍니다.

• Value_if_true : 조건이 참이면 'OK'를 표시합니다.

• Value_if_false : 조건이 거짓이면 '확인요망'을 표시합니다.

02 중첩 IF 함수로 파각등급 입력하기

파각등급은 파각출현율이 7% 이하면 '1등급', 10% 이하면 '2등급', 나머지는 '3등급'으로 표시하겠습니다. ❶ [F5:F14] 셀 범위를 드래그하고 ❷ =IF를 입력한 후 Ctrl + A 를 누릅니다. ❸ IF [함수 인수] 대화상자의 [Logical_test]란에 **E5〈=7%**를 입력하고 ❹ [Value_if_true]란에 **1등급**을 입력합니다. ❺ [Value_if_false]란을 클릭한 후 ❻ 두 번째 조건을 입력하기 위해 [이름 상자] 목록 버튼을 클릭하고 ❼ [IF]를 선택합니다.

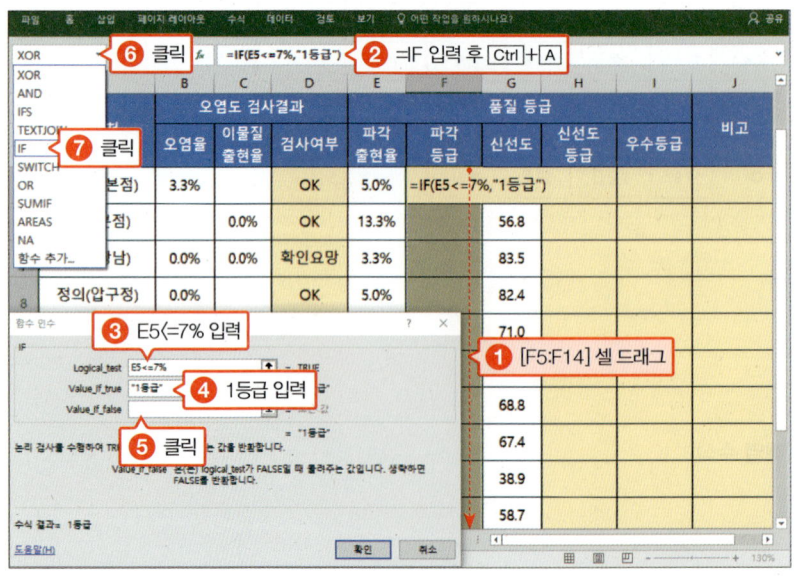

바로 통하는 TIP 인수 설명

• Logical_test : 파각출현율 [E5] 셀이 7% 이하인지 확인합니다.

• Value_if_true : 조건이 참이면 '1등급'을 표시합니다.

• Value_if_false : 조건이 거짓이면 두 번째 IF 함수를 실행합니다.

03 두 번째 IF 함수 작성하기

① 새로 열린 IF [함수 인수] 대화상자의 [Logical_test]란에 두 번째 조건 **E5<=10%**를 입력하고 ② [Value_if_true]란에 **2등급**을 입력합니다. ③ [Value_if_false]란에 **3등급**을 입력한 후 ④ [확인]을 Ctrl+클릭합니다.

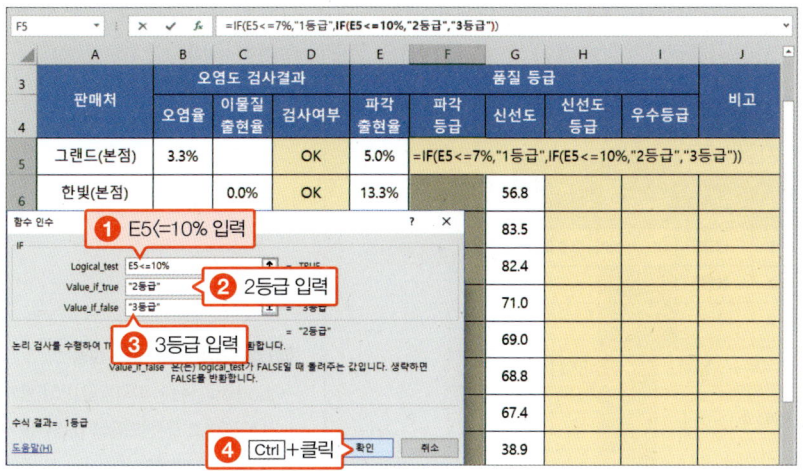

바로 통하는 **TIP** 인수 설명

- Logical_test : 파각출현율 [E5] 셀이 10% 이하인지 확인합니다.
- Value_if_true : 조건이 참이면 '2등급'을 표시합니다.
- Value_if_false : 조건이 거짓이면 '3등급'을 표시합니다.

04 IFS 함수로 신선도등급 입력하기

IFS 함수를 사용해 신선도등급은 신선도가 72 이상이면 '우수', 60 이상이면 '양호', 40 이상이면 '불량', 나머지는 '매우불량'으로 표시하겠습니다. ① [H5:H14] 셀 범위를 드래그하고 ② **=IFS**를 입력한 후 Ctrl +A를 누릅니다. IFS [함수 인수] 대화상자의 ③ [Logical_test1]란에 **G5>=72**를 입력하고 [Value_if_true1]란에 **우수**를 입력합니다. [Logical_test2]란에 **G5>=60**을 입력하고 [Value_if_true2]란에 **양호**를 입력한 후 [Logical_test3]란에 **G5>=40**을 입력합니다. [Value_if_true3]란에 **불량**을 입력하고 [Logical_test4]란에 **TRUE**를 입력한 후 [Value_if_true4]란에 **매우불량**을 입력합니다. ④ [확인]을 Ctrl+클릭합니다.

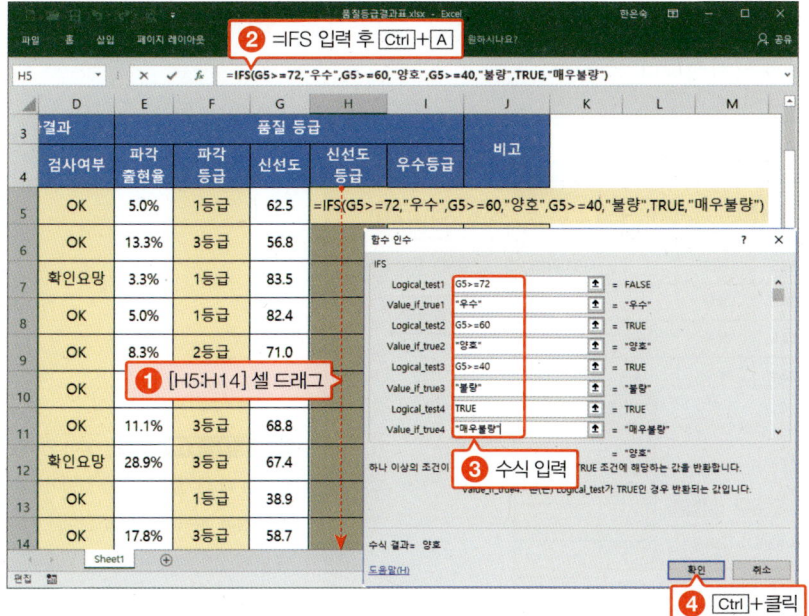

바로 통하는 **TIP** 인수 설명

- Logical_test1 : 신선도 [G5] 셀이 72 이상인지 확인합니다.
- Value_if_true1 : 조건이 참이면 '우수'를 표시합니다.
- Logical_test2 : 신선도 [G5] 셀이 60 이상인지 확인합니다.
- Value_if_true2 : 조건이 참이면 '양호'를 표시합니다.
- Logical_test3 : 신선도 [G5] 셀이 40 이상인지 확인합니다.
- Value_if_true3 : 조건이 참이면 '불량'을 표시합니다.
- Logical_test4 : 나머지 모든 경우이므로 'TRUE'를 입력합니다.
- Value_if_true4 : 나머지 모든 경우에는 '매우불량'을 표시합니다.

05 IF, AND 함수로 두 개의 조건 확인하기

우수등급에는 파각등급이 '1등급'이고 신선도등급이 '우수'이면 '★'를 표시하겠습니다. ❶ [I5:I14] 셀 범위를 드래그합니다. ❷ **=IF**를 입력하고 Ctrl + A 를 누릅니다. ❸ IF [함수 인수] 대화상자의 [Logical_test]란에 **AND(F5="1등급",H5="우수")**를 입력합니다. ❹ [Value_if_true]란에 ㅁ을 입력한 후 한자 를 누르고 ❺ [★]를 선택합니다. ❻ [Value_if_false]란에 **""**를 입력한 후 ❼ [확인]을 Ctrl +클릭합니다.

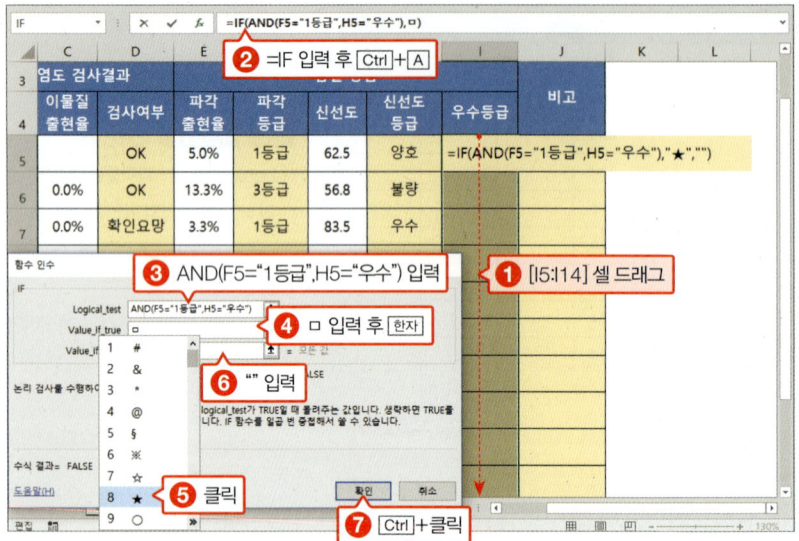

바로 통하는 TIP 인수 설명

· Logical_test : 파각등급 [F5] 셀이 '1등급'이고, 신선도등급 [H5] 셀이 '우수'인지 확인합니다.

· Value_if_true : 조건이 참이면 '★'를 표시합니다.

· Value_if_false : 조건이 거짓이면 빈 셀("")을 표시합니다.

06 IF, OR 함수를 배열 수식으로 입력해 누락 여부 확인하기

검사여부부터 신선도등급 범위에서 빈 셀이 하나라도 있는 경우 '입력누락'을 표시하겠습니다. ❶ [J5] 셀에 **=IF**를 입력하고 Ctrl + A 를 누릅니다. ❷ IF [함수 인수] 대화상자의 [Logical_test]란에 **OR(D5:H5="")**를 입력하고 ❸ [Value_if_true]란에 **입력누락**을 입력합니다. ❹ [Value_if_false]란에 **""**를 입력한 후 ❺ 배열 수식으로 작성하기 위해 Ctrl + Shift 를 누른 상태에서 [확인]을 클릭합니다. ❻ [J5] 셀의 채우기 핸들을 더블클릭하여 아래쪽에 수식을 복사합니다.

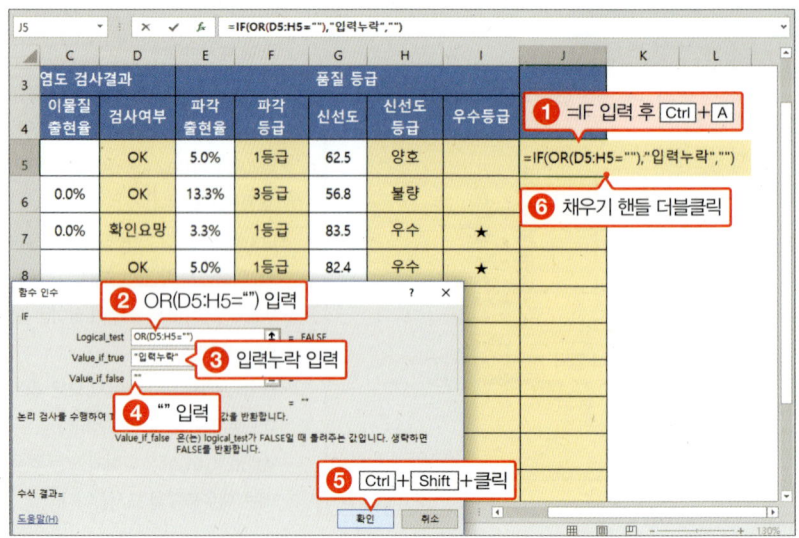

바로 통하는 TIP 조건 셀이 연속된 범위일 때 각 셀의 조건을 일일이 입력하지 않고 범위에 대한 조건식을 지정해 배열 수식으로 작성할 수 있습니다. AND 함수를 사용할 때도 마찬가지입니다.

혼자해보기 14 가입기간과 납부누계에 따라 멤버십 항목 구하기

실습 파일 | CHAPTER08\고객멤버십관리표.xlsx **완성 파일** | CHAPTER08\완성\고객멤버십관리표완성.xlsx

고객 멤버십 관리표에서 다음 조건에 따라 정해진 등급, 포인트 한도, 쿠폰 혜택 등을 구하고 잔여쿠폰 포인트 전환과 잔여포인트 결과에 생기는 오류 표시 대신 빈 셀이나 다른 수식의 값이 입력되도록 수식을 수정합니다.

고객 멤버십 관리표

| | | | | | | | | 팀장 | 부장 |

ID	가입기간(년)	납부누계	등급	포인트한도	사용포인트	쿠폰혜택	사용쿠폰	잔여쿠폰포인트전환	잔여포인트
SXM7798	0	45,680	일반	30,000	9,950				20,050
NCZ4913	0	31,670	일반	30,000	20,880				9,120
DIK8342	6	615,590	골드	70,000	52,100	5	0	5,000	22,900
WAG9854	7	500,500	골드	70,000	6,950	5	3	2,000	65,050
JXP5806	5	757,340	골드	70,000	30,210	5	4	1,000	40,790
JYZ9256	10	1,282,080	골드	70,000	9,350	5	1	4,000	64,650
VCJ9198	1	572,300	일반	30,000	14,110	2	1	1,000	16,890
XKW8278	10	917,260	골드	70,000	56,240	5	0	5,000	18,760
XFV1545	5	616,310	골드	70,000	15,750	5	3	2,000	56,250
CZY9546	1	188,460	일반	30,000	1,620				28,380
VWL1505	8	815,620	골드	70,000	45,070	5	1	4,000	28,930
BVL9335	1	178,830	일반	30,000	18,410				11,590
ZNK9571	4	860,990	실버	50,000	37,510	5	1	4,000	16,490
YII6299	3	392,910	실버	50,000	32,020	2	2	-	17,980
TJO7289	3	434,300	실버	50,000	3,360	2	2	-	46,640
ZLK900	8	794,580	골드	70,000	10,690	5	4	1,000	60,310
LKJ1441	3	437,680	실버	50,000	27,720	2	2	-	22,280
BEZ216	3	376,470	실버	50,000	32,180	2	2	-	17,820
TJA5174	7	535,930	골드	70,000	30,970	5	1	4,000	43,030
GTA7994	2	417,330	실버	50,000	5,140				44,860

▲ 실습 파일

▲ 완성 파일

① 등급은 가입기간이 5년 이상이고 납부누계가 50만 원 이상이면 '골드', 가입기간이 2년 이상이고 납부누계가 30만 원 이상이면 '실버', 나머지는 '일반'으로 입력합니다. 중첩 IF, AND 함수를 사용하거나 IFS, AND 함수를 사용합니다.

② 포인트 한도는 등급이 '골드'이면 '70,000', '실버'이면 '50,000', '일반'이면 '30,000'을 표시합니다. 중첩 IF 함수 또는 IFS 함수를 사용합니다.

③ 쿠폰 혜택은 가입기간이 4년 이상이거나 납부누계가 100만 원 이상이면 '5', 가입기간이 3년 이상이거나 납부누계가 50만 원 이상이면 '2', 나머지는 빈 셀로 표시합니다. 중첩 IF, OR 함수 또는 IFS, OR 함수를 사용합니다.

④ 잔여쿠폰 포인트 전환은 수식의 결과가 오류인 경우 빈 셀로 표시하도록 수식을 수정합니다. IFERROR 함수를 사용합니다.

⑤ 잔여포인트는 수식의 결과가 오류인 경우 '포인트 한도-사용 포인트' 수식을 구하도록 수식을 수정합니다. IFERROR 함수를 사용합니다.

텍스트 함수

앞에서 다루었던 수식은 대부분 셀 전체의 데이터를 가지고 계산했습니다. 상황에 따라 셀 데이터 중 일부 문자에 대한 값을 가지고 계산해야 하는 경우가 있는데, 이때는 텍스트 함수를 사용하여 셀에서 원하는 일부 문자를 추출한 후 계산합니다. 문자를 다루는 데 필요한 여러 가지 텍스트 함수를 살펴보겠습니다.

원하는 위치의 문자를 가져오는 LEFT, RIGHT, MID 함수

문자의 일부를 추출하는 함수입니다. 왼쪽에서 몇 글자를 추출할 때는 LEFT 함수, 오른쪽에서 몇 글자를 추출할 때는 RIGHT 함수, 가운데 원하는 위치에서 몇 글자를 추출해야 할 때는 MID 함수를 사용합니다. 이 함수들은 단순히 데이터를 추출하기 위해 단독으로 사용되는 경우도 있지만, 셀의 일부 문자에 대한 조건을 판단하기 위해 IF 함수 안에서 사용되는 경우가 많습니다. 사실 단순히 문자만 추출하는 작업이라면 빠른 채우기 기능을 사용하는 것이 간편합니다.

함수 형식	=LEFT(Text,Num_chars) → 문자의 왼쪽에서 지정한 문자 수만큼 추출합니다. =RIGHT(Text,Num_chars) → 문자의 오른쪽에서 지정한 문자 수만큼 추출합니다. =MID(Text,Start_num,Num_chars) → 지정한 시작 위치부터 지정한 문자 수만큼 추출합니다.
인수	Text(문자) : 가져올 문자가 포함되어 있는 문자열, 또는 문자가 들어 있는 셀 주소입니다. Num_chars(문자 수) : 가져올 문자의 개수입니다. 생략하면 한 개를 추출합니다. Start_num(시작 위치) : MID 함수에서 문자를 가져오기 시작할 위치의 번호입니다.
사용 예	다음은 한 셀에 입력된 신체사이즈로부터 신장, 가슴둘레, 허리둘레를 추출하기 위해서 LEFT, MID, RIGHT 함수를 사용했습니다. =LEFT(A2,3) 		A	B
---	---	---
1	신체사이즈	신장
2	155-82-61	155
3	160-85-64	160
4	160-88-67	160 | ▲ 왼쪽에서 세 개 추출 =MID(A2,5,2) |	A	C
---	---	---
1	신체사이즈	가슴둘레
2	155-82-61	82
3	160-85-64	85
4	160-88-67	88 | ▲ 다섯 번째 문자부터 두 개 추출 =RIGHT(A2,2) |	A	D
---	---	---
1	신체사이즈	허리둘레
2	155-82-61	61
3	160-85-64	64
4	160-88-67	67	 ▲ 오른쪽에서 두 개 추출

문자열 개수를 구하는 LEN 함수

LEN 함수는 문자열의 개수를 구하는 함수입니다. LEFT, RIGHT, MID 함수로 문자열을 추출할 때 길이가 불규칙한 문자열인 경우 LEN 함수를 사용하여 추출할 문자의 길이나 위치를 지정합니다.

함수 형식	=LEN(Text)
인수	Text(문자) : 개수를 구할 문자, 함수식 또는 해당 문자가 있는 셀 주소입니다.
사용 예	=LEFT(A2,LEN(A2)-1) |	A	B
---	---	---
1	포인트	숫자만 추출
2	83점	83
3	7797점	7797
4	979점	979	 ▲ 포인트 문자열 길이(LEN(A2))에서 '점' 한 글자를 뺀(-1) 문자열의 개수를 왼쪽에서 추출

문자열 위치를 찾는 FIND 함수

FIND 함수는 전체 문자열 중 특정 문자를 찾아 그 문자가 몇 번째에 있는지 위치 번호를 돌려주는 함수입니다. 주로 길이가 불규칙한 문자열에서 특정 문자열의 위치를 기준으로 문자열을 추출하도록 설정할 때 사용합니다.

함수 형식	=FIND(Find_text,Within_text,[Start_num])
인수	Find_text(찾는 문자) : 찾을 문자로 큰따옴표 ("") 안에 입력합니다. Within_text(찾는 문자가 포함된 문자) : 찾는 문자가 포함된 문자나 해당 문자가 있는 셀 주소입니다. Start_num(시작 위치) : 찾는 문자가 포함된 문자열에서 찾는 문자를 찾기 시작할 위치 번호입니다. 보통 생략하는 경우가 많으며 생략하면 1로 지정됩니다.
사용 예	=LEFT(A2,FIND("@",A2)-1) |	A	B
---	---	---
1	E-mail	ID
2	abc@hamail.com	abc
3	abcd@never.net	abcd
4	abcde@jmail.net	abcde	 ▲ E-mail에서 @ 기호 전까지의 문자 추출

표시 형식을 지정하는 TEXT 함수

TEXT 함수는 함수식 안에서 사용자 지정 표시 형식의 서식 코드를 지정할 수 있습니다. 수식의 결과 값을 지정한 표시 형식으로 돌려주는 함수입니다. [셀 서식] 대화상자에서 표시 형식을 지정하면 셀 값 자체의 속성은 변하지 않지만 TEXT 함수로 표시 형식을 지정하면 결과는 셀 값 자체가 지정한 형태의 문자 값으로 변경됩니다.

함수 형식	=TEXT(Value,Format_text)
인수	Value(값) : 숫자 또는 숫자가 산출되는 식이나 숫자가 입력되어 있는 셀 주소입니다. Format_text(표시 형식 서식 코드) : 표시할 사용자 지정 표시 형식의 서식 코드로, 큰따옴표("") 안에 입력합니다.
사용 예	=A2&"~"&B2 =TEXT(A2,"yyyy-mm-dd")&" ~ "&TEXT(B2,"yyyy-mm-dd") ▲ 셀 참조만 합치면 날짜 서식이 적용되지 않음 ▲TEXT 함수로 날짜 표시 형식을 지정하면서 문자열 합침

여러 문자를 연결하는 CONCAT, TEXTJOIN 함수

문자열을 연결하는 작업은 & 연산자를 사용하지만 연결할 항목이 너무 많은 경우에는 CONCAT 함수 또는 TEXTJOIN 함수를 사용하는 것이 간편합니다. CONCAT 함수는 이전 버전의 CONCATENATE 함수를 대체하는 함수로 여러 문자열을 결합합니다. CONCATENATE 함수는 셀 범위 형태의 인수를 지정할 수 없었지만 CONCAT 함수는 셀 범위 형태의 인수를 지정할 수 있어 더 편리합니다. TEXTJOIN 함수는 결합할 문자열 사이에 삽입할 문자를 지정할 수 있으며, 셀 범위 중간에 빈 셀이 있을 경우 빈 셀을 포함시켜 결합할 수 있습니다. 두 함수는 엑셀 2016 버전에서 추가되었습니다.

함수 형식	=CONCAT(Text1, …, Text254) =TEXTJOIN(Delimiter,Ignore_empty,Text1, …, Text252)
인수	Text1~Text254(문자1~문자254) : 결합할 문자로 CONCAT 함수에서는 인수를 254개까지 지정할 수 있고 TEXTJOIN 함수에서는 252개까지 지정할 수 있습니다. Delimiter(구분자) : 결합할 문자열 사이에 넣을 구분자입니다. Ignore_empty(빈 셀 무시) : 빈 셀이 있는 경우 무시할지 여부로, 생략하거나 TRUE를 입력하면 빈 셀을 무시합니다. 빈 셀을 포함하려면 FALSE를 입력합니다.
사용 예	=CONCAT(B2:E2) =CONCAT(B2,"/",C2,"/",D2,"/",E2) ▲CONCAT 함수로 셀 범위의 문자열 결합 ▲ CONCAT 함수로 '/' 구분자를 넣어 문자열 결합 =TEXTJOIN("/",,B2:E2) ▲TEXTJOIN 함수로 '/' 구분자를 넣어 문자열 결합(빈 셀 무시)

텍스트 함수로 제품번호에서 제품정보 입력하기

실습 파일 | CHAPTER08\재고조사표.xlsx　**완성 파일** | CHAPTER08\완성\재고조사표완성.xlsx

재고조사표에 입력된 제품번호로부터 조건에 따라 구분, 제품명칭, 규격을 입력해보겠습니다. 또한 [제품목록] 시트의 각 셀에 나뉘어 있는 제품정보를 결합하여 제품번호를 입력해보겠습니다.

재고조사표

❶구분	제품번호	❷제품명칭	❸규격	수량
남성복	M-D-5480-100	덕다운패딩	100	22
여성복	W-D-476-100	덕다운패딩	100	25
남성복	M-D-298-95	덕다운패딩	95	50
아동복	K-G-429-5	구스다운패딩	5	50
아동복	K-G-2100-5	구스다운패딩	5	50
여성복	W-D-3690-90	덕다운패딩	90	50
아동복	K-D-433-9	덕다운패딩	9	75
여성복	W-D-574-95	덕다운패딩	95	75
남성복	M-G-5480-105	구스다운패딩	105	75
남성복	M-D-237-100	덕다운패딩	100	100
남성복	M-G-371-95	구스다운패딩	95	100
여성복	W-D-211-95	덕다운패딩	95	150
여성복	W-D-575-95	덕다운패딩	95	175
남성복	M-G-9700-90	구스다운패딩	90	185
아동복	K-G-6070-7	구스다운패딩	7	186
남성복	M-G-7650-100	구스다운패딩	100	187
아동복	K-G-2100-90	구스다운패딩	90	200
아동복	K-G-559-15	구스다운패딩	15	225
여성복	W-G-3050-110	구스다운패딩	110	225

❹제품번호	구분	종류	라인	사이즈
W-D-211-095	W	D	211	95
M-D-237-100	M	D	237	100
M-D-298-095	M	D	298	95
M-G-371-095	M	G	371	95
K-G-429-005	K	G	429	5
K-D-433-009	K	D	433	9
W-D-476-100	W	D	476	100
K-G-559-015	K	G	559	15
W-D-574-095	W	D	574	95
W-D-575-095	W	D	575	95
K-G-2100-090	K	G	2100	90
K-G-2100-005	K	G	2100	5
W-G-3050-110	W	G	3050	110
W-D-3690-090	W	D	3690	90
M-G-5480-105	M	G	5480	105
M-D-5480-100	M	D	5480	100
K-G-6070-007	K	G	6070	7
M-G-7650-100	M	G	7650	100
M-G-9700-090	M	G	9700	90

❶ 구분 입력(IFS, LEFT 함수)

❷ 제품명칭 입력(IF, MID 함수)

❸ 규격 입력(RIGHT, LEN, FIND 함수)

❹ 제품번호 입력(TEXTJOIN, TEXT 함수)

01 IFS, LEFT 함수로 제품 구분 입력하기

제품번호가 M으로 시작하면 '남성복', W로 시작하면 '여성복', K로 시작하면 '아동복'을 표시하겠습니다. ❶ [A4] 셀에 **=IFS**를 입력하고 [Ctrl]+[A]를 누릅니다. ❷ IFS [함수 인수] 대화상자의 [Logical_test1]란에 **LEFT(B4)="M"**을, [Value_if_true1]란에 **남성복**을, [Logical_test2]란에 **LEFT(B4)="W"**를, [Value_if_true2] 란에 **여성복**을, [Logical_test3]란에 **LEFT(B4)="K"**를, [Value_if_true3]란에 **아동복**을 입력합니다. ❸ [확인] 을 클릭합니다. ❹ [A4] 셀의 채우기 핸들을 더블클릭하여 수식을 복사합니다.

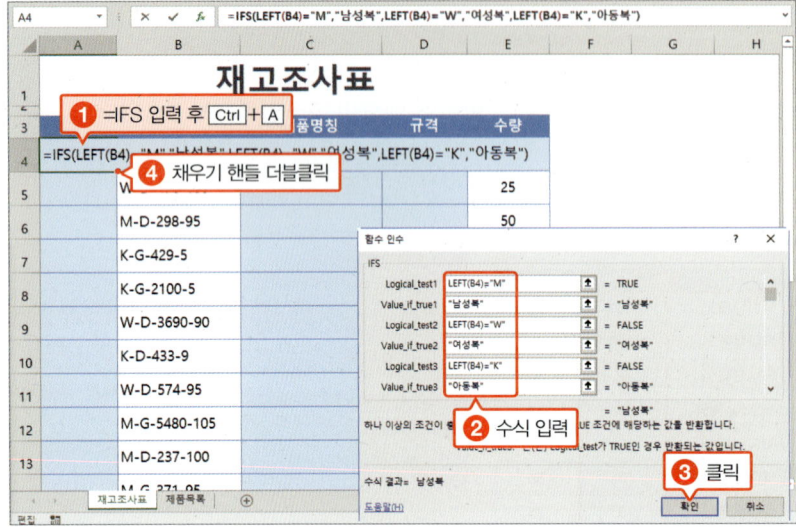

바로 통하는 **TIP** 인수 설명

- Logical_test1 : [B4] 셀 왼쪽에서 첫 번째 글자가 M인지 확인합니다. LEFT 함수에서 추출할 문자 수를 입력하지 않으면 한 개만 추출합니다.
- Value_if_true1 : 조건이 참이면 '남성복'을 표시합니다.
- Logical_test2 : [B4] 셀 왼쪽에서 첫 번째 글자가 W인지 확인합니다.
- Value_if_true2 : 조건이 참이면 '여성복'을 표시합니다.
- Logical_test3 : [B4] 셀 왼쪽에서 첫 번째 글자가 K인지 확인합니다.
- Value_if_true3 : 조건이 참이면 '아동복'을 표시합니다.

02 IF, MID 함수로 제품명칭 입력하기

제품번호의 두 번째 글자가 G면 '구스다운패딩', D면 '덕다운패딩'을 표시하겠습니다. ❶ [C4] 셀에 **=IF**를 입력하고 [Ctrl]+[A]를 누릅니다. ❷ IF [함수 인수] 대화상자의 [Logical_test]란에 **MID(B4,3,1)="G"**를, ❸ [Value_if_true]란에 **구스다운패딩**을, ❹ [Value_if_false]란에 **덕다운패딩**을 입력합니다. ❺ [확인]을 클릭합니다. ❻ [C4] 셀의 채우기 핸들을 더블클릭하여 수식을 복사합니다.

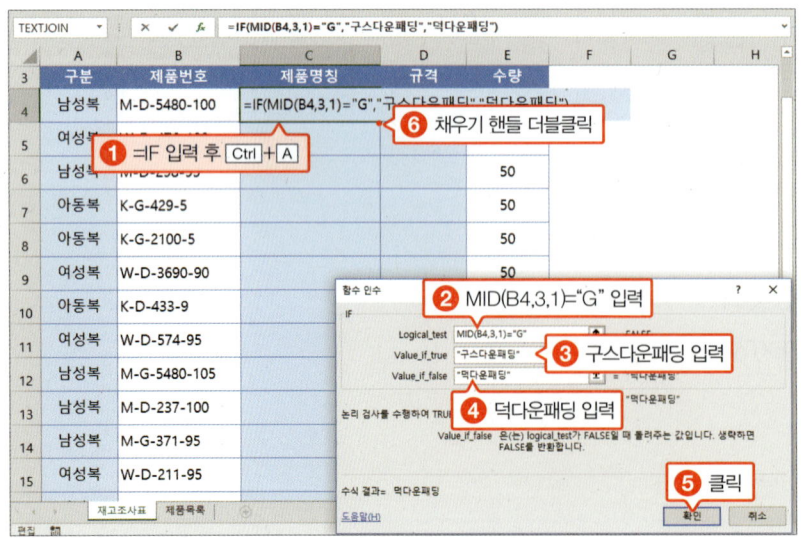

바로 통하는 **TIP** 인수 설명

- Logical_test : [B4] 셀의 세 번째 글자가 G인지 확인합니다.
- Value_if_true : 조건이 참이면 '구스다운패딩'을 표시합니다.
- Value_if_false : 조건이 거짓이면 '덕다운패딩'을 표시합니다.

03 RIGHT, LEN, FIND 함수로 제품번호에서 규격 추출하기

제품번호 중 오른쪽 끝의 숫자를 추출해보겠습니다. ❶ [D4] 셀에 **=RIGHT**를 입력하고 Ctrl + A 를 누릅니다. ❷ RIGHT [함수 인수] 대화상자의 [Text]란에 **B4**를, ❸ [Num_chars]란에 **LEN(B4)-FIND("-",B4,5)**를 입력합니다. ❹ [확인]을 클릭합니다. ❺ [D4] 셀의 채우기 핸들을 더블클릭하여 수식을 복사합니다.

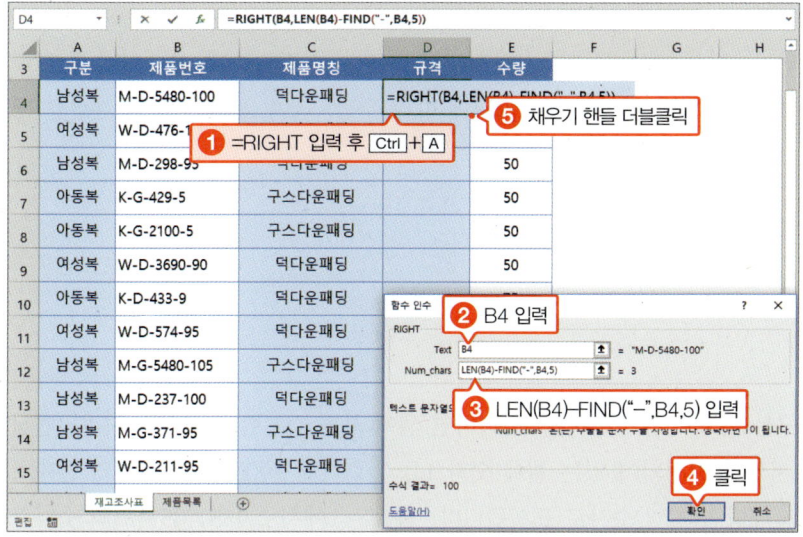

바로 통하는TIP 인수 설명

• Text : 추출할 규격을 포함하는 [B4] 셀을 선택합니다.

• Num_chars : 제품번호 전체 문자 길이 LEN(B4)에서 FIND("-",B4,5) 결과를 뺀 개수만큼 문자를 추출합니다. FIND("-",B4,5)는 '-'를 [B4] 셀에서 찾되, 다섯 번째 문자 이후부터 찾습니다. 제품번호의 두 번째 '-' 이후부터 찾아야 하기 때문입니다.

04 TEXTJOIN, TEXT 함수로 문자 결합하기

[제품목록] 시트의 구분, 종류, 라인, 사이즈 정보를 결합하여 제품번호로 만들어보겠습니다. 이때 사이즈는 자릿수를 세 자리로 맞추어 표시할 수 있도록 TEXT 함수를 사용하겠습니다. ❶ [제품목록] 시트를 클릭합니다. ❷ [A2] 셀에 **=TEXTJOIN**을 입력한 후 Ctrl + A 를 누릅니다. ❸ TEXTJOIN [함수 인수] 대화상자의 [Delimiter]란에 **-**를, ❹ [Text1]란에 **B2:D2**를, ❺ [Text2]란에 **TEXT(E2,"000")**을 입력합니다. ❻ [확인]을 클릭합니다. ❼ [A2] 셀의 채우기 핸들을 더블클릭하여 수식을 복사합니다.

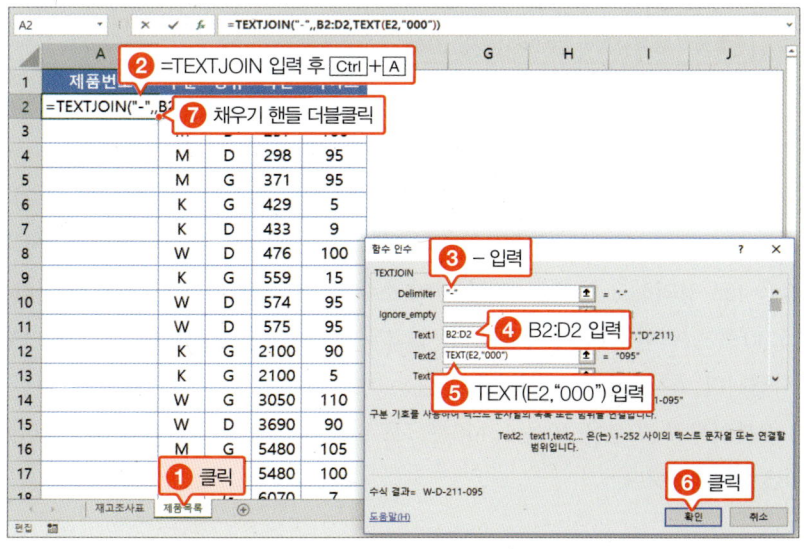

바로 통하는TIP 인수 설명

• Delimiter : 문자열 사이의 구분자로 '-'을 지정합니다.

• Ignore_empty : 빈 셀을 무시할지 여부입니다. 생략하면 빈 셀은 무시합니다.

• Text1 : 결합할 첫 번째 문자열로 [B2:D2] 셀 범위를 선택합니다.

• Text2 : 결합할 두 번째 문자열로 사이즈 [E2] 셀을 선택합니다. 세 자리로 표시하기 위해 TEXT 함수에 서식 코드로 '000'을 지정합니다.

SECTION 03

날짜 및 시간 함수

두 날짜나 시간의 간격을 계산하려면 날짜/시간 함수를 사용합니다. 날짜나 시간 계산은 은행이나 보험 회사에서 기간 단위로 이율을 계산할 때, 일반 회사에서는 기간에 따라 수당, 급여, 퇴직금 등을 계산할 때 사용할 수 있습니다.

엑셀의 날짜 개념

❶ 하이픈(–)이나 슬래시(/)를 구분 기호로 연–월–일을 입력하면 셀에 자동으로 날짜 서식이 지정되면서 데이터가 입력됩니다. ❷ 날짜 서식이 지정되어 있는 셀에 숫자 **1**을 입력하면 1900년 1월 1일의 날짜로 표시되며 ❸ 날짜 서식을 없애면 해당 날짜의 숫자로 표시됩니다. 엑셀은 1에서 2,958,465까지의 숫자로 '1900–01–01'에서 '9999–12–31'까지의 날짜를 표시하기 때문입니다. 이처럼 엑셀에 입력한 날짜 데이터의 속성은 숫자이므로 ❹ 날짜 데이터에 숫자를 더하거나 빼면 날짜로부터 해당 숫자의 일수만큼 더하거나 뺄 수 있습니다.

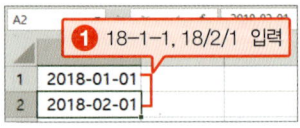

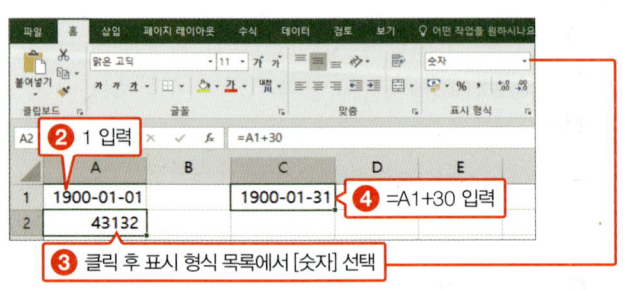

엑셀의 시간 개념

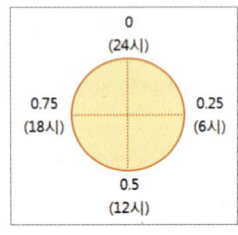

콜론(:)을 구분 기호로 '시:분:초'를 입력하면 셀에 시간 서식이 적용됩니다. 시간 데이터가 입력된 셀의 시간 서식을 없애면 역시 숫자로 표시됩니다. 엑셀은 하루 24시간을 1로 정의하고 시간을 0과 1 사이 소수점으로 표시합니다. 예를 들어 ❶ 셀에 '6:30'을 입력한 후 ❷ 6시 30분이 입력된 셀에서 서식을 없애면 0.270833이 표시됩니다. 6시는 6을 24시간으로 나눈 0.25입니다. 1시간은 60분, 24시간은 1,440분이므로 30분은 30을 1,440분으로 나눈 0.020833입니다. 따라서 6시 30분은 0.25+0.020833=0.270833과 같습니다.

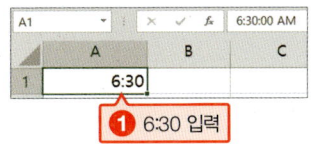

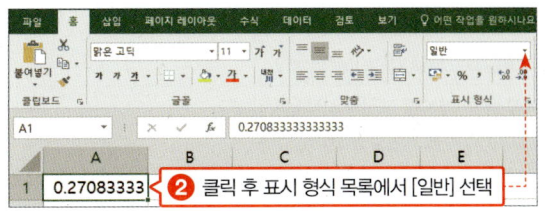

① 6:30 입력

② 클릭 후 표시 형식 목록에서 [일반] 선택

이와 같이 엑셀에서 시간 데이터는 실제로는 24시간으로 나누어진 1 이하의 숫자입니다. 다음과 같이 시간 서식의 근무시간에 시급을 곱해야 하는 경우에는 근무시간에 바로 시급을 곱하지 않고 24를 곱한 후에 시급을 곱해야 합니다.

D2	ƒx =C2*7000

	A	B	C	D
1	출근시간	퇴근시간	근무시간	시급
2	8:30	18:00	9:30	2,771

▲ 근무시간에 7000을 곱한 결과

D2	ƒx =C2*24*7000

	A	B	C	D
1	출근시간	퇴근시간	근무시간	시급
2	8:30	18:00	9:30	66,500

▲ 근무시간에 24를 곱하고 7000을 곱한 결과

현재 날짜, 시간을 표시하는 TODAY, NOW 함수

TODAY 함수는 컴퓨터에 설정되어 있는 현재의 날짜를 돌려주며, NOW 함수는 현재의 날짜와 함께 시간까지 돌려주는 함수입니다. 혼자서 사용되기도 하고 특정 날짜, 시간에서 현재 날짜, 시간까지의 경과일이나 시간을 계산하기 위해 사용되기도 합니다.

함수 형식	=TODAY() =NOW()
인수	TODAY, NOW 함수는 인수 없이 빈 괄호만 입력합니다.
사용 예	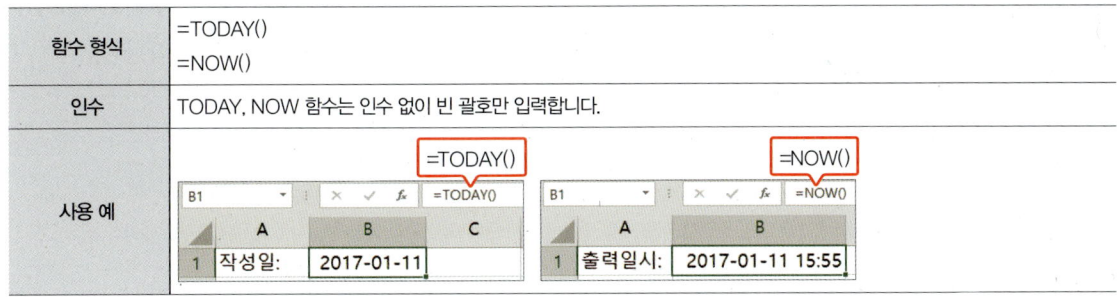

두 날짜 사이의 일수를 구하는 DAYS, DAYS360 함수

두 날짜 사이의 일수를 구하려면 끝 날짜에서 시작 날짜를 빼는 일반 수식을 사용할 수 있습니다. 날짜와 시간까지 입력된 데이터로 일수를 계산할 때 DAYS 함수를 사용하면 시간은 무시하고 두 날짜 사이의 일수만 계산합니다. DAYS360 함수는 1년을 360일(30일 기준 12개월)로 하여 두 날짜 사이의 일수를 계산합니다.

함수 형식	=DAYS(End_date,Start_date) =DAYS360(Start_date,End_date,[Method])
인수	**Start_date(시작 날짜)** : 일수를 계산할 시작 날짜입니다. **End_date(끝 날짜)** : 일수를 계산할 끝 날짜입니다. **Method(계산 방식)** : FALSE 또는 0을 입력하거나 생략하면 미국식(NASD)을 사용하고, TRUE 또는 1을 입력하면 유럽식을 사용합니다.
사용 예	 **=$B$1-A3** ▲ '작성일시-계약날짜' 수식으로 구하면 소수까지 계산 **=DAYS($B$1,A3)** ▲ DAYS(작성일시,계약날짜)로 구하면 시간 제외 날짜수만 계산 **=DAYS360(A3,$B$1)** ◀ DAYS360(계약날짜,작성일시)로 구하면 한 달을 30일로 처리

두 날짜 사이의 종류별 경과 기간을 구하는 DATEDIF 함수

DATEDIF 함수는 두 날짜 사이에 경과된 연수나 개월 수, 일수를 구할 때 사용하는 함수입니다. DATEDIF 함수는 함수 라이브러리나 함수 마법사 목록에서는 제공하지 않으므로 셀에 직접 입력해야 합니다.

함수 형식	=DATEDIF(시작일,종료일,결과 유형)
인수	**시작일** : 기간을 구할 시작 날짜가 입력되어 있는 셀로, 날짜를 직접 입력할 때는 큰따옴표("") 안에 입력합니다. **종료일** : 기간을 구할 종료 날짜가 입력되어 있는 셀로, 날짜를 직접 입력할 때는 큰따옴표("") 안에 입력합니다. **결과 유형** : 경과 연수를 구할 것인지, 개월 수를 구할 것인지 등에 대한 결과 유형으로, 다음의 유형 문자를 입력하며 대소문자는 구분하지 않습니다. 큰따옴표("") 안에 입력합니다. 　　y : 총 경과 연수 　　m : 총 경과 개월 수 　　d : 총 경과 일수 　　ym : 경과 연수를 뺀 나머지 개월 수 　　md : 경과 연수와 개월 수를 뺀 나머지 일수
사용 예	

날짜로부터 요일 정보를 가져오는 WEEKDAY 함수

WEEKDAY 함수는 날짜로부터 요일에 해당되는 숫자를 반환하는 함수입니다. 주로 요일을 조건으로 계산해야 하는 작업에 사용됩니다.

함수 형식	=WEEKDAY(Serial_number,Return_type)
인수	Serial_number(날짜) : 날짜 데이터나 날짜에 해당하는 숫자입니다. Return_type(결과 유형) : 요일을 구할 유형으로, 생략하면 일요일(1)~토요일(7) 순서로 숫자를 가져옵니다. 보통 생략합니다. 　　　1 또는 생략 : 일요일(1)~토요일(7)의 순서로 숫자를 가져옵니다. 　　　2 : 월요일(1)~일요일(7)의 순서로 숫자를 가져옵니다. 　　　3 : 월요일(0)~일요일(6)의 순서로 숫자를 가져옵니다.
사용 예	=WEEKDAY(A2)　　　　　　　　　　　=TEXT(WEEKDAY(A2),"aaaa") ▲계약날짜 요일에 해당하는 숫자 표시　　　▲TEXT 함수로 WEEKDAY 함수 결과를 요일 형식으로 표시

날짜를 지정하는 DATE 함수, 연,월,일을 가져오는 YEAR, MONTH, DAY 함수

DATE 함수는 함수 안에서 연, 월, 일을 인수로 지정하여 원하는 날짜를 만들거나 계산할 때 사용합니다. 예를 들어 어떤 날짜로부터 몇 개월이나 몇 년 전 또는 후의 날짜를 만들어야 할 때는 DATE 함수 안의 인수에서 계산해주면 편리합니다. YEAR, MONTH, DAY 함수는 날짜로부터 연, 월, 일에 해당하는 숫자만 가져오는 함수입니다.

함수 형식	=DATE(Year,Month,Day) =YEAR(Serial_number) =MONTH(Serial_number) =DAY(Serial_number)
인수	Year(연) : 1900부터 9999까지 연도를 나타내는 숫자입니다. Month(월) : 1부터 12까지 월을 나타내는 숫자입니다. Day(일) : 1부터 31까지 일자를 나타내는 숫자입니다. Serial_number(날짜) : 날짜 데이터나 날짜에 해당하는 숫자입니다.
사용 예	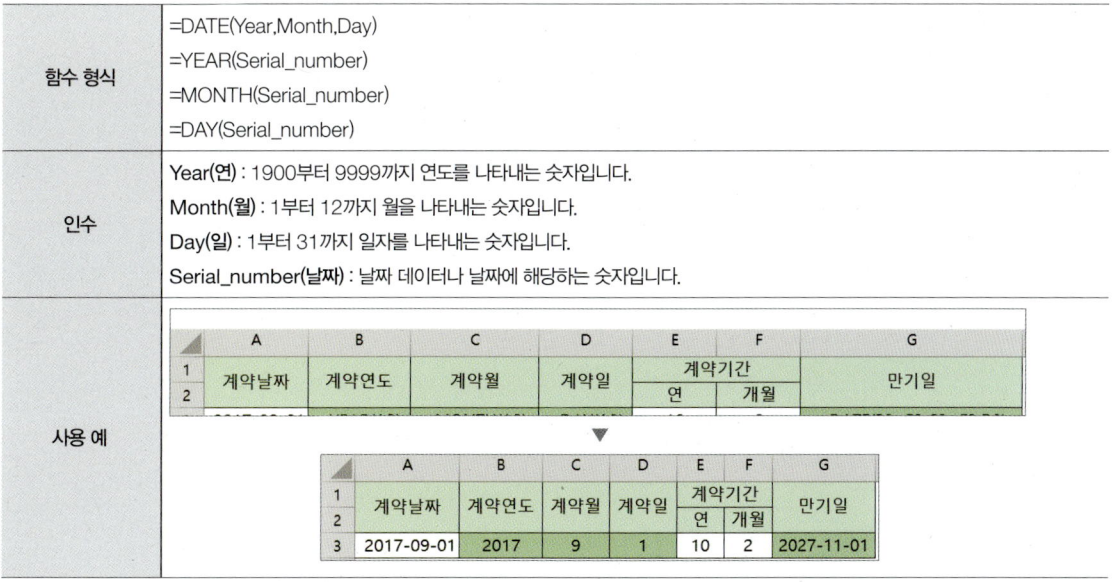

시간을 지정하는 TIME 함수, 시, 분, 초를 가져오는 HOUR, MINUTE, SECOND 함수

TIME 함수는 함수 안에서 시, 분, 초를 인수로 지정하여 원하는 시간을 만들거나 계산할 때 사용합니다. 어떤 시간으로부터 몇 시간 전이나 후, 몇 분 전이나 후의 시간을 구해야 할 때는 TIME 함수 안의 인수에서 계산해주어야 합니다. HOUR, MINUTE, SECOND 함수는 시간으로부터 각각 시, 분, 초에 해당하는 숫자만 가져오는 함수입니다.

함수 형식	=TIME(Hour,Minute,Second) =HOUR(Serial_number) =MINUTE(Serial_number) =SECOND(Serial_number)
인수	Hour(시) : 0부터 23까지 시간을 나타내는 숫자입니다. Minute(분) : 0부터 59까지 분을 나타내는 숫자입니다. Second(초) : 0부터 59까지 초를 나타내는 숫자입니다. Serial_number(시간) : 시간 데이터 또는 시간에 해당되는 숫자입니다.
사용 예	=HOUR(B3)　=MINUTE(B3)　=SECOND(B3)　=TIME(C3,D3+$B$1,E3) |	A	B	C	D	E	F | |---|---|---|---|---|---|---| | 1 | 상영시간: | 108 분 | | | | | | 2 | 회차 | 시작시간 | 시 | 분 | 초 | 종료시간 | | 3 | 1회 | 8:30 | 8 | 30 | 0 | 10:18 | | 4 | 2회 | 10:50 | 10 | 50 | 0 | 12:38 | | 5 | 3회 | 13:15 | 13 | 15 | 0 | 15:03 | | 6 | 4회 | 15:35 | 15 | 35 | 0 | 17:23 | | 7 | 5회 | 18:00 | 18 | 0 | 0 | 19:48 |

아르바이트 급여명세서의 근무기간 및 시급 구하기

실습 파일 | CHAPTER08\아르바이트급여.xlsx   **완성 파일** | CHAPTER08\완성\아르바이트급여완성.xlsx

한 달간 출근시간과 퇴근시간이 입력된 아르바이트 급여명세서입니다. 계약일, 계약기간을 이용해서 근무기간, 재계약일 등을 구합니다. 근무시간은 점심시간 1시간을 빼고 평일과 주말의 근무시간을 따로 계산합니다. 평일과 주말의 시급은 다르게 구합니다. 또한 일요일 행은 채우기 색을 연한 빨간색으로, 토요일 행은 채우기 색을 연한 파란색으로 표시하겠습니다.

아르바이트 급여명세서

| 소속 | 판매부 | 성명 | 김성준 | 계약일 | 2017-10-01 | 근무기간 ❶ | 1년 1개월 29일 |
| | | | | 계약기간 | 1년 6개월 | 재계약일 ❷ | 2019-04-01 |

| 총근무시간 | | 258시간28분 | | 지급합계 ❺ | | ₩2,122,000 | |

날짜	출근	퇴근	평일 근무시간 ❸	평일급여	주말 근무시간 ❹	주말급여
❼ 11/01(목)	9:00	21:10	11:10	88,000	0:00	-
11/02(금)	8:52	18:07	8:14	64,000	0:00	-
11/03(토)	8:24	20:36	0:00	-	11:12	104,500
11/04(일)	8:52	18:15	0:00	-	8:23	76,000
11/05(월)	8:32	18:02	8:29	64,000	0:00	-
11/07(수)	8:09	17:23	8:13	64,000	0:00	-
11/08(목)	7:12	21:30	13:18	104,000	0:00	-
11/09(금)	8:50	18:00	8:09	64,000	0:00	-
11/10(토)	7:26	19:40	0:00	-	11:14	104,500
11/11(일)	8:52	18:03	0:00	-	8:10	76,000
11/13(화)	9:07	21:07	11:00	88,000	0:00	-
11/14(수)	9:32	19:50	9:18	72,000	0:00	-
11/15(목)	7:26	21:40	13:14	104,000	0:00	-
11/16(금)	8:24	20:41	11:17	88,000	0:00	-
11/17(토)	8:38	18:03	0:00	-	8:24	76,000
11/18(일)	7:26	20:52	0:00	-	12:26	114,000
11/19(월)	7:12	18:14	10:02	80,000	0:00	-
11/21(수)	8:57	18:16	8:19	64,000	0:00	-
11/22(목)	8:52	18:16	8:24	64,000	0:00	-
11/23(금)	8:38	20:38	11:00	88,000	0:00	-
11/24(토)	8:52	18:14	0:00	-	8:21	76,000
11/25(일)	8:09	19:26	0:00	-	10:16	95,000
11/27(화)	8:47	18:14	8:26	64,000	0:00	-
11/28(수)	8:09	17:50	8:40	64,000	0:00	-
11/29(목)	8:09	20:32	11:23	88,000	0:00	-
11/30(금)	8:52	21:10	11:17	88,000	0:00	-
합계			179시간59분	1,400,000	78시간29분 ❻	722,000

❶ 근무기간 입력(DATEDIF 함수)

❷ 재계약일 입력(DATE, YEAR, MONTH, MID, DAY 함수)

❸ 평일 근무시간 구하기 (IF, OR, WEEKDAY 함수)

❹ 주말 근무시간 구하기 (IF, OR, WEEKDAY 함수)

❺ 급여 계산(HOUR 함수)
  • 평일급여=근무시간*8,000원
  • 주말급여=근무시간*9,500원

❻ 근무시간 합계 서식 지정

❼ 주말 행에 조건부 서식 지정 (WEEKDAY 함수)

01 근무기간 구하기

❶ [H3] 셀에 **=DATEDIF(F3,A34,"y")&"년"**을 입력하고 Enter 를 누릅니다. ❷ [I3] 셀에 **=DATEDIF(F3,A34, "ym")&"개월"**을 입력하고 Enter 를 누릅니다. ❸ [J3] 셀에 **=DATEDIF(F3,A34,"md")&"일"**을 입력하고 Enter 를 누릅니다.

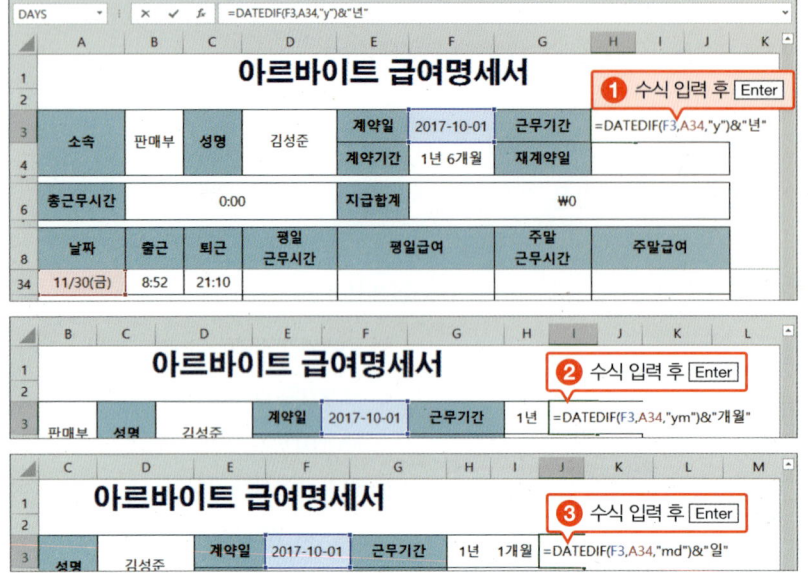

바로 통하는TIP 함수식 설명

- **=DATEDIF(F3,A34,"y")&"년"** : 계약일(F3)로부터 급여 말일(A34)까지의 경과 연수("y")에 "년"을 연결합니다.
- **=DATEDIF(F3,A34,"ym")&"개월"** : 계약일(F3)로부터 급여 말일(A34)까지의 연수를 뺀 개월 수("ym")에 "개월"을 연결합니다.
- **=DATEDIF(F3,A34,"md")&"일"** : 계약일(F3)로부터 급여 말일(A34)까지의 연수와 개월 수를 뺀 일수("md")에 "일"을 연결합니다.

02 계약일에 계약기간 더하여 재계약일 구하기

계약일에 계약기간을 더해 재계약일을 구해보겠습니다. ❶ [H4] 셀에 **=DATE**를 입력하고 Ctrl + A 를 누릅니다. ❷ DATE [함수 인수] 대화상자의 [Year]란에 **YEAR(F3)+LEFT(F4)**를, [Month]란에 **MONTH(F3) +MID(F4,4,1)**을, [Day]란에 **DAY(F3)**을 입력합니다. ❸ [확인]을 클릭합니다. 계약기간이 1년 6개월이므로 계약일의 연도에 1이 더해지고 월에 6이 더해진 날짜가 입력됩니다.

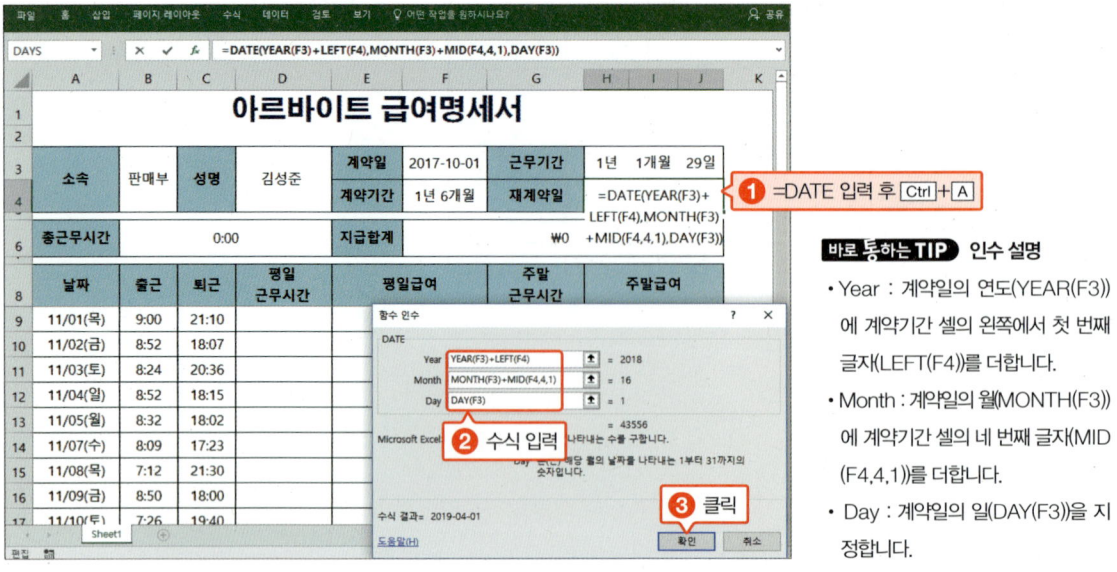

바로 통하는TIP 인수 설명

- **Year** : 계약일의 연도(YEAR(F3))에 계약기간 셀의 왼쪽에서 첫 번째 글자(LEFT(F4))를 더합니다.
- **Month** : 계약일의 월(MONTH(F3))에 계약기간 셀의 네 번째 글자(MID (F4,4,1))를 더합니다.
- **Day** : 계약일의 일(DAY(F3))을 지정합니다.

03 평일 근무시간 구하기

날짜가 일요일이나 토요일이면 '0'을 표시하고 아니면 퇴근시간에서 출근시간과 점심시간 1시간을 뺀 근무시간을 구합니다. ❶ [D9] 셀에 **=IF**를 입력한 후 Ctrl+A를 누릅니다. ❷ IF [함수 인수] 대화상자의 [Logical _test]란에 **OR(WEEKDAY(A9)=1,WEEKDAY(A9)=7)**을, [Value_if_true]란에 **0**을, [Value_if_false]란에 **C9– B9–1/24**를 입력합니다. ❸ [확인]을 클릭합니다. ❹ [D9] 셀의 채우기 핸들을 더블클릭합니다.

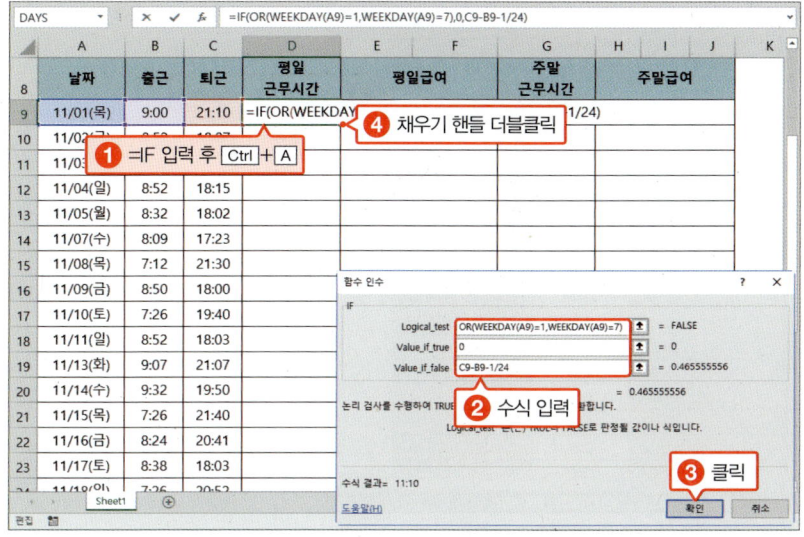

바로 통하는 TIP 인수 설명

• Logical_test : 날짜의 요일번호 (WEEKDAY(A9))가 1(일요일)이거나 7(토요일)인지 확인합니다.

• Value_if_true : 조건이 참이면 즉, 주말이면 '0'을 표시합니다.

• Value_if_false : 조건이 거짓이면 즉, 평일이면 1을 24시간으로 나눈 값을 뺍니다. 퇴근시간에서 출근시간을 빼고 점심시간 1시간을 빼야 하기 때문입니다.

04 주말 근무시간 구하기

날짜가 일요일이나 토요일이면 퇴근시간에서 출근시간과 점심시간 1시간을 뺀 근무시간을 구하고 아니면 '0'을 표시합니다. ❶ [G9] 셀에 **=IF**를 입력한 후 Ctrl+A를 누릅니다. ❷ IF [함수 인수] 대화상자의 [Logical_test]란에 **OR(WEEKDAY(A9)=1,WEEKDAY(A9)=7)**을, [Value_if_true]란에 **C9–B9–1/24**를, [Value_if_false]란에 **0**을 입력합니다. ❸ [확인]을 클릭합니다. ❹ [G9] 셀의 채우기 핸들을 더블클릭합니다.

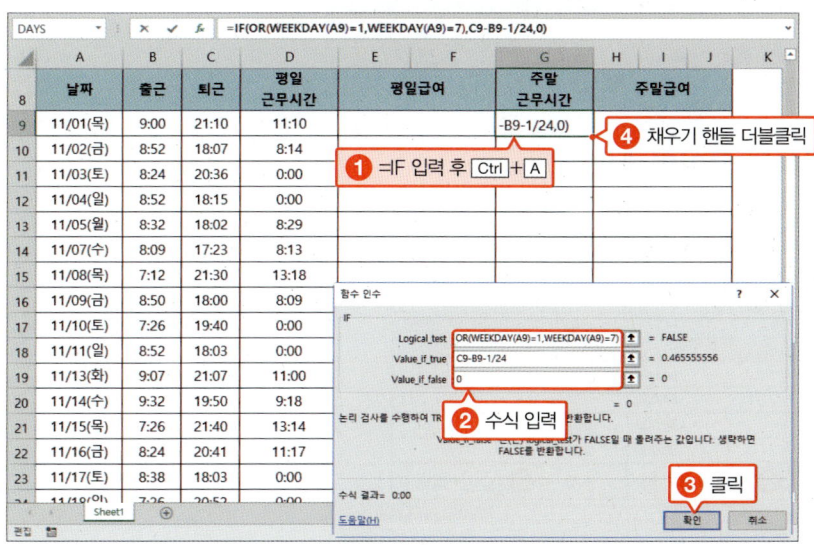

바로 통하는 TIP 인수 설명

• Logical_test : 날짜의 요일번호 (WEEKDAY(A9))가 1(일요일)이거나 7(토요일)인지 확인합니다.

• Value_if_true : 조건이 참이면 즉, 주말이면 1을 24시간으로 나눈 값을 뺍니다. 퇴근시간에서 출근시간을 빼고 점심시간 1시간을 빼야 하기 때문입니다.

• Value_if_false : 조건이 거짓이면 즉, 평일이면 '0'을 표시합니다.

05 급여 계산하기

근무시간의 시간 부분만 추출하여 평일급여에는 8,000원, 주말급여에는 9,500원을 곱합니다. ❶ [E9] 셀에 **=HOUR(D9)*8000**을 입력하고 Enter를 누릅니다. ❷ [E9] 셀의 채우기 핸들을 더블클릭합니다. ❸ [H9] 셀에 **=HOUR(G9)*9500**을 입력하고 Enter를 누릅니다. ❹ [H9] 셀의 채우기 핸들을 더블클릭합니다.

06 근무시간 합계 서식 지정하기

SUM 함수식이 입력된 근무시간 합계 셀은 시간 표시 형식으로 지정되어 있으므로 24시간을 넘는 근무시간 합계가 제대로 표시되지 않습니다. 근무시간 합계 셀에 24시간이 넘는 시간을 표시하도록 서식을 지정하겠습니다. ❶ [B6] 셀을 클릭하고 ❷ [D35] 셀과 ❸ [G35] 셀을 각각 Ctrl+클릭합니다. ❹ [홈] 탭-[표시형식] 그룹에서 [대화상자 표시 ⬜]를 클릭합니다.

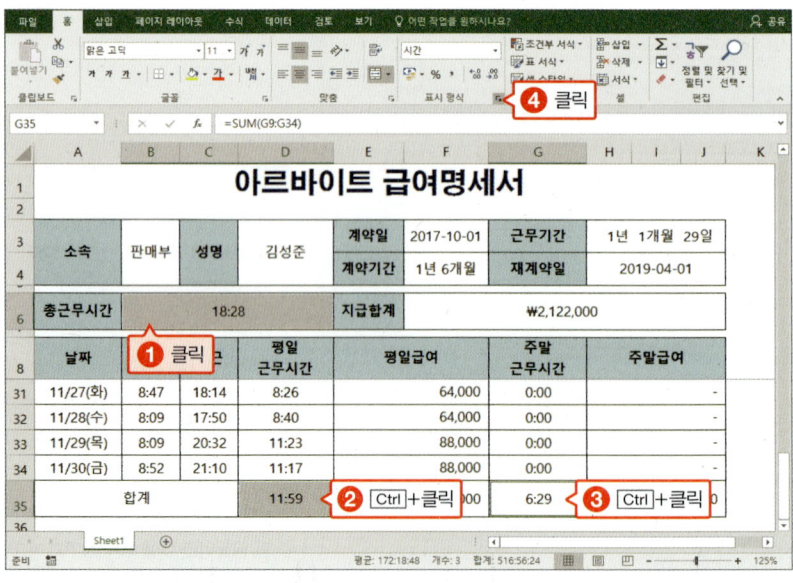

07 시간 표시 형식 지정하기

❶ [셀 서식] 대화상자의 [표시 형식] 탭에서 [범주]의 [사용자 지정]을 선택하고 ❷ [형식]란에 **[h]시간m분**을
입력한 후 ❸ [확인]을 클릭합니다.

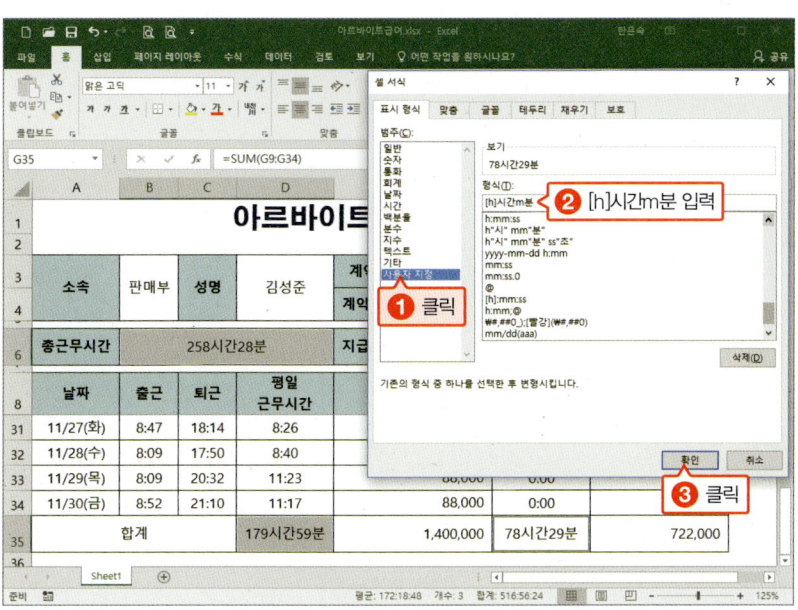

08 일요일 행에 조건부 서식 지정하기

일요일 행은 채우기 색을 연한 빨간색으로 지정하겠습니다. ❶ [A9:J34] 셀 범위를 드래그하고 ❷
[홈] 탭-[스타일] 그룹-[조건부 서식]을 클릭한 후 ❸ [새 규칙]을 선택합니다. ❹ [새 서식 규칙] 대화상
자의 [규칙 유형 선택]에서 [수식을 사용하여 서식을 지정할 셀 결정]을 선택합니다. ❺ 수식 입력란에
=WEEKDAY($A9)=1을 입력하고 ❻ [서식]을 클릭합니다.

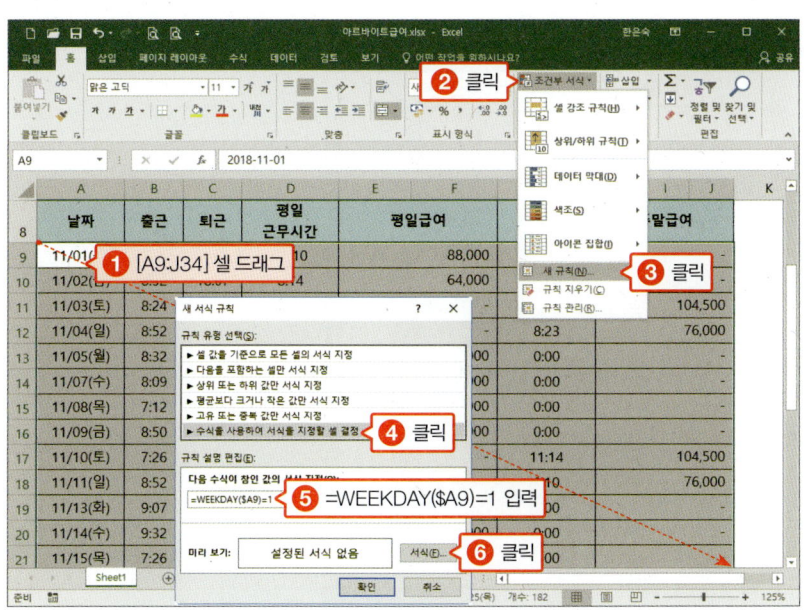

09 셀 서식 지정하기

❶ [셀 서식] 대화상자의 [채우기] 탭을 클릭한 후 ❷ [배경색]으로 [빨강, 강조 2, 80% 더 밝게]를 선택하고
❸ [확인]을 클릭합니다. ❹ [새 서식 규칙] 대화상자에서 [확인]을 클릭합니다.

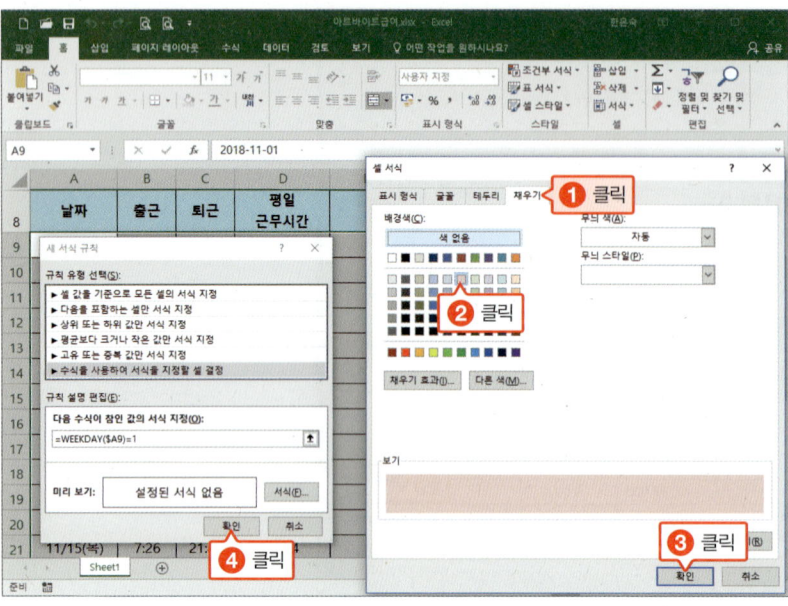

10 토요일 행에 조건부 서식 지정하기

토요일 행은 채우기 색을 연한 파란색으로 지정하겠습니다. ❶ [홈] 탭-[스타일] 그룹-[조건부 서식]을 클릭하고 ❷ [새 규칙]을 선택합니다. ❸ [새 서식 규칙] 대화상자의 [규칙 유형 선택]에서 [수식을 사용하여 서식을 지정할 셀 결정]을 선택합니다. ❹ 수식 입력란에 **=WEEKDAY($A9)=7**을 입력하고 ❺ [서식]을 클릭합니다.

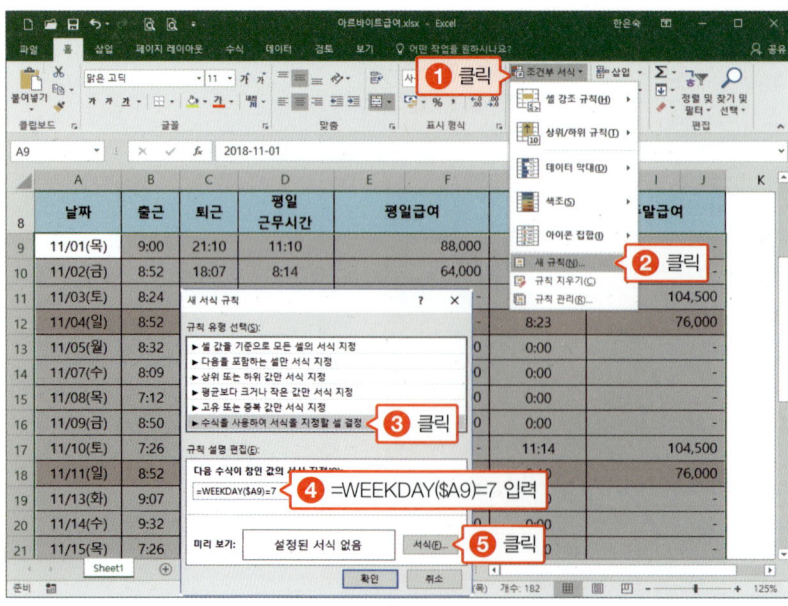

11 셀 서식 지정하기

❶ [셀 서식] 대화상자의 [채우기] 탭을 클릭한 후 ❷ [배경색]으로 [바다색, 강조 5, 80% 더 밝게]를 선택하고 ❸ [확인]을 클릭합니다. ❹ [새 서식 규칙] 대화상자에서 [확인]을 클릭합니다.

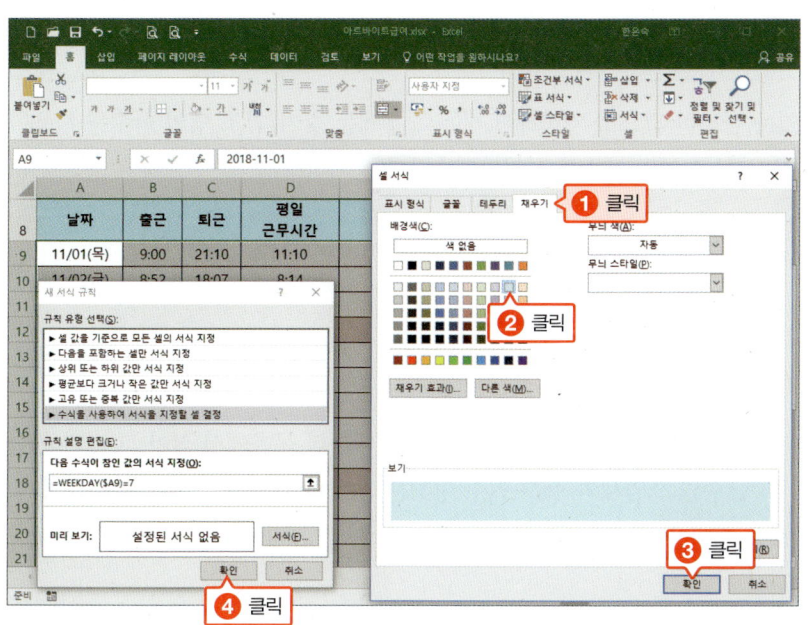

쉽고 빠른 엑셀 NOTE

5일 단위로 서식 지정하기

일자가 5일 단위인 행에 셀 색을 채우고 싶다면 조건부 서식에서 MOD 함수와 DAY 함수를 사용한 조건식을 지정합니다. MOD 함수는 숫자를 나눈 후 나머지 값을 구합니다. MOD 함수 속에서 날짜의 일자를 가져온 후 일자를 5로 나눈 나머지가 0이면 5일 단위입니다. 따라서 '=MOD(DAY($A9),5)=0'을 조건식으로 지정한 후 [서식]을 클릭하고 [셀 서식] 대화상자에서 서식을 지정합니다. 5일 단위로 행에 서식이 적용됩니다.

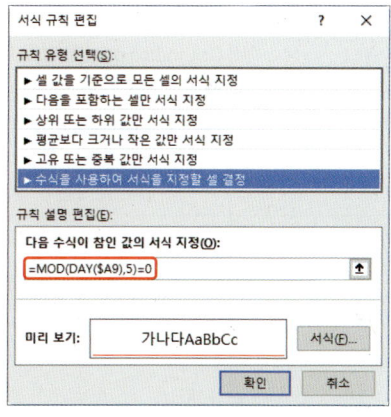

찾기/참조 영역 함수

많은 양의 데이터 목록이나 배열을 참조한 값으로 계산해야 하는 경우에는 찾기/참조 영역 함수를 사용합니다. 실무에서 많이 사용하는 찾기/참조 영역 함수를 살펴보겠습니다.

목록에서 값을 찾아오는 VLOOKUP, HLOOKUP 함수

VLOOKUP, HLOOKUP 함수는 어떤 값을 입력한 후 해당 값을 다른 데이터 목록에서 찾아 그 값과 관련된 정보를 가져올 수 있습니다. 두 함수의 쓰임새와 함수 인수 형식은 거의 동일하지만, VLOOKUP 함수는 세로 방향 데이터 목록에서 값을 찾아올 때, HLOOKUP 함수는 가로 방향 데이터 목록에서 값을 찾아올 때 사용합니다.

함수 형식	=VLOOKUP(Lookup_value,Table_array,Col_index_num,[Range_lookup]) =HLOOKUP(Lookup_value,Table_array,Row_index_num,[Range_lookup])
인수	**Lookup_value(찾는 값)** : 표 목록의 첫 번째 줄에서 찾으려는 값입니다. **Table_array(표 목록)** : 찾을 값이 있는 표 목록입니다. **Col_index_num(열 번호)** : 표 목록에서 가져올 데이터가 있는 열 번호입니다. **Row_index_num(행 번호)** : 표 목록에서 가져올 데이터가 있는 행 번호입니다. **Range_lookup(찾을 방식)** : 정확히 일치하는 값을 찾을 것인지, 범위 내에서 근삿값을 찾을 것인지를 선택합니다. 　　**TRUE 또는 생략** : 범위 내에서 근삿값을 찾습니다. 찾을 값이 숫자인 경우 주로 사용합니다. 　　**FALSE 또는 0** : 정확하게 일치하는 값을 찾습니다. 찾을 값이 문자인 경우 주로 사용합니다.
사용 예	[A4] 셀에 사번을 입력하면 직원목록 범위에서 찾아 사번에 해당하는 성명, 부서, 주민번호, 입사일, 연락처를 가져오도록 VLOOKUP 함수를 사용합니다. 부서, 주민번호, 입사일, 연락처에도 같은 함수식을 작성하며 [Col_index_num]란에 열 번호만 데이터 열에 맞게 지정합니다. 예를 들어 부서는 다섯 번째 열이므로 '=VLOOKUP(A4,G4:L8,5,0)'으로 입력합니다.

=VLOOKUP(A4,G4:L8,2,0)

	A	B	C	D	E	F	G	H	I	J	K	L
1			사원 정보						직원목록			
3	사번	성명	부서	주민번호			사번	성명	주민번호	입사일	부서	연락처
4				830501-1000000			1408	한은숙	910403-2000000	2004-10-01	총무부	555-3333
5	4657	홍길동	영업부	입사일	연락처		2317	배윤미	951225-2000000	2007-03-02	기획부	555-2222
6				2010-05-11	555-1111		3726	이순신	890630-1000000	2009-04-01	영업부	555-7777
7							4657	홍길동	830501-1000000	2010-05-11	영업부	555-1111
8							4861	김성준	980511-1000000	2017-01-02	인사부	555-5555

직원 목록이 가로 방향으로 작성되어 있다면 HLOOKUP 함수를 사용합니다.

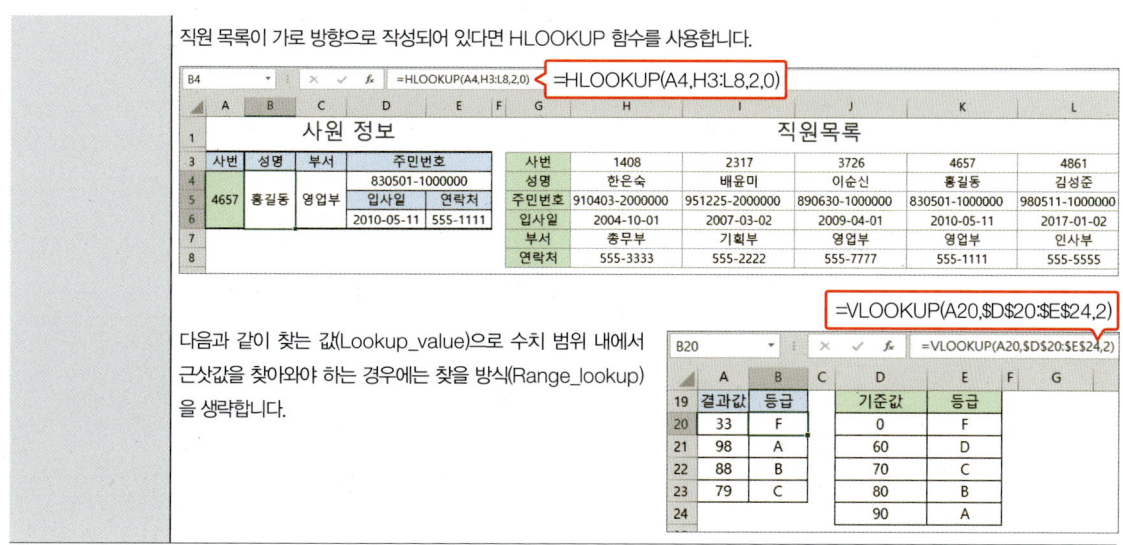

다음과 같이 찾는 값(Lookup_value)으로 수치 범위 내에서 근삿값을 찾아와야 하는 경우에는 찾을 방식(Range_lookup)을 생략합니다.

지정하는 행과 열이 교차하는 셀의 값을 가져오는 INDEX 함수

INDEX 함수는 선택한 셀 범위 내에서 몇 번째 행, 몇 번째 열에 있는 값을 구할 수 있습니다. 인수 형식은 배열(Array)형과 참조(Reference)형이 있는데, 배열형은 항상 한 개의 값 또는 값의 배열을 구합니다. INDEX 함수의 첫째 인수가 배열 상수이면 배열형을 사용합니다. 참조형은 행과 열이 교차하는 위치의 셀 참조를 반환합니다. 참조 범위가 인접하지 않은 여러 영역으로 이루어진 경우에는 참조형을 사용합니다.

함수 형식	=INDEX(Array,Row_num,Column_num) → 배열형 =INDEX(Reference,Row_num,Column_num,Area_num) → 참조형
인수	**Array(배열)** : 찾아올 값이 있는 셀 범위나 배열 상수입니다. 배열에 행만 있거나 열만 있는 경우 [Row_num]란이나 [Column_num]란의 인수 중 하나는 생략할 수 있습니다. **Row_num(행 번호)** : 셀 범위에서 찾아올 값이 있는 행 번호입니다. **Column_num(열 번호)** : 셀 범위에서 찾아올 값이 있는 열 번호입니다. **Reference(한 개 이상의 범위)** : 한 개 이상의 셀 범위에 대한 참조입니다. 인접하지 않은 범위를 참조로 입력하려면 콤마(,)를 구분 기호로 입력하고 괄호로 묶어야 합니다. (예 : (B4:E15,B20:E30)) **Area_num(범위 번호)** : 참조형 INDEX 함수에서 한 개 이상의 범위를 지정한 경우에 어느 범위에서 값을 찾아올지 지정합니다. 첫 번째 영역은 1, 두 번째는 2, 세 번째는 3으로 입력합니다. 생략하면 첫 번째 영역이 지정됩니다.
사용 예	• 배열형 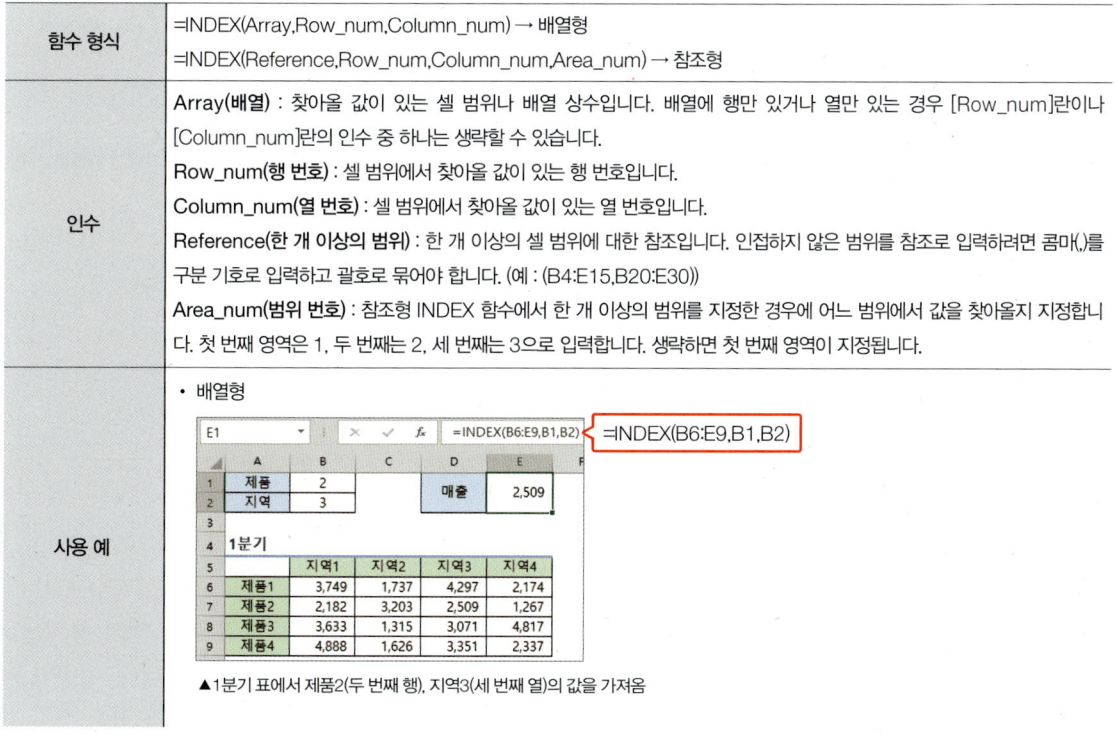 ▲1분기 표에서 제품2(두 번째 행), 지역3(세 번째 열)의 값을 가져옴

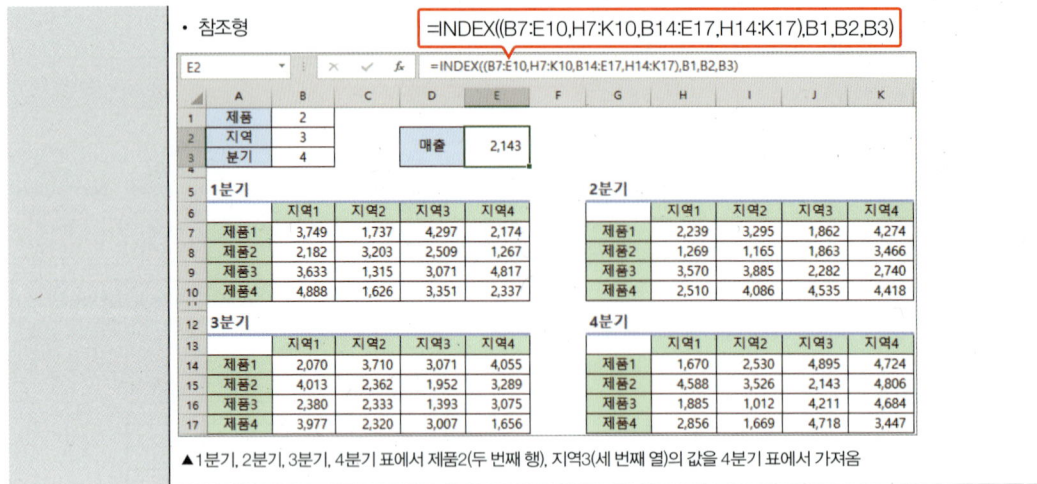

- 참조형

=INDEX((B7:E10,H7:K10,B14:E17,H14:K17),B1,B2,B3)

▲ 1분기, 2분기, 3분기, 4분기 표에서 제품2(두 번째 행), 지역3(세 번째 열)의 값을 4분기 표에서 가져옴

값이 범위 내에서 몇 번째 위치인지를 구하는 MATCH 함수

MATCH 함수는 선택한 셀 범위 내에서 찾는 값이 몇 번째 위치에 있는지 구합니다. INDEX 함수에서 특정 데이터의 행 번호와 열 번호를 지정할 때 함께 사용하는 경우가 많습니다.

함수 형식	=MATCH(Lookup_value,Lookup_array,Match_type)
인수	Lookup_value(찾는 값) : 셀 범위에서 찾으려는 값. 숫자, 문자, 논리 값입니다. Lookup_array(찾을 범위) : 찾을 값이 포함되어 있는 셀 범위입니다. Match_type(찾을 방법) : 찾을 방법을 지정하는 숫자입니다. -1, 0, 1 중에서 입력합니다. 　　　-1 : 찾는 값보다 크거나 같은 값 중 가장 작은 값을 찾습니다. 찾을 범위가 내림차순으로 되어 있어야 합니다. 　　　0 : 찾는 값과 같은 첫째 값을 찾습니다. 찾을 범위가 임의의 순서여도 됩니다. 　　　1 : 찾는 값보다 작거나 같은 값 중에서 최댓값을 찾습니다. 찾을 범위가 오름차순으로 되어 있어야 합니다.
사용 예	제품명과 지역명이 몇 번째 행, 몇 번째 열에 있는지 찾습니다. INDEX 함수에 MATCH 함수를 입력하여 표에서 매출을 가져 옵니다. =INDEX(B5:E8,MATCH(B1,A5:A8,0),MATCH(B2,B4:E4,0))

행 번호를 가져오는 ROW 함수, 열 번호를 가져오는 COLUMN 함수

ROW 함수는 행 번호를, COLUMN 함수는 열 번호를 가져옵니다. 인수를 생략하면 현재 셀의 행 번호, 열 번호를 가져오며, 인수로 셀 주소를 지정하면 해당 셀 주소의 행 번호, 열 번호를 가져옵니다. 자동으로 일련번호가 바뀌어야 할 때 주로 쓰이며, 혼자 쓰기보다는 다른 함수와 활용하는 경우가 많습니다.

함수 형식	=ROW(Reference) =COLUMN(Reference)
인수	Reference(셀 주소) : 행 번호나 열 번호를 가져올 셀 주소로, 생략하면 현재 셀의 행 번호, 열 번호를 가져옵니다.
사용 예	다음과 같이 셀에 원하는 번호를 입력하고 그 셀로부터 일련번호를 매겨야 할 때 사용하면 편리합니다. 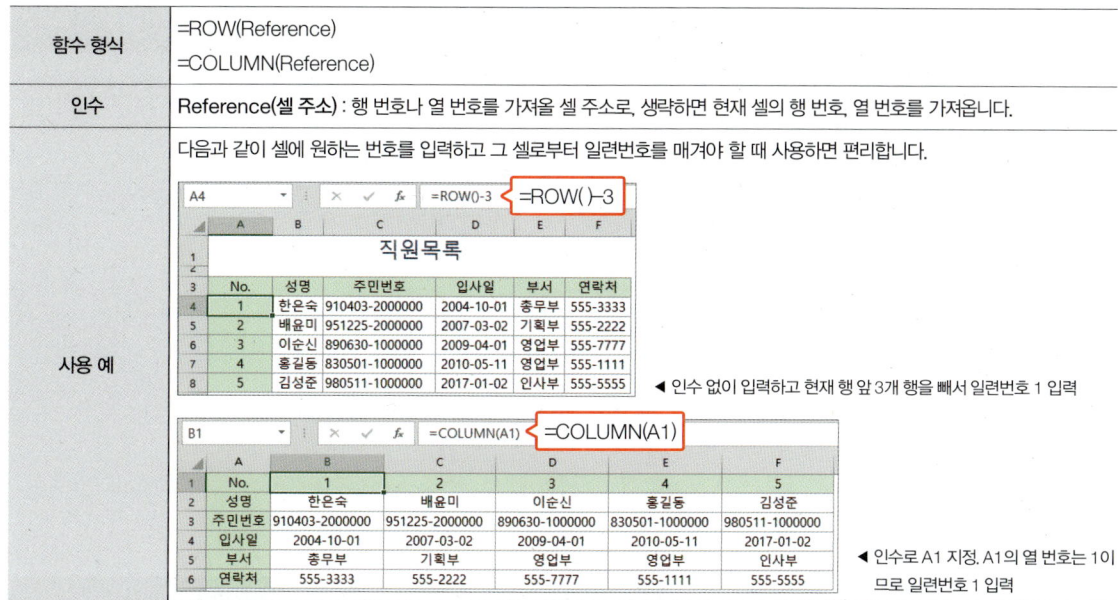

◀ 인수 없이 입력하고 현재 행 앞 3개 행을 빼서 일련번호 1 입력

◀ 인수로 A1 지정. A1의 열 번호는 1이므로 일련번호 1 입력

🔍 핵심기능실습 │ 찾기/참조 영역 함수로 데이터 가져오기

실습 파일 | CHAPTER08\매출현황표.xlsx **완성 파일** | CHAPTER08\완성\매출현황표완성.xlsx

제품코드별 단가, 제품명이 입력된 목록으로부터 제품코드를 찾아 단가와 제품명, 제품등급을 가져옵니다. 매출현황표와 운임표의 빈칸을 채우기 위해 필요한 찾기/참조 영역 함수의 사용 방법을 알아보겠습니다.

01 ROW 함수로 일련번호 매기기

ROW 함수로 일련번호를 수정하겠습니다. ❶ [B3] 셀을 클릭하고 ❷ [데이터] 탭-[정렬 및 필터] 그룹-[오름차순 정렬]을 클릭합니다. 날짜가 오름차순으로 정렬되면서 일련번호 순서가 뒤섞입니다. ❸ [A4] 셀에 =ROW()-3을 입력한 후 Enter를 누릅니다. ❹ [A4] 셀의 채우기 핸들을 더블클릭합니다. ❺ [B3] 셀을 클릭하고 ❻ [데이터] 탭-[정렬 및 필터] 그룹-[내림차순 정렬]을 클릭합니다.

날짜가 내림차순으로 정렬되지만 일련번호 순서는 그대로입니다.

바로 통하는 TIP 함수식 설명

• =ROW()-3 : 인수를 생략하면 현재 셀의 행 번호를 가져옵니다. 일련번호가 1부터 시작해야 하므로 현재 행 번호에서 일련번호에 포함하지 않을 3행을 뺍니다. '=ROW(A1)'을 입력해도 같은 결과가 나옵니다.

02 COLUMN 함수로 일련번호 매기기

COLUMN 함수로 가로 형태의 목록인 단가표의 일련번호를 입력하겠습니다. ❶ [K3] 셀에 **=COLUMN(A1)**을 입력하고 Enter 를 누릅니다. ❷ [K3] 셀의 채우기 핸들을 [O3] 셀까지 드래그합니다.

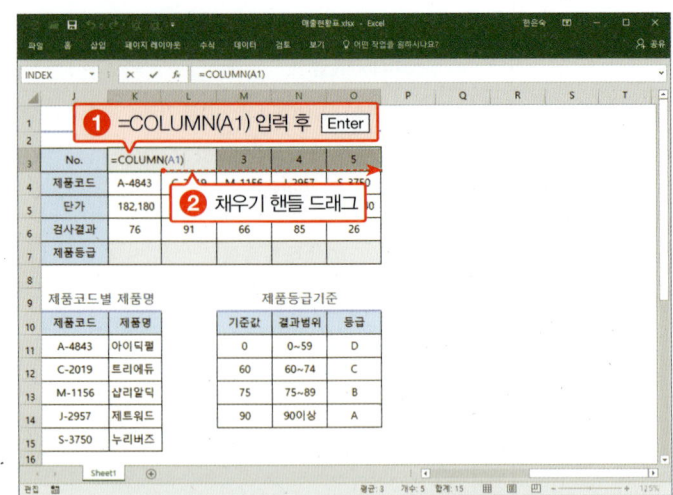

바로 통하는 TIP 함수식 설명

• =COLUMN(A1) : 인수로 지정한 [A1] 셀의 열 번호 1을 가져옵니다. '=COLUMN()−10'을 입력해도 같은 결과가 나옵니다.

03 VLOOKUP 함수로 제품등급 입력하기

검사결과 값을 제품등급기준표에서 찾아 이에 해당되는 등급을 가져오겠습니다. ❶ [K7:O7] 셀 범위를 드래그하고 ❷ **=VLOOKUP**을 입력한 후 Ctrl + A 를 누릅니다. ❸ VLOOKUP [함수 인수] 대화상자의 [Lookup_value]란에 **K6**을, ❹ [Table_array]란에 **$M$11:$O$14**를, ❺ [Col_index_num]란에 **3**을 입력합니다. ❻ [확인]을 Ctrl +클릭합니다.

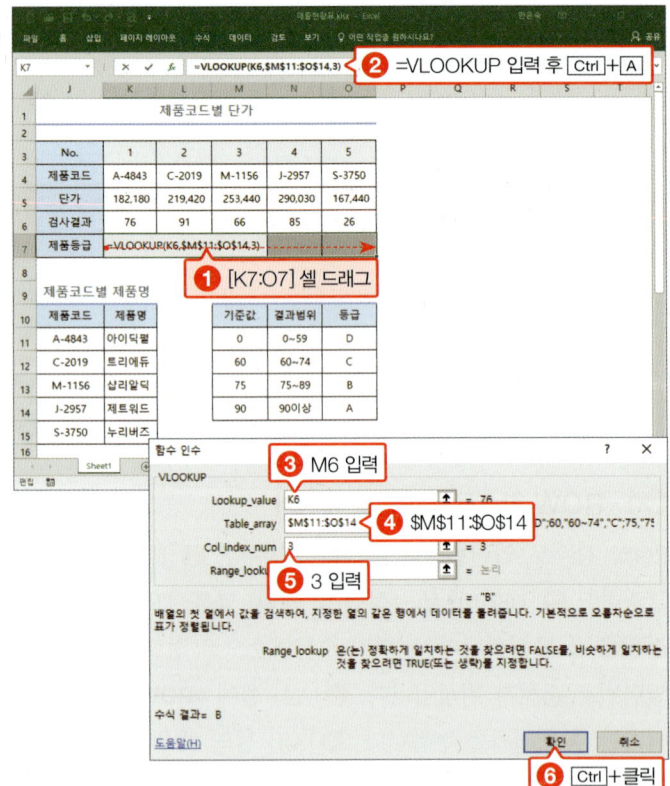

바로 통하는 TIP 인수 설명

• Lookup_value : 제품등급기준표에서 찾을 기준 값으로 검사결과 값[K6] 셀을 선택합니다.

• Table_array : [K6] 셀의 검사결과 값을 찾을 표 목록인 [M11:O14] 셀 범위를 선택합니다. 다른 셀에서 수식을 복사해도 셀 주소가 변하지 않도록 절대 참조로 입력합니다.

• Col_index_num : 표 목록에서 가져올 데이터 등급은 세 번째 열에 있으므로 '3'을 입력합니다.

• Range_lookup : 기준 값의 범위 내에서 근삿값을 찾아야 하므로 생략합니다.

표 목록(Table_array) 작성 시 주의할 점

VLOOKUP, HLOOKUP 함수로 [Table_array]란에서 참조할 표 목록을 작성할 때는 다음 사항을 꼭 지켜야 합니다.

❶ 찾는 값(Lookup_value)은 표 목록(Table_array)의 첫 번째 줄에서만 찾기 때문에 반드시 첫 번째 줄에 작성해야 합니다.

❷ 찾는 값(Lookup_value)이 숫자인 경우에는 오름차순으로 찾으므로 숫자 범위 중 가장 작은 숫자부터 조건에 해당하는 단위별로 오름차순 (작은 숫자부터 큰 숫자 순서)으로 작성해야 합니다.

다음은 표 목록(Table_array) 작성이 잘못되어 함수식의 결과에 오류가 생기거나 엉뚱한 값을 찾아온 예입니다.

제품코드별 단가						제품등급기준		
No.	1	2	3	4	5	결과범위	기준값	등급
제품코드	A-4843	C-2019	M-1156	J-2957	S-3750	0~59	0	D
단가	182,180	219,420	253,440	290,030	167,440	60~74	60	C
검사결과	76	91	66	85	26	75~89	75	B
제품등급	#N/A	#N/A	#N/A	#N/A	#N/A	90이상	90	A

▲ 찾는 값에 해당되는 열이 표 목록의 첫 번째 열이 아님

제품코드별 단가						제품등급기준		
No.	1	2	3	4	5	기준값	결과범위	등급
제품코드	A-4843	C-2019	M-1156	J-2957	S-3750	90	90이상	A
단가	182,180	219,420	253,440	290,030	167,440	75	75~89	B
검사결과	76	91	66	85	26	60	60~74	C
제품등급	D	D	#N/A	D	#N/A	0	0~59	D

▲ 표 목록의 첫 번째 열의 숫자 목록이 내림차순으로 작성됨

04 이름 정의하기

함수식을 좀 더 간단하게 만들기 위해 함수식에서 사용할 셀 범위에 미리 이름을 정의하겠습니다. ❶ [K4:O7] 셀 범위를 드래그하고 ❷ [이름 상자]에 **단가표**를 입력한 후 Enter 를 누릅니다. ❸ [J11: K15] 셀 범위를 드래그하고 ❹ [이름 상자]에 **제품목록**을 입력한 후 Enter 를 누릅니다.

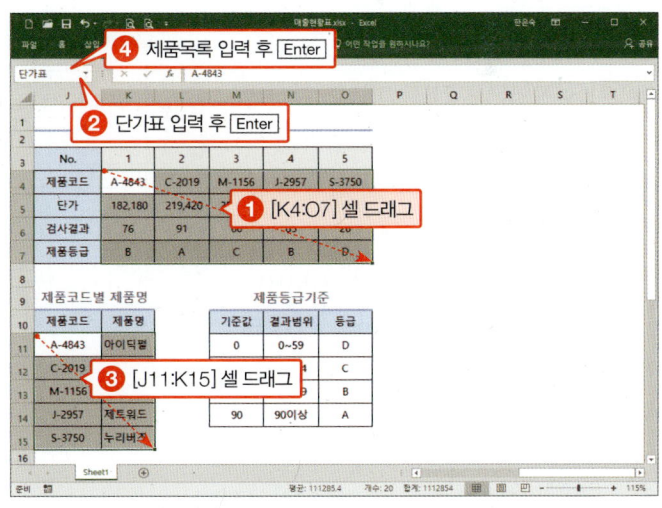

05 VLOOKUP 함수로 제품코드별 제품명 가져오기

제품코드에 따른 제품명을 제품목록표에서 가져오겠습니다. ❶ [D4:D15] 셀 범위를 드래그하고 ❷ =VLOOKUP을 입력한 후 Ctrl + A 를 누릅니다. ❸ VLOOKUP [함수 인수] 대화상자의 [Lookup_value]란에 C4를, [Table_array]란에 제품목록을, [Col_index_num]란에 2를, [Range_lookup]란에 0을 입력한 후 ❹ [확인]을 Ctrl +클릭합니다.

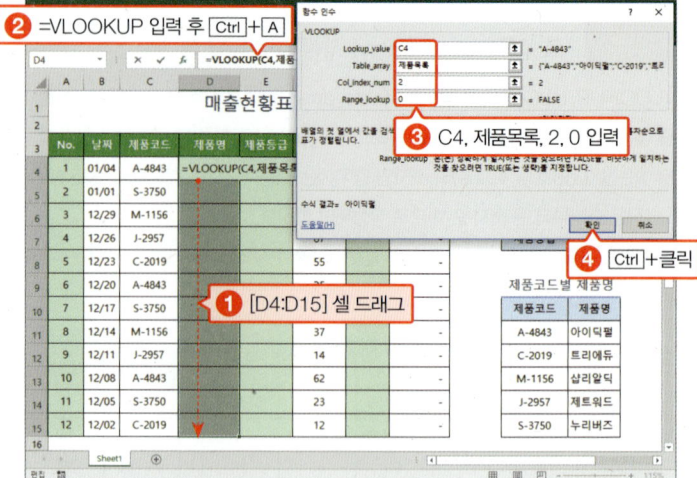

바로 통하는 TIP 인수 설명

- Lookup_value : 제품목록 범위에서 찾을 제품코드인 [C4] 셀을 지정합니다.
- Table_array : 제품코드를 찾을 표 목록 [J11:K15] 셀 범위의 이름인 '제품목록'을 입력합니다.
- Col_index_num : 제품목록 범위 중 가져올 제품명은 두 번째 열에 있으므로 '2'를 입력합니다.
- Range_lookup : 정확하게 일치하는 값을 찾아야 하므로 '0'을 입력합니다.

06 HLOOKUP 함수로 제품등급 가져오기

제품코드에 따른 제품등급을 단가표에서 가져오겠습니다. 단가표는 가로 방향 데이터 목록이므로 HLOOKUP 함수를 사용합니다. ❶ [E4:E15] 셀 범위를 드래그하고 ❷ =HLOOKUP을 입력한 후 Ctrl + A 를 누릅니다. ❸ HLOOKUP [함수 인수] 대화상자의 [Lookup_value]란에 C4를, [Table_array]란에 단가표를, [Row_index_num]란에 4를, [Range_lookup]란에 0을 입력합니다. ❹ [확인]을 Ctrl +클릭합니다.

바로 통하는 TIP 인수 설명

- Lookup_value : 단가표에서 찾을 제품코드 [C4] 셀을 선택합니다.
- Table_array : 제품코드를 찾을 [K4:O7] 셀 범위의 이름인 '단가표'를 입력합니다.
- Row_index_num : 단가표 범위 중 가져올 제품등급은 네 번째 행에 있으므로 '4'를 입력합니다.
- Range_lookup : 정확하게 일치하는 값을 찾아야 하므로 '0'을 입력합니다.

07 HLOOKUP 함수로 단가 가져오기

단가는 단가표 목록에서 두 번째 행에 있습니다. 제품등급을 구했던 함수식과 같으므로 가져올 행 번호만 2로 지정합니다. ❶ [G4:G15] 셀 범위를 드래그하고 ❷ =HLOOKUP을 입력한 후 Ctrl + A 를 누릅니다. ❸ HLOOKUP [함수 인수] 대화상자의 [Lookup_value]란에 C4를, [Table_array]란에 단가표를, [Row_index_num]란에 2를, [Range_lookup]란에 0을 입력합니다. ❹ [확인]을 Ctrl+클릭합니다.

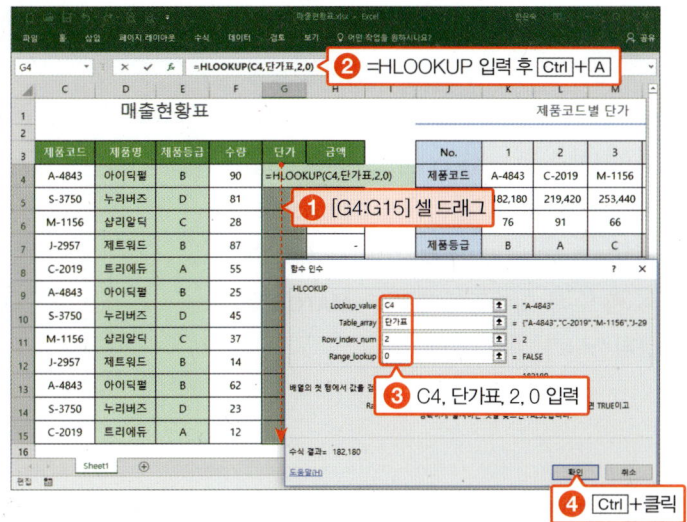

바로 통하는 TIP 인수 설명

- Lookup_value : 단가표에서 찾을 단가인 [C4] 셀을 선택합니다.
- Table_array : 단가를 찾을 [K4:O7] 셀 범위의 이름인 '단가표'를 입력합니다.
- Row_index_num : 단가표 범위 중 가져올 단가는 두 번째 행에 있으므로 '2'를 입력합니다.
- Range_lookup : 정확하게 일치하는 값을 찾아야 하므로 '0'을 입력합니다.

08 INDEX 함수로 지정된 행과 열이 교차하는 셀 값 가져오기

[D19] 셀의 지역과 [F19] 셀의 무게를 아래쪽 운임표에서 찾아 운임을 가져오겠습니다. ❶ [H19] 셀에 =INDEX를 입력하고 Ctrl + A 를 누릅니다. ❷ INDEX [인수 선택] 대화상자에서 [array,row_num,column_num]을 선택하고 ❸ [확인]을 클릭합니다.

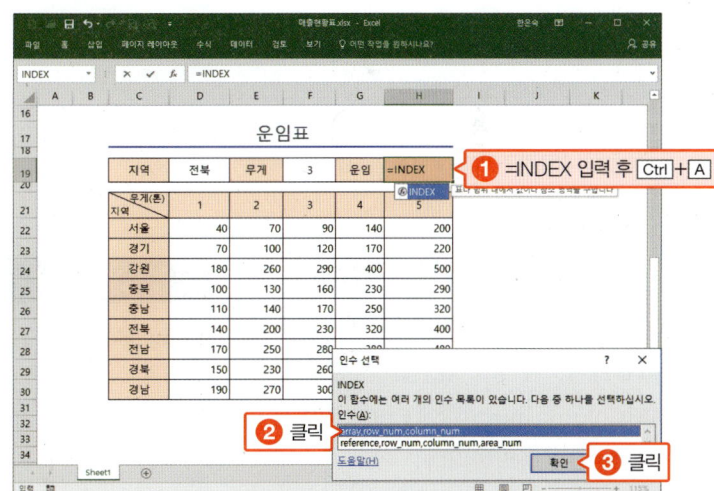

09 MATCH 함수 중첩하기

지역명이 운임표의 몇 번째 행에 있는지 행 번호를 가져오기 위해 MATCH 함수를 사용하겠습니다. ❶ INDEX [인수 선택] 대화상자에서 [Array]란에 **D22:H30**을, ❷ [Row_num]란에 **MATCH(**를 입력한 후 ❸ 수식 입력줄에 입력된 **MATCH**를 클릭합니다.

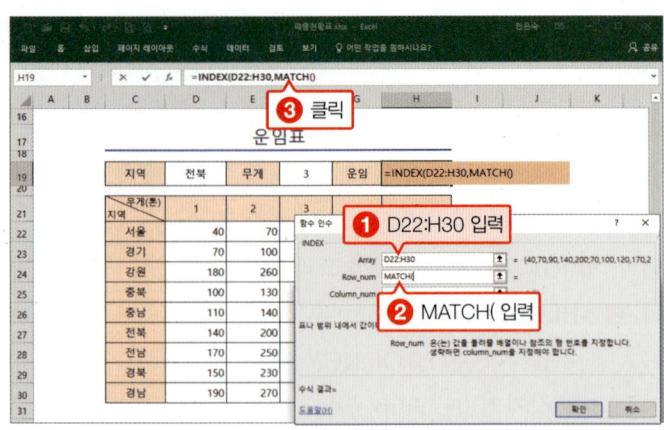

10 MATCH 함수 인수 지정하기

❶ MATCH [함수 인수] 대화상자의 [Lookup_value]란에 **D19**를, [Lookup_array]란에 **C22:C30**을, [Match_type]란에 **0**을 입력한 후 ❷ 수식 입력줄의 **INDEX**를 클릭합니다.

바로 통하는TIP 인수 설명

• Lookup_value : 몇 번째 위치에 있는지 알아볼 지역 명인 [D19] 셀을 선택합니다.
• Lookup_array : [D19] 셀의 지역명이 포함된 [C22:C30] 셀 범위를 선택합니다.
• Match_type : 목록에서 오름차순, 내림차순 여부와 상관없이 값을 찾을 것이므로 '0'을 입력합니다.

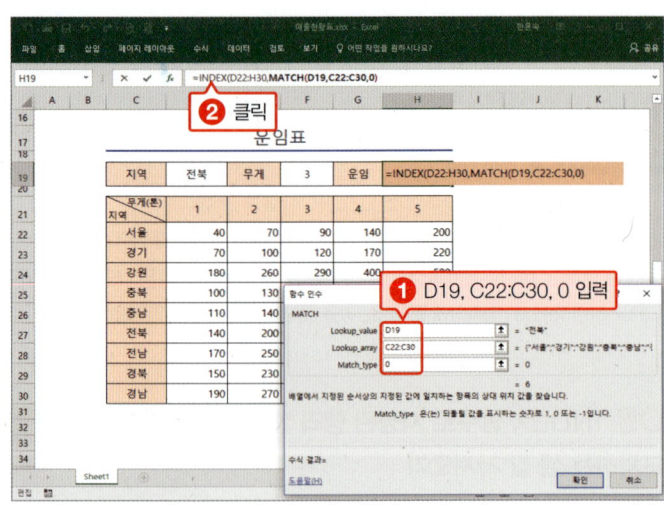

11 INDEX 함수의 인수 지정하기

다시 INDEX [함수 인수] 대화상자가 표시됩니다. 나머지 인수를 지정합니다. ❶ [Column_num]란에 **F19**를 입력하고 ❷ [확인]을 클릭합니다.

바로 통하는TIP 인수 설명

• Array : 데이터를 가져올 배열 범위로 [D22:H30] 셀 범위를 선택합니다.
• Row_num : [D19] 셀의 지역이 배열 범위에서 몇 번째 행인지 행 번호를 가져오는 MATCH 함수식을 입력합니다.
• Column_num : 무게가 숫자로 입력되어 있어 [F19] 셀의 숫자는 열 번호이므로 [F19] 셀을 선택합니다.

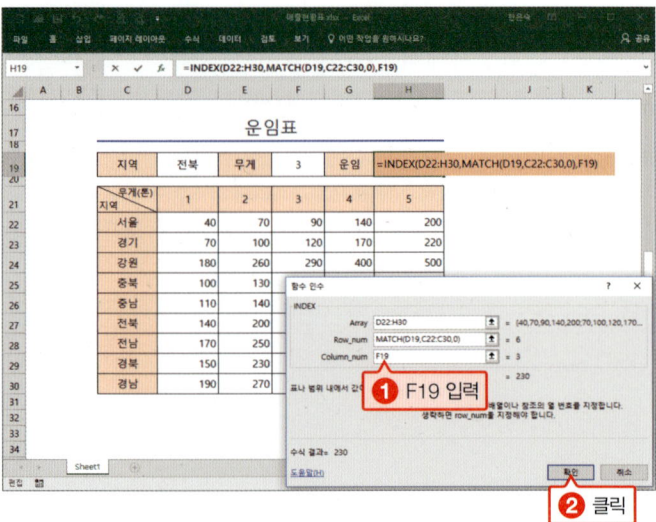

견적서에 제품 정보 찾아오기

실습 파일 | CHAPTER08\견적서.xlsx　**완성 파일** | CHAPTER08\완성\견적서완성.xlsx

다음 견적서의 빈 셀에 찾기/참조 영역 함수들을 활용하여 품명과 단위에 따라 규격, 단가를 입력하고 수량에 따라 할인율을 입력하겠습니다.

견 적 서

날짜: 2017년 12월 1일

우리 전자㈜ 귀하
아래와 같이 견적합니다.

사업장소재지	성남시 분당구 야탑동 000
상　　　호	율도무역㈜
대 표 자 성 명	홍 길 동 (인)
전 화 번 호	(031) 700-0000

합계금액 (공급가액+세액)	일금 일백이만구천오백일십원정				₩		1,029,510	
No.	품명	규격	수량	단위	할인율	단가	공급가액	세액
1	A-002	25x60	46	SET	7%	2,820	120,640	12,064
2	B-001	25x61	80	EA	12%	1,520	107,008	10,701
3	C-001	12x48	96	EA	12%	760	64,205	6,420
4	C-002	25x63	50	SET	7%	3,580	166,470	16,647
5	D-001	25x64	118	EA	15%	1,270	127,381	12,738
6	E-001	12x47	49	SET	7%	3,560	162,229	16,223
7	E-002	25x64	15	BOX	3%	12,920	187,986	18,799
* 이 하 여 백 *								
합　　계							935,919	93,592

[MEMO]

❶ 품명에 따라 규격 입력(HLOOKUP 함수)

❷ 수량에 따라 할인율 입력(VLOOKUP 함수)

❸ 규격과 단위에 따라 단가 입력(INDEX, MATCH 함수)

01 규격표와 규격의 이름 정의하기

함수식을 간단하게 작성하기 위해 규격과 단가가 입력된 범위에 이름을 정의해두겠습니다. ❶ [제품정보] 시트에서 [B1:K2] 셀 범위를 드래그하고 ❷ [이름 상자]에 **규격표**를 입력한 후 Enter 를 누릅니다. ❸ [B2:K2] 셀 범위를 드래그하고 ❹ [이름 상자]에 **규격**을 입력한 후 Enter 를 누릅니다.

02 단위와 단가표의 이름 정의하기

❶ [A3:A5] 셀 범위를 드래그하고 ❷ [이름 상자]에 **단위**를 입력한 후 Enter 를 누릅니다. ❸ [B3:K5] 셀 범위를 드래그하고 ❹ [이름 상자]에 **단가표**를 입력한 후 Enter 를 누릅니다.

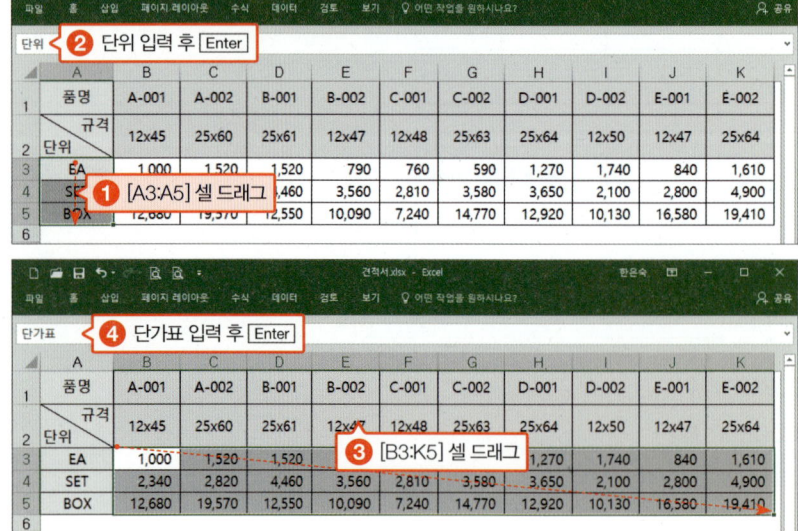

03 HLOOKUP 함수로 품명에 따라 규격 가져오기

규격표 범위는 가로 방향 데이터 목록이므로 HLOOKUP 함수를 사용해야 합니다. ❶ [견적서] 시트를 클릭합니다. ❷ [C12:C18] 셀 범위를 드래그하고 ❸ =HLOOKUP을 입력한 후 Ctrl + A 를 누릅니다. ❹ HLOOKUP [함수 인수] 대화상자의 [Lookup_value]란에 B12를, [Table_array]란에 규격표를, [Row_index_num]란에 2를, [Range_lookup]란에 0을 입력합니다. ❺ [확인]을 Ctrl +클릭합니다.

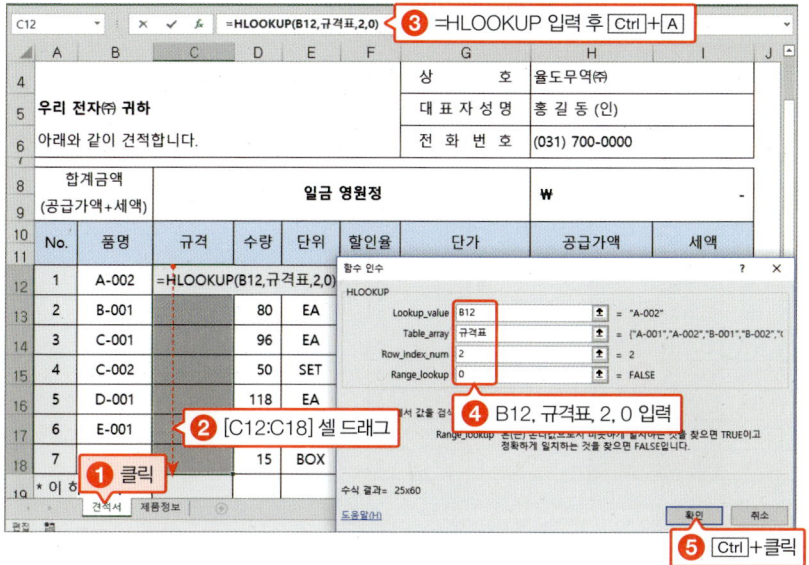

바로 통하는 TIP 인수 설명

• Lookup_value : 규격표에서 찾을 품명 [B12] 셀을 선택합니다.
• Table_array : 품명을 찾을 표 목록인 [제품정보] 시트에서 [B1:K2] 셀 범위의 이름 '규격표'를 입력합니다.
• Row_index_num : 규격표 범위 중 가져올 규격은 두 번째 행에 있으므로 '2'를 입력합니다.
• Range_lookup : 정확하게 일치하는 값을 찾아야 하므로 '0'을 입력합니다.

04 VLOOKUP 함수로 수량에 따라 할인율 가져오기

할인규정표 범위는 세로 방향 데이터 목록이므로 VLOOKUP 함수를 사용하겠습니다. ❶ [F12:F18] 셀 범위를 드래그하고 ❷ =VLOOKUP을 입력한 후 Ctrl + A 를 누릅니다. ❸ VLOOKUP [함수 인수] 대화상자의 [Lookup_value]란에 D12를, [Table_array]란에 $K$12:$L$17을, [Col_index_num]란에 2를 입력합니다. ❹ [확인]을 Ctrl +클릭합니다.

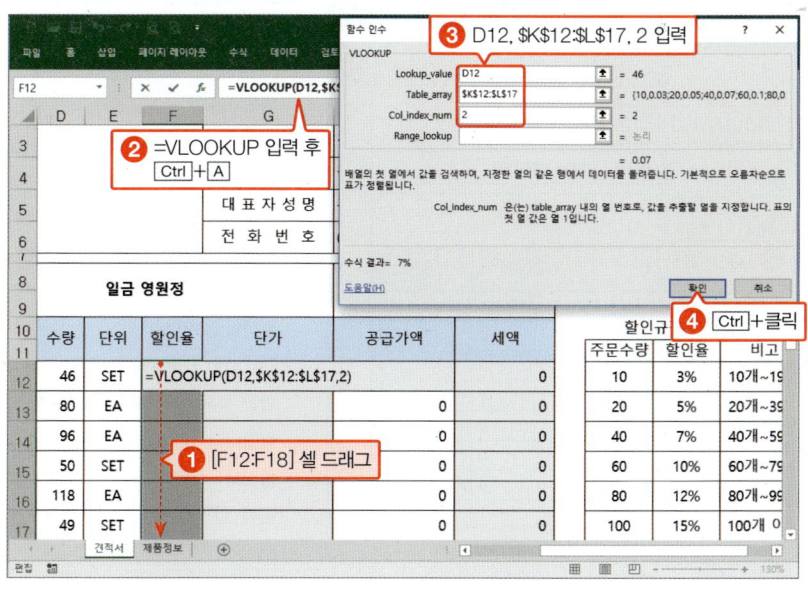

바로 통하는 TIP 인수 설명

• Lookup_value : 할인규정표에서 찾을 수량 [D12] 셀을 선택합니다.
• Table_array : 수량을 찾을 표 목록 [K12:L17] 셀 범위를 선택합니다. 다른 셀에서 수식을 복사해도 셀 주소가 변하지 않도록 절대 참조로 입력합니다.
• Col_index_num : 할인규정표 범위 중 가져올 할인율은 두 번째 열에 있으므로 '2'를 입력합니다.
• Range_lookup : 수량 범위에서 근삿값을 가져와야 하므로 생략합니다.

05 INDEX 함수로 규격과 단위에 따라 단가 가져오기

단가표 범위에서 규격과 단위를 찾아 해당하는 행과 열이 교차하는 위치의 단가를 가져오겠습니다. ❶ [G12:G18] 셀 범위를 드래그하고 ❷ =INDEX를 입력한 후 Ctrl + A 를 누릅니다. ❸ INDEX [인수 선택] 대화상자의 [array,row_num,column_num]이 선택된 상태에서 [확인]을 클릭합니다.

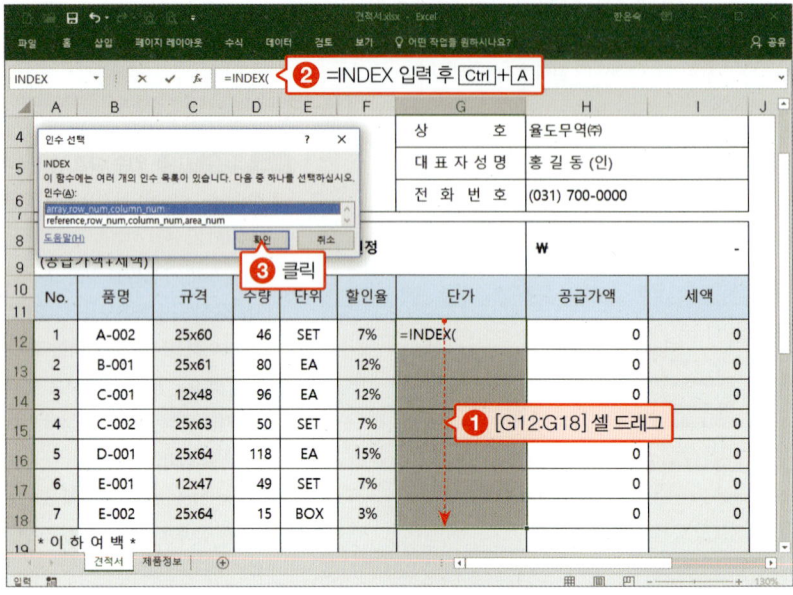

06 INDEX 함수 인수로 MATCH 함수 중첩하기

❶ INDEX [함수 인수] 대화상자의 [Array]란에 **단가표**를, [Row_num]란에 **MATCH(E12,단위,0)**을, [Column_num]란에 **MATCH(C12,규격,0)**을 입력합니다. ❷ [확인]을 Ctrl +클릭합니다. 단위와 규격이 매치되는 단가를 [제품정보] 시트의 단가표에서 찾아 표시합니다.

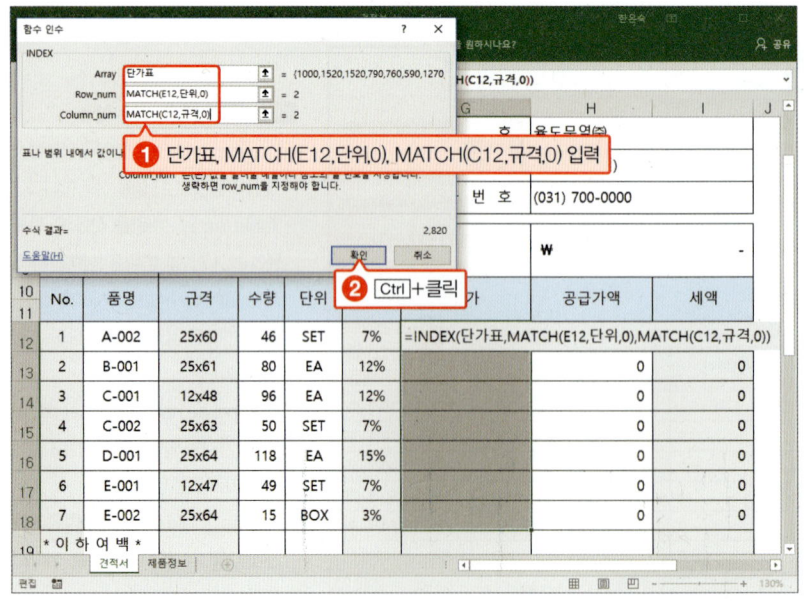

바로 통하는 TIP 인수 설명

• Array : 단가를 가져올 배열 범위로 [제품정보] 시트에서 [B3:K5] 셀 범위의 이름인 '단가표'를 입력합니다.

• Row_num : 단가표에서 세로 방향 목록인 단위의 행 번호를 입력합니다. [E12] 셀의 단위가 [제품정보] 시트의 단위 범위에서 몇 번째 행인지 행 번호를 가져오는 MATCH 함수식을 입력합니다.

• Column_num : 단가표에서 가로 방향 목록인 규격의 열 번호를 입력합니다. [C12] 셀의 규격이 [제품정보] 시트의 규격 범위에서 몇 번째 열인지 열 번호를 가져오는 MATCH 함수식을 입력합니다.

실습 파일 | CHAPTER08\여비교통비지불증.xlsx 완성 파일 | CHAPTER08\완성\여비교통비지불증완성.xlsx

다음 여비·교통비 지불증 양식의 빈 셀에 찾기/참조 영역 함수를 활용하여 데이터를 가져오도록 합니다.

여비·교통비 지불증

■ 신 청 일 :   2017년 11월 12일

취급	기안	과장	부장

사번	신청자	부서	직위	전화
LP-5427	이순신	기획부	차장	566-0000

일금 이십칠만오천원정   (₩ 275,000)

NO.	일자	출장목적	행선지 출발	행선지 도착	거리(km)	금액
1	11월 01일	세미나 진행	인천	광주	311.5	120,000
2	11월 04일	전시회 참석	서울	양평	54.6	21,000
3	11월 07일	거래처 미팅	인천	천안	111.9	60,000
4	11월 09일	교육 참석	서울	오산	38.2	14,000
5	11월 11일	교육 참석	서울	평창	169.2	60,000
* 이 하 여 백 *						

▲ 실습 파일   ▲ 완성 파일

① [정보] 시트의 각 범위에 대한 이름을 정의합니다.
- [A11:E24] 셀 범위 : 사원목록
- [H11:I16] 셀 범위 : 거리표
- [G11:G16] 셀 범위 : 도착
- [H10:I10] 셀 범위 : 출발
- [B4:H5] 셀 범위 : 지급기준

② [지불증] 시트에서 [A10] 셀의 사번을 [정보] 시트의 [사원목록] 범위에서 찾아 신청자, 부서, 직위, 전화번호를 가져옵니다. VLOOKUP 함수를 사용합니다.

③ No.는 ROW 함수를 사용하여 입력합니다.

④ [지불증] 시트에서 출발, 도착지를 [정보] 시트의 [거리표] 범위에서 찾아 거리를 입력합니다. INDEX, MATCH 함수를 사용합니다.

⑤ [지불증] 시트에서 거리를 [정보] 시트의 [지급기준] 범위에서 찾아 금액을 입력합니다. HLOOKUP 함수를 사용합니다.

수학/삼각 함수

수학/삼각 함수는 주로 숫자 계산에서 사용하는 함수입니다. 실무에서는 업무에서 사용하는 계산식을 사칙연산자로 작성하는 경우가 많습니다. 계산식을 더 짧고 간단히 작성할 수 있는 수학/삼각 함수에 대해서 살펴보겠습니다.

선택한 셀 범위의 숫자를 모두 곱하는 PRODUCT 함수

PRODUCT 함수는 선택한 셀 범위의 숫자를 모두 곱합니다. 또한 셀 범위 중간에 빈 셀이 있는 경우에는 빈 셀을 건너뛰고 곱하기 때문에 빈 셀이 포함된 셀 범위의 값을 일괄로 곱할 때 편리합니다.

함수 형식	=PRODUCT(Number1,Number2, … , Number255)
인수	Number1~Number255(수1~수255) : 곱하려는 수로 255개까지 지정할 수 있으며, 연속된 범위인 경우에는 Number1 란에 한 번에 지정해도 됩니다.
사용 예	=B2*C2*D2 =PRODUCT(B2:D2) ▲ 원가, 마진율, 수량을 곱해서 판매금액을 구하는 수식. 마진율이 빈 셀인 경우 판매금액이 0이 됨 ▲ PRODUCT 함수에서 셀 범위를 선택하면 빈 셀은 무시하고 곱함

지정된 배열끼리 곱하고 더하는 SUMPRODUCT 함수

SUMPRODUCT 함수는 지정한 배열끼리 대응되는 값을 곱한 후 곱한 결과의 합계를 구합니다. PRODUCT 함수와는 달리 배열 안에 빈 셀이 있는 경우 빈 셀을 0으로 곱합니다.

함수 형식	=SUMPRODUCT(Array1,Array2, … , Array255)
인수	Array1~Array255(배열1~배열255) : 계산할 배열로 2~255개의 배열을 지정할 수 있습니다. 배열의 차원은 모두 같아야 하며 같지 않으면 #VALUE! 오류가 반환됩니다.

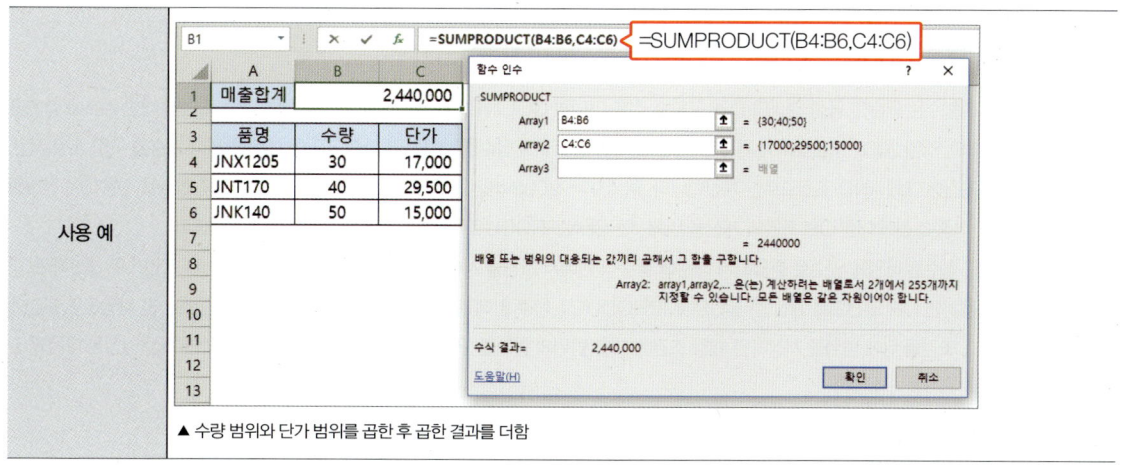

사용 예	

▲ 수량 범위와 단가 범위를 곱한 후 곱한 결과를 더함

다중 조건에 대한 합계를 구하는 SUMIFS 함수

SUMIFS 함수는 여러 가지 조건을 만족하는 경우에 해당하는 셀의 합계를 구합니다.

함수 형식	=SUMIFS(Sum_range,Criteria_range1,Criteria1, … , Criteria_range127,Criteria127)
인수	Sum_range(합계 범위) : 합계를 구할 범위로 숫자, 이름, 참조 범위를 지정합니다. 빈 셀이나 텍스트 값은 무시됩니다. Criteria_range(조건 범위) : 조건에 맞는지 검사할 범위로 이름, 배열, 참조 범위를 지정합니다. 다음에 오는 [Criteria]란의 조건 인수와 짝을 이루며 127개까지 지정할 수 있습니다. Criteria(조건) : 숫자, 수식, 셀 참조 또는 텍스트 형식의 조건으로서 앞에 있는 [Criteria_range]란의 조건 범위 인수와 짝을 이루며 127개까지 지정할 수 있습니다.

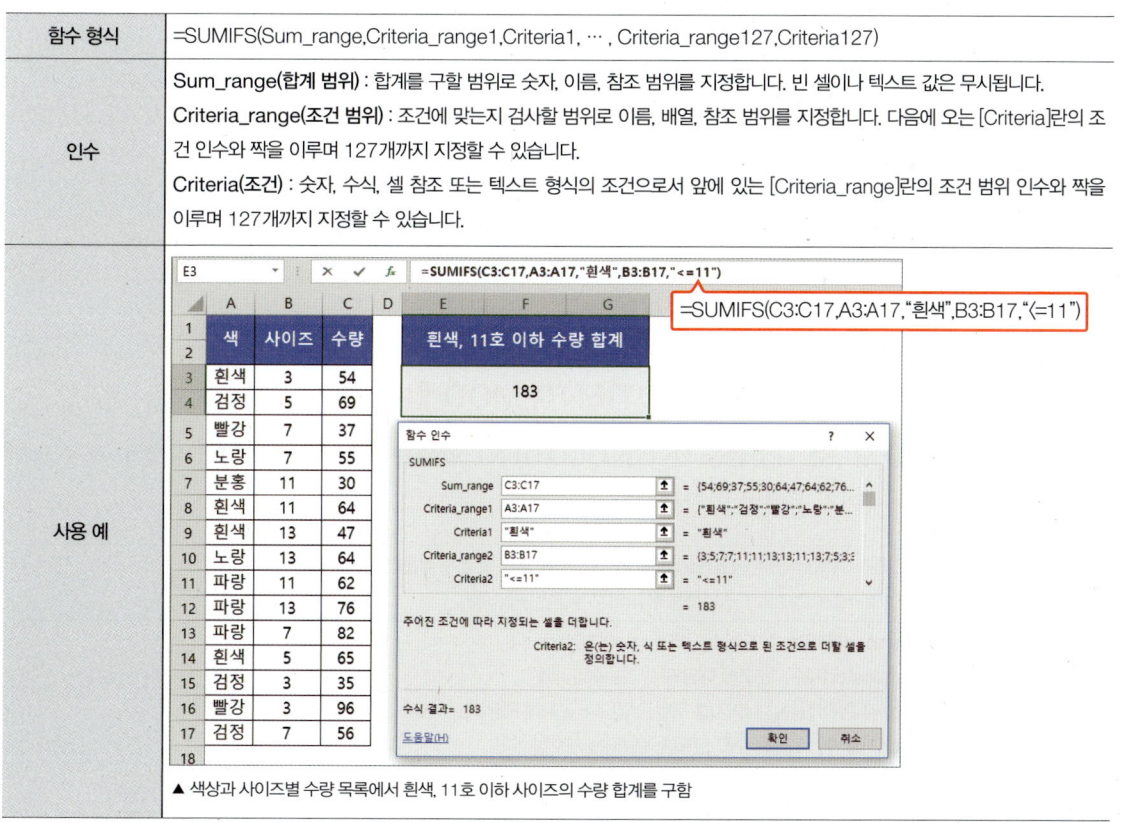

▲ 색상과 사이즈별 수량 목록에서 흰색, 11호 이하 사이즈의 수량 합계를 구함

SUMPRODUCT 함수로 다중 조건에 대한 개수와 합계 구하기

SUMPRODUCT 함수는 단순한 곱셈 결과의 합을 구하는 것뿐 아니라 COUNTIFS나 SUMIFS 함수처럼 다중 조건에 대한 개수나 합계를 구할 때도 사용됩니다. 엑셀 2007 버전부터 추가된 SUMIFS, COUNTIFS 함수를 사용하면 다중 조건에 대한 합계나 개수를 구할 수 있지만, 이 함수들은 다중 조건에 대해 AND 조건으로만 계산합니다. 엑셀 97~2003 버전 사용자를 위해 SUMPRODUCT 함수를 사용하여 작성해야 할 경우도 있고, 다중 조건에 대한 OR 조건의 계산을 위해서는 SUMPRODUCT 함수를 사용해야 할 경우도 있습니다.

SUMPRODUCT 함수는 배열을 인수로 취급하기 때문에 함수식 안에서 조건들 사이에 별표(*) 기호를 사용하면 AND 조건으로 계산하고, 더하기(+) 기호를 사용하면 OR 조건으로 계산합니다. SUMPRODUCT 함수 안에 별표(*)나 더하기(+) 기호로 연결한 조건만 나열하면 조건에 대한 개수를 구하고, 조건들 뒤에 범위를 지정하면 해당 조건에 대한 범위의 합계를 구합니다. 다중 조건에 대한 구체적인 계산 방식은 다음과 같습니다.

• **다중 조건에 대한 개수**

=SUMPRODUCT((조건1)*(조건2)* … *(조건N)) → 여러 조건이 모두 맞는 경우의 개수를 구합니다(AND 조건).

=SUMPRODUCT((조건1)+(조건2)+ … +(조건N)) → 여러 조건 중 한 가지라도 맞는 경우의 개수를 구합니다(OR 조건).

• **다중 조건에 대한 합계**

=SUMPRODUCT((조건1)*(조건2)* … *(조건N),범위) → 여러 조건이 모두 맞는 경우의 범위 합계를 구합니다(AND 조건).

=SUMPRODUCT((조건1)+(조건2)+ … +(조건N),범위) → 여러 조건 중 한 가지라도 맞는 경우의 범위 합계를 구합니다(OR 조건).

앞서 SUMIFS 함수로 구했던 것을 SUMPRODUCT 함수로 구하려면 다음과 같이 작성합니다.

=SUMPRODUCT((A3:A17="흰색")*(B3:B17<=11),C3:C17)

	A	B	C	D	E	F	G	H	I
1	색	사이즈	수량		흰색, 11호 이하 수량 합계				
2									
3	흰색	3	54		=SUMPRODUCT((A3:A17="흰색")*(B3:B17<=11),C3:C17)				
4	검정	5	69						

나눗셈의 몫과 나머지를 구하는 QUOTIENT, MOD 함수

QUOTIENT와 MOD 함수는 나눗셈을 합니다. QUOTIENT 함수는 나눗셈을 한 후 몫의 정수 부분만 반환하고 MOD 함수는 나머지 부분만 반환합니다.

함수 형식	=QUOTIENT(Numerator,Denominator) → 나눗셈 후 몫의 정수 부분만 구합니다. =MOD(Number,Divisor) → 나눗셈 후 나머지 부분만 구합니다.
인수	Numerator(피제수) : 분자에 해당되는 나누어질 수입니다. Denominator(제수) : 분모에 해당되는 나눌 수입니다. Number(나누어질 수) : 나머지를 구할 수입니다. 분자에 해당되는 피제수입니다. Divisor(나눌 수) : 나누는 수로 분모에 해당되는 제수입니다.
사용 예	 ▲ 납입횟수를 12로 나눈 몫으로 연수를 구함 ▲ 납입횟수를 12로 나눈 나머지로 개월 수를 구함

간이세금계산서에 계산 항목 채우기

실습 파일 | CHAPTER08\간이세금계산서.xlsx   완성 파일 | CHAPTER08\완성\간이세금계산서완성.xlsx

[거래현황] 시트에 수집된 데이터를 이용하여 [계산서] 시트의 일자별 품목별 수량 합계를 계산하고 원가, 마진율, 할인율을 곱하여 단가를 구하겠습니다. 계산서의 할인율에는 수량이 15 이상이면 90%, 나머지는 빈칸으로 표시하는 IF 함수식이 작성되어 있습니다. 금액란에는 MID 함수로 '수량*단가'의 결과가 한 셀에 한 글자씩 입력되도록 작성되어 있습니다. 수량 범위와 단가 범위를 배열끼리 곱하고 더하여 합계 금액을 표시한 후 합계 금액을 1.1로 나누어 공급가와 부가세를 구합니다. 또한 계산서 목록의 5행마다 빨간색 실선을 표시하여 구분해보겠습니다.

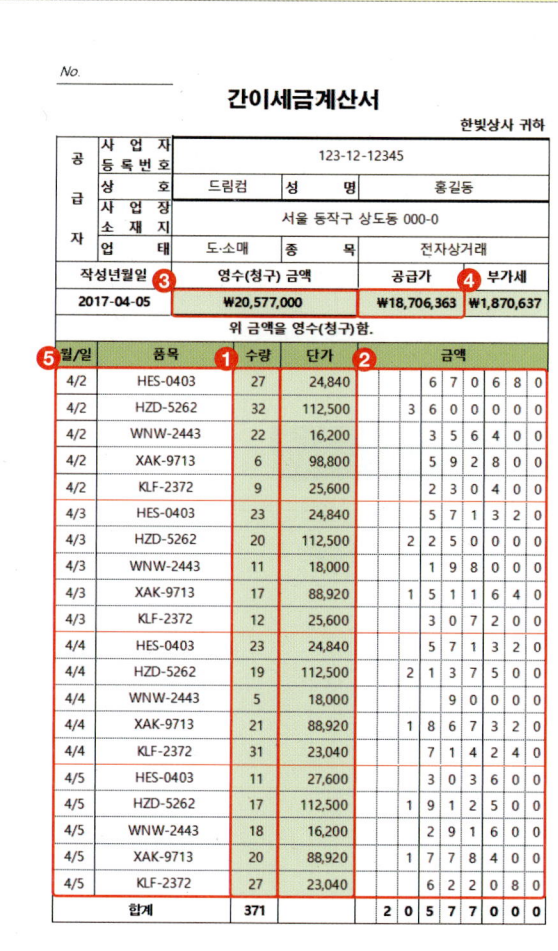

❶ 일자별, 품목별 수량합계 구하기
   (SUMIF 함수)

❷ 원가, 마진율, 할인율을 곱하여 단가
   구하기(PRODUCT 함수)

❸ 합계금액 구하기
   (SUMPRODUCT 함수)

❹ 합계금액을 1.1로 나눈 공급가 구하기
   (QUOTIENT 함수)

❺ 조건부 서식으로 5행마다 빨간색 테
   두리 표시(MOD 함수)

01 이름 정의하기

① [거래현황] 시트에서 [A2] 셀을 클릭하고 Ctrl + A 를 눌러 표 전체 범위를 선택합니다. ② [수식] 탭-[정의된 이름] 그룹-[선택 영역에서 만들기]를 클릭합니다. ③ [선택 영역에서 이름 만들기] 대화상자에서 [첫 행]에만 체크 표시하고 ④ [확인]을 클릭합니다.

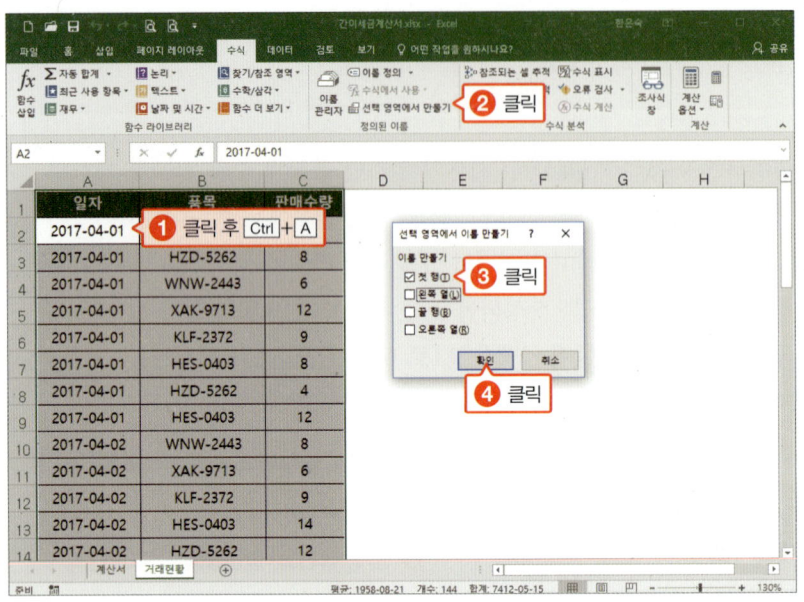

02 SUMIFS 함수로 일자별 품목별 수량 합계 구하기

[거래현황] 시트에 있는 일자별 품목별 데이터의 판매수량을 합산하여 [계산서] 시트에 입력해보겠습니다. ① [계산서] 시트를 클릭하고 ② [G12:G31] 셀을 드래그합니다. ③ =SUMIFS를 입력한 후 Ctrl + A 를 누릅니다.

03 SUMIFS 함수 인수 지정하기

❶ SUMIFS [함수 인수] 대화상자의 [Sum_range]란에 **판매수량**을, [Criteria_range1]란에 **일자**를, [Criteria1]란에 **A12**를, [Criteria_range2]란에 **품목**을, [Criteria2]란에 **B12**를 입력합니다. ❷ [확인]을 Ctrl+클릭합니다. [거래현황] 시트에서 일자가 월/일과 일치하고 품목이 일치하는 판매수량의 합계가 구해집니다.

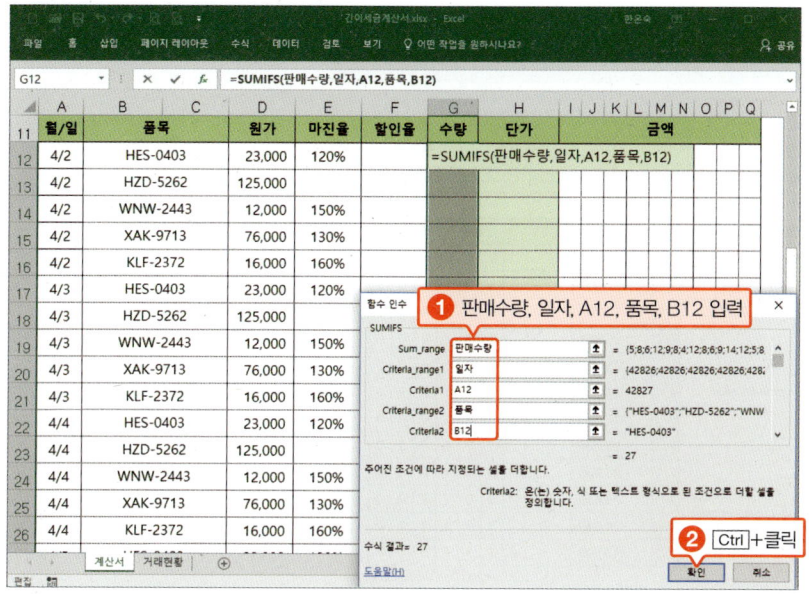

바로 통하는TIP 인수 설명

- Sum_range : 합계를 구할 범위로 [거래현황] 시트의 [C2:C48] 셀 범위의 이름인 '판매수량'을 입력합니다.
- Criteria_range1 : 첫 번째 조건 범위로 [거래현황] 시트의 [A2:A48] 셀 범위의 이름인 '일자'를 입력합니다.
- Criteria1 : 첫 번째 조건 범위에서 확인할 조건인 날짜가 입력된 [A12] 셀을 선택합니다.
- Criteria_range2 : 두 번째 조건 범위로 [거래현황] 시트의 [B2:B48] 셀 범위의 이름인 '품목'을 입력합니다.
- Criteria2 : 두 번째 조건 범위에서 확인할 조건인 품목명이 입력된 [B12] 셀을 선택합니다.

04 PRODUCT 함수로 원가, 마진율, 할인율 곱하여 단가 구하기

원가, 마진율, 할인율을 곱하되, 빈 셀을 무시하고 곱해야 하므로 PRODUCT 함수를 사용해보겠습니다. ❶ [H12:H31] 셀 범위를 드래그하고 ❷ **=PRODUCT**를 입력한 후 Ctrl+A를 누릅니다. ❸ PRODUCT [함수 인수] 대화상자의 [Number1]란에 **D12:F12**를 입력한 후 ❹ [확인]을 Ctrl+클릭합니다. 단가가 입력되면 금액도 채워집니다.

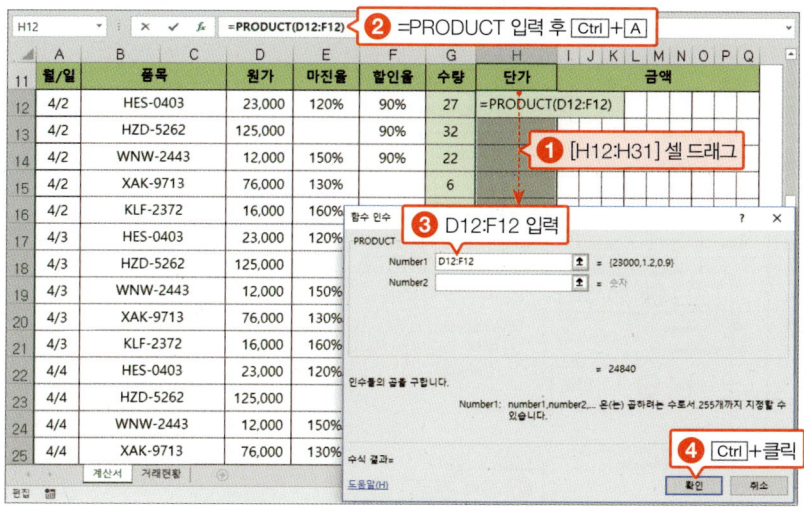

바로 통하는TIP 금액은 '수량*단가'의 결과가 한 셀에 한 글자씩 입력되도록 각 셀에 MID 함수가 작성되어 있습니다.

05 SUMPRODUCT 함수로 합계금액 구하기

계산서 금액란의 숫자로는 합계를 구할 수 없으므로 수량과 단가의 범위를 곱한 후 곱한 결과를 더하는 SUMPRODUCT 함수로 합계를 구해보겠습니다. ❶ [C9] 셀에 =**SUMPRODUCT**를 입력하고 Ctrl + A 를 누릅니다. ❷ SUMPRODUCT [함수 인수] 대화상자의 [Array1]란에 **G12:G31**을, ❸ [Array2]란에 **H12:H31**을 입력합니다. ❹ [확인]을 클릭합니다. 수량 범위와 단가 범위를 곱한 후 결과가 모두 더해져 값이 표시됩니다.

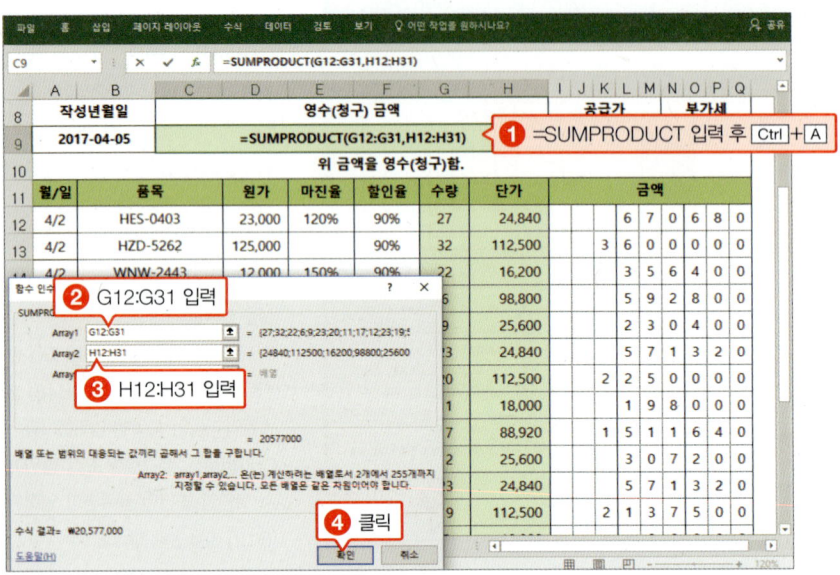

06 QUOTIENT 함수로 합계금액을 1.1로 나눈 공급가 구하기

합계금액을 1.1로 나눈 몫을 구하여 공급가를 구하겠습니다. ❶ [I9] 셀에 =**QUOTIENT**를 입력한 후 Ctrl + A 를 누릅니다. ❷ QUOTIENT [함수 인수] 대화상자의 [Numerator]란에 **C9**를 입력하고 ❸ [Denominator]란에 **1.1**을 입력합니다. ❹ [확인]을 클릭합니다.

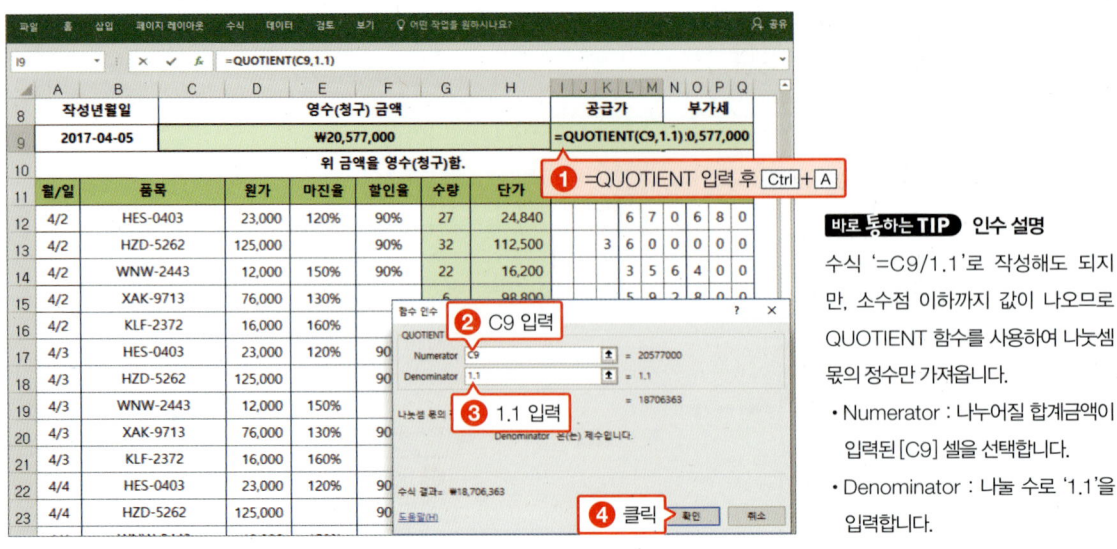

바로 통하는 TIP 인수 설명

수식 '=C9/1.1'로 작성해도 되지만, 소수점 이하까지 값이 나오므로 QUOTIENT 함수를 사용하여 나눗셈 몫의 정수만 가져옵니다.

- Numerator : 나누어질 합계금액이 입력된 [C9] 셀을 선택합니다.
- Denominator : 나눌 수로 '1.1'을 입력합니다.

07 조건부 서식에 MOD 함수로 목록의 5행마다 빨간색 테두리 표시하기

품목이 다섯 개이므로 5행마다 빨간색으로 아래쪽 테두리를 표시해 구분하겠습니다. ❶ [A12:Q31] 셀 범위를 드래그하고 ❷ [홈] 탭-[스타일] 그룹-[조건부 서식]을 클릭한 후 ❸ [새 규칙]을 선택합니다. ❹ [새 서식 규칙] 대화상자의 [규칙 유형 선택]에서 [수식을 사용하여 서식을 지정할 셀 결정]을 선택하고 ❺ 수식 입력란에 **=MOD(ROW()−11,5)=0**을 입력한 후 ❻ [서식]을 클릭합니다.

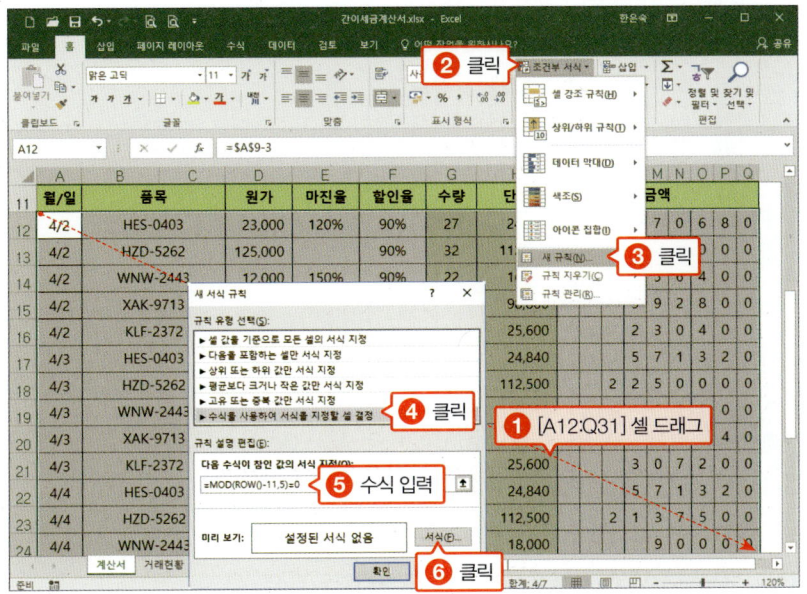

바로 통하는 TIP 함수식 설명
- =MOD(ROW( )−11,5)=0 : 행 번호(ROW( )−11)를 5로 나눈 나머지가 0이 되는 수식입니다.

08 서식 지정하기

❶ [셀 서식] 대화상자에서 [테두리] 탭을 클릭하고 ❷ [색] 목록에서 [빨강]을 선택합니다. ❸ [아래쪽 테두리]를 클릭하고 ❹ [확인]을 클릭합니다. ❺ [새 서식 규칙] 대화상자에서 [확인]을 클릭합니다.

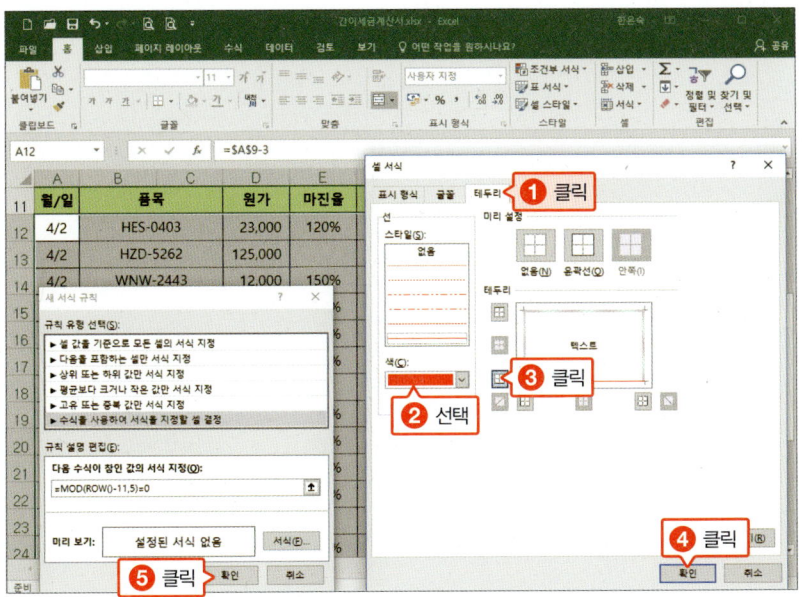

09 열 숨기기

계산서에서 보여줄 필요가 없는 원가, 마진율, 할인율 열을 숨기겠습니다. ❶ [D:F] 열 머리글을 드래그한 후 ❷ 마우스 오른쪽 버튼을 클릭하고 ❸ [숨기기]를 선택합니다.

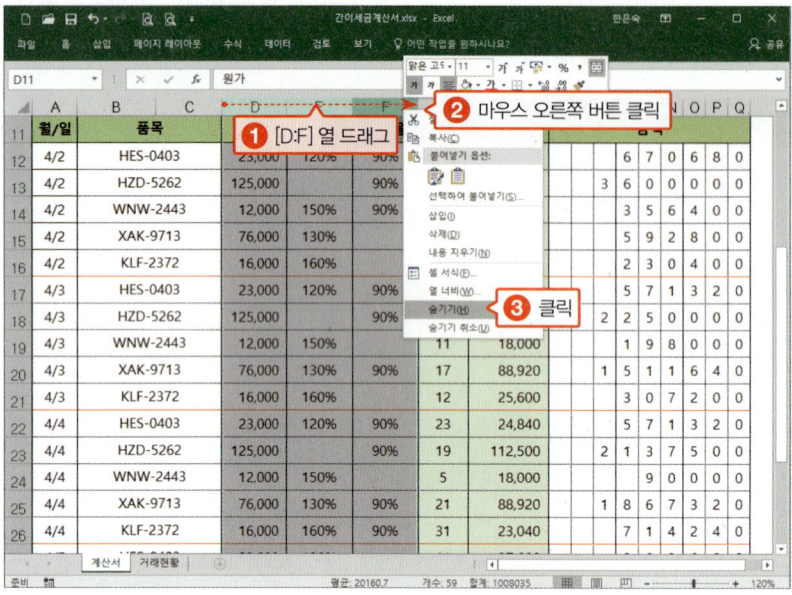

워크시트에 일러스트레이션 넣기

숫자 데이터의 의미를 효과적으로 나타내기 위해 도형이나 그림을 사용할 수 있습니다. 도형에 셀 내용을 연결할 수 있으며, 도형을 직접 그리지 않아도 엑셀에서 제공하는 다양한 스마트아트 그래픽을 삽입할 수 있습니다. 엑셀 문서에서 데이터를 시각적으로 표현하는 방법을 알아보겠습니다.

SECTION 01

도형 삽입하기

[삽입] 탭–[일러스트레이션] 그룹–[도형]을 클릭하면 다양한 디자인의 도형을 삽입할 수 있습니다. 삽입한 도형을 다른 형태로 편집할 수 있으며 도형 스타일을 변경할 수 있습니다.

도형 그리기

도형을 삽입할 때 도형 종류에 따라 그리기 방식이 다릅니다.

❶ **클릭** : 삽입할 도형을 선택한 후 삽입할 위치를 클릭하면 기본 크기로 도형이 삽입됩니다.

❷ **드래그** : 직사각형이나 타원 등은 드래그하여 가로, 세로 비율과 크기를 자유롭게 그릴 수 있습니다.

❸ Shift+**드래그** : 가로, 세로 비율이 같은 크기로 삽입됩니다.

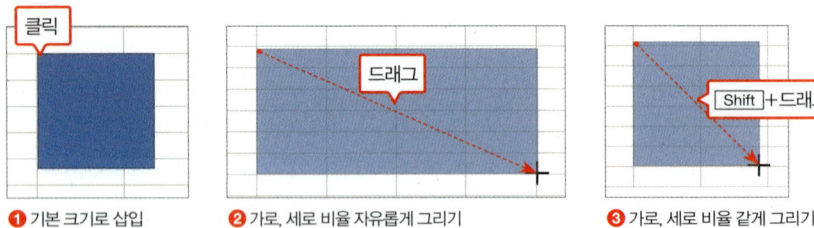

❶ 기본 크기로 삽입   ❷ 가로, 세로 비율 자유롭게 그리기   ❸ 가로, 세로 비율 같게 그리기

❹ Ctrl+**드래그** : 도형의 중심을 기준으로 삽입됩니다.

❺ Alt+**드래그** : 워크시트의 눈금선에 맞춰 삽입됩니다.

❻ **곡선, 자유형** : 곡선이나 자유형을 선택한 후 처음 시작하는 위치에서 클릭하고 다른 자리를 클릭하면 선이 이어집니다. 그리기를 마칠 때는 처음 시작한 점을 클릭하거나 중간에 더블클릭합니다.

❹ 도형의 중심을 기준으로 그리기   ❺ 눈금선에 맞춰 그리기   ❻ 곡선으로 그리기

그리기 도구

● [서식] 탭

도형이 선택되면 리본 메뉴에 [그리기 도구]–[서식] 탭이 표시됩니다. 각 항목을 사용해 새 도형을 삽입하거나 선택된 도형의 모양을 변경하고 도형의 스타일, 정렬 방식 등을 지정합니다.

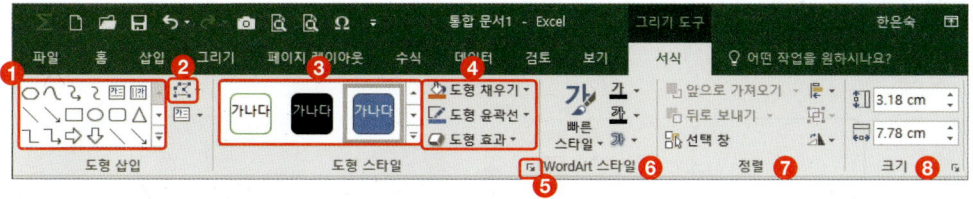

① **도형 갤러리** : 새 도형을 선택한 후 삽입합니다.

② **도형 편집** : 선택한 도형 모양을 변경하거나 점 편집을 통해 변형합니다.

③ **빠른 스타일 갤러리** : 채우기, 윤곽선, 효과 등이 미리 정의된 스타일 항목을 선택합니다.

④ **도형 서식** : 채우기, 윤곽선, 효과 등을 지정합니다.

⑤ **[도형 서식] 작업 창 표시** : 워크시트 오른쪽에 [도형 서식] 작업 창이 표시됩니다.

⑥ **WordArt 스타일** : 도형에 텍스트를 입력한 경우 텍스트 서식을 지정합니다.

⑦ **정렬** : 여러 도형을 선택한 경우 맞춤, 정렬, 회전 옵션을 선택합니다.

⑧ **크기** : 도형의 크기를 지정합니다.

● 미니 도구 모음과 단축 메뉴, [도형 서식] 작업 창

도형에서 마우스 오른쪽 버튼을 클릭하면 스타일, 채우기, 윤곽선을 선택할 수 있는 미니 도구 모음과 편집, 정렬, 도형 서식 관련 항목을 선택할 수 있는 단축 메뉴가 표시됩니다. 또한 워크시트 오른쪽에 [도형 서식] 작업 창을 표시하면 더 자세한 서식을 선택할 수 있습니다. [그리기 도구]–[서식] 탭–[도형 스타일] 그룹의 [도형 서식 작업 창 표시 ⬚]를 클릭하면 [도형 옵션]의 [채우기 및 선]이 선택된 상태로 작업 창이 표시됩니다. [WordArt 스타일] 그룹의 [도형 서식 작업 창 표시 ⬚]를 클릭하면 [텍스트 옵션]이 선택된 상태로, [크기] 그룹의 [도형 서식 작업 창 표시 ⬚]를 클릭하면 [도형 옵션]의 [크기 및 속성]이 선택된 상태로 작업 창이 표시됩니다.

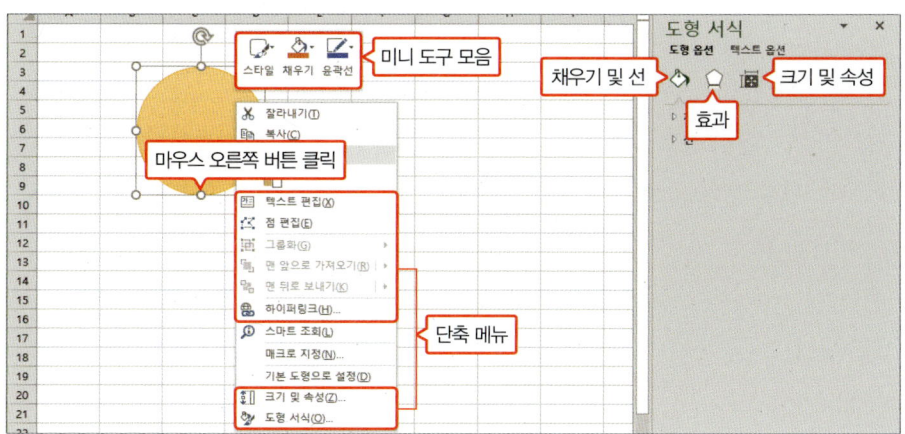

도형 편집

도형 선택

색이나 무늬 등으로 채워져 있는 도형은 면을 클릭하고, 채워지지 않은 도형은 선을 클릭하여 선택합니다. 여러 도형을 한 번에 선택할 때는 ❶ 첫 번째 도형을 클릭한 후 ❷ 두 번째 도형부터 Shift +클릭합니다. 선택할 도형이 많을 때에는 [홈] 탭-[편집] 그룹-[찾기 및 선택]을 클릭하고 [개체 선택]을 선택한 후 도형이 모두 포함되도록 드래그하여 한 번에 선택할 수 있습니다.

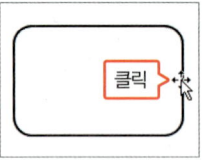

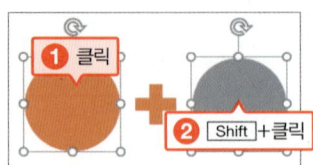

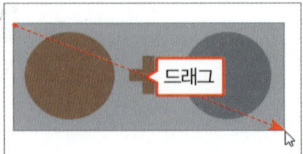

▲면을 클릭하여 선택　　▲선을 클릭하여 선택　　▲Shift +클릭하여 선택　　▲[개체 선택] 사용

개체 조절점

도형을 선택하면 크기 조절점과 회전 조절점이 표시되며 모양을 조절할 수 있는 도형은 모양 조절점도 표시됩니다. 조절점을 드래그하면 크기나 모양을 조절하거나 회전할 수 있습니다. 조절점은 도형뿐 아니라 그림이나 차트 등의 워크시트 개체에 동일하게 적용됩니다.

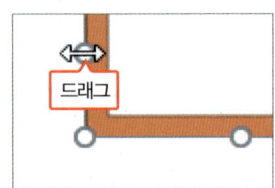

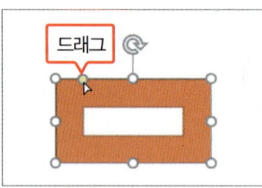

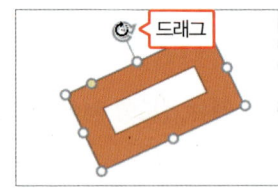

▲크기 조절　　　　　　▲모양 조절　　　　　　▲회전

도형으로 시트 이동 메뉴 만들기

실습 파일 | CHAPTER09\프로젝트순서도.xlsx **완성 파일** | CHAPTER09\완성\프로젝트순서도완성.xlsx

일부가 완성되어 있는 프로젝트 순서도에 도형을 삽입한 후 하이퍼링크 기능을 사용하여 시트 간에 이동할 수 있는 메뉴를 만들어보고 도형에 셀 내용을 연결해보겠습니다.

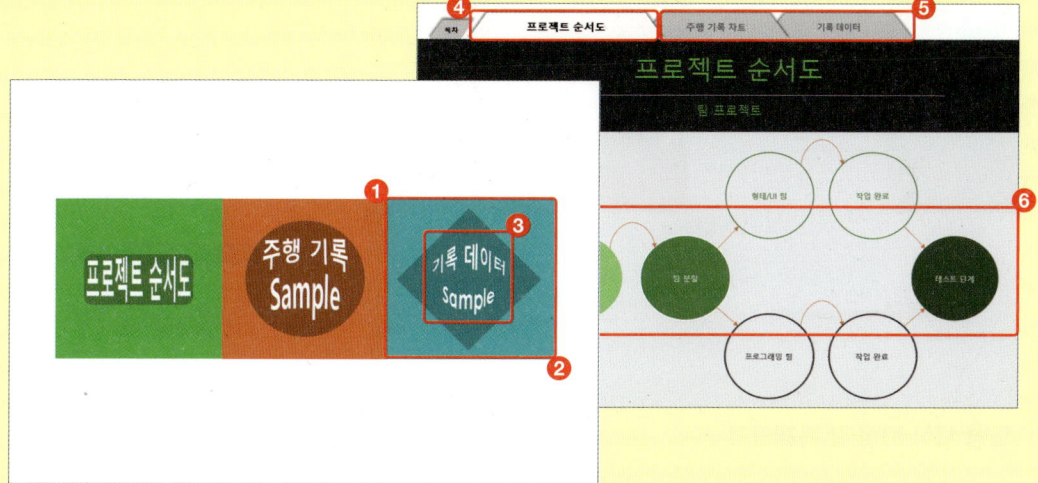

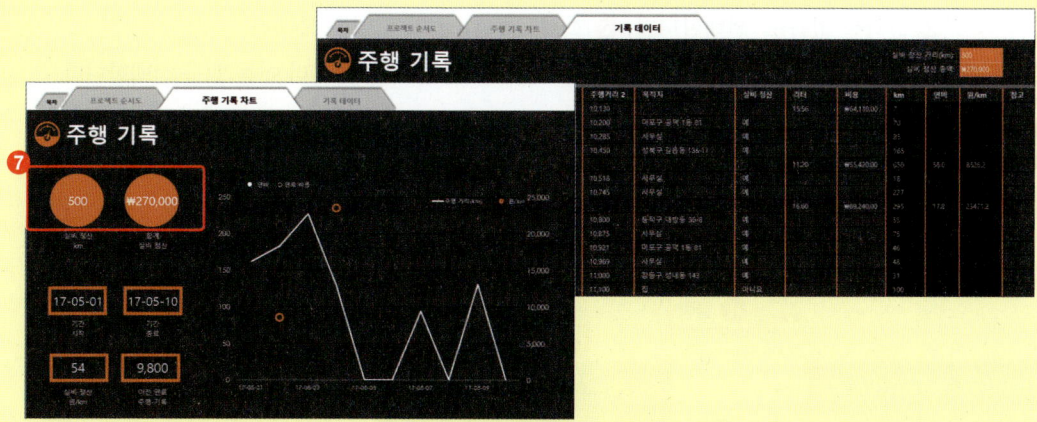

❶ 눈금선에 맞춰 도형 삽입 및 빠른 스타일 지정 ❷ 도형 복제 및 모양 변경

❸ 텍스트 변환 및 하이퍼링크 ❹ 도형 모양 조절 및 효과 지정

❺ 도형 순서 정렬 ❻ 도형 위치 및 간격 맞춤

❼ 도형에 셀 연결

01 눈금선에 맞추어 도형 삽입하기

[목차] 시트에는 각 시트로 이동할 도형이 삽입되어 있습니다. [기록 데이터] 시트와 연결할 도형을 삽입해 보겠습니다. ❶ [삽입] 탭-[일러스트레이션] 그룹-[도형]을 클릭한 후 ❷ [사각형]-[직사각형]을 선택합니다. ❸ [J5] 셀에서 [M17] 셀까지 Alt +드래그합니다.

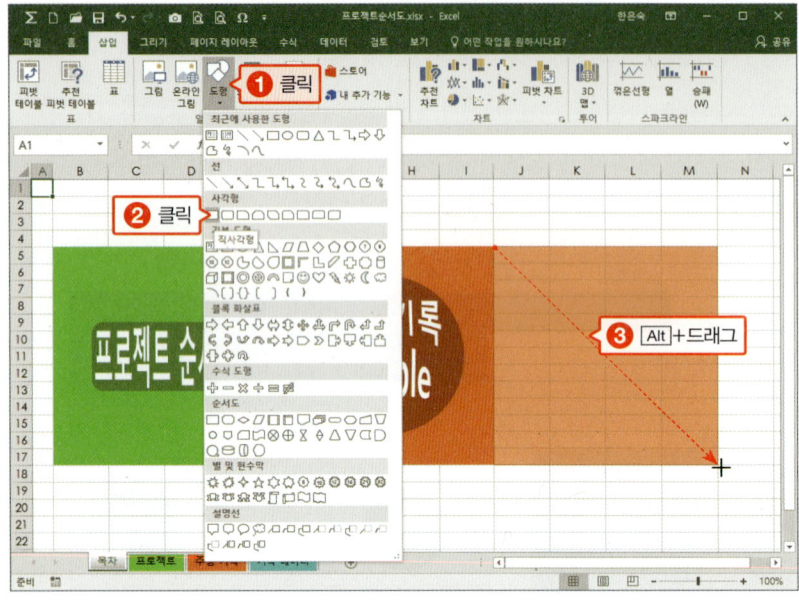

바로 통하는 TIP 도형을 삽입할 때 Alt +드래그하면 셀 눈금선에 맞추어 도형이 작성됩니다.

02 도형 서식 지정 및 복제하기

❶ 도형이 선택된 상태에서 [그리기 도구]-[서식] 탭-[도형 스타일] 그룹의 빠른 스타일 갤러리에서 [색 채우기-청록, 강조 2, 윤곽선 없음]을 선택합니다. ❷ Ctrl + D 를 눌러 도형을 복제한 후 ❸ [그리기 도구]-[서식] 탭-[도형 스타일] 그룹-[도형 채우기]를 클릭하고 ❹ [청록, 강조 2, 25% 더 어둡게]를 선택합니다.

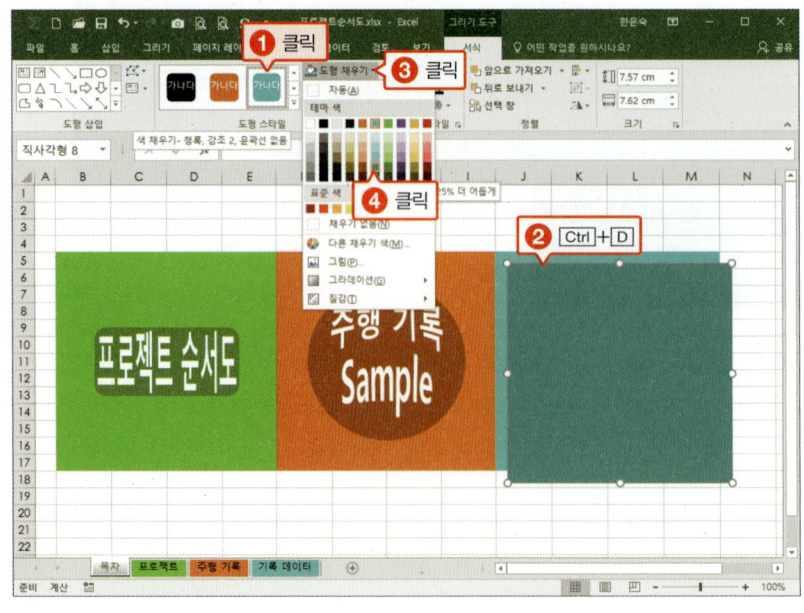

바로 통하는 TIP Ctrl + D 는 복사, 붙여넣기를 한 번에 하는 복제 단축키입니다. 셀이 선택된 상태에서 Ctrl + D 를 누르면 바로 위의 셀 내용이 복제되며, 개체가 선택된 상태에서는 선택된 개체 오른쪽 아래로 개체가 복제됩니다.

03 도형 모양 변경 및 크기 조절하기

❶ [그리기 도구]–[서식] 탭–[도형 삽입] 그룹–[도형 편집]을 클릭한 후 ❷ [도형 모양 변경]–[기본 도형]–[다이아몬드]를 선택합니다. ❸ 도형의 오른쪽 아래 크기 조절점을 왼쪽 위로 Shift +드래그하여 사각형 도형 안에 들어가도록 크기를 줄입니다. ❹ 도형이 선택된 상태에서 **기록 데이터 Sample**을 입력합니다. ❺ Esc 를 눌러 입력을 완료합니다.

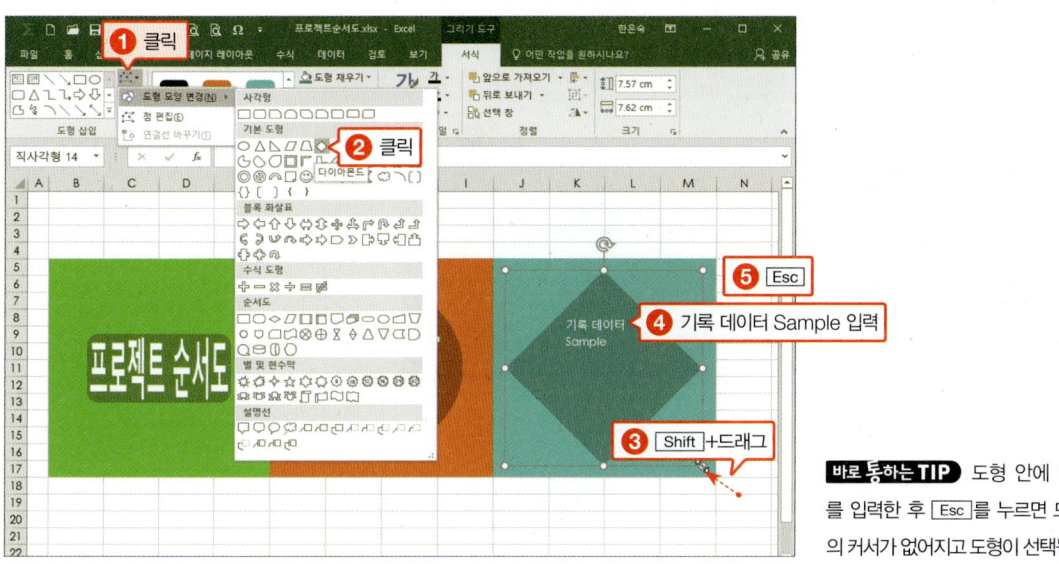

바로 통하는 TIP 도형 안에 텍스트를 입력한 후 Esc 를 누르면 도형 안의 커서가 없어지고 도형이 선택됩니다.

04 도형에 맞춰 텍스트 변환하기

❶ 글꼴을 굵게 변경하기 위해 Ctrl + B 를 누르고 도형 안에서 가운데 맞춤하기 위해 Ctrl + E 를 누릅니다. ❷ 텍스트를 도형 안에 맞춰 변환하기 위해 [그리기 도구]–[서식] 탭–[WordArt스타일] 그룹–[텍스트 효과]를 클릭한 후 ❸ [변환]–[휘기]–[중지]를 선택합니다.

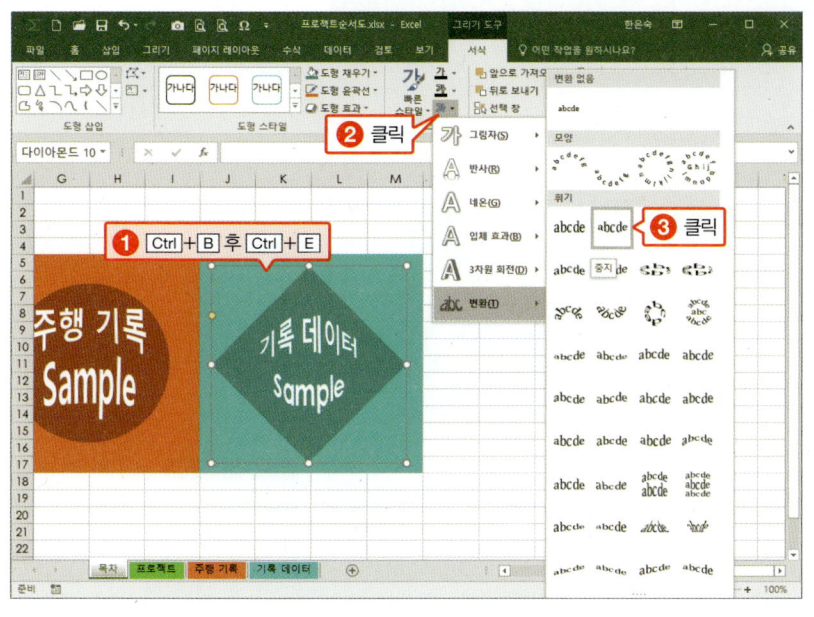

바로 통하는 TIP Ctrl + B 는 글꼴을 굵게 변경하고, Ctrl + E 는 도형이 선택되어 있을 때 도형 안의 텍스트가 가운데 맞춤되며, 셀이 선택되어 있을 때는 [빠른 채우기]를 실행하는 단축키입니다. 변환 효과 없이 글꼴 크기를 키우려면 [홈] 탭–[글꼴] 그룹에서 글꼴 크기를 지정하거나 도형이 선택된 상태에서 Ctrl + Shift + . 를 누릅니다. '프로젝트 순서도'에는 변환 효과 중 [사각형], '주행 기록 Sample'에는 변환 효과 중 [수축 : 위쪽, 팽창 : 아래쪽]이 적용되었습니다.

05 도형 그룹화하기

❶ 뒤쪽의 사각형을 Shift +클릭합니다. 두 개의 도형이 선택된 상태에서 ❷ [그리기 도구]-[서식] 탭-[정렬] 그룹-[그룹화]를 클릭한 후 ❸ [그룹]을 선택합니다.

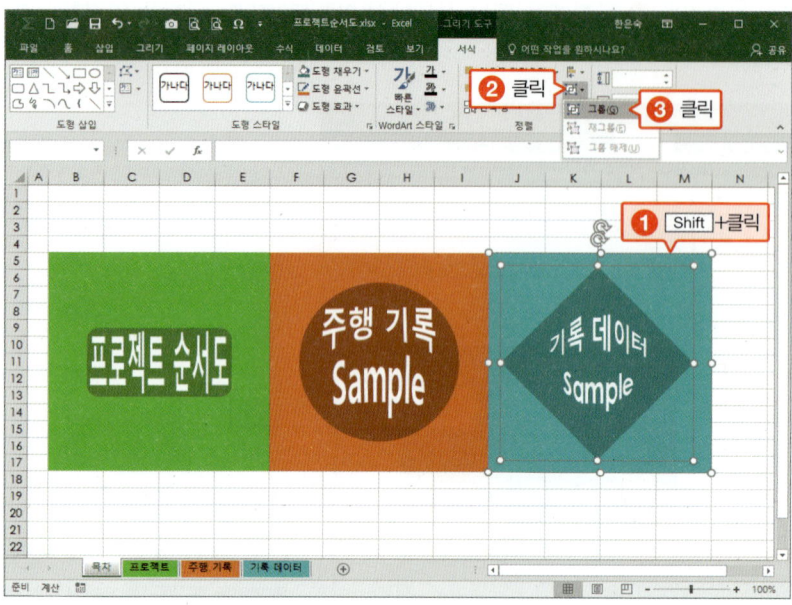

06 하이퍼링크 삽입하기

❶ [삽입] 탭-[링크] 그룹-[하이퍼링크]를 클릭합니다. ❷ [하이퍼링크 삽입] 대화상자의 [연결 대상]에서 [현재 문서]를 선택하고 ❸ [이 문서에서 위치 선택]에서 ['기록 데이터']를 선택합니다. ❹ [확인]을 클릭합니다.

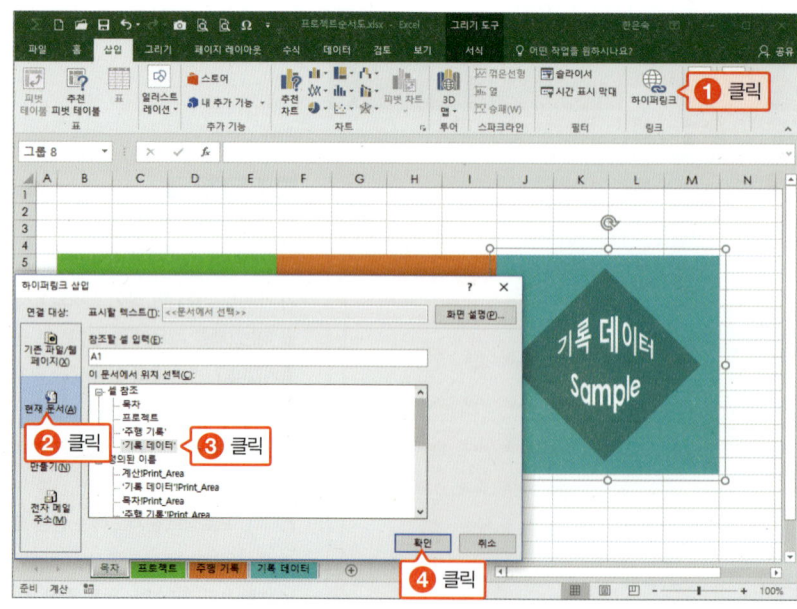

바로 통하는 TIP [하이퍼링크 삽입] 대화상자를 표시하는 단축키 Ctrl + K 를 눌러도 됩니다.

07 도형 모양 조절 및 효과 주기

❶ [프로젝트] 시트를 클릭합니다. ❷ [프로젝트 순서도] 도형을 Ctrl+클릭한 후 ❸ 모양 조절점을 오른쪽으로 드래그하여 모양을 적당히 조절합니다. ❹ [그리기 도구]-[서식] 탭-[도형 스타일] 그룹-[도형 채우기]를 클릭한 후 [흰색, 배경 1]을 선택합니다. ❺ [도형 효과]를 클릭하고 ❻ [그림자]-[바깥쪽]-[오프셋 : 위쪽]을 선택합니다. 도형의 위쪽 너비가 줄어들고 [채우기 색]은 [흰색], [그림자]는 [위쪽]에 지정됩니다.

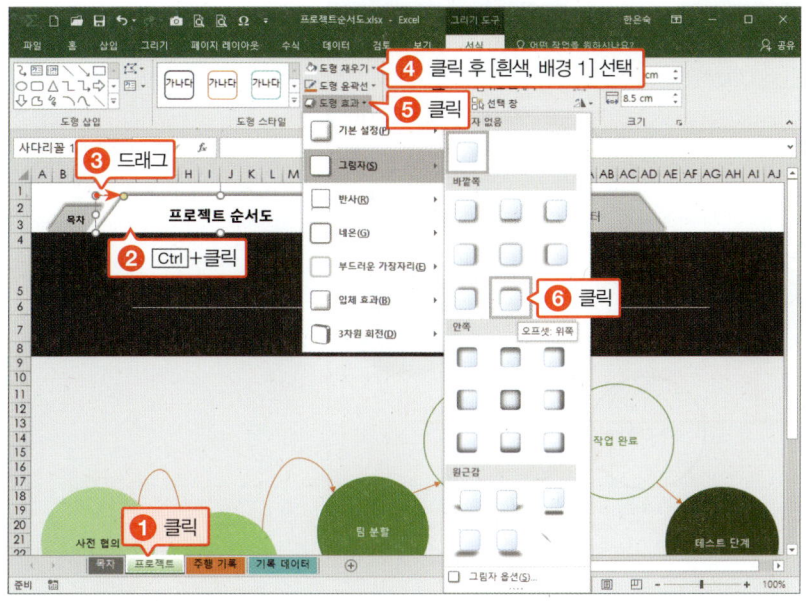

바로 통하는 TIP 하이퍼링크가 설정되어 있는 도형을 클릭하면 연결된 곳으로 이동합니다. 이동하지 않고 개체를 선택하기 위해서는 Ctrl+클릭하거나 [홈] 탭-[편집] 그룹-[찾기 및 선택]을 클릭하고 [개체 선택]을 선택한 후 도형을 클릭합니다.

08 도형 순서 정렬하기

❶ [그리기 도구]-[서식] 탭-[정렬] 그룹-[앞으로 가져오기]를 클릭합니다. ❷ [A1] 셀을 클릭하여 도형 선택을 해제한 후 ❸ [기록 데이터] 도형을 Ctrl+클릭합니다. ❹ [정렬] 그룹-[뒤로 보내기] 목록 버튼을 클릭한 후 ❺ [맨 뒤로 보내기]를 선택합니다. [프로젝트 순서도] 도형이 맨 앞에, [기록 데이터] 도형이 맨 뒤에 배치됩니다.

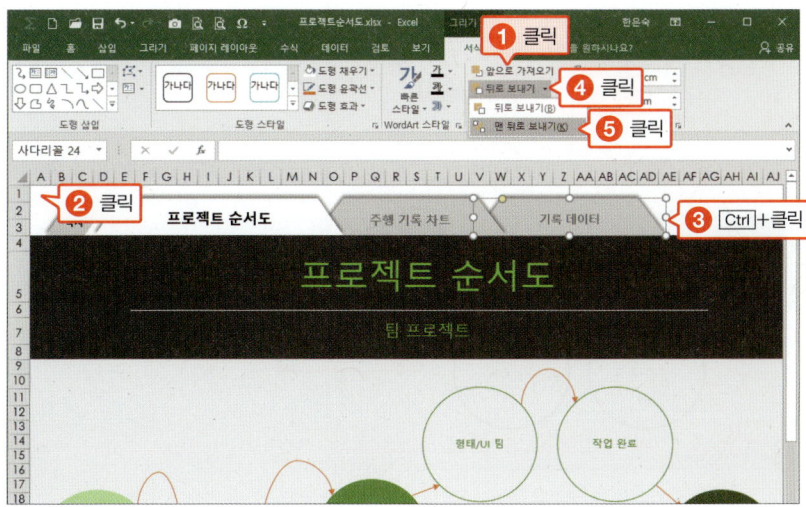

09 도형 위치 맞추기

❶ [사전 협의] 도형을 클릭하고 ❷ [예산/안건], [팀 분할], [테스트 단계] 도형을 각각 [Shift]+클릭합니다. ❸ [그리기 도구]–[서식] 탭–[정렬] 그룹–[개체 맞춤]을 클릭한 후 ❹ [중간 맞춤]을 선택합니다. 위치가 제 각각이던 도형의 높이가 기준에 맞춰집니다.

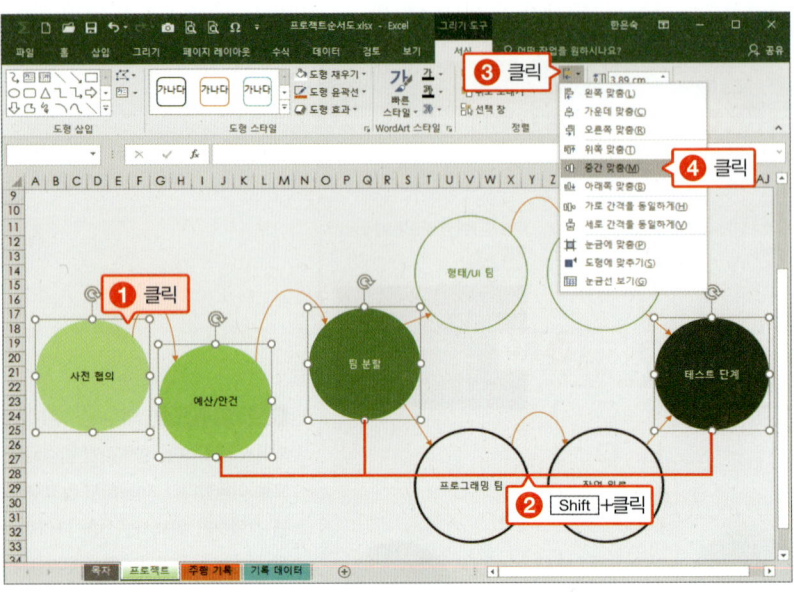

10 도형 간격 맞추기

❶ [테스트 단계] 도형을 [Shift]+클릭하여 선택을 해제하고 ❷ [그리기 도구]–[서식] 탭–[정렬] 그룹–[개체 맞춤]을 클릭한 후 ❸ [가로 간격을 동일하게]를 선택합니다. 간격이 달랐던 도형의 가로 간격이 동일해집 니다.

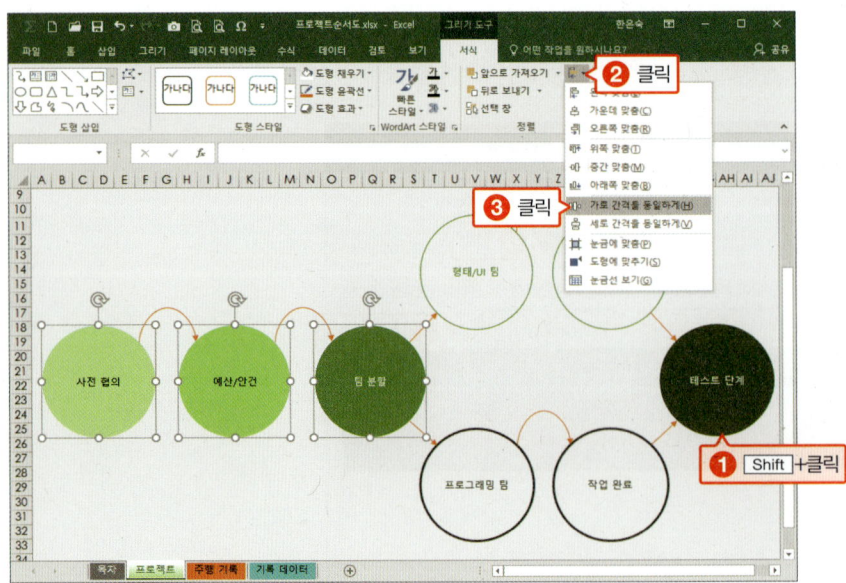

11 도형에 셀 연결하기

[주행 기록] 시트의 도형에 [기록 데이터] 시트에 있는 실비 정산 거리와 실비 정산 총액을 연결해보겠습니다. ❶ [주행 기록] 시트를 클릭하고 ❷ [실비 정산 km] 도형을 클릭합니다. ❸ 수식 입력줄에 **=실비정산거리**를 입력하고 Enter를 누릅니다. ❹ [홈] 탭-[글꼴] 그룹-[글꼴 크기]에서 [20]을 선택합니다.

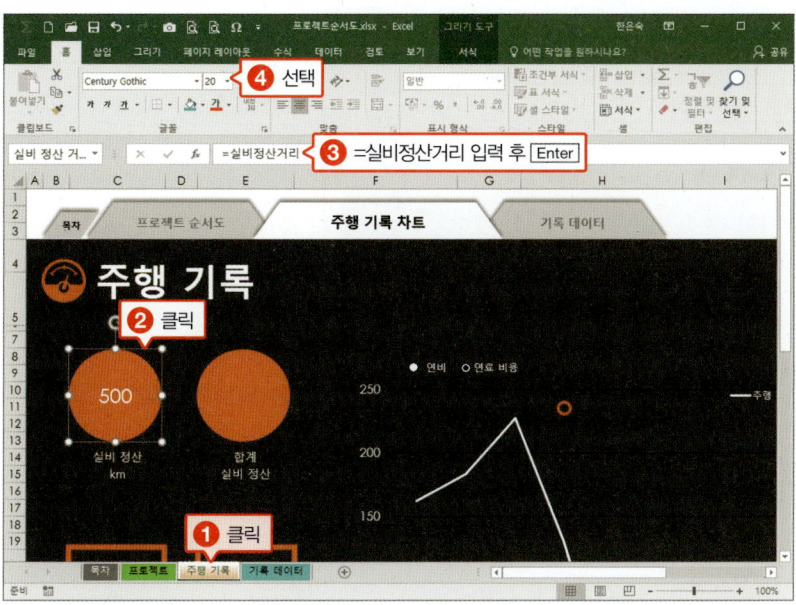

바로 통하는 TIP [기록 데이터] 시트의 [M5] 셀은 '실비정산거리'라는 이름으로 정의되어 있습니다. [기록 데이터] 시트에서 [M5] 셀의 값인 '500'을 [실비 정산 km] 도형에 연결하여 표시하기 위해 도형을 선택한 후 수식 입력줄에 '=실비정산거리'를 입력했습니다. [기록 데이터] 시트의 [M5] 셀 값이 연결되어 도형에 '500'이 표시됩니다.

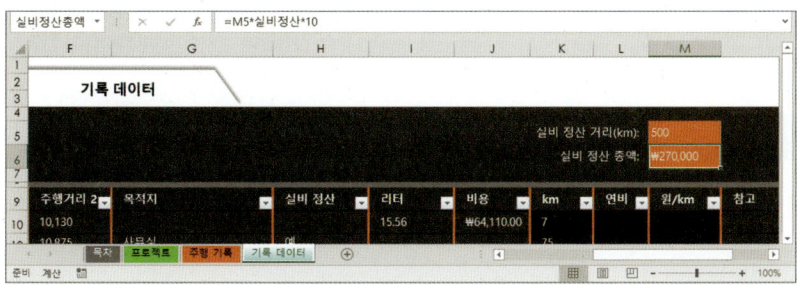

12 도형에 셀 연결하기

❶ [합계 실비 정산] 도형을 클릭한 후 ❷ 수식 입력줄에 **=실비정산총액**을 입력하고 Enter 를 누릅니다. ❸
[홈] 탭-[글꼴] 그룹-[글꼴 크기]에서 [20]을 선택합니다.

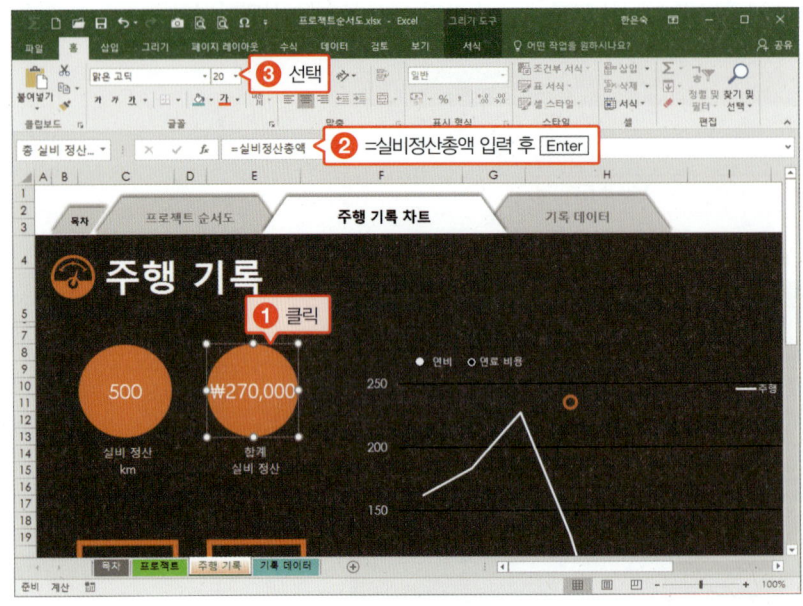

바로 통하는 TIP '실비정산총액'이
라는 이름으로 정의되어 있는 [기록 데
이터] 시트의 [M6] 셀 값 '₩270,000'
을 연결하여 표시하기 위해 [합계 실비
정산] 도형을 선택한 후 수식 입력줄에
'=실비정산총액'을 입력했습니다. [기록
데이터] 시트의 [M6] 셀 값 '₩270,000'
이 연결되어 표시됩니다.

쉽고 빠른
엑셀
NOTE   **연결할 셀에 이름이 정의되지 않은 경우**

이름이 정의되어 있지 않은 경우에는 도형을 선택한 후 수식 입력줄에 '='를 입력하고 연결할 시트의 셀을 직접 클릭한 후 Enter 를 눌러도 됩니
다. 만약 [기록 데이터] 시트의 [M6] 셀이 이름 정의되어 있지 않다면 ❶ [주행 기록] 시트의 [합계 실비 정산] 도형을 클릭한 후 ❷ 수식 입력줄
에 '='를 입력하고 ❸ [기록 데이터] 시트를 클릭합니다. ❹ [M6] 셀을 클릭한 후 Enter 를 누르면 수식 입력줄에 '=기록 데이터'!M6'이 입력됩
니다.

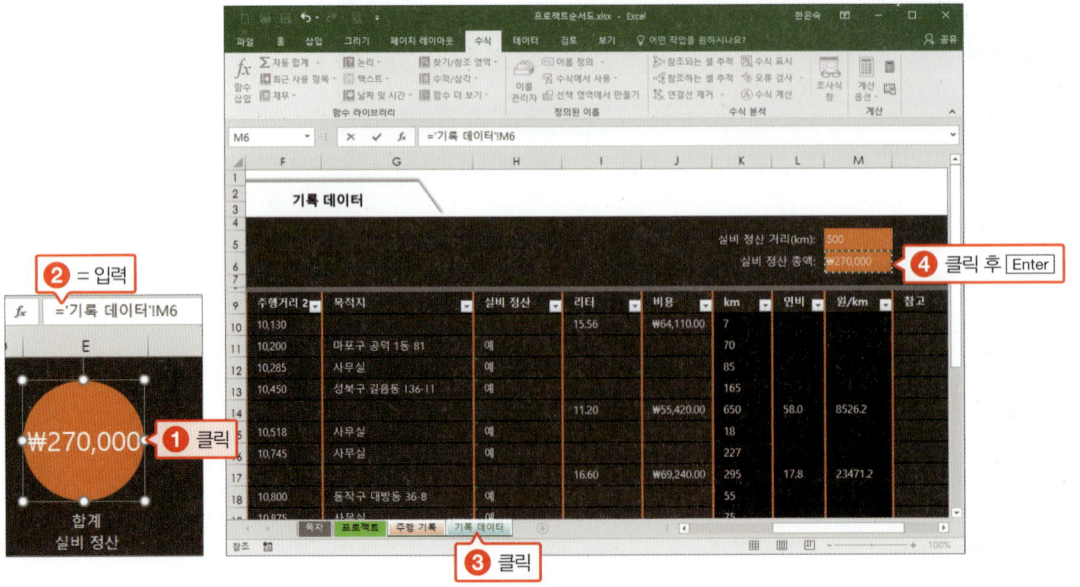

SECTION 02

스마트아트 삽입하기

스마트아트 그래픽 기능을 사용하면 간편하게 다이어그램이나 조직도 등의 그래픽을 작성하여 데이터를 시각적으로 표현할 수 있습니다.

스마트아트란?

스마트아트(SmartArt)는 미리 서식이 지정된 여러 도형의 구성으로, 정보를 시각적으로 표현할 수 있도록 엑셀에서 제공하는 그래픽 개체입니다. 도형이나 클립아트 등으로 레이아웃과 디자인 서식이 미리 지정되어 있어 전문가가 아니더라도 수준 높은 일러스트레이션을 작성할 수 있습니다.

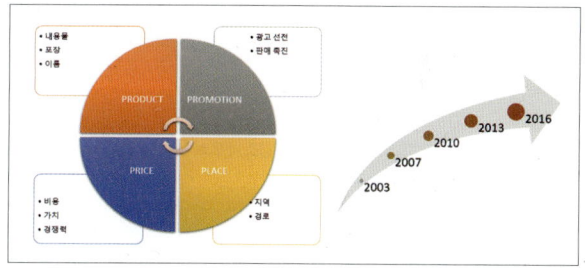

▲ 스마트아트 작성 예

SmartArt 그래픽 선택

[삽입] 탭-[일러스트레이션] 그룹-[SmartArt]를 클릭하면 [SmartArt 그래픽 선택] 대화상자가 나타납니다. 표현하려는 정보의 용도별로 그래픽 유형 범주를 선택하면 하위 목록이 가운데에 표시됩니다. 하위 목록에서 그래픽 유형 그림을 선택하면 오른쪽에 해당 그래픽의 설명과 함께 그림을 미리 볼 수 있습니다.

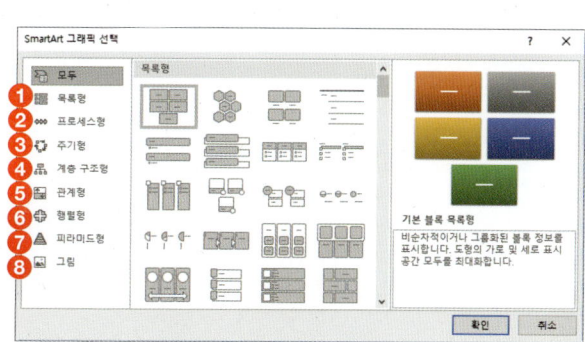

❶ **목록형** : 비순차적 정보를 표시합니다.

❷ **프로세스형** : 프로세스나 시간 표시 막대에서 단계를 표시합니다.

❸ **주기형** : 연속된 프로세스를 표시합니다.

❹ **계층 구조형** : 의사 결정도나 조직도를 만들 수 있습니다.

❺ **관계형** : 연결을 그림으로 표시합니다.

❻ **행렬형** : 전체에 대한 각 부분의 관계를 표시합니다.

❼ **피라미드형** : 가장 큰 구성 요소가 맨 위 또는 맨 아래에 있는 비례 관계를 표시합니다.

❽ **그림** : 목록 또는 프로세스를 보완하는 데 그림을 사용합니다.

SmartArt 도구

스마트아트 그래픽은 일반 도형과 달리 스마트아트 영역 내에서 도형을 추가하거나 위치를 이동하고 순서를 바꾸는 등의 작업을 해야 합니다. 스마트아트를 삽입하면 리본 메뉴에 [SmartArt 도구]–[디자인] 탭과 [SmartArt 도구]–[서식] 탭이 표시됩니다. [SmartArt 도구]–[디자인] 탭에서는 스마트아트의 전체적인 레이아웃이나 스타일 등을 지정할 수 있습니다.

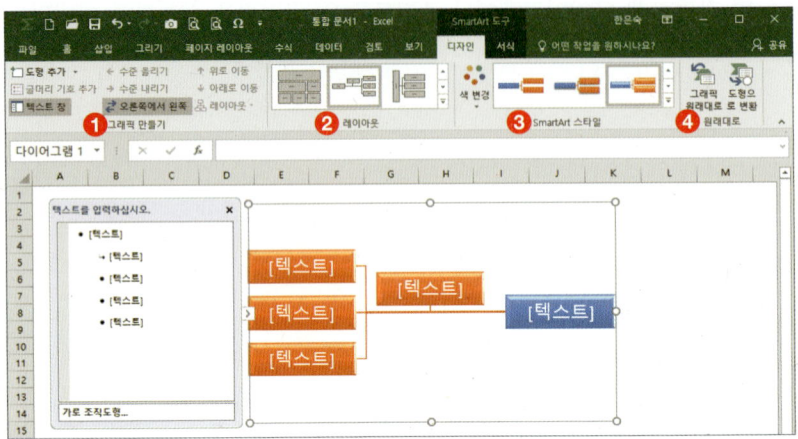

▲[가로 조직도형] 스마트아트 삽입. [색상형 – 강조색]으로 색 변경 및 SmartArt 스타일은 [광택 처리], 그래픽 위치는 [오른쪽에서 왼쪽]을 적용

❶ [그래픽 만들기] 그룹 : 스마트아트 영역 내에 도형을 추가하거나 순서와 위치를 조정합니다.

❷ [레이아웃] 그룹 : 처음 삽입한 그래픽 유형이 마음에 들지 않는다면 다른 유형을 선택합니다.

❸ [SmartArt 스타일] 그룹 : 색상과 디자인 서식을 변경합니다.

❹ [원래대로] 그룹 : 그래픽에 적용한 서식을 처음 상태로 돌리거나 일반 도형으로 변환합니다.

[SmartArt 도구]–[서식] 탭은 일반 도형에 지정하는 방식과 같이 사용합니다. 스마트아트 개체에 포함된 일부 도형을 선택한 후 도형 모양을 변경하거나 도형 스타일, 텍스트 스타일 등을 지정할 수 있습니다.

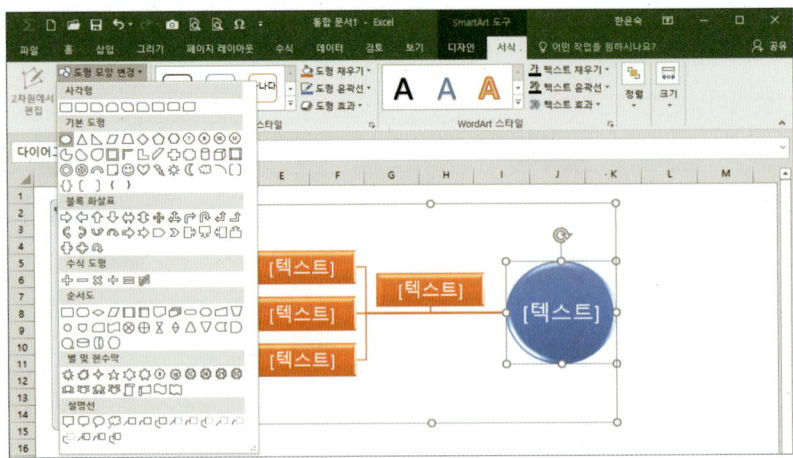

▲ 첫 번째 도형의 모양을 [타원]으로 변경하고 위아래로 길게 크기를 변경

밸런스형 다이어그램으로 지역별 비중 표시하기

실습 파일 | CHAPTER09\대리점현황.xlsx   **완성 파일 |** CHAPTER09\완성\대리점현황완성.xlsx

대리점 현황에서 확인할 수 있는 서울과 지방의 대리점 비중을 표현하기 위해 밸런스형 다이어그램을 작성해보겠습니다. 밸런스형 다이어그램을 삽입한 후 도형을 추가하거나 색상을 변경하는 등서식을 지정하여 다음과 같이 꾸며보겠습니다.

❶ 밸런스형 스마트아트 삽입

❷ 도형 추가

❸ 스타일 지정

❹ 도형 이동

❺ 도형 스타일 및 크기 조절

01 스마트아트 삽입하기

지역별 대리점 비중을 스마트아트로 표시해보겠습니다. ❶ [삽입] 탭-[일러스트레이션] 그룹-[SmartArt]를 클릭합니다. ❷ [SmartArt 그래픽 선택] 대화상자에서 [관계형]을 선택하고 ❸ [밸런스형]을 선택한 후 ❹ [확인]을 클릭합니다.

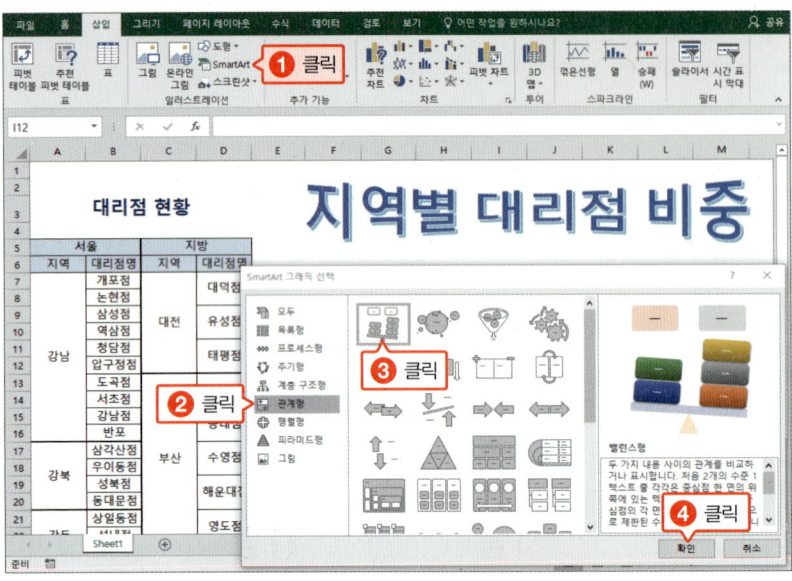

02 위치, 크기 조절 및 도형 추가하기

❶ 스마트아트 개체의 외곽 테두리 부분을 드래그하여 위치를 이동하고 ❷ 아래쪽 크기 조절점을 드래그하여 크기를 조절합니다. ❸ 왼쪽 첫 번째 도형을 클릭한 후 ❹ [SmartArt 도구]-[디자인] 탭-[그래픽 만들기] 그룹-[도형 추가]를 두 번 클릭합니다. ❺ 각 도형을 클릭하고 텍스트를 입력하거나 텍스트 창에 입력합니다.

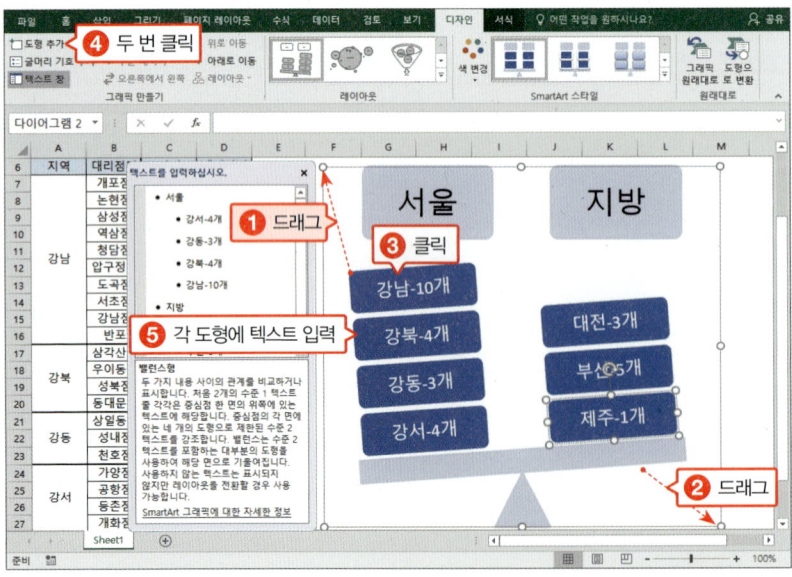

03 스마트아트 스타일 지정하기

❶ [SmartArt 도구]–[디자인] 탭–[SmartArt 스타일] 그룹–[색 변경]을 클릭하고 ❷ [색상형 – 강조색]을 선택합니다. ❸ 빠른 스타일 갤러리의 아래 화살표 ⊡를 클릭한 후 ❹ [광택 처리]를 선택합니다.

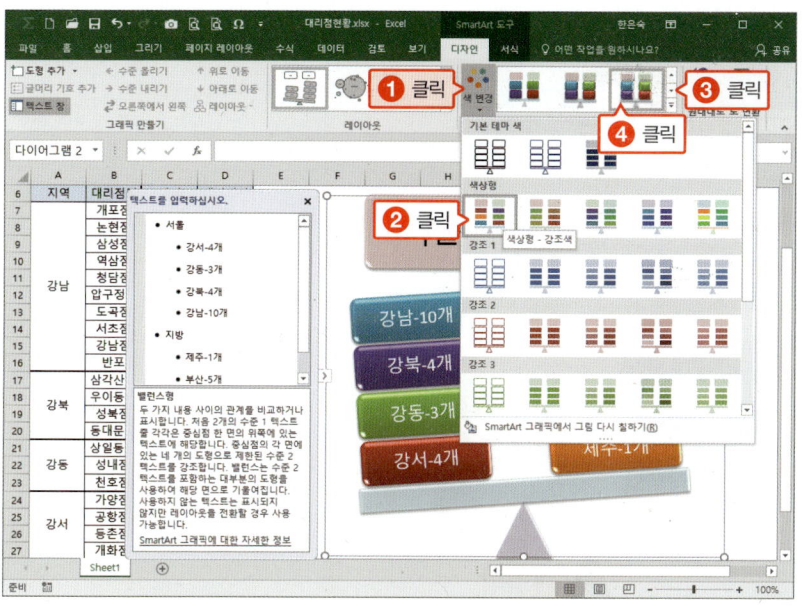

04 도형 이동하기

❶ [강서–4개] 도형을 클릭한 후 ❷ [SmartArt 도구]–[디자인] 탭–[그래픽 만들기] 그룹–[아래로 이동]을 클릭합니다. ❸ [부산–5개] 도형을 클릭한 후 ❹ 다시 [아래로 이동]을 클릭합니다. ❺ [SmartArt 도구]–[디자인] 탭–[그래픽 만들기] 그룹–[텍스트 창]을 클릭해 텍스트 창을 숨깁니다.

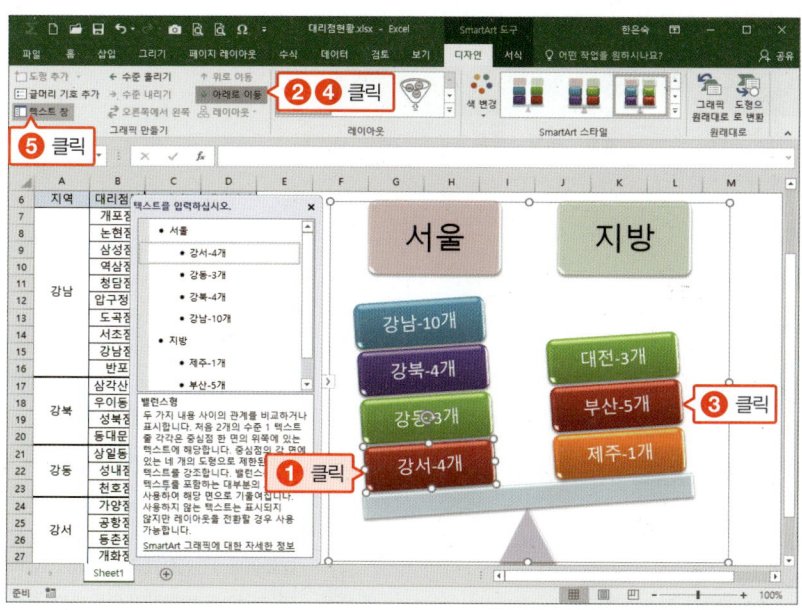

바로 통하는 TIP [위로 이동], [아래로 이동]을 클릭할 때 적용되는 순서는 텍스트 창에 있는 목록의 순서와 같습니다.

05 도형 스타일 및 도형 크기 조절하기

❶ 삼각형 도형을 클릭한 후 ❷ [SmartArt 도구]−[서식] 탭−[도형 스타일] 그룹의 빠른 스타일 갤러리에서 아래 화살표 ⍓를 여러 번 클릭한 후 ❸ [보통 효과−파랑, 강조 1]을 선택합니다. ❹ [강남−10개] 도형을 클릭한 후 ❺ [SmartArt 도구]−[서식] 탭−[도형] 그룹−[크게]를 두 번 클릭하여 크기를 크게 변경합니다.

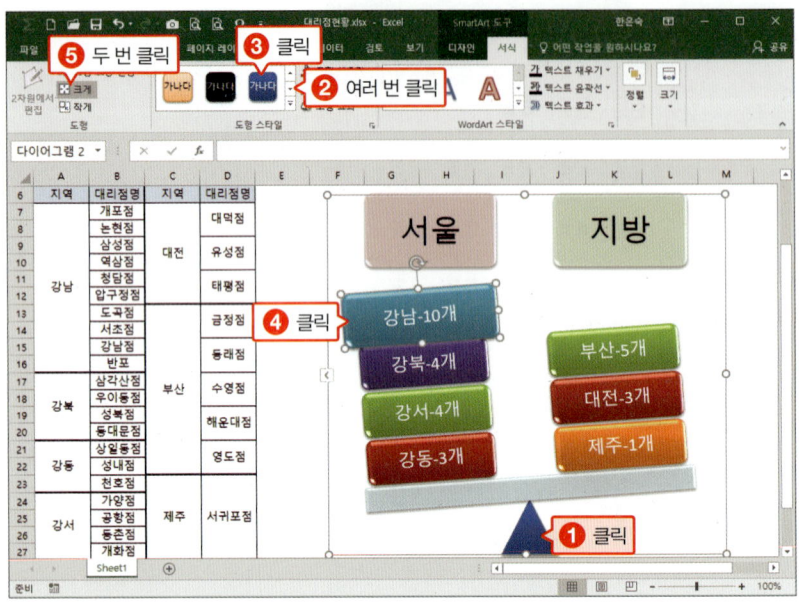

06 도형으로 변환하기

스마트아트 그래픽은 여러 도형이 그룹화되어 있는 상태로, 일부 도형을 스마트아트 그래픽 틀 바깥으로 이동하는 등의 작업을 하는 데 제약이 있습니다. 스마트아트 그래픽을 일반 도형으로 변환하려면 [SmartArt 도구]−[디자인] 탭−[원래대로] 그룹−[도형으로 변환]을 클릭합니다.

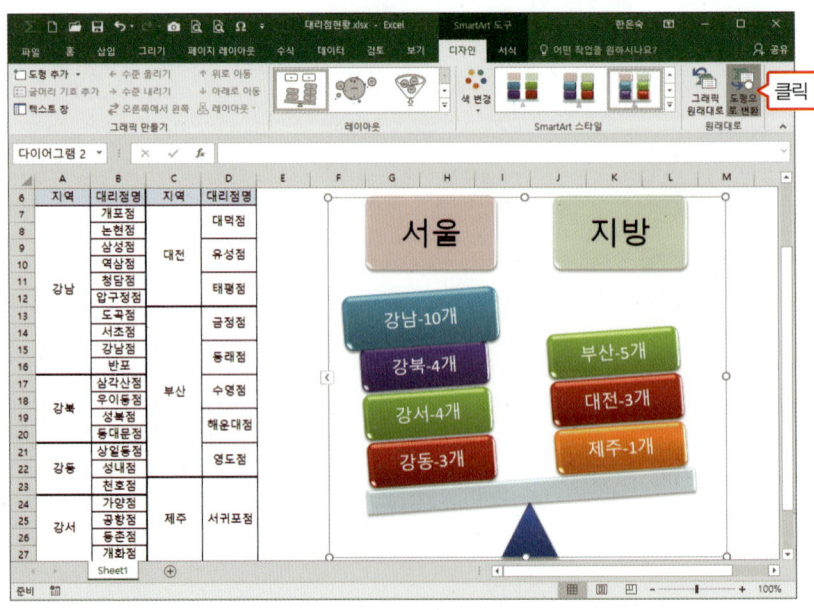

바로 통하는 TIP [SmartArt 도구]−[서식] 탭−[정렬] 그룹−[그룹화]를 클릭한 후 [그룹 해제]를 선택해도 스마트아트 그래픽이 도형으로 변환됩니다. 도형으로 변환된 개체는 다시 스마트아트 개체로 변환할 수 없으므로 스마트아트 기능을 계속 사용하고 싶다면 도형으로 변환하지 않는 것이 좋습니다.

그림 삽입하기

그림이 포함된 문서를 작성하기 위해 PC에 있는 그림이나 온라인에 있는 그림을 삽입할 수 있습니다. 또한 [스크린샷]이라는 화면 캡처 기능으로 엑셀 외의 다른 프로그램 창을 그림으로 캡처하여 사용할 수 있습니다.

그림 삽입

PC에 있는 그림 파일을 삽입하려면 [삽입] 탭-[일러스트레이션] 그룹-[그림]을 클릭하고 [그림 삽입] 대화상자에서 그림 파일을 찾아 선택한 후 [삽입]을 클릭합니다.

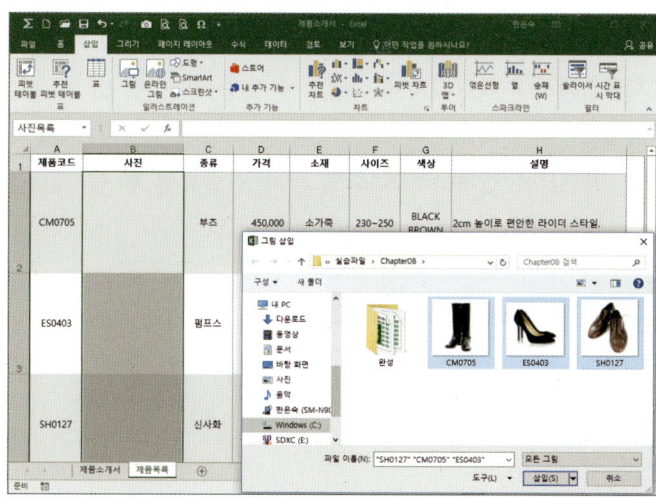

그림 도구

그림을 삽입하면 워크시트 가운데로 그림 개체가 삽입됩니다. 그림 개체가 선택되어 있는 동안에는 리본 메뉴에 [그림 도구]-[서식] 탭이 표시됩니다. 선택한 그림의 배경을 제거하거나 색조, 밝기, 스타일, 정렬, 크기 등을 지정할 수 있습니다.

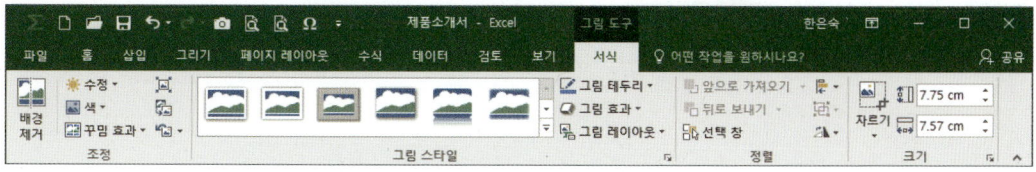

온라인 그림 삽입하기

문서 내용에 맞는 그림을 가지고 있지 않다면 온라인에서 그림을 검색하여 삽입할 수 있습니다. [삽입] 탭-[일러스트레이션] 그룹-[온라인 그림]을 클릭하면 [그림 삽입] 대화상자가 표시됩니다. [Bing 이미지 검색]을 통해 웹에서 이미지를 검색하여 삽입하거나 [OneDrive]에 있는 그림을 찾아 삽입할 수 있습니다.

화면 캡처하기

PC에서 열려 있는 창의 전체 화면이나 일부분을 캡처하여 워크시트에 삽입할 수 있습니다. [삽입] 탭-[일러스트레이션] 그룹-[스크린샷]을 클릭하면 현재 PC에 열려 있는 프로그램의 창 목록이 보입니다. 창의 전체 화면을 캡처하려면 삽입할 창을 선택하고, 일부분을 캡처하려면 [화면 캡처]를 클릭한 후 캡처할 영역을 드래그합니다.

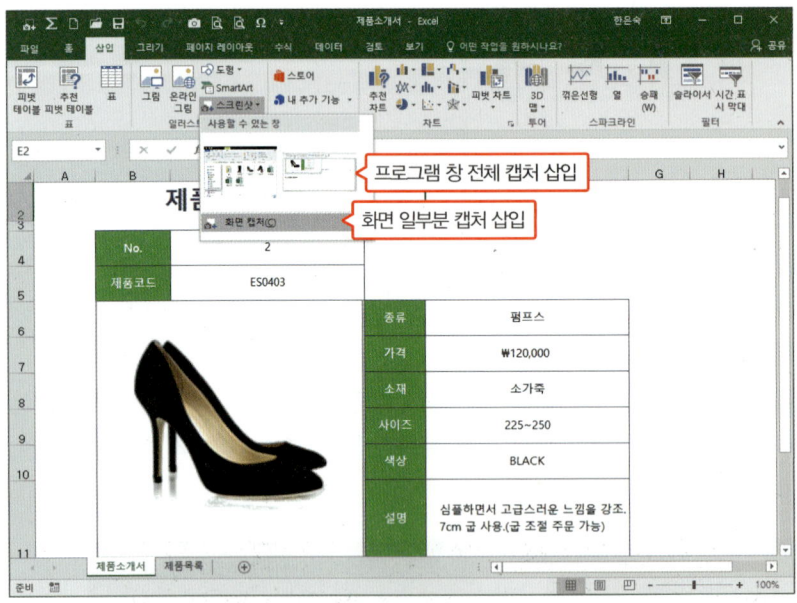

제품 목록에서 제품 사진과 정보 가져오기

실습 파일 | CHAPTER09\제품소개서.xlsx   **완성 파일** | CHAPTER09\완성\제품소개서완성.xlsx

제품 소개서에는 [제품목록] 시트에서 제품코드를 찾아 해당 제품의 종류, 가격, 소재, 사이즈, 색상, 설명을 [제품소개서] 시트로 가져오는 VLOOKUP 함수식이 작성되어 있습니다. [제품소개서] 시트에서 제품코드를 선택하면 [제품목록] 시트의 사진 목록에서도 사진을 가져올 수 있도록 [제품목록] 시트에 그림을 삽입한 후 [제품소개서] 시트에서 INDEX 함수를 사용하여 그림을 연결해보겠습니다.

❶ 그림 삽입 및 크기 조절, 이동

❷ 그림 배경 투명하게 지정

❸ 그림 개체에 INDEX 함수식 연결

❹ 제품코드를 변경하면 그림과 제품 정보가 변경되도록 지정

❺ 스크린샷 화면 캡처

01 이름 정의하기

사진이 들어갈 셀 범위에 이름을 정의해보겠습니다. ❶ [제품목록] 시트의 [B2:B4] 셀 범위를 드래그하고 ❷ [이름 상자]에 **사진목록**을 입력한 후 Enter 를 누릅니다.

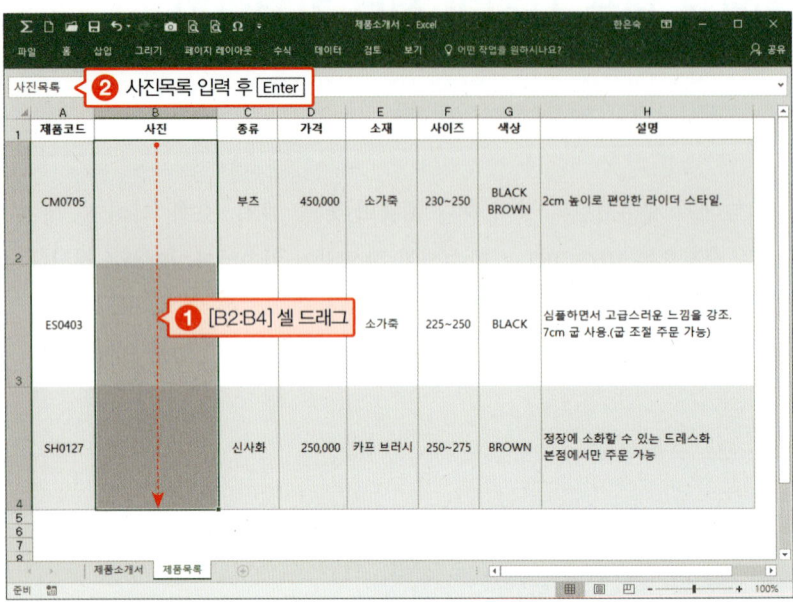

02 그림 삽입하기

❶ [삽입] 탭-[일러스트레이션] 그룹-[그림]을 클릭합니다. ❷ [그림 삽입] 대화상자에서 첫 번째 그림 파일을 클릭하고 ❸ 세 번째 그림을 Shift +클릭한 후 ❹ [삽입]을 클릭합니다.

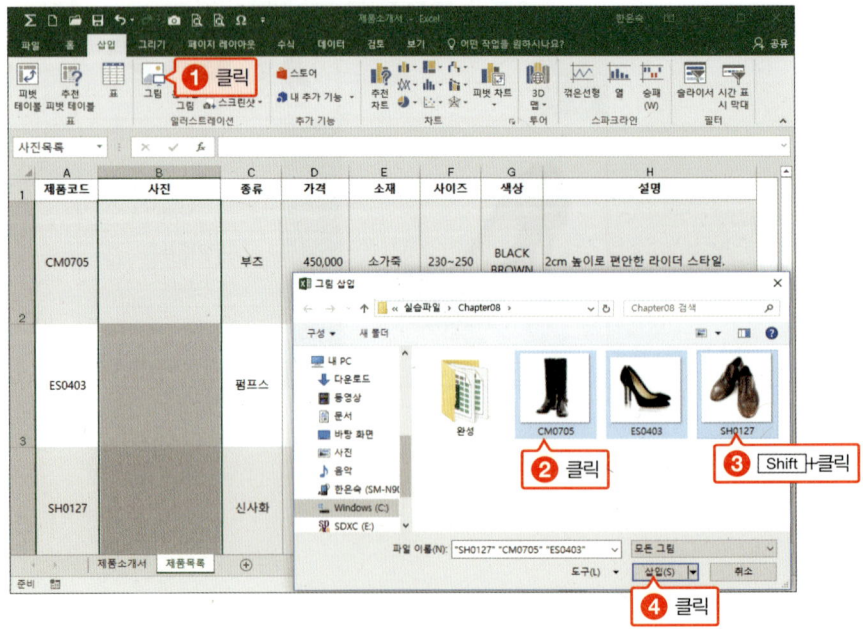

03 그림 크기 조절 및 이동하기

❶ 삽입한 그림이 모두 선택된 상태에서 [그림 도구]-[서식] 탭-[크기] 그룹의 [너비]란에 **4.2**를 입력합니다. ❷ [A1] 셀을 클릭하여 그림 선택을 해제한 후 ❸ 맨 앞 그림을 Alt +드래그하여 [B4] 셀로 이동합니다.

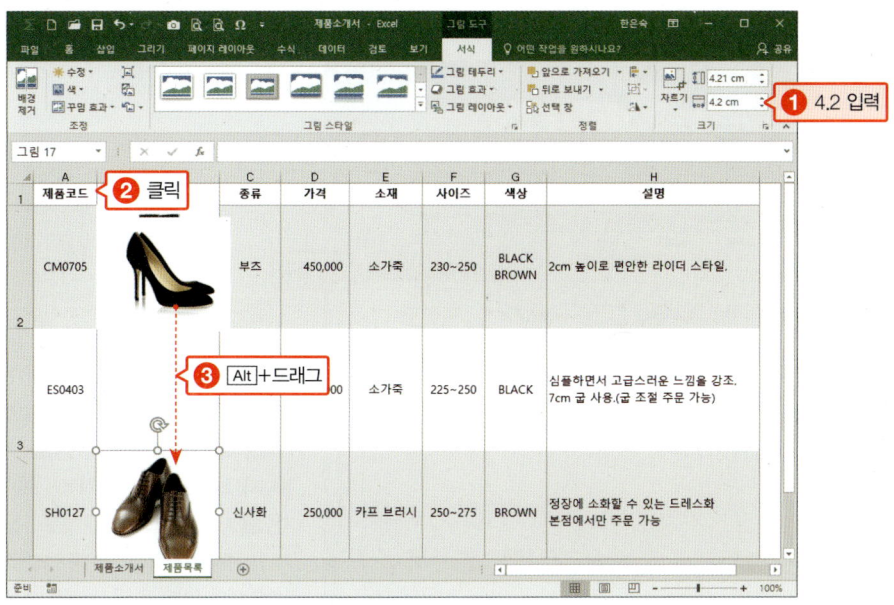

쉽고 빠른 엑셀 NOTE

그림 크기 조절 옵션

[그림 도구]-[서식] 탭-[크기] 그룹의 [너비]란만 입력하면 그림의 높이도 자동으로 변경됩니다. 비율과 상관없이 너비와 높이를 따로 지정하려면 [그림 도구]-[서식] 탭-[크기] 그룹의 [그림 서식 작업 창 표시 🖼]를 클릭한 후 [그림 서식] 작업 창에서 [가로 세로 비율 고정]의 체크 표시를 해제합니다. [원래 크기에 비례하여]는 [높이 조절]란과 [너비 조절]란에 그림의 원래 크기에 비례한 확대/축소 배율을 입력하여 조절하는 옵션입니다.

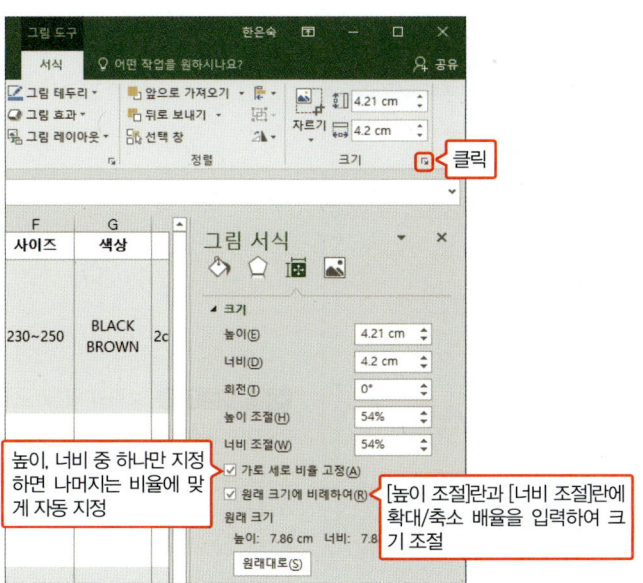

04 그림 간격 맞추기

❶ Ctrl + A를 눌러 그림을 모두 선택합니다. ❷ [그림 도구]-[서식] 탭-[정렬] 그룹-[개체 맞춤]을 클릭한 후 ❸ [왼쪽 맞춤]을 선택합니다. ❹ [정렬] 그룹-[개체 맞춤]을 다시 클릭하고 ❺ [세로 간격을 동일하게]를 선택합니다.

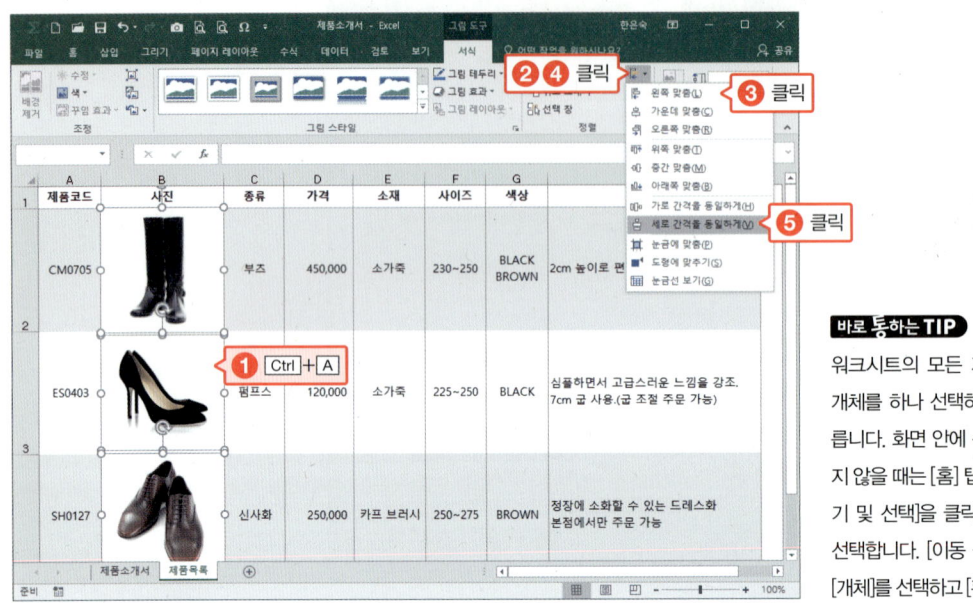

바로 통하는 TIP 모든 개체 선택하기

워크시트의 모든 개체를 선택하려면 개체를 하나 선택하고 Ctrl + A를 누릅니다. 화면 안에 선택할 개체가 보이지 않을 때는 [홈] 탭-[편집] 그룹-[찾기 및 선택]을 클릭하고 [이동 옵션]을 선택합니다. [이동 옵션] 대화상자에서 [개체]를 선택하고 [확인]을 클릭합니다.

05 그림 배경 투명하게 하기

❶ [그림 도구]-[서식] 탭-[조정] 그룹-[색]을 클릭한 후 ❷ [투명한 색 설정]을 선택하고 ❸ 그림에서 투명하게 할 흰색 배경 부분을 클릭합니다. 그림의 흰색 배경이 투명하게 설정되어 셀 색이 그림의 배경색으로 표시됩니다.

바로 통하는 TIP 그림의 배경이 단일색일 때는 [투명한 색 설정]을 사용하면 편리합니다. 그러나 그림의 배경이 여러 색일 때는 그림을 일일이 선택하고 [조정] 그룹-[배경 제거]를 클릭한 후 보관할 영역과 제거할 영역을 각각 지정해야 합니다.

06 그림 복사하기

❶ [A1] 셀을 클릭하여 그림 선택을 해제한 후 ❷ 첫 번째 그림에서 마우스 오른쪽 버튼을 클릭하고 ❸ [복사]를 선택합니다.

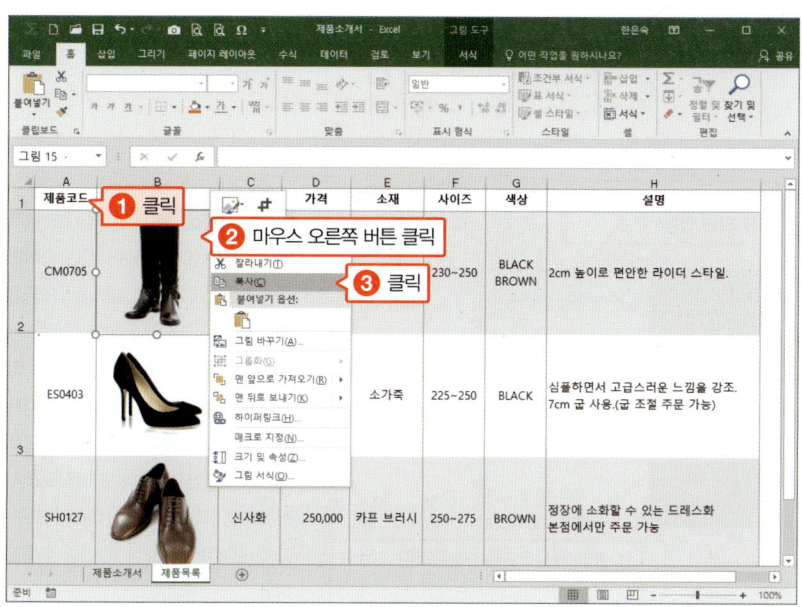

07 그림 붙여넣기

❶ [제품소개서] 시트를 클릭하고 ❷ [B6] 셀을 클릭한 후 ❸ [홈] 탭-[클립보드] 그룹-[붙여넣기]를 클릭합니다. [B6] 셀에 복사된 그림이 삽입됩니다.

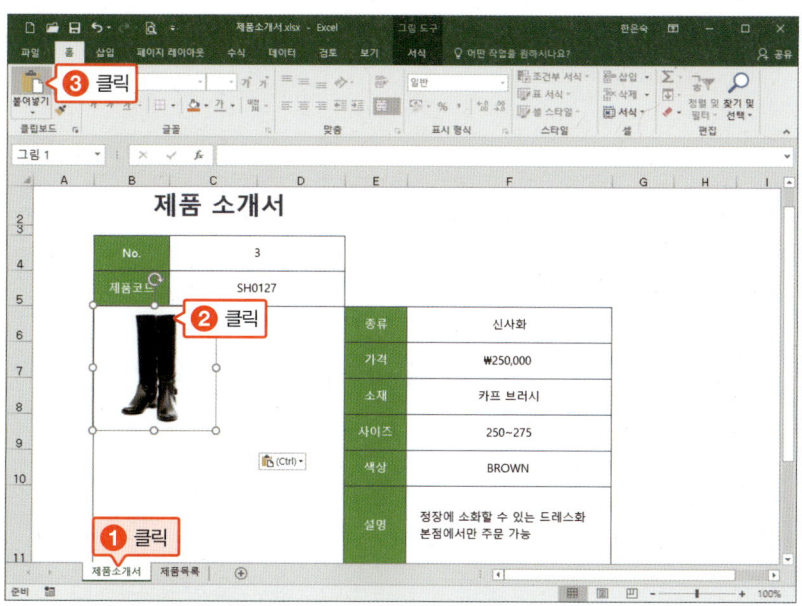

08 제품 소개서의 함수식 이해하기

❶ Ctrl + ~ 를 눌러 셀에 모든 수식을 표시합니다. ❷ 수식을 확인한 후 다시 Ctrl + ~ 를 눌러 화면을 원상 복구합니다.

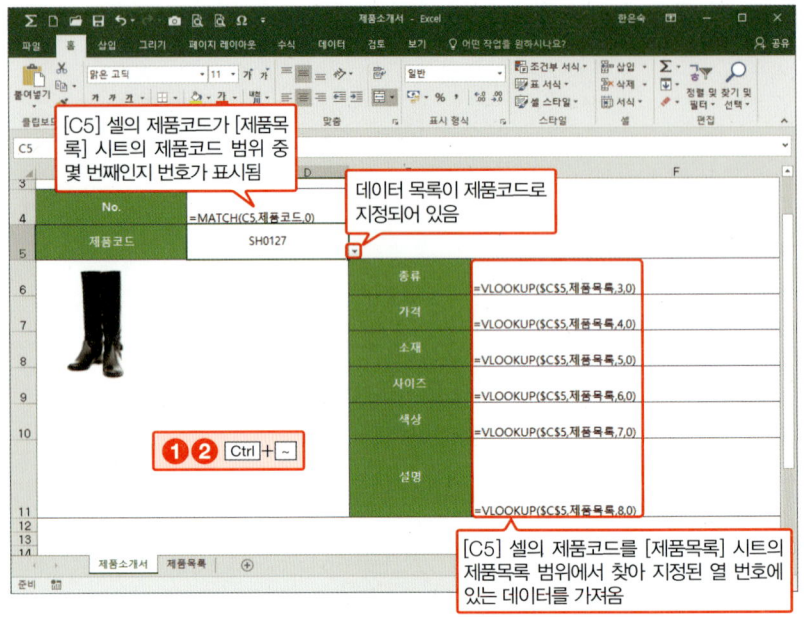

바로 통하는 TIP Ctrl + ~ 를 누르면 워크시트에 입력되어 있는 수식이 셀에 나타납니다. 각 셀에는 [제품목록] 시트의 각 범위에 대해 정의된 이름을 사용하여 함수식이 작성되어 있습니다. [C5] 셀에는 [제품목록] 시트의 제품코드 범위가 데이터 목록으로 지정되어 있습니다. 데이터 목록을 지정하려면 [데이터] 탭-[데이터 도구] 그룹-[데이터 유효성 검사]를 클릭합니다.

09 INDEX 함수식의 이름 정의하기

❶ [수식] 탭-[정의된 이름] 그룹-[이름 정의]를 클릭한 후 ❷ [새 이름] 대화상자의 [이름]란에 **사진**을 입력하고 ❸ [참조 대상]에 수식 **=INDEX(사진목록,제품소개서!$C$4)**를 입력한 후 ❹ [확인]을 클릭합니다.

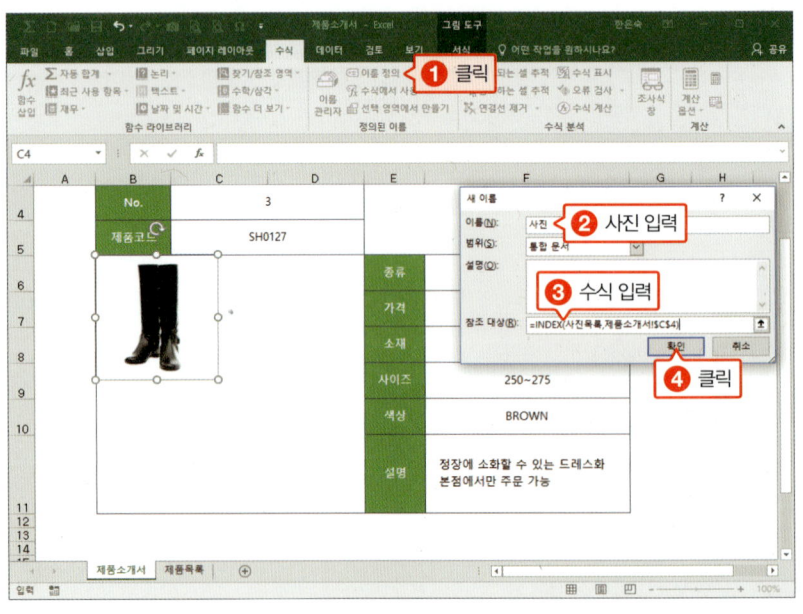

바로 통하는 TIP 이름 정의한 '사진목록' 범위, 즉 [제품목록] 시트의 [B2:B4] 셀 범위에서 [제품소개서] 시트 [C4] 셀의 숫자 순서에 해당하는 그림을 가져옵니다. 예를 들어 [C4] 셀에 1이 입력되어 있으면 '사진목록' 범위의 첫 번째 사진을 가져옵니다.

10 그림 개체에 INDEX 함수식 연결하기

❶ 그림을 클릭한 후 ❷ 수식 입력줄에 **=사진**을 입력한 후 Enter 를 누릅니다. ❸ Alt 를 누른 상태에서 그림의 크기 조절점을 드래그하여 그림 크기를 셀 크기에 맞게 조절합니다.

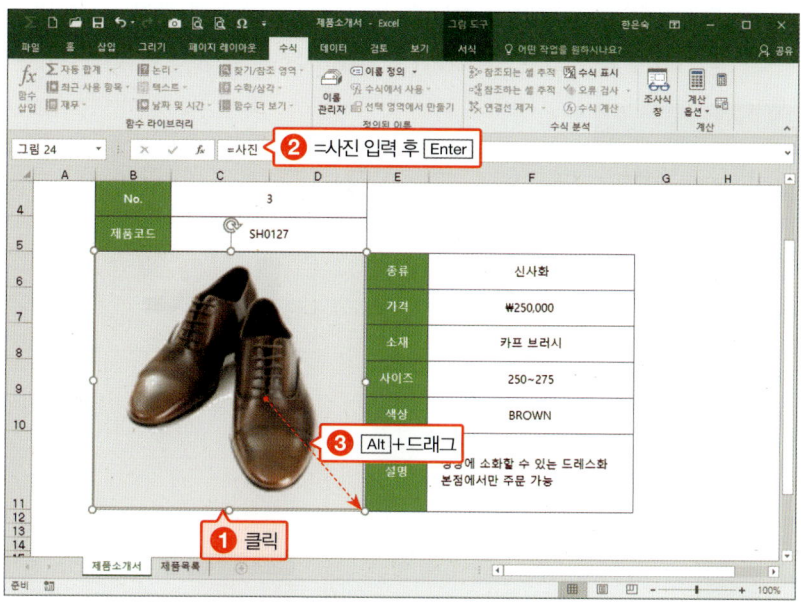

11 제품코드 변경한 후 제품 정보 확인하기

❶ [C5] 셀을 클릭한 후 ❷ 목록 버튼을 클릭합니다. ❸ 다른 제품 코드를 선택해보면 해당 사진과 제품 정보가 표시됩니다.

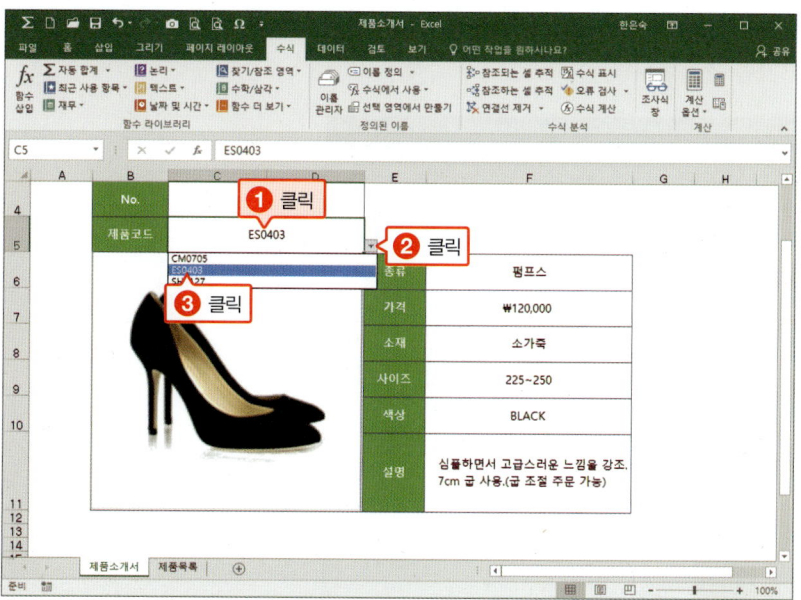

12 스크린샷 삽입하고 화면 캡처하기

실습 파일 폴더 창의 그림 목록을 화면 캡처하여 삽입해보겠습니다. 실습 파일이 있는 탐색기의 폴더 창이 열려 있는 상태에서 작업해야 합니다. ❶ 스크린샷이 삽입될 위치로 [E2] 셀을 클릭한 후 ❷ [삽입] 탭-[일러스트레이션] 그룹-[스크린샷]을 클릭하고 ❸ [화면 캡처]를 선택합니다. 실행 중인 엑셀 창이 최소화되고 바탕 화면과 열려 있는 폴더 창 화면이 희미하게 표시됩니다. ❹ 화면 중 제품 사진 목록을 드래그합니다.

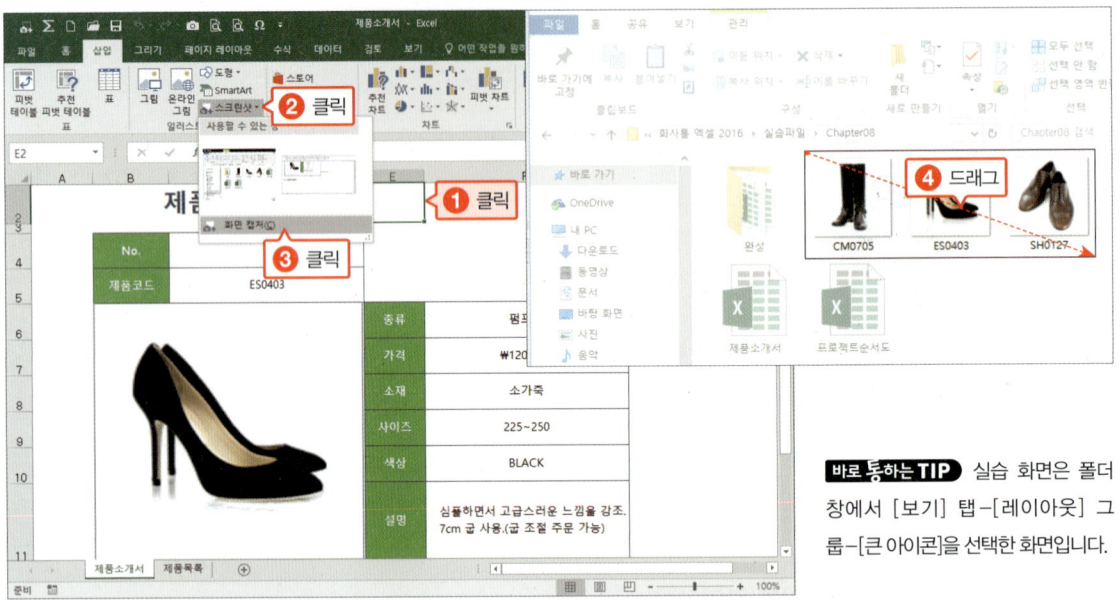

바로 통하는 TIP 실습 화면은 폴더 창에서 [보기] 탭-[레이아웃] 그룹-[큰 아이콘]을 선택한 화면입니다.

바로 통하는 TIP 스크린샷은 현재 사용 중인 엑셀 창 화면을 제외하고 현재 열려 있는 모든 프로그램 창을 캡처할 수 있습니다.

13 위치 이동 및 크기 조절

삽입된 캡처 이미지의 위치와 크기를 조절합니다.

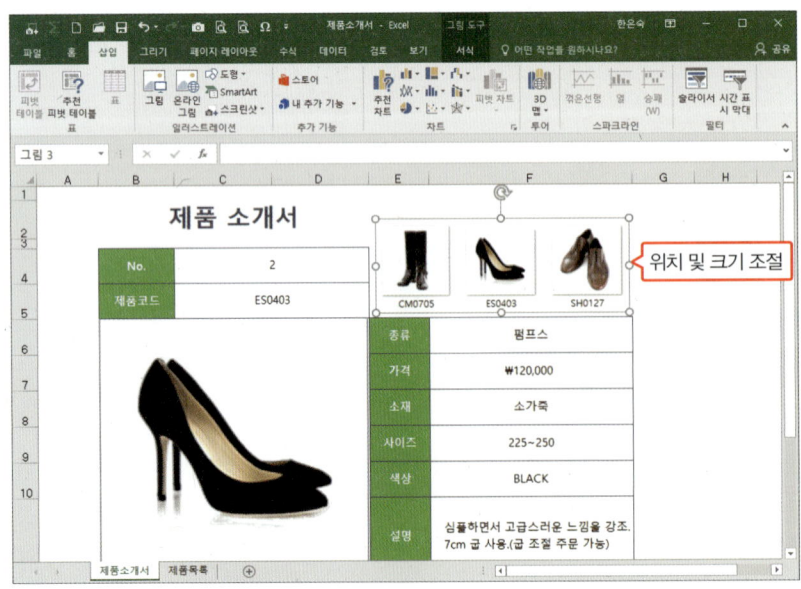

데이터가 한눈에
들어오는 차트 만들기

차트는 숫자 데이터를 시각적으로 비교, 분석할 수 있도록 시각화하는 도구입니다. 정보 전달력이 뛰어난 보고서를 작성하려면 숫자와 텍스트만으로 작성된 문서보다 데이터 변화를 직관적으로 파악할 수 있는 차트를 활용하는 것이 좋습니다. 엑셀에서 제공하는 차트의 종류와 구성 요소를 살펴보고 데이터 종류별로 적합한 차트를 삽입하여 활용하는 방법을 알아보겠습니다.

차트 작성하기

엑셀 워크시트에 입력된 숫자 데이터는 모두 차트로 작성할 수 있습니다. 차트는 숫자 데이터를 자주 다루는 엑셀에서 매우 중요한 기능입니다. 차트의 종류와 용도, 디자인 적용 방법을 알아보겠습니다.

차트의 종류와 용도

엑셀에서 차트는 세로 막대형, 가로 막대형, 꺾은선형, 원형, 분산형의 다섯 가지로 분류할 수 있습니다. 그 외에도 이 다섯 가지 기본 차트에서 변형된 방사형, 영역형, 도넛형, 거품형 등이 있습니다. 엑셀 2016 버전에서는 트리맵, 선버스트, 히스토그램, 상자 수염 그림, 폭포, 깔때기 등 새로운 차트가 추가되었습니다. 데이터 내용과 전달하려는 의도에 따라 적절한 종류의 차트를 선택합니다. 엑셀에서 제공하는 차트의 종류와 용도는 다음과 같습니다.

차트 종류	용도 및 설명	작성 예
세로 막대형	데이터의 많고 적음을 비교하거나 시간의 경과에 따른 데이터 변동 추이를 표시하는 데 유용합니다. 일반적으로 항목은 가로축에 표시되고 값은 세로축에 표시됩니다. 데이터 계열을 수평으로 구성하고 값을 수직으로 구성하면 시간에 따른 변화를 강조할 수 있습니다.	시/도별 판매액
가로 막대형	항목의 값을 비교할 때 자주 사용합니다. 데이터 계열을 수직으로 구성하고 값을 수평으로 구성하면 비교 값을 강조할 수 있습니다. 가로 막대형과 비슷한 용도로 변형된 차트에는 방사형 차트가 있습니다.	지역별 판매액
꺾은선형	일정 간격에 따라 데이터의 추세를 표시하는 데 유용합니다. 항목은 가로축을 따라 일정한 간격으로 표시되고 값은 세로축을 따라 일정한 간격으로 표시됩니다. 꺾은선형과 비슷한 용도로 변형된 차트에는 영역형과 분산형 차트가 있습니다.	
원형	하나의 데이터 계열을 구성하는 각 항목의 비중을 나타냅니다. 이 중 원형 대 가로 막대형 차트를 이용하면 중요한 요소를 확연히 드러나게 할 수 있습니다. 원형 차트는 데이터 계열이 하나일 때만 사용할 수 있으며 비슷한 용도로 변형된 도넛형 차트를 사용하면 두 개 이상의 데이터 계열을 표현할 수 있습니다.	점심 메뉴 판매 비율

분산형	데이터의 불규칙한 간격이나 묶음을 보여주고 데이터의 관계를 표현할 때 주로 쓰는 차트입니다. 주로 과학 데이터를 분석할 때 사용합니다. 여러 데이터 계열의 변화 추이를 비교하기도 합니다. 분산형 차트와 비슷한 용도로 변형된 차트로 거품형 차트가 있습니다.	
영역형	시간의 경과에 따른 변화량을 강조할 때 사용합니다. 특히 전체 영역과 특정 값의 영역을 비교해 전체와 부분 간의 관계도를 살펴볼 때 편리합니다.	
주식형	고가, 저가, 종가 등의 주식 거래 가격을 바탕으로 차트를 작성합니다. 온도 변화와 같은 과학 데이터를 나타낼 때도 사용합니다. 주식형 차트를 만들려면 데이터를 워크시트에서 올바른 순서로 구성해야 합니다. 예를 들어 간단한 고가-저가-종가 주식형 차트를 만들려면 열 머리글이 고가, 저가, 종가인 데이터를 순서대로 정렬해야 합니다.	
표면형	두 데이터 계열에서 최적의 조합을 찾을 때 유용합니다. 색이나 무늬를 다르게 해서 지형도를 그릴 때 효과적입니다. 표면형 차트는 항목과 데이터 계열이 모두 숫자 값인 경우에 사용할 수 있습니다.	
방사형	각 데이터 계열의 가운데 지점에서 뻗어나가는 값을 하나의 축으로 나타내고 각각의 축에 해당 데이터 값을 표시합니다. 많은 데이터 계열의 집계 값을 비교할 때 자주 사용합니다.	
콤보(혼합형)	비교 데이터 값 범위의 편차가 크거나 여러 종류의 데이터가 혼합된 경우에는 데이터 계열에 대해 다른 종류의 차트를 혼합하여 표시합니다.	
트리맵	데이터를 계층 구조로 보여주어 다른 범주 수준과 간편하게 비교할 수 있습니다. 색과 면적을 기준으로 범주를 표시하여 많은 양의 데이터를 쉽게 표시해줍니다. 계층 구조 안에 빈 셀이 있는 경우 사용하는 것이 좋으며 계층 안에서 비율을 비교하는 데 유용합니다. 트리맵은 엑셀 2016 버전에서 추가된 차트입니다.	

실습 파일 | CHAPTER10\차트작성.xlsx   **완성 파일** | CHAPTER10\완성\차트작성완성.xlsx

차트를 삽입하려면 우선 워크시트에 숫자 데이터가 입력되어 있어야 합니다. 워크시트에서 차트로 표현할 숫자 데이터를 선택한 후 단축키를 누르거나 빠른 분석 도구에서 추천하는 차트를 선택합니다. 또한 [삽입] 탭-[차트] 그룹에서 원하는 차트 종류를 선택해도 됩니다. 엑셀에서 차트를 삽입하는 다양한 방법을 알아보겠습니다.

01 단축키로 차트 삽입하기

단축키를 사용해 워크시트에 차트를 삽입해보겠습니다. ❶ [A3:B7] 셀 범위를 드래그하고 ❷ [D3:D7] 셀 범위를 Ctrl +드래그한 후 ❸ Alt + F1 을 누릅니다. 워크시트에 기본 차트인 묶은 세로 막대형 차트가 삽입됩니다. ❹ 차트 영역을 오른쪽 위로 드래그하여 이동합니다. ❺ [A11:E15] 셀 범위를 드래그합니다.

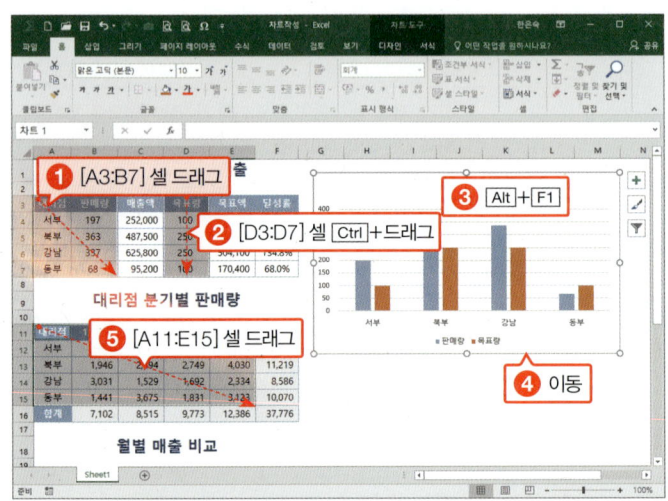

02 단축키로 차트 시트 삽입하기

셀 범위가 선택된 상태에서 F11 을 누르면 시트 탭에 별도의 차트 시트가 삽입됩니다. ❶ F11 을 누릅니다. 시트 탭에 차트 시트인 [Chart1] 시트가 삽입되면서 기본 차트인 묶은 세로 막대형 차트가 삽입됩니다. ❷ [Sheet1] 시트를 클릭합니다.

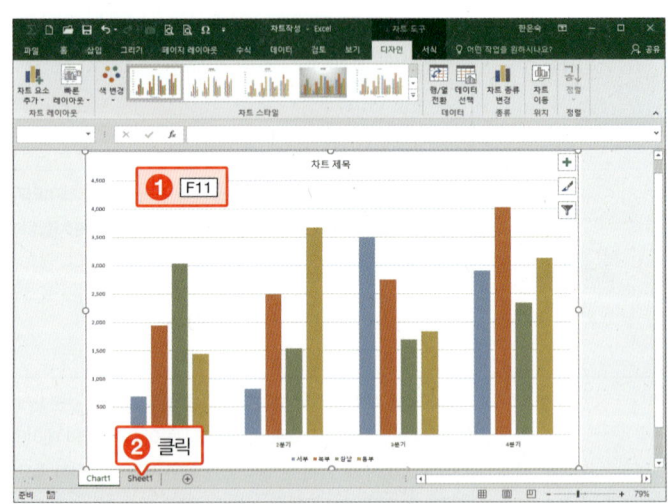

기본 차트 종류 변경하기

엑셀에 기본 차트로 설정되어 있는 차트는 묶은 세로 막대형이기 때문에 Alt + F1 이나 F11 을 누르면 묶은 세로 막대형 차트가 삽입됩니다. 단축키를 누를 때 삽입될 기본 차트를 변경하고 싶다면 다음과 같이 설정합니다. ❶ 데이터 셀을 선택한 후 ❷ [삽입] 탭-[차트] 그룹에서 [대화상자 표시 🖳]를 클릭합니다. ❸ [차트 삽입] 대화상자에서 [모든 차트] 탭을 클릭하고 ❹ 차트 종류 목록에서 기본 차트로 선택하고자 하는 차트 종류를 선택한 후 ❺ 대화상자 오른쪽 위에 표시된 하위 차트 종류 중 원하는 차트에서 마우스 오른쪽 버튼을 클릭합니다. ❻ [기본 차트로 설정]을 선택한 후 ❼ [확인]을 클릭합니다.

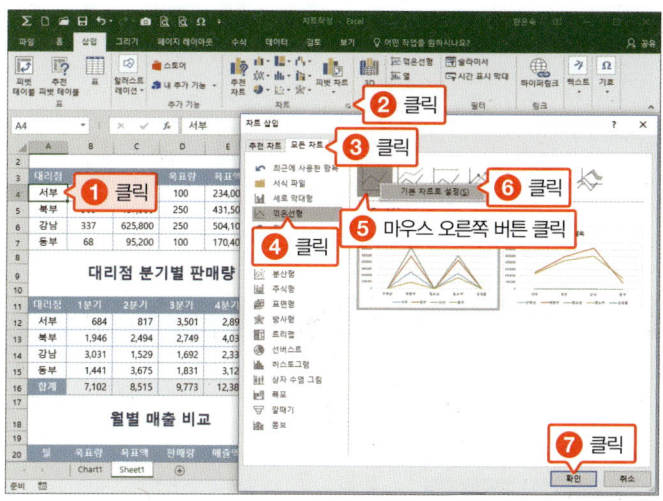

O3 빠른 분석 도구의 추천 차트 삽입하기

빠른 분석 도구는 선택한 데이터의 특징에 맞는 차트 종류를 추천합니다. ❶ [A11:E15] 셀 범위가 선택된 상태에서 오른쪽 아래에 표시된 [빠른 분석 🖳]을 클릭하고 ❷ [차트]를 클릭한 후 ❸ 누적 세로 막대형 중 첫 번째 차트를 클릭합니다. ❹ 화면 가운데에 삽입된 차트의 영역을 드래그하여 위치를 이동합니다.

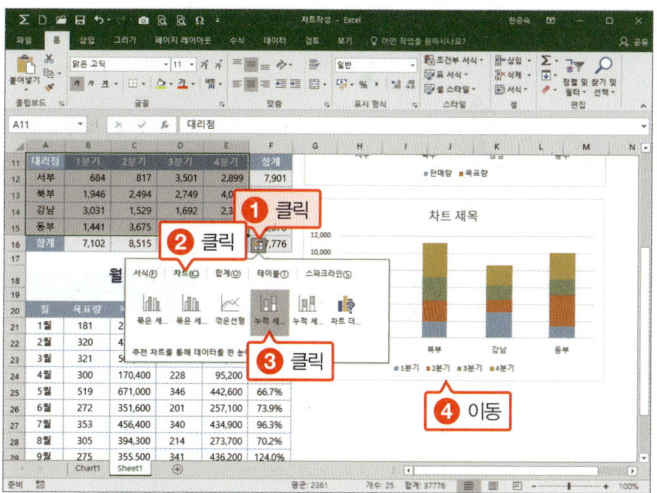

바로 통하는 TIP 빠른 분석 도구에는 데이터 특징에 따라 추천 차트 목록이 다르게 나타납니다. 차트 종류에 마우스 포인터를 놓으면 삽입될 차트가 미리 표시됩니다. Ctrl 을 사용하여 다중 범위를 지정한 상태에서는 빠른 분석 도구가 표시되지 않습니다.

04 리본 메뉴에서 추천 차트 삽입하기

빠른 분석 도구가 표시되지 않는 다중 범위의 데이터를 사용하거나 더 다양한 추천 차트를 활용하려면 [차트 삽입] 대화상자를 사용합니다. ❶ [A3:B7] 셀 범위를 드래그하고 ❷ [D3:D7] 셀 범위와 ❸ [F3:F7] 셀 범위를 Ctrl+드래그합니다. ❹ [삽입] 탭-[차트] 그룹-[추천 차트]를 클릭합니다.

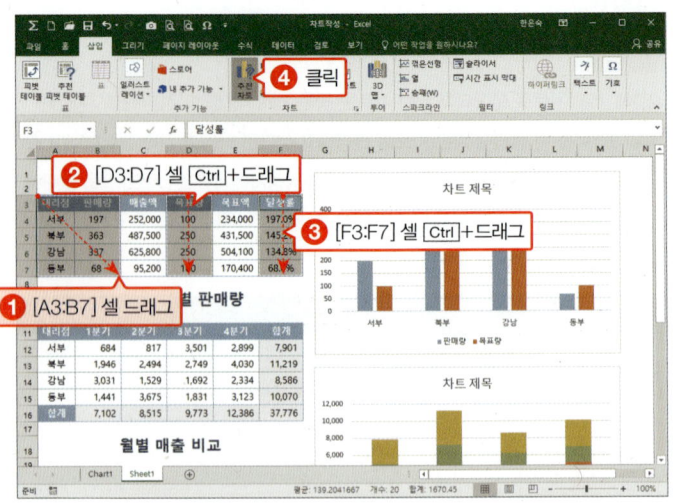

05 추천 차트 삽입하기

❶ [차트 삽입] 대화상자의 [추천 차트] 탭에서 꺾은선형과 함께 표시된 [묶은 세로 막대형] 차트를 선택하고 ❷ [확인]을 클릭합니다.

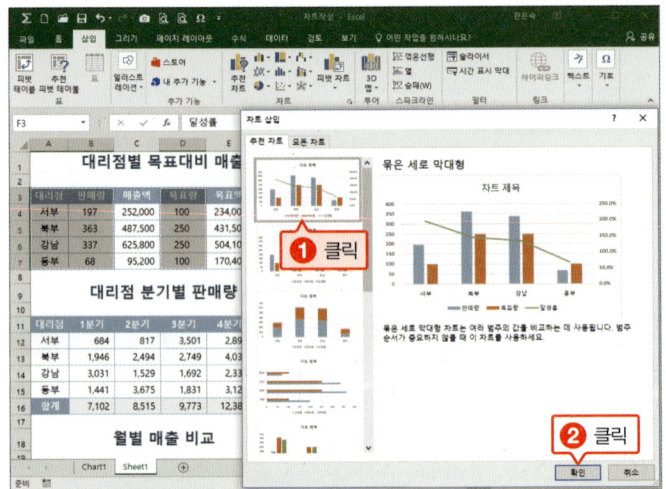

06 차트 종류 직접 선택하여 삽입하기

추천 차트에도 원하는 차트 종류가 없다면 차트 종류를 직접 선택하여 삽입합니다. ❶ [A20:B32] 셀 범위를 드래그하고 ❷ [D20:D32] 셀 범위를 Ctrl+드래그합니다. ❸ [삽입] 탭-[차트] 그룹-[콤보 차트 삽입]을 클릭한 후 ❹ [누적 영역형-묶은 세로 막대형]을 선택합니다. ❺ 차트 영역을 드래그하여 적당한 곳으로 이동합니다.

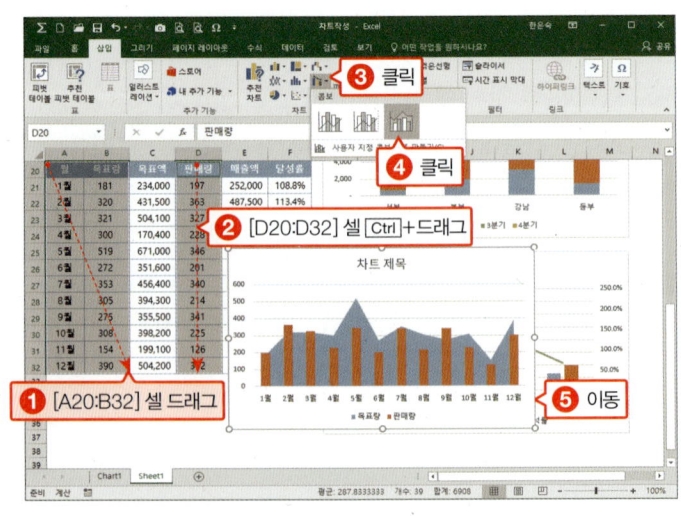

SECTION 02
차트 레이아웃 및 스타일 지정하기

차트를 삽입한 후 차트 종류, 차트 요소, 원본 데이터 범위, 차트 위치 등을 변경할 수 있습니다. 엑셀에서 제공하는 기본적인 차트 스타일 구성을 선택하여 손쉽게 차트의 디자인을 설정할 수 있습니다.

빠른 디자인 도구

차트를 선택하면 차트 영역 오른쪽에 [차트 요소➕], [차트 스타일✏️], [차트 필터▼] 버튼이 표시됩니다. 더욱 빠르고 간편하게 차트 요소를 추가, 제거하고 차트 스타일을 선택하거나 차트 데이터를 선택, 해제할 수 있는 도구입니다.

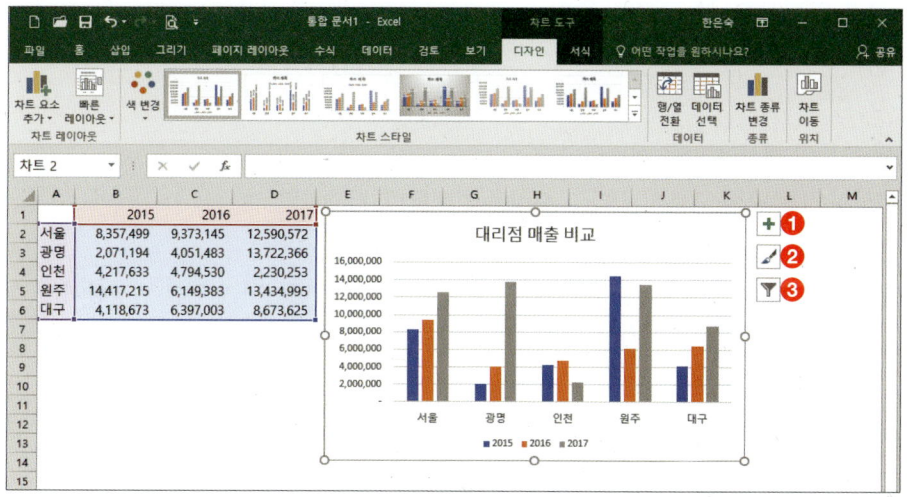

❶ **차트 요소** : 차트 요소를 추가, 제거하거나 위치를 설정합니다. [차트 도구]-[디자인] 탭-[차트 레이아웃] 그룹-[차트 요소 추가]와 같은 기능입니다.

❷ **차트 스타일** : 차트 스타일과 색 구성표를 선택합니다. [차트 도구]-[디자인] 탭-[차트 스타일] 그룹과 같은 기능입니다.

❸ **차트 필터** : 차트의 데이터 계열 및 범주를 선택, 해제합니다. [차트 도구]-[디자인] 탭-[데이터] 그룹-[데이터 선택]과 같은 기능입니다.

[차트 도구]–[디자인] 탭

차트가 선택된 상태에서는 리본 메뉴에 차트 도구가 표시됩니다. [차트 도구]–[디자인] 탭은 차트의 종류, 위치, 데이터 범위, 레이아웃, 스타일 등을 수정하는 탭입니다.

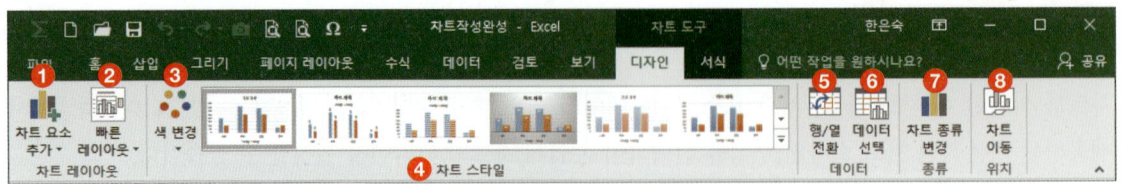

1 차트 요소 추가 : 차트의 구성 요소를 추가, 제거하거나 위치를 설정합니다.

2 빠른 레이아웃 : 미리 구성된 차트의 전체 레이아웃 구성을 선택합니다.

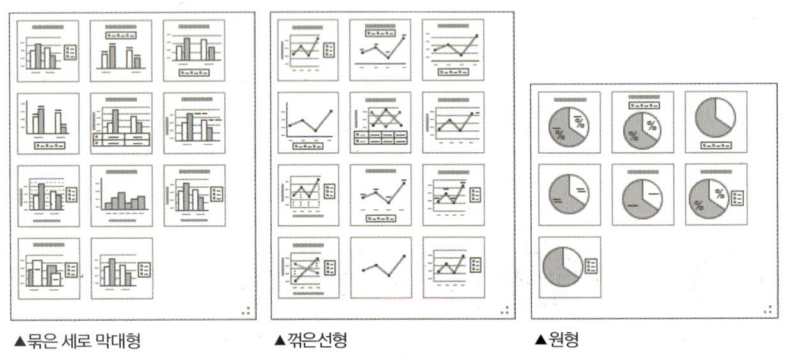

▲묶은 세로 막대형   ▲꺾은선형   ▲원형

3 색 변경 : 미리 구성된 차트의 색상 배합을 선택합니다.

4 차트 스타일 : 미리 구성된 차트 구성 요소의 스타일 서식을 선택합니다.

5 행/열 전환 : 가로축과 범례 항목을 바꿉니다.

6 데이터 선택 : [데이터 원본 선택] 대화상자가 표시됩니다. 차트에 사용되는 데이터 범위를 변경하거나 가로축과 범례 항목을 개별적으로 편집할 수 있습니다. 숨겨진 셀이나 빈 셀을 처리할 수 있습니다.

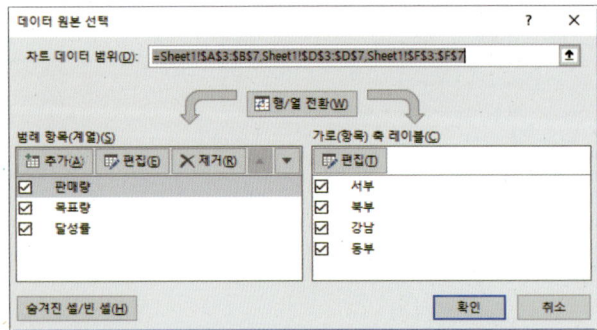

7 차트 종류 변경 : [차트 종류 변경] 대화상자가 표시됩니다. 다른 종류의 차트를 선택할 수 있으며 기본 차트 설정, 서식 파일 관리 등을 할 수 있습니다.

8 차트 이동 : [차트 이동] 대화상자가 표시됩니다. 차트를 새로운 차트 시트나 다른 워크시트로 이동할 수 있습니다.

차트 종류 변경 및 차트 구성 요소 설정하기

실습 파일 | CHAPTER10\지역별실적.xlsx   **완성 파일 |** CHAPTER10\완성\지역별실적완성.xlsx

10년간의 지역별 실적 합계를 원형 차트로 작성하고, 합계를 제외한 10년간 실적을 묶은 세로 막대형 차트로 작성한 문서입니다. 묶은 세로 막대형 차트를 복사한 후 꺾은선형 차트로 수정하고 별도의 차트 시트로 이동해보겠습니다. 워크시트에 있는 묶은 세로 막대형 차트는 누적 가로 막대형 차트로, 원형 차트는 도넛형으로 수정하겠습니다. 누적 가로 막대형 차트에서는 지역별 전체 실적을 표시하고 가로 막대 안에서 연도별 실적을 색상으로 표시한 후 비교해볼 수 있습니다. 꺾은선형 차트에서는 10년간 실적의 변화 추세를 확인할 수 있습니다. 도넛형 차트에서는 지역별 실적 합계를 비율로 확인할 수 있습니다.

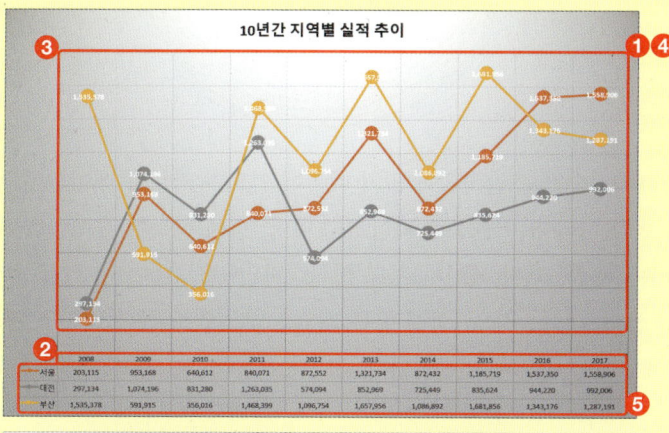

❶ 차트 시트로 이동

❷ 가로축, 범례 항목 수정

❸ 꺾은선형 차트로 종류 변경

❹ 레이아웃 및 스타일 지정

❺ 데이터 표, 기본 주 세로 눈금선 표시

❻ 누적 가로 막대형 차트로 종류 변경

❼ 도넛형 차트로 종류 변경

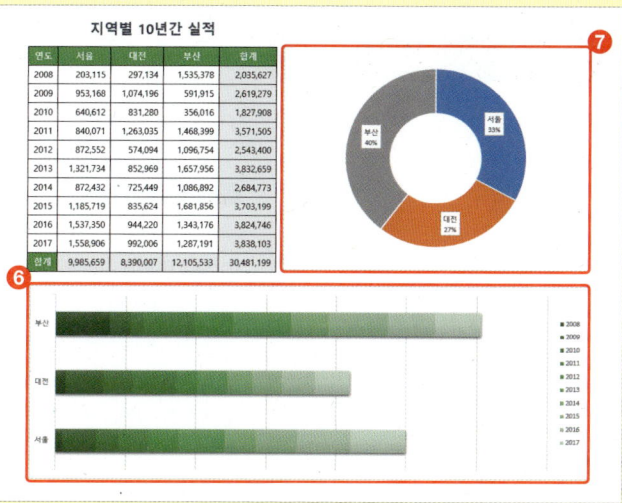

01 차트 복제 후 차트 시트로 이동하기

묶은 세로 막대형 차트를 복제한 후 별도의 차트 시트로 이동하겠습니다. ❶ 묶은 세로 막대형 차트를 클릭한 후 Ctrl+D를 눌러 복제합니다. ❷ [차트 도구]–[디자인] 탭–[위치] 그룹–[차트 이동]을 클릭하고 ❸ [차트 이동] 대화상자의 [새 시트]란에 **실적추이차트**를 입력한 후 ❹ [확인]을 클릭합니다.

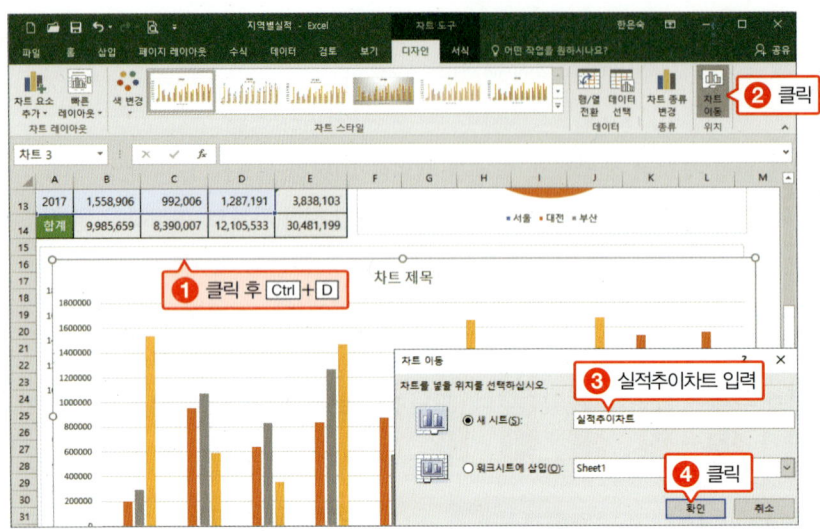

02 범례 항목 수정하기

차트 데이터 첫 번째 열의 연도가 문자가 아닌 숫자로 입력되어 있기 때문에 연도가 가로축 레이블이 아닌 범례 항목으로 표시되었고, 가로축은 순번을 나타내는 번호로 되어 있습니다. 범례 항목에 들어간 연도를 제거하고 가로축에 연도가 들어가도록 수정하겠습니다. ❶ [차트 도구]–[디자인] 탭–[데이터] 그룹–[데이터 선택]을 클릭합니다. ❷ [데이터 원본 선택] 대화상자의 [범례 항목(계열)]에서 [연도]를 선택하고 ❸ [제거]를 클릭합니다. 범례 항목과 데이터 계열에서 연도가 제거됩니다. ❹ [가로(항목) 축 레이블]에서 [편집]을 클릭합니다.

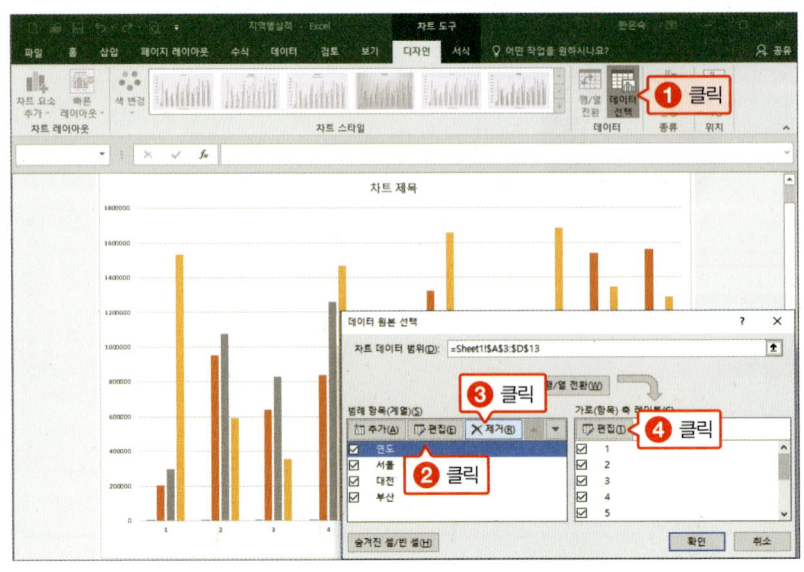

바로 통하는 TIP 숫자 데이터는 차트에서 데이터 계열로 인식하기 때문에 차트 종류에 따라 막대형이나 꺾은선형으로 표시되고 범례가 표시됩니다. 숫자 데이터지만 가로축 레이블에 들어가야 하는 경우에는 제목을 지우고 차트를 삽입하면 숫자라도 가로축 레이블로 들어갑니다. 즉, [A3] 셀의 '연도'라는 제목을 지운 후 차트를 삽입하면 숫자로 된 연도가 가로축 레이블에 표시됩니다.

03 가로축 레이블 수정하기

❶ 차트 데이터가 있는 [Sheet1] 시트를 클릭하고 ❷ [A4:A13] 셀 범위를 드래그한 후 ❸ [축 레이블] 대화상자에서 [확인]을 클릭합니다. [실적추이차트] 시트로 화면이 이동합니다. 차트의 가로축에 연도가 표시됩니다. ❹ [데이터 원본 선택] 대화상자에서 [확인]을 클릭합니다.

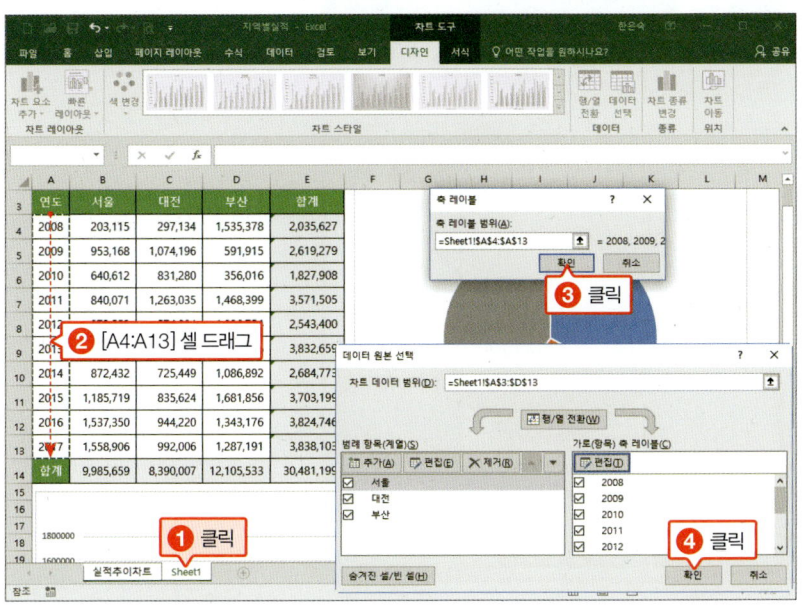

04 꺾은선형 차트로 변경하기

❶ [차트 도구]–[디자인] 탭–[종류] 그룹–[차트 종류 변경]을 클릭합니다. ❷ [차트 종류 변경] 대화상자에서 [모든 차트] 탭을 클릭하고 ❸ [꺾은선형]을 선택합니다. ❹ 대화상자 오른쪽 위에 나타난 하위 차트 종류 중 [표식이 있는 꺾은선형]을 선택하고 ❺ [확인]을 클릭합니다.

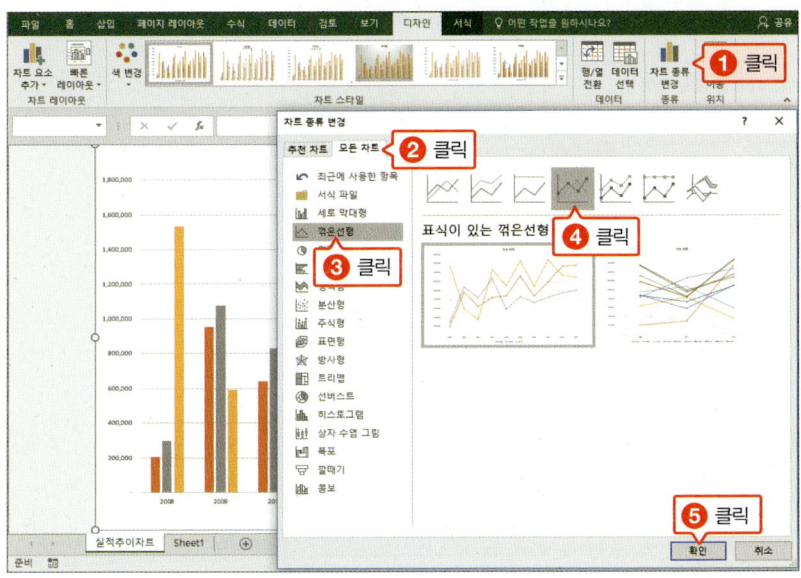

05 빠른 레이아웃 및 스타일 선택하기

❶ [차트 도구]–[디자인] 탭–[차트 레이아웃] 그룹–[빠른 레이아웃]을 클릭하고 ❷ [레이아웃 8]을 선택합니다. ❸ [차트 스타일 🖌]을 클릭하고 ❹ [스타일 2]를 선택합니다.

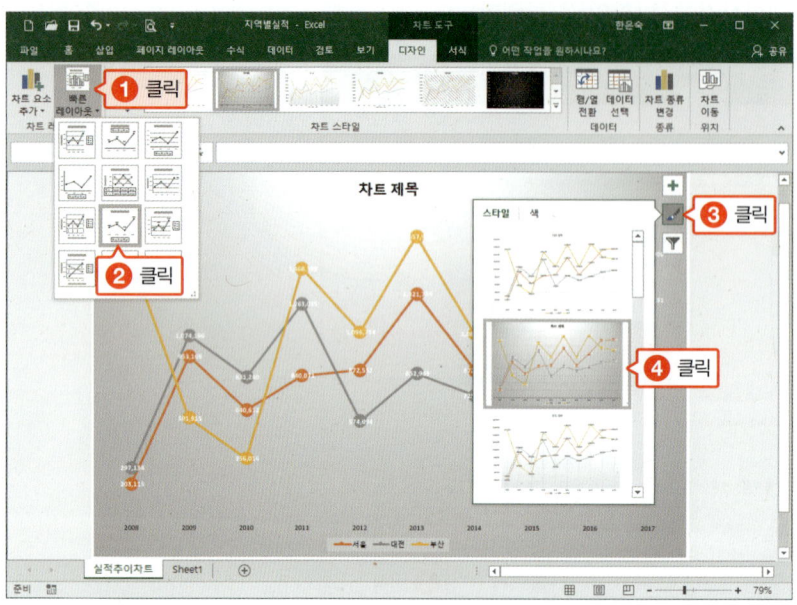

06 차트 요소 추가, 제거하기

차트에 표시할 구성 요소를 추가, 제거해보겠습니다. ❶ 차트 제목에 **10년간 지역별 실적 추이**를 입력합니다. ❷ 차트 영역을 클릭한 후 ❸ [차트 요소 ➕]를 클릭하고 ❹ [데이터 표]에 체크 표시합니다. ❺ [눈금선]의 오른쪽 화살표 ▶를 클릭하고 ❻ [기본 주 세로]에 체크 표시합니다. ❼ [범례]의 체크 표시를 해제합니다.

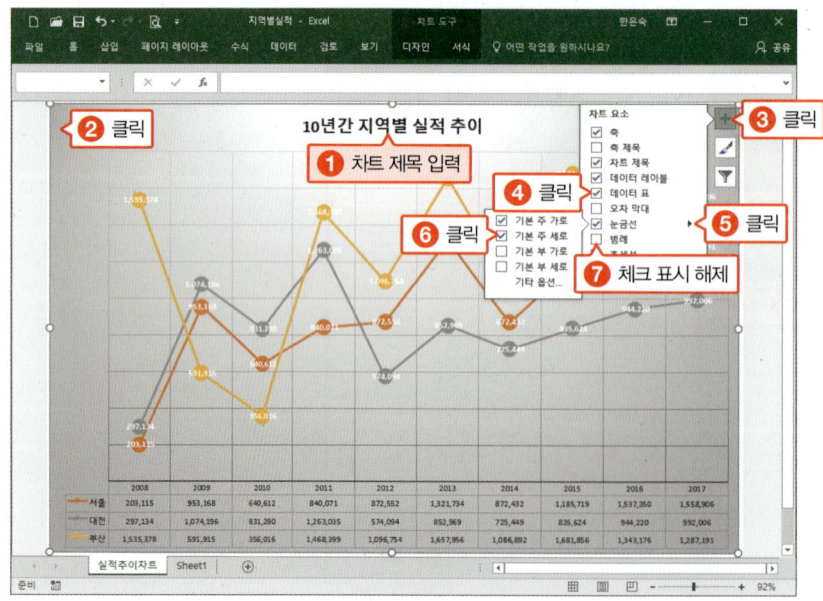

07 누적 가로 막대형 차트 작성하기

[Sheet1] 시트에 남아 있는 묶은 세로 막대형 차트를 누적 가로 막대형으로 변경하겠습니다. ❶ [Sheet1] 시트를 클릭합니다. ❷ 묶은 세로 막대형 차트를 클릭하고 ❸ [차트 도구]-[디자인] 탭-[종류] 그룹-[차트 종류 변경]을 클릭합니다. ❹ [차트 종류 변경] 대화상자에서 [모든 차트] 탭을 클릭하고 ❺ [가로 막대형]을 선택합니다. ❻ 하위 차트 종류 중 [누적 가로 막대형]을 선택하고 ❼ 아래쪽 차트 유형에서 두 번째 차트를 선택한 후 ❽ [확인]을 클릭합니다.

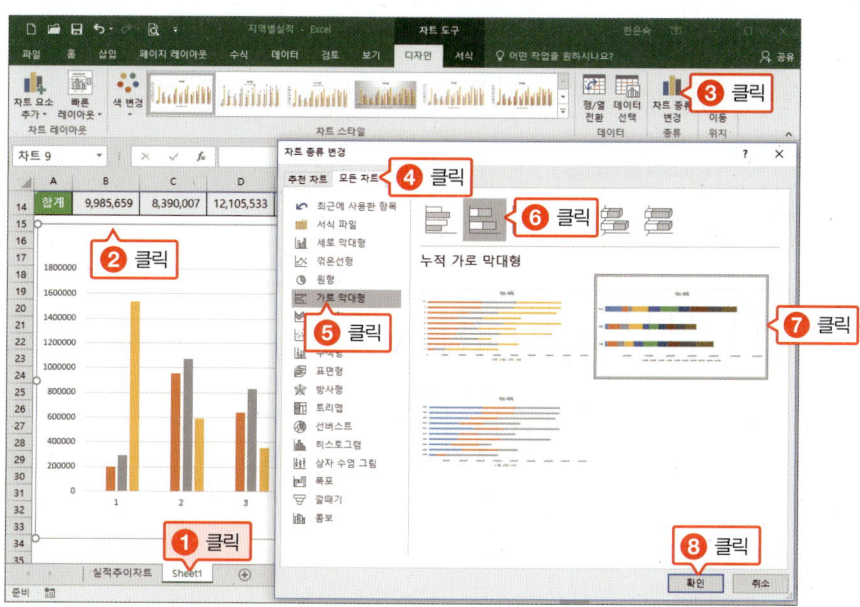

08 차트 스타일 및 색 변경하기

❶ [차트 도구]-[디자인] 탭-[차트 스타일] 그룹의 스타일 갤러리에서 [스타일 11]을 선택합니다. ❷ [차트 도구]-[디자인] 탭-[차트 스타일] 그룹-[색 변경]을 클릭하고 ❸ [단색 색상표 6]을 선택합니다.

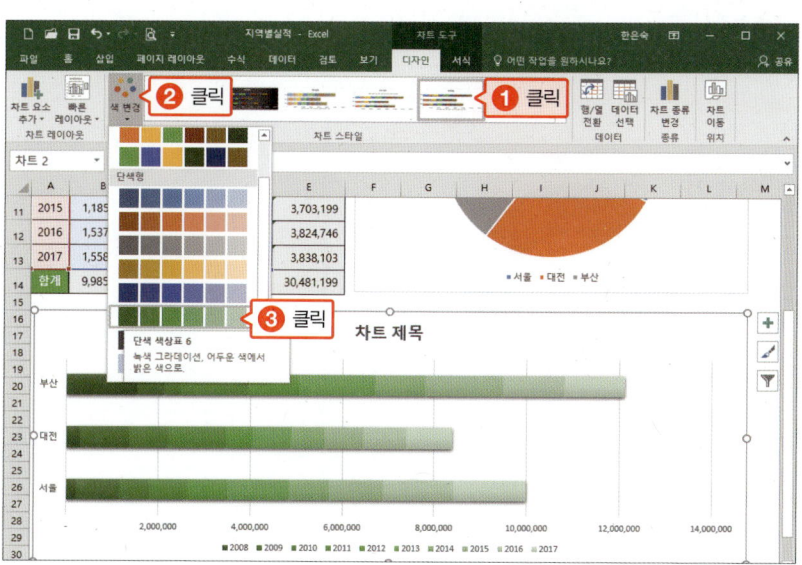

09 차트 요소 추가, 제거하기

❶ [차트 요소 +]를 클릭하고 ❷ [축]의 오른쪽 화살표 ▶를 클릭한 후 ❸ [기본 가로]의 체크 표시를 해제합니다. ❹ [차트 제목]의 체크 표시를 해제하고 ❺ [범례]의 오른쪽 화살표를 클릭한 후 ❻ [오른쪽]을 선택합니다. 차트에서 가로축과 차트 제목이 없어지고 범례가 오른쪽에 표시됩니다.

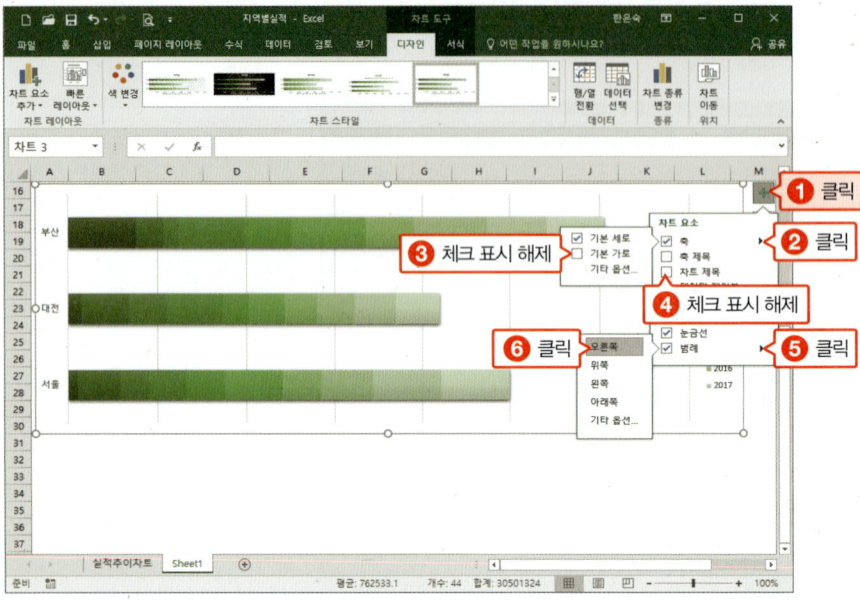

10 원형 차트를 도넛형 차트로 변경하기

원형 차트를 도넛형 차트로 변경해보겠습니다. ❶ 원형 차트를 클릭한 후 ❷ [삽입] 탭-[차트] 그룹-[원형 또는 도넛형 차트 삽입]을 클릭하고 ❸ [도넛형]을 선택합니다.

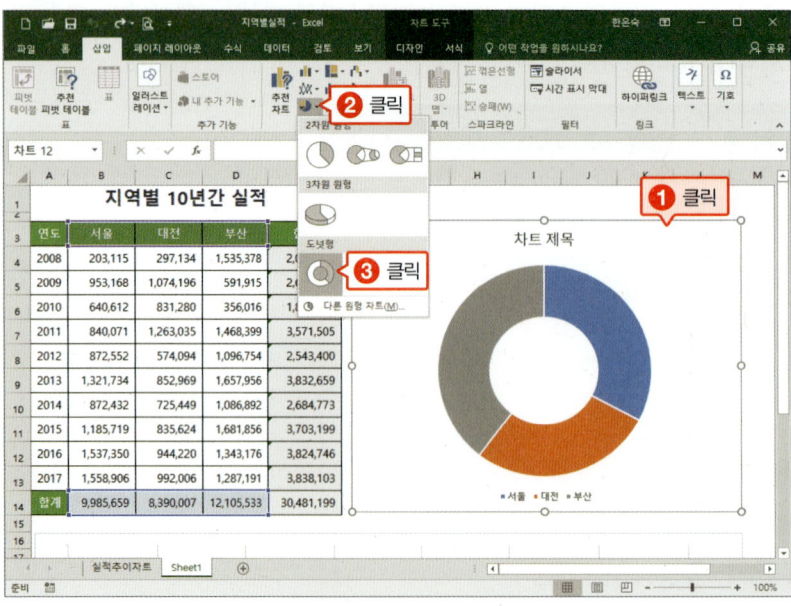

11 데이터 설명선 표시하기

❶ [차트 요소➕]를 클릭하고 ❷ [차트 제목]과 ❸ [범례]의 체크 표시를 각각 해제합니다. ❹ [데이터 레이블]의 오른쪽 화살표▶를 클릭하고 ❺ [데이터 설명선]을 선택합니다. 차트에서 차트 제목과 범례가 없어지고 데이터 레이블 항목 이름과 백분율이 표시됩니다.

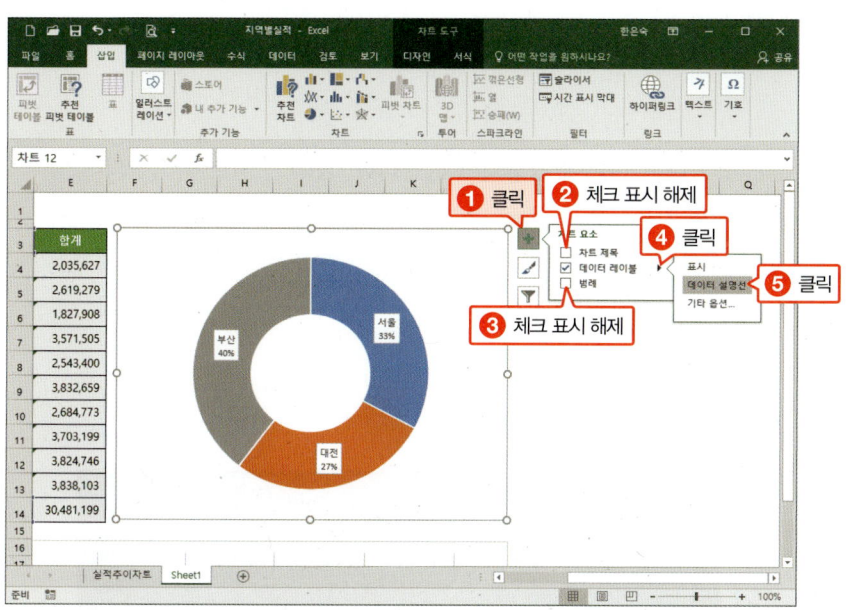

회사통 실무활용 29

차트에 다른 시트 데이터 추가하기

실습 파일 | CHAPTER10\연매출집계.xlsx   **완성 파일** | CHAPTER10\완성\연매출집계완성.xlsx

2016년과 2017년 매출 집계가 각각 다른 시트에 작성되어 있습니다. [2017] 시트에 작성되어 있는 합계까지 포함한 묶은 세로 막대형 차트를 묶은 세로 막대형과 꺾은선형 차트가 혼합된 콤보 차트로 변경하고 2016년 매출 합계 데이터를 추가로 표시해보겠습니다. 또한 [2017] 시트의 3월에는 매출이 없어 빈 셀로 되어 있는데, 이로 인해 차트에서 중간에 선이 끊어져 보이지 않도록 차트를 자연스럽게 연결해보겠습니다.

2017년 매출 집계표

월	서울	경기	부산	합계
1월	3,296	5,908	2,000	11,204
2월	4,615	5,897	4,013	14,525
3월				
4월	3,970	3,795	4,115	11,880
5월	5,045	3,791	5,470	14,306
6월	4,961	4,324	5,595	14,880
7월	3,358	5,877	2,202	11,437
8월	5,129	3,824	2,627	11,580
9월	3,593	3,839	4,690	12,122
10월	2,110	4,935	5,140	12,185
11월	5,712	3,659	4,522	13,893
12월	5,681	4,015	4,535	14,231

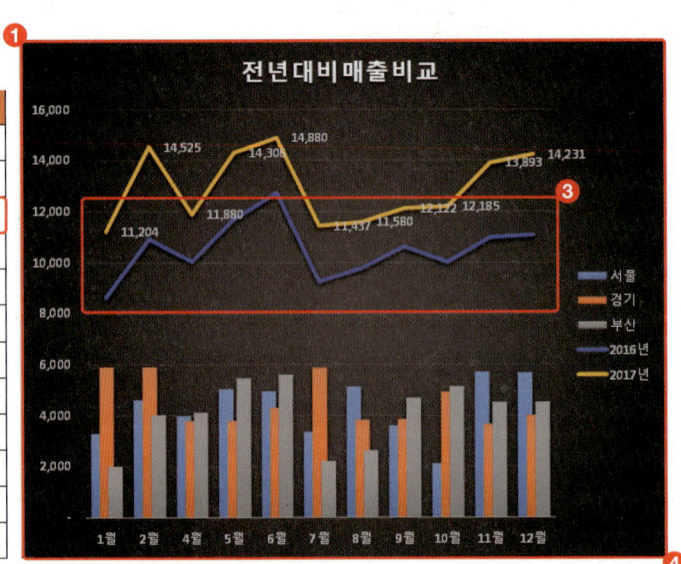

① 콤보 차트로 변경

② 빈 셀 표시 형식 지정

③ 데이터 추가 및 편집

④ 차트 스타일 지정 및 차트 필터

01 콤보 차트로 변경하기

여러 데이터 항목을 차트로 작성할 때 데이터 값 차이가 크지 않은 항목은 묶은 세로 막대형으로, 데이터 값 차이가 큰 항목은 꺾은선형 차트로 구성된 콤보 차트로 표현합니다. ❶ 차트를 클릭하고 ❷ [차트 도구]–[디자인] 탭–[종류] 그룹–[차트 종류 변경]을 클릭합니다. [차트 종류 변경] 대화상자의 [추천 차트] 탭에서 ❸ 꺾은선형이 함께 있는 [묶은 세로 막대형]을 선택한 후 ❹ [확인]을 클릭합니다.

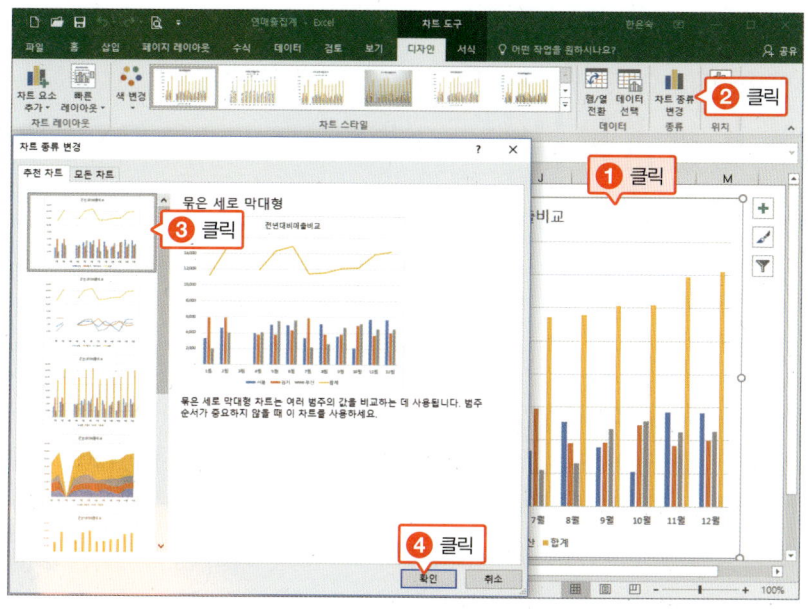

바로 통하는 TIP 일부 데이터 항목을 다른 종류의 차트로 임의로 변경하고 싶다면 [차트 종류 변경] 대화상자에서 [모든 차트] 탭을 클릭한 후 [콤보]를 선택하고 계열 이름에 대한 차트 종류를 선택합니다.

02 빈 셀 표시 형식 지정하기

❶ [차트 도구]–[디자인] 탭–[데이터] 그룹–[데이터 선택]을 클릭합니다. ❷ [데이터 원본 선택] 대화상자에서 [숨겨진 셀/빈 셀]을 클릭한 후 ❸ [숨겨진 셀/빈 셀 설정] 대화상자의 [빈 셀 표시 형식]에서 [선으로 데이터 요소 연결]을 선택하고 ❹ [확인]을 클릭합니다. ❺ 2016년 데이터를 추가하기 위해 [데이터 원본 선택] 대화상자의 [범례 항목(계열)]에서 [추가]를 클릭합니다.

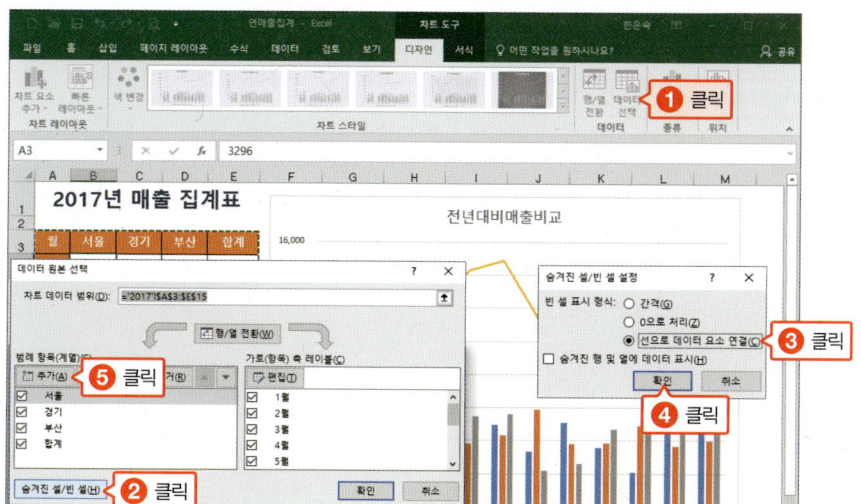

빈 셀을 0으로 처리하기

[숨겨진 셀/빈 셀 설정] 대화상자의 [빈 셀 표시 형식]에서 [0으로 처리]를 선택하면 다음과 같이 빈 셀의 값을 0으로 간주하여 선이 0 값에 이어진 채 차트가 표시됩니다.

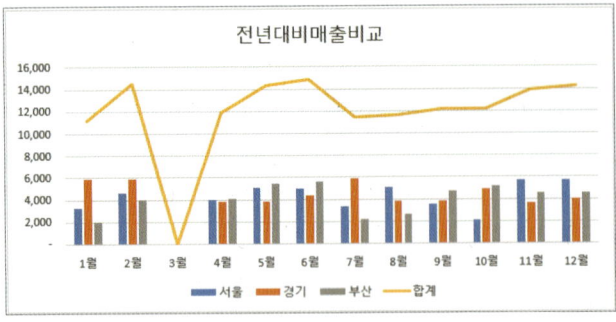

03 데이터 추가하기

❶ [계열 편집] 대화상자에서 [계열 이름]란에 **2016년**을 입력하고 ❷ [계열 값]란에서 기존에 입력된 값을 삭제합니다. ❸ [2016] 시트를 클릭하고 ❹ [E4:E15] 셀 범위를 드래그한 후 Enter 를 누릅니다. [2017] 시트 화면이 다시 표시되고 [데이터 원본 선택] 대화상자의 [범례 항목(계열)]에 [2016년] 항목이 추가됩니다. [2016] 시트의 [E4:E15] 셀 범위 합계 데이터가 꺾은선형 차트로 표시됩니다.

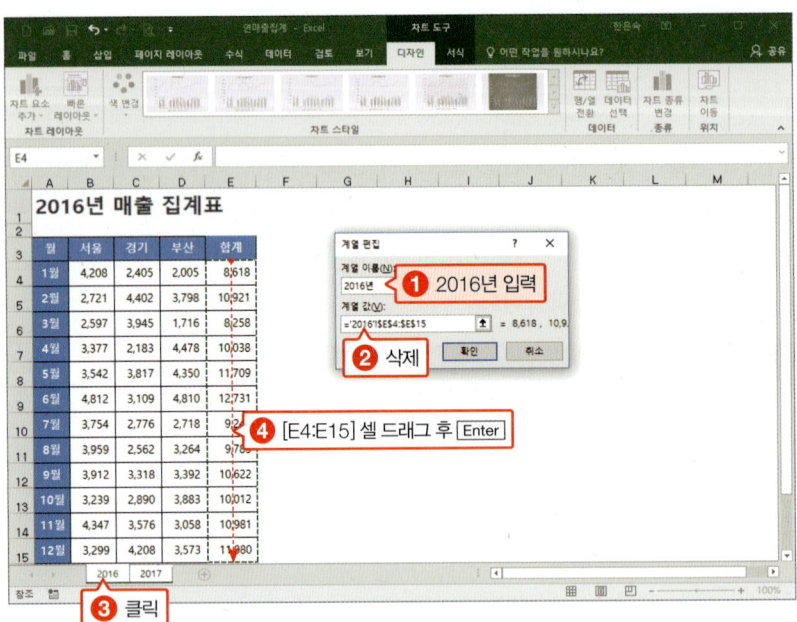

04 범례 항목 편집하기

❶ [데이터 원본 선택] 대화상자에서 [범례 항목(계열)]의 [합계]를 선택합니다. ❷ [편집]을 클릭한 후 ❸ [계열 편집] 대화상자의 [계열 이름]란에 **2017년**을 입력하고 Enter 를 누릅니다. ❹ [데이터 원본 선택] 대화상자의 [범례 항목(계열)]에서 [2016년]을 선택하고 ❺ [위로 이동 ▲]을 클릭한 후 ❻ [확인]을 클릭합니다.

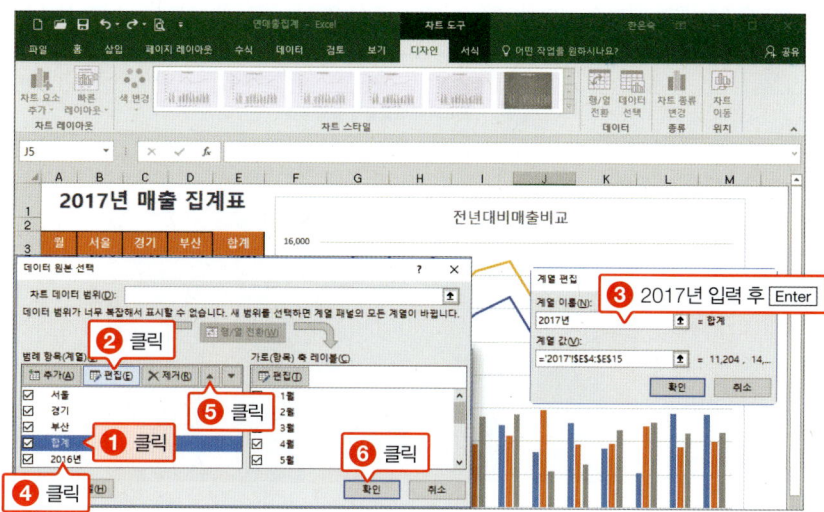

바로 통하는 TIP [범례 항목(계열)]에서 계열 이름 [합계]가 [2017년]으로 수정되고 범례 항목 중 뒤에 있던 [2016년]이 앞으로 이동됩니다.

05 차트 스타일 지정 및 차트 필터하기

차트가 선택된 상태에서 ❶ [차트 도구]–[디자인] 탭–[차트 스타일] 그룹의 스타일 갤러리에서 [스타일 6]을 선택합니다. ❷ [차트 도구]–[디자인] 탭–[차트 레이아웃] 그룹–[빠른 레이아웃]을 클릭하고 ❸ [레이아웃 10]을 선택합니다. 범례가 오른쪽에 표시되고 꺾은선형 차트에 데이터 레이블이 표시됩니다. ❹ [차트 필터 ▼]를 클릭하고 ❺ [범주]에서 [3월]의 체크 표시를 해제합니다. ❻ [적용]을 클릭합니다. 막대형 차트에서 3월 항목이 없어집니다.

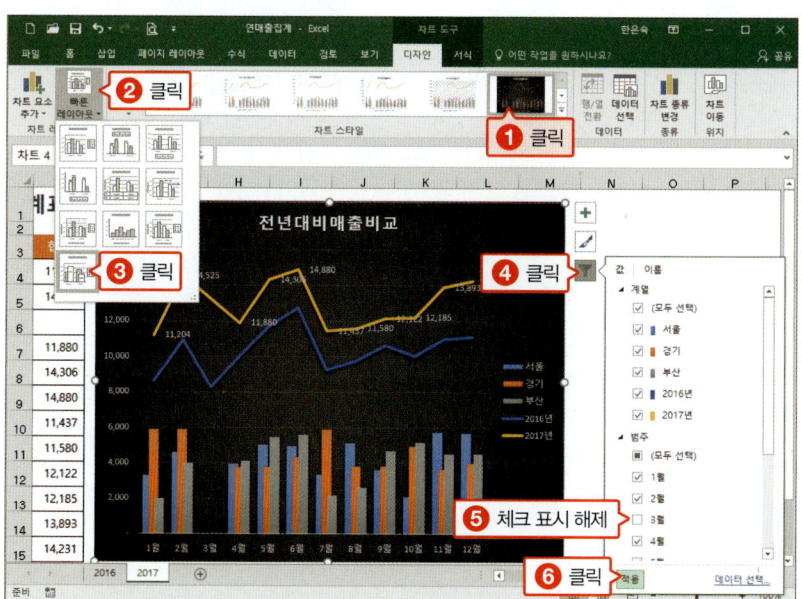

실습 파일 | CHAPTER10\목표달성현황.xlsx   **완성 파일** | CHAPTER10\완성\목표달성현황완성.xlsx

지역별 목표 대비 온·오프라인 매출 실적을 달성률과 함께 표시한 차트입니다. 목표 값을 영역형으로, 온·오프라인 매출 실적을 누적 세로 막대형으로, 달성률을 꺾은선형으로 표시하는 콤보 차트를 작성해봅니다.

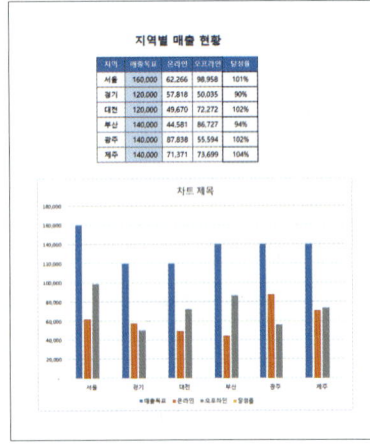

▲ 실습 파일

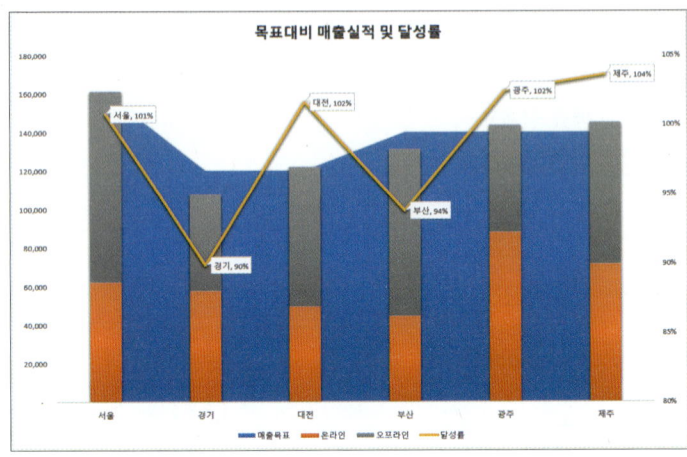

▲ 완성 파일

① [차트 종류 변경] 대화상자에서 차트 종류로 [콤보]를 선택합니다. [매출 목표], [온라인], [오프라인], [달성률] 데이터 계열의 차트 종류를 각각 [영역형], [누적 세로 막대형], [누적 세로 막대형], [꺾은선형]으로 선택하고 [달성률]의 [보조축]에 체크 표시합니다.

② 차트 제목을 클릭하고 **목표대비 매출실적 및 달성률**을 입력합니다.

③ 차트 스타일로 [스타일 8]을 선택합니다.

④ 차트 요소 중 [눈금선]의 체크 표시를 해제합니다.

⑤ 꺾은선형 차트를 선택한 후 차트 요소 중 [데이터 레이블]–[데이터 설명선]을 선택합니다.

⑥ 차트를 새 차트 시트로 이동하고 차트 시트의 이름을 **목표대비실적**으로 수정합니다.

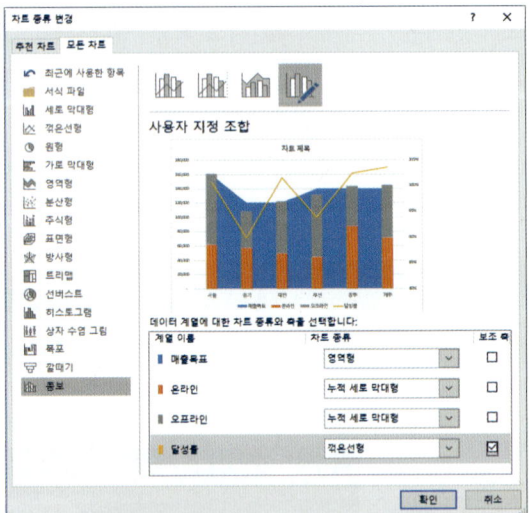

SECTION 03

차트 요소 서식 지정하기

이제까지 [차트 도구]-[디자인] 탭에서 빠른 레이아웃과 차트 스타일 등을 선택하고 차트 요소 서식은 엑셀에 미리 구성되어 있는 것을 그대로 사용했습니다. 차트 구성 요소의 서식을 수정할 때는 [차트 도구]-[서식] 탭이나 [서식] 작업 창을 사용합니다.

차트의 구성 요소

차트의 각 구성 요소는 차트 안에서 각각 분리되어 있으므로 일반적인 도형 개체를 다루듯 차트 안에서 위치를 이동하거나 크기를 조절하거나 삭제할 수 있습니다. 특정 차트 구성 요소에 대한 옵션을 설정하거나 서식을 지정하려면 해당 구성 요소를 선택한 후 작업해야 합니다. 차트의 각 구성 요소는 다음과 같습니다.

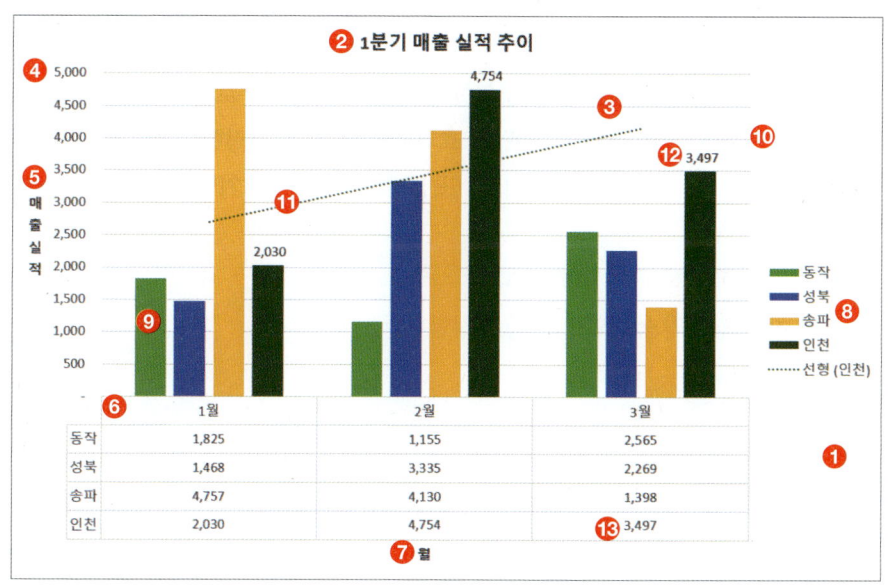

❶ **차트 영역** : 차트의 전체 영역입니다. 차트의 위치와 크기 및 글꼴을 조절합니다.

❷ **차트 제목** : 차트의 내용을 대표하는 제목입니다. 텍스트 상자에 입력되어 있습니다.

❸ **그림 영역** : 실제 그래프가 표시되는 영역입니다.

❹ **세로 (값) 축** : 그래프의 높낮이를 결정하는 기준 값을 나타내는 선입니다.

❺ **세로 (값) 축 제목** : 세로축 값이 무엇을 의미하는지 알려주는 문자열입니다.

❻ **가로 (항목) 축** : 그래프가 표시될 각 문자 데이터의 자리입니다.

❼ 가로 (항목) 축 제목 : 가로축 항목이 무엇을 의미하는지 알려주는 문자열입니다.

❽ 범례 : 그래프의 각 색이나 모양이 어떤 데이터 계열인지 알려주는 표식입니다.

❾ 데이터 계열/요소 : 숫자 데이터를 막대나 선의 도형으로 표현한 것으로 범례에 있는 한 가지 항목을 데이터 계열이라고 하며, 데이터 계열 중 한 가지를 데이터 요소라고 합니다.

❿ 눈금선 : 그림 영역 안에 가로축이나 세로축의 눈금을 표시한 선입니다.

⓫ 추세선 : 일정 기간 동안 늘어나거나 줄어든 데이터 계열의 추세를 나타낸 선입니다.

⓬ 데이터 레이블 : 한 개의 데이터 요소 또는 값을 나타내는 데이터 표식입니다.

⓭ 데이터 표 : 차트로 표현된 숫자 데이터를 나타낸 표입니다.

[차트 도구]–[서식] 탭

차트 구성 요소 하나하나에 대한 서식을 지정할 수 있는 탭입니다. 각 그룹별 설명은 다음과 같습니다.

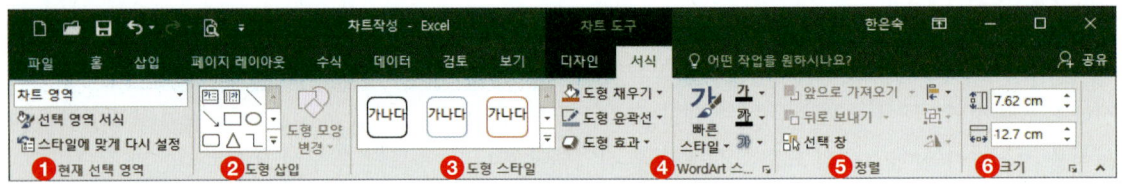

❶ [현재 선택 영역] 그룹 : 차트 요소 목록에서 차트 구성 요소를 선택하고 서식 작업 창을 표시합니다.

❷ [도형 삽입] 그룹 : 선택한 차트 안에 도형을 삽입합니다. 삽입한 도형은 차트의 일부로서 처리합니다.

❸ [도형 스타일] 그룹 : 선택한 차트 요소의 도형 채우기, 윤곽선, 효과 등의 서식을 지정합니다.

❹ [WordArt 스타일] 그룹 : 차트 내의 텍스트 서식을 지정합니다. 단, 글꼴이나 글꼴 크기 설정은 [홈] 탭–[글꼴] 그룹에서 지정합니다.

❺ [정렬] 그룹 : 선택한 도형의 정렬, 맞춤, 회전을 선택합니다.

❻ [크기] 그룹 : 숫자를 입력하여 차트 영역의 높이와 너비를 지정합니다.

차트 요소 선택하기

차트 요소를 선택할 때는 방법 1 일반적으로 차트 안의 요소를 직접 클릭하여 선택합니다. 방법 2 선택할 차트 요소가 너무 작아 직접 클릭하기 어려울 때는 [차트 도구]–[서식] 탭–[현재 선택 영역] 그룹–[차트 요소] 목록에서 선택합니다. 요소가 선택되면 조절점이 표시됩니다.

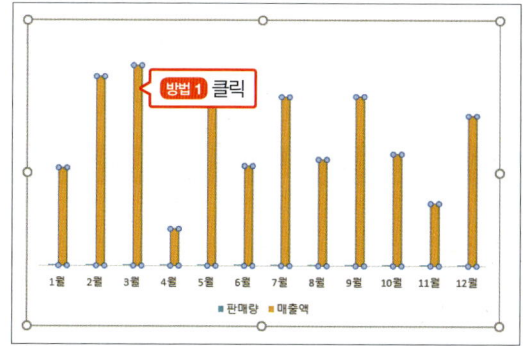

▲차트 요소를 직접 클릭하여 선택

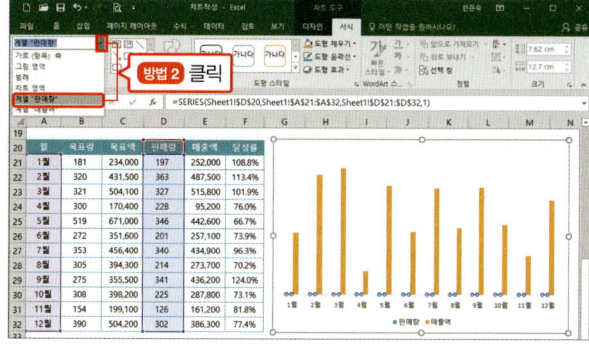

▲ [차트 도구]–[서식] 탭–[현재 선택 영역] 그룹–[차트 요소] 목록에서 선택

차트 요소 서식 작업 창

선택한 차트 요소에 도형 스타일이나 텍스트 스타일 등을 지정할 때는 [차트 도구]–[서식] 탭의 해당 항목을 사용합니다. 상세 옵션을 설정하려면 차트 요소 서식 작업 창을 열어야 합니다. 방법 1 차트 요소를 더블클릭하거나 방법 2 수정할 차트 요소를 선택한 상태에서 [차트 도구]–[서식] 탭–[현재 선택 영역] 그룹–[선택 영역 서식]을 클릭하면 워크시트 오른쪽에 차트 요소 서식 작업 창이 표시됩니다. 다른 차트 요소를 선택하면 바로 해당 차트 요소의 작업 창으로 바뀝니다. 서식 작업 창에도 차트 요소 목록 버튼이 있어서 작업 창에서 차트 요소를 선택할 수 있습니다. [채우기 및 선], [효과], [옵션] 등 서식 종류 선택 버튼은 선택한 차트 요소에 따라 다양하게 나타납니다.

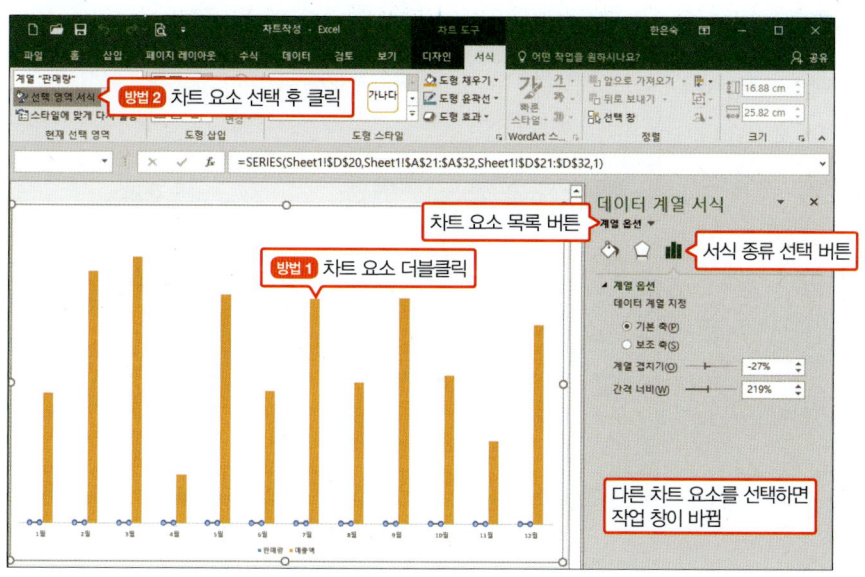

실습 파일 | CHAPTER10\도서매출.xlsx   **완성 파일** | CHAPTER10\완성\도서매출완성.xlsx

기본적인 레이아웃과 스타일이 적용된 상태로 선버스트, 트리맵, 묶은 세로 막대형, 꺾은선형, 묶은 세로 막대형 콤보 차트가 작성되어 있습니다. 각 차트의 차트 영역, 데이터 계열, 데이터 레이블, 축 옵션 등 차트 요소 서식을 지정해보겠습니다.

01 선버스트 차트 영역 투명하게 하기

[계층구조별] 시트에는 선버스트 차트의 차트 영역이 원본 데이터 표의 일부분을 가리고 있습니다. 차트 영역의 채우기 색과 윤곽선을 투명하게 수정해보겠습니다. ❶ 선버스트 차트의 차트 영역을 클릭한 후 ❷ [차트 도구]-[서식] 탭-[도형 스타일] 그룹의 스타일 갤러리에서 [투명-검정, 어둡게 1]을 선택합니다.

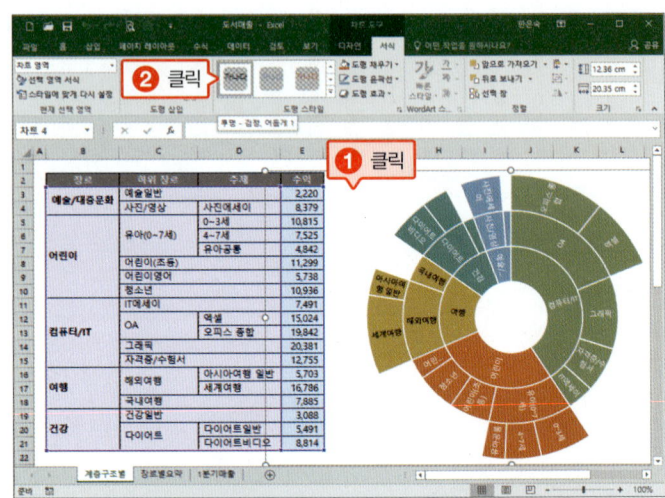

바로 통하는 TIP 선버스트 차트는 [B3:E21] 셀 범위를 드래그한 후 [삽입] 탭-[차트] 그룹-[계층 구조 차트 삽입]을 클릭하고 [선버스트]를 선택하여 작성했습니다. 선버스트 차트는 계층 구조 데이터를 표시하는 데 적합하며 외부 고리와 내부 고리의 관계를 보여줍니다. 하나의 고리가 계층 구조의 각 수준을 나타내며 가장 안쪽에 있는 고리가 계층 구조에서 가장 높은 수준을 나타냅니다. 계층 구조가 없는 데이터로 선버스트 차트를 작성하면 도넛형 차트와 같은 모양이 만들어집니다.

02 차트에 도형 삽입하기

선버스트 차트의 중앙에 텍스트 상자를 삽입하고 텍스트를 입력해보겠습니다. ❶ [차트 도구]-[서식] 탭-[도형 삽입] 그룹-[텍스트 상자]를 선택한 후 ❷ 선버스트 차트의 가운데 부분에 드래그해 적당한 크기의 텍스트 상자를 만듭니다. ❸ **2017년 수익구조**를 입력하고 ❹ Esc 를 눌러 텍스트 상자를 선택합니다.

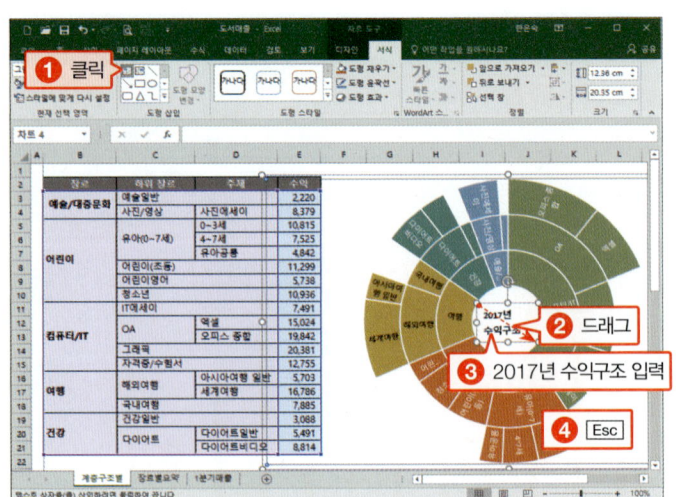

03 WordArt 스타일 지정하기

❶ Ctrl + E 를 눌러 텍스트 상자의 텍스트를 가운데 맞춤하고 Ctrl + B 를 눌러 텍스트를 굵게 수정합니다. ❷ [그리기 도구]-[서식] 탭-[도형 스타일] 그룹의 스타일 갤러리에서 [투명-검정, 어둡게 1]을 선택하고 ❸ [그리기 도구]-[서식] 탭-[WordArt 스타일] 그룹-[텍스트 효과]를 클릭한 후 ❹ [변환]-[수축 : 위쪽, 팽창 : 아래쪽]을 선택합니다.

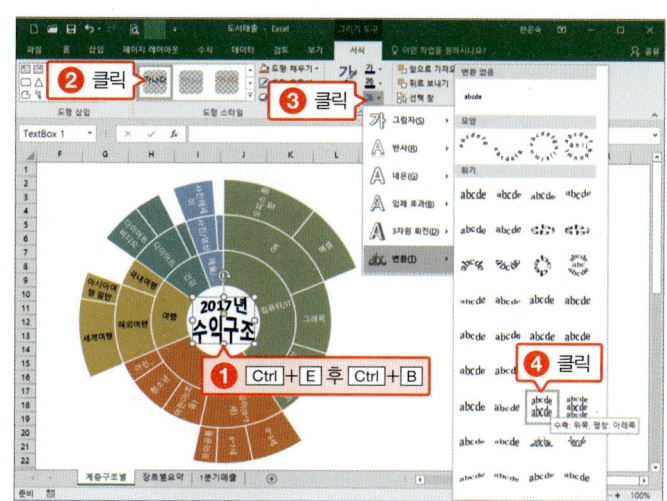

04 트리맵 차트의 데이터 계열 배너 표시하기

선버스트 차트 하단에 있는 트리맵 차트의 데이터 계열을 배너로 표시하여 강조해보겠습니다. ❶ 트리맵 차트의 데이터 계열 부분을 더블클릭합니다. ❷ [데이터 계열 서식] 작업 창의 [계열 옵션🏛]을 클릭하고 ❸ [배너]를 선택합니다.

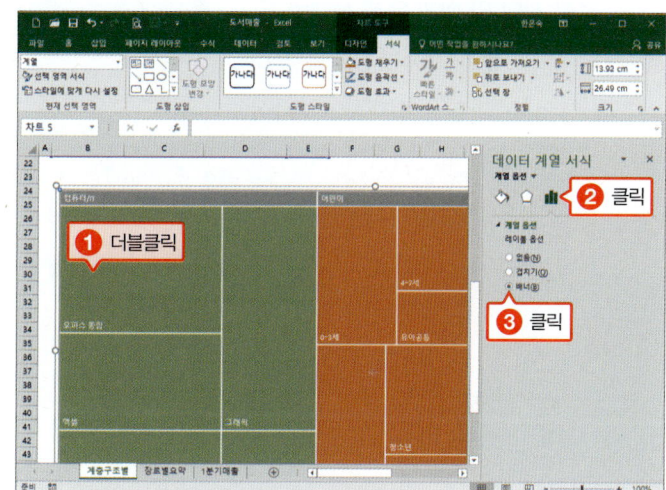

바로 통하는 TIP 트리맵 차트는 [B3:E21] 셀 범위를 드래그한 후 [삽입] 탭-[차트] 그룹-[계층 구조 차트 삽입]을 클릭하고 [트리맵]을 선택하여 작성했습니다. 선버스트 차트는 하나의 고리가 어떤 요소로 구성되어 있는가를 보여주는 데 가장 효과적인 반면, 트리맵 차트는 상대적인 크기를 비교하는 데 적합합니다.

05 세로 막대를 그림으로 채우기

세로 막대를 원하는 그림으로 채워보겠습니다. ❶ [장르별요약] 시트를 클릭합니다. ❷ 차트의 세로 막대를 더블클릭합니다. ❸ [데이터 계열 서식] 작업 창의 [채우기 및 선 ◇]을 클릭하고 ❹ [채우기]를 클릭합니다. ❺ [그림 또는 질감 채우기]를 선택하고 ❻ [파일]을 클릭합니다.

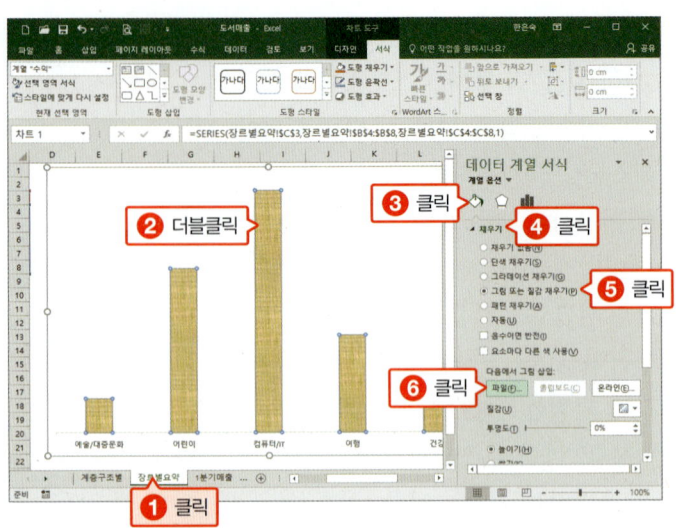

06 그림 선택 및 쌓기 옵션 선택하기

❶ [그림 삽입] 대화상자에서 예제 폴더의 'books.png' 파일을 선택하고 ❷ [삽입]을 클릭합니다. ❸ [데이터 계열 서식] 작업 창에서 [쌓기]를 선택합니다.

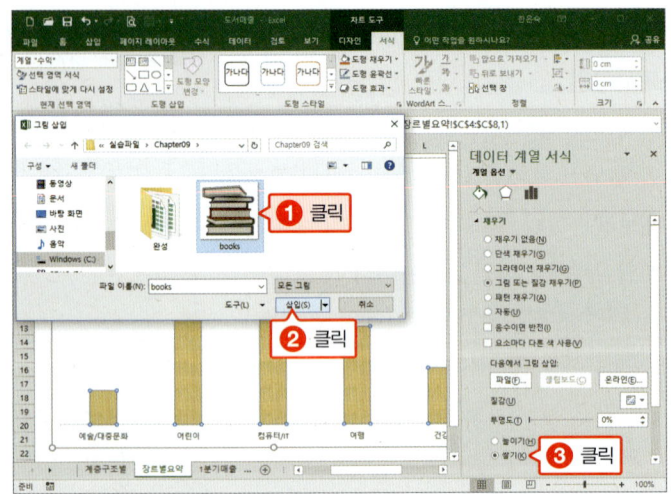

07 세로 막대 간격 좁히기

세로 막대의 간격을 좁히겠습니다. ❶ [데이터 계열 서식] 작업 창에서 [계열 옵션 ⬛]을 클릭하고 ❷ [간격 너비]란에 **100%**를 입력합니다.

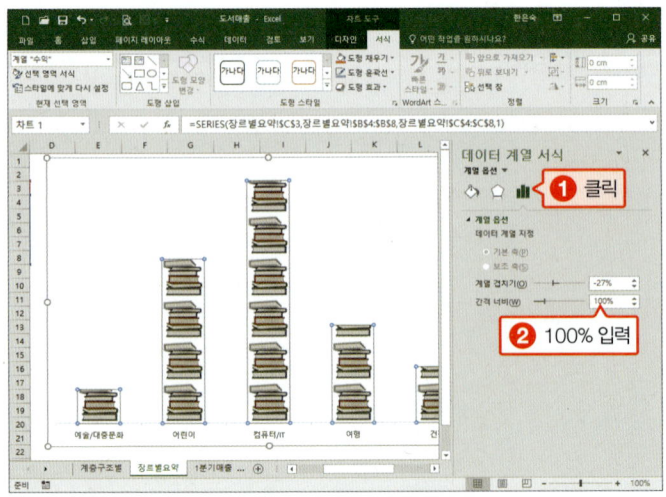

아이콘으로 막대 채우기

[데이터 계열 서식] 작업 창에서 채운 그림에는 서식을 지정하는 데 한계가 있으며, 도형이나 아이콘 등으로 채울 수 없습니다. 도형이나 그림, 아이콘 등의 개체는 별도로 삽입하고 사용자가 자유롭게 편집한 후에 복사해서 차트 요소에 붙여 넣을 수 있습니다. 엑셀 2016 버전에서는 5백여 개의 표준 아이콘을 그래픽 개체로 제공합니다. 아이콘을 별도로 삽입한 후 복사/붙여넣기 방식으로 세로 막대에 채워보겠습니다.

[아이콘 삽입]은 MS 오피스 365를 구독하는 경우에만 표시됩니다. MS 오피스 365를 사용하고 있어도 해당 기능이 표시되지 않는다면 최신 버전으로 업데이트합니다.

O1 아이콘 삽입하기

❶ 워크시트에서 아이콘을 삽입할 셀을 클릭합니다. ❷ [삽입] 탭-[일러스트레이션] 그룹-[아이콘]을 클릭합니다. ❸ [아이콘 삽입] 대화상자에서 [교육]을 선택하고 ❹ 책 아이콘을 선택한 후 ❺ [삽입]을 클릭합니다.

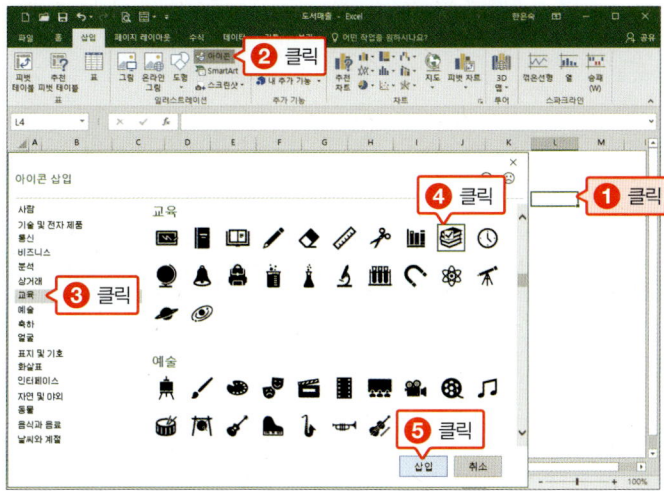

O2 아이콘 색 변경 및 복사/붙여넣기

❶ [그래픽 도구]-[서식] 탭-[그래픽 스타일] 그룹의 스타일 갤러리에서 [색 채우기-강조 1, 윤곽선 없음]을 선택합니다. ❷ Ctrl + C 를 눌러 아이콘을 복사한 후 ❸ 차트의 세로 막대를 클릭하고 Ctrl + V 를 눌러 붙여 넣습니다. 앞서 삽입했던 아이콘은 삭제해도 됩니다.

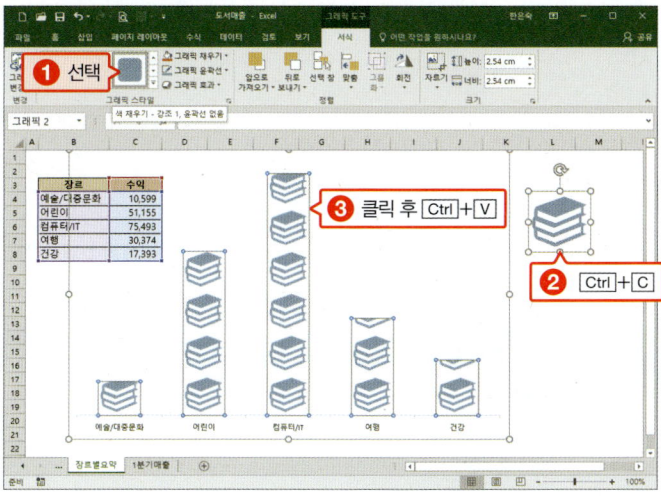

08 날짜 항목 축 단위 조정하기

가로축에 들어간 날짜가 너무 많다면 날짜 단위를 조정해서 항목을 간소화할 수 있습니다. ❶ [1분기매출] 시트를 클릭하고 ❷ 차트의 가로축을 더블클릭합니다. ❸ [축 서식] 작업 창의 [축 옵션 📊]을 클릭하고 ❹ [축 옵션] 항목을 클릭한 후 ❺ [단위]의 [기본]란에 **15**를 입력합니다.

가로축의 날짜 항목이 15일 간격으로 표시됩니다.

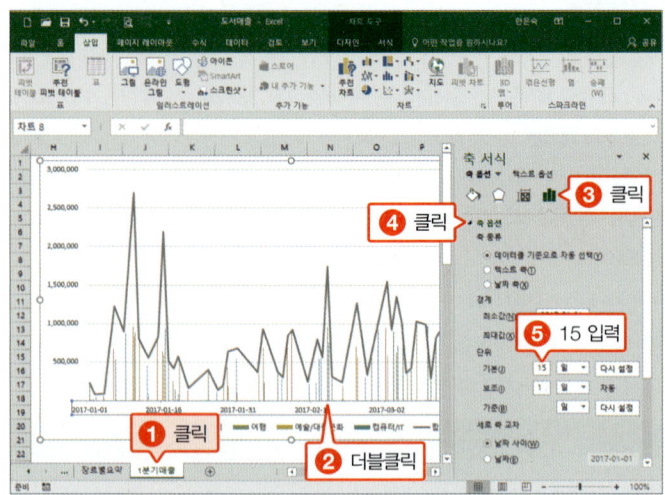

바로 통하는 TIP 콤보 차트는 [A1:G59] 셀 범위를 드래그한 후 [삽입] 탭-[차트] 그룹-[추천 차트]를 클릭하고 첫 번째 추천 차트인 묶은 세로 막대형과 꺾은선형 콤보 차트를 선택해서 작성했습니다.

09 꺾은선형 차트의 선 완만하게 하기

❶ 차트의 꺾은선을 클릭합니다. ❷ [데이터 계열 서식] 작업 창의 [채우기 및 선 🪣]을 클릭하고 ❸ [선]에서 [완만한 선]에 체크 표시합니다.

꺾은선의 모양이 완만하게 표시됩니다.

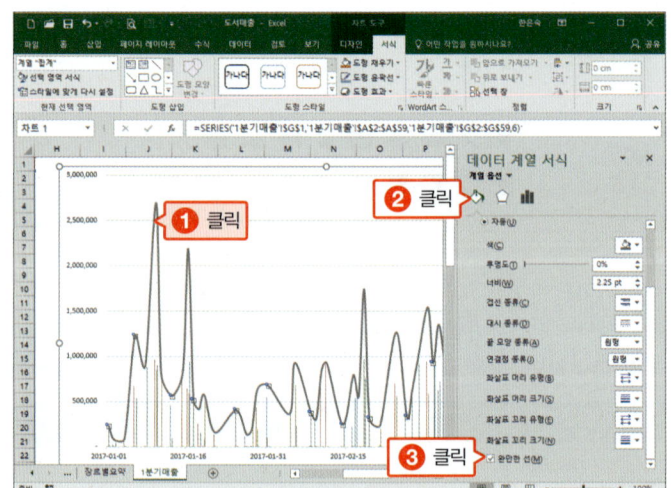

쉽고 빠른 엑셀 NOTE ### 특정 데이터 계열 정확하게 선택하기

꺾은선을 선택하기 어려운 경우에는 차트 영역을 선택한 상태에서 [차트 도구]-[서식] 탭-[현재 선택 영역] 그룹의 차트 요소 목록에서 [계열 "합계"]를 선택합니다.

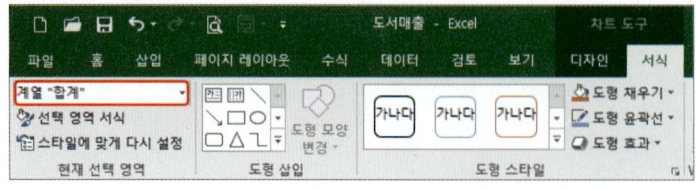

실습 파일 | CHAPTER10\대리점현황.xlsx   완성 파일 | CHAPTER10\완성\대리점현황완성.xlsx

지역별 대리점 수가 입력되어 있는 표를 사용하여 원형 차트를 삽입한 후 빠른 레이아웃으로 [레이아웃 1], 차트 스타일로 [스타일 11]을 선택하고 범례는 제거한 차트입니다. 원형 안에 조각으로 표현된 데이터 계열이 많을 때는 원형 대 원형이나 원형 대 가로 막대형 차트를 사용하는 것이 좋습니다. 차트 종류를 변경하고 차트 요소 서식을 지정합니다.

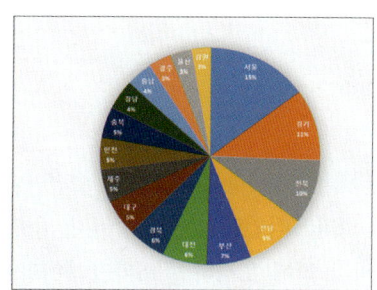

▲ 실습 파일

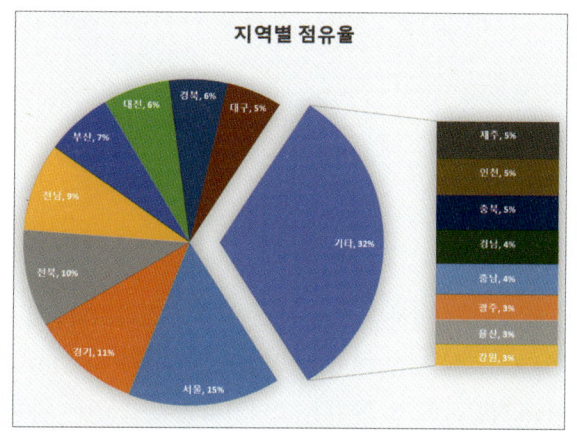

▲ 완성 파일

① 차트 영역을 클릭하고 [삽입] 탭–[차트] 그룹–[원형 또는 도넛형 차트 삽입]을 클릭한 후 [원형 대 가로 막대형]을 선택하여 차트 종류를 변경합니다.

② [차트 요소 ➕]를 클릭하고 [데이터 레이블 ▸]–[안쪽 끝에]를 선택하여 데이터 레이블 위치를 이동합니다.

③ 차트의 데이터 계열(원형이나 막대 부분)을 더블클릭한 후 [데이터 계열 서식] 작업 창에서 [계열 옵션 📊]을 클릭합니다. [둘째 영역 값]란에 **8**을 입력합니다.

④ 원형 차트에서 '기타' 조각 부분을 한 번 더 클릭한 후 오른쪽으로 드래그하여 조각을 분리합니다.

⑤ 차트의 데이터 레이블(원형 또는 막대 안의 문자열)을 클릭한 후 [데이터 레이블 서식] 작업 창에서 [레이블 옵션 📊]을 클릭합니다. [구분 기호] 목록에서 [,(쉼표)]를 선택합니다.

⑥ 차트 영역을 클릭한 후 [차트 영역 서식] 작업 창에서 [채우기 및 선 🎨]을 클릭합니다. [테두리]를 클릭하고 [둥근 모서리]에 체크 표시합니다.

셀 안의 차트! 스파크라인 삽입하기

셀 안에도 꺾은선형, 막대형 차트를 삽입할 수 있습니다. 데이터 종류에 따라 적합한 종류의 스파크라인을 선택해야 데이터를 효과적으로 시각화할 수 있습니다. 스파크라인을 삽입하고 서식을 지정하는 방법을 알아보겠습니다.

스파크라인이란?

스파크라인은 셀 안에 삽입하는 작은 차트입니다. 스파크라인을 사용하면 월별 매출의 증감과 같은 데이터의 추세를 워크시트의 셀 안에서 시각적으로 표시할 수 있습니다. 스파크라인에서 최댓값이나 최솟값 등을 강조하여 표시할 수도 있습니다. 스파크라인 셀을 원본 데이터 바로 옆에 표시하면 스파크라인과 원본 데이터 간의 관계를 쉽게 파악하기에 편리합니다. 데이터가 변경되면 스파크라인에서 변경된 내용을 즉시 확인할 수 있습니다.

대리점	1월	2월	3월	4월	5월	6월	추세
서부	190	176	194	-5	372	138	
북부	217	289	227	243	311	242	
강남	381	-81	126	453	240	395	
동부	112	191	135	113	228	369	

▲ 스파크라인에서 최댓값은 빨간색, 최솟값은 파란색 표식으로 강조

대리점	1월	2월	3월	4월	5월	6월	추세
서부	190	176	194	500	372	138	
북부	217	289	227	243	311	242	
강남	381	481	126	453	240	395	
동부	112	191	135	113	228	369	

▲ 데이터를 수정하면 스파크라인도 바로 변경

[스파크라인 도구]-[디자인] 탭

스파크라인이 삽입된 셀을 선택하면 리본 메뉴에 [스파크라인 도구]가 생깁니다. [스파크라인 도구]-[디자인] 탭의 각 도구에서 스파크라인에 적용된 데이터를 수정하거나 스파크라인의 종류를 변경할 수 있습니다. 또한 표식이나 축 등 스파크라인의 요소를 추가하거나 스파크라인 색, 두께, 표식 색 등의 서식을 지정할 수 있으며 스파크라인을 삭제할 수도 있습니다. [스파크라인 도구]-[디자인] 탭의 각 도구에 대한 설명은 다음과 같습니다.

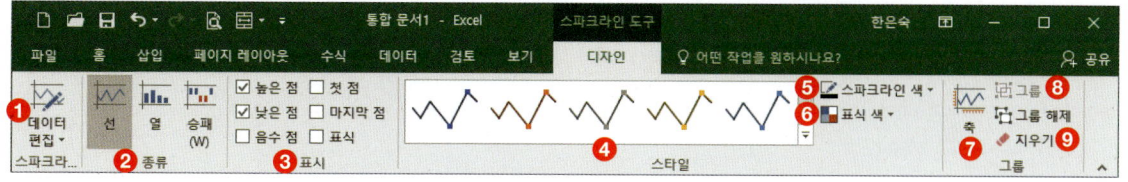

❶ 데이터 편집

　❶-1 그룹 위치 및 데이터 편집 : 선택한 스파크라인 범위에 적용된
　　데이터 범위를 편집합니다.

　❶-2 단일 스파크라인의 데이터 편집 : 선택한 스파크라인 단일 셀에
　　적용된 데이터 범위를 편집합니다.

　❶-3 숨겨진 셀/빈 셀 : 숨겨진 셀이나 빈 셀이 있는 경우 표시 옵션을 지정합니다.

　❶-4 행/열 전환 : 원본 데이터가 동일한 행, 열 수로 작성된 경우에는 데이터의 행, 열이 적용되는 방향
　　을 바꿀 수 있습니다.

❷ [종류] 그룹 : 선택된 스파크라인 셀의 스파크라인 종류를 변경합니다.

❸ [표시] 그룹 : 스파크라인에서 강조할 항목을 선택합니다.

❹ 스타일 갤러리 : 미리 지정된 스파크라인 색, 표식 색 서식을 선택할 수 있습니다.

❺ 스파크라인 색 : 스파크라인의 색상과 두께를 선택할 수 있습니다.

❻ 표식 색 : [표시] 그룹에서 선택한 강조 항목의 색을 선택할 수 있습니다.

❼ 축

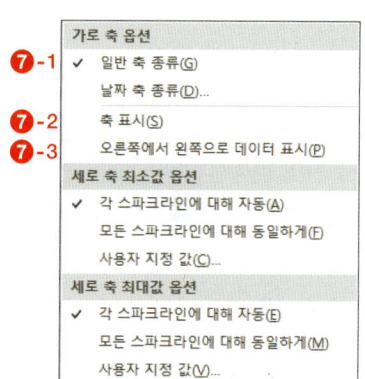

　❼-1 일반 축 종류 : 일반적인 숫자 데이터인 경우에 선택합니다.

　❼-2 축 표시 : 데이터 범위에 0 이하의 데이터가 있는 경우에는 스
　　파크라인에 가로축을 표시할 수 있습니다.

　❼-3 오른쪽에서 왼쪽으로 데이터 표시 : 스파크라인의 왼쪽, 오른쪽
　　방향을 바꿉니다.

❽ 그룹, 그룹 해제 : 스파크라인 셀 범위의 그룹을 해제하거나 다시 그룹을 지정합니다.

❾ 지우기 : 선택한 스파크라인만 지우거나 스파크라인 그룹을 모두 지울
수 있습니다.

실습 파일 | CHAPTER10\스파크라인.xlsx　**완성 파일** | CHAPTER10\완성\스파크라인완성.xlsx

데이터 유형별로 꺾은선형, 열, 승패 세 가지 종류의 스파크라인을 삽입하고 수정해보겠습니다.

01 꺾은선형 스파크라인 삽입하기

각 대리점의 월별 매출의 추세를 꺾은 선형 스파크라인으로 표시해보겠습니다. ❶ 스파크라인이 들어갈 [H2:H6] 셀 범위를 드래그한 후 ❷ [삽입] 탭-[스파크라인] 그룹-[꺾은선형]을 클릭합니다. [스파크라인 만들기] 대화상자의 [위치 범위]란에 지정한 셀 범위가 입력되어 있습니다. ❸ [데이터 범위]란을 클릭하고 ❹ [B2:G6] 셀 범위를 드래그한 후 ❺ [확인]을 클릭합니다.

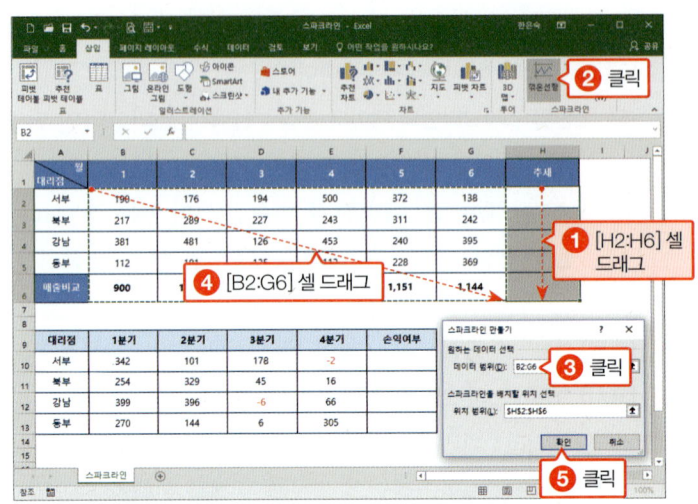

바로 통하는 TIP 꺾은선형 스파크라인은 기간별 데이터의 변화 추세를 나타내는 데 적합합니다.

02 열 스파크라인 삽입하기

각 월의 대리점별 매출 비교를 열 스파크라인으로 표시해보겠습니다. ❶ [B2:G5] 셀 범위를 드래그하고 ❷ [삽입] 탭-[스파크라인] 그룹-[열]을 클릭합니다. [스파크라인 만들기] 대화상자의 [데이터 범위]란에 지정한 셀 범위가 입력되어 있습니다. ❸ [위치 범위]란을 클릭하고 ❹ [B6:G6] 셀 범위를 드래그한 후 ❺ [확인]을 클릭합니다.

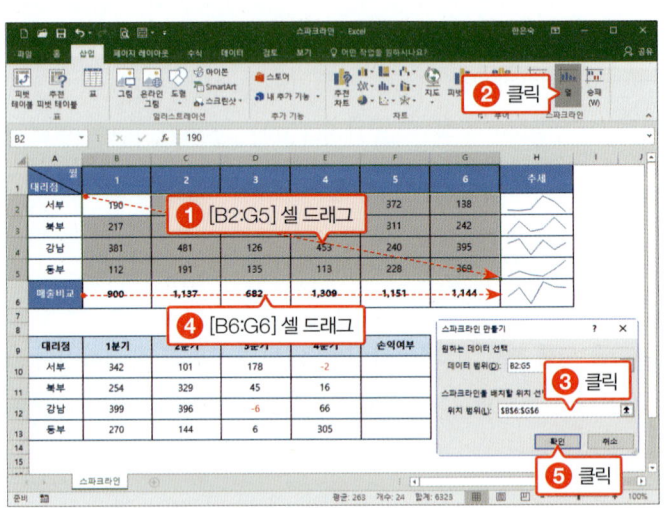

바로 통하는 TIP 열 스파크라인은 막대형 차트 형태로 데이터의 크기를 비교할 때 적합합니다. 데이터 범위를 먼저 선택하고 삽입해도 됩니다.

03 승패 스파크라인 삽입하기

각 대리점의 분기별 손익 여부를 승패 스파크라인으로 표시해보겠습니다. ❶ [F10] 셀을 클릭하고 ❷ [삽입] 탭-[스파크라인] 그룹-[승패]를 클릭합니다. ❸ [스파크라인 만들기] 대화상자의 [데이터 범위]란을 클릭한 후 ❹ [B10: E10] 셀 범위를 드래그하고 ❺ [확인]을 클릭합니다. ❻ [F10] 셀의 채우기 핸들을 [F13] 셀까지 드래그합니다.

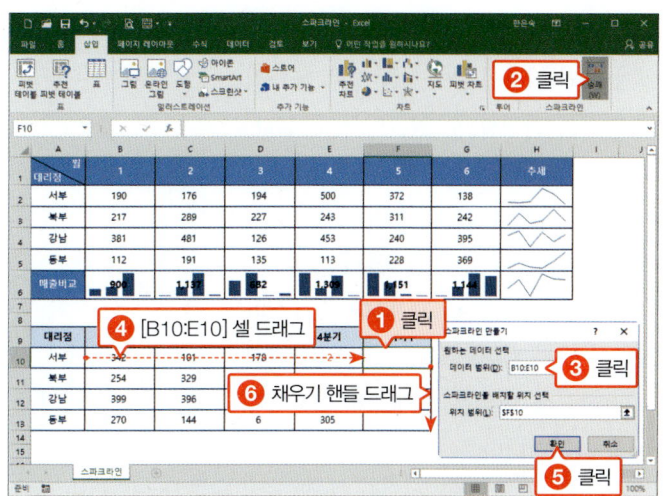

바로 통하는 **TIP** 승패 스파크라인은 데이터 범위에 음수가 포함되어 있어 이익과 손해 여부를 시각적으로 표현할 때 적합합니다. 형태는 세로 막대형 차트와 같지만 막대의 높낮이는 모두 같게 표시되며 데이터 범위의 음수는 아래 방향 막대, 양수는 위쪽 방향 막대로 표시합니다.

04 스파크라인 표시 옵션 및 스타일 지정하기

열 스파크라인에 스타일을 적용하고 꺾은선형 스파크라인에 표시 옵션을 지정해보겠습니다. ❶ [B6] 셀을 클릭한 후 ❷ [스파크라인 도구]-[디자인] 탭-[스타일] 그룹의 스타일 갤러리에서 [연한 파랑, 스파크라인 스타일 강조 5, 40% 더 밝게]를 선택합니다. ❸ [H2] 셀을 클릭한 후 ❹ [스파크라인 도구]-[디자인] 탭-[표시] 그룹에서 [표식]에 체크 표시합니다.

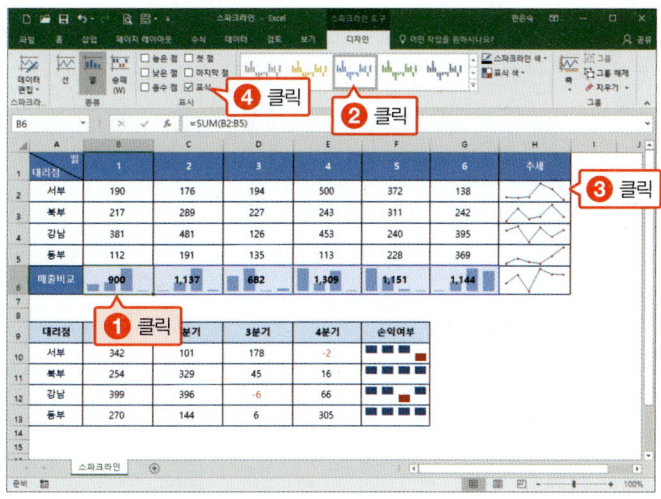

바로 통하는 **TIP** 스파크라인 위치 범위 중 한 셀인 [B6] 셀, [H2] 셀을 선택하면 스파크라인 위치 범위가 모두 선택됩니다. 따라서 스타일이나 표시 옵션을 변경했을 때 해당 범위에 함께 적용됩니다.

05 날짜 축 종류 지정하기

날짜 축의 기간이 불규칙한 경우 불규칙한 기간을 반영할 수 있습니다. ❶ [G1] 셀에 **9**를 입력합니다. ❷ [H2] 셀을 클릭하고 ❸ [스파크라인 도구]–[디자인] 탭–[그룹] 그룹–[축]을 클릭한 후 ❹ [날짜 축 종류]를 선택합니다. ❺ [스파크라인 날짜 범위] 대화상자가 표시되면 [B1:G1] 셀 범위를 드래그하고 ❻ [확인]을 클릭합니다.

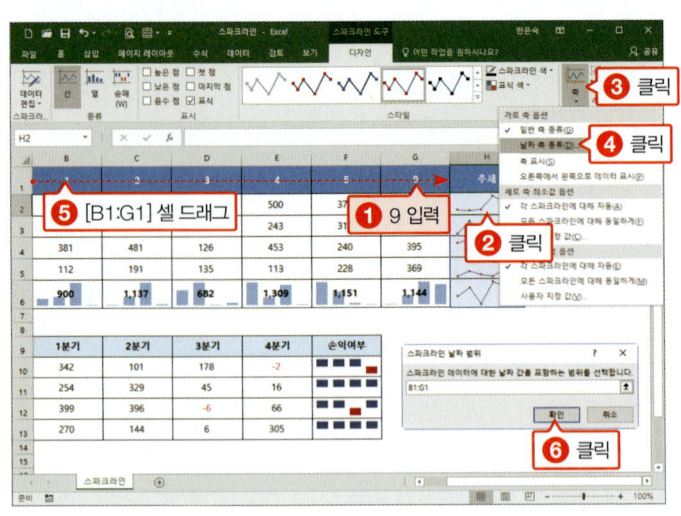

5월까지의 간격에 비해 9월까지의 간격을 나타내는 꺾은선이 더 길게 표시됩니다.

06 그룹 해제하기

스파크라인 범위 중 한 셀에만 서식을 별도로 지정하고 싶으면 그룹을 해제해야 합니다. [H6] 셀의 꺾은선 색을 다르게 지정해보겠습니다. ❶ [H6] 셀을 클릭하고 ❷ [스파크라인 도구]–[디자인] 탭–[그룹] 그룹–[그룹 해제]를 클릭합니다. ❸ [스파크라인 도구]–[디자인] 탭–[스타일] 그룹의 스타일 갤러리에서 [진한 녹색, 스파크라인 스타일 색상형 #4]를 선택합니다.

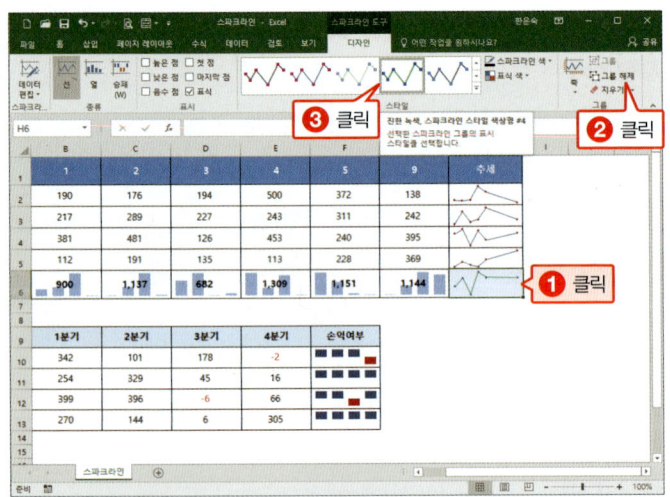

07 세로축 최댓값 지정하기

세로축의 최댓값을 더 높여서 꺾은선의 높이를 조금 낮추겠습니다. ❶ [스파크라인 도구]–[디자인] 탭–[그룹] 그룹–[축]을 클릭한 후 ❷ [세로 축 최대값 옵션]–[사용자 지정 값]을 선택합니다. ❸ [스파크라인 세로 축 설정] 대화상자에 **1500**을 입력하고 ❹ [확인]을 클릭합니다.

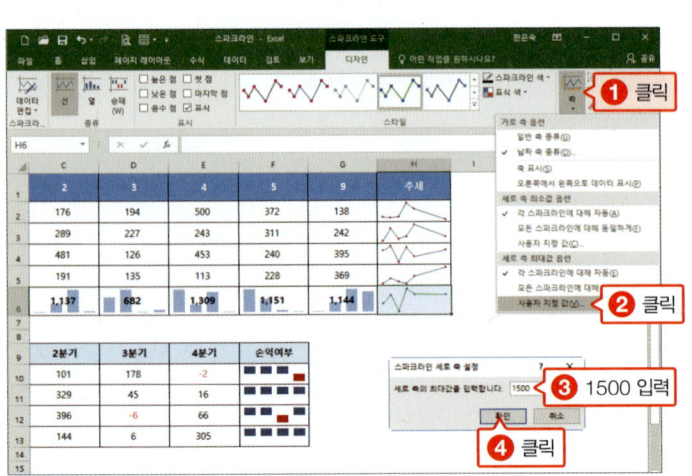

[H6] 셀의 스파크라인 높이가 더 낮아집니다.

지역별 연매출 현황표에 스파크라인 삽입하기

실습 파일 | CHAPTER10\연매출현황표.xlsx **완성 파일** | CHAPTER10\완성\연매출현황표완성.xlsx

전년매출 합계와 금년매출 합계를 열 스파크라인으로 표시하여 증감 여부를 시각적으로 나타내고 증감 값이 입력된 셀에 승패 스파크라인을 표시해 강조해보겠습니다. 또한 매출추세가 입력된 셀에는 1월에서 12월까지의 매출을 꺾은선형 스파크라인으로 표시하겠습니다.

지역별 연매출 현황표

지역	전년매출 (단위:만)	금년매출 (단위:만)	증감			매출 집계												매출추세
					1월	2월	3월	4월	5월	6월	7월	8월	9월	10월	11월	12월	
서울	9,064	8,785	-279		576	578	911	652	964	752	692	788	798	723	748	603	
부산	7,565	10,260	2,695		833	886	838	803	879	835	944	941	835	614	879	973	
인천	6,023	9,087	3,064		713	565	966	762	793	827	679	903	792	860	513	714	
대구	7,239	8,192	953		646	708	649	626	525	935	932	551	662	729	692	537	
광주	9,343	9,407	64		775	657	754	648	628	840	832	685	914	972	836	866	
대전	9,200	8,888	-312		833	575	706	676	755	959	613	947	757	638	919	510	
울산	5,575	8,921	3,346		582	517	844	940	899	869	582	767	877	717	723	604	
강원	6,264	8,355	2,091		506	581	785	542	1,000	583	633	577	574	716	866	992	
경기	5,534	9,744	4,210		559	843	982	930	841	864	796	750	857	519	841	962	
충북	8,465	8,904	439		821	529	847	783	542	969	795	734	523	897	514	950	
충남	7,675	8,273	598		797	620	771	538	800	735	721	717	518	779	572	705	
경북	9,578	9,300	-278		870	976	613	599	508	900	771	886	925	794	548	910	
경남	8,036	8,801	765		557	566	874	826	938	749	822	531	939	576	609	814	
전북	7,527	8,985	1,458		986	678	928	511	821	606	930	884	824	745	572	500	
전남	6,083	9,426	3,343		736	764	598	616	813	992	619	784	934	735	906	929	
제주	5,330	8,611	3,281		655	876	746	512	592	826	702	936	504	816	569	877	

❶ 열 스파크라인 작성

❷ 승패 스파크라인 작성

❸ 꺾은선형 스파크라인 작성

01 열 스파크라인 작성하기

전년매출 대비 금년매출의 증감을 열 스파크라인으로 표시해보겠습니다. ❶ [E5:E20] 셀 범위를 드래그하고 ❷ [삽입] 탭-[스파크라인] 그룹-[열]을 클릭합니다. ❸ [스파크라인 만들기] 대화상자의 [데이터 범위]란을 클릭한 후 ❹ [B5:C20] 셀 범위를 드래그하고 ❺ [확인]을 클릭합니다.

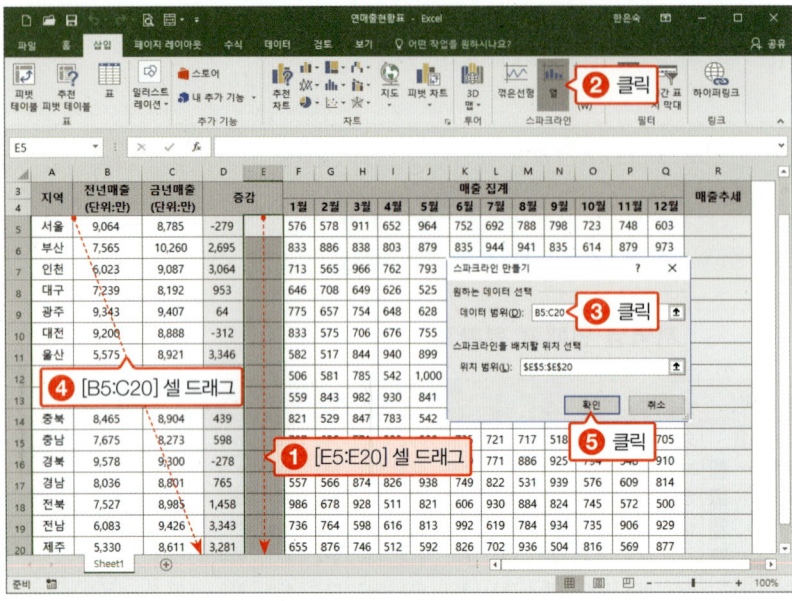

02 첫 점 강조하기

전년매출이 높은 경우 첫 점이 강조되도록 스타일을 지정하겠습니다. ❶ [스파크라인 도구]-[디자인] 탭-[표시] 그룹에서 [첫 점]에 체크 표시합니다. ❷ [스파크라인 도구]-[디자인] 탭-[스타일] 그룹-[표식 색]을 클릭하고 ❸ [첫 점]-[주황, 강조 2]를 선택합니다. 열 스파크라인의 첫 번째 표식 색상이 주황색으로 표시됩니다.

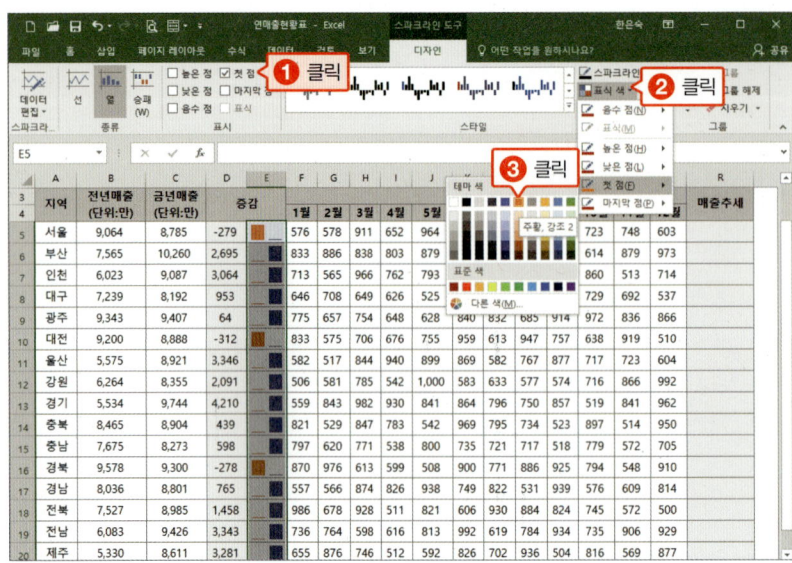

03 승패 스파크라인 작성하기

증감 값에 음수, 양수를 강조하기 위해 승패 스파크라인을 작성하겠습니다. ❶ [D5:D20] 셀 범위를 드래 그하고 ❷ [삽입] 탭–[스파크라인] 그룹–[승패]를 클릭합니다. ❸ [스파크라인 만들기] 대화상자의 [위치 범위]란을 클릭한 후 ❹ [D5:D20] 셀 범위를 드래그하고 ❺ [확인]을 클릭합니다. [D5:D20] 셀 범위의 증 감 값에 승패 스파크라인이 표시됩니다.

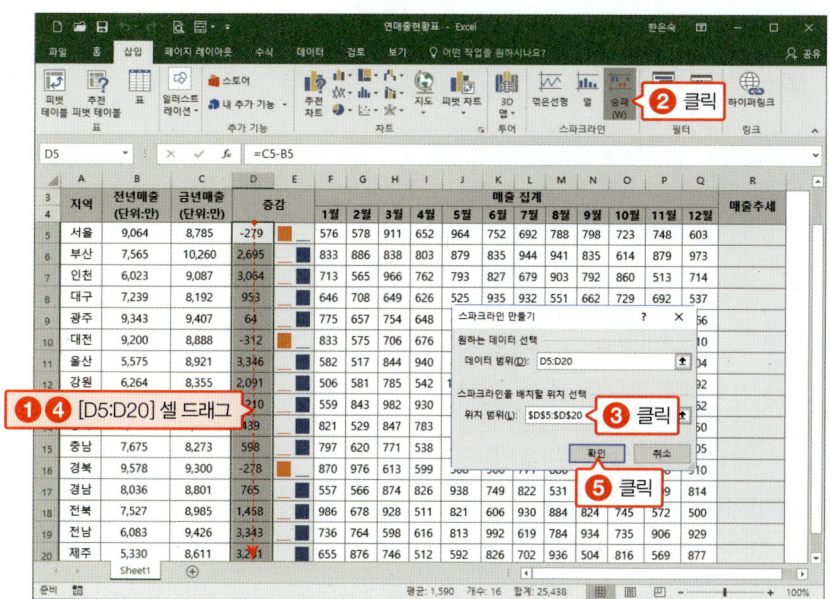

04 스타일 지정하기

[스파크라인 도구]–[디자인] 탭–[스타일] 그룹의 스타일 갤러리에서 [다홍, 스파크라인 스타일 색상형 #3] 을 선택합니다.

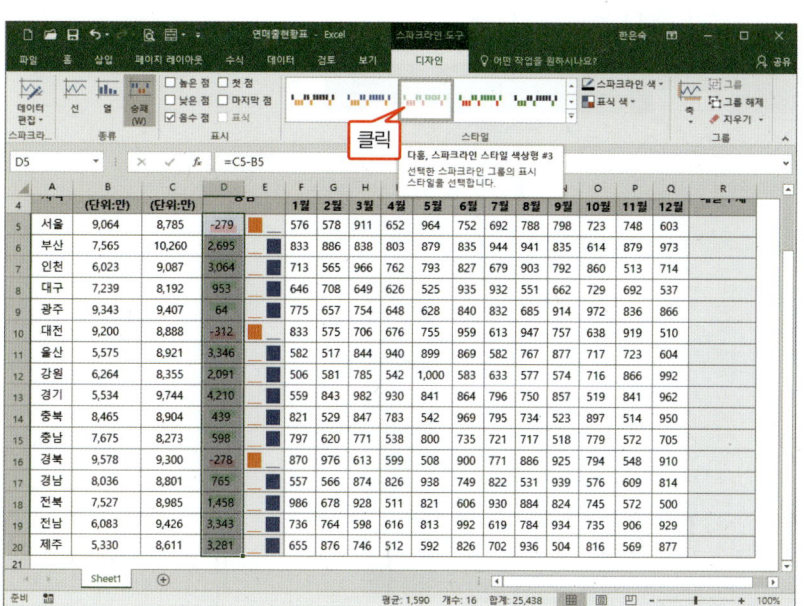

05 꺾은선형 스파크라인 작성하기

1월에서 12월까지의 매출추세를 꺾은선형 스파크라인으로 표시해보겠습니다. ❶ [F5:Q20] 셀 범위를 드래그하고 ❷ [삽입] 탭-[스파크라인] 그룹-[꺾은선형]을 클릭합니다. ❸ [스파크라인 만들기] 대화상자의 [위치 범위]란을 클릭한 후 ❹ [R5:R20] 셀 범위를 드래그하고 ❺ [확인]을 클릭합니다.

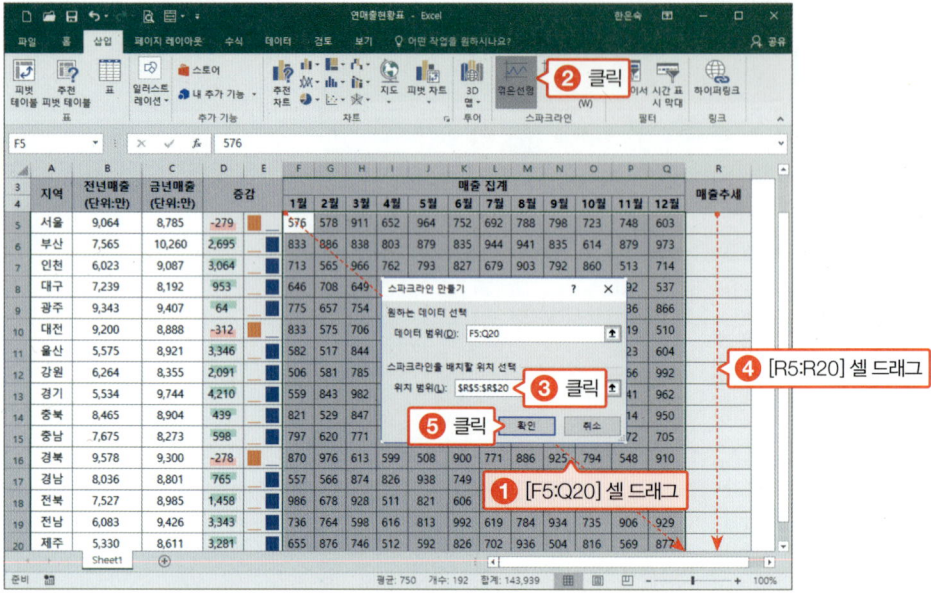

06 스타일 지정하기

매출이 가장 높은 점과 가장 낮은 점이 강조되도록 스타일을 지정하겠습니다. ❶ [스파크라인 도구]-[디자인] 탭-[표시] 그룹의 [높은 점]과 [낮은 점]에 체크 표시합니다. ❷ [스파크라인 도구]-[디자인] 탭-[스타일] 그룹-[스파크라인 색]을 클릭한 후 ❸ [두께]-[1pt]를 선택합니다. 매출이 가장 높은 점과 가장 낮은 점에만 표식이 생기고 스파크라인 두께가 좀 더 두꺼워집니다.

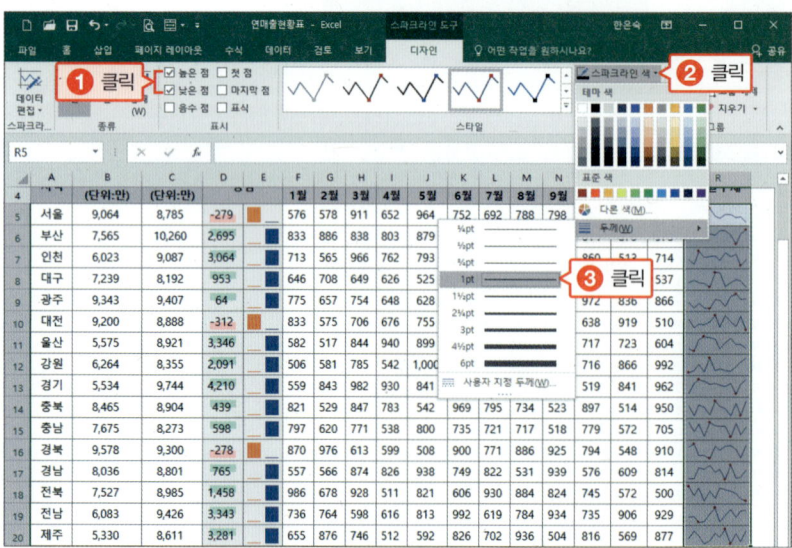

데이터를 골라 쓰자!
데이터 관리와 분석

엑셀의 데이터 관리 도구를 사용하면 수만 개의 데이터 중 특정 조건을 만족하는 데이터만 추출하거나 원하는 여러 조건에 맞는 데이터별로 요약한 보고서를 작성할 수 있습니다. 입력한 데이터를 정렬, 필터, 요약하는 데이터 관리, 분석 기능에 대해서 알아보겠습니다.

데이터베이스와 표

엑셀의 데이터 관리, 분석 기능을 제대로 사용하려면 데이터 목록이 데이터베이스 작성 규칙에 맞게 작성되어 있어야 합니다. 데이터 목록을 데이터베이스 규칙에 맞게 작성할 수 있도록 엑셀의 표와 표 도구에 대해 알아보겠습니다.

데이터베이스의 구성

데이터베이스란 방대한 양의 데이터를 특정한 용도에 맞게 체계적으로 정리해놓은 것을 말합니다. 엑셀의 데이터 관리 기능을 제대로 사용하려면 워크시트의 데이터 목록을 일정한 형식에 맞춰 분류, 구분할수 있는 데이터베이스로 구성되어 있어야 합니다. 데이터베이스는 다음과 같이 필드(Field), 필드명(Field Name), 레코드(Record)로 구성됩니다.

참고 파일 | CHAPTER11\데이터구성.xlsx

연간 매출 집계

품명	대리점	1월	2월	3월	4월	5월	6월	7월	8월	9월	10월	11월	12월
AI-725	서울	1100	1900	1700	1500	1700	1700	800	800	800	800	800	800
AI-725	대전	900	2100	1800	1500	1800	1800	700	900	1000	1000	800	900
AI-725	부산	1007	1314	936	1426	869	610	679	513	1872	1103	1684	518
BH-902	서울	1500	1500	1500	1500	1450	1300	1500	1500	1500	1500	1500	1500
BH-902	대전	1300	1700	1600	1500	1600	1500	1600	1400	1600	1400	1300	1700
BH-902	부산	709	1928	1568	650	1018	536	686	1980	1733	1520	551	1504
CY-959	서울	500	500	500	500	500	500	500	500	500	500	500	500
CY-959	대전	600	700	700	400	700	400	600	300	600	300	300	700
CY-959	부산	1108	701	524	584	1700	1762	1947	862	816	664	1940	971
AV-809	서울	300	300	300	300	300	300	300	300	300	300	300	300
AV-809	대전	200	200	200	500	400	500	200	300	500	200	500	200
AV-809	부산	892	886	1482	1208	519	1840	1763	1042	1722	1842	1750	1033

❶ 필드 : 같은 종류의 데이터 모임으로, 데이터베이스의 열을 의미합니다.

❷ 필드명 : 각 필드를 구분할 수 있는 필드의 이름으로, 열 이름표를 의미합니다.

❸ 레코드 : 하나 이상의 필드로 구성되며, 데이터베이스의 행을 의미합니다.

데이터베이스 작성 시 지켜야 할 규칙

다음은 엑셀의 데이터베이스 관리 기능을 사용하기에 부적합한 데이터베이스 형태입니다.

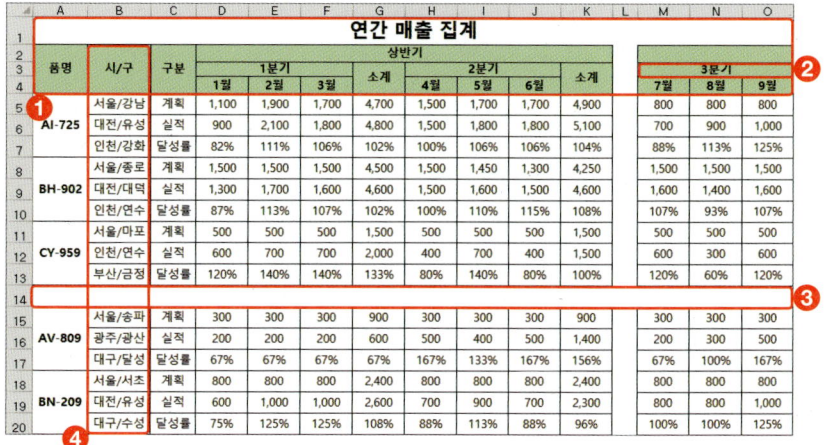

❶ **데이터베이스 제목과 데이터베이스가 붙어 있으면 안 됨** : '연간 매출 집계'라는 제목 바로 다음에 데이터 목록이 입력되어 있기 때문에 제목까지 데이터베이스로 간주되어 1행의 제목이 필드명이 됩니다.

❷ **필드명은 병합하면 안 됨** : 필드명은 한 줄로 되어 있어야 합니다. 두 줄 이상이 병합되어 있으면 어느 줄이 필드명인지 불분명해집니다.

❸ **목록 중간에 빈 행, 빈 열이 있으면 안 됨** : 목록 중간의 빈 행이나 빈 열이 있으면 빈 행, 빈 열을 기준으로 각각을 별도의 데이터베이스로 간주합니다.

❹ **하나의 필드에는 한 가지 정보만 있어야 함** : 하나의 필드에 시와 구가 함께 입력되어 있으므로 시별, 구별로 정렬하거나 필터 등으로 관리하기 어렵습니다.

표의 구성 요소

표는 데이터베이스 규칙에 맞게 데이터 목록을 작성하고 관리할 수 있는 데이터베이스 형태의 범위입니다. [삽입] 탭-[표] 그룹-[표]를 클릭하거나 [홈] 탭-[스타일] 그룹-[표 서식]에서 표 스타일을 선택하면 선택한 데이터 범위가 표 범위로 변환됩니다. 표 범위의 구성 요소는 다음과 같습니다.

참고 파일 | CHAPTER11\표구성.xlsx

❶ 구조적 참조 : 표 안에서 수식을 작성하면 다른 수식에서도 필드명을 참조할 수 있습니다.

❷ 계산된 열 : 수식이 입력된 열입니다. 셀 하나에 수식을 입력하면 해당 열의 다른 모든 셀에 동일한 수식이 곧바로 적용됩니다.

❸ 머리글 행 : 필드명이 입력된 행입니다. 필터 단추를 클릭해서 데이터를 필터하거나 정렬합니다.

❹ 필터 단추 : 항목을 선택하여 데이터 레코드를 필터합니다.

❺ 첫째 열 : 첫째 열 데이터를 쉽게 구분할 수 있도록 글자가 굵게 처리됩니다.

❻ 마지막 열 : 마지막 열 데이터를 쉽게 구분할 수 있도록 글자가 굵게 처리됩니다.

❼ 크기 조절점 : 드래그하면 표 범위를 확장하거나 축소합니다.

❽ 요약 행 : 필터되어 화면에 표시된 데이터만 계산한 계산 결과를 표에 추가합니다.

❾ 줄무늬 행, 열 : 데이터를 쉽게 구분할 수 있도록 표의 행과 열에 음영이 교차 반복하는 줄무늬를 적용합니다.

[표 도구]–[디자인] 탭

표 범위가 선택되면 리본 메뉴에 [표 도구]–[디자인] 탭이 표시됩니다. 표 도구에서는 표 구성 요소를 선택하거나 해제하고 표 스타일, 표 크기 등을 변경할 수 있습니다. 또 표를 일반 범위로 변환할 수 있습니다.

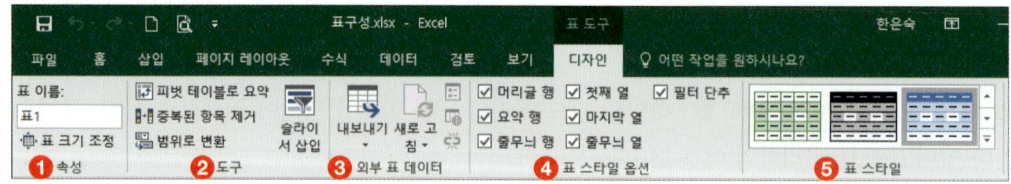

❶ [속성] 그룹 : [표 이름]란에서 표 범위의 이름을 지정합니다. [표 크기 조정]을 클릭하면 [표 크기 조정] 대화상자가 표시되어 표 범위를 다시 지정할 수 있습니다. 표 크기는 크기 조절점을 드래그하여 조절할 수도 있습니다.

❷ [도구] 그룹 : 표 목록을 피벗 테이블로 만들거나 중복된 항목을 제거하고 일반 범위로 변환하거나 슬라이서를 삽입할 수 있습니다.

❸ [외부 표 데이터] 그룹 : 웹사이트의 다른 사용자가 표 목록을 사용하도록 할 수 있습니다. 협업 및 콘텐츠 관리에 사용하는 Microsoft Windows SharePoint Services로 구축한 웹사이트에 저장된 사용자 지정 목록으로 표 데이터를 내보낼 수 있습니다. 이때는 해당 웹사이트에 연결되어 있어야 하고 목록을 만드는 데 필요한 사용 권한이 있어야 합니다.

❹ [표 스타일 옵션] 그룹 : 표의 구성 요소를 표시하거나 숨길 수 있습니다.

❺ [표 스타일] 그룹 : 표의 채우기 색, 테두리 색, 글꼴 색 등이 미리 정의된 표 서식을 지정합니다.

[슬라이서 도구]-[옵션] 탭

표 범위에서는 필드명에 필터 단추가 생기고 항목을 선택하여 데이터를 필터할 수 있습니다. 슬라이서는 데이터를 좀 더 쉽고 빠르게 필터할 수 있도록 도와주는 기능으로, 다중 항목을 선택했을 때 어떤 항목을 선택하여 필터했는지 한눈에 알아볼 수 있습니다. [표 도구]-[디자인] 탭-[도구] 그룹-[슬라이서 삽입]을 클릭하고 필터할 필드를 선택하면 슬라이서가 삽입되고 리본 메뉴에 [슬라이서 도구]-[옵션] 탭이 표시됩니다.

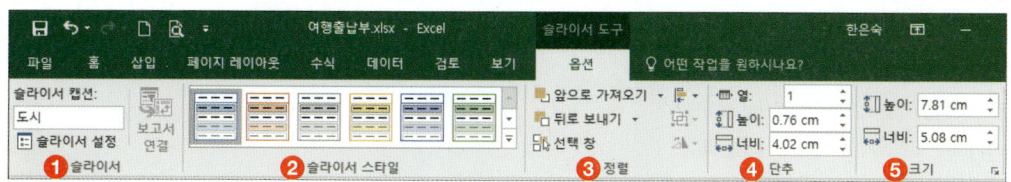

❶ **[슬라이서] 그룹** : 필드명 대신 다른 슬라이서 캡션을 지정할 수 있으며, [슬라이서 설정]을 클릭하여 표시 설정을 할 수 있습니다. 다른 피벗 테이블과도 연결할 수 있습니다.

❷ **[슬라이서 스타일] 그룹** : 슬라이서 테두리나 색상 등의 스타일을 선택합니다.

❸ **[정렬] 그룹** : 여러 슬라이서를 삽입한 경우 앞뒤로 이동하거나 맞춤, 그룹, 회전 등을 선택할 수 있습니다.

❹ **[단추] 그룹** : 슬라이서 안에 있는 항목의 열 개수, 높이, 너비를 지정합니다.

❺ **[크기] 그룹** : 슬라이서의 높이, 너비를 지정합니다.

🔍 핵심기능실습 | 표 작성하고 표 범위의 특성 알아보기

실습 파일 | CHAPTER11\표관리.xlsx   **완성 파일** | CHAPTER11\완성\표관리완성.xlsx

표 범위는 엑셀에서 데이터베이스로 인식되므로 데이터를 관리하는 데 편리합니다. 표 범위의 특성을 알아보기 위해 다양한 방법으로 표를 삽입하여 데이터를 작성하고 이미 작성되어 있는 데이터 범위를 표 범위로 변환해보겠습니다.

O1 빈 셀에서 표 만들기

빈 셀에서 표를 먼저 만든 후 데이터베이스 작성 규칙에 맞게 데이터를 입력해보겠습니다. ❶ 빈 셀인 [A1] 셀을 클릭한 후 ❷ [삽입] 탭-[표] 그룹-[표]를 클릭합니다. ❸ [표 만들기] 대화상자에서 [확인]을 클릭합니다.

바로 통하는TIP 표에서는 수식이나 서식이 자동으로 복사되어 보다 쉽고 빠르게 데이터 목록을 작성할 수 있습니다.

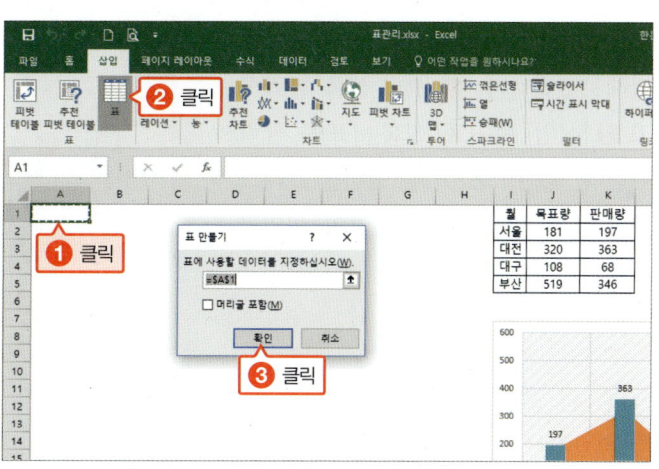

02 데이터 입력하기

❶ 그림과 같이 [A1:E4], [F1] 셀에 데이터를 입력합니다. ❷ [F2] 셀에 =를 입력한 후 ❸ [D2] 셀을 클릭하고 곱하기 기호인 *를 입력합니다. ❹ [E2] 셀을 클릭하고 Enter 를 누릅니다.

바로 통하는 TIP 데이터를 추가할 때마다 표 서식은 자동으로 확장됩니다. 등호(=)를 입력한 후 계산할 셀을 선택하면 셀 주소가 아닌 필드명이 입력되고, Enter 를 누르면 나머지 셀에 수식이 자동으로 복사됩니다.

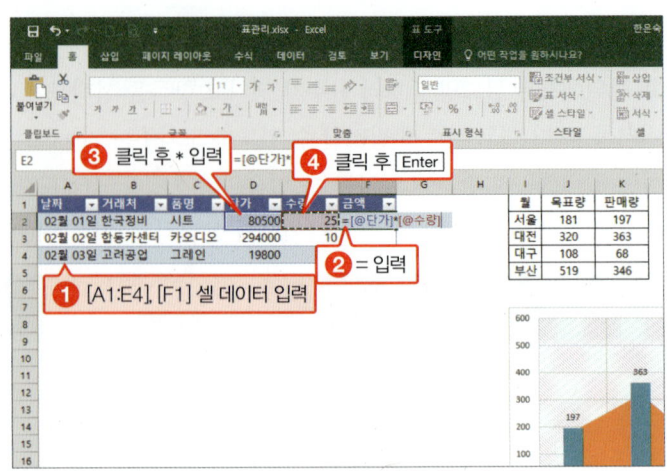

03 수식 입력 및 스타일 지정하기

❶ [G1] 셀에 **부가세**를 입력하고 ❷ [G2] 셀에 =를 입력한 후 ❸ [F2] 셀을 클릭합니다. ❹ *10%를 입력한 후 Enter 를 누릅니다. ❺ [D2:G4] 셀 범위를 드래그하고 ❻ [홈] 탭-[표시 형식] 그룹-[쉼표 스타일]을 클릭합니다.

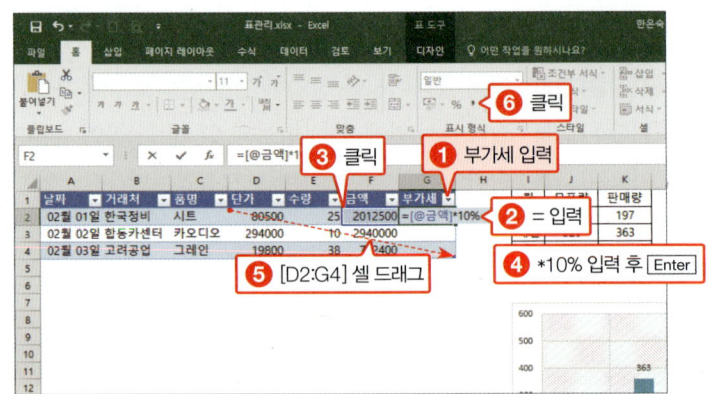

04 기존 데이터 범위를 표로 만들기

실무에서 쓰는 문서 중에 데이터베이스 작성 규칙에 맞지 않게 셀 병합된 데이터 범위도 많습니다. 데이터를 정렬하거나 필터할 수 있도록 데이터 범위를 수정해보겠습니다. ❶ [P1] 셀을 클릭하고 ❷ [삽입] 탭-[표] 그룹-[표]를 클릭합니다. ❸ [P1:Z20] 셀 범위를 드래그하고 ❹ [표 만들기] 대화상자의 [머리글 포함]에 체크 표시합니다. ❺ [확인]을 클릭합니다.

병합된 셀이 모두 병합 해제되고 첫 행의 필드명 부분에서 병합이 해제되어 빈 셀이 된 셀에는 열1, 열2, … 등으로 필드명이 입력됩니다.

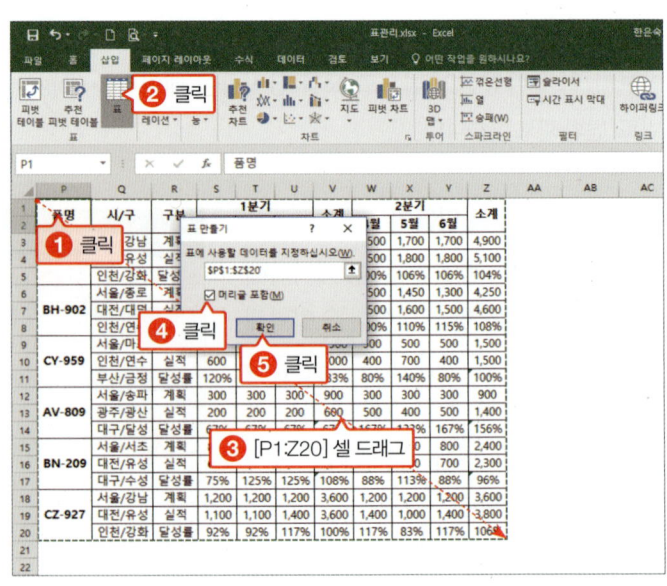

05 데이터베이스 규칙에 맞게 수정하기

❶ [S1] 셀에서 [Z1] 셀까지 필드명에 각각 1월, 2월, 3월, 1분기, 4월, 5월, 6월, 2분기를 입력합니다. ❷ [P3:P20] 셀 범위를 드래그하고 ❸ [홈] 탭–[편집] 그룹–[찾기 및 선택]을 클릭한 후 ❹ [이동 옵션]을 선택합니다. ❺ [이동 옵션] 대화상자에서 [빈 셀]을 선택하고 ❻ [확인]을 클릭합니다.

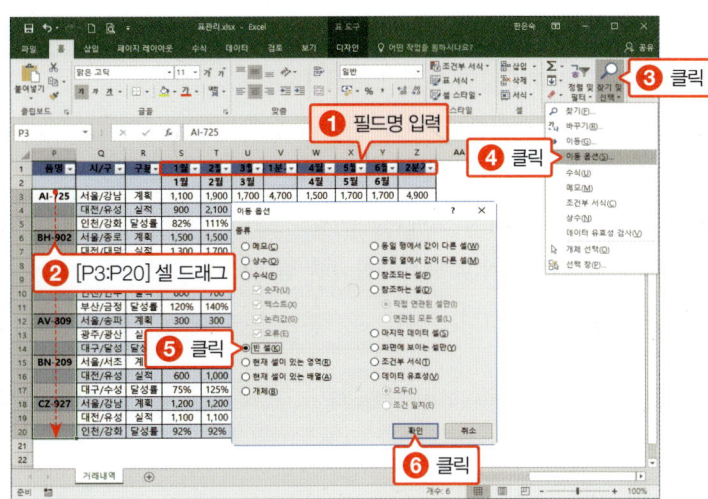

06 빈 셀에 위쪽 셀의 품명 채우기

빈 셀을 바로 위 셀의 품명으로 채워보겠습니다. ❶ 빈 셀만 선택된 상태에서 =를 입력하고 ❷ [P3] 셀을 클릭한 후 Ctrl + Enter 를 누릅니다.

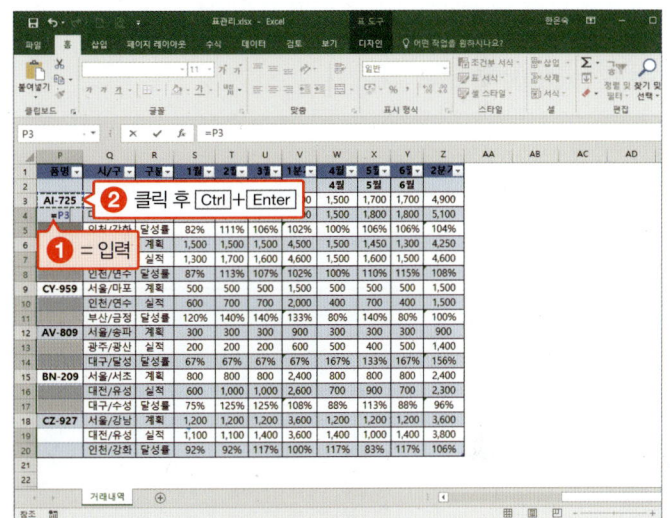

07 수식의 결과 값만 남기기

❶ [P3:P20] 셀 범위를 드래그합니다. ❷ [홈] 탭–[클립보드] 그룹–[복사]를 클릭하고 ❸ [붙여넣기] 목록 버튼을 클릭한 후 ❹ [값]을 선택합니다. ❺ [P2:Z2] 셀 범위를 드래그한 후 ❻ [홈] 탭–[셀] 그룹–[삭제]를 클릭합니다.

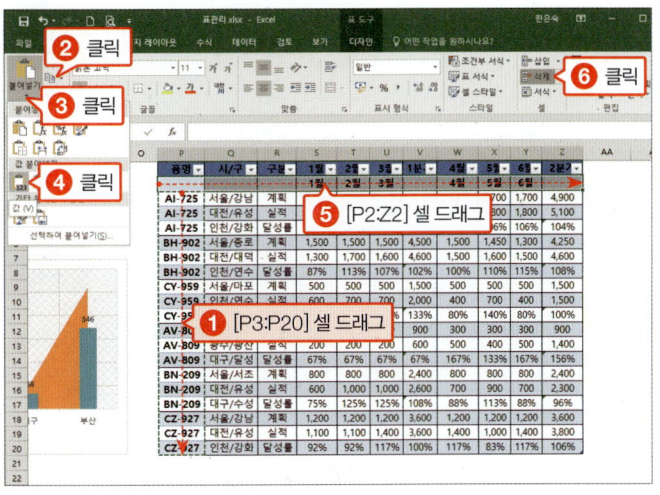

08 단축 메뉴로 표 데이터 선택하기

데이터 목록이 길면 드래그로 표 범위를
선택하기가 어렵습니다. 표 범위를 선택
하는 다양한 방법을 알아보겠습니다. ❶
표 범위 내 임의의 셀에서 마우스 오른
쪽 버튼을 클릭하고 ❷ [선택]−[표 열 데
이터]를 선택합니다.

해당 셀이 포함된 열 데이터가 선택됩니다.

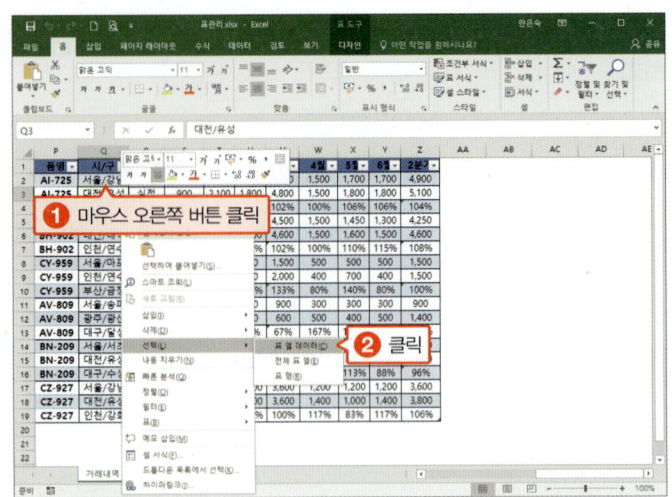

 다음 메뉴로 다음 세 가지 데이터 범위를 선택할 수 있습니다.

- 표 열 데이터 : 필드명을 제외한 열 데이터 범위를 선택합니다.
- 전체 표 열 : 필드명을 포함한 열 데이터 범위를 선택합니다.
- 표 행 : 행 데이터 범위를 선택합니다.

클릭으로 표 데이터 선택하기

열 머리글이나 행 머리글의 경계선을 클릭하면 표 안의 열이나 행만 선택됩니다. 표 범위의 외곽 경계선을 클릭하면 표 전체가 선택됩니다.

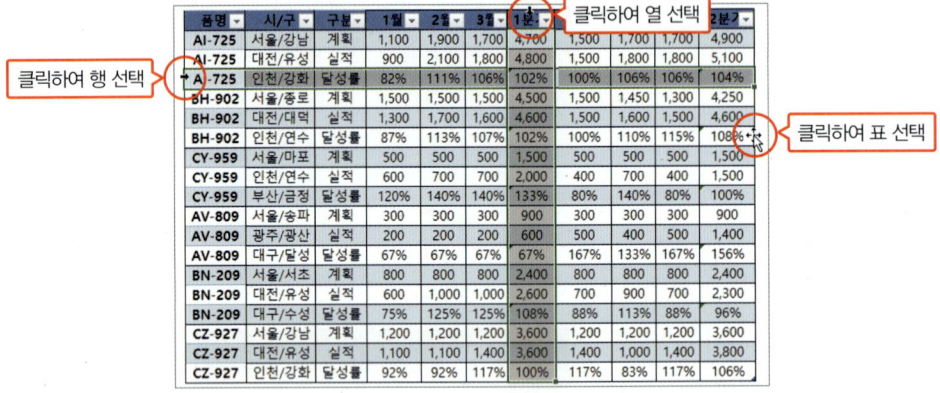

이름 상자에서 표 선택하기

표 범위를 만들면 자동으로 표1, 표2, … 형식으로 표 범위 이름이 정
의됩니다. 표 이름을 데이터 내용에 맞게 변경하려면 **방법1** [표 도
구]−[디자인] 탭−[속성] 그룹의 [표 이름]란에 이름을 입력합니다.
방법2 [이름 상자] 목록 버튼을 클릭하고 표 이름을 선택하여 표를 선
택할 수도 있습니다.

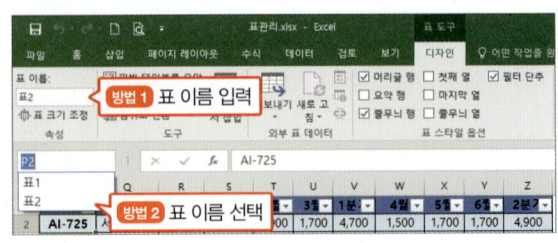

09 화면 스크롤 및 표 스타일 옵션 선택하기

❶ [P5] 셀을 클릭하여 표의 열 데이터 범위 선택 상태를 해제합니다. ❷ 수직 이동줄 아래 이동 화살표를 클릭합니다. ❸ [표 도구]–[디자인] 탭–[표 스타일 옵션] 그룹에서 [줄무늬 행]의 체크 표시를 해제하고 [줄무늬 열], [요약 행]에 체크 표시합니다.

바로 통하는TIP 표 범위에서 화면을 스크롤하면 워크시트 열 머리글 위치에 표의 필드명이 표시되며 틀 고정 효과를 볼 수 있습니다.

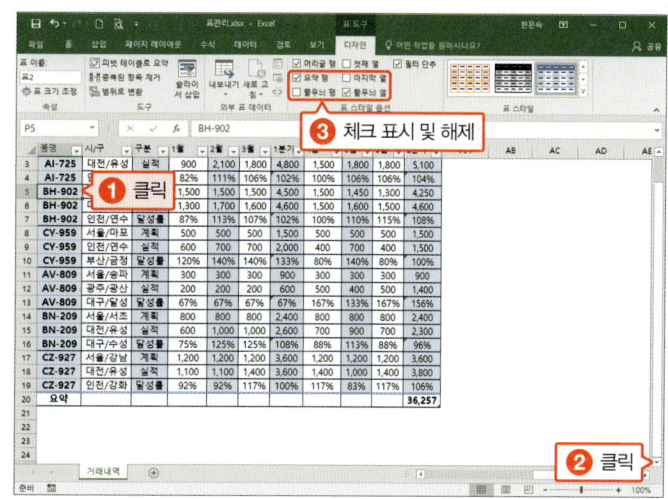

10 데이터 필터 및 필터 해제하기

[구분] 필드에서 [실적]만 보이도록 필터해보고 다시 필터를 해제해보겠습니다. ❶ [구분] 필드의 필터 단추를 클릭하고 ❷ [계획], [달성률]의 체크 표시를 해제한 후 ❸ [확인]을 클릭합니다. ❹ 다시 [구분] 필드의 필터 단추를 클릭한 후 ❺ ["구분"에서 필터 해제]를 선택합니다.

요약 행의 계산 결과에는 필터된 데이터의 계산 결과가 표시됩니다.

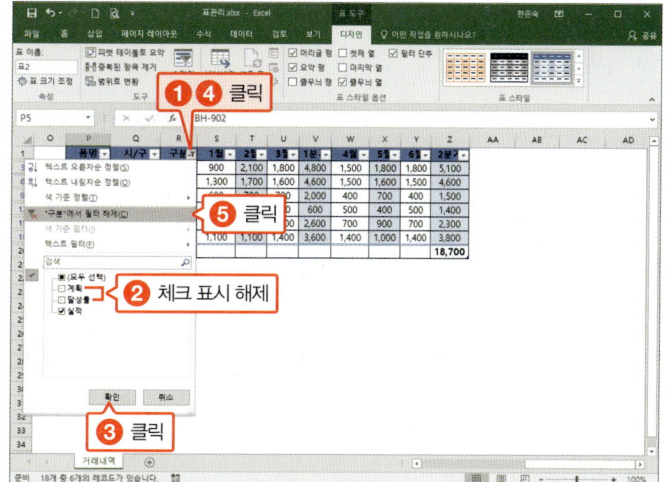

11 차트 데이터 업데이트 확인하기

일반 데이터 범위를 이용해 작성된 차트나 피벗 테이블에는 데이터 범위의 마지막 행에 데이터를 추가로 입력해도 차트나 피벗 데이터에 추가한 데이터가 반영되지 않습니다. ❶ [I6], [J6], [K6] 셀에 각각 **제주, 250, 320**을 입력합니다. 추가한 데이터가 차트에 적용되지 않습니다. ❷ [I6:K6] 셀 범위를 드래그하고 Delete를 눌러 데이터를 지웁니다.

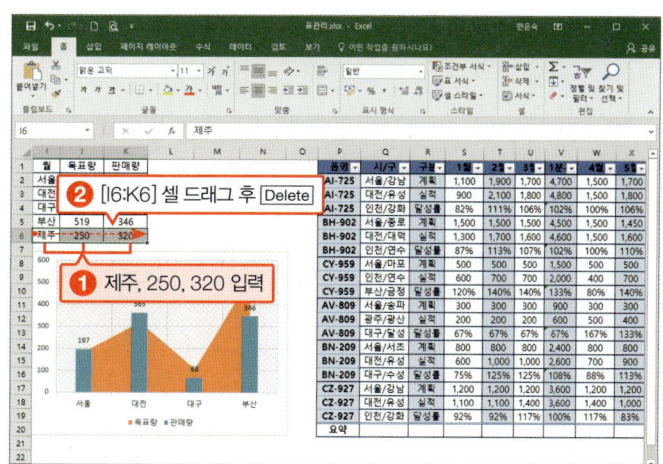

12 차트 범위를 표로 변환하기

차트나 피벗 테이블이 연결된 데이터 범위를 표 범위로 변환한 후 데이터를 추가하면 차트나 피벗 테이블에 추가한 데이터가 적용됩니다. ❶ [I1] 셀을 클릭하고 ❷ [삽입] 탭-[표] 그룹-[표]를 클릭합니다. ❸ [표 만들기] 대화상자에서 [확인]을 클릭합니다.

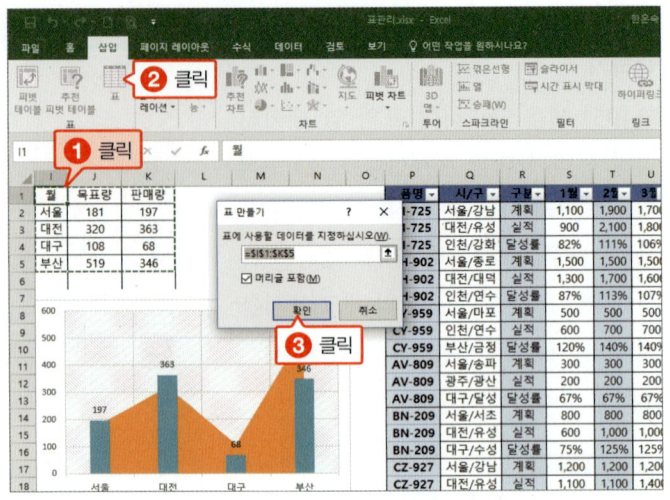

13 차트 데이터 자동 업데이트하기

[I6], [J6], [K6] 셀에 각각 **제주, 250, 320**을 입력합니다.

차트에 추가한 데이터가 자동으로 적용됩니다.

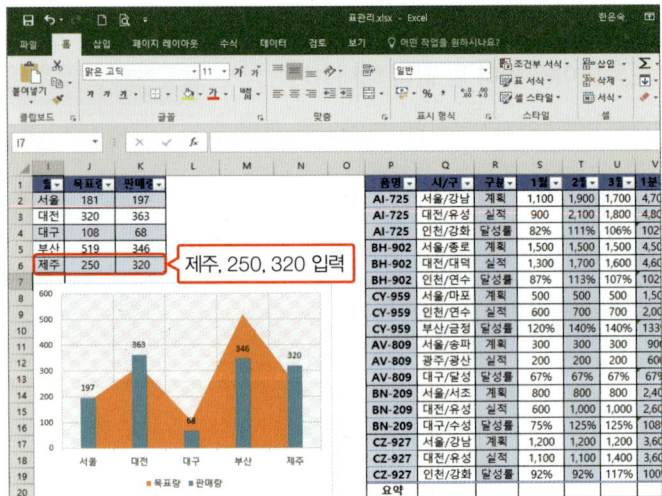

여행출납부 요약 행 설정하고 슬라이서로 필터하기

실습 파일 | CHAPTER11\여행출납부.xlsx   **완성 파일** | CHAPTER11\완성\여행출납부완성.xlsx

별도의 서식을 지정하지 않고 데이터만 입력되어 있는 여행출납부에 표 서식을 지정하여 표 범위로 만든 후 요약 행을 추가하고 슬라이서를 삽입하여 필터해보겠습니다.

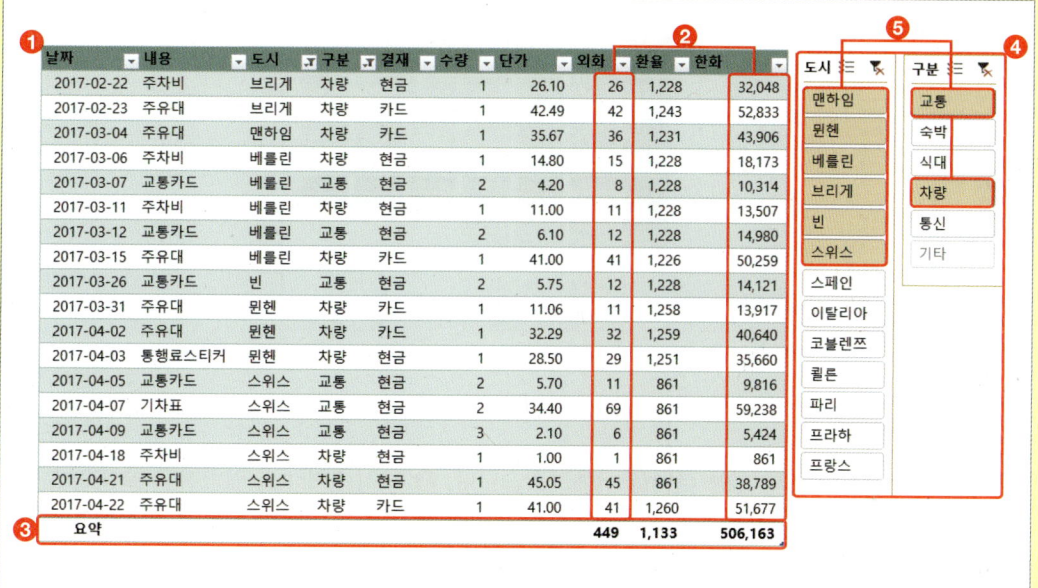

❶ 표 서식 지정

❷ 수식 작성

❸ 요약 행 설정

❹ 슬라이서 삽입 및 스타일 지정

❺ 다중 항목 필터

01 표 서식 지정으로 표 만들기

표 스타일을 지정하면 표 범위를 만들 수 있습니다. ❶ 표 안에서 임의의 셀을 클릭하고 ❷ [홈] 탭-[스타일] 그룹-[표 서식]을 클릭한 후 ❸ [녹색, 표 스타일 보통 6]을 선택합니다. ❹ [표 서식] 대화상자의 [확인]을 클릭합니다.

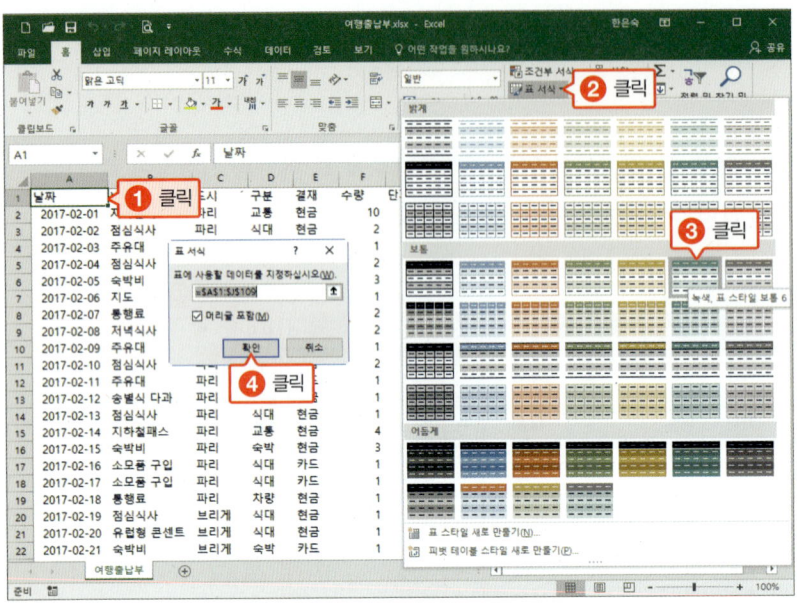

02 외화 수식 작성하기

수량에서 단가를 곱하여 외화 사용 금액을 구해보겠습니다. ❶ [H2] 셀에 =를 입력하고 ❷ [F2] 셀을 클릭한 후 ❸ 곱하기 기호 *를 입력합니다. ❹ [G2] 셀을 클릭한 후 [Enter]를 누릅니다. 표 범위의 H열 전체에 '[@수량]*[@단가]' 수식이 채워집니다.

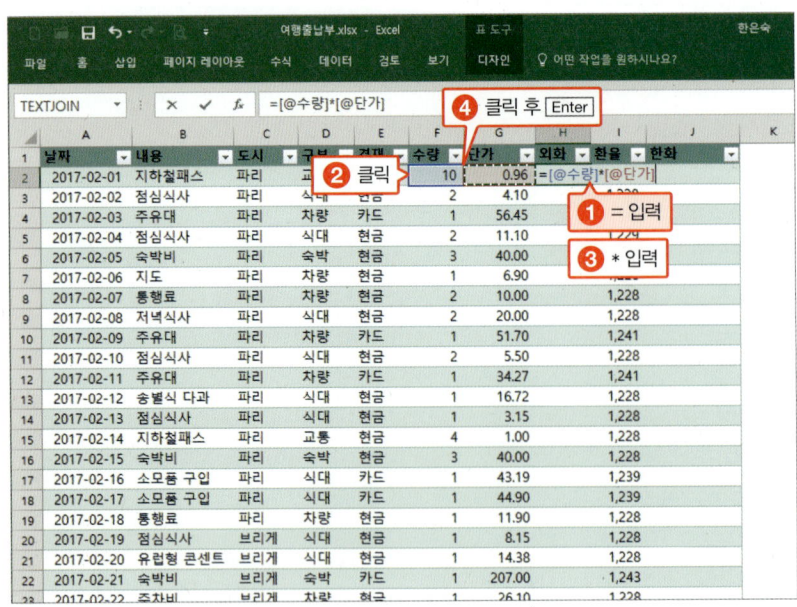

바로 통하는 TIP [H2] 셀이 아니더라도 H열의 중간 셀에 수식을 입력하면 표 범위의 H열 전체에 수식이 입력됩니다.

03 한화 수식 작성하기

외화에서 환율을 곱하여 외화를 한화로 변환한 금액을 구해보겠습니다. ❶ [J2] 셀에 =를 입력하고 ❷ [H2] 셀을 클릭한 후 ❸ 곱하기 기호 *를 입력합니다. ❹ [I2] 셀을 클릭한 후 Enter 를 누릅니다.

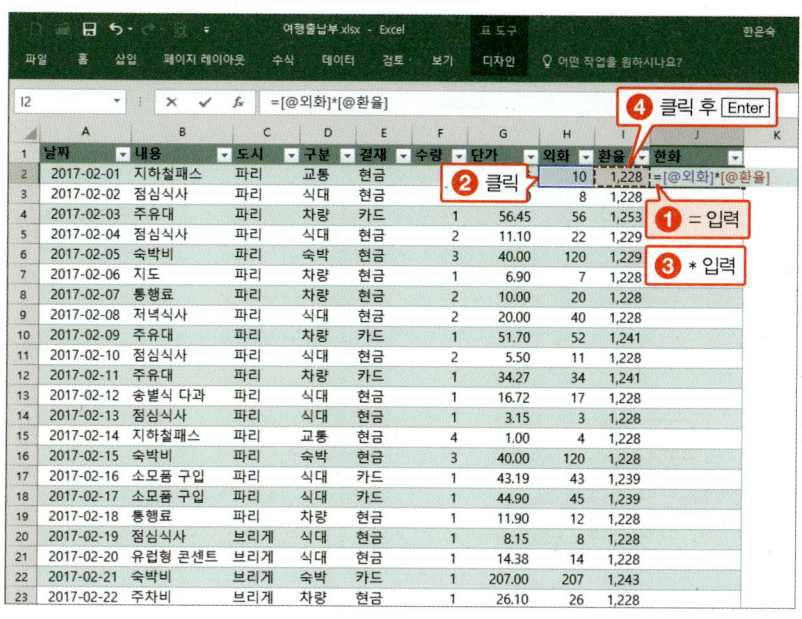

바로 통하는 TIP 표 범위의 열에 수식이 입력된 셀이 포함되면 계산된 열로 인식되어 자동으로 해당 열에 수식이 모두 채워집니다. 수식에는 셀 주소 대신 현재 행의 필드 항목이라는 의미로 [@수량], [@단가], [@외화], [@한화] 형식으로 입력됩니다.

'계산된 열'이란 데이터베이스 속성을 가진 표 구성 중 수식이 입력된 열로, 계산된 열에는 하나의 셀에만 수식을 입력하면 해당 열의 모든 셀에 같은 수식이 곧바로 적용됩니다.

04 요약 행 설정하기

❶ [표 도구]–[디자인] 탭–[표 스타일 옵션] 그룹–[요약 행]에 체크 표시합니다. ❷ [외화] 필드의 요약 셀에서 목록 버튼을 클릭한 후 [합계]를 선택합니다. ❸ [환율] 필드의 요약 셀에서 목록 버튼을 클릭한 후 [평균]을 선택합니다. ❹ [한화] 필드의 요약 셀에서 목록 버튼을 클릭한 후 ❺ [합계]를 선택합니다.

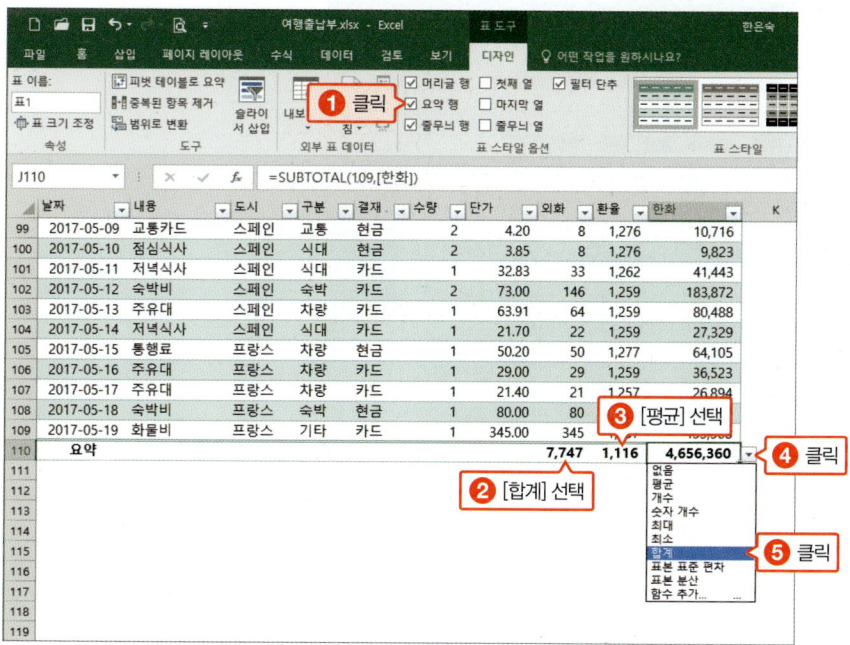

05 슬라이서 삽입하기

❶ [표 도구]-[디자인] 탭-[도구] 그룹-[슬라이서 삽입]을 클릭합니다. ❷ [슬라이서 삽입] 대화상자에서 [도시], [구분]에 체크 표시하고 ❸ [확인]을 클릭합니다.

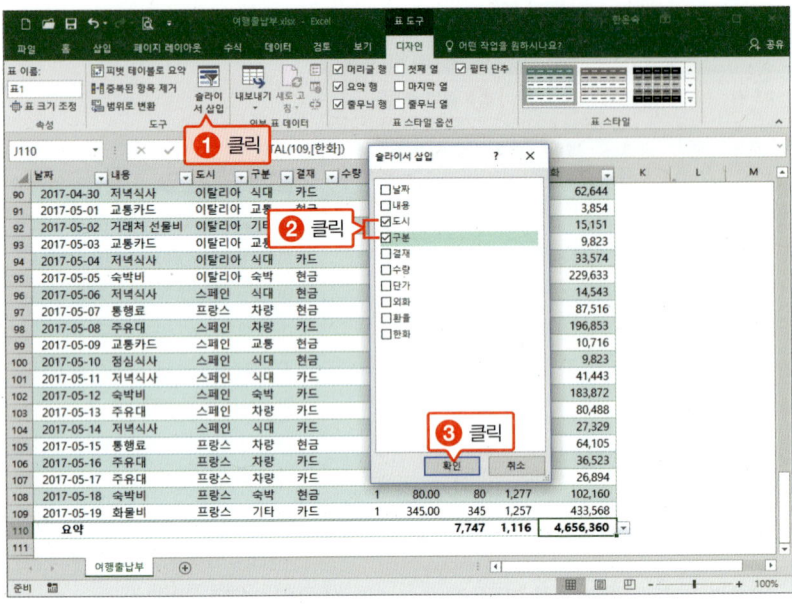

06 슬라이서 위치 및 크기 조절하기

삽입된 슬라이서 개체를 오른쪽으로 드래그하여 이동합니다. 크기 조절점을 드래그하여 크기도 적당하게 조절합니다.

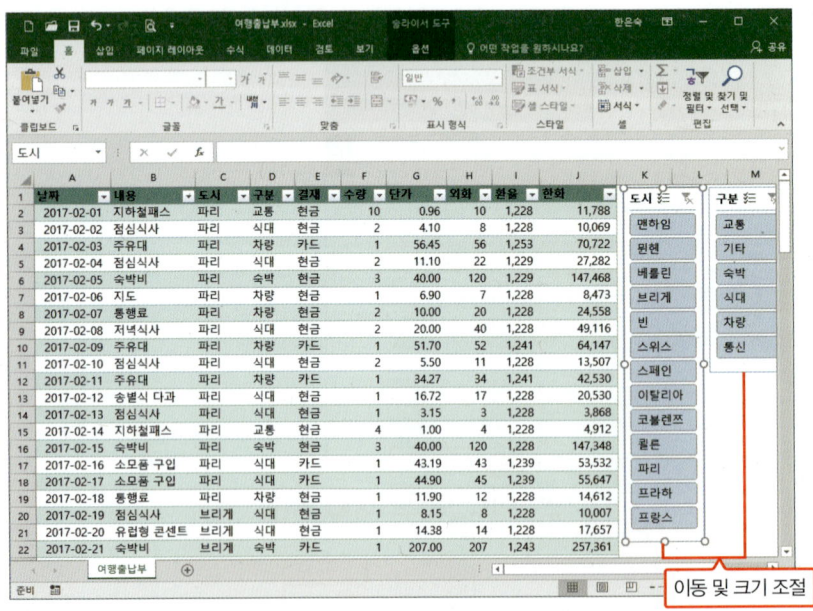

07 슬라이서 스타일 지정하기

❶ [도시] 슬라이서를 클릭하고 ❷ [구분] 슬라이서를 Shift +클릭합니다. ❸ [슬라이서 도구]–[옵션] 탭–[슬라이서 스타일] 그룹–[연한 노랑, 슬라이서 스타일 밝게 4]를 선택합니다.

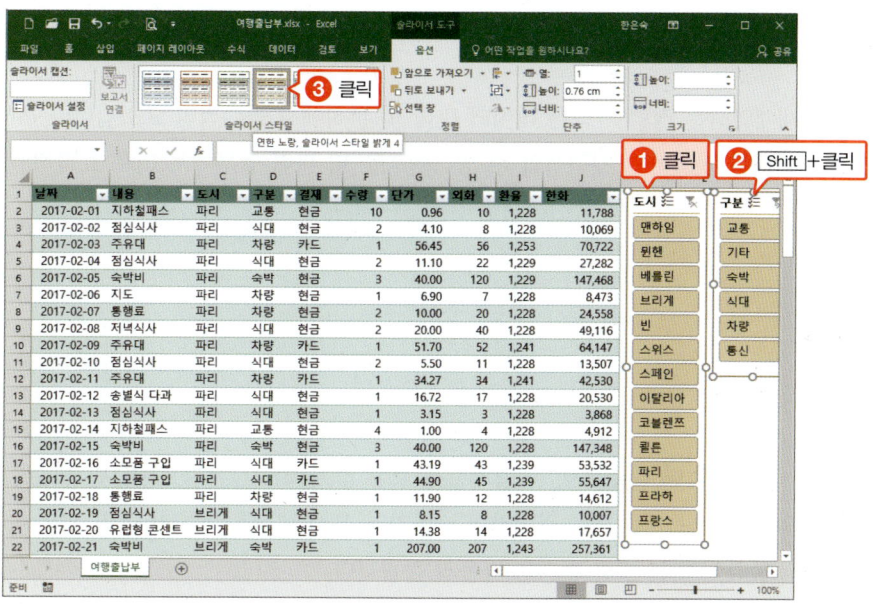

08 다중 항목 필터하기

❶ [도시] 슬라이서의 [맨하임]을 클릭한 후 ❷ [스위스]를 Shift +클릭합니다. ❸ [구분] 슬라이서의 [교통] 을 클릭한 후 ❹ [차량]을 Ctrl +클릭합니다. 선택한 도시와 구분에 대한 데이터만 필터됩니다. 요약 행의 계산 결과도 해당 데이터의 합계와 평균으로 바뀝니다.

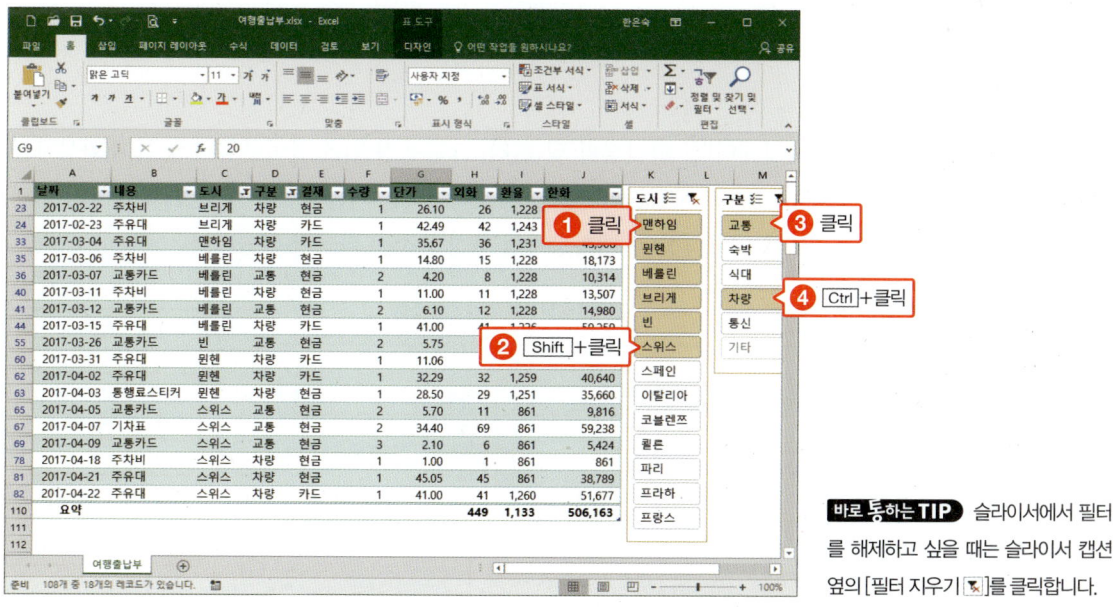

바로 통하는TIP 슬라이서에서 필터를 해제하고 싶을 때는 슬라이서 캡션 옆의 [필터 지우기]를 클릭합니다.

SECTION 02

데이터 정렬

데이터 목록을 일정한 순서로 재배열하는 정렬 기능은 데이터 관리 및 분석에서 필수적인 요소입니다. 사용자가 원하는 순서에 맞게 데이터를 정렬하고 재구성할 수 있다면 데이터 관련 업무에서 더욱 효과적인 결정을 내릴 수 있습니다.

정렬 순서

오름차순은 숫자〉문자〉논리 값〉오류 값〉빈 셀순으로, 내림차순은 오류 값〉논리 값〉문자〉숫자〉빈 셀순으로 데이터를 정렬합니다. 문자의 경우 오름차순으로 정렬하면 소문자가 우선순위를 갖습니다. 빈 셀은 항상 마지막에 정렬됩니다. 데이터 종류에 따른 정렬 순서는 다음과 같습니다.

데이터 종류	정렬 순서
숫자	가장 작은 음수에서 가장 큰 양수로 정렬됩니다.
텍스트와 숫자 데이터가 섞인 경우	0 1 2 3 4 5 6 7 8 9 ! " # $ % & ( ) * , . / : ; ? @ [ ] ^ _ ` { | } ~ ₩ + 〈 = 〉 A B C D E F G H I J K L M N O P Q R S T U V W X Y Z
논리 값/오류 값	논리 값은 TRUE보다 FALSE가 앞에 정렬되며 오류 값의 순서는 모두 같습니다.

[정렬] 대화상자

여러 열을 기준으로 정렬할 때는 [데이터] 탭-[정렬 및 필터] 그룹-[정렬]을 클릭한 후 [정렬] 대화상자를 사용합니다. 정렬 기준은 최대 64개까지 지정할 수 있습니다. 데이터는 기본적으로 행 단위로 정렬되며 열 단위로 정렬하려면 [옵션]을 클릭합니다. [정렬] 대화상자의 구성 요소는 다음과 같습니다.

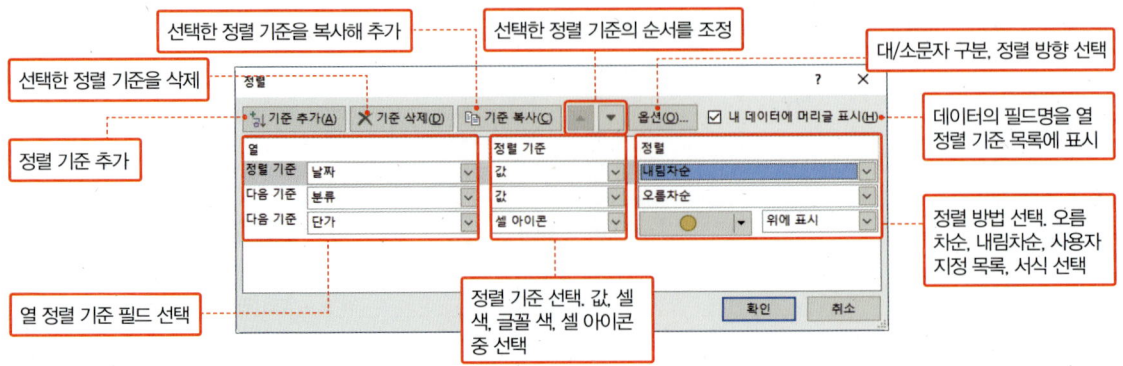

실습 파일 | CHAPTER11\데이터정렬.xlsx **완성 파일** | CHAPTER11\완성\데이터정렬완성.xlsx

데이터 목록에서 날짜, 숫자, 문자, 서식 등 각 데이터를 기준으로 삼아 다양한 방식으로 데이터 순서를 정렬해보겠습니다.

01 하나의 열을 기준으로 정렬하기

제품명 순서로 정렬하겠습니다. ❶ [B2] 셀을 클릭하고 ❷ [데이터] 탭-[정렬 및 필터] 그룹-[텍스트 오름차순 정렬]을 클릭합니다. 매출이 높은 순서로 정렬해보겠습니다. ❸ [F2] 셀을 클릭하고 ❹ [데이터] 탭-[정렬 및 필터] 그룹-[숫자 내림차순 정렬]을 클릭합니다.

02 선택한 셀 서식을 맨 위에 넣기

단가에는 조건부 서식으로 녹색, 노란색, 빨간색 순서의 셀 아이콘이 적용되어 있습니다. 중간 그룹에 해당하는 노란색 아이콘을 맨 위로 정렬해보겠습니다. ❶ 노란색 아이콘이 있는 셀에서 마우스 오른쪽 버튼을 클릭하고 ❷ [정렬]-[선택한 셀 아이콘을 맨 위에 넣기]를 선택합니다.

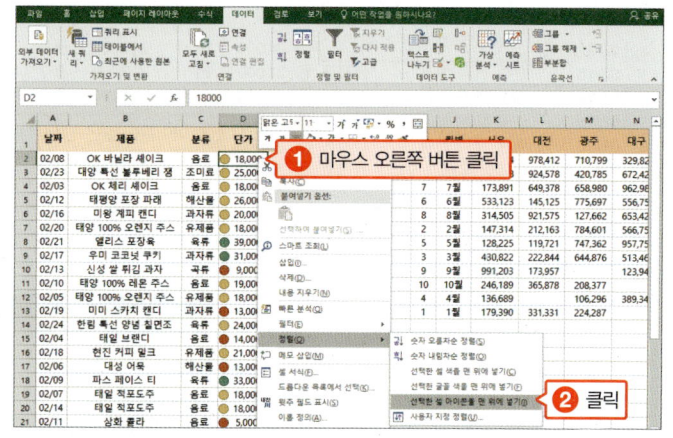

03 여러 열을 기준으로 정렬하기

❶ [데이터] 탭-[정렬 및 필터] 그룹-[정렬]을 클릭합니다. ❷ [정렬] 대화상자에서 [기준 추가]를 세 번 클릭한 후 ❸ 첫 번째 [열 정렬 기준] 목록에서 [단가]를 선택하고 ❹ [아래로 이동]을 클릭합니다.

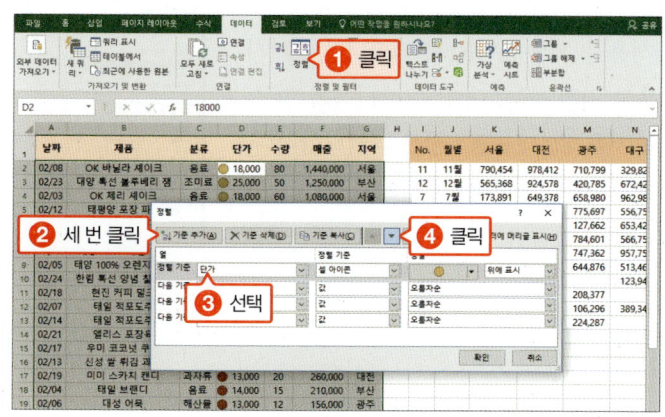

04 ❶ 첫 번째 [열 정렬 기준] 목록에서 [지역]을 선택합니다. ❷ 세 번째 [열 정렬 기준] 목록에서 [수량]을 선택하고 ❸ 세 번째 [정렬] 목록에서 [내림차순]을 선택합니다. ❹ 네 번째 [열 정렬 기준] 목록에서 [매출]을 선택하고 ❺ 네 번째 [정렬] 목록에서 [내림차순]을 선택한 후 ❻ [확인]을 클릭합니다.

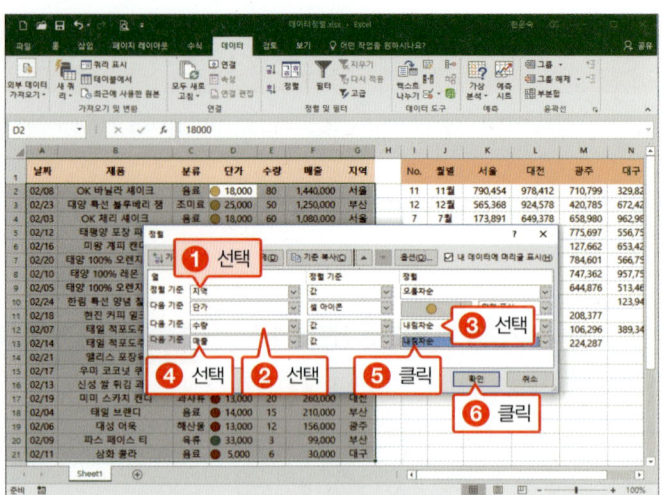

기준이 같은 데이터 정렬하기

데이터를 정렬할 때는 첫 번째 기준인 지역순으로 정렬된 후 지역이 같으면 노란색 아이콘이 위에 표시됩니다. 아이콘이 같은 경우에는 수량이 큰 순서대로 정렬되고, 수량까지 같은 경우에는 매출이 큰 항목순으로 정렬됩니다.

---

05 사용자 지정 순서로 정렬하기

지역 순서를 등록한 후 그 순서대로 정렬하겠습니다. ❶ [데이터] 탭–[정렬 및 필터] 그룹–[정렬]을 클릭합니다. ❷ [정렬] 대화상자의 첫 번째 [정렬] 목록에서 [사용자 지정 목록]을 선택합니다. ❸ [사용자 지정 목록] 대화상자의 [목록 항목]에 **서울,대전,대구,광주,부산**을 입력합니다. ❹ [추가]를 클릭하고 ❺ [확인]을 클릭합니다. ❻ [정렬] 대화상자에서 [확인]을 클릭합니다.

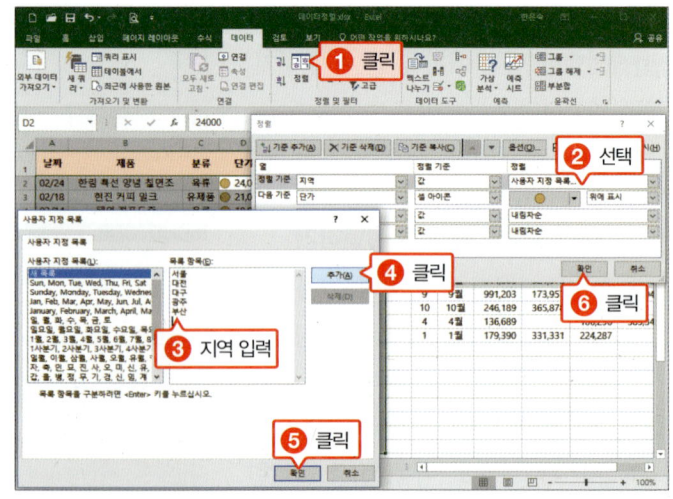

06 일부 범위만 정렬하기

오른쪽 표에는 일련번호가 뒤섞여 있으므로 일련번호 범위만 따로 정렬하겠습니다. ❶ [I1:I13] 셀 범위를 드래그하고 ❷ [데이터] 탭-[정렬 및 필터] 그룹-[숫자 오름차순 정렬]을 클릭합니다. ❸ [정렬 경고] 대화상자가 표시되면 [현재 선택 영역으로 정렬]을 선택하고 ❹ [정렬]을 클릭합니다.

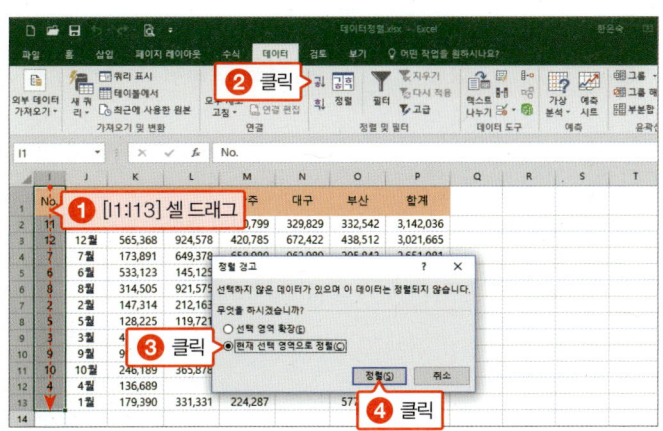

07 행 기준 좌우로 정렬하기

지역명 문자 순서에 맞춰 왼쪽에서 오른쪽으로 정렬해보겠습니다. ❶ [K1:O13] 셀 범위를 드래그한 후 ❷ [데이터] 탭-[정렬 및 필터] 그룹-[정렬]을 클릭합니다. ❸ [정렬] 대화상자에서 [옵션]을 클릭하고 ❹ [정렬 옵션] 대화상자의 [방향]에서 [왼쪽에서 오른쪽]을 선택합니다. ❺ [확인]을 클릭합니다.

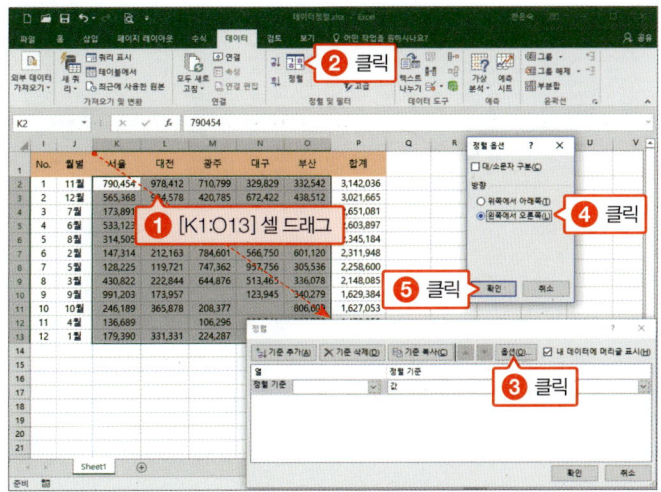

바로 통하는 TIP 정렬 범위로 [K1:O13] 셀 범위를 지정했지만 [정렬 옵션] 대화상자에서 정렬 방향이 [위쪽에서 아래쪽]으로 설정된 상태일 때는 범위의 첫 번째 행이 필드명으로 설정되기 때문에 범위의 첫 번째 행을 제외한 [K2:O13] 셀 범위로 자동 조정됩니다. [정렬 옵션] 대화상자에서 정렬 방향을 [왼쪽에서 오른쪽]으로 선택하고 [확인]을 클릭하면 정렬 범위가 다시 [K1:O13] 셀 범위로 조정됩니다.

08 ❶ [정렬] 대화상자의 [행 정렬 기준] 목록에서 [행 1]을 선택하고 ❷ [확인]을 클릭합니다.

1행의 지역명을 기준으로 오름차순인 광주, 대구, 대전, 부산, 서울순으로 정렬되었습니다.

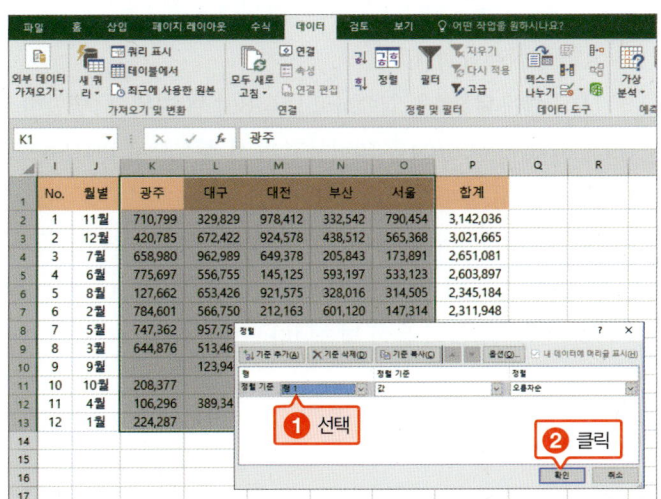

혼자해보기 18 · 행 일괄 삽입하고 사용자 지정 정렬하기

실습 파일 | CHAPTER11\생산목표달성률.xlsx　　**완성 파일** | CHAPTER11\완성\생산목표달성률완성.xlsx

정렬 기능을 응용하면 긴 데이터 목록에서 중간의 원하는 위치에 원하는 개수만큼 행을 일괄 삽입할 수 있습니다. 월별 생산계획과 실적만 입력된 데이터 목록이 최근 항목인 12월부터 표시되도록 좌우로 정렬한 후 2행마다 행을 삽입해 달성률을 작성해보겠습니다.

실습 파일

생산목표 달성률표

No.	품명	구분	1월	2월	3월	4월	5월	6월	7월	8월	9월	10월	11월	12월	합계
1	AI-725	계획	80	80	80	80	80	80	80	80	80	80	80	80	960
2	AI-725	실적	100	70	60	60	60	60	70	90	100	100	80	70	920
3	AV-809	계획	30	30	30	30	30	30	30	30	30	30	30	30	360
4	AV-809	실적	20	20	20	50	40	50	20	50	20	50	30	20	390
5	BH-902	계획	150	150	150	150	150	150	150	150	150	150	150	150	1,800
6	BH-902	실적	130	170	160	150	160	150	160	140	160	140	130	170	1,820
7	BN-209	계획	80	80	80	80	80	80	80	80	80	80	80	80	960
8	BN-209	실적	60	100	100	70	90	70	80	80	100	100	60	60	970
9	CY-959	계획	50	50	50	50	50	50	50	50	50	50	50	50	600
10	CY-959	실적	60	70	70	40	70	40	60	50	50	30	50	60	630
11	CZ-927	계획	120	120	120	120	120	120	120	120	120	120	120	120	1,440
12	CZ-927	실적	110	110	140	110	140	110	140	100	140	140	110	110	1,450

▲ 실습 파일

완성 파일

생산목표 달성률표

품명	구분	12월	11월	10월	9월	8월	7월	6월	5월	4월	3월	2월	1월	합계
AI-725	계획	80	80	80	80	80	80	80	80	80	80	80	80	960
AI-725	실적	70	80	100	100	90	70	60	60	60	60	100	100	920
달성률		88%	100%	125%	125%	113%	88%	75%	75%	75%	75%	88%	125%	96%
AV-809	계획	30	30	30	30	30	30	30	30	30	30	30	30	360
AV-809	실적	20	50	20	50	30	20	50	40	50	20	20	20	390
달성률		67%	167%	67%	167%	100%	67%	167%	133%	167%	67%	67%	67%	108%
BH-902	계획	150	150	150	150	150	150	150	150	150	150	150	150	1,800
BH-902	실적	170	130	140	160	140	160	150	160	150	150	160	170	1,820
달성률		113%	87%	93%	107%	93%	107%	100%	107%	100%	107%	113%	87%	101%
BN-209	계획	80	80	80	80	80	80	80	80	80	80	80	80	960
BN-209	실적	60	100	60	100	80	80	70	90	70	100	100	60	970
달성률		75%	125%	75%	125%	100%	100%	88%	113%	88%	125%	125%	75%	101%
CY-959	계획	50	50	50	50	50	50	50	50	50	50	50	50	600
CY-959	실적	70	30	30	60	30	60	40	70	40	70	70	60	630
달성률		140%	60%	60%	120%	60%	120%	80%	140%	80%	140%	140%	120%	105%
CZ-927	계획	120	120	120	120	120	120	120	120	120	120	120	120	1,440
CZ-927	실적	110	120	100	120	140	110	140	100	140	140	110	110	1,450
달성률		92%	100%	83%	100%	117%	100%	117%	83%	117%	117%	92%	92%	101%

▲ 완성 파일

① [D3:O15] 셀 범위를 드래그하고 [데이터] 탭-[정렬 및 필터] 그룹-[정렬]을 클릭합니다. [정렬] 대화상자에서 [옵션]을 클릭한 후 [왼쪽에서 오른쪽]을 선택합니다. [행 정렬 기준]에 [행 3]을 선택하고 [정렬 방식] 목록에서 [사용자 지정 목록]을 선택한 후 1월~12월을 선택합니다. 다시 [정렬 방식] 목록에서 12월~1월을 선택합니다. [D3:O15] 셀 범위가 12월~1월로 정렬됩니다.

② [A16] 셀에 **2.5**, [A17] 셀에 **4.5**를 입력합니다.

③ [A16:A17] 셀 범위를 드래그한 후 [A21] 셀까지 채우기 핸들을 드래그하여 12.5까지 채웁니다.

④ [A4] 셀을 클릭한 후 [숫자 오름차순 정렬]합니다. 표에서 두 행마다 새로운 행이 배치됩니다.

> **바로 통하는 TIP** 1행 간격으로 빈 셀을 삽입하려면 [A16:A27] 셀 범위에 일련번호 '1~12'를 추가로 입력하고 [숫자 오름차순 정렬]합니다. 3행 간격으로 빈 셀을 삽입하려면 [A16:A19] 셀 범위에 3.5~12.5까지 3 단위로 숫자를 입력한 후 [숫자 오름차순 정렬]합니다.

⑤ A열을 삭제합니다.

⑥ [A6] 셀에 **달성률**을 입력하고 [A6:B6] 셀 범위를 [병합하고 가운데 맞춤]합니다.

⑦ [C6] 셀에 **=C5/C4**를 입력하고 표시 형식으로 [백분율 스타일]을 지정합니다. [C6] 셀의 채우기 핸들을 [O6] 셀까지 드래그합니다.

⑧ [A6:O6] 셀 범위를 드래그한 후 Ctrl + B 를 눌러 글꼴을 굵게 하고 Ctrl + C 를 눌러 복사합니다.

⑨ [A9:O9], [A12:O12], [A15:O15], [A18:O18], [A21:O21] 셀 범위를 각각 드래그한 후 Ctrl + V 를 눌러 붙여 넣습니다.

SECTION 03

자동 필터로 데이터 추출하기

여러 데이터 목록 중에서 원하는 조건에 맞는 데이터 목록만 화면에 표시하려면 필터 기능을 사용합니다. 자동 필터 기능으로 추출된 데이터는 기존 데이터와 같이 복사, 삭제, 편집, 인쇄할 수 있으며 서식을 지정하거나 필터된 데이터만으로 차트를 만들 수도 있습니다.

자동 필터

표 범위에서는 필터 단추가 자동으로 생깁니다. 일반 범위인 경우 방법1 [데이터] 탭–[정렬 및 필터] 그룹–[필터]를 클릭하거나 방법2 원하는 필터 조건이 있는 셀에서 마우스 오른쪽 버튼을 클릭한 후 [필터]에서 조건을 선택하면 필터 단추가 생깁니다. 자동 필터는 하나의 열에서 한 가지 유형의 필터만 사용할 수 있습니다. 예를 들어 셀 아이콘을 기준으로 필터하거나 숫자에 대한 조건으로 필터할 수 있지만 두 기준을 모두 사용해 필터할 수는 없습니다. 또한 필터 목록 상자에 필터 목록은 10,000개까지 표시될 수 있습니다.

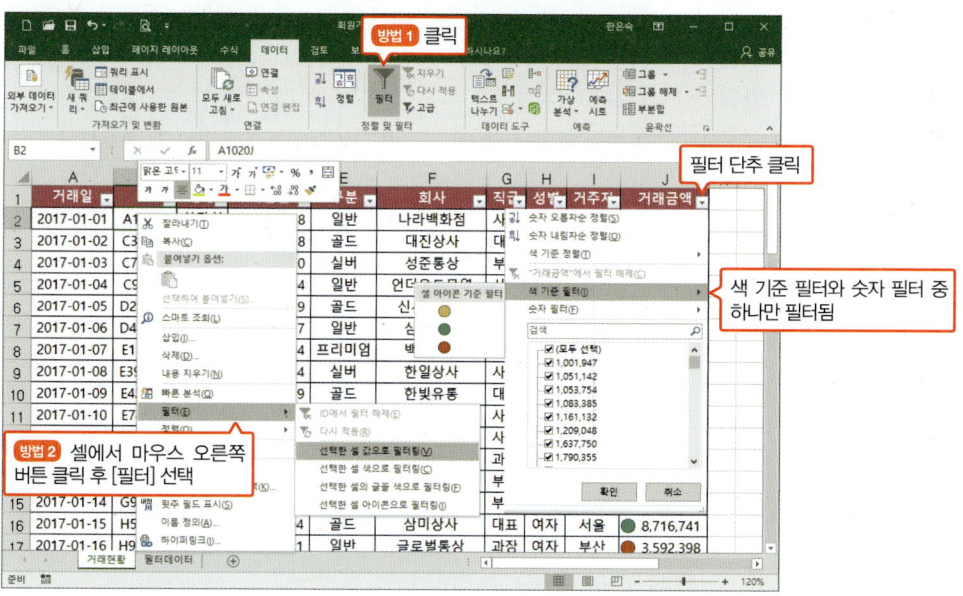

실습 파일 | CHAPTER11\회원거래현황.xlsx   **완성 파일** | CHAPTER11\완성\회원거래현황완성.xlsx

3개월간의 회원 거래현황이 입력되어 있는 데이터 목록이 있습니다. 등급, 회사명, 가입일, 거래금액 등 다양한 조건으로 데이터를 자동 필터하는 방법을 알아보겠습니다.

01 선택한 아이콘으로 필터하기

거래금액 중 녹색 아이콘●이 표시된 데이터만 필터해보겠습니다. ❶ [J3] 셀에서 마우스 오른쪽 버튼을 클릭한 후 ❷ [필터]-[선택한 셀 아이콘으로 필터링]을 선택합니다.

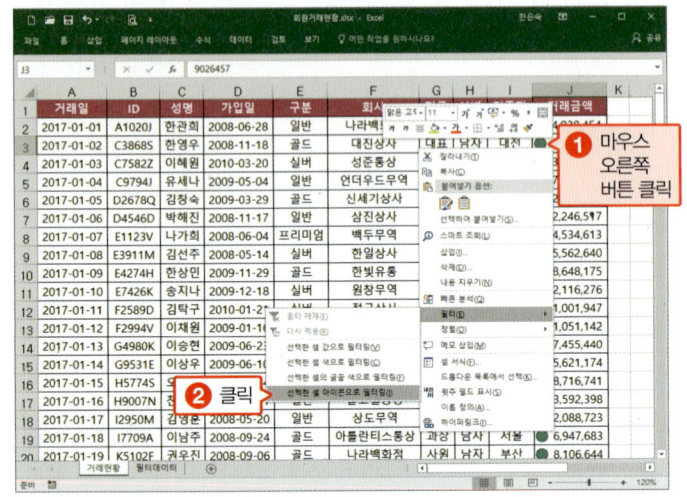

02 프리미엄 회원을 제외하고 필터하기

선택한 셀 아이콘으로 필터되면서 필드명에 필터 단추가 생겼습니다. 필터된 데이터 중 프리미엄 회원을 제외하고 필터해보겠습니다. ❶ [구분] 필드의 필터 단추를 클릭하고 ❷ 필터 목록 중 [프리미엄]의 체크 표시를 해제한 후 ❸ [확인]을 클릭합니다.

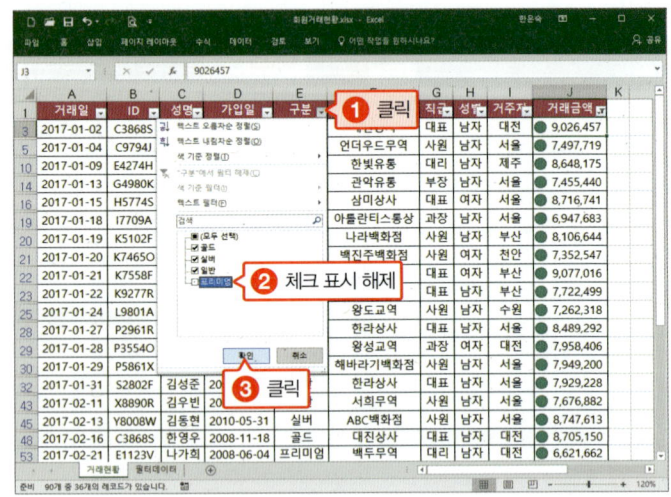

바로 통하는 TIP 필드명에 필터 단추를 표시하려면 데이터 목록에서 임의의 셀을 선택한 상태에서 [데이터] 탭-[정렬 및 필터] 그룹-[필터]를 클릭하거나 Ctrl + Shift + L 을 눌러도 됩니다.

03 3월 자료만 필터하기

❶ [거래일] 필드의 필터 단추를 클릭하고 ❷ 필터 목록 중 [1월], [2월]의 체크 표시를 해제한 후 ❸ [확인]을 클릭합니다.

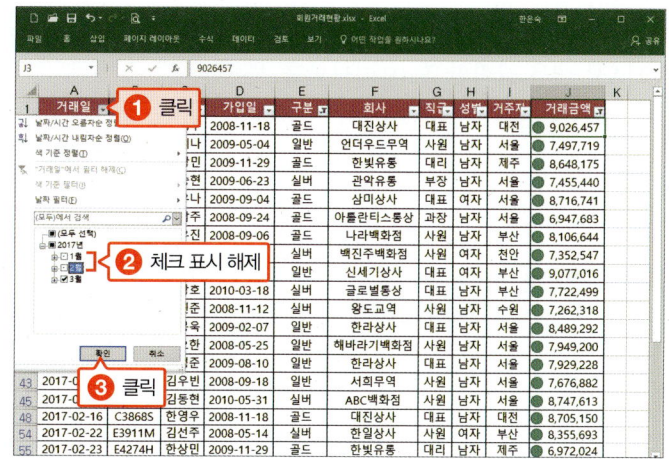

쉽고 빠른 엑셀 NOTE   날짜 계층 그룹 해제하기

날짜 데이터의 필터 목록에는 날짜가 연, 월, 일순으로 계층적으로 그룹화되어 표시됩니다. 필터 목록을 모든 날짜가 표시되는 비계층적 목록으로 변경할 수 있습니다. ❶ [파일] 탭-[옵션]을 선택하고 [Excel 옵션] 대화상자에서 [고급]을 선택합니다. ❷ [이 통합 문서의 표시 옵션]-[자동 필터 메뉴에서 날짜 그룹화]의 체크 표시를 해제합니다.

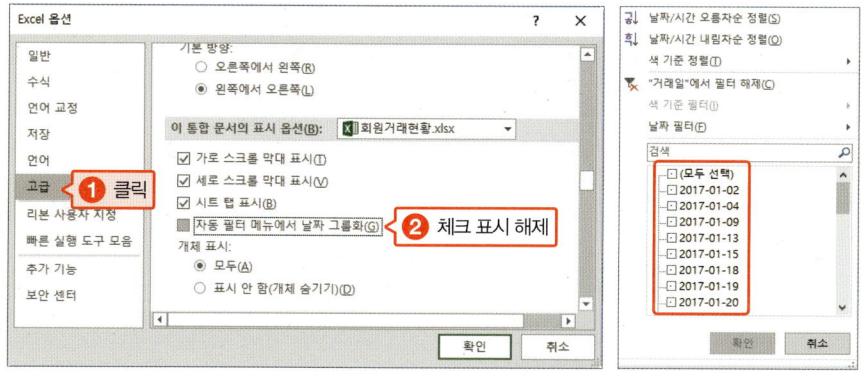

---

04 거주지별 오름차순 및 필터 결과 복사하기

❶ [거주지] 필드의 필터 단추를 클릭하고 ❷ [텍스트 오름차순 정렬]을 선택합니다. ❸ [B1:I90] 셀 범위를 드래그한 후 Ctrl + C 를 눌러 복사합니다. ❹ [필터데이터] 시트를 클릭합니다.

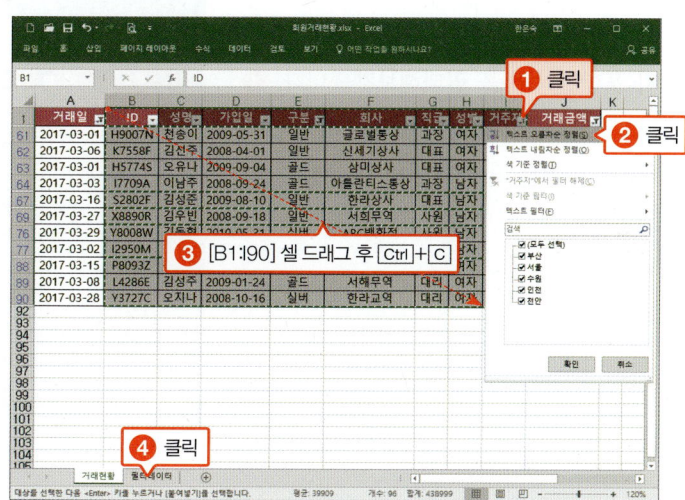

O5 필터 데이터 붙여넣기

❶ [A3] 셀을 클릭한 후 Ctrl + V 를 눌러 붙여 넣습니다. ❷ [붙여넣기 옵션 ⬚(Ctrl)▾]을 클릭하고 ❸ [원본 열 너비 유지⬚]를 선택합니다.

바로 통하는 TIP [원본 열 너비 유지]를 선택한 후 복사한 데이터가 없어지는 현상이 생긴다면 Enter 를 누릅니다.

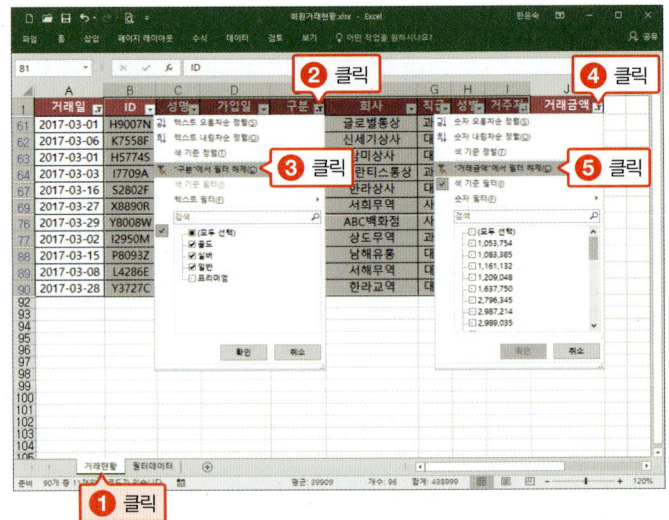

O6 구분, 거래금액 필드 필터 해제하기

❶ [거래현황] 시트를 클릭합니다. ❷ [구분] 필드의 필터 단추를 클릭합니다. ❸ ["구분"에서 필터 해제]를 선택합니다. ❹ [거래금액] 필드의 필터 단추를 클릭하고 ❺ ["거래금액"에서 필터 해제]를 선택합니다.

O7 백화점이나 유통 회사 필터하기

회사명에 '백화점'이나 '유통'이라는 문자가 포함된 목록을 필터해보겠습니다. ❶ [A1] 셀을 클릭해 범위 선택을 해제합니다. ❷ [회사] 필드의 필터 단추를 클릭하고 ❸ [텍스트 필터]–[포함]을 선택합니다.

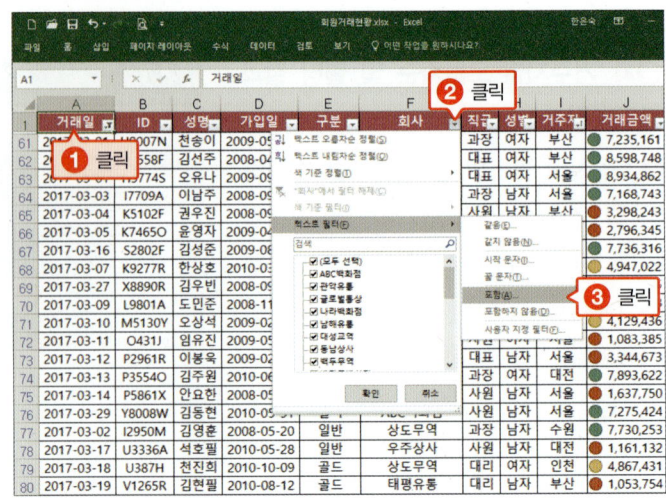

08 사용자 지정 자동 필터의 조건 입력하기

❶ [사용자 지정 자동 필터] 대화상자의 첫 번째 찾을 조건으로 **백화점**을 입력하고 ❷ [또는]을 선택합니다. ❸ 두 번째 조건 목록에서 [포함]을 선택하고 ❹ 검색란에 **유통**을 입력한 후 ❺ [확인]을 클릭합니다.

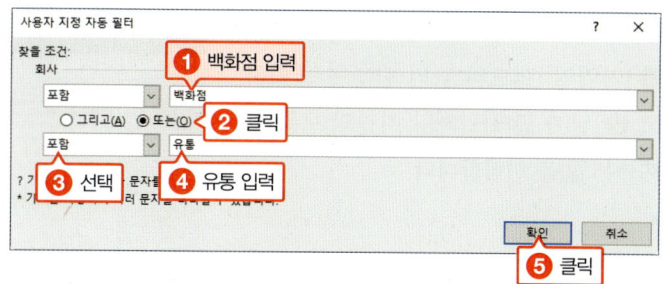

텍스트 필터 검색어 입력하기

한 가지 조건으로 필터할 때는 필터 목록에서 직접 검색어를 입력하여 필터하는 것이 더 간편합니다. 검색어에는 대표 문자(*, ?)를 사용할 수 있습니다. 별표(*)는 모든 문자를 대표하며, 물음표(?)는 한 문자를 대표합니다. 다음은 검색어를 입력하는 예입니다.

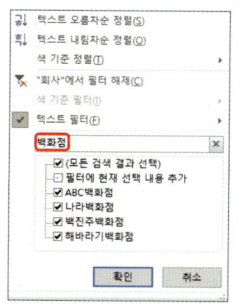
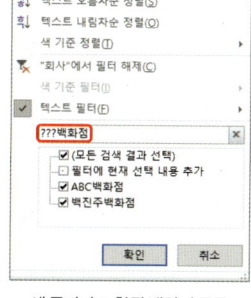
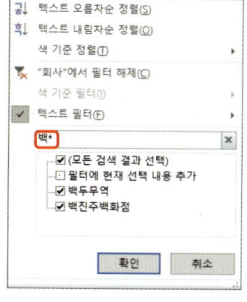

▲ '백화점'이 포함된 목록   ▲ 세 문자가 포함된 백화점 목록   ▲ '백'으로 시작하는 목록

09 회사 필드의 필터 해제하기

❶ [회사] 필드의 필터 단추를 클릭합니다. ❷ ["회사"에서 필터 해제]를 선택합니다.

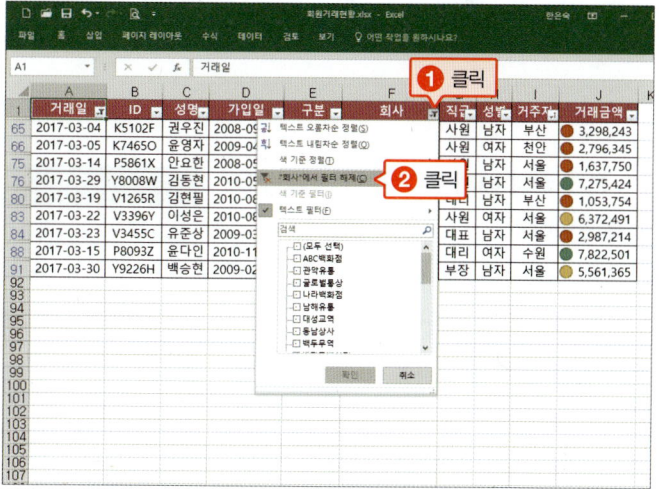

10 가입월이 5월인 회원만 필터하기

❶ [가입일] 필드의 필터 단추를 클릭하고 ❷ [날짜 필터]–[해당 기간의 모든 날짜]–[5월]을 선택합니다.

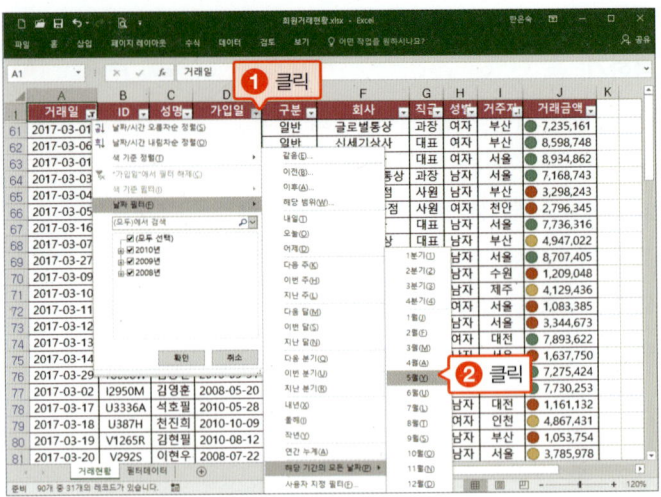

[날짜 필터]의 구성 요소

날짜 데이터 필터 단추를 클릭하면 [날짜 필터]가 나타납니다. 다음과 같은 필터 조건을 선택할 수 있습니다.

❶ **일반 필터** : 비교 연산 명령인 [같음], [이전], [이후], [해당 범위] 중에서 하나를 선택하거나 [사용자 지정 필터]를 선택하면 [사용자 지정 자동 필터] 대화상자에서 원하는 날짜 범위를 지정할 수 있습니다.

❷ **동적 필터** : 필터를 다시 적용할 때 조건이 바뀝니다. 즉, 컴퓨터의 날짜 설정에 따라 필터 결과가 달라집니다.

❸ **기간 필터** : 분기별, 월별 그룹으로 필터할 수 있습니다.

---

11 전체 필터 해제 및 거래금액 상위 5 항목 필터하기

❶ [데이터] 탭–[정렬 및 필터] 그룹–[지우기 ⚟지우기]를 클릭합니다. 앞서 지정한 필터가 모두 해제됩니다. ❷ [거래금액] 필드의 필터 단추를 클릭하고 ❸ [숫자 필터]–[상위 10]을 선택합니다. ❹ [상위 10 자동 필터] 대화상자의 항목 수에 **5**를 입력하고 ❺ [확인]을 클릭합니다.

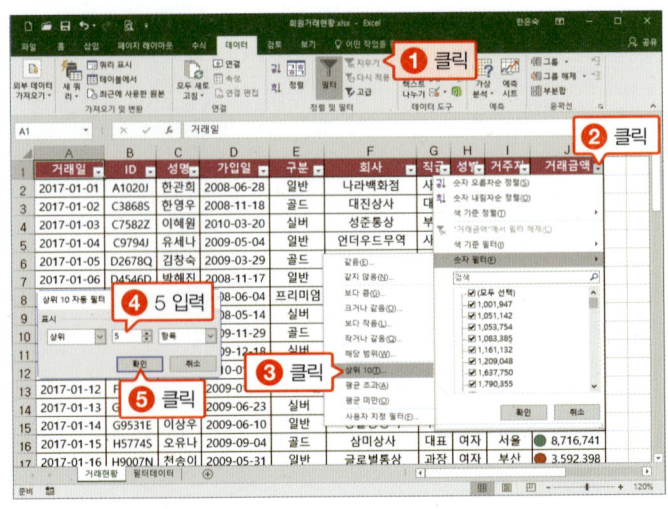

고급 필터로 데이터 추출하기

자동 필터로 여러 필드에 필터 조건을 지정하면 AND 조건으로 결합되어 필터되는 데이터 목록이 점점 줄어듭니다. 조건이 복잡하거나 여러 필드를 OR 조건으로 결합해서 필터할 때, 혹은 결과를 다른 위치에 추출할 때는 고급 필터를 사용하여 필터할 수 있습니다.

고급 필터의 조건 지정 규칙

고급 필터를 사용하려면 데이터 목록과 떨어진 위치에 미리 조건을 입력해두어야 합니다.

❶ 조건을 지정할 범위의 첫 행에는 원본 데이터 목록의 필드명을 입력하고 그 아래 행에 조건을 입력합니다.

❷ 조건을 서로 같은 행에 입력하면 AND 조건으로 추출합니다.

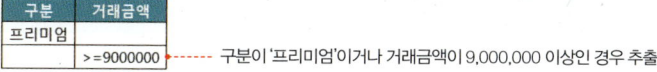

❸ 조건을 입력할 때 다른 행에 입력하면 OR 조건으로 추출합니다.

❹ 수식이나 함수식을 조건식으로 할 때는 조건 필드명을 비워둔 채로 빈 셀과 함께 범위를 지정합니다.

FALSE	=WEEKDAY(A2)=1 조건식 입력
FALSE	=WEEKDAY(A2)=7 조건식 입력

[A2] 셀의 요일이 일요일이거나 토요일인 경우 추출

[고급 필터] 대화상자

[고급 필터] 대화상자의 각 범위와 옵션은 다음과 같습니다.

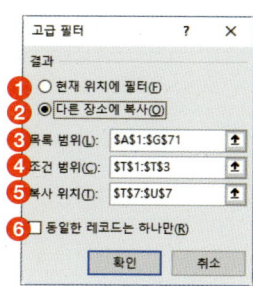

❶ **현재 위치에 필터** : 추출 결과를 원본 데이터 목록이 위치한 곳에 표시합니다.

❷ **다른 장소에 복사** : 추출 결과를 다른 위치에 표시합니다.

❸ **목록 범위** : 추출할 원본 데이터 목록의 셀 범위를 지정합니다.

❹ **조건 범위** : 찾을 조건이 입력된 셀 범위를 지정합니다.

❺ **복사 위치** : [다른 장소에 복사]를 선택한 경우에 데이터가 추출될 위치를 지정합니다.

❻ **동일한 레코드는 하나만** : 체크 표시하면 동일한 레코드가 있을 때 하나만 표시합니다.

실습 파일 | CHAPTER11\고급필터.xlsx　**완성 파일** | CHAPTER11\완성\고급필터완성.xlsx

고급 필터는 필터한 결과를 다른 장소에 복사할 수 있으며 자동 필터에서는 지정할 수 없는 조건으로 데이터를 추출할 수 있습니다. 다양한 조건을 지정한 고급 필터 방법을 알아보겠습니다.

01 구분이 프리미엄이거나 거래금액이 9백만 원 이상인 조건 입력하기

❶ [D1] 셀을 클릭하고 ❷ [G1] 셀을 Ctrl +클릭한 후 Ctrl + C 를 눌러 복사합니다. ❸ [I1] 셀을 클릭하고 Ctrl + V 를 눌러 붙여 넣습니다. ❹ [I2] 셀에 **프리미엄**을 입력하고 ❺ [J3] 셀에 **>=9000000**을 입력합니다.

바로 통하는 TIP 두 조건을 다른 행에 입력했으므로 OR 조건으로 필터됩니다.

02 현재 위치에 필터하기

❶ [A1] 셀을 클릭하고 ❷ [데이터] 탭-[정렬 및 필터] 그룹-[고급]을 클릭합니다. [고급 필터] 대화상자의 [목록 범위]에는 현재 선택된 셀의 전체 표 범위가 지정되어 있습니다. ❸ [조건 범위]란에서 기존 범위를 삭제하고 ❹ [I1:J3] 셀 범위를 드래그합니다. ❺ [확인]을 클릭합니다.

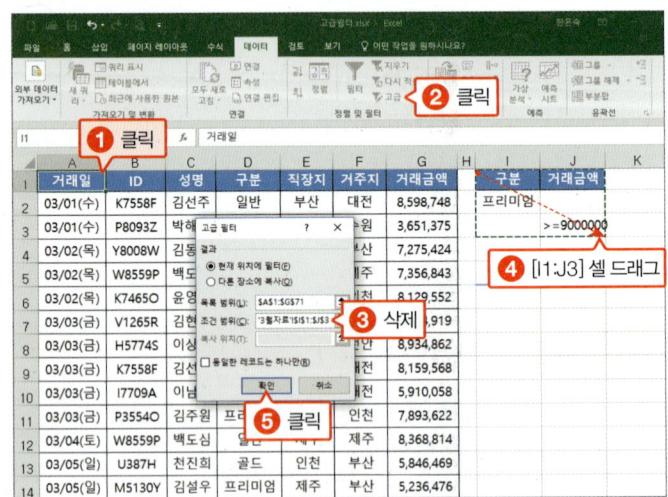

구분이 '프리미엄'이거나 거래금액이 '9백만 원 이상'인 데이터만 추출되고 다른 행은 숨겨집니다. 추출된 데이터의 행 번호는 파란색으로 표시됩니다.

03 필터 지우기

필터를 해제하기 위해 [데이터] 탭-[정렬 및 필터] 그룹-[지우기 🔻지우기]를 클릭합니다.

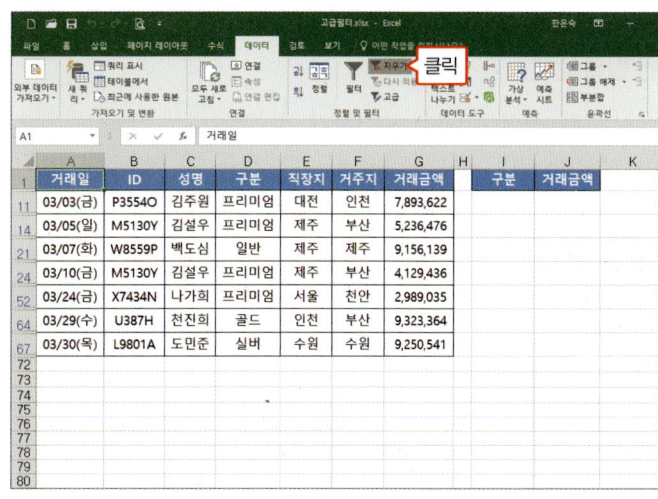

04 다른 장소에 필터하기

현재 데이터 목록에는 같은 회원이 여러 거래일에 거래한 자료가 있으므로 회원 정보도 중복되어 있습니다. 거래일과 거래금액을 제외한 범위에서 중복되는 회원 정보를 제외하여 회원 목록을 추출해 보겠습니다. ❶ [데이터] 탭-[정렬 및 필터] 그룹-[고급]을 클릭합니다. [고급 필터] 대화상자에서 ❷ [다른 장소에 복사]를 선택합니다. ❸ [목록 범위]란에서 기존 범위를 삭제하고 ❹ [B1:F71] 셀 범위를 드래그합니다.

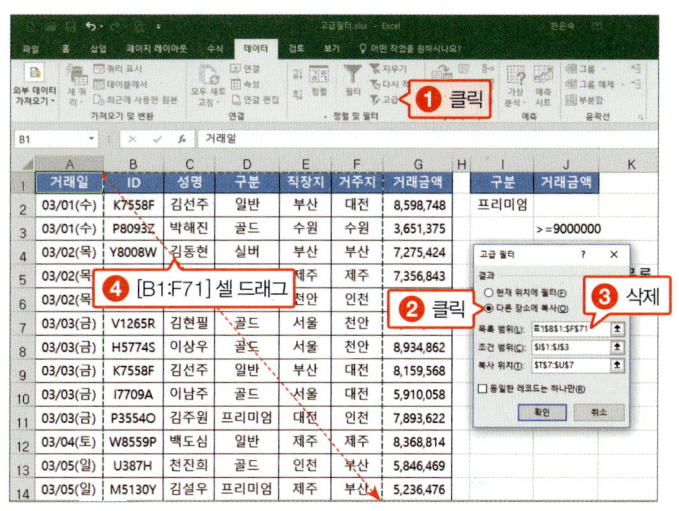

05 중복 데이터 제외한 회원 목록 추출하기

❶ [조건 범위]란에서 기존 범위를 삭제하고 ❷ [복사 위치]란에서도 기존 범위를 삭제합니다. ❸ [I7] 셀을 클릭한 후 ❹ [동일한 레코드는 하나만]에 체크 표시합니다. ❺ [확인]을 클릭합니다.

[I7] 셀 위치부터 회원 정보를 제외한 목록이 추출됩니다.

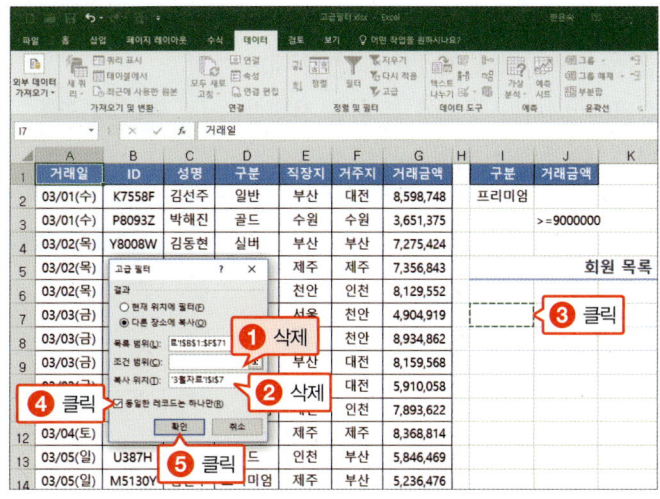

06 직장지 또는 거주지가 서울인 조건 입력하기

직장지가 서울이거나 거주지가 서울인 회원의 성명, 구분, 직장지, 거주지만 추출하기 위해서 조건을 입력하겠습니다. ❶ [L7:M7] 셀 범위를 드래그하고 Ctrl+C를 눌러 복사합니다. ❷ [O1] 셀을 클릭하고 Ctrl+V를 눌러 붙여 넣습니다. ❸ [O2] 셀에 **서울**을 입력하고 ❹ [P3] 셀에 **서울**을 입력합니다.

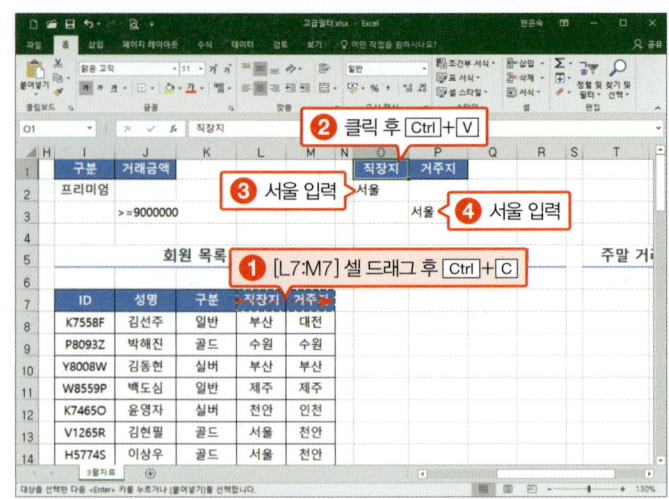

07 추출할 필드 입력하기

추출될 위치에 필드명을 입력하겠습니다. ❶ [J7:M7] 셀 범위를 드래그하고 Ctrl+C를 눌러 복사합니다. ❷ [O7] 셀을 클릭하고 Ctrl+V를 눌러 붙여 넣습니다.

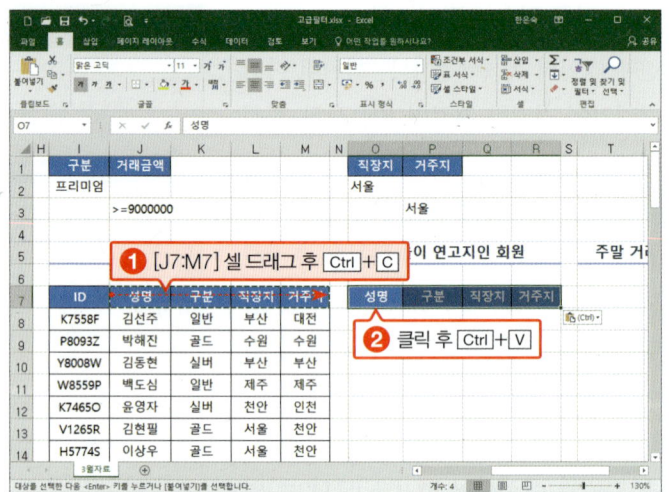

08 서울이 연고지인 회원 필터하기

❶ [데이터] 탭-[정렬 및 필터] 그룹-[고급]을 클릭합니다. ❷ [고급 필터] 대화상자에서 [다른 장소에 복사]를 선택합니다. ❸ 추출한 회원 목록에서 데이터를 추출할 것이므로 [목록 범위]란에서 기존 범위를 삭제하고 ❹ [I7:M38] 셀 범위를 드래그합니다.

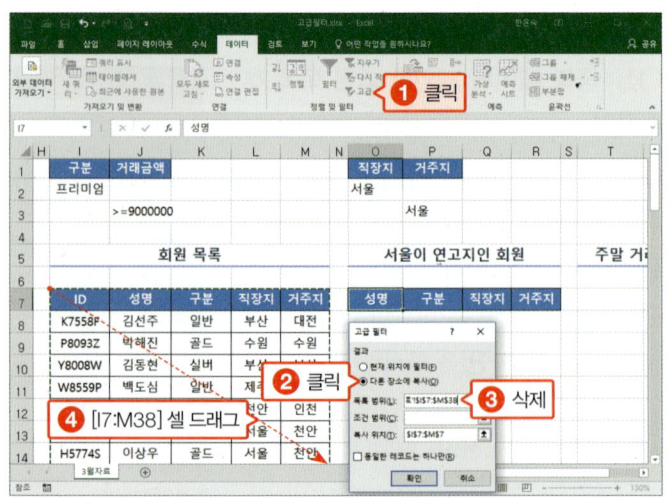

09 조건 범위 및 복사 위치 지정하고 필터하기

❶ [조건 범위]란을 클릭하고 ❷ [O1:P3] 셀 범위를 드래그합니다. ❸ [복사 위치]란에서 기존 범위를 삭제하고 ❹ [O7:R7] 셀을 드래그합니다. ❺ [확인]을 클릭합니다.

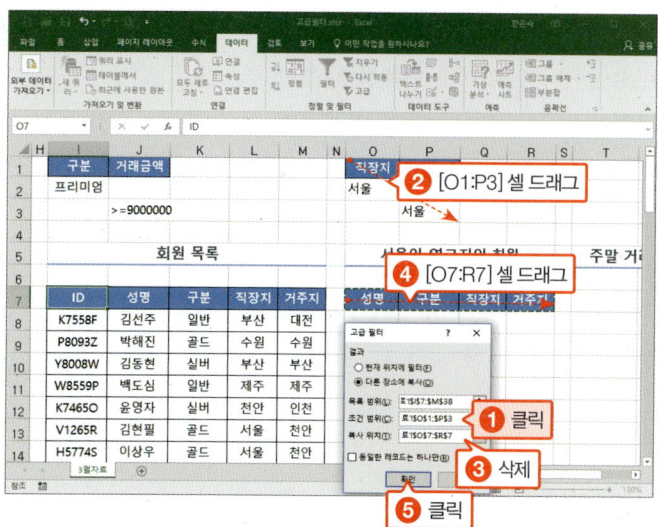

10 주말 거래 자료 추출을 위한 조건 입력하기

WEEKDAY 함수를 사용해 날짜에서 요일 번호를 가져오기 위해 거래일이 일요일이거나 토요일인 조건을 입력하겠습니다. ❶ [T2] 셀에 **=WEEKDAY(A2)=1**을 입력합니다. ❷ [T3] 셀에 **=WEEKDAY(A2)=7**을 입력합니다.

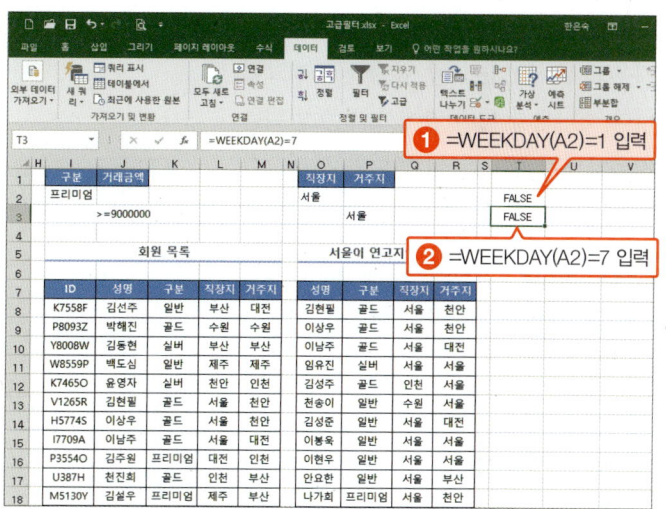

11 추출할 필드 입력하기

추출할 필드로 거래일, 거래금액 필드를 입력해보겠습니다. ❶ [A1] 셀을 클릭하고 ❷ [G1] 셀을 Ctrl+클릭한 후 Ctrl+C를 눌러 복사합니다. ❸ [T7] 셀을 클릭하고 Ctrl+V를 눌러 붙여 넣습니다.

바로 통하는 TIP 실습 화면에서는 원본 데이터 [A:G] 열 범위와 조건 범위 T열을 한 화면에 표시하기 위해 [I:S] 열 범위를 숨기기 표시했습니다.

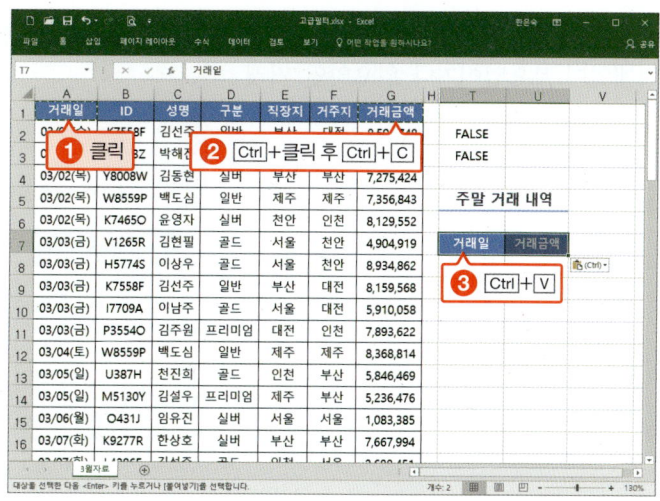

12 주말 거래 자료 추출하기

토요일이나 일요일에 거래한 내역만 추출하겠습니다. ❶ [데이터] 탭-[정렬 및 필터] 그룹-[고급]을 클릭합니다. ❷ [고급 필터] 대화상자에서 [다른 장소에 복사]를 선택합니다. ❸ [목록 범위]란에서 기존 범위를 지우고 ❹ [A1:G71] 셀 범위를 드래그합니다.

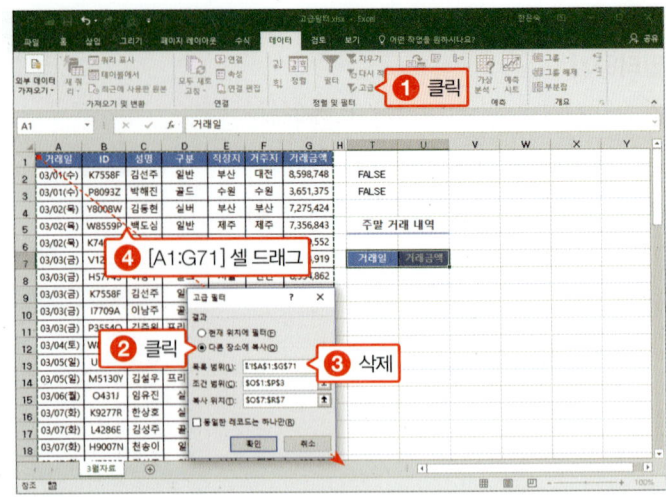

13 ❶ [조건 범위]란에서 기존 범위를 지우고 ❷ [T1:T3] 셀 범위를 드래그합니다. ❸ [복사 위치]란에서 기존 범위를 지우고 ❹ [T7:U7] 셀 범위를 드래그한 후 ❺ [확인]을 클릭합니다.

바로 통하는 TIP 조건 범위를 지정할 때는 비워둔 필드명 셀을 포함해서 범위를 지정합니다.

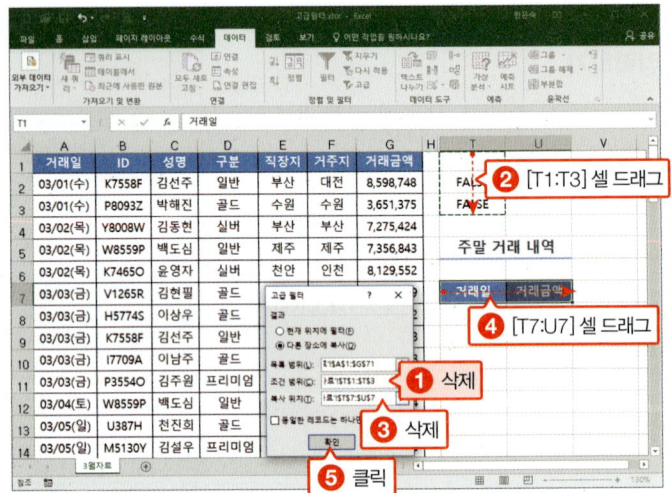

14 추출 결과 확인하기

거래일이 토요일이거나 일요일인 거래 내역 목록이 추출됩니다.

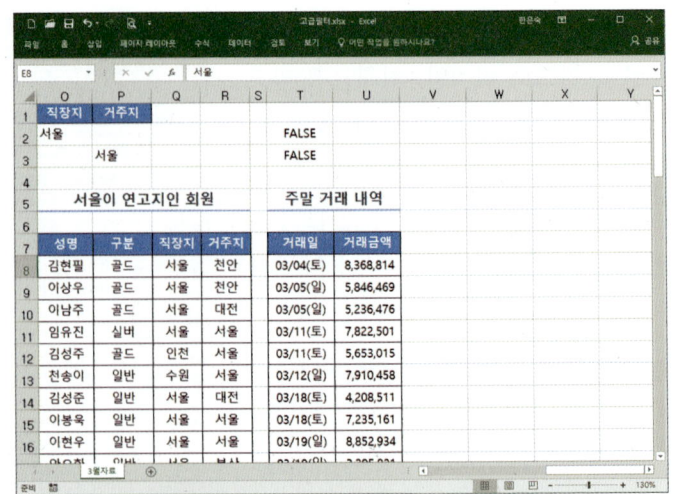

부분합 및 그룹 윤곽선

부분합은 데이터 목록에서 특정 필드를 기준으로 정렬하여 같은 그룹별로 소계를 구하는 기능입니다. 부분합을 삽입하고 부분합과 함께 삽입되는 그룹 윤곽선을 사용해 일반 표 범위에도 그룹 윤곽선을 만드는 방법에 대해서 알아보겠습니다.

부분합 작성 순서 및 [부분합] 대화상자

부분합을 사용하면 함수를 직접 입력하지 않고도 데이터 목록 사이에 소계를 삽입할 수 있습니다. 부분합을 작성하려면 먼저 부분합의 기준이 되는 필드를 기준으로 정렬한 후 [데이터] 탭-[윤곽선] 그룹-[부분합]을 클릭합니다. [부분합] 대화상자에서 각 구성 요소를 선택한 후 [확인]을 클릭합니다. 부분합을 추가 삽입하려면 다시 [데이터] 탭-[윤곽선] 그룹-[부분합]을 클릭하고 [부분합] 대화상자에서 각 구성 요소를 선택합니다. [새로운 값으로 대치]의 체크 표시를 해제한 후 [확인]을 클릭합니다.

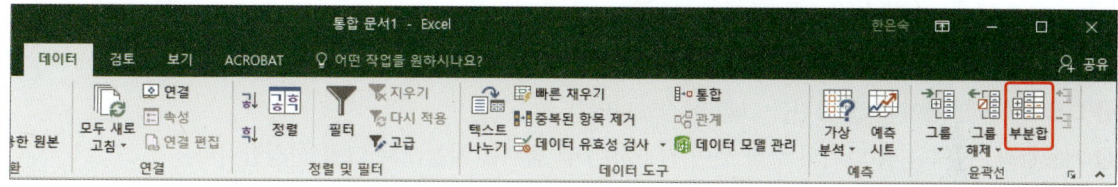

부분합에서 사용할 수 있는 함수에는 [합계], [개수], [평균], [최대], [최소], [곱], [숫자 개수], [표본 표준 편차], [표준 편차], [표본 분산], [분산]이 있습니다. [부분합] 대화상자의 각 구성 요소는 다음과 같습니다.

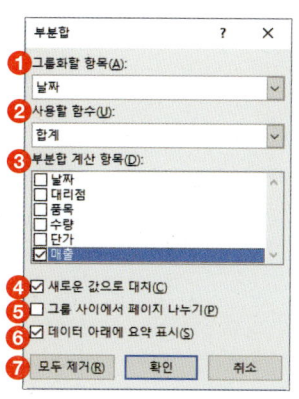

❶ **그룹화할 항목** : 값을 구하는 기준이 되는 정렬된 필드입니다.

❷ **사용할 함수** : 그룹화할 필드에 적용할 함수를 선택합니다.

❸ **부분합 계산 항목** : 함수를 적용해서 계산할 필드를 선택합니다.

❹ **새로운 값으로 대치** : 기존 부분합 결과를 없애고 현재의 결과로 대치합니다.

❺ **그룹 사이에서 페이지 나누기** : 각 그룹 다음에 페이지가 나눠집니다. 목록이 길 때 사용합니다.

❻ **데이터 아래에 요약 표시** : 부분합 결과를 표시할 위치를 선택합니다.

❼ **모두 제거** : 부분합을 해제하고 원본 데이터 목록을 표시합니다.

부분합 윤곽 기호

부분합을 삽입하면 워크시트 행 머리글 왼쪽에 부분합 소계별로 윤곽 기호가 표시됩니다. 윤곽 기호를 사용하여 워크시트에서 하위 수준(그룹)을 숨기거나 다시 나타낼 수 있습니다.

1은 전체 결과(총 합계)만 표시, 2는 소계만 표시, 3은 전체 데이터를 표시

	A	B	C	D	E	F
1	날짜	대리점	품목	수량	단가	매출
14		서울 요약				71,670,500
26		수원 요약				48,580,800
36		대전 요약				49,652,000
46		부산 요약				34,422,400
47		총합계				204,325,700

+를 클릭하면 숨겨져 있는 하위 수준(그룹)의 데이터를 표시하고
-를 클릭하면 하위 수준(그룹)의 데이터를 숨김

윤곽 그룹 설정 및 해제

부분합을 사용하지 않고도 수식이 사용된 범위에서는 직접 윤곽 그룹을 설정하고 워크시트에 윤곽 기호를 삽입하거나 해제할 수 있습니다. 이를 위해 [데이터] 탭-[윤곽선] 그룹의 [그룹], [그룹 해제]를 클릭합니다.

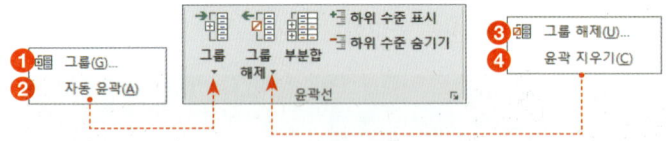

❶ **그룹** : 지정한 행이나 열 범위를 그룹 설정합니다.

❷ **자동 윤곽** : 선택한 셀 범위의 수식 셀이 참조하는 셀 범위를 자동으로 그룹 설정합니다.

❸ **그룹 해제** : 지정한 행이나 열의 그룹화된 셀 범위를 그룹 해제합니다.

❹ **윤곽 지우기** : 모든 윤곽 그룹 설정을 해제합니다.

실습 파일 | CHAPTER11\월매출목록.xlsx　**완성 파일** | CHAPTER11\완성\월매출목록완성.xlsx

대리점, 품목, 수량, 단가, 매출이 집계되어 있는 데이터 목록에서 대리점별, 품목별 부분합을 삽입해보겠습니다.

01 부분합 그룹 필드 정렬하기

먼저 대리점, 품목별로 데이터를 정렬해야 합니다. ❶ 표 안에 있는 임의의 셀인 [A2] 셀을 클릭하고 ❷ [데이터] 탭–[정렬 및 필터] 그룹–[정렬]을 클릭합니다. ❸ [정렬] 대화상자에서 [기준 추가]를 클릭하고 ❹ 첫 번째 [열 정렬 기준] 목록에서 [대리점]을 선택합니다. ❺ 첫 번째 [정렬] 목록에서 [사용자 지정 목록]을 선택합니다.

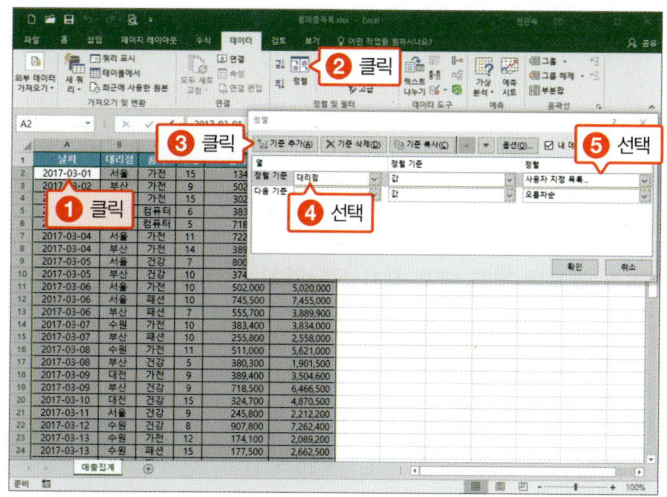

02 사용자 지정 목록 추가 및 정렬하기

❶ [사용자 지정 목록] 대화상자의 [목록 항목]에 **서울, 수원, 대전, 부산**을 입력하고 ❷ [추가]를 클릭한 후 ❸ [확인]을 클릭합니다. ❹ [정렬] 대화상자의 두 번째 [열 다음 기준] 목록에서 [품목]을 선택한 후 ❺ [확인]을 클릭합니다.

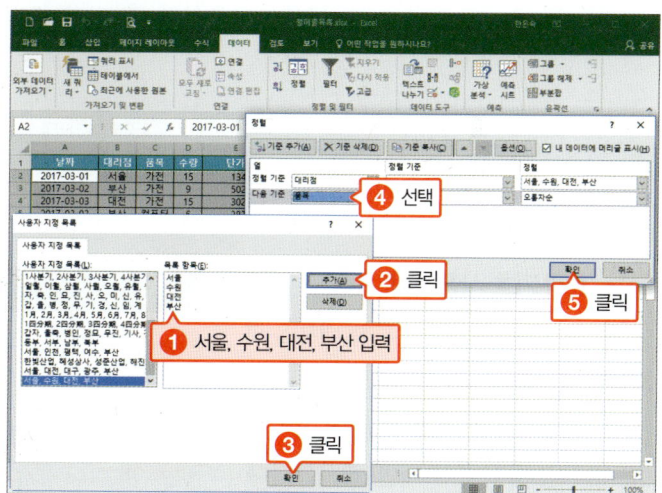

03 대리점별 수량과 매출 합계 삽입하기

❶ [데이터] 탭-[윤곽선] 그룹-[부분합]을 클릭합니다. ❷ [부분합] 대화상자의 [그룹화할 항목] 목록에서 [대리점]을 선택하고 ❸ [부분합 계산 항목]에서 [수량]과 [매출]에 체크 표시한 후 ❹ [확인]을 클릭합니다.

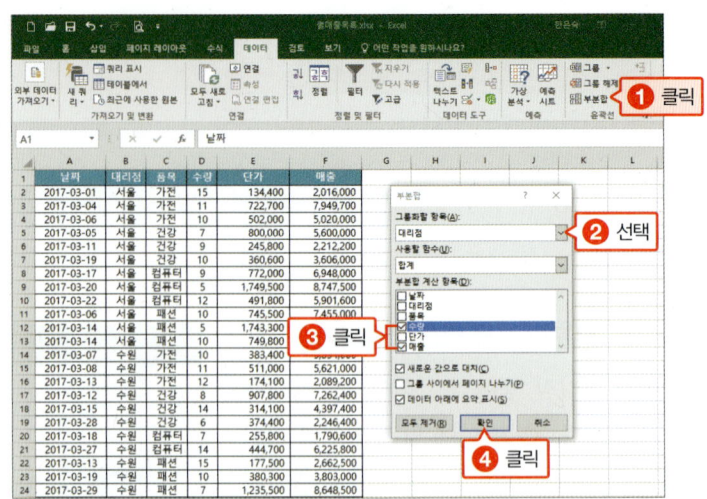

04 품목별 매출 합계 추가 삽입하기

❶ [데이터] 탭-[윤곽선] 그룹-[부분합]을 클릭합니다. ❷ [부분합] 대화상자의 [그룹화할 항목] 목록에서 [품목]을 선택하고 ❸ [새로운 값으로 대치]의 체크 표시를 해제한 후 ❹ [확인]을 클릭합니다.

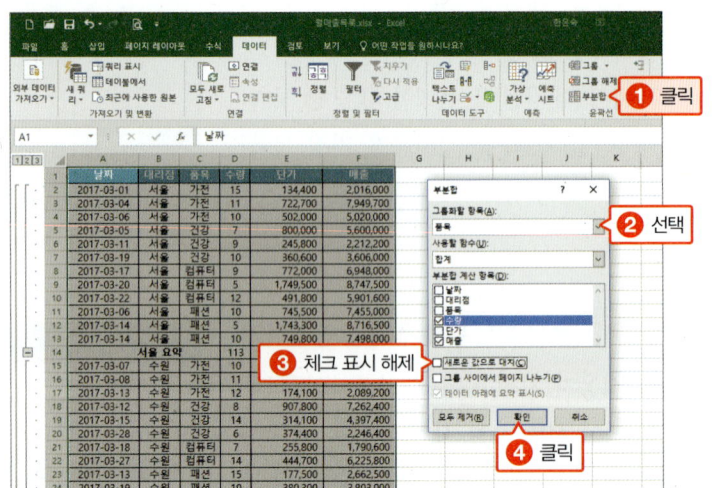

05 윤곽 기호 사용하기

윤곽 기호를 사용하여 부분합 내용을 표시해보겠습니다. ❶ 행 머리글 왼쪽 부분에 삽입된 윤곽 기호 중 ③을 클릭하면 대리점, 품목별 소계만 표시합니다. ❷ 서울 대리점의 패션 요약 행(17행) 옆의 ⊞를 클릭하면 서울 대리점의 패션 매출 목록이 표시됩니다. ❸ 다시 ⊟를 클릭하면 목록이 숨겨집니다.

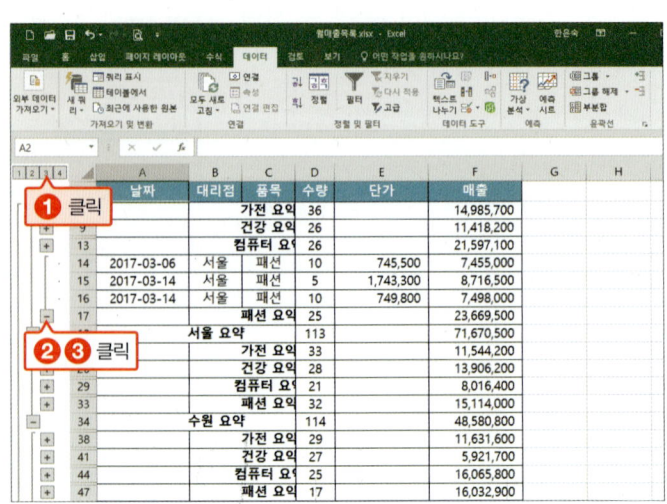

06 윤곽 기호 지우기

소계는 그대로 두고 윤곽 기호만 없애보겠습니다. ❶ [데이터] 탭–[윤곽선] 그룹–[그룹 해제] 목록 버튼을 클릭한 후 ❷ [윤곽 지우기]를 선택합니다.

윤곽 기호가 없어지면서 모든 데이터가 표시됩니다.

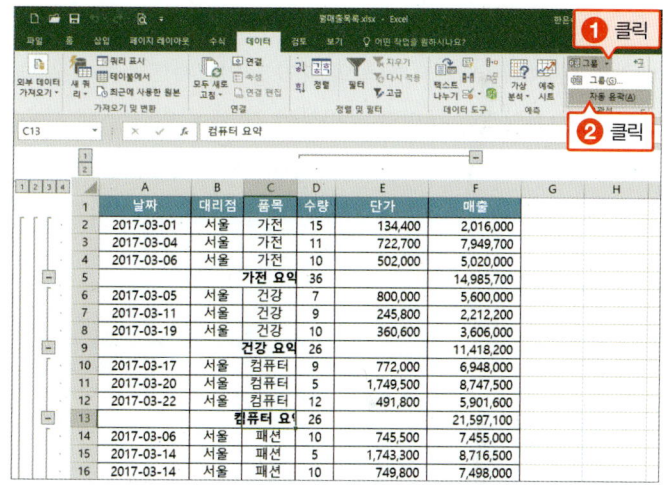

07 자동 윤곽 삽입하기

다시 윤곽 기호를 삽입해보겠습니다. ❶ [데이터] 탭–[윤곽선] 그룹–[그룹] 목록 버튼을 클릭한 후 ❷ [자동 윤곽]을 선택합니다.

수식이 있는 셀을 기준으로 수식에 참조된 셀 범위가 그룹으로 설정되고 윤곽 기호가 생깁니다. F열의 매출에는 '수량(D열)*단가(E열)'의 수식이 작성되어 있기 때문에 [D:F] 열이 그룹으로 설정되었습니다.

08 열 그룹 해제하기

[D:F] 열 그룹을 해제하겠습니다. ❶ [D1:F1] 셀 범위를 드래그하고 ❷ [데이터] 탭–[윤곽선] 그룹–[그룹 해제]를 클릭합니다. ❸ [그룹 해제] 대화상자에서 [열]을 선택하고 ❹ [확인]을 클릭합니다.

바로 통하는TIP 부분합을 제거하려면 [데이터] 탭–[윤곽선] 그룹–[부분합]을 클릭합니다. [부분합] 대화상자에서 [모두 제거]를 클릭합니다.

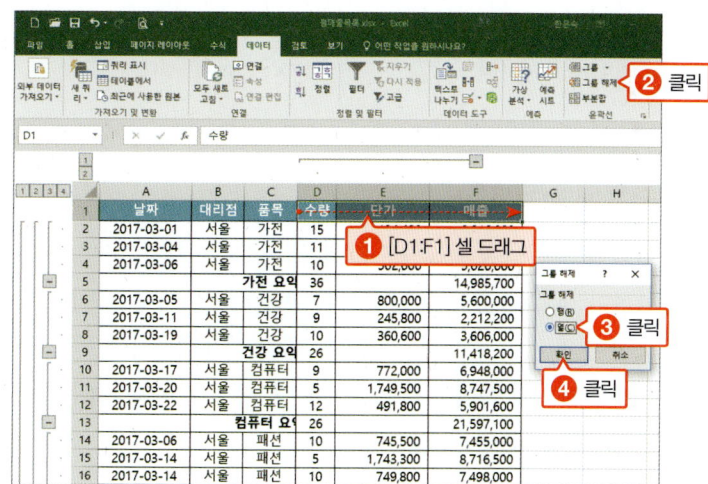

SECTION 06

데이터 가공 도구 사용하기

다른 데이터베이스 시스템이나 프로그램으로부터 가져온 데이터를 업무에 적합하게 가공하는 작업이 필요한 경우가 있습니다. 텍스트 나누기, 중복된 항목 제거, 데이터 유효성 등을 사용하면 데이터 입력 시 오류를 방지하고 데이터를 재입력하는 수고를 덜 수 있습니다.

텍스트 나누기

텍스트 나누기는 텍스트 형식의 파일을 워크시트로 가져올 때, 또는 워크시트의 한 열에 입력된 데이터를 구분 기호나 일정한 너비로 분리하여 각 셀에 입력할 때 사용하는 도구입니다. 텍스트 파일(*.prn, *.txt, *.csv)을 불러오거나 [데이터] 탭-[데이터 도구] 그룹-[텍스트 나누기]를 클릭하면 [텍스트 마법사] 대화 상자가 실행됩니다. 다음과 같이 단계별로 옵션을 선택할 수 있습니다.

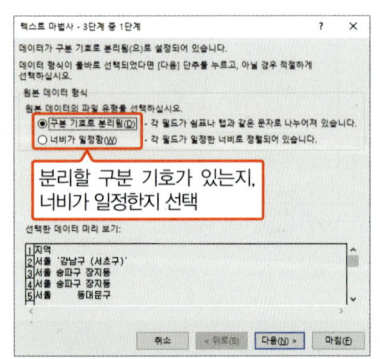

▲ 1단계 : 텍스트 유형 선택

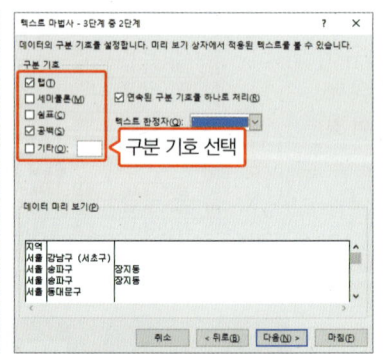

▲ 2단계 : 구분 위치 선택

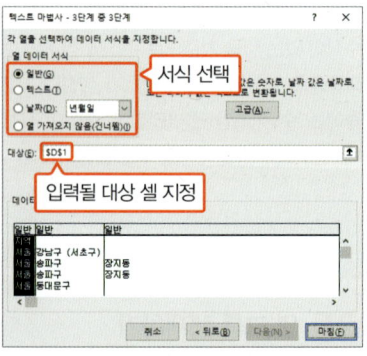

▲ 3단계 : 데이터 서식 및 입력될 셀 지정

중복된 항목 제거

여러 곳에서 엑셀 워크시트로 데이터 목록을 가져오다 보면 중복된 항목이 생길 수 있습니다. 중복된 항목 제거 도구는 데이터 목록 중 특정 열의 값이 중복되는 데이터 행을 삭제해줍니다. 중복된 항목 제거는 데이터 목록의 값만 제거되며, 데이터 목록 밖의 다른 값은 변경되거나 이동되지 않습니다.

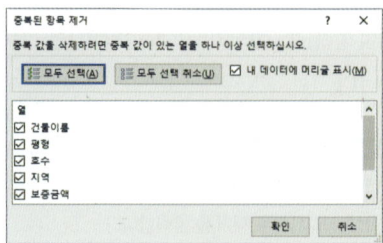

데이터 유효성 검사

데이터 유효성 검사는 특정 셀 범위에 대해 숫자만 입력한다거나 특정 문자 길이만큼, 혹은 특정 데이터 목록만 입력하도록 입력 데이터를 제한하는 기능입니다. 입력 제한 대상은 정수, 소수점, 목록, 날짜, 시간, 텍스트 길이, 수식 등으로 지정할 수 있습니다. 또 이미 입력된 데이터에서 잘못된 사항이 없는지 찾아내어 표시할 수도 있습니다. [데이터 유효성] 대화상자에서 각 탭의 옵션은 다음과 같습니다.

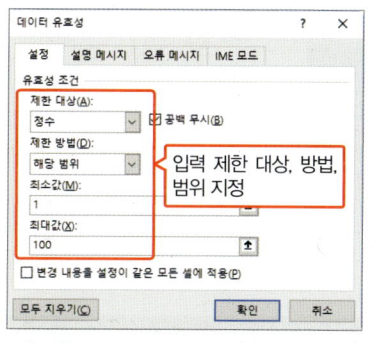

▲ [설정] 탭

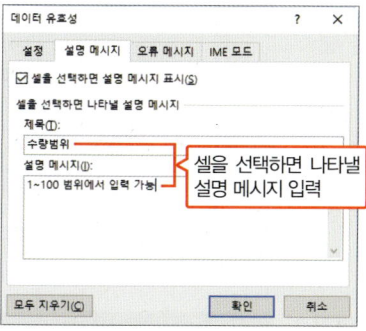

▲ [설명 메시지] 탭

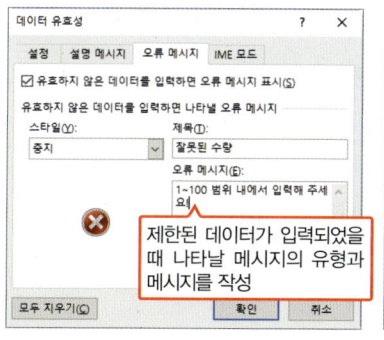

▲ [오류 메시지] 탭

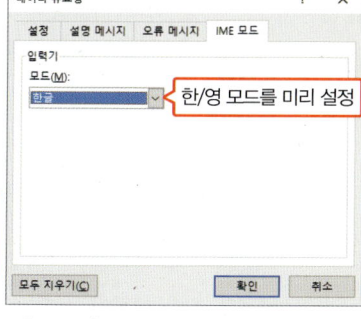

▲ [IME 모드] 탭

🔍 **핵심기능실습** │ **외부에서 가져온 데이터 정리하기**

실습 파일 | CHAPTER11\건물관리목록.xlsx **완성 파일** | CHAPTER11\완성\건물관리목록완성.xlsx

다음은 다른 데이터베이스로부터 수집된 건물 임대 데이터 목록입니다. 데이터를 가져올 때 중복된 데이터와 필요치 않은 데이터도 포함되었습니다. 날짜는 하이픈(–) 없이 숫자만 나열되어 있어 엑셀에서 날짜 데이터로 사용할 수 없으므로 텍스트 나누기, 중복된 항목 제거, 데이터 유효성 검사를 사용하여 중복된 데이터 행과 필요치 않은 데이터를 찾아 삭제한 후 지역을 시와 구로 나누고 숫자로 나열된 날짜를 날짜 데이터로 변환해보겠습니다.

01 전체 필드가 중복된 항목 제거하기

❶ [데이터] 탭-[데이터 도구] 그룹-[중복된 항목 제거]를 클릭합니다. ❷ [중복된 항목 제거] 대화상자의 모든 열이 체크 표시된 상태에서 [확인]을 클릭합니다. 다섯 개의 중복된 값이 제거되었다는 메시지가 표시됩니다. ❸ [확인]을 클릭합니다.

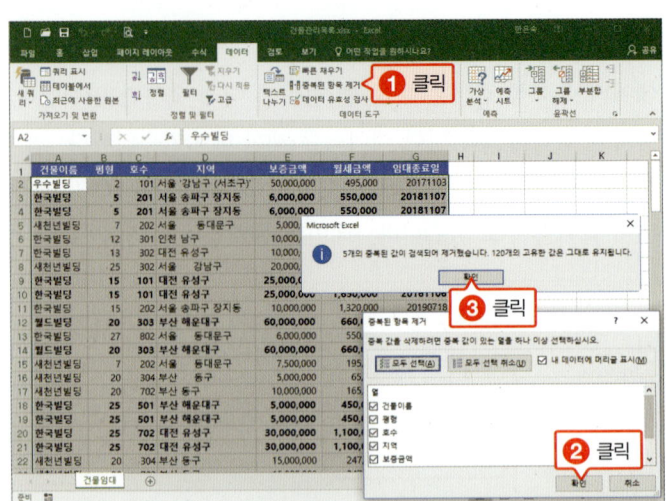

02 일부 필드가 중복되는 항목 제거하기

임대종료일을 최근 자료순으로 정렬한 후 보증금액, 월세금액, 임대종료일을 제외한 건물이름, 평형, 호수, 지역이 같은 건물의 목록을 제거해보겠습니다. ❶ [G2] 셀을 클릭하고 ❷ [데이터] 탭-[정렬 및 필터] 그룹-[숫자 내림차순 정렬 📊]을 클릭합니다. ❸ [데이터] 탭-[데이터 도구] 그룹-[중복된 항목 제거]를 클릭합니다.

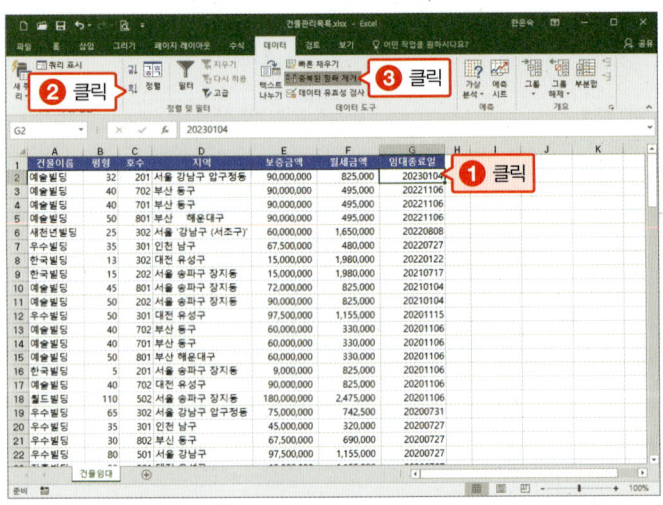

03 ❶ [중복된 항목 제거] 대화상자의 [열]에서 [보증금액], [월세금액], [임대종료일]의 체크 표시를 해제한 후 ❷ [확인]을 클릭합니다. 55개의 중복된 값이 제거되었다는 메시지가 표시되면 ❸ [확인]을 클릭합니다.

바로 통하는 TIP 데이터 목록에서는 중복된 항목 중 아래쪽의 항목이 제거되기 때문에 최근 자료를 위로 올린 후 작업했습니다.

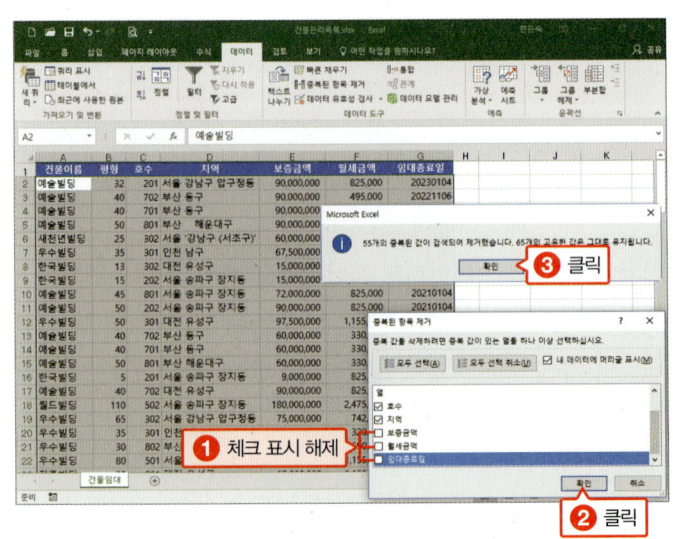

04 열 삽입하기

D열에서 시와 구로 텍스트를 분리하기 전에 분리된 구 이름이 들어갈 열을 먼저 삽입합니다. ❶ E열 머리글에서 마우스 오른쪽 버튼을 클릭한 후 ❷ [삽입]을 선택합니다.

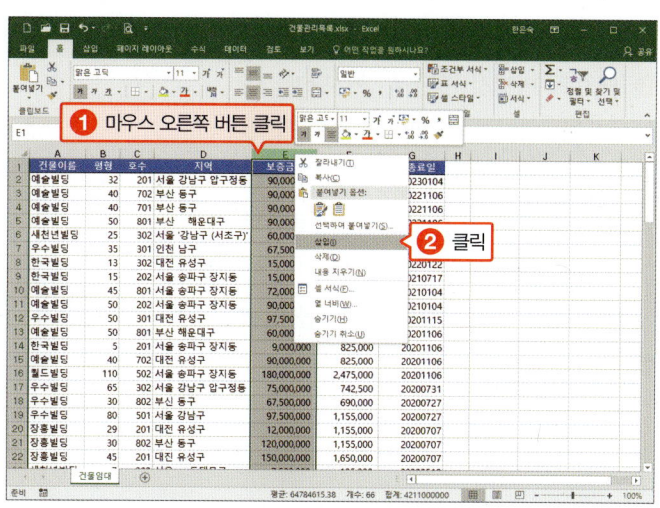

05 텍스트 나누기로 지역을 시, 구로 나누기

❶ [D2] 셀을 클릭하고 Ctrl + Shift + ↓를 눌러 [D2:D66] 셀 범위를 선택합니다. ❷ [데이터] 탭-[데이터 도구] 그룹-[텍스트 나누기]를 클릭합니다. ❸ [텍스트 마법사-3단계 중 1단계] 대화상자의 [구분 기호로 분리됨]이 선택된 상태에서 [다음]을 클릭합니다.

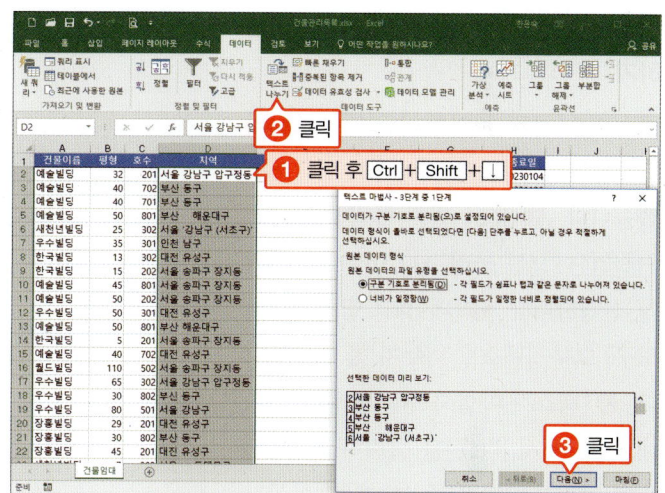

06 구분 기호 및 텍스트 한정자 지정하기

❶ [텍스트 마법사-3단계 중 2단계] 대화상자의 [구분 기호]에서 [공백]에 체크 표시하고 ❷ [텍스트 한정자] 목록에서 작은따옴표(')를 선택합니다. ❸ [다음]을 클릭합니다.

바로 통하는TIP [연속된 구분 기호를 하나로 처리]에 체크 표시하면 공백이 여러 번 입력되었을 때 여러 개의 공백을 하나로 처리합니다. [텍스트 한정자] 목록에서 선택한 작은따옴표 안에 있는 공백은 구분 기호로 처리되지 않습니다.

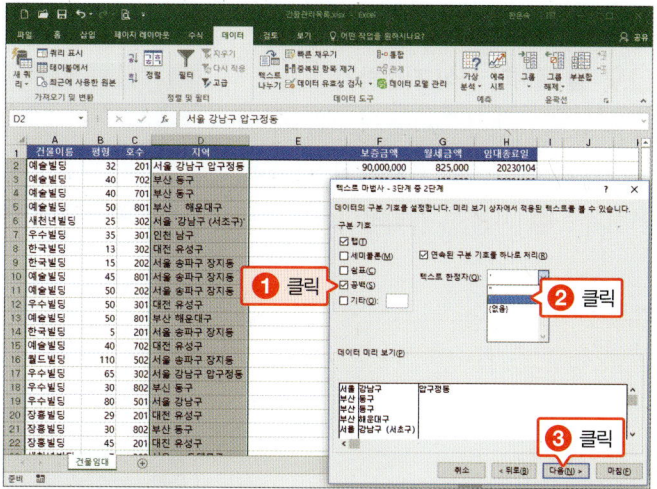

07 제외할 열 선택하기

❶ [텍스트 마법사−3단계 중 3단계] 대화상자의 [데이터 미리보기]에서 세 번째 열 부분을 클릭하고 ❷ [열 데이터 서식]에서 [열 가져오기 않음]을 선택합니다. ❸ [마침]을 클릭합니다. ❹ [D1] 셀에 시를 입력하고 ❺ [E1] 셀에 구를 입력합니다.

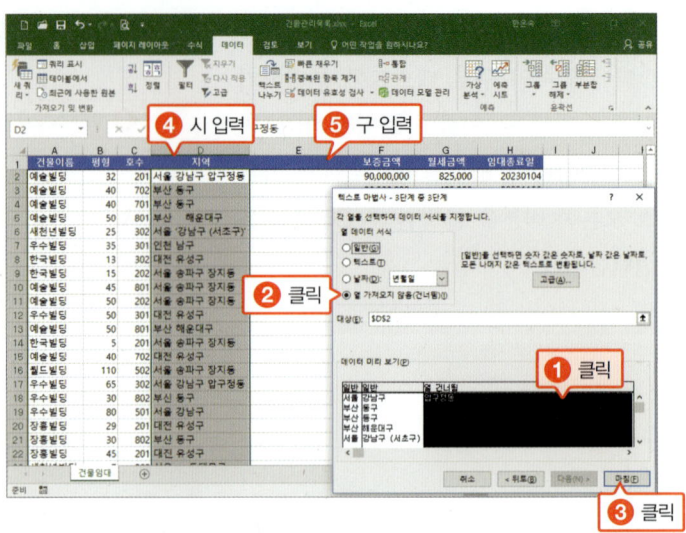

08 임대종료일을 날짜 데이터로 변환하기

텍스트 나누기를 이용해 임대종료일의 숫자를 간단히 날짜 데이터로 변환해보겠습니다. ❶ [H2] 셀을 클릭하고 [Ctrl] + [Shift] + [↓]를 눌러 [H2:H66] 셀 범위를 선택합니다. ❷ [데이터] 탭−[데이터 도구] 그룹−[텍스트 나누기]를 클릭합니다. ❸ [텍스트 마법사−3단계 중 1단계] 대화상자에서 [다음]을 클릭하고 ❹ [텍스트 마법사−3단계 중 2단계] 대화상자에서 [다음]을 클릭합니다.

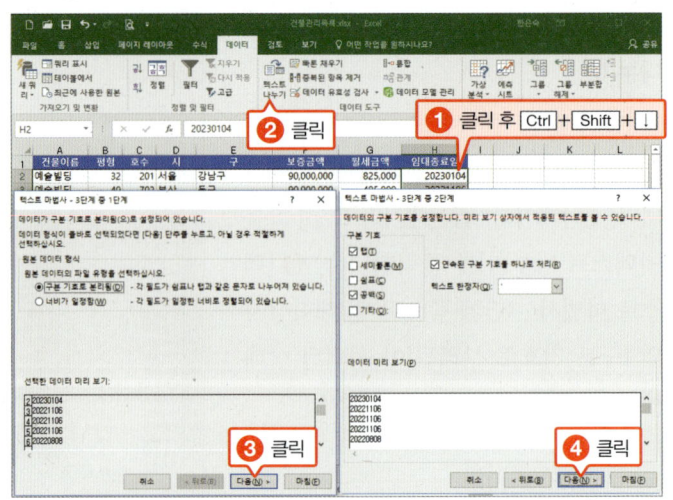

09 열 데이터 서식 지정하기

❶ [텍스트 마법사−3단계 중 3단계] 대화상자의 [열 데이터 서식]에서 [날짜]를 선택하고 ❷ [마침]을 클릭합니다.

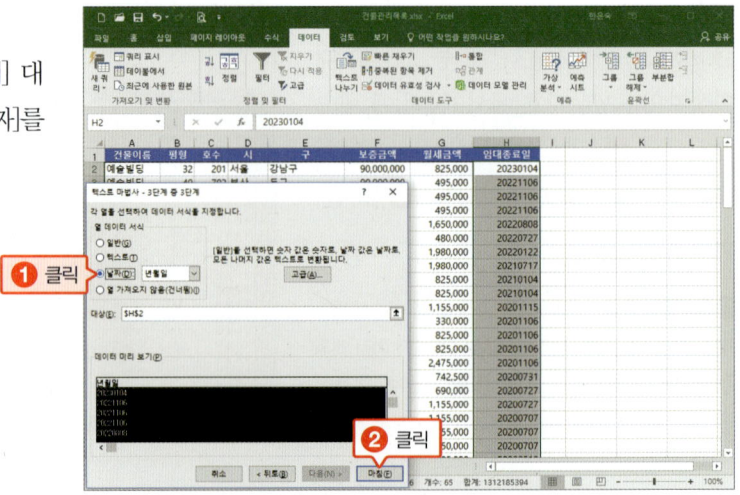

10 데이터 유효성 검사로 오타 검사하기

[시] 필드에 다른 도시명이나 오타가 있는지 확인해보겠습니다. ❶ [D2] 셀을 클릭하고 Ctrl + Shift + ↓를 눌러 [D2:D66] 셀 범위를 선택합니다. ❷ [데이터] 탭-[데이터 도구] 그룹-[데이터 유효성 검사]를 클릭합니다. ❸ [데이터 유효성] 대화상자의 [설정] 탭에서 [제한 대상]으로 [목록]을 선택하고 ❹ [원본] 란에 **서울,인천,대전,부산**을 입력한 후 ❺ [확인]을 클릭합니다.

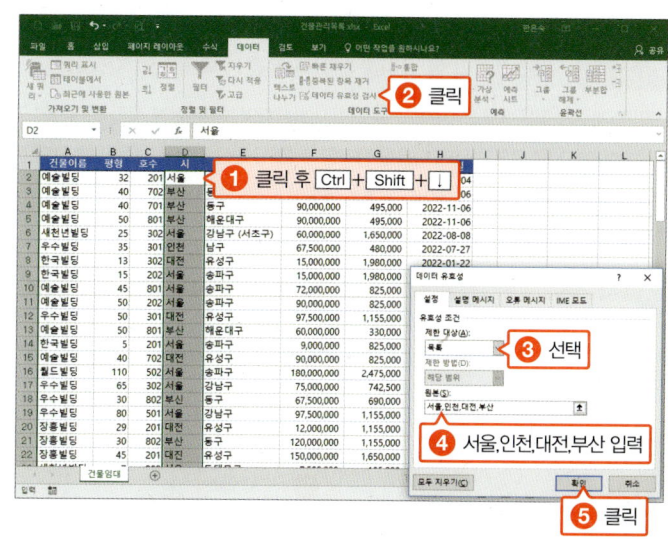

11 잘못된 데이터 확인하기

❶ [데이터] 탭-[데이터 도구] 그룹-[데이터 유효성 검사] 목록 버튼을 클릭한 후 ❷ [잘못된 데이터]를 선택합니다.

오타가 있는 셀에 타원이 표시됩니다.

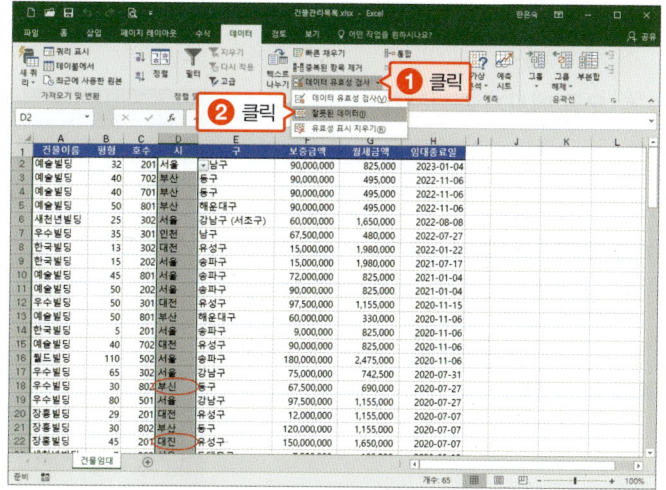

12 데이터 목록에서 선택하기

범위의 셀을 선택하면 목록 버튼이 생깁니다. [제한 대상]으로 지정한 목록에서 데이터를 선택하여 잘못된 데이터를 수정해보겠습니다. ❶ [D18] 셀을 클릭하고 목록 버튼을 클릭한 후 ❷ [부산]을 선택합니다. ❸ [D22] 셀을 클릭하고 목록 버튼을 클릭한 후 ❹ [대전]을 선택합니다.

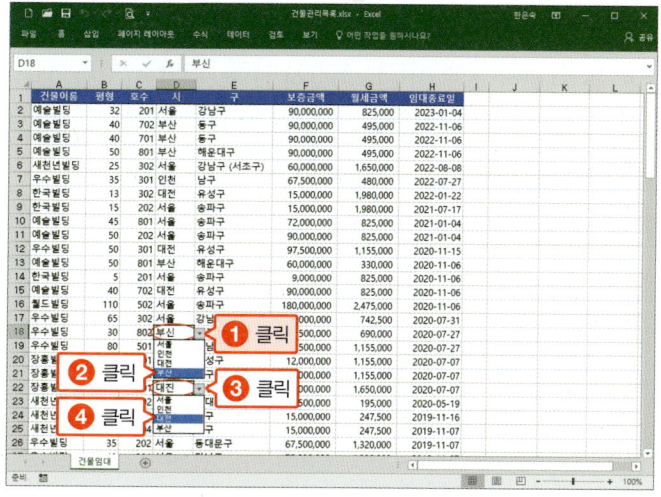

워크시트의 셀 범위를 데이터 유효성 목록으로 지정하기

데이터 개수가 적은 목록은 [데이터 유효성] 대화상자의 [원본]란에 직접 입력하면 되지만 목록이 긴 경우에는 ❶ 워크시트에서 해당 목록 범위를 선택해놓고 ❷ 목록 범위에 이름을 정의한 후 ❸ 유효성 검사를 설정할 때 정의한 이름을 등호(=)와 함께 [원본]란에 입력합니다. ❹ [확인]을 클릭합니다. 해당 셀 범위에 데이터 유효성 목록이 지정되었습니다.

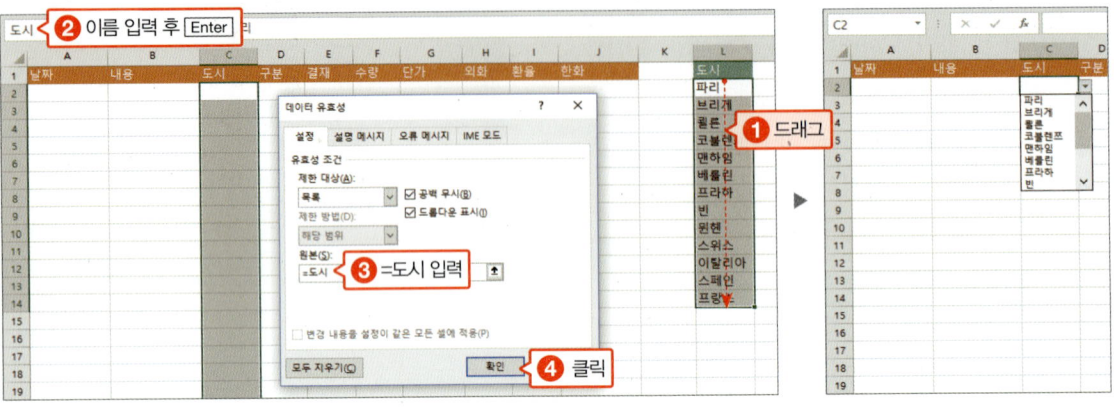

13 오류 메시지 지정하기

잘못된 데이터를 입력했을 때 표시될 오류 메시지를 지정해보겠습니다. ❶ [D2] 셀을 클릭하고 Ctrl + Shift + ↓를 눌러 [D2:D66] 셀 범위를 선택합니다. ❷ [데이터] 탭-[데이터 도구] 그룹-[데이터 유효성 검사]를 클릭합니다.

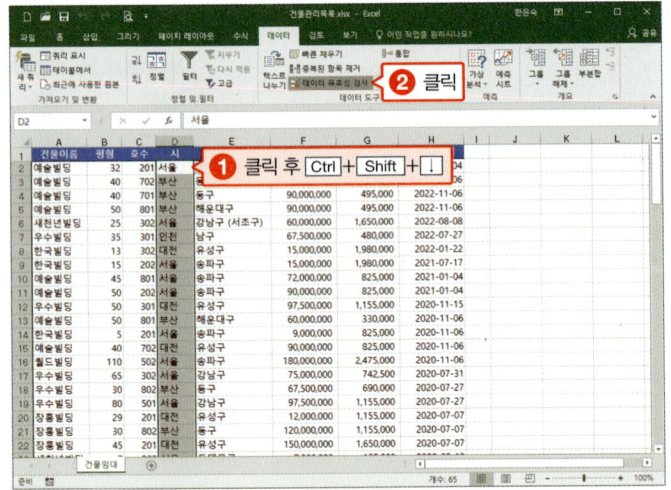

14 ❶ [데이터 유효성] 대화상자의 [오류 메시지] 탭을 클릭하고 ❷ [제목]란에 **입력오류**를 입력합니다. ❸ [오류 메시지]란에 **서울, 인천, 대전, 부산 목록 중 하나를 입력하세요**를 입력한 후 ❹ [확인]을 클릭합니다.

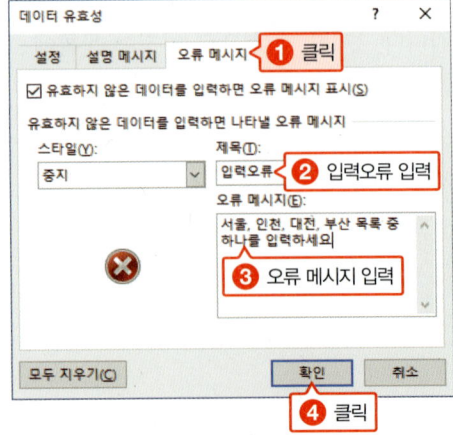

15 오류 메시지 확인하기

데이터 유효성 설정을 지정한 셀에는 지정된 데이터 외의 다른 데이터를 입력하면 미리 입력해둔 오류 메시지가 표시되며 잘못된 데이터를 입력할 수 없습니다. ❶ [D2] 셀에 **대구**를 입력하고 Enter 를 누르면 오류 메시지가 나타납니다. ❷ [취소]를 클릭합니다.

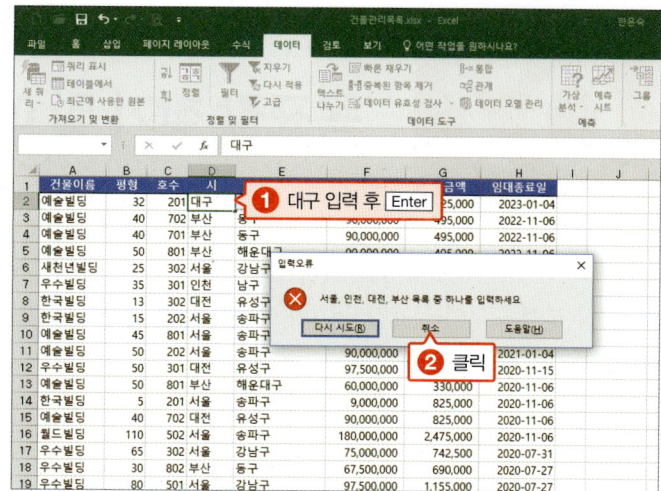

쉽고 빠른 엑셀 NOTE — 오류 메시지 스타일

[데이터 유효성] 대화상자의 [오류 메시지] 탭에서 [스타일] 목록을 선택하여 지정할 수 있는 오류 유형에는 다음 세 가지가 있습니다.

아이콘	유형	용도	
❌	중지	사용자가 셀에 잘못된 데이터를 입력하지 못하도록 막습니다. [다시 시도], [취소]가 표시됩니다.	입력오류 대화상자: 서울, 인천, 대전, 부산 목록 중 하나를 입력하세요 — [다시 시도(R)] [취소] [도움말(H)]
⚠️	경고	사용자가 잘못된 데이터를 입력할 경우 입력을 금지하지 않고 경고로 알립니다. [예]를 누르면 유효하지 않은 입력을 그대로 적용할 수 있고, [아니요]를 클릭하면 입력 내용을 편집할 수 있습니다. [취소]를 클릭하면 잘못된 입력 내용을 제거합니다.	입력오류 대화상자: 서울, 인천, 대전, 부산 목록 중 하나를 입력하세요 계속할까요? — [예(Y)] [아니요(N)] [취소] [도움말(H)]
ℹ️	정보	사용자가 잘못된 데이터를 입력할 경우 입력을 금지하지 않고 알립니다. 이 유형의 오류 메시지는 융통성이 가장 뛰어납니다. [확인]을 클릭하면 유효하지 않은 값을 그대로 적용하고, [취소]를 클릭하면 해당 값을 제거합니다.	입력오류 대화상자: 서울, 인천, 대전, 부산 목록 중 하나를 입력하세요 — [확인] [취소] [도움말(H)]

목표값 찾기 및 예측 시트 만들기

정확하고 신속한 의사 결정을 위해서는 상황에 따라 어떤 결과가 나올 것인지 미리 예측하는 것이 좋습니다. 가상 분석 도구인 목표값 찾기와 예측 시트를 사용하면 워크시트에 입력한 데이터를 토대로 가상 상황을 손쉽게 분석할 수 있습니다.

목표값 찾기

목표값 찾기란 어떤 수식을 통해 얻은 결과 값과 그에 대한 목표값이 있을 때 그 값을 얻기 위한 입력 값을 구하는 기능입니다. 목표값 찾기는 주어진 결과 값에 대해 하나의 입력 값만 변경할 수 있으며 결과 값은 반드시 입력 값을 참조하는 수식으로 되어 있어야 합니다.

예를 들어 다음 월급계산표에는 기본급과 상여율, 국민연금, 건강보험에 값이 입력되어 있고 다른 셀에는 각 값을 참조한 수식이 작성되어 있습니다. 실수령액이 3백만 원이 되도록 하려면 상여율이 얼마가 되어야 할지 [목표값 찾기] 기능을 통해 구해보겠습니다.

참고 파일 | CHAPTER11\목표값찾기.xlsx

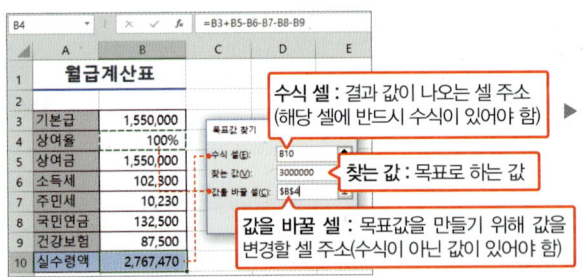

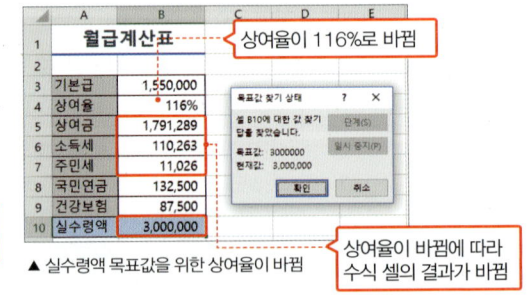

▲ [데이터] 탭-[예측] 그룹-[가상 분석]-[목표값 찾기]

▲ 실수령액 목표값을 위한 상여율이 바뀜

예측 시트

미래의 매출액이나 수요에 대한 예측 값은 제품의 생산량이나 유통 일정, 예산 등을 계획할 때 사용할 수 있습니다. 예측 값을 구하기 위해 FORECAST 함수를 비롯한 다양한 통계 함수를 직접 작성하여 표를 만들거나 예측 값을 시각화하여 보여주는 차트를 작성하기도 합니다. 엑셀 2016 버전에서 추가된 예측 시트를 사용하면 통계 함수를 작성하거나 차트를 별도로 작성하지 않아도 예측 값을 구하고 예측 차트를 만들 수 있습니다. 예측 시트에서 데이터 예측 값은 지수 평활법(ETS) 알고리즘을 사용하여 미래 값을 예측하는 FORECAST.ETS 함수로 구합니다. 신뢰 구간을 나타내는 한계 값은 FORECAST.ETS.CONFINT 함수를 사용해 구합니다. 예측 표와 차트를 만들려면 날짜나 시간 항목과 그에 따른 수치 값 항목 두 개의 열이 있어야 합니다. 예측 시트를 작성할 때는 ❶ 날짜나 시간별 값이 입력되어 있는 데이터 범위를 선택한 후 ❷ [데이터] 탭-[예측] 그룹-[예측 시트]를 클릭합니다. ❸ [예측 워크시트 만들기] 대화상자에서 차트 종류, 예측 종료 날짜, 옵션 등을 선택한 후 ❹ [만들기]를 클릭합니다.

참고 파일 | CHAPTER11\목표값찾기및예측.xlsx [데이터] 시트

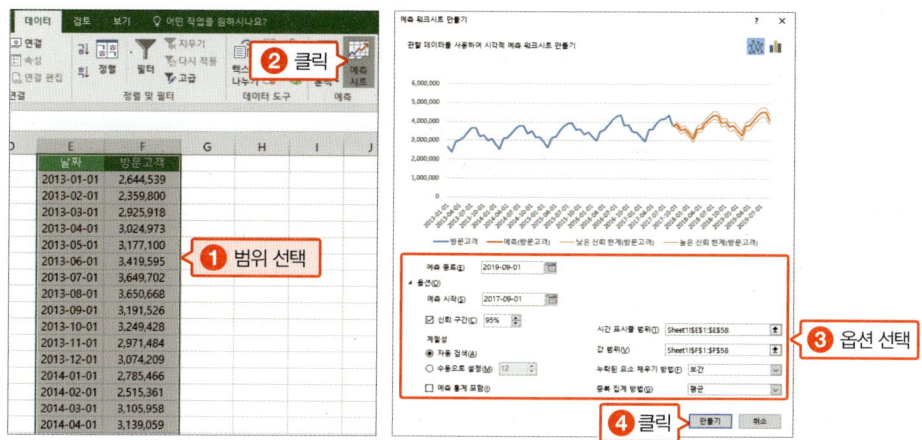

바로 통하는 TIP **지수 평활법**(Exponential Smoothing)

미래의 매출액, 수요 등을 예측하기 위한 데이터 예측 방법 중 하나로, 일정 기간의 데이터 평균을 이용하는 이동 평균법과 달리 모든 시계열 자료를 사용해 평균을 구합니다. 시간의 흐름에 따라 최근 데이터에 더 많은 가중치를 부여하여 미래 값을 예측합니다. 데이터가 시간 지수 함수에 따라 가중치를 가지므로 지수 평활법이라고 합니다. 이 방법은 어떤 추세나 계절적인 패턴을 고려하지 않는 단순한 과거의 판매실적이나 과거 예측 두 가지를 고려합니다. Smoothing이란 단어처럼 급격한 변화에 대해서는 일정 부분 이상은 예외로 보며 평균값이 서서히 변화하는 모델에 적용할 수 있습니다.

[예측 워크시트 만들기] 대화상자의 옵션은 다음과 같습니다.

옵션	설명
예측 시작	예측을 시작할 날짜를 선택합니다. 참고 파일에서 지정된 범위의 날짜 중 마지막 날짜인 '2017-09-01'이 선택되어 있지만 예측 시작일은 수정할 수 있습니다. 마지막 날짜의 앞에서 예측을 시작하면 예측된 값을 실제 데이터와 비교하여 예측 정확도를 추측할 수 있습니다. 그러나 예측은 모든 기록 데이터를 사용하여 얻는 것이 더 정확하기 때문에 마지막 날짜를 사용하는 것이 더 좋습니다.
신뢰 구간	신뢰 구간을 표시할지를 선택합니다.
계절성	데이터가 변하는 패턴 주기로, [자동 검색]을 선택하면 날짜 목록에서 패턴 주기를 자동으로 검색합니다. 예를 들어 월 단위로 변하는 날짜 데이터라면 [계절성]은 [12]로 설정됩니다. [계절성]을 수동으로 설정할 때는 [2] 미만의 기록 데이터 값은 피하는 것이 좋습니다. [2] 미만으로는 엑셀에서 계절 구성 요소를 식별할 수 없기 때문에 정확한 예측 값에서 멀어집니다. 또한 패턴 주기가 불규칙하여 알고리즘이 자동으로 검색할 수 없는 경우 예측이 선형 추세로 되돌아갑니다.
시간 표시줄 범위	예측을 위해 선택한 데이터 범위 중 날짜나 시간 범위입니다.
값 범위	시간 표시줄 범위에 따른 데이터 값 범위입니다.
누락된 요소 채우기 방법	데이터 목록 중 누락된 날짜나 시간이 있는 경우에 대한 처리 옵션입니다. [보간]을 선택하면 누락된 지점에 인접한 요소의 평균으로 연결하며, [0]을 선택하면 누락된 요소 값을 0으로 처리합니다.
중복 집계 방법	동일한 날짜나 시간 해당하는 값이 여러 개 포함되어 있는 경우 중복 값을 어떻게 집계할지 선택합니다. 기본 옵션은 [평균]이며 [중간값] 등 다른 집계 방법도 선택할 수 있습니다.
예측 통계 포함	예측 값의 통계 정보를 추가하려면 체크 표시합니다.

실습 파일 | CHAPTER11\목표값찾기및예측.xlsx   **완성 파일** | CHAPTER11\완성\목표값찾기및예측완성.xlsx

투자비용에 대한 미래가치를 계산한 표에서 미래가치의 값에 도달하기 위해 필요한 기간을 몇 년으로 할 것인지 목표값 찾기 기능을 사용해 구해보겠습니다. 또한 5년간의 월별 방문고객 수 데이터를 사용해 2년 후까지 방문고객 수를 예측하는 데이터 표와 차트를 작성하는 예측 시트를 만들어보겠습니다.

01 목표값 찾기

[C10] 셀과 [C11] 셀에는 각 셀을 참조한 수식이 작성되어 있습니다. [C11] 셀의 결과 값을 15,000,000으로 만들기 위한 기간을 구해보겠습니다. ❶ [C11] 셀을 클릭하고 ❷ [데이터] 탭-[예측] 그룹-[가상 분석]을 클릭한 후 ❸ [목표값 찾기]를 선택합니다.

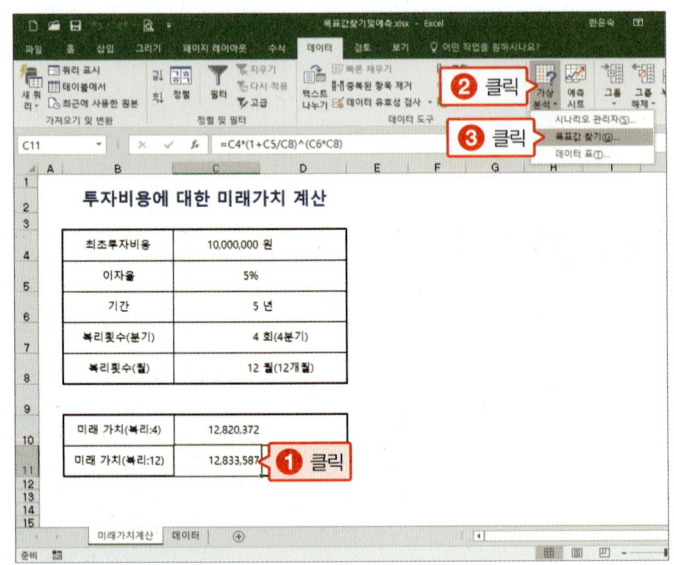

02 목표값 입력하기

❶ [목표값 찾기] 대화상자의 [찾는 값]란에 **15000000**을 입력하고 ❷ [값을 바꿀 셀]란을 클릭한 후 ❸ [C6] 셀을 클릭합니다. ❹ [확인]을 클릭합니다.

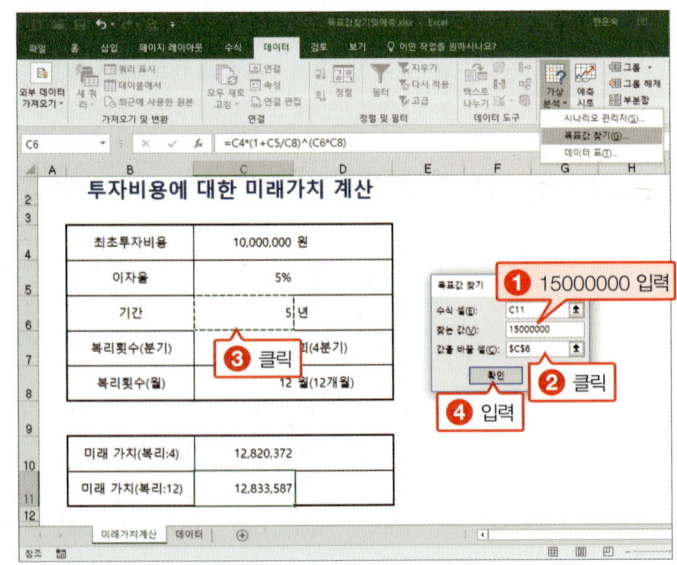

03 기간 바꾸기

[목표값 찾기 상태] 대화상자가 표시되며 [C6] 셀의 값이 8년으로 바뀝니다. [확인]을 클릭합니다.

바로 통하는 TIP [취소]를 클릭하면 원래 값으로 바뀝니다.

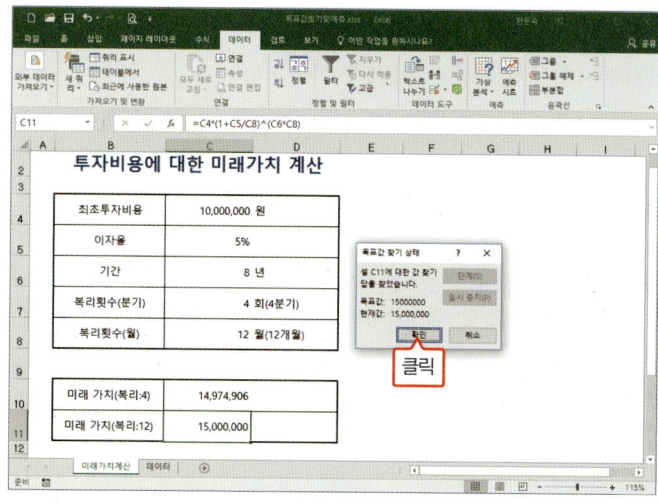

04 예측 시트 만들기

5년간의 월별 방문고객 수 데이터로 이후 2년간의 방문고객 수를 예측하는 워크시트를 작성하겠습니다. ❶ [데이터] 시트를 클릭합니다. ❷ [A1] 셀을 클릭한 후 Ctrl + A 를 눌러 표 전체 범위를 선택합니다. ❸ [데이터] 탭-[예측] 그룹-[예측 시트]를 클릭하고 ❹ [예측 워크시트 만들기] 대화상자에서 [옵션]을 클릭합니다.

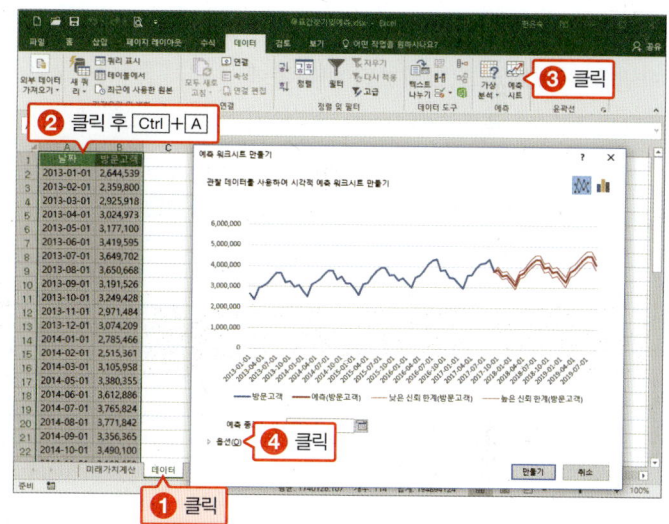

05 누락된 요소를 0으로 처리하기

데이터 중 누락된 날짜의 값은 0으로 처리하도록 하겠습니다. ❶ [누락된 요소 채우기 방법] 목록에서 [영(0)]을 선택합니다. ❷ [만들기]를 클릭합니다.

06 차트 확인하기

새로운 시트에 기존 데이터가 복사되고 수식이 적용된 예측 데이터와 예측 차트가 삽입됩니다. [예측 시트] 대화상자의 [알겠습니다]를 클릭합니다.

바로 통하는 TIP 생성된 수식을 수동으로 편집할 수 있으며 다시 원본 데이터인 [데이터] 시트로 가서 옵션을 다르게 하여 다른 예측 시트를 작성할 수 있습니다. [예측 시트] 대화상자는 다른 예측 워크시트를 만들고 난 이후부터는 표시되지 않습니다.

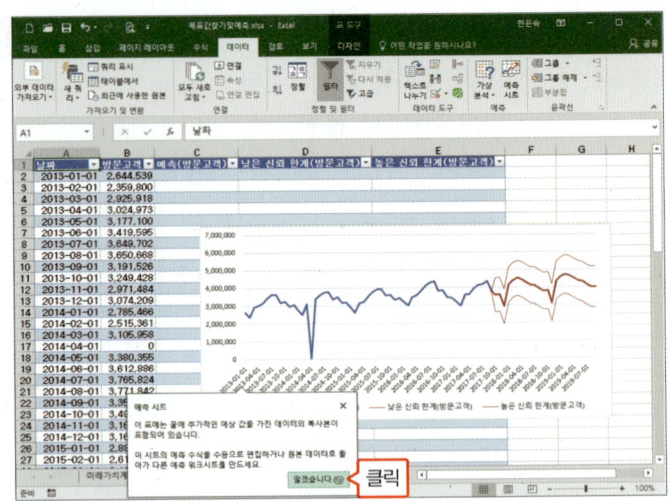

07 예측 데이터 확인하기

화면을 아래로 스크롤해보면 아래쪽에 2017-10-01에서 2019-09-01까지 예측 값과 신뢰 구간 값이 작성되어 있습니다.

예측 값과 신뢰 구간 값

[예측(방문고객)]은 FORECAST.ETS 함수로 구해진 방문고객 수의 예측 값입니다. 즉, 마지막 날짜에서 한 달 뒤부터 예측되는 방문고객 수입니다. [C59] 셀을 클릭하면 수식 입력줄에 FORECAST.ETS 함수식이 작성되어 있습니다.

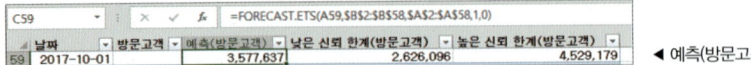

◀ 예측(방문고객)

예측 값에 대한 오차 범위인 신뢰 구간은 FORECAST.ETS.CONFINT 함수로 구합니다. [낮은 신뢰 한계(방문고객)]는 [예측(방문고객)] 값에서 신뢰 구간 값을 뺀 값입니다. [높은 신뢰 한계(방문고객)]는 [예측(방문고객)] 값에 신뢰 구간 값을 더한 값입니다. 즉, 2017-10-01의 예측되는 방문고객 수는 3,577,637명이며 오차 범위는 2,626,096명~4,529,179명 사이로 예상됩니다.

◀ 낮은 신뢰 한계(방문고객)

◀ 높은 신뢰 한계(방문고객)

피벗 테이블과 피벗 차트

SECTION 08

피벗 테이블(Pivot Table)은 엑셀에서 가장 중요한 기능으로 정렬, 필터, 부분합, 통합 등이 모두 포함된 데이터베이스 기능이라고 볼 수 있습니다. 피벗 테이블로 데이터베이스 목록을 요약, 분석할 수 있습니다. 피벗 테이블을 범위로 하여 피벗 차트를 작성하면 요약된 데이터를 시각화하여 데이터의 패턴과 추세를 확인할 수 있습니다.

피벗 테이블이란?

피벗(Pivot)은 회전축 또는 중심점을 뜻합니다. 즉, 피벗 테이블은 축을 중심으로 회전하듯이 특정 데이터를 중심으로 행과 열의 위치를 변경하여 다양한 형태로 통합, 요약한 표입니다. 사용자가 원하는 형태로 데이터를 가공하여 작성할 수 있기 때문에 피벗 테이블은 역동적인 요약 보고서라고 할 수 있습니다.

거래일	ID	구분	거주지	거래금액
03/01(수)	K7558F	일반	대전	8,598,748
03/01(수)	P8093Z	골드	수원	3,651,375
03/02(목)	Y8008W	실버	부산	7,275,424
03/02(목)	W8559P	일반	제주	7,356,843
03/02(목)	K7465O	실버	인천	8,129,552
03/03(금)	V1265R	골드	천안	4,904,919
03/03(금)	H5774S	골드	천안	8,934,862
03/03(금)	K7558F	일반	대전	8,159,568
03/03(금)	I7709A	골드	대전	5,910,058
03/03(금)	P3554O	프리미엄	인천	7,893,622
03/04(토)	W8559P	일반	제주	8,368,814
03/05(일)	U387H	골드	부산	5,846,469
03/05(일)	M5130Y	프리미엄	부산	5,236,476
03/06(월)	O431J	실버	서울	1,083,385
03/07(화)	K9277R	실버	부산	7,667,994
03/07(화)	L4286E	골드	서울	2,688,451
03/07(화)	H9007N	일반	서울	4,774,793

▲ 원본 데이터

행 레이블	합계 : 거래금액
⊟ 골드	**134,637,289**
서울	36,486,806
수원	15,714,191
대전	23,558,310
부산	31,941,520
천안	26,936,462
⊟ 실버	**83,302,040**
서울	7,455,876
인천	18,354,354
수원	19,875,235
부산	30,829,508
제주	6,787,067
⊟ 일반	**156,383,357**
서울	25,954,752
인천	6,371,382
수원	15,640,711
대전	59,737,047
부산	10,345,155
제주	38,334,310
⊟ 프리미엄	**20,248,569**
인천	7,893,622
부산	9,365,912
천안	2,989,035
총합계	**394,571,255**

◀ 행 레이블에 요약된 피벗 테이블

합계 : 거래금액	열 레이블				
행 레이블	골드	실버	일반	프리미엄	총합계
서울	36,486,806	7,455,876	25,954,752		69,897,434
인천		18,354,354	6,371,382	7,893,622	32,619,358
수원	15,714,191	19,875,235	15,640,711		51,230,137
대전	23,558,310		59,737,047		83,295,357
부산	31,941,520	30,829,508	10,345,155	9,365,912	82,482,095
제주		6,787,067	38,334,310		45,121,377
천안	26,936,462			2,989,035	29,925,497
총합계	**134,637,289**	**83,302,040**	**156,383,357**	**20,248,569**	**394,571,255**

▲ 행 레이블, 열 레이블에 요약된 피벗 테이블

피벗 테이블의 구성 요소

피벗 테이블은 보고서 필터, 행 레이블, 열 레이블, 값 영역으로 구성되어 있으며, 보고서 필터, 행 레이블, 열 레이블에는 필터 단추가 표시되어 값을 정렬하거나 필터할 수 있습니다.

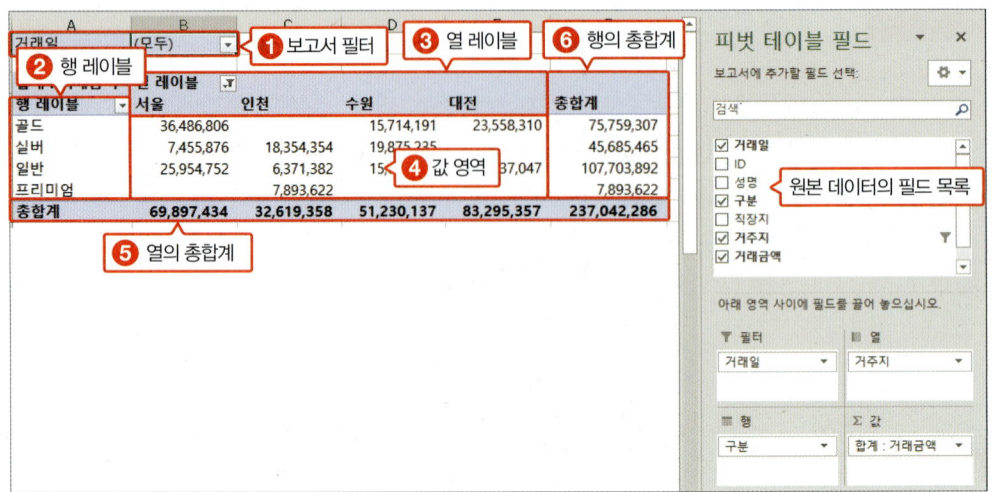

❶ **보고서 필터** : 피벗 테이블의 바깥에 따로 배치됩니다. 보고서 필터 단추를 클릭하고 목록에서 항목을 선택하면 해당 항목이 요약된 데이터가 표시됩니다.

❷ **행 레이블** : 위에서 아래로 항목이 나열되는 부분입니다. 필터 단추를 클릭하여 일부 항목을 선택, 해제할 수 있습니다.

❸ **열 레이블** : 왼쪽에서 오른쪽으로 항목이 나열되는 부분입니다. 필터 단추를 클릭하여 일부 항목을 선택, 해제할 수 있습니다.

❹ **값 영역** : 데이터가 계산되는 부분으로 기본적으로 합계가 표시됩니다. 마우스 오른쪽 버튼을 클릭하고 [값 요약 기준]을 선택하면 다른 계산 함수를 선택할 수 있습니다.

❺ **열의 총합계**, ❻ **행의 총합계** : 열 방향, 행 방향의 데이터 값 합계를 표시합니다. [피벗 테이블 도구]-[디자인] 탭-[레이아웃] 그룹-[총합계]를 클릭하면 해제할 수 있습니다.

피벗 차트

피벗 차트는 피벗 테이블과 연동되는 차트입니다. 피벗 차트를 삽입하려면 방법 1 데이터 목록을 선택한 상태에서 [삽입] 탭-[차트] 그룹-[피벗 차트]를 클릭하면 피벗 테이블과 피벗 차트가 함께 삽입됩니다. 방법 2 피벗 테이블을 먼저 삽입한 경우에는 피벗 테이블을 선택한 상태에서 [피벗 테이블 도구]-[분석] 탭-[도구] 그룹-[피벗 차트]를 클릭합니다.

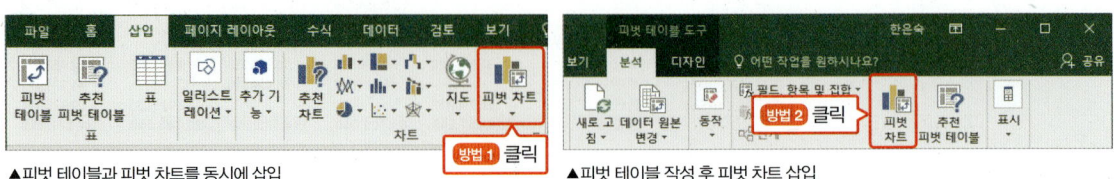

▲피벗 테이블과 피벗 차트를 동시에 삽입   ▲피벗 테이블 작성 후 피벗 차트 삽입

피벗 차트에서는 축 필드에 이중으로 항목이 들어갈 수 있습니다. 피벗 차트를 선택하면 [피벗 차트 필드] 작업 창의 [열] 레이블은 [범례] 필드로, [행] 레이블은 [축] 필드로 바뀌어 표시됩니다. 피벗 차트와 피벗 테이블은 서로 연결되어 각 필드의 항목 위치를 바꾸면 피벗 테이블도 함께 바뀝니다. 피벗 테이블에서 각 필드의 위치를 바꾸면 피벗 차트도 바뀝니다.

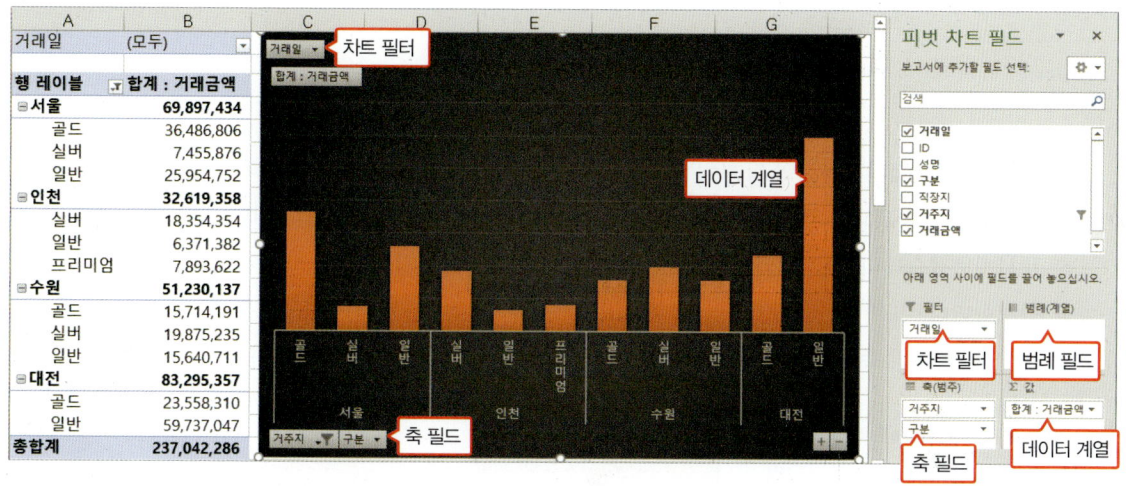

피벗 테이블의 보고서 레이아웃

[피벗 테이블 도구]-[디자인] 탭-[레이아웃] 그룹-[보고서 레이아웃]에서 선택한 형식에 따른 피벗 테이블의 모양은 다음과 같습니다.

▲ 압축 형식으로 표시 　　▲ 개요 형식으로 표시 　　▲ 테이블 형식으로 표시 　　▲ 모든 항목 레이블 반복

- **압축 형식으로 표시** : 여러 필드가 하나의 열에 표시됩니다.
- **개요 형식으로 표시** : 하나의 열에 하나의 필드가 표시되며 부분합은 위에 표시됩니다.
- **테이블 형식으로 표시** : 하나의 열에 하나의 필드가 표시되며 부분합은 아래에 표시됩니다.
- **모든 항목 레이블 반복** : 여러 필드 중 그룹이 되는 필드명이 반복되어 표시됩니다.

2년간의 판매 데이터를 피벗 테이블로 요약 분석하기

실습 파일 | CHAPTER11\판매데이터.xlsx   **완성 파일** | CHAPTER11\완성\판매데이터완성.xlsx

[판매수량] 시트에는 2년간의 날짜별 판매 데이터 목록이 포함되어 있습니다. 이 데이터를 피벗 테이블로 만들어 다음과 같이 판매유형, 제품유형, 지역, 연도별 합계와 평균, 전년대비 합계 증감율을 표시해보겠습니다. 또한 합계에 데이터 막대를 표시하여 큰 값이 눈에 띄게 조건부 서식을 지정해 강조합니다. 또한 피벗 테이블을 삽입하고 필드 배치, 정렬, 필터, 필드 그룹화, 값 요약 기준, 값 표시 형식 설정 등을 사용해 피벗 테이블을 구성하는 방법을 알아보겠습니다.

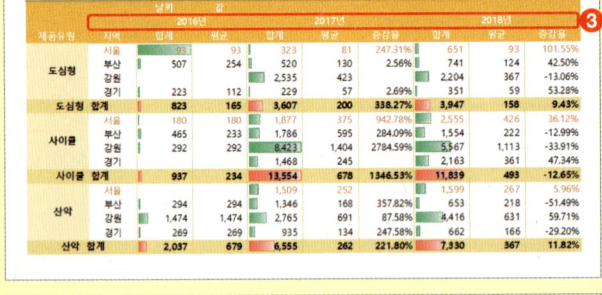

❶ 추천 피벗 테이블 삽입

❷ 피벗 테이블 필드 배치

❸ 날짜 그룹화 설정

❹ 피벗 테이블 레이아웃 및
   스타일 지정

❺ 레이블 셀 병합

❻ 항목 선택 및 강조

❼ 평균 추가

❽ 증감율 추가

01 추천 피벗 테이블 삽입하기

추천 피벗 테이블로 피벗 테이블을 삽입해보겠습니다. ❶ 요약할 원본 데이터 목록 내에 있는 셀이 선택되어 있어야 하므로 [A1] 셀을 클릭합니다. ❷ [삽입] 탭-[표] 그룹-[추천 피벗 테이블]을 클릭합니다. ❸ [권장 피벗 테이블] 대화상자의 첫 번째 추천 피벗 테이블이 선택된 상태에서 [확인]을 클릭합니다.

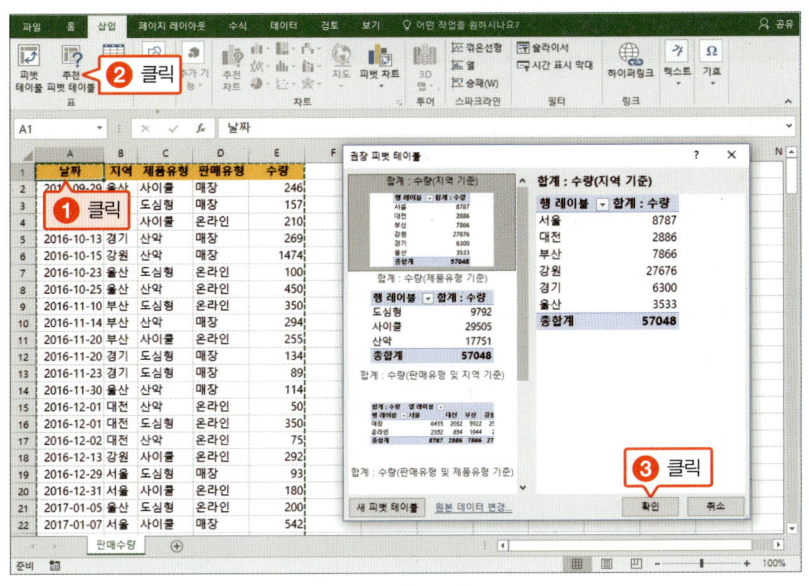

바로 통하는 TIP 원본 데이터 목록의 끝에 더 추가될 데이터가 있다면 피벗 테이블을 삽입하기 전에 [삽입] 탭-[표] 그룹-[표]를 클릭합니다. 범위를 표 범위로 만든 후 피벗 테이블을 삽입해야 추가 데이터 목록이 피벗 테이블로 자동 추가 적용됩니다.

02 피벗 테이블 필드 배치하기

새로운 시트가 삽입되면서 피벗 테이블이 작성되고 [피벗 테이블 필드] 작업 창이 표시됩니다. 피벗 테이블에 표시할 필드 항목을 필드 영역에 추가 배치해보겠습니다. ❶ [피벗 테이블 필드] 작업 창에서 [제품유형]에 체크 표시한 후 ❷ [날짜]를 [열] 필드 영역으로 드래그하고 ❸ [판매유형]을 [필터] 영역으로 드래그합니다. ❹ [행] 필드 영역의 두 번째 항목으로 들어간 [제품유형]을 [지역] 항목 위로 드래그합니다.

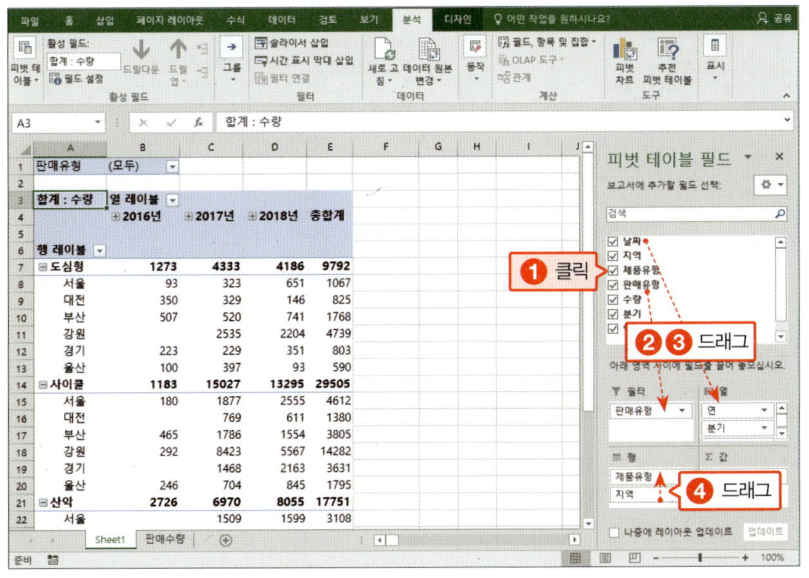

바로 통하는 TIP 필드 목록에서 숫자 데이터인 필드를 선택하면 기본적으로 [값] 영역으로 들어가며, 날짜, 문자 데이터인 필드는 [행] 영역으로 들어갑니다. [필터] 영역과 [열] 영역에 넣으려면 필드 목록에서 각 필드를 직접 드래그해 넣어야 합니다.

03 날짜 그룹화 설정하기

[날짜]를 [열] 필드 영역으로 드래그하면 [연], [분기], [날짜]별로 그룹화됩니다. 그룹화된 날짜에서 연도만 표시하겠습니다. ❶ [B4] 셀에서 마우스 오른쪽 버튼을 클릭한 후 ❷ [그룹]을 선택합니다. ❸ [그룹화] 대화상자의 [단위]에서 [월]과 [분기]를 각각 클릭해 선택을 해제하고 ❹ [확인]을 클릭합니다.

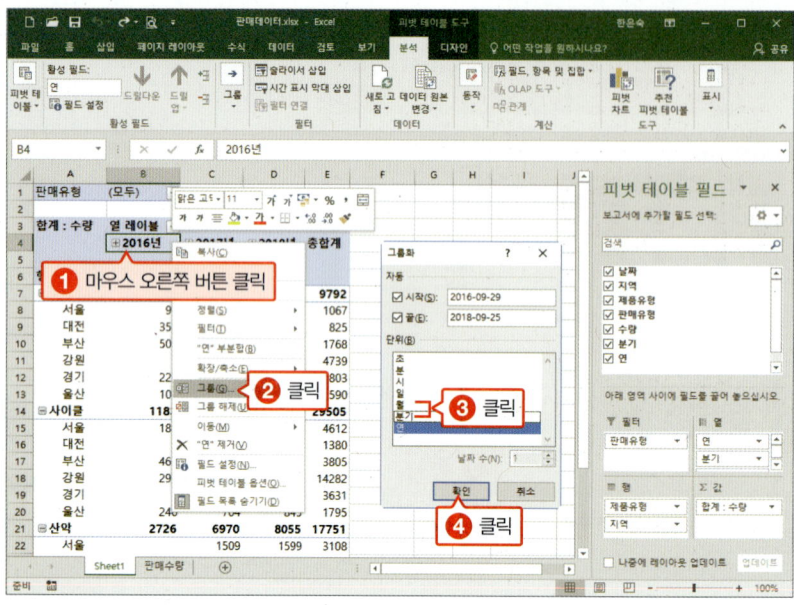

날짜 그룹화 항목 확장하기

필드 항목이 [연], [분기], [월]별로 그룹화된 상태일 때는 연도에 [+] 확장 단추가 표시됩니다. ❶ 연도의 [+] 확장 단추를 클릭하면 아래에 분기가 표시되며 ❷ 분기의 [+] 확장 단추를 클릭하면 아래에 월이 계층적으로 표시됩니다. 날짜 그룹화 항목을 [연] 한 가지만으로 설정하면 확장 단추가 표시되지 않습니다.

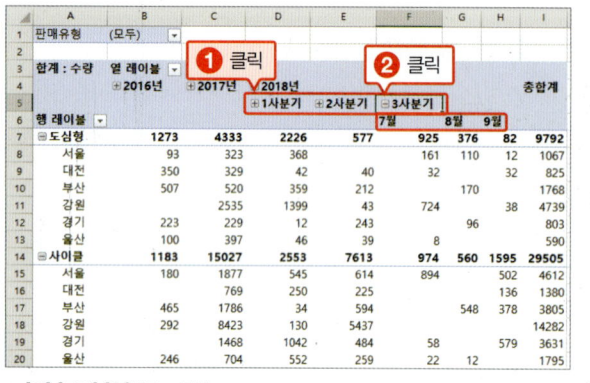

▲ [연], [분기], [월]별로 그룹화

▲ [연]으로만 그룹화

바로 통하는 TIP 날짜를 그룹화하지 않고 모든 날짜 항목을 표시하려면 날짜 항목에서 마우스 오른쪽 버튼을 클릭하고 [그룹 해제]를 선택합니다.

04 피벗 테이블 레이아웃 및 스타일 지정하기

❶ [피벗 테이블 도구]–[디자인] 탭–[피벗 테이블 스타일] 그룹의 스타일 갤러리에서 [연한 노랑, 피벗 스타일 보통 12]를 선택합니다. ❷ [피벗 테이블 스타일 옵션] 그룹의 [줄무늬 열]에 체크 표시하고 ❸ [피벗 테이블 도구]–[디자인] 탭–[레이아웃] 그룹–[보고서 레이아웃]을 클릭한 후 ❹ [테이블 형식으로 표시]를 선택합니다.

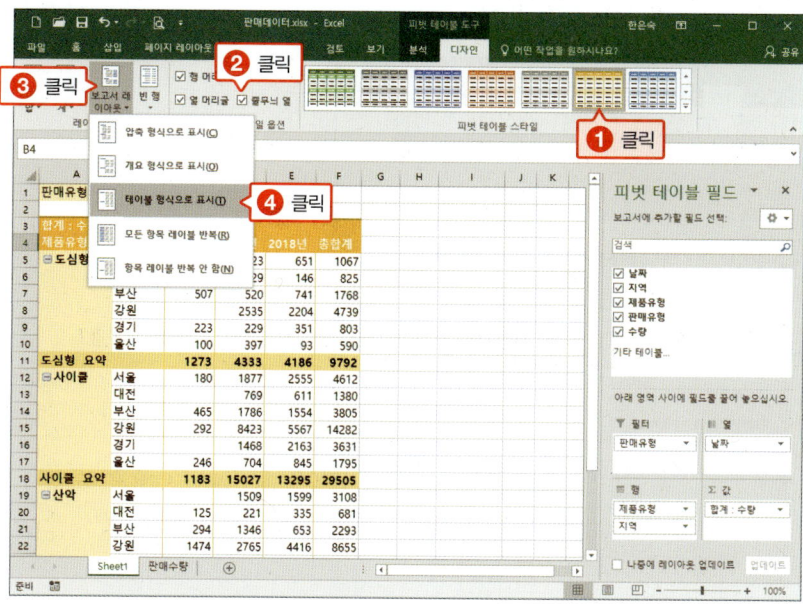

05 총합계 항목 없애기

❶ [피벗 테이블 도구]–[디자인] 탭–[레이아웃] 그룹–[총합계]를 클릭한 후 ❷ [행 및 열의 총합계 해제]를 선택합니다. 행의 총합계와 열의 총합계가 모두 해제됩니다.

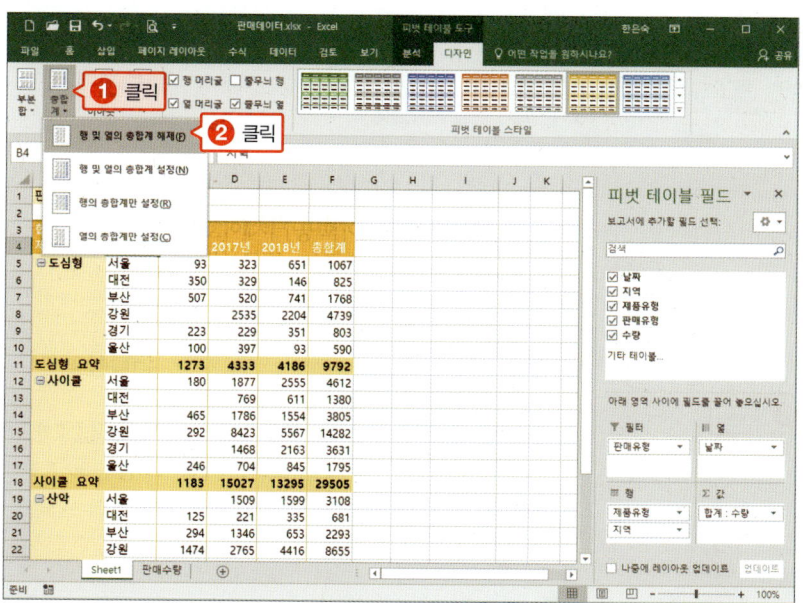

06 레이블 셀 병합하기

피벗 테이블 안에서는 일반적인 셀 병합, 행 삽입, 삭제 등의 작업을 할 수 없습니다. 레이블 셀을 병합하려면 피벗 테이블 옵션을 지정해야 합니다. ❶[피벗 테이블 도구]–[분석] 탭–[피벗 테이블] 그룹–[옵션]을 클릭합니다. ❷[피벗 테이블 옵션] 대화상자의 [레이아웃 및 서식] 탭에서 [레이블이 있는 셀 병합 및 가운데 맞춤]에 체크 표시한 후 ❸[확인]을 클릭합니다. 제품유형 레이블에 있는 셀이 항목별로 병합되고 항목명이 가운데 정렬됩니다.

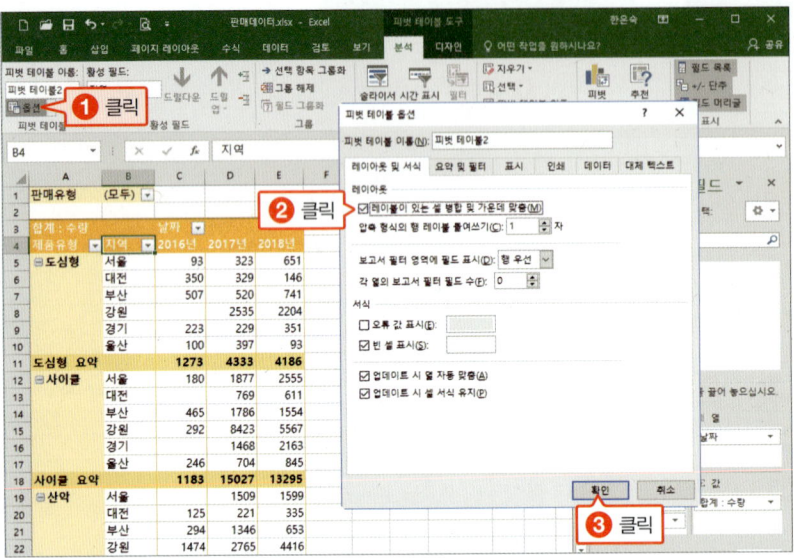

07 부분합 이름 바꾸기

❶[A11] 셀을 클릭하고 F2를 누릅니다. ❷'요약'을 합계로 수정하고 ❸ Enter 를 누릅니다. 다른 항목의 이름도 모두 바뀝니다.

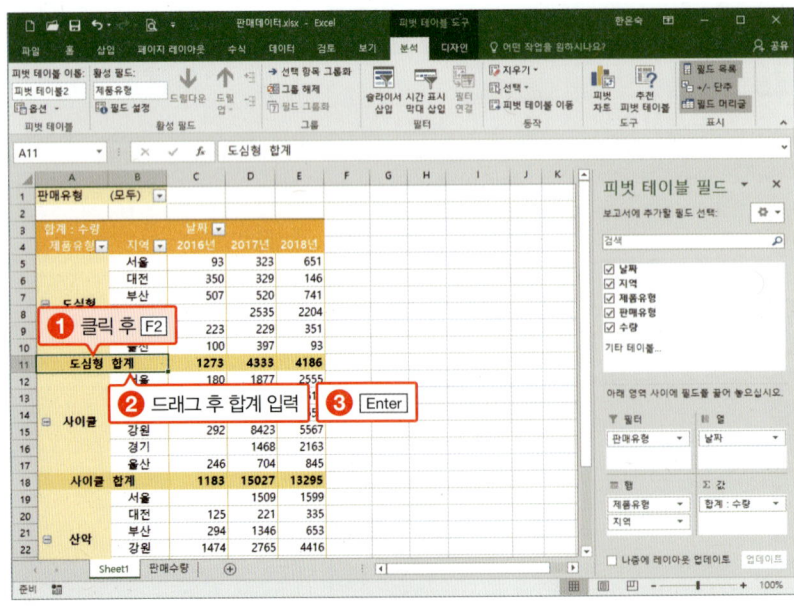

08 필드 정렬하기

2018년 수량별, 부분합별로 내림차순 정렬해보겠습니다. ❶ 2018년 지역별 수량 셀 중 하나인 [E5] 셀을 클릭하고 ❷ [데이터] 탭-[정렬 및 필터] 그룹-[숫자 내림차순 정렬 ↓]을 클릭합니다. 각 제품유형별 그룹 안에서 수량별로 내림차순 정렬됩니다. ❸ 제품유형별 합계 중 하나인 [E11] 셀을 클릭하고 ❹ [데이터] 탭-[정렬 및 필터] 그룹-[숫자 내림차순 정렬 ↓]을 클릭합니다. 제품유형별 그룹이 내림차순 정렬되어 사이클, 산악, 도심형순으로 순서가 바뀝니다.

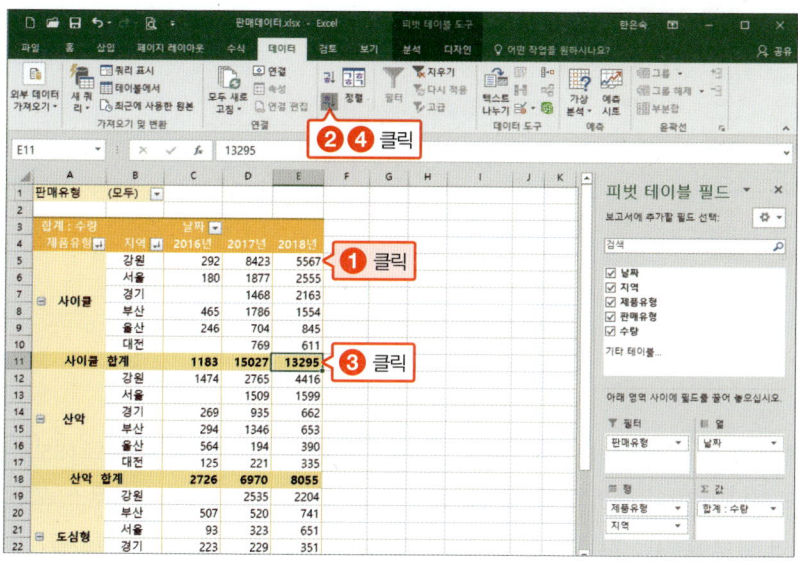

09 필드 필터하기

지역 필드에서 울산과 대전을 제외해보겠습니다. ❶ [지역] 필드의 필터 단추를 클릭하고 ❷ [대전], [울산]의 체크 표시를 해제한 후 ❸ [확인]을 클릭합니다.

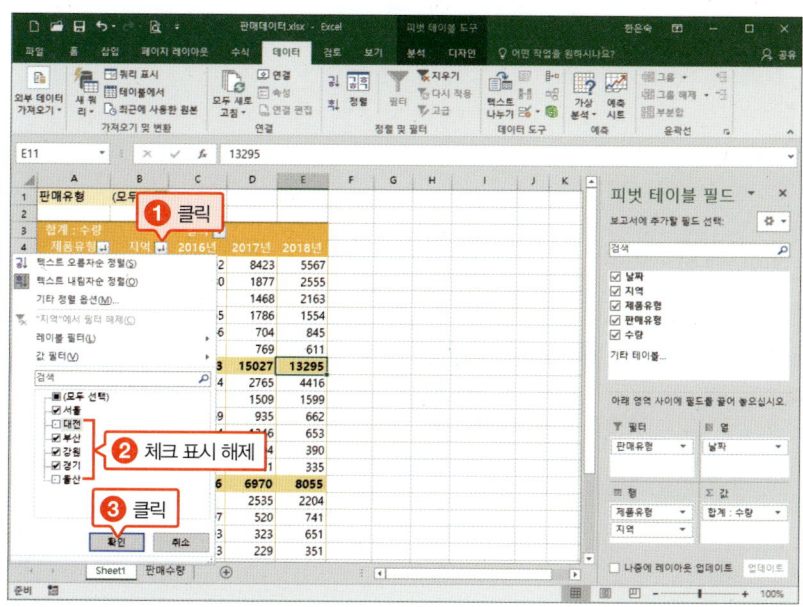

쉽고 빠른 엑셀 NOTE 항목 이동하기

원하는 특정 항목만 선택하여 이동할 수 있습니다. ❶ 이동하고 싶은 필드 항목의 셀에서 마우스 오른쪽 버튼을 클릭한 후 ❷ [이동]을 선택하고 원하는 위치를 선택합니다.

10 항목 선택하고 강조하기

피벗 테이블에서는 그룹 안의 항목을 다중 선택하는 것이 편리합니다. 서울 지역만 선택하여 강조해보겠습니다. ❶ 서울이 입력된 셀 중 하나인 [B6] 셀의 안쪽 앞부분에 마우스 포인터를 위치시켜 마우스 포인터가 검정 화살표 ➡ 모양이 되면 클릭합니다. 다른 그룹에서도 서울이 선택됩니다. ❷ [홈] 탭-[글꼴] 그룹-[글꼴 색] 목록 버튼을 클릭하고 ❸ [주황, 강조 2]를 선택합니다. ❹ [C5:E19] 셀 범위를 드래그한 후 ❺ [홈] 탭-[표시 형식] 그룹-[쉼표 스타일]을 클릭합니다.

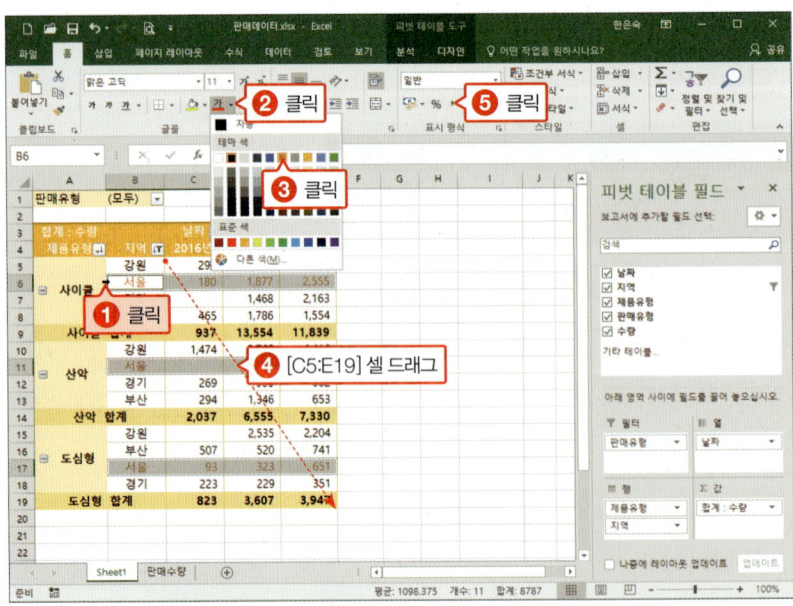

항목이 다중 선택되지 않는 경우

다중 선택할 셀 안쪽 앞부분에 마우스를 가져가도 마우스 포인터가 검정 화살표 ➡ 모양으로 바뀌지 않는 경우에는 [피벗 테이블 도구]-[분석] 탭-[동작] 그룹-[선택]을 클릭한 후 [선택 가능]이 선택되어 있는지 확인합니다. [선택 가능] 아이콘에 외곽 테두리가 표시되어 있으면 선택 가능 상태입니다. 뿐만 아니라 [선택]에서 [레이블 및 값], [값], [레이블], [전체 피벗 테이블]을 선택하여 원하는 피벗 테이블 요소를 선택할 수 있습니다.

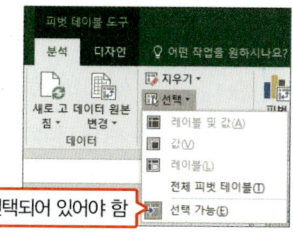

선택되어 있어야 함

11 평균 추가하기

❶ [피벗 테이블 필드] 작업 창에서 [수량]을 [값] 필드 영역으로 드래그합니다. ❷ 추가된 [합계:수량2] 셀 중 하나인 [D9] 셀에서 마우스 오른쪽 버튼을 클릭한 후 ❸ [값 요약 기준]-[평균]을 선택합니다. ❹ [C5] 셀에 **합계**를 입력하고 ❺ [D5] 셀에 **평균**을 입력합니다.

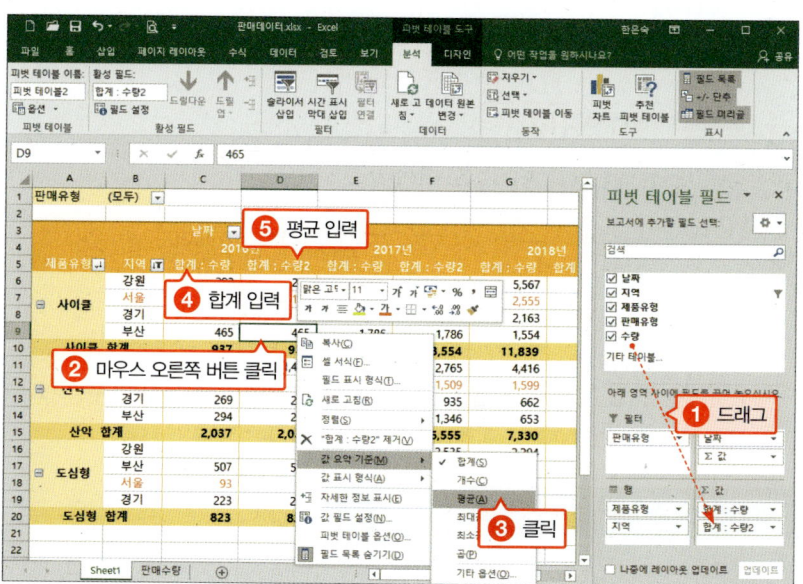

값 요약 기준 알아보기

[값] 필드 영역에 숫자 데이터 필드를 배치하면 기본적인 계산 유형으로 [합계]가 지정됩니다. 즉, 처음 [수량] 필드를 [값] 필드 영역에 배치하면 제품유형별, 지역별 수량 합계가 요약되는 것입니다. 합계 이외의 다른 계산 결과를 표시하려면 [값 요약 기준]에서 [개수], [평균], [최대값], [최소값], [곱]을 선택할 수 있습니다. [기타 옵션]을 선택하면 [값 필드 설정] 대화상자에서 [숫자 개수], [표본 표준 편차], [표준 편차], [표본 분산], [분산]을 계산 유형으로 선택할 수 있습니다.

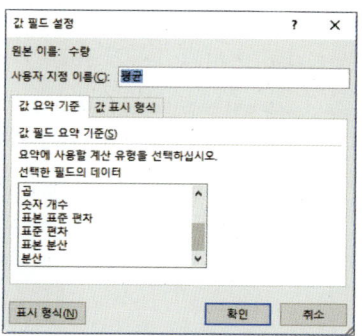

12 전년 대비 합계 증감율 추가하기

❶ [피벗 테이블 필드] 작업 창에서 [수량]을 [값] 필드 영역으로 드래그합니다. ❷ 추가된 [합계:수량] 셀인 [E5] 셀에서 마우스 오른쪽 버튼을 클릭한 후 ❸ [값 표시 형식]–[[기준값]에 대한 비율의 차이]를 선택합니다. ❹ [값 표시 형식] 대화상자의 [기준 필드] 목록에서 [날짜]를 선택하고 ❺ [확인]을 클릭합니다. ❻ 기존의 정렬 설정을 해제해야 한다는 메시지가 표시됩니다. [예]를 클릭합니다.

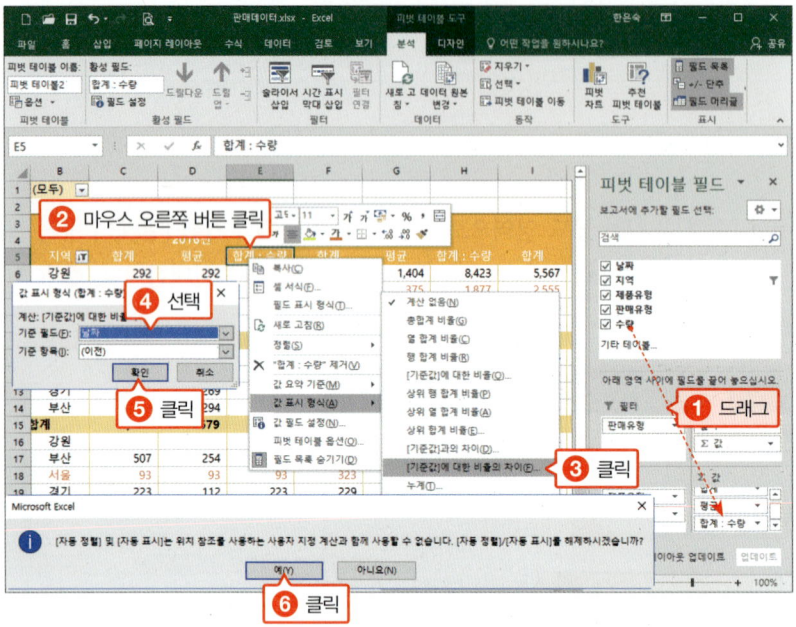

13 열 숨기기

2016년도 이전 데이터는 없으므로 E열에는 증감율이 표시되지 않습니다. ❶ E열 머리글에서 마우스 오른쪽 버튼을 클릭한 후 ❷ [숨기기]를 선택합니다. ❸ [H5] 셀에 **증감율**을 입력합니다.

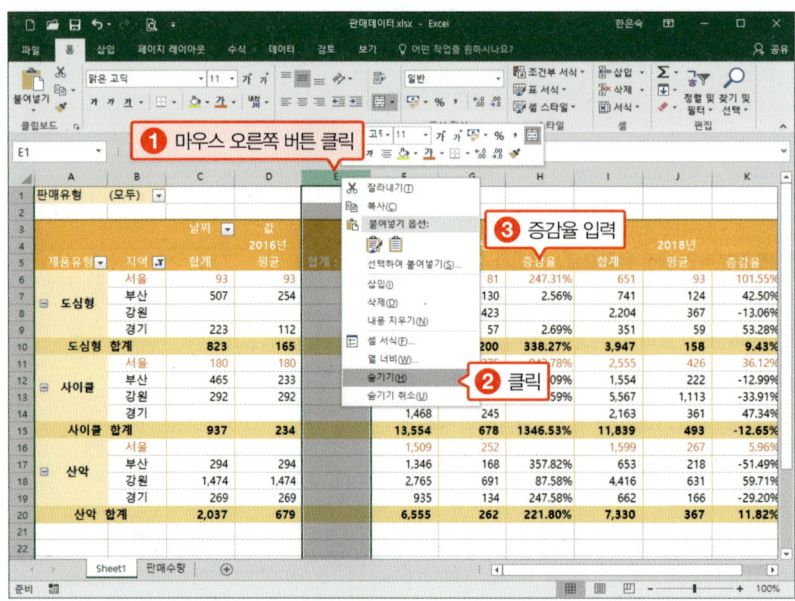

14 합계 필드에 조건부 서식 지정하기

증감율을 표시하면서 자동 정렬이 해제되었습니다. 합계에 데이터 막대를 표시하여 큰 값이 눈에 띄도록 표시하겠습니다. ❶ [C6] 셀을 클릭하고 ❷ [홈] 탭-[스타일] 그룹-[조건부 서식]을 클릭한 후 ❸ [데이터 막대]-[그라데이션 채우기]-[녹색 데이터 막대]를 선택합니다. ❹ [C6] 셀에 표시된 [서식 옵션 📋]을 클릭하고 ❺ ["지역" 및 "날짜"에 대해 "합계" 값을 표시하는 모든 셀]을 선택합니다.

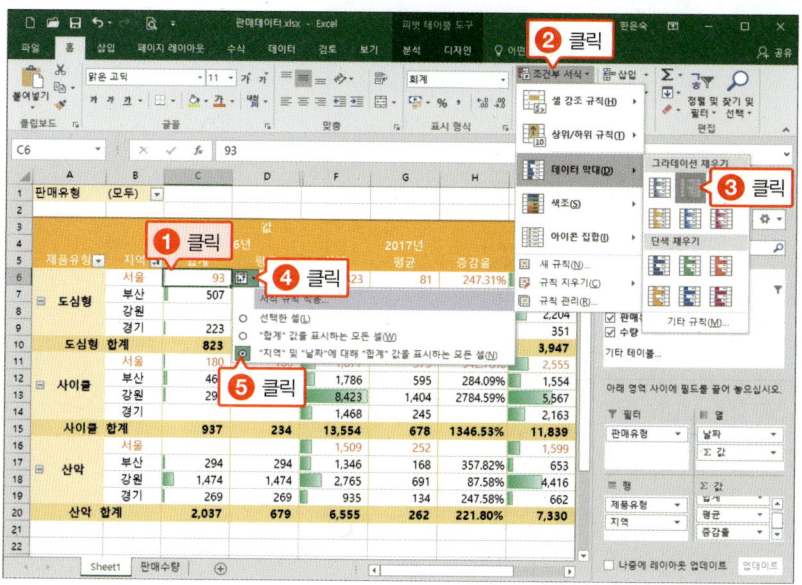

15 증감율 필드에 조건부 서식 지정하기

❶ [C10] 셀을 클릭하고 ❷ [홈] 탭-[스타일] 그룹-[조건부 서식]을 클릭한 후 ❸ [데이터 막대]-[그라데이션 채우기]-[빨강 데이터 막대]를 선택합니다. ❹ [C10] 셀에 표시된 [서식 옵션 📋]을 클릭하고 ❺ ["제품유형" 및 "날짜"에 대해 "합계" 값을 표시하는 모든 셀]을 선택합니다.

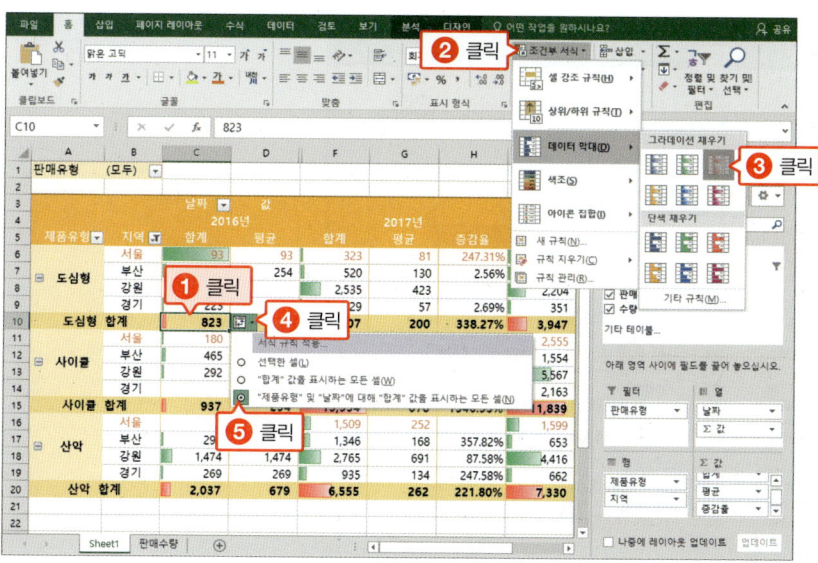

16 보고서 필터하기

[B1] 셀의 보고서 필터에서 판매유형을 선택하면 피벗 테이블에 해당 항목의 데이터가 표시됩니다. ❶ [B1] 셀의 필터 단추를 클릭하여 ❷ [매장]을 선택한 후 ❸ [확인]을 클릭합니다. ❹ 다시 [B1] 셀의 필터 단추를 클릭하고 ❺ [모두]를 선택한 후 ❻ [확인]을 클릭합니다.

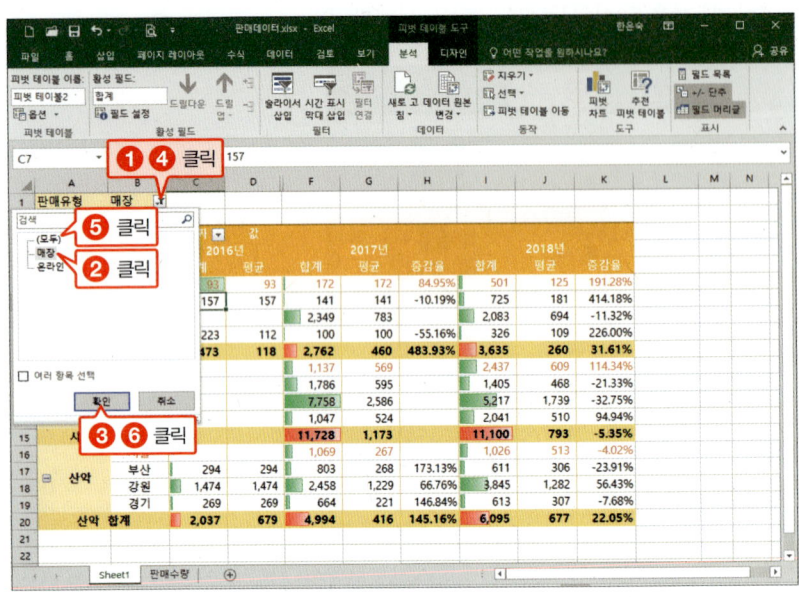

17 보고서 필터 페이지 표시하기

보고서 필터 각 항목의 피벗 테이블을 다른 시트에 필터해보겠습니다. ❶ [피벗 테이블 도구]-[분석] 탭-[피벗 테이블] 그룹-[옵션] 목록 버튼을 클릭한 후 ❷ [보고서 필터 페이지 표시]를 선택합니다. ❸ [보고서 필터 페이지 표시] 대화상자에서 [확인]을 클릭합니다. 시트 탭에 보고서 필터 각 항목별 시트가 작성됩니다.

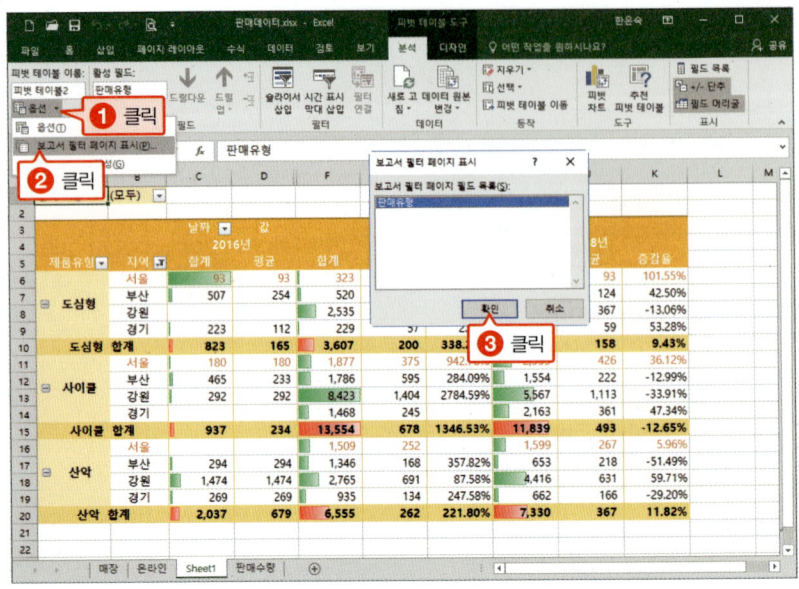

값 표시 형식 알아보기

값 요약 기준으로 계산된 값을 선택한 기준 필드와 기준 항목으로 다시 계산하여 표시하는 기능입니다. 계산 옵션은 다음과 같습니다.

계산 옵션	결과
계산 없음	필드에 입력된 대로 값을 표시합니다.
총합계 비율	값을 피벗 테이블의 모든 값이나 데이터 요소의 총합계에 대한 백분율로 표시합니다.
열 합계 비율	각 열 또는 계열에 있는 모든 값을 해당 열 또는 계열의 합계에 대한 백분율로 표시합니다.
행 합계 비율	각 행 또는 범주에 있는 값을 해당 행 또는 범주의 합계에 대한 백분율로 표시합니다.
[기준값]에 대한 비율	값을 기준 필드에 있는 기준 항목 값에 대한 백분율로 표시합니다.
상위 행 합계 비율	(항목에 대한 값)/(행의 상위 항목에 대한 값)으로 계산합니다.
상위 열 합계 비율	(항목에 대한 값)/(열의 상위 항목에 대한 값)으로 계산합니다.
상위 합계 비율	(항목에 대한 값)/(선택한 기준 필드의 상위 항목에 대한 값)으로 계산합니다.
[기준값]과의 차이	값을 기준 필드에 있는 기준 항목 값과의 차이로 표시합니다.
[기준값]에 대한 비율의 차이	값을 기준 필드에 있는 기준 항목 값과의 백분율 차이로 표시합니다.
누계	기준 필드에 있는 연속 항목에 대한 값을 누계로 표시합니다.
누계 비율	기준 필드에 있는 누계로 표시되는 연속 항목에 대한 값을 백분율로 계산합니다.
오름차순 순위 지정	특정 필드에 있는 선택한 값의 순위를 오름차순으로 표시합니다. 예를 들어 필드의 가장 작은 항목을 1로 표시하고 그보다 큰 값은 각각 더 높은 순위 값을 사용하여 표시합니다.
내림차순 순위 지정	특정 필드에 있는 선택한 값의 순위를 내림차순으로 표시합니다. 예를 들어 필드의 가장 큰 항목을 1로 표시하고 그보다 작은 값은 각각 더 높은 순위 값을 사용하여 표시합니다.
인덱스	((셀에 있는 값)×(총합계의 총합))/((행 총합계)×(열 총합계))로 계산합니다.

혼자해보기 : 19 ｜ 한 시트에 두 개의 피벗 테이블 작성하기

실습 파일 | CHAPTER11\1분기자료.xlsx   **완성 파일** | CHAPTER11\완성\1분기자료완성.xlsx

3개월간의 거래 자료를 사용하여 [피벗] 시트에 두 가지 피벗 테이블을 작성해보겠습니다.

◀ 실습 파일

합계 : 거래금액

행 레이블	골드	실버	일반	프리미엄	총합계
드라이버	28,047,198	10,958,441	33,428,601	6,823,410	79,257,650
아이언	34,943,333	22,598,636	11,353,805	4,534,613	73,430,387
웨이우드	15,054,327	27,430,005	21,785,500	17,177,127	81,446,959
웨지	19,315,462	34,662,703	27,999,744	5,599,926	87,577,835
유틸리티	23,193,675	10,980,793	37,242,030	10,899,018	82,315,516
치퍼	25,076,230	18,587,042	24,833,951	11,667,385	80,164,608
총합계	145,630,225	125,217,620	156,643,631	56,701,479	484,192,955

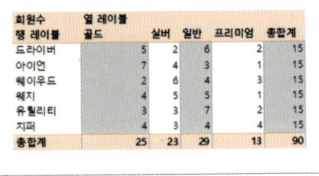

회원수

행 레이블	골드	실버	일반	프리미엄	총합계
드라이버	5	2	6	2	15
아이언	7	4	3	1	15
웨이우드	2	6	4	3	15
웨지	4	5	3	3	15
유틸리티	3	3	7	2	15
치퍼	4	3	4	4	15
총합계	25	23	29	13	90

◀ 완성 파일

① [거래현황] 시트에서 [A1] 셀을 클릭합니다. [삽입] 탭-[표] 그룹-[피벗 테이블]을 클릭한 후 [피벗 테이블 만들기] 대화상자에서 피벗 테이블 보고서를 넣을 위치로 [기존 워크시트]를 선택하고 [피벗] 시트에서 [A9] 셀을 클릭합니다. [확인]을 클릭합니다.

② [피벗 테이블 필드] 작업 창에서 [구분] 필드를 [열] 필드 영역으로 드래그하고 [거래금액], [분류]에 체크 표시합니다.

③ [B11:F17] 셀 범위에 쉼표 스타일을 지정한 후 피벗 테이블 스타일은 [피벗스타일 밝게 17]을 선택하고 [줄무늬 열]을 선택합니다.

④ [거래현황] 시트에서 [A1] 셀을 클릭한 상태에서 [삽입] 탭-[표] 그룹-[피벗 테이블]을 클릭합니다. [피벗 테이블 만들기] 대화상자에서 피벗 테이블 보고서를 넣을 위치로 [기존 워크시트]를 선택한 후 [피벗] 시트에서 [H9] 셀을 클릭합니다. [확인]을 클릭합니다.

⑤ [피벗 테이블 필드] 작업 창에서 [분류]에 체크 표시하고 [구분] 필드를 [열] 필드 영역으로 드래그합니다. [ID] 필드를 값 영역으로 드래그합니다.

⑥ [H9] 셀에 **회원수**를 입력한 후 피벗 테이블 스타일은 [피벗스타일 밝게 17]을 선택하고 [줄무늬 열]을 선택합니다.

회 사 통
실무활용 (33)

시간 표시 막대, 슬라이서, 피벗 차트 삽입하기

실습 파일 | CHAPTER11\1분기자료_피벗차트.xlsx   **완성 파일** | CHAPTER11\완성\1분기자료_피벗차트완성.xlsx

시간이나 날짜 필드에서 시간 표시 막대를 사용하면 날짜 범위를 시각적으로 확인하면서 피벗 테이블을 필터할 수 있습니다. 피벗 테이블 필터 도구인 슬라이서와 시간 표시 막대를 사용하면 대화형 피벗 테이블 효과를 낼 수 있습니다. 두 개의 피벗 테이블에 시간 표시 막대와 슬라이서, 피벗 차트를 삽입한 후 피벗 테이블을 컨트롤해보겠습니다.

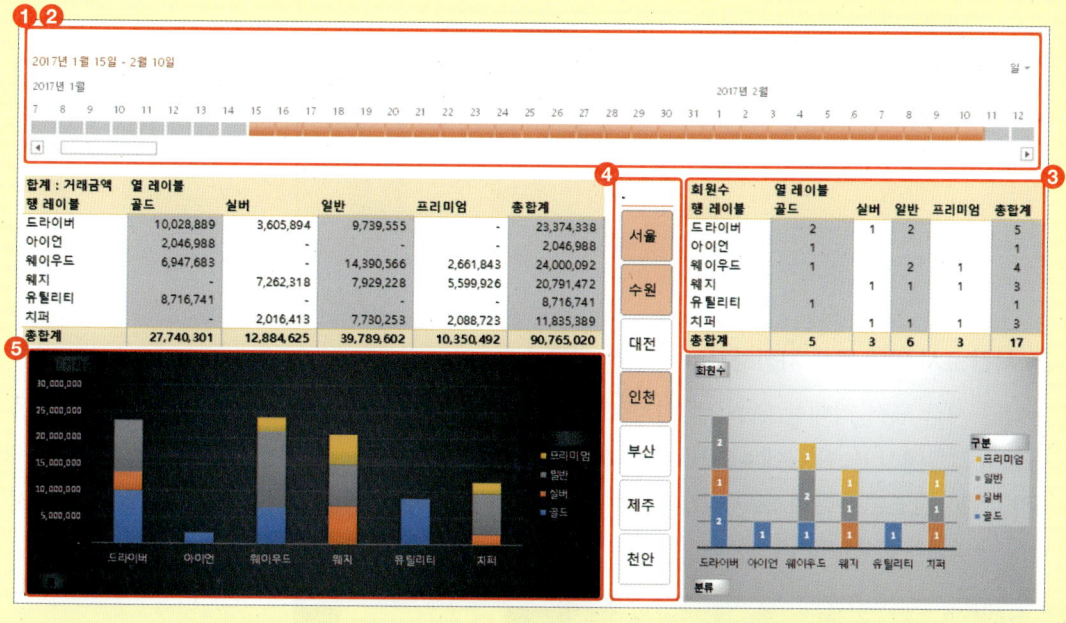

① 시간 표시 막대 삽입

② 시간 범위 지정

③ 보고서 연결

④ 슬라이서 삽입

⑤ 피벗 차트 삽입

01 시간 표시 막대 삽입하기

필드 목록에서 날짜 필드인 [거래일]을 시간 표시 막대로 삽입해보겠습니다. ❶ [B11] 셀을 클릭한 후 ❷ [피벗 테이블 도구]-[분석] 탭-[필터] 그룹-[시간 표시 막대 삽입]을 클릭합니다. ❸ [시간 표시 막대 삽입] 대화상자에서 [거래일]에 체크 표시하고 ❹ [확인]을 클릭합니다.

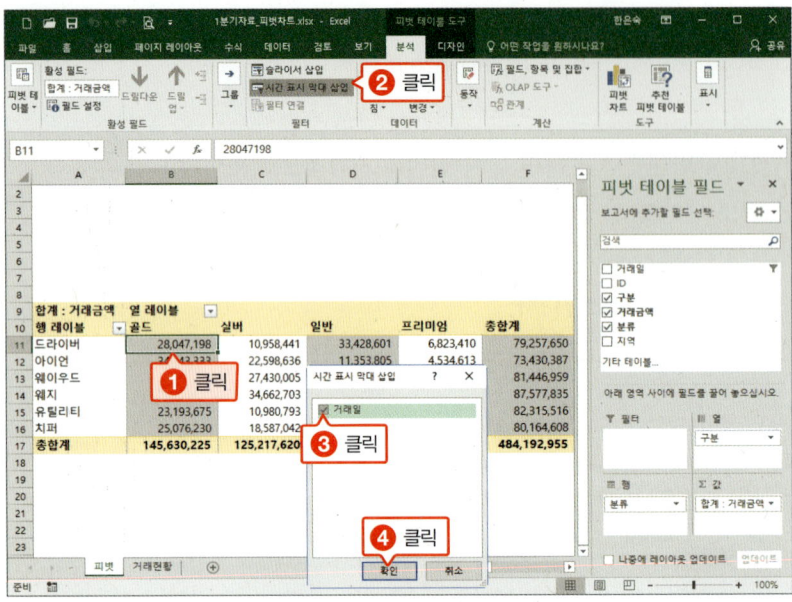

02 시간 표시 막대 옵션 지정하기

❶ 삽입된 시간 표시 막대를 [A1] 셀 위치로 드래그하여 이동합니다. ❷ [시간 표시 막대 도구]-[옵션] 탭-[크기] 그룹에서 [높이]란에 **4.2**, [너비]를 **32**를 입력합니다. ❸ [표시] 그룹에서 [머리글]의 체크 표시를 해제하고 ❹ [시간 표시 막대 도구]-[옵션] 탭-[시간 표시 막대 스타일] 그룹에서 [연한 주황, 시간 표시 막대 스타일 밝게 2]를 선택합니다.

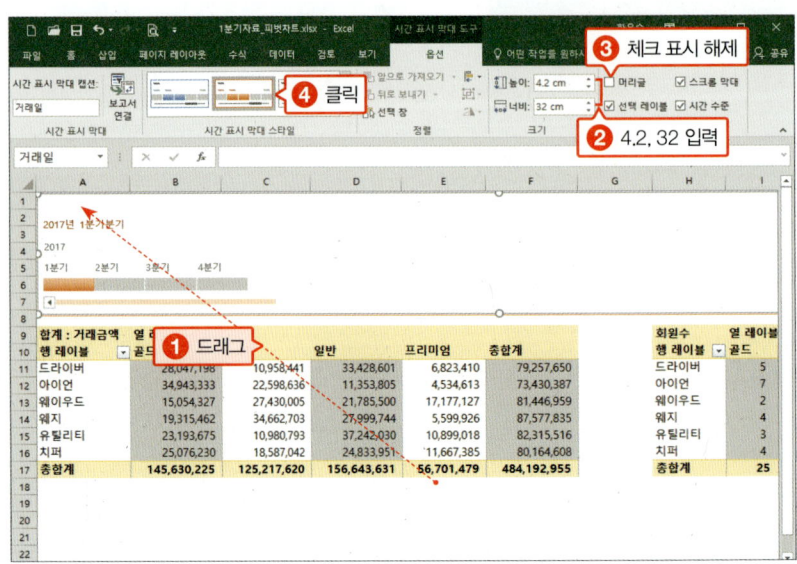

03 개체 속성 지정하기

❶ [시간 표시 막대 도구]–[옵션] 탭–[크기] 그룹의 [작업창 표시 □]를 클릭합니다. ❷ [시간 표시 막대 형식] 작업 창에서 [속성]을 클릭하고 ❸ [위치와 크기 변함]을 선택한 후 ❹ [닫기]를 클릭합니다.

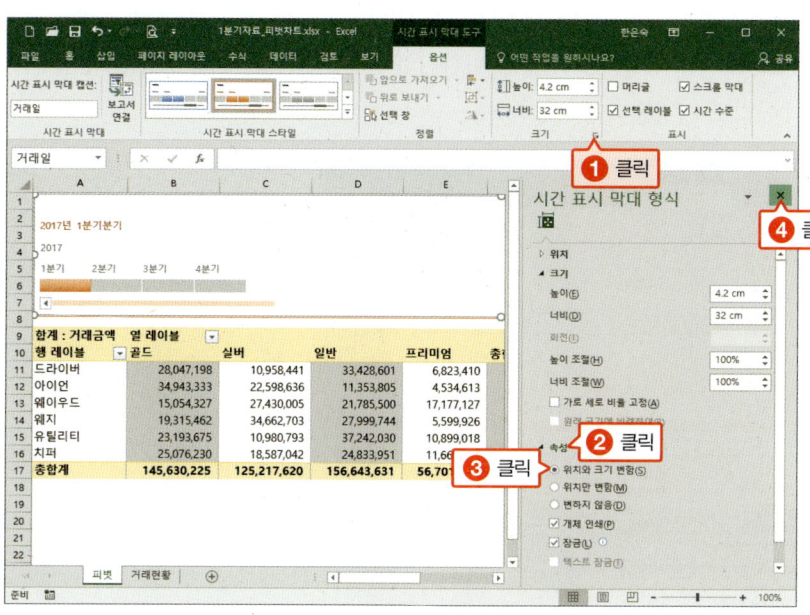

바로 통하는 TIP 시간 선택에 따라 피벗 테이블 목록이 바뀌면서 워크시트 열 너비나 행 높이가 달라집니다. 이때 시간 표시 막대도 위치나 크기가 함께 변하도록 하기 위해 [속성] 옵션 중 [위치와 크기 변함]을 선택했습니다.

04 시간 범위 지정하기

'분기'로 표시된 시간 수준 항목을 '일'로 변경하고 날짜 범위를 지정해보겠습니다. ❶ 시간 표시 막대의 [분기]라고 표시된 시간 수준 항목을 클릭하고 ❷ [일]을 선택합니다. ❸ 일자별로 표시된 막대의 1월 15일부터 2월 10일까지 드래그하여 날짜 범위를 지정합니다.

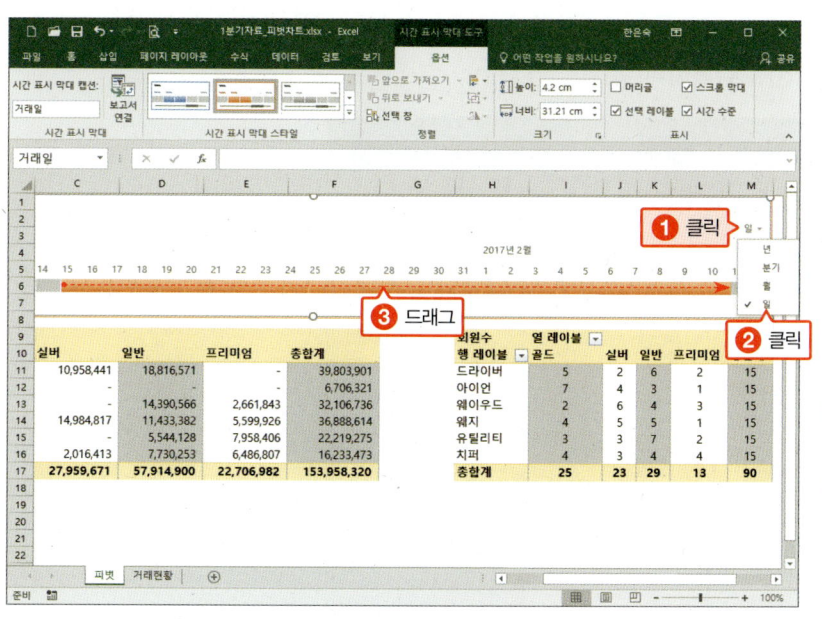

바로 통하는 TIP 시간 막대에서 첫 번째 일자를 클릭하고 마지막 일자를 Shift +클릭하여 범위를 지정할 수 있습니다. 연속된 일자만 선택할 수 있으며 떨어져 있는 일자는 다중 선택할 수없습니다.

05 보고서 연결하기

왼쪽 피벗 테이블은 날짜 범위 지정에 따라 데이터가 바뀌지만 오른쪽 피벗 테이블은 날짜 범위를 지정해도 데이터가 바뀌지 않습니다. 오른쪽 피벗 테이블에도 시간 표시 막대를 연결해보겠습니다. ❶ [시간 표시 막대 도구]-[옵션] 탭-[시간 표시 막대] 그룹-[보고서 연결]을 클릭합니다. ❷ [보고서 연결(거래일)] 대화상자에서 [피벗 테이블2]에 체크 표시한 후 ❸ [확인]을 클릭합니다. 이제 시간 표시 막대의 날짜 범위가 바뀌면 오른쪽 피벗 테이블의 데이터도 변경됩니다.

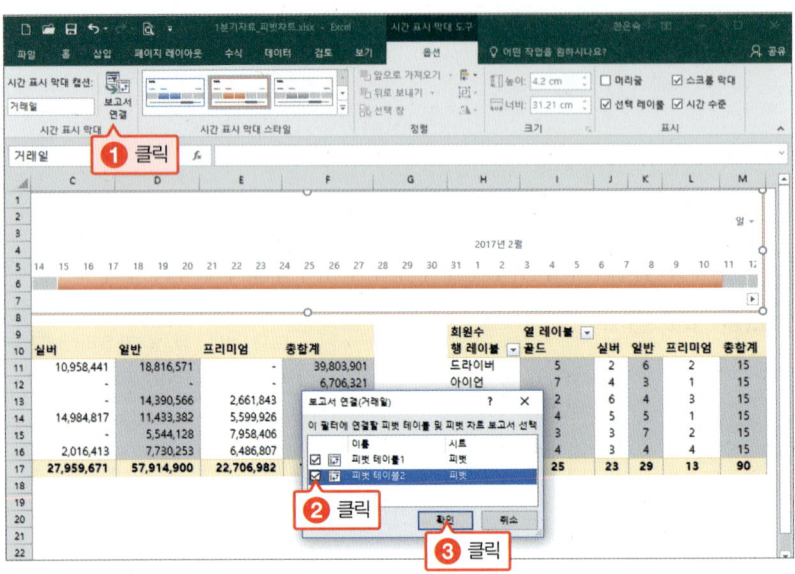

06 슬라이서 삽입하기

지역을 필터할 수 있도록 슬라이서를 삽입해보겠습니다. ❶ [B11] 셀을 클릭하고 ❷ [피벗 테이블 도구]-[분석] 탭-[필터] 그룹-[슬라이서 삽입]을 클릭합니다. ❸ [슬라이서 삽입] 대화상자의 필드 목록에서 [지역]에 체크 표시한 후 ❹ [확인]을 클릭합니다.

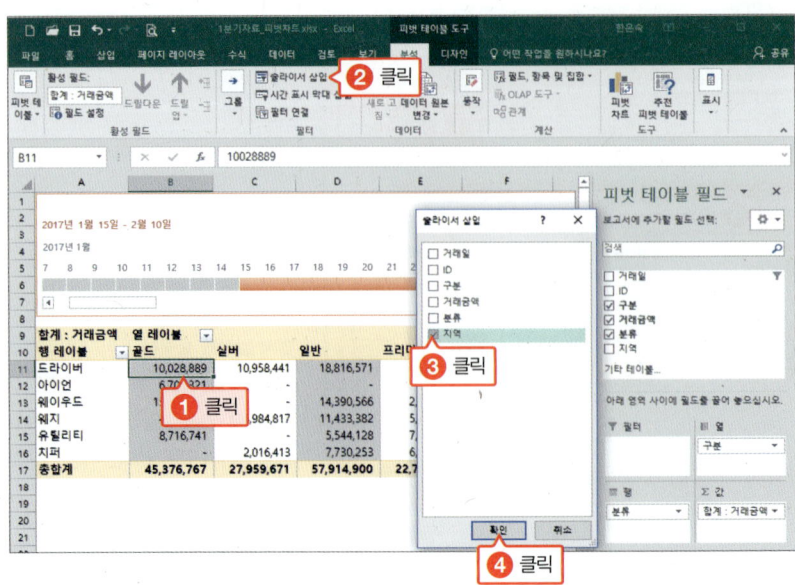

07 슬라이서 옵션 지정 및 보고서 연결하기

❶ 삽입된 슬라이서를 [G9] 셀 위치로 드래그해 이동합니다. ❷ [슬라이서 도구]–[옵션] 탭–[크기] 그룹의 [높이]란에 **13**, [너비]란에 **2**를 입력합니다. ❸ [슬라이서 도구]–[옵션] 탭–[단추] 그룹의 [높이]란에는 **1.6**, [너비]란에 **1.52**를 입력합니다. ❹ [슬라이서 도구]–[옵션] 탭–[슬라이서 스타일] 그룹에서 [연한 주황, 슬라이서 스타일 밝게 2]를 선택합니다. ❺ [슬라이서 도구]–[옵션] 탭–[슬라이서] 그룹–[보고서 연결]을 클릭하고 ❻ [보고서 연결(지역)] 대화상자에서 [피벗 테이블2]에 체크 표시한 후 ❼ [확인]을 클릭합니다.

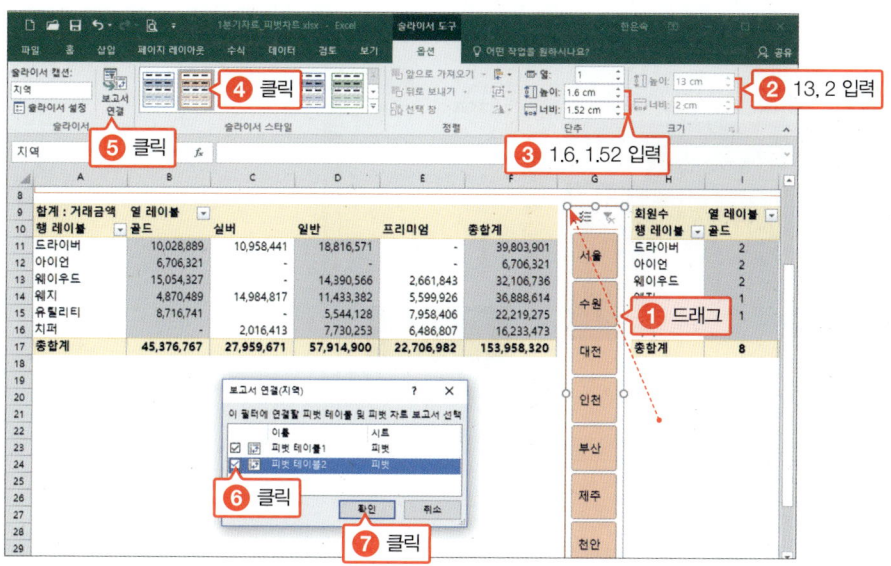

08 피벗 차트 삽입하기

❶ [B11] 셀을 클릭하고 ❷ [피벗 테이블 도구]–[분석] 탭–[도구] 그룹–[피벗 차트]를 클릭합니다. ❸ [차트 삽입] 대화상자에서 [세로 막대형]의 [누적 세로 막대형]을 선택하고 ❹ [확인]을 클릭합니다.

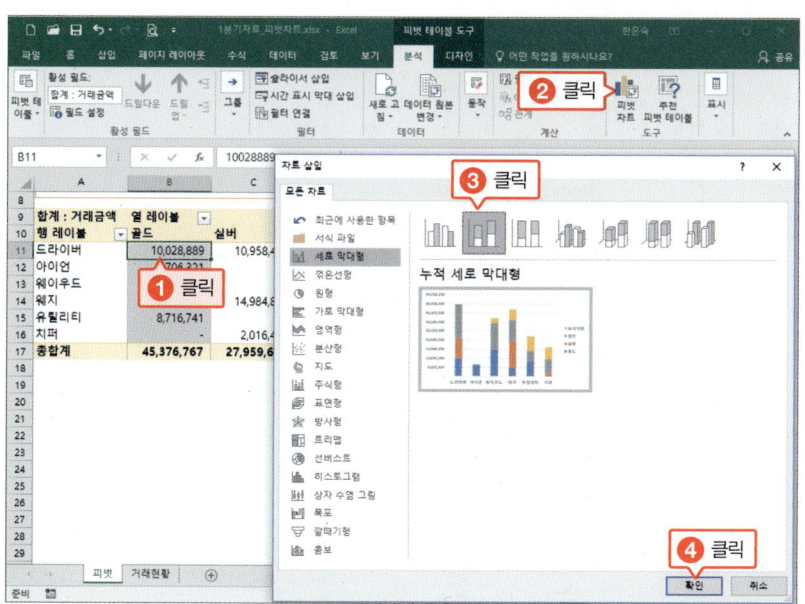

09 차트 크기 및 스타일 수정하기

❶ 삽입된 피벗 차트를 [A18] 셀 위치로 드래그한 후 ❷ [피벗 차트 도구]-[서식] 탭-[크기] 그룹의 [너비] 란에 **17.8**을 입력합니다. ❸ 차트 영역에서 [차트 스타일 ⬚]을 클릭하고 ❹ [스타일 8]을 선택합니다.

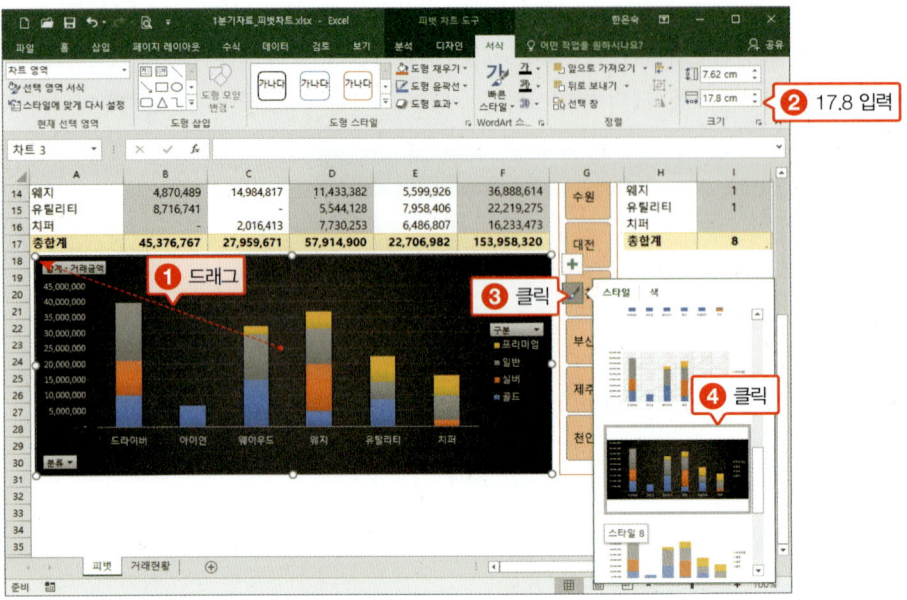

10 회원 수에 대한 피벗 차트 삽입하기

❶ [K11] 셀을 클릭하고 ❷ [피벗 테이블 도구]-[분석] 탭-[도구] 그룹-[피벗 차트]를 클릭합니다. ❸ [차트 삽입] 대화상자에서 [세로 막대형]의 [누적 세로 막대형]을 선택하고 ❹ [확인]을 클릭합니다.

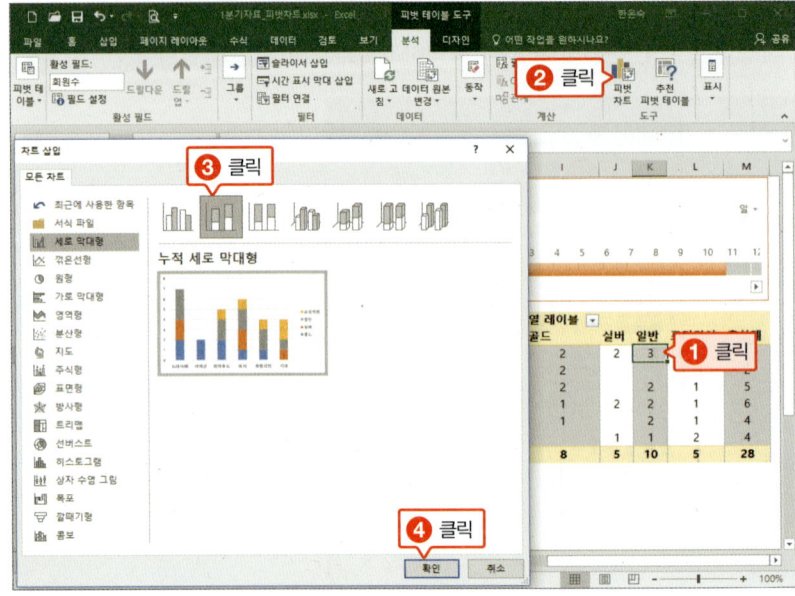

11 차트 스타일 지정하기

❶ 삽입된 피벗 차트를 [H18] 셀 위치로 드래그한 후 ❷ [피벗 차트 도구]-[서식] 탭-[크기] 그룹의 [너비]
란에 **10.8**을 입력합니다. ❸ 차트 영역에서 [차트 스타일 ✎]을 클릭하고 ❹ [스타일 4]를 선택합니다.

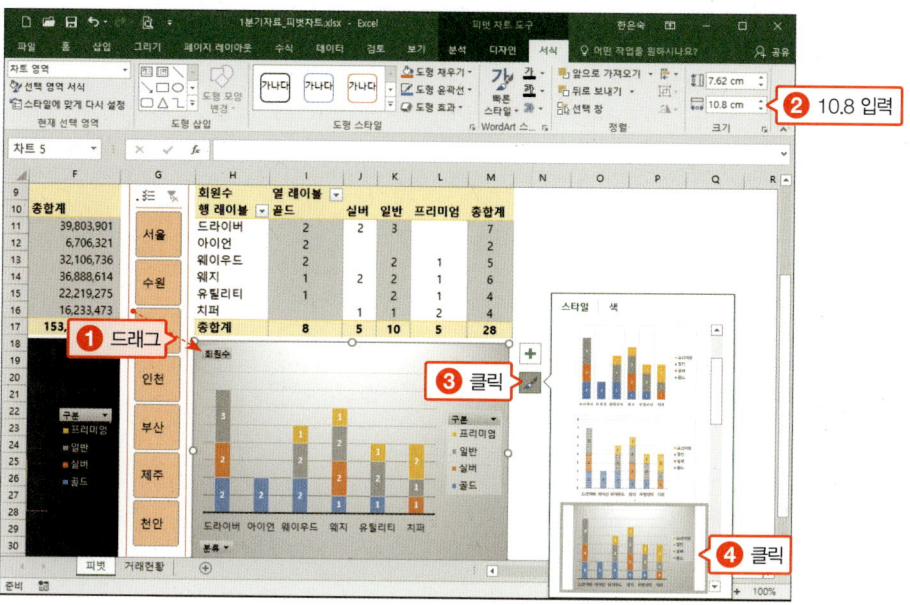

12 슬라이서 필터하기

❶ 슬라이서에서 [서울]을 클릭하고 ❷ [수원]을 Ctrl +클릭한 후 ❸ [인천]을 Ctrl +클릭하면 그에 따라 피
벗 테이블과 피벗 차트가 바뀝니다. 시간 표시 막대에서 날짜 범위를, 슬라이서에서 지역을 다양하게 선택
해봅니다.

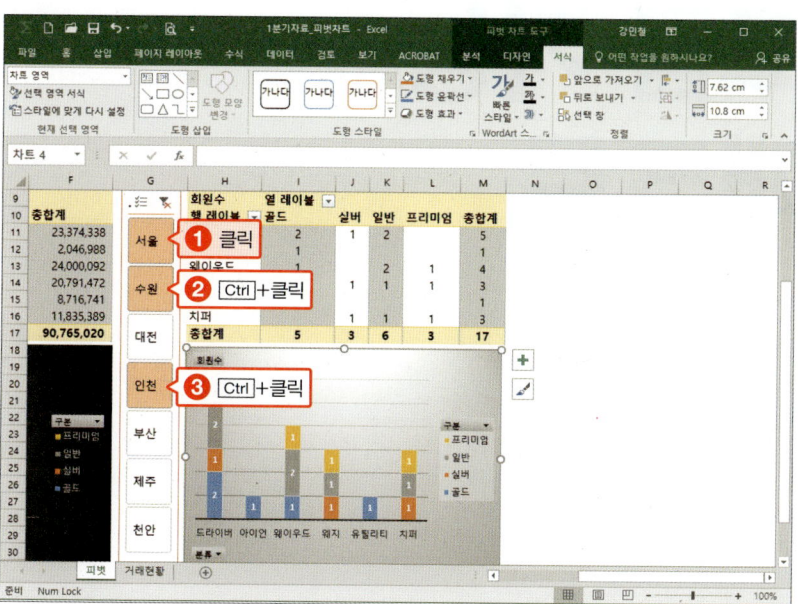

PART
03

엑셀
고급 기능
매크로

맞춰 쓰는 재미가 있다!
매크로와 VBA

매크로와 VBA를 활용하면 반복해야 하는 작업을 기록해두고
명령 단추나 단축키로 한 번에 실행할 수 있습니다. 또 엑셀의
리본 메뉴에서 제공하지 않는 기능을 만들어서 사용할 수 있습
니다. 매크로와 VBA를 배우는 데는 많은 시간과 노력이 필요하
지만, 배울 가치가 있는 고급 기능입니다. 여기에서는 매크로와
VBA를 배울 때 기본이 되는 몇 가지 개념을 배워보겠습니다.

SECTION 01

매크로 기록하기

자주 반복하는 작업을 매크로로 기록해두면 한 번의 매크로 명령으로 반복 작업을 실행할 수 있습니다. 매크로를 작성하는 방식에는 동작 방식과 코딩 방식이 있습니다. 동작 방식은 동영상을 촬영하듯 사용자가 마우스나 키보드로 작업하는 과정을 기록하여 엑셀에서 코드 값으로 자동 변환하는 것입니다. 코딩 방식은 비주얼 베이식 편집기를 사용해서 사용자가 직접 코딩하는 방식입니다. 특히 동작 방식은 프로그래밍 언어에 대한 지식이 없는 사용자도 쉽게 사용할 수 있다는 장점이 있습니다.

매크로 기록하기

매크로를 기록하려면 [보기] 탭–[매크로] 그룹–[매크로]를 클릭한 후 [매크로 기록]을 선택하거나 [개발 도구] 탭–[코드] 그룹–[매크로 기록]을 클릭합니다. 또는 상태 표시줄 왼쪽 하단의 [매크로 기록📇]을 클릭해도 됩니다.

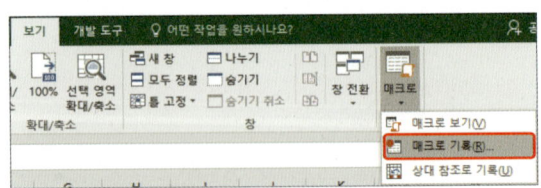

▲ [보기] 탭–[매크로] 그룹–[매크로 기록]

▲ [개발 도구] 탭–[코드] 그룹–[매크로 기록]

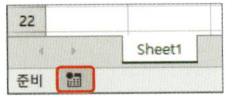

▲ 상태 표시줄의 [매크로 기록] 버튼

바로 통하는 TIP [개발 도구] 탭을 표시하는 방법을 531쪽 **01**을 참고합니다.

[매크로 기록] 대화상자

[매크로 기록]을 클릭하거나 메뉴를 선택하면 [매크로 기록] 대화상자가 나타납니다. [매크로 기록] 대화상자의 [매크로 이름]란에 기록할 매크로 이름을 입력하고 [매크로 저장 위치]를 지정한 후 [확인]을 클릭하면 기록이 시작됩니다. [바로 가기 키]와 [설명]은 생략해도 됩니다.

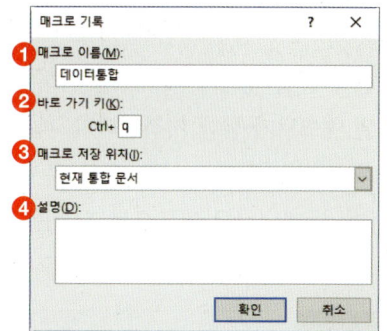

❶ **매크로 이름** : 매크로 내용과 관련된 이름으로 지정하는 것이 좋으며, 첫 글자는 문자로 시작해야 합니다. 공백이나 숫자, 특수 문자는 사용할 수 없습니다.

❷ **바로 가기 키** : 단축키로 매크로를 실행하려면 지정합니다. 대소 문자를 구별합니다.

❸ **매크로 저장 위치** : 세 개의 저장 위치가 있습니다.

  ❸-1 **개인용 매크로 통합 문서** : 엑셀 프로그램에 매크로를 저장합니다. 여기에 매크로를 저장하면 모든 파일에서 매크로를 사용할 수 있습니다.

  ❸-2 **새 통합 문서** : 새 통합 문서를 작성한 후 해당 문서에 대해서만 매크로를 사용합니다.

  ❸-3 **현재 통합 문서** : 현재 열려 있는 문서에서만 매크로를 저장하고 사용합니다.

❹ **설명** : 매크로에 대한 설명을 입력합니다.

기록 중지

매크로 기록 작업이 모두 끝나면 [개발 도구] 탭-[코드] 그룹-[기록 중지]를 클릭해 매크로 기록을 중지하거나 상태 표시줄에서 [기록 중지 ■]를 클릭합니다.

 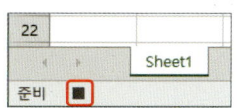

매크로에서 셀을 참조하는 방법

매크로를 기록할 때 셀을 선택하면 기본적으로 절대 참조 상태로 기록되고 매크로 기록 당시에 선택한 셀과 범위에 대해서만 해당 매크로가 실행됩니다. 상대 참조 상태로 기록하고 싶다면 [개발 도구] 탭-[코드] 그룹-[상대 참조로 기록]을 클릭한 후 기록을 시작합니다. 상대 참조로 기록하는 매크로는 어느 셀이든 매크로를 실행할 당시에 선택하는 셀이나 범위에 대해서 매크로를 실행할 수 있습니다.

매크로 사용 통합 문서(*.xlsm)로 저장하기

현재 통합 문서에 매크로를 기록했다면 [Excel 매크로 사용 통합 문서(*.xlsm)] 형식으로 저장해야 기록된 매크로가 함께 저장됩니다. 매크로 사용 통합 문서로 저장하려면 **방법 1** [파일] 탭-[내보내기]-[파일 형식 변경]-[매크로 사용 통합 문서(*.xlsm)]를 클릭하고 [다른 이름으로 저장]을 클릭합니다. 또는 **방법 2** [파일] 탭-[다른 이름으로 저장]을 클릭한 후 [다른 이름으로 저장] 대화상자의 [파일 형식]에서 [Excel 매크로 사용 통합 문서(*.xlsm)]를 선택하여 저장합니다.

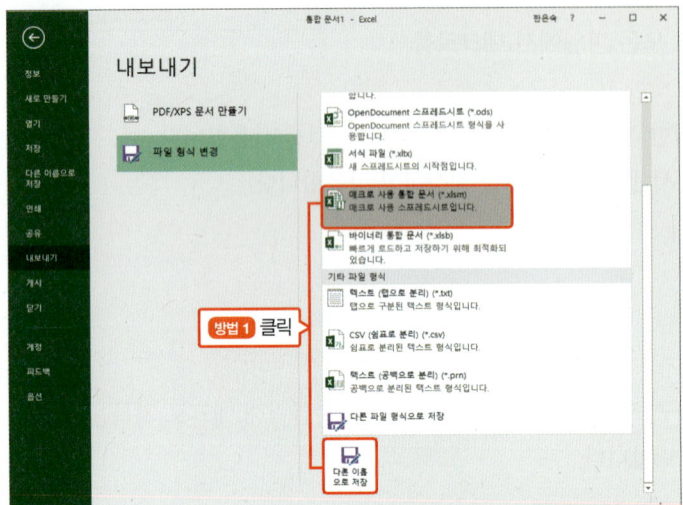

🔍 핵심기능실습 | 고급 필터 및 빈 셀 선택 매크로 기록하기

실습 파일 | CHAPTER12\매물목록.xlsx **완성 파일** | CHAPTER12\완성\매물목록완성.xlsm

고급 필터 기능을 사용할 때는 조건을 수정한 후 다시 고급 필터 메뉴를 선택하여 원본 데이터 범위와 조건 범위를 반복해서 지정해주어야 합니다. 이러한 고급 필터 기능을 매크로로 기록해두면 조건만 수정한 후 매크로를 실행하여 빠르게 고급 필터를 실행할 수 있습니다. 300개의 부동산 매물 목록에 대해 고급 필터 기능을 사용하여 선택한 조건에 따라 데이터를 추출하는 매크로를 기록해보겠습니다. 또한 지정된 범위 중 빈 셀만 선택하는 기능을 모든 엑셀 파일에서 실행할 수 있도록 매크로로 기록해보겠습니다. 여기에서는 매크로 기록만 실습하고, 매크로 실행은 다음 섹션에서 실습하겠습니다.

01 리본 메뉴에 [개발 도구] 탭 표시하기

매크로와 관련된 명령을 쉽게 선택할 수 있도록 [개발 도구] 탭을 표시해보겠습니다. ❶ 리본 메뉴의 탭에서 마우스 오른쪽 버튼을 클릭한 후 ❷ [리본 메뉴 사용자 지정]을 선택합니다. ❸ [Excel 옵션] 대화상자의 [리본 사용자 지정]을 선택하고 ❹ [리본 메뉴 사용자 지정]에서 [개발 도구]에 체크 표시한 후 ❺ [확인]을 클릭합니다.

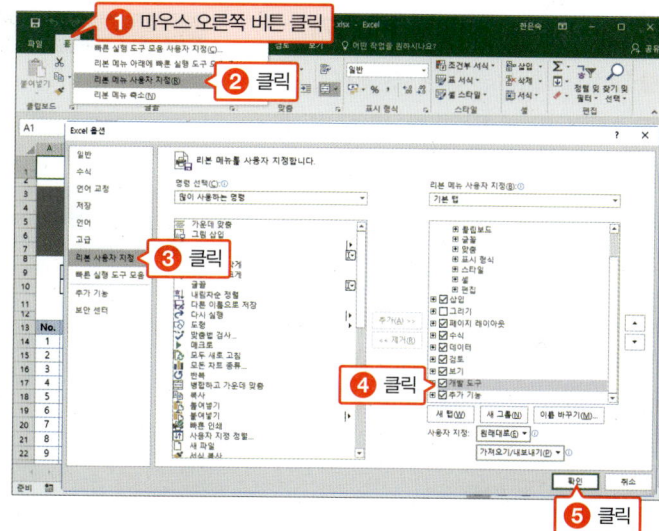

02 [고급필터] 매크로 이름 및 기록 위치 지정하기

고급 필터 기능의 매크로를 기록하기 위해 매크로 이름과 기록 위치를 지정해보겠습니다. ❶ [개발 도구] 탭-[코드] 그룹-[매크로 기록]을 클릭하거나 상태 표시줄의 [매크로 기록🔲]을 클릭합니다. ❷ [매크로 기록] 대화상자에서 [매크로 이름]란에 **고급필터**를 입력합니다. ❸ [확인]을 클릭합니다.

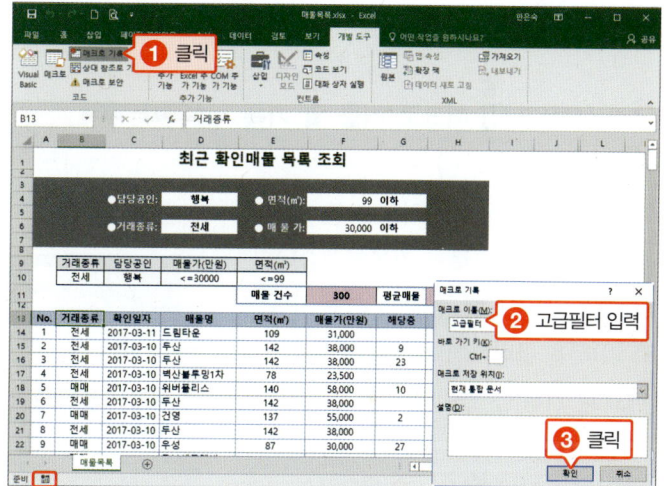

바로 통하는 TIP [매크로 기록] 대화상자에서 [확인]을 클릭하는 순간부터 [기록 중지]를 클릭하기 전까지 모든 마우스와 키보드 작업이 기록되므로, 매크로로 기록할 작업 이외의 불필요한 작업은 하지 않아야 합니다.

03 [고급필터] 매크로 기록하기

❶ [A13] 셀을 클릭한 후 ❷ [데이터]
탭-[정렬 및 필터] 그룹-[고급]을 클릭
합니다. [고급 필터] 대화상자에서 [결
과]에는 [현재 위치에 필터], [목록 범
위]란에는 **$A$13:$H$313**이 지정되어
있습니다. ❸ [조건 범위]란을 클릭한
후 ❹ [B9:E10] 셀 범위를 드래그하면
$B$9:$E$10이 지정됩니다. ❺ [확인]을
클릭합니다. ❻ 상태 표시줄에서 [기록
중지 ■]를 클릭합니다.

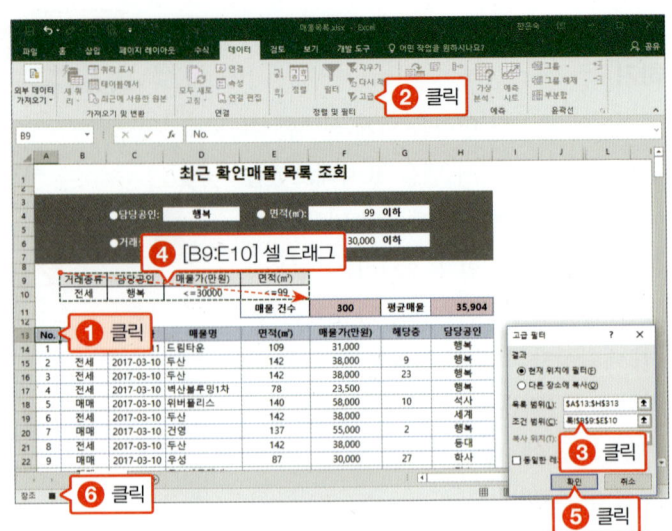

바로 통하는 TIP 현재 입력된 조건 범위의 필터 조건에 따라 데이터가 필터됩니다. 매크로를 실행할 때 다른 조건을 추가하려면 조건 범위만 수정한
후 매크로를 실행합니다.

04 [모두표시] 매크로 이름 및 기록
위치 지정하기

고급 필터 결과를 해제하고 모든 데이터
를 표시하는 매크로를 기록하겠습니다.
❶ [개발 도구] 탭-[코드] 그룹-[매크
로 기록]을 클릭하거나 상태 표시줄에서
[매크로 기록]을 클릭합니다. ❷ [매크로
기록] 대화상자에서 [매크로 이름]란에
모두표시를 입력합니다. ❸ [확인]을 클릭
합니다.

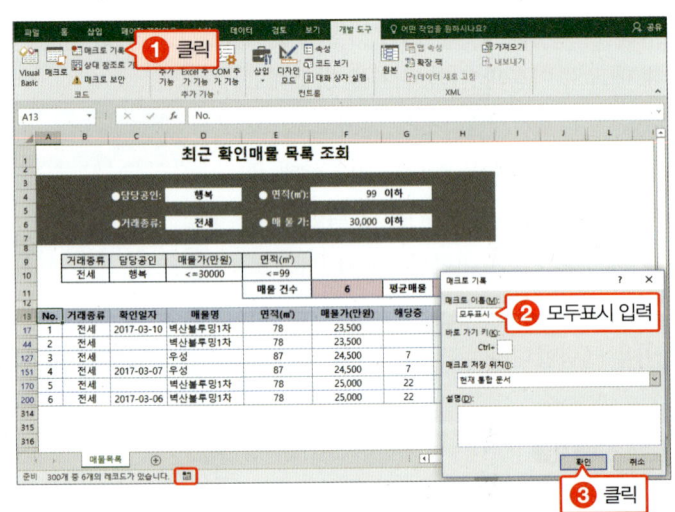

05 [모두표시] 매크로 기록하기

❶ [데이터] 탭-[정렬 및 필터] 그룹-[지
우기]를 클릭합니다. ❷ 상태 표시줄에
서 [기록 중지 ■]를 클릭합니다.

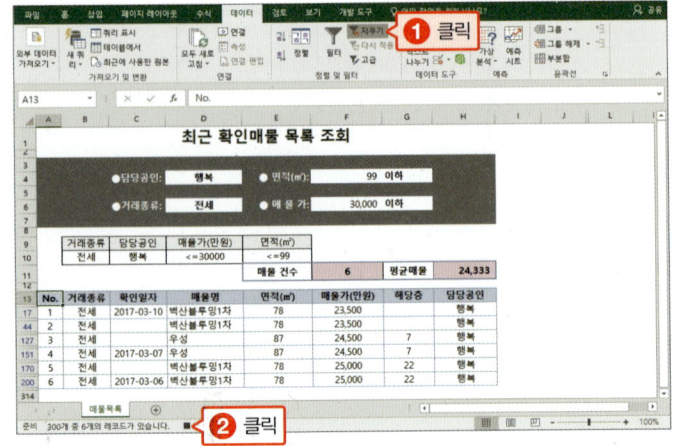

06 [빈셀선택] 매크로 이름 및 기록 위치 지정하기

지정된 범위 중 빈 셀만 선택하는 매크로를 기록하겠습니다. ❶ [개발 도구] 탭-[코드] 그룹-[상대 참조로 기록]을 클릭합니다. ❷ [매크로 기록]을 클릭합니다. ❸ [매크로 기록] 대화상자에서 [매크로 이름]란에 **빈셀선택**을 입력하고 ❹ [매크로 저장 위치] 목록에서 [개인용 매크로 통합 문서]를 선택한 후 ❺ [확인]을 클릭합니다.

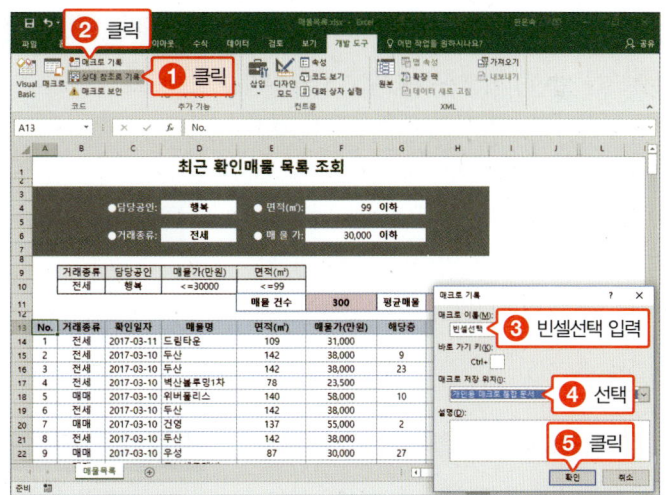

바로 통하는 TIP [빈셀선택] 매크로는 매크로 실행 시 선택된 셀을 기준으로 삼기 위해 상대 참조로 기록하고, 모든 엑셀 파일에서 실행할 수 있도록 [개인용 매크로 통합 문서]에 기록합니다.

07 [빈셀선택] 매크로 기록하기

❶ Ctrl + * (또는 Ctrl + Shift + 8)를 눌러 현재 셀의 표 전체 범위를 선택합니다. ❷ [홈] 탭-[편집] 그룹-[찾기 및 선택]을 클릭한 후 ❸ [이동 옵션]을 선택합니다. ❹ [이동 옵션] 대화상자에서 [빈 셀]을 선택하고 ❺ [확인]을 클릭합니다.

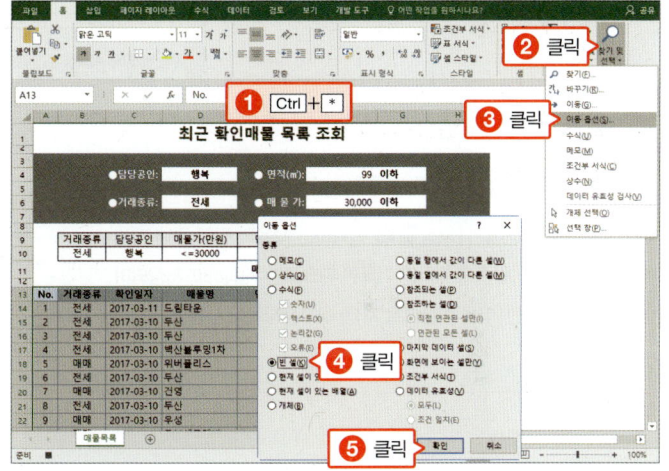

바로 통하는 TIP 상대 참조로 기록할 때 범위 지정 작업은 단축키를 사용하는 것이 좋습니다.

08 기록 중지하기

다음과 같이 빈 셀만 선택됩니다. ❶ 상태 표시줄에서 [기록 중지■]를 클릭한 후 ❷ 다른 셀을 클릭하여 범위 선택을 해제합니다.

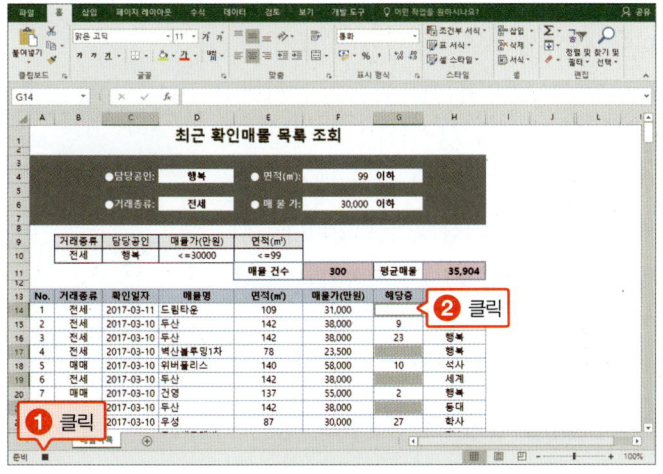

09 기록된 매크로 확인하기

① [개발 도구] 탭-[코드] 그룹-[매크로] 를 클릭하면 [매크로] 대화상자가 표시됩니다. 매크로 목록에서 기록한 매크로 이름을 선택하고 [실행]을 클릭하면 매크로를 실행할 수 있습니다. ② 지금은 [취소]를 클릭합니다.

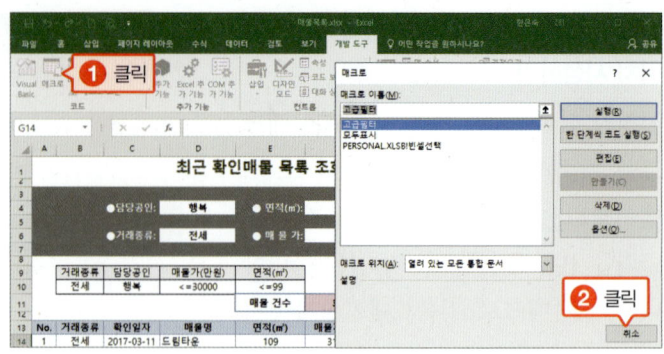

10 매크로 사용 통합 문서로 저장하기

매크로 사용 통합 문서를 저장하겠습니다. ① F12 를 누릅니다. ② [다른 이름으로 저장] 대화상자의 [파일 형식]에서 [Excel 매크로 사용 통합 문서(*.xlsm)] 를 선택한 후 ③ [저장]을 클릭합니다.

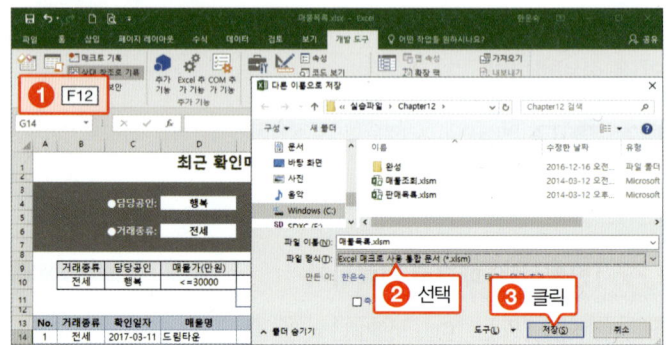

쉽고 빠른 엑셀 NOTE **빠른 실행 도구 모음의 [저장] 알아보기**

빠른 실행 도구 모음에서 [저장 📄]을 클릭하면 다음과 같이 안내 메시지가 표시됩니다. [예]를 클릭하면 기록한 매크로는 제외하고 저장되며 [아니요]를 클릭하면 [다른 이름으로 저장] 대화상자가 표시됩니다.

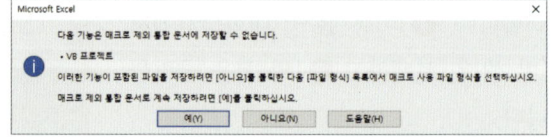

11 개인용 매크로 통합 문서로 저장하기

개인용 매크로 통합 문서를 저장하겠습니다. ① 엑셀 프로그램 창에서 [닫기]를 클릭합니다. 개인용 매크로 통합 문서에 [빈셀선택] 매크로를 기록했기 때문에 변경 내용을 저장하겠느냐는 메시지가 표시됩니다. ② [저장]을 클릭합니다. 개인용 매크로 통합 문서가 저장되고 엑셀이 종료됩니다.

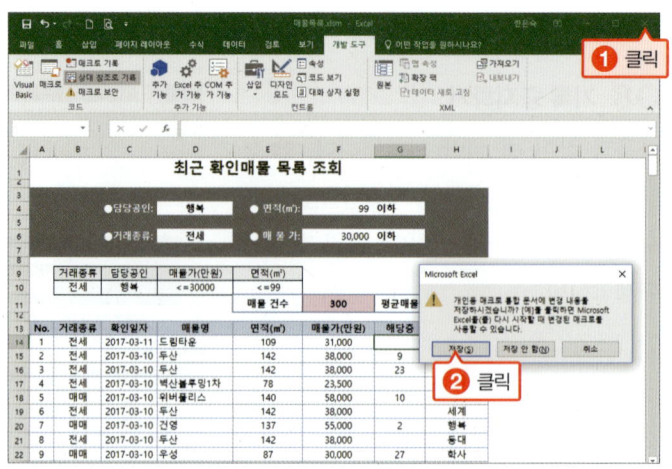

바로 통하는 TIP 개인용 매크로 통합 문서의 이름은 PERSONAL.XLSB로 [XLSTART] 폴더에 저장되어 엑셀을 실행할 때 자동으로 열립니다.

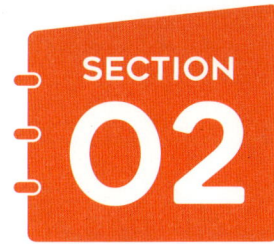

SECTION 02

매크로 실행하기

매크로 사용 통합 문서(*.xlsm)를 열면 엑셀의 매크로 보안 설정에 따라 보안 경고 메시지 표시줄이 나타납니다. 매크로를 사용하려면 매크로 보안 설정을 미리 확인해두는 것이 좋습니다. 기록된 매크로를 실행하려면 워크시트에 [실행] 버튼을 만들어두거나 리본 메뉴 혹은 빠른 실행 도구 모음에 아이콘을 추가해둡니다.

매크로 보안 설정

매크로 사용 통합 문서(*.xlsm)를 열면 문서에 포함되어 있는 매크로를 사용할 수 없는 상태입니다. 리본 메뉴 아래에 보안 경고 메시지 표시줄이 표시되며, 문서에 포함되어 있는 매크로를 사용하려면 메시지 표시줄의 [콘텐츠 사용]을 클릭해야 합니다.

매크로 보안 설정을 변경하려면 [개발 도구] 탭-[코드] 그룹-[매크로 보안]을 클릭하고 [보안 센터] 대화상자에서 [매크로 설정]을 선택합니다. [모든 매크로 포함]을 선택하면 파일을 열 때 보안 경고 메시지 표시줄 없이 모든 매크로를 포함하여 실행됩니다. 위험한 코드도 바로 실행될 수 있으므로 권장 설정인 [모든 매크로 제외(알림 표시)]를 선택하는 것이 좋습니다.

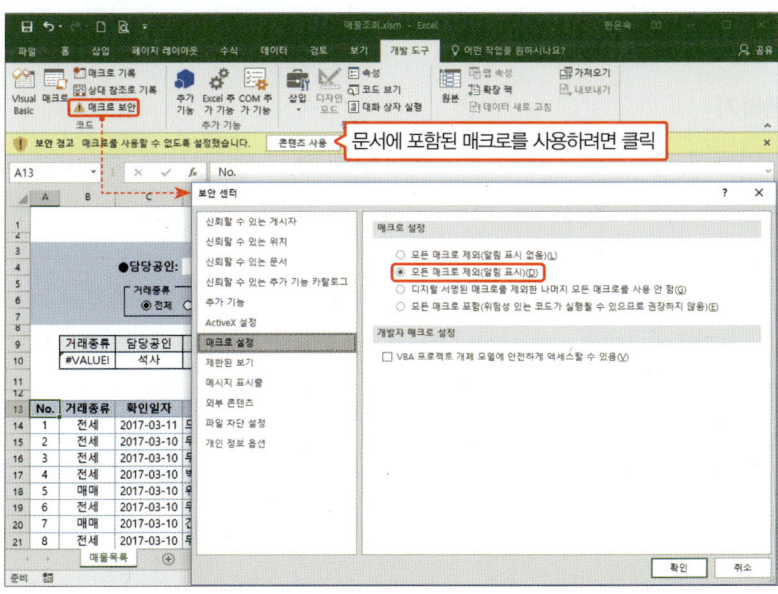

매크로 실행 방법

매크로를 실행할 때는 다음과 같은 여러 가지 방법을 사용할 수 있습니다.

● [매크로] 대화상자에서 실행하기

[개발 도구] 탭–[코드] 그룹–[매크로]를 클릭한 후 ❶ [매크로] 대화상자에서 직접 매크로 이름을 선택하고 ❷ [실행]을 클릭하면 매크로가 실행됩니다.

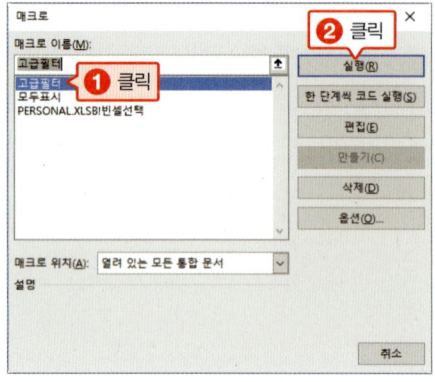

● 바로 가기 키를 사용하여 실행하기

매크로를 기록할 때 [매크로 기록] 대화상자에서 [바로 가기 키]를 지정한 경우에는 [바로 가기 키]를 눌러 해당 매크로를 실행할 수 있습니다.

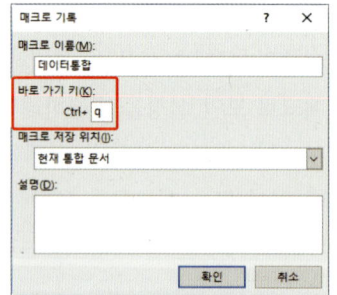

● 개체에 매크로 지정하여 실행하기

도형, 그림이나 컨트롤 개체 등을 만든 후 매크로를 지정할 수 있습니다. **방법1** [개발 도구] 탭–[컨트롤] 그룹–[삽입]을 클릭하여 컨트롤 개체를 삽입할 수 있습니다. 단추, 목록 상자, 콤보 상자, 옵션 단추 등은 문서 내에서 사용자가 항목을 선택하면 그 결과를 반영하는 개체입니다. 컨트롤 개체를 작성하면 바로 [매크로 지정] 대화상자가 열립니다. 대화상자에서 지정할 매크로를 선택하고 [확인]을 클릭하면 매크로가 지정됩니다. **방법2** 컨트롤 개체 이외의 개체에 매크로를 지정하려면 개체를 마우스 오른쪽 버튼으로 클릭한 후 [매크로 지정]을 선택합니다. [매크로 지정] 대화상자가 열린 후 매크로가 지정된 개체를 클릭하면 매크로가 실행됩니다.

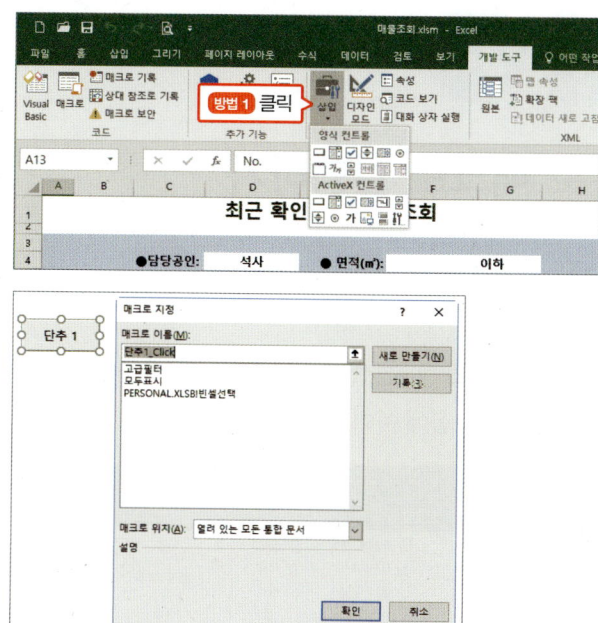

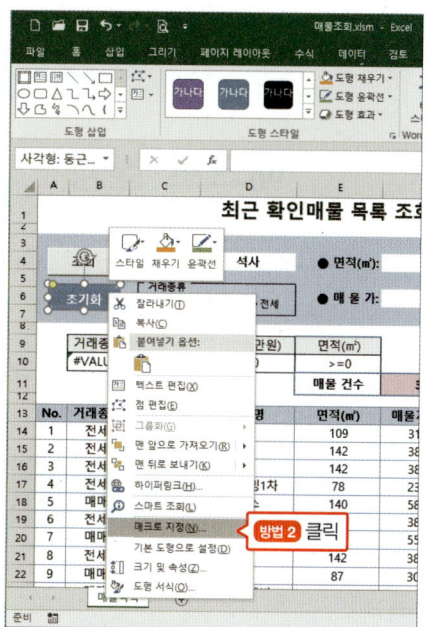

▲컨트롤 개체를 삽입하면 [매크로 지정] 대화상자가 열림   ▲일반 개체에 매크로 지정

● 빠른 실행 도구 모음에 매크로 명령 추가하기

빠른 실행 도구를 추가할 때 ❶ [Excel 옵션] 대화상자의 [빠른 실행 도구 모음]을 선택한 후 ❷ [명령 선택] 목록에서 [매크로]를 선택하면 기록된 매크로 목록이 표시됩니다. ❸ 매크로를 선택하고 ❹ [추가]를 클릭하면 빠른 실행 도구 모음 목록에 선택한 매크로가 추가됩니다. ❺ [수정]을 클릭하면 [단추 수정] 대화상자에서 매크로 단추를 선택하여 다른 모양으로 변경할 수 있습니다.

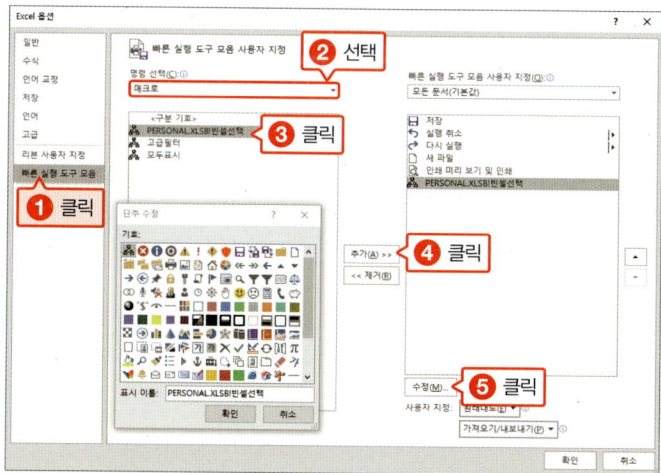

매크로 실행 단추로 매크로 실행하기

실습 파일 | CHAPTER12\매물조회.xlsm　**완성 파일** | CHAPTER12\완성\매물조회완성.xlsm

기록한 매크로를 컨트롤 개체 중 단추와 도형에 지정하여 실행해보겠습니다. 또한 [빈셀선택] 매크로
는 모든 엑셀 파일에서도 실행할 수 있도록 빠른 실행 도구 모음에 아이콘으로 추가해보겠습니다.

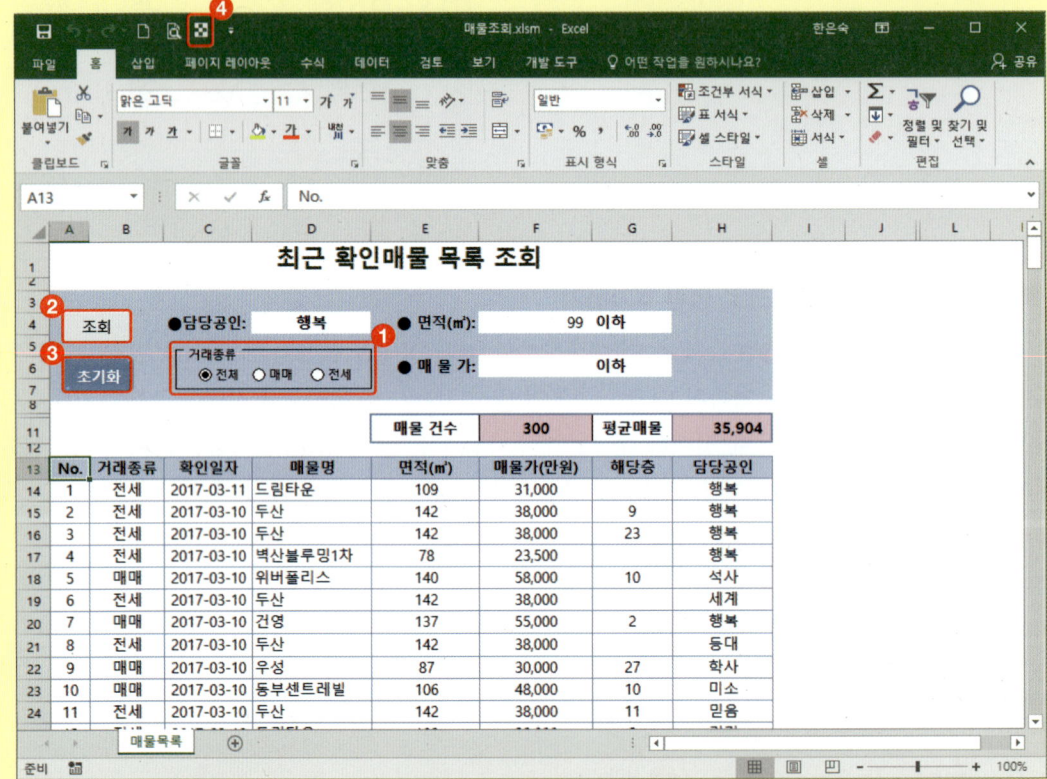

1 옵션 단추 컨트롤 서식 지정

2 단추 삽입 및 매크로 지정

3 도형 삽입 및 매크로 지정

4 빠른 실행 도구 모음에 매크로 명령 추가

01 매크로 사용 통합 문서 불러오기

'매물조회.xlsm' 파일을 불러오면 리본 메뉴 아래에 보안 경고 메시지 표시줄이 표시됩니다. 기록된 매크로를 사용하기 위해 [콘텐츠 사용]을 클릭합니다.

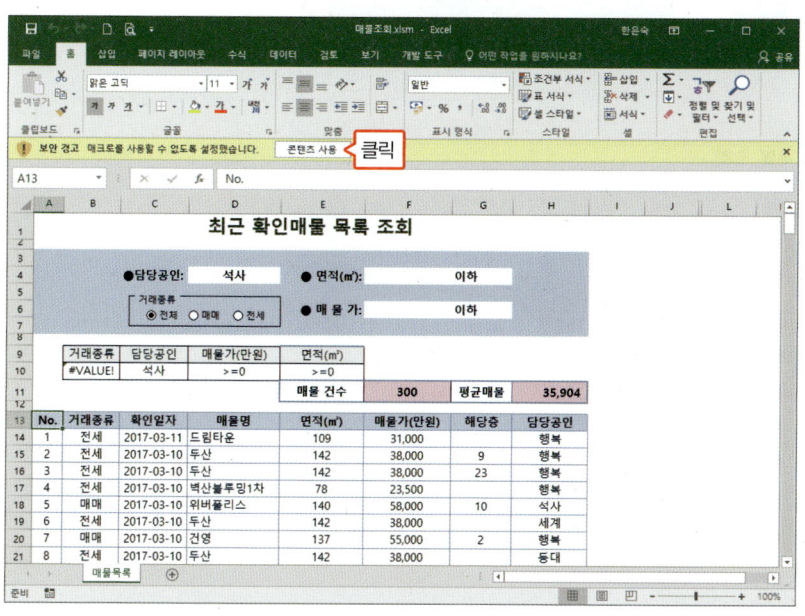

바로 통하는 TIP [거래종류]라고 되어 있는 개체는 [개발 도구] 탭-[컨트롤] 그룹-[삽입] 메뉴 중 [양식 컨트롤]에 있는 [그룹 상자]를 삽입한 것이며, 단순히 옵션 단추를 보기 좋게 표시하기 위한 개체이므로 별도로 컨트롤 서식을 지정할 필요가 없습니다.

02 옵션 단추 컨트롤 서식 지정하기

미리 삽입해놓은 거래종류를 선택하는 옵션 단추에 컨트롤 서식을 지정해보겠습니다. ❶ [전체] 옵션 단추에서 마우스 오른쪽 버튼을 클릭하고 ❷ [컨트롤 서식]을 선택합니다. ❸ [컨트롤 서식] 대화상자의 [컨트롤] 탭을 클릭한 후 ❹ [값]을 [선택한 상태]로 선택합니다. ❺ [셀 연결]란을 클릭한 후 ❻ [F10] 셀을 클릭하고 ❼ [확인]을 클릭합니다.

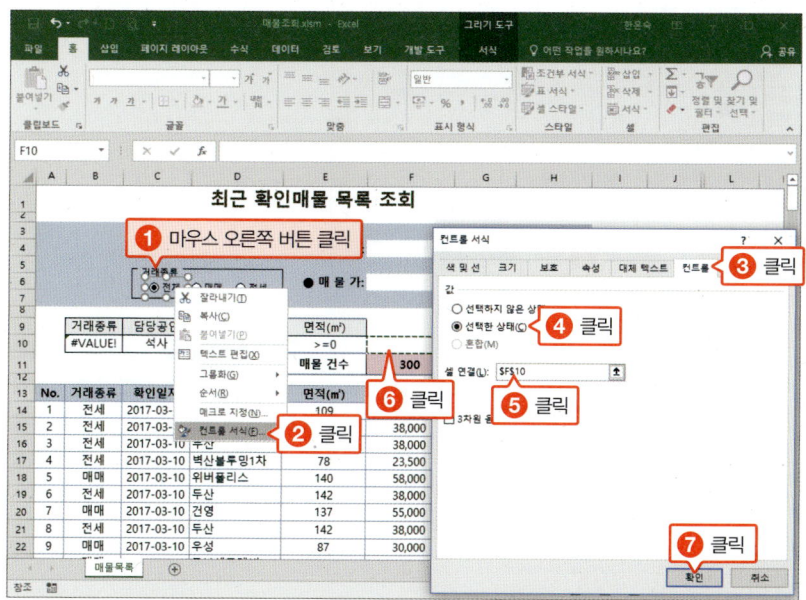

바로 통하는 TIP 옵션 단추는 [개발 도구] 탭-[컨트롤] 그룹-[삽입] 메뉴 중 [양식 컨트롤]-[옵션 단추◉]를 삽입한 것입니다. [옵션 단추]를 클릭하면 컨트롤 서식에서 지정한 셀에 옵션 단추의 순번이 들어갑니다. 세 개의 옵션 단추 중 첫 번째 옵션 단추를 선택하면 1, 두 번째 옵션 단추를 선택하면 2, 세 번째 옵션 단추를 선택하면 3이 연결 셀에 들어가며 이 번호는 고급 필터의 조건 범위 중 거래종류 조건인 [B10] 셀에 입력되어 있는 CHOOSE 함수에서 사용되었습니다.

03 조건 범위 숨기기

❶ [9:10] 행 머리글을 드래그하여 선택한 후 마우스 오른쪽 버튼을 클릭하고 ❷ [숨기기]를 선택합니다.

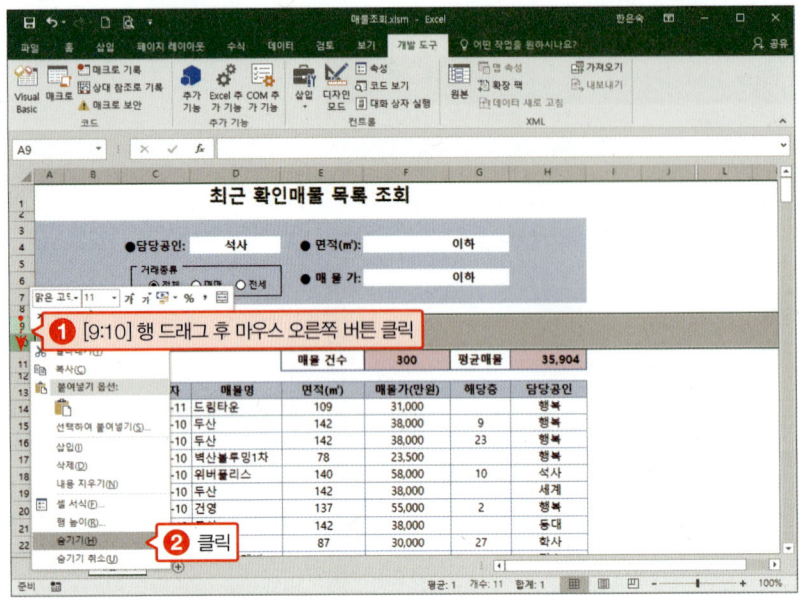

04 단추 삽입하고 매크로 지정하기

단추를 클릭했을 때 매크로가 실행되도록 지정해보겠습니다. ❶ [개발 도구] 탭-[컨트롤] 그룹-[삽입]을 클릭한 후 ❷ [단추(양식 컨트롤)]을 선택합니다. ❸ [A4] 셀에 사각형을 드래그하여 단추를 그립니다. ❹ [매크로 지정] 대화상자가 표시되면 [고급 필터] 매크로를 선택하고 ❺ [확인]을 클릭합니다.

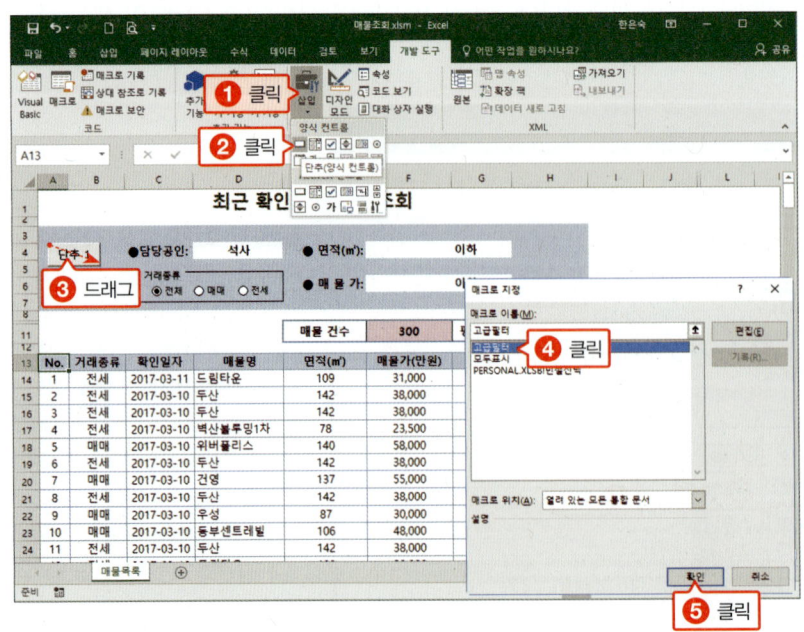

바로 통하는 TIP ActiveX 컨트롤은 주로 VBA로 프로그래밍을 할 때 사용하며 양식 컨트롤은 매크로 기록을 통해 작성한 매크로를 적용할 때 사용합니다.

05 단추 이름 수정하기

❶ 단추 안의 텍스트를 클릭하거나 단추에서 마우스 오른쪽 버튼을 클릭한 후 ❷ [텍스트 편집]을 선택합니다. ❸ 단추에 **조회**를 입력합니다.

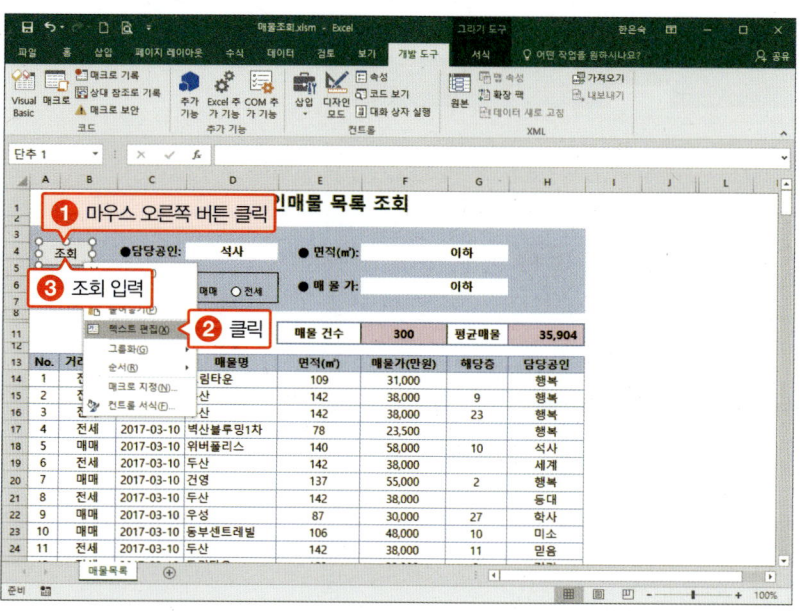

06 도형 삽입하기

❶ [삽입] 탭-[일러스트레이션] 그룹-[도형]을 클릭한 후 ❷ [사각형 : 둥근 모서리]를 선택합니다. ❸ 조회 단추 아래에 드래그하여 도형을 삽입합니다. ❹ 삽입한 도형이 선택된 상태에서 **초기화**를 입력한 후 Esc 를 누릅니다. 텍스트 입력이 완료되었습니다.

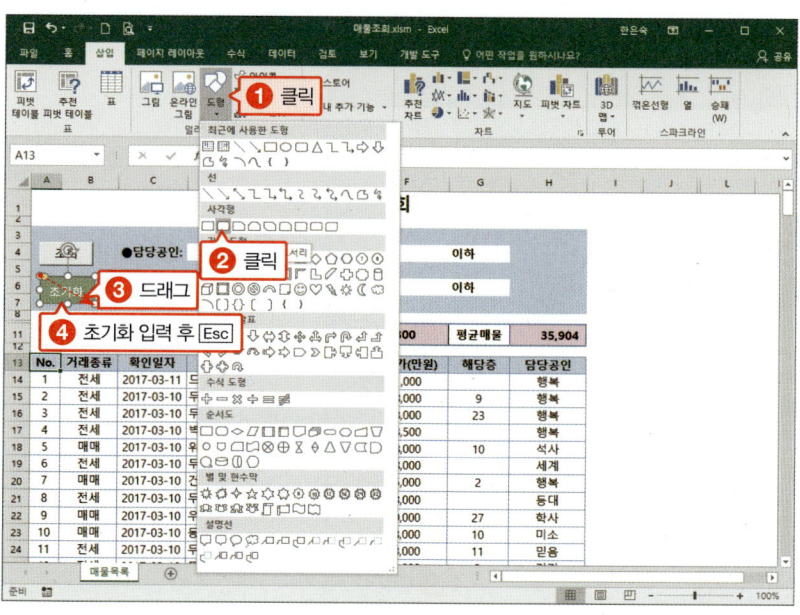

07 도형 서식 지정하기

❶ [그리기 도구]-[서식] 탭-[도형 스타일] 그룹의 스타일 갤러리에서 [색 채우기-청회색, 강조 6]을 선택하고 ❷ [도형 효과]를 클릭한 후 ❸ [기본 설정]-[기본 설정 3]을 선택합니다. ❹ Ctrl+E를 눌러 텍스트를 가운데 맞춤하고 Ctrl+B를 눌러 굵게 표시합니다.

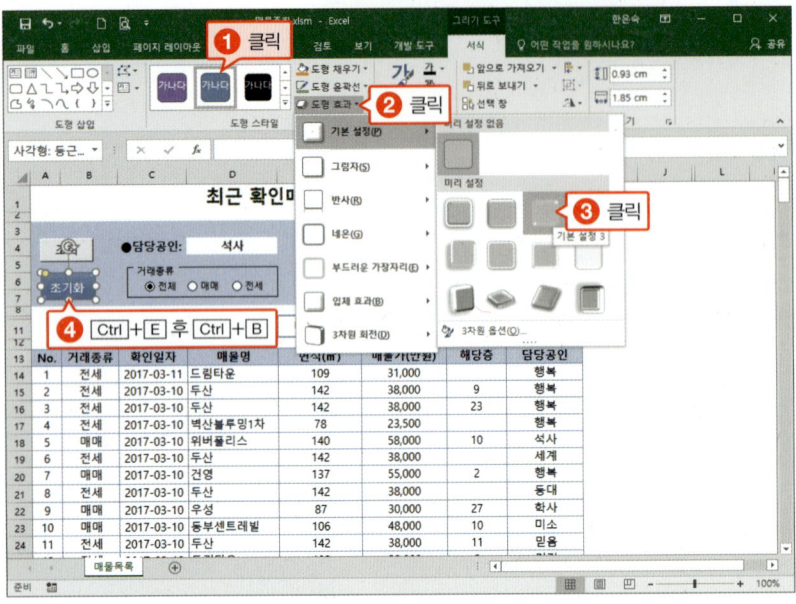

08 도형에 매크로 지정하기

도형을 클릭했을 때 매크로가 실행되도록 지정해보겠습니다. ❶ 도형에서 마우스 오른쪽 버튼을 클릭한 후 ❷ [매크로 지정]을 선택합니다. ❸ [매크로 지정] 대화상자에서 [모두표시] 매크로를 선택한 후 ❹ [확인]을 클릭합니다.

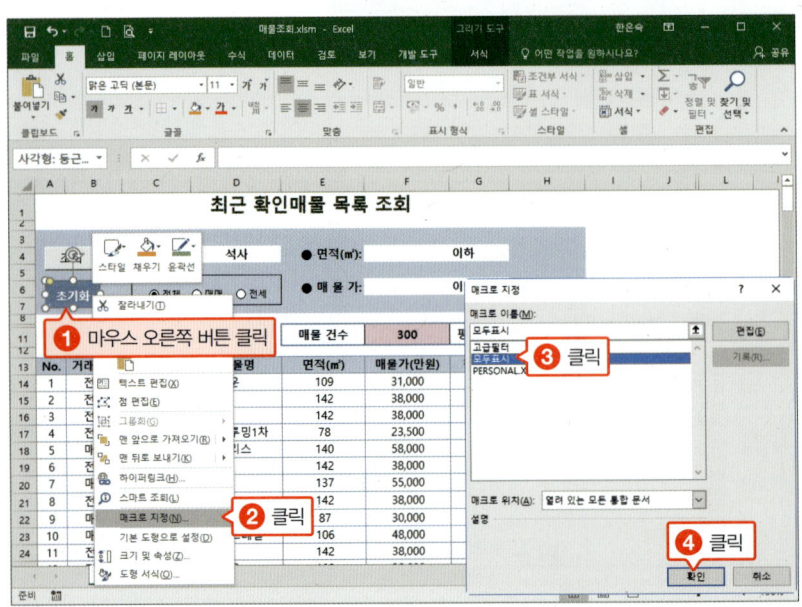

09 빠른 실행 도구 모음에 매크로 실행 도구 추가하기

❶ 빠른 실행 도구 모음에서 마우스 오른쪽 버튼을 클릭하고 ❷ [빠른 실행 도구 모음 사용자 지정]을 선택합니다. ❸ [Excel 옵션] 대화상자의 [빠른 실행 도구 모음]을 선택하고 ❹ [명령 선택] 목록에서 [매크로]를 선택합니다. ❺ 매크로 목록에서 [PERSONAL.XLSB!빈셀선택]을 선택한 후 ❻ [추가]를 클릭합니다. ❼ [수정]을 클릭합니다.

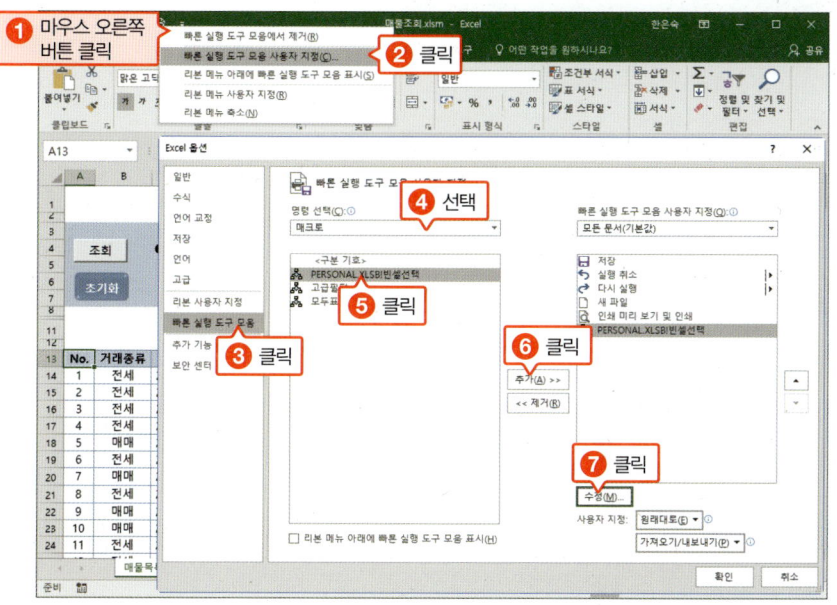

10 단추 수정하기

❶ [단추 수정] 대화상자의 [기호]에서 적당한 모양의 단추를 선택하고 ❷ [표시 이름]란에 **빈셀선택**을 입력한 후 ❸ [확인]을 클릭합니다. ❹ [Excel 옵션] 대화상자에서 [확인]을 클릭합니다.

❹ [Excel 옵션] 대화상자에서 [확인] 클릭

바로 통하는 TIP 개인용 매크로 통합 문서에 저장한 매크로는 모든 엑셀 파일에서 사용할 수 있어야 하므로 워크시트에 매크로 실행 단추를 만들지 않고 빠른 실행 도구 모음에 해당 매크로 명령을 추가해야 합니다.

11 매크로 실행하기

빠른 실행 도구 모음을 사용해 매크로를 실행해보겠습니다. ❶ [D4] 셀에서 [행복]을 선택하고 ❷ [F4] 셀에 **99**를 입력합니다. ❸ [거래종류]에서는 [전체]를 선택한 후 ❹ [조회] 단추를 클릭합니다. ❺ 빠른 실행 도구 모음의 [빈셀선택]을 클릭합니다.

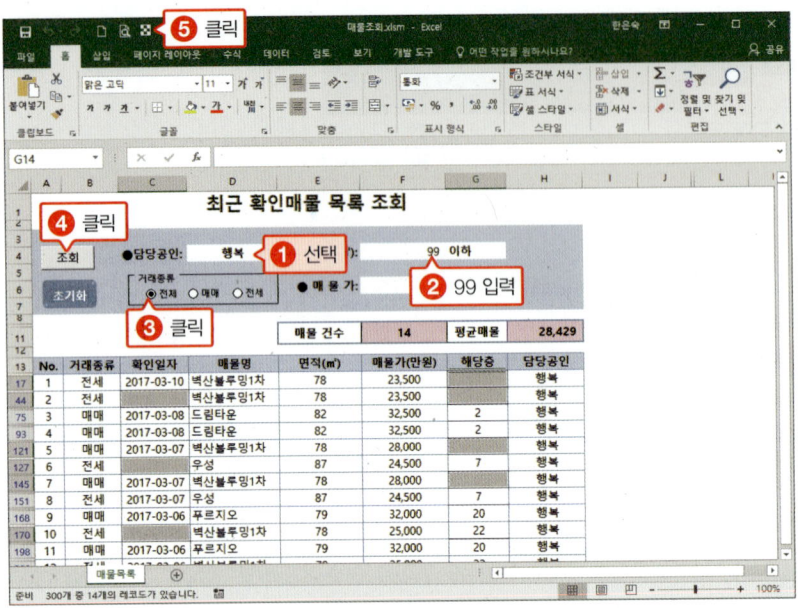

12 빈 셀이 있는 행 삭제하기

필터된 데이터 중 빈 셀이 포함된 행을 삭제해보겠습니다. ❶ [홈] 탭-[셀] 그룹-[삭제] 목록 버튼을 클릭한 후 ❷ [시트 행 삭제]를 선택합니다. ❸ 다른 셀을 클릭하여 범위 선택을 해제한 후 ❹ [초기화] 단추를 클릭하면 모든 데이터가 표시됩니다.

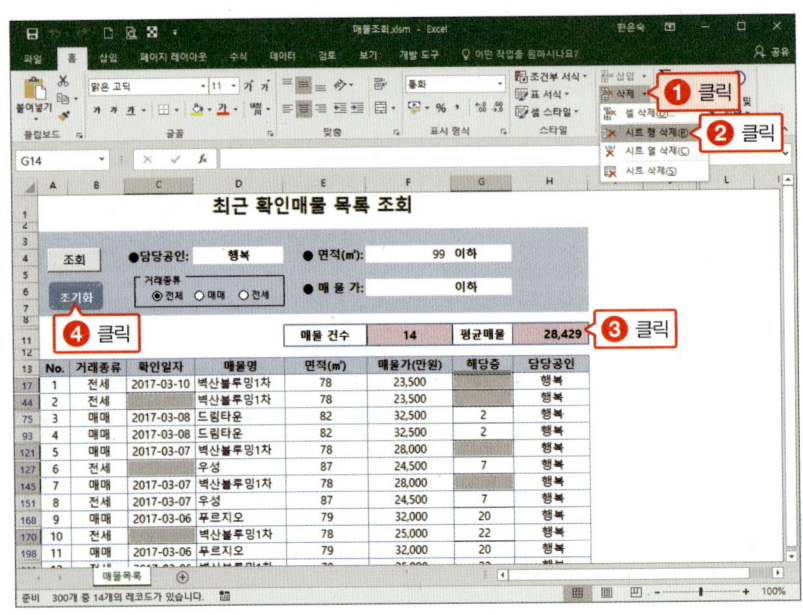

바로 통하는 TIP 매크로 실행을 통해 추출된 데이터에서 빈 셀만 선택한 후 선택된 빈 셀에 채우기 색을 설정하여 강조하거나 데이터를 추가로 입력하는 등 간편하게 필요한 작업을 진행할 수 있습니다.

SECTION 03

매크로 편집과 삭제

기록한 매크로 중에 일부분을 잘못 기록하면 매크로를 처음부터 다시 기록하는 것보다 비주얼 베이식 편집기에서 편집하는 것이 더 편리합니다. 또한 더 이상 사용하지 않는 매크로를 한 번에 삭제하는 방법에 대해서 알아보겠습니다.

매크로 편집하기

기록해둔 매크로를 편집하려면 비주얼 베이식 편집기(Visual Basic Editor)를 사용합니다. 비주얼 베이식 편집기를 실행하려면 [매크로] 대화상자에서 편집할 매크로를 선택하고 [편집]을 클릭하거나 [개발 도구] 탭-[코드] 그룹-[Visual Basic]을 클릭합니다. 또는 단축키 Alt + F11 을 눌러도 됩니다.

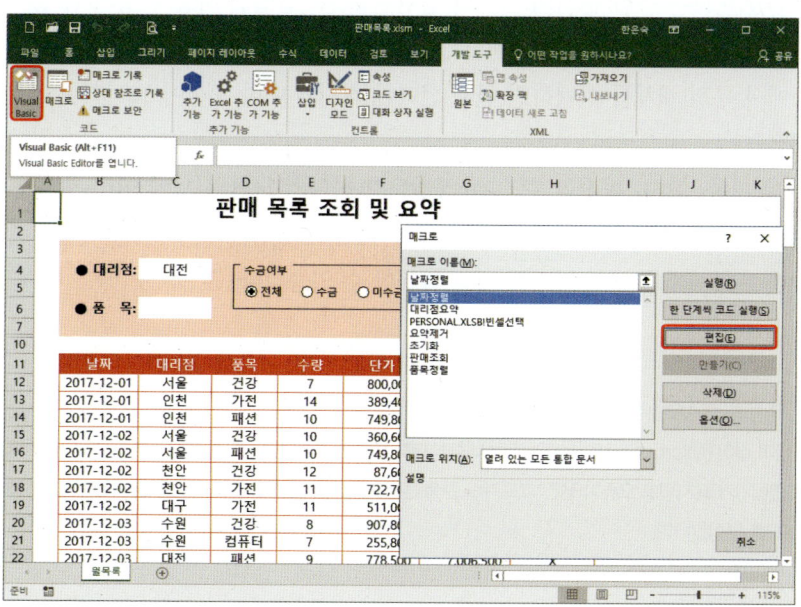

비주얼 베이식 편집기의 화면 구성

비주얼 베이식 편집기의 각 구성 요소는 다음과 같으며 각 구성 요소를 숨기거나 표시하려면 [보기]에서 선택합니다.

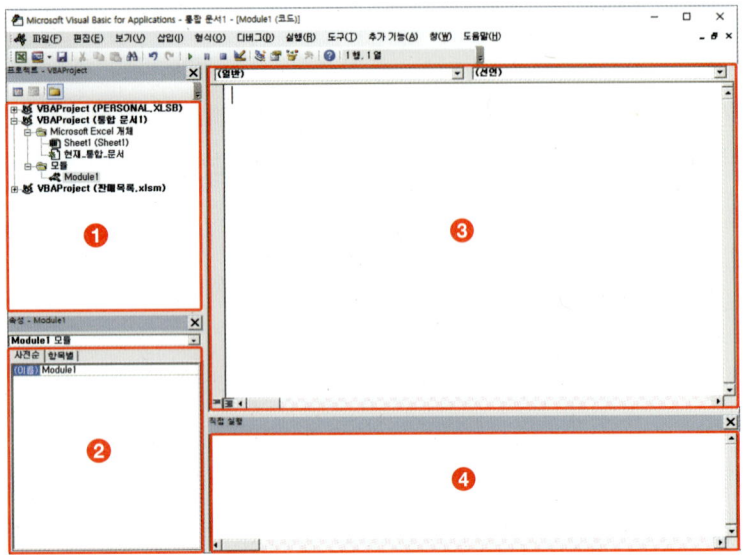

❶ **프로젝트 탐색기 창** : 현재 열려 있는 모든 통합 문서의 시트와 삽입된 모듈, 삽입된 사용자 정의 폼 등이 표시되어 있습니다. 속성이나 코드를 작성할 개체를 선택합니다.

❷ **속성 창** : 프로젝트 탐색기 창에서 특정 개체를 선택하면 현재 선택한 개체에 대한 속성이 표시되며 이를 이용하여 각종 속성을 설정합니다.

❸ **코드 창** : 비주얼 베이식 코드를 기록, 표시, 편집할 수 있는 공간으로 하나의 모듈 시트에 여러 개의 프로시저를 표시할 수 있습니다.

❹ **직접 실행 창** : 코드 창에 작성한 프로시저의 실행 결과를 미리 확인할 수 있습니다.

쉽고 빠른 엑셀 NOTE **매크로 실행 중 오류가 발생할 때 디버그하기**

매크로를 실행했는데 오류가 발생하면 다음과 같이 [Microsoft Visual Basic] 대화상자가 표시됩니다. [종료]를 클릭하면 대화상자만 없어집니다. [디버그]를 클릭하면 비주얼 베이식 편집기가 표시되고 오류가 생긴 코드가 노란색 음영으로 표시됩니다. 오류 실행을 중지하고 편집하려면 도구 모음의 [재설정 ■]을 클릭한 후 코드를 편집합니다.

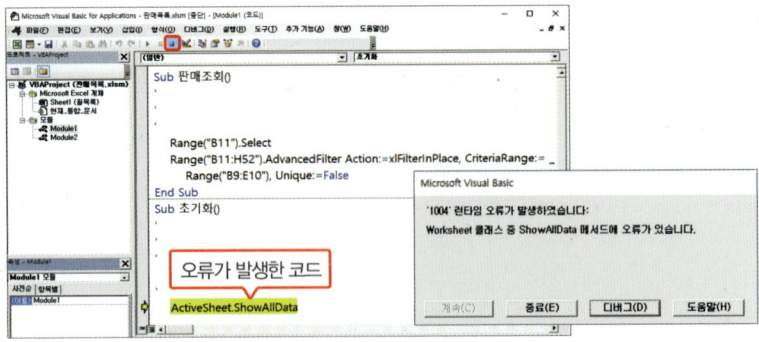

매크로 삭제하기

방법1 한 개의 매크로를 삭제할 때는 [매크로] 대화상자에서 선택한 후 삭제하면 편리합니다. **방법2** 여러 개의 매크로를 한꺼번에 삭제하려면 비주얼 베이직 편집기에서 삭제할 매크로의 코드를 드래그한 후 Delete를 누릅니다.

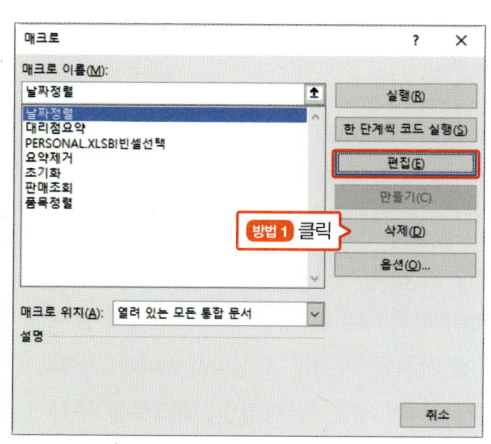

▲ [매크로] 대화상자에서 매크로를 선택한 후 삭제

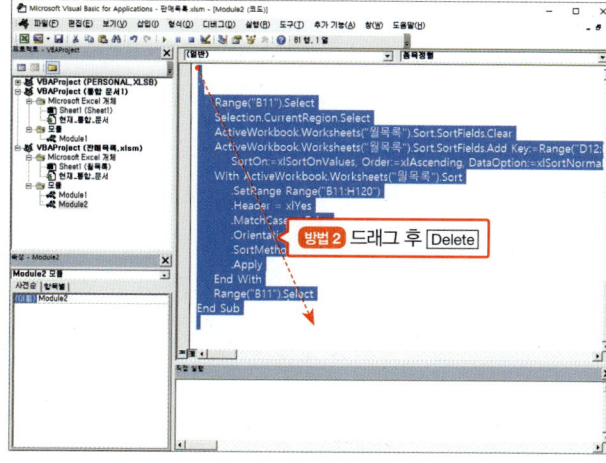

▲ 삭제할 매크로의 코드를 Delete로 삭제

🔴 개인용 매크로 통합 문서 삭제하기

개인용 매크로 통합 문서에 기록된 여러 개의 매크로 중 하나를 삭제하려면 비주얼 베이직 편집기에서 해당 매크로의 코드를 드래그한 후 Delete를 누릅니다. 개인용 매크로 통합 문서에 있는 매크로가 모두 필요 없다면 아예 'PERSONAL.XLSB' 파일 자체를 삭제하는 것이 좋습니다. 'PERSONAL.XLSB' 파일의 위치를 알고 싶다면 ❶ 비주얼 베이직 편집기의 [보기]–[직접 실행 창]을 선택하고 ❷ 직접 실행 창에 **?application.StartupPath**를 입력합니다. 파일 경로가 표시됩니다.

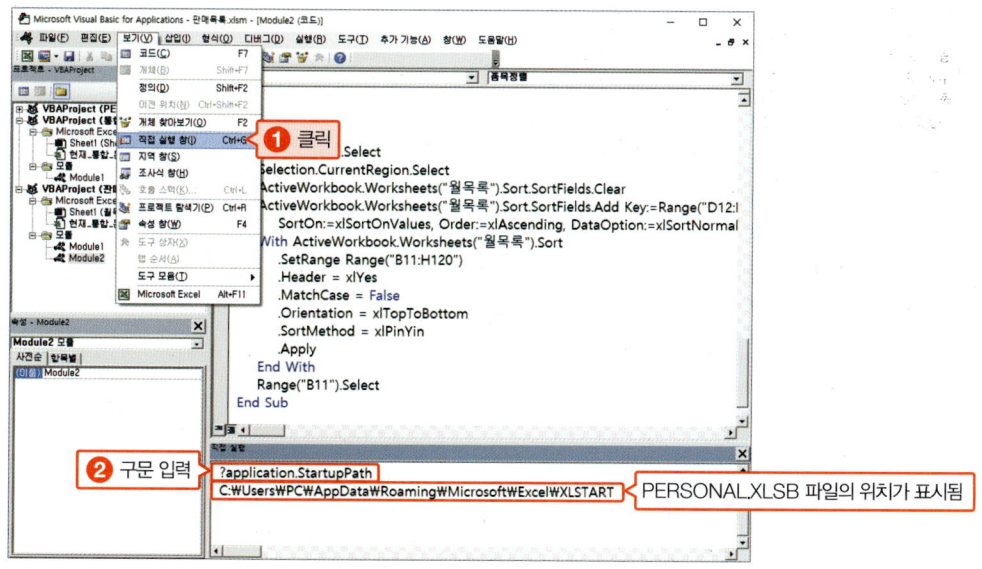

매크로 편집 및 삭제하기

실습 파일 | CHAPTER12\판매목록.xlsm 완성 파일 | CHAPTER12\완성\판매목록완성.xlsm

'판매목록.xlsm' 파일에 기록된 매크로를 사용하면 조건에 따라 데이터를 추출하거나 대리점별 부분합 결과를 확인할 수 있습니다. [조회] 단추에 연결된 [판매조회] 매크로에 데이터 범위와 조건 범위가 잘못 지정되어 있어 [조회] 단추를 눌러도 데이터가 추출되지 않습니다. 또한 [대리점요약] 단추를 눌러 대리점별 부분합을 표시하면 부분합을 구하는 과정에서 대리점별로 정렬되므로 [대리점요약] 단추를 눌렀다가 [요약제거] 단추를 클릭하면 데이터 목록의 날짜 순서가 뒤섞이게 됩니다. 비주얼 베이식 편집기를 사용하여 [판매조회] 매크로에 기록된 범위를 수정하겠습니다. 또한 [요약제거] 단추에 연결된 [요약제거] 매크로에는 별도로 기록되어 있는 [날짜정렬] 매크로를 복사하여 추가하도록 합니다.

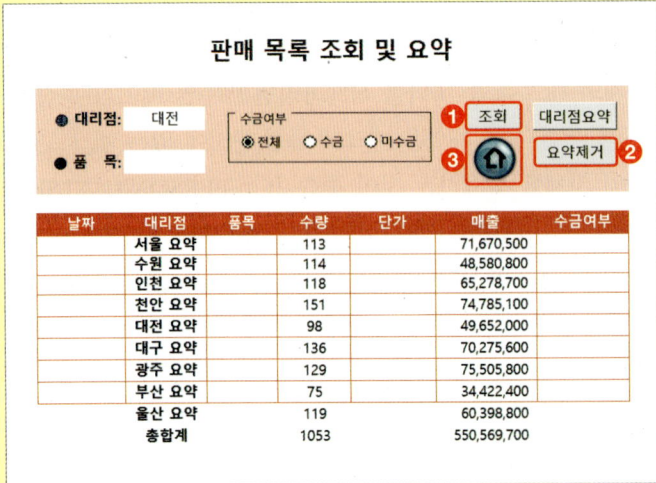

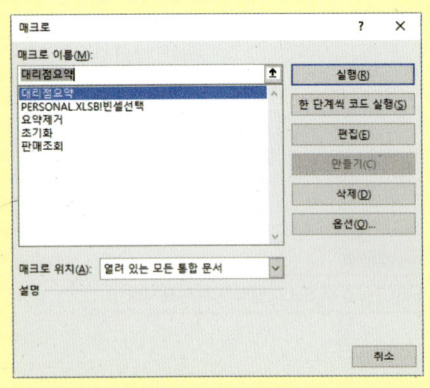

❶ [판매조회] 매크로 편집

❷ [요약제거] 매크로 편집

❸ 오류 메시지 무시 코드 추가

01 [판매조회] 매크로 편집하기

[조회] 단추에는 선택한 조건에 따라 고급 필터하는 [판매조회] 매크로가 연결되어 있으나 [조회]를 클릭하면 고급 필터가 실행되지 않습니다. 잘못 기록된 데이터 범위와 조건 범위를 수정해보겠습니다. ❶ [개발도구] 탭–[코드] 그룹–[매크로]를 클릭하고 ❷ [매크로] 대화상자에서 [판매조회] 매크로를 선택합니다. ❸ [편집]을 클릭합니다.

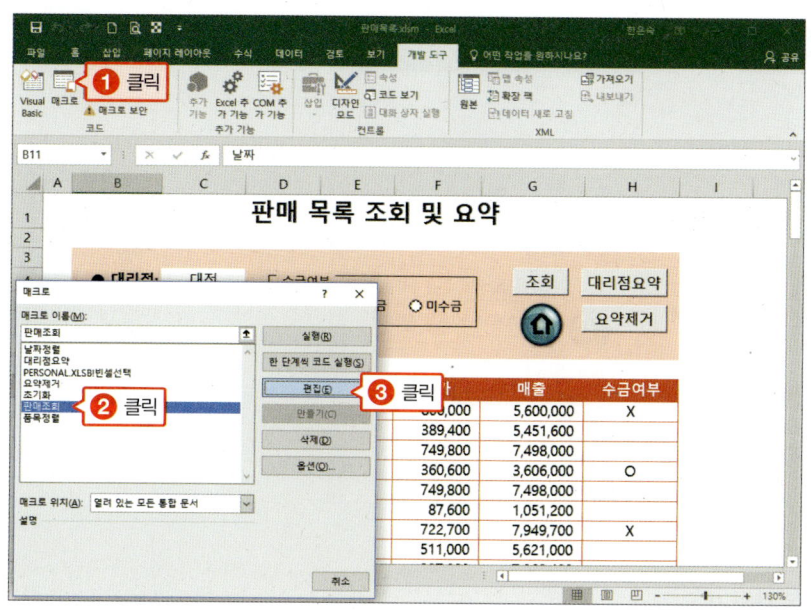

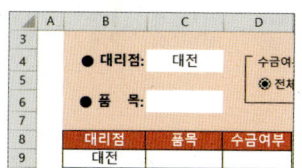

바로 통하는 TIP 숨겨져 있는 [8:9] 행의 조건 범위는 다음과 같으며, 판매 목록의 데이터 범위는 [B11:H120] 셀 범위입니다.

02 매크로 수정하기

❶ 비주얼 베이식 편집기에서 [판매조회] 매크로 코드 중 두 번째 줄의 'Range("B11:H52")'에서 **H52**를 드래그하고 **H120**으로 수정합니다. ❷ 세 번째 줄의 'B9:E10'를 드래그하고 **B8:D9**로 수정합니다. ❸ [닫기]를 클릭합니다.

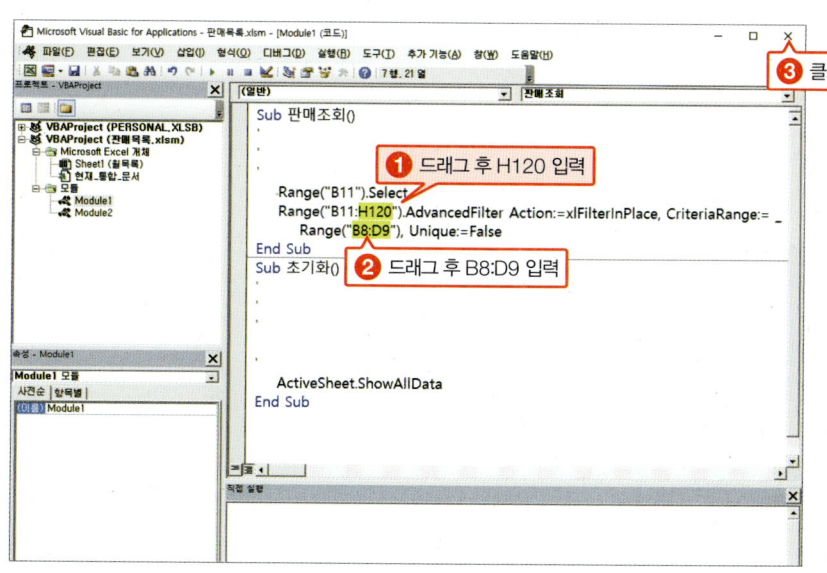

바로 통하는 TIP 비주얼 베이식 편집기에서 작업한 내용은 별도로 저장할 필요가 없습니다. 엑셀 문서를 저장할 때 함께 저장됩니다.

03 [요약제거] 매크로 편집하기

❶ 엑셀 화면으로 다시 돌아와서 [조회]를 클릭하면 조건에 대한 데이터를 추출합니다. ❷ [조회] 아래에 있는 [초기화] 단추를 클릭합니다. ❸ [대리점요약] 단추를 클릭하고 ❹ [요약 제거] 단추를 클릭합니다. 부분합 제거 후에 다시 날짜별로 정렬되어야 하는데 그렇지 않은 것을 볼 수 있습니다. ❺ 매크로를 편집하기 위해 [개발 도구] 탭-[코드] 그룹-[Visual Basic]을 클릭합니다.

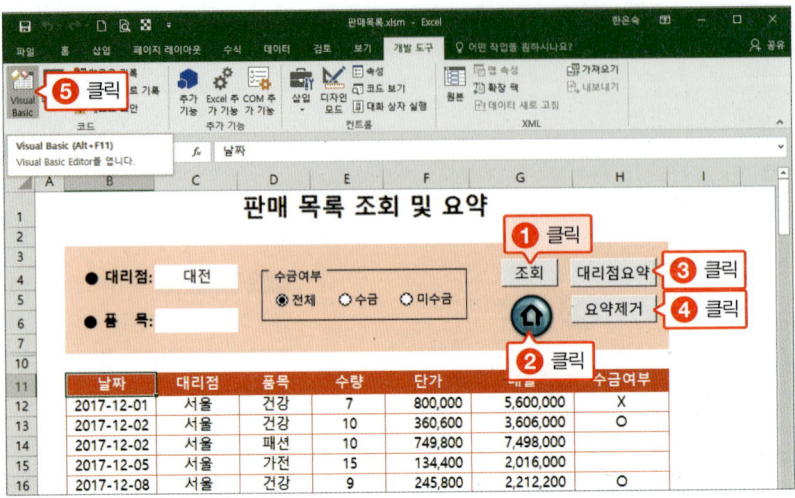

04 [날짜정렬] 매크로 코드 복사하기

[날짜정렬] 매크로 코드를 복사하여 [요약제거] 매크로 코드 뒤에 붙여보겠습니다. ❶ 비주얼 베이식 편집기에서 프로젝트 탐색 창의 [모듈] 폴더 아래의 [Module2]를 더블클릭합니다. ❷ [날짜정렬] 매크로 코드를 드래그한 후 마우스 오른쪽 버튼을 클릭하고 ❸ [복사]를 선택합니다. ❹ [요약제거] 매크로의 코드 끝부분을 클릭하거나 빈 줄이 없다면 Enter 를 눌러 빈 줄을 삽입한 후 Ctrl + V 를 눌러 붙여 넣습니다.

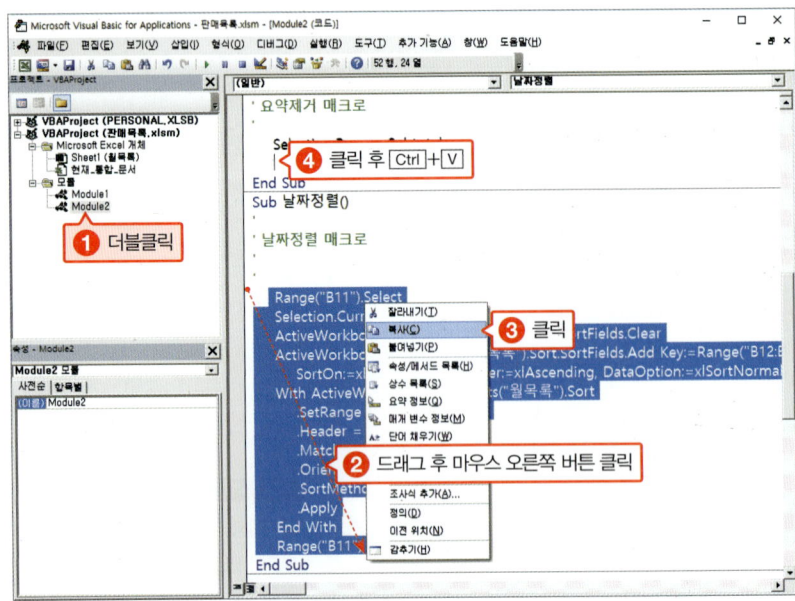

05 [날짜정렬], [품목정렬] 매크로 삭제하기

❶ [날짜정렬] 매크로부터 맨 끝의 [품목정렬] 매크로까지 코드를 드래그한 Delete 를 눌러서 삭제합니다.
❷ 비주얼 베이식 편집기의 [닫기]를 클릭합니다.

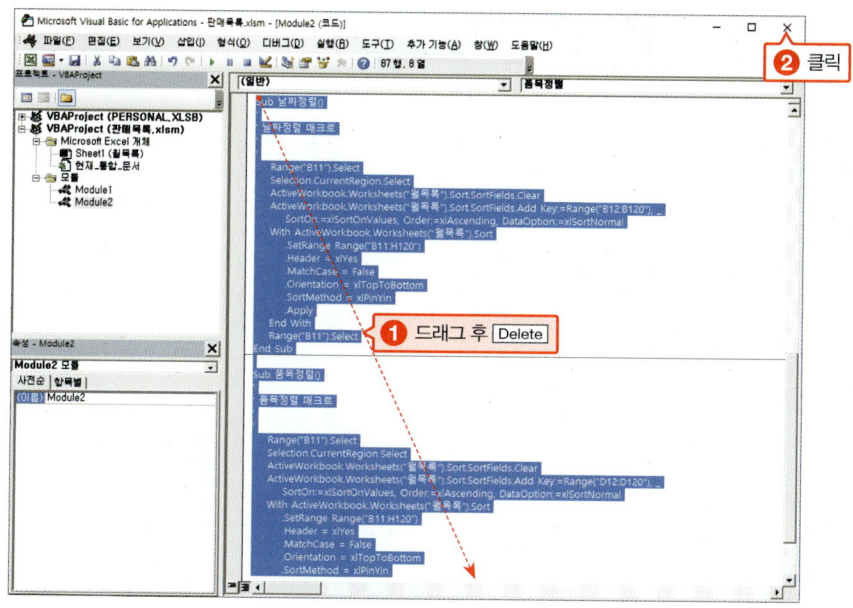

06 [요약제거] 매크로 실행하기

❶ 엑셀 화면으로 돌아와서 [대리점요약] 단추를 클릭하고 ❷ [요약 제거] 단추를 클릭하면 부분합이 제거된 후 날짜별 정렬까지 완료되는 것을 볼 수 있습니다. ❸ [개발 도구] 탭-[코드] 그룹-[매크로]를 클릭하면 [매크로] 대화상자에서 [날짜정렬]과 [품목정렬] 매크로가 삭제된 것을 확인할 수 있습니다. ❹ [취소]를 클릭합니다.

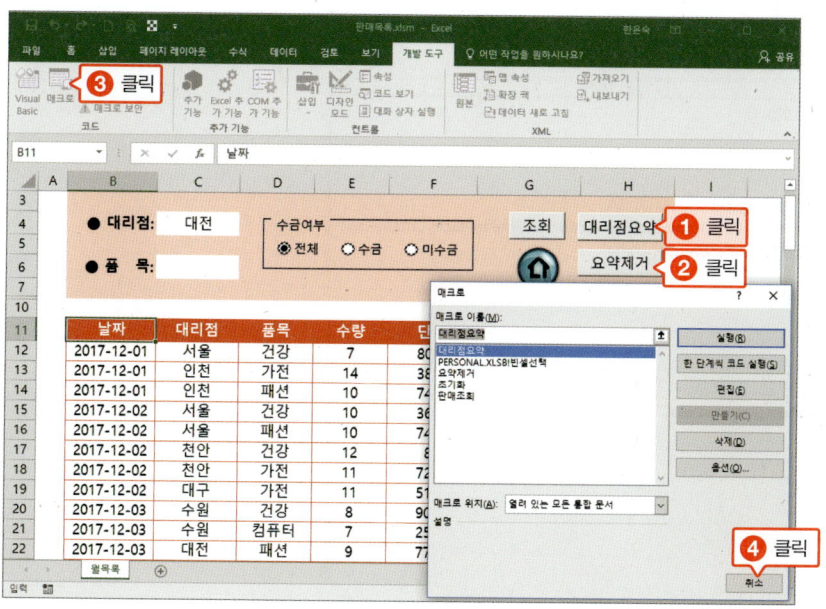

07 오류 메시지 무시 코드 추가하기

❶ [초기화] 단추를 클릭합니다. 이미 초기화 상태에서 [초기화] 매크로를 실행했기 때문에 오류 메시지가 표시됩니다. ❷ [디버그]를 클릭합니다.

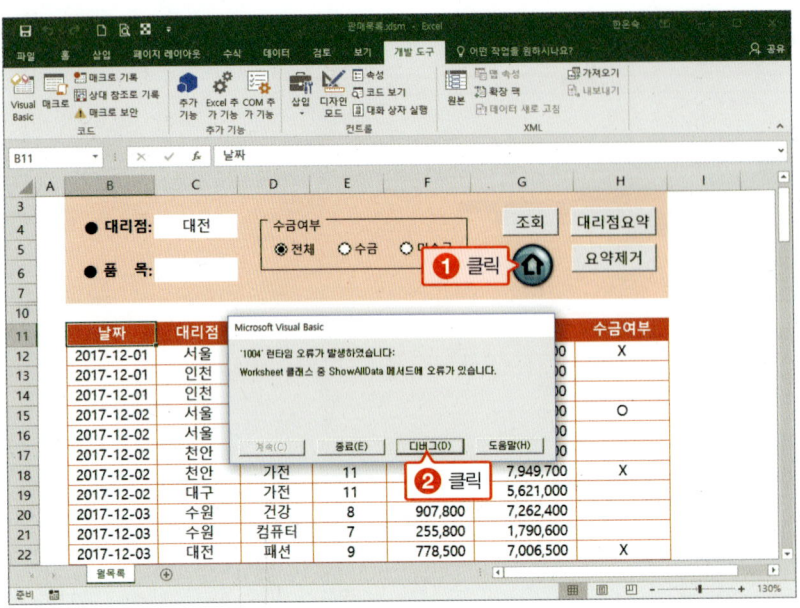

08 매크로 코드 위에 'On Error Resume Next'라는 구문을 입력해놓으면 [초기화] 단추를 아무리 눌러도 오류 메시지가 표시되지 않습니다. 이 구문은 에러가 발생해도 프로그램 전체 진행에 큰 문제가 없는 경우 나머지 작업을 진행하도록 할 때 주로 사용합니다. ❶ [초기화] 매크로 코드의 'ActiveSheet.ShowAllData' 위에 **On Error Resume Next**를 입력한 후 ❷ 도구 모음의 [재설정 ■]을 클릭합니다. ❸ 비주얼 베이식 편집기의 [닫기]를 클릭합니다. 이제 [초기화] 단추를 클릭해도 오류 메시지가 표시되지 않습니다.

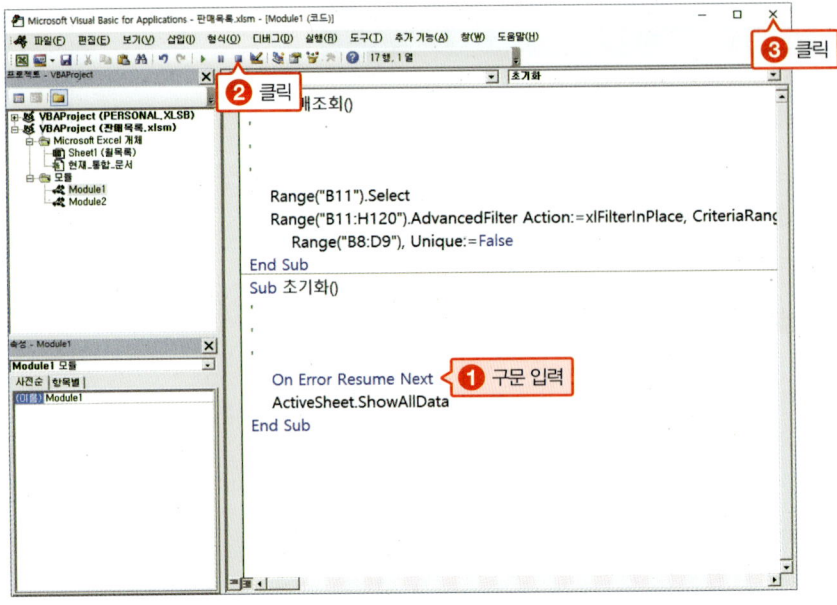

찾아보기

회사에서 바로 통하는 실습 예제 다운로드하기

이 책에 사용된 모든 실습 및 완성 예제 파일은 한빛미디어 홈페이지(www.hanbit.co.kr/media)에서 다운로드할 수 있습니다. 예제 파일은 따라 하기를 진행할 때마다 사용되므로 컴퓨터에 복사해두고 활용합니다.

1 한빛미디어 홈페이지(www.hanbit.co.kr/media)로 접속합니다. 로그인 후 화면 오른쪽 아래에서 [자료실] 버튼을 클릭합니다.

2 자료실 도서 검색란에 도서명을 입력하고, 찾는 도서의 제목 부분을 클릭합니다.

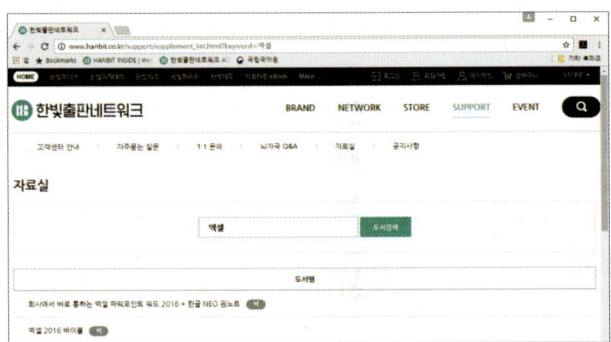

3 선택한 도서 정보가 표시되면 오른쪽에 있는 다운로드 아이콘을 클릭합니다.

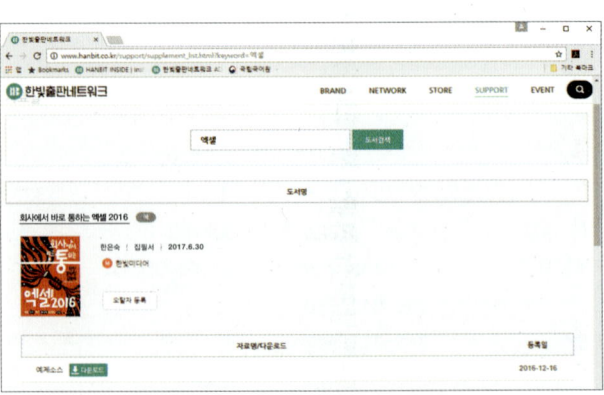

다운로드한 예제 파일은 일반적으로 [다운로드] 폴더에 저장되며, 사용하는 웹브라우저 설정에 따라 다를 수 있습니다.

독자 Q&A 학습하다 부딪히는 문제가 있다면 한빛미디어 홈페이지(www.hanbit.co.kr/media)에서 화면 왼쪽 아래에 있는 [지원] 버튼을 클릭해 문의하거나 저자 이메일로 보내 쉽게 해결할 수 있습니다.